Werner Weidenfeld | Wolfgang Wessels [Hrsg.]

Jahrbuch der Europäischen Integration

2018

Constanze Aka · Franco Algieri · Franz-Lothar Altmann · Katrin Auel · Heinz-Jürgen Axt · Michael L. Bauer · Florian Baumann · Peter Becker · Matthias Belafi · Annegret Bendiek · Julian Bergmann · Sarah-Lena Böning · Katrin Böttger · Erik Brandes · Klaus Brummer · Birgit Bujard · Karlis Bukovskis · Hrvoje Butković · Agnieszka Cianciara · Anthony Costello · Alexandru Damian · Johanna Deimel · Doris Dialer · Knut Diekmann · Roland Döhrn · Hans-Wilhelm Dünn · Hans-Georg Ehrhart · Tobias Etzold · Moritz Fessler · Sabine Fischer · Tobias Flessenkemper · Christian Franck · Heiko Fürst · Gabriel Glöckler · Daniel Göler · Alexander Grasse · Susanne Gratius · Christoph Gusy · Björn Hacker · Simon Hartmann · Andreas Hofmann · Bernd Hüttemann · Tuomas Iso-Markku · Jackson Janes · Michael Kaeding · Niels Keijzer · Mariam Khotenashvili · Anna-Lena Kirch · Henning Klodt · Stefan Kornelius · Wim Kösters · Marta Králiková · Valentin Kreilinger · Jan Labitzke · Konrad Lammers · Guido Lessing · Barbara Lippert · Christian Lippert · Marko Lovec · Siegfried Magiera · Remi Maier-Rigaud · Jean-Marie Majerus · Daniel Martinek · Bruno Oliveira Martins · Dominic Maugeais · Andreas Maurer · Laia Mestres · Jürgen Mittag · Jan-Peter Möhle · Melanie Müller · Johannes Müller Gómez · Matthias Niedobitek · Nicolai von Ondarza · Thomas Petersen · Anne Pintz · Julian Plottka · Johannes Pollak · René Repasi · Darius Ribbe · Daniel Schade · Lukas W. Schäfer · Sebastian Schäffer · Joachim Schild · Otto Schmuck · Mirja Schröder · Tobias Schumacher · Oliver Schwarz · Martin Selmayr · Monika Sie Dhian Ho · Otto W. Singer · Eduard Soler i Lecha · Martin Stein · Burkard Steppacher · Funda Tekin · Alina Thieme · Gabriel N. Toggenburg · Denis M. Tull · Jürgen Turek · Gaby Umbach · Günther Unser · Volker Weichsel · Werner Weidenfeld · Wolfgang Weiß · Charlotte Wenner · Wolfgang Wessels · Sabine Willenberg · Lukas Zech · Wolfgang Zellner

Das *Jahrbuch der Europäischen Integration* wird freundlicherweise vom Auswärtigen Amt gefördert.

Das *Institut für Europäische Politik (IEP)* ist ein strategischer Partner der Europäischen Kommission und wird von ihr finanziell unterstützt. Für die Inhalte zeichnet alleine das IEP verantwortlich.

Redaktion: Jana Schubert
Die Redaktion dankt Sara Kibler, Jan-Hendrik Rohlfs, Gustav Spät und Jakob Speier für die vielfältige Unterstützung.

Die Deutsche Nationalbibliothek verzeichnet diese Publikation in der Deutschen Nationalbibliografie; detaillierte bibliografische Daten sind im Internet über http://dnb.d-nb.de abrufbar.

ISBN 978-3-8487-5001-6 (Print)
ISBN 978-3-8452-9103-1 (ePDF)

ISSN 0721-5436

1. Auflage 2018
© Nomos Verlagsgesellschaft, Baden-Baden 2018. Gedruckt in Deutschland. Alle Rechte, auch die des Nachdrucks von Auszügen, der fotomechanischen Wiedergabe und der Übersetzung, vorbehalten. Gedruckt auf alterungsbeständigem Papier.

Inhaltsverzeichnis

Vorwort 11

1. Die Bilanz

Die Bilanz der Europäischen Integration 2018 15
Werner Weidenfeld

Die Europapolitik in der wissenschaftlichen Debatte 25
Darius Ribbe/Wolfgang Wessels

Brexit 43
Daniel Schade

2. Die Institutionen der Europäischen Union

Die institutionelle Architektur der Europäischen Union 55
Johannes Müller Gómez/Wolfgang Wessels

Europäisches Parlament 69
Andreas Maurer

Europäischer Rat 77
Alina Thieme/Wolfgang Wessels

Rat der Europäischen Union 85
Nicolai von Ondarza

Europäische Kommission 93
Andreas Hofmann

Gerichtshof 101
Siegfried Magiera/Matthias Niedobitek

Europäische Zentralbank 111
Martin Selmayr

Rechnungshof 119
Siegfried Magiera/Matthias Niedobitek

Ausschuss der Regionen 123
Otto Schmuck

Europäischer Wirtschafts- und Sozialausschuss 127
Doris Dialer

Europäische Agenturen 131
Michael Kaeding

3. Die politische Infrastruktur

Nationale Parlamente 137
Valentin Kreilinger

Europäische Parteien 141
Jürgen Mittag

Europäische Bürgerinitiativen 145
Julian Plottka
Lobbyismus in der partizipativen Demokratie 149
Bernd Hüttemann
Die öffentliche Meinung 153
Thomas Petersen
Kirchen und Religionsgemeinschaften 161
Matthias Belafi

4. Die Innenpolitik der Europäischen Union

Agrar- und Fischereipolitik 167
Christian Lippert
Asyl-, Einwanderungs- und Visapolitik 173
René Repasi
Beschäftigungs- und Sozialpolitik 183
Björn Hacker
Bildungspolitik 189
Knut Diekmann
Binnenmarkt 193
Florian Baumann/Sebastian Schäffer
Digitale Agenda und Cybersicherheit 197
Hans-Wilhelm Dünn/Lukas Schäfer
Energiepolitik 203
Mirja Schröder
Forschungs-, Technologie- und Telekommunikationspolitik 207
Jürgen Turek
Gesundheits- und Verbraucherpolitik 211
Sarah-Lena Böning/Remi Maier-Rigaud
Haushaltspolitik 215
Peter Becker
Industriepolitik 221
Jürgen Turek
Kulturpolitik 225
Otto W. Singer
Menschenrechtspolitik 229
Gabriel N. Toggenburg
Polizeiliche und justizielle Zusammenarbeit 235
Christoph Gusy/Jan-Peter Möhle
Regionalpolitik 241
Konrad Lammers
Sportpolitik 247
Jürgen Mittag

Tourismuspolitik 249
Anna-Lena Kirch
Umwelt-, Klima- und Meerespolitik 251
Gaby Umbach
Verkehrspolitik 259
Daniel Martinek/Sebastian Schäffer
Währungspolitik 263
Gabriel Glöckler
Weltraumpolitik 269
Jürgen Turek
Wettbewerbspolitik 271
Henning Klodt
Wirtschaftspolitik 275
Roland Döhrn/Wim Kösters

5. Die Außenpolitik der Europäischen Union
Außenwirtschaftsbeziehungen 283
Wolfgang Weiß
Entwicklungszusammenarbeit und Humanitäre Hilfe 289
Julian Bergmann/Niels Keijzer
Gemeinsame Außen- und Sicherheitspolitik 295
Annegret Bendiek/Moritz Fessler
Gemeinsame Sicherheits- und Verteidigungspolitik 301
Daniel Göler/Lukas Zech
Afrikapolitik 307
Melanie Müller/Denis M. Tull
Asienpolitik 311
Franco Algieri
Die Europäische Union und China 315
Franco Algieri
Lateinamerikapolitik 319
Susanne Gratius
Nahostpolitik 323
Michael L. Bauer/Simon Hartmann
Die Europäische Union und die USA 327
Jackson Janes
Zentralasienpolitik 333
Katrin Böttger/Julian Plottka

6. Die Europäische Union und ihre Nachbarn
Europäische Nachbarschaftspolitik 337
Erik Brandes/Barbara Lippert

Östliche Partnerschaft 343
Katrin Böttger

Ukraine 345
Constanze Aka/Martin Stein

Moldau 347
Dominic Maugeais

Georgien 349
Mariam Khotenashvili

Mittelmeerpolitik 351
Tobias Schumacher

Die EFTA-Staaten, der EWR und die Schweiz 355
Burkard Steppacher

Die Europäische Union und Russland 361
Sabine Fischer

7. Die Erweiterung der Europäischen Union

Die Erweiterungspolitik der Europäischen Union 367
Barbara Lippert

Südosteuropapolitik 377
Franz-Lothar Altmann

Albanien 381
Tobias Flessenkemper

Bosnien und Herzegowina 383
Tobias Flessenkemper

Kosovo 385
Tobias Flessenkemper

Mazedonien 387
Oliver Schwarz

Montenegro 389
Sebastian Schäffer

Serbien 391
Sabine Willenberg

Türkei 393
Funda Tekin

8. Die Europäische Union und andere Organisationen

Die Europäische Union und der Europarat 401
Klaus Brummer

Die Europäische Union und die NATO 407
Hans-Georg Ehrhart

Die Europäische Union und die OSZE 413
Wolfgang Zellner

Die Europäische Union und die Vereinten Nationen 419
Günther Unser

9. Die Europapolitik in den Mitgliedstaaten der Europäischen Union

Belgien 427
Christian Franck

Bulgarien 431
Johanna Deimel

Bundesrepublik Deutschland 435
Stefan Kornelius

Dänemark 443
Anne Pintz

Estland 447
Tobias Etzold

Finnland 449
Tuomas Iso-Markku

Frankreich 453
Joachim Schild

Griechenland 459
Heinz-Jürgen Axt

Irland 465
Anthony Costello

Italien 469
Alexander Grasse/Jan Labitzke

Kroatien 475
Hrvoje Butković

Lettland 477
Karlis Bukovskis

Litauen 479
Tobias Etzold

Luxemburg 481
Jean-Marie Majerus/Guido Lessing

Malta 483
Heinz-Jürgen Axt

Die Niederlande 485
Monika Sie Dhian Ho

Österreich 489
Katrin Auel/Johannes Pollak

Polen 493
Agnieszka Cianciara

Portugal 497
Bruno Oliveira Martins

Inhalt

Rumänien 501
Alexandru Damian
Schweden 505
Tobias Etzold/Charlotte Wenner
Slowakei 509
Marta Králiková
Slowenien 513
Marko Lovec
Spanien 517
Eduard Soler i Lecha/Laia Mestres
Tschechische Republik 521
Volker Weichsel
Ungarn 525
Heiko Fürst
Vereinigtes Königreich 529
Birgit Bujard
Zypern 537
Heinz-Jürgen Axt

10. Anhang
   Abkürzungen 541
   Die Autoren und Autorinnen 543

Vorwort

Mit einer ambitionierten Rede zur Zukunft der Europäischen Union hat Frankreichs Staatspräsident Emmanuel Macron am 26. September 2017 der Reformdebatte einen visionären Impuls verliehen. Macrons Rede an der Pariser Sorbonne-Universität kurz nach den Wahlen zum Deutschen Bundestag richtete sich auch an den politischen Partner in Berlin und suchte den Schulterschluss zur Reform der EU. Nach einer langwierigen Regierungsbildung in Deutschland reagierte die wiedergewählte deutsche Bundeskanzlerin Angela Merkel im Juni 2018 auf die Reformvorhaben aus Paris. Somit werden aktuell Reformideen für einen eigenen Haushalt für die Eurozone, die Stärkung der sozialen Dimension der europäischen Integration, die Weiterentwicklung des Europäischen Stabilitätsmechanismus zu einem Europäischen Währungsfonds sowie die Schaffung einer Europäischen Armee zwischen Paris und Berlin diskutiert.

Trotz dieser Reformimpulse bewertet Werner Weidenfeld in seiner *Bilanz* die europäische Tagespolitik als weiterhin vom Krisenmanagement erfasst. Herausforderungen wie die neue populistische und gleichzeitig europaskeptische Regierung des Gründungsmitglieds Italien, die weiterhin stockende Reform des Gemeinsamen Europäischen Asylsystems und die Verhandlungen zum erstmaligen Austritt eines Mitglieds aus der EU würden von der wichtigen Aufgabe, Europas Seele zu suchen, ablenken. Dabei unterstreicht Weidenfeld die Wichtigkeit, die strategische Sprachlosigkeit in Europa zu überwinden.

Den Verhandlungen zum Austritt des Vereinigten Königreichs aus der EU widmet das Jahrbuch erneut einen eigenen Beitrag. Über zwei Jahre nach dem Austrittsreferendum zeichnet sich bei den Verhandlungen erst im November 2018 eine Einigung ab. Essentielle Fragen wie die künftigen Beziehungen zwischen der EU und dem Vereinigten Königreich, aber vor allem die Verhinderung einer befestigten Grenze auf der irischen Insel, die den fragilen Frieden zwischen Nordirland und der Irischen Republik gefährden würde, stellen die größten Hürden auf dem Weg zu Verhandlungsergebnissen dar. Die verschiedenen Positionen werden in den Beiträgen über den *Brexit*, das *Vereinigte Königreich* und *Irland* beleuchtet.

Im Kapitel zu den *Institutionen der Europäischen Union* wird deutlich, dass sich die Institutionen und europapolitischen Akteure bereits auf die Europawahlen 2019 vorbereiten. Der Beitrag über das *Europäische Parlament* beschreibt die Entscheidungsfindung über die künftige Verwendung der Sitze der britischen Europaabgeordneten nach dem Austritt des Vereinigten Königreichs. Obwohl insbesondere Staatspräsident Macron für das Aufgehen der 73 britischen Sitze in einen europäischen Wahlkreis und damit die Etablierung transnationaler Listen warb, stimmten die Abgeordneten des Europäischen Parlaments letztlich gegen das Vorhaben. Stattdessen soll im neugewählten Europäischen Parlament der Grundsatz der „degressiven Proportionalität" verbessert Anwendung finden, indem zuletzt benachteiligte Mitgliedstaaten wie Frankreich und Spanien jeweils fünf zusätzliche Sitze erhalten. Ferner nimmt die Zersplitterung im Europäischen Parlament weiter zu und könnte den Spitzenkandidatenprozess zur Ernennung des nächsten Präsidenten der Europäischen Kommission beeinflussen, wie der Beitrag über die *Europäischen Parteien* schlussfolgert. Zudem wirken sich Tendenzen der Desintegration und Abbauflexibilisierung immer wesentlicher auf das Gleichgewicht zwischen den EU-Institutionen aus, wie Darius Ribbe und Wolfgang Wessels in ihrem Beitrag über die *Europapolitik in der wissenschaftlichen Debatte* feststellen.

Im Kapitel zur *politischen Infrastruktur* zeichnet der Beitrag über die *Europäische Bürgerinitiative* die Reform dieses Recht der Unionsbürger zur Agenda-Setzung auf EU-Ebene nach. In einem breiten Reformprozess über eine bürgernähere Ausgestaltung der Bürgerinitiative werden sowohl Experten als auch die Zivilgesellschaft konsultiert.

Die einzelnen Beiträge zur *Innen-* und *Außenpolitik der Europäischen Union* bieten tiefergehende Detailanalysen zu den Entwicklungen der einzelnen Politikbereiche an. Erneut steht die Migrationskrise mit ihren innen-, sicherheits- und außenpolitischen Dimensionen im Vordergrund. Die legislative Tätigkeit in diesem Politikbereich ist weiterhin blockiert und beruht zunehmend auf Freiwilligkeit, wie der Beitrag über die *Asyl-, Einwanderungs- und Visapolitik* unterstreicht. Der Beitrag über die *Beschäftigungs- und Sozialpolitik* bespricht den Mehrwert der im November 2017 verabschiedeten Europäischen Säule sozialer Rechte. Als integrationspolitisches Novum wird im Beitrag über die *Gemeinsame Sicherheits- und Verteidigungspolitik* die Entscheidung von 25 Mitgliedstaaten zur Etablierung einer Ständigen Strukturierten Zusammenarbeit (im Sprachgebrauch auch PESCO als Abkürzung für Permanent Structured Cooperation) erläutert.

Im Kapitel über die *Europäische Union und ihre Nachbarn* wird die weitere Ausdifferenzierung der Zusammenarbeit der EU mit ihren Nachbarn deutlich. Während der Beitrag über die *Türkei* schlussfolgert, dass die Zukunft der Beitrittsverhandlungen weiterhin ungeklärt ist, steht im Kapitel über die *Erweiterung der Europäischen Union* die neue Westbalkan-Strategie der EU und ihre Auswirkung auf die Beitrittskandidaten im Fokus.

Das Kapitel zur *Europäischen Union und anderen internationalen Organisationen* informiert über das koordinierte Vorgehen der EU-Mitgliedstaaten in den Vereinten Nationen, die Entwicklungen der OSZE und den Stand der Beziehungen zur NATO.

Politisches Spaltpotenzial geht zunehmend von der Infragestellung des Rechtsstaates und europäischer Werte in einigen Mitgliedstaaten aus und findet seinen Höhepunkt in der erstmaligen Einleitung eines Verfahrens nach Art. 7 EUV gegen Polen. Divergierende Positionen zwischen den Mitgliedstaaten traten ebenfalls in den Verhandlungen über den nächsten mehrjährigen Finanzrahmen zu Tage: Während südeuropäische Mitgliedstaaten für eine Erhöhung des Haushalts trotz des Austritts des Vereinigten Königreichs als großen Nettozahler eintreten, formierte sich eine „Hanse-Gruppe" nordeuropäischer Mitgliedstaaten, die dieser Forderung entgegentritt. Die jeweiligen nationalen Positionen werden im Kapitel über die *Europapolitik in den Mitgliedstaaten der Europäischen Union* dargestellt.

In diesem Jahr erscheint das Jahrbuch der Europäischen Integration zum 38. Mal. Es ist uns daher eine besondere Freude, auf die digitale Aufbereitung der Jahrbücher seit ihrem ersten Erscheinen 1980 unter www.Wissen-Europa.de hinzuweisen, wo einem breiten Publikum über drei Jahrzehnte europäischer Zeitgeschichte online zur Verfügung stehen. Mit dieser Ausgabe wird der Bestand um den Zeitraum von Mitte 2017 bis Mitte 2018 erweitert. Das Jahrbuch der Europäischen Integration ist ein Projekt des Instituts für Europäische Politik, das in Kooperation mit dem Centrum für angewandte Politikforschung der Universität München (C.A.P) und dem Centrum für Türkei und EU Studien (CETEUS) der Universität zu Köln verwirklicht wird. Ohne die großzügige Förderung durch das Auswärtige Amt war und ist das Jahrbuch nicht realisierbar. Unser besonderer Dank gilt auch den Autorinnen und Autoren, deren großes Expertenwissen die solide Grundlage und das unverkennbare Profil des Jahrbuchs bildet. Jana Schubert danken wir für ihre großartige Redaktion, ohne die die Realisierung dieses Projekts nicht möglich wäre.

Werner Weidenfeld *Wolfgang Wessels*

1. Die Bilanz

Die Bilanz der Europäischen Integration 2018

Werner Weidenfeld

Gleichsam seismographisch lassen sich die Bewegungen und Erschütterungen Europas ablesen, wenn man die alltäglichen Schlagzeilen sensibel auswertet: „Weckruf für Europa",[1] „Scheitert Europa",[2] „Schafft Europa das?",[3] „Sehnsucht nach starker Führung".[4]

Was steckt dahinter? Mehr als die traditionelle Abfolge europäischer Krisen und die darauf jeweils folgenden Fragmente eines Krisenmanagements. Nunmehr werden erstmals in der Integrationsgeschichte der Nachkriegszeit mit Nachdruck die Sinnfragen des Gesamtprojekts der Einigung Europas aufgeworfen.

Was ist der Grund für dieses höchst ungewöhnliche Phänomen? Zunächst erkennt man den Verfall früherer normativer Grundlagen. Sie sind im Generationenwechsel konsumiert. Sie erodieren. Und es fehlt als Kompensation ein Zukunftsnarrativ. Europa befindet sich in einer Ära strategischer Sprachlosigkeit.[5] Versuchen wir, die Tiefe des Vorgangs zu erfassen:

Politik verkommt zur Inszenierung von Machtspielen. Das ist weit weg von der großen Aufgabe, den öffentlichen Raum aus überzeugenden Ideen heraus zu gestalten, rational die Mitverantwortung als Bürger und als deren Repräsentanten umzusetzen.[6] Die Wahlergebnisse quittieren diese Merkwürdigkeiten. Sie belegen im Blick auf die Traditionsparteien das jeweilige Führungsdilemma ebenso wie den Autoritätsverlust. Die herkömmlichen Parteien verlieren europaweit an Zustimmung und zugleich dockt die Frustration der Wähler anderswo neu an. Der politische Apparat läuft einfach weiter, als sei nichts passiert.[7] Mit Legitimationskrise ist jener lähmende Mehltau zu beschreiben, der sich über den Kontinent gelegt hat. Der Traum vom Aufbruch in eine neue historische Epoche sieht anders aus.

Die Europapolitik begegnet den großen historischen Herausforderungen – von der neuen Völkerwanderung über die terroristischen Gefahren, von der Klimakatastrophe über die Gestaltung der Beziehungen zur Türkei[8] bis hin zur aktuellen weltpolitischen Risikolandschaft – entweder mit Ratlosigkeit oder mit situativem Krisenmanagement. Die Sehnsucht der Bürger nach strategischen Zukunftsperspektiven bleibt unbeantwortet. Die Politik nimmt Abschied vom kulturellen Horizont. Eine politische Elite bleibt sprachlos. Das eher verwirrende Hin und Her der europäischen Türkei-Politik ist ein praktisches Beispiel dafür. Der Problembefund ist höchst evident. Wer die aktuellen Papiere der diver-

---

1 Frankfurter Allgemeine Zeitung vom 11.7.2018, S. 8.
2 Handelsblatt vom 29.6.2018, S.1.
3 Der Tagesspiegel vom 1.7.2018, S. 4.
4 Frankfurter Allgemeine Zeitung vom 18.7.2018, S. 8.
5 Siehe ausführlicher dazu: Werner Weidenfeld: Europa. Eine Strategie, München 2014.
6 Vgl. vertiefend: Werner Weidenfeld: Europas Seele suchen, Baden-Baden 2017.
7 Vgl. Julia Klein/Julian Plottka/Amelie Tittel: Der Neustart der europäischen Integration durch eine inklusive Avantgarde?, in: integration 2/2018, S. 141–168, hier S. 144–147.
8 Vgl. hierzu auch den Beitrag „Türkei" in diesem Jahrbuch.

sen europäischen Parteien liest, merkt sofort: Nicht einmal auf die Suche nach einem Kompass begibt man sich. Außenpolitische Strategie, weltpolitische Verantwortung, sicherheitspolitische Risikobewältigung, demographische Strukturverschiebungen, Bewahrung des Naturraums, Zukunftsvision – alles Fehlanzeige. Offenbar gewöhnt man sich an eine Politik ohne Faszinosum. Das Wabern im politisch-kulturellen Unterfutter weist inzwischen Populismus, Nationalismus und Regionalismus auf.

Die konkreten Themen, die jeweils phasenweise die Europäer beschäftigen, sind einzelne thematische Fragmente, die vom Krisenmanagement erfasst werden: Der anstehende Austritt des Vereinigten Königreichs aus der Europäischen Union, die Zweifel an der Rechtsstaatlichkeit in Polen und Ungarn, die sich im Rechtsstaatlichkeitsverfahren gegenüber Polen niederschlagen,[9] neue Regierungen in Spanien und Italien, die Erweiterung der Europäischen Union im Westbalkan[10] sowie Herausforderungen in Migrations- und Sicherheitspolitik.

Austritt des Vereinigten Königreichs aus der Europäischen Union

Als mit dem britischen Referendum über einen „Brexit" entschieden war, dass einer der großen Mitgliedstaaten die Europäische Union verlassen werde, konzentrierte sich die Aufmerksamkeit auf die taktischen Details der Verhandlungspartner.[11] Zwei Staaten hätten ein Modell der besonderen Beziehungen zur Europäischen Union bieten können: Norwegen und die Schweiz.[12] Es wurde aber bald klar, dass Großbritannien einen eigenen Weg einschlagen wollte.

Auf EU-Seite stellte sich bald Verärgerung über die Grundhaltung der britischen Seite ein: Das Pochen auf die eigene Souveränität bei gleichzeitig fehlendem Respekt für die Souveränität der Europäischen Union.

Neben den Grundsatzpapieren der britischen Regierung und die jeweilige Reaktion der Europäischen Union – in der Regel vorgebracht vom Chefunterhändler Michel Barnier – erreichten sensible Konfliktpunkte immer wieder Aufmerksamkeit: Von der Frage nach der irischen Grenzkontrolle und ihre möglicherweise höchst gewaltsamen Folgen,[13] über das Thema der Unabhängigkeit Schottlands und dann ökonomisch-politische Kernfelder wie die Zukunft der Wissenschaftskooperation und die Zukunft des Bankenwesens.

Die Verhandlungspartner einigten sich auf eine 21-monatige Übergangsfrist nach dem Austritt, der Ende März 2019 vollzogen werden soll. In der Übergangszeit soll sich Großbritannien weiter an alle EU-Regeln halten und auch finanzielle Beiträge wie bisher nach Brüssel überweisen. Dafür behält in dieser Zeit das Land den Zugang zum EU-Binnenmarkt und bleibt Teil der Zollunion.

---

9   Vgl. hierzu auch den Beitrag „Polen" in diesem Jahrbuch.
10 Vgl. hierzu auch den Beitrag „Die Erweiterungspolitik der Europäischen Union" in diesem Jahrbuch.
11 Zum Brexit siehe Funda Tekin: Was folgt auf den Brexit? In: integration 3/2016, S. 183–197; Vgl. hierzu auch den Beitrag „Brexit-Verfahren" in diesem Jahrbuch.
12 Vgl. hierzu auch den Beitrag „Die EFTA-Staaten, der EWR und die Schweiz" in diesem Jahrbuch.
13 Vgl. hierzu auch den Beitrag „Irland" in diesem Jahrbuch.

Polen und Ungarn: Zweifel an der Rechtsstaatlichkeit

Die Position der Europäischen Union gegenüber Polen[14] und Ungarn wurde von ernsthaften Zweifeln an der Rechtsstaatlichkeit bestimmt. So entschied die Europäische Kommission angesichts verabschiedeter Gesetze, die die Unabhängigkeit der Justiz in Polen in Frage stellen, ein Verfahren anzustreben. Den Entzug der Stimmrechte musste Polen kaum fürchten, da Ungarn ein Veto für diese Abstimmung angekündigt hat. Es geht um die Betonung der Europäischen Union im Blick auf Gültigkeit und Relevanz ihrer vertraglichen Grundprinzipien. Und diese Prinzipien werden auch von Ungarn in Frage gestellt.[15]

Spanien und Italien

Eine dritte Stufe von Systemproblemen war in Spanien und in Italien zu beobachten. Kataloniens Unabhängigkeitsstreben nahm zusätzliche Dimensionen an,[16] indem Belgien[17] und Deutschland zur Fluchtlinie des katalonischen Regierungschefs gehörten. In Italien dauerte es sehr lange, bis eine Regierung ins Amt kam und diese Regierung hatte nun eine höchst antieuropäische Konnotation.[18] Die Medien stellten fest, nun sei Europa im Kern getroffen: „Mit Italien kann sich die EU auf das Schlimmste gefasst machen, muss aber die Nerven halten."[19]

Westbalkan

Neben dem Trend der Erosion der Europäischen Union ist auch der Gegentrend zu beobachten: Magnetische Attraktion des Integrationsprozesses, mindestens der Wunsch, dieser Union beizutreten. Die Europäische Union macht den sechs Westbalkanstaaten (Serbien, Montenegro, Mazedonien, Bosnien-Herzegowina, Albanien, Kosovo) Hoffnung auf eine EU-Mitgliedschaft, die im politischen, sicherheitspolitischen und wirtschaftlichen Interesse der Union sei. Für Serbien und Montenegro wird sogar das Jahr 2025 als Beitrittsjahr genannt. Dieser Prozess wird seitens der Europäischen Union mit finanziellen Hilfen stark unterstützt und gefördert.[20]

Migration

Sachpolitisch zählte zu den besonderen Herausforderungen das Problem der Migration: „Scheitert Europa? Wie die Flüchtlingskrise zur Schicksalsfrage der EU wurde."[21] Dabei hat sich die Faktenlage deutlich entdramatisiert. Die Zahl illegaler Grenzübertritte in die Europäische Union ist um 96 Prozent gesunken. Trafen 2015 über das östliche Mittelmeer täglich noch 10.000 Flüchtlinge ein, so waren es zuletzt nur noch durchschnittlich 81. Auf der zentralen Route von Afrika nach Italien sank die Zahl gegenüber 2017 um 77 Prozent. Bei den Maßnahmen zur Krisenbewältigung hat die Europäische Union spürbare Fort-

---

14 Vgl. vertiefend: Polen, in: Aus Politik und Zeitgeschehen 10-11/2018; Vgl. hierzu auch den Beitrag „Polen" in diesem Jahrbuch.
15 Vgl. hierzu auch den Beitrag „Ungarn" in diesem Jahrbuch.
16 Vgl. hierzu auch den Beitrag „Spanien" in diesem Jahrbuch.
17 Vgl. hierzu auch den Beitrag „Belgien" in diesem Jahrbuch.
18 Vgl. hierzu auch den Beitrag „Italien" in diesem Jahrbuch.
19 Süddeutsche Zeitung vom 25.5.2018, S. 4.
20 Vgl. hierzu auch die Beiträge „Die Erweiterungspolitik der Europäischen Union", „Albanien", „Bosnien und Herzegowina", „Kosovo", „Mazedonien", „Montenegro" und „Serbien" in diesem Jahrbuch.
21 Handelsblatt, 29.6.2018, S. 1; Vgl. hierzu auch den Beitrag „Asyl-, Einwanderungs- und Visapolitik" in diesem Jahrbuch.

schritte erzielt. Dazu zählen der Ausbau der Europäischen Agentur für die Grenz- und Küstenwache (FRONTEX) zu einem Europäischen Grenz- und Küstenschutz ebenso wie die Einrichtung der Hotspots in Griechenland und Italien als Erstaufnahme- und Registrierungseinrichtungen.[22] Zur Verbesserung der praktischen Maßnahmen gehört in diesem Kontext auch das EU-Türkei-Abkommen vom 18. März 2016.

Die Europäische Union bleibt zu diesem Thema unter Druck.[23] Durch die Maßnahmen der vergangenen Jahre hat die EU Zeit gewonnen. Aber global werden Migration und Flucht weiter zunehmen.

Sicherheitspolitik

Seit langer Zeit erodiert das Vertrauen der Europäer in die Vereinigten Staaten.[24] Erosionen in den transatlantischen Beziehungen sind unübersehbar – ebenso wie die Zeichen, die auf eine Entfreundung zwischen Europa und Amerika hinweisen.[25] Ebenso haben in einer dramatischen Form die inneramerikanischen Spannungen zugenommen. Und dann kam ein Politiker, der sich dies alles für seinen persönlichen Erfolg zu Nutze machen konnte: Donald Trump. Als amerikanischer Präsident stellte er dies alles unter das Motto ‚America first'. Folgerichtig wies er die Europäer darauf hin, sie sollten sich nun doch selbst um ihre Sicherheit kümmern.[26] Auch Elemente von transatlantischen Handelskriegen wurden beschrieben. Für die Europäer war dies ein überfälliger Weckruf. Entsprechend zupackend bemühte sich nun die Europäische Union, ihre sicherheitspolitische Handlungsfähigkeit auszubauen. Medial fand es seinen Niederschlag in imposanten Überschriften: „Das Ende der Enthaltsamkeit",[27] „Mit vereinten Kräften sollte die gemeinsame Verteidigung effizienter werden."[28] 23 Mitgliedstaaten setzten ihre Unterschrift unter Dokumente, die eine europäische Sicherheits- und Verteidigungsunion begründen sollten[29] – strukturell als differenzierte Integration, in der Vertragssprache als „Ständige Strukturelle Zusammenarbeit". Hilfreich für diesen Fortschritt war zweifellos, dass Großbritannien solche Initiativen in der Sicherheitspolitik nach dem „Brexit"-Beschluss nicht mehr ausbremste. Zu den 17 markanten Vereinbarungen gehörten unter anderem die Schaffung eines Europäischen Verteidigungsfonds, der 2019 und 2020 mit 500 Mio. Euro ausgestattet sein soll, der

---

22 Vgl. Klein/Plottka/Tittel: Neustart durch inklusive Avantgarde?, 2018, S. 148–151.
23 Vgl. Mark Leonard: Sondierungen für Europa. Wie die nächste Bundesregierung die EU vor dem Zerfall bewahren kann, in: Internationale Politik 1-2/2018, S. 37–43; derselbe Europas Galapagos-Moment. Persönliche Gedanken zur Zukunft der EU, in: Internationale Politik 6-7/2017, S. 68–77; Josef Janning/Almut Möller: Was Europa verbindet. Stärkerer Zusammenhalt in der EU ist machbar, aber Berlin muss mehr tun, in: Internationale Politik 3/2018, S. 32–37.
24 Vgl. vertiefend: Werner Weidenfeld: Kulturbruch mit Amerika? Das Ende transatlantischer Selbstverständlichkeit, Gütersloh 1996.
25 Siehe Renate Köcher: Die große Entfreundung, in Frankfurter Allgemeine Zeitung, 17.5.2018, S. 8.
26 Vgl. hierzu auch den Beitrag „Die Europäische Union und die USA" in diesem Jahrbuch.
27 Süddeutsche Zeitung vom 14.11.2017, S. 7.
28 Vgl. vertiefend: Thomas Jäger: Europäische Sicherheitskooperation. Bestandsaufnahme und Handlungsfelder, in: Aus Politik und Zeitgeschehen 43-45/2016, S.21–28; Anna-Maria Kellner: Zum Erfolg verdammt? Die gemeinsame Sicherheits- und Verteidigungspolitik der EU ein Jahr nach der Globalen Strategie, in: Zeitschrift für Außen- und Sicherheitspolitik 1/2018, S. 1–11; Rosa Beckmann/Ronja Kempin: EU-Verteidigungspolitik braucht Strategie, in: SWP-Aktuell 2017/A 60, August 2017; Annegret Bendiek: Die Globale Strategie für die Außen und Sicherheitspolitik der EU, in: SWP-Aktuell 2016/A 44, Juli 2016.
29 Vgl. Klein/Plottka/Tittel: Neustart durch inklusive Avantgarde?, 2018, S. 153ff; Vgl. hierzu auch den Beitrag „Gemeinsame Sicherheits- und Verteidigungspolitik" in diesem Jahrbuch.

Ausbau der Europäischen Verteidigungsagentur, die Verwirklichung der 2016 angenommenen „Globalen Strategie zur Außen- und Sicherheitspolitik"[30] sowie die Einigung auf eine Kommandozentrale für EU-Auslandseinsätze, die Einrichtung eines europäischen medizinischen Koordinierungszentrums (Military Planning and Conduct Capability, MPCC) und die Schaffung eines logistischen Zentrums für die Erleichterung militärischer Transporte. Im Juni 2018 einigten sich dann neun Verteidigungsminister auf die Gründung einer „Europäischen Interventionsinitiative" (EI2) die in Krisenfällen aktiv werden soll. Parallel zu diesen sicherheitspolitischen Fortschritten muss der Sozialgipfel in Göteborg im Dezember 2017 registriert werden, bei der sich die EU-Mitglieder auf die „europäische Säule sozialer Rechte" verpflichteten, die auf soziale Mindeststandards wie faire Löhne, Arbeitslosenhilfe, Bildung für alle, Gesundheitsversorgung und Gleichberechtigung abzielt.[31]

Anregung zur Zukunftsstrategie

Die Europapolitik wurde weiterhin dominiert vom Krisenmanagement in einzelnen Fragmenten – von der Brexitentscheidung bis zur Migration,[32] von Einzelkonflikten zu Polen und Ungarn, zu Spanien und Italien: Spürbar wuchs hinter all diesen Einzelvorgängen die Kritik an der strategischen Sprachlosigkeit der Europäischen Union. Man spürte das Verlangen nach Beiträgen, die diese Erwartung auf Zukunftsbilder Europas erfüllen sollten. Einige führende Europapolitiker lieferten Beiträge dazu: Jean-Claude Juncker, Angela Merkel und Emmanuel Macron.

Jean-Claude Junker hatte ja bereits 2017 die Diskussion angestoßen mit der Vorlage des Weißbuches der Europäischen Kommission,[33] das fünf mögliche Zukunftsszenarien detailliert darlegte. Damit waren aber lediglich diverse Möglichkeiten reflektiert, keine konzise Strategie vorgelegt. Präziser wurde er im Februar 2018, als er anregte, die bislang getrennten Funktionen des Präsidenten der Europäischen Kommission und des Europäischen Rates unter einem „Doppelhut" zu vereinen.[34] Er verband damit die Anregung, das bei der Europawahl 2014 erstmals praktizierte Verfahren des Einsatzes von Spitzenkandidaten beizubehalten. Das Modell der Spitzenkandidaten wurde auch vom Europäischen Parlament kräftig unterstützt.[35]

Angela Merkel schaltete sich in die Diskussion mit der Stärkung der Eurozone unter anderem durch die Schaffung eines Europäischen Währungsfonds ein.[36] Außerdem regte sie an, einen EU-Sicherheitsrat und eine europäisierte Eingreiftruppe zu schaffen. Als Überschrift kann man den früheren Weckruf Angela Merkels verwenden: „Wir Europäer müssen unser Schicksal wirklich in die eigene Hand nehmen."[37]

---

30 Vgl. hierzu auch den Beitrag „Gemeinsame Außen- und Sicherheitspolitik" in diesem Jahrbuch.
31 Vgl. hierzu auch den Beitrag „Beschäftigungs- und Sozialpolitik" in diesem Jahrbuch.
32 Vgl. Klein/Plottka/Tittel: Neustart durch inklusive Avantgarde?, 2018, S. 147–157.
33 Siehe EU-Nachrichten vom 2. März 2017, S. 1 f.; Otto Schmuck: Das Weißbuch der Kommission zur Zukunft Europas, in: Integration 4/2017, S. 276–294.
34 Süddeutsche Zeitung vom 15.2.2018, S. 6.
35 Siehe Frankfurter Allgemeine Zeitung vom 8.2.2018, S. 4; Süddeutsche Zeitung vom 8.2.2018, S. 9; Vgl. hierzu auch den Beitrag „Europäisches Parlament" in diesem Jahrbuch.
36 Siehe Süddeutsche Zeitung vom 4.6.2018, S. 1, 4 und 6.
37 Süddeutsche Zeitung vom 3.8.2018, S. 4; Thomas Gutschker/Eckart Lohse: Existenzfragen für Europa, Interview mit Bundeskanzlerin Angela Merkel, Frankfurter Allgemeine Sonntagszeitung, 3.6.2018; Vgl. hierzu auch den Beitrag „Bundesrepublik Deutschland" in diesem Jahrbuch.

Größte Resonanz fand der französische Staatspräsident Emmanuel Macron[38] mit seinen diversen Grundsatzreden zur Zukunft Europas: an der Universität Sorbonne, vor dem Europäischen Parlament und anlässlich der Verleihung des Karlspreises.

Macron kritisierte in seiner Sorbonne-Rede[39] die Europäische Union als „zu langsam, zu schwach und zu ineffizient."[40] Europa müsse neu gegründet werden. Und weiter: „Deutschland sollte das Risiko eingehen, uns Vertrauen zu schenken."[41] Ein neuer Deutsch-Französischer Freundschaftsvertrag steht an.

Macron listet in seinen Reden eine Fülle von Forderungen auf: So fordert er einen eigenen Etat für die Eurozone mit einem eigenen Finanzminister, ein europäisches Verteidigungsbudget und eine gemeinsame Interventionstruppe, eine europäische Staatsanwaltschaft, eine europäische Asylbehörde und einen europäischen Zivilschutz, die Einführung einer Finanztransaktionssteuer sowie die Schaffung von 20 europäischen Universitäten mit europäischen Abschlüssen.[42] Dabei fasst er seine Europa-Reformforderung immer wieder unter „die Neugründung Europas"[43] zusammen.

Die Ideen und Vorschläge der drei Spitzenpolitiker Juncker, Merkel und Macron zur Europa-Reform bieten insgesamt einen langen Katalog einzelner Reformschritte. Was sich daraus bisher nicht ableiten lässt, ist ein in sich stimmiger strategischer Zukunftsentwurf. Auch eine Vielzahl von Einzelvorschlägen[44] kann die Klage über die strategische Sprachlosigkeit nicht wirklich überwinden.

Europas Horizont

Es mangelt nicht an Kritik an dem Status quo der Integrationspolitik. Jürgen Habermas erhielt viel Beifall, als er beim Festakt anlässlich der Verleihung des „Deutsch-Französischen-Medienpreises" in seiner Dankesrede sagte: „Statt langfristig zu denken, versinken die politischen Eliten im Sog eines kleinmütigen, demoskopisch gesteuerten Opportunismus kurzfristiger Machterhaltung."[45] Zeitgleich finden wir die nächste aussagestärkere Überschrift zu Europa: „Nie hatten wir so viel zu verlieren wie heute."[46] Und zugleich liegt das demoskopische Material vor: Die Zustimmung zur Europäischen Union ist gegenwärtig so hoch wie seit 1983 nicht.[47] Aus dem „Eurobarometer" geht hervor, dass mehr als zwei Drittel der EU-Bürger und 75 Prozent der Deutschen der Ansicht sind, dass ihr Land von der EU-Mitgliedschaft profitiert.

Europa kennt also Licht und Schatten. Es sucht nun Orientierung.

Die Vormoderne hat Identität gestiftet durch relativ einfache, überschaubare Lebensformen, durch geschlossene Weltbilder, durch ein stabiles Milieu, durch einen öffentlichen

---

38 Siehe vertiefend: Michael Wiegel: Emmanuel Macron. Ein Visionär für Europa – eine Herausforderung für Deutschland, Berlin 2018; Joachim Schild: Französische Europapolitik unter Emmanuel Macron, in: Integration 3/2017, S. 177–192; Vgl. hierzu auch den Beitrag „Frankreich" in diesem Jahrbuch.
39 Vgl. Französische Botschaft in Deutschland: Initiative für Europa – Die Rede von Staatspräsident Macron im Wortlaut, 29.8.2018, abrufbar unter: https://de.ambafrance.org/Initiative-fur-Europa-Die-Rede-von-Staatsprasident-Macron-im-Wortlaut (letzter Zugriff: 18.10.2018).
40 Frankfurter Allgemeine Zeitung vom 14.3.2018, S. 8.
41 Frankfurter Allgemeine Zeitung vom 14.3.2018, S. 8.
42 Vgl. hierzu auch den Beitrag „Bildungspolitik" in diesem Jahrbuch.
43 Siehe unter anderem Die Welt: „Wir müssen Europa neu gründen!", 25.3.2017, S. 2.
44 Vgl. Klein/Plottka/Tittel: Neustart durch inklusive Avantgarde?, 2018, S. 144–147.
45 Süddeutsche Zeitung vom 6.7.2018, S. 9.
46 Süddeutsche Zeitung vom 7.7.2018, S. 4.
47 Frankfurter Allgemeine Zeitung vom 24.5.2018, S. 1.

Konsens über die Alltagsbedeutung des Transzendenzbezugs des Menschen. In der Moderne sind diese kulturellen Rahmenbedingungen nicht mehr gegeben: Wachsende Kompliziertheit sozialer Organisationen, Pluralisierung der Lebenswelten, Anonymität sozialer Regelungen, Mobilität und steigende Verfallsgeschwindigkeit historischer Erfahrungen. Die Wissenssoziologie spricht in diesem Zusammenhang ganz anschaulich vom Leiden des modernen Menschen an einem sich dauernd vertiefenden Zustand der Heimatlosigkeit.

Angesichts der Erosion des gemeinsamen Symbolhaushaltes lautet der Befund: Europa braucht Ziele, Perspektiven, Orientierungen. Europa braucht einen normativen Horizont. Es muss dazu eine strategische Kultur aufbauen. Wer die große Zeitenwende Europas positiv beantworten will, der benötigt einen anderen kulturellen Umgang mit Europa:

(1) Neue Vitalität wird Europa nicht aus bürokratischen Mammutverträgen erwachsen. Europa kann heute durchaus als die rettende, elementare Antwort auf die Globalisierung und die damit verbundenen vielen Gewalt-Arenen der internationalen Konfliktlandschaft ein neues Ethos entfalten. Die Tür zu dieser neuen Sinnbegründung wäre geöffnet, wenn Europa ein strategisches Konzept der Differenzierung nach innen und nach außen böte. Nur die Europäische Union mit ihren knapp 450 Mio. Bürgern ist stark genug, den einzelnen Gesellschaften Schutz, Ordnung und Individualität zu garantieren.

(2) Eine komplizierte politische Wirklichkeit, die ihre Identität sucht, braucht den Ort repräsentativer Selbstwahrnehmung. In der klassischen Lehre der repräsentativen Demokratie ist dieser Ort das Parlament. Das Europäische Parlament und die nationalen Parlamente sind heute jedoch weit davon entfernt, der öffentliche Ort der Selbstwahrnehmung einer Gesellschaft mit Zukunftsbildern und Hoffnungen, mit ihren Ängsten und Konflikten zu sein. Das Europäische Parlament muss also – wie auch die nationalen Parlamente – seine Rolle sensibler und intensiver verstehen und umsetzen. Dies wäre dann ein entscheidender Beitrag zur dringend notwendigen Steigerung der Legitimation der europäischen Integration.[48]

(3) Identität wird durch einen gemeinsamen Erfahrungshorizont kreiert. Die Möglichkeiten hierzu bieten sich an. Die Dichte integrativer Verbindung hat drastisch zugenommen. Längst ist es nicht mehr bloß die Zollunion, der Agrarmarkt, der Außenhandel oder der Binnenmarkt.[49] Die Wirtschafts- und Währungsunion hat ebenso wie die neue Sicherheitslage einen schicksalhaften Schub ausgelöst.[50] Dies muss man politisch-kulturell beantworten. Europa muss sich als Strategie-Gemeinschaft begreifen, die einen gemeinsamen normativen Horizont realisiert.

Es geht also nicht um Traumtänzerei in eine neue historische Epoche. Es geht um die normativ fundierte Gestaltung von Interdependenz. Die Dichte der Verwebung von politischen, ökonomischen, kulturellen, digitalen Sachverhalten hat sich längst jenseits traditioneller Grenzen des Nationalen wie des Regionalen realisiert. Ein immenser Machttransfer ist bereits vollzogen. Entweder man wird davon überrollt, entmündigt, erdrosselt – oder man schafft adäquate Gestaltungsräume wie eine handlungsfähige und führungsstarke Europäische Union. Dieser Gestaltungsraum bedarf der normativen Grundierung, der plau-

---

48 Vgl. hierzu auch den Beitrag „Nationale Parlamente" in diesem Jahrbuch.
49 Vgl. hierzu auch die Beiträge „Agrar- und Fischereipolitik", „Außenwirtschaftsbeziehungen" und „Binnenmarktpolitik" in diesem Jahrbuch.
50 Vgl. hierzu auch die Beiträge „Währungspolitik" und „Gemeinsame Sicherheits- und Verteidigungspolitik" in diesem Jahrbuch.

siblen Legitimation und der effektiven, klugen Führung. Das alles zusammen ist eine wirklich große, ja historische Aufgabe.

Die Europäer erzählen sich nicht eine gemeinsame Geschichte. Sie verfügen nicht über ein Narrativ.[51] Ohne einen solchen Kontext der europäischen Selbstverständigung fehlen für den europapolitischen Kurs der Kompass und das stützende Geländer. Alles wird zum situationsorientierten Handeln. Dies ist jedoch nicht wie eine naturgesetzliche Zwangsläufigkeit über uns gekommen, sondern auch der Reflex einer jahrzehntelangen Vernachlässigung europäischer Orientierungsdebatten.

Der aktuelle Grundsatzbefund lautet daher: Europa braucht normative Horizonte. Es muss eine strategische Kultur aufbauen. Wir müssen Europas Seele suchen. Nur so wird der normative Horizont greifbar.

Weiterführende Literatur

Maurizio Bach/Barbara Höning (Hrsg.): Europasoziologie, Baden-Baden 2018.
Blanka Bellak et al. (Hrsg.): Governance in Conflict. Selected Cases in Europe and Beyond, Wien 2017.
Dominika Biegon et al.: The Relaunch of Europe. Mapping Member States' Reform Interests. Country Issue: Germany, Friedrich-Ebert-Stiftung, Berlin 2018.
Wolfgang Boeckh (Hrsg.): Den Europäischen Gedanken lebendig erhalten…, München 2017.
Katrin Böttger/Mathias Jopp (Hrsg.): Handbuch zur deutschen Europapolitik, Baden-Baden 2016.
Markus Brunnermeier/Harold James/Jean-Pierre Landau: Euro. Der Kampf der Wirtschaftskulturen, München 2018.
Rudolf Decker: Europa und Afrika. Von der Krise zu einer gemeinsamen Zukunft der Nachbarkontinente, Freiburg 2017.
Christian D. Falkowski: Europa für uns. Warum wir Europa brauchen, Baden-Baden 2018.
Joschka Fischer: Der Abstieg des Westens. Europa in der neuen Weltordnung des 21. Jahrhunderts, Köln 2018.
Thorben Fischer: Die Demokratiedefizite des Krisenmanagements in der europäischen Finanz- und Schuldenkrise, in: Zeitschrift für Politik 4/2017, S. 411–436.
Kai Gehring et al.: Am besten allein? Separatismus in Europa: Welche Kräfte treiben die Unabhängigkeitsbewegungen an?, in: ifo-Schnelldienst 23/2017, S. 3–18.
Michael Gehler: Europa. Ideen, Institutionen, Vereinigung, Zusammenhalt, Reinbek 2018.
Michael Gehler: Transnationale Parteienkooperation der europäischen Christdemokraten und Konservativen, Berlin/Boston 2017.
Carmen Gerstenmeyer et al.: The Relaunch of Europe. Mapping Member States' Reform Interests. Country Issue: France, Friedrich-Ebert-Stiftung, Berlin 2018.
Alexander Grasse /Jan Labitzke: Politikwechsel mit Ansage – Ursachen und Hintergründe des Wahlerfolgs der Populisten in Italien, in: Institut für Europäische Politik/IEP Berlin: Research Paper No. 1/2018.
Ulrike Guérot: Der neue Bürgerkrieg. Das offene Europa und seine Feinde, Berlin 2017.
Björn Hacker: Soziales Europäisches Semester? Die Europäische Säule sozialer Rechte im Praxistest, Institut für Europäische Politik, Research Paper 2/2018.
Nicolaus Heinen et al.: Alles auf Anfang. Warum der Euro scheitert – und wie ein Neustart gelingt, Frankfurt/New York 2017.
Gudrun Heutges et al. (Hrsg.): Europäische Identität in der Krise? Europäische Identitätsforschung und Rechtspopulismusforschung im Dialog, Wiesbaden 2017.
Wolfgang Hilz/Antje Nötzold (Hrsg.): Die Zukunft Europas in einer Welt im Umbruch, Wiesbaden 2018.
Josef Janning/Almut Möller: Was Europa verbindet. Stärkerer Zusammenhalt in der EU ist machbar, aber Berlin muss mehr tun, in: Internationale Politik 3/2018, S. 32–37.
Thomas Jansen: Europa verstehen. Reflexionen gegen die Krise der Union, Baden-Baden 2016.

---

51 Vgl. vertiefend: Wolfgang Schmale: Was wird aus der Europäischen Union? Geschichte und Zukunft, Stuttgart 2018.

Stefan Kadelbach (Hrsg.): Die Welt und Wir. Die Außenbeziehungen der Europäischen Union, Baden-Baden 2017.
Ferdinand Karlhofer/Günther Pallaver: Federal-Power-Sharing in Europe, Baden-Baden 2017.
Othmar Karus: Die europäische Demokratie. Grenzen und Möglichkeiten des Europäischen Parlaments, Berlin 2018.
Anna-Maria Kellner: Zum Erfolg verdammt? Die gemeinsame Sicherheits- und Verteidigungspolitik der EU ein Jahr nach der Globalen Strategie, in: Zeitschrift für Außen- und Sicherheitspolitik 1/2018, S. 1–11.
Julia Klein/Julian Plottka/Amelie Tittel: Der Neustart der europäischen Integration durch eine inklusive Avantgarde?, in: integration 2/2018, S. 141–168.
Ivan Kraster: Europadämmerung, Berlin 2017.
Ludger Kühnhardt: Weltfähig werden. Die Europäische Union nach dem Biedermeier, Zentrum für Europäische Integrationsforschung, Discussion Paper C 242/2017, Bonn 2017.
Armin Laschet (Hrsg.): Europa im Schicksalsjahr, Freiburg 2016.
Robert Liebi: Das neue Europa. Hoffnung oder Illusion?, Berneck 2004.
Hartmut Marhold: Die EU-Krisenpolitik: Chaos oder Kosmos?, Tübingen 2015.
Carlo Masala (Hrsg.): Grenzen, Multidimensionale Begrifflichkeit und aktuelle Debatten, Baden-Baden 2018.
Robert Menasse: Die Hauptstadt, Berlin 2017.
Laia Mestres et al.: The Relaunch of Europe. Mapping Member States' Reform Interests. Country Issue: Spain, Friedrich-Ebert-Stiftung, Berlin 2018.
Pol Morillas et al.: Die Beziehungen zwischen der EU und der Türkei in einem stürmischen globalen Umfeld, in: integration 1/2018, S. 5–25.
Oskar Negt et al.: Europa jetzt! Eine Ermutigung, Göttingen 2018.
Eleonora Poli et al.: The Relaunch of Europe. Mapping Member States' Reform Interests. Country Issue: Italy, Friedrich-Ebert-Stiftung, Berlin 2018.
Thomas Roithner: Sicherheit, Supermacht, Schießgewähr, Krieg und Frieden am Globus, in Europa und Österreich, Wien 2018.
Wolfgang Schmale: Was wird aus der Europäischen Union? Geschichte und Zukunft, Stuttgart 2018.
Alexander Schellinger/Philipp Steinberg (Hrsg.): The Future of the Eurozone, Bielefeld 2017.
Otto Schmuck: Das Weißbuch der Kommission zur Zukunft Europas, in: Integration 4/2017, S. 276–294.
Gregor Schöllgen: Krieg. Hundert Jahre Weltgeschichte, München 2017.
Hans-Peter Schwarz: Die neue Völkerwanderung nach Europa. Über den Verlust politischer Kontrolle und moralischer Gewissheiten, München 2017.
Hans-Werner Sinn: Der schwarze Juni, Freiburg 2016.
Brendan Simms/Benjamin Zeeb: Europa am Abgrund. Plädoyer für die Vereinigten Staaten von Europa, München 2016.
Edmund Stoiber/Bodo Hombach (Hrsg.): Europa in der Krise. Vom Traum zum Feindbild, Marburg 2017.
Funda Tekin: Was folgt auf den Brexit? Mögliche Szenarien differenzierter (Des-)Integration, in: integration 3/2016, S. 183–197.
Alexander Thiele: Das Mandat der EZB und die Krise des Euro, Tübingen 2013.
Alexander Thiele: Verlustdemokratie, Tübingen 2018.
Jürgen Turek: Globalisierung im Zwiespalt. Die postglobale Misere und Wege sie zu bewältigen, Bielefeld 2017.
Johannes Varwick: NATO in (Un-)Ordnung. Wie transatlantische Sicherheit neu verhandelt wird, Schwalbach 2017.
Roland Vaubel: Das Ende der Euromantik. Neustart jetzt, Wiesbaden 2018.
Winfried Veit: Europas Selbstbehauptung in einer bedrohlichen Welt, Berlin 2016.
Klaus Weber/Henning Ottmann: Reshaping the European Union, Baden-Baden 2018.
Werner Weidenfeld: Europas Seele suchen, Baden-Baden 2017.
Werner Weidenfeld/Wolfgang Wessels: Europa von A bis Z. Taschenbuch der europäischen Integration. Baden-Baden 2016.
Werner Weidenfeld: Kulturbruch mit Amerika? Das Ende transatlantischer Selbstverständlichkeiten, Gütersloh 1996.
Ernst Ulrich von Weizsäcker/Anders Wijkman: Come on! Capitalism, Short-termism, Population and the Destruction of the Planet. A Report to the Club of Rome, New York 2018.

Die Bilanz

Michael Wiegel: Emmanuel Macron. Ein Visionär für Europa – eine Herausforderung für Deutschland, Berlin 2018.
Andre Wilkens: Der diskrete Charme der Bürokratie. Gute Nachrichten aus Europa, Frankfurt 2017.
Heinrich Winkler: Zerbricht der Westen? Über die gegenwärtige Krise in Europa und Amerika, München 2017.
Andrea Zeller: Eurorettung um jeden Preis? Die Frage nach der demokratischen Legitimität, Baden-Baden 2018.

Die Europapolitik in der wissenschaftlichen Debatte

Darius Ribbe/Wolfgang Wessels

Die Europäische Union befindet sich in einer Phase des Umbruchs und zeitgleich im unruhigen Fahrwasser. Die Wahlen zum Europäischen Parlament mit einer möglichen Stärkung europaskeptischer Parteien werfen ebenso ihre Schatten voraus wie das Ausscheiden Großbritanniens aus der Union. Schon jetzt sind die zunehmende Politisierung sowie die Konflikte um einheitliche Europäische Positionen in Kernfragen zentrale Herausforderungen für die EU der 27. Dabei müssen auch wissenschaftliche Analysen neue Lösungswege für aktuelle Probleme und Analyseinstrumente für neue Phänomene finden. Veränderte Rahmenbedingungen erfordern angepasste theoretische Grundlagen und regen eine Grundsatzdebatte im Bereich der Integrationstheorien an. Die Phänomene der Desintegration und der Abbauflexibilisierung setzen etablierte Methoden und Konzepte einem Anpassungsdruck aus, der zur Entwicklung neuer Lösungswege und Forschungsagenden führt. Neue Ansätze stellen sich bestehenden entgegen, oder bauen auf ihnen auf, divergierende Zukunftsvisionen und Strategien werden verglichen und gegeneinander abgewogen. Dabei ergänzen historische Analysen die zeitgenössischen Debatten und geben wichtige Impulse für das Verständnis europäischer Sachverhalte und wissenschaftlicher Diskurse.

Im Rahmen übergeordneter politischer Entwicklungen legen Kauppi und Wiesner (2018) eine Meta-Studie zur Politisierung europäischer Politik vor. Dabei stellen sie die klassische Verbindung von Politik und Politisierung heraus, welche im aktuellen politischen Disput aufgelöst worden sei (ebd. S. 232). Am Fallbeispiel der Krise des Schengen-Raumes diskutieren Börzel und Risse (2018, S. 84), wie diese Politisierung zu steigenden, schwerer zu lösenden Konflikten innerhalb europäischer Politik führt und die bisher vorherrschenden Integrationstheorien – liberaler Intergouvernementalismus, Neofunktionalismus und Postfunktionalismus – an die Grenzen ihrer Erklärungskraft bringe. Dem entgegen stellt Schimmelfennig (2018b, S. 969) einen neofunktionalistischen Erklärungsansatz, indem er die Integrationsblockade der Schengen-Krise anerkennt, diese jedoch in Bezug zur – aus der Eurokrise entstandenen – Vertiefung setzt. Damit wendet er sich vom postfunktionalistischen Politisierungsargument, welches impliziert, dass mit zunehmender Politisierung Integration unwahrscheinlicher wird, ab und betont die Einbettung schrittweiser europäischer Integration auch in Krisenzeiten (ebd. S. 986). Genschel und Jachtenfuchs (2018) stellen aus ihrer Analyseperspektive fest, dass der Neofunktionalismus die Besonderheit der aktuellen europäischen Krisen verkenne, indem er den Unterschied zwischen Binnenmarktintegration und der Integration von Kern-Politikfeldern vernachlässige. Mit ihrem Fokus auf nationalen, politischen Null-Summenspielen zur Integration in Krisenzeiten reihen sie sich in den erweiterten Kontext der postfunktionalistischen Politisierungstheorie ein. Moravcsik (2018, S. 1648) argumentiert hingegen, der liberale Intergouvernementalismus sei noch immer eine grundlegende Theorie zur Erklärung europäischer Integration und stellt die Vorteile von Mikro-Analysen heraus. Die unterschiedlichen Perspektiven und Ansätze vereinend betrachten Hooghe und Marks (2018, S. 1) die Aussagekraft der drei großen Integrationstheorien in Bezug auf die „Eurokrise, die Migrationskrise, den Brexit und verstärkt auftretenden Illiberalismus". Dabei folgern die AutorInnen, dass alle Ansätze eigene SchlüsselakteurInnen, Arenen und Kausalzusammenhänge betrachten, die in ihrem jeweiligen Fokus starke Aussagekraft besitzen (ebd. S. 18). Jede der Theorien liefere einen speziellen wissenschaftlichen Erkenntniswert.

Zukunftsvisionen und Strategien

Im politischen und wissenschaftlichen Diskurs nehmen die Reformdebatten eine herausgehobene Stellung ein. Die Vorschläge und Konzepte politischer Führungspersönlichkeiten liefern einen Rahmen zur Diskussion, wissenschaftlich analysierte Defizite sind Basis für theoriegestützte Handlungsempfehlungen. So fokussiert sich die Europäische Kommission (2018b) auf die Vorschläge und Konzepte von Jean-Claude Juncker, Angela Merkel und Emmanuel Macron und vergleicht diese. Sie stellt bei aller Gemeinsamkeit in der Zielsetzung für eine bessere Zukunft der – und in der – Europäischen Union die nuancierten Unterschiede heraus. In diesem Zusammenhang ziehen vor allem die Positionen des französischen Präsidenten, der mit Reformvorschlägen und einer pro-europäischen Grundhaltung argumentiert, die politikwissenschaftliche Aufmerksamkeit auf sich. Thomas (2018, S. 128) stellt einen „Paradigmenwechsel" im französischen Europa-Diskurs fest und hebt die symbolträchtigen Reden Macrons hervor, die für Deutschland und Europa „eine Chance und eine Herausforderung" (ebd. S. 139) darstellten.

Demertzis, Pisani-Ferry, Sapir, Wieser und Wolff (2018, S. 1) argumentieren auf Grundlage ihrer Analysen für verstärkte Differenzierung der EU und sprechen sich, in Anlehnung an das dritte Szenario des Weißbuchs der Europäischen Kommission (2017), für ein „Europa der Clubs" (Demertzis et al. 2018, S. 7) aus. Ähnlich sehen Klein, Plottka und Tittel (2018, S. 166) die Möglichkeit vertiefter Integration durch eine integrative Avantgarde über „alle Politikbereiche". Mickonytė (2018, S. 5) sieht in den jüngsten Auseinandersetzungen zwischen der EU-Rechtsstaatlichkeit und Ungarn beziehungsweise Polen ein Indiz für die drastische Spaltung der Union, die nur durch eine neue, ambitionierte Reform der Europäischen Union aufgelöst werden könne.

Becker (2018, S. 5) befasst sich mit der „viel diskutierten" Transferunion, für deren Existenz es zur Zeit zwar keine empirische Grundlage gebe, er zeigt aber dennoch den Bedarf weiterer Transferinstrumente durch die bereits erfolgte Integrationstiefe auf.

Neuere Analyseansätze

Mit den sich wandelnden Herausforderungen im europäischen System und den veränderten Rahmenbedingungen sowie den nach wie vor anhaltenden Auswirkungen der europäischen Krisen, entwickeln WissenschaftlerInnen neue Analyseinstrumente und stellen neue Aspekte in den Mittelpunkt ihrer Forschung. Börzel (2018a) betrachtet die allgemeine Krise europäischen Regierens und stellt diese in den Zusammenhang der theoretischen Debatten um die institutionelle Balance in der Europäischen Union. Dabei fänden sich in der theoretischen Auseinandersetzung sowohl Argumente für eine Stärkung der supranationalen Institutionen als auch Anzeichen für einen Kompetenztransfer durch funktionale spill-over (ebd. S. 5). Um die aktuelle Krise der Union aus einer weiteren Forschungsperspektive heraus zu betrachten, plädiert sie daher für einen ‚turn' (ebd. S. 20) in den EU-Studien mit dem Ziel, neue Formen des Regierens zu entwerfen, die sowohl den Anforderungen der Krisen, als auch der demokratischen Legitimation gerecht werden. Lavenex (2018) argumentiert auf der Grundlage bestehender Integrationstheorien für eine Erweiterung des

Analyse-Rahmens und die Integration von qualitativen Variablen zu Messung der Substanz europäischer Integration. Dabei baut sie ihre Methodik auf einem AkteurInnen-zentrierten Ansatz des Institutionalismus und der Organisationstheorie auf (ebd. S. 1195). Kreuder-Sonnen (2018) verbleibt im Rahmen bestehender Ansätze, plädiert aber für einen verstärkten Fokus auf Autoritarismus und demokratische Legitimation im Kontext eines „autoritären turns", den er in der Union feststellt. Hierbei gelte es, die Dynamiken zwischen den Integrationsformen und den nationalen Politiken neu zu denken (ebd. S. 452). Wasserfallen (2018) stellt in einem Kapitel das Feld der Politikdiffusions-Literatur vor und führt diese mit der Analyse europäischer Politikgestaltung zusammen. Dabei erwiesen sich die Strukturen europäischen Regierens als ideales Setting für eine Anwendung der Methoden und das Testen der theoretischen Annahmen (ebd. S. 622).

„Brexit" – Annäherungen an eine Unbekannte

Der Austritt des Vereinigten Königreichs aus der Europäischen Union bleibt ein bestimmendes Thema in der akademischen Auseinandersetzung mit europäischer Politik und zugleich eine große Unbekannte. Die Unklarheit im Zusammenhang mit den Brexit-Verhandlungen regt die akademische Auseinandersetzung zur Bildung unterschiedlicher Szenarien an, die eine Annäherung an den britischen Austritt aus der EU erlauben. Nach wie vor legen PolitikwissenschaftlerInnen auch ihre Aufarbeitungen der Entscheidung zum Austritt aus der Europäischen Union vor. Clarke, Goodwin und Whiteley (2017) analysieren die Kampagnen zum Austritt umfassend, indem sie unter anderem Argumentationslinien vergleichen und deren Entwicklung nachzeichnen. Vasilopoulou und Keith (2018) entwerfen anhand von Umfragedaten Typologien von Europhilen und EuroskeptikerInnen in Großbritannien, die die Motivationen zur Abstimmungen reflektieren. Bulmer und Quaglia (2018, S. 1096) merken in ihren Ausführung zur Politik und Ökonomie des britischen Austritts aus der EU an, dass die Austrittsverhandlungen mit dem Vereinigten Königreich zu einer krisenbehafteten Zeit der Europäische Union weitere Anstrengungen abverlangen. Dabei stellen sie unterschiedliche AutorInnen und ihre Analysen zum bevorstehenden Austritt des Vereinigten Königreichs vor und führen die verschiedenen Ergebnisse zu einem allgemeinen Krisennarrativ zusammen.

Curtice (2018, S. 29) analysiert die nun im Wandel befindliche Stimmungslage im Vereinigten Königreich, in dem die Zahl der Menschen, die sich für einen Verbleib in der EU aussprechen, steigt, obwohl nach wie vor eine Mehrheit für die Begrenzung der Personenfreizügigkeit sei. Was sich jedoch deutlich zeige, sei die Bedeutung der wirtschaftlichen Erwartungen an den Austritt des Vereinigten Königreichs aus der EU, was die Verhandlungen in diesem Politikfeld mit besonderer Bedeutung ausstatte. Ähnlich argumentiert Portes (2018, S. 32), der ein Scheitern der Brexit-Verhandlungen und einen resultierenden „harten Brexit" ob der hohen Kosten als unwahrscheinlich einstuft. In ähnlichem Zusammenhang verweist Usherwood (2018, S. 14) auf die Herausforderungen und Kosten des Übergangs und der laufenden Verhandlungen, welche gerade in Nord-Irland für Unsicherheit sorgten.

Mit den parlamentarischen Prozessen zum Beschluss eines Austrittsvertrages befassen sich Bevington, Caird und Wager (2018), die die einzelnen Schritte und Abstimmungen zum Austritt des Vereinigten Königreichs detailliert aufzeichnen und unterschiedliche Szenarien entwerfen. Aus juristischer Sicht nähert sich Polak (2018, Abschnitt III) der Frage, ob der Austrittsvertrag einer Stellungnahme des Gerichtshofes der EU untersteht, und findet eine positive Antwort, obgleich politische Überlegungen den Gerichtshof diese

Chance kosten könnten. Jäger (2018, S. 1) kommt über eine politikwissenschaftliche Analyse zu dem Schluss, dass Artikel 50 EUV dringenden Reformbedarf aufweise, um die bestehenden Unklarheiten und populistische Angriffsfläche zu verringern und die „gelebte Praxis" besser abzubilden.

Nach einer ersten Phase allgemeiner Arbeiten zum Austritt des Vereinigten Königreichs aus der EU wurden zunehmend spezielle Studien zu einzelnen Politikbereichen oder Tätigkeitsfeldern der Europäischen Union erarbeitet, die zum Gesamtverständnis dieser einschneidenden Entwicklung beitragen. So liegen Studien zu Nahrungsmittelsicherheit (Watson et al. 2018), Nahrungsmittelpreisen (Seferedi et al. 2018) und gesundheitlichen Auswirkungen, zum internationalen Wettbewerb (Cantone/Staning 2018), zur Energie-Infrastruktur (Obschonka et al. 2018) und Umweltsicherheit (Black 2018), zum Transportwesen (Russinova 2018) und zur „Global Health" (Greenwood 2018) vor. Den Einfluss des britischen Austritts aus der EU auf die europäische Außenpolitik nimmt Henökl (2018) in den Fokus. In Anlehnung an drei Szenarien der weiterführenden Kooperation zwischen Großbritannien und der Union leitet er unter Zuhilfenahme des Theorieansatzes der regionalen Desintegration ein fallbasiertes Kooperationsmodell ab (ebd. S. 69). Eine solche Kooperation, die von Fall zu Fall neu vereinbart werden müsse, ginge dann jedoch auf Kosten europäischen und britischen Einflusses im internationalen System (ebd. S. 71). Diese beispielhafte Aufzählung verdeutlicht den Querschnittscharakter des britischen EU-Austritts und seine vielfältigen Auswirkungen.

Wahlen zum Europäischen Parlament

Die Salienz europapolitischer Themen in den nationalen Parteien ist Thema bei Gross, Chiru und Adascalitei (2018, S. 12), die zeigen, dass der Umfang europäischer Themen in Parteiprogrammen abnimmt, wenn Europäische Wahlen kurz bevor stehen, oder gerade vergangen sind. Die nationalen Parteien verschließen sich konkreter europäischer Politik. Igrutinović (2018, S. 6) bespricht die Themensetzung der Parteien für den kommenden Europawahlkampf, die er im Bereich der „ökonomischen Leistungsfähigkeit, Zukunftsvisionen der EU, Sicherheit und Identität" verortet. Zudem attestiert Hrbek (2018, S. 155), dass sich die europäische Parteienlandschaft weiter fragmentiert, obgleich auch neue Bündnisse schnell die Anerkennung als europäische Partei suchten, um eine entsprechende Finanzierung zu erhalten. Dinas und Riera (2018, S. 469) stellen durch ihre empirische Arbeit fest, dass europäische Wahlen einen negativen Effekt auf die Unterstützung von Volksparteien haben. Dies steht im Zusammenhang zur Arbeit Schulte-Cloos' (2018, S. 418, 421), die zeigt, dass gerade neue, europakritische Parteien einen strukturellen Vorteil bei den Wahlen zum Europäischen Parlament haben. So stellt auch F. Schmidt (2018) fest, dass die Wahlen zum Europäischen Parlament Parteien zu europakritischen Positionen anregen, die sich nicht aus der internen Kommunikation und Ideologie herleiten ließen. Dies verweise auf eine strategische Nutzung der Charakteristika europäischer Wahlen. Eine allgemeinere Arbeit zu europäischen Wahlen legt Schakel (2018, S. 687) vor, indem er den Einfluss zunehmender Regionalisierung auf die europäische Wahlarena betrachtet, „spillover" von regionaler auf europäische Ebene feststellt und die gängigen Analysemodelle um die Perspektive eines Multi-Level-Parteiensystems erweitert.

Lehrbücher und Standardwerke

Auch in den Jahren 2017 bis 2018 werden eine Reihe von Standardwerken neu oder erstmalig aufgelegt, die sowohl zum Einstieg in das Studium der europäischen Politik als auch zur gezielten Vertiefung dominierender Politikfelder beitragen können.

Im großen Themenfeld des Austritts des Vereinigten Königreichs aus der EU geben Diamond, Nedergaard und Rosamund (2018) ein ausführliches Werk zu den Politiken des britischen EU-Austritts heraus, in dem sie unterschiedliche AutorInnen zu den drängenden Fragen Stellung beziehen lassen. Dabei werden die Verknüpfungen zwischen dem Vereinigten Königreich und der Europäischen Union für jeden Themenbereich aufgearbeitet, Interessen aufgezeigt und die Effekte möglicher Szenarien diskutiert. Costa und Brack (2019) bringen ihr Werk zum alltäglichen politischen Handeln innerhalb der Europäischen Union mit besonderem Augenmerk auf Entscheidungsverfahren und dem Zusammenwirken der Union mit anderen AkteurInnen in zweiter, aktualisierter Auflage heraus. Ebenfalls einen Fokus auf politisches Handeln innerhalb der Europäischen Union legt das in 7. aktualisierter Auflage erschienen Buch „Politics in Europe" (Hancock et al. 2018). Allerdings setzt Hancock einen methodisch Schwerpunkt im Vergleich des politischen Systems und der Politikgestaltung in der Union mit ausgewählten Nationalstaaten.

Im Rahmen der Reihe Oxford Handbücher legt Rydgren (2018) einen Sammelband zur Politischen Rechten vor, in dem auch die europaskeptischen Tendenzen radikaler Rechter thematisiert werden. Vaasilopoulou widmet sich in ihrem Kapitel dieser Verknüpfung und beleuchtet den europakritischen Diskurs in nationalen, rechten Parteien. Die Rechtsordnung der Europäischen Union wird in aktualisierter Auflage von Bieber, Epiney, Haag und Kotzur (2019) juristisch analysiert und in Bezug zur Politik der Union gesetzt. Einen vertieften Blick aus den Mitgliedstaaten Norwegen, Island, der Türkei und der Schweiz liefern diverse nationale AutorInnen in Kaeding, Pollack und Schmidt (2018): „The Future of Europe". Die Herausgeber bringen eine Vielzahl an nationalen Perspektiven zusammen und decken so sowohl den europäischen Kern sowie die politische Peripherie ab. Darüber hinaus werden auch die öffentliche(n) Verwaltung(en) in der Europäischen Union auf den unterschiedlichen Ebenen von Ongaro und Van Thiel (2018) ausführlich dargestellt und vergleichende Analysen zwischen den nationalen Verwaltungen gezogen. Mit dem Handbuch Staat schließt Voigt (2018) eine staatstheoretische Forschungslücke im deutschsprachigen Raum und fasst die Analysen diverser AutorInnen zu diesem breiten – auch politikwissenschaftlichen – Feld zusammen. Mit einem eigenen Kapitel zur Europäischen Union geben die Autoren Wessels und Wolters (2018a) einen Einblick in die Zielsetzungen und Entwicklungen der Union, um die aktuellen politischen Realitäten fassbar zu machen.

Die europäischen Institutionen

Zu den europäischen Institutionen liegen unterschiedliche Arbeiten vor, die zum Teil übergeordnete Entwicklungen diskutieren, oder sich mit den Wirkmechanismen in den Institutionen oder im interinstitutionellen Gefüge auseinandersetzen. Die Europäische Kommission (2018a) zieht eine Bilanz der Kommission Juncker und gibt einen Ausblick auf zukünftige Herausforderungen, für die Zeit nach den Wahlen zum Europäischen Parlament. Auch Bürgin (2018, S. 837) zieht eine Bilanz der Präsidentschaft Juncker, er schlussfolgert, dass die organisatorischen Reformen (StellvertreterInnen, politische Kommission) die Stellung des Kommissionspräsidenten innerhalb der Europäischen Kommission und innerhalb des EU-Systems gestärkt haben. Abstrakter stellt Van Esch (2017, S. 224) eigene Analyseparameter zur Erfassung legitimer Führung in Mehrebenensystemen auf und wendet diese auf die Staats- und Regierungschefs in Krisenzeiten, als besonders deutliches Beispiel für lösungsorientierte Führung, an. Dabei setzt er vier Vektoren der Legitimation an (Wahlen, Expertise, Ideologie und Gruppenidentifikation) (ebd. S. 225), nach denen er die Problemlösungsansätze ausgewählter Staats- und RegierungschefInnen im Europäischen Rat kategorisiert. Der Europäische Rat, als Schlüsselinstitution der Europäischen Union, zeigt hier seinen Führungscharakter, gerade in Krisenzeiten (Wessels/Wolters 2018b). Für eine stärkere Einbindung der parlamentarischen Kräfte der nationalen Parlamente sowie des Europäischen Parlamentes spricht sich Kreilinger (2018) aus. Er folgert, dass die parlamentarischen Stimmen im Mehrebenensystem der EU stärker Gehör finden sollten (ebd. S. 18). Ähnlich kritisiert V. Schmidt (2018, S. 1545), dass die politikwissenschaftlichen Analysen zu den Triebkräften europäischer Integration allzu oft die parlamentarischen Kräfte und neue, besonders „politisch aufgeladene Dynamiken" der europäischen Institutionen außer Acht ließen. Die Zusammenarbeit zwischen den europäischen Institutionen und den Mitgliedstaaten stehen im Fokus bei Jones und Mazzara (2018). Am Beispiel des „Humanitarian-Development-Nexus" (ebd. S. 2), der „Sahel Alliance" (ebd. S. 6) und des „EU Trust Funds" (ebd. S. 9) stellen die AutorInnen die Bedeutung des „Nexus"-Ansatzes für eine gelungene Zusammenarbeit heraus (ebd. S. 13). Als durchgehendes Moment betrachten Tömmel und Verdun (2017, S. 109) die politischen Führungskräfte in den verschiedenen Institutionen der Union, wobei sie unterschiedliche Konzepte und Fallstudien mitwirkender AutorInnen zu der gemeinsamen Synthese verbinden, die Europäische Union sei keineswegs „führungslos". Dennoch zeigt sich, dass manche Institutionen gerade in Krisenzeiten an Bedeutung einbüßten. Anders als beim Europäischen Rat nehme so die Anwesenheit der MinisterInnen im Rat der EU in manchen Mitgliedstaaten ab. Liege die allgemeine Anwesenheit bei durchschnittlich 76 Prozent, so schnitten Deutschland und Dänemark unterdurchschnittlich ab, analysieren Nalepa und Kjems (2018, S. 3).

Historische Perspektiven

Die dargestellten aktuellen Debatten werden durch historische Analysen begleitet, die eine Vielzahl an Parallelen aufzeigen und heutige Formen und Mechanismen durch ihre Entstehungsgeschichte fassen und erklären. Bei den geschichtswissenschaftlichen Analysen spielen europäische Narrative wiederholt eine zentrale Rolle. Daher betrachten Kaiser und McMahon (2017, S. 150) die transnationalen AkteurInnen und ihre Geschichten sowie deren Verbreitungswege. Die Geschichte Großbritanniens im Zentrum europäischer Kooperation und wie das Vereinigte Königreich den Kontinent seit 1948 prägte, zeigt Warlouzet (2018). Seine historischen Betrachtung bringen ihn zu dem Schluss, dass der Austritt des Vereinigten Königreichs aus der EU eine logische Fortsetzung der proaktiven, britischen Politik der Einflussnahme darstelle (ebd. S. 955). Comte (2017) stellt eine Arbeit zur Geschichte des europäischen Migrationsregimes vor, dessen Ausgestaltung er auf das westdeutsche, hegemoniale Bestreben zur Zeit des Kalten Krieges zurückführt. Auf die Schwierigkeiten, eine gemeinsame, europäische Geschichte zu schreiben, verweist Pichler (2018, S. 2), und entwickelt einen ersten Entwurf einer Theorie der europäischen Kulturgeschichte. Eine „ungeschminkte" Geschichte der Europäischen Union erzählt Patel (2018), der die heutigen Krisen der Union mit historischen Parallelen versieht und dadurch das Projekt Europa in seiner Krisenanfälligkeit offenbart. Auch einzelne, herausragende Personen werden betrachtet, so untersuchen Ross und Henson (2017) die transformative Führungsrolle Jacques Delors.

Europaskeptizismus und Populismus

In den Mitgliedstaaten nehmen die europakritischen Stimmen zu, Prognosen zur Europawahl lassen von einer Zunahme euroskeptischer Parteien ausgehen. Dieser erstarkende europäische Nationalismus und der attestierte autoritäre ‚turn' veranlassen Habermas (2018, S. 5), der Frage „Sind wir noch gute Europäer?" nachzugehen, bei deren Beantwortung er sowohl die Zukunftsfähigkeit der Union diskutiert und sich entschieden gegen Nationalismus ausspricht. Doch auch die Habermas'schen Konzepte der Europäischen Union sind Teil einer kritischen Betrachtung. So kritisiert Perju (2018, S. 74 f.) die von Habermas eingeführte doppelte Souveränität der europäischen und nationalen Ebene und plädiert demokratietheoretisch für eine europäische konstitutionelle Demokratie. Die wachsenden rechtsnationalen, populistischen Strömungen in Dänemark, Norwegen, Schweden und Deutschland werden auch in einer Sammelstudie, herausgegeben von Krell, Möllers und Ferch (2018, S. 98), dargestellt und von den HerausgeberInnen zu pro-europäischen Handlungsempfehlungen kondensiert. Als wissenschaftliche Begegnung zum kritisierten Eurozentrismus stellt Mattheis (2017, S. 482) in einer umfassenden Literaturbesprechung unterschiedliche Konzepte vor, wie die Europäische Union aus regionaler Perspektive erfasst werden könne, obgleich er einschränkt, dass die theoretischen Grundlagen des Regionalismus noch nicht ausreichend auf diesen Forschungsgegenstand anwendbar seien.

Althoff, Józwiak, Jurkovic, Kyriazi und Milan (2018) verbinden unterschiedliche Aspekte der Flüchtlingspolitik der Mitgliedstaaten mit Analysen zum Populismus. In diesem Themenfeld stellen auch Thielemann und Zaun (2018, S. 906) fest, dass die Übertragung von Kompetenzen von nationaler auf europäische Ebene zu einer Sicherung der Rechte Asylsuchender geführt habe. Europäische AkteurInnen seien von populistischen Einflüssen besser geschützt als nationale AkteurInnen, zudem könne die Europäische Union national nicht-mehrheitsfähige Politiken gegenüber asylkritischen Regierungen erfolgreich durchsetzen.

Gutsche (2018) gibt eine Sammelstudie zur steigenden Anzahl an Frauen in Führungspositionen der populistischen europäischen Rechten heraus, die den Einfluss weiblicher Führungskräfte und Wählerinnen auf die Genderpolitik der europäischen Rechten untersucht. In ausführlichen Länderstudien wird herausgestellt, dass die Zunahme von Frauen in den Parteien nicht mit einer progressiven Genderpolitik einhergeht. Durch die Analyse des parteiinternen Diskurses radikaler populistischer rechter Parteien in fünf Mitgliedstaaten stellen Pirro und van Kessel (2017, S. 416) fest, dass der Europaskeptizismus dieser Parteien weniger auf einer ideologischen Grundlage fußt, als vielmehr durch strategische Überlegungen der Stimmenmaximierung.

Demokratiedefizit und Legitimation

Mit dem Erstarken des Europaskeptizismus und dessen wiederholt vorgetragener Kritik am Demokratiedefizit der Europäischen Union bleibt dieses Thema auch für weitere politikwissenschaftliche Analysen relevant. Blatter, Schmid und Blätter (2017, S. 449) stellen dabei den inklusiven Charakter der Europäischen Union im Gegensatz zur Exklusivität der Mitgliedstaaten heraus. Barrett (2018, S. 260 f.) betrachtet die demokratische Legitimierung der wirtschaftspolitischen Steuerungsstrukturen der Union und stellt in einem Vergleich der einheitlichen Währungs- und der Wirtschaftspolitik als Zusammenschluss vieler nationaler Politiken fest, dass die europäischen Institutionen nach wie vor – trotz vieler Reformen – ein Demokratiedefizit aufweisen, sich dieses jedoch auch auf nationaler Ebene widerspiegelt. Ähnlich erörtert Innerarity (2018, S. 55 f.), an welcher Stelle im Mehrebenensystem der Union das Demokratiedefizit anzusiedeln sei. Er folgert, dass auch die Mitgliedstaaten versäumt hätten, ihre Interdependenzen ausreichend demokratisch zu legitimieren.

Das Demokratiedefizit aus der Oppositions-Defizitperspektive betrachten Karlsson und Persson (2018, S. 888), indem sie die These ‚es gebe ein weiten Konsens über europäische Politik und keine tragfähige europäische Opposition' durch quantitative Analysen widerlegen. Arthuis und Farrell (2018) stellen fest, dass der Austritt des Vereinigten Königreichs aus der EU dieser die Chance eröffne, ihre Legitimationsgrundlage zu reformieren und gleichzeitig eine integrierte Sozialpolitik aufzubauen, um eine Ergänzung zum Binnenmarkt zu schaffen. Zugleich schreiben Murdoch, Connolly und Kassim (2018, S. 401 f.) auch den Verwaltungsapparaten eine legitimatorische Kraft durch die Vertretung der Interessen europäischer BürgerInnen zu, diese hänge jedoch mit der politischen Ausrichtung des Herkunftslandes zusammen.

Sicherheitspolitik – Neue Impulse für die Ständige Strukturierte Zusammenarbeit
Mit dem Votum für den Austritt Großbritanniens aus der Union hat die militärische und sicherheitspolitische Integrationsdebatte erneut an Fahrt gewonnen. Die Forderungen nach einer europäischen Armee wurden in die politische Diskussion gestellt. Die Aktivitäten im Rahmen der Ständigen Strukturierten Zusammenarbeit (SSZ) sind zudem verstärkt Gegenstand politikwissenschaftlicher Arbeiten geworden. Zandee (2018, S. 10) sieht besondere Herausforderungen für den Erfolg und Fortbestand von SSZ im historischen Vergleich zur vorhergehenden gemeinsamen Verteidigungsbestrebungen. In diesem Zusammenhang stellt er die Bedeutung des Europäischen Rates heraus, welcher durch seine Agenda-setting-Funktion die europäische Verteidigungspolitik weiter vorantreiben könne (ebd. S. 11). Helwig (2018a, S. 7) betont die Rolle Deutschlands als Motor der Verteidigungskooperation mit zunehmenden transatlantischen Spannungen und beschreibt die Herausforderung, die vielfältigen Gerüste und Kooperationssysteme zu einem sinnvollen Zusammenspiel zu verbinden.

Auch die NATO ist Teil der weiten Überlegungen zur SSZ, so sehen Keil und Arts (2018, S. 7) die NATO am Scheideweg zwischen einer „status quo"-Orientierung oder einer strategischen Neuausrichtung im Rahmen eines breiten Evaluationsprozesses. Gerade im Zusammenhang des Einbezugs von Drittstaaten wie Norwegens und der Türkei in den erweiterten Rahmen von SSZ sehen Aydin-Düzgit und Marrone (2018, S. 18) zukünftige Herausforderungen für die Kooperation, aber auch für den EU-NATO-Dialog. Dabei sei eine enge Kooperation mit der NATO, nach Helwig (2018b, S. 1), eine Grundbedingung für eine „inklusive EU-Verteidigungspolitik". Gerade für die Türkei sei die Balance der Beziehungen zur EU und NATO sowie zu Russland von strategischer Bedeutung (ebd. S. 19). Einen baltischen Fokus legt Sapienza (2018, S. 1) an, indem sie die baltischen Staaten als „Schwachstelle" der Nato und dadurch als besondere Herausforderung für vertiefte Kooperation zwischen der NATO und der Union beschreibt.

Neben den zahlreichen Überlegungen und Arbeiten zur SSZ werden andere Aspekte europäischer Sicherheitspolitik analysiert. So fragen Rekawek, Matějka, Szucs, Beňuška, Kajzarová und Rafay (2018, S. 5) nach den Charakteristika europäischer TerroristInnen und stellen Überlegungen zu deren Früherkennung anhand empirischer Falldaten an. Mit der europäischen Anti-Terrorismus-Strategie setzt sich de la Corte Ibáñez (2018, S. 19) auseinander, beschreibt deren Struktur und Inhalt, und leitet zukünftige Herausforderungen ab. Smith (2018, S. 605) stellt die Besonderheiten der transatlantischen Beziehungen vor dem Hintergrund europäischen Autonomiestrebens zur eigenen strategischen Ausrichtung heraus.

Migration und Asyl

Mit dem ‚EU-Türkei-Deal' und den dadurch sinkenden Zahlen an Asylanträgen rückt das Thema Asyl etwas in den Hintergrund des allgemeinen Krisendiskurses. Dabei bleibt das Feld gerade für Südeuropa und im Bereich des rechten Populismus brisant. Allgemeine Kriterien für eine Migrationspolitik der Europäischen Union legt die Arbeitsgruppe „Globale Migration" der Foundation for European Progressive Studies (2018) vor. Carrera, El Qadim, Fullerton, Garcés-Mascareñas, York Kneebone, López Sala, Chun Luk und Vosyliūtė (2018, S. 54) erarbeiten eine umfassende Studie zu außer-territorialen Asyl- und Migrationsverfahren anhand mehrerer Beispiele und stellen notwendige und funktionale Standards heraus, nach denen die „ortsunabhängige Gerechtigkeit" im Asylverfahren gewährleistet werden kann. Speziell für einen angemesseneren Umgang mit minderjährigen unbegleiteten Geflüchteten tut dies Pavón Losada (2018). In ihrer Analyse der Integration von MigrantInnen in Süd-Europa verbinden Finotelli und Ponzo (2018) die Auswirkungen der Finanz- und Wirtschaftskrise mit verschiedenen Einflussgrößen der Integration.

Nachbarschaftspolitik und Außenbeziehungen

Die Rolle der Europäischen Union im internationalen System betrachten Meunier und Vachudova (2018, S. 1631), indem sie die These Moravciks, die Union sei eine Supermacht, vor dem Hintergrund der ungleichen Kompetenzverteilung und der Gegenwart illiberaler Regierungen in den Mitgliedstaaten untersuchen. Sie folgern, dass die Europäische Union ihr „hard- und soft-power" Potenzial nicht in globalen Einfluss umsetzen könne. Bei der außenpolitischen Einflusskraft der Union komme dem Europäischen Auswärtigen Dienst eine besondere Rolle zu, da dieser zur „Normalisierung" und „Vergemeinschaftung" der Prozesse der Gemeinsamen Außen- und Sicherheitspolitik beitrage, so Riddervold (2017, S. 44). Cianciara (2017, S. 54) stellt die Grundnarrative europäischer Nachbarschaftspolitik heraus, „Stabilität, Sicherheit und Demokratie", um mehrere Wechsel in deren Gewichtung und eine Ergänzung um „nachhaltiges Wachstum" aufzuzeigen. Anhand ihrer Ergebnisse leitet sie Bedingungen ab, unter denen außenpolitische AkteurInnen einen Narrativwechsel vollziehen, vornehmlich unter starkem Legitimationsdruck (ebd. S. 57).

Neben diesen allgemeinen Überlegungen zu den Außenbeziehungen der Union stehen politikfeldspezifische und regionale Arbeiten. Innerhalb der Außenbeziehungen stellen Energiefragen eine Schnittmenge mit den zahlreichen Überlegungen zur Sicherheitspolitik dar und gewinnen zunehmend an Bedeutung. So befasst sich Siddi (2018, S. 4) mit dem Energiehandel zwischen der EU und Russland, welcher trotz der politischen Krisen weiter zunehme. Mit speziellem Fokus auf Südost-Europa diskutiert Roberts (2018, S. 30) die Bedeutung des Prinzips der Rechtsstaatlichkeit im Energiesektor.

Young (2017, S. 910) fokussiert sich auf die Außenwirtschaftsbeziehungen der Europäischen Union und stellt bei seiner Analyse fest, dass durch die zunehmende Interdependenz der europäischen Freihandelsabkommen bei gleichzeitiger negativer öffentlicher Darstellung der Abschluss neuer Abkommen wesentlich erschwert werde. Die Arktis-Strategie ist bei De Botselier, López Piqueres und Schunz (2018) Gegenstand einer Analyse der EU-Institutionen, in der sie besonders die Integration von Umweltaspekten in den Blick nehmen.

Im weiten Kontext des britischen Austritts aus der EU kann eine Arbeit von Kühn und Trondal (2018, S. 1) verortet werden, die eine zunehmende Entfremdung von Politik und Verwaltung attestiert, die die AutorInnen auf die enge Integration Norwegens in die Europäische Union – ohne formale Mitgliedschaft – zurückführen. Der entstehende Verwaltungsbias gefährde demnach die politische Loslösung von der Union, da die nationale Administration eng von europäischen Einflüssen durchzogen sei (ebd. S. 17). Dies gebe einen Ausblick auf weitere Herausforderungen im Rahmen des Austritts des Vereinigten Königreichs.

Europäische Sozialpolitik

Am 17. November 2017 wurde die Europäische Säule sozialer Rechte (ESSR) auf dem Sozialgipfel in Göteborg offiziell verkündet. Damit haben das Europäische Parlament, der Rat und die Europäische Kommission die Forderung Junckers (2017) umgesetzt. Diese offene Unterstützung der garantierten Grundsätze und Rechte seitens der EU-Institutionen war auch Gegenstand zahlreicher wissenschaftlicher Beiträge. Dabei stehen die Arbeiten zur Säule sozialer Rechte im Kontext einer breiten Debatte zur Europäischen Sozialunion, zu deren unterschiedlicher Bereiche sich Verbindungen ergeben (Vandenbroucke et al. 2017). Die Entwicklungsschritte der ESSR betrachtet Seikel (2017, S. 3) und betont die Bedeutung der öffentlichen Anhörungen für die jetzige Ausgestaltung, während er die Europäische Kommission für ihr zunächst „verharmlosendes" Wording kritisiert. Fischer (2018, S. 33) gibt einen umfassenden Überblick über die Entstehungszusammenhänge der ESSR und bezieht diese vor allem auf die „ernüchternden" Sozialstatistiken der Union im Nachgang der Krise(n). Die vielfältigen Herausforderungen der Finanzkrise für die ökonomische und die soziale Integration Europas, aufbauend auf den Widersprüchen zwischen „ökonomischem Konstitutionalismus und Wohlfahrtsstaat", beschreiben Joerges, Bogoeski und Nüse (2017, S. 1).

Dhéret (2017, S. 2) kritisiert die Unzulänglichkeiten der neuen Säule in Bezug auf ihre integrative Kraft zu mehr europäischer Konvergenz, die Union bräuchte – ihrer Analyse nach – einen vertieften Sozialgipfel und keine Proklamation. Auch für Plomien (2018, S. 293) greift die ESSR nicht weit genug, da sie die Ansprüche an ein „gender-gerechtes soziales Europa" nicht werde umsetzen können. In einer ersten Evaluation bestätigt Hendrickx (2018, S. 3) diese Annahme, der rechtliche Einfluss dieser Politiksäule sei erwartbar gering. Dennoch bestehe Grund zu „Optimismus", da die Säule die ökonomische Integration in den Kontext eines sozialen Grundkonsenses stelle (ebd. S. 6). Diesen führen Rasnača und Theodoropoulou (2018, S. 3) aus, indem sie für eine intergouvernemental geprägte Vertiefung im Rahmen einer europäischen Arbeitslosenversicherung argumentieren, um die Funktion der Währungsunion zu gewährleisten. Garben, Kilpatrick und Muir (2017, S. 7) analysieren in der Ausrufung der Säule das Potenzial, einen vertieften Reflexionsprozess über das soziale Europa zu beginnen, zu dessen Reform die Willensbekundungen der europäischen Institutionen einen Anschub geben können.

Differenzierte Integration, Desintegration und Abbauflexibilisierung

Mit dem Austritt des Vereinigten Königreichs aus der EU haben die Debatten um europäische Desintegration an Gewicht gewonnen, sodass neben den erwähnten Zukunftsszenarien weitere theoretische Überlegungen angestellt werden. Allgemein zur Integration und Erweiterung stellen Börzel, Dimitrova und Schimmelfennig (2017, S. 157) ihr Konzept der „Integrations-Kapazität" vor. Diese gebe an, wie stark die Europäische Union Beitrittskandidaten auf den Beitrittsprozess vorbereiten (extern) und die Funktionsweise und Kohäsion nach dem Beitritt erhalten kann (intern) (ebd. S. 158). Nach Beschreibung Schimmelfennigs (2018a, S. 1154) haben die Neuverhandlungen der Mitgliedsbedingungen Großbritanniens unter Premier David Cameron und das anschließende Referendum über den Verbleib in der Union ein neues Kapitel der Differenzierung eröffnet, die „differenzierte Desintegration". Auf Grundlage postfunktionalistischer Annahmen stellt Schimmelfennig die Hypothese auf, dass Desintegration dann politisch gefordert werde, wenn die Europäische Union durch spill-over Kompetenzen in identitätsstiftenden Politikfeldern entwickelt, sich euroskeptische Parteien erfolgreich etablieren und Referenden zur Europäischen Integration ein mögliches politisches Instrument darstellten (ebd. S. 1159). Demgegenüber sehen Schmitter und Lefkofridi (2016, S. 171) Desintegration als logischen Bestandteil transnationaler Integration, vielmehr sei die Europäische Union lange als Ausnahme angesehen worden, wodurch die aufkommenden Abbautendenzen so überraschten.

Die Desintegration gelte es in der wissenschaftlichen Debatte dabei nicht mehr als negativ behafteten Stillstand, sondern als reinen Gegensatz der Europäischen Integration zu betrachten, fordert Börzel (2018b, S. 475), während sie eine Forschungsagenda für die EU-Studien entwirft. Dabei stellt sie heraus, dass ein Integrations-Stillstand nicht gleichbedeutend mit Desintegration, und Desintegration nicht gleichbedeutend mit einem Zerfall der Union zu verstehen sei (ebd. S. 482). Diese, in den EU-Studien verbreitete Annahme führt Börzel auf einen „pro-Integration Bias" (ebd. S. 478) zurück. Fabbrini (2017, S. 27) schließt aus ähnlichen Überlegungen die Folgerung, dass es zwei Möglichkeiten gebe mit Desintegrationsprozessen umzugehen, ein „Europe à la carte" oder eine „konstitutionelle Differenzierung".

Die zunehmende Differenzierung des Binnenmarktes durch die Europäische Bankenunion stellt Ferran (2017, S. 252) heraus und beschreibt, wie die Anreize der Bankenunion als Integrationsmotor wirken können, jedoch das Risiko bestünde, dass Mitgliedstaaten, die außen vor blieben, zunehmend marginalisiert, die Einheit des Binnenmarktes gefährdet würde. Scharpf (2018, S. 8) kritisiert die „einheitlichen Makroregime" der Währungsunion, die den heterogenen Ökonomien der Eurozone nicht gerecht würden und plädiert daher für eine Differenzierung der Währungsunion in ein zweistufiges System.

Mehrjähriger Finanzrahmen und nationale Haushalte

Im Rahmen der politischen Debatte um den mehrjährigen Finanzrahmen 2021–2027 befassen sich mehrere Studien mit dem strukturellen Aufbau und den politischen Implikationen der europäischen Finanzmittel. Doch auch das nationale Budget Italiens und der Budgetstreit mit der Europäischen Kommission sind behandelte Themen. Für einen Ausbau der Eigenmittel und einer allgemeine Erweiterung des EU-Budgets spricht sich Andor (2018, S. 27) vor dem Hintergrund der Herausforderung im Bereich „Sicherheit und Produktivität" aus. Mit der Reform des EU-Budgets im Bereich der Außenpolitik befassen sich Jones, Di Ciommo, Sayós Monràs, Sherriff und Bossuyt (2018, S. 12 f.). In einer quantitativen wie qualitativen Analyse stellen sie neue strategische Ausrichtungen vor und reflektieren diese vor dem Hintergrund der finanziellen Ausstattung einzelner Arbeitsbereich. Rasche (2018, S. 17) hingegen fokussiert die Budgetvorschläge für den Bereich Migration und stellt vor allem eine Finanzierungslücke des Asyl-, Migrations- und Integrationsfonds (AMIF) fest.

Mit den Implikationen der hohen Ausgaben für den Agrarsektor (38 Prozent) setzen sich Darvas und Wolff (2018, S. 77) auseinander, sie folgern, dass die Kürzungen im Bereich der ländlichen Entwicklung im Zuge des Austritts des Vereinigten Königreichs aus der EU negative Folgen für die Biodiversität aufweisen können und leiten hieraus einen Reformbedarf ab. Allgemeiner fragen Canofari, Di Bartolomeo und Messori (2018, S. 23) nach den Koordinierungsproblemen innerhalb der Europäischen Währungsunion mit einer zentralisierten Währungs- aber nationaler Fiskalpolitik, in der jedoch das Quantiative Easing Programm der Europäischen Zentralbank (EZB) eine effektive Maßnahme zur Risikominderung darstelle.

Gerade der Fall Italien nimmt in den nationalen Budgetbetrachtungen einer herausgehobene Stellung ein. Den Fall Italiens aus ökonomisch-politischer Perspektive betrachtet Messori (2018, S. 8) und stellt gleichzeitig einen Glaubwürdigkeitsverlust der italienischen Regierung fest. Codogno und Monti (2018, S. 7 f.) nehmen den italienischen Bankensektor in das Zentrum ihrer Analysen. Sie stellen fest, dass dieser einen neuen Krisenherd darstellen könnte. Sapir (2018, S. 1 f.) hingegen zieht eine historische Betrachtung der Fälle Italien und Belgien heran, um aus der unterschiedlichen Entwicklung beider – zur Einführung des Euro vergleichbar verschuldeter – Staaten Politikempfehlungen abzuleiten (ebd. S. 14).

Ausblick

Erneut lässt sich eine große Pluralität und Fragmentierung wissenschaftlicher Arbeiten zur Europapolitik und europäischen Integration attestieren. Mit Blick auf die Europawahlen, den Austritt des Vereinigten Königreichs aus der Europäischen Union, die Neuformierung der Europäischen Kommission, aber auch die anhaltende Reformdebatte, kann davon ausgegangen werden, dass sich dieser Trend halten wird. Die Realisation des britischen EU-Austritts, Analysen zur Europawahlen und ihrer Ergebnisse, aber auch nähere Betrachtungen des SpitzenkandidatInnen-Verfahrens werden Teile einer fortlaufenden Forschungsagenda sein. Dabei bilden Abbauflexibilisierung und Desintegrationstendenzen Kernelemente einer weitergehenden Theorie-Debatte – mit wesentlichem Einfluss auf die interinstitutionelle Balance – zu der weitere Konzepte und Beiträge zu erwarten sind. Zusammengenommen begünstigen diese neuartigen Situationen die Bildung einer lebhaften, offenen akademischen Gemeinschaft ohne ein vorherrschendes Paradigma.

Weiterführende Literatur

Jenna Althoff/Veronika Józwiak/Rahela Jurkovic/Anna Kyriazi/Chiara Milan: Us vs. them in Central and Eastern Europe. Populism, the refugee other and the re-consideration of national identity, Bonn 2018, abrufbar unter: http://library.fes.de/pdf-files/bueros/budapest/14599.pdf (letzter Zugriff: 1.9.2018).

László Andor: RESOURCES FOR A PROSPEROUS EUROPE. Redesigning the EU Budget in a Progressive Way, in: WISO Diskurs 18/2018, abrufbar unter: https://library.fes.de/pdf-files/wiso/14700.pdf (letzter Zugriff: 1.11.2018).

Jean Arthuis/Henry Farrell: What future for a democratic Europe following Brexit?, in: The Tocqueville Review 1/2018, S. 37–48.

Senem Aydin-Düzgit/Alessandro Marrone: PESCO and security cooperation between the EU and Turkey, Rome/Instanbul 2018, abrufbar unter: http://www.iai.it/sites/default/files/gte_wp_19.pdf (letzter Zugriff: 1.11.2018).

Gavin Barrett: European economic governance: deficient in democratic legitimacy?, in: Journal of European Integration 3/2018, S. 249–264.

Peter Becker: Die EU auf dem Weg in eine "Transferunion"?: ein Beitrag zur Entdramatisierung, in: SWP-Studie 8/2018, abrufbar unter: https://www.swp-berlin.org/fileadmin/contents/products/studien/2018S08_bkr.pdf (letzter Zugriff: 1.11.2018).

Matt Bevington/Jack Simson Caird/Alan Wager: The Brexit endgame: a guide to the parliamentary process of withdrawal from the EU. UK in a Changing Europe, London 2018, abrufbar unter: http://ukandeu.ac.uk/wp-content/uploads/2018/09/Brexit-endgame-A-guide-to-the-parliamentary-process.pdf (letzter Zugriff: 1.11.2018).

Roland Bieber/Astrid Epiney/Marcel Haag/Markus Kotzur: Die Europäische Union, Baden-Baden 2019.

Joachim Blatter/Samuel D. Schmid/Andrea C. Blättler: Democratic Deficits in Europe: The Overlooked Exclusiveness of Nation-States and the Positive Role of the European Union, in: Journal of Common Market Studies 3/2017, S. 449–467.

Tanja A. Börzel(a): Governance Approaches to European Integration, in: KFG Working Paper 84/2018, abrufbar unter: https://www.polsoz.fu-berlin.de/en/v/transformeurope/publications/working_paper/wp/wp84/WP_84_Boerzel_WEB.pdf (letzter Zugriff: 1.11.2018).

Tanka A. Börzel(b): Researching the EU (Studies) into demise?, in: Journal of European Public Policy 3/2018, S. 475–485.

Tanja A Börzel/Antoaneta Dimitrova/Frank Schimmelfennig: European Union enlargement and integration capacity: concepts, findings, and policy implications, in: Journal of European Public Policy 2/2017, S.157–176.

Tanja A. Börzel/Thomas Risse: From the euro to the Schengen crises: European integration theories, politicization, and identity politics, in: Journal of European Public Policy 1/2018, S. 83–108.

Bram De Botselier/Sofía López Piqueres/Simon Schunz: Adressing the 'Arctic Paradox': environmental policy integration in the EU's emerging Arctic policy, in: EU Diplomacy Papers 3/2018, abrufbar unter: https://www.coleurope.eu/system/tdf/research-paper/edp-3-2018_debotselier-lopez-schunz.pdf?file=1&type=node&id=46460&force= (letzter Zugriff: 1.11.2018).

Simon Bulmer/Lucia Quaglia: The politics and economics of Brexit, in: Journal of European Public Policy 8/2018, S. 1089–1098.

Alexander Bürgin: Intra-and Inter-Institutional Leadership of the European Commission President: An Assessment of Juncker's Organizational Reforms, in: Journal of Common Market Studies 4/2018, S. 837–853.

Paolo Canofari/Giovanni Di Bartolomeo/Marcello Messori: Sovereign debt crisis, fiscal consolidation and quantitative easing in a monetary union, in: LUISS School of European Political Economy - Working Paper 9/2018, abrufbar unter http://sep.luiss.it/sites/sep.luiss.it/files/Sovereign%20Debt%20Crisis%20Working%20Paper%20-%20Messori-Canofari-Di%20Bartolomeo.pdf (letzter Zugriff: 1.11.2018).

Sergio Carrera/Nora El Qadim/Maryellen Fullerton/Blanca Garcés-Mascareñas/Susan York Kneebone/Ana López Sala/Ngo Chun Luk/Lina Vosyliūtė: Offshoring Asylum and Migration in Australia, Spain, Tunisia and the US: Lessons learned and feasibility for the EU, CEPS Research Reports 2018.

Agnieszka K. Cianciara: Stability, security, democracy: explaining shifts in the narrative of the European Neighbourhood Policy, in: Journal of European Integration 1/2017, S. 49–62.

Harold D. Clarke/Matthew Goodwin/Paul Whiteley: Brexit: Why Britain Voted to Leave the European Union, Cambridge 2017.

Lorenzo Codogno/Mara Monti: A stylised narrative of Italian banking problems, LUISS School of European Political Economy, Policy Brief, September 2018, abrufbar unter: http://sep.luiss.it/sites/sep.luiss.it/files/A%20Stylised%20Narrative%20of%20Italian%20Banking%20Problems-Codogno-Monti.pdf (letzter Zugriffen: 1.11.2018).

Emmanuel Comte: The history of the European migration regime: Germany's strategic hegemony, London 2017.

Olivier Costa/Nathalie Brack: How the EU really works, London 2019.

John Curtice: Do voters still want to leave the EU? How they view the Brexit process two years on. UK in a Changing Europe, 2018, abrufbar unter: https://whatukthinks.org/eu/wp-content/uploads/2018/09/WUKT-EU-Briefing-Paper-14-July-18-Analysis-paper_v3.pdf (letzter Zugriff: 1.11.2018).

Zsolt Darvas/Guntram B. Wolff: The EU's Multiannual Financial Framework and some implications for CESEE countries, in: Focus on European Economic Integration 3/2018, S. 77–86.

Luis de la Corte Ibáñez: Breve análisis sobre la estrategia contraterrorista del Consejo de Europa para 2018-2022, in: Documento de Opinión 95/2018, abrufbar unter: http://www.ieee.es/Galerias/fichero/docs_opinion/2018/DIEEEO95-CORTE-EstrategiaContrat.pdf (letzter Zugriff: 1.11.2018).

Maria Demertzis/Jean Pisani-Ferry/André Sapir/Thomas Wieser/Guntram B. Wolff: One size does not fit all: European integration by differentiation, in: Bruegel Policy Brief 3/2018, abrufbar unter: http://bruegel.org/wp-content/uploads/2018/09/PB-2018_03_final3.pdf (letzter Zugriff: 1.11.2018).

Claire Dhéret: European social rights need more than a proclamation: Recommendations for an ambitious social summit, EPC Commentary, 15. November 2017, abrufbar unter: http://aei.pitt.edu/92679/1/pub_8067_europeansocialrights.pdf (letzter Zugegriff: 1.11.2018).

Patrick Diamond/Peter Nedergaard/Ben Rosamond: Routledge Handbook of the Politics of Brexit, London 2018.

Elias Dinas/Pedro Riera: Do European Parliament elections impact national party system fragmentation?, in: Comparative Political Studies 4/2018, S. 447–476.

Europäische Kommission(a): Weissbuch zur Zukunft Europas. Die EU der 27 im Jahr 2025 - Überlegungen und Szenarien, Brüssel, COM(2017)2025, abrufbar unter: https://ec.europa.eu/commission/sites/beta-political/files/weissbuch_zur_zukunft_europas_de.pdf (letzter Zugriff: 1.9.2018).

Europäische Kommission(b): State of the union 2018. Our destiny in our hands, European Policy Strategy Centre, 2018, abrufbar unter: https://ec.europa.eu/epsc/sites/epsc/files/epsc_-_state_of_the_union_2018_-_our_destiny_in_our_hands.pdf (letzter Zugriff: 1.11.2018).

Europäische Kommission: Three visions, one direction - plans for the future of Europe, European Political Strategy Centre, 2018, abrufbar unter: https://ec.europa.eu/epsc/sites/epsc/files/epsc_-_three_visions_one_direction_-_plans_for_the_future_of_europe.pdf (letzter Zugriff: 1.9.2018).

Sergio Fabbrini: Beyond disintegration: political and institutional prospects of the European Union, in: Bart Vanhercke/David Natali/Denis Bouget: Social policy in the European Union: state of play 2016, Brüssel 2017, S. 13–31, abrufbar unter: https://iris.luiss.it/retrieve/handle/11385/177700/60550/FABBRINI-beyond%20disintegration.pdf (letzter Zugriff: 1.11.2018).

Eilis Ferran: European banking union and the EU single financial market: more differentiated integration or disintegration, in: Bruno De Witte/Andrea Ott/Ellen Vos (Hrsg.): Between Flexibility and Disintegration. The Trajectory of Differentiation in EU Law, Cheltenham 2017, S. 252–281.

Claudia Finotelli/Irene Ponzo: Integration in times of economic decline. Migrant inclusion in Southern European societies: trends and theoretical implications, in: Journal of Ethnic and Migration Studies 14/2018, S. 2303–2319.

Georg Fischer: Social Europe: the Pillar of Social Rights, in: Structural Reforms for Growth and Cohesion, Cheltenham 2018.

Foundation for European Progressive Studies: Prioritising people: A progressive narrative for migration, 2018, abrufbar unter: https://www.feps-europe.eu/component/attachments/attachments.html?task=attachment&id=139 (letzter Zugriff: 1.11.2018).

Sacha Garben/Claire Kilpatrick/Elise Muir: Towards a European Pillar of Social Rights: upgrading the EU social acquis, in: College of Europe Policy Brief 1/2017, abrufbar unter: https://papers.ssrn.com/sol3/papers.cfm?abstract_id=2900489 (letzter Zugriff: 1.11.2018).

Philipp Genschel/Markus Jachtenfuchs: From market integration to core state powers: the Eurozone crisis, the refugee crisis and integration theory, in: Journal of Common Market Studies 1/2018, S. 178-196.

Martin Gross/Marc Debus: Does EU regional policy increase parties' support for European integration?, in: West European Politics 3/2018, S. 594–614.

Martin Gross/Mihail Chiru/Dragos Adascaleti: Programmatic europeanization revisited: the role of EP election proximity, EU support and Eastern European patterns, in: Center for Policy Studies Working paper series 4/2018, abrufbar unter: http://cps.ceu.edu/sites/cps.ceu.edu/files/attachment/publication/3082/cps-working-paper-cohesify-programmatic-europeanization-revisited-2018.pdf (letzter Zugriff: 1.11.2018).

Elisa Gutsche: Triumph der Frauen?: The female face of the far right in Europe, Bonn 2018, abrufbar unter: http://library.fes.de/pdf-files/dialog/14636.pdf (letzter Zugriff: 1.9.2018).

Jürgen Habermas: Are We Still Good Europeans?, in: Social Europe 13/2018, abrufbar unter: https://www.socialeurope.eu/are-we-still-good-europeans (letzter Zugriff: 1.11.2018).

M. Donald Hancock/Christopher J. Carman/Marjorie Castle/David P. Conradt/Raffaella Y. Nanetti/Robert Leonardi/William Safran/Stephen White/Michelle Hale Williams/Mary N. Hampton: Politics in Europe, Washington, D.C. 2018.

Niklas Helwig(a): Germany and European defence cooperation: a post-Atlantic turn?, Ulkopoliittinen Instituutti/Finnish Institute of International Affairs 2018, abrufbar unter: https://storage.googleapis.com/upi-live/2018/09/bp245_germany_and_european_defence_cooperation2.pdf (letzter Zugriff: 1.11.2018).

Niklas Helwig(b): New tasks for EU-NATO cooperation: an inclusive EU defence policy requires close collaboration with NATO, in: SWP Comment C/2018, abrufbar unter: https://www.swp-berlin.org/fileadmin/contents/products/comments/2018C04_hlw.pdf (letzter Zugriff: 1.11.2018).

Frank Hendrickx: The European Social Pillar: A first evaluation, London 2018.

Thomas Henökl: How Brexit affects EU external action: The UK's legacy in European international cooperation, in: Futures 97/2018, S. 63–72.

Liesbet Hooghe/Gary Marks: Re-engaging grand theory: European integration in the 21st century, in: European University Institute Working Paper RSCAS 43/2018.

Rudolf Hrbek: Auf dem Weg zu einem europäischen Parteiensystem?, in: Wolfram Hilz/Antje Nötzold: Die Zukunft Europas in einer Welt im Umbruch, Wiesbaden 2018, S. 131–161.

Milan Igrutinović: Spitzenkandidaten and shifting electorates: towards the 2019 EP elections, Institute for Development and International Brief 9/2018, abrufbar unter: http://www.irmo.hr/wp-content/uploads/2018/09/IRMO-Brief-9-2018.pdf (letzter Zugriff: 1.11.2018).

Daniel Innerarity: Whose Deficit? The European Democracy and Its Democracies, in: Democracy in Europe, Basingstoke 2018, S. 47–60.

Thomas Jäger: Lehren des Brexit für eine Reform von Art. 50 EUV, Österreichische Gesellschaft für Europapolitik Policy Brief 17/2018, abrufbar unter: https://oegfe.at/wordpress/wp-content/uploads/2018/08/OEGfE_Policy_Brief-2018.17.pdf (letzter Zugriff: 1.9.2018).

Christian Joerges/Vladimir Bogoeski/Lukas Nüse: Economic Constitutionalism and the 'European Social Model': Can European Law Cope with the Deepening Tensions between Economic and Social Integration after the Financial Crisis, Contribution to the conference "The Metamorphosis of the European Economic Constitution" at University of Luxembourg, 21-22 September 2017, organized by Herwig Hofmann, Katerina Pantazatou and Giovanni Zaccaroni, abrufbar unter: https://papers.ssrn.com/sol3/papers.cfm?abstract_id=3246636 (letzter Zugriff: 1.11.2018).

Alexei Jones/Mariella Di Ciommo/Meritxell Sayós Monràs/Andrew Sherriff/Jean Bossuyt: Aiming high or falling short?, in: European Centre for Development Policy Management Briefing Note 104/2018, abrufbar unter: https://ecdpm.org/wp-content/uploads/ECDPM-2018-BN-104-Analysis-Proposed-Future-EU-Budget-External-Action.pdf (letzter Zugriff: 1.11.2018).

Alexei Jones/Vera Mazzara: All together now? EU institutions and member states' cooperation in fragile situations and protracted crises, European Centre for Development Policy Management Discussion Paper 226/2018, abrufbar unter: https://ecdpm.org/wp-content/uploads/DP226-All-together-now-EU-institutions-member-states-collaboration-fragile-situations-crises-ECDPM-June-2018.pdf (letzter Zugriff: 1.9.2018).

Jean-Claude Juncker: State of the Union Address 2017, Brüssel, 2017, abrufbar unter: http://europa.eu/rapid/press-release_SPEECH-17-3165_en.pdf (letzter Zugriff: 1.11.2018).

Wolfram Kaiser/Richard McMahon: Narrating European integration: transnational actors and stories, in: National Identities 2/2017, S. 149–160.

Christer Karlsson/Thomas Persson: The Alleged Opposition Deficit in European Union Politics: Myth or Reality?, in: Journal of Common Market Studies 4/2018, S. 888–905.

Niilo Kauppi/Claudia Wiesner: Exit politics, enter politicization, in: Journal of European Integration 2/2018, S. 227–233.

Steven Keil/Sophie Arts: NATO after the Brussels summit: Bruised or Emboldened?, German Marshall Fund of the United States Policy Brief 31/2018, abrufbar unter: http://www.gmfus.org/file/26225/download (letzter Zugriff: 1.11.2018).

Julia Klein/Julian Plottka/Amelie Tittel: Der Neustart der europäischen Integration durch eine inklusive Avantgarde?, in: integration 2/2018, S. 141–168.

Valentin Kreilinger: Strengthening parliamentary voices in the EU's multi-level system, in: Jacques Delors Institute Policy Paper 226/2018, abrufbar unter: http://institutdelors.eu/wp-content/uploads/2018/06/ParliamentaryVoicesintheEUMultilevelSystem-Kreilinger-June2018.pdf (letzter Zugriff: 1.9.2018).

Christian Krell/Henri Möllers/Niklas Ferch: Reclaiming action: progressive strategies in times of growing right-wing populism in Denmark, Norway, Sweden and Germany, Berlin 2018, abrufbar unter: http://library.fes.de/pdf-files/bueros/stockholm/14617-20180920.pdf (letzter Zugriff: 1.9.2018).

Christian Kreuder-Sonnen: An authoritarian turn in Europe and European Studies?, in: Journal of European Public Policy 3/2018, S. 452–464.

Nadja Kühn/Jarle Trondal: European integration and the administrative state. A longitudinal study on self-reinforcing administrative bias, in: Journal of European Public Policy 2018, S. 1–22.

Sandra Lavenex: 'Failing Forward' Towards Which Europe? Organized Hypocrisy in the Common European Asylum System, in: Journal of Common Market Studies 5/2018, S. 1195–1212.

Frank Mattheis: Repositioning Europe in the study of regions: comparative regionalism, interregionalism and decentred regionalism, in: Journal of European Integration 4/2017, S. 477–482.

Marcello Messori: THE 2019 BUDGET LAW: THE DANGERS FOR ITALY'S ROLE IN EUROPE, in: LUISS School of European Political Economy Policy Brief 2018, abrufbar unter: http://sep.luiss.it/ sites/sep.luiss.it/files/The%202019%20Budget%20Law%20-%20M.%20Messori.pdf (letzter Zugriff: 1.11.2018).

Sophie Meunier/Milada Anna Vachudova: Liberal Intergovernmentalism, Illiberalism and the Potential Superpower of the European Union, in: Journal of Common Market Studies 7/2018, S. 1631–1647.

Aistė Mickonytė: Divisions in Europe expose the need for an ambitious reform of the EU, Österreichische Gesellschaft für Europapolitik Policy Brief 11/2018, abrufbar unter: https://oegfe.at/wordpress/wp-content/uploads/2018/06/OEGfE_Policy_Brief-2018.11_Mickonyte.pdf (letzter Zugriff: 1.9.2018).

Andrew Moravcsik: Preferences, Power and Institutions in 21st-century Europe, in: Journal of Common Market Studies 2018.

Zuzana Murdoch/Sara Connolly/Hussein Kassim: Administrative legitimacy and the democratic deficit of the European Union, in: Journal of European Public Policy 3/2018, S. 389–408.

Aslak Schou Nalepa/Malte Kjems: Danske ministre har større fravær end deres EU kolleger. Tænketanken Europa, 2018, abrufbar unter: http://thinkeuropa.dk/sites/default/files/notat_danske_ministre_har_stoerre_fravaer_end_deres_eu-kolleger.pdf (letzter Zugriff: 1.11.2018).

Edoardo Ongaro/Sandra Van Thiel: The Palgrave handbook of public administration and management in Europe, Basingstoke 2018.

Kiran Klaus Patel: Projekt Europa. Eine kritische Geschichte, München 2018.

Juan Antonio Pavón Losada: Menores extranjeros no documentados en la UE: situación y pautas para abordarlo. Fundación Alternativas Memorando Opex 235/2018, abrufbar unter: http://www.fundacionalternativas.org/public/storage/opex_documentos_archivos/1e82c3cdfa927f3bec3bd5ebdc551cc1.pdf (letzter Zugriff: 1.11.2018).

Vlad Perju: Double Sovereignty in Europe: A Critique of Habermas's Defense of the Nation-State, in: Texas International Law Journal 1/2018, S. 53–49.

Peter Pichler: European Union cultural history: introducing the theory of 'paradoxical coherence' to start mapping a field of research, in: Journal of European Integration 1/2018, S. 1–16.

Andrea L. P. Pirro/Stijn Van Kessel: United in opposition? The populist radical right's EU-pessimism in times of crisis, in: Journal of European Integration 4/2017, S. 405–420.

Ania Plomien: EU social and gender policy beyond Brexit: towards the European Pillar of Social Rights, in: Social Policy and Society 2/2018, S. 281–296.

Polly Polak: The UK Withdrawal Agreement As a Sui Generis EU International Treaty and Its Admissibility to the CJEU's Opinion Procedure, 2018, abrufbar unter: https://papers.ssrn.com/sol3/papers.cfm?abstract_id=3161561 (letzter Zugriff: 1.11.2018).

Johannes Pollak/Michael Kaeding/Paul Schmidt (Hrsg.): The Future of Europe: Views from the Capitals, Basingstoke 2019.

Jonathan Portes: Cost of no deal revisited. UK in a Changing Europe, 2018, abrufbar unter: http://ukandeu.ac.uk/wp-content/uploads/2018/08/Cost-of-No-Deal-Revisited.pdf (letzter Zugriff: 1.11.2018).

Lucas Rasche: More money, fewer problems? How the 'Migration Crisis' affected funding under the MFF, Jacques Delors Institute 2018, abrufbar unter: https://www.delorsinstitut.de/2015/wp-content/uploads/2018/09/20180910_MFF-Migration-Rasche.pdf (letzter Zugriff: 1.11.2018).

Zane Rasnaca/Sotiria Theodoropoulou: Strengthening the EU's Social Dimension: Using the EMU to Make the Most Out of the Social Pillar, in: ETUI Research Paper - Policy Brief 5/2017, abrufbar unter: https://papers.ssrn.com/sol3/papers.cfm?abstract_id=3103662 (letzter Zugriff: 1.11.2018).

Kacper Rekawek/Stanislav Matějka/Viktor Szucs/Tomáš Beňuška/Karin Kajzarová/Jakub Rafay: Who are the European jihadis? From criminals to terrorists and back?, Globsec Policy Institute, Project midterm report, 2018, abrufbar unter: https://www.globsec.org/wp-content/uploads/2018/09/GLOBSEC_WhoAreTheEuropeanJihadis.pdf (letzter Zugriff: 1.11.2018).

Marianne Riddervold/Jarle Trondal: Integrating nascent organisations. On the settlement of the European External Action Service, in: Journal of European Integration 1/2017, S. 33–47.

John M. Roberts: Three pipelines and three seas: BRUA, TAP, the IAP and gasification in southeast Europe, Atlantic Council 2018, abrufbar unter: http://www.atlanticcouncil.org/images/publications/Three_Seas_and_Three_Pipelines_WEB.pdf (letzter Zugriff: 1.11.2018).

George Ross/Jane Jenson: Reconsidering Jacques Delors' leadership of the European union, in: Journal of European Integration 2/2017, S. 113–127.

Jens Rydgren: The Oxford Handbook of the Radical Right, Oxford 2018.

Lucrezia Sapienza: Russia and the Baltics: a testing ground for NATO–EU defence cooperation, Istituto Affari Internazionali Commentaries 47/2018, abrufbar unter: http://www.iai.it/sites/default/files/iaicom1847.pdf (letzter Zugriff: 1.11.2018).

André Sapir: High public debt in euro-area countries: comparing Belgium and Italy, in: Bruegel Policy Contribution 15/2018, abrufbar unter: http://bruegel.org/wp-content/uploads/2018/09/PC-15_20183.pdf (letzter Zugriff: 1.11.2018).

Arjan H. Schakel: Rethinking European Elections: The Importance of Regional Spillover Into the European Electoral Arena, in: Journal of Common Market Studies 3/2018, S. 687–705.

Fritz W. Scharpf: There is an alternative: A two-tier European currency community, MPIfG Discussion Paper 2018, abrufbar unter: https://www.mpifg.de/pu/mpifg_dp/2018/dp18-7.pdf (letzter Zugriff: 1.11.2018).

Frank Schimmelfennig(a): Brexit: differentiated disintegration in the European Union, in: Journal of European Public Policy 8/2018, S. 1154–1173.

Frank Schimmelfennig(b): European integration (theory) in times of crisis. A comparison of the euro and Schengen crises, in: Journal of European Public Policy 7/2018, S. 969–989.

Franzisca Schmidt: Drivers of Populism: A Four-country Comparison of Party Communication in the Run-up to the 2014 European Parliament Elections, in: Political studies 2/2018, S. 459–479.

Vivien A. Schmidt: Rethinking EU Governance: From 'Old' to 'New' Approaches to Who Steers Integration, in: Journal of Common Market Studies 2018.

Julia Schulte-Cloos: Do European Parliament elections foster challenger parties' success on the national level?, in: European Union Politics 3/2018, S. 408–426.

Daniel Seikel: The European Pillar of Social Rights: an analysis, in: Policy Brief 17e/2017.

Marco Siddi: Russia's evolving gas relationship with the EU: trade surges despite political crises. Ulkopoliittinen Instituutti/Finnish Institute of International Affairs Briefing Paper 246/2018, abrufbar unter: https://storage.googleapis.com/upi-live/2018/09/bp246_eu_russia_gas_relations2.pdf (letzter Zugriff: 1.11.2018).

Michael E. Smith: Transatlantic security relations since the European security strategy: what role for the EU in its pursuit of strategic autonomy?, in: Journal of European Integration 5/2018, S. 605–620.

Eiko Thielemann/Natascha Zaun: Escaping Populism–Safeguarding Minority Rights: Non-majoritarian Dynamics in European Policy-making, in: Journal of Common Market Studies 4/2018, S. 906–922.

Anja Thomas: Ein Paradigmenwechsel im französischen Europadiskurs – Auswirkungen für das deutsch-französische Tandem in der EU?, in: integration 2/2018, S. 128–140.

Ingeborg Tömmel/Amy Verdun: Political leadership in the European Union: an introduction, in: Journal of European Integration 2/2017, S. 103–112.

Simon Usherwood: The challenges of transition. UK in a Changing Europe 2018, abrufbar unter: http://ukandeu.ac.uk/wp-content/uploads/2018/09/UKICE-Transition-Report.pdf (letzter Zugriff: 1.11.2018).

Femke A. W. J. Van Esch: The paradoxes of legitimate EU leadership. An analysis of the multi-level leadership of Angela Merkel and Alexis Tsipras during the euro crisis, in: Journal of European Integration 2/2017, S. 223–237.

Frank Vandenbroucke/Catherine Barnard/Geert De Baere: A European social union after the crisis, Cambridge 2017.

Sofia Vasilopoulou/Daniel Keith: Renegotiation versus Brexit: The question of the UK's constitutional relationship with the EU, in: Journal of Common Market Studies 2018.

Rüdiger Voigt (Hrsg.): Handbuch Staat, Wiesbaden 2018.

Laurent Warlouzet: Britain at the Centre of European Co-operation (1948–2016), in: Journal of Common Market Studies 4/2018, S. 955–970.

Fabio Wasserfallen: Policy Diffusion and European Public Policy Research, in: Edoardo Ongaro/Sandra Van Thiel (Hrsg.): The Palgrave Handbook of Public Administration and Management in Europe, London 2018, S. 621–633.

Derek Watson/John Husband/Stanley Yap/Karen Hetherington/Sophia Pandi: A Dog's Brexit for UK Food Manufactures, in terms of Food Safety Culture, in: Journal of Applied Microbiological Research 1/2018, S. 27–34.

Wolfgang Wessels/Johannes Wolters(a): Europäische Union, in: Rüdiger Voigt (Hrsg.): Handbuch Staat, Wiesbaden 2018, S. 677–690.

Wolfgang Wessels/Johannes Wolters(b): Schlüsselinstitution der Europäischen Union: Der Europäische Rat, in: Peter Becker/Barbara Lippert (Hrsg.): Handbuch Europäische Integration, Wiesbaden 2018, S. 1–25.

Alasdair R. Young: European trade policy in interesting times, in: Journal of European Integration 7/2017, S. 909–923.

Dick Zandee: PESCO implementation: the next challenge, Clingendael Policy Report, 28. September 2018, abrufbar unter: https://www.clingendael.org/publication/pesco-implementation-next-challenge (letzter Zugriff: 1.11.2018).

Brexit

Daniel Schade

Auch wenn das britische Referendum zum Austritt aus der Europäischen Union bereits am 23. Juni 2016 stattfand, so wurde der tatsächliche Austrittsprozess erst mit dem Einreichen des Austrittsgesuchs am 29. März 2017 auf den Weg gebracht. Aufgrund der daraufhin überraschend stattfindenden Unterhauswahlen im Vereinigten Königreich begannen die tatsächlichen Verhandlungen dann auch erst am 19. Juni jenen Jahres. Dieser Beitrag dokumentiert somit primär den tatsächlichen Verlauf der Austrittsverhandlungen des Vereinigten Königreichs aus der Europäischen Union und die bisherigen Ergebnisse.

Der Hintergrund der Verhandlungen

Der Verlauf der Brexit-Verhandlungen wurde zunächst einmal durch die daran beteiligten Institutionen bestimmt. Auch wenn der dem Austrittsprozess zugrunde liegende Art. 50 des Vertrags über die Europäische Union (EUV) in vielerlei Hinsicht an Präzision mangelt,[1] so konnte sich die Seite der verbleibenden EU-27 ihrerseits relativ problemlos auf einen institutionellen Rahmen der Verhandlungen einigen. Das notwendige Verhandlungsmandat auf EU-Seite lag der Europäischen Kommission jedenfalls bereits am 22. Mai 2017 vor.[2]

In der EU-27 wurde so die Verhandlungskompetenz in einer extra gegründeten sogenannten Artikel-50-Taskforce gebündelt. Diese wird vom speziell ernannten EU-Chefunterhändler Michel Barnier sowie seiner Stellvertreterin Sabine Weyand geleitet. Innerhalb der durch den Rat der Europäischen Union vorgegebenen Leitlinien und des durch diesen akzeptierten Verhandlungsmandats der Europäischen Kommission arbeitet diese Taskforce weitestgehend unabhängig unter Einbezug der in der Kommission vorhandenen Expertise und auf Basis regulärer Konsultationen wichtiger Stakeholder wie den einzelnen Mitgliedstaaten.[3]

Größere Fragen, wie etwa der im Verhandlungsmandat vorgesehene Übergang zwischen verschiedenen Phasen der Verhandlungen,[4] müssen jedoch vom Europäischen Rat in einer Sondersitzung als EU-27 und unter Ausschluss der Briten beschlossen werden. Da das Europäische Parlament letztlich einem Austrittsabkommen zustimmen muss, spielt auch dessen Position indirekt in die Verhandlungen hinein. Diese wird durch einen eigens ernannten Chefunterhändler des Europäischen Parlaments, dem ehemaligen belgischen Premierminister Guy Verhofstad, vertreten.[5]

---

1 Vgl. hierzu auch Julia Klein: Brexit, in: Werner Weidenfeld/Wolfgang Wessels: Jahrbuch der Europäischen Integration 2017, Baden-Baden 2017, S. 45–58.
2 Council of the European Union: Directives for the negotiation of an agreement with the United Kingdom of Great Britain and Northern Ireland setting out the arrangements for its withdrawal from the European Union, Brüssel, 22. Mai 2017, Anhang, XT 21004/18 ADD 1 REV2.
3 European Parliament Research Service (EPRS): UK withdrawal from the European Union: Legal and procedural issues, Brüssel, März 2018, S. 18.
4 Council of the European Union: Directives for the negotiation, 2017, S. 4.
5 EPRS: UK withdrawal from the European Union, 2018, S. 16 f.

Besonders hervorzuheben ist die über den bisherigen Verhandlungsverlauf gezeigte Einigkeit der EU-27, das von dieser geäußerte Prinzip, dass nur ein Gesamtpaket mit dem Vereinigten Königreich abgeschlossen werden kann, sowie die Unterstreichung der Rolle der Artikel-50-Taskforce als einziger formaler Gesprächspartner für das Vereinigte Königreich trotz durchaus vorhandenen verschiedenen Interessen von Seiten der Europäischen Union.[6] Interessant ist auch die zentrale Rolle, die den besonderen Interessen einzelner Mitgliedstaaten wie etwa der Republik Irland und dem Aufrechterhalten des nordirischen Friedensprozess als Verhandlungsziel eingeräumt wird.

Diese Einigkeit der EU-27 ist auch darauf zurück zu führen, dass trotz teilweise unterschiedlicher Interessen in Bezug auf die Verhandlungen zum Austritt des Vereinigten Königreichs aus der EU die Priorität aller Mitgliedsstaaten darin liegt, der EU und dem Binnenmarkt durch diesen Prozess keinen Schaden zuzufügen. Zeitgleich spielt das Thema im Vergleich zur öffentlichen Debatte und den politischen Prozessen im Vereinigten Königreich nur eine Nebenrolle.[7] Um nur einige Beispiele zu nennen, sind sich in Deutschland sowohl Unternehmen als auch die meisten politischen Akteure darüber einig, dass die uneingeschränkte Aufrechterhaltung des Binnenmarktes das deutsche Primärinteresse in den Verhandlungen darstellt.[8] In Frankreich sind die Prioritäten ähnlich, wobei Präsident Macron den britischen Austritt aus der EU zunehmend als Kontrastpunkt zu seiner Vision einer reformierten und ambitionierteren EU dargestellt hat.[9]

Auf britischer Seite waren die Verhandlungen zunächst öffentlichkeitswirksam im neu geschaffenen Ministerium für den Austritt aus der Europäischen Union unter Minister David Davis gebündelt. Daneben sollte ein ebenfalls neu geschaffenes Handelsministerium die notwendigen Kompetenzen aufbauen, um in Zukunft wieder eigenständig an internationalen Handelsverhandlungen teilnehmen zu können. Der Aufbau und die Arbeit dieser zuständigen Ministerien wurde zunächst durch zahlreiche bürokratische Probleme, eine schwierige zufriedenstellende Besetzung offener Stellen sowie eine schlechte Arbeitsmoral im öffentlichen Dienst erschwert.[10] Im Verlauf der Verhandlungen wurde die Leitung dann zunehmend von Beamten aus dem persönlichen Stab der Premierministerin gesteuert, was zu Konflikten zwischen den verschiedenen beteiligten Akteuren beitrug.[11]

Letztlich werden die Verhandlungen auf britischer Seite maßgeblich durch die innenpolitischen Spannungen[12] und eine teilweise Fehleinschätzung der eigenen Verhandlungsmacht bestimmt.[13] Zuletzt haben sich auch vermehrt international tätige Unternehmen im Vereinigten Königreich kritisch zu den Verhandlungszielen der Regierung geäußert.[14]

---

6 Tony Barber: EU unity on Brexit transition belies the differences, in: Financial Times, 30.1.2018.
7 Tim Durrant/Alex Stojanovic/Lewis Lloyd: Negotiating Brexit: the views of the EU27, Institute for Government, März 2018.
8 Sophie Besch/Christian Odendahl: Berlin to the rescue? A closer look at Germany's position on Brexit, Centre for European Reform, März 2017.
9 Christian Lequesne: Brexit – a French perspective, In: The UK in a Changing Europe, 10 November 2017.
10 Joe Owen/Lewis Lloyd/Jill Rutter: Preparing Brexit: How ready is Whitehall?, Institute for Government, Juni 2018.
11 Rajeev Syal: David Davis downplays reports he might quit over Brexit civil servant, in: The Guardian, 29.4.2018.
12 Liz Bates: Theresa May refuses to say when Brexit White Paper will be published amid Cabinet tensions, in: PoliticsHome, 6.6.2018.
13 Benjamin Martill/Uta Staiger: Cultures of Negotiation: Explaining Britain's hard bargaining in the Brexit negotiations, in: Dahrendorff Forum Working Paper 4/2018.
14 Sarah Gordon/Jim Pickard: More UK businesses join Airbus lead on hard Brexit warning, in: Financial Times, 22.6.2018.

Es ist auch wichtig festzuhalten, dass die Verhandlungen erst nach der kurzfristig anberaumten Unterhauswahl am 8. Juni 2017 beginnen konnten. Bei dieser verlor die konservative Regierung ihre parlamentarische Mehrheit und regiert seitdem als durch die nordirische Democratic Unionist Party (DUP) geduldete Minderheitsregierung. Im Verhandlungsverlauf verfolgte das Land dann an verschiedenen Stellen etwa eine gleichzeitige Aushandlung sowohl der Trennungsfragen als auch der Frage der zukünftigen Zusammenarbeit, wie auch Versuche mit einzelnen EU-Regierungen direkt zu verhandeln.[15] Dies war, wie im Folgenden dargestellt, nicht von Erfolg gekrönt.

Der Verlauf der Brexit-Verhandlungen

Die formalen Verhandlungen begannen am 19. Juni 2017 kurz nach der britischen Unterhauswahl. Bei einem ersten Treffen wurden zunächst einmal die Verhandlungsmodalitäten festgelegt. Hierbei wurden sowohl technische Fragen zum Ort, Format und Frequenz der Verhandlungen, als auch die zu behandelnden Themen geklärt.[16] Vor einer Besprechung der zukünftigen Beziehungen sollten zudem zunächst die reinen Trennungsmodalitäten besprochen werden. Die britische Delegation stimmte diesem Prinzip zu diesem Zeitpunkt ebenfalls zu.

In den ersten tatsächlichen Verhandlungsmonaten wurde jedoch insbesondere aufgrund fehlender britischer Positionen zu vielen Aspekten des Austrittsprozesses wenig konkretes erreicht. Eine Rede von Premierministerin Theresa May am 22. September 2018 in Florenz[17] war dann ein Versuch, eine gewisse Dynamik in den Verhandlungsprozess zu bringen. Wenn die Premierministerin in der Rede auf einige prinzipielle Fragen wie etwa die Bereitschaft zu Zahlungen im Rahmen des Austritt des Vereinigten Königreichs aus der EU oder die Garantie von Bürgerrechten einging, so blieb diese jedoch in weiten Teilen vage. Dennoch enthielt die Rede im Gegensatz zum obigen Prinzip der Verhandlungen in verschiedenen Phasen bereits Konzepte für die zukünftigen Beziehungen, wie etwa die Idee einer Übergangszeit nach dem formellen Austritt und eines daraufhin beginnenden Sondermodells für die Beziehungen zwischen beiden Seiten.

Da solche Fragen jedoch erst in einer weiteren Verhandlungsphase diskutiert werden sollten, folgten im Vorlauf eines Treffens des Europäischen Rates am 14. und 15. Dezember 2017 intensive Verhandlungsrunden über die in der ersten Phase zu besprechenden Themen zu sich durch die Trennung ergebenden Aspekten, die am 8. Dezember 2017 in einer Übereinkunft über einen sogenannten Gemeinsamen Bericht (Joint Report) beider Seiten mündeten. Dieses Dokument stellt als Gesamtpaket auf fünfzehn Seiten eine allgemeine politische Einigung über die wichtigsten Trennungsfragen dar.[18] Diese sollten dann in einem weiteren Schritt in ein Austrittsabkommen übersetzt werden, wobei der Gemeinsame Bericht das von der EU-27 von Anfang an geltende Prinzip unterstreicht, dass letztlich „nothing is agreed until everything is agreed."[19] Somit könnten Konflikte in den weite-

---

15 John Ashmore: Theresa May 'looking to bypass Juncker and Barnier' with direct appeal to EU leaders, in: PoliticsHome, 30.8.2017.
16 Article 50 Taskforce: Terms of Reference for the Article 50 TEU negotiations, 19. Juni 2017.
17 Theresa May: A new era of cooperation and partnership between the UK and the EU, Florenz, 22.9.2017.
18 Article 50 Taskforce: Joint report from the negotiators of the European Union and the United Kingdom Government on progress during phase 1 of negotiations under Article 50 TEU on the United Kingdom's orderly withdrawal from the European Union, 8. Dezember 2017.
19 Article 50 Taskforce: Joint report, 2017, S. 1.

ren Verhandlungsphasen auch weiterhin bereits zumindest politisch getroffene Einigungen gefährden.

Dieses Dokument genügte dem Rat, um die Verhandlungen in eine weitere Phase überleiten zu lassen, in der sowohl eine mögliche Übergangszeit nach dem Austritt, als auch Leitlinien für die zukünftigen Beziehungen diskutiert werden sollten. Dies mündete letztlich in weitere Verhandlungsrichtlinien zur Übergangszeit für die Artikel-50-Taskforce, die die Verhandlungen auf dieser Basis fortsetzen konnte.[20]

Als nächsten wichtigen Schritt übersetzte die Europäische Kommission die bisherigen Verhandlungsergebnisse sowie ihre Position zu weiteren Fragen wie etwa der Übergangszeit in den Entwurf eines Austrittsvertrags, welcher am 28. Februar 2018 veröffentlicht wurde. Bis zu einem Treffen des Europäischen Rates am 22. und 23. März 2018 wurden dann eine Version des Austrittsvertrages veröffentlicht, die durch farbliche Hervorhebung den Verhandlungsstand über die darin enthaltenen Formulierungen dokumentiert.[21] Dieser bis dahin erreichte Verhandlungsstand zeigt, dass finale und prinzipielle Einigungen (mit noch notwendigen Abänderungen in den Formulierungen) etwa 75 Prozent des Entwurfstextes betreffen. Auf dieser Grundlage entschied der Rat der Europäischen Union wiederum, dass nun auch mit Gesprächen über die zukünftigen Beziehungen nach der Übergangszeit gesprochen werden könne und veröffentlichte Leitlinien für diese Verhandlungsphase.[22] Die relativ vagen Prioritäten der britischen Seite für diese Verhandlungsphase wurden im Gegensatz dazu durch Premierministerin May am 2. März 2018 in einer Rede im Mansion House in London vorgestellt.[23]

Wie eine Übersicht des Verhandlungsstandes vor einem Treffen des Europäischen Rates Ende Juni 2018 zeigt, sind in den Verhandlungen seitdem keine großen Fortschritte mehr gemacht worden.[24] Jegliche seit März 2018 erzielten Einigungen sind lediglich technischer Natur und insbesondere in der wichtigen Nordirlandfrage ist keinerlei Annäherung zu erkennen. Auch konnten wirkliche Verhandlungen zu den zukünftigen Beziehungen noch nicht beginnen, da die britische Regierung eine interne Diskussion über detaillierte Verhandlungsziele für diese Phase immer weiter hinauszögerte.[25] Letztlich sollen die Ergebnisse dieser Verhandlungen in eine dem Austrittsvertrag angehängte Absichtserklärung münden und somit die Grundlage für die Verhandlungen über die zukünftigen Beziehungen nach dem formellen Austritt darstellen.

---

20 Council of the European Union: Supplementary directives for the negotiation of an agreement with the United Kingdom of Great Britain and Northern Ireland setting out the arrangements for its withdrawal from the European Union, 29. Januar 2018.
21 Article 50 Taskforce: Draft Agreement on the withdrawal of the United Kingdom of Great Britain and Northern Ireland from the European Union and the European Atomic Energy Community highlighting the progress made (coloured version) in the negotiation round with the UK of 16-19 March 2018, 19. März 2018.
22 European Council: European Council (Art. 50) (23 March 2018) – Guidelines, 23. März 2018.
23 Theresa May: Speech on our future economic partnership with the European Union, London, 2.3.2018.
24 Article 50 Taskforce: Joint statement from the negotiators of the European Union and the United Kingdom Government on progress of negotiations under Article 50 TEU on the United Kingdom's orderly withdrawal from the European Union, 19. Juni 2018.
25 Liz Bates: Theresa May refuses to say, 2018.

Die bisherigen Verhandlungsergebnisse

Im Folgenden sollen die bisherigen Ergebnisse der Brexit-Verhandlungen aufgezeigt werden. Hierbei ist zu beachten, dass diese unter dem Vorbehalt von Seiten der EU-27 stehen, dass eine tatsächliche Einigung nur als Gesamtpaket gefunden werden kann.

Ein wichtiges Element der Austrittsverhandlungen stellen die zukünftigen Rechte von Bürgern der EU-27 im Vereinigten Königreich und britischen Bürgern in der EU-27 dar. Neben detaillierten technischen Fragen spielte in der ersten Phase der Verhandlungen insbesondere das Datum, ab dem die formelle Personenfreizügigkeit enden würde, eine Rolle. Der gemeinsame Bericht enthielt, wie von den EU-27 gewünscht, eine Vereinbarung auf das Datum des formellen Austritts.[26] Durch die Einführung der Übergangsperiode wurde dieses Datum dann im Entwurf des Austrittsvertrags wiederum auf alle erweitert, die bis zum Ende der Übergangszeit ihre Personenfreizügigkeit wahrgenommen haben.[27]

Auch wenn Fragen aus dem Bereich der Bürgerrechte ursprünglich für große Konflikte in den Verhandlungen gesorgt haben, so haben beide Seiten sämtlichen Teilen des Austrittsvertrags, die sich mit Bürgerrechten befassen, zugestimmt. Dies betrifft auch komplexe Fragen wie etwa die Zusammenarbeit sozialer Sicherungssysteme nach dem Austritt des Vereinigten Königreichs aus der EU.

Auch wenn somit die Rechte von Personen, die ihre Personenfreizügigkeit bis zum Ende der Übergangszeit nutzen, weitgehend garantiert wären, so gibt es im derzeitigen Vertragsentwurf jedoch einige wichtige Einschränkungen. So sieht der Vertrag derzeit etwa vor, dass das Aufenthalts- und Arbeitsrecht für Briten im EU-27-Staat, in dem diese ansässig sind, garantiert wäre. Gleichzeitig würden diese innerhalb der restlichen EU-27 ihre Personenfreizügigkeit verlieren. Zudem würden Briten, die in einem EU-Staat selbstständig tätig sind, ihre Dienstleistungen nur noch in diesem EU-Staat anbieten dürfen. Insbesondere diese Fragen wurden mehrfach durch das Europäische Parlament (und nicht etwa durch die britische Regierung) als nicht ausreichend hervorgehoben.[28] Hier ist daher durchaus Konfliktpotenzial zwischen den verschiedenen EU-Institutionen vorhanden.

Auch die durch den Austritt des Vereinigten Königreichs aus der EU entstehenden Kosten und die ausstehenden, aber bereits vereinbarten britischen Zahlungen während des derzeitigen mehrjährigen Finanzrahmens waren zunächst ein bestimmendes Thema der Brexit-Verhandlungen. Auch wenn im britischen Diskurs zunächst eine Sichtweise dominierte, nach der das Vereinigte Königreich keine oder nur möglichst kleine Zahlungen leisten sollte,[29] wurde letztlich im Gemeinsamen Report prinzipiell eine Berechnungsformel für die durch das Vereinigte Königreich zu leistenden Zahlungen ermittelt. Diese wurde dann auch für beide Seiten zufriedenstellend im Entwurf des Austrittsvertrags umgesetzt.[30]

Leitlinien sind dabei, dass das Vereinigte Königreich bis zum Ende des derzeitigen Finanzrahmens weiter in diesen einzahlt, jedoch auch von den durch diesen finanzierten Programmen zu bisherigen Bedingungen profitiert. Dies gilt insbesondere auch für vor dem Ende des derzeitigen Finanzrahmens getroffenen Zahlungsverpflichtungen, die jedoch erst danach fällig werden, der sogenannte ‚reste à liquider' (RAL).

---

26 Article 50 Taskforce: Joint report, 2018, S. 1.
27 EPRS: The EU-UK withdrawal agreement: Process to date and remaining difficulties, Brüssel, Juli 2018, S. 8.
28 EPRS: The EU-UK withdrawal agreement, 2018, S. 11.
29 House of Commons Library: Brexit: The exit bill, Briefing Paper No. 8039, 30.7.2018, S. 32 ff.
30 Article 50 Taskforce: Draft Agreement, 2018, S. 79–100.

Weiterhin beteiligt sich das Vereinigte Königreich laut dieser Formel auch an bestehenden Verpflichtungen wie etwa zukünftigen Pensionszahlungen für EU-Beamte, die auch nach dem britischen Austritt aus der Europäischen Union anfallen würden. In anderen Bereichen, wie etwa der britische Beitrag zur Europäischen Investitionsbank (EIB), würde dieser an das Vereinigte Königreich zurück gezahlt. Der Wert dieser anhand der Formel eingegangen Verpflichtungen ist schwer abzuschätzen, da er etwa von der Entwicklung von zukünftigen Pensionszahlungen oder dem Wechselkurs zwischen Euro und britischen Pfund abhängig ist.[31]

Neben diesen beiden Elementen der ersten Verhandlungsphase stand seit der Veröffentlichung des Gemeinsamen Reports zudem die Frage einer möglichen Übergangszeit nach dem formellen Austritt des Vereinigten Königreichs aus der Union im Raum. Eine Einigung in Bezug auf diese konnte von beiden Parteien jedoch relativ bald nach Beginn der zweiten Verhandlungsphase erreicht werden. Das Austrittsabkommen sieht somit vor, dass das Vereinigte Königreich auch nach Inkrafttretens des Austrittsabkommens bis zum 31. Dezember 2020 de facto Mitglied des Europäischen Wirtschaftsraums und weiterer EU-Politiken verbleibt, jedoch bereits mit dem formellen Austritt seine Mitbestimmungsrechte verliert.[32]

Das gewählte Ende der Übergangszeit entspricht somit auch dem Abschluss des derzeitigen mehrjährigen Finanzrahmens der Europäischen Union, was die kommenden Budgetverhandlungen vereinfacht.[33] Formell ist diese Übergangszeit auch dazu gedacht, ein detailliertes Abkommen über die zukünftigen Beziehungen zwischen beiden Parteien abzuschließen, ohne das es zu einem legalen Vakuum käme. Aufgrund der Komplexität moderner Handelsverhandlungen und dem Brexit-Prozess im Besonderen ist dies jedoch als sehr optimistisch einzuschätzen.

Als zentraler Streitpunkt in den Verhandlungen hat sich die Frage, wie der nordirische Friedensprozesses nach dem Austritt des Vereinigten Königreichs aus der EU unter ähnlichen Bedingungen aufrechterhalten werden kann, herausgestellt. Der Nordirlandkonflikt konnte ursprünglich durch das sogenannte Karfreitagsabkommen von 1998 beigelegt werden und schuf den institutionellen Rahmen für einen Sonderstatus des Territoriums Nordirlands, welcher gemeinsam durch die britische und irische Regierung garantiert wird.[34] Dieses Abkommen, das sogenannte einheitliche Reisegebiet zwischen der Republik Irland und dem Vereinigten Königreich, sowie die gemeinsame EU-Mitgliedschaft beider Länder haben seither maßgeblich zu einer Befriedung der Region beigetragen. Letztlich ermöglichten diese Veränderungen auch, dass zwischen der Republik Irland und Nordirland keine sichtbare Grenze mehr verläuft und sich Grenzgemeinden wirtschaftlich und sozial integrieren konnten.[35]

Aufgrund der Sensibilität dieser Frage wurde auch seit Beginn der Verhandlungen die Nordirlandfrage durch die Etablierung eines sogenannten hochrangigen Dialogs zwischen den Vizeverhandlungsführern hervorgehoben[36] und somit gesondert behandelt. Der Gemeinsame Bericht im Dezember 2017 enthielt dann auch Bestimmungen die hervorho-

---

31 EPRS: The EU-UK withdrawal agreement, 2018, S. 12 f.
32 Article 50 Taskforce: Draft Agreement, 2018, S. 74–78.
33 Vgl. hierzu auch den Beitrag „Haushaltspolitik" in diesem Jahrbuch.
34 House of Lords: Leaving the European Union: Impact on the Good Friday Agreement, Library Briefing, 4.10.2018, S. 4.
35 Vgl. hierzu auch den Beitrag „Irland" in diesem Jahrbuch.
36 Article 50 Taskforce: Terms of Reference for the Article 50 TEU negotiations, 16. Juni 2017, S. 1.

ben, dass beide Seiten das Karfreitagsabkommen aufrecht erhalten wollten, sich dazu verpflichteten, durch den Austritt des Vereinigten Königreichs aus der Europäischen Union keine harte Grenze zwischen Irland und Nordirland zu errichten und insbesondere auch das einheitliche Reisegebiet aufrecht zu erhalten.[37]

Letztlich stellt die Frage der Umsetzung dieser allgemeinen Ziele die Verhandler und die jeweiligen politischen Akteure jedoch vor enorme Herausforderungen. Der Gemeinsame Bericht sticht hier mit einer besonderen Formulierung im Art. 49 hervor, die definiert, wie diese Ziele erreicht werden sollen:

> „The United Kingdom's intention is to achieve these objectives through the overall EU-UK relationship. Should this not be possible, the United Kingdom will propose specific solutions to address the unique circumstances of the island of Ireland. In the absence of agreed solutions, the United Kingdom will maintain full alignment with those rules of the Internal Market and the Customs Union."[38]

Der nächste Artikel des Dokuments stellt klar, dass gleichzeitig neue Barrieren zwischen Nordirland und dem Rest des Vereinigten Königreichs nur geschaffen werden sollen, wenn dies mit dem Karfreitagsabkommen vereinbar ist und die regionale nordirische Regierung und das Parlament dem zustimmen. Letztere sind jedoch derzeit aufgrund einer fehlenden politischen Einigung in Nordirland außer Kraft gesetzt.[39]

Diese in dem Dokument festgehaltenen Formulierungen schufen letztlich die Möglichkeit unterschiedlicher Interpretationen dieser Formulierungen auf beiden Seiten.[40] Die Europäische Kommission übersetzte die mit Irland zusammenhängenden Passagen in ihrem Entwurf für ein Austrittsabkommen in ein dem Abkommen angehängtes Protokoll.[41] In diesem wurde durch die Europäische Kommission das Konzept eines sogenannten „Backstop" entwickelt, der dafür sorgen würde, dass Nordirland durch ein sogenanntes gemeinsames Regulierungsgebiet de facto weiterhin Teil des Europäischen Binnenmarktes bleiben würde. Dieser „Backstop" würde in jedem Brexit-Szenario greifen, bis eine andere Lösung für die Aufrechterhaltung des Nordirlandabkommens und der offenen Grenze gefunden werden könnte.

Seit Veröffentlichung des Entwurfs dieses Protokolls sorgt die Regelung der Nordirlandfrage für erhebliche Probleme in den Verhandlungen. Auch wenn sich May am 19. März 2018 noch einmal zu den bereits im Gemeinsamen Bericht gefundenen Formulierungen bekannte,[42] so sind die Details des durch die Europäische Union vorgeschlagenen „Backstop" im Vereinigten Königreich nicht zustimmungsfähig. Insbesondere die nordirische DUP, aber auch einige konservative Abgeordnete sehen dabei den „Backstop" als nicht hinnehmbare Spaltung des Vereinigten Königreichs, da dieser letztlich etwa Zollkontrollen zwischen Großbritannien und der irischen Insel bedeuten könnte.[43]

Vorbereitung auf den Brexit

Mit dem Heranrücken des Datums des formellen Austritts des Vereinigten Königreichs aus der EU haben sich auch beide Seiten zunehmend mit den Konsequenzen verschiedener Brexit-Szenarien auseinandergesetzt und begonnen, sich darauf vorzubereiten. Sowohl die

---

37 Article 50 Taskforce: Joint Report, 2017, S. 7 ff.
38 Article 50 Taskforce: Joint Report, 2017, S. 8.
39 House of Lords: Leaving the European Union, 2018, S. 3 f.
40 EPRS: The EU-UK withdrawal agreement, 2018, S. 25.
41 Article 50 Taskforce: Draft Agreement, 2018, S. 108-116.
42 Theresa May: Letter to Donald Tusk, 19.3.2018.
43 EPRS: The EU-UK withdrawal agreement, 2018, S. 27.

Europäische Kommission als auch die britische Regierung veröffentlichen hierzu etwa Hinweise, die sich an Unternehmen und Privatpersonen richten und die Konsequenzen verschiedener Brexit-Szenarien für diese aufzeigen. Aufgrund der Dauer administrativer Prozesse haben etwa auch einzelne EU-Staaten bereits begonnen, sich auf den Brexit vorzubereiten, obwohl das letztliche Austrittsszenario noch nicht absehbar ist. Ein Beispiel hierfür ist etwa die zusätzliche Anstellung von 750 Zollbeamten in den Niederlanden, um einen möglichst reibungslosen Warenhandel mit dem Vereinigten Königreich nach dem britischen Austritt aufrecht erhalten zu können.[44] Im Vereinigten Königreich hingegen sind jegliche Brexit-Vorbereitungen neben einer teilweise geschehenen Anpassung der nationalen Gesetzgebung noch nicht weit fortgeschritten.[45]

Neben den oben dargestellten Planungen mussten die EU-27 auch Entscheidungen über den Umzug von zwei bisher in London angesiedelten Agenturen in das zukünftige EU-Hoheitsgebiet entscheiden. Dies ist zum einen die Europäische Arzneimittel-Agentur (EMA) mit etwa 900 Mitarbeitern und zum anderen die kleinere Europäische Bankenaufsichtsbehörde (EBA) mit etwa 170 Angestellten. Die dazu notwendigen Entscheidungen wurden in einem besonderen Verfahren in einer Ratssitzung der EU-27 am 20. November 2017 getroffen, wobei die Entscheidung bei ersterer auf Amsterdam und bei der zweiten Agentur auf Paris fiel.[46]

Die relativ rasche Entscheidung nach dem Austrittsgesuch des Vereinigten Königreichs ist darauf zurückzuführen, dass den betroffenen Agenturen genug Zeit für eine möglichst unterbrechungsfreie Übersiedlung bis zum Brexit-Tag im März 2019 ermöglicht werden sollte. Da die Ansiedlung einer solchen Agentur sowohl einen Wirtschaftsfaktor darstellt, als auch mit Prestige verbunden ist, bewarben sich auf die größere EMA 19 Städte und 8 Städte auf die EBA.[47] In beiden Fällen musste letztlich das Los in der finalen Abstimmungsrunde aufgrund einer Stimmengleichheit im Rat der Europäischen Union entscheiden.[48] Dieser Auswahlprozess ist somit eines der bisher wenigen mit dem Austritt des Vereinigten Königreichs aus der EU verbundenen Elemente, die das teilweise vorhandene Konfliktpotential innerhalb der EU-27 offen aufzeigen. So waren insbesondere osteuropäische Mitgliedstaaten letztlich enttäuscht, dass das Kriterium der geografischen Balance in dem Vergabeverfahren keine große Rolle spielte.[49]

Brexit und Einstellungen zur EU

Auch wenn unmittelbar nach dem Brexit-Referendum befürchtet wurde, dass das Abstimmungsergebnis ähnliche Prozesse in anderen EU-Staaten anstoßen könnte, so hatte der bevorstehende Brexit letztlich kaum einen Effekt auf europaskeptische Bewegungen in anderen Teilen der Europäischen Union.[50] Seit dem Brexit-Referendum ist auch in Umfra-

---

44   Reuters: Dutch to hire 750 new customs agents before Brexit, 16.2.2018.
45   Joe Owen/Lewis Lloyd/Tim Durrant/Jill Rutter: Brexit: six months to go, Institute for Government, 17.9.2018.
46   Agence Europe: Amsterdam inherits European Medicines Agency and Paris gets European Banking Authority, 21.11.2017; Vgl. hierzu auch den Beitrag „Europäische Agenturen" in diesem Jahrbuch.
47   Agence Europe: End of waiting in sight on relocation of medicines agency and banking authority, 17.11.2017.
48   Agence Europe: Amsterdam inherits European Medicines Agency, 2017.
49   Fiona Maxwell/Carmen Paun/Bjarke Smith-Meyer/Sarah Wheaton: 5 takeaways from the race to host EU agencies after Brexit, in: Politico, 20.11.2017.
50   Nicola Chelotti: Brexit may have strengthened Eurosceptic parties, but there is little prospect of other exit referendums, in: LSE Brexit Blog, 30.4.2018.

gen ein stetiger Trend hin zu höheren Zustimmungswerten für die Mitgliedschaft in der Europäischen Union und die Zufriedenheit mit der Arbeit der EU zu beobachten. So zeigte eine im April 2018 durchgeführte Eurobarometer-Umfrage[51] so hohe Zustimmungswerte für die EU-Mitgliedschaft einzelner Staaten, wie dies zuletzt vor zehn Jahren der Fall war. Auch wenn sich die Werte je nach Mitgliedstaat stark unterscheiden und die Unterstützung weiterhin am größten in relativ reichen EU-27-Mitgliedstaaten wie Irland, den Niederlanden und Deutschland ist, so scheint seit dem Brexit-Referendum eine allgemeine Trendwende stattgefunden zu haben. Dies ist auch in Staaten wie Frankreich, Griechenland und Italien der Fall, in denen europaskeptische Parteien ebenfalls Referenden über die EU-Mitgliedschaft vorgeschlagen hatten. Im Vereinigten Königreich steigt die Zustimmung zur Europäischen Union zwar auch graduell, jedoch ist kein allgemeines Abwenden größerer Teile der Bevölkerung vom Ergebnis des Referendums zu erkennen.[52]

Ausblick

Mehr als zwei Jahre nach dem Brexit-Referendum scheint auch weiterhin nur der Tag des Austritts des Vereinigten Königreichs im März 2019 festzustehen. Auch wenn seit dem Beginn der Austrittsverhandlungen im Juni 2017 erhebliche Fortschritte erreicht wurden, so stellen insbesondere die Nordirlandfrage und die damit teilweise verbundenen Modelle zu den zukünftigen Beziehungen zwischen dem Vereinigten Königreich und der EU-27 nur schwer überwindbare Hürden für die Verhandlungen dar. Genau wie im bisherigen Verlauf der Verhandlungen häufig innenpolitische Dynamiken im Vereinigten Königreich die Verhandlungen erschwert haben, so hat auch in Bezug auf die ausstehende Frage der zukünftigen Beziehungen das Fehlen eines britischen Vorschlags diese maßgeblich erschwert. Ein solcher wurde zwar letztlich nach einer Kabinettsklausur Ende Juni 2018 in Chequers, dem Landsitz der Premierministerin, vorgestellt, doch führte dies wiederum zu innenpolitischen Spaltungen im Vereinigten Königreich.[53]

Der zeitliche Verlauf der weiteren Verhandlungen wird somit vermutlich auch weiterhin durch politische Dynamiken auf britischer Seite und insbesondere möglicherweise fehlender Mehrheiten für unterschiedliche Brexit-Modelle im Unterhaus bestimmt werden. Zunehmend spielt jedoch auch die zeitliche Komponente eine wichtige Rolle, da zwischen dem fertigen Aushandeln eines Austrittsabkommens bis zum Inkrafttreten mehrere Monate Zeit für eine Ratifizierung auf beiden Seiten eingerechnet werden müssen. Auch im Hinblick auf unklare parlamentarische Mehrheiten im Vereinigten Königreich wird somit ein ungeordneter Austritt des Vereinigten Königreichs aus der EU zunehmend wahrscheinlicher. Aufgrund dieser Risiken müssen sich sowohl die EU-27 als auch das Vereinigte Königreich, inklusive Unternehmen und Bürgern, zunehmend kurzfristig auf den britischen Austritt aus der EU vorbereiten. Letztlich wird das Risiko eines unkontrollierten Austritt vermutlich auch Debatten etwa zur möglichen Rücknahme des Austrittsgesuchs oder zur Verlängerung der Verhandlungsperiode Aufwind geben.

Diese Unsicherheit beinflusst auch auf Seiten der EU-27 wichtige Entscheidungen in vielen Bereichen etwa zum zukünftigen mehrjährigen Finanzrahmen, der Handelspolitik der Europäischen Union oder die durch den bevorstehenden Brexit ausgelöste Dynamik zu

---

51 European Parliament: Democracy on the Move: European Elections – one year to go, Eurobarometer Survey 89.2, Mai 2018.
52 Anthony Well: Where Britain stands on Brexit one year out, in: YouGov, 29.3.2018.
53 Joe Watts: David Davis resigns as Brexit secretary amid deep split over EU customs arrangements, in: The Independent, 9.7.2018

institutionellen Veränderungen. Letztlich wird der Austritt der Vereinigten Königreichs so auch die europäische Politik in den nächsten Jahren maßgeblich mitbestimmen. Im Falle des erfolgreichen Abschlusses eines Austrittsabkommens würde zudem auch nur eine weitere zeitlich limitierte Verhandlungsphase zu den zukünftigen Beziehungen beginnen.

Weiterführende Literatur

Patrick Diamond/Peter Nedergaard/Ben Rosamond (Hrsg.): The Routledge Handbook of the Politics of Brexit, Abindgon/New York 2018.

Benjamin Martill/Uta Staiger (Hrsg.): Brexit and Beyond: Rethinking the Futures of Europe, London 2018.

2. Die Institutionen der Europäischen Union

Die institutionelle Architektur der Europäischen Union

Johannes Müller Gómez/Wolfgang Wessels

Die Europäische Union und ihre institutionelle Architektur waren 2017 und 2018 von einer spannenden Dynamik aus gleichzeitiger Kontinuität und Wandel geprägt. Auf der einen Seite ist weiterhin eine Führungsrolle des Europäischen Rates zu beobachten, die jedoch wie auch bereits in den Vorjahren durch internen Dissens gehemmt wurde. Auch ein Blick auf das politische Tagesgeschäft durch Europäische Kommission, Europäisches Parlament und Rat der EU lässt ein „business as usual" erkennen. Auf der anderen Seite haben neue Akteure – etwa als Resultat von nationalen Wahlen – das europäische Spielfeld betreten und damit für neue Bewegung gesorgt. Insgesamt ist eine Zunahme der Differenzen festzustellen: Das Europäische Parlament erfährt momentan eine interne Fragmentierung und innerhalb des Europäischen Rates wird zwar eine Konsenskultur gepflegt, aber gleichzeitig ist eine Zunahme der Konflikte zwischen einzelnen Mitgliedstaaten und supranationalen Institutionen zu beobachten. Eine entscheidende Frage bleibt das Ringen um Macht und Vorherrschaft innerhalb der EU und ihrem institutionellen Gefüge.

Zur Einordnung der aktuellen Entwicklungen in der Europäischen Union wird im Folgenden auf drei theoretische Modelle zurückgegriffen:[1] Aus intergouvernementaler Perspektive betrachtet ein erstes Modell den Europäischen Rat als das zentrale Entscheidungsorgan der politischen Führungspersönlichkeiten der EU, die eine „leaders' agenda" (nach den Worten des aktuellen Präsidenten des Europäischen Rates Donald Tusk)[2] verfolgen. Entsprechend des Prinzipal-Agent-Ansatzes geben die Staats- und Regierungschefs, die innerhalb der Architektur als Prinzipal agieren, konkrete Leitlinien vor, die von den Gemeinschaftsorganen als deren Handlungsbeauftragten umzusetzen sind.[3] In einem zweiten, föderal-orientierten Modell steht der Europäische Rat hingegen im Hintergrund. Die Gemeinschaftsmethode, in welcher Europäische Kommission, Rat und Europäisches Parlament die relevanten Akteure darstellen, gilt dann als der zentrale Entscheidungsmodus im politischen Alltag mit dem Europäischen Parlament als zentrale Legitimationsquelle. Drittens kann das institutionelle Gleichgewicht auch von einer ständigen Konkurrenz zwischen dem Europäischen Parlament und dem Europäischen Rat geprägt sein, die um die Führungsrolle in der Union wettstreiten. Diese drei Perspektiven schließen sich

---

1 Vgl. Wulf Reiners/Wolfgang Wessels: Nach Lissabon: Auf der Suche nach einem neuen Gleichgewicht in der institutionellen Architektur der EU, in: Werner Weidenfeld/Wolfgang Wessels (Hrsg.): Jahrbuch der Europäischen Integration 2011, Baden-Baden 2012, S. 47-53, hier S. 51 f.
2 Donald Tusk: Dokumente von Präsident Donald Tusk für die Mitglieder des Europäischen Rates: Einladungsschreiben, Agenda der EU-Führungsspitzen und Bericht über die Durchführung des Bratislava-Fahrplans, 17. Oktober 2017, 593/17; Vgl. hierzu auch den Beitrag „Europäischer Rat" in diesem Jahrbuch.
3 Vgl. zum Beispiel Andrew Moravcsik: Preferences and Power in the European Community: A Liberal Intergovernmentalist Approach, in: Journal of Common Market Studies 4/1993, S. 473-524.

nicht gegenseitig aus und können je nach Politik- und Problemfeld in unterschiedlicher Ausprägung vorliegen.

Führungspersönlichkeiten im Europäischen Rat: Alte und neue Koalitionen

Der Europäische Rat setzt sich im Herbst 2018 aus acht konservativen beziehungsweise christdemokratischen, sieben liberalen und fünf sozialdemokratischen Staats- und Regierungschefs zusammen. Die weiteren acht Staats- und Regierungschefs sind parteilos oder dem Lager der Partei der Europäischen Konservativen und Reformisten (EKR) oder der Europäischen Linken zuzuordnen. Damit besteht aktuell ein parteipolitisches Gleichgewicht innerhalb des Europäischen Rates. Mit dem anvisierten Beitritt Emmanuel Macrons zur europäischen Partei der Allianz der Liberalen und Demokraten für Europa (ALDE) würde das liberale Lager entscheidend gestärkt werden und erstmalig in gleicher Zahl wie die konservative Europäische Volkspartei (EVP) im Europäischen Rat vertreten sein.

Diese Konstellation könnte entscheidend sein, wenn im Jahr 2019 wichtige neue Ämter, wie die der Präsidenten des Europäischen Rates und der Europäischen Kommission, des Hohen Vertreters der Union für Außen- und Sicherheitspolitik und des Präsidenten der Europäischen Zentralbank neu besetzt werden.[4] Darüber hinaus sind keine relevanten Konsequenzen der parteipolitischen Zusammensetzung für die Dynamiken innerhalb des Europäischen Rates und für dessen Position im institutionellen Gefüge der Europäischen Union beobachtbar und auch nicht zu erwarten. Parteipolitische Konstellationen spielten für die interne Entscheidungsfindung bislang keine entscheidende Rolle. Weitaus bedeutsamer sind die individuellen Persönlichkeiten und Koalitionen zwischen den Mitgliedstaaten. Diesbezüglich gilt es insbesondere auf drei Beobachtungen hinzuweisen.

Erstens wird als Folge der abgeschlossenen Regierungsbildung in Deutschland und eine damit erwartete Rückkehr Deutschlands in die europäische Politik eine Erstarkung des deutsch-französischen Tandems angestrebt. So formulierten die deutsche Bundeskanzlerin und der französische Präsident im Juni 2018 den beidseitigen Willen, gemeinsame Initiativen für die Weiterentwicklung der EU voranzubringen – etwa zum Ausbau der Zusammenarbeit in der Gemeinsamen Außen- und Sicherheitspolitik oder zur Aufstellung eines eigenen Haushaltes für die Eurozone – und sich damit aktiv und effektiv an der aktuellen Debatte über die Zukunft der EU zu beteiligen.[5] Einen wichtigen Beitrag zur Stärkung der deutsch-französischen Beziehungen soll zudem ein neuer Élysée-Vertrag leisten, der im Laufe des Jahres 2018 erarbeitet werden soll. Dieser Anspruch der beiden Gründungsstaaten, zu ihrer früheren Führungsrolle zurückzukehren, wird jedoch von den anhaltenden Konflikten innerhalb der Berliner Koalition absorbiert. Auf der einen Seite nimmt hauptsächlich auf Initiative der Sozialdemokratischen Partei Deutschlands (SPD) – noch unter Einfluss des früheren Präsidenten des Europäischen Parlaments und damaligen Vorsitzenden der SPD Martin Schulz – zwar das Thema Europäische Union im Koalitionsvertrag der Christlich Demokratischen Union (CDU), der Christlich-Sozialen Union (CSU) und der SPD ein beträchtliches Gewicht ein.[6] Auf der anderen Seiten haben andere Fragen und Herausforderungen jedoch bislang das deutsche Engagement auf EU-Ebene gehemmt und damit einen essentiellen deutsch-französischen Beitrag verhindert.

---

4   Vgl. hierzu auch den Beitrag „Europäische Zentralbank" in diesem Jahrbuch.
5   Bundesregierung: Erklärung von Meseberg. Das Versprechen Europas für Sicherheit und Wohlstand erneuern, 2018, abrufbar unter: https://www.bundesregierung.de/breg-de/aktuelles/erklaerung-von-meseberg-1140536 (letzter Zugriff: 10.11.2018).

Zweitens haben die nationalen Wahlergebnisse der vergangenen Monate das EU-skeptische Lager im Europäischen Rat gestärkt. Erste Auswirkungen auf die Dynamiken im Europäischen Rat und auf die Beziehungen zwischen den Mitgliedstaaten zu den anderen EU-Institutionen sind bereits zu beobachten. Von besonderer Bedeutung sind hier der neue österreichische Bundeskanzler Sebastian Kurz, der seit 2017 gemeinsam mit der rechtspopulistischen Freiheitliche Partei Österreichs (FPÖ) regiert, der neue tschechische Ministerpräsident Andrej Babiš der populistischen ANO-Partei und der neue italienische Ministerpräsident Guiseppe Conte, dessen Regierung Vertreter der EU-kritischen Fünf-Sterne-Bewegung und der rechtspopulistischen Lega Nord angehören.

Drittens sind weiterhin – alte und neue – regionale Gruppierungen innerhalb des Europäischen Rates von Bedeutung – so die Visegrád-Gruppe aus Polen, Tschechien, der Slowakei und Ungarn. Unterstützung erfuhr die Visegrád-Gruppe in jüngster Zeit vom österreichischen Bundeskanzler, der insbesondere in der Migrationsfrage eine ähnliche Position bezieht wie seine vier Amtskollegen. Besonders deutlich wurde diese Spaltung zwischen östlichen und westlichen Mitgliedstaaten beim Sondergipfel zum Thema Migration im Juni 2018, der von den Viségrad-Staaten boykottiert wurde.[7] Als ein weiteres Beispiel hoben Dänemark, Estland, Finnland, Irland, Lettland, Litauen, die Niederlande und Schweden basierend auf ihren gemeinsamen Vorstellungen zur zukünftigen Entwicklung der Wirtschafts- und Währungsunion im Februar 2018 die „Neue Hanseatische Liga" aus der Taufe. Gemeinsame Forderungen der neuen Allianz beinhalten insbesondere die Vollendung der Europäischen Bankenunion und die Stärkung des Europäischen Stabilitätsmechanismus.[8] Zugleich betont die Gruppe die Notwendigkeit, die Zukunft der Wirtschafts- und Währungsunion im Kreis der 27 verbleibenden Mitgliedstaaten zu diskutieren und stellt damit den Führungsanspruch und die gemeinsamen Initiativen des deutsch-französischen Tandems infrage.

Die Schaffung dieser neuen informellen Gruppe kann damit als erste Reaktion von mittelgroßen und kleinen Mitgliedstaaten – unter der Führung der Niederlande – auf den anstehenden Austritt des Vereinigten Königreiches interpretiert werden. Eine solche Formation soll dazu dienen, einer durch das Ausscheiden der Briten zu erwartende Machtverschiebung hin zum deutsch-französischen Tandem entgegenzuwirken.

Insgesamt bestätigten und intensivierten sich im vergangenen Jahr die Entwicklungen des Vorjahres – so insbesondere die zunehmende Vertretung von EU-skeptischen Stimmen im Europäischen Rat und die verstärkte Bildung von Lagern innerhalb der Mitgliedstaaten. Diese Tendenzen haben das Potenzial, die Handlungsfähigkeit des Europäischen Rates und damit seine Führungsrolle innerhalb des institutionellen Gefüges der EU zu schwächen – so gegenüber den anderen EU-Institutionen, aber auch mit Blick die selbstbeanspruchte Führungsrolle im Rahmen der aktuellen Zukunftsdebatte.

---

6   Vgl. Koalitionsvertrag von CDU, SPD und CSU: Ein neuer Aufbruch für Europa. Eine neue Dynamik für Deutschland. Ein neuer Zusammenhalt für unser Land, 7. Februar 2018, abrufbar unter: https://www.zeit.-de/politik/deutschland/2018-02-koalitionsvertrag.pdf (letzter Zugriff: 10.11.2018).
7   Vgl. hierzu auch den Beitrag „Europäischer Rat" in diesem Jahrbuch.
8   Vgl. Stellungnahme der Neuen Hanseatischen Allianz zum Europäischen Stabilitätsmechanismus vom 1. November 2018, abrufbar unter: https://www.rijksoverheid.nl/documenten/kamerstukken/2018/11/02/hanseatic-statement-on-the-esm (letzter Zugriff: 10.11.2018); Stellungnahme von Dänemark, Estland, Finnland, Irland, Lettland, Litauen, der Niederlande und Schweden zur Wirtschafts- und Währungsunion vom 1. November 2018, abrufbar unter: https://www.rijksoverheid.nl/documenten/publicaties/2018/03/06/position-emu (letzter Zugriff: 6.3.2018); Vgl. hierzu auch den Beitrag „Haushaltspolitik" in diesem Jahrbuch.

Kontroversen zwischen einzelnen Mitgliedstaaten und den supranationalen Organen

Die auch bereits im Vorjahr deutlichen Kontroversen und Konflikte zwischen einzelnen Mitgliedstaaten auf der einen Seite und der Europäischen Kommission und dem Europäischen Parlament auf der anderen Seite haben sich im zweiten Halbjahr 2017 und im Jahr 2018 fortgesetzt und teilweise intensiviert. Von politischer Relevanz sind insbesondere die fortbestehenden Auseinandersetzungen im Bereich der Flüchtlingspolitik, die aus demokratischer und rechtsstaatlicher Perspektive problematischen Entwicklungen in Polen und Ungarn sowie die Spannungen zwischen der Europäischen Kommission und Italien mit Blick auf dessen Haushaltsplanung zu nennen.

Vor dem Hintergrund der 2015 beschlossenen aber weiterhin nicht erfolgten Umsiedlung von insgesamt 160.000 Flüchtlingen leitete die Europäische Kommission im Juni 2017 gegen Polen, die Tschechische Republik und Ungarn Vertragsverletzungsverfahren ein.[9] Gegen den Teilbeschluss, der die Umverteilung von 120.000 Flüchtlingen vorsah und mit qualifizierter Mehrheit beschlossen wurde, hatten Ungarn und die Slowakei bereits Anfang 2016 eine Nichtigkeitsklage vor dem Gerichtshof der Europäischen Union eingereicht. Diese wurde im September 2017 vom Gerichtshof der Europäischen Union abgewiesen. Im Dezember 2017 reichte die Europäische Kommission schließlich eine Vertragsverletzungsklage beim Gerichtshof der EU gegen Polen, die Tschechische Republik und Ungarn ein.[10] Weitere Vertragsverletzungsklagen der Europäischen Kommission von Dezember 2017 betreffen die vom ungarischen Parlament verabschiedeten Gesetze zu Hochschulen und Nichtregierungsorganisationen.[11]

Besondere Aufmerksamkeit verdient das Verfahren nach Art. 7 des Vertrages über die Europäische Union (EUV), das der Missachtung von europäischen Grundwerten in den Mitgliedstaaten entgegenwirken soll und nun erstmals eingeleitet wurde.[12] Dieses Verfahren kann bis zum Entzug des Stimmrechts des betroffenen Mitgliedstaates führen (Art. 7 Abs. 3 EUV).

Formell initiierte die Europäische Kommission das Verfahren gegen Polen im Dezember 2017, indem sie dem Rat der Europäischen Union einen nach Art. 7 Abs. 1 EUV vorgesehenen begründeten Vorschlag zur Feststellung der „eindeutigen Gefahr einer schwerwiegenden Verletzung der Rechtsstaatlichkeit durch die Republik Polen" vorlegte.[13] Im Juni 2018 fand im Rat die nach Art. 7 Abs. 1 S. 2 EUV vorgesehene Anhörung Polens statt. Verschiedene – insbesondere osteuropäische Staaten – erklärten bereits, gegen mögliche Sanktionen gegen Polen zu stimmen. Während einzelne Staats- und Regierungschefs, in erster Linie der französische Präsident Macron,[14] öffentlich Kritik

---

9 Europäische Kommission: Relocation: Commission launches infringement procedures against the Czech Republic, Hungary and Poland, 14. Juni 2017, IP/17/1607; Vgl. hierzu auch den Beitrag „Asyl-, Einwanderungs- und Visapolitik" in diesem Jahrbuch.
10 Europäische Kommission: Relocation: Commission refers the Czech Republic, Hungary and Poland to the Court of Justice, 7. Dezember 2017, IP/17/5002.
11 Europäische Kommission: Commission refers Hungary to the European Court of Justice of the EU over the Higher Education Law, 7. Dezember 2017, IP/17/5004; Vgl. hierzu auch den Beitrag „Ungarn" in diesem Jahrbuch.
12 Vgl. hierzu auch den Beitrag „Europäische Kommission" in diesem Jahrbuch.
13 Europäische Kommission: Vorschlag für einen Beschluss des Rates zur Feststellung der eindeutigen Gefahr einer schwerwiegenden Verletzung der Rechtsstaatlichkeit durch die Republik Polen, 20. Dezember 2017, COM(2017)835; Vgl. hierzu auch den Beitrag „Polen" in diesem Jahrbuch.
14 Zeit online: EU-Haushalt. Macron will EU-Staaten ohne Rechtsstaatlichkeit bestrafen, 24.2.2018, abrufbar unter: https://www.zeit.de/politik/ausland/2018-02/eu-haushalt-emmanuel-macron-polen-kritik-konsequenzen (letzter Zugriff: 10.11.2018).

an den innenpolitischen Entwicklungen Polens äußern, halten sich andere Mitglieder des Europäischen Rates bedeckt.

Im September 2018 folgte die Entschließung des Europäischen Parlaments, mit welcher ein Rechtsstaatlichkeitsverfahren gegen Ungarn eingeleitet wurde. Darin fordern die Parlamentarier den Rat dazu auf, festzustellen, dass die eindeutige Gefahr einer schwerwiegenden Verletzung der Werte, auf die sich die Union gründet, durch Ungarn besteht.[15]

Um die in Art. 7 EUV möglichen Aussetzungen von Rechten des betroffenen Mitgliedstaates zu beschließen, bedarf es vorab eines einstimmigen Beschlusses des Europäischen Rates darüber, dass eine schwerwiegende und anhaltende Verletzung der europäischen Werte vorliegt. Diese im Vertrag verankerte starke Rolle der Mitgliedstaaten macht es aufgrund der aktuellen Allianzen zwischen den Mitgliedstaaten, insbesondere um Polen und Ungarn, sehr unwahrscheinlich oder gar unmöglich, dass sich der Europäische Rat und der Rat der Europäischen Union für Sanktionen gegen diese Mitgliedstaaten aussprechen werden.

Diese Auseinandersetzungen zwischen EU-Institutionen und Mitgliedstaaten werden sich in den kommenden Wochen und Monaten intensivieren – unter anderem aufgrund und im Rahmen der Verhandlungen zum nächsten mehrjährigen Finanzrahmen, der den Zeitraum von 2021 bis 2027 umfasst. Der dazu 2018 von der Europäischen Kommission beschlossene Entwurf[16] sieht eine Kopplung der Ausgaben aus dem EU-Haushalt an die Rechtsstaatlichkeitssituation in Mitgliedstaaten vor und wurde dafür bereits von einzelnen Mitgliedstaaten kritisiert.

Ein weiterer essentieller Streitpunkt zwischen EU-Institutionen auf der einen und einem Mitgliedstaat auf der anderen Seite stellte in den vergangenen Wochen der von Italien für 2019 vorgelegte Haushaltsentwurf dar. Entsprechend der im Rahmen des Twopacks 2013 erlassenen Verordnung zur Überwachung und Bewertung der Übersichten über die Haushaltsplanung ist jeder Mitgliedstaat der Eurozone dazu verpflichtet, der Europäischen Kommission bis Herbst seinen Haushaltsentwurf für das Folgejahr vorzulegen. Die Europäische Kommission prüft die Haushaltspläne dahingehend, dass die Wirtschaftspolitik zwischen den Euro-Staaten koordiniert wird und dass diese die europäischen Regeln zur wirtschaftspolitischen Steuerung einhalten. Als Reaktion auf Italiens Haushaltsentwurf stellte die Europäische Kommission „einen besonders schwerwiegenden Verstoß der haushaltspolitischen Verpflichtungen des Stabilitäts- und Wachstumspakts"[17] fest und bemüht sich seither um eine Lösung mit der italienischen Regierung.

Diese Ereignisse und Entwicklungen im vergangenen Jahr stehen beispielhaft für zwei Tendenzen, die sich bereits in den Vorjahren abzeichneten. Zunächst übernehmen die Europäische Kommission und das Europäische Parlament die Rolle der Verteidiger der

---

15   Europäisches Parlament: Entschließung des Europäischen Parlaments vom 12. September 2018 zu einem Vorschlag, mit dem der Rat aufgefordert wird, im Einklang mit Artikel 7 Absatz 1 des Vertrags über die Europäische Union festzustellen, dass die eindeutige Gefahr einer schwerwiegenden Verletzung der Werte, auf die sich die Union gründet, durch Ungarn besteht, 12. September 2018, 2017/2131(INL).

16   Europäische Kommission: Mitteilung der Kommission. Ein moderner Haushalt für eine Union, die schützt, stärkt und verteidigt. Mehrjähriger Finanzrahmen 2021-2027, 2. Mai 2018, COM(2018)321; Vgl. hierzu auch den Beitrag „Haushaltspolitik" in diesem Jahrbuch.

17   Der Briefwechsel zwischen der Europäischen Kommission und der italienischen Regierung ist auf der Website der Europäischen Kommission verfügbar, abrufbar unter: https://ec.europa.eu/info/business-economy-euro/economic-and-fiscal-policy-coordination/eu-economic-governance-monitoring-prevention-correction/stability-and-growth-pact/annual-draft-budgetary-plans-dbps-euro-area-countries/draft-budgetary-plans-2018_en (letzter Zugriff: 10.11.2018).

Union als Rechtsgemeinschaft und Nutzen dafür die auf der EU-Ebene vorhandenen Möglichkeiten – bis hin zur Klage vor dem Gerichtshof der EU und der Einleitung des Verfahrens nach Art. 7 EUV. Formell könnten Vertragsverletzungsklagen und das Verfahren nach Art. 7 EUV auch von einem Mitgliedstaat beziehungsweise von einer Gruppe von Mitgliedstaaten initiiert werden. Nationale Regierungen scheuen sich jedoch in der Regel vor solchen Schritten und überlassen solche Maßnahmen den supranationalen Institutionen. Aufgrund der hohen Hürden zur Sanktionierung von Mitgliedstaaten im Rahmen des Verfahrens nach Art. 7 EUV kann mit Blick auf die bedenklichen Entwicklungen in Polen und Ungarn zudem eine Lähmung des Europäischen Rates und des Rates der Europäischen Union erwartet werden.

Gleichzeitig sind diese Konflikte zwischen Europäischer Kommission und Europäischem Parlament auf der einen Seite und einzelnen Mitgliedstaaten auf der anderen Seite als ein Aspekt der seit einigen Jahren erstarkenden Renationalisierungstendenzen zu verstehen. Italien, Ungarn und Polen sind nur drei konkrete Beispiele von nationalstaatlichen Vertretern, die auf EU-Ebene beschlossene Regeln in Frage stellen, für nationale Ansätze plädieren und den offenen Konflikt mit den Institutionen der Union suchen – unter anderem da sie sich davon eine innenpolitische Stärkung erwarten.

Das legislative Tagesgeschäft: Reibungsfreie Zusammenarbeit zwischen Parlament und Mitgliedstaaten auf Augenhöhe

Ein Blick auf das politische Tagesgeschäft, also auf die Verabschiedung von Sekundärrechtsrechten, bestätigt zunächst zwei Trends, die bereits in den Vorjahren deutlich wurden:

Erstens erfolgt der größte Teil der Gesetzgebung über das ordentliche Gesetzgebungsverfahren, bei dem die Europäische Kommission einen Legislativvorschlag unterbreitet, über welchen das Europäische Parlament und der Rat der Europäischen Union anschließend auf Augenhöhe miteinander verhandeln und entscheiden. 2017 wurden 88 Rechtsakte über das ordentliche Gesetzgebungsverfahren verabschiedet. Im selben Zeitraum fanden das Zustimmungsverfahren, im Rahmen dessen das Europäische Parlament zwar über ein Veto-, jedoch über kein direktes inhaltliches Mitspracherecht verfügt, drei Mal und das Anhörungsverfahren, bei welchem das Europäische Parlament lediglich konsultiert wird, 16 Mal Anwendung.[18] Damit lag der Anteil der über das ordentliche Gesetzgebungsverfahren abgeschlossenen Legislativverfahren wie im Vorjahr bei etwa 82 Prozent.

Zweitens war bereits in den vergangenen Jahren verstärkt festzustellen, dass die meisten Legislativakte, im ordentlichen Gesetzgebungsverfahren vom Europäischen Parlament und vom Rat der EU bereits nach der ersten Lesung beschlossen werden.[19] Die Ko-Gesetzgeber einigen sich also in einem sehr frühen Stadium des Gesetzgebungsprozesses auf einen Kompromiss, was insbesondere durch die Nutzung des Verfahrens der Triloge, also den informellen Vorabklärungen von Vertretern der Europäischen Kommission, des Europäischen Parlaments und des Rates der Europäischen Union, um möglichst frühzeitig Kompromisslösungen zu finden, ermöglicht wird. Dieser Trend bestätigt sich 2017: Im Rahmen des ordentlichen Gesetzgebungsverfahrens wurde lediglich über sechs von 82 Gesetzesakten erst in der zweiten Lesung endgültig im Europäischen Parlament abge-

---

18 Die Zahlen wurden der Datenbank des Europäischen Parlaments entnommen, abrufbar unter: http://www.-europarl.europa.eu/plenary/en/bilan-statistic.html (letzter Zugriff: 10.11.2018).

19 Vgl. hierzu auch den Beitrag „Rat der Europäischen Union" in diesem Jahrbuch.

stimmt. Der Anteil der Verfahren, in welchen sich das Europäische Parlament und der Rat der EU bereits in erster Lesung einigen konnten, stieg damit im Vergleich zum Vorjahr von 72,4 Prozent auf 93,2 Prozent.[20]

Ein Blick auf die internen Dynamiken des Europäischen Parlaments und des Rates lassen zwei gegensätzliche Entwicklungen erkennen: Während im Rat wieder verstärkt Entscheidungen im Konsens getroffen werden, wies das Parlament in wichtigen Fragen eine Segmentierung auf.

So stellt das Jahr 2017 für den Rat der Europäischen Union dahingehend ein Rekordjahr dar, dass knapp über 90 Prozent der öffentlich abgestimmten Beschlüsse im Konsens getroffen wurden, das heißt Mitglieder des Rates stimmten entweder für den Beschluss oder enthielten sich.[21] Ausreißer war wie in den Vorjahren das Vereinigte Königreich: In fast 20 Prozent der öffentlichen Abstimmungen im Rat stimmte der britische Vertreter 2017 nicht mit der Mehrheit der Ratsmitglieder. Dabei handelt es sich jedoch in 13 Fällen um Enthaltungen und nur in einem Fall um eine Gegenstimme.[22] Polen und Ungarn stimmten jeweils in zwei Fällen gegen eine Vorlage und enthielten sich drei Mal.

Im Europäischen Parlament war hingegen eine Fragmentierung zu beobachten. Diese setzte insbesondere mit der Wahl des neuen Präsidenten des Europäischen Parlaments Antonio Tajani im Januar 2017 ein, im Rahmen welcher es zu einem Bruch der großen Koalition der zwei größten Fraktionen, der konservativen Europäischen Volkspartei (EVP) und der Progressiven Allianz der Sozialdemokraten (S&D), gekommen war. Neben der Segmentierung durch den Koalitionsbruch ist innerhalb der EVP-Fraktion ein sich verstärkender Riss festzustellen.[23] Dieser wurde bei Abstimmungen im Bereich der Asylpolitik besonders deutlich, bei welchen sich in erster Linie die Abgeordneten der ungarischen Partei Fidesz gegen die Fraktionsmehrheit positionierten. Auch bei nicht-legislativen Verfahren manifestierte sich diese zunehmende Uneinigkeit unter den europäischen Christdemokraten und Konservativen. So stimmten im September 2018 weniger als 60 Prozent der anwesenden EVP-Mitglieder der Entschließung des Europäischen Parlaments zur Einleitung des Verfahrens nach Art. 7 EUV gegen Ungarn zu. In erster Linie stimmten osteuropäische und italienische aber auch deutsche, französische und spanische Abgeordnete gegen die Vorlage oder enthielten sich.[24]

Die Divergenzen zwischen den verschiedenen nationalen Parteien innerhalb der EVP-Fraktion spielten auch bei dem Parteitag der Europäischen Volkspartei Anfang November 2018 in Helsinki eine Rolle, bei welchem die Delegierten ihren Spitzenkandidaten für die anstehenden Wahlen zum Europäischen Parlament wählten.[25] Während der unterlegene finnische Kandidat Alexander Stubb für eine konsequente Distanzierung zu Parteien wie der ungarischen Fidesz plädierte, warb der deutsche Herausforderer Manfred Weber, der

---

20 Johannes Müller Gómez/Wolfgang Wessels: Jahresbericht 2018: Die deutsche Verwaltung und die Europäische Union. Bericht über aktuelle Entwicklungen in der Europäischen Union und in der deutschen EU-Politik, Bundesakademie für öffentliche Verwaltung 2018, S. 25 f.
21 Vgl. hierzu und für nachfolgende Daten auch den Beitrag „Rat der Europäischen Union" in diesem Jahrbuch.
22 Diese und die nachfolgenden Zahlen wurden der Datenbank VoteWatch Europe entnommen, abrufbar unter: www.votewatch.eu (letzter Zugriff: 10.11.2018).
23 Vgl. hierzu auch den Beitrag „Europäisches Parlament" in diesem Jahrbuch.
24 Europäisches Parlament: Entschließung des Europäischen Parlaments vom 12. September 2018 zu einem Vorschlag, mit dem der Rat aufgefordert wird, (...) festzustellen, dass die eindeutige Gefahr einer schwerwiegenden Verletzung der Werte (...) durch Ungarn besteht, 2018.

schließlich zum Spitzenkandidaten der EVP gewählt wurde, für einen gemäßigteren und versöhnlichen Kurs.

Bislang gilt hinsichtlich der Dynamiken zwischen Rat der Europäischen Union und Europäischem Parlament und der Verabschiedung von Legislativaktiven „business as usual". Beide Institutionen agieren in wesentlichen Bereichen der Rechtssetzung auf Augenhöhe und ohne wesentliche Reibungen. Die Zersplitterung des Europäischen Parlaments stellt für dieses mit Blick auf die Verhandlungen mit dem Rat jedoch einen Nachteil dar.[26] Die Fähigkeit des Parlaments, bisher große Mehrheiten zusammenzuführen und damit die eigene Verhandlungsposition gegenüber dem Rat zu stärken, könnte unter den internen Entwicklungen leiden. Dies wird ebenfalls für die Wahl des neuen Kommissionspräsidenten 2019 zutreffen. Die Wahlen zum Europäischen Parlament werden aller Voraussicht nach keine klaren Mehrheiten im Parlament mit sich bringen. Sollte die aktuell beobachtbare Zersplitterung andauern, könnte der Europäische Rat eventuell müheloser einen eigenen Kandidaten für das Amt des Kommissionspräsidenten durchsetzen und damit gegebenenfalls das Verfahren des Spitzenkandidaten unterlaufen.[27]

Debatte über die Zukunft der EU: Europäischer Rat zwischen Führungsanspruch und Wirklichkeit

Mit der bereits im Oktober 2017 durch den Präsidenten des Europäischen Rates verkündeten „Agenda der EU-Führungsspitze"[28] untermauerten Donald Tusk und die Staats- und Regierungschefs ihren Anspruch, in der Gestaltung der zukünftigen Entwicklung der Europäischen Union eine oder gar die Schlüsselposition einzunehmen. Die Abwesenheit Deutschlands auf EU-Ebene – insbesondere durch den nationalen Wahlkampf 2017 und die langwierige Regierungsbildung – sowie die Zersplitterung der Mitgliedstaaten in zentralen Fragen, wie etwa der Wirtschafts- und Währungsunion, bremsten jedoch die zeitnahe Entwicklung von konkreten Zielen und umfassenden Reformen.[29]

Nachdem im Jahr 2017 bereits die Europäische Kommission, deren Präsident Jean-Claude Juncker, das Europäische Parlament und der französische Präsident Emmanuel Macron ihre Beiträge zur Debatte über die Zukunft der EU eingebracht hatten, bestand Ende 2017 weitverbreiteter Optimismus darüber, dass der Abschluss der Regierungsbildung in Deutschland neuen Schwung in die Reformdebatte bringen könnte. In der Tat sieht der Koalitionsvertrag von CDU, SPD und CSU konkrete Reformvorschläge vor, so institutionelle Erneuerungen, wie etwa die Stärkung des Europäischen Parlaments, die Vertiefung der Währungsunion durch eine Reform der Eurozone und durch die Weiterentwicklung des Europäischen Stabilitätsmechanismus sowie die Stärkung der Gemeinsamen Außen- und Sicherheitspolitik und der Gemeinsamen Sicherheits- und Verteidigungspolitik. Zudem plädieren die Koalitionspartner für den Weg der differenzierten Integration und damit das

---

25 Im Jahr 2014 nominierten die relevantesten europäischen politischen Parteien erstmals europäische Spitzenkandidaten für die Wahlen zum Europäischen Parlament. Nach Vorstellungen des Europäischen Parlaments und der europäischen Parteien sollte der Kandidat der europäischen Partei, die die meisten Sitze im Parlament erhält, nächster Kommissionspräsident werden, wie es im Fall von Jean-Claude Juncker – trotz Widerstand einzelner Mitgliedstaaten – auch schließlich eintrat.
26 Vgl. hierzu auch den Beitrag „Europäisches Parlament" in diesem Jahrbuch.
27 Vgl. hierzu auch den Beitrag „Europäisches Parlament" in diesem Jahrbuch.
28 Donald Tusk: Einladungsschreiben, Agenda der EU-Führungsspitzen und Bericht über die Durchführung des Bratislava-Fahrplans, 2017.
29 Vgl. hierzu auch den Beitrag „Europäischer Rat" in diesem Jahrbuch.

Voranschreiten einzelner Mitgliedstaaten, wenn nicht alle Mitgliedstaaten zu weiteren Schritten bereit sind.[30] Auch die gemeinsame Erklärung Deutschlands und Frankreichs von Meseberg[31] versprach, einen wichtigen Beitrag zur Reformdebatte zu leisten. So werben der französische Präsident und die deutsche Bundeskanzlerin etwa für eine Verkleinerung der Europäischen Kommission und für die Weiterentwicklung der Wahlen zum Europäischen Parlament, insbesondere durch die Schaffung eines EU-weiten Wahlkreises bis zu den Wahlen 2024.

Zwei entscheidende Faktoren verhinderten jedoch eine effektive Entfaltung der Reformdebatte und konkrete Fortschritte bei der Umsetzung. Zum einen erfüllte sich aufgrund von Koalitionsstreitigkeiten und Personaldebatten in Berlin die Hoffnung, dass die deutsche Bundeskanzlerin zügig auf die europäische Bühne zurückkehren und sich konstruktiv und produktiv an der Debatte mit Europäischer Kommission, Europäischem Parlament und Mitgliedstaaten beteiligen würde, nicht. Zum anderen wirkt sich der bereits beschriebene Dissens zwischen den Mitgliedstaaten innerhalb des Europäischen Rates auch auf dessen Führungsrolle bei der Gestaltung der Zukunftsdebatte und der Reform der EU aus.

Das Europäische Parlament hingegen versucht, die Reformdebatte weiter voranzutreiben. Wenngleich es in vielen Fragen, in erster Linie in konstitutionellen Angelegenheiten, die eine Änderung der europäischen Verträge oder des europäischen Wahlaktes bedürfen, formell nur ein schwacher Mitspieler ohne Mitspracherecht ist, bleibt es weiterhin darum bemüht, an der Reformdebatte mitzuwirken. Nachdem die Abgeordneten in den Vorjahren in Form von Resolutionen bereits verschiedene Reformvorschläge verabschiedet haben, organisieren sie seit Anfang 2018 eine Diskussionsreihe zu „Debatten über die Zukunft Europas".[32] In diesem Rahmen lädt das Europäische Parlament die Staats- und Regierungschefs dazu ein, im Plenum ihre Reformvorschläge vorzustellen und diese mit den Mitgliedern des Parlaments zu diskutieren. Das Parlament versucht damit, seine marginalen Möglichkeiten zu nutzen und zumindest als informeller Koordinator der Reformdebatte zu fungieren.

Trotz der insgesamt nur mühselig voranschreitenden Debatte wurden einzelne Maßnahmen auf den Weg gebracht, die in Richtung „mehr Europa" deuten. Hier ist in erster Linie die vom Europäischen Rat vorangetriebene und vom Rat umgesetzte Stärkung der Zusammenarbeit im Bereich der Sicherheits- und Verteidigungspolitik zu nennen.[33] So beschloss der Rat der Europäischen Union im Dezember 2017 die Begründung der Ständigen Strukturierten Zusammenarbeit (SSZ – üblicher ist die englische Abkürzung PESCO für Permanent Structured Cooperation). An dieser Form der freiwilligen differenzierten Integration im Bereich der Gemeinsamen Sicherheits- und Verteidigungspolitik beteiligen sich alle Mitgliedstaaten mit Ausnahme von Dänemark, Malta und dem Vereinigten Königreich. Die teilnehmenden Mitgliedstaaten vereinbarten in diesem Rahmen insbesondere eine engere Zusammenarbeit in verteidigungspolitischen Angelegenheiten, verpflichteten sich zu einer regelmäßigen Erhöhung ihrer Verteidigungsetats und legten die strukturellen Rahmenbedingungen zur Umsetzung der SSZ fest.

---

30 Siehe Koalitionsvertrag: Neuer Aufbruch für Europa, 2018.
31 Bundesregierung: Meseberg-Erklärung, 2018.
32 Mehr Informationen zu „Debatten über die Zukunft Europa" sind auf der Website des Europäischen Parlaments verfügbar, abrufbar unter: http://www.futureofeuropedebates.eu/ (letzter Zugriff: 10.11.2018).
33 Vgl. hierzu auch die Beiträge „Europäischer Rat", „Rat der Europäischen Union", „Gemeinsame Außen- und Sicherheitspolitik" und „Gemeinsame Sicherheits- und Verteidigungspolitik" in diesem Jahrbuch.

Ein weiteres wichtiges Gegenbeispiel für die interne Lähmung und den Dissens innerhalb des Europäischen Rates stellen die Verhandlungen zum Austritt des Vereinigten Königreiches dar. Die 27 verbleibenden Mitgliedstaaten weisen hier eine auffällige Einigkeit auf. In seinen Leitlinien von Dezember 2017[34] und März 2018,[35] die die Leitlinien von April 2017[36] ergänzen, bezog der Europäische Rat eine eindeutige Haltung und beschloss einen klaren Rahmen für die Verhandlungen über die zukünftigen Beziehungen zwischen dem Vereinigten Königreich und der Europäischen Union.

Die Mitglieder des Europäischen Rates zeigen damit, dass sie trotz der vorhandenen Meinungsunterschiede imstande sind, in gewissen Fragen voranzuschreiten und den notwendigen Konsens zu erreichen. Das Beispiel der SSZ zeigt zudem, dass es trotz der erstarkten Renationalisierungstendenzen Bereiche gibt, in welchen sich die Staats- und Regierungschefs über die Notwendigkeit engerer Zusammenarbeit und damit über „mehr Europa" als Antwort auf gemeinsame Herausforderungen einig sind.

Wahlen zum Europäischen Parlament und Ämterbesetzung 2019

Im Rahmen der Reformdebatte und der Weiterentwicklung der Europäischen Union als Folge des anstehenden Austritts des Vereinigten Königreiches, wurden im Juni 2018 auch bereits die Weichen für die Wahlen zum neunten Europäischen Parlament, die zwischen dem 23. und 26. Mai 2019 stattfinden werden, gelegt. Konkret galt es, über die 73 durch den Austritt des Vereinigten Königreiches freiwerdenden Sitze, die bislang für die britischen Vertreterinnen und Vertreter reserviert waren, zu entscheiden.

Basierend auf einem vom Europäischen Parlament im Februar 2018 eingebrachten Entwurf[37] beschloss der Europäische Rat im Juni 2018[38] eine Reduzierung des Parlaments um 46 Sitze, welche für zukünftige Erweiterungsrunden und damit für die Vertreter neuer Mitgliedstaaten vorgesehen werden sollen. Die restlichen 27 Sitze werden Mitgliedstaaten zugeordnet, die bislang im Verhältnis zu ihrer Bevölkerungszahl unterrepräsentiert sind. Davon profitieren in absoluten Zahlen hauptsächlich die Bürgerinnen und Bürger Spaniens und Frankreichs sowie Italiens und der Niederlande, die nun jeweils fünf beziehungsweise drei weitere Abgeordnete ins Parlament wählen können. Der etwa vom Kommissionspräsidenten Juncker,[39] der deutschen Bundeskanzlerin Angela Merkel und dem französischen Staatspräsidenten Macron[40] unterstützte Vorschlag, die britischen Sitze dafür zu nutzen, ergänzend zu den nationalen Kontingenten einen europäischen Wahlkreis einzurichten und damit europäische Parteilisten einzuführen, fand nicht einmal im Europäischen Parlament Zustimmung.

Darüber hinaus hatte das Europäische Parlament bereits 2015 den Mitgliedstaaten einen Entwurf zur Änderung des Europäischen Wahlaktes, der die Bestimmungen zur

---

34 Europäischer Rat: Tagung des Europäischen Rates (Artikel 50) – Leitlinien, 15. Dezember 2017, EUCO XT 20011/17.
35 Europäischer Rat: Europäischer Rat (Artikel 50) – Leitlinien, 23. März 2018, EUCO XT 20001/18.
36 Europäischer Rat: Außerordentliche Tagung des Europäischen Rates (Artikel 50) – Leitlinien, 29. April 2017, EUCO XT 20004/17.
37 Europäisches Parlament: Entschließung des Europäischen Parlaments vom 7. Februar 2018 zur Zusammensetzung des Europäischen Parlaments, 7. Februar 2018, 2017/2054(INL) – 2017/0900(NLE).
38 Europäischer Rat: European Council Decision establishing the composition of the European Parliament, 19. Juni 2018, EUCO 7/1/18.
39 Jean-Claude Juncker: Die Lage der Union 2017, 13. September 2017, SPEECH/17/3165.
40 Bundesregierung: Meseberg-Erklärung, 2018.

Organisation und zum Ablauf der Wahlen zum Europäischen Parlament enthält, vorgelegt.[41] Auf dieser Grundlage beschloss der Rat der EU im Juli 2018 das Wahlverfahren mit dem Ziel zu verändern, dass die Transparenz des Wahlprozesses und die Wahlbeteiligung gesteigert werden sollen.[42] Neben einzelnen technischen Aspekten sieht der Beschluss des Rates vor, es den Mitgliedstaaten zu gestatten, dass die Stimmzettel den Namen oder das Logo der europäischen politischen Partei, der die nationale politische Partei oder der Einzelbewerber angehört, tragen. Zudem werden die Mitgliedstaaten mit Listenwahl dazu verpflichtet, bis zu den Wahlen im Jahr 2024 Sperrklauseln zwischen zwei und fünf Prozent einzuführen, die einer weiteren Zersplitterung des Europäischen Parlaments entgegenwirken soll. Eine wie vom Europäischen Parlament vorgeschlagene rechtliche Überführung des 2014 erstmals genutzten Verfahrens der Spitzenkandidaten, also Kandidaten der europäischen politischen Parteien für das Amt des Kommissionspräsidenten, in den Europäischen Wahlakt wurde von den Mitgliedstaaten nicht vorgenommen. Mehrere Staats- und Regierungschefs, die formell weiterhin dem Europäischen Parlament den Kandidaten für das Amt des Kommissionspräsidenten vorschlagen müssen, haben sich kritisch gegenüber einem Automatismus geäußert, der vorsieht, dass der Spitzenkandidaten der europäischen Partei mit den meisten Sitzen im nächsten Europäischen Parlament neuer Kommissionspräsident wird.

Mit Ausnahme der Möglichkeit, jedoch nicht der Verpflichtung, die europäischen politischen Parteien auf den Stimmzetteln zu erwähnen, bleiben damit aus formeller Perspektive eine weitere Transnationalisierung des Europäischen Parlaments und eine Fortführung der Stärkung der europäischen politischen Parteien bis auf Weiteres aus. Zudem zeigen die Verhandlungen und der Beschluss der Änderungen des Europäischen Wahlaktes, dass die Mitgliedstaaten in solchen konstitutionellen Fragen die formelle und faktische Entscheidungsinstanz bleiben und nur zögerlich und in kleinem Maße einer Europäisierung des Wahlverfahrens zustimmen.

Nichtsdestoweniger bereiten sich die europäischen Parteien – national und europäisch – bereits auf den Wahlkampf 2019 vor und haben mit dem internen Wahlkampf ihrer Kandidaten begonnen. Die Europäische Volkspartei kürte im November 2018 ihren bisherigen Fraktionsvorsitzenden Manfred Weber zu ihrem Spitzenkandidaten. Die Sozialdemokratische Partei Europa (PSE) wird im Dezember 2018 offiziell Frans Timmermans, bisher Vize-Präsident der Europäischen Kommission und einziger Kandidat, zu ihrem Spitzenkandidaten wählen.

Aktuelle Umfragen und Prognosen[43] sagen eine Zunahme des Anteils rechter EU-feindlicher Parteien im nächsten Parlament um etwa 40 Prozent auf etwa 20 Prozent der Sitze voraus. Verlierer werden aller Voraussicht nach insbesondere die zwei größten Blöcke, die EVP und die Progressive Allianz der Sozialdemokraten, sein, die entsprechend aktuellen Zahlen um die 20 Prozent ihrer Sitze einbüßen dürften. Neben den EU-skeptischen Kräften könnte die Allianz der Liberalen und Demokraten für Europa (ALDE) an Stimmen gewinnen. Der Sitzanteil der Liberalen dürfte zudem aufgrund der im Oktober 2018

---

41 Europäisches Parlament: Entschließung des Europäischen Parlaments vom 11. November 2015 zu der Reform des Wahlrechts der Europäischen Union, 11. November 2015, 2015/2035(INL).
42 Beschluss (EU, Euratom) des Rates vom 13. Juli 2018 zur Änderung des dem Beschluss 76/787/EGKS, EWG, Euratom des Rates vom 20. September 1976 beigefügten Akts zur Einführung allgemeiner unmittelbarer Wahlen der Mitglieder des Europäischen Parlaments, 2018/994.
43 European Elections Stats (2018): European Parliament 2019 seat projection, abrufbar unter: https://europeanelectionsstats.eu/ (letzter Zugriff: 10.11.2018).

vereinbarten Zusammenarbeit mit der neuen französischen Partei La République En Marche vom französischen Präsidenten Macron profitieren.[44] Der Austritt des Vereinigten Königreiches wirkt sich im besonderen Maße auf die Fraktion der Europäischen Konservativen und Reformer (EKR) aus, die sich bislang fast zur Hälfte aus britischen Abgeordneten zusammensetzt und damit mit einer erheblichen Verkleinerung rechnen muss. Ähnliches gilt für die EU-kritische Fraktion Europa der Freiheit und der direkten Demokratie (EFDD), in welcher die britische UK Independence Party und die italienische Fünf-Sterne-Bewegung drei Viertel der Mitglieder stellen. Sollte es nach den Wahlen zur Bildung einer neuen rechtskonservativen und EU-kritischen Fraktion aus den verbleibenden EKR-Mitgliedern und Abgeordneten der Europa der Nationen und der Freiheit (ENF) und der EFDD kommen, könnte dies eine Verkleinerung der EVP zur Folge haben, die insbesondere Abgeordnete aus osteuropäischen Mitgliedstaaten an die neue Fraktion verlieren könnte.[45]

Sollten die tatsächlichen Wahlergebnisse in der Tendenz den bisherigen Umfragen entsprechen, werden die Wahlen zum Europäischen Parlament umfassende Konsequenzen für die Dynamiken und die Entscheidungsfindung auf EU-Ebene haben. Im aktuellen Europäischen Parlament gehört bereits ein erheblicher Anteil der Abgeordneten EU-skeptischen Parteien an. Als Folge waren Abstimmungen von der Zusammenarbeit der EU-freundlichen Fraktionen, insbesondere in Form der großen Koalition aus EVP und S&D, geprägt. Eine Zunahme EU-kritischer Mitglieder würde die Verhandlungen im Europäischen Parlament weiter erschweren. Für die pro-europäischen Kräfte dürfte es noch schwieriger werden, die notwendigen Mehrheiten – also die Mehrheit der abgegebenen Stimmen im Regelfall (Art. 231 AEUV) und in Fällen besonderer Bedeutung die Mehrheit der Mitglieder (ab 2019 353 von 705), so in bestimmten Phasen des ordentlichen Gesetzgebungsverfahrens (beispielsweise Art. 294 Abs. 7b-c AEUV), bei der Ablehnung des Haushaltsentwurfes (Art. 314 Abs. 4c und 7b-d AEUV) oder bei der Zustimmung im Rahmen von Beitrittsabkommen (Art. 49 EUV) – zu erreichen. Dies wird umso mehr der Fall sein, wenn die zwei größten Fraktionen, wie es die aktuellen Umfragen erahnen lassen, weniger als die Hälfte der Parlamentssitze erhalten sollten. Eine Zersplitterung des Europäischen Parlaments und eine Verlagerung des parteipolitischen Gravitationszentrums nach rechts würde nicht nur die parlamentsinterne Entscheidungsfindung erschweren, sondern sich auch auf die inter-institutionellen Dynamiken der Europäischen Union insgesamt auswirken. Zum einen würden aufgrund der noch komplexeren Mehrheitsverhältnisse im Parlament die Verhandlungen mit Europäischer Kommission und Rat der Europäischen Union mühsamer und langwieriger werden. Zum anderen ist mit einer Schwächung des Europäischen Parlaments zu rechnen, dessen Vertreter in den Verhandlungen mit Rat und Kommission keine stabile Mehrheit hinter sich wissen würden.

Schlussbemerkungen und Ausblick

Zusammenfassend können vier Tendenzen mit Blick auf die Dynamiken im institutionellen Gefüge der Europäischen Union identifiziert werden:

---

44 David M. Herszenhorn/Maïa De La Baume: Macron and Rutte form liberal dream team. New alliance could promote Vestager and ice out Verhofstadt, in: Politico, 10.10.2018, abrufbar unter: https://www.politico.eu/article/emmanuel-macron-mark-rutte-liberal-dream-team-upend-european-politics/ (letzter Zugriff: 10.11.2018).
45 Vgl. hierzu auch den Beitrag „Europäisches Parlament" in diesem Jahrbuch.

Erstens verläuft das legislative Tagesgeschäft zwischen Europäischem Parlament und Rat der Europäischen Union bislang ohne weitere Probleme und folgt dem Motto „business as usual". Dominierende Logik ist hier die Gemeinschaftsmethode, nach welcher Parlament und Mitgliedstaaten auf Augenhöhe miteinander verhandeln und damit dem eingangs erwähnten föderal-orientierten Modell folgen. Mit der Nutzung des Trilog-Verfahrens haben die beiden Organe konsensual einen „modus vivendi" erzielt.

Zweitens sind klare Tendenzen hin zu Renationalisierung zu beobachten, die sich besonders auf die Handlungsfähigkeit des Europäischen Rates auswirken. Verschiedene Mitgliedstaaten stellen das EU-Regelwerk infrage und betonen den Vorrang von nationalen Entscheidungen gegenüber europäischen Verpflichtungen. Diese Tendenzen könnten im Sinne des ersten Modells zu einer Stärkung der intergouvernementalen Beschaffenheit der EU führen, bergen jedoch auch das Risiko einer unkontrollierten Desintegration.

Drittens sind auch Bewegungen hin zu „mehr Europa" festzustellen – wenn auch in kleinen und langsamen Schritten. Nicht zuletzt die Begründung der Ständigen Strukturierten Zusammenarbeit verdeutlicht die Einsicht der Mitgliedstaaten, dass internationale Herausforderungen nur durch eine Stärkung der europäischen Kooperation und der europäischen Strukturen beantwortet werden können.

Viertens waren im vergangenen Jahr die Konflikte zwischen einzelnen Mitgliedstaaten und den supranationalen Institutionen von Bedeutung. Diese Auseinandersetzungen folgten jedoch nicht dem Konkurrenz-Modell, das einen Wettstreit zwischen Parlament und Europäischem Rat beschreibt. Vielmehr handelte es sich um Kontroversen zwischen einzelnen nationalen Regierungen und der Europäischen Kommission beziehungsweise dem Europäischen Parlament.

In ihrem Weißbuch zur Zukunft der EU schlug die Europäische Kommission im März 2017 fünf mögliche Szenarien für die zukünftige Entwicklung der Union vor: „Weiter wie bisher", „Schwerpunkt Binnenmarkt", „Wer mehr will, tut mehr", „Weniger, aber effizienter" und „Viel mehr gemeinsames Handeln".[46] Ein Blick auf die letzten anderthalb Jahre deutet auf die Nutzung des ersten Szenarios hin. Aus kritischer Perspektive kann dies als eine Fortführung des „Sich-Durchwurstelns" interpretiert werden. Gleichzeitig ist jedoch zu unterstreichen, dass sich diese Methode als politisch stabiler und praktikabler erweist, als es in der Beschreibung der Europäischen Kommission anklingt.

Die Reformdebatte wird in den folgenden Monaten fortgeführt werden. Die Wahlen zum Europäischen Parlament im Mai 2019 werden einen entscheidenden Moment für die zukünftige Entwicklung der Europäischen Union darstellen. Ein weiteres Erstarken von EU-skeptischen oder EU-feindlichen Kräften wird weder für die Dynamiken innerhalb und zwischen den Institutionen noch für die Reformdebatte ohne Auswirkungen bleiben. Zudem ist hinsichtlich der Wahl des neuen Kommissionspräsidenten ein erneuter Konflikt zwischen dem Europäischen Parlament und dem Europäischen Rat zu erwarten, in dem es im Kern darum gehen wird, ob sich die Europäische Union zu einem parlamentarisch-föderal-orientierten System entwickeln oder die Rolle der Mitgliedstaaten bestätigt und gestärkt werden soll. Darüber hinaus wird der nächste mehrjährige Finanzrahmen verhandelt und beschlossen werden, der wichtige Weichen für die nächsten Jahre stellen wird. Auch hier wird es nicht zuletzt um die Frage nach mehr oder weniger Europa und um die Fähigkeit gehen, auch weiterhin durch Kompromisse einen Konsens zu den Aufgaben der

---

46 Europäische Kommission: Weißbuch zur Zukunft Europas. Die EU der 27 im Jahr 2025 – Überlegungen und Szenarien, 1. März 2017, COM(2017)2025.

Union zu erreichen, auch wenn dieser durch einen hohen Grad an Komplexität für Bürger der Union schwer verständlich und nachvollziehbar sein könnte.

Weiterführende Literatur

Dermot Hodson/John Peterson (Hrsg.): Institutions of the European Union, Oxford 2017.

Johannes Müller Gómez/Wolfgang Wessels/Johannes Wolters: The European Parliament and the European Council. A shift in the balance of power?, in: Olivier Costa (Hrsg.): The European Parliament in times of crisis: Dynamics and Transformations, Basingstoke 2019 (im Erscheinen).

Europäisches Parlament

Andreas Maurer

Im vergangenen Jahr hat das Europäische Parlament beeindruckende Gesetzgebungsprozesse und Entschließungen behandelt: Im Juni 2017 konnte der Abschluss der Verordnung in Bezug auf Vorschriften für Roamingvorleistungsmärkte ((COM(2016)0399 – C8-0219/2016 – 2016/0185(COD)) vermeldet werden. Der Ausschuss für Industrie, Verkehr und Energie (ITRE) nahm seine Änderungsanträge und das Mandat für den Trilog mit 54 gegen fünf Stimmen bei einer Enthaltung an; das Plenum bestätigte das Verhandlungsergebnis am 6. April 2017 mit 549 gegen 27 Stimmen bei 50 Enthaltungen. Ähnlich starke Ergebnisse konnten bei den Beratungen über die Verordnung im Hinblick auf die Förderung der Internetanbindung in Kommunen (COM(2016)0589 – C8-0378/2016 – 2016/0287(COD)) erzielt werden. Auch hier verabschiedete der ITRE-Ausschuss seine Anträge und das Trilogmandat mit 52 gegen 7 Stimmen ohne Enthaltungen und das Plenum nahm das Verhandlungsergebnis am 12. September 2017 mit 582 gegen 98 Stimmen bei nur 9 Enthaltungen an. Bruchlinien innerhalb der Fraktionen wurden bei den Beratungen über die Reform des Dublin-Systems deutlich. Änderungsanträge und Verhandlungsmandat wurden im Ausschuss für bürgerliche Freiheiten, Justiz und Inneres (LIBE) über die Verordnung zur Festlegung der Kriterien und Verfahren zur Bestimmung des Mitgliedstaats, der für die Prüfung eines von einem Drittstaatsangehörigen oder Staatenlosen in einem Mitgliedstaat gestellten Antrags auf internationalen Schutz zuständig ist (COM(2016)0270 – C8-0173/2016 – 2016/0133(COD)) mit 43 gegen 16 Stimmen angenommen. Während die Nein-Stimmen aus den Fraktionen der Allianz der Konservativen und Reformer in Europa (EKR), der Bewegung für ein Europa der Freiheit und der Nationen (ENF) und der Fraktion Europa der Freiheit und der direkten Demokratie (EFDD) wenig überraschten, dokumentierte das Veto der ungarischen Fidesz-Abgeordneten den nicht nur in der Asylpolitik deutlich werdenden Riss innerhalb der Europäischen Volkspartei (EVP). In der zur Verabschiedung des Ausschussstandpunkts angesetzten Plenarabstimmung vom 16. November 2017 bestätigte sich die Kluft zwischen der Gruppe der christdemokratischen Gründungsmitglieder der EVP und den konservativen Schwesterparteien aus Osteuropa: Mit 390 gegen 170 Stimmen bei 44 Enthaltungen war die erforderliche Mehrheit zwar sicher erreicht. Gleichwohl wurde für den Rat erkennbar, über welche Delegationen des Europäischen Parlaments beziehungsweise der EVP die parlamentarischen Änderungsanträge im Interesse der Mitgliedstaaten gebrochen werden können.

Wie sehr die EVP aus der Mitte ihrer Fraktion heraus unter Druck gerät, zeigte sich auch in den nichtgesetzlichen Entschließungen des Parlaments. Angesichts des laufenden Rechtsstaatlichkeitsverfahren nach Art. 7 EUV gegen Polen,[1] der Kampagnen der Regierung Orbán gegen Medien, Gerichte und Universitäten in Ungarn[2] und der in der Geschichte bisher

---

1   Vgl. hierzu auch den Beitrag „Polen" in diesem Jahrbuch.
2   Vgl. Annegret Eppler/Andreas Hackhofer/Andreas Maurer: The Multilevel Rule of Law System of the European Union: Eked Out, Contested, Still Unassured, in: Luisa Antoniolli/Luigi Bonatti/Carlo Ruzza (Hrsg.): Highs and Lows of European Integration, Basel 2018, S. 65–82; Vgl. hierzu auch den Beitrag „Ungarn" in diesem Jahrbuch.

einmaligen Zurückweisung eines Urteils des Europäischen Gerichtshofs[3] aktivierte das Europäische Parlament erstmals ein Verfahren nach Art. 7 EUV gegen Ungarn. Der LIBE-Ausschuss stimmte mit 37 gegen 19 Stimmen bei 9 Enthaltungen für die Einleitung eines Verfahrens. Während die Abgeordneten der Fraktion der Progressiven Allianz der Sozialdemokraten (S&D), der Fraktion der Allianz der Liberalen und Demokraten für Europa (ALDE), der Fraktion der Grünen und der Konföderalen Fraktion der Europäischen Linken/Nordische Grüne Linke (KVEL) geschlossen für das Verfahren stimmten, spaltete sich die EVP-Gruppe in diesem Stadium auf in acht Abgeordnete für und neun Mitglieder gegen das Verfahren. Nachdem Orbán in seiner Rede vor dem Parlament am 11. September 2018 keinerlei Kompromissbereitschaft zeigte und die Abgeordneten direkt angriff, stimmte das Plenum am 12. September 2018 über den Entschließungsentwurf ab. Erforderlich war die hohe Hürde einer Zweidrittelmehrheit der abgegebenen Stimmen, die zugleich eine qualifizierte Mehrheit aller Abgeordneten darstellt. Mit 448 Ja- gegen 197 Nein-Stimmen war diese Hürde (430) knapp erreicht und das Rechtsstaatlichkeitsverfahren formal eingeleitet.[4] Auch in dieser Abstimmung waren die EVP-Abgeordneten geteilt: 115 von ihnen stimmten für, 57 gegen die Verfahrenseinleitung, 27 enthielten sich. Bemerkenswert war hierbei auch der Schulterschluss der deutschen Christlich-Sozialen Union (CSU) gegen die eigene Schwesterpartei im Bundestag und die Mehrheit der EVP-Fraktion. Einzig Manfred Weber konnte es sich als Fraktionsvorsitzender und Kandidat für den Posten des Spitzenkandidaten bei den Europawahlen 2019 offenbar nicht leisten, gegen seine Fraktion zu stimmen.

Zu einem Wechselbad der Positionen, in der auch die Sozialdemokraten und Liberalen ihre Fraktionskohäsion auf eine harte Probe stellten, geriet die Reform des Urheberrechts für den digitalen Binnenmarkt. Der Kommissionsvorschlag wurde am 14. September 2016 an Europäisches Parlament und Rat weitergeleitet. Innerhalb des Europäischen Parlaments übernahm der Rechtsausschuss (JURI) die Federführung. Zwischen dem 14. Juni 2017 und 22. November 2017 verabschiedeten die mitberatenden Ausschüsse für Binnenmarkt und Verbraucherschutz (IMCO), für Kultur und Bildung (CULT), der ITRE- und der LIBE-Ausschuss ihre detaillierten Stellungnahmen mit zahlreichen Änderungsanträgen, die zähe Verhandlungen ankündigten. Die Abstimmungsergebnisse waren durchwachsen. Lediglich im LIBE-Ausschuss, der Bedenken gegen Upload-Beschränkungen und Leistungsschutzregeln aufgriff, konnte mit 36 gegen fünf Stimmen bei drei Enthaltungen ein vergleichsweise klares Meinungsbild hergestellt werden; in den anderen Ausschüssen zeichneten sich keine klare Mehrheiten für die jeweils zur Schlussabstimmung gestellten Stellungnahmen ab. Selbst im federführenden Rechtsausschuss konnte der Schlussantrag nur mit 14 Ja- gegen neun Nein-Stimmen bei drei Enthaltungen angenommen werden. Da der Ausschuss die Aufnahme von Trilogverhandlungen mit Rat und Kommission beantragte, wurde das Dossier an das Plenum weitergeleitet. Bereits bei den Ausschussberatungen wurden die Abgeordneten mit einer professionell konzertierten Flut von BürgerInnenanfragen und -einsprüchen konfrontiert, an

---

3 Die ungarische Regierung wies das Urteil des Europäischen Gerichtshofs zur verpflichtenden Flüchtlingsaufnahme in der Europäischen Union zurück (EuGH, Urteil vom 06.09.2017 - EUGH C 64315, C64715, C-643/15, C-647/15), vgl. beck-aktuell nachrichten: Ungarn weist EuGH-Urteil zu Flüchtlingen zurück, 6.9.2017, abrufbar unter: https://rsw.beck.de/aktuell/meldung/ungarn-weist-eugh-urteil-zu-fluechtlingen-zurueck (letzter Zugriff: 31.10.2018).

4 Ungarn meldete am Folgetag rechtliche Bedenken gegen die Gültigkeit des Beschlusses an, da das Parlament die Enthaltungen bei der Berechnung der Zweidrittelmehrheit unberücksichtigt ließ. Weder Art. 7 EUV noch die zur Entschließung herangezogenen Geschäftsordnungsartikel 45, 52 und 83 geben Auskunft, wie Enthaltungen zu werten sind. In Reaktion verwies dass Europäische Parlament auf seine bisherige Praxis, bei entsprechenden Abstimmungen nur die Ja- und Nein-Stimmen zu zählen.

denen nicht nur die Bürgerrechtsorganisation European Digital Rights (EDRi), sondern auch der europäische Handelsverband Edima, der unter anderem Airbnb, Amazon, Apple, eBay, Facebook, Google, Microsoft, Mozilla oder Twitter vertritt, ihren Anteil hatten.[5]

Die Geschäftsordnung des Europäischen Parlaments sieht vor, dass über Ausschussentwürfe für die Aufnahme von Trilogverhandlungen eine Abstimmung im Plenum stattfinden muss, wenn mindestens 10 Prozent der Abgeordneten (derzeit 76 Abgeordnete) die Aufnahme von Verhandlungen mit dem Rat auf Grundlage des verabschiedeten Ausschusstextes ablehnen. Da die erforderliche Anzahl von Abgeordneten Einspruch eingelegt hatte, musste der Ausschussentwurf das Plenum passieren. In der Abstimmung sprach sich das Parlament mit 318 Stimmen gegen 278, bei 31 Enthaltungen, dagegen aus, das vom Rechtsausschuss am 20. Juni 2017 vorgeschlagene Verhandlungsmandat anzunehmen. Das Dossier sollte auf der Plenartagung im September erneut diskutiert, abgeändert und abgestimmt werden. Da der überarbeitete Text wesentliche Elemente der Kritiker an der Verordnung aufnahm, konnte der Standpunkt des Parlaments für die Aufnahme von Verhandlungen im Trilog mit 438 Stimmen bei 226 Gegenstimmen und 39 Enthaltungen gebilligt werden. Entscheidend hierfür waren ‚Überläufer' aus den Reihen der S&D (unter anderem auch der Sozialdemokratischen Partei Deutschlands), die zunächst noch gegen den Entwurf gestimmt hatten.

Abstimmungsergebnisse des EP zum Vorschlag für eine Richtlinie des Europäischen Parlaments und des Rates über das Urheberrecht im digitalen Binnenmarkt, (COM(2016)0593 – C8-0383/2016 – 2016/0280(COD))

Ausschuss	Funktion	BerichterstatterIn	Ja	Nein	Enthaltung
JURI	Federführend	Axel Voss (EVP/D)	14 (EVP, S&D, ALDE, EFDD, ENF)	9 (EFDD, KVEL, Grüne, S&D)	2 (EKR)
IMCO	Assoziiert	Catherine Stihler (S&D/UK)	19 (EVP, S&D)	7 (ALDE, EKR, ENF, Grüne)	6 (S&D, ALDE, EFDD
ITRE	Beratend	Zdzisław Krasnodębski (EKR/PL)	39 (EVP, S&D, ENF)	18 (ALDE, EFDD, ENF, KVEL, Grüne)	6 (EKR)
CULT	Beratend	Marc Joulaud (EVP/F)	20 (ALDE, S&D, EVP, Grüne)	8 (ALDE, EKR, EFDD, KVEL, S&D)	1 (ENF)
LIBE	Beratend	Michał Boni (EVP/PL)	36 (ALDE, EKR, Grüne, S&D, EVP, KVEL)	5 (ENF, EVP, NI)	3 (EFDD, S&D)
Erste Plenarabstimmung 5.7.2018			318	278	31
Zweite Plenarabstimmung 12.9.2018			438	226	39

Viele der vom Europäischen Parlament vorgenommenen Änderungen am Kommissionsvorschlag zielen darauf ab, sicherzustellen, dass Künstler, Musiker, Interpreten, Drehbuchautoren, Nachrichtenverleger und Journalisten entlohnt werden, wenn ihre Arbeit von Plattformen wie YouTube oder Facebook und Nachrichtenaggregatoren wie Google News genutzt

---

5   Nach Auskunft von Gerald Grünberger, Geschäftsführer des Österreichischer Zeitungsverleger, hat allein Google „aktuell mindestens 31 Millionen Euro in direkte und indirekte Lobbyingaktivitäten gesteckt, um ein neues und faireres Urheberrecht zu verhindern." Vgl. Muzayen Al-Youssef/Fabian Schmid: EU-Parlament erteilt Urheberrechtsreform mit Uploadfiltern eine Abfuhr, Der Standard, 5.7.2018.

wird. Der Standpunkt des Europäischen Parlaments verschärft die von der Kommission vorgeschlagenen Pläne, Online-Plattformen und Aggregatoren für Urheberrechtsverletzungen verantwortlich zu machen. Dies gilt auch für Ausschnitte („snippets"), bei denen nur ein Teil eines Nachrichtentextes angezeigt wird. Diese Haftungsregel verpflichtet die betroffenen Plattformen, Rechteinhaber für urheberrechtlich geschütztes Material zu entlohnen. Der Parlamentstext verlangt explizit, dass Journalisten selbst und nicht nur ihre Verlage von entsprechenden Vergütungen profitieren, die sich aus dieser Haftungspflicht ergibt.

Das Parlamentsmandat normiert zudem Bestimmungen, die sicherstellen sollen, dass das Urheberrecht im digitalen Markt eingehalten wird, ohne die Freiheit der Meinungsäußerung zu beeinträchtigen. Entsprechend soll das Teilen von „Hyperlinks, neben denen einzelne Wörter stehen" frei von urheberrechtlichen Einschränkungen sein. Andererseits sollten von den Plattformen ergriffene Maßnahmen zur Überprüfung, ob solche „Uploads" gegen Urheberrechtsbestimmungen verstoßen, nicht zur Blockade von Werken, bei denen keine Urheberrechtsverletzung gegeben ist, führen. Die Plattformen werden verpflichtet, Beschwerde- und Rechtsbehelfsmöglichkeiten einzurichten, falls ein „Upload" zu Unrecht gelöscht wurde. Der Text legt auch fest, dass das Hochladen von Aufsätzen, Bildern oder Karten in Online-Enzyklopädien auf nicht-kommerzielle Weise, wie in Wikipedia, oder Open-Source-Softwareplattformen, wie GitHub, automatisch von der Verpflichtung zur Einhaltung der Urheberrechtsbestimmungen ausgenommen werden soll. Andererseits stärkt das Parlament die Verhandlungsrechte von Urhebern und ausübenden Künstlern für die Verhandlung einer angemessenen Vergütung für spätere direkte oder indirekte Einnahmen oder Gewinne, die mit dem Werk in Zusammenhang stehen. Dies würde den Autoren und Interpreten ermöglichen, ihre geschlossenen „ausschließlichen Lizenzen" für die Rechte an einem Werk zu widerrufen oder zu entziehen, wenn die Partei, die über Nutzungsrechte verfügt, dieses Recht nicht ausübt oder das Werk nicht verwertet wird.

Neuaufstellungen im Europäischen Parlament der neunten Legislaturperiode

Zu den wenigen, förmlichen Initiativrechten des Europäischen Parlaments gehört die Bestimmung nach Art. 14 (2) EUV, nach der der Europäische Rat auf Vorschlag und nach Zustimmung des Europäischen Parlaments dessen Zusammensetzung festlegt. Tritt das Vereinigte Königreich 2019 aus der EU aus, dann verringert sich die Anzahl der Europaabgeordneten um 73 auf 678. Diese Perspektive veranlasste jüngst nicht nur das Europäische Parlament, sondern unter den Mitgliedstaaten vor allem Frankreich dazu, über eine Reform der Parlamentszusammensetzung zu diskutieren. Angetrieben wurde der französische Impuls vor allem von der Überlegung, die Dynamik der Reformbewegung „La République en marche" (LREM), über deren Plattform Emmanuel Macron zum Staatspräsidenten gewählt wurde, im Rahmen einer neuen, über Frankreich hinaus agierenden Wahlplattform zu europäisieren. Denn im gegenwärtigen Fraktionsgefüge findet Macrons Parteibewegung ihren Platz in der liberalen ALDE-Fraktion. Da sich in der LREM-Fraktion in Frankreichs Nationalversammlung allerdings Abgeordnete der liberal-zentristischen MoDem, der Parti Radical de Gauche, der Parti Socialiste, des Mouvement des Progressistes und der Grünen zusammengeschlossen haben und sich die Regierungskabinette seit 2017 aus Mitgliedern dieser Parteien zusammensetzen, fiel Macron die „einfache" Ein- beziehungsweise Zuordnung der LREM in das etablierte Fraktionsgefüge des Europäischen Parlaments schwer.

Vor diesem Hintergrund versuchten er und der LREM-Parteivorsitzende Christophe Castaner seit Mitte 2017, nationale Parteien anderer Mitgliedstaaten für eine „Allparteienallianz" im Europäischen Parlament zu gewinnen. Diese versuchte Umbildung des Fraktionsgefüges im Europäischen Parlament erklärt, warum Macron die Idee des europäischen Wahlkreises und der transnationalen Listen aufgriff und für letztere nicht nur im Europäischen Parlament, sondern auch im Rat warb. Um dem Verdacht des französischen Exports der LREM und deren etwaigen „Vorherrschaft" zu begegnen, schlug Frankreich folgende Kriterien vor: Jede europäische Liste sollte aus Kandidaten aus mindestens einem Drittel der Mitgliedstaaten bestehen; der Anteil der Kandidaten aus einem Land dürfte 25 Prozent nicht übersteigen; die ersten sieben gereihten Kandidaten der Liste müssten aus unterschiedlichen Mitgliedstaaten stammen und in den nachfolgenden Plätzen sollte zwischen Abgeordneten aus unterschiedlichen Ländern abgewechselt werden. Damit war hinsichtlich der freiwerdenden britischen Sitzen klar: Das Gros sollte den transnationalen Listen vorbehalten werden.

Zur Frage der künftigen Zusammensetzung einigte sich das Europäische Parlament in der Entschließung vom 7. Februar 2018 auf an den Europäischen Rat gerichtete Empfehlungen, die den Austritt des Vereinigten Königreichs mit der künftigen Sitzverteilung im Parlament verknüpften.[6] Hart umstritten war die genannte Umwidmung der „britischen Sitze" zugunsten transnationaler Wahllisten. Die Beratungen im Ausschuss für Konstitutionelle Angelegenheiten (AFCO) ließen zunächst vermuten, dass der von Danuta Hübner (EVP/PL) und Pedro Silva Pereira (S&D/P) verfasste Bericht diese seit Jahrzehnten prominent im Europäischen Parlament vertretene Idee aufgreifen und realisieren würde. Tatsächlich wurde im Ausschuss ein Artikel 4 in die Beschlussempfehlung angenommen, demzufolge für die Zeit

> „nach Inkrafttreten der Rechtsgrundlage für die transnationalen Listen […] ein gemeinsamer Wahlkreis für das gesamte Gebiet der Union eingerichtet [wird]. Die Bedingungen für diesen gemeinsamen Wahlkreis werden in dem Beschluss des Rates zur Annahme der Bestimmungen zur Änderung des Aktes zur Einführung allgemeiner unmittelbarer Wahlen der Mitglieder des Europäischen Parlaments festgelegt. […] Die Zahl der Vertreter, die in dem gemeinsamen Wahlkreis gewählt werden, wird auf der Grundlage der Zahl der Mitgliedstaaten festgelegt."

Laut AFCO-Abgeordneten intervenierten einige Regierungen sofort gegen Artikel 4. Befürchtet wurde, dass übernationale Wahlkreise den Weg für national unkontrollierbare Parteistrukturen und Wahlkampagnen bereiten würden. Der nationale Kontrollimpuls über die Entwicklung der Europäischen Parteien scheint ausschlaggebender, je unabhängiger Versuche zur Emanzipation von nationalen Parteistrukturen unternommen werden. Da im konkreten Fall eine national erfolgreiche (französische) Variante der Transition politischer Parteien in – zumindest auf den ersten Blick – neuartige Strukturen zur Disposition steht, fällt es Politikern außerhalb Frankreichs leicht, die Idee des Europäischen Wahlkreises und der transeuropäischen Listen als rein französisches Interesse zur Unterminierung der Partei- und Fraktionsstrukturen im Europäischen Parlament zu brandmarken.

Auf Antrag der beiden europaskeptischen Fraktionen EFDD und EKR sowie Abgeordneter der EVP und der KVEL/NGL wurde Artikel 4 im Plenum am 7. Februar 2018 in namentlicher Abstimmung gestrichen. 368 Abgeordnete stimmten dafür, 274 stimmten dagegen, 34 enthielten sich. Die Streichung wurde vor allem durch die deutschen CDU/CSU-Abgeordneten ermöglicht, die auf Ausschussebene noch für und im Plenum gegen transnationale Listen votierten. Für die CDU/CSU-Gruppe

> „ist die Vergabe der Brexit-Plätze durch europaweite Kandidaten eine Entfremdung zwischen den Abgeordneten und ihren Wählern. Stattdessen sollte lieber ein gesamteuropäischer Wahlkampf um das Amt des Kommissionspräsidenten, den sogenannten Spitzenkandidaten-Prozess, gefördert werden."[7]

---

6   Entschließung des Europäischen Parlaments vom 7. Februar 2018 zur Zusammensetzung des Europäischen Parlaments (2017/2054(INL) – 2017/0900(NLE)).

Die Parlamentsmehrheit lehnte schließlich die Schaffung eines gemeinsamen Wahlkreises für die Europawahl 2019 ab.[8] Künftig könnte zwar ein europäischer Wahlkreis zur Wahl einer bestimmten Anzahl von Abgeordneten über gesamteuropäische, transnationale Listen gebildet werden. Dabei solle die Anzahl der transnational gewählten Abgeordneten der Anzahl der Mitgliedstaaten entsprechen. Für die Einführung transnationaler Listen müsste aber zuerst das europäische Wahlrecht geändert werden. Dies bedürfe einer einstimmigen Entscheidung des Rates. Da mit einer Entscheidung kaum vor den Wahlen 2019 zu rechnen ist, beließ es die Parlamentsentschließung bei diesem in die Zukunft gerichteten Hinweis.

Der mit 566 Ja- bei 94 Nein-Stimmen und 31 Enthaltungen angenommene Beschlussentwurf betonte die Idee, bei der Sitzverteilung stärker den Grundsatz der degressiven Proportionalität und das Prinzip der Wahlrechtsgleichheit zu berücksichtigen. Der dem Europäischen Rat vorgelegte Beschlussentwurf über die Parlamentszusammensetzung geht von den vertraglich festgelegten Grundnormen aus, nach denen a) die Gesamtzahl 750 zuzüglich des Präsidenten oder der Präsidentin nicht überschreiten darf, b) die Bürgerinnen und Bürger degressiv proportional, c) mindestens jedoch mit sechs Mitgliedern je Mitgliedstaat vertreten werden und d) kein Mitgliedstaat mehr als 96 Sitze erhält. Auf dieser Grundlage sieht der Beschluss vor, das nach dem Austritt Großbritanniens die im EUV für jeden Mitgliedstaat festgesetzten Mindest- und Höchstzahlen uneingeschränkt ausgeschöpft werden, um mehr Spielraum für das Degressionsgebot zu gewinnen. Das Parlament liefert eine klare Definition in Artikel 1 des Beschlussentwurfs, nach der „degressive Proportionalität" das Verhältnis zwischen der Bevölkerung und der Zahl von Sitzen jedes Mitgliedstaats vor Auf- oder Abrunden auf ganze Zahlen in Abhängigkeit von seiner jeweiligen Bevölkerung variiert,

> „so dass jedes Mitglied des Europäischen Parlaments aus einem bevölkerungsreicheren Mitgliedstaat mehr Bürger vertritt als jedes Mitglied aus einem bevölkerungsärmeren Mitgliedstaat, und umgekehrt, dass je bevölkerungsreicher ein Mitgliedstaat ist, desto höher sein Anspruch auf eine große Zahl von Sitzen."

Entsprechend sollte die Zahl der in jedem Mitgliedstaat gewählten Vertreter im Europäischen Parlament für die Wahlperiode 2019–2024 wie folgt festgesetzt werden:

Tabelle: Sitzverteilung im Europäischen Parlament 2019–2024

	Vorschlag EP	Veränderung
Belgien	21	Unverändert (Uv)
Bulgarien	17	Uv
Tschechische Republik	21	Uv
Dänemark	14	+1
Deutschland	96	Uv
Estland	7	+1
Irland	13	+2
Griechenland	21	Uv
Spanien	59	+5
Frankreich	79	+5

---

7   Vgl. CDU/CSU-Gruppe in der EVP: Plenarsitzung des Europäischen Parlaments in Straßburg 05.-08. Februar 2018, Vorankündigung der CDU/CSU-Gruppe in der EVP-Fraktion im Europäischen Parlament, Stand 01.02.2018, abrufbar unter: https://www.cducsu.eu/termine/sitzungswochen/plenarsitzung-des-europaeischen-parlaments-strassburg-05-08-februar-2018 (letzter Zugriff: 31.10.2018).
8   Vgl. hierzu Europäisches Parlament, Angenommene Texte, P7_TA(2013)0082 sowie Europäisches Parlament, Angenommene Texte, P8_TA(2015)0395; Vgl. hierzu auch den Beitrag „Europäische Parteien" in diesem Jahrbuch.

	Vorschlag EP	**Veränderung**
Kroatien	12	+1
Italien	76	+3
Zypern	6	Uv
Lettland	8	Uv
Litauen	11	Uv
Luxemburg	6	Uv
Ungarn	21	Uv
Malta	6	Uv
Niederlande	29	+3
Österreich	19	+1
Polen	52	+1
Portugal	21	Uv
Rumänien	33	+1
Slowenien	8	Uv
Slowakei	14	+1
Finnland	14	+1
Schweden	21	+1

Der Europäische Rat nahm den Beschlussentwurf am 19. Juni 2018 unverändert an. Nach dem Austritt Großbritanniens wird so die Anzahl der Abgeordneten von 751 auf 705 sinken, wobei 46 der 73 britischen Sitze für mögliche EU-Erweiterungen in Reserve gestellt und nur 27 Sitze auf 14 unterrepräsentierte EU-Länder verteilt werden.

Nachdem das Europäische Parlament somit seine zuletzt 2015[9] geäußerte Forderung nach Einrichtung eines europäischen Wahlkreises fallen gelassen hatte, konnte der Rat diesen Vorschlag in seinen Schlussberatungen über die Reform des 1976 erlassenen Wahlakts im Juni 2018 ebenfalls streichen.[10] Ferner führte er in Artikel 3 eine verpflichtende Sperrklausel von zwei bis fünf Prozent für Wahlkreise mit mehr als 35 Sitzen ein. Diese Verpflichtung hat nur Auswirkungen in Spanien und Deutschland, da Frankreich, Italien und Polen bereits entsprechende Sperrklauseln eingerichtet haben. Aus der vom Europäischen Parlament 2015 vorgeschlagenen Verpflichtung zur Abbildung der Namen und Logos der Europäischen Parteien auf den Stimmzetteln machte der Rat eine Kannbestimmung. Ersatzlos strich der Rat die Regel, dass die Parteien Spitzenkandidaten für das Amt des Kommissionspräsidenten nominieren sollen, die Vorschrift, dass Mitgliedstaaten auf den Wahllisten für Gleichstellung Sorge tragen müssen, und das Verbot des Doppelmandats. Trotz dieser massiven Beschneidungen seines Vorschlags bestätigte das Parlament den Ratstext am 4. Juli 2018 mit 397 gegen 207 Stimmen bei 62 Enthaltungen. Die Reform tritt erst bei den Wahlen 2024 in Kraft.

Unwägbarkeiten des nächsten Europäischen Parlaments

Ob sich diese Konflikte im Europäischen Parlament in der kommenden Legislaturperiode fortsetzen, vertiefen oder ausbalancieren werden, hängt von mehreren Variablen ab: Gelänge

---

9   Vgl. hierzu Andreas Maurer: Europäisches Parlament, in: Werner Weidenfeld/Wolfgang Wessels (Hrsg.): Jahrbuch der Europäischen Integration 2016, Baden-Baden 2016, S. 69–80.
10 Vgl. Entwurf für einen Beschluss (EU, Euratom) 2018/994 des Rates vom 14. Juni 2018 zur Änderung des dem Beschluss 76/787/EGKS, EWG, Euratom des Rates vom 20. September 1976 beigefügten Akts zur Einführung allgemeiner unmittelbarer Wahlen der Mitglieder des Europäischen Parlaments, abrufbar unter: http://data.consilium.europa.eu/doc/document/ST-9425-2018-INIT/en/pdf (letzter Zugriff: 31.10.2018).

es den beiden Fraktionen EVP und S&D, so viele KandidatInnen ins Europäische Parlament zu entsenden, dass zumindest rechnerisch Koalitionen von über der Hälfte der Abgeordneten rechts oder links der Mitte möglich werden, wäre ein durchaus handlungsfähiges, politisch sichtbareres Europäisches Parlament die Folge. Bliebe nach den Wahlen dagegen Kapazität zur Bildung einer – informellen oder vertraglich abgesicherten – großen Koalition, hinge deren Schlagkraft von der inneren Kohäsion jeder Einzelfraktion ab. Je mehr Abweichler in jeder Fraktion geduldet werden, desto größer müsste die Koalition ausfallen. Ein „Koalitionspuffer" von knapp 50 Prozent müsste durch andere Fraktionen in der Konstellation von Dreier- oder Viererkoalitionen ausgeglichen werden. Andernfalls wird sich die zuletzt sichtbare Schwäche des Europäischen Parlaments gegenüber dem Rat verstetigen. Büßen EVP und S&D noch mehr Wählerstimmen ein, sind die Bildung „klassischer" Koalitionen rechts oder links der Mitte sowie die Bildung einer großen Koalition unwahrscheinlich. Beide heute großen Fraktionen wären dann erstmals auch formal auf mindestens einen dritten Partner angewiesen. Zwar lässt sich einwenden, dass diese Konstellation ohnehin der Realität des Europäischen Parlaments entspricht, da die ALDE seit vier Legislaturperioden die Bildung starker Allianzen stützt. Es macht aber einen Unterschied, ob diese Konstellation als Option oder als echter Zwang die Geschäfte des Europäischen Parlaments bestimmt.

Umfragen und nationale Wahlergebnisse sprechen eher für die zweite als für die erste Annahme. Die S&D verliert nach dem Austritt des Vereinigten Königreichs die Kandidaten der Labour Party und gegenwärtig ist keine Kompensation durch massive Wahlgewinne sozialdemokratischer Parteien in einem anderen Staat in Sicht. Die EVP muss sich zwar nicht mit den unmittelbaren Fraktionsfolgen eines Brexit auseinandersetzen, da die britischen Konservativen in der letzten Wahlperiode aus der Fraktionsgemeinschaft ausgetreten sind und mit der EKR eine eigene Fraktion gebildet haben. Über der EVP hängt aber das Damoklesschwert ihrer konservativen und rechtspopulistischen Parteien aus Osteuropa, die ihre Mitgliedschaft wohl aufkündigen werden, wenn sich die Bildung einer starken Fraktion aus der „Rest-EKR" nach dem Austritt Großbritanniens, der ENF und Teilen der EFDD abzeichnet. Zudem müssen beide großen Fraktionen damit rechnen, dass Macrons LREM-Bewegung mit der heutigen ALDE-Fraktion eine liberal-zentristische Fraktion bildet, die für EVP- und für S&D-Mitglieder attraktiv wird. Im Falle der EVP etwa für diejenigen, denen diese Fraktion zu weit nach rechts oder in das christdemokratische Lager rückt; im Falle der S&D-Mitglieder für diejenigen, die sich von einer größeren und besser ausgestatteten ALDE/LREM+X-Fraktion anziehen lassen. Bei aller Ungewissheit zeichnet sich als relativ sicher ab, dass es in der Auseinandersetzung des parteipolitisch wahrscheinlich noch stärker aufgefächerten Europäischen Parlaments mit dem Europäischen Rat über die Wahl der Kommissionsspitze es den Staats- und Regierungschefs leichter als 2014 fallen wird, Argumente gegen den Automatismus des Spitzenkandidatenprozesses zu finden.

Weiterführende Literatur

Nathalie Brack/Olivier Costa: The EP through the lens of legislative studies: recent debates and new perspectives, Sondernummer des Journal of Legislative Studies, 24/2018.
Richard Corbett/Francis Jacobs/Darren Neville: The European Parliament, London 2016.
Doris Dialer/Andreas Maurer/Margarethe Richter: Handbuch zum Europäischen Parlament, Baden-Baden 2015.
Christopher Lord: An indirect legitimacy argument for a directly elected European Parliament, in: European Journal for Political Research, 3/2017, S. 512–528.
Michael Shackleton: Transforming representative democracy in the EU? The role of the European Parliament, in: Journal of European Integration, 2/2017, S. 191–205.
Stelios Stavridis/Davor Jančić: Parliamentary Diplomacy in European and Global Governance, Leiden/Boston 2017.

Europäischer Rat

Alina Thieme/Wolfgang Wessels

Der Europäische Rat stand auch 2017/2018 hoch in der Aufmerksamkeit der politischen Führungsspitzen der Europäischen Union. Die Zahl regulärer Sitzungen des Europäischen Rats, der Tagungen des Euro-Gipfels und der Zusammenkünfte der informellen Gipfel ohne das Vereinigte Königreich manifestierte das hohe Interesse der Staats- und Regierungschefs, gemeinsam an Lösungen von Problemen in und für die EU zu arbeiten (siehe Tabelle 1). Diese hohe Sitzungsfrequenz dokumentiert gleichzeitig die ‚nervöse' Sensibilität der nationalen Führungspersönlichkeiten, die ‚gefühlten' Krisensymptome der Europäischen Union anzugehen.

Tabelle 1: Termine Europäischer Rat von Juni 2017 bis Juni 2018

22./23.06.2017	Tagung des Europäischen Rats
22.06.2017	Tagung des Europäischen Rats (Art. 50 EUV)
29.09.2017	Digitales Gipfeltreffen (Tallinn)
18.10.2017	Dreigliedriger Sozialgipfel (Göteborg)
19./20.10.2017	Tagung des Europäischen Rats
20.10.2017	Tagung des Europäischen Rats (Art. 50 EUV)
17.11.2017	Informelle Tagung des Europäischen Rats
14./15.12.2017	Tagung des Europäischen Rats
15.12.2017	Tagung des Europäischen Rats (Art. 50 EUV)
15.12.2017	Euro-Gipfel
23.02.2018	Informelle Tagung der EU-27 Staats- und Regierungschefs
22./23.03.2018	Tagung des Europäischen Rats
23.03.2018	Tagung des Europäischen Rats (Art. 50 EUV)
23.03.2018	Euro-Gipfel
26.03.2018	Gipfeltreffen EU-Türkei (Varna)
17.05.2018	Treffen EU-Westbalkan (Sofia)
24.06.2018	Informelle Tagung des Europäischen Rats: „Mini-Gipfel" zur Migration
28./29.06.2018	Tagung des Europäischen Rats
29.06.2018	Tagung des Europäischen Rats (Art. 50 EUV)
29.06.2018	Euro-Gipfel

Deutlich wurde der Selbstanspruch des Europäischen Rats in der von Präsident Donald Tusk im Oktober 2017 verkündeten „Agenda der EU-Führungsspitzen":[1] Diese Formulierung und ihre Umsetzung unterstreicht den Anspruch der Staats- und Regierungschefs und der Präsidenten des Europäischen Rats und der Europäischen Kommission, die Aktivitäten der EU als Gipfel zu lenken. Im Einklang mit den Vertragsbuchstaben will die Agenda politische Zielvorstellungen und Prioritäten bestimmen und die Richtung der EU in wesentlichen Bereichen der öffentlichen Politik festlegen.[2] Doch bereits einige Monate nach Festlegung der Agenda verblasste der neu entstandene Optimismus: die mühsame Bildung einer neuen Regierungskoalition in Deutschland, die zunehmende Uneinigkeit zwischen den Mitgliedstaaten in zentralen Fragen der Migrationspolitik sowie die zurückhaltende Reaktion der deutschen Bundeskanzlerin Angela Merkel auf die Reformvorschläge ihres französischen Kollegen Emmanuel Macron ließen den Anschein erwecken, die Staats- und Regierungschefs seien nicht in der Lage, Reformen gemeinsam zu entwickeln und umzusetzen. Gleichzeitig wurde viel Hoffnung in das Gipfeltreffen im Juni 2018 gesteckt, welches sich drei kritischen Zukunftsthemen Europas widmete: Reform der Wirtschafts- und Währungsunion (WWU), Migration sowie Sicherheit und Verteidigung.[3] Die Staats- und Regierungschefs schafften es jedoch nicht, sich auf wichtige Reformbeschlüsse zu einigen, um den Weg in Richtung ‚Mehr' Europa zu bereiten.

Der Europäische Rat verfolgte auch im vergangenen Jahr eine ‚state-like-agenda', die eine Breite an Politikfeldern umfasste (siehe Tabelle 2) und nahm dabei unterschiedliche Rollen ein. Erneut fungierte er als ‚Krisenmanager', um aktuelle Herausforderungen – vom Austritt des Vereinigten Königreichs aus der EU über die sogenannte Flüchtlingskrise bis zur WWU – einzudämmen und Lösungen zu finden. Als ‚konstitutioneller Architekt' trafen die Staats- und Regierungschefss institutionelle Entscheidungen zur Sitzverteilung des Europäischen Parlaments und beschlossen die Vollendung der Bankenunion. Gleichzeit war der Europäische Rat erneut das ‚Sprachrohr' der EU gegenüber Drittstaaten, so insbesondere gegenüber den USA anlässlich des sich zuspitzenden Handelskonflikts.

Zudem zeigten im vergangenen Jahr Gipfeltreffen mehrerer, meistens regionaler Gruppierungen von EU-Mitgliedstaaten, dass die Konsensbildung im Europäischen Rat noch schwieriger geworden ist. Die Mitgliedstaaten kamen im vergangenen Jahr in unterschiedlichen Formationen zusammen, um gemeinsame Standpunkte unter anderem in Asyl- und Migrationsfragen und Fragen zur Weiterentwicklung der Eurozone zu bilden. Diese ‚Koalitionsbildung' manifestierte sich insbesondere zwischen den Visegrád-Staaten, die beispielsweise den Sondergipfel zu Migration im Juni 2018 boykottierten. Stattdessen trafen sie sich mit Österreich drei Tage zuvor, um sich in Asylfragen auszutauschen. Durch diese Gruppenbildung wird eine zunehmende Ost-West-Spaltung im Europäischen Rat befürchtet.

---

1   Donald Tusk: Dokumente von Präsident Donald Tusk für die Mitglieder des Europäischen Rates: Einladungsschreiben, Agenda der EU-Führungsspitzen und Bericht über die Durchführung des Bratislava-Fahrplans, 17. Oktober 2017, abrufbar unter: http://www.consilium.europa.eu/de/press/press-releases/2017/10/17/tusk-invitation-letter-euco/pdf (letzter Zugriff: 01.07.2018).
2   Europäischer Rat: Agenda der EU-Führungsspitzen: Unsere Zukunft gemeinsam gestalten, Oktober 2017, abrufbar unter: https://www.consilium.europa.eu/media/35335/leadersagenda_de02.pdf (letzter Zugriff: 01.07.2018).
3   Europäischer Rat: Europäischer Rat, Tagung vom 28. Juni 2018, Schlussfolgerungen.

*Tabelle 2: Übersicht wichtiger Themen des Europäischen Rats
(Schlussfolgerungen des Europäischen Rats, Juni 2017 bis Juni 2018)*

Migration und Flüchtlinge
„Brexit"
Finanzen, Euro, Wirtschaft, Handel und Binnenmarkt
Klima- und Energiepolitik
Sicherheit und Verteidigung
Auswärtiges
Raum der Sicherheit, der Freiheit und des Rechts
Sozialpolitik, Bildung und Kultur
Institutionelle Fragen
EU-Haushalt

Zudem zeigten im vergangenen Jahr Gipfeltreffen mehrerer, meistens regionaler Gruppierungen von EU-Mitgliedstaaten, dass die Konsensbildung im Europäischen Rat noch schwieriger geworden ist. Die Mitgliedstaaten kamen im vergangenen Jahr in unterschiedlichen Formationen zusammen, um gemeinsame Standpunkte unter anderem in Asyl- und Migrationsfragen und Fragen zur Weiterentwicklung der Eurozone zu bilden. Diese ‚Koalitionsbildung' manifestierte sich insbesondere zwischen den Visegrád-Staaten, die beispielsweise den Sondergipfel zu Migration im Juni 2018 boykottierten. Stattdessen trafen sie sich mit Österreich drei Tage zuvor, um sich in Asylfragen auszutauschen. Durch diese Gruppenbildung wird eine zunehmende Ost-West-Spaltung im Europäischen Rat befürchtet.

Zu beobachten waren auch Spannungen zwischen den Präsidenten des Europäischen Rats und der Europäischen Kommission, wie etwa bei den Verfahren zum informellen Migrationsgipfel von 16 Mitgliedstaaten im Juni 2018. Entgegen den vertraglichen Vorgaben ergriff Jean-Claude Juncker die Initiative und lud offiziell zum Migrationsgipfel ein. Donald Tusks Vorschlag und Verfahren bei der „Agenda der EU-Führungsspitzen" unterstrichen hingegen implizit seinen Führungsanspruch gegenüber Jean-Claude Juncker, der selbst wiederum durch seine Ansprachen zur Lage der Union[4] und entsprechende Grundsatzpapiere[5] konzeptionelle Leitlinien vorgab.

Migration: Auf dem Weg zur ‚Festung Europa'?

Die Bewältigung der Migration hatte im vergangenen Jahr höchste Priorität für die Staats- und Regierungschefs, war aber auch eines der strittigsten Themen. So konnte weiterhin keine Einigung auf konkrete Vorschläge zur Verteilung von Flüchtlingen innerhalb der EU und der damit einhergehenden Frage nach mehr Solidarität zwischen den Mitgliedstaaten erzielt werden. Auch in Hinblick auf eine Reform der Dublin-Verordnung und der Erneuerung des Gemeinsamen Europäischen Asylsystems konnte 2018 kein Konsens gefunden werden.[6]

---

4 Jean-Claude Juncker: Rede von Präsident Juncker zur Lage der Union 2017, Straßburg, 13. September 2017.
5 Europäische Kommission: Europäische Kommission, Weißbuch zur Zukunft Europas, 1. März 2017, KOM(2017)2025.
6 Europäischer Rat: Schlussfolgerungen, Juni 2018, S. 4.

Der informelle Migrationsgipfel im Juni 2018 machte die Spannungen zwischen den Mitgliedstaaten deutlich und signalisierte, unter welchem (innen-)politischen Druck die Staats- und Regierungschefs standen.

Die Sicherung der EU-Außengrenzen, Fortschritte bei der Rückkehr- und Rückübernahmepolitik sowie die Zusammenarbeit mit Herkunfts- und Transitländern hatten für alle Staats- und Regierungschefs weiterhin höchste Priorität, um „eine Wiederholung der unkontrollierten Migrationsbewegungen des Jahres 2015 zu verhindern".[7] Auch das Gipfeltreffen im Juni 2018 zeigte, dass die EU-Führungsspitzen insbesondere in den Ausbau des Außengrenzschutzes weiter intensivieren möchten, um illegale Migration zu verringern. So betonte der Europäischer Rat, dass die Rolle der Europäischen Agentur für die Grenz- und Küstenwache (Frontex) durch ein weiteres Mandat und Aufstockung der Mittel ausgebaut und gestärkt werden solle.[8] Zudem wurde weiterhin Unterstützung für die libysche Küstenwache und die Sahelzone zugesagt und es wird an der Umsetzung des Abkommens mit der Türkei vom 18. März 2016 festgehalten. Die Staats- und Regierungschefs beschlossen außerdem, die Partnerschaft mit Afrika weiter zu stärken.[9]

Darüber hinaus diskutierten die Mitglieder des Europäischen Rats zwei neue Instrumente zur Eindämmung illegaler Migration: Die Schaffung von regionalen Ausschiffungsplattformen außerhalb der EU in Kooperation mit betroffenen Drittstaaten, dem Hohen Flüchtlingskommissar der Vereinten Nationen und der Internationalen Organisation für Migration sowie die Einrichtung kontrollierter Zentren auf freiwilliger Basis in den EU-Mitgliedstaaten.[10] Deutlich wurde, dass die Staats- und Regierungschefs immer mehr versuchen, die Herausforderungen der Migration außerhalb der Europäischen Union zu ‚lösen' und damit zur Bildung einer ‚Festung Europa' beitragen. Diese Tendenzen sind aus dem zunehmenden Rechtsruck innerhalb der Mitgliedstaaten zu erklären.

Sicherheit und Verteidigung: ‚Mehr' Europa in Zeiten globaler Herausforderungen

Ein weiterer Punkt oben auf der Agenda des Europäischen Rats bildete 2017/2018 die Sicherheits- und Verteidigungspolitik der EU. Im Zentrum der vertieften Sicherheits- und Verteidigungskooperation standen insbesondere die Gründung und weitere Entwicklung der Ständigen Strukturierten Zusammenarbeit (SSZ, im europäischen Sprachgebrauch Permanent Structured Cooperation (PESCO)) – ein Instrument, welches es integrationswilligen und -fähigen Mitgliedstaaten ermöglicht, ihre Zusammenarbeit im Bereich der Gemeinsamen Sicherheits- und Verteidigungspolitik zu vertiefen –, die Arbeiten zum Europäischen Verteidigungsfonds sowie das Verhältnis zwischen der NATO und der EU. Während im Juni 2017 die Mitglieder des Europäischen Rats beschlossen, dass die Mitgliedstaaten innerhalb von drei Monaten nach der Tagung eine Liste von Kriterien und bindenden Verpflichtungen einreichen sollen,[11] wurde die SSZ im Dezember 2017 formell von 25 Mitgliedstaaten beschlossen. Der Europäische Rat betonte im Dezember 2017, wie wichtig es sei, „die ersten Projekte zügig umzusetzen" und „fordert die teilnehmenden Mitgliedstaaten auf, ihre nationalen Umsetzungspläne zu erfüllen".[12] Ferner betonte er im Juni 2018, die wachsende und strategische Autonomie der europäischen Sicherheits- und

---

7 Europäischer Rat: Schlussfolgerungen, Juni 2018, S. 1.
8 Europäischer Rat: Schlussfolgerungen, Juni 2018, S. 3.
9 Europäischer Rat: Schlussfolgerungen, Juni 2018, S. 1 ff.
10 Europäischer Rat: Schlussfolgerungen, Juni 2018, S. 2.
11 Europäischer Rat: Europäischer Rat, Tagung vom 22./23. Juni 2017, Schlussfolgerungen, S. 5.
12 Europäischer Rat: Europäischer Rat, Tagung vom 14. Dezember 2017, Schlussfolgerungen, S. 1.

Verteidigungspolitik solle als Ergänzung zur und Verstärkung der NATO gesehen werden.[13]

Diese Entwicklung hin zu ‚mehr' Europa kann als Antwort auf zunehmende globale Herausforderungen gedeutet werden. Zum einen wächst die Unsicherheit, ob und inwieweit die Vereinigten Staaten weiterhin bereit sind, sich für europäische Sicherheit und Verteidigung einzusetzen. Zum anderen ist eine wachsende, sicherheitspolitische Instabilität in der europäischen Nachbarschaft zu beobachten, die ein geeintes Vorgehen der EU-Mitgliedstaaten notwendig macht.

Brexit: Eine geschlossene Haltung der EU-27

Die laufenden Brexit-Verhandlungen beschäftigten die Mitglieder des Europäischen Rats auch im vergangenen Jahr intensiv und in den regelmäßig stattfindenden Treffen ohne das Vereinigte Königreich (Art. 50 EUV) formulierten sie gemeinsame Standpunkte, um den Austrittsprozess zu managen.[14] So legten die Führungsspitzen der EU-27 im Dezember 2017 und März 2018 Leitlinien für die nächsten Verhandlungsphasen vor. Darin bekräftigten sie, dass die EU-27 nach dem Austritt Großbritanniens aus der EU „eine möglichst enge Partnerschaft mit dem Vereinigten Königreich"[15] anstreben, die insbesondere wirtschaftliche Zusammenarbeit, Handel sowie Kooperationen in der Außen-, Sicherheits- und Verteidigungspolitik und Terrorismus- und Kriminalitätsbekämpfung umfasst.[16] Gleichzeitig betonten die Staats- und Regierungschefs, dass es kein „Rosinenpicken"[17] für das Vereinigte Königreich gäbe. Aufgrund der langsamen Fortschritte bei den Brexit-Verhandlungen forderten die EU-27 jedoch im Juni 2018, die Verhandlungen zu beschleunigen. Insbesondere kritisierten sie, dass immer noch keine „'Backstop'-Lösung für Irland/Nordirland erzielt"[18] wurde. Ohne eine Einigung zu Irland bleibt es abzuwarten, ob es zu einem geordneten Austritt des Vereinigten Königreichs aus der EU im März 2019 kommt. So scheinen die Mitglieder des Europäischen Rats nun auch andere – wenn auch nicht gewünschte – Austrittsszenarien zu bedenken und appellierten an „die Mitgliedstaaten, die Institutionen der Union und alle Beteiligten, ihre Arbeit zu intensivieren, um auf allen Ebenen und für alle Ergebnisse gerüstet zu sein".[19]

Die Zukunft des EU-Budgets: Traditionelle und neue Konfliktlinien

Deutlich wurden die Konfliktlinien im Europäischen Rat bei den mehrfach andiskutierten Vorhaben zu den Beschlüssen für die nächste Siebenjahresphase der Eigeneinnahmen und des mehrjährigen Finanzrahmens 2021–2027 des EU-Budgets.[20] Während des Gipfels im Februar 2018 wurden Spannungen zwischen Nettozahlern und Nettoempfängern erneut deutlich. Zwischen den Staats- und Regierungschefs gab es auch unterschiedliche Auffassungen darüber, wie zukünftig die ‚Brexit-Lücke' im EU-Haushalt kompensiert werden soll, wenn Großbritannien im Frühjahr 2019 als einer der größten Nettozahler wegfällt und gleichzeitig neue Bereiche und Aufgaben in der Europäischen Union finanziert werden

---

13 Europäischer Rat: Schlussfolgerungen, Juni 2018, S. 4.
14 Vgl. hierzu auch den Beitrag „Brexit" in diesem Jahrbuch.
15 Europäischer Rat: Tagung des Europäischen Rats (Artikel 50) vom 23. März 2018, Leitlinien, S. 2.
16 Europäischer Rat: Leitlinien (Artikel 50), März 2018, S. 2.
17 Europäischer Rat: Leitlinien (Artikel 50), März 2018, S. 3.
18 Europäischer Rat: Tagung des Europäischen Rats (Artikel 50) vom 29. Juni 2018, Schlussfolgerungen, S. 1; Vgl. hierzu auch den Beitrag „Irland" in diesem Jahrbuch.
19 Europäischer Rat: Schlussfolgerungen (Artikel 50), Juni 2018, S. 1.
20 Vgl. hierzu auch den Beitrag „Haushaltspolitik" in diesem Jahrbuch.

sollen.²¹ Während sich die Nettoempfänger (meist ost- und südeuropäische Mitgliedstaaten) für eine Ausweitung des EU-Haushalts aussprachen, plädierten die Nettozahler (meist nord- und westeuropäische Mitgliedstaaten) für eine Kürzung des Haushalts. Eine weitere Forderung zu mehr ‚Konditionalität' im EU-Haushalt kam unter anderem aus Deutschland und Frankreich, die Zahlungen an Mitgliedstaaten aus den EU-Strukturfonds mit der Einhaltung von Rechtsstaatlichkeit und mehr Solidarität in der Migrations- und Asylpolitik zu verknüpfen. Dieses Anliegen stieß insbesondere bei Polen und Ungarn auf scharfe Kritik und könnte eine weitere Spaltung innerhalb der Europäischen Union vorantreiben.²²

Weitere Themen

Wirtschafts- und Währungsunion

Insbesondere der französische Staatspräsident Emmanuel Macron prägte 2017/2018 mit seinen Reformvorschlägen zur Eurozone die Debatte um die zukünftige Gestaltung der WWU. Französische Vorschläge wie die Schaffung eines europäischen Finanzministers und eines gemeinsamen Haushalts für die Eurozone stießen jedoch nicht bei allen Mitgliedstaaten auf Unterstützung.²³ Insbesondere eine Koalition nördlicher Staaten warnte vor zu ‚ehrgeizigen' Vorhaben auf europäischer Ebene.²⁴ Trotz einer deutsch-französischen Einigung vor dem Juni-Gipfel auf einen Haushalt für die Eurozone ab 2021 und dem gemeinsamen Bekenntnis, die WWU auf europäischer Ebene zu vertiefen,²⁵ konnte der Europäische Rat keine weitreichenden Reformpakete zur weiteren Ausgestaltung der Währungsunion beschließen. Vielmehr haben die Staats- und Regierungschefs bestehende ‚Kriseninstrumente' institutionalisiert. So wurden Beschlüsse zur Vollendung der Bankenunion und zur weiteren Entwicklung des Europäischen Stabilitätsmechanismus getroffen. Entgegen der „Agenda der EU-Führungsspitzen" wurden jedoch weitere wichtige Entscheidungen auf das Gipfeltreffen im Dezember 2018 verlegt.²⁶

Außenbeziehungen

Das Verhältnis zur Türkei war auch im vergangenen Jahr angespannt und eine Annäherung blieb weitgehend aus. Auf dem Treffen zwischen dem türkischen Präsidenten Recep Tayyip Erdoğan und den EU-Spitzenvertretern Donald Tusk und Jean-Claude Juncker im März 2018 äußerten die EU-Präsidenten ihre Sorgen hinsichtlich der Rechtsstaatlichkeit in der Türkei und kritisierten das Vorgehen der Türkei in der Ägäis und im östlichen Mittelmeer. Gleichzeitig wurde die Türkei aber weiterhin als wichtiger und enger Partner bei der internationalen Terrorismusbekämpfung und der Bewältigung der Migrationsströme gesehen.²⁷

---

21 Donald Tusk: Bemerkungen von Präsident Donald Tusk nach der informellen Tagung der 27 Staats- und Regierungschefs vom 23. Februar 2018, abrufbar unter: http://www.consilium.europa.eu/de/press/press-releases/2018/02/23/remarks-by-president-donald-tusk-following-the-informal-meeting-of-the-27-heads-of-state-or-government-on-23-february-2018/ (letzter Zugriff: 1.7.2018).
22 Eszter Zalan: Poland, Hungary push back at EU budget ‚conditionality', in: euobserver, 14. Mai 2018.
23 Vgl. hierzu auch den Beitrag „Frankreich" in diesem Jahrbuch.
24 Europäische Finanzminister: Joint Statement on the development of the Economic and Monetary Union, 6. März 2018.
25 Erklärung von Meseberg: Das Versprechen Europas für Sicherheit und Wohlstand erneuern, 19. Juni 2018.
26 Euro-Gipfel: Tagung des Euro-Gipfels vom 29. Juni 2018, Erklärung, S. 1.
27 Donald Tusk: Bemerkungen von Präsident Donald Tusk nach dem Gipfeltreffen EU-Türkei in Varna, 26. März 2018; Vgl. hierzu auch den Beitrag „Türkei" in diesem Jahrbuch.

Beim Westbalkan-Gipfel im Mai 2018 sagten die EU-Führungsspitzen den Westbalkanstaaten zu, den Transformationsprozess in allen Bereichen weiter zu fördern und betonten die Notwendigkeit eines kollektiven Vorgehens hinsichtlich aktueller globaler Herausforderungen.[28] Die Staats- und Regierungschefs kritisierten zudem die Demokratische Volksrepublik Korea und forderten sie auf, den Resolutionen des Sicherheitsrats der Vereinten Nationen nachzukommen.[29] Der Europäische Rat hielt ferner an der Atomvereinbarung mit dem Iran fest, entgegen der Kündigung durch die USA.[30]

Handel und Binnenmarkt

Die Mitglieder des Europäischen Rats unterstützten die Verhandlungen für Freihandelsabkommen mit Mexiko und dem Gemeinsamen Markt Südamerikas (Mercosur)[31] und begrüßten die Unterzeichnung der Handelsabkommen mit Japan und Singapur. Allerdings kritisierten sie den Beschluss der USA, Einfuhrzölle auf Aluminium und Stahl zu legen, scharf und verwiesen auf die starken transatlantischen Beziehungen, die durch diese Maßnahmen bedroht würden.[32]

Auf der Sitzung im März 2018 bekräftigten die Staats- und Regierungschefs erneut ihre Absicht, vor Ende der laufenden Legislaturperiode 2019 Ergebnisse in den Bereichen Digitaler Binnenmarkt, Kapitalmarktunion, Energieunion und Binnenmarktstrategie zu erzielen.[33]

Soziales, Bildung und Kultur

Anlässlich des Dreigliedrigen Sozialgipfels im Oktober 2018 in Göteborg rückte die soziale Dimension in den Fokus der EU-Führungsspitzen. Bei der Tagung im Dezember 2018 betonten sie zwar einerseits die Souveränität der Mitgliedstaaten in den Bereichen Sozial- und Bildungspolitik sowie Kultur, sprachen sich gleichzeitig aber auch für eine stärkere Zusammenarbeit in diesen Bereichen unter Berücksichtigung des Subsidiaritätsprinzips und des Grundsatzes der Verhältnismäßigkeit aus.[34] Im Bereich Bildung und Kultur sprachen sich die EU-Führungsspitzen zudem für den Ausbau eines inklusiven Erasmus-Plus-Programms und die Bildung Europäischer Hochschulen aus.[35]

Institutionelle Angelegenheiten

Der Europäische Rat hat erneut seine vertraglich angelegten Aufgaben zur Feinsteuerung und Anpassung der institutionellen Architektur wahrgenommen. So beschäftigte er sich im Februar 2018 mit zwei Fragen des zukünftigen institutionellen Zyklus. Zum einen einigten sich die EU-Führungsspitzen darauf, die Sitze im Europäischen Parlament nach dem Austritt des Vereinigten Königreichs aus der EU von 751 auf 705 Sitze zu reduzieren und einigen Mitgliedstaaten mehr Sitze als bisher zuzusprechen. Die Debatte um die Einführung transnationaler Listen wurde zunächst vertagt.[36] Skeptisch und zurückhaltend waren

---

28 Westbalkan-Gipfel: Erklärung von Sofia, 17. Mai 2018; Vgl. hierzu auch den Beitrag „Die Erweiterungspolitik der Europäischen Union" in diesem Jahrbuch.
29 Europäischer Rat: Europäischer Rat, Tagung vom 19. Oktober 2017, Schlussfolgerungen, S. 6.
30 Europäischer Rat: Schlussfolgerungen, Oktober 2017, S. 6.
31 Vgl. hierzu auch den Beitrag „Lateinamerikapolitik" in diesem Jahrbuch.
32 Europäischer Rat: Europäischer Rat, Tagung vom 22. März 2018, Schlussfolgerungen, S. 1 f.; Vgl. hierzu auch den Beitrag „Die Europäische Union und die USA" in diesem Jahrbuch.
33 Europäischer Rat: Schlussfolgerungen, März 2018, S. 1.
34 Europäischer Rat, Schlussfolgerungen, Dezember 2017, S. 2.
35 Europäischer Rat, Schlussfolgerungen, Dezember 2017, S. 3.
36 Tusk: Bemerkungen nach der informellen Tagung der 27 Staats- und Regierungschefs, Februar 2018.

die Mitglieder des Europäischen Rats zum anderen bezüglich der vom Europäischen Parlament erneut geforderten Spitzenkandidatenprozedur und verwiesen auf ihre „autonome Zuständigkeit"[37] bei dieser Personalentscheidung.

Keine Unterstützung fand außerdem der Vorschlag des Kommissionspräsidenten Jean-Claude Juncker für eine Doppelspitze in einer Personalunion des Präsidenten der Kommission und des Europäischen Rats,[38] da die Staats- und Regierungschefs dadurch eine geschwächte Rolle der Mitgliedstaaten befürchten.[39]

Ausblick

Erneut hat der Europäische Rat keine signifikanten Durchbrüche zu einer ‚anderen' Union beschlossen: Geht man von den Szenarien aus, die der Kommissionspräsident Jean-Claude Juncker im Weißbuch zur Zukunft Europas formulierte, so hat der Europäische Rat auf einen ersten Blick das ‚Weiter wie bisher'-Szenario[40] fortgeschrieben. Auf einen zweiten Blick sieht man bei den Beschlüssen zur Außensicherung der Union, zur Ständigen Strukturierten Zusammenarbeit, sowie bei weiteren Plänen zur WWU eine Umsetzung der Monnet-Strategie,[41] mit ‚begrenzten, aber realen Schritten' die Unionsinstrumente auszubauen, in der Erwartung, ein ‚Mehr' an Europa und damit auch an Solidarität zu schaffen.

Vor dem Hintergrund zunehmender Fragmentierung innerhalb der EU werden wohl auch im kommenden Jahr weitreichende Reformbeschlüsse im Europäischen Rat eher unwahrscheinlich. Abzuwarten bleibt, ob es dem deutsch-französischem Tandem gelingt, gemeinsam Reformvorschläge zu entwickeln, mit diesen sie auch einer Führungsrolle im Europäischen Rat gerecht werden können.

Die Anforderungen an die politischen Führungsspitzen der EU, konkrete Beschlüsse zu fassen, werden 2019 und 2020 nicht weniger: Der Europäischer Rat muss sich auf ein neues Führungspersonal, nämlich den Präsidenten der Europäischen Kommission, den Präsidenten des Europäischen Rats sowie den Hohen Vertreter der Union für Außen- und Sicherheitspolitik einigen. Die Schwierigkeiten, Beschlüsse zum zukünftigen EU-Haushalt, zur Reform der Eurozone und zur Migration im Konsens zu treffen werden angesichts populistischer Strömungen nicht weniger. Hinzu kommen unvermeidlich Herausforderungen auf Europa zu, deren Bedeutung 2018 nicht einfach abzuschätzen sind.

Weiterführende Literatur

Journal of European Integration: Integration without supranationalisation: the central role of the European Council in post-Lisbon EU politics, 38(5), 2016.

Wolfgang Wessels: The European Council. Houndsmills/Basingstoke 2016.

---

37 Tusk: Bemerkungen nach der informellen Tagung der 27 Staats- und Regierungschefs, Februar 2018.
38 Jean-Claude Juncker: Rede zur Lage der Union 2017, September 2017.
39 Tusk: Bemerkungen nach der informellen Tagung der 27 Staats- und Regierungschefs, Februar 2018.
40 Europäische Kommission: Weißbuch zur Zukunft Europas, März 2017.
41 Wolfgang Wessels: The European Council, Palgrave McMillan, Basingstoke: 2016, S. 18.

Rat der Europäischen Union

Nicolai von Ondarza

Im Jahr 2017 haben vier Faktoren die Arbeit des Rates der Europäischen Union geprägt und gelähmt. Zunächst war 2017 das europäische ‚Superwahljahr', in dem in Frankreich, Großbritannien und Deutschland sowie weiteren wichtigen Staaten wie den Niederlanden und Tschechien gewählt wurde. Als Gremium der nationalen Regierungen war der Rat daher im ‚Wartemodus' und besonders von dem Stillstand während der Wahlkämpfe in Frankreich und Deutschland betroffen, einschließlich der langwierigen Regierungsbildung in Berlin. Auch setzte sich der Trend der letzten Jahre fort, dass die Zahl durch den Rat verabschiedeter Rechtsakte zurückging. Zweitens wirkten sich die wachsenden Spannungen zwischen den Mitgliedstaaten aus. In den zwei zentralen Dossiers des Jahres, der Migration und der Weiterentwicklung der Eurozone, lagen die Positionen soweit auseinander, dass nur sehr begrenzt Kompromisse und damit verbindliche Ratsbeschlüsse Zustande gekommen sind. Einigungen gab es in Bereichen mit größerem Konsens, wie der Gemeinsamen Sicherheits- und Verteidigungspolitik (GSVP), dem digitalen Binnenmarkt oder der Außen- und Sicherheitspolitik. Drittens ist der Austritt des Vereinigten Königreichs aus der EU 2017 mit der Eröffnung des Verfahrens nach Art. 50 EUV auch im Rat der EU angekommen. Das Hauptaugenmerk im Rat war dabei die Sicherstellung der Einheit der EU-27, die Verhandlungen an sich wurden von der Europäischen Kommission geführt. Dennoch war der britische Austritt ein weiterer Faktor, welcher 2017 die Arbeit des Rates strukturiert hat, bei der keine Gesetzgebung im eigentlichen Sinne erarbeitet wurde, sondern vielmehr die Schadensbegrenzung beim britischen EU-Austritt im Vordergrund stand. Viertens war 2017 ein Jahr der ‚kleinen' Präsidentschaften. Mit Malta und Estland hatten zwei Mitgliedstaaten die Ratspräsidentschaft inne, die hinsichtlich Bevölkerungsgröße, Wirtschaftskraft und administrativen Kapazitäten zu den kleinsten EU-Staaten zählen. Beide Staaten konnten dabei zwar als ehrliche Vermittler auftreten, hatten aber nur begrenzte Ressourcen, um eigene Prioritäten durchzusetzen.

Thematische Schwerpunkte

Die Häufigkeit der Ratssitzungen zeigt, dass 2017 ein Jahr war, in dem nach Jahren der Dauerkrise die Intensität der Ratsarbeit abgenommen hat: So haben sich die nationalen Minister insgesamt 70-mal in Brüssel getroffen – die niedrigste Anzahl an Ratstreffen mindestens seit Inkrafttreten des Vertrags von Lissabon.[1] Am häufigsten haben sich 2017 die Außenminister im Rat getroffen, dies war mit 14 Sitzungen aber der niedrigste Wert seit 2011. Bezeichnenderweise reduzierten sich auch die Treffen der EU-Innen- und Justizminister von 9 (2016) auf nur noch 6, was angesichts der heftig umstrittenen Migrationsagenda überrascht. Auch die Sitzungen der Eurogruppe fiel mit 11 im Jahr wieder auf ein Normalmaß und dokumentiert damit auch quantitativ, dass die Eurogruppe nach den Jahren der Dauerkrise 2017 zumindest wieder ein Stück weit wieder zur Normalität

---

1 Eigene Erhebung auf Grundlage öffentlicher Tagesordnungen des Rates der Europäischen Union.

zurückgekehrt war. Mehr Treffen gab es einzig im Rat für Allgemeine Angelegenheiten, in dem die EU-27 auf Ministerebene die Politik des britischen EU-Austritts koordiniert haben.

In diesen Sitzungen standen fünf Dossiers im Vordergrund. Das erste Dossier galt der Bewältigung der Flüchtlingskrise und der Reform der EU-Asyl- und Migrationspolitik. 2017 war die Anzahl neuer Flüchtlinge, die in der EU Asyl beantragt haben, gegenüber 2016 und 2015 weiter gesunken.[2] Nach den hoch umstrittenen Entscheidungen zur Flüchtlingsverteilung im Jahr 2015, bei der auch gegen den Protest und die Gegenstimmen von Ungarn, Tschechien, der Slowakei und Rumänien Gebrauch von Mehrheitsverfahren gemacht wurde, hatte sich die EU für 2017 eine Reform des Gemeinsamen Europäischen Asylsystems (GEAS) auf die Agenda geschrieben. Insbesondere Malta, welches im ersten Halbjahr 2017 die Ratspräsidentschaft inne hat und als Mittelmeeranrainer selbst stark von den Auswirkungen der EU-Politik gegenüber Flüchtlingen betroffen ist, wollte hier einen Kompromiss aushandeln. Die Europäische Kommission hatte hierfür bereits 2016 eine Reihe von Gesetzgebungsvorschlägen vorgelegt, unter anderem um das Dublin-System zu reformieren und die Europäische Asylagentur zu stärken. Doch die politischen Differenzen innerhalb der EU-Mitgliedstaaten aber auch zwischen Rat, Europäischer Kommission und Europäischem Parlament haben dazu geführt, dass es weder 2017 noch 2018 (Stand: November) zu einer Einigung im Rat geschweige denn zwischen den EU-Institutionen insgesamt gekommen ist.

Eng mit der Migrationsfrage verbunden als zweites Hauptthema war die Stärkung der Zusammenarbeit beim Schutz der EU-Außengrenzen sowie der europaweiten Kriminalitätsbekämpfung. Doch während es im GEAS kaum Fortschritte gab, zogen die nationalen Regierungen in der Innen- und Justizpolitik mehr an einem Strang. In den insgesamt sechs Sitzungen der entsprechenden Ratsformation beschlossen sie die Verordnung für das Einreise-/Ausreisesystem (EES), mittels dessen ab 2020 Daten an der EU-Außengrenze gesammelt und zur Kriminalitätsbekämpfung eingesetzt werden sollen. Ein weiteres Novum gab es in der Innen- und Justizpolitik, in der der Rat erstmals auf die Verstärkte Zusammenarbeit zurückgriff, nachdem sich 20 Mitgliedstaaten auf die Einrichtung einer ‚Europäischen Staatsanwaltschaft' einigten und die entsprechende Verordnung zur Gründung verabschiedeten.

Im dritten Dossier, der Wirtschafts- und Währungsunion, war die vordergründige Rückkehr zur Normalität besonders an den Sitzungen der Eurogruppe ablesbar. Von den ehemals fünf Anpassungsprogrammen war nur noch Griechenland übrig, das jedoch auch auf jeder der elf Sitzungen der Eurogruppe thematisiert wurde. Doch zu Spanien, Zypern, Irland und Portugal wurde auch nach Abschluss ihrer jeweiligen Programme im Jahr 2015 beziehungsweise 2016 noch die Umsetzung von Reformen thematisiert – deutlich intensiver als bei den anderen Euro-Staaten.[3] Ebenso diskutiert wurden die jeweiligen nationalen Haushaltsentwürfe im Rahmen des Europäischen Semesters. Beschlossen hat der Rat zudem die Ausweitung des Europäischen Fonds für Strategische Investitionen (EFSI). Kaum im formellen Rahmen diskutiert wurden die grundsätzliche Reform der Eurozone oder die Vollendung der Bankenunion. Hierzu gab es zwar eine einzelne Aussprache, nachdem die Europäische Kommission

---

2   European Border And Coast Guard Agency: Frontex Risk Analysis Quarterly, Oktober-Dezember 2017, abrufbar unter: https://frontex.europa.eu/assets/Publications/Risk_Analysis/Risk_Analysis/FRAN_Q4_2017.pdf (letzter Zugriff: 10.11.2018).

3   Siehe zum Beispiel Sitzung der Eurogruppe am 7. April 2017 unter anderem zu „Zypern: Überwachung nach Abschluss des Anpassungsprogramms", abrufbar unter https://www.consilium.europa.eu/de/meetings/eurogroup/2017/04/07/ (letzter Zugriff: 10.11.2018).

ein Reflexionspapier zur Zukunft der Eurozone vorgelegt hat. Ansonsten hat sich die insbesondere nach der Wahl des französischen Präsidenten Emmanuel Macron angestoßene Debatte über die Reform der Eurozone nicht in der formellen Arbeit des Rates widergespiegelt.

Ambitioniertere Ergebnisse wurden in der GSVP erzielt. Hier hat die Kombination aus dem Austritt des Vereinigten Königreichs aus der EU, der Wahl Donald Trumps zum US-Präsidenten sowie Macrons zum französischen Staatspräsidenten der EU-Zusammenarbeit neue Impulse verliehen. Der Fokus der Verhandlungen im Rat lag 2017 auf der erstmaligen Nutzung der Ständigen Strukturierten Zusammenarbeit (SSZ), mit der eine Gruppe von EU-Staaten eine engere Kooperation bei der Entwicklung militärischer Kapazitäten vereinbarte. Umstritten im Rat war vorher vor allem die Frage der Inklusivität, das heißt Kriterien zur Teilnahme sowie erste Projekte der SSZ. Am Ende setzte sich die insbesondere von Deutschland vertretende Sichtweise durch, die SSZ möglichst inklusiv zu gestalten, so dass sich 25 von 26 möglichen EU-Staaten beteiligten.[4] Der Rat einigte sich zudem auf die Einrichtung eines Militärischen Planungs- und Durchführungsstabs für militärische EU-Operationen, der zuvor lange von Großbritannien abgelehnt worden war, und auf die Vertiefung der Zusammenarbeit zwischen EU und NATO.

Das fünfte Dossier war der britische EU-Austritt. Zwar hatte die britische Bevölkerung im Juni 2016 für den Austritt gestimmt, formell notifiziert von dem Austritt hat die britische Regierung die Union jedoch erst am 29. März 2017. Damit begann gemäß Art. 50 EUV das auf (zunächst) zwei Jahre begrenzte Verfahren, um über ein Austrittsabkommen die Modalitäten der Trennung zu regeln.[5] Innerhalb des EU-Institutionsgefüges hat der Rat hierbei vornehmlich eine Scharnierrolle für die EU-27 inne: Während der Europäische Rat die Leitlinien setzt und die Europäische Kommission durch Verhandlungsführer Michel Barnier und dessen Team die Verhandlungen mit der britischen Regierung führt, waren es entsprechende Ratsarbeitsgruppen und der Rat für Allgemeine Angelegenheiten, in dem sich die nationalen Regierungen der EU-27 regelmäßig mit der Task Force der Europäischen Kommission koordiniert haben. Der in der Regel politisch eher unbedeutende Rat für Allgemeines hat dadurch an Bedeutung gewonnen und der Rat der EU eine durchgehende Begleitrolle bei den Brexit-Verhandlungen gespielt – von der Vorbereitung des Verhandlungsmandat der EU im April 2017 über den Abschluss der ersten Phase der Verhandlungen im Dezember 2017. Am Ende der Verhandlungen – falls es zu einer Einigung kommt – wird neben dem Europäischen Parlament auch der Rat der EU dem Austrittsabkommen zustimmen müssen.

Jenseits des politischen Fokus hat der Rat auch 2017 Gesetzgebungsinitiativen und Beschlüsse in vielen weiteren Bereichen vorangetrieben. Hervorzuheben sind hier 2017 der Fokus auf den Digitalen Binnenmarkt, der insbesondere von der estnischen Ratspräsidentschaft gelegt wurde, etwa durch die Abschaffung der Roaming-Gebühren innerhalb der EU.

Wenig Dynamik in der Rechtsetzung

Übergreifend zeigt ein Blick auf die 2017 verabschiedeten Rechtsakte, dass sich das Volumen von EU-Rechtsetzung in dieser Legislaturperiode auf einem niedrigen Niveau stabilisiert hat. Während der Rat der EU beziehungsweise Rat der EU und Europäisches Parlament im Jahr 2014 noch 251 Verordnungen und Richtlinien erlassen haben – größtenteils

---

4   Dänemark nimmt qua Opt-Out nicht an der GSVP teil, Großbritannien verlässt die EU. Somit hat sich von den möglichen Staaten nur Malta nicht beteiligt.
5   Vgl. hierzu auch den Beitrag „Brexit-Verfahren" in diesem Jahrbuch.

kurz vor den Wahlen zum Europäischen Parlament, um noch laufende Verfahren abzuschließen – hat sich die Anzahl an Verordnungen und Richtlinien zwischen 2015 und 2017 auf 149–146 pro Jahr eingependelt. Im längerfristigen Vergleich sind es jeweils immer die Jahre nach Europawahlen, in denen die Rechtsetzungstätigkeiten von Rat der EU und Europäischem Parlament besonders gering sind, weil sich die Europäische Kommission und das Europäische Parlament zunächst neu konstituieren und neue Vorschläge für Rechtsakte vorgelegt werden. Danach folgt in der Regel eine größere gesetzgeberische Aktivität zur Mitte und vor allem zum Ende der Legislaturperiode. Eine solche Dynamik war in der gesetzgeberischen Aktivität des Rates 2017 nicht zu beobachten:

Tabelle 1: Sekundärrechtsakte des Rates, von 2009 bis 2016[6]

Jahr	Verordnungen	Richtlinien	Beschlüsse/Empfehlungen	Gesamt
2009	341	153	342	836
2010	174	55	357	586
2011	195	40	387	629
2012	160	18	374	552
2013	196	41	339	576
2014	198	53	471	772
2015	130	19	397	546
2016	120	26	395	541
2017	129	18	391	538

Quelle: Eigene Zusammenstellung.

Obgleich dieser Trend seit langem anhält, ist die ausbleibende Dynamik im Jahr 2017 bemerkenswert. Im Vergleich zu den Vorjahren war 2017 wesentlich weniger von (externen) Krisendruck geprägt: Die wirtschaftliche Lage in der Eurozone hatte sich ebenso entspannt wie der Druck auf dienationalen Asylsysteme angesichts sinkender Flüchtlingszahlen. Gleichzeitig sind strukturelle Defizite insbesondere in Eurozone und der Asyl- und Migrationspolitik deutlich geworden. Die EU hatte sich daher ein umfassendes Reformprogramm vorgenommen. Dennoch gab es weniger Ratstreffen als in den Vorjahren und nur wenig Abschlüsse von umfassenden Rechtsetzungsvorhaben. Zusätzlich handelt es sich bei der geringen Dynamik im legislativen Bereich um ein auf den Rat (und das Parlament) beschränktes Phänomen. So erlaubt es Art. 290 AEUV Rat und Parlament, der Europäischen Kommission die Befugnis zu übertragen, Rechtsakte ohne Gesetzgebungscharakter zu erlassen, um bestehende Gesetzgebung zu ergänzen beziehungsweise Detailregelungen auszufüllen, um die Arbeitslast von dem Gesetzgeber zu nehmen. Die 2017 eigenständig von der Europäischen Kommission erlassenen Verordnungen, Richtlinien und Beschlüsse haben im Vergleich zu den Vorjahren quantitativ (leicht) zugenommen.[7]

---

6   Eigene Berechnung auf Grundlage von offiziellen Angaben von Eur-Lex sowie dem Rat der Europäischen Union, vgl. EUR-Lex: Statistiken zu Rechtsakten, abrufbar unter: http://eur-lex.europa.eu/statistics/2017/legislative-acts-statistics.html (letzter Zugriff: 30.10.2018).
7   Eigene Erhebung auf Grundlage offizieller Angaben von Eur-Lex: Statistics, abrufbar unter: http://eur-lex.europa.eu/statistics/statistics.html (letzter Zugriff: 30.10.2018).

Drei politische Faktoren dürften bei der Erklärung der weiter stagnierenden Rechtsetzungsaktivitäten des Rates im Jahr 2017 eine besondere Rolle spielen: Erstens wirkt sich das Programm der Juncker-Kommission aus, die dezidiert mit dem Anspruch angetreten ist, weniger aber dafür bessere EU-Rechtsetzungsinitiativen zu starten. Auf Grund des Initiativmonopols der Europäischen Kommission kann der Rat gesetzgeberisch nur auf Grundlage ihrer Vorschläge aktiv werden. So hat die Juncker-Kommission in ihren ersten drei Jahren im Rahmen des Programms zur Gewährleistung der Effizienz und Leistungsfähigkeit der Rechtsetzung (REFIT) 90 ihrer Initiativen zurückgezogen.

Zweitens hat der Rat der EU gerade in den Krisenbereichen der Union primär neue Aufgaben bei der Koordination bekommen, anstatt sich neuen Gesetzgebungsprojekten anzunehmen. So stieg beispielsweise die Koordination bei den Treffen der Innen- und Justizminister stark an, die ihr Handeln sowohl bei der Umsetzung der EU-Türkei-Erklärung als auch bei der hoch umstrittenen Frage der Flüchtlingsverteilung über die Ratsgremien hinweg koordiniert haben. Auch in der Eurogruppe, im Rat für Wirtschaft und Finanzen sowie dem Rat für Auswärtiges lag der Schwerpunkt jeweils auf Koordination anstelle von neuer Gesetzgebung, im Rat für Allgemeines auf dem britischen EU-Austritt.

Drittens war 2017 zwar kein Europawahljahr aber eben doch ein europäisches Wahljahr. Mit wegweisenden Wahlen in Deutschland und Frankreich war die Arbeit des Rates der EU zumindest politisch zusätzlich gehemmt. Dies gilt insbesondere für politisch hoch umstrittene Reformvorhaben wie die Weiterentwicklung der Eurozone oder des GEAS.

Zusammenarbeit mit dem Europäischen Parlament

Den Großteil der legislativen Beschlüsse trifft der Rat nach dem ordentlichen Gesetzgebungsverfahren gemeinsam mit dem Europäischen Parlament. Seit Inkrafttreten des Vertrags von Lissabon hatten sich in der Zusammenarbeit zwischen Rat der EU und Europäischem Parlament zwei Trends verfestigt: Zum einen ist der Anteil an Rechtsetzung, die über Mitentscheidung beschlossen wurde, stetig gestiegen, zum anderen haben Parlament, Rat und Kommission dabei fast ausschließlich das informelle Trilog-Verfahren genutzt.

Eine Pendelbewegung gab es beim Anteil an Verordnungen und Richtlinien, welche der Rat gemeinsam mit dem Parlament verabschiedet. Dies waren 2017 44,9 Prozent der Rechtsakte, was eine leichte Abschwächung gegenüber den Vorjahren (2016: 47,3 Prozent, 2015: 38,3 Prozent) bedeutet. Der höchste Wert wurde 2014 mit 53,8 Prozent erreicht. Trotz der Einführung des ‚ordentlichen' Gesetzgebungsverfahren scheint sich also verfestigt zu haben, dass der Rat immer noch eine knappe Mehrheit der Sekundärgesetzgebung ohne formelles Mitentscheidungsrecht des Europäischen Parlaments verabschieden kann. In der Praxis gelingt es dem Europäischen Parlament dennoch häufig, mit dem Rat über Paketverhandlungen zu verhandeln und Änderungen durchzusetzen, wenn es lediglich konsultiert wird.

Fortgesetzt hat sich bemerkenswerterweise auch die Art der Zusammenarbeit zwischen Rat und Europäischem Parlament im Rahmen des ‚Trilog-Verfahrens'. Dieses informelle Verfahren hat sich in den letzten Jahren zum eigentlichen Standardverfahren der EU-Gesetzgebung entwickelt. Demnach durchlaufen Rat und Parlament bei der Mitentscheidung nicht alle drei Lesungen, sondern gehen direkt nach einer Kommissionsinitiative in informelle Verhandlungen – den Trilog zwischen Parlament, Rat und Kommission – um einen Kompromiss zwischen allen drei Institutionen auszuhandeln. Dieser Kompromiss wird dann direkt in erster Lesung von Parlament und Rat verabschiedet. In der Folge war der Anteil an Einigungen in erster Lesung seit Inkrafttreten des Lissabonner Vertrags bis 2014 schrittweise auf über 95 Prozent gestiegen (siehe Tabelle 2). In der wissenschaftlichen wie öffentlichen

Debatte wird diese Entwicklung kritisch gesehen.[8] Zwar erlaubt der Trilog eine effektivere Zusammenarbeit insbesondere zwischen Rat und Europäischem Parlament, gerade um in zeitkritischen, komplexen und politisch hoch umstrittenen Dossiers wie der Bankenunion oder der Migrationspolitik eine Einigung zu erreichen. Gleichzeitig finden diese Verhandlungen jedoch außerhalb der Öffentlichkeit statt und anders als bei drei Lesungen mit jeweils öffentlichen Abstimmungen wird zumindest im Europäischen Parlament für die Medien und Bürger nicht sofort ersichtlich, welche Positionen unterschiedliche Parteien und Institutionen eingenommen haben.

Tabelle 2: Einigungen in erster Lesung seit 2009[9]

Jahr	Mitentscheidungs-beschlüsse	1. Lesung	2. Lesung	3. Lesung	Anteil Einigung 1. Lesung in Prozent
2009	105	75	22	8	71,4
2010	93	79	14	0	84,9
2011	102	82	16	4	80,4
2012	93	82	11	0	88,2
2013	145	132	12	1	91,0
2014	191	182	9	0	95,3
2015	75	58	17	0	77,3
2016	76	55	21	0	72,4
2017	88	82	6	0	93,2

Quelle: Eigene Zusammenstellung auf Grundlage offizieller Angaben des Europäischen Parlaments.

2017 ist der Anteil an Einigungen in erster Lesung wieder auf über 90 Prozent gestiegen, nachdem er 2015 und 2016 deutlich gesunken war. In der aktuellen Legislaturperiode ist noch kein einziges Mitentscheidungsdossier in die vorgesehene dritte Lesung gegangen. Dies erstaunt angesichts der deutlichen Kritik am Trilog-Verfahren etwa durch den EU-Ombudsmann.[10] Der intergouvernementalen Arbeitsweise des Rates kommt diese Entwicklung entgegen, da sie der Ratspräsidentschaft mehr Diskretion einräumt, um umstrittene Dossiers hinter verschlossenen Türen mit dem Europäischen Parlament zu verhandeln.

Bestätigung der Konsenskultur

Bemerkenswert in der Arbeit des Rates war 2017 die wiedererstarkte Konsenskultur in den Abstimmungen. In der öffentlichen Wahrnehmung hat sich in den verschiedenen Krisen der Eindruck verstärkt, dass die EU zunehmend in Ost und West (Migrationskrise) beziehungsweise Nord und Süd (Eurokrise) gespalten sei. Hinzu kommt der zunehmende Einfluss EU-kritischer Parteien auf nationale Regierungen, die über den Rat die EU

---

8 Christine Reh: Is informal politics undemocratic? Trilogues, early agreements and the selection model of representation, in: Journal of European Public Policy 6/2014, S. 822–841.
9 Eigene Berechnung auf Grundlage von Angaben der Europäischen Kommission und des Europäischen Parlaments. Ab 2010 wurden die Angaben des Europäischen Parlaments zu den Mitentscheidungsverfahren genutzt, da die Europäische Kommission die Daten nicht mehr veröffentlicht. Die Berechnungsgrundlage der beiden Organisationen unterscheidet sich jedoch, sodass die Zahlen in den Jahren, in denen beide die Angaben zur Verfügung stellen, leicht voneinander abweichen.
10 EU-Ombudsmann: European Ombudsman strategic inquiry on the transparency of trilogues: follow-up and first results, abrufbar unter: https://www.ombudsman.europa.eu/de/correspondence/en/88698 (letzter Zugriff: 10.11.2018).

blockieren könnten. Besonders unterstrichen wurde dieser Eindruck der inneren Spaltung durch die wohl umstrittenste Ratsentscheidung der letzten Jahre, mit der im September 2015 die Verteilung von 160.000 Flüchtlingen nach einem verbindlichen Verteilungsschlüssel beschlossen wurde. Die überstimmten Staaten stellten grundsätzlich infrage, ob die EU in einer so politisch sensiblen Frage wie der Ansiedlung von Flüchtlingen mit Mehrheitsbeschluss entscheiden sollte. Der Konflikt über das Mehrheitsvotum dauert an, auch nachdem der Gerichtshof der EU im September 2017 geurteilt hat, dass der Verteilungsbeschluss rechtmäßig ist. In Folge wurde die Nutzung von Mehrheitsentscheidungen in dieser kritischen Frage nationaler Souveränität immer wieder von den betroffenen Regierungen thematisiert.

Dennoch zeigt das Abstimmungsverhalten, dass seit 2016 eher eine Stärkung der Konsenskultur im Rat stattgefunden hat und weniger Gebrauch von Mehrheitsbeschlüssen gemacht wurde. Bereits 2015 wurden knapp 64 Prozent der Entscheidungen, bei denen ein Mehrheitsbeschlusses möglich gewesen wäre, einstimmig getroffen.[11] Bei weiteren 18 Prozent gab es nur Enthaltungen, sodass knapp über 80 Prozent der Mehrheitsbeschlüsse im Konsens getroffen wurden. Bis 2017 stieg der Anteil einstimmiger Beschlüsse auf 67,8 Prozent, weitere 22,9 Prozent der Beschlüsse ergingen nur gegen Enthaltungen. Mit knapp über 90 Prozent einstimmig verabschiedeter Beschlüsse wurde 2017 der höchste Wert an Konsensentscheidungen im Rat seit Einführung des Lissabonner Vertrags erreicht.[12] Dabei gab es nur drei Abstimmungen, in denen drei oder mehr EU-Staaten überstimmt wurden. Mit Rechtsakten zur Verbesserung der ruralen Internetanbindung, zur Waffenkontrolle und zur Bekämpfung von Finanzkriminalität fiel zudem keiner der umstrittenen Beschlüssen in die übergeordneten Krisenthemen der Union. Zuletzt setzte sich die Gruppe der überstimmten jeweils sehr heterogen zusammen, so dass weder eine Ost-West- noch eine Nord-Süd-Spaltung erkennbar war.

Zweitens unterstreicht die hohe Anzahl an Konsensentscheidungen im Jahr 2017, dass die 2014 in Kraft getretene Veränderung der Stimmengewichtung im Rat sich nicht auf die finalen Beschlüsse ausgewirkt hat. Die Änderung sieht vor, dass Beschlüsse im Rat nicht mehr nach politisch festgelegter Gewichtung, sondern nach doppelter Mehrheit der Anzahl an Staaten und der von ihnen repräsentierten Bevölkerung getroffen werden; bis März 2017 wäre noch eine Überprüfung nach alter Stimmenverteilung möglich gewesen.[13] Diese Reform war doppelt umstritten: Zum einen zählt fortan die reale Bevölkerungsgröße, während die Stimmgewichtung mit beispielsweise 29 Stimmen für Deutschland und 27 Stimmen für Polen oder Spanien zuvor mittelgroße und kleine Mitgliedstaaten bevorzugt hat. Zum anderen ermöglicht die neue Stimmgewichtung den 19 Staaten der Eurozone die Bildung einer qualifizierten Mehrheit zur Überstimmung der Nicht-Eurostaaten.

Auf der Ebene der Mitgliedstaaten sind schließlich drei Entwicklungen auffällig: Erstens bleibt Großbritannien mit insgesamt 15 von 86 Fällen der Mitgliedstaat, der am häufigsten überstimmt wurde. Rechnet man noch Abstimmungen heraus, an denen Großbritannien qua Opt-Out nicht beteiligt war (zum Beispiel zu Schengen oder der Eurozone), wurde die britische Regierung in fast 20 Prozent der Abstimmungen überstimmt. Dies betraf zwar hauptsächlich Enthaltungen, da die britische Regierung nach dem Votum zum EU-Austritt im

---

11 Es werden weiterhin jedoch nur ein Teil der Abstimmungen des Rates der Europäischen Union veröffentlicht, sodass die folgenden Werte nur die öffentlich bekannten Abstimmungen betreffen.
12 Eigene Erhebung auf Grundlage öffentlicher Abstimmungsprotokolle, abrufbar unter https://www.consilium.europa.eu/en/documents-publications/public-register/public-votes/ (letzter Zugriff: 10.11.2018).
13 Protokoll 36 des Lissabonner Vertrags über die Übergangsbestimmungen.

Zweifelsfall eher bereit zu sein schien, sich zu enthalten, als eine Gegenstimme einzulegen. Es unterstreicht jedoch die fortgesetzte Sonderrolle des Landes. Kein anderer EU-Staat wurde mehr als 5-mal überstimmt. Zweitens gab es trotz der öffentlich wachsenden EU-Kritik in Mittel- und Osteuropa eher eine Ab- als Zunahme von Gegenstimmen aus Ungarn und Polen, die 2017 jeweils in zwei Fällen überstimmt wurden. Von den anderen großen Staaten wurde Frankreich kein einziges Mal überstimmt, Deutschland hingegen zweimal.

Zwei kleine Ratspräsidentschaften

Zuletzt lohnt sich ein Blick auf die zwei Ratspräsidentschaften von Malta (1. Halbjahr) und Estland (2. Halbjahr). Der Vorsitz und die Vermittlerrolle der Ratspräsidentschaft lag – gemessen an Bevölkerungsgröße und Wirtschaftskraft – bei zwei kleinen EU-Staaten: Malta ist das bisher kleinste Mitglied, Estland folgt an vorletzter (Bruttoinlandsprodukt) beziehungsweise vorvorletzter Stelle (Einwohnerzahl). Diese Abfolge anders geplant, da eigentlich Großbritannien für den Vorsitz im 2. Halbjahr 2017 vorgesehen war. Auf Grund des Votums zum britischen EU-Austritt hat London aber auf die Präsidentschaft verzichtet und Estland ist ein halbes Jahr in der Abfolge ‚vorgerückt'.

Beide Regierungen sind sehr unterschiedlich an ihre Präsidentschaften herangegangen. Malta hatte ein relativ ambitioniertes Programm, welches von der Reform des Dublin-Systems über die Bankenunion bis zum Binnenmarkt reichte. Am Ende seiner Präsidentschaft ist es zwar der Rolle als Dienstleister und ehrlicher Makler gerecht geworden, große Durchbrüche in den politisch umstrittenen Dossiers blieben aber aus. Die estnische Regierung wählte einen anderen Ansatz. Sie stellte ihre Präsidentschaft unter den Fokus der Digitalisierung, einschließlich eines Digital-Gipfels in Tallinn. Zwar blieb auch hier der große Durchbruch aus, mit einer Reihe von abgeschlossenen Rechtsakten in Bezug auf den digitalen Binnenmarkt konnte Estland aber seinen Ruf als digitalen Pionier in Europa stärken.[14]

Ausblick

Das bestimmende Thema des Rates im Jahr 2017 war die Kontinuität. Auf der einen Seite ist es den institutionellen Strukturen der Union trotz des bevorstehenden Austritt des Vereinigten Königreichs und politischer Spannungen zwischen den Mitgliedstaaten gelungen, ein hohes Maß an Konsensentscheidungen zu erreichen sowie die Zusammenarbeit mit dem Europäischen Parlament weiter über das von den Mitgliedstaaten präferierte Trilogverfahren zu organisieren. Auf der anderen Seite konnten im Rat politische Spannungen zwischen den Mitgliedstaaten aber nicht aufgelöst oder eine neue Dynamik für die EU ausgelöst werden. Im Gegenteil stagniert die Rechtsetzung im Rat weiter und in den großen politischen Fragen wie der Zukunft der Eurozone oder dem Europäischen Asylsystem gingen keine Impulse oder gar größere Fortschritte vom Rat aus.

Weiterführende Literatur

Tom Delreux/Thomas Laloux: Concluding early agreements in the EU. A double principal-agent analysis of trilogue negotiations, in: Journal of Common Market Studies 56/2018(2), S. 300–317.

Sergio Fabrini/Uwe Puetter: Integration without supranationalisation. Studying the lead role of the European Council and the Council of Ministers, in: Journal of European Integration 38/2016(6), S. 481–495.

Sandrino Smeets: Consensus and Isolation in the Council of Ministers, in: Journal of European Integration 38/2016(1), S. 23–39.

---

14 Diana Panke: Small States as Agenda Setter? The Council Presidencies of Malta and Estonia, in: Journal of Common Market Studies Annual Review 2018, S. 1-10.

Europäische Kommission

Andreas Hofmann

Kommissionspräsident Jean-Claude Juncker konstatierte in seiner jährlichen Rede zur Lage der Union am 13. September 2017, Europa habe „Wind in den Segeln", den es zu nutzen gelte. Den gegenwärtigen Zeitpunkt beschrieb er als ein „Fenster der Möglichkeit", das aber nicht ewig offen stünde.[1] Die konjunkturelle Entwicklung schien günstig und der siegreiche französische Präsidentschaftskandidat Emmanuel Macron erwies sich auch im Amt als bedeutender Reformbefürworter. Mit dem entsprechenden Elan machte sich die Europäische Kommission im letzten Jahr an die Weiterentwicklung ihrer Reformagenda und deren Umsetzung in konkrete Gesetzgebungsinitiativen. Als Leitmotiv dieser Bemühungen beschwor Juncker, wie schon zuvor, eine „Union die schützt, stärkt und verteidigt". Im kommenden, letzten Amtsjahr der Juncker-Kommission liegt der Ball nun vornehmlich in der Arena der gesetzgebenden Organe und des Europäischen Rats.

Interne Vorgänge

Im Februar 2018 bat der niederländische Generalsekretär der Europäischen Kommission, Alexander Italianer, nach weniger als drei Jahren im Amt überraschend um seine unverzügliche Versetzung in den Ruhestand. Die darauf folgende Benennung Martin Selmayrs, dem bisherigen Kabinettschef Jean-Claude Junckers, zum neuen Generalsekretär sorgte für einige Missstimmung sowohl innerhalb der Europäischen Kommission als auch im Europäischen Parlament. Das Europäische Parlament bezeichnete den Vorgang sogar als „handstreichartige Aktion", die „möglicherweise" gegen das Beamtenstatut verstoßen habe.[2] Tatsächlich waren die Umstände der Personalentscheidung ungewöhnlich. Selmayr hatte sich zunächst im Januar auf die regulär ausgeschriebene Position als stellvertretender Generalsekretär beworben, nachdem deren bisherige Inhaberin, Paraskevi Michou, auf die Stelle der Generaldirektorin für Migration und Innenpolitik berufen worden war. Zu diesem Zeitpunkt war Italianers Entscheidung zum Rücktritt noch nicht öffentlich bekannt. Erst während der Sitzung des Kollegiums der Kommissare am 21. Februar 2018, in der die Ernennung Selmayrs zum stellvertretenden Generalsekretär beschlossen werden sollte, gab Juncker den Rücktrittswunsch Italianers bekannt und schlug die gleichzeitige Versetzung Selmayrs auf den Posten des Generalsekretärs vor. Das Kollegium der Kommissare traf die Entscheidung einstimmig, allerdings wussten die allermeisten Kommissare vor der Sitzung noch nichts vom Rücktritt Italianers.[3] Das Europäische Parlament leitete daraufhin eine Untersuchung der Vorgänge

---

1 Jean-Claude Juncker: Rede zur Lage der Union 2017: Den Wind in unseren Segeln nutzen, Straßburg, 13. September 2017, SPEECH/17/3165.
2 Europäisches Parlament: Entschließung des Europäischen Parlaments vom 18. April 2018 zu der Integritätspolitik der Kommission, insbesondere der Ernennung des Generalsekretärs der Europäischen Kommission, 2018/2624(RSP); Frankfurter Allgemeine Zeitung: Europaparlament rügt Beförderung Selmayrs, 19.4.2018, S. 5.
3 Frankfurter Allgemeine Zeitung: Aufregung über Berufung Selmayrs hält an, 28.2.2018, S. 5.

ein. Medienberichten zufolge hatte Juncker Selmayr schon im Dezember 2017 gebeten, eine mögliche Nachfolge auf Italiener zu überdenken. Den Eindruck eines Scheinverfahrens bestärkte die Tatsache, dass sich auf die Ausschreibung zum Posten des stellvertretenden Generalsekretärs nur eine andere Person beworben hatte, die zudem nach Ablauf der Bewerbungsfrist ihre Bewerbung zurückzog. Bei dieser Person handelte es sich offensichtlich um Selmayrs Stellvertreterin im Kabinett Junckers, Clara Martínez Alberola, die nach Selmayrs Wechsel diesen als Kabinettschef beerbte.[4] Im April forderte das Europäische Parlament in einer Entschließung die Europäische Kommission auf, das Verfahren zur Ernennung des neuen Generalsekretärs zu überprüfen und ihr Verwaltungsverfahren zur Ernennung hoher Beamter zu überarbeiten.[5] Selmayr stand wegen seines Führungsstils und Kommunikationsverhaltens innerhalb der Europäischen Kommission wiederholt in der Kritik.[6] Über die Benennung Selmayers hinaus traf die Europäische Kommission Anfang 2018 eine ganze Reihe von anderen Personalentscheidungen in den oberen Rängen des Verwaltungsapparats. Der für Personal zuständige Kommissar Günther Oettinger berichtete, dass als Resultat der Anteil an Frauen in den beiden obersten Dienststufen nun bei 36 Prozent liege und sich der Zielmarke von 40 Prozent nähere.[7]

Am 1. Februar 2018 trat ein neuer Verhaltenskodex für Mitglieder der Europäischen Kommission in Kraft.[8] Wesentliche Neuerungen sind insbesondere striktere Integritätsanforderungen an bestehende und ehemalige Mitglieder der Kommission. Der neue Kodex verlängert die „Karenzzeit", während derer ehemalige Kommissionsmitglieder nach ihrem Ausscheiden keine Lobbyarbeit betreiben dürfen, von 18 auf 24 Monate (drei Jahre im Falle des Präsidenten). Kommissionsmitglieder müssen zudem finanzielle Investitionen jeglicher Art im Wert von über 10.000 Euro deklarieren. Künftig wacht ein unabhängiger Ethikrat über die Einhaltung des Kodexes, dessen Bewertungen von möglichen Interessenkonflikten veröffentlicht werden. Kommissionsmitglieder haben schließlich zukünftig die Möglichkeit, bei den Wahlen zum Europäischen Parlament zu kandidieren, ohne ihr Amt niederlegen zu müssen.

Zukunft der Union

In ihrem „Weißbuch zur Zukunft Europas" hatte die Europäische Kommission im März 2017 fünf Szenarien einer zukünftigen Union präsentiert, um eine intensivere Debatte über die Zukunft der Union zu stimulieren. Eine eigene Meinung hatte sie dem jedoch nicht beigefügt, sondern diese für die nächste Rede Junckers zur Lage der Union vorbehalten. Wie angekündigt präsentierte Juncker im September 2017 die von ihm präferierte Option für die Zukunft der Europäischen Union. Anstatt aber auf eines der ursprünglich präsentierten Szenarien einzugehen, stellte Juncker ein „persönliches sechstes Szenario" vor, welches er als Vision eines enger vereinten, stärkeren und demokratischeren Europas beschrieb.[9] Juncker skizzierte eine Union der Werte, die auf den Grundprinzipien Freiheit, Gleichberechtigung und Rechtsstaatlichkeit beruhe. In einer enger vereinten Union müsse der Schengen-Raum auf alle Mitgliedstaaten ausgeweitet werden. Zudem sei der Euro

---

4   Michael Stabenow: Maßgeschneiderter Aufstieg, in: Frankfurter Allgemeine Zeitung, 10.3.2018, S. 5.
5   Europäisches Parlament: Entschließung zur Integritätspolitik der Kommission, 18. April 2018.
6   Michael Stabenow: Junckers Mann, in: Frankfurter Allgemeine Zeitung, 22.2.2018, S. 10.
7   Michael Stabenow: Geschätzt und gefürchtet, in: Frankfurter Allgemeine Zeitung, 22.2.2018, S. 2.
8   Europäische Kommission: Beschluss der Kommission vom 31.1.2018 über einen Verhaltenskodex für die Mitglieder der Europäischen Kommission, Brüssel, 31. Januar 2018, C(2018)700 final.
9   Jean-Claude Juncker: Lage der Union 2017, September 2017.

„dazu bestimmt, die einheitliche Währung der Europäischen Union als Ganzes zu sein". Das Projekt einer gemeinsamen Einlagensicherung solle vorangetrieben werden und gemeinsame Sozialstandards einen Konsens darüber widerspiegeln, „was in unserem Binnenmarkt sozial fair und was in unserem Binnenmarkt sozial unfair ist". Dem westlichen Balkan solle eine Beitrittsoption offen gehalten werden, während eine baldige Mitgliedschaft der Türkei für den derzeitigen Zeitpunkt auszuschließen sei. Für das Projekt einer stärkeren Union sollten zukünftig mehr Entscheidungen zum Binnenmarkt mit qualifizierter Mehrheit getroffen werden; insbesondere gelte dies für eine gemeinsame Steuerpolitik. Auch in der Außenpolitik sollten zukünftig mehr Mehrheitsentscheidungen möglich sein. Um die Handlungsfähigkeit der Wirtschafts- und Währungsunion zu stärken, solle der für Wirtschaft und Finanzen zuständige Kommissar zum Europäischen Wirtschafts- und Finanzminister avancieren, der ebenfalls den Vorsitz der Eurogruppe innehaben solle. Die neu geschaffene Europäische Staatsanwaltschaft solle mit der Verfolgung von grenzüberschreitenden terroristischen Straftaten betraut werden. Da sich die Europäische Union auf die wesentlichen Dinge konzentrieren solle, schlug Juncker zudem vor, Befugnisse „dort wo es sinnvoll ist", an Mitgliedstaaten zurückzugeben. Konkrete Beispiele nannte Juncker jedoch nicht, sondern kündigte lediglich die Einrichtung einer „Task Force Subsidiarität und Verhältnismäßigkeit" an. Zur Schaffung einer demokratischeren Union regte Juncker eine Reform der Regelungen zur europäischen Parteienfinanzierung an. Auch befürwortete er transnationale Listen für die Wahlen zum Europäischen Parlament. Schließlich schlug Juncker vor, das Amt des Präsidenten des Europäischen Rates mit dem des Präsidenten der Europäischen Kommission zu verschmelzen: „Europa wäre leichter zu verstehen, wenn ein einziger Kapitän am Steuer wäre".

Präsident Juncker möchte die Reformagenda im ersten Halbjahr 2019 zu einem vorläufigen Ergebnis führen, um dieses den europäischen Bürgerinnen und Bürgern noch vor den Europawahlen präsentieren und auf dessen Basis Wahlkampf führen zu können. Dazu schlug er vor, am Europatag 2019 (9. Mai) einen Sondergipfel der Staats- und Regierungschefs in der rumänischen Stadt Sibiu einzuberufen, um dort grundlegende Weichen zu stellen. Die Europäische Kommission bezeichnet seitdem ihre Reformagenda als „Weg nach Sibiu".

Reform der Wirtschafts- und Währungsunion

In der Folge ihres „Reflexionspapiers" zur Vertiefung der Wirtschafts- und Währungsunion vom Mai 2017, das wiederum auf dem „5-Präsidenten-Bericht" vom Juni 2015 aufbaute, präsentierte die Europäische Kommission im Januar 2018 einen Fahrplan mit weiteren Schritten.[10] Als unmittelbare Maßnahme legte die Europäische Kommission zeitgleich eine Reihe von Gesetzgebungsvorschlägen vor. Der erste Vorschlag bezweckt die Errichtung eines in der Rechtsordnung der Europäischen Union verankerten Europäischen Währungsfonds, der den bisherigen zwischenstaatlichen Europäischen Stabilitätsmechanismus (ESM) als Fonds zur Rettung von Mitgliedstaaten in Zahlungsnot ablösen soll. Der Fonds soll außerdem in der Lage sein, als gemeinsame Letztsicherung („common backstop") für den einheitlichen Abwicklungsfonds der Bankenunion zu fungieren. Der zweite Vorschlag betrifft die Integration des ebenfalls bisher zwischenstaatlich konzipierten Fiskalpakts in den Rechtsrahmen der Europäischen Union. Diese Integration ist bereits dort angelegt

---

10 Europäische Kommission: Mitteilung der Kommission, Weitere Schritte zur Vollendung der Wirtschafts- und Währungsunion Europas: Ein Fahrplan, 6. Dezember 2017, COM(2017)821 final.

(Artikel 16) und sollte innerhalb von fünf Jahren nach dessen Inkrafttreten abgeschlossen sein. Diese Frist lief bereits im Januar 2018 ab. Zwei weitere Vorschläge schließlich bezwecken die Bereitstellung technischer Unterstützung und finanzieller Mittel aus den Europäischen Struktur- und Investitionsfonds für die Umsetzung von nationalen Reformprogrammen, die die Kommission einzelnen Mitgliedstaaten im Rahmen des europäischen Semesters vorschlägt. Über diese konkreten Gesetzgebungsinitiativen hinaus legte die Europäische Kommission zudem zwei Initiativen in Form von Mitteilungen vor, die zum einen neue Haushaltsinstrumente für die Eurozone und zum anderen, wie in der Rede zur Lage der Union angekündigt, die Bündelung der Posten des für Wirtschaft und Finanzen zuständigen Kommissars und des Präsidenten der Eurogruppe in Form eines Europäischen Wirtschafts- und Finanzministers beinhalten. Mittelfristig strebt die Europäische Kommission darüber hinaus Maßnahmen in den Bereichen Finanzunion, Fiskalunion, Wirtschaftsunion und verstärkter Steuerung an. Politisch brisant ist nach wie vor die Einrichtung eines europäischen Einlagensicherungssystems (EDIS), für das die Europäische Kommission bereits 2015 einen Gesetzgebungsvorschlag vorgelegt hatte. Auch der Euro-Gipfel Ende Juni 2018 konnte hier keine Fortschritte erzielen. Dementgegen erscheinen Verhandlungen über die Weiterentwicklung des ESM Erfolg versprechender.[11]

Neuer mehrjähriger Finanzrahmen

Am 2. Mai 2018 präsentierte die Europäische Kommission ihren Vorschlag für einen neuen mehrjährigen Finanzrahmen 2021-2027.[12] Der mehrjährige Finanzrahmen wird jeweils für sieben Jahre beschlossen und setzt langfristige Obergrenzen für den Haushalt der Europäischen Union. Die Europäische Kommission beschrieb ihren Vorschlag als „ehrliche Antwort auf unsere Zeit", in der auf der einen Seite viel von Europa erwartet werde, gleichzeitig aber insbesondere der Austritt des Vereinigten Königreichs die verfügbaren Mittel spürbar einschränke.[13] Der Haushalt solle sich daher auf Bereiche mit europäischem Mehrwert konzentrieren, in denen nationale Ausgaben alleine nur begrenzte Effekte haben. Bereiche wie Forschungsförderung, Migration, Grenzmanagement und Verteidigung sollen daher gestärkt werden, während in anderen Bereichen Kürzungen angesetzt sind.[14] Insgesamt schlägt die Europäische Kommission einen Haushalt in Höhe von 1,11 Prozent des EU-Bruttonationaleinkommens vor. Klarer ‚Gewinner' des Kommissionsvorschlags ist die Forschungsförderung, deren Mittel deutlich erhöht, für das Programm Erasmus+ sogar verdoppelt werden sollen. Demgegenüber sollen Ausgaben für Landwirtschaft und Kohäsion, nach wie vor die größten Posten im Haushalt, um etwa 5 Prozent gekürzt werden. Der Kommissionsvorschlag beinhaltet eine Reihe von neuen Investitionsinstrumenten. Analog zu ihren Vorschlägen zur Reform der Wirtschafts- und Währungsunion (WWU) sieht die Europäische Kommission etwa ein „Reformhilfeprogramm" vor, das Mitgliedstaaten bei der Umsetzung von Reformvorschlägen im Rahmen des Europäischen Semesters unterstützen soll. Eine „europäische Investitionsstabilisierungsfunktion" sieht Mittel vor, bei asymmetrischen wirtschaftlichen Schocks das Investi-

---

11 Werner Mussler: Vor dem Gipfel ist nach dem Gipfel, in: Frankfurter Allgemeine Zeitung, 28.6.2018, S. 21.
12 Vgl. hierzu auch den Beitrag „Haushaltspolitik" in diesem Jahrbuch.
13 Europäische Kommission: EU-Budget: Die Kommission schlägt ein modernes Budget vor für eine Union, die schützt, stärkt und verteidigt, Pressemitteilung, 2.Mai 2018, IP/18/3570.
14 Europäische Kommission: Mitteilung der Kommission. Ein moderner Haushalt für eine Union, die schützt, stärkt und verteidigt. Mehrjähriger Finanzrahmen 2021-2027, 2.Mai 2018, COM(2018)321 final.

tionsvolumen in einzelnen Mitgliedstaaten aufrecht zu erhalten. Um flexibel auf unvorhergesehene Ereignisse wie etwa die Flüchtlingskrise reagieren zu können, sieht der Vorschlag der Europäischen Kommission vor, eine „Unionsreserve" einzuführen, die bedarfsgemäß eingesetzt werden kann. Auf der Einnahmeseite schlägt die Europäische Kommission eine Reihe von neuen Finanzierungsquellen vor, so etwa 20 Prozent des Gewinns aus dem europäischen Emissionshandel, einen Anteil an der zukünftigen gemeinsamen konsolidierten Körperschaftsteuerbemessungsgrundlage und eine Abgabe auf nicht-recycelbare Kunststoffabfälle. Ebenfalls schlägt die Europäische Kommission vor, im Zuge des Austritts des Vereinigten Königreichs alle bestehenden Rabatte auf Zahlungen in den Haushalt über einen Zeitraum von fünf Jahren auslaufen zu lassen.

Eine bedeutende Neuerung des vorgeschlagenen Finanzrahmens ist ein „Mechanismus für Rechtsstaatlichkeit", der die Ausgabe von finanziellen Mitteln an rechtsstaatliche Konditionen knüpft. Die Europäische Kommission hat dazu parallel einen Vorschlag für eine Verordnung vorgelegt.[15] Der Mechanismus wird von der Europäischen Kommission ausgelöst, wenn sie in einem Mitgliedstaat einen „generellen Mangel in Bezug auf das Rechtsstaatsprinzip" feststellt. Dieser Tatbestand ist insbesondere bei einer „Gefährdung der Unabhängigkeit der Gerichte" erfüllt. Kommt der Mitgliedstaat den Bedenken der Europäischen Kommission nicht nach, kann diese dem Rat der Europäischen Union „geeignete Maßnahmen" vorschlagen, den Mitgliedstaat zu sanktionieren. Dazu gehören eine Aussetzung oder Reduzierung von Zahlungen aus EU-Fonds. Der Rat der Europäischen Union soll über diesen Vorschlag nach dem Prinzip der „umgekehrten Mehrheit" entscheiden, also analog zum reformierten Stabilitäts- und Wachstumspakt. Dies bedeutet, dass der Kommissionsvorschlag angenommen ist, wenn sich nicht eine qualifizierte Mehrheit des Rates der Europäischen Union dagegen ausspricht. Offiziell soll dieser Mechanismus „den EU-Haushalt vor finanziellen Risiken schützen, die auf generelle Rechtsstaatlichkeitsdefizite in den Mitgliedstaaten zurückgehen."[16] Gleichzeitig zielt dieser Vorschlag aber darauf, eine Alternative zu dem mit dem Vertrag von Lissabon eingeführten „Suspendierungsverfahren" nach Art. 7 EUV zu schaffen. Dieses ist bisher das einzige rechtlich verankerte Verfahren, mit dem die Europäische Union gegen „die eindeutige Gefahr einer schwerwiegenden Verletzung" von europäischen Grundwerten vorgehen und an dessen Ende ein Stimmentzug des betroffenen Mitgliedstaats im Rat der Europäischen Union stehen kann. Die Europäische Kommission ist offensichtlich bemüht, weniger weitreichende, aber ebenso konkrete Mittel zur Wahrung politischer Grundwerte zu schaffen. Hintergrund sind die bisher ergebnislosen Bemühungen der Europäischen Kommission, politischen Entwicklungen in Polen und Ungarn wirksam entgegenzutreten. Wichtiges Hindernis zur Anwendung des Art. 7 EUV ist die Voraussetzung einer einstimmigen Entscheidung im Rat der Europäischen Union. Der vorgeschlagene Mechanismus hingegen gibt der Europäischen Kommission weitgehenden Spielraum.[17] Das mangelnde Vermögen der Europäischen Union, politische Werte auch nach innen durchsetzen zu können, ist seit den Kontroversen um den ersten Eintritt der Freiheitlichen Partei Öster-

---

15 Europäische Kommission: Vorschlag für eine Verordnung über den Schutz des Haushalts der Union im Falle von generellen Mängeln in Bezug auf das Rechtsstaatsprinzip in den Mitgliedstaaten, 2. Mai 2018, COM(2018)324 final.
16 Europäische Kommission: EU-Budget: Die Kommission schlägt ein modernes Budget vor, 2018.
17 Michael Stabenow: Die Erziehungsregeln der Kommission, in: Frankfurter Allgemeine Zeitung, 3.5.2018, S. 2.

reichs (FPÖ) in die österreichische Regierung im Jahr 1999 immer wieder Gegenstand der Debatte.

Soziales Europa

Wie von der Europäischen Kommission geplant haben auf dem „Sozialgipfel" im schwedischen Göteborg am 17. November 2017 das Europäische Parlament, der Rat der Europäischen Union und die Europäische Kommission gemeinsam die von der Kommission im März 2016 präsentierte „europäische Säule sozialer Rechte" proklamiert.[18] Dies beinhaltet zunächst keine Rechtsverbindlichkeit. Die Europäische Kommission versteht sie vielmehr als „Kompass für eine erneuerte Aufwärtskonvergenz in Richtung besserer Arbeits- und Lebensbedingungen."[19] Der Europäische Rat billigte dieses Ergebnis im Dezember 2017 und stellte die Umsetzung der Säule sowohl auf Unionsebene als auch auf Ebene der Mitgliedstaaten in Aussicht, allerdings „unter gebührender Achtung ihrer jeweiligen Zuständigkeiten."[20]

Im März 2018 veröffentlichte die Europäische Kommission eine Mitteilung zur „Überwachung der Umsetzung der europäischen Säule sozialer Rechte", in der sie eine „durchgängige Berücksichtigung der Prioritäten der europäischen Säule sozialer Rechte in allen Politikbereichen der EU" ankündigte.[21] Die Mitteilung wurde begleitet von einem „Paket zur sozialen Gerechtigkeit", das unter anderem einen Vorschlag zur Einrichtung einer Europäischen Arbeitsbehörde enthält. Diese soll Arbeitnehmer über ihre Rechte und Pflichten besser informieren, die Behörden der Mitgliedstaaten bei der Umsetzung der entsprechenden Rechtsvorschriften unterstützen, gemeinsame Kontrolle erleichtern und in Streitfällen vermitteln. Des weiteren kündigte die Kommission eine Gesetzgebungsvorlage zur Einführung einer Europäischen Sozialversicherungsnummer an, die die „Interoperatibiliät" bestehender Systeme zur grenzüberschreitenden Übertragbarkeit von Ansprüchen erleichtern soll. Wie auch in ihrem Schlussbericht zum Sozialgipfel betonte die Europäische Kommission, dass das Europäische Semester den übergeordneten Rahmen für die Weiterführung der Diskussionen über die soziale Dimension der europäischen Integration darstellen solle.[22]

Am 1. März 2018 erzielte der Rat der Europäischen Union eine politische Einigung hinsichtlich der Reform der Entsenderichtlinie, die die Europäische Kommission im März 2016 vorgeschlagen hatte. Das Europäische Parlament stimmte dem am 29. Mai 2018 zu. Hauptaspekte der Reform sind die Anwendbarkeit aller gesetzlichen und tarifvertraglichen Regelungen des Gastlandes zur Entlohnung auf entsendete Arbeitnehmer und die Verkürzung der maximalen Entsendezeit von 24 auf 12 Monate.[23] In seiner Rede zur Lage der Union hatte Juncker betont, „in einer Union der Gleichberechtigten" könne es keine

---

18 Vgl. hierzu auch den Beitrag „Beschäftigungs- und Sozialpolitik" in diesem Jahrbuch.
19 Europäische Kommission: Mitteilung zur Überwachung der Umsetzung der europäischen Säule sozialer Rechte, 13. März 2018, COM(2018)130 final.
20 Europäischer Rat: Schlussfolgerungen zur Tagung des Europäischen Rats am 14. Dezember 2017.
21 Europäische Kommission: Mitteilung zur Überwachung der Umsetzung der europäischen Säule sozialer Rechte, 2018.
22 Europäische Kommission: Schlussbericht zum Sozialgipfel zu den Themen faire Arbeitsplätze und Wachstum vom 17. November 2017 in Göteborg, Schweden.
23 Europäische Kommission: Entsenderichtlinie: Gleicher Lohn für gleiche Arbeit am gleichen Ort, Pressemitteilung, 29. Mai 2018, 20180524IPR04230.

„Arbeitnehmer zweiter Klasse" geben. Die Reform der Entsenderichtlinie solle dies sicherstellen.[24]

Rechtsstaatlichkeit in Polen und Ungarn

Am 22. Januar 2018 leitete die Europäische Kommission in den Auseinandersetzungen um die polnische Justizreform den dritten und letzten Schritt im neuen Verfahren im „Rahmen zur Stärkung des Rechtsstaatsprinzips" ein. Dieser Schritt beinhaltet die Initiierung des Suspendierungsverfahrens nach Art. 7 EUV. Die Europäische Kommission wirft der polnischen Regierung vor, mit den Justizreformen der letzten Jahre die Unabhängigkeit der polnischen Justiz – elementarer Bestandteil des Rechtsstaatsprinzips – ernsthaft in Frage zu stellen.[25] Besonderer Stein des Anstoßes ist die Herabsetzung des Pensionierungsalters für Richter, die es der Regierung erlaubt, einen bedeutenden Teil der Richterschaft neu zu besetzen. Die polnische Regierung verwies auf einige Korrekturen in ihrem Gesetzesvorhaben, die Europäische Kommission wies diese aber als unzureichend zurück. Die polnische Regierung musste sich daraufhin im Juni 2018 im Rat der Europäischen Union einer Anhörung stellen – ein Novum in der Geschichte der Europäischen Union.[26] Laut Aussagen der Europäischen Kommission zeigte die polnische Regierung jedoch keine Bereitschaft, auf die Bedenken gegen die Reform einzugehen.[27] Der Rat der Europäischen Union kann nun in einem nächsten Schritt das Bestehen einer „schwerwiegenden und anhaltenden Verletzung" europäischer Grundwerte feststellen und in der Folge Sanktionen, inklusive dem Entzug des Stimmrechts, aussprechen. Dazu ist jedoch ein einstimmiger Beschluss vonnöten. Die Regierung Ungarns hat bereits signalisiert, dass sie einem solchen Beschluss nicht zustimmen wird. Parallel zu diesem politischen Verfahren verfolgt die Europäische Kommission mehrere juristische Vertragsverletzungsverfahren gegen die polnische Regierung aufgrund der Justizreformen. Dabei ist jedoch unklar, inwiefern vage formulierte Prinzipien wie die in Art. 2 EUV genannten Grundwerte wirklich juristisch durchsetzbar sind und welche Durchsetzungskraft der Europäische Gerichtshof hier hat.[28] Im Juli 2017 leitete die Europäische Kommission ein Verfahren gegen die Reform des Pensionierungsalters an normalen Gerichten ein, dass sie bereits im Dezember 2017 dem Europäischen Gerichtshof vorlegte. Sie machte geltend, dass diese Reform die Unabhängigkeit der Justiz verletze und somit gegen Art. 19 EUV[29] und Art. 47 der Charta der Grundrechte (Recht auf einen wirksamen Rechtsbehelf) verstoße.[30] Im Juli 2018 tat sie dasselbe im Bezug auf die Reform der höchsten Gerichte Polens.[31] Beide Verfahren sind nun beim Europäischen Gerichtshof anhängig.

---

24 Jean-Claude Juncker: Lage der Union 2017, 13. September 2017.
25 Vgl. hierzu auch den Beitrag „Polen" in diesem Jahrbuch.
26 Daniel Brössler: Konflikt um Grundwerte gewinnt an Schärfe, in: sueddeutsche.de, 26.6.2018.
27 ZeitOnline: EU leitet weiteres Verfahren gegen Polen ein, 2.7.2018.
28 Michael Blauberger/R. Daniel Kelemen: Can courts rescue national democracy? Judicial safeguards against democratic backsliding in the EU, in: Journal of European Public Policy 24(3)/2017, S. 321-336.
29 „Die Mitgliedstaaten schaffen die erforderlichen Rechtsbehelfe, damit ein wirksamer Rechtsschutz in den vom Unionsrecht erfassten Bereichen gewährleistet ist."
30 Europäische Kommission: Rechtsstaatlichkeit: Europäische Kommission verteidigt Unabhängigkeit der Justiz in Polen, Pressemitteilung, 20. Dezember 2017, IP/17/5367.
31 Europäische Kommission: Rechtsstaatlichkeit: Kommission leitet Vertragsverletzungsverfahren zum Schutz der Unabhängigkeit des polnischen Obersten Gerichts ein, Pressemitteilung, 2. Juli 2018, IP/18/4341.

Während das Verfahren im „Rahmen zur Stärkung des Rechtsstaatsprinzips" gegen Polen nun weit vorangeschritten ist, hat die Europäische Kommission gleichgeartete Maßnahmen gegen die ungarische Regierung bisher nicht verfolgt. Dementgegen stimmte das Europäische Parlament am 17. Mai 2018 grundsätzlich für die Aufnahme des Verfahrens nach Art. 7 EUV auch gegen Ungarn.[32] Das Europäische Parlament verfügt dazu ebenso wie die Europäische Kommission über ein Initiativrecht. Nötig ist eine Mehrheit von zwei Dritteln der abgegebenen Stimmen und die Mehrheit seiner Mitglieder. Am 25. Juni 2018 verabschiedete der Justizausschuss des Europäischen Parlaments eine Vorlage für eine formelle Plenarabstimmung. Letztere steht noch aus. Auch im Fall Ungarns geht die Europäische Kommission mit Vertragsverletzungsverfahren gegen einzelne Gesetzesvorhaben vor. Im Dezember 2017 legte sie dem Europäischen Gerichtshof ein Verfahren gegen ein ungarisches Gesetz vor, das Nichtregierungsorganisationen zwingt, ausländische Finanzierung zu registrieren und öffentlich auszuweisen. Neben unionsrechtlichen Regelungen zum freien Kapitalverkehr verstoße dieses Gesetz auch gegen die Rechte auf Vereinigungsfreiheit, auf Schutz der Privatsphäre und auf Schutz personenbezogener Daten.[33] Zeitgleich legte sie dem Europäischen Gerichtshof ein Verfahren gegen das ungarische Hochschulgesetz vor, welches insbesondere Maßnahmen gegen die private Central European University in Budapest enthält.[34]

Ausblick

Die Europäische Kommission ist im vergangenen Jahr ihrem ehrgeizigen Ziel nachgekommen, ihre Reformagenda in konkrete Gesetzgebungsinitiativen zu übersetzen. Diese sind nun im nächsten Jahr „auf dem Weg nach Sibiu" Gegenstand der politischen Debatte. Die Unabwägbarkeiten sind dabei groß – das eingangs konstatierte „Fenster der Möglichkeiten" droht, sich wieder zu schließen. Eine Einigung auf weitreichende Reformen der Wirtschafts- und Währungsunion ist in naher Zukunft nicht in Sicht. Zu groß sind derzeit die Differenzen zwischen nordeuropäischen und südeuropäischen Euroländern. Der Wahlgewinn der „Fünf-Sterne-Bewegung" in der italienischen Parlamentswahl sorgt für Ungewissheit über den zukünftigen europapolitischen Kurs der italienischen Regierung.[35] Der schwelende Konflikt über die Unabhängigkeit Kataloniens steht zwar für den Moment nicht mehr im Zentrum des Medieninteresses, ist aber bei Weitem nicht befriedet. Die Verhandlungen zum Austritt des Vereinigten Königreichs laufen, ohne jedoch bisher konkrete Ergebnisse produziert zu haben. Nicht zuletzt wird das erste Halbjahr 2019 im Zeichen der anstehenden Europawahlen stehen, aus denen dann auch eine neue Kommission hervorgehen wird.

Weiterführende Literatur

Neill Nugent/Mark Rhinard: The European Commission, Basingstoke 2015.

32　Europäisches Parlament: Parlament will Artikel-7-Verfahren gegen Ungarn in Gang setzen, Pressemitteilung, 17. Mai 2017, 20170511IPR74350.
33　Europäische Kommission: Europäische Kommission verklagt Ungarn vor dem Gerichtshof wegen NRO-Gesetz, Pressemitteilung, 7. Dezember 2017, IP/17/5003.
34　Europäische Kommission: Kommission verklagt Ungarn wegen Hochschulgesetz vor dem EU-Gerichtshof, Pressemitteilung, 7. Dezember 2017, IP/17/5004.
35　Vgl. hierzu auch den Beitrag „Italien" in diesem Jahrbuch.

Gerichtshof

Siegfried Magiera/Matthias Niedobitek

Die Verordnung Nr. 2015/2422,[1] die die wesentliche Grundlage der Reform der EU-Gerichtsbarkeit[2] bildet, verpflichtete den Gerichtshof (EuGH) in Art. 3 Abs. 2, bis zum 26. Dezember 2017 einen Bericht „über mögliche Änderungen an der Verteilung der Zuständigkeit für Vorabentscheidungen gemäß Artikel 267 AEUV" vorzulegen. Hintergrund ist die im Vertrag über die Arbeitsweise der Europäischen Union (AEUV) vorgesehene Möglichkeit, dem Gericht (EuG) in besonderen in der Satzung festgelegten Sachgebieten die Zuständigkeit für Vorabentscheidungen nach Art. 267 AEUV zu übertragen. Von dieser Möglichkeit wurde bislang noch kein Gebrauch gemacht. In seinem Bericht, den der EuGH dem Rat am 14. Dezember 2017 übermittelte,[3] spricht sich der EuGH einstweilen dagegen aus, dem EuG Zuständigkeiten für Vorabentscheidungen zu übertragen. Er verweist hierzu auf die Rolle von Vorabentscheidungen als „Schlüsselelement" des Gerichtssystems der Europäischen Union, die eine Beseitigung des Monopols des EuGH für Vorabentscheidungen als heikel erscheinen lasse, und auf die zügige Bearbeitung von Vorabentscheidungsersuchen durch den EuGH, die sich durch eine Einbindung des EuG kaum verkürzen lassen dürfte.

Die zentrale Rolle des Vorabentscheidungsverfahrens gemäß Art. 267 AEUV für eine einheitliche und ordnungsgemäße Anwendung des Unionsrechts in den Mitgliedstaaten ist auch Gegenstand der im Jahr 2017 veröffentlichten „Mitteilung der Kommission über den Zugang zu Gerichten in Umweltangelegenheiten".[4] Unter Bezugnahme auf das Gutachten des EuGH 1/09[5] bezeichnet die Kommission die nationalen Gerichte als „die ‚ordentlichen Gerichte', die für die Durchführung des Unionsrechts innerhalb der Rechtsordnungen der Mitgliedstaaten zuständig sind". Die Bedeutung von Art. 267 AEUV, so die Kommission, könnte infrage gestellt werden, wenn der Zugang zu nationalen Gerichten unmöglich sei oder übermäßig erschwert werde. Für ihre Mitteilung hat die Kommission neben zahlreichen Akten des sekundären Unionsrechts 40 Entscheidungen des EuGH betreffend den Zugang zu Gerichten in Umweltangelegenheiten ausgewertet und systematisch aufbereitet, um nationalen Behörden, Gerichten, Privatpersonen und Umweltorganisationen sowie Wirtschaftsteilnehmern Klarheit über die bereits vorliegende einschlägige Rechtsprechung des EuGH zu verschaffen.

---

1 Europäisches Parlament/Rat der Europäischen Union: Verordnung (EU, Euratom) des Europäischen Parlaments und des Rates vom 16. Dezember 2015 zur Änderung des Protokolls Nr. 3 über die Satzung des Gerichtshofs der Europäischen Union, in: Amtsblatt der EU, Nr. L 341, 24. Dezember 2015, S. 14.
2 Vgl. Siegfried Magiera/Matthias Niedobitek: Gerichtshof, in: Werner Weidenfeld/Wolfgang Wessels (Hrsg.), Jahrbuch der Europäischen Integration 2017, Baden-Baden 2017, S. 127.
3 Vgl. Rat der Europäischen Union: Bericht des Gerichtshofs über mögliche Änderungen an der Verteilung der Zuständigkeit für Vorabentscheidungen gemäß Artikel 267 AEUV, 21. Dezember 2017, Dok. 15995/17.
4 Europäische Kommission: Mitteilung der Kommission über den Zugang zu Gerichten in Umweltangelegenheiten, in: Amtsblatt der EU , Nr. C 275, 18. August 2017.
5 EuGH: Gutachten vom 8. März 2011, ECLI:EU:C:2011:123, Einheitliches Patentgerichtssystem, Rn. 80.

Am 4. Dezember 2017 ernannte der Rat für die Dauer von vier Jahren ab dem 1. März 2018 die sieben Persönlichkeiten, die dem in Art. 255 AEUV vorgesehenen Ausschuss angehören.[6] Unter ihnen befindet sich erneut der Präsident des deutschen Bundesverfassungsgerichts, Andreas Voßkuhle. Aufgabe des Ausschusses ist es gemäß Art. 255 AEUV, „eine Stellungnahme zur Eignung der Bewerber für die Ausübung des Amts eines Richters oder Generalanwalts beim Gerichtshof oder beim Gericht abzugeben". Am 10. Februar 2017 legte der Ausschuss seinen vierten Tätigkeitsbericht vor,[7] der die Jahre 2014 bis 2016 betrifft. Danach waren von den 64 Stellungnahmen des Ausschusses 58 zustimmend und 6 ablehnend. In allen Fällen sind die Regierungen der Mitgliedstaaten den Stellungnahmen des Ausschusses gefolgt.

Am 26. September 2017 veröffentlichte der Europäische Rechnungshof seinen Sonderbericht Nr. 14/2017 zur „Beurteilung der Effizienz des Gerichtshofs der Europäischen Union bei der Bearbeitung von Rechtssachen".[8] Darin stellt der Rechnungshof fest, dass die vom Gerichtshof der Europäischen Union bereits getroffenen Maßnahmen dazu beigetragen hätten, die für das Treffen gerichtlicher Entscheidungen durchschnittlich erforderliche Zeit zu verringern. Allerdings kritisiert der Rechnungshof, dass die IT-Systeme des Gerichtshofs der Europäischen Union komplex seien und auf einer veralteten zentralen Datenbank beruhten, der im Laufe der Zeit zahlreiche Teilsysteme hinzugefügt worden seien. Ferner weist der Rechnungshof darauf hin, dass beim Gerichtshof der Europäischen Union in Erwägung gezogen worden sei, eine Kosten-Nutzen-Analyse über die Möglichkeit durchzuführen, neben dem Französischen weitere Beratungssprachen zuzulassen. Der Rechnungshof begrüßt dies vor dem Hintergrund, dass Verfahrenssprache öfter Englisch oder Deutsch als Französisch ist. Die insbesondere vom EuG angestrebte Folgenabschätzung habe jedoch wegen der Unsicherheit in Bezug auf das Ergebnis des Brexit-Verfahrens noch nicht abgeschlossen werden können.

Im April 2017, im Anschluss an ein vom Gerichtshof der Europäischen Union anlässlich des 60. Jahrestags der Unterzeichnung der Römischen Verträge veranstaltetes Forum, zu dem die Präsidenten der Verfassungsgerichte und der obersten Gerichte der Mitgliedstaaten eingeladen waren,[9] wurde unter der Federführung des EuGH das „Justizielle Netzwerk der Europäischen Union" (JNEU) aus der Taufe gehoben. Das JNEU, nicht zu verwechseln mit anderen existierenden justiziellen Netzen,[10] soll vor allem dazu dienen, den Dialog zwischen dem Gerichtshof und den nationalen Gerichten in Vorabentscheidungssachen zu vertiefen.

Die Anzahl der beim EuGH im Jahr 2017 anhängig gemachten Rechtssachen war mit 739 die zweithöchste jemals gemessene Zahl. Lediglich im Jahr 1979 waren mit 1324 Rechtssachen mehr Rechtssachen anhängig gemacht worden, davon allerdings über 1000 zusammenhängende Beamtensachen. Auch die Zahl der Vorabentscheidungsersuchen stieg

---

6   Rat der Europäischen Union: Beschluss (EU, Euratom) 2017/2262 des Rates vom 4. Dezember 2017 zur Ernennung der Mitglieder des in Artikel 255 des Vertrags über die Arbeitsweise der Europäischen Union vorgesehenen Ausschusses, in: Amtsblatt der EU, Nr. L 324, 8. Dezember 2017, S. 50.
7   Fourth Activity Report of the panel provided for by Article 255 of the Treaty on the Functioning of the European Union", 10.2.2017, abrufbar unter: https://curia.europa.eu/jcms/upload/docs/application/pdf/2017-03/rapport_activite__c255_-_en.pdf (letzter Zugriff: 4.10.2018).
8   Zugänglich auf der Website des Rechnungshofs (eca.europa.eu).
9   Vgl. Gerichtshof der Europäischen Union: Feier des 60. Jahrestags der Unterzeichnung der Römischen Verträge, Pressemitteilung Nr. 33/17 vom 27. März 2017.
10 Das Europäische Justizielle Netz für Zivil- und Handelssachen und das Europäische Justizielle Netz in Strafsachen.

2017 gegenüber dem Vorjahr weiter an – von 470 auf 533 – und markierte damit erneut, wie bereits 2016, die höchste Zahl in der Geschichte des EuGH. Auch ihr Anteil an den neuen Rechtssachen stieg weiter an und betrug nun bereits knapp drei Viertel (72,1 Prozent) der insgesamt anhängig gemachten Rechtssachen. Die Zahl der Klagen, die 2016 mit 35 „auf historisch niedrigem Niveau" gelegen hatte, stieg mit 46 wieder leicht an, ebenso wie ihr Anteil an den neu anhängig gemachten Rechtssachen, der sich von 5,0 Prozent auf 6,2 Prozent erhöhte. Demgegenüber sank die Zahl der Rechtsmittel weiter – von 168 auf 141. Auch ihr Anteil an den im Jahr 2017 neu anhängig gemachten Rechtssachen betrug nur noch 19 Prozent gegenüber 24,2 Prozent im Jahr 2016. Was die Anzahl der erledigten Rechtssachen angeht, lag der EuGH mit 699 zwar auf dem Niveau des Vorjahres (704). Gleichwohl stieg die Zahl der zum Jahresende anhängigen Rechtssachen wegen der hohen Zahl der im Jahr 2017 neu anhängig gemachten Rechtssachen an – von 872 auf 912. Die Verfahrensdauer bei den Vorabentscheidungsersuchen erhöhte sich gegenüber dem Vorjahr leicht – von 15,0 Monaten auf 15,7 Monate – und überschritt damit die Bestwerte der Jahre 2014 und 2016 (jeweils 15,0 Monate) nur wenig. Bei den Klagen war im Vergleich zum Vorjahr erneut eine Verlängerung der Verfahrensdauer zu verzeichnen – von 19,3 Monaten auf 20,3 Monate. Auch die Verfahrensdauer der Rechtsmittel stieg gegenüber dem Vorjahr deutlich an – von 12,9 Monaten auf 17,1 Monate. Maßgeblich hierfür war, so der Jahresbericht des Gerichtshofs der Europäischen Union, „dass im vergangenen Jahr komplexe Rechtssachen auf dem Gebiet des Wettbewerbs abgeschlossen wurden".

Das EuG vermeldet bei den neu anhängig gemachten Rechtssachen gegenüber dem Vorjahr einen leichten Rückgang – von 974 auf 917 Rechtssachen. Die Zahl der erledigten Rechtssachen stieg gegenüber dem Vorjahr deutlich an – von 755 auf 895. Dennoch, aufgrund der deutlich höheren Zahl neu anhängig gemachter Rechtssachen, erhöhte sich die Zahl der zum Jahresende beim EuG anhängigen Rechtssachen weiter – von 1486 auf 1508. Die durchschnittliche Verfahrensdauer ging allerdings gegenüber dem Vorjahr weiter zurück – von 18,7 Monaten auf 16,3 Monate.[11]

Unionsbürgerschaft

In der Rechtssache C-541/15[12] befasste sich der EuGH zum wiederholten Mal[13] mit dem deutschen Namensrecht, speziell Art. 48 des Einführungsgesetzes zum Bürgerlichen Gesetzbuch (EGBGB). Um dem Urteil des EuGH in der Rechtssache C-353/06[14] nachzukommen, hatte der deutsche Gesetzgeber Art. 48 EGBGB im Jahr 2013 neu gefasst. Dieser erlaubt es seitdem Personen, deren Name deutschem Recht unterliegt, durch eine Erklärung gegenüber dem Standesamt den während eines gewöhnlichen Aufenthalts in einem anderen Mitgliedstaat der Europäischen Union erworbenen Namen zu wählen. Der Antragsteller des Ausgangsverfahrens, der die deutsche und die rumänische Staatsangehörigkeit besitzt, erfüllte die Voraussetzungen des Art. 48 EGBGB nicht. Er hatte seinen ursprüngli-

---

11 Die vorstehend wiedergegebenen Informationen und statistischen Daten beruhen, soweit sie nicht anderweitig belegt sind, auf dem „Jahresbericht 2017 – Rechtsprechungstätigkeit" des Gerichtshofs der Europäischen Union (zugänglich auf der Website des Gerichtshofs: curia.europa.eu). Die angegebenen Zahlen sind Bruttozahlen, das heißt, sie stehen für die Gesamtzahl von Rechtssachen unabhängig von Verbindungen wegen Sachzusammenhangs.
12 EuGH: Urteil vom 8. Juni 2017, ECLI:EU:C:2017:432, Mircea Florian Freitag/Stadt Wuppertal.
13 Magiera/Niedobitek: Gerichtshof, 2017, S. 132.
14 Magiera/Niedobitek: Gerichtshof, 2009, S. 85 f.

chen Nachnamen (Pavel), den er infolge der Neuverheiratung seiner Mutter mit dem deutschen Staatsangehörigen Freitag und der Adoption durch diesen verloren hatte, im Rahmen eines Namensänderungsverfahrens in Rumänien zurückerhalten, jedoch hatte er zur Zeit dieses Namensänderungsverfahrens seinen gewöhnlichen Aufenthalt nicht, wie in Art. 48 EGBGB vorausgesetzt, in Rumänien, sondern in Deutschland. Der EuGH verwies zunächst auf seine Rechtsprechung zur Bedeutung des Namens für den Nachweis der Identität einer Person und zu den Nachteilen, die mit der Existenz unterschiedlicher Namen in den beteiligten Mitgliedstaaten (sogenannte „hinkende" Namensführung) verbunden sind. Die Beschränkung des Art. 48 EGBGB auf den Namenserwerb während des gewöhnlichen Aufenthalts in einem anderen Mitgliedstaat hielt er grundsätzlich für geeignet, die Ausübung des in Art. 21 AEUV verankerten Rechts, sich im Hoheitsgebiet der Mitgliedstaaten frei zu bewegen und aufzuhalten, zu behindern. Allerdings behandelte der EuGH anschließend auch den Einwand der deutschen Bundesregierung, es bestehe im deutschen Recht neben Art. 48 EGBGB noch die Möglichkeit, eine Namensänderung gemäß den öffentlich-rechtlichen Bestimmungen des Namensänderungsgesetzes zu beantragen. Hierzu bemerkte der EuGH, dass es aus unionsrechtlicher Sicht grundsätzlich unerheblich ist, nach welchen nationalen Bestimmungen der Antragsteller die seinen Namen betreffenden Rechte geltend machen kann. Entscheidend ist nur, dass die Wahrnehmung der durch Art. 21 AEUV verliehenen Rechte nicht unmöglich gemacht oder übermäßig erschwert wird. Die Durchsetzung dieser Rechte darf auch durch ein etwaiges Ermessen, über das die Behörden im Namensänderungsverfahren verfügen, nicht beeinträchtigt werden.

Diskriminierungen wegen der Religion oder der Weltanschauung

In den Rechtssachen C-157/15[15] und C-188/15[16] waren zwei Arbeitnehmerinnen muslimischen Glaubens von ihren Arbeitgebern entlassen worden, weil sie sich geweigert hatten, der Anweisung des Arbeitgebers Folge zu leisten, bei der Ausübung ihrer Arbeitstätigkeit auf das Tragen eines islamischen Kopftuchs zu verzichten. Beide Arbeitnehmerinnen hatten während ihrer Arbeitstätigkeit Kontakt mit Kunden, einmal als Rezeptionistin, einmal als Softwaredesignerin. In der ersten Rechtssache berief sich der Arbeitgeber auf eine interne Regel des Unternehmens, wonach die Arbeitnehmer keine sichtbaren Zeichen ihrer politischen, philosophischen oder religiösen Überzeugungen tragen durften. Dadurch sollte die vom Unternehmen angestrebte Neutralität sichergestellt werden. Auch im zweiten Fall berief sich der Arbeitgeber auf die gegenüber seinen Kunden einzuhaltende Neutralität, ohne jedoch auf die Geltung einer entsprechenden internen Regel zu verweisen. Zudem erfolgte die Entlassung der Arbeitnehmerin in diesem Fall auf die Beschwerde eines Kunden hin, der an dem Schleier Anstoß genommen hatte. Der belgische Kassationshof (Rechtssache C-157/15) und der französische Kassationsgerichtshof (Rechtssache C-188/15), die in den Ausgangsverfahren zuletzt mit der Frage der Rechtmäßigkeit der Entlassungen befasst waren, legten dem EuGH Fragen zur Auslegung der insoweit einschlägigen Richtlinie 2000/78[17] vor. Gemäß ihrem Art. 1 zielt die Richtlinie unter anderem auf die Schaffung eines allgemeinen Rahmens zur Bekämpfung der Diskriminierung wegen der Religion oder der Weltanschauung. Da der Begriff der Religion in der Richtli-

---

15   EuGH: Urteil vom 14. März 2017, ECLI:EU:C:2017:203, Samira Achbita u.a./G4S Secure Solutions.
16   EuGH: Urteil vom 14. März 2017, ECLI:EU:C:2017:204, Asma Bougnaoui u.a./Micropole SA.
17   Rat der Europäischen Union: Richtlinie des Rates vom 27. November 2000 zur Festlegung eines allgemeinen Rahmens für die Verwirklichung der Gleichbehandlung in Beschäftigung und Beruf, in: Amtsblatt der EU, Nr. L 303, 2. Dezember 2000, S. 16.

nie nicht definiert wird, legte der EuGH diesen zunächst aus. Unter Berücksichtigung der Europäischen Konvention zum Schutz der Menschenrechte und Grundfreiheiten sowie der Charta der Grundrechte der Europäischen Union stellte der EuGH fest, dass der Begriff der Religion in der Richtlinie sowohl den Umstand umfasst, Überzeugungen zu haben (forum internum), als auch, den Glauben in der Öffentlichkeit zu bekunden (forum externum). Damit waren die in den Ausgangsverfahren beanstandeten Handlungen der entlassenen Arbeitnehmerinnen grundsätzlich vom Schutzbereich des Diskriminierungsverbots erfasst. Im Folgenden prüfte der EuGH, ob eine unmittelbare oder eine mittelbare Diskriminierung wegen der Religion oder der Weltanschauung vorlag. Was die Konstellation in der ersten Rechtssache angeht, verneinte der EuGH das Vorliegen einer unmittelbar auf der Religion oder der Weltanschauung beruhenden Ungleichbehandlung, da die interne Regel, auf die sich der Arbeitgeber berief, unterschiedslos für die Bekundung entsprechender Überzeugungen galt. Der EuGH hielt es jedoch nicht für ausgeschlossen, dass die interne Regel, die eine dem Anschein nach neutrale Verpflichtung der Arbeitnehmer begründet, eine mittelbare Ungleichbehandlung aus Gründen der Religion begründete. Eine solche mittelbare Ungleichbehandlung, ihr Vorliegen vorausgesetzt, würde jedoch gemäß Art. 2 Abs. 2 Buchstabe b) Ziff. i) der Richtlinie unter anderem dann nicht zu einer mittelbaren Diskriminierung führen, wenn sie durch ein rechtmäßiges Ziel sachlich gerechtfertigt wäre. Die Anwendung einer Politik der Neutralität wie in der ersten Rechtssache erachtete der EuGH als rechtmäßige unternehmerische Entscheidung, die die Religionsfreiheit beschränken könne, dies jedoch nur in Bezug auf Arbeitnehmer mit Kundenkontakt. Zur Begründung verwies der EuGH auf Art. 16 der Charta betreffend die unternehmerische Freiheit. In der zweiten Rechtssache stellte sich zusätzlich die Frage, ob der Wunsch des Arbeitgebers, mit der Entlassung dem Ansinnen eines Kunden nachzukommen, „eine wesentliche und entscheidende berufliche Anforderung" gemäß Art. 4 Abs. 1 der Richtlinie darstellt. Diese Bestimmung erlaubt es den Mitgliedstaaten, im nationalen Recht vorzusehen, dass eine Ungleichbehandlung, die im Zusammenhang mit einem der Diskriminierungsgründe der Richtlinie steht, keine Diskriminierung darstellt. Dies schloss der EuGH aus. Der Begriff „wesentliche und entscheidende berufliche Anforderung" verweist auf eine Anforderung, die von der Art der betreffenden beruflichen Tätigkeit oder den Bedingungen ihrer Ausübung objektiv vorgegeben ist. Er erstreckt sich nicht auf subjektive Erwägungen der genannten Art.

Raum der Freiheit, der Sicherheit und des Rechts

Der Visakodex der Union[18] regelt die Erteilung von Visa für geplante Aufenthalte im Hoheitsgebiet der Mitgliedstaaten von höchstens 90 Tagen je Zeitraum von 180 Tagen, das heißt für kurzfristige Aufenthaltstitel im Sinne von Art. 77 Abs. 2 Buchstabe a) AEUV.[19] In der Rechtssache C-638/16 PPU[20] hatte ein in Aleppo (Syrien) lebendes syrisches Ehepaar für sich und seine drei Kinder bei der belgischen Botschaft in Beirut (Libanon) ein Visum aus humanitären Gründen mit räumlich beschränkter Gültigkeit gemäß Art. 25 Abs. 1 Buchstabe a) Visakodex beantragt. Die Antragsteller machten keinen Hehl daraus, dass sie mithilfe des beantragten kurzfristigen Aufenthaltstitels Aleppo verlassen wollten, um in

---

18 Europäisches Parlament/Rat der Europäischen Union: Verordnung (EG) Nr. 810/2009 des Europäischen Parlaments und des Rates vom 13. Juli 2009 über einen Visakodex der Gemeinschaft, in: Amtsblatt der EU, Nr. L 243, 15. September 2009, S. 1, mit späteren Änderungen.
19 Vgl. hierzu auch den Beitrag „Asyl-, Einwanderungs- und Visapolitik" in diesem Jahrbuch.
20 EuGH: Urteil vom 7. März 2017, ECLI:EU:C:2017:173, X und X/Belgien.

Belgien Asyl zu beantragen. Sie hatten unter anderem vorgebracht, dass sie aufgrund ihres christlich-orthodoxen Glaubens der Gefahr einer Verfolgung wegen ihrer religiösen Überzeugung ausgesetzt seien. Da der Antrag auf Visa für einen kurzfristigen Aufenthalt vom belgischen Ausländeramt abgelehnt wurde, erhoben die Antragsteller Klage gegen die Entscheidung. Das vorlegende Gericht wollte vom EuGH insbesondere wissen, ob Belgien verpflichtet ist, die beantragten Visa zu erteilen, um seinen menschenrechtlichen Verpflichtungen aus der Charta der Grundrechte der Europäischen Union, insbesondere Art. 4 (Verbot der Folter und unmenschlicher oder erniedrigender Strafe oder Behandlung), oder internationalen Normen nachzukommen. Der EuGH verneinte dies. Er stellte fest, dass die syrischen Antragsteller tatsächlich keinen kurzfristigen Aufenthaltstitel anstrebten, da sie in Belgien umgehend Asyl beantragen wollten. Ein solcher Antrag fällt nicht in den Anwendungsbereich des Visakodex. Langfristige Aufenthaltstitel werden gegenwärtig allein vom nationalen Recht erfasst. Von der in Art. 79 Abs. 2 Buchstabe a) AEUV vorgesehenen Möglichkeit, die Erteilung von Visa für einen langfristigen Aufenthalt, etwa auch aus humanitären Gründen, zu regeln, hat der Unionsgesetzgeber bislang noch keinen Gebrauch gemacht. Müsste dem Begehren der Antragsteller stattgegeben werden, dann könnten Drittstaatsangehörige die Gewährung internationalen Schutzes in einem Mitgliedstaat ihrer Wahl erreichen, was der Systematik der sogenannten Dublin III-Verordnung[21] zuwiderliefe. Zudem wären die Mitgliedstaaten dann verpflichtet, es Drittstaatsangehörigen de facto zu ermöglichen, bei den Auslandsvertretungen der Mitgliedstaaten einen Antrag auf internationalen Schutz zu stellen. Gegen eine solche Verpflichtung sprechen jedoch die asylrechtlichen Bestimmungen des sekundären Unionsrechts, die durchweg davon ausgehen, dass Anträge auf internationalen Schutz im Hoheitsgebiet der Mitgliedstaaten gestellt werden. Da der Sachverhalt des Ausgangsverfahrens nicht in den Anwendungsbereich des Unionsrechts fällt, sind auch die Bestimmungen der Charta nicht auf ihn anwendbar.

In der Rechtssache C-372/16[22] ging es um die Frage, ob die Verordnung Nr. 1259/2010,[23] die sogenannte Rom III-Verordnung, auch „Privatscheidungen" erfasst, das heißt, Scheidungen, die nicht von einem Gericht oder einer öffentlichen Behörde ausgesprochen werden, sondern die auf einer einseitigen Willenserklärung vor einem geistlichen Gericht beruhen. Die Rom III-Verordnung, ein im Rahmen einer Verstärkten Zusammenarbeit von EU-Mitgliedstaaten ergangener Rechtsakt, trifft für die beteiligten Mitgliedstaaten einheitliche Regelungen für die Bestimmung des auf die Ehescheidung anzuwendenden Rechts. Das Ausgangsverfahren betraf eine Privatscheidung durch Aussprechen der Scheidungsformel seitens des Ehemanns vor einem syrischen geistlichen Gericht. Hierzu hatte der EuGH in der Rechtssache C-281/15,[24] die dieselben Eheleute wie in der Rechtssache C-372/16 betraf, bereits festgestellt, dass die Anerkennung einer in einem Drittstaat ausgesprochenen Scheidung nicht unter das Unionsrecht fällt. Gleichwohl war die Rom III-

---

21 Europäisches Parlament/Rat der Europäischen Union: Verordnung (EU) Nr. 604/2013 des Europäischen Parlaments und des Rates vom 26. Juni 2013 zur Festlegung der Kriterien und Verfahren zur Bestimmung des Mitgliedstaats, der für die Prüfung eines von einem Drittstaatsangehörigen oder Staatenlosen in einem Mitgliedstaat gestellten Antrags auf internationalen Schutz zuständig ist, in: Amtsblatt der EU, Nr. L 180, 29. Juni 2013, S. 31.
22 EuGH: Urteil vom 20. Dezember 2017, ECLI:EU:C:2017:988, Soha Sahyouni/Raja Mamisch.
23 Rat der Europäischen Union: Verordnung des Rates vom 20. Dezember 2010 zur Durchführung einer Verstärkten Zusammenarbeit im Bereich des auf die Ehescheidung und Trennung ohne Auflösung des Ehebandes anzuwendenden Rechts, in: Amtsblatt der EU, Nr. L 343, 29. Dezember 2010, S. 10.
24 EuGH: Beschluss vom 12. Mai 2016, ECLI:EU:C:2016:343, Soha Sahyouni/Raja Mamisch.

Verordnung in Deutschland stets auf in einem Drittstaat ausgesprochene Privatscheidungen angewandt worden. Ihre Anwendung beruhte somit, worüber sich der deutsche Gesetzgeber bei der Anpassung des deutschen Rechts an die Rom III-Verordnung[25] nicht im Klaren gewesen war, nicht auf dem Unionsrecht, sondern auf einer Anordnung des deutschen Rechts. In solchen Fällen, in denen ein Unionsrechtsakt jenseits seines eigenen Geltungsbereichs aufgrund einer Anordnung des nationalen Rechts unmittelbar und unbedingt angewendet wird, bejaht der EuGH in ständiger Rechtsprechung seine Zuständigkeit und zwar mit der Begründung, dass die Union unabhängig vom rechtlichen Kontext, in dem die Anwendung eines Unionsrechtsakts erfolgt, ein klares Interesse an einer einheitlichen Auslegung der Bestimmungen des Unionsrechtsakts habe. Somit beantwortete er die Frage des Oberlandesgerichts (OLG) München, das in erster Linie wissen wollte, ob eine Privatscheidung wie diejenige im Ausgangsverfahren in den sachlichen Anwendungsbereich der Rom III-Verordnung fällt. Hierzu zog der EuGH neben dem Wortlaut auch den Zusammenhang und die Ziele von Art. 1 der Rom III-Verordnung, der ihren Anwendungsbereich bestimmt, heran und kam zu dem Ergebnis, dass die Rom III-Verordnung nur Ehescheidungen betrifft, die von einem staatlichen Gericht oder einer öffentlichen Behörde ausgesprochen werden, nicht jedoch Privatscheidungen. Damit stand das OLG München vor der Aufgabe, die im deutschen Recht für Ehescheidungen bestehende kollisionsrechtliche Lücke zu schließen.[26]

Europäische Bürgerinitiative

Eine Europäische Bürgerinitiative (EBI) setzt gemäß Art. 11 Abs. 4 des Vertrags über die Europäische Union (EUV) voraus, dass die Kommission aufgefordert wird, im Rahmen ihrer Befugnisse geeignete Vorschläge zu Themen zu unterbreiten, zu denen es nach Ansicht der hinter der Initiative stehenden Bürgerinnen und Bürger eines Rechtsakts der Union bedarf, um die Verträge umzusetzen.[27] Die Registrierung der EBI „Stop TTIP" hatte die Kommission mit der Begründung abgelehnt, es bestehe ein Registrierungshindernis gemäß Art. 4 Abs. 2 der EBI-Verordnung,[28] da die EBI „offenkundig außerhalb des Rahmens [liege], in dem die Kommission befugt ist, einen Vorschlag für einen Rechtsakt der Union vorzulegen, um die Verträge umzusetzen". Mit der EBI sollte die Kommission aufgefordert werden, dem Rat zu empfehlen, das ihr vom Rat erteilte Verhandlungsmandat für die in der Verhandlung befindliche „Transatlantische Handels- und Investitionspartnerschaft" (TTIP) zwischen der Europäischen Union und den Vereinigten Staaten von Amerika (USA) aufzuheben und das „Umfassende Wirtschafts- und Handelsabkommen" (CETA) zwischen der Europäischen Union und Kanada nicht abzuschließen. Gegen die Ablehnung der Registrierung der EBI durch die Kommission wandten sich deren Initiatoren in der Rechtssache T-754/14 mit einer Nichtigkeitsklage.[29] Das EuG gab der Klage statt. Es

---

25 Gesetz zur Anpassung der Vorschriften des Internationalen Privatrechts an die Verordnung (EU) Nr. 1259/2010 und zur Änderung anderer Vorschriften des Internationalen Privatrechts, in: Bundesgesetzblatt Teil I, Nr. 3, 28. Januar 2013, S. 101.
26 Vgl. Beschluss des OLG München vom 13. März 2018, 34 Wx 146/14, „Bayern.Recht" Bayerische Staatskanzlei, abrufbar unter: http://www.gesetze-bayern.de/Content/Document/Y-300-Z-BECKRS-B-2018-N-3257?hl=true (letzter Zugriff: 4.10.2018).
27 Vgl. hierzu auch den Beitrag „Europäische Bürgerinitiativen" in diesem Jahrbuch.
28 Europäisches Parlament/Rat der Europäischen Union: Verordnung (EU) Nr. 211/2011 des Europäischen Parlaments und des Rates vom 16. Februar 2011 über die Bürgerinitiative, in: Amtsblatt der EU, Nr. L 65, 11. März 2011, S. 1.
29 EuGH: Urteil vom 10. Mai 2017, ECLI:EU:T:2017:323, Efler/Kommission.

betonte die Bedeutung der EBI für die Umsetzung des in Art. 2 EUV verankerten Grundsatzes der Demokratie, der eine wirksame Beteiligung der Unionsbürger erfordere. Dass das vom Rat erteilte Verhandlungsmandat im Hinblick auf das mit den USA abzuschließende Abkommen (TTIP) nur vorbereitenden Charakter hat, ändert nichts daran, dass ein entsprechender Beschluss, wie in Art. 11 Abs. 4 EUV vorausgesetzt, rechtliche Wirkung zeitigt und mithin als „Rechtsakt" einzuordnen ist. Das gilt ebenso für die von der EBI angestrebte Aufhebung des Verhandlungsmandats, die zweifellos endgültigen Charakter hat. Auch der „destruktive" Charakter der EBI, auf den sich die Kommission berief, spricht nicht gegen die Registrierung der EBI, da eine EBI zur Umsetzung der Verträge auch auf die Verhinderung eines Rechtsakts zielen kann.

Assoziation EU-Türkei

Art. 13 des Beschlusses Nr. 1/80 des Assoziationsrates EWG-Türkei (ARB) enthält eine sogenannte Stillhalteklausel, wonach die Mitgliedstaaten und die Türkei für Arbeitnehmer und ihre Familienangehörigen, deren Aufenthalt und Beschäftigung in ihrem Hoheitsgebiet ordnungsgemäß sind, keine neuen Beschränkungen der Bedingungen für den Zugang zum Arbeitsmarkt einführen. Diese Bestimmung hat der EuGH in seiner Rechtsprechung dahin interpretiert, dass auch eine nationale Regelung, die nach Inkrafttreten des ARB die Voraussetzungen für eine Familienzusammenführung von türkischen Arbeitnehmern verschärft, eine von Art. 13 ARB untersagte neue Beschränkung darstellt. In der Rechtssache C-652/15[30] hatte Deutschland die Bedingungen des Aufenthaltsrechts von Drittstaatsangehörigen nach Inkrafttreten des ARB dahingehend verschärft, dass auch Kinder unter 16 Jahren einer Aufenthaltserlaubnis bedürfen. Das allgemeine Erfordernis eines Aufenthaltstitels wurde von der deutschen Regierung mit dem Ziel einer wirksamen Steuerung der Migrationsströme begründet. Konkret betraf dieses Erfordernis ein im Juni 2014 in Deutschland geborenes Kind zweier türkischer Staatsangehöriger, das im Ausgangsverfahren, vertreten durch seine Eltern, eine Aufenthaltserlaubnis gemäß § 33 des deutschen Aufenthaltsgesetzes beantragt hatte. Nach dieser Bestimmung hat die zuständige Behörde ein weites Ermessen bei der Erteilung einer Aufenthaltserlaubnis. Der Kreis Bergstraße lehnte als zuständige Behörde die Aufenthaltserlaubnis mit der Begründung ab, für das Kind sei es nicht unzumutbar, von der Türkei aus ein Visumsverfahren zu betreiben. In diesem Rahmen könnten auch – wie die deutsche Regierung ergänzte – die Voraussetzungen für die Familienzusammenführung geprüft werden. Der EuGH erkannte zwar an, dass es sich bei dem Ziel einer wirksamen Steuerung der Migrationsströme, das gemäß Art. 79 Abs. 1 AEUV auch ein Ziel der Einwanderungspolitik der Union ist, um einen zwingenden Grund des Allgemeininteresses handelt, der eine neue Beschränkung im Sinne der Stillhalteklausel des Art. 13 ARB rechtfertigen könne. Jedoch hielt der EuGH die Entscheidung des Kreises Bergstraße, dem Kind eine Aufenthaltserlaubnis nach § 33 AufenthG zu versagen, für unverhältnismäßig. Für den Vater des Kindes hätte nur die Wahl bestanden, entweder in Deutschland weiter zu arbeiten und eine Beeinträchtigung seines Familienlebens in Kauf zu nehmen oder, mit ungewisser Perspektive, seine Beschäftigung aufzugeben und mit seinem Kind in die Türkei zu gehen, nur um dort für dieses ein Visum zu beantragen. Zudem verfügte der Kreis Bergstraße über alle erforderlichen Angaben, um – im Einklang mit dem Ziel einer wirksamen Steuerung der Migrationsströme – unmittelbar über das Aufenthaltsrecht des Kindes im Rahmen der Familienzusammenführung zu entscheiden.

---

30   EuGH: Urteil vom 29. März 2017, ECLI:EU:C:2017:239, Furkan Tekdemir/Kreis Bergstraße.

Zuständigkeit des EuGH für Durchführungsbeschlüsse

In der Rechtssache C-521/15[31] hatte der Rat durch den Beschluss (EU) Nr. 2015/1289[32] (im Urteil des EuGH als „Durchführungsbeschluss" bezeichnet) gegen Spanien eine Geldbuße verhängt, weil Spanien infolge einer schweren Nachlässigkeit die gemeldeten Daten zum öffentlichen Defizit verfälscht habe. Rechtsgrundlage der Geldbuße ist Art. 8 der Verordnung (EU) Nr. 1173/2011 über die haushaltspolitische Überwachung im Euro-Währungsgebiet.[33] Diese Verordnung knüpft an die aus anderen Bestimmungen des sekundären Unionsrechts resultierende Verpflichtung der Mitgliedstaaten an, der Kommission, genauer dem statistischen Amt der Europäischen Union (Eurostat), zweimal jährlich die Höhe ihrer geplanten und tatsächlichen öffentlichen Defizite und die Höhe ihres tatsächlichen öffentlichen Schuldenstands mitzuteilen. Spanien erhob gegen die Verhängung der Geldbuße vor dem EuGH Nichtigkeitsklage. Der EuGH wies die Klage im Ergebnis ab. Vorher musste er sich jedoch mit dem Einwand des Rates, der von der Kommission unterstützt wurde, auseinandersetzen, nicht der EuGH, sondern das EuG sei für die Klage zuständig. Der Rat war nämlich der Meinung, mit dem Erlass des Beschlusses 2015/1289 habe er eine Durchführungsbefugnis gemäß Art. 291 Abs. 2 AEUV ausgeübt, so dass die Nichtigkeitsklage gemäß Art. 51 Abs. 1 Buchstabe a) dritter Gedankenstrich der Satzung des Gerichtshofs der Europäischen Union in die Zuständigkeit des EuG falle. Diese Bestimmung macht zugunsten des EuG eine Ausnahme von der grundsätzlich bestehenden EuGH-Zuständigkeit für Nichtigkeitsklagen eines Mitgliedstaats, sofern es um Handlungen des Rates geht, mit denen dieser gemäß Art. 291 Abs. 2 AEUV Durchführungsbefugnisse ausübt. Der EuGH bestätigte zwar, dass der Rat mit dem Beschluss 2015/1289 eine Durchführungsbefugnis ausgeübt hat, indem er Spanien in Anwendung der Verordnung Nr. 1173/2011 eine Geldbuße auferlegte. Jedoch ordnete der EuGH diese Durchführungsbefugnis nicht Art. 291 Abs. 2 AEUV zu. Insoweit stellte er zunächst fest, dass Art. 291 Abs. 2 AEUV nicht die einzige Vorschrift des Unionsvertragsrechts ist, mit der dem Rat Durchführungsbefugnisse verliehen werden. Ferner können außerhalb der in Art. 291 Abs. 2 AEUV vorgesehenen Regelung Durchführungsbefugnisse durch Akte des sekundären Unionsrechts eingeführt werden. Demgegenüber haben Durchführungsbefugnisse der Kommission oder des Rates nach Art. 291 Abs. 2 AEUV einen begrenzten Zweck: Sie sollen sicherstellen, dass Rechtsakte der Union, die sich für eine Durchführung durch die Mitgliedstaaten eignen, von diesen einheitlich durchgeführt werden. Ein Rechtsakt wie die Verordnung Nr. 1173/2011, der dem Rat die Befugnis verleiht, eine Geldbuße gegen einen Mitgliedstaat zu verhängen, ist jedoch in keiner Weise geeignet, durch die Mitgliedstaaten selbst durchgeführt zu werden, da eine derartige Durchführung den Erlass einer Zwangsmaßnahme gegen einen von ihnen impliziert. Zudem enthält die Verordnung Nr. 1173/2011 keine Bezugnahme auf Art. 291 Abs. 2 AEUV. Somit war der EuGH für die Entscheidung über die von Spanien erhobene Nichtigkeitsklage zuständig.

---

31 EuGH: Urteil vom 20. Dezember 2017, ECLI:EU:C:2017:982, Spanien/Rat.
32 Rat der Europäischen Union: Beschluss 2015/1289 des Rates vom 13. Juli 2015 zur Verhängung einer Geldbuße gegen Spanien wegen der Manipulation von Defizitdaten in der Autonomen Gemeinschaft Valencia, in: Amtsblatt der EU, Nr. L 198, 28.7.2015, S. 19.
33 Europäisches Parlament/Rat der Europäischen Union: Verordnung (EU) Nr. 1173/2011des Europäischen Parlaments und des Rates vom 16. November 2011 über die wirksame Durchsetzung der haushaltspolitischen Überwachung im Euro-Währungsgebiet, in: Amtsblatt der EU, Nr. L 306, 23. November 2011, S. 1.

Weiterführende Literatur

Alberto Alemanno/Laurent Pech: Thinking Justice outside the Docket: A Critical Assessment of the Reform of the EU's Court System, in: Common Market Law Review 54/2017, S. 129–176.

Giulio Itzcovich: The European Court of Justice, in: András Jakab/Arthur Dyevre/Giulio Itzcovich (Hrsg.): Comparative Constitutional Reasoning, Cambridge 2017, S. 277–322.

Karol P. E. Lasok: Lasok's European Court Practice and Procedure, 3rd edition, London 2017.

Koen Lenaerts: The European Court of Justice and the Comparative Law Method, in: European Review of Private Law 25/2017/(2), S. 297–312.

Sabine Saurugger/Fabien Terpan: The Court of Justice of the European Union and the Politics of Law, London 2017.

Europäische Zentralbank

Martin Selmayr[*]

Fünf Jahre Wachstum in Folge. 9,2 Mio. neue Arbeitsplätze seit 2013. Ein im Mittel auf 0,6 Prozent des Bruttoinlandsprodukts (BIP) gesunkenes Defizit der Eurostaaten. Eine Preissteigerungsrate von gerade 1,7 Prozent seit Einführung des Euro. Für Mario Draghi, den Präsidenten der Europäischen Zentralbank (EZB), und seine mittlerweile 3.384 Mitarbeiter (1.028 davon in der Bankenaufsicht) bestand zehn Jahre nach Ausbruch der globalen Finanzkrise an sich Grund zur Zufriedenheit, zumal sich in einer Eurobarometer-Umfrage 74 Prozent der Bürger im Euroraum für den Euro aussprachen.[1] Auch konnte Griechenland im August wie geplant sein Stabilisierungsprogramm verlassen. Allerdings ließ ab Jahresmitte die starke Konjunktur nach (BIP-Wachstum 2017: 2,5 Prozent; 2018: knapp 2 Prozent). Christine Lagarde, Chefin des Internationalen Währungsfonds, sprach bereits vom Beginn eines globalen wirtschaftlichen Wetterumschwungs.[2] In den USA folgten der ‚America'-First-Rhetorik von Präsident Donald Trump eine extrem prozyklische Fiskalpolitik und ein Handelskrieg mit China. Auch die EU-Mitgliedstaaten gerieten ins Visier von US-Strafzöllen auf Stahl und Aluminium. Maßnahmen gegen die Automobilindustrie konnte Kommissionspräsident Jean-Claude Juncker durch eine Absprache mit Präsident Trump im Juli 2018 vorerst abwenden. Aus Sicht der EZB gehört der Protektionismus aber gegenwärtig zu den größten Risikofaktoren für die Weltwirtschaft.[3] Unsicherheit besteht auch wegen der nach wie vor ungeklärten Bedingungen des für den 29. März 2019 angekündigten Austritts des Vereinigten Königreichs aus der EU; ein harter ‚Brexit' ohne Übergangsfrist ist nicht mehr auszuschließen. Schließlich wurde Italien erneut zur Belastung für den Euroraum. Rechtspopulisten (Lega Nord) und Linkspopulisten (Fünf-Sterne-Bewegung), die nach den Parlamentswahlen im Mai eine Koalition eingegangen waren, verfolgten gegenüber den EU-Institutionen einen Konfrontationskurs.[4] Im Oktober 2018 beschlossen sie in Abweichung von allen bisherigen Zusagen einen expansiven „Haushalt des Volkes" (2,4 Prozent Neuverschuldung statt 1 Prozent, bei einem Schuldenstand von 131 Prozent des BIP), weshalb die Kommission den Entwurf formell beanstandete. In Folge erhöhte sich der Renditeabstand zwischen italienischen und deutschen Staatsanleihen auf über 300 Basispunkte. Dies verteuerte die Finanzierung der italienischen Banken, deren Portfolios bis zu 90 Prozent aus italienischen Staatsanleihen bestehen. Der EZB, die 2017 eine schrittweise Normalisierung ihrer Geldpolitik eingeleitet hatte, machte dies die Erfüllung ihrer Aufgabe im 20. Jahr ihres Bestehens[5] nicht leichter.

---

[*] Dieser Beitrag gibt ausschließlich die persönliche Auffassung des Verfassers wieder und entspricht nicht notwendigerweise den offiziellen Positionen der Europäischen Kommission oder der EZB.
[1] Dies ist die zweithöchste jemals erreichte Zustimmungsrate. 2002 und 2003 waren es 75 Prozent.
[2] Christine Lagarde: 'Steer, Don't Drift': Managing Rising Risks to Keep the Global Economy on Course, Rede vom 1.10.2018.
[3] Vgl. Allan Gloe Dizioli/Björn van Roye: Makroökonomische Implikationen des zunehmenden Protektionismus, in: EZB, Wirtschaftsbericht 6/2018, S. 40 ff.
[4] Martin Wolf: Italy's new rulers could shake the euro, in: Financial Times, 23.5.2018, S. 9.
[5] Vgl. Jan Mallien/Frank Wiebe: EZB-Jubiläum: Von Anfang an ein Geschöpf der Politik, in: Handelsblatt, 1./2./3.6.2018, S. 22-25; Marcel Fratzscher: Falscher Sündenbock, in: Handelsblatt, 6.6.2018, S. 48.

Geldpolitik: Ende der Ära des ‚Quantitative Easing'

Trotz mancher Gegenwinde zeigte sich die EZB entschlossen, ihren geldpolitischen Kurs mit ruhiger Hand fortzusetzen und sich dabei fest an der Datenlage zu orientieren. Ausgangspunkt waren vier Beschlüsse, die der EZB-Rat am 26. Oktober 2017 getroffen hatte.

Erstens beließ der EZB-Rat die EZB-Leitzinsen für 2018 unverändert auf ihrem seit März 2016 festgesetzten historisch niedrigen Niveau: den Zinssatz für die Hauptrefinanzierungsgeschäfte bei 0 Prozent, den Zinssatz für die Spitzenrefinanzierungsfazilität bei 0,25 Prozent und den Zinssatz für die Einlagefazilität bei - 0,4 Prozent.

Zweitens beschloss der EZB-Rat, angesichts des zunächst kräftigen Wirtschaftswachstums und eines leichten, wenn auch noch unzureichenden Aufwärtstrends der Eurorauminflation (Inflationsrate 2017: 1,5 Prozent), das Ausmaß der Ankäufe gemäß dem EZB-Programm zum Ankauf von Vermögenswerten des öffentlichen und privaten Sektors (‚Asset Purchase Programme', APP, auch ‚Quantitiative Easing' genannt[6]) von 60 Mrd. Euro pro Monat auf 30 Mrd. Euro pro Monat zurückzunehmen, und zwar ab Januar und bis jedenfalls September 2018. Ob und wann das Ankaufprogramm nach September 2018 zu beenden war, hing für die EZB von einer nachhaltigen Korrektur der Inflationsentwicklung ab. Diese wollte die EZB anhand von drei Kriterien feststellen: Konvergenz – hin zum mittelfristigen Ziel der EZB, im Euroraum eine Preissteigerungsrate von unter, aber nahe 2 Prozent zu erreichen; Vertrauen – also messbare längerfristige Inflationserwartungen, die mit dem Inflationsziel der EZB im Einklang stehen; sowie Widerstandsfähigkeit – das heißt eine selbsttragende Inflationsentwicklung, die nicht mehr von einer Fortsetzung des ‚Quantitative Easing' abhängig war.

Drittens flankierte die EZB die Niedrigzinspolitik und das Ankaufsprogramm APP mit drei expliziten Orientierungen über die künftige Ausrichtung der Geldpolitik (‚Forward Guidance'): (1) „Der EZB-Rat geht weiterhin davon aus, dass die EZB-Leitzinsen für längere Zeit und weit über den Zeithorizont des Nettoerwerbs von Vermögenswerten hinaus auf ihrem aktuellen Niveau bleiben werden."[7] Eine Zinserhöhung war nach dieser ‚Forward Guidance' nicht vor 2019 zu erwarten. (2) „Sollte sich der Ausblick eintrüben oder sollten die Finanzierungsbedingungen nicht mehr mit einem weiteren Fortschritt hin zu einer nachhaltigen Korrektur der Inflationsentwicklung im Einklang stehen, so ist der EZB-Rat bereit, das APP im Hinblick auf Umfang und/oder Dauer auszuweiten."[8] Die Reduzierung des Volumens der monatlichen Ankäufe von Vermögenswerten von 60 Mrd. Euro auf 30 Mrd. Euro steht nach dieser ‚Forward Guidance' der EZB zum APP also unter einem Lockerungsvorbehalt (‚APP Easing Bias') und kann erforderlichenfalls umgekehrt werden. (3) „Das Eurosystem wird die Tilgungsbeträge der im Rahmen des APP erworbenen Wertpapiere nach Abschluss des Nettoerwerbs von Vermögenswerten für längere Zeit und in jedem Fall so lange wie erforderlich bei Fälligkeit wieder anlegen."[9] Die EZB will also öffentliche und private Wertpapiere, die sie im Rahmen ihres Programms zum Ankauf von Vermögenswerten erwirbt, bei Fälligkeit durch neu anzukaufende Wertpapiere ersetzen, und zwar weit über das Auslaufen des APP hinaus. Dies bedeutet, dass die EZB ihre durch das Ankaufprogramm vervierfachte Bilanz auch künftig nicht reduzieren,

---

6   Ende 2017 machten öffentliche Anleihen (das heißt Anleihen von Eurostaaten und anderen staatsnahen Emittenten sowie von supranationalen Institutionen) mit 1,9 Bio. Euro 83 Prozent des APP Portfolios aus; 25 Mrd. Euro (1 Prozent) waren ‚Asset Backed Securities', 241 Mrd. Euro (11 Prozent) gedeckte Schuldverschreibungen und 132 Mrd. Euro (6 Prozent) Unternehmensanleihen, Zahlen (gerundet) nach EZB, Jahresbericht 2017, S. 56 f.
7   EZB: Geldpolitische Beschlüsse, Pressemitteilung, 26.10.2017.
8   EZB: Geldpolitische Beschlüsse, Pressemitteilung, 26.10.2017.
9   EZB: Geldpolitische Beschlüsse, Pressemitteilung, 26.10.2017.

sondern den aktuellen Grad an geldpolitischer Lockerung „für längere Zeit" aufrechterhalten wird. Die Marktteilnehmer können sich infolge dieser ‚Forward Guidance' zu den Reinvestitionen darauf einstellen, dass die EZB auf absehbare Zeit stark im Markt präsent bleiben wird. Die EZB macht zudem ihre Reinvestitionen auf ihrer Website transparent; dort ist für jeweils die nächsten zwölf Monate einsehbar, in welchem Wert Wertpapiere des öffentlichen und privaten Sektors monatlich fällig und in welchem Volumen somit Reinvestitionen stattfinden werden.[10] So wurden im Oktober 2018 fällig werdende öffentliche und private Wertpapiere im Wert von 23,718 Mrd. Euro von der EZB durch Reinvestitionen ersetzt. Im Januar 2019 wird die EZB Reinvestitionen im Wert von 25,579 Mrd. Euro tätigen.

Viertens kündigte der EZB-Rat an, die Hauptrefinanzierungsgeschäfte und die längerfristigen Refinanzierungsgeschäfte mit dreimonatiger Laufzeit so lange wie erforderlich, mindestens jedoch bis Ende 2019 weiterhin als Mengentender mit Vollzuteilung durchzuführen. Bis auf Weiteres will die EZB also an dem unmittelbar nach dem Konkurs von Lehman Brothers beschlossenen[11] Mechanismus festhalten, wonach Zentralbankgeld nicht im Zinswettbewerb versteigert wird, sondern die Nachfrage der Banken stets zu 100 Prozent von der EZB zum geltenden Leitzins gedeckt wird.

2018 ermöglichen das kräftige, wenn auch in der zweiten Jahreshälfte schwächer werdende Wirtschaftswachstum sowie langsam anziehende Inflationsraten der EZB, die im Oktober 2017 eingeleitete Normalisierung ihrer Geldpolitik schrittweise fortzusetzen. Positiv verzeichnen konnte die EZB dabei die Breite des Wirtschaftswachstums, das den gesamten Euroraum erreichte; die Streubreite des Wertschöpfungswachstums zwischen den Eurostaaten war niedriger als zu Beginn der Währungsunion.[12] Ein wichtiger Faktor für die EZB war auch der seit langem wieder zu verzeichnende Anstieg der Tariflöhne; die Experten der EZB erwarteten im März 2018 eine Beschleunigung des Wachstums des Entgelts je Arbeitnehmer von 1,6 Prozent im Jahr 2017 auf 2,3 Prozent im Jahr 2020.

Einen ersten, noch behutsamen Schritt zur weiteren Normalisierung unternahm der EZB-Rat bei seiner Sitzung am 8. März 2018. Er strich – durch einstimmigen Beschluss – die ‚Forward Guidance' zu seinem Ankaufprogramm APP, hielt sich also nicht mehr explizit die Option offen, die Anleihekäufe auszuweiten. Das Streichen dieses ‚APP Easing Bias' zeigte, dass die EZB zuversichtlich war, bei fortgesetzter Konjunktur- und Inflationsentwicklung das APP zum Jahresende auslaufen lassen zu können.

Auf seiner Sitzung vom 14. Juni 2018 in Riga (Lettland) konkretisierte der EZB-Rat den geldpolitischen Normalisierungskurs für die Zeit nach September 2018. Er äußerte zunächst die Erwartung, ab Oktober und bis zum Jahresende das Programm zum Ankauf von Vermögenswerten von monatlich 30 Mrd. Euro auf 15 Mrd. Euro zu reduzieren. Der EZB-Rat äußerte zugleich die Erwartung, dass das APP dann enden solle und erklärte sich damit erstmals bereit, seine Ankäufe zu ‚tapern', also auf null zurückzufahren.[13] Der EZB-Rat war zuvor zu dem Schluss gekommen, dass sich die Gesamtinflation und die Inflation ohne Nahrungsmittel und

---

10 ‚APP Redemptions': unter ‚Monetary Policy', ‚Instruments', ‚Asset purchase programmes', abrufbar unter: https://www.ecb.europa.eu/mopo/implement/omt/html/index.en.html (letzter Zugriff: 4.11.2018).
11 Vgl. Martin Selmayr: Europäische Zentralbank, in: Werner Weidenfeld/Wolfgang Wessels (Hrsg.): Jahrbuch der Europäischen Integration 2009, Baden-Baden 2009, S. 93-102 (S. 94).
12 EZB: Jahresbericht 2017, S. 7, 16 f., Abbildung 8. 2017 wurde mit 0,75 das niedrigste Gefälle der Wachstumsraten im Euroraum (gemessen in Standardabweichungen der Bruttowertschöpfung) in der Geschichte der Währungsunion verzeichnet; 1998 hatte das Gefälle noch 1,47 betragen.
13 Claire Jones/Michael Hunter: ECB moves to pull plug on €2.4 tn stimulus scheme by end of year, in: Financial Times, 15.6.2018, S. 1; Alexander Hagelüken: Draghis späte Wende, in: Süddeutsche Zeitung, 15.6.2018, S. 15.

Energie den Projektionen zufolge im Jahr 2020 auf 1,7 Prozent beziehungsweise 1,9 Prozent belaufen werden (Inflationsrate im Mai 2018: 1,9 Prozent), also nun mit der EZB-Marke von unter, aber nahe 2 Prozent konvergieren. Was das Vertrauen in die weitere Inflationsentwicklung angehe, so habe die Unsicherheit über die Inflationsaussichten spürbar nachgelassen und sich das Deflationsrisiko de facto aufgelöst. Schließlich seien die Inflationserwartungen mittlerweile widerstandsfähig, hingen also immer weniger von weiteren Verlängerungen des APP ab. Vor diesem Hintergrund formulierte der EZB-Rat einstimmig seine Erwartung, dass die Politik des fortgesetzten ‚Quantitative Easing' – die in den USA bereits im Oktober 2014 eingestellt worden war – im Euroraum Ende 2018 beendet werden könne. Vom „Ende einer Ära in Europa" war deshalb unter Marktteilnehmern die Rede;[14] einige sprachen bereits – auch angesichts der parallel von der US-Federal Reserve beschlossenen siebten Zinserhöhung seit 2015 – vom Wechsel von einer Welt des ‚Quantitative Easing' zu einem ‚Quantitative Tightening'-Regime.[15]

Um gegenüber solchen Stimmen den Märkten zu versichern, dass die Geldpolitik im Euroraum auch nach Ende des APP locker („akkommodierend") bleiben werde, bekräftigte die EZB am 14. Juni 2018 ihre ‚Forward Guidance' zu den Reinvestitionen, also die Absicht, auch nach Abschluss des Ankaufprogramms die Tilgungsbeträge der im Rahmen des APP erworbenen Wertpapiere „für längere Zeit" neu anzulegen. „Das Wertpapierkaufprogramm bleibt bestehen", unterstrich Präsident Draghi. „Es bleibt Teil unseres Instrumentenkastens."[16] Zugleich präzisierte der EZB-Rat seine ‚Forward Guidance' zu den Leitzinsen, indem er sie um eine explizite zeitpunktbasierte und zustandsabhängige Komponente ergänzte. Danach sollen die EZB-Leitzinsen „mindestens über den Sommer 2019 und in jedem Fall so lange wie erforderlich" auf ihrem aktuell niedrigen Niveau belassen werden, „um sicherzustellen, dass die Inflationsentwicklung weitgehend mit den derzeitigen Erwartungen eines nachhaltigen Anpassungspfads übereinstimmt."[17] Etwas Verwirrung entstand hinsichtlich der Formulierung „mindestens über den Sommer 2019", da diese in einigen von nationalen Zentralbanken erstellten Übersetzungen zunächst mit „mindestens bis zum Ende des Sommers 2019" oder mit „mindestens bis zum Sommer 2019" wiedergegeben worden war, was auf die Möglichkeit einer Zinserhöhung entweder erst im September oder noch im Juni/Juli 2019 hingewiesen hätte.[18] Die EZB betonte demgegenüber, dass allein der englischsprachige Text der EZB-Ratsbeschlüsse („at least through the summer of 2019") authentisch ist.[19] Die EZB zieht also eine Zinserhöhung allerfrühestens im September 2019[20] in Betracht. Wahrscheinlicher ist eine solche Entscheidung auf der Sitzung am 24. Oktober 2019, der letzten EZB-Ratssitzung unter Präsident Draghi, dessen achtjährige Amtszeit am 31. Oktober 2019 endet.

---

14 Aberdeen Standard, zitiert nach Frankfurter Allgemeine Zeitung: Europäische Aktien gewinnen. Der Euro verliert, 15.6.2018, S. 27.
15 Vgl. Robin Wiggelsworth/Kate Allen/Roger Blitz: Halycon days recede as ECB and Fed step back. Investors rush to revamp their portfolios after landmark week sees central banks embark on quantitative tightening, in: Financial Times, 16./17.6.2018, S. 13. Im August 2018 schrumpften erstmals seit zehn Jahren die Zentalbankbilanzen weltweit (von 32 auf 31 Prozent der Staatsverschuldung); vgl. Kate Allen/Keith Fray: QE retreat: Central banks' balance sheets start to shrink, Financial Times, 28.8.2018, S. 11.
16 Zitiert nach Financial Times: Draghi treads middle path in ending stimulus, 15.6.2018, S. 4.
17 Philipp Plickert: Die Zinsen bleiben niedrig, in: Frankfurter Allgemeine Zeitung, 15.6.2018, S. 13.
18 Claire Jones: Lost in translation. Draghi expects grilling over mixed ECB messages on rates, Financial Times, 26.7.2018, S. 2.
19 So Draghi auf der EZB-Pressekonferenz am 13.7.2018.
20 Bestätigend Draghis Antwort auf eine Journalisten-Frage auf der EZB-Pressekonferenz am 14.6.2018.

Schließlich betonte der EZB-Rat in seiner Juni-Sitzung die Bereitschaft, seine Instrumente gegebenenfalls anzupassen, um sicherzustellen, dass sich die Inflationsrate auf mittlere Sicht weiterhin nachhaltig einem Niveau von unter, aber nahe 2 Prozent annähere. In dieser Formulierung, welche der EZB für die Zukunft alle Optionen offen hielt, zeigte sich, dass jedenfalls einige Mitglieder des EZB-Rats ein gewisses Risiko sahen, dass weltwirtschaftliche Risikofaktoren und/oder unerwartete Ereignisse in Europa die aktuell positive Inflationsentwicklung umkehren oder den Euroraum früher als erwartet in eine Rezession stürzen könnten.[21]

Im weiteren Jahresverlauf bekräftigte die EZB ihre im Juni geäußerten Erwartungen und ihre ‚Forward Guidance' und setzte den vorgezeichneten Normalisierungskurs konsequent fort. Kursbestätigend wirkten die Projektionen der EZB-Experten, die im Juli und im Oktober Inflationsraten von jeweils 1,7 Prozent für 2018, 2019 und 2020 sowie 1,9 Prozent für 2023 vorhersagten. Zudem betrug die monatliche Inflationsrate im Juli 2018 2,1 Prozent und im August 2018 2,0 Prozent, pendelte sich also in der Nähe des EZB-Zielwerts ein. Das Wachstum schwächte sich zwar etwas ab, wurde aber von den EZB-Experten im Oktober für 2018 noch mit 2 Prozent, für 2019 mit 1,8 Prozent und für 2020 mit 1,6 Prozent prognostiziert. Anfang Oktober reduzierte die EZB daher ihre Ankäufe von Vermögenswerten auf 15 Mrd. Euro monatlich. Zugleich wiederholte der EZB-Rat am 25. Oktober 2018 seine Erwartung, das Ankaufprogramm zum Jahresende zu beenden. Dabei lehnte es EZB-Präsident Draghi – wie zuvor bereits bei der September-Ratssitzung[22] – explizit ab, sich durch den Konflikt um die Haushaltspolitik Italiens von seinem geldpolitischen Kurs abbringen zu lassen. Dies sei eine fiskalische Angelegenheit, die nach dem Stabilitäts- und Wachstumspakt zu beurteilen sei, deren ultimativer Wächter die Europäische Kommission sei und nicht die EZB, so Draghi, wobei er sich persönlich zuversichtlich zeigte, dass der Konflikt gelöst werden würde.

Angesichts zunehmender geopolitischer Unsicherheiten betonte Draghi im Oktober 2018 erneut, dass die Geldpolitik im Euroraum weiterhin locker bleibe. Noch bis Dezember 2018 kauft die EZB monatlich Vermögenswerte im Wert von 15 Mrd. Euro, was den Bestand von im Rahmen des APP erworbenen Wertpapieren in der EZB-Bilanz auf insgesamt 2,615 Bio. Euro (bei einer Bilanzsumme von dann insgesamt mehr als 4,8 Bio. Euro) anwachsen lassen wird. Der EZB-Beschluss, die Tilgungssumme fällig werdender Wertpapiere fortgesetzt zu reinvestieren, wird ihre Bilanz für längere Zeit auf gleichem Niveau fortschreiben und die Wirkung der Ende 2018 erreichten geldpolitischen Lockerung verlängern. Zusammen mit der erklärten Absicht, die EZB-Leitzinsen bis mindestens über den Sommer 2019 auf dem aktuell niedrigen Niveau zu belassen, ergibt dies eine nach wie vor erheblich akkommodierende Geldpolitik bis weit in das Jahr 2019 hinein, zumal zu erwarten ist, dass die EZB im Herbst 2019 zunächst die Leitzinsen (beginnend mit der Einlagefazilität) schrittweise erhöhen und erst 2020 anfangen wird, ihre Bilanz durch behutsames Zurückfahren der Reinvestitionen langsam abzuschmelzen.

Auch wenn die EZB – aufgrund divergierender Auffassungen im EZB-Rat und rechtlicher Bedenken – erst verspätet auf das geldpolitische Instrument des ‚Quantitative Easing' zurückgegriffen hat, ist es in der Rückschau doch als einigermaßen erfolgreich zu bewerten. In der Summe hatten die von der EZB seit Juni 2014 ergriffenen geldpolitischen Lockerungsmaßnahmen substanzielle positive Auswirkungen auf die Wirtschaftsleistung im Euroraum. Die EZB selbst schätzt den kumulierten Effekt auf das reale BIP-Wachstum und auf die Inflation auf jeweils 1,9 Prozentpunkte für den Zeitraum 2016 bis 2020.[23] Es ist daher zu begrüßen, dass

---

21 Vgl. Frankfurter Allgemeine Zeitung: EZB beschließt Auslaufen der Anleihekäufe. Der Zentralbankrat will bis zum Jahresende die Neuzukäufe beenden. Er hält sich aber eine Hintertür offen, 15.6.2018, S. 19.
22 Jan Mallien/Frank Wiebe: Keine Hilfe für Italien, in: Handelsblatt, 14.9.2018, S. 27.
23 Vgl. EZB, Jahresbericht 2017, S. 51, mit weiteren Nachweisen in Fußnote 47.

Generalanwalt Melchior Wathelet am Gerichtshof der Europäischen Union in seinen Schlussanträgen vom 4. Oktober 2018 bestätigte, dass der Ankauf öffentlicher Wertpapiere am Sekundärmarkt zu geldpolitischen Zwecken vom rechtlichen Mandat der EZB gedeckt ist.[24] Folgt der Gerichtshof dieser auch in der europarechtlichen Literatur vertretenen Rechtsauffassung,[25] ist für die Zukunft sichergestellt, dass der Erwerb von Staatsanleihen am offenen Markt wie bei jeder Zentralbank auch bei der EZB zum regulären geldpolitischen Instrumentarium zählt. Bei künftigen Krisen würde eine solche rechtliche Klarstellung die EZB in die Lage versetzen, frühzeitiger und noch entschlossener einzugreifen als dies vor zehn Jahren der Fall war.

Euro-Wechselkurs: Eine stärkere internationale Rolle für den Euro?

Nachdem der Euro-Wechselkurs 2017 gegenüber den meisten wichtigen Währungen an Boden gewonnen (nominaler effektiver Wechselkurs gegenüber den 38 wichtigsten Handelspartnern des Euroraums: + 6,3 Prozent) und gegenüber dem US-Dollar sogar um 14 Prozent aufgewertet hatte (Dezember 2017: 1 Euro = 1,184 US Dollar) – was bei einigen Geldpolitikern bereits zu Sorgen vor inflations- und wachstumsdämpfenden Auswirkungen geführt hatte –, stabilisierte er sich 2018 auf dem zu Jahresbeginn erreichten, seinem historischen Durchschnitt entsprechenden Niveau. Der nominale effektive Wechselkurs wertete bis September im Jahresvergleich um 3,7 Prozent auf, während sich der Euro im gleichen Zeitraum gegenüber dem US-Dollar (- 2,1 Prozent, September 2018: 1 Euro = 1,166 US-Dollar), dem japanischen Yen (- 1,1 Prozent) und dem britischen Pfund (- 0,2 Prozent) etwas abschwächte. Am relativ stabilen Euro-Wechselkurs zeigte sich, dass die EZB den Ausstieg aus dem ‚Quantitative Easing' kommunikativ gut vorbereitet hatte; weder im Juni noch im Oktober kam es zu sprunghaften Anstiegen des Außenwerts des Euro, wie sie ansonsten bei einer Rücknahme lockerer geldpolitischer Maßnahmen zu erwarten gewesen wären; dazu trug auch die zunehmend restriktivere Geldpolitik der US Federal Reserve bei.

Im Mai 2018 bescheinigten die Konvergenzberichte von EZB und Europäischer Kommission den meisten der sieben gegenwärtig nicht am Euro teilnehmenden „Mitgliedstaaten mit Ausnahmeregelung" eine hohe nominale Konvergenz. So erfüllten alle sieben Euro-Anwärterstaaten das Kriterium solider öffentlicher Finanzen. Bulgarien, Kroatien, Schweden, die Tschechische Republik und Ungarn schnitten gut beim Kriterium für die langfristigen Zinssätze ab. Schließlich bestanden Bulgarien, Kroatien, Polen und Schweden auch beim Kriterium der Preisstabilität. Zwar ist bislang keiner der sieben Euro-Anwärterstaaten Mitglied des Wechselkursmechanismus II, an dem sich ein Mitgliedstaat mindestens zwei Jahre lang spannungsfrei beteiligen muss, bevor er dem Euroraum beitreten kann. Ende Juni kündigte allerdings Bulgarien – dessen Währung Lew seit 1999 fest an den Euro gekoppelt ist – an, innerhalb eines Jahres sowohl dem Wechselkursmechanismus als auch der Bankenunion (also dem von der EZB geleiteten Einheitlichen Aufsichtsmechanismus für Banken) beizutreten.[26] Auf dem Euro-Gipfel im Oktober 2018, der unter Einbeziehung der sieben Euro-Anwärterstaaten sowie von Dänemark stattfand, erklärten auch Kroatien und Rumänien die Absicht, sobald wie möglich dem Euro beitreten zu wollen.

---

24 Rechtssache C-493/17, Weiss und Andere, Auslöser des Verfahrens ist ein Rechtsstreit vor dem Bundesverfassungsgericht, das die Beurteilung des APP dem EuGH zur Vorabentscheidung vorgelegt hat.
25 Vgl. Martin Selmayr: Kommentierung zu Artikel 282 AEUV, insbes. Randnummer 51, in: Hans von der Groeben/Jürgen Schwarze/Armin Hatje: Europäisches Unionsrecht, Kommentar, Baden-Baden 2015.
26 Alexander Mühlauer: Euro statt Lew. Bulgarien will in die Währungsunion. Ist das Land bereit?, in: Süddeutsche Zeitung, 13.7.2018, S.18.

In den kommenden fünf Jahren könnte der Euroraum also auf 22 Eurostaaten anwachsen. Durch den den bevorstehenden Austritt des Vereinigten Königreichs werden Euroraum und Binnenmarkt zunehmend kongruent; dies verstärkt Bestrebungen, den Euro wie bereits im Vertrag von Maastricht vorgesehen früher oder später in allen EU-Mitgliedstaaten einzuführen. Dafür spricht neben dem Interesse an größerer Einheit der Union auch der in Zeiten geopolitischer Unsicherheit lauter werdende Ruf nach einer stärkeren internationalen Rolle des Euro.[27] Angesichts der bei der Aufkündigung des Entnuklearisierungsabkommens mit dem Iran durch die USA offenbar gewordenen wirtschafts- und finanzpolitischen Schwächen der EU sprach sich Kommissionspräsident Juncker in seiner Rede zur Lage der Union im September 2018 für Maßnahmen zur Stärkung der internationalen Rolle des Euro aus.[28] Die Europäer müssten endlich die Kapitalmarktunion vorantreiben, damit Unternehmen auch in Europa auf tiefe und liquide Kapitalmärkte zur Refinanzierung zurückgreifen können. EZB-Präsident Draghi, der bislang eine neutrale Position hinsichtlich der internationalen Rolle des Euro eingenommen hatte, zeigte sich ausdrücklich interessiert, in dieser Frage eng mit der Kommission zusammenzuarbeiten. Zustimmung kam auch von Frankreichs Präsident Emmanuel Macron und von Bundesaußenminister Heiko Maas. In einer Zeit, in der sich die USA aus ihrer weltpolitischen Verantwortung und vom Multilateralismus verabschieden, kann der Euro zu einem wichtigen Instrument bei der Stabilisierung der regelbasierten internationalen Ordnung werden. Bis dahin ist es aber noch ein weiter Weg. Wie ein im Juni 2018 veröffentlichter Bericht der EZB zeigt, befindet sich die internationale Rolle des Euro auf einem historischen Tiefpunkt;[29] so werden 62,2 Prozent der internationalen Schuldverschreibungen in US-Dollar begeben und 62,7 Prozent der Devisenreserven in US-Dollar angelegt, nur 22,4 Prozent beziehungsweise 20,1 Prozent in Euro. Dies ist eine Folge der Finanzkrise, aber auch der Tatsache geschuldet, dass Schwellenländer eine traditionelle Präferenz für die Währung der Militär- und Wirtschaftsmacht USA haben. Nur bei internationalen Zahlungen hat der Euro aufgeholt; heute werden 39,9 Prozent in US-Dollar, aber bereits 35,7 Prozent in Euro abgewickelt (August 2017: 40,72 Prozent beziehungsweise 32,91 Prozent). Eine interessante Entwicklung bringt der bevorstehende ‚Brexit' mit sich: Ende Juni 2018 hielt die Bank of England 53,96 Mrd. US-Dollar als Devisenreserven, zugleich Euro im Gegenwert von 57,53 Mrd. US-Dollar. Vor dem ‚Brexit'-Referendum 2016 waren es nur Euro im Gegenwert von 47,95 Mrd. US-Dollar.[30]

Wechsel im EZB-Direktorium: Vorbereitung auf die Draghi-Nachfolge?
Erstmals seit 2012 kam es Ende Mai 2018 zu einem Wechsel im sechsköpfigen, von Präsident Draghi geleiteten EZB-Direktorium, als die achtjährige Amtszeit des portugiesischen Vizepräsidenten Vitor Constâncio zu Ende ging. Zu seinem Nachfolger ernannte der Europäische Rat auf Empfehlung des EZB-Rats Luis de Guindos, der bis März 2018 spanischer Wirtschaftsminister gewesen war. Diese Personalie war aus drei Gründen bemerkenswert. Erstens wurde mit de Guindos erstmals ein früherer Politiker Mitglied des EZB-Direktoriums, was rechtlich nicht ausgeschlossen ist, da Art. 284 Abs. 2 AEUV nur eine Auswahl „aus dem Kreis der in Währungs- oder Bankfragen anerkannten und erfahrenen Persönlichkeiten" verlangt, zu denen ein vormaliger Wirtschaftsminister durchaus zu zählen ist. Zweitens hat mit de Guindos erst-

---

27 Frankfurter Allgemeine Zeitung: Die Macht des Dollars wird zum Ärgernis, 23.8.2018, S. 16.
28 Mehreen Khan/Jim Brunsden: Juncker eyes turning euro into reserve currency to rival dollar, in: Financial Times, 15.9.2018, S. 2.
29 EZB: The international role of the euro, Interim report, Frankfurt am Main, Juni 2018.
30 Tommy Stubbington/Caroline Wheeler: Treasury shifts cash into euro after Brexit, in: The Sunday Times, 12.8.2018, S. 1.

mals seit 2012 wieder ein Direktoriumsmitglied die spanische Staatsangehörigkeit, was als symbolische Rehabilitation des von der Finanzkrise schwer getroffenen, danach aber wirtschaftlich wieder erstarkten Spaniens im Kreise der Eurostaaten betrachten werden kann. Drittens mag man versucht sein, in der Personalie de Guindos eine Weichenstellung für die Nachfolge Draghis im November 2019 zu sehen. Dabei gibt es verschiedene Lesarten. Wer falschen Klischees verhaftet meint, dass mit einem „Südeuropäer" als Vizepräsident nur ein besonders stabilitätsorientierter „Nordeuropäer" als Nachfolger des „italienischen" Präsidenten denkbar ist, der wird in der Personalie de Guindos eine Vorentscheidung für Bundesbank-Präsident Jens Weidmann als nächsten EZB-Präsidenten sehen. Wer genauer hinsieht, wird feststellen, dass Spanien seit den Prüfungen der Finanzkrise eher zu den wirtschaftspolitischen ‚Hardlinern' zählt, wobei der Konservative de Guindos stets für haushaltspolitische Eigenverantwortung und Währungsstabilität eingetreten ist. Vieles spricht deshalb dafür, dass der nächste EZB-Präsident aus Frankreich stammen könnte, zumal die deutsche Bundesregierung inzwischen vernehmen ließ, dass sie sich 2019 nicht für einen Deutschen an der Spitze der EZB, sondern der politisch einflussreicheren Europäischen Kommission einsetzen werde.[31] Angesichts der Vielzahl der 2019 auf europäischer Ebene zu besetzenden Führungspositionen (Kommissionspräsident, Präsident des Europäischen Rates, Hoher Beauftragter der Union für Außen- und Sicherheitspolitik), kann das Rennen um die EZB-Spitze – bei dem rechtlich gesehen nur die Qualifikation, nicht aber die Nationalität der Kandidaten eine Rolle spielen darf – nur als offen bezeichnet werden. EZB-Präsident Draghi selbst erinnert regelmäßig daran, dass er noch bis zum 31. Oktober 2019 im Amt ist und dieses bis dahin in vollem Umfang auszuüben gedenke. In der Zwischenzeit plädiert er unermüdlich für die Vollendung der Wirtschafts- und Währungsunion, für Fortschritte bei der europäischen Einlagensicherung und für eine stärkere Kapitalmarktunion. Zugleich tritt er als Mahner gegenüber allen Versuchen auf, die Unabhängigkeit von Zentralbanken – ob diesseits oder jenseits des Atlantiks – auch nur rhetorisch zu untergraben. Es wird nicht einfach werden, für die kommenden acht Jahre erneut einen ebenso wachsamen und kommunikationsstarken obersten europäischen Währungshüter zu finden, wie es Draghi in den turbulenten Zeiten der globalen Finanzkrise gewesen ist.

Weiterführende Literatur

Grégory Claeys/Maria Demertzis: How should the European Central Bank 'normalise' its monetary policy?, Bruegel Policy Contribution, Issue n° 31, November 2017, abrufbar unter: http://bruegel.org/2017/11/how-should-the-european-central-bank-normalise-its-monetary-policy/ (letzter Zugriff: 4.11.2018).

Mario Draghi: Economic and Monetary Union: past and present, Berliner Rede vom 19. September 2018, abrufbar unter: https://www.ecb.europa.eu/press/key/date/2018/html/ecb.sp180919.en.html (letzter Zugriff: 4.11.2018).

Mario Draghi: Central bank independence, First Lamfalussy Lecture vom 26. Oktober 2018, abrufbar unter: https://www.ecb.europa.eu/press/key/date/2018/html/ecb.sp181026.en.html (letzter Zugriff: 4.11.2018).

Ognian Hishow/Miguel Otero-Iglesias/Federico Steinberg/Paweł Tokarski (Hrsg.): The Euro Paradox: Explaining the Resilience of the Single Currency, Stiftung Wissenschaft und Politik, Working Paper Research Division EU/Europa, 2018, Nr. 1, Januar 2018.

Europäische Zentralbank: Jahresbericht 2017, Frankfurt am Main 2018.

Europäische Zentralbank: EZB-Jahresbericht zur Aufsichtstätigkeit, Frankfurt am Main 2018.

Jens Weidmann: Reformen für eine stabile Währungsunion, Brüsseler Rede vom 5. Juni 2018, abrufbar unter: https://www.bundesbank.de/de/presse/reden/reformen-fuer-eine-stabile-waehrungsunion-743788 (letzter Zugriff: 4.11.2018).

Adalbert Winkler: Zehn Jahre nach dem Konkurs von Lehman Brother. Ordnungspolitische Irrtümer in der Bewertung der EZB-Geldpolitik seit der globalen Finanzkrise, Perspektiven der Wirtschaftspolitik 2018, S. 141-162.

---

31 Jim Brunsden/Mehreen Khan/Claire Jones: Merkel shift of emphasis in Europe opens up field for top job at ECB, in: Financial Times, 28.8.2018, S. 3.

Rechnungshof

Siegfried Magiera/Matthias Niedobitek

In seiner Sitzung vom 13. Juli 2017 verabschiedete der Europäische Rechnungshof als „Hüter der EU-Finanzen" die Jahresberichte über die Ausführung des Gesamthaushaltsplans der Europäischen Union (EU) einschließlich der Europäischen Atomgemeinschaft und über die Tätigkeiten im Rahmen des Europäischen Entwicklungsfonds, jeweils zum Haushaltsjahr 2016.[1] Für das Jahr 2016 erstellte er zudem 55 besondere Jahresberichte über die Jahresrechnungen der verschiedenen Einrichtungen der Union. Bei allen war die Rechnungsführung zuverlässig; auch die den Jahresrechnungen zugrunde liegenden Finanzvorgänge entsprachen – bis auf zwei Ausnahmen[2] – den Anforderungen an die gebotene Recht- und Ordnungsmäßigkeit. Der Rechnungshof veröffentlichte 28 Sonderberichte, unter anderem zur Bekämpfung der Jugendarbeitslosigkeit, zum „Hotspot-Konzept" als Reaktion auf die Flüchtlingskrise, zur Effizienz des Gerichtshofs der Union bei der Bearbeitung von Rechtssachen und zur Beurteilung der Wahlbeobachtungsmissionen der Union. In vier Stellungnahmen zu Rechtsvorschlägen äußerte er sich unter anderem zur Haushaltsordnung und zur Finanzierung europäischer politischer Parteien. Eine Landscape-Analyse galt den Bereichen Energie und Klimawandel, eine Schnellanalyse dem Personalabbau in den Unionsorganen. Im Rahmen der Zusammenarbeit mit dem Europäischen Amt für Betrugsbekämpfung (OLAF)[3] leitete der Rechnungshof 13 (Vorjahr 16) mutmaßliche Betrugsfälle an das OLAF weiter. Die Europäische Zentralbank (EZB) unterliegt der Prüfung des Rechnungshofs nur hinsichtlich ihrer Verwaltungseffizienz, im Übrigen unabhängigen externen Prüfern, die vom EZB-Rat empfohlen und vom Rat anerkannt werden.[4] Auch der Rechnungshof selbst unterwirft sich einer externen Prüfung.[5] Die Strategie des Rechnungshofs für 2018-2020 soll eine Stärkung des Vertrauens durch externe Finanzkontrolle bewirken. Das Arbeitsprogramm für 2018 sieht unter anderem Sonderberichte zur Lebensmittelsicherheit, zur Flüchtlingshilfe in der Türkei und zur Zukunft des Unionshaushalts vor.[6]

---

1 Rechnungshof: Jahresbericht über die Ausführung des Haushaltsplans und Jahresbericht über die Tätigkeiten im Rahmen des achten, neunten, zehnten und elften Europäischen Entwicklungsfonds (EEF), in: Amtsblatt der EU, Nr. C 322, 28. September 2017, S. 3-280 und S. 281-310.
2 Europäisches Unterstützungsbüro für Asylfragen; Elektronikkomponenten und -systeme für eine Führungsrolle Europas (ECSEL).
3 Rechnungshof: Decision No 43-2017 of 14.9.2017 on cooperation between the European Court of Auditors (ECA) and the European Anti-Fraud Office (OLAF) concerning cases of suspected fraud identified by the ECA during its audit work or provided to it as unsolicited denunciations from third parties (zugänglich auf der Website des Rechnungshofs: eca.europa.eu).
4 Art. 27 EZB-Satzung; vgl. für 2017 den Independent Auditor's Report (Bestätigungsvermerk) vom 14. Februar 2018, in: Europäische Zentralbank: Jahresbericht 2017, Frankfurt am Main 2018, S. A 66-69.
5 Vgl. für 2016: Bescheinigung des Jahresabschlusses vom 24. Mai 2017, in: Rechnungshof: Jahresabschluss des Europäischen Rechnungshofes für das Haushaltsjahr 2016, in: Amtsblatt der EU, Nr. C 371, 31. Oktober 2017, S. 3-4.
6 Nachweise zu den vorstehenden Angaben finden sich in: Europäischer Rechnungshof: 2017 Tätigkeitsbericht, Luxemburg 2018, (zugänglich auf der Website des Rechnungshofs: eca.europa.eu).

In seinem 40. Jahresbericht zur Ausführung des Gesamthaushaltsplans, dessen Kernstück die dem Parlament und dem Rat vorzulegende Erklärung über die Zuverlässigkeit der Rechnungsführung sowie über die Recht- und Ordnungsmäßigkeit der zugrunde liegenden Vorgänge ist und die durch spezifische Beurteilungen zu allen größeren Tätigkeitsbereichen der Union ergänzt werden kann (Art. 287 AEU-Vertrag), stellt der Rechnungshof für das Haushaltsjahr 2016 fest, dass die konsolidierte Jahresrechnung die Vermögens- und Finanzlage der Union, die Ergebnisse ihrer Vorgänge und ihre Cashflows sowie die Veränderungen ihrer Nettovermögenswerte vorschriftsmäßig und in allen wesentlichen Belangen insgesamt sachgerecht darstellt und dass die der Jahresrechnung zugrunde liegenden Einnahmen in allen wesentlichen Belangen recht- und ordnungsmäßig sind. Erstmals sind auch rund die Hälfte der zugrunde liegenden Zahlungen in allen wesentlichen Belangen recht- und ordnungsmäßig; im wesentlichen Ausmaß mit Fehlern behaftet sind lediglich noch die erstattungsbasierten Zahlungen, während die anspruchsbasierten Zahlungen keine wesentliche Fehlerquote aufweisen.

Im Anschluss an dieses Anfangskapitel zur Zuverlässigkeitserklärung umfasst der Jahresbericht neun weitere Kapitel, davon zwei übergreifende Kapitel („Haushaltsführung und Finanzmanagement" und „EU-Haushalt und Ergebniserbringung") sowie sieben spezifische Kapitel, davon ein Kapitel zu den Einnahmen und sechs Kapitel zu den Ausgaben, die den Bereichen bzw. Teilbereichen des Mehrjährigen Finanzrahmens 2014-2020 entsprechen: „Wettbewerbsfähigkeit für Wachstum und Beschäftigung" und „Wirtschaftlicher, sozialer und territorialer Zusammenhalt" (als Teilbereiche des Bereichs „Intelligentes und integratives Wachstum"), „Natürliche Ressourcen", „Sicherheit und Unionsbürgerschaft", „Europa in der Welt" und „Verwaltung".

Die 2016 insgesamt verfügbaren Haushaltsmittel beliefen sich auf 167 Mrd. Euro bei den Mitteln für Verpflichtungen und auf 148 Mrd. Euro bei den Mitteln für Zahlungen; tatsächlich beliefen sich die Einnahmen auf 145 Mrd. Euro, die Ausgaben auf 136 Mrd. Euro.[7] Die Einnahmen sind nicht in wesentlichem Ausmaß fehlerbehaftet und die untersuchten Systeme sind – bis auf bedingt wirksame interne Kontrollen der Traditionellen Eigenmittel (TEM) – als wirksam zu bewerten. Sie bestehen zu 91 Prozent (Vorjahr 89 Prozent) aus Eigenmitteln und zu 9 Prozent (Vorjahr 11 Prozent) aus sonstigen Einnahmen. Die TEM (Zölle und Zuckerabgaben) belaufen sich auf 20 Mrd. Euro (14 Prozent; Vorjahr 13 Prozent), die Mehrwertsteuer-Eigenmittel auf 16 Mrd. Euro (11 Prozent; Vorjahr 12 Prozent) und die Eigenmittel gemäß dem Bruttonationaleinkommen (BNE) auf 96 Mrd. Euro (66 Prozent; Vorjahr 64 Prozent) der Unionseinnahmen. Der Rechnungshof empfiehlt der Kommission, zusammen mit den Mitgliedstaaten sämtliche potenziellen Auswirkungen der Wirtschaftstätigkeit multinationaler Unternehmen auf die Schätzung des Bruttonationaleinkommens zu analysieren.

Die der Jahresrechnung zugrunde liegenden Zahlungen sind – bei einer allgemein angenommenen Wesentlichkeitsschwelle von 2,0 Prozent – mit der vom Rechnungshof geschätzten Fehlerquote von 3,1 Prozent (Vorjahr 3,8 Prozent) weiterhin rund zur Hälfte in wesentlichem Ausmaß mit Fehlern behaftet. Nicht mit wesentlichen Fehlern behaftet ist neben dem Bereich „Einnahmen" mit 0,0 Prozent (Vorjahr 0,0 Prozent) der Bereich „Verwaltung" mit 0,2 Prozent (Vorjahr 0,6 Prozent). Mit wesentlichen Fehlern behaftet sind die übrigen Ausgabenbereiche: „Europa in der Welt" mit 2,1 Prozent (Vorjahr 2,8

---

7   Europäische Kommission: Konsolidierte Jahresrechnung der Europäischen Union 2016, in: Amtsblatt der EU, Nr. C 323, 28. September 2017, S. 109-112.

Prozent), „Natürliche Ressourcen" mit 2,5 Prozent (Vorjahr 2,9 Prozent), „Wettbewerbsfähigkeit" mit 4,1 Prozent (Vorjahr 4,4 Prozent), „Kohäsion" mit 4,8 Prozent (Vorjahr 5,2 Prozent). Der Rechnungshof stellt weiterhin einen engen Zusammenhang zwischen der Grundlage für die Zahlung (Kostenerstattung oder Zahlungsanspruch) und den Fehlerquoten fest.

Die von der Union geleisteten Zahlungen belaufen sich auf insgesamt 136 Mrd. Euro. Im Rahmen des Bereichs „Intelligentes und integratives Wachstum" mit einem Volumen von 56 Mrd. Euro (41 Prozent der Haushaltsmittel) entfallen auf den Teilbereich „Wettbewerbsfähigkeit für Wachstum und Beschäftigung" 19 Mrd. Euro (14 Prozent der Haushaltsmittel), davon 11 Mrd. Euro für Forschung, 2,0 Mrd. Euro für Bildung, Jugend und Sport, 1,9 Mrd. Euro für Verkehr und Energie, 1,2 Mrd. Euro für Raumfahrt und 2,5 Mrd. Euro für sonstige Maßnahmen und Programme. Fast die gesamten Ausgaben gehen als Projektbeteiligung an private oder öffentliche Empfänger. Der Rechnungshof empfiehlt der Kommission, die für das Forschungsprogramm „Horizont 2020" neu eingeführten vereinfachten Kostenoptionen, wie Pauschalfinanzierung und Preisgelder, verstärkt zu berücksichtigen.

Der Teilbereich „Wirtschaftlicher, sozialer und territorialer Zusammenhalt" im Rahmen des Bereichs „Intelligentes und integratives Wachstum" umfasst Ausgaben in Höhe von 38 Mrd. Euro (28 Prozent der Haushaltsmittel). Davon entfallen 21 Mrd. Euro auf den Europäischen Fonds für regionale Entwicklung (EFRE) und sonstige regionale Maßnahmen, 8,1 Mrd. Euro auf den Europäischen Sozialfonds (ESF), 7,5 Mrd. Euro auf den Kohäsionsfonds und 1,2 Mrd. Euro auf sonstige Maßnahmen. Diese Instrumente dienen der Kofinanzierung von Programmen mit dem Ziel, die Entwicklungsunterschiede zwischen den Mitgliedstaaten und Regionen zu verringern sowie die Wettbewerbsfähigkeit und die Zusammenarbeit der Regionen zu fördern. Hauptfehlerquellen sind die Einbeziehung nicht förderfähiger Projekte und Ausgaben zugunsten der Begünstigten sowie schwerwiegende Rechtsverstöße bei der Vergabe öffentlicher Aufträge. Der Rechnungshof empfiehlt der Kommission unter anderem für den Zeitraum 2014-2020 eine gründliche Kontrolle und Anleitung im Zusammenhang mit staatlichen Beihilfen und Mitteln der Europäischen Investitionsbank sowie für den Zeitraum nach 2020 eine verstärkte Leistungsorientierung der Programme und eine Vereinfachung der Mechanismen für Zahlungen.

Der Bereich „Natürliche Ressourcen" wird durch den Europäischen Garantiefonds für die Landwirtschaft (EGFL), durch den Europäischen Landwirtschaftsfonds für die Entwicklung des ländlichen Raums (ELER) und durch den Europäischen Meeres- und Fischereifonds (EMFF) finanziert. Von den Ausgaben in Höhe von 57 Mrd. Euro (42 Prozent der Haushaltsmittel) entfallen a) auf marktbezogene Ausgaben (Einlagerung, Ausfuhrerstattungen, Nahrungsmittelhilfe) und Direktbeihilfen (Betriebs-, Flächen-, Produktionsprämien) 44 Mrd. Euro im Rahmen des EGFL, b) auf die Entwicklung des ländlichen Raums 12 Mrd. Euro im Rahmen des ELER, c) auf den Meeres- und Fischereisektor 0,4 Mrd. Euro im Rahmen des EMFF und d) auf sonstige Bereiche (Umwelt, Klimapolitik) 0,5 Mrd. Euro im Rahmen sonstiger Finanzierungsmaßnahmen. Die Maßnahmen aus dem EGFL werden vollständig aus Unionsmitteln, diejenigen aus dem ELER und dem EMFF zusätzlich aus nationalen Mitteln finanziert. Der Rechnungshof empfiehlt der Kommission sicherzustellen, dass die Kontrollen der nationalen Behörden Verbindungen zwischen Antragstellern und anderen an den geförderten Projekten beteiligten Akteuren aufzeigen. Auch sei der Ansatz zur Bewertung der Flächenkategorien zu überprüfen, um das Fehlerrisiko bei der Zahlung für den Klima- und Umweltschutz (Ökologisierungszahlung oder Greeningprämie) zu verringern.

Der Bereich „Sicherheit und Unionsbürgerschaft" umfasst ein Ausgabenvolumen von 3 Mrd. Euro (2,3 Prozent der Haushaltsmittel) und dient der Schaffung eines Raums der Freiheit, der Sicherheit und des Rechts ohne Binnengrenzen. Davon entfallen 1,6 Mrd. Euro auf „Migration und Sicherheit", 0,7 Mrd. Euro auf „Dezentrale Agenturen", 0,3 Mrd. Euro auf „Lebens- und Futtermittel", 0,2 Mrd. Euro auf „Kreatives Europa", 0,3 Mrd. Euro auf „Sonstiges", das heißt, auf Ausgaben für Verbraucher, Justiz, Rechte, Gleichstellung und Unionsbürgerschaft. Stichproben ergaben einige eher geringfügige Fehler, die jedoch – auch angesichts des geringen Zahlungsvolumens des Bereichs – nicht als repräsentativ zu werten sind.

Im Bereich „Europa in der Welt" mit einem Volumen von 10 Mrd. Euro (7,6 Prozent der Haushaltsmittel) werden die Maßnahmen im Außenbereich („Außenpolitik") finanziert durch das Finanzierungsinstrument für die Entwicklungszusammenarbeit (DCI) mit 2,8 Mrd. Euro, das Europäische Nachbarschaftsinstrument (ENI) mit 2,2 Mrd. Euro, das Instrument für Heranführungshilfe (IPA) mit 1,9 Mrd. Euro, die Humanitäre Hilfe mit 1,9 Mrd. Euro sowie sonstige Maßnahmen und Programme mit 1,5 Mrd. Euro. Der Rechnungshof empfiehlt der Kommission, unter anderem die Prüfkompetenz in den Empfängerländern durch engere Zusammenarbeit zu verbessern, Risikoindizes zur internen Kontrolle zu entwickeln sowie die Restfehlerquote und die Fehlergrenzen ordnungsgemäß auszuweisen.

Der Bereich „Verwaltung" umfasst ein Ausgabenvolumen von 9,3 Mrd. Euro (6,8 Prozent der Haushaltsmittel), davon 5,4 Mrd. Euro für die Kommission, 1,9 Mrd. Euro für das Parlament, 0,8 Mrd. Euro für den Europäischen Auswärtigen Dienst sowie 1,2 Mrd. Euro für die anderen Organe und Einrichtungen der Union. Die Mittel verteilen sich zu 60 Prozent auf die Personal- und zu 40 Prozent auf die Sachkosten (Gebäude, Energie, Kommunikation). Im Zeitraum 2013-2017 wurden – ohne Berücksichtigung der Ämter des Bürgerbeauftragten, des Datenschutzbeauftragten und der Agenturen – die Zahl der Planstellen um 4 Prozent und der Personalbestand um 1,4 Prozent verringert. Mängel finden sich weiterhin beim Parlament (Fraktionsfinanzierung), bei der Kommission (Familienzulagen) und beim Europäischen Auswärtigen Dienst (Familienzulagen, Vergabeverfahren).

Im Kapitel „Haushaltsführung und Finanzmanagement" stellt der Rechnungshof fest, dass die noch abzuwickelnden Mittelbindungen eine Rekordhöhe erreicht haben und es in Zukunft eines umsichtigen Finanzmanagements bedarf. Der zunehmende Gebrauch von Finanzierungsinstrumenten impliziert neue Governance-Regeln mit eingeschränkter öffentlicher Kontrolle. Die immer komplexeren Finanzierungsmechanismen gefährden die Rechenschaftspflicht und die Transparenz. Er empfiehlt der Kommission, bei ihrer Vorausschätzung der Mittel für Zahlungen für den nächsten Mehrjährigen Finanzrahmen (2021-2027) den Anstieg der noch abzuwickelnden Mittelbindungen aus dem gegenwärtigen Mehrjährigen Finanzrahmen (2014-2020) zu berücksichtigen. Ferner sollte sie zusammen mit dem Parlament und dem Rat Überlegungen anstellen, wie für den Haushalt der Union ein besseres Gleichgewicht zwischen Vorhersehbarkeit und Flexibilität hergestellt sowie weniger komplexe Finanzierungsregeln erreicht werden können.

Im Kapitel „EU-Haushalt und Ergebniserbringung" kommt der Rechnungshof zu kritischen Schlussfolgerungen im Hinblick auf die Leistungserbringung (Rahmen, Berichterstattung, Gestaltung, Informationsgehalt, Zugänglichkeit) der Kommission im Vergleich zu anderen Regierungen und internationalen Organisationen. Er empfiehlt der Kommission unter anderem, die Berichterstattung zu straffen und benutzerfreundlicher darzustellen sowie den Bewertungen Schlussfolgerungen und Empfehlungen hinzuzufügen.

Ausschuss der Regionen

Otto Schmuck

Im vergangenen Jahr fanden sechs Plenartagungen des Ausschusses der Regionen (AdR) statt. Dabei wurden von den 350 Vertreterinnen und Vertretern der regionalen und kommunalen Gebietskörperschaften 7 Resolutionen und 69 Stellungnahmen zu Initiativen der Kommission beschlossen. Die Bandbreite der behandelten Themen umfasste neben obligatorischen Stellungnahmen auch Initiativstellungnahmen und Resolutionen zu übergreifenden politischen Fragen wie dem Brexit und der Gefahr einer schwerwiegenden Verletzung der Rechtsstaatlichkeit durch Polen[1] (siehe Tabelle 1). Zum neuen AdR-Präsidenten wurde am 12. Juli 2017 der frühere Präsident der Deutschsprachigen Gemeinschaft Belgiens und derzeitige Senator des Belgischen Bundesrats Karl-Heinz Lambertz gewählt.[2] Vizepräsident wurde der bisherige Präsident, der finnische Christdemokrat Markku Markkula.

Zukunft der Kohäsionspolitik und mittelfristiger Finanzrahmen nach 2021

Bereits bei der Mai-Plenartagung 2017 hatte der AdR auf der Grundlage eines Berichts eine Stellungnahme „Die Zukunft der Kohäsionspolitik nach 2020" mit wesentlichen Zielen beschlossen.[3] In einer Stellungnahme vom 22. März 2018 positionierte sich der AdR zum Programm zur Unterstützung von Strukturreformen und zum Vorschlag, ein neues Haushaltsinstrument für das Euro-Währungsgebiet zu schaffen.[4] Budgethilfen für Strukturreformen zur Förderung des wirtschaftlichen, sozialen und territorialen Zusammenhalts, die in den Bereich der Kohäsionspolitik fallen, sollten nicht durch die Einrichtung eines separaten Finanzierungsprogramms, sondern durch künftige Programme im Rahmen der Europäischen Struktur- und Investitionsfonds unterstützt werden. Ablehnend äußert sich der AdR zum Vorhaben, eine eigene Haushaltslinie im EU-Haushalt für die Fiskalkapazität des Euro-Währungsgebiets zu schaffen, solange die Eigenmittelobergrenze weiterhin bei 1,23 Prozent des Bruttonationaleinkommens der EU liegt.[5]

Auswirkungen des Brexit auf die Regionen und Städte

Der Brexit war häufig Thema der AdR-Debatten. Ausführlich positionierte sich der AdR am 17. Mai 2018 in einer „Entschließung zu den Folgen des Austritts des Vereinigten Königreichs aus der Europäischen Union für die lokalen und regionalen Gebietskörperschaften".[6] Er setzte sich für eine pragmatische Haltung ein, um negative Konsequenzen

---

1 Vgl. hierzu auch den Beitrag „Polen" in diesem Jahrbuch.
2 Europäischer Ausschuss der Regionen: Karl-Heinz Lambertz ist neuer Präsident des Ausschusses der Regionen, abrufbar unter: https://cor.europa.eu/de/news/Pages/-Heinz-Lambertz-elected-President.aspx (letzter Zugriff: 8.6.2018).
3 Siehe Jahrbuch der Europäischen Integration 2017, S. 157 f.
4 Europäischer Ausschuss der Regionen: Stellungnahme „Das geänderte Programm zur Unterstützung von Strukturreformen (SRSP) und neue Haushaltsinstrumente für das Euro-Währungsgebiet", Dokument ECON-VI/031.
5 Dokument ECON-VI/031, Ziffer 26.
6 Europäischer Ausschuss der Regionen: 129. Plenartagung, 16./17. Mai 2018, Dokument RESOL-VI/031.

für beide Seiten zu vermeiden und die Integrität der Zollunion und des Binnenmarkts zu wahren. Viele wichtige Anliegen würden ein Tätigwerden auf lokaler und regionaler Ebene erfordern, daher sei eine fortgesetzte Zusammenarbeit und ein Austausch bewährter Praktiken auf der Ebene der lokalen und regionalen Gebietskörperschaften nötig.

Tabelle 1: AdR-Sitzungen Juli 2017 bis Mai 2018 im Überblick

Plenartagung	Anzahl Stellungnahmen	Anzahl Resolutionen	Inhaltliche Schwerpunkte	Wichtige Gesprächspartner
124. am 12.–13.07.2017	14	-	Wahl AdR-Präsidium; EU-Energiepolitik; Koordination der Systeme der sozialen Sicherheit; Migration	Forschungskommissar Carlos Moedas, Verkehrskommissarin Violeta Bulc, Stellvertretender Europaminister Estland Matti Maasikas (Ratspräsidentschaft)
125. am 9.–10.10.2017	13	2	Europäisches Semester, Östliche Partnerschaft; Säule sozialer Rechte; Reform der EU-Einnahmen; Connecting Europe; Situation in Katalonien	EU-Ratspräsident Donald Tusk, Klimakommissar Arias Cañete, zahlreiche Gäste im Rahmen der Europäischen Woche der Regionen und Städte
126. am 30.11.–1.12.2017	13	1	Arbeitsprogramm der Kommission 2018; Vertiefung WWU; Europäische Bürgerschaft; Modernisierung von Bildung und Ausbildung	Wirtschaftskommissar Pierre Moscovici, Wettbewerbskommissarin Margarete Vestager
127. am 31.1.–1.2.2018	11	3	Verletzung der Rechtsstaatlichkeit durch Polen; Erasmus für regionale und lokale Mandatsträger; Zukunft der EU-Finanzen; Kohäsionspolitik nach 2020; Digitaler Binnenmarkt	Erster Vizepräsident der Europäischen Kommission Frans Timmermans, Premierminister Portugal António Costa, Stellvertretender Ministerpräsident Bulgarien Tomislav Donchev (Ratspräsidentschaft)
128. am 22.–23.3.2018	10	-	EU-Erweiterung im westlichen Balkan; Reform des europäischen Asylsystems; Europäische Bürgerinitiative; Eurozonenbudget und Strukturreformen; Breitbandausbau	Migrationskommissar Dimitris Avramopoulos, Erweiterungskommissar Johannes Hahn
129. am 16.–17.5.2018	8	1	Mehrjährige Finanzplanung 2021–2027; Brexit; Wasserqualität; Forstpolitik; Fischerei; Europäische Identität durch Bildung und Kultur	Haushaltskommissar Günther Oettinger, Bildungs- und Kulturkommissar Tibor Navracsics, EWSA Präsident Luca Jahier, MdEP Petra Kammerevert
Gesamt	69	7		

Quelle: Eigene Zusammenstellung.

Kultur und Bildung

Eingehend befasste sich der AdR in seiner Plenartagung im Mai 2018 mit Kultur- und Bildungsfragen.[7] Diese hätten Auswirkungen auf alle Lebensbereiche und dienten als Schlüsselinstrument zur Verwirklichung sozialer Inklusion. Der AdR forderte die für die Aufstellung der Schullehrpläne zuständigen Regierungsebenen auf, im Geschichtsunterricht einen zusätzlichen Schwerpunkt auf kulturelle und völkerkundliche Aspekte zu legen und im Lehrplan ein Kapitel über die Europäische Union vorzusehen. Im Hinblick auf die künftige Ausrichtung der EU-Strukturpolitik setzte der AdR in seiner im November 2017 gefassten

---

7   Europäischer Ausschuss der Regionen: Stellungnahme „Stärkung der europäischen Identität durch Bildung und Kultur", Dok. SEDEC-VI/033.

Stellungnahme „Modernisierung der Schul- und Hochschulbildung" insofern einen wichtigen Akzent, als er auf die Notwendigkeit der Förderung des System der dualen Berufsausbildung hinwies.[8] Dieses müsse die Verknüpfung des Angebots der allgemeinen und der beruflichen Bildung mit dem örtlichen Umfeld unterstützen.

Migration

Am 12. Juli 2017 befasste sich der AdR mit dem Thema „Migration über die zentrale Mittelmeerroute".[9] Notwendig sei in einem so sensiblen und strategisch bedeutsamen Bereich die Erarbeitung einer kohärenten Strategie der EU-Mitgliedstaaten und der EU-Institutionen. Die internationale, nationale, regionale und lokale Zusammenarbeit sei entscheidend, um die Europäische Migrationsagenda umzusetzen. Diesbezüglich wies er in einer Stellungnahme darauf hin, dass die EU noch konsequentere Maßnahmen ergreifen müsse, um die Unterstützung in den Erstaufnahmeländern der Migranten zu verstärken.[10] Dabei müsse ein besonderer Schwerpunkt auf Gebietskörperschaften in Regionen gelegt werden, die aufgrund ihrer geografischen Lage den Hauptteil der Migranten aufnehmen würden.

Schaffung eines Programms „Erasmus für lokale und regionale Mandatsträger"

Der AdR äußerte sich vielfach positiv zum Programm ERASMUS und forderte eine Aufstockung der Mittel hierfür. In einer Entschließung vom 31. Januar 2018 setzte sich der AdR dafür ein, dass auch lokale und regionale Mandatsträger in das Austauschprogramm einbezogen werden.[11] Die 91.000 lokalen und regionalen Gebietskörperschaften und damit die Hunderttausende kommunalen Mandatsträger in der Union agierten als wichtiges Bindeglied zwischen den Bürgerinnen und Bürgern und der EU. Die Entwicklung ihrer Kenntnisse und Kompetenzen auf dem Gebiet der europäischen Politik sowie der Aufbau von Kontakten mit Mandatsträgern aus anderen Mitgliedstaaten seien wesentlich für die Ziele einer Entwicklung des Humankapitals und der europäischen Integration. Das Programm sollte sowohl Berufspolitiker als auch nebenberuflich tätige Politiker sowie Personen in technisch ausgerichteten Führungspositionen zur Teilnahme ermuntern. Die Kosten sollten gemeinsam aus den Mitteln der EU, der Gebietskörperschaften der teilnehmenden Mandatsträger und gegebenenfalls der einbezogenen öffentlich geförderten Bildungseinrichtungen getragen werden.

Katalonien

Die Katalonienkrise war mehrfach Gegenstand von Debatten im AdR, wobei der AdR jedoch eine offizielle Positionierung vermied. Der Präsident des Europäischen Rates Donald Tusk forderte in seiner Rede vom 9. Oktober 2017 den Präsidenten Kataloniens Carles Puigdemont im AdR öffentlich auf, in seiner für denselben Tag geplanten Rede nicht die Unabhängigkeit Kataloniens auszurufen.[12] In der ausführlichen Debatte zu diesem Thema wies der Präsident der spanischen AdR-Delegation Ximo Puig i Ferrer darauf hin, Spanien sei eine

---

8   Stellungnahme „Modernisierung der Schul- und Hochschulbildung" vom 30.11.2017, Ziffer 16, in: Amtsblatt der Europäischen Union C 164 vom 8.5.2018, S. 31.
9   Amtsblatt der EU C 342 vom 12.10.2017, Seite 27 ff.
10 Europäischer Ausschuss der Regionen: Stellungnahme „Umsetzung der Europäischen Migrationsagenda" vom 22.3.2018, Dokument CIVEX-VI/029; vgl. hierzu auch den Beitrag „Spanien" in diesem Jahrbuch.
11 Stellungnahme „Erasmus für lokale und regionale Mandatsträger", in: Amtsblatt der EU C 176 vom 23.5.2018, S. 21.
12 Council of the EU: Address by President Donald Tusk to the European Committee of the Regions, 10.10.2017, abrufbar unter: http://www.consilium.europa.eu/de/press/press-releases/2017/10/10/tusk-committee-regions/pdf (letzter Zugriff:15.6.2018).

konsolidierte Demokratie und einer der am stärksten dezentralisierten Staaten in Europa.[13] AdR-Präsident Lambertz unterstrich, die Europäische Union basiere auf den Prinzipien von Demokratie und Rechtsstaatlichkeit. In einem Interview fügte Lambertz hinzu, dass die Europäische Union von zwei Grundsätzen geprägt werde:

„Erstens, Autonomiefragen sollten durch innerstaatliche Verhandlungen und gegebenenfalls auch durch Veränderungen der Rechtslage herbeigeführt werden; und zweitens, der Einsatz von staatlicher Gewalt in einem Kontext, wo es um die Frage von staatlicher Organisation geht, ist etwas, was nicht zur Lösung, sondern eher zur Eskalation beiträgt und auch vom Verhältnismäßigkeitsprinzip her meines Erachtens doch problematisch ist."[14]

Der Beitrag zur europäischen Zukunftsdebatte

Der AdR hatte sich bereits am 12. Mai 2017 ausführlich zum Weißbuch der Kommission zur Zukunft der Europäischen Union geäußert.[15] Dabei hatte er beklagt, dass in den fünf Szenarien dieses Weißbuchs die europäische Mehrebenenstruktur nicht hinreichend berücksichtigt worden sei. In den vergangenen Monaten wurde diese erste Stellungnahme hinsichtlich verschiedener Aspekte und Aufgabenbereiche konkretisiert: „Die europäische Säule sozialer Rechte und das Reflexionspapier zur sozialen Dimension Europas" (Oktober 2017),[16] Reflexionspapier zur Vertiefung der Wirtschafts- und Währungsunion bis 2025 (November/Dezember 2017),[17] Reflexionspapier über die Zukunft der EU-Finanzen (Januar/Februar 2018).[18] In Anwesenheit Donald Tusks hielt Karl-Heinz Lambertz am 17. Oktober 2017 erstmals eine Art Grundsatzrede eines AdR-Präsidenten „Zur Lage der Europäischen Union: die Perspektive der Regionen und Städte".[19] Darin wies er darauf hin, dass der Europäische Rat den AdR um einen Beitrag zur Debatte zur Zukunft Europas gebeten habe. Die AdR-Mitglieder hätten seit März 2016 im Rahmen der Initiative „Nachdenken über Europa" mehr als 140 Bürgergespräche in 95 Regionen der EU organisiert. Die Schlussfolgerungen daraus würden dem Europäischen Rat im Jahr 2018 übergeben werden.

Weiterführende Literatur

Diana Panke: Voice without vote: Der Ausschuss der Regionen und seine Rolle im EU-Gesetzgebungsprozess, in: Jahrbuch des Föderalismus 2016, S. 190–196.
Justus Schönlau: Beyond mere 'consultation': Expanding the European Committee of the Regions' role, in: Journal of Contemporary European Research, Volume 13, Issue 2 (2017), S. 1167–1184.
Piattoni Simona/Justus Schönlau: Shaping EU Policy from below: EU Democracy and the Committee of the Regions, Cheltenham/Northampton 2015.
Gerhard Stahl: Der Ausschuss der Regionen: Politische Vertretung und Lobbyist für Städte und Regionen, in: Doris Dialer/Margarethe Richter (Hrsg.): Lobbying in der Europäischen Union: zwischen Professionalisierung und Regulierung, Wiesbaden 2014, S. 127–140.

---

13 European Committee of the Regions: Minutes of the 125th plenary session, Debate on Catalonia, COR-2017-03634-04-00-PV-REF, abrufbar unter: https://memportal.cor.europa.eu/Agenda/Documents?meetingId=2128060&meetingSessionId=2158598 (letzter Zugriff: 29.8.2018).
14 Deutschlandfunk: Interview mit Karl-Heinz Lambertz "An den Tisch, verhandeln und nach Kompromissen suchen", 01.11.2017, abrufbar unter: http://www.deutschlandfunk.de/katalonien-konflikt-an-den-tisch-verhandeln-und-nach.694.de.html?dram:article_id=399551 (letzter Zugriff: 15.6.2018).
15 Siehe Jahrbuch der Europäischen Integration 2017, S. 159.
16 Amtsblatt der EU C54 vom 13.2.2018, S. 48 ff.
17 Amtsblatt der EU C 164 vom 8.5.2018, S. 7 ff.
18 Amtsblatt der EU C 176 vom 23.5.2018, S. 34 ff.
19 Karl-Heinz Lambertz: Die Lage der Europäischen Union: die Perspektive der Regionen und Städte, 10.10.2017, abrufbar unter: https://cor.europa.eu/en/our-work/Documents/SOTREG/Seeing-Europe-from-the-local-perspective-DE.pdf (letzter Zugriff:15.6.2018).

Europäischer Wirtschafts- und Sozialausschuss

Doris Dialer

Der Europäische Wirtschafts- und Sozialausschuss (EWSA), der unmittelbar nach Inkrafttreten der Römischen Verträge aus der Taufe gehoben wurde, um sozialen Akteuren wie Sozialpartnern, Interessengruppen, Arbeitgeber- und Arbeitnehmerverbänden eine institutionalisierte Form der Teilhabe an der europäischen Rechtsetzung zuzubilligen, feierte 2018 sein 60-jähriges Bestehen. Das Protokoll über die Zusammenarbeit[1] zwischen dem EWSA und der Europäischen Kommission (EK) von 2012 sieht vor, dass dieser einen Beitrag zum jährlichen Arbeitsprogramm leistet. Auf der Plenartagung am 5. und 6. Juli 2017 verabschiedete der EWSA eine Entschließung über den „Beitrag des Europäischen Wirtschafts- und Sozialausschusses zum Arbeitsprogramm der Kommission für 2018". Darin fordert er den Ausbau der sozialen Dimension sowie eine tragfähige europäische Säule sozialer Rechte.[2]

Rechtsnatur der Säule sozialer Rechte

Bereits in seiner Rede zur Lage der Union kündigte Kommissionspräsident Juncker die Einführung einer europäischen Säule sozialer Rechte an. Diese wurde gut zwei Jahre später auf dem EU-Sozialgipfel in Göteborg am 17. November 2017 von Rat, Parlament und Kommission proklamiert. Die darin skizzierten zwanzig „Grundsätze und Rechte" gehen allerdings über die in Titel X AEUV genannten Zuständigkeiten im Bereich der Sozialpolitik hinaus, da sie auch die Wirtschafts- und Währungspolitik sowie die Beschäftigungsstrategie im Rahmen von Titel VIII und IX AEUV betreffen. Für den EWSA besteht daher vor allem Klärungsbedarf in Bezug auf die Rechtsnatur der Säule, die auf einer Empfehlung der Kommission – welche nach Artikel 292 AEUV unverzüglich wirksam ist – und einer interinstitutionellen nicht rechtsverbindlichen und nicht unmittelbar durchsetzbaren Proklamation basiert.[3]

Der EWSA regt darüber hinaus an, dass das Verhältnis zu den anderen Reflexionspapieren (zum Beispiel „Vertiefung der Wirtschafts- und Währungsunion") geklärt werden muss, zumal die Säule auch die wirtschaftspolitische Steuerung der EU (zum Beispiel das Europäisches Semester, sozialpolitisches „Scoreboard"[4]) betrifft.

---

1 EK/EWSA: Protokoll über die Zusammenarbeit zwischen der Europäischen Kommission und dem Europäischen Wirtschafts- und Sozialausschuss, Brüssel, abrufbar unter: http://www.eesc.europa.eu/sites/default/files/resources/docs/di_ces5-2012_di_de.doc (letzter Zugriff: 04.08.2018). Die aktuelle Fassung ersetzt die Abkommen von 2001 und 2005 sowie das Addendum von 2007.
2 Stellungnahme vom 25. Januar 2017 zur Mitteilung der Kommission. Einleitung einer Konsultation über eine europäische Säule sozialer Rechte, ABl. C 125 vom 21.4.2017, S. 10.
3 EWSA: Auswirkungen der sozialen Dimension und der europäischen Säule sozialer Rechte auf die Zukunft der EU, Brüssel 19. Oktober 2018, Dok. SOC/564-EESC-2017-02692-00-02-AC-TRA, S. 12 f.
4 Das sozialpolitische Scoreboard ist ein Instrument der Fortschrittsüberwachung, wobei der EWSA hier bereits eine Verbesserung gefordert hat (ABl. C 81 vom 2.3.2018, S. 145).

In seiner Initiativstellungnahme zur „Finanzierung der europäischen Säule sozialer Rechte"[5] fordert der EWSA eine Aufstockung des Europäischen Sozialfonds sowie eine Anhebung der momentanen Obergrenze für EU-Ausgaben von einem Prozent auf 1,3 Prozent des Bruttonationaleinkommens (BNE). Derzeit belaufen sich die EU-Ausgaben für Soziales durchschnittlich auf 0,3 Prozent der gesamten öffentlichen Sozialausgaben der EU.[6]

Leadership und Leistungsbilanz

Seit seiner Plenartagung im April 2018 hat der EWSA ein neues Führungsteam mit dem Italiener Luca Jahier als 32. EWSA-Präsidenten an der Spitze. Erstmals wurden mit der Bulgarin Milena Angelova, zuständig für Haushaltsfragen, und der Spanierin Isabel Caño Aguilar, zuständig für Kommunikation, zwei Frauen als Vizepräsidentinnen ernannt. Noch fünf weitere Führungspositionen wurden für die zweite Hälfte der EWSA-Mandatsperiode (2018-2020) weiblich besetzt: Christa Schweng (Österreich, Gruppe Arbeitgeber), Leitung der Fachgruppe SOC „Beschäftigung, Sozialfragen, Unionsbürgerschaft"; Ariane Rodert (Schweden, Gruppe Vielfalt Europa), Vorsitz der Fachgruppe INT „Binnenmarkt, Produktion, Verbrauch"; Dilyana Slavova (Bulgarien, Gruppe Vielfalt Europa), Vorsitz der Fachgruppe REX „Außenbeziehungen"; Lucia Studničná (Tschechien, Gruppe Arbeitnehmer), Leitung CCMI „Beratende Kommission für den industriellen Wandel" und Gabriele Bischoff (Deutschland, Gruppe Arbeitnehmer), Vorsitz der Gruppe Arbeitnehmer. Bischoff wurde in ihrer Funktion bestätigt.[7]

Im Untersuchungszeitraum wurden insgesamt 152 Stellungnahmen abgegeben. Hierbei handelt es sich zu 77 Prozent um Befassungen durch den Rat, die Kommission und das Parlament, zu 15,10 Prozent (23) um Initiativstellungnahmen und zu 7,9 Prozent (12) um Sondierungsstellungnahmen. Von den insgesamt zwölf Sondierungsstellungnahmen wurden drei von der Kommission, fünf von der estnischen und vier von der bulgarischen EU-Ratspräsidentschaft angefragt. Der estnische Ratsvorsitz hat den EWSA, der sechs estnische Mitglieder zählt, um Sondierungsstellungnahmen zu folgenden Themen ersucht: 1) Rolle der Sozialpartner und der zivilgesellschaftlichen Organisationen bei den Beschäftigungsformen,[8] 2) Angebot und Entwicklung von Kompetenzen (einschließlich digitaler Kompetenzen) im Rahmen neuer Beschäftigungsformen: neue Strategien sowie veränderte Rollen und Aufgaben,[9] 3) Landnutzung für eine nachhaltige Nahrungsmittelerzeugung und nachhaltige Ökosystemleistungen,[10] 4) Vorteile einer von der örtlichen Bevölkerung betriebenen lokalen Entwicklung (CLLD)[11] und zu 5) Besteuerung der kollaborativen Wirtschaft.[12] Auf Ersuchen des bulgarischen Ratsvorsitzes wurden zwei Sondierungsstellungnahmen zum Thema „KMU und Industriepolitik"[13] erarbeitet und Anhörungen in

---

5 EWSA: Finanzierung der europäischen Säule sozialer Rechte, Brüssel 19. April 2018, Dok. ECO/457-EESC-2018-00927-00-00-AC-TRA.
6 Europäischen Kommission: Reflexionspapier zur sozialen Dimension Europas, Brüssel 26. April 2017, COM(2017) 206, S. 24.
7 EWSA: EWSAinfo, Sonderausgabe „Neue Gesichter an der Spitze des EWSA", Mai 2018.
8 SOC/561-EESC-2017-01866-00-00-AS-TRA, Brüssel, 20. September 2018.
9 SOC/562-EESC-2017-01813-00-00-AS-TRA, Brüssel, 20. September 2018.
10 NAT/713-EESC-2017-01814-00-00-AC-TRA, Brüssel, 18. Oktober 2017.
11 NAT/724-ESSC-2017-04384-00-00-AC-TRA, Brüssel, 7. Dezember 2017.
12 ECO/434- EESC-2017-02946-00-00-AC-TRA, Brüssel, 19. Oktober 2017.

sechs EU-Mitgliedstaaten veranstaltet;[14] zwei weitere wurden zur „Zukunft der Arbeit/Kompetenzen"[15] und zu einem „Sozial nachhaltige(...)[n] Konzept für das digitale Zeitalter"[16] abgegeben.

Arenafunktion des Plenums

Im Berichtszeitraum traten die 350 EWSA-Mitglieder insgesamt neun Mal zu Plenartagungen zusammen.[17] An der zunehmenden Präsenz von Kommissaren, Mitgliedern des Europäischen Parlaments (MdEP) und des Ausschusses der Regionen lässt sich der interinstitutionelle Image- und Kompetenzzuwachs des Konsultativorgans ablesen. Es fällt allerdings auf, dass Mitglieder des Rates beziehungsweise nationale Minister kaum an EWSA-Plenartagungen teilnehmen. So wurden die Prioritäten des estnischen EU-Ratsvorsitzes lediglich vom stellvertretenden Minister für Europaangelegenheiten und jene der bulgarischen Präsidentschaft von der stellvertretenden Ministerin für Arbeit- und Sozialpolitik Bulgariens präsentiert. Nur Frankreichs Ministerin für europäische Angelegenheiten, Nathalie Loiseau, nahm im Untersuchungszeitraum an einer EWSA-Plenartagung teil.[18] Sie vertrat dort ein Kernanliegen des französischen Präsidenten Emmanuel Macron, der öffentliche, nationale Konsultationen unter Beteiligung des EWSA im Zeitraum April 2017 bis Oktober 2018 vorantreiben will. Über klassische Debatten und interaktive demokratische Veranstaltungen sollen die EU-Bürger auch in Hinblick auf die Europawahlen 2019 mobilisiert werden.

In der Juli-Plenartagung diskutierte Chefunterhändler Michel Barnier, zuständig für die Austrittsverhandlungen mit dem Vereinigten Königreich, den aktuellen Brexit-Fahrplan. Gaby Bischoff, Präsidentin der Gruppe Arbeitnehmer, gab zu bedenken, dass vier Mio. Arbeiternehmer vom Brexit betroffen seien. Die irischen und nordirischen EWSA-Mitglieder verwiesen auf die Grenzproblematik und das Karfreitagsabkommen.[19]

Insgesamt nahmen sieben Kommissare im Untersuchungszeitraum an EWSA-Plenartagungen teil: Tibor Navracsics, ungarischer Kommissar für Bildung, Kultur, Jugend und Sport (5./6. Juli 2017); Jean-Claude Juncker, luxemburgischer Kommissionspräsident (20./21. September 2017 und 24. Mai 2018); Frans Timmermans, niederländischer Kommissar für bessere Rechtsetzung, interinstitutionelle Beziehungen, Rechtsstaatlichkeit und die Grundrechtecharta und erster Vizepräsident der Kommission (18./19. Oktober 2017); Vytenis Andriukaitis, lettischer Kommissar für Gesundheit und Lebensmittelsicherheit (6./7. Dezember 2017); Miguel Arias Cañete, spanischer Kommissar für Klimapolitik

---

13 EWSA (2017/18): Förderung von KMU in Europa mit besonderem Schwerpunkt auf einem horizontalen Legislativansatz für KMU und die Wahrung des Prinzips „Vorfahrt für KMU" des Small Business Act., EESC-2017-04540-00-00-AC-TRA; Ein umfassender Ansatz für die Industriepolitik in der EU – Verbesserung der Rahmenbedingungen für Unternehmen und Förderung der Wettbewerbsfähigkeit der europäischen Industrie, EESC-2017-04732-00-00-AC-TRA.
14 EWSA (2018): Die Tätigkeiten des EWSA während des bulgarischen Ratsvorsitzes Januar bis Juni 2018, Dok.: EESC-2017-98-DE, S. 11.
15 SOC/570-EESC-2017-05265-00-01-AC-TRA, Brüssel 15. März 2018.
16 SOC/568-EESC-2017-05563-00-00-AC-TRA, Brüssel 15. März 2018.
17 527. Plenartagung 5./6. Juli 2017, 528. Plenartagung 20./21. Sept. 2017, 529. Plenartagung 18./19. Okt. 2017, 530. Plenartagung 6./7. Dez. 2017, 531. Plenartagung 17./18. Jan. 2018, 532. Plenartagung 14./15. Feb. 2018, 533. Plenartagung 14./15. März 2018, 534. Plenartagung 18./19. April 2018, 535. Plenartagung 23./24. Mai 2018.
18 EWSA: EWSAinfo, März 2018.
19 EWSA: There is no cherry-picking on Brexit, Brüssel, 6. Juli 2017, abrufbar unter: https://www.eesc.europa.eu/de/node/54703 (letzter Zugriff: 10.6.2018).

und Energie (17./18. Januar 2018); Andrus Ansip, estnischer Kommissar für den digitalen Binnenmarkt und Vizepräsident der Kommission (14./15. März 2018).

Auf der 535. Plenartagung am 24. Mai 2018 wurde der 60. Geburtstag des EWSA unter Beisein von Ramón Valcarcel Siso, Vizepräsident des Europäischen Parlaments, Kommissionspräsident Jean-Claude Juncker und Karl-Heinz Lamberts, Präsident des Ausschusses der Regionen, gefeiert.[20]

Konsultation zur „Zukunft Europas"

Zwischen dem 4. Mai und dem 9. Juni 2017 fanden 27 nationale Konsultation zu „Die EU der 27 im Jahr 2025 – Überlegungen und Szenarien" in Form von Workshops und Konferenzen statt.[21] Die Berichte über die nationalen Debatten wurden in der interparlamentarischen Sitzung am 11. Oktober 2017 zum Thema „Die Zukunft Europas" an den Kommissionspräsidenten übergeben und an die anwesenden MdEP verteilt.

Insgesamt konnte festgestellt werden, dass sich weder Interesse noch Ablehnung der fünf Szenarien geografisch festmachen lassen. Es besteht als kein Nord-Süd- oder Ost-West-Gefälle. Die Vertreter der Zivilgesellschaft zeigten sich vor allem von Szenario eins „Weiter wie bisher" und Szenario zwei „Schwerpunkt Binnenmarkt" wenig begeistert. Szenario fünf „Viel mehr gemeinsames Handeln" weckte, obzwar nicht immer als realistisch angesehen, am meisten Begeisterung. Die Zivilgesellschaft war in zwei Punkten einer Meinung: erstens, dass die soziale Dimension und zweitens, dass die nachhaltige Entwicklung in den vorgeschlagenen Szenarien fehle.[22]

Laut Artikel 11 Abs. 2 EUV pflegen die Organe „einen offenen, transparenten und regelmäßigen Dialog mit den repräsentativen Verbänden und der Zivilgesellschaft." Die organisierte europäische Zivilgesellschaft hat eine Aufklärungsrolle und damit eine wichtige Öffentlichkeitsfunktion inne. Insofern sollte sie an den Debatten um die Zukunft Europas systematisch und nicht nur fallweise beziehungsweise unmittelbar vor anstehenden EU-Wahlen beteiligt werden. Nur so kann das europäische Öffentlichkeits- und Legitimationsdefizit mittel- bis langfristig beseitigt werden.

Weiterführende Literatur

European Economic and Social Committee (EESC): The Economic and Social Councils of the Member States of the European Union: the different models of dialogue, study by Íñiguez I. H., Brussels 2018.

EESC: Implementing the European Pillar of Social Rights: what is needed to guarantee a positive impact, study by Sabato, S., Ghailani, D., Peña-Casas, R., Spasova, S., Corti, F. & Vanhercke, B., Brussels 2018.

Martin Westlake: The European Economic and Social Committee - the House of European Organised Civil Society, John Harpers Publishing 2016.

---

20   Am 19. Mai 1958 tagte der EWSA zum ersten Mal.
21   Am 6. Juli 2017 wurde die Entschließung des EWSA zum Weißbuch der Kommission zur Zukunft Europas verabschiedet. Zu den Konsultationen des EWSA vgl. Europäischer Wirtschafts- und Sozialausschuss: Die Konsultationen des EWSA zur Zukunft Europas, abrufbar unter: https://www.eesc.europa.eu/sites/default/files/files/qe-02-18-051-de-n.pdf, (letzter Zugriff: 2.8.2018).
22   EWSA: Die Konsultationen des EWSA zur Zukunft Europas, Brüssel 2018, EESC-2018-10-DE.

Europäische Agenturen

Michael Kaeding

Aktuell gibt es 48 Agenturen der Europäischen Union (EU-Agenturen), deren Standorte in über 23 Mitgliedstaaten verteilt sind.[1] Sie sind unabhängige Organe, die spezielle Aufgaben für die Europäische Union oder deren Mitgliedstaaten übernehmen. Die Europäische Kommission unterscheidet zwei Typen von EU-Agenturen. Neben drei Agenturen im Bereich der gemeinsamen Sicherheits- und Verteidigungspolitik und zwei Euratom-Agenturen sind aktuell sechs Exekutivagenturen für eine begrenzte Zeit eingerichtet und werden durch die Europäische Kommission verwaltet. Daneben gibt es 33 dezentralisierte beziehungsweise regulative EU-Agenturen, die im Gegensatz dazu unabhängige Einrichtungen mit einer eigenen Rechtspersönlichkeit und individueller Rechtsgrundlage sind, und die je nach Bedarf zeitlich unbegrenzt gegründet werden. Ihre Aufgaben betreffen rechtliche, verwaltungstechnische, wissenschaftliche oder technische Fragen sowie Regulierungsaufgaben. Sie reichen dabei von schlichter Beobachtung und Beratung bis hin zur eigenständigen Aufsicht, Entscheidung und Kontrolle in unterschiedlichsten Politikfeldern.[2]

EU-Agenturen gibt es seit Beginn des europäischen Integrationsprozesses. Mit Hilfe der EU-Agenturen gelingt es seit jeher, einerseits die europäischen Institutionen zu entlasten, hier insbesondere die Europäische Kommission, und andererseits die Zusammenarbeit zwischen den mitgliedstaatlichen Regierungen und der Europäischen Kommission in vielen Bereichen der Politik durch die Bündelung des auf europäischer und nationaler Ebene vorhandenen Fach- und Expertenwissens zu stärken. Immer häufiger stehen EU-Agenturen für Lösungen europäischer Probleme.

Haushalt und zukünftige Ausstattung der EU-Agenturen

Alljährlich entscheidet das Europäische Parlament über die Haushalte der EU-Agenturen. Der Entwurf der Europäischen Kommission für die Gesamthaushaltsmittel der EU-Agenturen sieht für 2019 1,59 Mrd. Euro vor. Dies entspricht im Vergleich zum Jahr 2018 einem Plus von 15,7 Prozent beziehungsweise von 215,6 Mio. Euro. Zudem sind für 2019 6.819 auf Dauer und auf Zeit beschäftigte Bedienstete, Vertragsbedienstete oder abgeordnete Mitarbeiter geplant.[3]

---

1   Europäische Union: Agenturen und sonstige Einrichtungen, abrufbar unter: http://europa.eu/about-eu/agencies/index_de.htm (letzter Zugriff: 10.6.2018).
2   Esther Versluis/Erika Tarr: Improving Compliance with European Union Law via Agencies: The Case of the European Railway Agency, in: Journal of Common Market Studies 2/2013, S. 316-333; Berthold Rittberger/Arndt Wonka: Introduction: agency governance in the European Union, in: Journal of European Public Policy 6/2011, S. 780-789; Morten Egeberg/Jarle Trondal: EU-level agencies: new executive centre formation or vehicles for national control, in: Journal of European Public Policy 6/2011, S. 868-887.
3   Europäische Kommission: Haushaltsentwurf der Europäischen Kommission 2019, abrufbar unter: http://ec.europa.eu/budget/library/biblio/documents/2019/SoE2019%20with%20covers.pdf (letzter Zugriff: 1.7.2018).

Abbildung 1: Sitze der EU-Agenturen nach dem Austritt Großbritanniens aus der EU

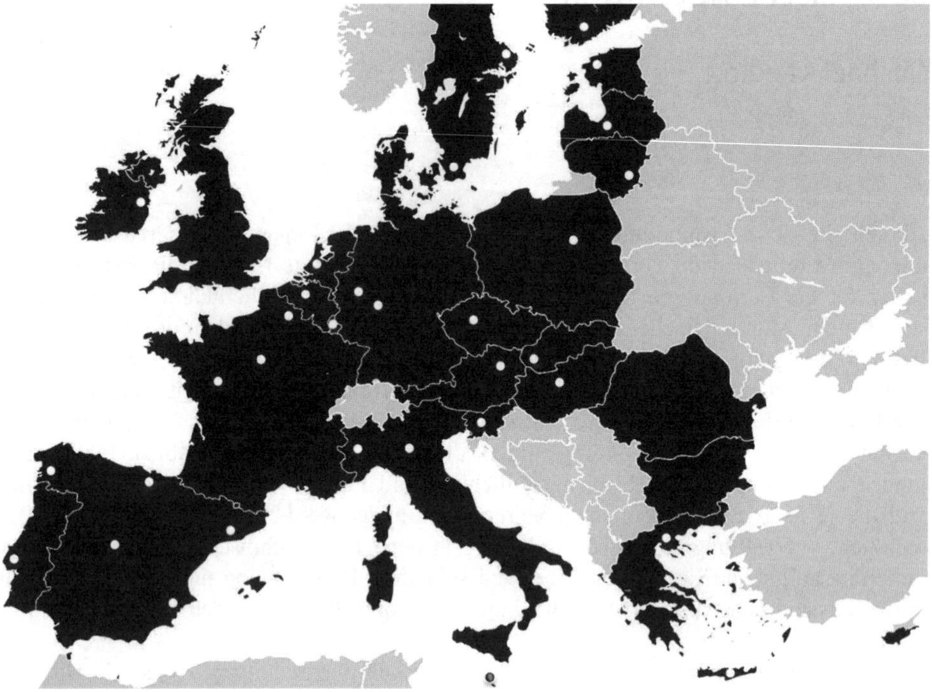

Quelle: www.eipa.eu

Rolle der EU-Agenturen in der europäischen Flüchtlingspolitik

Infolge der sogenannten Flüchtlingskrise traten in den letzten Monaten erneut zwei Agenturen in den Mittelpunkt: die Europäische Agentur für operative Zusammenarbeit an den Außengrenzen der Mitgliedstaaten der Europäischen Union, kurz Frontex,[4] und das Europäische Unterstützungsbüro für Asylfragen (EASO). Die steigende Zahl der in Europa ankommenden Flüchtlinge ließ in den letzten Jahren den Ruf der EU-Mitgliedstaaten nach einer besseren Sicherung der europäischen Außengrenzen lauter werden und veranlasste die Europäische Kommission am 15. Dezember 2015 ein Maßnahmenpaket vorzulegen, welches „zur wirksameren Migrationssteuerung, Verbesserung der inneren Sicherheit der Europäischen Union und Wahrung des Grundsatzes der Freizügigkeit"[5] beitragen soll. Im Juni 2016 erzielten daraufhin das Europäische Parlament, der Rat und die Europäische Kommission eine Einigung für einen neuen Europäischen Grenz- und Küstenschutz. Der Vorschlag der Europäischen Kommission für den nächsten mehrjährigen Finanzrahmen der EU sieht einen weiteren Bedeutungszuwachs beider Agenturen vor.

---

4 Europäische Union: Europäische Agentur für die operative Zusammenarbeit an den Außengrenzen, abrufbar unter: http://europa.eu/about-eu/agencies/regulatory_agencies_bodies/policy_agencies/frontex/index_de.htm (letzter Zugriff: 10.6.2018).

5 Europäische Kommission: Ein europäischer Grenz- und Küstenschutz für die Außengrenzen Europas, 2016, abrufbar unter: http://europa.eu/rapid/press-release_IP-15-6327_de.htm (letzter Zugriff: 10.6.2017).

Mit der Europäischen Agentur für Grenz- und Küstenschutz, die aus Frontex und den für das Grenzmanagement zuständigen Behörden der Mitgliedstaaten hervorgeht, ist die Agentur nicht mehr nur von der Unterstützung der Mitgliedstaaten abhängig. Die Kommission kann einen Durchführungsrechtsakt erlassen, „in dem sie feststellt, dass die Lage in einem bestimmten Abschnitt der Außengrenzen Sofortmaßnahmen auf europäischer Ebene erfordert"[6] und demnach auch gegen den Willen einzelner Mitgliedstaaten auf deren jeweiligen Territorium tätig werden. Darüber hinaus ist der Agentur erlaubt, selbst Ausrüstung zu erwerben, wodurch eine schnelle Mobilisierung ermöglicht werden soll. Außerdem wird sie eine stärkere Rolle bei der Rückführung von abgelehnten Asylbewerbern und Drittstaatsangehörigen spielen, die sich ohne Genehmigung in der Europäischen Union aufhalten. Dazu soll innerhalb der Agentur eine zentrale europäische Rückführungsstelle eingerichtet und ein Standard-Reisedokument für die Rückführung eingeführt werden, mit dem Ziel die Bereitschaft der Drittstaaten zu erhöhen, die aus der Europäischen Union abgeschobenen Personen aufzunehmen.

Neben dem Ausbau von Frontex stand auch weiterhin das EASO im Fokus. Sein Ziel ist es, die Zusammenarbeit zwischen den Mitgliedstaaten im Asylbereich zu stärken und diese bei der Bewältigung von Krisensituationen zu unterstützen.[7] Dabei bietet sie den Mitgliedstaaten praktische, technische und falls notwendig operative Unterstützung, unter anderem durch die Koordinierung von Asyl-Unterstützungsteams, die aus nationalen Experten im Asylbereich bestehen. Vor allem aber erleichtert EASO den Informationsaustausch in Asylfragen zwischen den EU-Staaten, indem es den Austausch von Informationen über die Umsetzung des Gemeinsamen Europäischen Asylsystems auf nationaler Ebene koordiniert.

Europäische Finanzaufsichtsbehörden

Neben der Flüchtlingskrise bestimmte im letzten Jahr weiterhin die europäische Finanz-, Banken- und Staatsschuldenkrise die tagespolitische Agenda. Die zur Sicherstellung eines gemeinschaftlichen Aufsichtshandelns über das europäische Finanzsystem und dessen Stabilität und Widerstandsfähigkeit gegründeten Europäischen Finanzaufsichtsbehörden (ESA) spielten hierbei immer noch eine wichtige Rolle. Die Europäische Bankenaufsichtsbehörde (EBA), die Europäische Wertpapier- und Marktaufsichtsbehörde (ESMA) und die Europäische Aufsichtsbehörde für das Versicherungswesen und die betriebliche Altersversorgung (EIOPA) koordinierten im letzten Jahr weiterhin die tägliche Arbeit der nationalen Aufsichtsbehörden. Es wurden technische Standards entwickelt, die von der Europäischen Kommission als delegierte und Durchführungsrechtsakte erlassen wurden. Es wurden ferner Leitlinien und Empfehlungen für nationale Aufsichtsbehörden und Finanzinstitute erstellt, Risiken beziehungsweise Schwachstellen im Finanzsektor in Form von Stresstests aufgedeckt beziehungsweise bewertet und Verletzungen des europäischen Rechts durch nationale Aufsichtsbehörden untersucht.

Ausblick: Auswirkung des britischen Austritts und neue EU-Agenturen

In der Zwischenzeit wurde im Zuge des Brexit-Referendums 2016 und der Unterhauswahl im Juni 2017 die Frage beantwortet, wohin die im Vereinigten Königreich ansässigen EU-Agenturen, die Europäische Arzneimittelagentur (EMA) und die Europäische Banken-

---

6   Europäische Kommission: Ein europäischer Grenz- und Küstenschutz, 2016.
7   Amt für Veröffentlichungen: Europäisches Unterstützungsbüro für Asylfragen, abrufbar unter: http://eur-lex.europa.eu/legal-content/DE/TXT/?uri=URISERV:jl0022 (letzter Zugriff: 10.6.2018).

aufsichtsbehörde (EBA), übersiedeln müssen. Nachdem die Staats- und Regierungschefs von 27 Mitgliedstaaten am Rande der Tagung des Europäischen Rates am 22. Juni 2017 das entsprechende Verfahren abgestimmt hatten,[8] gab es kurz darauf acht Angebote für die Aufnahme der Europäischen Bankenaufsichtsbehörde (EBA) und 19 Angebote für die Aufnahme der Europäischen Arzneimittel-Agentur (EMA). Am 20. November 2017 stimmten daraufhin die Ministerinnen und Minister der EU-27 über die Verlegung der derzeit im Vereinigten Königreich ansässigen EU-Agenturen ab. Der neue Sitz der EMA ist Amsterdam und der neue Sitz der EBA ist Paris.

Zudem wird das Vereinigte Königreich im Zuge eines „hard Brexit" ihre jeweiligen Vertreter aus den Aufsichtsräten und Arbeitsgruppen aller EU-Agenturen zurückziehen müssen. Hierzu stehen die Entscheidungen allerdings noch aus. Ferner sind zwei neue EU-Agenturen in Planung. Im Rahmen einer Verstärkten Zusammenarbeit zwischen Belgien, Bulgarien, Deutschland, Estland, Finnland, Frankreich, Griechenland, Italien, Kroatien, Lettland, Litauen, Luxemburg, Österreich, Portugal, Rumänien, Slowakei, Slowenien, Spanien, der Tschechischen Republik und Zypern nahmen die 20 Mitgliedstaaten am 12. Oktober 2017 die Verordnung zur Errichtung der Europäischen Staatsanwaltschaft (EPPO) an. Aufgabe der neuen Europäischen Staatsanwaltschaft wird sein,

„Straftaten zum Nachteil der finanziellen Interessen der Union zu ermitteln und zu verfolgen sowie die Täter vor Gericht zu bringen. Damit werden die europäischen und die nationalen Strafverfolgungsmaßnahmen zur Bekämpfung von Betrug zulasten der EU gebündelt."[9]

Die neue EU-Agentur wird ihre Tätigkeit voraussichtlich Ende 2020 aufnehmen.

Neben der EPPO kündigte Kommissionspräsident Juncker in seiner Rede zur Lage der Union 2017 vor dem Europäischen Parlament Pläne zur Einrichtung einer Europäischen Arbeitsbehörde (ELA) an, die sicherstellen soll, dass alle EU-Vorschriften zur Arbeitskräftemobilität auf „gerechte, einfache und wirksame Art und Weise durchgesetzt werden".[10] Bis Ende 2018 soll der Vorschlag zur Schaffung einer Europäischen Arbeitsbehörde vorgelegt werden, um die Zusammenarbeit zwischen den zuständigen Behörden auf allen Ebenen zu stärken und grenzübergreifende Herausforderungen besser bewältigen zu können.

Weiterführende Literatur

Madalina Busuioc/Martijn Groenleer/Jarle Trondal (Hrsg.): The Agency Phenomenon in the European Union, Manchester: Manchester University Press, 2012.
Michelle Everson/Cosimo Monda/Ellen Vos: European Agencies in between Institutions and Member States, The Netherlands: Wolters Kluwer, 2014.
Morten Egeberg/Jarle Trondal: Researching European Union Agencies: What Have We Learnt (and Where Do We Go from Here)?, in: Journal of Common Market Studies 4/2017, S. 675-690.

---

8   Europäischer Rat: Verfahren im Hinblick auf einen Beschluss über die Verlegung der Europäischen Arzneimittel-Agentur und der Europäischen Bankenaufsichtsbehörde im Zusammenhang mit dem Austritt des Vereinigten Königreichs aus der Union, 22.6.2017, abrufbar unter: http://www.consilium.europa.eu/de/meetings/european-council/2017/06/22/ (letzter Zugriff: 1.7.2018).
9   Europäisches Amt für Betrugsbekämpfung: Europäische Staatsanwaltschaft, abrufbar unter https://ec.europa.eu/anti-fraud/policy/european_public_prosecutor_de (letzter Zugriff: 1.7.2018).
10 Rede zur Lage der National 2017 von Kommissionspräsident Juncker, abrufbar unter https://ec.europa.eu/commission/sites/beta-political/files/european-labour-authority-factsheet_de.pdf (letzter Zugriff: 1.7.2018).

3. Die politische Infrastruktur

Nationale Parlamente

Valentin Kreilinger

Die zentrale Herausforderung für die Parlamente der EU-Mitgliedstaaten besteht darin, die Kontrollmöglichkeiten über Entscheidungen auf EU-Ebene effektiv zu nutzen. Der Frühwarnmechanismus und der politische Dialog zählen dabei zu den wichtigsten im Vertrag von Lissabon verankerten Instrumenten. Damit ihre Stimme in Brüssel wahrgenommen wird, bringen sich nationale Parlamente auch in die Debatte zur Zukunft der Europäischen Union und im Europäischen Semester ein. In zahlreichen Formaten, unter anderem dem neu geschaffenen Gemeinsamen Parlamentarischen Kontrollausschuss für die Polizeibehörde Europol, kooperieren die nationalen Parlamente außerdem mit dem Europäischen Parlament.

Subsidiaritätskontrolle und politischer Dialog
Nationale Parlamente können im Rahmen des Frühwarnmechanismus bei Subsidiaritätsbedenken zu einem Gesetzesvorschlag der Europäischen Kommission eine „begründete Stellungnahme" abgeben. Im Jahr 2017 gingen 52 begründete Stellungnahmen bei der Europäischen Kommission ein, was einen Rückgang gegenüber dem Vorjahr (2016: 65) und eine Stabilisierung auf dem Niveau der Jahre 2010 bis 2016 (durchschnittlich 50 begründete Stellungnahmen) darstellt. Äußern mehr als ein Drittel der nationalen Parlamente solche Bedenken, ist die Hürde für eine gelbe Karte erreicht und die Europäische Kommission muss ihren Vorschlag erneut prüfen. Seit Inkrafttreten des Vertrags von Lissabon wurde diese Hürde insgesamt drei Mal erreicht (2012, 2013 und 2016).

Daneben können nationale Parlamente (allgemeine) Stellungnahmen zu Kommissionsdokumenten oder Politikbereichen, in denen die Europäische Kommission handlungsbefugt ist, abgeben. Die Aktivität im politischen Dialog lag im Jahr 2017 mit 524 Stellungnahmen unter dem Niveau von 2016 (555).[1] Der Durchschnitt der Vorjahre beträgt 488 Stellungnahmen.

Tabelle 1: Aktivität der nationalen Parlamente im politischen Dialog und im Frühwarnmechanismus (2010–2017)

Jahr	2010	2011	2012	2013	2014	2015	2016	2017
Stellungnahmen im politischen Dialog	353	558	593	533	485	342	555	524
Begründete Stellungnahmen	34	64	70	88	21	8	65	52

Quelle: Zusammenstellung auf Basis der Jahresberichte der Europäischen Kommission.

Unter den nationalen Parlamenten zeigte sich auch 2017 eine Diskrepanz hinsichtlich der Nutzung des Frühwarnmechanismus. Die fünf aktivsten nationalen Parlamente/Kammern (französischer Senat, Deutscher Bundestag, österreichischer Bundesrat, polnischer Senat

---

[1] Eigene Berechnungen auf Basis der Jahresberichte der Europäischen Kommission über die Beziehungen zwischen der Europäischen Kommission und den Nationalen Parlamenten.

und schwedischer Reichstag) gaben mit 27 begründeten Stellungnahmen mehr als die Hälfte der 2017 im Frühwarnmechanismus eingereichten begründeten Stellungnahmen (52) ab. Den 18 nationalen Parlamenten/Kammern, die mindestens eine begründete Stellungnahme einreichten, standen 21 nationale Parlamente/Kammern gegenüber, die im Jahr 2017 bei keinem Gesetzesvorschlag der Kommission Subsidiaritätsbedenken äußerten.

Abbildung 1: Begründete Stellungnahmen nationaler Parlamente/Kammern im Frühwarn-mechanismus (2017)

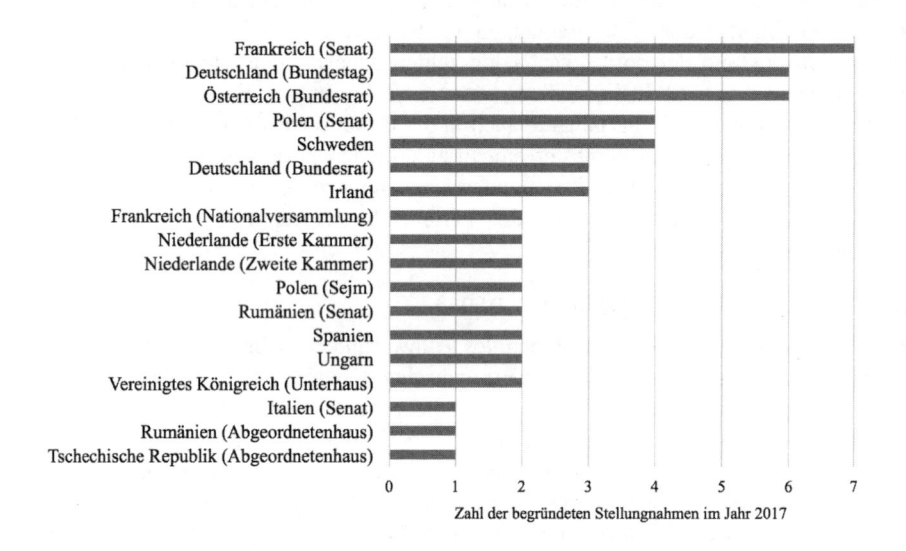

Parlament/Kammer	Zahl der begründeten Stellungnahmen im Jahr 2017
Frankreich (Senat)	7
Deutschland (Bundestag)	6
Österreich (Bundesrat)	6
Polen (Senat)	4
Schweden	4
Deutschland (Bundesrat)	3
Irland	3
Frankreich (Nationalversammlung)	2
Niederlande (Erste Kammer)	2
Niederlande (Zweite Kammer)	2
Polen (Sejm)	2
Rumänien (Senat)	2
Spanien	2
Ungarn	2
Vereinigtes Königreich (Unterhaus)	2
Italien (Senat)	1
Rumänien (Abgeordnetenhaus)	1
Tschechische Republik (Abgeordnetenhaus)	1

Acht Jahre nach Inkrafttreten der entsprechenden Bestimmungen des Vertrags von Lissabon gab es in den Jahren 2017 bis 2018 eine Reihe von Anstößen zur Überprüfung und Weiterentwicklung der Rolle nationaler Parlamente bei der Subsidiaritätskontrolle.

So forderten Polen, die Tschechische Republik, die Slowakei und Ungarn in einer gemeinsamen Erklärung zur Zukunft der EU im Januar 2018 die Weiterentwicklung des Frühwarnmechanismus durch die Einführung einer „roten Karte", mit der nationale Parlamente Gesetzesvorschläge der Europäischen Kommission blockieren könnten.[2] Sie nahmen damit eine Idee des damaligen britischen Premierminister David Cameron aus dem Jahr 2015 auf.

Das Europäische Parlament befasste sich in seinem Bericht über die Anwendung der die nationalen Parlamente betreffenden Bestimmungen des Vertrags ebenfalls mit der Subsidiaritätskontrolle und stellte fest, „dass die Einführung des Verfahrens der ‚roten Karte' in der aktuellen Phase des europäischen Integrationsprozesses nicht absehbar"[3] sei. Es sprach sich jedoch dafür aus, dass die Europäische Kommission eine technische Mitteilungsfrist

---

2　Visegrad Group: V4 Statement on the Future of Europe, 26.1.2018, abrufbar unter: http://www.visegrad group.eu/calendar/2018/v4-statement-on-the (letzter Zugriff: 4.6.2018).
3　Europäisches Parlament: Entschließung vom 19. April 2018 zu der Anwendung der die nationalen Parlamente betreffenden Bestimmungen des Vertrags (2016/2149(INI)), Buchstabe R.

im Rahmen des Frühwarnsystems einführen solle, um den Acht-Wochen-Zeitraum zu verlängern.[4]

Die Europäische Kommission setzte ihrerseits bereits Ende 2017 unter der Leitung ihres Ersten Vizepräsidenten Frans Timmermans eine „Task Force für Subsidiarität, Verhältnismäßigkeit und ‚Weniger, aber effizienteres Handeln'" ein. Diese Task Force sollte dazu beitragen, dass die Europäische Union sich auf „wirklich wichtige Fragen" konzentriert und Vorschläge unterbreiten, wo es sinnvoll sein könnte, Kompetenzen an die Mitgliedstaaten zurückzugeben.[5] Die Task Force setzte sich aus drei Vertretern der nationalen Parlamente und drei Vertretern des Ausschusses der Regionen zusammen.

Zukunft der EU und Reform der Wirtschafts- und Währungsunion

In vielen Plenardebatten und Ausschusssitzungen befassten sich die nationalen Parlamente mit der Zukunft der EU. Insbesondere nach der Vorlage des „Nikolaus-Pakets" durch die Europäische Kommission am 6. Dezember 2017 waren die nationalen Parlamente im Rahmen ihrer Kontrollfunktionen gefordert, die Vorschläge der Europäischen Kommission, unter anderem zur Weiterentwicklung des Europäischen Stabilitätsmechanismus (ESM) in einen Europäischen Währungsfonds (EWF),[6] zu untersuchen und zu bewerten.

Im Deutschen Bundestag kritisierten die Oppositionsfraktionen Freie Demokraten (FDP), Die Linke und Alternative für Deutschland (AfD) den EWF-Vorschlag und formulierten entsprechende Anträge, unter anderem für begründete Stellungnahmen.[7] Die Bundestagsfraktion bestehend aus der Christlich Demokratischen Union (CDU) und der Christlich-Sozialen Union (CSU) zog laut Medienberichten im April 2018 eine Stellungnahme nach Art. 23 GG in Erwägung.[8] Im weiteren Verlauf der Diskussion erklärte Bundeskanzlerin Angela Merkel in einem Interview mit der Frankfurter Allgemeinen Sonntagszeitung, dass der EWF „mit den entsprechenden Rechten der nationalen Parlamente" zwischenstaatlich organisiert sein solle und besprochen werden müsse, wie „Ausgaben [eines Investivhaushalts für die Eurozone] parlamentarisch kontrolliert werden"[9] könnten.

Europäisches Semester

Die haushalts- und wirtschaftspolitischen Koordinierungsprozesse im Europäischen Semester werden von nationalen Parlamenten allerdings oft nur unzureichend kontrolliert. Aktuelle Studien kommen zu folgenden Ergebnissen: Trotz der Notwendigkeit demokratischer Legitimation und parlamentarischer Kontrolle von Überwachungsverfahren, insbe-

---

4   Valentin Kreilinger: Strengthening parliamentary voices in the EU's multi-level system. Jacques Delors Institut – Berlin, Policy Paper, Juni 2018, S. 14.
5   Europäische Kommission: Beschluss des Präsidenten der Europäischen Kommission über die Einsetzung einer Task-Force für Subsidiarität, Proportionalität und „Weniger, aber effizienteres Handeln", C(2017) 7810, 14. November 2017.
6   Europäische Kommission: Vorschlag für eine Verordnung des Rates über die Einrichtung des Europäischen Währungsfonds, KOM(2017)827.
7   Deutscher Bundestag: Antrag der Fraktion Die Linke, Drucksache 19/579; Antrag der FDP-Fraktion, Drucksache 19/582; Antrag der FDP-Fraktion, Drucksache 19/583; Antrag der AfD-Fraktion, Drucksache 19/593.
8   Cerstin Gammelin: Reformeifer abrupt erlahmt, in: Süddeutsche Zeitung, 13.4.2018, abrufbar unter: http://www.sueddeutsche.de/politik/europaeische-union-reformeifer-abrupt-erlahmt-1.3943218 (letzter Zugriff: 4.6.2018).
9   Frankfurter Allgemeine Sonntagszeitung: Existenzfragen für Europa, 3.6.2018, S. 2 f.

sondere in der Eurozone,[10] sind im Europäischen Semester die nationalen Parlamente von Nicht-Euroländern am aktivsten.[11] Selbst weitreichende parlamentarische Befugnisse im Europäischen Semester können von nationalen Regierungen aber oft umgangen werden und starke europa- oder haushaltspolitische Kompetenzen bieten ebenfalls keine Gewähr für eine substantielle parlamentarische Beteiligung im Europäischen Semester.[12]

Interparlamentarische Zusammenarbeit

Im Bereich der Kooperation zwischen nationalen Parlamenten und dem Europäischen Parlament stellt der Gemeinsame Parlamentarische Kontrollausschuss für die Europäische Polizeibehörde Europol, der im Oktober 2017 zu seiner konstituierenden Sitzung zusammentrat, ein neues Format dar: Jedes nationale Parlament darf bis zu vier Mitglieder für das Gremium benennen; das Europäische Parlament entsendet 16 Mitglieder. Die Aufgabe des Ausschusses besteht in der politischen Überwachung der Tätigkeiten von Europol.[13] Aufgrund von Meinungsverschiedenheiten über die genaue Funktionsweise des neuen Gremiums vertagten die Delegationen die Verabschiedung der Geschäftsordnung. Erst beim zweiten Treffen des Ausschusses im März 2018 konnte eine Einigung über die strittigen Fragen erzielt und die Geschäftsordnung angenommen werden. Sie sieht unter anderem ein Fragerecht und die Einrichtung eines Sekretariats vor.[14]

Auf den Plenarsitzungen der Konferenz der Europa-Ausschüsse der nationalen Parlamente (Conférence des Organes Spécialisés dans les Affaires Communautaires, COSAC) waren schließlich die Brexit-Verhandlungen ein wiederkehrender Tagesordnungspunkt: EU-Chefunterhändler Michel Barnier sprach auf den Treffen im Mai 2017 in Valletta und im November 2017 in Tallinn. Das Europäische Parlament muss dem Austrittsabkommen zustimmen; die nationalen Parlamente haben keine austrittsspezifischen Beteiligungsrechte.[15]

Weiterführende Literatur

Katrin Auel: Nationale Parlamente seit Lissabon, in: Peter Becker/Barbara Lippert (Hrsg.): Handbuch Europäische Union, Wiesbaden 2018.

Ben Crum: National Parliaments and Constitutional Transformation in the EU, in: European Constitutional Law Review 4/2017, S. 817–835.

Diane Fromage/Ton van den Brink: Democratic legitimation of EU economic governance. Challenges and opportunities for European Legislatures, in: Journal of European Integration 3/2018, S. 235–248.

Maja Kluger Dionigi (Hrsg.): Enhancing parliamentary oversight in the EMU: Stocktaking and ways forward. Think Tank Europa, Kopenhagen 2018.

Valentin Kreilinger: Strengthening parliamentary voices in the EU's multi-level system, Jacques Delors Institut – Berlin, Policy Paper, Juni 2018.

Olivier Rozenberg: The Role of National Parliaments in the EU after Lisbon: Potentialities and Challenges, European Parliament, Study for the AFCO Committee, Brüssel 2017.

---

10 Ben Crum: Parliamentary accountability in multilevel governance: what role for parliaments in post-crisis EU economic governance?, in: Journal of European Public Policy 2/2018, S. 268–286.
11 Mark Hallerberg/Benedicta Marzinotto/Guntram B. Wolff: Explaining the evolving role of national parliaments under the European Semester, in: Journal of European Public Policy 2/2018, S. 250–267.
12 Valentin Kreilinger: Scrutinising the European Semester in national parliaments: what are the drivers of parliamentary involvement?, in: Journal of European Integration 3/2018, S. 325–340.
13 Valentin Kreilinger: A watchdog over Europe's policemen. The new Joint Parliamentary Scrutiny Group for Europol, Jacques Delors Institut - Berlin, Policy Paper, Juni 2017.
14 Rules of Procedure of the Joint Parliamentary Scrutiny Group on Europol (Consolidated version 18.3.2018).
15 Valentin Kreilinger: Nationale Parlamente, in: Werner Weidenfeld/Wolfgang Wessels (Hrsg.): Jahrbuch der Europäischen Integration 2017, Baden-Baden 2017, S. 175–178, hier: S. 175 f.

Europäische Parteien

Jürgen Mittag

Seit 2017 werden die formellen Bündnisse von politisch nahestehenden nationalen Parteien und Parteifamilien in Europa beziehungsweise in der EU offiziell als „europäische politische Parteien" bezeichnet und bei der neu eingerichteten „Behörde für europäische politische Parteien und europäische politische Stiftungen" (BEUPS) registriert und anerkannt. Damit wurden die strukturellen Rahmenbedingungen der europäischen Parteienzusammenarbeit erneut angepasst.[1] An der Rolle der europäischen politischen Parteien in funktionaler Hinsicht hat sich jedoch bislang nur wenig geändert. Die europäischen Parteiorganisationen sind keine hierarchisch übergeordneten Dachorganisationen der nationalen Parteien auf europäischer Ebene und verfügen gegenüber den nationalen Parteien über keine Steuerungskompetenzen. Stattdessen tragen sie vor allem zur Kommunikation, Koordination und Vernetzung zwischen den einzelnen, in den europäischen Parteiorganisationen vertretenen, nationalen beziehungsweise regionalen Mitgliedsparteien bei.

Auf Grundlage der ursprünglichen Regularien waren Anfang 2017 noch 16 Parteien offiziell als europäische politische Parteien anerkannt.[2] Mit Inkrafttreten der Verordnung Nr. 1141/2014 verringerte sich deren Anzahl aber deutlich: Im Juli 2018 waren nur noch 12 Parteiorganisationen bei der BEUPS registriert. Keine Veränderungen gab es bei den etablierten europäischen Parteiorganisationen, der Allianz der Liberalen und Demokraten für Europa (ALDE), der Europäischen Volkspartei (EVP), der Sozialdemokratischen Partei Europas (SPE), der Europäischen Freien Allianz (EFA) und der Europäischen Grünen Partei (EGP). Im Europäischen Parlament finden diese fünf europäischen Parteiorganisationen ihr parlamentarisches Gegenstück in dauerhaften Fraktionen (S&D, EVP) beziehungsweise in Fraktionsgemeinschaften (ALDE und Grüne/EFA). Bis Juli 2017 hatten sich diese fünf europäischen Parteiorganisationen bei der BEUPS registriert.

Weitere vier europäische Parteiorganisationen, die Europäische Linke (EL), die Europäische Demokratische Partei (EDP), die EUDemokraten (EUD) und die Europäische Christliche Politische Bewegung (ECPM) wurden im Zuge neuer Finanzierungsmöglichkeiten gegründet, welche die 2003 verabschiedete Verordnung (Nr. 2004/2003) eröffnete, sind aber nur in einem Teil der EU-Mitgliedstaaten mit nationalen Parteien verankert. Zudem fällt ihre Repräsentation durch Abgeordnete in den EP-Fraktionen schwächer und heterogener aus. Während EL, EDP und ECPM 2017 ihre Registrierung bei der BEUPS vollzogen, verzichteten die europaskeptischen EUDemokraten darauf und stellten ihre Arbeit ein.

---

1   Vgl. Verordnung Nr. 1141/2014 des Europäischen Parlaments und des Rates vom 22. Oktober 2014 über das Statut und die Finanzierung europäischer politischer Parteien und europäischer politischer Stiftungen.
2   Vgl. zur Entwicklung bis zum Sommer 2017 Michael Weigl: Europäische Parteien, in: Wolfgang Wessels/Werner Weidenfeld: Jahrbuch der Europäischen Integration 2017, Baden-Baden 2017, S. 179–184.

Die politische Infrastruktur

Tabelle 1: Anerkannte politische Parteien auf europäischer Ebene

M = Mitgliedspartei VM = Vollmitglied(partei) AM = Assoziiertes Mitglied B = Beobachter PM = persönliche Mitglieder SM = Special Members (nur bei EGP)	Kürzel	Gründung Reform Registrierung BEUPS	Sitz	Mitglieds-Parteien	korresp. EP-Fraktion und Anzahl Abgeordnete	Politische Ausrichtung	EU-Finanzierung 2018 in Mio. Euro (gerundet)
Sozialdemokratische Partei Europas	PES (engl.) SPE (dt.)	1974 1992 2017	BE	34 VM aus 29 Staaten 12 AM / 12 B	S&D (181)	sozialdemokratisch / sozialistisch	6,889
Europäische Volkspartei	EPP (engl.) EVP (dt.)	1976 1999 2017	BE	49 VM aus 27 Staaten 6 AM / 12 B	EVP (214)	christdemokratisch (konservativ)	9,654
Allianz der Demokraten und Liberalen für Europa	ALDE	1976 1993 2017	BE	64 VM aus 44 Staaten 17 AV / 0 B	ALDE (57)	liberal	2,958
Europäische Freie Allianz	EFA	1982 1994 2004 2017	BE	36 (+2) VM aus 17 Staaten 1 AM / 7(+1) B	Grüne / EFA (11)	regional / „nationalistisch"	0,963
Europäische Grüne Partei	EGP	1983 1993 2004 2017	BE	35 VM aus 31 Staaten 56 SM / 3 AM / 2 B	Grüne / EFA (41)	grün / alternativ	2,308
Europäische Linke	EL	2004 2017	BE	26 VM aus 19 Staaten 0 AM / 8 B	GUE / NGL (33)	sozialistisch / postkommunistisch	1,700
Europäische Demokratische Partei	EDP	2004 2017	BE	15 M aus 12 Staaten	ALDE (9)	zentristisch (liberal)	0,626
Europäische Christliche Politische Bewegung	ECPM	2002 2010 2017	NL	21 VM aus 18 Staaten	ECR / EFDD (5)	christlich / evangelikal	0,704
Allianz der Konservativen und Reformer in Europa	AKRE	2009 2017	BE	39 VM aus 36 Staaten	ECR (54)	nationalkonservativ / europaskeptisch	2,469
Bewegung für ein Europa der Nationen und der Freiheit	MENL (fr.) BENF (dt.)	2014 2017	FR	8 Mitglieder aus 8 Staaten	ENF (29)	europaskeptisch, rechtsextrem, rechtspopulistisch	1,874
Allianz der Europäischen nationalen Bewegungen	AENM (engl./fr.)	2009 2018	FR	4 VM aus 4 Staaten, 4 PM	- (3)	rechtsextrem	0
Allianz für Frieden und Freiheit	APF (engl.)	2015 2018	BE	9 VM aus 8 Staaten, 4 PM	- (2)	rechtsextrem	0

Stand der Angaben: August 2018; Daten zur Parteienfinanzierung: http://www.europarl.europa.eu/pdf/grants/Funding_amounts_parties%2001-2018.pdf

Von den sechs weiteren europäischen Parteiorganisationen – darunter die Allianz der Konservativen und Reformer in Europa (AKRE), die Allianz der Europäischen nationalen Bewegungen (AEMN), die Europäische Allianz für Freiheit (EAF), die Bewegung für ein Europa der Nationen und der Freiheit (MENL), die Allianz für direkte Demokratie in Europa (ADDE) und die Allianz für Frieden und Freiheit (APF) – registrierten sich zunächst nur AKRE und MENL. AEMN und APF beantragten ihre Registrierung nicht rechtzeitig und wurden nachträglich anerkannt. Ihre Arbeit vollends eingestellt hat hingegen 2017 die europaskeptische EAF, die bislang stärker von Einzelpersonen als von Parteien getragen war und nach mehreren Übertritten von Abgeordneten in andere Fraktionen kaum noch Aktivitäten entwickelt hat. Die vor allem von der „UK Independence Party" getragene ADDE ging 2017 insolvent, nachdem das Europäische Parlament unter anderem festgestellt hatte, dass ADDE-Gelder aus der EU-Parteienfinanzierung unrechtmäßig für nationale Parteiaktivitäten im Rahmen des Brexit-Referendums verwendet worden waren. Grundsätzlich zu konstatieren ist, dass die Verordnung zu einer deutlichen Reduzierung der Anzahl europäischer Parteiorganisationen geführt hat. Die Initiatoren konnten damit ihre Zielsetzung realisieren, die Hürden der Anerkennung für diejenigen Parteien deutlich zu erschweren, die primär mit finanziellen Zielsetzungen gegründet wurden.

Im Frühjahr 2018 wurden die Anerkennungs- und Finanzierungskriterien der europäischen politischen Parteien erneut reformiert.[3] Damit sollen Missbrauch bei der Parteienfinanzierung und zugleich europakritischen Parteien beziehungsweise Parteiorganisationen ohne ernsthafte Zielsetzung und Aktivität auf europäischer Ebene der Zugang zur EU-Parteienfinanzierung erschwert werden. Anlass hatten europäische Parteiorganisationen geliefert, die ihre Anerkennung nur erhalten hatten, weil Einzelpersonen die Gründung beziehungsweise den Bestand formell unterstützten. Dies wird mit der Neuregelung ausgeschlossen; künftig können nur noch Parteien, jedoch keine Individuen, eine europäische politische Partei tragen. Ebenfalls unterbunden wird fortan die gleichzeitige Unterstützung von mehreren europäischen Parteien.

Die Finanzierung der europäischen Parteien wird künftig enger mit bei Wahlen erzielten Stimmenanteilen verknüpft. Während der Prozentsatz der auf alle Parteien gleichmäßig aufzuteilenden Zuwendungen um 5 Prozent reduziert wird, werden die vom Wahlergebnis abhängigen Mittel von 85 auf 90 Prozent erhöht. Kritik hatte ausgelöst, dass zuvor, unabhängig von erzielten Stimmen, ein Grundbetrag von 400.000 Euro pro Partei bereitgestellt wurde. Durch die Reform werden die Anforderungen an die Kofinanzierung gesenkt, indem ihr Anteil von 15 auf 10 Prozent reduziert wird. Zudem wurden die Bestimmungen bei der Einziehung des Vermögens von in Konkurs gegangenen Parteien und Stiftungen geändert, um einen besseren Zugriff auf entsprechende Mittel zu erwirken. Mit der Reform wird auch mittelbar Einfluss auf die nationalen Parteien genommen. Ihnen wird auferlegt, künftig „das politische Programm und das Logo der jeweiligen europäischen politischen Partei auf deutlich sichtbare und benutzerfreundliche Weise [zu] veröffentlichen."[4] Bleibt dies aus, wird ihnen „der Zugang zu Finanzmitteln aus dem Gesamthaushaltsplan der Europäischen Union" verwehrt.

Die Aktivitäten der europäischen Parteien standen 2018 bereits im Zeichen der Europawahl. Die Fraktionsvorsitzenden im Europäischen Parlament und die Vorsitzenden der europäischen Parteiorganisationen sprachen sich für das Spitzenkandidatenmodell aus, von dem sie sich eine weitere Mobilisierung der Bevölkerung und eine Stärkung der europäischen Öffentlichkeit erhoffen. Der Vorsitzende der ALDE-Fraktion im Europäischen Parlament, Guy Verhofstadt, Spitzenkandidat der ALDE-Partei bei den Europawahlen 2014, äußerte sich indes skeptisch und begründete dies mit der im Februar 2018 im Europäischen Parlament erfolgten Ablehnung von transnationalen Listen, die seit langem von europäischen Föderalisten gefordert werden. Während Sozialdemokraten, Liberale und Grüne mehrheitlich für transnationale Listen zur Wahl eines Teils der Europaabgeordneten votierten, stimmte das Gros des Parlaments dagegen. Kritiker führten an, dass Abgeordnete einem lokalen Wahlkreis verbunden bleiben sollten.

Zuletzt intensivierten sich die Debatten über die Nominierung potenzieller Spitzenkandidaten. In der EVP hat sich der Fraktionsvorsitzende, Manfred Weber von der Christlich-Sozialen Union (CSU), früh als Kandidat in Stellung gebracht; als Gegenkandidat gilt der ehemalige finnische Ministerpräsident Alexander Stubb. Überlagert wird die Entscheidung von Spannungen innerhalb der Fraktion, die ein Verfahren nach Art. 7 EUV gegen Ungarn unterstützt, die Mitwirkungsrechte ihrer ungarischen Mitgliedspartei, der Fidesz-Partei von Victor Orbán, aber

---

3   Verordnung Nr. 2018/673 des Europäischen Parlaments und des Rates vom 3. Mai 2018 zur Änderung der Verordnung (EU, Euratom) Nr. 1141/2014 des Europäischen Parlaments und des Rates über das Statut und die Finanzierung europäischer politischer Parteien und europäischer politischer Stiftungen.
4   Verordnung Nr. 2018/673, Absatz 6.

unverändert belassen hat. In der SPE werden dem Vizepräsidenten der Europäischen Kommission Frans Timmermans aus den Niederlanden Chancen eingeräumt; mit dem slowakischen Kommissar Maroš Šefčovič steht ein weiteres Kommissionsmitglied zur Debatte. Die Europäische Grüne Partei will erneut, wie bei der Europawahl 2014, eine Frau und einen Mann als Spitzenkandidaten nominieren. Kandidaturen haben die Deutsche Ska Keller, die Belgierin Petra De Sutter, der Niederländer Bas Eickhout und der Bulgare Atanas Schmidt angemeldet. Anders als 2014 wird die Nominierung bei der EGP aber durch die Delegierten auf einem Parteikongress erfolgen, da die Beteiligung am seinerzeitigen Onlinevotum nur verhalten ausfiel. Die ALDE-Partei übt sich mit Blick auf Spitzenkandidaten in Zurückhaltung. Angesichts absehbarer politischer Veränderungen durch den potenziellen Einzug von Abgeordneten der französischen Partei „La République en Marche" in das Europäische Parlament wird seitens der ALDE der Schulterschluss mit dem französischen Staatspräsidenten Macron gesucht, der sich noch nicht eindeutig positioniert hat und auch Überlegungen hinsichtlich einer neuen zentristischen Fraktion verfolgt. Die Europäische Linkspartei hält die Entscheidung noch offen, ob sie einen Spitzenkandidaten nominieren wird. Demgegenüber hat sich die Allianz der Konservativen und Reformer Europas für einen Spitzenkandidaten ausgesprochen; potenzieller Kandidat ist der AKRE-Parteivorsitzende und tschechische Europaabgeordnete Jan Zahradil. Eine Verständigung der europaskeptischen, rechtspopulistischen und rechtsextremen Parteiorganisationen auf einen gemeinsamen Spitzenkandidaten zeichnet sich nicht ab.

Jenseits der Debatten über Spitzenkandidaten werden in den europäischen Parteien Überlegungen über die künftige Zusammensetzung und Fraktionsstärke im Europäischen Parlament angestellt. Auch 2019 ist zu erwarten, dass im Sinne von „second-order-elections" nationale Regierungsparteien abgestraft werden und Protestparteien Stimmenzuwachs erhalten. Vor diesem Hintergrund haben sich vor allem die größeren Parteien in Spanien und Deutschland dafür eingesetzt, eine Zersplitterung durch eine – bislang nicht verpflichtende und in Deutschland durch das Bundesverfassungsgericht gekippte – Sperrklausel zu reduzieren; nach der Entscheidung durch den Rat und der Zustimmung des Parlaments wird für Staaten, die mehr als 35 Sitze im Parlament stellen, eine solche Sperrklausel, die zwischen zwei und fünf Prozent liegt, künftig verpflichtend sein.[5]

Ungeachtet jüngster rechtlicher Änderungen zeugen die Strukturen und Aktivitäten der europäischen politischen Parteien unverändert von einem hohen Maß an Konstanz. Vieles deutet darauf hin, dass die europäischen Parteiorganisationen auch im Europawahljahr 2019 nur begrenzt zur Mobilisierung beitragen werden, sondern vielmehr der Koordination und Vernetzung zwischen nationaler und europäischer Ebene dienen. Ein grundlegender Funktions- beziehungsweise Rollenwandel zeichnet sich auch zukünftig nicht ab. Die jüngsten Anpassungen bei den Finanzierungs- und Anerkennungskriterien sind eher als Korrektiv zu interpretieren und Ausdruck anhaltender Professionalisierung des Systems europäischer Parteiorganisationen.

Weiterführende Literatur

Daniela A. Braun/Sebastian Popa: This time it was different? The salience of the Spitzenkandidaten system among European parties, in: West European Politics (2018), S. 1–21.

Margarita Gómez-Reino: Nationalisms in the European Arena. Trajectories of Transnational Party Coordination, Cham 2018.

---

5   Legislative Entschließung des Europäischen Parlaments vom 4. Juli 2018 zu dem Entwurf eines Beschlusses des Rates zur Änderung des dem Beschluss 76/787/EGKS, EWG, Euratom des Rates vom 20. September 1976 beigefügten Akts zur Einführung allgemeiner unmittelbarer Wahlen der Mitglieder des Europäischen Parlaments (09425/2018 – C8-0276/2018 – 2015/0907(APP)).

Europäische Bürgerinitiative

Julian Plottka

Die Europäische Bürgerinitiative (EBI) ist ein Recht zur Agenda-Setzung auf EU-Ebene, das mindestens 1 Mio. UnionsbürgerInnen erlaubt, die Europäische Kommission aufzufordern, einen Rechtsaktentwurf vorzulegen, der im Rahmen ihres Initiativrechts liegt. Ziel ihrer Einführung in Art. 11 Abs. 4 EUV durch den Vertrag von Lissabon war es, BürgerInnen stärker in europäische Entscheidungsprozesse einzubinden. Mit der Ankündigung vom April 2017, die Verordnung Nr. 211/2011 über die Europäische Bürgerinitiative[1] (EBI-Verordnung) zu überarbeiten, ist das Interesse an ihr deutlich gewachsen und hat seither nicht nachgelassen. Neben der Einleitung des ordentlichen Gesetzgebungsverfahrens 2017/0220 (COD) wurden ein Hinweis zu den Folgen des Austritts des Vereinigten Königreichs aus der Europäischen Union für die EBI und der zweite Bericht der Europäischen Kommission zur EBI veröffentlicht sowie eine Online-Kooperationsplattform eingerichtet. Seit Juni 2017 erhielten drei neue Initiativen ihre Registrierung, ein Antrag wurde von der Europäischen Kommission abgelehnt. Diese ergriff eine Reihe von Folgemaßen zur vierten erfolgreichen Initiative „Verbot von Glyphosat und Schutz von Menschen und Umwelt vor giftigen Pestiziden". Der Gerichtshof der Europäischen Union (EuGH) hat zwei Urteile zur EBI gefällt.[2]

Die Nutzung des Instruments der EBI

Bis zum 1. Juni 2018 wurden zwar 68 Registrierungsanträge gestellt und circa 9 Mio. Unterschriften gesammelt,[3] jedoch ist es nur 4 Initiativen gelungen, die Quoren zu erfüllen. Die hohe Zahl von fast 50 Prozent nicht erfolgreicher und fast 30 Prozent zurückgezogener Initiativen[4] weist auf zwei Probleme: Erstens ist das Unionsbürgerrecht nicht ausreichend bekannt. Zweitens stellt das EBI-Verfahren die InitiatorInnen vor erhebliche Hürden.

Seit 2012 zeigen sich zudem zwei Trends: Zum einen sinkt die Anzahl der jährlich gestellten Registrierungsanträge von 23 im Jahr 2012 auf 3 im Jahr 2016 bevor für 2017 eine Verdreifachung auf 9 zu verzeichnen ist. Noch ist dies aber keine Trendwende, da im ersten Halbjahr 2018 nur 2 Anträge gestellt wurden. Dies könnte der Erwartung einer Ver-

---

[1] Verordnung (EU) Nr. 211/2011 des Europäischen Parlaments und des Rates vom 16. Februar 2011 über die Bürgerinitiative, in: Amtsblatt der EU, Nr. L 65, 11. März 2011, S. 1–22.
[2] Der EuGH hat eine Klage auf Annullierung der Kommissionsmitteilung zur Initiative „Einer von uns" und die Rechtsmittel gegen die Nichtregistrierung der Initiative „Eine Million Unterschriften für ein Europa der Solidarität" zurückgewiesen. Vgl. Gerichtshof der Europäischen Union: Urteil des Gerichts (große Kammer) vom 12. September 2017 (Anagnostakis/Kommission), ECLI:EU:C:2017:663; Gerichtshof der Europäischen Union: Urteil des Gerichts (Zweite erweiterte Kammer) vom 23. April 2018 (European Citizens' Initiative One of Us u.a. gegen Europäische Kommission), ECLI:EU:T:2018:210.
[3] Europäische Kommission: Bericht der Kommission an das Europäische Parlament und den Rat. Bericht über die Anwendung der Verordnung (EU) Nr. 211/2011 über die Europäische Bürgerinitiative, COM(2018)157, S. 1.
[4] Die Prozentzahlen sind auf die Zahl von 48 registrierten Initiativen bezogen.

einfachung des Verfahrens durch dessen Überarbeitung geschuldet sein. Zum anderen ist die Europäische Kommission bei der Ablehnung von Registrierungsanträgen zurückhaltender geworden. So hat sie 18 der 20 abgelehnten Anträge in den ersten drei Jahren die Registrierung verweigert und in den folgenden vier Jahren nur noch 2 Anträge negativ beschieden.

Tabelle 1: Anzahl der Initiativen von 2012 bis 2018

Status	Anzahl
Laufende Initiativen	5
Zurückgezogene Initiativen	14
Initiativen mit zu wenig Unterstützung	25
Abgelehnte Registrierungsanträge	20
Erfolgreiche Initiativen	4
Summe	68

Quelle: Eigene Auswertung des EBI-Registers mit Stand 1. Juni 2018.

Die Überarbeitung der EBI-Verordnung

Zur Überarbeitung der EBI-Verordnung leitete die Europäische Kommission eine mehrstufige Konsultation von Mai bis August 2017 ein. Einer Expertenkonsultation zum Reformfahrplan[5] folgte eine öffentliche Konsultation und eine Sitzung mit nationalen Behörden sowie eine mit relevanten Nichtregierungsorganisationen. Die Zivilgesellschaft rief mit einer Kampagne zur Teilnahme an der Konsultation auf[6] und initiierte zwei Petitionen zur Reform der EBI.[7] Von den 5.199 natürlichen Personen, die sich an der Konsultation beteiligten, hatten 37 Prozent zuvor noch nie von der EBI gehört und nur 14 Prozent eine mit organisiert, geplant oder dies zumindest erwogen. Die Ergebnisse mündeten in den Vorschlag für eine neue EBI-Verordnung, der als Teil des Demokratiepakets zur „State of the Union-Rede" im September 2017 veröffentlicht wurde.[8] Dieser sieht keine grundlegende Neuordnung des Verfahrens vor, versucht jedoch die EBI benutzerfreundlicher zu gestalten. Im Frühjahr 2018 befasste sich die Arbeitsgruppe für allgemeine Fragen des Rates der Europäischen Union erstmals mit dem Entwurf und der Europäische Wirtschafts- und Sozialausschuss[9] sowie der Ausschuss der Regionen[10] legten Stellungnahmen vor. Der Ausschuss für konstitutionelle Fragen des Europäischen Parlaments (AFCO-Ausschuss)

---

5 Europäische Kommission: Roadmap. Revision of the European Citizens' Initiative, Ares(2017)2537702.
6 Europäische Kommission: Zusammenfassung der im Rahmen der offenen Konsultation zur Überarbeitung der Verordnung (EU) Nr. 211/2011 über die Europäische Bürgerinitiative eingegangenen Beiträge, 2018.
7 Europäische Kommission: Zusammenfassender Bericht über die Konsultation der Interessengruppen, 2018.
8 Europäische Kommission: Vorschlag für eine Verordnung des Europäischen Parlaments und des Rates über einen Rahmen für den freien Verkehr nicht personenbezogener Daten in der Europäischen Union, COM(2017)495.
9 Europäischer Wirtschafts- und Sozialausschuss: Stellungnahme des Europäischen Wirtschafts- und Sozialausschusses zu dem „Vorschlag für eine Verordnung des Europäischen Parlaments und des Rates über die Europäische Bürgerinitiative", 2018/C 237/12.
10 Ausschuss der Regionen: Stellungnahme des Europäischen Ausschusses der Regionen – Europäische Bürgerinitiative, 2018/C 247/10.

beschloss seinen Bericht[11] am 27. Juni 2018. Nach der Sommerpause ist der Trilog geplant, damit die Verordnung noch 2018 verabschiedet und Anfang 2020 in Kraft treten kann.

Als vermutlich am schwierigsten gegenüber den Mitgliedstaaten durchzusetzende Neuerung hat die Europäische Kommission in Art. 2 des Verordnungsentwurfs die EU-weite Senkung des Mindestalters zur Unterstützung – aber nicht zur Organisation – einer EBI auf 16 Jahre vorgeschlagen. Dies wurde in der Konsultation von 42 Prozent der TeilnehmerInnen befürwortet.

Zur Unterstützung der OrganisatorInnen bei der Registrierung einer EBI, bei der oft die Formulierung einer zulässigen Initiative Schwierigkeiten bereitet, will die Europäische Kommission die bereits als Pilotprojekt laufende Kooperationsplattform verstetigen und die Mitgliedstaaten verpflichten, beratende Kontaktstellen einzurichten. Der AFCO-Ausschuss unterstreicht im Sinne der in der Konsultation geäußerten Forderungen, dass die Beratung unabhängig sein sollte.

Art. 6 des Entwurfs sieht die Möglichkeit zur teilweisen Registrierung von Initiativen vor, damit die Europäische Kommission eine EBI, bei der nur einzelne Forderungen nicht unter ihr Initiativrecht fallen, nicht insgesamt ablehnen muss. Der AFCO-Ausschuss will das Erfordernis streichen, dass ein „erheblicher Teil der Initiative" unter das Initiativrecht der Europäischen Kommission fallen muss.

Weiter schlägt die Europäische Kommission vor, dass die OrganisatorInnen den Starttermin zur Sammlung von Unterschriften innerhalb von drei Monaten (AFCO-Ausschuss: sechs Monate) nach Registrierung flexibel wählen können, um ihnen Zeit zur Vorbereitung der Kampagne zu geben.

Der in der Konsultation und wissenschaftlichen Debatte[12] am kritischsten bewertete Aspekt des gegenwärtigen Verfahrens, nämlich die geringe Verbindlichkeit der Befassung mit erfolgreichen Initiativen durch die EU-Organe, was zu Enttäuschungen auf Seiten der OrganisatorInnen und UnterzeichnerInnen führt, soll kaum überarbeitet werden. Art. 14 des Verordnungsentwurfs sieht nur vor, dass bei der Anhörung zum Thema im Europäischen Parlament „für eine ausgewogene Vertretung der einschlägigen öffentlichen und privaten Interessen" gesorgt werden muss.

Weitere Aktivitäten der EU-Institutionen

Die Europäische Kommission hat im März 2018 ihren zweiten Bericht zur EBI[13] vorgelegt, in dem sie nochmals ausführlich die Notwendigkeit der Reform begründet. Zudem hat sie eine neue Informationskampagne zur EBI initiiert und es wurde das Pilotprojekt einer Kooperationsplattform[14] gestartet, die potenzielle OrganisatorInnen mit Webinaren, persönlicher Beratung und weiteren Instrumenten bei der Vorbereitung einer EBI unterstützt.

---

11 Europäisches Parlament, Ausschuss für konstitutionelle Fragen: über den Vorschlag für eine Verordnung des Europäischen Parlaments und des Rates über die Europäische Bürgerinitiative, Berichterstatter: György Schöpflin, A8-0226/2018.
12 Vgl. als Überblick Carmen Gerstenmeyer/Julia Klein/Julian Plottka/Amelie Tittel: Study on the European Added Value of the European Citizens' Initiative. Brüssel: European Parliament Research Service, 2018.
13 Europäische Kommission: Bericht über die Anwendung der Verordnung (EU) Nr. 211/2011, 2018.
14 Europäische Kommission: Forum zur Europäischen Bürgerinitiative, abrufbar unter: https://collab.ec.europa.eu/wiki/eci/display/ECI (letzter Zugriff: 17.8.2018).

Ferner hat die Europäische Kommission im April 2018 einen Hinweis zu den Folgen des Austritt des Vereinigten Königreichs aus der Europäischen Union für die EBI veröffentlicht.[15] Wenn Art. 11 Abs. 4 EUV am 29. März 2019 seine Geltung im Vereinigten Königreich verliert, ist die EBI-Verordnung in der Übergangsphase nicht mehr anwendbar. Britische StaatsbürgerInnen zählen dann nicht mehr als Mitglieder des Bürgerausschusses und im Vereinigten Königreich gesammelte Unterschriften werden nur anerkannt, wenn sie vor dem Austritt zertifiziert werden. Unterschriften britischer StaatsbürgerInnen in anderen Mitgliedstaaten sind gültig, wenn sie vor dem Austritt geleistet werden.

Im Oktober 2017 wurde der Europäischen Kommission die mit 1.070.865 Unterschriften vierte erfolgreiche EBI „Verbot von Glyphosat" vorgelegt. Ende 2017 folgten der Empfang der OrganisatorInnen durch die Europäische Kommission, die Anhörung im Europäischen Parlament sowie die Mitteilung der Kommission.[16] In dieser verteidigt sie die Verlängerung der Zulassung von Glyphosat (12. Dezember 2017) und verweist darauf, dass die Pflanzenschutzmittelverordnung derzeit überprüft werde. Sie hat zudem den Verordnungsvorschlag über die Transparenz und Nachhaltigkeit der Risikobewertung im Bereich der Lebensmittelkette[17] vom April 2018 als Folgemaßnahme ausgewiesen. Mit Blick auf die Richtlinie 2009/128/EG für die nachhaltige Verwendung von Pestiziden will sie ferner harmonisierte Risikoindikatoren vorschlagen, um Umsetzungsdefiziten bei den Mitgliedstaaten entgegenzuwirken.

Die Europäische Kommission hat im Februar 2018 als Folgemaßnahme zur bereits 2013 erfolgreichen Initiative „Right2Water" die Überarbeitung der Trinkwasserrichtlinie[18] angestoßen. Die große zeitliche Diskrepanz zwischen der EBI und dem Tätigwerden der Europäischen Kommission ist eines der zentralen Probleme. Dass zur EBI „Verbot von Glyphosat" zeitnah Maßnahmen ergriffen werden, ist keine Verbesserung, da sie nur zufällig zur rechen Zeit kommt. Dass ihrem Hauptanliegen nicht entsprochen wird, die weiteren Forderungen aber von der Europäischen Kommission genutzt werden, um ohnehin geplante Maßnahmen politisch zu untermauern, zeigt, dass die Europäische Kommission die EBI als Instrument der „partizipativen Governance"[19] einsetzt und die erhoffte Wende zur „partizipativen Demokratie" bisher nicht erfolgt.

Weiterführende Literatur

Maximilian Conrad/Annette Knaut/Katrin Böttger (Hrsg.): Bridging the Gap? Opportunities and Constraints of the European Citizens' Initiative, Baden-Baden 2016.
Carmen Gerstenmeyer/Julian Plottka: Die aktuelle Reform als letzte Chance zur Rettung der Europäischen Bürgerinitiative?, in: integration 1/2018, S. 26-48.
Justin Greenwood: The European Citizens' Initiative: Bringing the EU closer to its citizens?, in: Comparative European Politics, online first, Oktober 2018.

---

15 Europäische Kommission: Notice to Stakeholders Withdrawal of the United Kingdom and EU Rules in the Field of the European Citizens' Initiative, Brüssel, 13. April 2018.
16 Europäische Kommission: Mitteilung der Kommission über die Europäische Bürgerinitiative „Verbot von Glyphosat und Schutz von Menschen und Umwelt vor giftigen Pestiziden", C(2017)8414.
17 Europäische Kommission: Vorschlag für eine Verordnung des Europäischen Parlaments und des Rates über die Transparenz und Nachhaltigkeit der EU-Risikobewertung im Bereich der Lebensmittelkette und […], COM(2018)179.
18 Europäische Kommission: Vorschlag für eine Richtlinie des Europäischen Parlaments und des Rates über die Qualität von Wasser für den menschlichen Gebrauch (Neufassung), COM(2017)753.
19 Beate Kohler-Koch/Christine Quittkat (Hrsg.): Die Entzauberung partizipativer Demokratie. Zur Rolle der Zivilgesellschaft bei der Demokratisierung von EU-Governance, Frankfurt/New York 2011.

Lobbyismus in der partizipativen Demokratie

Bernd Hüttemann

Die Europawahl 2019 wirft ihren Schatten voraus. Während der estnischen und bulgarischen EU-Ratspräsidentschaften dürften die letzten großen Gesetzesvorhaben auf den Weg gebracht worden sein. Derweil ist das REFIT-Programm zur „Gewährleistung der Effizienz und Leistungsfähigkeit der Rechtssetzung" etabliert. Die Rechtsprechung hat im letzten Jahr weitreichende Urteile gefällt, so bekam der informelle Trilog zwischen den beiden Gesetzgebungsorganen und der Europäischen Kommission klare Auflagen zur Transparenz. Der Lobbybegriff wird weiterhin auf Grund seines schlechten Rufs gemieden, auch wenn sich in Politik,[1] Öffentlichkeit und Wissenschaft[2] der Trend der vergangenen Jahre für eine neutralere Bewertung weiter verstärkt. Doch Kommunen, Kirchen, Gewerkschaften und Vereine vermeiden ihn mit unterschiedlichen Begründungen.[3] Materiell werden im offiziellen Register weiterhin alle lobbyistisch tätigen Gruppen aufgenommen. Transparency International EU verfolgt einen ähnlich breiten Ansatz.[4]

Bessere Rechtsetzung

Eine verbesserte Rechtsetzung umfasst zwangsläufig auch Regelungen für Lobbyistinnen und Lobbyisten. Die Europäische Kommission setzte ihr ambitioniertes Vorhaben zur „Besseren Rechtsetzung" mit dem REFIT-Programm fort. Im Oktober 2017 zog sie eine erste – aus ihrer Sicht – positive Bilanz,[5] mit zahlreichen umgesetzten Initiativen. Jedoch beklagen Verbraucherschutzlobbyistinnen und -lobbyisten, dass REFIT auch eine „Gefahr der Deregulierung" beinhalte.[6] Auf der anderen Seite wird von Wirtschafslobbyistinnen und -lobbyisten die mangelnde Umsetzung von Deregulierung angemahnt. Bemerkenswert ist, dass mitunter Verbände die nationale Ebene für mangelnde Umsetzung verantwortlich machen.[7] Derweil traf sich die REFIT-Plattform 2017/18 weiter regelmäßig, so auch die

---

1 European Parliament: More lobby transparency to foster public trust in EU institutions, 15.6.2017, abrufbar unter: http://www.europarl.europa.eu/news/en/press-room/20170615IPR77523/more-lobby-transparency-to-foster-public-trust-in-eu-institutions (letzter Zugriff: 29.7.2018).
2 Bernd Hüttemann: Ein und dasselbe Chamäleon? Zivilgesellschaft und Lobbyismus im europäischen Mehrebenensystem, in: Daniel Göler/Eckart D. Stratenschulte (Hrsg.): Norm- und Regeltransfer in der europäischen Außenpolitik, Baden-Baden 2018, S. 39–90.
3 Exemplarisch hier die kommunale Interessenvertretung Council of European Municipalities and Regions: Transparency Register. Governance in Citizenship 2017, abrufbar unter: http://www.ccre.org/en/actualites/view/3509 (letzter Zugriff: 20.6.2017).
4 Transparency International – EU Office: EU Integrity Watch: monitor potential conflicts of interests 16.4.2018, abrufbar unter: https://www.integritywatch.eu/lobbyist.html (letzter Zugriff: 29.7.2018).
5 Jean-Claude Juncker/Frans Timmermans: Governance in the European Commission. Communication to the Commission, Brüssel, 11.10.2017, abrufbar unter: https://ec.europa.eu/info/sites/info/files/c_2017_6915_final_en.pdf (letzter Zugriff: 17.7.2018).
6 Deutschlandfunk: Mythen der EU (2/5) – Die selbstverordnete Bürokratie-Entschlackungskur, 12.6.2018, abrufbar unter: https://www.deutschlandfunk.de/mythen-der-eu-2-5-die-selbstverordnete-buerokratie.795.de.html?dram:article_id=419888 (letzter Zugriff: 25.7.2018).

Teilgruppe der Interessenträger. Die Ergebnisse aus insgesamt 57 Stellungnahmen der vergangenen Jahre hat die Kommission im Juni 2018 ausführlich zusammengefasst.[8]

Partizipative Demokratie und Sozialpartnerschaft

Die in Art. 11 EUV vorgeschriebenen Konsultationen durch die Europäische Kommission bleiben mit 700 Prozessen in den Jahren 2010-2016 auf einem hohen Stand.

Neben diesen vertraglich vorgesehenen Beteiligungsvorhaben haben sich unterschiedliche Dialogformate zur Zukunft Europas entwickelt. Auslöser war die Forderung des französischen Staatspräsidenten Emmanuel Macron nach „demokratischen Konventen" am 26. September 2017. In den meisten Mitgliedstaaten wurde weder eine einheitliche Konsultationsstrategie[9] verfolgt, noch hat die EU-Kommission eine koordinierende Rolle. Ob es tatsächlich zu einer substanziellen Auswertung der nicht repräsentativ durchgeführten Befragungen kommen kann, wird bezweifelt.[10]

Trotz der Betonung der Kommission, dass die Europäische Bürgerinitiative (EBI) ein Erfolgsprojekt[11] sei, blieb die Kritik bestehen: Sie sei zu kompliziert und zu wenig bindend. Die Wirkung der EBI dürfte aber weiterhin marginal in der Öffentlichkeit wahrgenommen werden.[12] Die EBI hat derweil als Instrument der partizipativen Demokratie eine rechtliche Aufwertung erfahren.[13]

Eine im Art. 154 AEUV festgelegte Sonderrolle bildet der „Soziale Dialog" innerhalb der „Sozialpartnerschaft". Doch scheint die Zusammenarbeit zwischen den repräsentativen Organisationen der Arbeitnehmerinnen und -nehmer und der Arbeitgeberinnen und -geber auf sektorübergreifender europäischer Ebene ins Stocken geraten zu sein.[14] Die Kritik des gewerkschaftsnahen „Annual Report Social Policy" bleibt stark.[15]

---

7   Bundesverband der Deutschen Industrie e.V.: EU-Agenda für bessere Rechtssetzung: Eine Bestandsaufnahme, abrufbar unter: https://bdi.eu/artikel/news/eu-agenda-fuer-bessere-rechtssetzung-eine-bestandsaufnahme/ (letzter Zugriff: 25.7.2018).
8   Europäische Kommission: Ausführliche Informationen zu den Folgemaßnahmen der Kommission zu den Stellungnahmen der REFIT-PLATTFORM, Juni 2018, abrufbar unter: https://ec.europa.eu/info/sites/info/files/refit-platform-opinions-v15june2018_de.pdf (letzter Zugriff: 16.10.2018).
9   Corina Stratulat/Yann-Sven Rittelmeyer/Paul Butcher: En Marche l'Europe. A strategy to implement democratic conventions, 11.1.2018, abrufbar unter: http://www.epc.eu/pub_details.php?cat_id=17&pub_id=8198 (letzter Zugriff: 16.10.2018).
10 Europäische Bewegung Deutschland e.V.: Bürgerdialoge zur Zukunft Europas: Wenn, dann richtig! EBD-Vorstand und Spitzenverbände nehmen Stellung, Berlin 2018, abrufbar unter: https://www.netzwerk-ebd.-de/nachrichten/buergerdialoge-zur-zukunft-europas-wenn-dann-richtig-ebd-vorstand-und-spitzenverbaende-nehmen-stellung/ (letzter Zugriff: 30.7.2018).
11 Steffen Stierle: EU-Kommission feiert Bürgerinitiative, abrufbar unter: https://www.euractiv.de/section/eu-innenpolitik/news/eu-kommission-feiert-buergerinitiative/ (letzter Zugriff: 17.7.2018).
12 Bertelsmann-Stiftung: Europäische Bürgerinitiative ist wenig bekannt und entfaltet kaum Wirkung, abrufbar unter: https://www.bertelsmann-stiftung.de/de/unsere-projekte/demokratie-und-partizipation-in-europa/projektnachrichten/europaeische-buergerinitiative-ist-wenig-bekannt-und-entfaltet-kaum-wirkung/ (letzter Zugriff: 20.7.2018).
13 Europäischer Gerichtshof: Europäische Bürgerinitiative "Stop TTIP" 10. Mai 2017, abrufbar unter: http://curia.europa.eu/juris/document/document.jsf?text=&docid=190563&pageIndex=0&doclang=de&mode=req&dir=&occ=first&part=1&cid=379747 (letzter Zugriff: 18.6.2017).
14 Angélique Mounier-Kuhn: The end of European labour agreements? 24.1.2018, abrufbar unter: https://www.euractiv.com/section/economy-jobs/news/the-end-of-european-labour-agreements/?_ga=2.84356569.1900706754.1520842551-968745153.1517906027 (letzter Zugriff: 29.7.2018).
15 Christophe Degryse: The relaunch of the European social dialogue: what has been achieved up to now?, in: Bart Vanhercke/Sebastiano Sabato/Denis Bouget (Hrsg.): Social policy in the European Union: state of play 2017, Brüssel 2017, S. 115–132.

Transparenzregister

Das Transparenzregister entwickelt sich weiter. Bis Ende Juni 2018 ist das Register um weitere 2.645 Einträge auf 11.807 Einträge angewachsen. Transparency zählte im Juli 2018 7.188 beim Europäischen Parlament akkreditierte individuelle Lobbyistinnen und Lobbyisten.[16] Der Parlaments-Initiativbericht „Transparenz, Rechenschaftspflicht und Integrität in den EU-Organen" („Giegold-Bericht") wurde nach zwei Jahren zum Teil kontroverser Verhandlungen zwischen den Fraktionen am 14. September 2017 im Plenum verabschiedet.[17] Im April 2018 fand eine erste Sitzung zwischen Kommission, Parlament und Rat für ein gemeinsames EU-Lobbyregister statt. Zwar zeigte sich die bulgarische Ratspräsidentschaft offen für Reformen, allerdings wurde keine Übereinkunft getroffen.

Dreh- und Angelpunkt der Kritik am Transparenzregister ist im Berichtszeitraum der Rat der EU. Neben Parlamentsausschüssen beschäftigt sich auch die Konferenz der Europa-Ausschüsse der nationalen Parlamente (COSAC) mit mehr Transparenz der Mitgliedstaaten. Neben der Bürgerbeauftragen[18] forderten vereinzelt auch Mitgliedstaaten, dass der Rat seine eigenen Lobbykontakte offenlegen sollte.[19]

Seitenwechsel und Verhaltenskodex

Der Seitenwechsel des ehemaligen Kommissionspräsidenten José Manuel Barroso zur Investmentbank Goldman Sachs blieb in der Kritik,[20] obwohl die Kommission am 31. Januar 2018 einen neuen Verhaltenskodex beschlossen hatte.[21] Auch die Führung und hohe Beamtenschaft der Europäischen Zentralbank stand in der Kritik.[22]

Ein Jahr vor der Europawahl stand das Parlament unter verstärkter Beobachtung. In der laufenden Legislaturperiode hätten sich 24 Abgeordnete nicht an den Verhaltenskodex gehalten.[23]

---

16 Transparency International – EU Office, EU Integrity Watch: monitor potential conflicts of interests, 2018.

17 Europäisches Parlament: Transparenz, Rechenschaftspflicht und Integrität in den EU Organen, 14.9.2017, abrufbar unter: http://www.europarl.europa.eu/sides/getDoc.do?type=TA&reference=P8-TA-2017-0358&language=DE&ring=A8-2017-0133 (letzter Zugriff: 25.10.2018).

18 European Ombudsman: Administration of the European Council (SI/8/2017/KR), abrufbar unter: https://www.ombudsman.europa.eu/en/cases/correspondence.faces/en/87521/html.bookmark?si-related-doc=1 (letzter Zugriff: 17.7.2018).

19 Ministerie van Buitenlands Zaken: Brief regering; Kabinetsreactie op de aanbeveling van de Europese Ombudsman over transparantie van het wetgevingsproces van de Raad - Nieuwe Commissievoorstellen en initiatieven van de lidstaten van de Europese Unie, 6.4.2018, abrufbar unter: https://www.parlementairemonitor.nl/9353000/1/j9vvij5epmj1ey0/vknenrmcq1ym (letzter Zugriff: 17.7.2018).

20 European Ombudsman: Recommendations of the European Ombudsman in the joint inquiry into complaints 194/2017/EA, 334/2017/EA, and 543/2017/EA on the European Commission's handling of post-mandate employment of former Commissioners, a former Commission President and the role of its 'Ethics Committee', 18.7.2018, abrufbar unter: https://www.ombudsman.europa.eu/en/recommendation/en/90956 (letzter Zugriff: 25.7.2018).

21 Europäische Kommission: Commission decision of 31.1.2018 on a code of conduct for the members of the European Commission.

22 Harald Schumann: Die gefährliche Nähe der EZB zur Finanzindustrie, abrufbar unter: https://www.tagesspiegel.de/wirtschaft/mario-draghi-und-die-group-of-thirty-die-gefaehrliche-naehe-der-ezb-zur-finanzindustrie/21209142.html (letzter Zugriff: 25.7.2018).

23 Daniel Freund/Raphael Kerguено: Moonlighting in Brussels. Side jobs and ethic concerns at the European Parliament, Brüssel 2018.

Europäischer Gerichtshof stärkt Transparenz

Kurz bevor die Verhandlungen zu einer neuen interinstitutionellen Vereinbarung aufgenommen waren, wurden eben diese Institutionen vom Urteil des Europäischen Gerichtshofs getroffen. Der „informelle Trilog"[24] zwischen Rat, Parlament und Kommission dürfte zwar weiterhin die Regel im Gesetzgebungsprozess bilden, doch kam es in der Frage der Transparenz zu einer juristischen Wende. Der Europäische Gerichtshof verpflichtete am 22. März in seinem Urteil in der Rechtssache de Capitani[25], dass das Parlament grundsätzlich Zugang zu Dokumenten laufender Triloge gewähren muss. Dem kam es aber bisher nur selten nach.[26]

Nicht nur von der Bürgerbeauftragten, sondern auch von Kommissionsseite wird seit 2017 mehr Transparenz eingefordert und zwar im auch für die Wissenschaft[27] wenig transparenten Ausschussverfahren „Komitologie".[28] Fortschritte in diesem Feld der Gesetzgebung gibt es allerdings nicht.[29]

Ausblick

Es bleiben Unbekannte für das Folgejahr. Für die Europäische Kommission geht es im Europawahlkampf um eine Gesamtbilanz ihrer Arbeit. Der Brexit schafft „unchartered territory".[30] Handelskonflikte mit den USA bieten Unsicherheiten für Lobbyistinnen und Lobbyisten und ihre Betätigungsfelder. Das Parlament möchte den Wirkungskreis der 2019 neu zu bestimmenden Bürgerbeauftragten ausweiten, was am Rat scheitern dürfte. Mehr Transparenz des Rates in der EU-Gesetzgebung könnte im Europawahlkampf eine Rolle spielen. Der Ausschuss der Ständigen Vertreter könnte Zugeständnisse in Fragen der Transparenz durch die Veröffentlichung von Gesetzgebungsprozessen machen. Im zweiten Halbjahr 2019 könnte die finnische EU-Ratspräsidentschaft neuen Spielraum für Fragen des Lobbyismus in der partizipativen Demokratie des EU-Mehrebenensystems eröffnen.

Weiterführende Literatur:

Justin Greenwood: Interest Representation in the European Union. Oxford 2017.
Andreas Dür/Patrick Bernhagen/David Marshall: The Political Influence of Business in the European Union. Ann Arbor 2019 (im Erscheinen).

---

24 Maja Kluger Dionigi/Christl Koop: Investigation of informal trialogue negotiations since the Lisbon Treaty. Added value, lack of transparency and possible democratic deficit, Juli 2017, abrufbar unter: https://www.eesc.europa.eu/sites/default/files/files/qe-01-17-783-en-n.pdf (letzter Zugriff: 16.10.2018).
25 Europäischer Gerichtshof: Urteil des Gerichts (Siebte erweiterte Kammer) vom 22. März 2018. Emilio De Capitani gegen Europäisches Parlament, 22. März 2018, abrufbar unter: https://eur-lex.europa.eu/legal-content/DE/TXT/?uri=CELEX:62015TJ0540 (letzter Zugriff: 17.7.2018).
26 Sven Giegold: Transparenz der EU-Gesetzgebung – Trilog-Dokumente veröffentlichen, abrufbar unter: https://sven-giegold.de/transparenz-der-eu-gesetzgebung-trilog-dokumente-veroeffentlichen/ (letzter Zugriff: 29.7.2018).
27 Monika Mühlböck/Jale Tosun: Responsiveness to Different National Interests. Voting Behaviour on Genetically Modified Organisms in the Council of the European Union, in: Journal of Common Market Studies, 56/2018, S. 385–402.
28 Quentin Ariès: Brussels wants ministers to shoulder policy responsibility, abrufbar unter: https://www.politico.eu/article/brussels-wants-ministers-to-shoulder-policy-responsibility/ (letzter Zugriff: 24.7.2018).
29 Peter Teffer: Commission 'solution' to lawmaking deadlock stalled, abrufbar unter: https://euobserver.com/institutional/140074 (letzter Zugriff: 27.7.2018).
30 Quentin Ariès: A transparent Brexit?, abrufbar unter: http://www.politico.eu/article/a-transparent-brexit/ (letzter Zugriff: 19.6.2017).

Die öffentliche Meinung

Thomas Petersen

In der Berichterstattung über die Europäische Union war im letzten Jahrzehnt meistens von Krisen die Rede: Die Bankenkrise, aus der sich die von vielen als Euro-Krise bezeichnete Staatsschuldenkrise entwickelte. Das Erstarken nationalistischer Parteien in vielen europäischen Ländern, das wiederholte Scheitern, sich auf eine gemeinsame Grenzsicherung und Einwanderungspolitik zu verständigen, schließlich der Entschluss Großbritanniens, die Gemeinschaft zu verlassen. Europa, so konnte man meinen, sei wenn auch nicht gänzlich gescheitert, so doch zumindest gelähmt. Verständlich, wenn sich die Menschen von einem solchen handlungsunfähigen Konstrukt abwandten.[1]

Die Grundhaltung gegenüber der Europäischen Union

Doch die Annahme, dass sich die Bürger mehrheitlich von der EU abgewandt hätten, so einleuchtend sie auf den ersten Blick scheinen mag, war bezüglich der meisten Mitgliedstaaten zu keinem Zeitpunkt richtig. Selbst im traditionell europaskeptischen Großbritannien war die Bevölkerung zum Zeitpunkt der Volksabstimmung vom 23. Juni 2016 in zwei gleich große Lager gespalten und blieb es auch danach.[2] In den meisten anderen Ländern war die Grundhaltung gegenüber der europäischen Einigung ohnehin positiv, trotz aller populistischen Strömungen und der durchaus populären Forderungen, Kompetenzen von der EU-Ebene auf die Nationalstaaten zurückzuverlagern.[3] Nach dem britischen Referendum wuchs das Ansehen der Gemeinschaft in vielen Ländern sogar wieder.[4] Es war, als würde den Bürgern der Wert des vereinten Europa erst bewusst, als es in Gefahr geriet.

Auch ein Jahr später ist – soweit die Trenddaten der Umfrageforschung dies erkennen lassen – das Ansehen der Europäischen Union nicht wieder auf das vorherige Niveau zurückgefallen. Laut Umfrage des Instituts für Demoskopie Allensbach stieg im Jahr 2017 die Zahl der Befragten, die angaben, sie hätten sehr großes oder großes Vertrauen in die EU, gegenüber dem Vorjahr von 32 auf 42 Prozent.[5] Im Januar 2018 wurde mit 40 Prozent fast das gleiche Ergebnis erzielt, ein Wert der vorher zuletzt im Januar 2002 übertroffen worden war.[6] Auch hinsichtlich der Bewertung, ob Deutschland durch die EU-Mitgliedschaft eher Vor- und Nachteile habe, ist eine ähnliche Entwicklung zu verzeichnen: Im

---

1 Vgl. zur Berichterstattung Thomas Petersen: Die öffentliche Meinung, in: Werner Weidenfeld/Wolfgang Wessels (Hrsg.): Jahrbuch der Europäischen Integration 2012, Baden-Baden 2012, S. 369–378, hier S. 369; Thomas Petersen: Die öffentliche Meinung, in: Werner Weidenfeld/Wolfgang Wessels (Hrsg.): Jahrbuch der Europäischen Integration 2015, Baden-Baden 2015, S. 377–387, hier S. 377.
2 Ipsos MORI: House of Lords Research Topline, 21.2.17, S. 1, abrufbar unter: https://www.ipsos.com/ipsos-mori/en-uk/latest-public-attitudes-brexit (letzter Zugriff: 26.7.2018).
3 Vgl. zum Beispiel PEW Research Center: Spring 2016 Global Attitudes Survey, Q. 50B.
4 Vgl. PEW Bruce Stokes/Richard Wike/Dorothy Manevich: Post-Brexit, Europeans More Favorable Toward EU, abrufbar unter: http://www.pewglobal.org/2017/06/15/post-brexit-europeans-more-favorable-toward-eu/ (letzter Zugriff: 26.7.2018).
5 Allensbacher Archiv, IfD-Umfragen Nr. 11061, 11076/III.
6 Allensbacher Archiv, IfD-Umfragen Nr. 7016, 11081.

März 2017 hatten 37 Prozent der Befragten gesagt, Deutschland habe durch seine EU-Mitgliedschaft mehr Vorteile. Nur 14 Prozent glaubten an mehr Nachteile, eine relative Mehrheit von 36 Prozent meinte, die Vor- und Nachteile glichen sich aus. Vor 2017 hatte der Anteil derjenigen, die meinten, die Vorteile überwiegen, nur selten die 30-Prozent-Marke erreicht, oft hatte er auch unter 20 Prozent gelegen. Im Januar 2018 lag er nun bei 36 Prozent, dem nach 2017 zweithöchsten Wert seit Beginn der Trendreihe im Jahr 1991.[7]

Mit dieser Entwicklung steht Deutschland nicht alleine da. Das amerikanische Pew Research Center stellte um den Jahreswechsel 2017/2018 im Rahmen einer umfangreichen Untersuchung in acht westeuropäischen Ländern die Frage, ob die EU-Mitgliedschaft gut oder schlecht für die Wirtschaft des eigenen Landes sei. In sieben der acht Länder sagten klare Mehrheiten der Befragten, die Mitgliedschaft in der Gemeinschaft sei gut für das eigene Land. Darunter sogar auch in Großbritannien, wo fast zwei Drittel (62 Prozent) diese Antwort gaben. Lediglich in Italien zeigte sich die Bevölkerung in zwei praktisch gleich große Lager gespalten (Grafik 1).[8] Angesichts der mittlerweile fast seit einem Jahrzehnt anhaltenden Krisenberichterstattung gerade mit Bezug auf ökonomische Themen ist dies ein bemerkenswertes Ergebnis.

Grafik 1: Westeuropäer sehen überwiegend Vorteile in der EU-Mitgliedschaft

Frage: „Ist die EU-Mitgliedschaft gut oder schlecht für die Wirtschaft unseres Landes?"

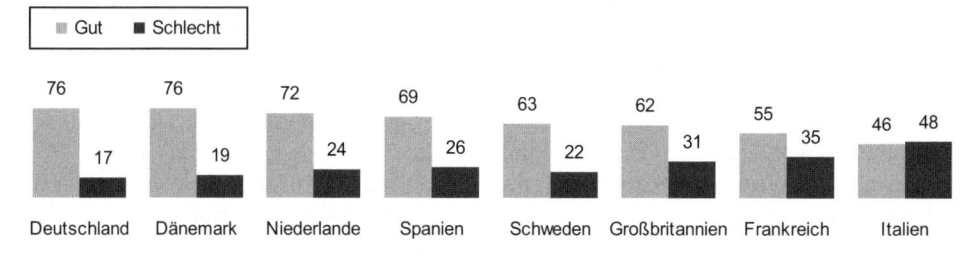

	Gut	Schlecht
Deutschland	76	17
Dänemark	76	19
Niederlande	72	24
Spanien	69	26
Schweden	63	22
Großbritannien	62	31
Frankreich	55	35
Italien	46	48

Quelle: Simmons et al., S. 48.

Auch die lange Zeit populäre Perspektive, dass die EU ein „Superstaat" sei, der sich übermäßig in die Angelegenheiten der Mitgliedstaaten einmischt, scheint keinen weiteren Zulauf zu bekommen, eher im Gegenteil: Zwar ist weiterhin eine Mehrheit der Bürger in den westeuropäischen Ländern der Ansicht, es sollten Kompetenzen von der europäischen Ebene auf die der Nationalstaaten zurückverlagert werden,[9] doch zumindest in Deutschland, dessen Bevölkerung in dieser Hinsicht bisher keine grundlegend anderen Antworten gab als die Bürger anderer westeuropäischer Länder, ist eine Trendwende zu verzeichnen. Im Juni 2018 gaben 32 Prozent der Befragten an, die EU mische sich zu viel in die Angelegenheiten der Mitgliedstaaten ein. Das war der niedrigste Wert seit dem Jahr 2008 (Grafik 2). Der zugespitzten Formulierung, wonach die EU eine überflüssige Institution sei, die die einzelnen Länder bevormunde, stimmte in Deutschland nur eine kleine Minder-

---

7 Allensbacher Archiv, IfD-Umfragen Nr. 5050, 11068, 11081.
8 Katie Simmons et al.: In Western Europe, Populist Parties Tap Anti-Establishment Frustration but Have Little Appeal Across Ideological Divide. Pew Research Center, Juli 2018, S. 48, abrufbar unter: http://www.pewglobal.org/2018/07/12/in-western-europe-populist-parties-tap-anti-establishment-frustration-but-have-little-appeal-across-ideological-divide/ (letzter Zugriff: 26.7.2018).
9 Simmons et al.: Western Europe, 2018, S. 50.

heit von 14 Prozent zu. Lediglich bei den Wählern der Alternative für Deutschland (AfD) waren es 50 Prozent.[10] Sie stehen damit in der deutschen Gesellschaft isoliert da, wie lautstark sie diese Position auch vertreten mögen.

Grafik 2: Deutschland: Mischt sich die EU zu sehr ein?

Frage: „Finden Sie, Europa, also die Europäische Union, mischt sich zu viel in die Angelegenheiten der einzelnen Mitgliedsländer ein, oder finden Sie das nicht?"

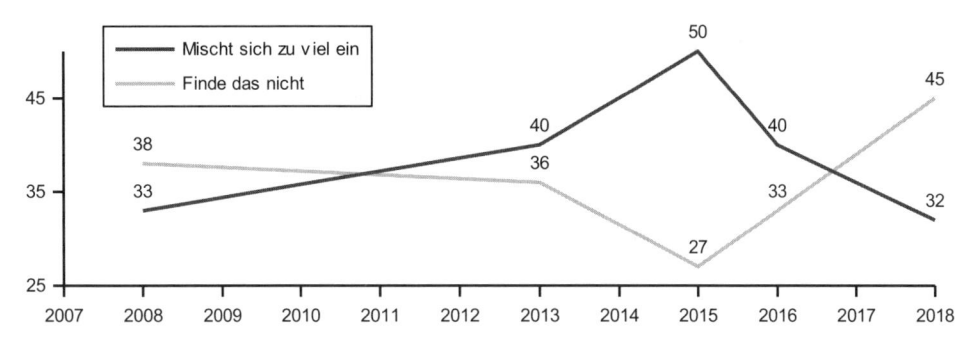

Quelle: Allensbacher Archiv, IfD-Umfragen Nr. 10020, 11013, 11038, 11061, 11087

Unbehagen nach der Brexit-Entscheidung

Die Entscheidung der britischen Bevölkerung, die Europäische Union zu verlassen, ist von den Bürgern der meisten europäischen Länder als Fehler eingestuft worden,[11] doch in Großbritannien selbst blieb das Meinungsklima gespalten. Auch nach der Volksabstimmung blieben die Lager der Anhänger und Gegner eines Ausscheidens aus der Gemeinschaft praktisch unverändert.[12] Und doch wandelt sich die Stimmung der britischen Bürger mit dem Näherrücken des Austrittsdatums. Stand die Abstimmung im Juni 2016 noch im Zeichen des Themas Einwanderung, ist dieser Aspekt nun in den Hintergrund geraten. Das Umfrageinstitut Ipsos MORI stellt in seinen Bevölkerungsumfragen regelmäßig die Frage „Was würden Sie sagen, ist heute das wichtigste Thema in Großbritannien?" Die Befragten können ihre Antworten dabei frei formulieren. Im Februar 2016, also im Vorfeld der Volksabstimmung, nannten 27 Prozent der Befragten die Einwanderung als das wichtigste Thema. Mit großem Abstand folgten Themen wie Probleme im Gesundheitswesen und Aspekte, die abseits der Einwanderung die Beziehung zwischen Großbritannien und den übrigen EU-Ländern betreffen. Es ist nicht gewagt anzunehmen, dass letztlich die verbreitete Sorge um eine angebliche Masseneinwanderung aus der EU beim Referendum vom 23. Juni 2016 den Ausschlag gab.[13]

Zwei Jahre später ist von dieser Sorge nicht viel übrig geblieben. Zwar sprachen sich im Mai 2018 56 Prozent der Befragten nach wie vor für eine Reduzierung der Einwanderer-

---

10 Allensbacher Archiv, IfD-Umfrage Nr. 11087.
11 Vgl. Thomas Petersen: Die öffentliche Meinung, in: Werner Weidenfeld/Wolfgang Wessels (Hrsg.): Jahrbuch der Europäischen Integration 2017, Baden-Baden 2017, S. 197–206, hier S. 202.
12 Petersen: Öffentliche Meinung, 2017, S. 203.
13 Vgl. Thomas Petersen: Die öffentliche Meinung, in: Werner Weidenfeld/Wolfgang Wessels (Hrsg.): Jahrbuch der Europäischen Integration 2016, Baden-Baden 2016, S. 181–190, hier S. 182–183.

zahlen aus,[14] doch das Thema hat an unmittelbarer Brisanz verloren. Stattdessen rücken die Sorgen angesichts der zu erwartenden Folgen des Ausstiegs aus der EU in den Vordergrund. Bei der offenen Frage nach dem wichtigsten Thema in Großbritannien standen im Juli 2018 die Hinweise auf die Europäische Union und den Brexit mit weitem Abstand an erster Stelle der Nennungen. Das Thema Einwanderung, das noch 2016 die Reaktionen der Befragten dominiert hatte, wurde nur noch von 6 Prozent genannt (Grafik 3).

Grafik 3: Großbritannien: Wichtige Themen

Frage: „Was würden Sie sagen, ist heute das wichtigste Thema in Großbritannien?" (Offene Frage, keine Antwortvorgaben) – Auszug aus den Angaben

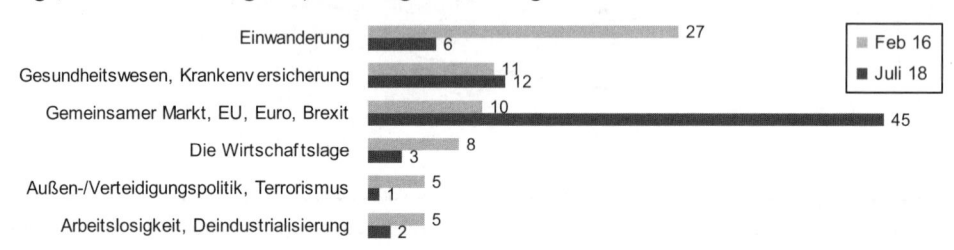

Thema	Feb 16	Juli 18
Einwanderung	27	6
Gesundheitswesen, Krankenversicherung	11	12
Gemeinsamer Markt, EU, Euro, Brexit	10	45
Die Wirtschaftslage	8	3
Außen-/Verteidigungspolitik, Terrorismus	1	5
Arbeitslosigkeit, Deindustrialisierung	2	5

Quelle: Ipsos MORI JNQ 2018

Die Stimmung im Land ist anscheinend von der wachsenden Sorge geprägt, die Regierung könnte den Schwierigkeiten, die mit dem EU-Austritt verbunden sind, nicht gewachsen sein. Auf die Frage „Glauben Sie, dass sich die Wirtschaftslage in den nächsten 12 Monaten verbessern oder verschlechtern wird?" antworteten im Juni 2018 54 Prozent, ihrer Ansicht nach werde sich die Wirtschaftslage verschlechtern, nur 19 Prozent glaubten an eine Verbesserung.[15] Ebenso meinten 42 Prozent, Premierministerin Theresa May habe sich bei den Austrittsverhandlungen bisher schlechter durchsetzen können als die Vertreter der EU, während 8 Prozent glaubten, sie habe sich besser durchsetzen können. Folgerichtig sagte auch eine relative Mehrheit von 30 Prozent, dass bei einem Scheitern der Verhandlungen die Schuld in erster Linie bei der britischen Regierung zu suchen sei. Nur 18 Prozent meinten, in diesem Fall müsse man die Hauptverantwortung der EU zuweisen.[16] Man meint, in den britischen Umfragen ein Anwachsen der Nervosität zu erkennen. Besonders deutlich wird dies in den Antworten auf die Frage nach dem Vertrauen in Theresa Mays Verhandlungsgeschick gegenüber der EU. Der Anteil derjenigen, die auf die Frage antworteten, sie hätten in dieser Hinsicht „viel" oder wenigstens „einiges" Vertrauen, ging in der Zeit vom März 2017 bis Juli 2018 rapide zurück (Grafik 4).[17]

---

14 Kully Kaur-Ballagan/Bobby Duffy/Glenn Gottfried: Attitudes towards Immigration after Windrush, abrufbar unter: https://www.ipsos.com/ipsos-mori/en-uk/attitudes-towards-immigration-after-windrush (letzter Zugriff: 1.8.2018).
15 Ipsos MORI Political Monitor, June 2018. J17-099457-01.
16 Ipsos MORI Political Monitor, 2018.
17 Gideon Skinner/Glenn Gottfried/Cameron Garrett: Confidence in Theresa May to get a good Brexit deal reaches new low, abrufbar unter: https://www.ipsos.com/ipsos-mori/en-uk/confidence-theresa-may-get-good-brexit-deal-reaches-new-low (letzter Zugriff 1.8.2018).

Grafik 4: Großbritannien: Vertrauen in Theresa Mays Verhandlungserfolg

Frage: „Wie viel Vertrauen haben Sie, dass Theresa May bei den Verhandlungen mit den europäischen Regierungen einen für Großbritannien guten Abschluss erreichen wird?"

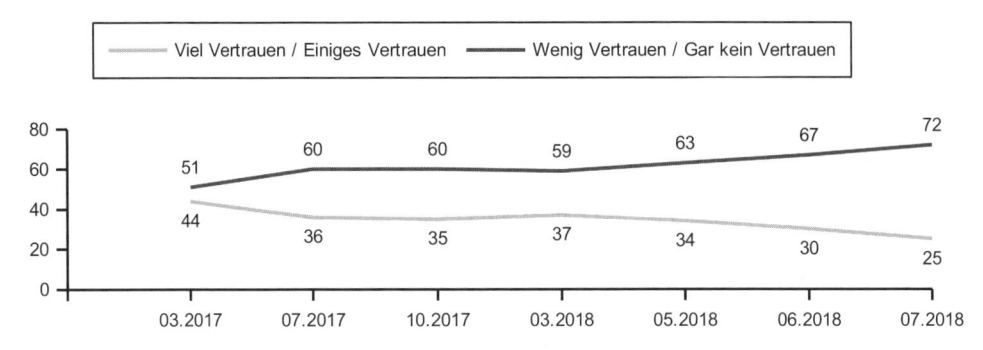

	Viel Vertrauen / Einiges Vertrauen	Wenig Vertrauen / Gar kein Vertrauen
03.2017	44	51
07.2017	36	60
10.2017	35	60
03.2018	37	59
05.2018	34	63
06.2018	30	67
07.2018	25	72

Quelle: Ipsos MORI J17-099457-01

Dabei zeigt sich die schwierige Lage, die die Verhandlungen derzeit ausweglos erscheinen lässt, auch auf der Ebene der Bevölkerung: Während die britische Öffentlichkeit von ihrer Regierung erwartet, ein Abkommen zu erzielen, das Großbritannien möglichst viele Vorteile der EU-Mitgliedschaft auch außerhalb der Gemeinschaft bewahrt, ist zumindest die deutsche Bevölkerung nicht bereit, dem Land eben diese Vorteile zuzugestehen. Obwohl eine große Mehrheit der Deutschen den Beschluss Großbritanniens, aus der EU auszutreten, bedauert,[18] zeigt sich die deutsche Bevölkerung in diesem Punkt unnachgiebig: 60 Prozent sagten im September 2017, man solle die Vorteile der EU-Mitgliedschaft konsequent entziehen, nur 23 Prozent widersprachen.[19] Die Positionen der Briten und der Deutschen (und mit ihnen vermutlich der Bevölkerung der meisten anderen EU-Staaten) erscheinen damit unvereinbar: Was die jeweils eine Seite von ihrer Regierung fest erwartet, ist für die jeweils andere Seite unakzeptabel.

Verhärtete Fronten beim Thema Einwanderung – die deutsche Perspektive

Die Unvereinbarkeit der Erwartungen in verschiedenen Ländern Europas zeigt sich auch beim Thema Einwanderung, das viele Menschen weiterhin sehr beschäftigt. Die psychologische Bedeutung dieses Themas kann kaum überschätzt werden. Gelegentlich ist zu lesen, dass dieses Thema in der Öffentlichkeit zu sehr betont werde und die Bürger andere politische Aufgaben wie die Rentenpolitik für wichtiger hielten.[20] Doch solche Interpretationen führen in die Irre: Zwar nennen viele Befragte auf direkte Nachfrage die Rentenpolitik als besonders wichtiges Thema. Doch für das Meinungsklima ist nicht vorrangig entscheidend, welche Themen als wichtig erachtet werden, sondern welche die Quelle der größten Beunruhigung der Bürger sind. Dies ist, zumindest in Deutschland, seit Jahren mit weitem Abstand vor allen anderen Themen die Einwanderungspolitik.[21] Mit Bezug zur europäischen Einigung ist an dieser Stelle festzuhalten, dass es sich bei der Bewältigung der Flüchtlingskrise

---

18 Vgl. Petersen: Öffentliche Meinung, 2016, S. 186–187.
19 Allensbacher Archiv, IfD-Umfrage Nr. 11076/III.
20 Vgl. zum Beispiel Nadine Lindner: Schlechte Noten für die Regierungskoalition, in: Deutschlandfunk vom 3. August 2018, abrufbar unter: https://www.deutschlandfunk.de/ard-deutschlandtrend-schlechte-noten-fuer-die.1766.de.html?dram:article_id=424576 (letzter Zugriff: 6.8.2018).

für eine große Mehrheit von 70 Prozent der Deutschen um eine Aufgabe handelt, um die sich die europäischen Länder gemeinsam kümmern müssen. Nur 23 Prozent meinten im Juni 2018, das müsste jedes Land für sich entscheiden.[22] Gleichzeitig haben die Menschen in Deutschland das Gefühl, in dieser Hinsicht von den anderen Ländern im Stich gelassen zu werden. Ebenfalls im Juni 2018 wurde gefragt: „Wie ist Ihr Eindruck: Bemühen sich die meisten Mitgliedsländer der EU darum, eine gemeinsame Lösung zur Bewältigung der Flüchtlingssituation zu finden, oder bemühen sie sich nicht darum?" Lediglich 17 Prozent glaubten ein solches Bemühen bei den anderen Ländern zu erkennen, rund zwei Drittel (67 Prozent) widersprachen.[23] Der Eindruck, mit der Aufnahme und Integration von Flüchtlingen alleine gelassen zu werden, führt bei vielen zu deutlicher Verärgerung. Eine klare Mehrheit von 60 Prozent der Befragten antwortete im September 2017, sie habe kein Verständnis dafür, dass einige Länder nur wenige oder gar keine Flüchtlinge ins Land ließen.[24] Auch das Bedürfnis, solche Länder für ihr Verhalten zu bestrafen, ist weit verbreitet. Auf die Frage „Sollte es für EU-Länder, die keine oder nur ganz wenige Flüchtlinge aufnehmen, Sanktionen geben, z. B. durch Kürzungen der Zuschüsse, oder sollte es keine Sanktionen geben?" antworteten im Juni 2018 71 Prozent, sie würden solche Sanktionen befürworten. Nur 16 Prozent waren dagegen.[25]

Verhärtete Fronten beim Thema Einwanderung – die ost-mitteleuropäische Perspektive
Die Bevölkerung der betreffenden Länder zeigt sich von solchen Positionen in Deutschland unbeeindruckt. Ende 2017 veröffentlichte das polnische Umfrageforschungsinstitut CBOS die Ergebnisse einer parallel in Polen, der Tschechischen Republik und der Slowakei verwirklichten Umfrage. Darin war die Frage enthalten: „Sollte Polen/die Tschechische Republik/die Slowakei einen Teil der Flüchtlinge aufnehmen, die aus dem Nahen Osten und Afrika nach Europa kommen?" Überwältigende Mehrheiten in allen drei Ländern antworteten auf diese Frage mit „Nein" (siehe Graphik 5).[26] An diesen Antworten änderte sich auch nichts, wenn im Fragetext ausdrücklich darauf hingewiesen wurde, dass dies den Verlust finanzieller Unterstützung durch die EU zur Folge haben könnte. Es ist offensichtlich, dass die jeweilige Bevölkerung der drei ost-mitteleuropäischen Länder fest entschlossen ist, eine solche Zuwanderung nicht zuzulassen, und dass sie auch bereit sind, einen hohen Preis dafür zu zahlen. Dies wiederum bedeutet, dass entsprechende Drohungen seitens der westeuropäischen Länder oder der Europäischen Kommission höchstwahrscheinlich wirkungslos bleiben müssen. Angesichts solcher Zahlen haben die Regierungen Polens, der Tschechischen Republik und der Slowakei gar keine andere Wahl als in dieser Sache hart zu bleiben. Sie würden ihre Existenz aufs Spiel setzen, wenn sie den Forderungen aus dem Westen, einen Teil der Flüchtlinge aufzunehmen, nachgeben würden.

---

21 Vgl. Thomas Petersen: Das politische Klima vor und nach der Bundestagswahl 2017, in: Ursula Münch (Hrsg.): Analysen zur Bundestagswahl 2017 (Arbeitstitel), Frankfurt am Main, im Erscheinen.
22 Allensbacher Archiv, IfD-Umfrage Nr. 11087.
23 Allensbacher Archiv, IfD-Umfrage Nr. 11087.
24 Allensbacher Archiv, IfD-Umfrage Nr. 11076/III.
25 Allensbacher Archiv, ifD-Umfrage Nr. 11087.
26 Attitude to receiving refugees, in: CBOS Polish Public Opinion 12/2017, S. 1–2, hier S. 1.

Grafik 5: Ost-Mitteleuropa: Keine Akzeptanz von Flüchtlingen auch bei Sanktionen

Frage: „Sollte Polen/die Tschechische Republik/die Slowakei Flüchtlinge aus muslimischen Ländern aufnehmen, wenn andernfalls der Verlust finanzieller Unterstützung durch die EU drohen würde?"

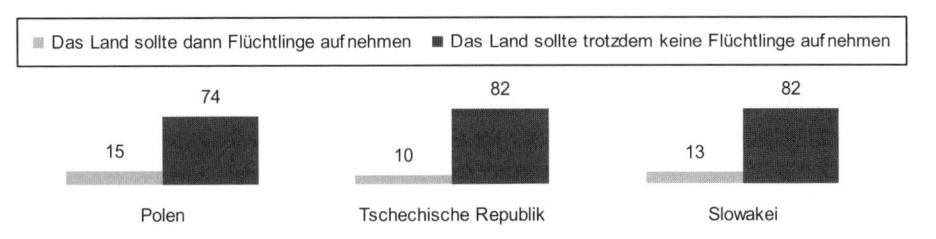

■ Das Land sollte dann Flüchtlinge aufnehmen   ■ Das Land sollte trotzdem keine Flüchtlinge aufnehmen

	Polen	Tschechische Republik	Slowakei
Sollte aufnehmen	15	10	13
Sollte nicht aufnehmen	74	82	82

Quelle: Attitude to receiving refugees. In: CBOS Polish Public Opinion 12/2017, S. 1–2. Dort S. 2.

Historische Bruchlinien

Wie ist diese unüberwindlich scheinende Unvereinbarkeit der Haltungen zwischen West und Ost zu erklären? An dieser Stelle wird ein Problem sichtbar, das im Zuge der europäischen Integration immer wieder auftauchte, immer wieder überwunden werden muss und gleichzeitig zeigt, warum die europäische Einigung notwendig ist: Die tiefe Prägung der Bevölkerung, ihres kollektiven Gedächtnisses und sogar ihrer Mentalität durch unterschiedliche historische Erfahrungen. Große weltgeschichtliche Ereignisse hinterlassen tiefe Spuren in der Kultur, die über Jahrhunderte nachklingen. Das Echo des Dreißigjährigen Krieges mit seinen unbeschreiblichen Grausamkeiten und Verheerungen ist in Deutschland bis heute vernehmbar. Selbst der Limes, die Grenze des römischen Reiches in Europa, tritt heute noch in international vergleichenden Umfragen erkennbar hervor. In manchen Fragen der politischen und gesellschaftlichen Werteorientierung unterscheiden sich die Bevölkerungen in den Ländern, die vor zwei Jahrtausenden zum römischen Reich gehört haben, noch immer deutlich von denen, die nördlich dieser über Jahrhunderte bedeutenden politischen und kulturellen Grenze liegen, unabhängig von anderen Einflüssen wie der Konfession der Befragten oder der aktuellen Wirtschaftslage in den betreffenden Ländern. Die im Zuge der Krise in der Eurozone thematisierte Bruchlinie zwischen „Nordländern" und „Südländern" hat hierin wahrscheinlich eine ihrer tieferen Ursachen.[27]

Im Falle der Konfliktlinie zwischen Ost und West über den Umgang mit Einwanderern braucht man nicht so weit in die Vergangenheit zurückgehen, um eine Ursache des Problems zu finden: Es spricht sehr viel dafür, dass die jahrzehntelange Erfahrung der ost-mitteleuropäischen Bevölkerung als Teil des Ostblocks nachwirkt. Vielen Menschen in dieser Region scheint schwer zu fallen, wenige Jahre nach der Befreiung aus einem repressiven Imperium, in denen ihre Länder keine echte Souveränität hatten, wieder Souveränität an ein übernationales Konstrukt wie die EU zu übertragen. Das CBOS-Institut hat dies im Sommer 2018 in einer Umfrage ausdrücklich angesprochen: In Polen, Ungarn, der Tschechischen Republik und der Slowakei wurde die Frage gestellt, ob die nationale Souveränität oder die Handlungsfähigkeit der EU derzeit Vorhang habe. In Ungarn, der Tschechischen Republik und der

---

27 Vgl. Thomas Petersen: Wie internationale Wertestudien das Gespräch zwischen den Nationen erleichtern können. Vortrag, gehalten auf der Tagung „Kollaboration oder Konkurrenz? Ziele und Perspektiven deutscher Kulturinstitutionen in Italien" im deutsch-italienischen Zentrum Villa Vigoni, Loveno di Menaggio, Italien, am 14. Dezember 1999. Manuskript im Allensbacher Archiv.

Slowakei gab eine absolute Mehrheit der Befragten an, die nationale Souveränität habe Vorrang, in Polen war es eine relative Mehrheit von 43 gegenüber 34 Prozent (Grafik 7). Es wird deutlich, warum EU-Mehrheitsentscheidungen in diesen Ländern bis auf weiteres nicht durchzusetzen sein werden.

Grafik 6: Ost-Mitteleuropa: Nationale Souveränität hat Vorrang vor Handlungsfähigkeit der EU

Frage: „Was ist derzeit wichtiger: Die Souveränität der EU-Mitgliedsländer zu verteidigen, auch wenn das die Handlungsfähigkeit der EU einschränkt, oder die Handlungsfähigkeit der EU zu sichern, auch wenn das die Souveränität der Mitgliedsländer einschränkt?"

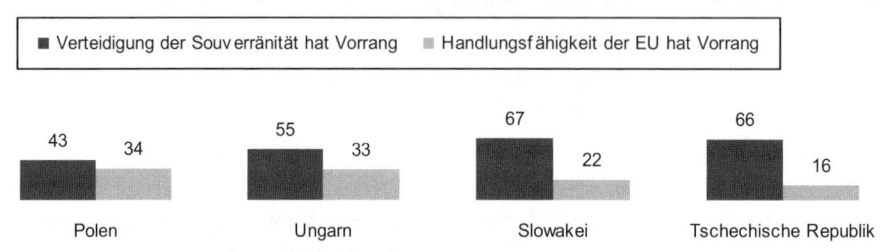

■ Verteidigung der Souveränität hat Vorrang   ■ Handlungsfähigkeit der EU hat Vorrang

Polen	Ungarn	Slowakei	Tschechische Republik
43 / 34	55 / 33	67 / 22	66 / 16

Quelle: Opinions about membership in the European Union in Poland, Czech Republic, Slovakia and Hungary. CBOS Polish Public Opinion 8/2017, S. 1–2. Dort S. 1

Zusätzlich sind mehr als zwei Drittel der Befragten in allen vier Ländern der Ansicht, ihr Land habe keinen ausreichenden Einfluss auf die Entscheidungen und Handlungen der EU.[28] Das Gefühl der Wehrlosigkeit gegenüber einem übermächtigen Partner kennen aber zumindest die älteren Bürger dieser Länder aus der Sowjetzeit. Vor diesem Hintergrund werden Klagen, bei der EU handele es sich um ein aggressives Imperium, das die kleinen Völker unterdrücke, nicht richtiger, aber emotional verständlich. Ungeachtet ihres Wahrheitsgehalts sind sie relevant: Die europäische Einigung wird nur dann weitere Fortschritte machen können, wenn es gelingt, diese Empfindlichkeiten zu berücksichtigen, behutsam darauf einzugehen und im konkreten Fall nicht dogmatisch auf getroffenen Beschlüssen oder der Einhaltung von Prinzipien zu beharren. Letztlich kann es nicht darum gehen, mit vereinten Kräften widerspenstige Regierungen gleichsam niederzuringen. Das würde vermutlich nur zur Ausbildung einer verstärkten Wagenburg-Mentalität führen. Die europäische Einigung kann nur gelingen, wenn die Bevölkerung nicht notgedrungen oder wegen eines vermeintlichen kurzfristigen ökonomischen Vorteils Teile der nationalen Souveränität auf die europäische Ebene übertragen, sondern aus grundsätzlicher Überzeugung. Die Umfragen in Polen, der Tschechischen Republik, Ungarn und der Slowakei zeigen deutlich, dass die Mehrheit der Bürger in diesen Ländern noch nicht dazu bereit ist.

Weiterführende Literatur

Robert Worcester/Roger Mortimore/Paul Baines/Mark Gill: Explaining Cameron's Catastrophe, London 2017.

---

28 Opinions about membership in the European Union in Poland, Czech Republic, Slovakia and Hungary, in: CBOS Polish Public Opinion 8/2017, S. 1–2, hier S. 2.

Kirchen und Religionsgemeinschaften

Matthias Belafi

An der öffentlichen Debatte über die Zukunft Europas haben auch die europäischen Kirchen teilgenommen: Die Konferenz Europäischer Kirchen (KEK) vollendete auf ihrer Vollversammlung vom 31. Mai bis 6. Juni 2018 einen europaweiten Konsultationsprozess zur Zukunft Europas.[1] Die Kommission der Bischofskonferenzen der Europäischen Union (ComECE) und der Heilige Stuhl veranstalteten unter dem Titel „(Re)thinking Europe" vom 27. bis 29. Oktober 2017 einen Kongress in Rom, an dem Parlamentspräsident Tajani und Kommissionsvizepräsident Timmermans teilnahmen und in dessen Rahmen Papst Franziskus die EU aufrief, sich stärker auf die Solidarität zu besinnen.[2]

Zunehmende Differenz der Kirchen im Osten

Nicht nur im Rahmen dieses Kongresses wurden die zunehmenden Differenzen zwischen den Kirchen in West- und Osteuropa sichtbar, die sich schon in der Flüchtlingskrise geäußert haben. Dies zeigt sich auch daran, dass seit einigen Jahren die Vertreter der katholischen Bischofskonferenzen Mittel- und Osteuropas zu eigenen Treffen zusammenkommen.[3] Vielfach zeigen die Kirchen in Osteuropa eine geringe Distanz zu den illiberalen Regierungen,[4] zuletzt beispielsweise die Kirche in Polen in der Debatte über die Justizreform.[5] Derzeit gibt es in den Kirchen Osteuropas Widerstand gegen die Istanbul-Konvention des Europarats gegen häusliche Gewalt, die im Ruf der „Gender-Ideologie" steht.[6]

Differenzen weisen derzeit vor allem die orthodoxen Kirchen auf: Durch ihre nationale Orientierung bringen staatliche Konflikte zumeist auch kirchliche Auseinandersetzungen mit sich. So führt der Konflikt in der Ukraine zu einem Zerwürfnis zwischen dem Moskauer Patriarchat (dem die Ukrainische Kirche kanonisch untersteht, das sich aber durch große Nähe zum russischen Staat und der Politik Putins auszeichnet), der ukrainischen Politik und dem Ökumenischen Patriarchat in Istanbul. Sowohl der ukrainische Präsident als auch das Parlament haben

---

1 Vgl. Welche Zukunft für Europa? Offener Brief und KEK-Konsultation, in: Konferenz Europäischer Kirchen: Von Budapest nach Novi Sad, Brüssel 2018, abrufbar unter:https://assembly2018.ceceurope.org/wp-content/uploads/2018/05/German-WEBSITE-CEC-Budapest-to-Novi-Sad.pdf (letzter Abruf: 2.11.2018), S. 39–45.
2 Vgl. Jacopo Barigazzi: A celestial debate over Europe's future, in: Politico Online, 27.10.2017; Kathpress: Papst: „Europa muss wieder eine solidarische Gemeinschaft sein", 28.10.2017; Kathpress: Dialogforum im Vatikan ringt um Zukunft Europas, 29.10.2017.
3 Vgl. Kathpress: Mitteleuropa-Bischöfe: Europa muss „echte Völkerfamilie" sein, 20.10.2017.
4 Vgl. Kathpress: Slowakische Bischöfe: Katholiken können nicht liberal sein, 12.12.2017.
5 Vgl. Kathpress: Polen: Präsidentin des Obersten Gerichts enttäuscht über Kirche, 20.7.2017; Regula Zwahlen: Späte Reaktion der Kirche auf umstrittene Justizreform in Polen, in: Religion und Gesellschaft in Ost und West 9/2017, S. 3; Klaudia Hanisch: National-Klerikales Bollwerk, in: Indes 1/2017, S. 94–104; Vgl. hierzu auch den Beitrag „Polen" in diesem Jahrbuch.
6 Vgl. Vladislav Atanassov: Kirchen lehnen Istanbul-Konvention ab, in: Religion und Gesellschaft in Ost und West 3/2018, S. 4; Vgl. hierzu auch den Beitrag „Bulgarien" in diesem Jahrbuch.

den Ökumenischen Patriarchen um die Autokephalie der ukrainischen Kirche, also die Unabhängigkeit von Moskau, gebeten.[7]

Die Beziehungen zwischen den orthodoxen Kirchen in den verschiedenen Ländern werden immer stärker vermengt und politisch instrumentalisiert: In Mazedonien, das zum kanonischen Territorium der serbischen Kirche gehört, etabliert sich unter dem Schutz der bulgarischen Kirche eine eigene orthodoxe Kirche. Die griechische Kirche fordert hingegen, dass sich im Zuge des Streits um den Namen der Republik Mazedonien auch die neue Kirche nicht mazedonisch nennen dürfe. Sie bekräftigte zudem ihre Ablehnung des Namens Mazedonien für das Nachbarland und beteiligte sich am 4. Februar 2018 an einer Demonstration gegen einen möglichen Kompromiss.[8] Das Moskauer Patriarchat bekräftigt hingegen den kanonischen Anspruch der serbischen Kirche und versucht damit auch eine europäische Ausrichtung Serbiens zu verhindern. Bei einem Besuch in Belgrad bezeichnete der Leiter des Außenamts des Moskauer Patriarchats einen EU-Beitritt Serbiens als „Verrat an der Orthodoxie".[9]

Dialog zwischen der EU und den Kirchen

Nach einem Treffen der Vertreter von KEK und ComECE mit dem estnischen Ministerpräsidenten im August 2017 veranstaltete die estnische Ratspräsidentschaft am 16./17. November 2017 eine Konferenz zu Fragen von Staat und Kirche.[10] Auch wenn die Bulgarisch-Orthodoxe Kirche kein Mitglied der KEK ist, fand am 8. Mai 2018 ein Treffen der Kirchenzusammenschlüsse mit der bulgarischen Ratspräsidentschaft statt.[11] Das Europäische Parlament hat in den vergangenen Jahren seinen Dialog mit den Kirchen, Religions- und Weltanschauungsgemeinschaften verstärkt: Am 27. Juni 2017 veranstaltete es einen Dialog zur Zukunft Europas, am 6. Dezember 2017 zur Außenpolitik der EU und am 11. April 2018 zur Verfolgung von Nichtgläubigen in der Welt.[12] Die Europäische Kommission veranstaltete hochrangige Treffen am 19. Juni 2017 mit Weltanschauungsgemeinschaften und am 7. November 2017 mit Religionsvertretern, beide zur Zukunft der EU.[13] Zum selben Thema veranstaltete sie am 7. Juli 2017 auch ein Dialogseminar. Die Europäische Kommission verstärkt zudem den Dialog mit dem Islam: Am 28. März 2018 diskutierte Vizepräsident Frans Timmermans mit Vertretern europäischer Muslime über die Zukunft Europas.[14] Allerdings steht

---

7   Vgl. Kathpress: Ukraine will orthodoxe Kirche von Russland trennen, 20.4.2018; Kathpress: Kiew pocht auf Unabhängigkeit seiner Kirche von Moskau, 8.5.2018; Andrii Krawchuk/Thomas Bremer (Hrsg.): Churches in the Ukrainian Crisis, Cham 2016; Regina Elsner: Bedingt einsetzbar: Die Russische Orthodoxe Kirche in Russlands Außenpolitik, in: Osteuropa 9-10/2017, S. 205–217.
8   Vgl. Kirche warnt vor Zugeständnissen im Namensstreit mit Makedonien, in: Religion und Gesellschaft in Ost und West 2/2018, S. 4 f.; Kathpress: Athener „Namensschutz"-Demo zu Mazedonien mit Kirchenvertretern, 4.2.2018.
9   Kathpress: EU-Beitritt Serbiens wäre „Verrat an Orthodoxie", 26.2.2018.
10 Vgl. International Conference "Religion, Society, State", 16./17.11.2017, abrufbar unter: https://oigus.ut.ee/sites/default/files/oi/programme_-_13.11.2017.pdf (letzter Zugriff: 2.11.2018).
11 Vgl. KEK/ComECE: CEC and COMECE meet with Bulgarian EU Presidency, 8.5.2018, abrufbar unter: https://www.ceceurope.org/church-eu-dialogue-cec-and-comece-meet-with-bulgarian-eu-presidency/ (letzter Zugriff: 2.11.2018).
12 Vgl. Europäisches Parlament: Dialog mit religiösen und weltanschaulichen Gemeinschaften, abrufbar unter: http://www.europarl.europa.eu/at-your-service/de/be-heard/religious-and-non-confessional-dialogue/events (letzter Zugriff: 2.11.2018).
13 Vgl. Europäische Kommission: Commission brings together non-confessional organisations to discuss "The Future of Europe: a values-based and effective Union", Pressemitteilung 19.6.2017; Europäische Kommission: Future of Europe: Commission brings together religious leaders to discuss a value-based and effective Union, Pressemitteilung 7.11.2017.

die Europäische Union dabei der gleichen Problematik wie auch die Mitgliedstaaten gegenüber: der mangelnden Repräsentativität muslimischer Verbände und Organisationen.

Innerhalb der Europäischen Kommission wurde am 2. Oktober 2017 mit Vincent Depaigne ein neuer Verantwortlicher für den Dialog mit den Religionen ernannt.[15] Personelle Veränderungen gab es auch sowohl in der ComECE, wo der Luxemburger Erzbischof Jean-Claude Hollerich im März 2018 den Vorsitz übernommen hat, als auch in der KEK, die den Präsidenten der Reformierten Kirche in Elsass und Lothringen Christian Krieger zum neuen Präsidenten gewählt hat.[16] Wichtigstes politisches Thema der europäischen Kirchen blieb die Flüchtlingspolitik.[17] Besorgt zeigten sich die Kirchen hinsichtlich des Austritts des Vereinigten Königreichs aus der EU und der Unabhängigkeitsbestrebungen in Katalonien.[18] Positiv äußerten sich ComECE und KEK zur Europäischen Säule sozialer Rechte, die im November 2017 auf dem Sozialgipfel der EU in Göteborg unterzeichnet wurde.[19]

Religion und Europarecht

Das kirchliche Arbeitsrecht in Deutschland, das mit großen Rechten für die Kirchen verbunden ist, erfuhr am 17. April 2018 in einem Urteil zur Berücksichtigung von Konfessionslosen bei Einstellungen eine drastische Beschneidung durch den Europäischen Gerichtshof (EuGH).[20] Eigentümlich erscheint, dass der EuGH Art. 17 Abs. 1 AEUV, der das nationale Staat-Kirche-Verhältnis schützt, quasi nicht in die Interpretation der Antidiskriminierungsrichtlinie einbezogen und damit materiell weitestgehend entleert hat. Da das Selbstbestimmungsrecht der Kirchen durch das Grundgesetz garantiert ist, könnte hier ein Fall des Eingriffs in die Verfassungsidentität vorliegen. Es bleibt jedoch davon auszugehen, dass mangels eines Antrags eine Ultra-vires-Kontrolle durch das Bundesverfassungsgericht ausbleibt. Weitere Urteile des EuGH bestätigten, dass das Erlauben von Schächten nur in zugelassenen Schlachthöfen kein Verstoß gegen die Religionsfreiheit darstellt (C-426/16, 29.5.2018) und dass die Zeugen Jehovas bei handschriftlichen Notizen über Hausbesuche das Europäische Datenschutzrecht beachten müssen (C-25/17,

---

14 Vgl. Europäische Kommission: Dialogue with churches, religious associations or communities and philosophical and non-confessional organisations, 23.10.2018, abrufbar unter: http://ec.europa.eu/newsroom/just/item-detail.cfm?item_id=50189 (letzter Zugriff: 2.11.2018).
15 Vgl. Europäische Kommission: New European Commission Coordinator for religious dialogue, 2.10.2017, abrufbar unter: http://ec.europa.eu/newsroom/just/item-detail.cfm?item_id=604967 (letzter Zugriff: 2.11.2018).
16 Vgl. ComECE: Erzbischof Jean-Claude Hollerich S.J. als neuer Präsident der COMECE gewählt, 8.3.2018, abrufbar unter: http://www.comece.eu/erzbischof-jean-claude-hollerich-s.j.-als-neuer-praesident-der-comece-gewaehlt (letzter Zugriff: 2.11.2018); Florian Eder/Jacopo Barigazzi: God's man in Brussels, in: Politico, 8.3.2018; KEK: KEK wählt einen neuen Präsidenten, 4.6.2018, abrufbar unter: https://www.ceceurope.org/kek-waehlt-einen-neuen-praesidenten/ (letzter Zugriff: 2.11.2018).
17 Vgl. Ulrich Schmiedel/Graeme Smith (Hrsg.): Religion in the European refugee crisis, Cham 2018.
18 Vgl. Justin Welby: Brexit and a broken Britain, in: Mail on Sunday, 25.2.2018; Kathpress: Spaniens Bischöfe in Sorge wegen Katalonien-Krise, 28.10.2017.
19 Vgl. ComECE/KEK: Kirchen begrüßen die Europäische Säule sozialer Rechte, 17.11.2017, abrufbar unter: http://www.comece.eu/kirchen-begruessen-die-europaeische-saeule-sozialer-rechte (letzter Zugriff: 2.11.2018); Vgl. hierzu auch den Beitrag „Beschäftigungs- und Sozialpolitik" in diesem Jahrbuch.
20 Europäischer Gerichtshof: Urteil des Gerichtshofes (Große Kammer) vom 17.4.2018 - C-414/16; Vgl. Abbo Junker: Gleichbehandlung und kirchliches Arbeitsrecht, in: Neue Juristische Wochenschrift 26/2018, S. 1850–1853; Michael Lysander Fremuth: Das letzte Amen ist noch nicht gesprochen, in: Europäische Zeitschrift für Wirtschaftsrecht 17/2018, S. 723–731; Vgl. hierzu auch den Beitrag „Gerichtshof" in diesem Jahrbuch.

10.7.2018). Der Europäische Gerichtshof für Menschenrechte hat derweil entschieden, dass ein Verbot der Vollverschleierung mit der Religionsfreiheit vereinbar ist.[21]

Antisemitismus

In vielen europäischen Ländern ist eine Zunahme antisemitischer Vorfälle zu verzeichnen. Besonders prominent ist die Debatte über die antisemitische Haltung des britischen Labour-Vorsitzenden Jeremy Corbyn.[22] Tiefpunkt war die Ermordung der Holocaustüberlebenden Sarah Halimi in ihrer Pariser Wohnung.[23] Umstritten ist die Frage, inwieweit der ‚neue' Antisemitismus durch die Zuwanderung von Muslimen bedingt ist.[24] Die deutsche Regierung hat, wie bereits die französische Regierung und die Europäische Kommission, einen Antisemitismusbeauftragten berufen; Frankreich hat einen neuen Plan zur Bekämpfung des Antisemitismus aufgelegt.[25] Der Präsident der Europäischen Rabbinerkonferenz, Pinchas Goldschmidt, sieht in der Europäischen Union einen zusätzlichen Schutz der jüdischen Minderheit und kritisiert, dass Staaten mit Gesetzen ein Leben nach jüdischen Regeln unmöglich machen. Hintergrund sind vor allem Initiativen in Skandinavien mit dem Ziel, Beschneidungen zu verbieten.[26]

Weiterführende Literatur

François Foret: How the European External Action Service deals with religion through religious freedom, EU Diplomacy Papers 7/2017, abrufbar unter: https://www.coleurope.eu/sites/default/files/research-paper/edp_7_2017_foret.pdf (letzter Zugriff: 2.11.2018).

Jan Gross: Pluralität als Herausforderung. Die Leuenberger Konkordie als Vermittlungsmodell reformatorischer Kirchen in Europa, Göttingen 2018.

Simona Guerra: Religion and the European Union, in: John FitzGibbon/Benjamin Leruth/Nick Startin (Hrsg.): Euroscepticism as a Transnational and Pan-European Phenomenon, Abingdon 2017, S. 147–161.

Mujtaba Isani/Bernd Schlipphak: In the European Union we trust: European Muslim attitudes toward the European Union, in: European Union Politics 4/2017, S. 658–677.

Stefan Mückl (Hrsg.): Kirche und Staat in Mittel- und Osteuropa, Berlin 2017.

Jan Nelis/Caroline Sägesser/Jean-Philippe Schreiber (Hrsg.): Religion and Secularism in the European Union, Brussels 2017.

Mark R. Royce: The Political Theology of European Integration, Cham 2017.

Milutin Trnavac: The Development of Dialogue and Institutionalisation of Relations between the European Union and Churches and Religious Communities, in: Miroljub Jevtić/Marko Veković (Hrsg.): 10 Years of the Politics and Religion Journal, Belgrad 2017, S. 249–264.

Alexander Weiler: Bischöfe für Europa? Der deutsche Episkopat und die Europäische Integration, Hamburg 2018.

---

21 Vgl. Frankfurter Allgemeine Zeitung: Gericht billigt belgisches Verbot von Ganzkörperverschleierung, 12.7.2017; Ulrike Spohn: Die Burka als aktuelle Herausforderung für die Religionspolitik in Europa, in: Daniel Gerster/Viola van Melis/Ulrich Willems (Hrsg.): Religionspolitik heute, Freiburg 2018, S. 314–330.

22 Vgl. Jochen Buchsteiner: Nester des Antisemitismus, in: Frankfurter Allgemeine Zeitung, 26.4.2018.

23 Vgl. Michaela Wiegel: Die Jüdin des Blocks, in: Frankfurter Allgemeine Zeitung, 18.7.2017; Martina Meister: Angriffe von rechts und links, in: Die Welt, 16.1.2018.

24 Vgl. zu den widerstreitenden Positionen: David Feldmann: Antisemitismus und Immigration im heutigen Westeuropa, Berlin 2018; Bassam Tibi: Migration aus der Welt des Islam und die Wiedereinführung von Judenhass und Antisemitismus nach Europa, in: Oskar Deutsch (Hrsg.): Die Zukunft Europas und das Judentum, Wien 2017, S. 163–183.

25 Vgl. Bundesministerium des Innern, für Bau und Heimat: Neuer Beauftragter im BMI, Pressemitteilung 11.4.2018; Französische Botschaft: Frankreich geht neue Wege zur Bekämpfung von Rassismus und Antisemitismus, 19.4.2018, abrufbar unter: https://de.ambafrance.org/Frankreich-geht-neue-Wege-zur-Bekampfung-von-Rassismus-und-Antisemitismus (letzter Zugriff: 2.11.2018); Katharina von Schnurbein: Combating Antisemitism in the European Union, in: Israel Journal of Foreign Affairs 2/2016, S. 283–287.

26 Vgl. Jüdische Allgemeine: Das Wichtigste ist Sicherheit, 31.5.2018; Jüdische Allgemeine: Gesetz gegen die Beschneidung, 1.3.2018.

4. Die Innenpolitik der Europäischen Union

Agrar- und Fischereipolitik

Christian Lippert

In der Agrarpolitik bestimmten unter anderem die Verhandlungen zum nächsten Mehrjährigen Finanzrahmen der EU, die Reform der Gemeinsamen Agrarpolitik, zu der die Europäische Kommission eine EU-weite Online-Konsultation abhielt, sowie die Abstimmungen über die Folgezulassung des Totalherbizids Glyphosat das Geschehen. In der Fischereipolitik lehnte das Europäische Parlament jüngst einen Kompromissvorschlag zur Ausweitung der Elektrofischerei ab.

Agrarpolitik
EU-Haushalt und Mehrjähriger Finanzrahmen
Wie in den Jahren zuvor haben sich Rat und Parlament Ende November 2017 im Vermittlungsausschuss auf einen Kompromiss zum Haushalt 2018 geeinigt, dessen Gesamtaufkommen 160,1 Mrd. Euro an Verpflichtungsermächtigungen (144,7 Mrd. Euro an Zahlungsermächtigungen) umfasst. Davon entfallen 59,3 (56,1) Mrd. Euro (entsprechend 37,0 Prozent bzw. 38,8 Prozent des gesamten Haushaltsplans) auf die Rubrik „Nachhaltiges Wachstum: natürliche Ressourcen", die hauptsächlich dem Agrarhaushalt der Gemeinschaft entspricht. Für die sogenannte erste Säule der Gemeinsamen Agrarpolitik (GAP), die vor allem die Direktzahlungen an die Landwirte aber auch die Agrarmarktmaßnahmen beinhaltet, wird dabei mit rund 43,2 Mrd. Euro (plus 1,5 Prozent) wieder der weitaus größte Teil der Mittel aufgewendet.

Scharfe Proteste aus zahlreichen Mitgliedstaaten gab es, nachdem Haushaltskommissar Günther Oettinger am 2. Mai 2018 die Vorschläge der Kommission für den Mehrjährigen Finanzrahmen (MFR) 2021 bis 2027 vorgestellt hatte. Demnach würde in diesem Zeitraum bei einem Gesamtaufkommen von 1.135 Mrd. Euro der Anteil des Agrarbudgets am EU-Haushalt der dann nur noch 27 Mitglieder auf weniger als ein Drittel sinken. Dies entspräche einer Kürzung der GAP-Mittel um nominal 5 Prozent. Das Europäische Parlament sieht die Kürzungen unter Berücksichtigung der Inflation sogar bei 15 Prozent. Obwohl die Mitgliedsländer in Zukunft 1,11 Prozent statt wie bisher 1,03 Prozent ihres Bruttosozialprodukts an die EU überweisen sollen, werden die Kürzungen im Agrarhaushalt wegen des Austritts des Vereinigten Königreichs und wegen neuer Aufgaben von der Kommission als notwendig erachtet. Auch weil die Direktzahlungen je Hektar Nutzfläche zwischen den Mitgliedstaaten weiter angeglichen werden sollen, müssten GAP-Mittel vor allem in den reicheren Staaten reduziert werden. Unter anderem für Frankreich, Deutschland und die Niederlande sollen die Mittel aus der vollständig EU-finanzierten ersten Säule der GAP um knapp 4 Prozent sinken. Agrarkommissar Phil Hogan möchte durch eine betriebsgrößenabhängige Degression der Direktzahlungen Einsparungen erreichen. Die Ausgaben für die Ländliche Entwicklung – der national kofinanzierten zweiten Säule der GAP, die auch die Agrarumweltmaßnahmen beinhaltet – sollen demnach noch stärker verringert werden, wobei es den Mitgliedstaaten freistehen soll, die entstehenden Finanzierungslücken mit nationalen Mitteln auszugleichen.

Die niederländische Agrarministerin Carola Schouten besteht auf einer Reduzierung des GAP-Budgets und hat sich gleichzeitig gegen höhere Überweisungen der Mitgliedstaaten an die EU und gegen die vollständige Angleichung der Flächenprämien ausgesprochen. Während die neue Bundeslandwirtschaftsministerin Julia Klöckner (CDU) die Haushaltspläne der Kommission als gute Verhandlungsbasis erachtete, auch wenn die vorgesehene Kürzung des Agrarhaushalts schmerze, wurde letztere sowohl vom Europäischen Parlament als auch von den meisten anderen Mitgliedstaaten abgelehnt. Die französische, die spanische und die österreichische Regierung wollen mit Blick auf die Einkommen der Landwirte und die Zukunft des ländlichen Raums dem Kommissionsvorschlag ihre Zustimmung verweigern. Frankreich würde eher einer Aufstockung des EU-Haushalts als der vorgeschlagenen Kürzung des Agrarbudgets zustimmen, die der französische Agrarminister Stéphane Travert sogar als „drastisch und verblendet"[1] bezeichnet hat. Auch viele andere Mitgliedstaaten sowie die europäischen Bauernverbände kritisierten die Kürzungspläne. Abgeordnete der Grünen im Europäischen Parlament bemängelten die im Vergleich zur Ländlichen Entwicklung geringere Reduzierung der Direktzahlungen, die eine überproportionale Kürzung bei den Agrarumweltmaßnahmen zur Folge hätte.[2]

Reform der Gemeinsamen Agrarpolitik (GAP)
Parallel zu den MFR-Vorschlägen hat die Kommission Ende November 2017 zunächst in einer Mitteilung und Anfang Juni 2018 dann in ihren Legislativvorschlägen ihre Vorstellungen zur GAP im kommenden Siebenjahreszeitraum dargelegt. Das bisherige „Zwei-Säulen-System" mit den flächengebundenen Direktzahlungen an die Landwirte will sie beibehalten. Zwar soll die Prämiengewährung ähnlich den gegenwärtigen Greening- und Cross-Compliance-Regeln weiterhin an die Einhaltung bestimmter Umweltauflagen geknüpft werden, bei der Definition und Umsetzung der entsprechenden Standards sollen die Mitgliedstaaten entsprechend dem Subsidiaritätsprinzip jedoch Gestaltungsmöglichkeiten erhalten. Die künftige Rolle der Kommission wäre es, entsprechende nationale „Strategiepläne" zu genehmigen, die Erreichung der EU-(Umwelt-)Ziele zu kontrollieren sowie einen unfairen Wettbewerb zwischen den nationalen Agrarsektoren zu verhindern. Ein weiteres wichtiges Element des Reformvorschlags ist die vor allem in Deutschland umstrittene verpflichtende Degression und Kappung der Direktzahlungen. Demnach sollen die Prämienansprüche der landwirtschaftlichen Betriebe ab 60.000 Euro progressiv gekürzt und bei 100.000 Euro definitiv gekappt werden. Auch mit Blick auf die ostdeutschen Großbetriebe sollen bei der Ermittlung der Kappungsgrenze jedoch die betrieblichen Lohnkosten berücksichtigt werden.

Der deutsche Bauernverbandspräsident Joachim Rukwied, der derzeit auch dem Ausschuss der europäischen landwirtschaftlichen Berufsorganisationen (COPA) vorsteht, hat vor einer Renationalisierung der GAP mit ungleichen Bedingungen in den einzelnen Mitgliedstaaten gewarnt und sich im Übrigen mit Verweis auf die osteuropäischen Mitgliedstaaten gegen eine Prämiendegression ausgesprochen. Während das Europäische Parlament die Prämienobergrenze als Mittel zur stärkeren Unterstützung von Familienbe-

---

1 Agra-Europe 20/2018, EU-Nachrichten, S. 1.
2 Agra-Europe 7/2018, EU-Nachrichten, S. 3; Agra-Europe 19/2018, EU-Nachrichten, S. 1-3; Agra-Europe 20/2018, EU-Nachrichten, S. 1; Vertretung der Europäischen Kommission in Deutschland: EU-Haushalt für 2018 beschlossen, 20.11.2017, abrufbar unter: https://ec.europa.eu/germany/news/20171120-eu-haushalt-2018_de (letzter Zugriff: 15.06.2018); Agra-Europe 23/2018, EU-Nachrichten, S. 3-7; Agra-Europe 25/2018, EU-Nachrichten, S. 5.

trieben befürwortet, hält Rukwied den gegenwärtig gewährten Prämienzuschlag an flächenärmere Betriebe diesbezüglich für ausreichend. Die Agrarminister der deutschen Bundesländer hatten sich im Januar gemeinsam mit dem Bund für eine finanzielle Ausstattung der GAP im bisherigen Umfang ausgesprochen und den in Aussicht gestellten größeren nationalen Einfluss auf die GAP-Gestaltung begrüßt. Sie möchten die Subventionen allerdings gezielter für den Umwelt-, Natur- und Klimaschutz einsetzen. Die ostdeutschen Agrarminister lehnen die Kappung der Direktzahlungen ab und verlangen den Verbleib der hierdurch gegebenenfalls eingesparten EU-Mittel in ihren Regionen. An der bis Mai 2017 laufenden EU-weiten Online-Konsultation zur Zukunft der GAP hatten sich nach Auskunft der Kommission schließlich rund 21.000 Landwirte (davon 10.000 alleine aus Deutschland) und knapp 28.000 Privatpersonen sowie eine große Zahl von Organisationen und Unternehmen beteiligt. Knapp zwei Drittel der Teilnehmer befürworteten eine Stützung der landwirtschaftlichen Einkommen. Gleichzeitig wünschten sich aber auch 77 Prozent der Befragten (und hierbei vor allem die Privatpersonen) mehr Umwelt- und Klimaschutz. Für die Landwirte waren Einkommenssicherung und Investitionshilfen besonders wichtig. Einträge durch organisierte Kampagnen sind getrennt ausgewertet worden. Im März 2018 hat sich in Deutschland zudem eine breite „Verbände-Plattform" aus den Bereichen Natur,- Umwelt- und Tierschutz sowie dem Ökologischen Landbau und der Entwicklungshilfe mit Forderungen zur Zukunft der GAP zu Wort gemeldet. Auch die Arbeitsgemeinschaft bäuerliche Landwirtschaft war unter den 23 unterzeichnenden Verbänden vertreten. In ihrem gemeinsamen Papier mit dem Titel „Die EU-Agrarpolitik muss gesellschaftlichen Mehrwert bringen. Für Umwelt, biologische Vielfalt, Tierschutz und wirtschaftliche Perspektiven für bäuerliche Betriebe und ländliche Gemeinschaften"[3] fordern die Verbände statt pauschaler Flächenprämien eine gezielte Honorierung von Leistungen mit positiven Umwelt-, Biodiversitäts- und Tierschutzeffekten. Sie verlangen, dabei nicht nur die entsprechenden betrieblichen Mehrkosten zu kompensieren, sondern möchten auf diesem Weg auch eine einkommenssteigernde Wirkung für kleine und mittlere Betriebe, die je Flächeneinheit noch stärker als bisher gefördert werden sollten, erreichen.

Kritik an der bestehenden GAP kam auch vom Europäischen Rechnungshof (EuRH), für den die GAP-Mittel trotz der Greening-Auflagen ungenügend an ökologischen Zielen ausgerichtet sind. Der EuRH sieht in dieser Politik „im Grunde eine Regelung zur Einkommensstützung".[4]

Der Wissenschaftliche Beirat für Biodiversität und Ressourcen beim Bundeslandwirtschaftsministerium schlägt vor, die Direktzahlungen künftig anhand eines Punktesystems nach der bewirtschaftungsabhängigen ökologischen Leistung der Betriebe auszudifferenzieren. Auch der Wissenschaftliche Beirat für Agrarpolitik beim Bundeslandwirtschaftsministerium lehnt die Direktzahlungen in der bisherigen Form aus sozial-, umwelt- und wirtschaftspolitischen Gründen ab. Die Flächenprämien seien kein geeigneter Sozialtransfer, weil Bodeneigentümer, an die ein großer Teil der Zahlungen weitergereicht werde, und auch Landwirte mit kleinen Betrieben (die unter Umständen über außerlandwirtschaftliche Einkommen verfügen) nicht zwangsläufig sozial bedürftig sind. Die betriebsgrößenabhängige Degression, wie sie von der EU-Kommission geplant und von der Verbände-Plattform gewünscht wird, sieht der Beirat kritisch, weil es keinen wissenschaftlichen Beleg gibt, dass kleine Betriebe per se tier- oder umweltgerechter wirtschaften. Auch ergibt sich aus

---

3   Agra-Europe 12/2018, Sonderbeilage, S. 1-7.
4   Agra-Europe 51/2017, EU-Nachrichten, S. 2.

einer betrieblichen Ineffizienz alleine kein Anspruch auf staatliche Förderung. Der Beirat schlägt vor, schrittweise aus den flächengebundenen Direktzahlungen auszusteigen und diese konsequent auf die Honorierung gesellschaftlicher Leistungen auszurichten, da sich die Subventionen ansonsten auf Dauer nicht rechtfertigen ließen. Dass eine grundlegende GAP-Reform seit vielen Jahren ausbleibt, liegt nach Ansicht des Beiratsvorsitzenden in der Dominanz landwirtschaftlicher Einkommensinteressen im Ministerrat und im Europäischen Parlament gegenüber dem gesellschaftlichen Interesse an den Gemeinwohlleistungen der Landwirtschaft. Das europäische Problem, eine Landwirtschaft zu haben, die trotz hoher jährlicher Agrarausgaben, den gesellschaftlichen Erwartungen häufig nicht entspricht und teils mit hohen Umweltbelastungen einhergeht, dürfte noch einige Zeit weiter bestehen.[5]

Agrarumweltpolitik

Im Juni 2018 hat der Europäische Gerichtshof (EuGH) die Bundesrepublik wegen Nichteinhaltung der EU-Nitratrichtlinie (91/676/EWG) verurteilt. Allerdings wird dieses Urteil zunächst keine Strafzahlungen zur Folge haben, da ihm die 2014 in Deutschland geltenden düngerechtlichen Regelungen zugrunde liegen und es die zwischenzeitlich novellierte Düngeverordnung außer Acht lässt. Die Europäische Kommission kündigte bereits an, zunächst zu prüfen, welche Auswirkungen diese Novelle haben wird. In der politischen Diskussion gingen die Ansichten hierzu weit auseinander. Während die Bundeslandwirtschaftsministerin und der Deutsche Bauernverband das neue deutsche Düngerecht als wesentlichen Beitrag zur Senkung der Grundwasserbelastung erachten, geht dieses den Umweltverbänden und dem Bundesumweltministerium, aber auch Vertretern der Wissenschaft nicht weit genug. Nach einer Studie der Universität Kiel wird die neue Düngeverordnung, unter anderem aufgrund der nach wie vor zu großen gesetzlich tolerierten Stickstoffüberschüsse und weil „alle[.] agrar- und umweltwissenschaftlichen Fachempfehlungen"[6] weitgehend missachtet wurden, keine nennenswerten Effekte haben.

Die Patt-Situation im zuständigen Ständigen Ausschuss, bei der wiederholt keine qualifizierte Mehrheit für die Folgezulassung des umstrittenen Totalherbizids Glyphosat zustande gekommen war, wurde im Dezember 2017 durch die überraschende Zustimmung des damaligen Bundeslandwirtschaftsministers Christian Schmidt (CSU) zu einer fünfjährigen Zulassungsverlängerung überwunden. Entgegen den Vorstellungen des Europäischen Parlaments, das für ein endgültiges Auslaufen plädiert hatte, soll es danach die Möglichkeit einer erneuten Wiederzulassung geben. Das Abstimmungsverhalten des geschäftsführenden Bundeslandwirtschaftsministers erregte den Unmut von Noch-Bundesumweltministerin Barbara Hendricks (SPD), die strikt gegen die Wiederzulassung war, und belastete die Beziehung zwischen den beiden Koalitionspartnern, denn eigentlich hätte sich Minister Schmidt in diesem Fall nach den Geschäftsordnungsregeln der Bundesregierung der Stimme enthalten müssen. Der Minister begründete sein eigenmächtiges Verhalten damit, dass die Kommission Glyphosat im Falle des Fortbestehens eines Patts ohnehin hätte wiederzulassen müssen, auch um Schadensersatzklagen der Hersteller nach einer „sachgrundlosen"

---

5   Agra-Europe 28/2017, EU-Nachrichten, S. 6 f.; Agra-Europe 49/2017, EU-Nachrichten, S. 6 f.; Agra-Europe 51/2017, EU-Nachrichten, S. 2; Agra-Europe 12/2018, EU-Nachrichten, S. 1 und Sonderbeilage, S. 1-7; Agra-Europe 4/2018, EU-Nachrichten, S. 9 f.; Agra-Europe 23/2018, EU-Nachrichten, S. 3-7; Agra-Europe 24/2018, Länderberichte, S. 32-36, EU-Nachrichten, S. 2, Dokumentation, S. 1-48; Agra-Europe 25/2018, Dokumentation, S. 1-15; Agra-Europe 26/2018, EU-Nachrichten, S. 6-9.
6   Agra-Europe 26/2018, Länderberichte, S. 27 und Dokumentation.

Zulassungsverweigerung zu vermeiden. Außerdem hätte er mit seiner Zustimmung Anwendungsbeschränkungen, wie die Möglichkeit, die private Anwendung des Herbizids zu verbieten sowie eine stärkere Beachtung von Biodiversitätsbelangen, durchsetzen können. Letzteres wurde von den Grünen im Europäischen Parlament als „windelweiche Formulierung" abgetan.[7] Zuletzt hat die deutsche Nationalakademie Leopoldina in einem Diskussionspapier auf die biodiversitätsreduzierende Wirkung von Breitbandherbiziden wie Glyphosat, das dem Umweltbundesamt zufolge jährlich auf circa 40 Prozent der Äcker eingesetzt wird, hingewiesen, da diese Herbizide, indem sie sämtliche Wildpflanzen treffen, Insekten und Wirbeltiere in intensiv genutzten Agrarlandschaften eines Teils ihrer Nahrungsgrundlage berauben. Die Autoren der Leopoldina-Studie kritisieren allgemein die Schwächen der Zulassungspraxis in der EU, bei der Abbauprozesse im Boden, Art und Häufigkeit der landwirtschaftlichen Anwendung, Wechselwirkungen zwischen verschiedenen Substanzen, die Wirkungen auf bestimmte Organismengruppen (beispielsweise Wildbestäuber und Amphibien) sowie die Effekte auf Nahrungsnetze nicht ausreichend berücksichtigt werden.[8] Einer Europäischen Bürgerinitiative (EBI) war es 2017 gelungen über eine Million Unterschriften für ein Glyphosatverbot zu sammeln, was die entsprechende Entscheidung der EU-Institutionen letztlich jedoch nicht beeinflusst hat. Im Februar 2018 hat das Europäische Parlament einen Sonderausschuss eingesetzt, der sich mit dem Pflanzenschutzmittelzulassungsverfahren in der EU befassen und dabei mit Bezug zu Glyphosat auch mögliche Interessenkonflikte sowie die Ausstattung der beteiligten EU-Behörden untersuchen soll. Kritiker werfen der Europäischen Behörde für Lebensmittelsicherheit (EFSA) eine zu starke Nähe zur Pflanzenschutzmittelindustrie vor und mahnen eine unabhängigere Forschung zu den Wirkungen des Pestizideinsatzes an. Wohl auch unter dem Eindruck der erwähnten EBI schlägt die Kommission vor, das Gesetzgebungsverfahren bei der Zulassung von Pflanzenschutzmitteln und gentechnisch veränderten Organismen zu reformieren und hinsichtlich der verwendeten Studien in Zukunft für den Bürger transparenter zu gestalten. Dabei soll das Europäische Parlament neben dem Rat künftig mitentscheiden.

Ende April 2018 hatten die Mitgliedstaaten gegen die Stimmen Ungarns und Dänemarks einem Verbot der Freilandnutzung dreier bereits seit 2013 nur eingeschränkt nutzbarer Insektizide aus der Neonicotinoid-Gruppe zugestimmt, nachdem die EFSA die drei Wirkstoffe Thiamethoxam, Clothianidin und Imidacloprid in einem vom Hersteller Bayer heftig kritisierten Bericht als riskant für Honig- und Wildbienen eingestuft hatte. Im Mai schließlich hat der EuGH in erster Instanz eine Schadenersatzklage der Konzerne Bayer und Syngenta wegen der früheren, von der Kommission erlassenen Neonicotinoid-Einschränkungen (zum Beispiel Verbot der Saatgutbehandlung) zurückgewiesen.

Die Novelle der EU-Ökoverordnung wird, nachdem Rat und Parlament inzwischen mehrheitlich zugestimmt haben, voraussichtlich zum 1. Januar 2021 in Kraft treten. Die qualifizierte Mehrheit der Mitgliedstaaten kam bei sechs Gegenstimmen (unter anderem Österreich) und bei drei Enthaltungen (unter anderem Deutschland) zustande.[9]

---

7   Agra-Europe 49/2017, EU-Nachrichten, S. 1.
8   Andreas Schäffer et al.: Der stumme Frühling – Zur Notwendigkeit eines umweltverträglichen Pflanzenschutzes. Diskussion Nr. 16. Nationale Akademie der Wissenschaften - Leopoldina, Halle (Saale) 2018, S.17-31.

Fischereipolitik

In der Nordsee erhöhte der Rat angesichts der in vielen Fällen verbesserten Situation die maximal zulässigen Fangmengen für Schellfisch (plus 76 Prozent), Hering (plus 25 Prozent), Seelachs (plus 6 Prozent) und zum wiederholten Mal auch für Kabeljau (plus 10 Prozent), dessen Bestand dort erstmals wieder als nachhaltig bewirtschaftet gilt. Die Makrelen- (minus 20 Prozent) und die Schollenquoten (minus 13 Prozent) wurden hingegen gekürzt. Der Verband der Deutschen Kutter- und Küstenfischer hatte sich demgegenüber für eine Anhebung der Schollenquote ausgesprochen, da der Nordseebestand seiner Ansicht nach in den letzten Jahren so stark angewachsen sei, dass die Fische teils an Nahrungsmangel litten, wobei auch die Nährstoffarmut infolge der inzwischen reduzierten Stickstoff- und Phosphoreinträge aus der Elbe eine Rolle spielen könnte. In der westlichen Ostsee wurden die Schollenquote um 10 Prozent und die Heringsquote um 39 Prozent reduziert, während die im letzten Jahr stark verringerte Dorschfangmenge zum Leidwesen der um ihre Existenz kämpfenden und durch ein Nothilfeprogramm unterstützten Fischer, konstant blieb.

Erstmalig hat sich der Rat auf ein zeitweiliges Aalfangverbot während der Wander- und Laichzeit in allen EU-Gewässern geeinigt. Aale über zwölf Zentimeter Länge dürfen demnach zwischen 1. September und 31. Januar nicht gefischt werden. Die Kommission hatte ursprünglich ein vollständiges Fangverbot vorgeschlagen.

Zuletzt nochmals im Juni 2018 hat das Europäische Parlament einen Kompromissvorschlag der Kommission zurückgewiesen, die derzeit nur zu Forschungszwecken erlaubte, aus ökologischen Gründen umstrittene Elektrofischerei auf Gebiete im Ärmelkanal und in der Nordsee auszudehnen. Diese Art der Fischerei wird von den Niederlanden befürwortet, von Frankreich hingegen strikt abgelehnt.[10]

Weiterführende Literatur

Andreas Schäffer/Juliane Filser/Tobias Frische/Mark Gessner/Wolfgang Köck/Werner Kratz/Matthias Liess/Ernst-August Nuppenau/Martina Roß-Nickoll/Ralf Schäfer/Martin Scheringer: Der stumme Frühling – Zur Notwendigkeit eines umweltverträglichen Pflanzenschutzes. Diskussion Nr. 16. Nationale Akademie der Wissenschaften - Leopoldina, Halle (Saale) 2018.

Wissenschaftlicher Beirat für Agrarpolitik, Ernährung und gesundheitlichen Verbraucherschutz beim BMEL: Für eine gemeinwohlorientierte Gemeinsame Agrarpolitik der EU nach 2020: Grundsatzfragen und Empfehlungen. Stellungnahme. Berlin 2018.

Wissenschaftlicher Beirat für Biodiversität und Genetische Ressourcen beim BMEL: Für eine Gemeinsame Agrarpolitik, die konsequent zum Erhalt der biologischen Vielfalt beiträgt. Bonn 2018.

---

9 Agra-Europe 25/2017, EU-Nachrichten, S. 8; Agra-Europe 48/2017, EU-Nachrichten, S. 1; Agra-Europe 49/2017, EU-Nachrichten, S. 1; Agra-Europe 51/2017, Länderberichte, S. 23-24; Agra-Europe 7/2018, Länderberichte, S. 1-2; Agra-Europe 10/2018, EU-Nachrichten, S. 1-2; Agra-Europe 18/2018, EU-Nachrichten, S. 7-8; Agra-Europe 26/2018, EU-Nachrichten, S. 6-9, Länderberichte, S. 27; Agrisalon: La commission tire les leçons du glyphosate et dévoile ses propositions, abrufbar unter: http://www.agrisalon.com/actualites/2018/04/11/la-commission-tire-les-lecons-du-glyphosate-et-devoile-ses-propositions (letzter Zugriff: 11.04.2018); Klaus Hempel: Auflagen für Insektizide bleiben, abrufbar unter: http://www.tagesschau.de/inland/bienen-pflanzenschutz-urteil-101.html (letzter Zugriff: 17.05.2018).

10 Agra-Europe 40/2017, EU-Nachrichten, S. 8; Agra-Europe 42/2017, EU-Nachrichten, S. 6; Agra-Europe 51/2017, EU-Nachrichten, S. 6; Agra-Europe 50/2017, EU-Nachrichten, S. 5; Agrisalon: La France réitère son opposition à la pêche électrique, abrufbar unter: http://www.agrisalon.com/actualites/2018/06/18/la-france-reitere-son-opposition-a-la-peche-electrique (letzter Zugriff: 18.06.2018).

Asyl-, Einwanderungs- und Visapolitik

René Repasi

Die Asyl-, Einwanderungs- und Visapolitik war durch einen Rückgang der Asylanträge und einen gleichzeitig gefühlten Anstieg des „Migrationsdrucks" auf einige mitgliedstaatliche Regierungen geprägt. Während in den Jahren 2015 und 2016 jeweils rund 1,3 Mio. Menschen in der EU zum ersten Mal einen Asylantrag gestellt haben, waren dies nur noch 650.000 Menschen im Jahr 2017 und 268.030 Personen in der ersten Jahreshälfte 2018.[1] Gleichzeitig lässt sich eine Verlagerung der Migrationsströme beobachten. Während sich im ersten Halbjahr 2018 die Zuwanderung über die zentrale Mittelmeerroute nach Italien im Vergleich zum Vorjahreszeitraum um 77 Prozent verringerte, erhöhte sie sich auf der westlichen Mittelmeerroute nach Spanien um 22 Prozent.[2] Dessen ungeachtet kündigte die neue italienische Regierung eine Abschottung des Landes an, während die neue spanische Regierung Seehäfen für zivile Seenotschiffe öffnete, denen die italienische Regierung den Zugang verweigerte.

Die umfassende Reform des Asylrechts, die von der Kommission 2016 vorgeschlagen wurde, steckt weiterhin im Gesetzgebungsprozess fest. Unüberbrückbar scheinen die Differenzen zwischen dem Europäischen Parlament, das für Europäisierung, Rechtsverbindlichkeit und Flüchtlingsrechte steht, und dem Rat, der für Freiwilligkeit und eine Begrenzung von Rechten zum Zwecke der Verhinderung von Sekundärmigration eintritt. Eine neue europäische Politik der legalen Zuwanderung, wie von Kommissionspräsident Jean-Claude Juncker zu Amtsbeginn versprochen, ist nicht zu erkennen. Während politische Einigungen im Bereich des Außengrenzschutzes noch möglich sind, scheint die politische Kraft der EU in der Asyl-, Einwanderungs- und Visapolitik erschöpft. Politische Kompromisse konnten zuletzt nur noch gefunden werden, wenn ihre Umsetzung auf Freiwilligkeit beruht.

Die politische Entwicklung in den Zugangspolitiken

Die Zugangspolitiken waren politisch gelähmt durch die langwierige Regierungsbildung in Deutschland und die anschließenden Streitigkeiten innerhalb der Bundesregierung über die Ausrichtung der deutschen Flüchtlingspolitik sowie durch den Regierungswechsel in Italien.

Im Koalitionsvertrag einigten sich die Koalitionsparteien – Christlich Demokratische Union (CDU), und Christlich-Soziale Union (CSU) und Sozialdemokratische Partei Deutschlands (SPD) – darauf, sich „aktiv am Prozess der Reform des Dublin-Verfahrens" zu beteiligen, wobei

> „[e]in fairer Verteilmechanismus für Schutzbedürftige, die Frage der Menschenrechte in Drittstaaten sowie das Prinzip der Zuständigkeit des Ersteinreiselandes für Asylbewerber [...] eine übergeordnete Rolle spielen [müssen]. Dabei muss klar sein, dass eine unbefristete Berufung auf einen anderen Staat der Ersteinreise ausscheidet."[3]

---

1 Eurostat, Asylum Statistics, abrufbar unter: https://ec.europa.eu/eurostat/statistics-explained/index.php?title=Asylum_statistics; Asylum Quarterly Report (letzter Zugriff: 9.11.2018).
2 Europäische Kommission: Fortschrittbericht über die Umsetzung der Migrationsagenda, COM(2018) 301 final, S. 3 f.

Auf Grundlage dieser Formulierung forderten die CSU und Bundesinnenminister Horst Seehofer die Zurückweisung von Flüchtlingen, die in einem anderen EU-Mitgliedstaat registriert wurden und damit in der Eurodac-Datenbank geführt werden, an der deutschen Grenze.[4] Dies wies die Bundeskanzlerin zurück. Sie begründete dies damit, dass ein einseitiges Vorgehen nicht in Einklang mit dem Europarecht stünde und Zurückweisungen durch bilaterale Verwaltungsabkommen zwischen Deutschland und anderen EU-Mitgliedstaaten geregelt werden sollten. Schließlich dient die Dublin III-Verordnung (VO) dem Prinzip der rechtssicheren Durchführung eines Asylverfahrens in einem EU-Mitgliedstaat, was einem System einseitiger Zurückweisungen an den Binnengrenzen der EU-Mitgliedstaaten in letzter Konsequenz entgegensteht. Die Dublin III-VO eröffnet jedoch die Möglichkeit, dass Mitgliedstaaten untereinander klären können, dass auch in Zweifelsfällen ein bestimmter Mitgliedstaat Überstellungsgesuche nach der Dublin III-VO automatisiert annimmt, und dafür Verwaltungsvereinbarungen untereinander abschließen können. Dies war letztlich auch der Vorschlag der Bundeskanzlerin. Politisch handelte es sich bei dem Konflikt um Unilateralismus im Sinne eines Systems einseitiger Zurückweisungen gegen Multilateralismus im Sinne eines Systems von bilateralen Verwaltungsvereinbarungen zur Durchführung der Dublin III-VO.

Der Konflikt eskalierte durch die Ankündigung des Bundesinnenministers Seehofer, einseitige Maßnahmen per Ministererlass anzuordnen, sollte eine Einigung auf EU-Ebene ausbleiben. Am Rande des Europäischen Rates vom 28. Juni 2018 erreichte die Bundeskanzlerin „Zusagen auf politischer Ebene" von 14 Mitgliedstaaten, derartige Vereinbarungen mit Deutschland abzuschließen,[5] worunter sich allerdings weder Österreich noch Italien befanden. Damit wurde der politische Konflikt zu Gunsten des Multilateralismus entschieden. Konkret abgeschlossen wurden im Sommer 2018 Verwaltungsvereinbarungen mit Spanien, Griechenland und Portugal. Da bislang weder Österreich noch Italien eine politische Zusage für den Abschluss einer Verwaltungsvereinbarung erteilt haben, bleibt der eigentliche Konflikt weiter ungelöst und kann jederzeit erneut die EU-Migrationspolitik lähmen.

Der Regierungswechsel in Italien zu einer populistischen und europaskeptischen Regierung führte zu einer weiteren Veränderung im politischen Koordinatensystem der EU-Migrationspolitik, in dem die Fliehkräfte immer stärker in Richtung Abschottung nach außen und nach innen ziehen. Der neue Innenminister Matteo Salvini ordnete etwa kurz nach seinem Amtsantritt die Schließung der italienischen Seehäfen für einzelne private Seenotrettungsschiffe an.[6] Die Regierung blockiert zudem im Rat jedes Voranschreiten bei Maßnahmen in der EU-Migrationspolitik.

Vor dem Hintergrund dieser Fliehkräfte war Migration Thema des Europäischen Rates am 28. Juni 2018. Als konkrete Ergebnisse forderte er die Einrichtung von kontrollierten Zentren in EU-Mitgliedstaaten und „Ausschiffungsplattformen" in Drittstaaten.[7] Aus Seenot gerettete Flüchtlinge können zu beiden Einrichtungen gebracht werden, wobei es nur eine Pflicht gibt, Flüchtlinge in ein „kontrolliertes Zentrum" in der EU zu bringen, wenn sie in EU-Hoheitsgewässern aufgenommen wurden. In „kontrollierten Zentren" soll dann die Entscheidung

---

3   Koalitionsvertrag zwischen CDU, CSU und SPD: Ein neuer Aufbruch für Europa. Eine neue Dynamik für Deutschland. Ein neuer Zusammenhalt für unser Land, S. 103.
4   Süddeutsche Zeitung: Merkel und Seehofer streiten wieder, 11. Juni 2018.
5   Mehr Ordnung und Steuerung in der Migrationspolitik: Bericht zur Lage nach dem Europäischen Rat vom 28./29. Juni 2018, S. 5 f., abrufbar unter: https://www.politico.eu/wp-content/uploads/2018/07/bericht-mehr-ordnung-und-steuerung-in-der-migrationspolitik_0.pdf (letzter Zugriff: 9.11.2018).
6   Frankfurter Allgemeine Zeitung: Weiteres Schiff mit Migranten wartet vor Italien auf Hafeneinfahrt, 24.6.2018.
7   Europäischer Rat: Schlussfolgerungen (Tagung vom 28. Juni 2018), EUCO 9/19, Nr. 8 f.

zwischen regulären und irregulären Migranten getroffen werden, wobei erstere in andere Mitgliedstaaten umgesiedelt und letztere rückgeführt werden sollen. Die Einrichtung solcher Zentren und die Umsiedlung sollen vollständig freiwillig erfolgen. In Drittländern sollen in enger Zusammenarbeit mit der Internationalen Organisation für Migration (IOM) und dem Hohen Flüchtlingskommissar der Vereinten Nationen (UNHCR) „regionale Ausschiffungsplattformen" eingerichtet werden, aus denen Personen mit Anspruch auf internationalen Schutz im Rahmen des EU-Neuansiedlungsprogramms in die EU gebracht werden können.

Die Ergebnisse des Europäischen Rates stellen den Versuch dar, die EU-Türkei-Erklärung auf andere Drittstaaten im Mittelmeerraum zu übertragen. Gemeinsam ist beiden Vorschlägen, dass Flüchtlinge in großen Lagern an einem Ort gehalten werden sollen, so dass ihnen die Weiterreise innerhalb der EU verunmöglicht wird. Solange allerdings kein belastbarer Mechanismus zur Verteilung der Flüchtlinge innerhalb der EU gefunden wird, sind derartige Lösungen wenig tragfähig. Wenig überraschend fanden sich bislang weder EU-Mitgliedstaaten, die freiwillig „kontrollierte Zentren" einrichten, noch Drittstaaten, die eine „Ausschiffungsplattform" schaffen wollen.

Umsiedlungs- und Neuansiedlungsprogramme für Flüchtlinge

Im Jahr 2015 nahm der Rat mit qualifizierter Mehrheit auf der Rechtsgrundlage des Art. 78 Abs. 3 AEUV zwei Beschlüsse[8] zur Umsiedlung von insgesamt 160.000 Flüchtlingen aus Italien und aus Griechenland an. Ungarn und die Slowakei haben einen dieser Beschlüsse beim EuGH angefochten, der in seinem Urteil vom 6. September 2017 die Klagen abgewiesen hat. Dabei wies er den Einwand zurück, dass es sich bei den Beschlüssen um Gesetzgebungsakte handelt, die von der Dublin III-VO abweichen, weshalb sie nicht auf Art. 78 Abs. 3 AEUV gestützt werden können. Laut EuGH muss der Rat vorläufig abweichende Maßnahmen treffen können, wenn diese „sowohl inhaltlich als auch zeitlich in der Weise begrenzt [sind], dass sie sich darauf beschränken, schnell und effektiv durch eine vorläufige Regelung auf eine ganz bestimmte Krisensituation zu reagieren."[9] Der EuGH akzeptierte das Vorliegen einer Krisensituation, für deren Annahme er den Unionsorganen ein weites Ermessen einräumt, dessen Grenzen angesichts der Zuwanderungszahlen nach Griechenland und Italien in den Monaten Juli und August 2015 nicht überschritten waren.

Die Migrationskrise hat der Kommission verdeutlicht, dass sie neue Wege im Hinblick auf eine dauerhafte Lösung von Um- und Neuansiedlungen von Flüchtlingen gehen muss. Sie legte daher im Rahmen der Reform der Dublin III-VO einen automatischen Korrekturmechanismus zur Umverteilung von Flüchtlingen in Krisensituationen und einen dauerhaften Neuansiedlungsrahmen zur Aufnahme von Flüchtlingen vor, die noch nicht in die EU eingereist sind. Auf ersteres wird bei der Reform des Gemeinsamen Europäischen Asylsystems (GEAS) einzugehen sein, letzteres befindet sich noch im Gesetzgebungsverfahren, wobei das Europäische Parlament seine Position für den Trilog bereits festgelegt hat.

---

8   Beschluss (EU) 2015/1523 zur Einführung von vorläufigen Maßnahmen im Bereich des internationalen Schutzes zugunsten von Italien und Griechenland, Amtsblatt der EU 2015 Nr. L 239, S. 146, und Beschluss (EU) 2015/1601 zur Einführung von vorläufigen Maßnahmen im Bereich des internationalen Schutzes zugunsten von Italien und Griechenland, Amtsblatt der EU 2015 Nr. L 248, S. 80.
9   EuGH: Urteil (große Kammer) vom 6. September 2017, Rs. C-643/15 und C-347/15, Ungarn und Slowakische Republik gegen Rat der EU, EU:C:2017:631, Rn. 78.

Nach dem Kommissionsvorschlag[10] soll der Rat jährlich die maximale Gesamtzahl der neu anzusiedelnden Personen und die geografischen Prioritäten für das Folgejahr festlegen und der aufnehmende Mitgliedstaat soll für die Neuansiedlung einer Person eine Zuwendung in Höhe von 10.000 Euro aus dem Unionshaushalt erhalten. Im Bericht der Berichterstatterin Malin Björk (GUE/NGL)[11] verlangt das Parlament, der Prognose für den weltweiten Neuansiedlungsbedarf der UNHCR besondere Bedeutung für die Bestimmung der Anzahl neu anzusiedelnder Personen und der geografischen Prioritäten beizumessen. Konkret fordert es, dass die anzustrebende Anzahl 20 Prozent des dementsprechend bestimmten weltweiten Neuansiedlungsbedarfs entsprechen soll. Sollten innerhalb der zweijährigen Laufzeit eines Neuansiedlungsprogrammes nicht insgesamt 75 Prozent der neu anzusiedelnden Personen tatsächlich angesiedelt worden sein, sollen konkrete Personenzahlen pro Mitgliedstaat in Anwendung des Referenzschlüssel aus dem Vorschlag für eine neue Dublin III-VO vorgegeben werden. Das Neuansiedlungsprogramm der Union soll nach dem Willen des Parlaments von der Kommission durch einen delegierten Rechtsakt anstelle des Rates selbst, wie es im Ursprungsvorschlag steht, festgelegt werden. Die Mitgliedstaaten sollen für jede neu angesiedelte Person 6.000 Euro erhalten. Handelt es sich um Personen, die im Rahmen des EU-Programmes neu angesiedelt werden, soll sich die Summe auf 10.000 Euro erhöhen. Der Rat verlangt in den Trilog-Verhandlungen insbesondere die Freiwilligkeit der Neuansiedlung.[12] Die Verhandlungen zwischen Rat, Parlament und Kommission laufen und gestalten sich angesichts der sehr weit voneinander entfernt liegenden Positionen schwierig.

Das Gemeinsame Europäische Asylsystem

Unter dem Eindruck der Herausforderungen der deutlich angestiegenen Flüchtlingszahlen an den EU-Außengrenzen brachte die Kommission im Jahr 2016 Verordnungsvorschläge in Form einer Neufassung der Dublin III-VO,[13] einer Neufassung der Verordnung über die Asylagentur der EU[14] und einer Neufassung der Eurodac-VO,[15] einer Neufassung und Ersetzung der Asylverfahrensrichtlinie[16] und einer Neufassung und Ersetzung der Qualifikationsrichtlinie[17] sowie einen Vorschlag für eine Neufassung der Richtlinie über die

---

10 Vorschlag für eine Verordnung zur Schaffung eines Neuansiedlungsrahmens der Union und zur Änderung der Verordnung (EU) Nr. 516/2014, COM(2016) 468 final.
11 Europäisches Parlament: Bericht, Dok. Nr. A8-0316/2017.
12 Rat der EU: Dok Nr. 15057/1/17, S. 7.
13 Vorschlag für eine Verordnung zur Festlegung der Kriterien und Verfahren zur Bestimmung des Mitgliedstaats, der für die Prüfung eines von einem Drittstaatsangehörigen oder Staatenlosen in einem Mitgliedstaat gestellten Antrags auf internationalen Schutz zuständig ist. COM(2016) 270 final.
14 Vorschlag für eine Verordnung über die Asylagentur der Europäischen Union und zur Aufhebung der Verordnung (EU) Nr. 439/2010, COM(2016) 271 final.
15 Vorschlag für eine Verordnung über die Einrichtung von Eurodac für den Abgleich von Fingerabdruckdaten zum Zwecke der effektiven Anwendung der Verordnung (EU) Nr. 604/2013 für die Feststellung der Identität illegal aufhältiger Drittstaatsangehöriger oder Staatenloser und über der Gefahrenabwehr und Strafverfolgung dienende Anträge der Gefahrenabwehr- und Strafverfolgungsbehörden der Mitgliedstaaten und Europols auf den Abgleich mit Eurodac-Daten, COM(2016) 272 final.
16 Vorschlag für eine Verordnung des Europäischen Parlaments und des Rates zur Einführung eines gemeinsamen Verfahrens in der Union und zur Aufhebung der Richtlinie 2013/32/EU, COM(2016) 467 final.
17 Vorschlag für eine Verordnung des Europäischen Parlaments und des Rates über Normen für die Anerkennung des Anspruchs von Drittstaatsangehörigen und Staatenlosen auf internationalen Schutz, für einen einheitlichen Status für Flüchtlinge oder für Personen mit Anrecht auf subsidiären Schutz und für den Inhalt des zu gewährenden Schutzes und zur Änderung der Richtlinie 2003/109/EG betreffend die Rechtsstellung der langfristig aufenthaltsberechtigten Drittstaatsangehörigen, COM(2016) 466 final.

Aufnahmebedingungen[18] ein. Die Gesetzgebungsverfahren zu diesen Vorschlägen befinden sich im Gang.

Die *Neufassung der Dublin-VO* befindet sich inzwischen in den interinstitutionellen Verhandlungen. Das Europäische Parlament hat am 6. November 2017 im Plenum sein Verhandlungsmandat für den Trilog beschlossen.[19] Der Rat diskutierte letztmalig in seiner Sitzung am 30. Mai 2018 den Entwurf. Der Kommissionsvorschlag für die Neufassung der Dublin-VO bringt im Vergleich zur geltenden Dublin III-VO drei Neuerungen: Das neue Zulässigkeitsverfahren, die Einführung von Konsequenzen im Fall einer mangelnden Kooperationsbereitschaft der Antragsteller und der automatische Korrekturmechanismus zur Umverteilung von Flüchtlingen im Fall einer Überlastung eines Mitgliedstaates.[20] Das Europäische Parlament lehnt das neue Zulässigkeitsverfahren ab, unterstützt die Kooperationspflicht des Antragstellers und fordert ein modifiziertes Zuteilungsverfahren für irregulär in die EU eingereiste Antragsteller. Dieser Korrekturmechanismus soll grundsätzlich immer und nicht nur in Krisenzeiten und bei Überlastung des Mitgliedstaats der ersten Einreise greifen. Ein Flüchtling, der nicht aus familiären oder Härtefallgründen einem bestimmten Mitgliedstaat zugewiesen ist, soll die Möglichkeit erhalten, zwischen vier Mitgliedstaaten wählen zu können, die auf der Grundlage der von der Kommission vorgeschlagenen Referenzzahl die geringste Anzahl an Antragstellern aufweisen. Trifft der Flüchtling keine Wahl, wird er dem Staat mit der geringsten Anzahl zugewiesen. Dies soll entsprechend für Gruppen von bis zu 30 Personen gelten, die sich als „gemeinsame reisend" erfasst haben lassen. Ausgenommen hiervon sind Personen, bei denen „offensichtlich unwahrscheinlich ist, dass der Antragsteller als Person mit Anspruch auf internationalen Schutz anzuerkennen ist."[21] In diesen Fällen verbleibt es bei der Zuständigkeit des Staates der ersten Einreise, dessen Kosten der Aufnahme des Flüchtlings vom Unionshaushalt getragen werden sollen. Nach Willen des Parlaments soll sich ein Mitgliedstaat nicht durch Zahlung einer Summe von 250.000 Euro je nicht angenommenen Antragsteller aus dem Korrekturmechanismus zurückziehen können. Stattdessen sollen Zahlungen aus den Kohäsionsfonds im Falle der Aufnahmeverweigerung an die entsprechenden Mitgliedstaaten eingestellt werden. Mitgliedstaaten der ersten Einreise, die sich weigern, Flüchtlinge zu registrieren, sollen von der Anwendung des Korrekturmechanismus ausgeschlossen werden können.

Der Rat hat seine Beratungen zu dem Verordnungsvorschlag noch nicht abgeschlossen und noch kein Verhandlungsmandat für den Trilog mit dem Parlament und der Kommission angenommen.[22] Der automatische Korrekturmechanismus ist ein zentrales Hindernis für die Positionsfindung des Rates. Die bulgarische Ratspräsidentschaft stellte in diesem Zusammenhang einen Kompromissvorschlag vor,[23] der drei Phasen unterscheidet, bei deren Vorliegen ein Korrekturmechanismus greift: In der ersten Phase, in der die Zuwanderungszahlen in einem Mitgliedstaat 100 bis 160 Prozent des zugewiesenen Kontingents entsprechen, erhält der betroffene Mitgliedstaat automatisch Finanztransfers und die Kommission schlägt binnen zwei Wochen konkrete Maßnahmen für eine Umsiedlung vor. Die Teilnahme der Mitgliedstaaten an einem Umsiedlungsprogramm ist freiwillig und soll durch Anreize unterstützt werden. In der

---

18 Vorschlag für eine Richtlinie zur Festlegung von Normen für die Aufnahme von Personen, die internationalen Schutz beantragen, COM(2016) 465 final.
19 Europäisches Parlament: Bericht, Dok.-Nr. A8-0345/2017.
20 Peter-Christian Müller-Graff/René Repasi: Asyl-, Einwanderungs- und Visapolitik, in: Jahrbuch der Europäischen Integration 2016, S. 204 f.
21 Europäisches Parlament: Bericht, Dok-Nr. A8-0345/2017, Änderungsantrag 107, S. 66 f.
22 Rat der EU: Dok. Nr. 9520/18 Nr. 14.
23 Rat der EU: Dok. Nr. 7674/18.

zweiten Phase, in der die Zuwanderungszahlen das Kontingent um über 160 Prozent übersteigen, übernimmt der Rat die Verantwortung für die Krisenreaktion. In der dritten Phase, in der die Überschreitung von 160 Prozent des zugewiesenen Kontingents länger als zwei Jahre anhält, kommt der Europäische Rat ins Spiel. In keiner Phase gibt es einen verpflichtenden Umverteilungsmechanismus. Während dieser Vorschlag positiv bei den sogenannten Visegrád-Staaten ankam, fühlten sich die Außengrenzstaaten aufgerufen, in einem gemeinsamen Papier den bulgarischen Vorschlag mangels Entlastung im Krisenfall abzulehnen.[24] Schließlich einigte sich der Rat auf ein „ausgewogenes Verhältnis von Solidarität und Verantwortlichkeit" als Grundlage der Dublin-Reform.[25] Konkret verlangt der Rat eine dauerhafte Zuständigkeit von acht Jahren und den Beginn des Dublin-Verfahrens unmittelbar nach der Registrierung. Es soll zudem automatische finanzielle Unterstützung der Mitgliedstaaten (pro Kopf Antragsteller, Begünstigte und Rückkehrer) geben. Im Hinblick auf den Korrekturmechanismus spricht der Rat von einer „gezielte[n] Zuweisung, in erster Linie auf freiwilliger Basis, gekoppelt mit starken Anreizen und als letztes Mittel auf der Grundlage eines Durchführungsbeschlusses des Rates als wirksame Garantie für die Auslösung der Zuweisung."[26] Eine zeitnahe Einigung der Ko-Gesetzgeber ist nicht zu erwarten.

Zur Verwaltung des Korrekturmechanismus und zur Stärkung der Kohärenz des GEAS in den Mitgliedstaaten möchte die Kommission das Europäische Unterstützungsbüro für Asylfragen (EASO) in eine *Asylagentur der EU (EUAA)* umwandeln und mit weitreichenden Mandaten und Befugnissen ausstatten.[27] Am 28. Juni 2017 verkündete die maltesische Ratspräsidentschaft einen Kompromiss mit dem Europäischen Parlament.[28] Laut dem Rat ist die endgültige Beschlussfassung aufgeschoben, „bis die Verhandlungen über die anderen Vorschläge des GEAS-Pakets weiter vorangeschritten sind."[29]

Die Vorgaben für die mitgliedstaatlichen Asylverfahren sollen durch eine neue *Asylverfahrensverordnung*[30] stärker vereinheitlicht werden und per Verordnung unmittelbar anwendbar sein. Zentral für diesen Vorschlag ist die Einführung einer EU-weit einheitlichen Bestimmung des sicheren Dritt- und Herkunftsstaates. Das Gesetzgebungsverfahren hierzu ist noch nicht abgeschlossen. Das Europäische Parlament hat am 22. Mai 2018 den Bericht der zuständigen Berichterstatterin Laura Ferrara (EFDD) angenommen und damit das Verhandlungsmandat für den Trilog mit der Kommission und dem Rat beschlossen.[31] Das Parlament schlägt vor, dass die VO lediglich einen Mindeststandard festlegt und die Mitgliedstaaten weiterhin vorteilhaftere Regelungen für den Antragsteller in ihrem Asylverfahrensrecht festlegen dürfen. Das Parlament lehnt eine unionsweit einheitliche Festlegung „sicherer Drittstaaten" (so Art. 46 des Entwurfs der Kommission) ab. Bei den „sicheren Herkunftsstaaten" unterstützt es die von der Kommission als Anhang vorgeschlagene gemeinsame Liste, streicht aber die Türkei.

Der Rat hat seine Position zu dem Vorschlag noch nicht gefunden. Insbesondere die unionsweite Festlegung von sicheren Dritt- und Herkunftsstaaten sowie die Kriterien hierfür sind

---

24 Position paper of Cyprus, Greece, Italy, Malta and Spain on the Proposal recasting the Dublin Regulation, abrufbar: www.statewatch.org/news/2018/apr/eu-council-dublin-state-of-play-7674-18.pdf (letzter Zugriff: 9.11.2018).
25 Rat der EU: Dok. Nr. 9520/18 Nr. 23.
26 Rat der EU: Dok. Nr. 9520/18 Nr. 24.
27 COM(2016) 271 final, vgl. Müller-Graff/Repasi: Asyl-, Einwanderungs- und Visapolitik, 2016, S. 205; zu den Verhandlungen vgl. Müller-Graff/Repasi: Asyl-, Einwanderungs- und Visapolitik, 2017, S. 226 f.
28 Rat der EU: Pressemitteilung vom 29.6.2017, Dok.-Nr. 431/17.
29 Rat der EU: Dok. Nr. 9520/18, Nr. 9.
30 COM(2016) 467 final. Vgl. Müller-Graff/Repasi: Asyl-, Einwanderungs- und Visapolitik, 2016, S. 205 f.
31 Europäisches Parlament: Bericht, Dok. Nr. A8-0171/2018.

umstritten. Im Gegensatz zum Parlament spricht sich der Rat jedoch für eine unionsweite Liste von „sicheren Drittstaaten" aus und beabsichtigt, vor Abschluss des Gesetzgebungsverfahrens eine entsprechende Liste anzunehmen, die der Verordnung als Anhang beigefügt werden soll. Neben den EU-Listen will der Rat jedoch zeitlich unbegrenzt nationale Listen sicherer Dritt- und Herkunftsstaaten zulassen.[32]

Die *Voraussetzungen für die Zuerkennung von internationalem Schutz* sollen durch die Ersetzung der Qualifikationsrichtlinie durch eine Verordnung vereinheitlicht werden.[33] Zentrale Neuerung sind die verpflichtende Überprüfung des Schutzstatus des Betroffenen bei dessen Verlängerung und bei wesentlichen Änderungen der Lage im Herkunftsland sowie die Festlegung der Dauer des Aufenthaltstitels für Flüchtlinge auf drei Jahre, bei subsidiärem Schutz auf ein Jahr. Der Gesetzgebungsprozess ist noch nicht abgeschlossen, die Triloge laufen noch.

Eine Neufassung der *Richtlinie über die Aufnahmebedingungen*[34] soll zu einer stärkeren Harmonisierung der Aufnahmebedingungen in den Mitgliedstaaten und zu einer Verringerung der Anreize für Sekundärmigration führen. Die relevanten Neuregelungen sind Sanktionen im Fall eines unerlaubten Weiterzugs in andere Mitgliedstaaten, beispielsweise in Form von wegfallenden oder gekürzten materiellen Leistungen, einer Inhaftnahme sowie Verkürzung der Höchstfrist für die Zugangsverweigerung zum nationalen Arbeitsmarkt auf sechs Monate. Das Gesetzgebungsverfahren ist noch am Laufen. Die Triloge sind noch nicht abgeschlossen.

Der seit zwei Jahren währende Gesetzgebungsprozess zur dritten Stufe des GEAS ist komplex. Die Ko-Gesetzgeber personifizieren die jeweiligen Antipoden der politischen Diskussion. Das Europäische Parlament versucht die Europäisierung des GEAS voranzutreiben, die Rechtsverbindlichkeit von solidarischen Aufnahmequoten festzuschreiben und Verkürzungen von Rechten von Flüchtlingen zu verhindern. Der Rat strebt ein Höchstmaß an Freiwilligkeit an, wobei er die Forderungen nach Solidarität und Unterstützung der Außengrenzstaaten bedienen muss. Sein Fokus liegt auf der Verhinderung von Sekundärmigration durch Verkürzung von unionsweit geltenden Rechten von Flüchtlingen. Angesichts der Erfahrungen auf dem Höhepunkt der Migrationskrise wird entscheidend sein, ob Verbesserungen wie ein automatischer Umverteilungsmechanismus im Dublin-System und eine handlungsfähige Unionsagentur, die den notwendigen Gleichlauf in der späteren Anwendung des GEAS in den Mitgliedstaaten sicherstellen kann, am Ende des Gesetzgebungsverfahrens noch vorhanden sind.

Außengrenzen und irreguläre Einwanderung

Das Gesetzgebungsverfahren zum „Einreise-/Ausreisesystem" der EU (EES)[35] wurde zu einem Abschluss gebracht.[36] Das EES dient der elektronischen Erfassung von Zeitpunkt und Ort der Ein- und Ausreise von Drittstaatsangehörigen. Zur Identifikation des Einreisenden sollen beim Grenzübertritt vier Fingerabdrücke und das Gesichtsbild abgenommen und für drei Jahre nach Ausreise gespeichert werden. Diese Frist verlängert sich auf fünf Jahre im Falle einer unzulässigerweise nicht erfolgten Nichtausreise (Art. 34). Grundsätzlich haben nur die Grenz-, Visumbeziehungsweise Einwanderungsbehörden Zugang zu den Daten (Art. 9). Zum Zwecke der

---

32 Rat der EU: Dok. Nr. 9520/18, Nr. 17 f.
33 COM(2016) 466 final. Vgl. Müller-Graff/Repasi: Asyl-, Einwanderungs- und Visapolitik, 2016, S. 206 f.
34 COM(2016) 465 final. Vgl. Müller-Graff/Repasi: Asyl-, Einwanderungs- und Visapolitik, 2016, S. 207.
35 Siehe zum ursprünglichen Kommissionsvorschlag, COM(2016) 194 final: Müller-Graff/Repasi: Asyl-, Einwanderungs- und Visapolitik, 2016, S. 210; zum Gesetzgebungsverfahren: Müller-Graff/Repasi: Asyl-, Einwanderungs- und Visapolitik, 2017, S. 231.
36 Verordnung (EU) 2017/2226 über ein Einreise-/Ausreisesystem (EES), Amtsblatt der EU 2017, Nr. L 327, S. 20.

Verhütung, Aufdeckung und Untersuchung terroristischer oder sonstiger schwerer Straftaten erhalten auch die Gefahrenabwehr- und Strafverfolgungsbehörden der Mitgliedstaaten über eine zu benennende zentrale Zugangsstelle (Art. 29) und Europol (Art. 30) Zugang zu den Daten. Neben der praktischen Umsetzbarkeit des EES angesichts zahlreicher Land- und Seegrenzen[37] stellen sich bei dieser Verordnung grundrechtliche Fragen im Hinblick auf die anlasslose Datensammlung und -speicherung, wie sie das BVerfG[38] und der EuGH bezüglich der Vorratsdatenspeicherung[39] und des geplanten Abkommens zwischen Kanada und der EU über die Übermittlung und Verarbeitung von Fluggastdatensätzen[40] aufgeworfen haben.

Neben dem EES hat der Unionsgesetzgeber die Einrichtung eines Europäischen Reiseinformations- und -genehmigungssystems (ETIAS) beschlossen.[41] Dieses System erfasst Drittstaatsangehörige, die von der Visumspflicht befreit sind, nach dem Vorbild des US-amerikanischen Systems ESTA. Betroffene sollen künftig vor der Einreise online persönliche Informationen wie Angaben zu Identität, Reisedokument, Aufenthaltsort, Kontaktmöglichkeiten, Vorstrafen oder zur Ausbildung übermitteln (Art. 17). Die Daten sollen für fünf Jahre gespeichert werden (Art. 54). Die Reisegenehmigung selbst soll drei Jahre und für mehrmalige Einreisen gültig sein, sofern nicht das registrierte Reisedokument zuvor seine Gültigkeit verliert (Art. 36 Abs. 5). Jede Genehmigung soll sieben Euro kosten (Art. 18). Verwaltet wird das System durch die ETIAS-Zentralstelle, die von der Europäischen Agentur für die Grenz- und Küstenwache (Frontex) errichtet wird (Art. 75). Grenz- und Einwanderungsbehörden dürfen den Status einer Reisegenehmigung, Beförderungsunternehmen das Vorhandensein einer Reisegenehmigung und Europol sowie die nationalen Gefahrenabwehr- und Strafverfolgungsbehörden dürfen die Daten zum Zwecke der Verhütung, Aufdeckung und Untersuchung terroristischer oder sonstiger schwerer Straftaten abrufen. Zur Kontrolle der Wahrung der Grundrechte wird ein unabhängiges ETIAS-Beratungsgremium für Grundrechte (Art. 10) eingerichtet.

Sowohl mit dem EES als auch ETIAS folgt die EU dem Trend in der Innenpolitik, die innere Sicherheit durch erhöhte Datensammlung gewährleisten zu wollen. Beide Systeme erhöhen deutlich die Masse der von den Sicherheitsbehörden zu bearbeitenden und mit den anderen Datenbanken abzugleichenden Daten. Die langen Datenspeicherungsfristen werfen grundrechtliche Fragen auf, die vom EuGH zu klären sein werden.

Der Außengrenzschutz im Mittelmeer besteht aus drei Operationen: der seit 2013 durchgeführten zivilen „European Union Border Assistance Mission" (EUBAM) zur Unterstützung des libyschen Grenzschutzes, der von Frontex durchgeführten Operationen „Poseidon" (Ägäis), „Minerva" und „Indalo" (Spanien), sowie „Triton" (Italien) zum Schutz der europäischen Seegrenze und der seit 2015 eingesetzten Militäroperation „Sophia", mit der die „European Union Naval Force – Mediterranean" (EUNAVFOR MED) Schleuserkriminalität im Mittel-

---

37 Müller-Graff/Repasi: Asyl-, Einwanderungs- und Visapolitik, 2013, S. 144.
38 Bundesverfassungsgericht: Urteil des ersten Senats vom 2. März 2010, 1 BvR 256/08.
39 EuGH: Urteil (große Kammer) vom 8. April 2014, verbundene Rechtssachen C-293/12 und C-594/12, Digital Rights Ireland, EU:C:2014:238.
40 EuGH: Gutachten (große Kammer) vom 26. Juli 2017, Gutachten 1/15, PNR-Abkommen, EU, EU:C:2017:592.
41 Verordnung (EU) 2018/1240 über die Einrichtung eines Europäischen Reiseinformations- und -genehmigungssystems (ETIAS), Amtsblatt der EU 2018, Nr. L 236, S. 1; Verordnung (EU) 2018/1241 zur Änderung der Verordnung (EU) 2016/794 für die Zwecke der Einrichtung eines Europäischen Reiseinformations- und -genehmigungssystems (ETIAS), Amtsblatt der EU 2018, Nr. L 236, S. 2; Siehe zum ursprünglichen Kommissionsvorschlag, COM(2016) 731 final: Müller-Graff/Repasi: Asyl-, Einwanderungs- und Visapolitik, 2016, S. 210; zum Gesetzgebungsverfahren: Müller-Graff/Repasi: Asyl-, Einwanderungs- und Visapolitik, 2017, S. 231 f.

meer bekämpft. EUBAM in Libyen und „Sophia" wurden bis zum 31. Dezember 2018 verlängert, „Triton" am 1. Februar 2018 durch die Operation „Themis" abgelöst.[42] Diese erweitert das Einsatzgebiet um die adriatische See, die Gewässer vor Algerien und Tunesien sowie das östliche Mittelmeer (Türkei und Ägypten). Das Mandat der Operation beinhaltet weiterhin Such- und Rettungsaufgaben und wurde um Kriminalitätsbekämpfung und geheimdienstliche Aufgabe erweitert. Gerettete Flüchtlinge müssen fortan zum nächstgelegenen EU-Hafen gebracht werden. Damit reagierte Frontex auf die Kritik der italienischen Regierung, wonach Italien die Hauptlast für aus Seenot gerettete Flüchtlinge trägt.

Dem Außengrenzschutz nachgelagert ist die Frage der Rückführung nicht schutzbedürftiger Personen, die dennoch das Hoheitsgebiet der EU-Mitgliedstaaten erreicht haben. Hierfür verhandelt die Europäische Kommission derzeit Rückübernahmeabkommen[43] mit Belarus, Jordanien, Marokko, Nigeria und Tunesien. Für Algerien liegt der Kommission ein Verhandlungsmandat vor, ohne dass Verhandlungen bereits aufgenommen wurden.[44]

Visapolitik

Im März 2018 legte die Kommission eine Mitteilung für eine neue gemeinsame Visumpolitik vor, die sich mit dem Ziel zusammenfassen lässt, „das legale Reisen zu vereinfachen und gegen irreguläre Migration und Gefahren für die Sicherheit anzugehen."[45] Die neue Visumpolitik soll durch eine Änderung des Visakodex und eine Überarbeitung des Visa-Informationssystem (VIS) umgesetzt werden. Ferner regt die Kommission eine Debatte über digitale Visa an und kündigt an, bis Ende 2018 Machbarkeitsstudien zu starten.

Als Folge der Mitteilung brachte die Kommission am 14. März 2018 einen Änderungsvorschlag zum bestehenden Visakodex ein,[46] der schnellere und flexiblere Verfahren, längere Gültigkeitsdauern für Mehrfacheinreisende von bis zu fünf Jahren, Kurzzeitvisa an den Außengrenzen mit einer Gültigkeit von bis zu sieben Kalendertagen beschränkt auf das Hoheitsgebiet des erteilenden Mitgliedstaates und eine Verknüpfung der Bearbeitungsverfahren für Visa mit der Bereitschaft von Drittstaaten bei der Rückübernahme eigener Staatsangehöriger, die sich irregulär in der EU aufhalten, vorsieht. So sollen die Frist für die Einreichung eines Visumantrags von drei auf sechs Monate erhöht und die Möglichkeit der elektronischen Antragstellung geschaffen werden. Antragsteller sollen nur noch zur Abnahme von Fingerabdrücken im Konsulat oder bei einem externen Dienstleister erscheinen. Erkennt die Kommission auf der Grundlage konkreter Indikatoren wie der Zahl der Rückkehrentscheidungen gegen irregulär in der EU aufhältige Angehörige eines Drittstaats, der relativen Anzahl an tatsächlich zurückgeführten Personen und der relativen Anzahl von Rückübernahmeersuchen, die ein Drittstaat akzeptiert hat, dass ein Drittstaat nicht ausreichend mit der EU in Sachen Rückübernahme kooperiert, können bestimmte Verfahrensschritte für die Visumserteilung für Bürger dieses Staates mit Auflagen versehen werden (Art. 25a des Entwurfs). So können die Visumsgebühr

---

42 Frontex: News Release, Frontex launching new operation in Central Med, 1.2.2018.
43 Bis jetzt hat die EU mit Hongkong, Macao (2004), Sri Lanka (2005), Albanien (2006), Russland (2007), Bosnien-Herzegowina, Mazedonien, Montenegro, Moldau, Serbien, Ukraine (2008), Pakistan (2010), Georgien (2011), Armenien, Aserbaidschan, Kap Verde, Türkei (2014) 17 Rückübernahmeabkommen abgeschlossen.
44 Europäische Kommission: Fünfter Fortschrittsbericht über den Partnerschaftsrahmen für die Zusammenarbeit mit Drittländern im Kontext der Europäischen Migrationsagenda, COM(2017) 471 final.
45 Europäische Kommission: Anpassung der gemeinsamen Visumpolitik an neue Herausforderungen, COM(2018) 251 final, hier S. 1.
46 Europäische Kommission: Vorschlag für eine Verordnung zur Änderung der Verordnung (EG) Nr. 810/2009 über einen Visakodex der Gemeinschaft, COM(2018) 252 final.

auf 160 Euro erhöht, die Bearbeitungsfrist auf bis zu 45 Kalendertage verlängert oder die Möglichkeit der Erteilung von Mehrfachvisa gestrichen werden.

Neben dem Änderungsvorschlag zum Visakodex legte die Kommission einen Verordnungsvorschlag zum Visa-Informationssystem (VIS) vor,[47] mit dem sie Langzeitvisa und langfristige Aufenthaltsdokumente von Drittstaatsangehörigen in die Datenbanken einfügen möchte. Konsulate sollen bei der Visaerteilung die Möglichkeit erhalten, nicht nur wie bisher auf Daten aus dem Schengener Informationssystem (SIS) zurückzugreifen, sondern auch die Daten des Antragstellers mit anderen Datenbanken wie der Eurodac oder den Interpol-Datenbanken zu Reisedokumenten abzugleichen. Schließlich will die Kommission das Alter für die verpflichtende Abnahme von Fingerabdrücken von 12 auf sechs Jahre senken und eine Kopie der Personaldatenseite des Reisedokuments eines Antragstellers in die VIS-Datenbank aufnehmen lassen.

Mit diesen Vorschlägen kommt eine neue Bewegung in die gemeinsame Visumpolitik, deren Fortentwicklung aufgrund unüberbrückbarer Gegensätze zwischen dem Europäischen Parlament und dem Rat im Gesetzgebungsverfahren zu den Vorschlägen der Kommission von 2014 zum Stillstand gekommen ist. Zu erwarten sind Debatten um humanitäre Visa und zur „Konditionalität", mit der die Kommission die legale Einreise mit der Rücknahme irregulär aufhältiger Drittstaatsangehöriger verknüpft.

Fazit

Die legislative Tätigkeit der Union in der Asyl- und Einwanderungspolitik stockte auch im vergangenen Jahr. Die Gesetzgebungsentwürfe stecken in den Trilogen fest. Die Unterschiede zwischen dem Parlament und dem Rat scheinen unüberbrückbar. Die politische Kraft der EU scheint in der Asyl- und Einwanderungspolitik erschöpft. Maßnahmen des Außengrenzschutzes und Datensammlungen sind noch beschlussfähig, weitere Maßnahmen können nur noch vorbehaltlich freiwilliger Umsetzung beschlossen werden. Es deutet sich ein Paradigmenwechsel an, wonach in heiklen Politikfeldern die Suche nach einem rechtsverbindlichen Kompromiss durch unverbindliche Abmachungen ersetzt wird, wobei die „Unionsmethode" mit ihrer Akzentverschiebung auf die klassische Zwischenstaatlichkeit immer mehr zum Standard wird. Dies hat zur fatalen Konsequenz, dass „Integration durch Recht" als Grundlage der europäischen Zusammenarbeit immer schwächer wird. In der Asyl- und Einwanderungspolitik wenden sich die Außengrenzstaaten bereits von der EU als Ort der Krisenlösung ab. Diese Entwicklung muss umgekehrt werden, wenn die EU ihre politische Handlungsfähigkeit nicht verlieren möchte.

Weiterführende Literatur

Stephan Breitenmoser: Migrationssteuerung im Mehrebensystem, Veröffentlichungen der Vereinigung der Deutschen Staatsrechtslehrer 76, Berlin 2017, 9–48.

Markus Krajewski: Status als Instrument des Migrationsrecht, Veröffentlichungen der Vereinigung der Deutschen Staatsrechtslehrer 76, Berlin 2017, 123–162.

Kerstin Odendahl: Migrationssteuerung im Mehrebensystem, Veröffentlichungen der Vereinigung der Deutschen Staatsrechtslehrer 76, Berlin 2017, 49–97.

Jorrit Rijpma: Brave New Borders: The EU's Use of New Technologies for the Management of Migration and Asylum, in: Marise Cremona (Hrsg.), New Technologies and EU Law. Oxford 2017, S. 197–241.

Daniel Thym: Migrationsfolgenrecht, Veröffentlichungen der Vereinigung der Deutschen Staatsrechtslehrer 76, Berlin 2017, S.169–216.

---

47 Europäische Kommission: Vorschlag für Verordnung des Europäischen Parlaments und des Rates COM(2018) 302 final.

Beschäftigungs- und Sozialpolitik

Björn Hacker

Trotz wirtschaftlicher Erholung sind die Nachwirkungen der Krisendekade in den sozialen Indikatoren weiter präsent. Die verfestigte Spaltungstendenz zwischen den Mitgliedstaaten auf dem Arbeitsmarkt und in der sozialen Lage soll mit der nun proklamierten Europäischen Säule sozialer Rechte (ESSR) geheilt werden. Ob dieses Prestigeprojekt der Europäischen Kommission und begleitende Initiativen ausreichen werden, um die Europäische Union sozialer zu machen, ist noch ungewiss. Für den nächsten Budgetrahmen und den Umbau der Wirtschafts- und Währungsunion (WWU) werden weitere Reformideen für das soziale Europa diskutiert.

Soziale und arbeitsmarktbezogene Entwicklung
Äquivalent zur langsam, aber stetig anziehenden Konjunktur hat sich auch die Arbeitsmarktlage in der Europäischen Union der 28 Mitgliedstaaten (EU-28) weiter verbessert. Im April 2018 lag die Arbeitslosenquote der EU-28 bei 7,1 Prozent der Erwerbspersonen und erreichte damit die niedrigste Quote seit 2008. In der Eurozone lag die Zahl der Erwerbslosen bei 8,5 Prozent und damit ebenfalls auf der niedrigsten Quote seit 2008.[1] Äquivalent stieg die Beschäftigungsquote der 20- bis 64-Jährigen im Vergleich zur Gesamtbevölkerung weiter an; 2017 lag sie in der Eurozone mit 71 Prozent mehr als drei Prozentpunkte über ihrem krisenbedingten Tiefstand im Jahr 2013. Für die EU-28 betrug die Erwerbsquote 2017 72,3 Prozent, was die Kommission dazu veranlasst, doch noch auf die Erfüllung des lange unerreichbar scheinenden, in der Europa 2020-Strategie vorgesehenen Ziels der 75-Prozent-Quote zu hoffen.[2]

Mitnichten kann aber davon gesprochen werden, dass damit die Probleme der globalen Finanz- und Wirtschaftskrise sowie der Krise der WWU endgültig überwunden sind. Ihr langer Schatten ist sichtbar in einer sehr unterschiedlichen Entwicklung der Arbeitsmärkte in den Mitgliedstaaten. So deutet die Arbeitslosenquote im April 2018 in der Tschechischen Republik (2,2 Prozent), auf Malta (3,0 Prozent) und in Deutschland (3,4 Prozent) zwar das baldige Erreichen der Vollbeschäftigung an. Doch in den von der Krise besonders betroffenen Ländern Griechenland (20,8 Prozent), Spanien (15,9 Prozent) und Italien (11,2 Prozent) ist Arbeitslosigkeit trotz zuletzt rückläufiger Werte nach wie vor ein großes Problem.

Die Nachwirkungen der Krise gelten in besonderem Maße für Jugendliche unter 25 Jahren, deren Arbeitslosenquote mit 15,3 Prozent in der EU-28 trotz sinkender Tendenz weiter hoch ist. Auch hier ist der Kontinent gespalten zwischen Niedrigwerten in Deutschland (6,0 Prozent) sowie Höchstwerten in Griechenland (45,1 Prozent) und Spanien (34,4 Prozent). Neben der Jugendarbeitslosigkeit stellt auch die Rückführung der Langzeitarbeitslosigkeit immer noch eine zentrale Herausforderung dar. Im Durchschnitt der EU-28

---

1 Eurostat: Arbeitslosenquote im Euroraum bei 8,5%. Pressemitteilung, 31.5.2018, 89/2018.
2 European Commission: Employment and Social Developments in Europe 2017, Luxemburg 2017.

lag 2017 die Anzahl der länger als zwölf Monate arbeitslosen Personen mit 3,4 Prozent der aktiven Bevölkerung zwar deutlich unter ihrem Höchststand von 5 Prozent im Jahr 2013, doch auch hier bestehen große Differenzen insbesondere zwischen den Krisenstaaten und ihren Nachbarländern.

Die Positivmeldung zum nach langen Krisenjahren wieder deutlich anziehenden Beschäftigungswachstum in Eurozone und EU-28 von 0,4 Prozent im ersten Quartal 2018 – einem Plus von 1,4 Prozent gegenüber dem Vorjahresquartal[3] – wird getrübt von einem weiterhin nur geringen Produktivitätswachstum von unter ein Prozent in der EU-28.[4] Auch die Entwicklung der Reallöhne hat sich im Jahr 2017 verändert: Nur in Irland und einigen mittel- und osteuropäischen Staaten liegt sie noch über ein Prozent und bleibt damit in der Mehrheit der Mitgliedstaaten hinter der Arbeitsproduktivität zurück. Das Europäische Gewerkschaftsinstitut äußert darüber hinaus Kritik an den Arbeitsbedingungen: So erklärt sich das Beschäftigungswachstum auch aus einer Zunahme von befristeter und Teilzeitbeschäftigung, wovon häufig Frauen betroffen sind. Hierdurch und aus dem krisenbedingten Jobverlust vieler Männer resultiert der sich schließende Unterschied in den Beschäftigungsquoten zwischen Frauen und Männern.[5] Geschlechtergleichheit auf dem Arbeitsmarkt bleibt daher eine zentrale Herausforderung für viele Länder, zumal die Beschäftigungslücke für die EU-28 2017 noch bei 11,5 Prozentpunkten lag, während das Verdienstgefälle zwischen Frauen und Männern 2016 16 Prozent betrug.[6]

Die Nachwehen der Eurokrise und die Zunahme prekärer Arbeitsbedingungen sind auch ablesbar an den weiterhin hohen Armutsgefährdungsquoten. Die letzten verfügbaren Daten für 2016 zeigen für die EU-28, dass 17,3 Prozent der Bevölkerung (Eurozone: 17,4 Prozent) über weniger als 60 Prozent des mittleren Äquivalenzeinkommens verfügen. Dieser Wert ist zuletzt immer weiter gestiegen, wohingegen andere Indikatoren der sozialen Exklusion – der Anteil von Personen in Haushalten mit niedriger Erwerbsintensität und materieller Deprivation – seit 2014 leicht rückläufig sind. In der Gesamtheit liegt die Gefährdungsrate für Armut und soziale Exklusion mit 118 Mio. Menschen in der EU-28 zwar um knapp 6 Millionen Menschen niedriger als zur Hochzeit der Krise 2012, doch ist man damit noch meilenweit entfernt vom Ziel der Europa 2020-Strategie, mit Vergleich zum Jahr 2008 (damals 116 Mio.) 20 Mio. Menschen von diesem Risiko zu befreien. Ähnlich wie bei den Arbeitsmarktdaten sind die Unterschiede innerhalb der Union sehr hoch. Während die Gefährdungsraten für Armut und soziale Exklusion in westlichen und nördlichen Mitgliedstaaten relativ gering sind, leiden die südlichen und mittelosteuropäischen Mitgliedstaaten unter einem hohen Gefährdungspotenzial. Bulgarien, Griechenland, Italien, Litauen und Rumänien lagen mit Quoten über 30 Prozent weit über dem europäischen Durchschnitt von 23,5 Prozent der Bevölkerung.[7]

---

3   Eurostat: Erwerbstätigkeit sowohl im Euroraum als auch in der EU28 um 0,4 % gestiegen, Pressemitteilung, 13.6.2018, 95/2018.
4   European Commission: Employment and Social Developments in Europe. Quarterly Review, February 2018.
5   European Trade Union Institute (ETUC): Benchmarking Working Europe 2018, Brüssel 2018.
6   Eurostat: Frauen verdienten 2016 in der EU im Schnitt 16 % weniger als Männer, Pressemitteilung, 7.3.2018, 38/2018.
7   European Commission: Social Scoreboard. Supporting the European Pillar of Social Rights, abrufbar unter: https://composite-indicators.jrc.ec.europa.eu/social-scoreboard/ (letzter Zugriff: 26.6.2018).

Betrachtet man die Entwicklung der Einkommensverhältnisse, zeigt sich in der EU-28 insgesamt wenig Veränderung über die letzten Jahre, jedoch herrscht in einigen Ländern Süd- und Südosteuropas sowie des Baltikums eine stark überdurchschnittliche Ungleichverteilung zwischen ärmstem und reichstem Quintil. Seit 2014 nimmt zwar das verfügbare Haushaltseinkommen im Durchschnitt aller 28 Staaten wieder zu, doch parallel dazu steigt seit 2011 für die EU-28 wie für die Eurozone die Quote der Erwerbsarmut kontinuierlich an. Die Wirksamkeit der Bekämpfung von Armut durch soziale Transferleistungen ist im Zeitraum von 2011 bis 2016 immer weiter gesunken.[8]

Implementierung der Europäischen Säule sozialer Rechte

Das zentrale Ereignis im Feld der europäischen Sozialpolitik war in jüngster Vergangenheit die interinstitutionelle Proklamation der ESSR durch Europäische Kommission, Rat und Europäisches Parlament auf einem Sozialgipfel im schwedischen Göteborg am 17. November 2017.[9] Sie folgt auf eine bereits im März 2017 durch die Kommission nach Art. 292 AEUV verabschiedete Empfehlung. In der Präambel der ESSR, die zwanzig Absätze umfasst, wird Bezug genommen auf die vertraglichen Zielstellungen zum sozialen Europa (Abs. 1-5). Referiert werden eine Reihe aktueller Herausforderungen, denen man mithilfe der ESSR begegnen möchte. Dazu werden die Globalisierung, die Digitalisierung, sich wandelnde Arbeitsmodelle und die demografische Entwicklung gezählt. Dass die Säule „in besonderem Maße für das Euro-Währungsgebiet konzipiert" wurde (Abs. 13), zeigt sich an der besonderen Betonung von kriseninduzierten Problemen – wie Jugend- und Langzeitarbeitslosigkeit, dem Armutsrisiko, dem zurückhaltenden Wachstum, dem ungenutzten Beschäftigungs- und Produktivitätspotenzial. Gerade im Zuge der Vertiefung der WWU soll ein „stärkerer Schwerpunkt auf Beschäftigungs- und Sozialfragen" gesetzt werden (Abs. 13). Denn trotz Überwindung der Wirtschafts- und Finanzkrise bestehe zu deren sozialen Folgen „nach wie vor dringender Handlungsbedarf" (Abs. 10). Auch wenn ein Schwerpunkt auf der WWU liegt, richtet sich die ESSR doch an alle Mitgliedstaaten.

In drei Kapiteln der ESSR folgen dann insgesamt 20 Grundsätze bzw. Rechte zu den Themenkomplexen „Chancengleichheit und Arbeitsmarktzugang" (1), „Faire Arbeitsbedingungen" (2) und „Sozialschutz und soziale Inklusion" (3). Die Kommission möchte mit der ESSR das von ihrem Präsidenten Jean-Claude Juncker zu Beginn seiner Amtszeit gegebene Versprechen eines „sozialen Triple-A" für die EU einlösen. Die in der Säule aufgeführten Grundsätze entstammen zum Teil dem Besitzstand der Union, zum Teil müssten „zuerst auf der geeigneten Ebene entsprechende Maßnahmen oder Rechtsvorschriften angenommen werden" (Abs. 14). Die Frage nach der geeigneten Ebene kann in der Präambel nicht vollends aufgelöst werden: Der Europäischen Union sollen aus der ESSR heraus keine neuen Kompetenzen erwachsen und für die Mitgliedstaaten wird betont, dass diese die Grundsätze ihrer Systeme sozialer Sicherheit selbständig gestalten (Abs. 16-19). Ohne primärrechtliche Verankerung bleiben ihre als Rechte formulierten Grundsätze für die Bürgerinnen und Bürger nicht einklagbar, falls sie nicht bereits Bestandteil des Acquis communautaire sind.

---

8   European Commission: Social Scoreboard, 2018.
9   Europäische Kommission: Europäische Säule sozialer Rechte, proklamiert vom Europäischen Parlament, dem Rat der EU und der Europäischen Kommission am 17.11.2017, abrufbar unter: https://ec.europa.eu/commission/sites/beta-political/files/social-summit-european-pillar-social-rights-booklet_de.pdf (letzter Zugriff: 26.6.2018).

Die Anwendungsorte der ESSR werden daher zum einen in ihrer sekundärrechtlichen Nutzung, zum anderen im Rahmen des europäischen Governancesystems politischer Koordinierung liegen. Die Kommission subsumiert nun nahezu sämtliche ihrer sozialpolitischen Aktivitäten unter dem Dach der ESSR.[10] Dies gilt für die im Trilog zwischen Parlament, Rat und Kommission erfolgte Einigung auf eine Überarbeitung der Dienstleistungsrichtlinie, die künftig dem Prinzip „gleiche Entlohnung für gleiche Arbeit am gleichen Ort" Rechnung tragen soll. Demnach sollen entsandte Arbeitnehmer ab Mitte 2020 bis auf wenige Ausnahmen bei Entlohnung und Arbeitsbedingungen den Arbeitskräften am Ort der Entsendung gleichgestellt sein.[11] Dies gilt auch für Initiativen der Kommission zur Einrichtung eines Rahmens zur Förderung der Qualität von Berufsausbildungen[12] und zur Überarbeitung einer Richtlinie zum Schutz von Arbeitnehmern vor arbeitsbedingten Krebserkrankungen.[13] Zu den größeren neuen Initiativen, die sich explizit auf die ESSR beziehen und mit ausgewählten Grundsätzen hieraus begründet werden, zählen:

(1) Ein Vorschlag für eine Richtlinie über transparente und verlässliche Arbeitsbedingungen,[14] mit der die Kommission Informationsrechte der Arbeitnehmer auch in neuen Beschäftigungsformen verbessern möchte.

(2) Ein Vorschlag für eine Verordnung zur Einrichtung einer Europäischen Arbeitsbehörde,[15] die Arbeitnehmer- und Arbeitgeberseite unterstützen soll bei der Information, Organisation und Streitschlichtung zu rechtskonformer und fairer grenzüberschreitender Beschäftigung, zu Aus- und Weiterbildungsmöglichkeiten.

(3) Ein Vorschlag für eine Empfehlung an die Mitgliedstaaten zum Zugang zu Sozialschutz,[16] um Lücken in den Sozialversicherungssystemen bei atypischen Beschäftigungsverhältnissen und für Selbstständige zu schließen.

Den größten Widerhall wird die ESSR vermutlich im Europäischen Semester erfahren. Neben den aufgeführten zahlreichen sekundärrechtlichen Initiativen mit Bezug zur ESSR hat die Kommission deren Grundsätze sehr umfassend in den Jahreswachstumsbericht und den Gemeinsamen Beschäftigungsbericht des Zyklus für 2017/18 eingepflegt. Zudem hat sie einen Entwurf für neue Beschäftigungspolitische Leitlinien formuliert, mit denen die ESSR besser abgebildet werden soll.[17] Auch die Länderspezifischen Empfehlungen enthalten 2018 so viele Referenzen zu beschäftigungs- und sozialpolitischen Themen wie noch

---

10 Europäische Kommission: Mitteilung. Überwachung der Umsetzung der europäischen Säule sozialer Rechte, 13.3.2018, COM(2018) 130 final.
11 European Parliament: Posting of workers: final vote on equal pay and working conditions, Press Releases, Ref.: 20180524IPR04230, 29.05.2018.
12 European Commission: Proposal for a Council Recommendation on a European Framework for Quality and Effective Apprenticeships, 05.10.2017, COM(2017) 563 final.
13 Europäische Kommission: Vorschlag für eine Richtlinie des Europäischen Parlaments und des Rates zur Änderung der Richtlinie 2004/37/EG über den Schutz der Arbeitnehmer gegen Gefährdung durch Karzinogene oder Mutagene bei der Arbeit, 05.4.2018., COM(2018) 171 final.
14 Europäische Kommission: Vorschlag für eine Richtlinie des Europäischen Parlaments und des Rates über transparente und verlässliche Arbeitsbedingungen in der Europäischen Union, 21.12.2017, COM(2017) 797 final.
15 European Commission: Proposal for a Regulation of the European Parliament and of the Council establishing a European Labour Authority, 13.3.2018, COM(2018) 131 final.
16 European Commission: Proposal for a Council Recommendation on access to social protection for workers and the self-employed,, 13.3.2018 COM(2018) 132 final.
17 European Commission: The European Semester, abrufbar unter: https://ec.europa.eu/info/business-economy-euro/economic-and-fiscal-policy-coordination/eu-economic-governance-monitoring-prevention-correction/european-semester_en (letzter Zugriff: 26.6.2018).

nie zuvor.[18] Um in der politischen Koordinierung jedoch nachhaltige Wirkung zu erzeugen, müssten sich die Mitgliedstaaten auf die Verfolgung der sozialen Grundsätze durch konkrete Politiken einlassen. Die Nationalen Reformpläne zeigen 2018 jedoch eine weitgehende Zurückhaltung bei der Nutzung der ESSR. Als hilfreiches Instrument bei der Voranbringung sozialer Initiativen auf mitgliedstaatlicher Ebene könnte sich das begleitend zur ESSR von der Kommission vorbereitete „Soziale Scoreboard"[19] erweisen, das erstmals vollständig im Europäischen Semester genutzt wurde. Hierin geben 14 Indikatoren mit Verbindung zu den drei Kapiteln der ESSR und unter Nutzung von Durchschnittswerten der EU-28 einen plakativen Überblick zur sozialen Lage.

Reformdiskussion zum Sozialen Europa

Mit der ESSR ist es der Kommission gelungen, das in Krisenzeiten nachrangige Anliegen einer sozialen Dimension der Union wieder auf die Tagesordnung zu bringen. Doch angesichts der an den Sozialindikatoren ablesbaren Spaltungstendenzen werden über die ESSR hinausgehend bereits weitere Reformschritte diskutiert.

Dies zum einen sehr konkret im Rahmen der Verhandlungen über den nächsten mehrjährigen Finanzrahmen der Europäischen Union. Die Kommission hat eine Erhöhung des Anteils sozialer Aspekte an den Strukturfondsmitteln für die Finanzierungsperiode 2021 bis 2027 von derzeit 23 auf 27 Prozent (101,2 Mrd. Euro) geplant. Unter dem neuen Namen Europäischer Sozialfonds Plus sollen dann bisherige Einzelprogramme gebündelt werden. Dies sind im Einzelnen der bisherige Europäische Sozialfonds (ESF), die 2013 in der Eurokrise geschaffene Beschäftigungsinitiative für junge Menschen zur Senkung der Jugendarbeitslosigkeit, der 2016 zur Armutsbekämpfung eingerichtete Europäische Hilfsfonds für die am stärksten benachteiligten Personen, das Programm für Beschäftigung und soziale Innovation sowie des EU-Gesundheitsprogramm. Weiterhin separat dazu soll der Europäische Fonds für die Anpassung an die Globalisierung aufgestellt sein. Dessen Regularien sollen für die neue Förderperiode neu gefasst werden, so dass seine Hilfsgelder im Umfang von geplanten 1,6 Mrd. Euro künftig auch aus Gründen unternehmerischer Umstrukturierungen durch Automatisierung und Digitalisierung abgerufen werden können. Mit dem Vorschlag eines neuen Fonds für Justiz, Rechte und Werte möchte die Kommission zudem im Umfang von 947 Mio. Euro Ungleichheiten und Diskriminierungen bekämpfen sowie die justizielle Zusammenarbeit angesichts aktueller Herausforderungen zunehmender gesellschaftlicher Spaltung und hieraus erwachsendem politischen Extremismus verbessern.[20]

Zum anderen werden in Fortsetzung der Zukunftsdebatte der Union einige Vorschläge ventiliert, über die noch keine Verständigung erzielt wurde. So hat der französische Präsident Emmanuel Macron Regeln für soziale Konvergenz gefordert. Dazu gehören für ihn eine europäische Mindestlohnnorm, die wirtschaftliche Unterschiede der Mitgliedstaaten achtet, außerdem ein begrenzender Korridor für die Körperschaftssteuersätze, um Steuerdumping zu unterbinden, sowie Kriterien zur Annäherung der Wohlfahrtsstaatsmodelle

---

18 Stefan Clauwaert: The country-specific recommendations (CSRs) in the social field. An overview and comparison. Update including the CSRs 2018-2019. Background analysis, European Trade Union Institute, Brussels, 18.6.2018.
19 European Commission: Social Scoreboard, 2018.
20 Europäische Kommission: EU-Haushalt: Ein neuer Sozialfonds, ein verbesserter Fonds für die Anpassung an die Globalisierung und ein neuer Fonds für Justiz, Rechte und Werte, Pressemitteilung, 30.5.2018, IP/18/3923.

einschließlich der Regulierung des Wettbewerbs zwischen den Ländern um niedrige Sozialabgaben.[21] Im Vertrag der Großen Koalition in Deutschland sind ein europäischer Sozialpakt sowie ein gemeinsamer Rahmen für Mindestlohnregelungen und Grundsicherungssysteme angekündigt, zudem soll Steuerdumping durch Mindestsätze für Unternehmenssteuern im Rahmen eines Abschlusses der auf EU-Ebene seit 2011 geplanten Gemeinsamen konsolidierten Körperschaftssteuer-Bemessungsgrundlage (GKKB) unterbunden werden.[22] Inwieweit zu diesen französischen und deutschen Forderungen rund um die Wahlen zum Europäischen Parlament 2019 eine Einigung auf europäischer Ebene gelingt, hängt auch von Fortschritten im noch drängenderen Reformbereich der Eurozone ab. Das soziale Europa spielt eine Rolle im Zuge der immer noch nicht abgeschlossenen Debatten um eine neue Architektur der WWU, so etwa in Ideen für eine Arbeitslosen-Rückversicherung[23] oder einen makroökonomischen Policy-Mix,[24] in dem auch soziale Ziele zum Tragen kommen.

Fazit

Trotz wirtschaftlichen Aufschwungs, der nun auch die von der Krise der Eurozone besonders betroffenen Länder erfasst, zeigt sich der Kontinent eine Dekade nach dem Beginn der globalen Finanz- und Wirtschaftskrise sozial tief gespalten. Insbesondere durch die krisenverlängernde Austeritätspolitik wurde Südeuropa vom lange gut funktionierenden Versprechen sozialer Aufwärtskonvergenz abgekoppelt. Dieses Versprechen als zentralen Bestandteil europäischer Integration wieder zu restituieren, ist erklärte Absicht der ESSR. Ob dies funktioniert, hängt ab von ihrer Nutzung und Schärfung ihrer Verbindlichkeit sowie vom Entgegenkommen der Mitgliedstaaten, die soziale Spaltung der EU nicht durch nationalen Wohlfahrtschauvinismus, sondern durch Umsetzung der angekündigten Initiativen für ein soziales Europa zu verringern.

Weiterführende Literatur

Bart Vanhercke et al.: Social policy in the European Union: State of Play 2018, 19th annual report, European Trade Union Institute: Brussels 2018 (im Erscheinen).

Björn Hacker: Soziales Europäisches Semester? Die Europäische Säule sozialer Rechte im Praxistest, Institut für Europäische Politik, Research Paper 2/2018.

---

21   Emmanuel Macron: L'initiative pour l'Europe. Discours pour une Europe souveraine, unie, démocratique, 27.9.2017, abrufbar unter: http://www.elysee.fr/declarations/article/initiative-pour-l-europe-discours-d-emmanuel-macron-pour-une-europe-souveraine-unie-democratique/ (letzter Zugriff: 26.6.2018).
22   CDU, CSU und SPD: Ein neuer Aufbruch für Europa. Eine neue Dynamik für Deutschland. Ein neuer Zusammenhalt für unser Land. Koalitionsvertrag der 19. Legislaturperiode, 14.3.2018.
23   Bundesministerium der Finanzen: Deutsch-französischer Fahrplan für das Euro-Währungsgebiet, 19.6.2018, abrufbar unter: https://www.bundesfinanzministerium.de/Content/DE/Standardartikel/Themen/Europa/2018-06-20-Meseberg-Anl1.pdf (letzter Zugriff: 26.6.2018).
24   Europäischer Wirtschafts- und Sozialausschuss: Stellungnahme. Auswirkungen der sozialen Dimension und der europäischen Säule sozialer Rechte auf die Zukunft der Europäischen Union, 19.10.2017, SOC/564.

Bildungspolitik

Knut Diekmann

Die Bildungspolitik der Europäischen Union verbleibt in ihrem hybriden Zustand aus wenigen regulativen Maßnahmen und einer Vielfalt an Soft Law: Einer geringen Anzahl von gesetzlichen Regelungen steht eine Vielzahl von Maßnahmen wie Langzeit-Projekte, Programme, Netzwerke oder Produkte gegenüber. Es bleibt erstaunlich, dass die EU ihrer Agenda treu bleibt, obwohl die Heterogenität ihrer Adressaten kaum größer sein könnte. Dies bedingt sicherlich die eher schwache strategische Ausrichtung und die Tatsache, dass Maßnahmenpolitik die Agenda bestimmt. Die Nachfrageorientierung leidet daher auch – gleichwohl die EU-Bildungspolitik auch nicht die der Mitgliedstaaten ersetzt. Aber sie ist eben auch nicht mit ihnen verzahnt, sondern überlagert sie und berührt sie punktuell.

Der reformwillige französische Staatspräsident Macron sieht in der Bildung ein wichtiges Element für den Zusammenhalt und die Zukunft Europas. Dabei greift er auf das Leitmotiv aus der Gründungszeit des europäischen Projekts zurück. Ein „Grande Marche pour l'Europe" könne die europäische Jugend bewegen. Gleichzeitig verbindet er mit seinen großen Reden aber auch die Reform des französischen Ausbildungssystems, das sich dem des deutschen Nachbarn angleichen soll. Denn gerade die Beseitigung der hohen Jugendarbeitslosigkeit ist ein wichtiges Element seiner Reformagenda.

Macron setzt auch bei den Hochschulen an: In seiner Sorbonne-Rede[1] am 26. September 2017 schlug er originäre europäische Studienabschlüsse vor, um Abschlüsse besser vergleichen zu können und deren gegenseitige Anerkennung in der EU zu fördern. Diese Zielsetzung des sogenannten Sorbonne-Prozesses nimmt die Kommission in ihrer Mitteilung zur Stärkung der europäischen Identität durch Bildung und Kultur auf:

> „Dies könnte durch ein neues Verfahren zur Erleichterung der Anerkennung solcher Qualifikationen und zur Weiterentwicklung der grenzüberschreitenden Validierung von Nachweisen über Weiterbildungsmaßnahmen und Maßnahmen des lebenslangen Lernens ergänzt werden („Sorbonne-Prozess")."[2]

Dies wäre eine substantielle Erweiterung des Bologna-Prozesses, ohne formal integriert zu werden. Konkretisiert wurde die Agenda durch die Idee zur Etablierung von 20 europäischen Hochschulen bis 2024 und durch einen Studierendenausweis bis 2021.[3]

Brexit und die Folgen
Der Brexit dürfte die EU-Bildungspolitik weniger stark erfassen als andere vergemeinschaftete Politikbereiche, denn die Ausgaben für Bildung stehen in ihrer Größenordnung in

---

1 Vgl. hierzu auch den Beitrag „Frankreich" in diesem Jahrbuch.
2 Europäische Kommission: Mitteilung der Kommission an das Europäische Parlament, den Rat, den Europäischen Wirtschafts- und Sozialausschuss und den Ausschuss er Regiodnen. Stärkung der europäischen Identität durch Bildung und Kultur, 14.11.2017, COM(2017) 673 final.
3 Europäische Kommission: Mitteilung der Kommission an das Europäische Parlament, den Rat, den Europäischen Wirtschafts- und Sozialausschuss und den Ausschuss der Regionen. Ein stärkeres Europa aufbauen – Die Rolle der Jugend-, Bildungs- und Kulturpolitik, 22.5.2018, COM(2018) 268 final; Rat der Europäischen Union: Tagung vom 8. Mai 2018, 8504/18.

keinem Verhältnis zu ihren Anteilen in den Mitgliedstaaten. Es könnte gar sein, dass das Programm Erasmus+ von der durch die Brexit-Entscheidung ausgelösten Krise profitiert. Denn gerade aus der Krisenstimmung erwächst der Konsens, Europa für die Jugend erfahrbar zu machen. Deswegen sollen die Maßnahmen für Mobilität weiter gesteigert werden. Kommissionspräsident Juncker setzt sich persönlich für eine Verdopplung der Mittel ein.[4] Das Europäische Parlament schlug gar vor, allen Europäern zum 18. Geburtstag ein Interrail-Ticket zu schenken. Hierfür wurden im Haushalt 2019 12 Mio. Euro eingeplant.

Gleichzeitig könnte aber auch gerade die Erhöhung der Erasmus+-Mittel die nationalen bildungspolitischen Zielstellungen in den Kohäsionsprogrammen schwächen. Denn nach Vorlage des Entwurfs zum mehrjährigen Finanzrahmen durch Haushaltskommissar Günther Oettinger zeigt sich, dass der Verteilungskampf um die Mittel für Humanressourcen zwischen Erasmus+ und dem Europäischen Sozialfonds (ESF), der zu einem ESF-Plus reformiert werden soll, ausgetragen werden wird. Deutschland könnte bei der Mittelverteilung des ESF stark verlieren, da es im Vergleich zu den anderen Mitgliedstaaten ein hohes Entwicklungsniveau aufweist. Dies würde dazu führen, dass viele der nationalen Programme, die durch den ESF kofinanziert werden, gefährdet sind, da auch Deutschland bislang die ESF-Mittel in erheblichem Maß für sozial- und bildungspolitische Programme nutzt, wie beispielsweise die Förderprogramme des Bundesministeriums für Bildung und Forschung zur Nutzung digitaler Medien in der Bildung oder zur berufsbezogenen Sprachförderung. Erasmus+ könnte mit dem potentiellen britischen Austritt aus der EU zudem ein beliebtes Zielland für Mobilitätsmaßnahmen verlieren.

Skills-Agenda

Im Juni 2016 hat die Europäische Kommission mit der Formulierung der sogenannten Skills-Agenda begonnen.[5] Mit dieser sind zehn unterschiedliche Maßnahmen verbunden, die nun sukzessive abgearbeitet werden. Eine Priorisierung einzelner Maßnahmen unterblieb ebenso wie die Klarstellung über eine solide Finanzierung.

Von langfristiger Bedeutung könnte der Vorschlag einer Werdegangs-Statistik sein, die individuelle Bildungsverläufe systematisch abbilden soll. Dadurch könnten Rückschlüsse gezogen werden, wie ein Bildungsangebot gestaltet sein muss, um den politisch und gesellschaftlich definierten Bedürfnissen nachzukommen.

Ebenso von Gewicht könnte die Erneuerung des sogenannten sektoralen Ansatzes sein, der bereits in den 1990er Jahren von der Kommission verfolgt wurde.[6] Mit der Förderung von „Sectoral Skills Alliances" sollen Qualifizierungsstrategien der Branchen – quer zu den nationalen Systemen – finanziert werden. Damit einhergehen die Identifikation von Fachkräftemangel und Qualifikationslücken, die Erstellung mittel- und langfristiger Prognosen sowie die Ausformulierung von Curricula und Abschlüssen. Für Mitgliedstaaten wie Deutschland, die über eine ausdifferenzierte Bildungsinfrastruktur verfügen, dürfte das Vorhaben jenseits des EU-Auftrages liegen, auch wenn damit Binnenmarkteffekte verbun-

---

4 Jugend für Europa: 30-jähriges Jubiläum Erasmus+: Eine Erfolgsgeschichte; 4.12.2017, abrufbar unter: https://www.jugendfuereuropa.de/news/10592-30-j-hriges-jubil-um-erasmus-eine-erfolgsgeschichte/ (letzter Zugriff: 15.6.2017).
5 Europäische Kommission: Mitteilung der Kommission an das Europäische Parlament, den Rat, den Europäischen Wirtschafts- und Sozialausschuss und den Ausschuss der Regionen. Eine Neue Europäische Agenda für Kompetenzen, 10.6.2016, COM(2016) 381 final.
6 European Comission: Blueprint for Sectoral Cooperation on Skills. Responding to skills mismatches at sectoral level, 2017.

den sein könnten. Dieser Vorteile ungeachtet sei darauf verwiesen, dass es die deutschen Bundesländer waren, die das Harmonisierungsverbot im Vertrag von Maastricht 1993 durchgesetzt haben, um sich vor paneuropäischen Initiativen zu schützen. Diese deuten sich bei den sogenannten Gemeinschaftsinitiativen sowie den Programmen im Rahmen der Strukturfonds an.

Die Europäische Union blickt zwischenzeitlich auf eine Erfolgsgeschichte bezüglich der Ausbildung von Schlüsselkompetenzen der Normal- und Erwerbsbevölkerung. Auch wenn der wohl erfolgreichste Kompetenzrahmen, der Europäische Sprachenrahmen, von Seiten des Europarates gesteuert wird, so setzt die Europäische Kommission weiter auf die Definition von Schlüsselkompetenzen. Strategische Überlegung ist, dass sich hieraus entweder einzelne private Zertifizierungsmodelle entwickeln, wie der europäische Computer-Führerschein ECDL (European Computer Driving Licence). Oder man erhofft sich die Berücksichtigung der definierten Kompetenzen in den nationalen und regionalen Bildungsplänen und -angeboten. Jüngste Beispiele sind die Formulierung eines Rahmens von IT-Kompetenzen für Wirtschaft und Gesellschaft (DigComp 2.0: The Digital Competence Framework for Citizens), eines Rahmens für Lehrkräfte sowie die Vorlage einer Mitteilung zu Schlüsselkompetenzen für die Wirtschaft der Zukunft.[7]

Europass und ESCO

Der Zustimmung zur Modernisierung des Europasses ging eine über drei Präsidentschaften währende, intensive Verhandlung auf Ebene des Rates einher, wie für strittige europäische Vorhaben üblich ist. Bei diesen bildungspolitischen Verhandlungen zeigt sich stets ein ähnliches Muster, denn die großen Mitgliedstaaten haben mehr zu verlieren und begleiten somit die Initiativen kritisch. Kleinere Mitgliedstaaten hingegen haben mit der Aussicht auf europäische Mittel zum Aufbau von Strukturen und Instrumenten immer die Chance, auch national einen Mehrwert zu erzielen.

Der aktualisierte Europass[8] soll den Bedingungen des modernen Nutzers insoweit angepasst werden, als darüber ein Ausweis für ein individuelles Leistungs- und Bildungsportfolio entstehen soll. Damit könnte der Europass in die Liga der großen sozialen Medien wie LinkedIn oder Xing aufsteigen, die auch die Vernetzung mit Mitmenschen und Unternehmen zum Ziel haben. Es ist geplant, dass das Europäische Zentrum für die Förderung der Berufsbildung (European Centre for the Development of Vocational Training, CEDEFOP) die Gestaltung und die technische Infrastruktur übernehmen wird.

Der Europass könnte auch mittel- und langfristig mit dem Thesaurus, der Europäischen Klassifikation für Fähigkeiten, Kompetenzen, Qualifikationen und Berufe (ESCO), verbunden werden, indem das ESCO-Vokabular für die Eintragungen verbindlich gemacht würde und somit als Instrument zum Zusammenführen von Arbeitgebern und Bewerbern dienen könnte. Das hätte den strategischen Vorteil, dass dann eine europäische Klassifikation die Barrieren der nationalen Thesauri überwinden könnte (wie beispielsweise die Klassifikation der Berufe) und somit aufwändige Mappings und Anerkennungsverfahren

---

7 Europäische Kommission: Vorschlag für eine Empfehlung des Rates zu Schlüsselkompetenzen für lebenslanges Lernen, 17.1.2018, COM(2018) 24 final.
8 Beschluss (EU) 2018/646 des Europäischen Parlaments und des Rates vom 18. April 2018 über einen gemeinsamen Rahmen für die Bereitstellung besserer Dienste für Fertigkeiten und Qualifikationen (Europass) und zur Aufhebung der Entscheidung Nr. 2241/2004/EG in: Amtsblatt der Europäischen Union L112/42, 2. Mai 2018.

obsolet werden könnten. Der langfristige und strategische Ansatz der Kommission, einem originär europäischen Ansatz zum Durchbruch zu verhelfen, ist hier gut sichtbar.

ESCO selbst wurde bereits Mitte 2017 als Open-Source-Lösung veröffentlicht, so dass sich jeder Akteur bedienen kann, um private Geschäftsmodelle daraus zu entwickeln. Die Potentiale liegen sowohl im Bereich der Arbeitsmarkt- als auch der Bildungspolitik. Die Eröffnungskonferenz demonstrierte auch, dass sich die Erwartungen erfüllen: Eine große Anzahl von Geschäftsmodellen wurde präsentiert, um den neuen europäischen Standard durch eine kritische Masse von Anwendungen zum Durchbruch zu verhelfen. Hierbei können sich auch große Potentiale durch die Kombination mit Künstlicher Intelligenz ergeben. Sie sorgen auch schon kurzfristig für eine eigene digitale Agenda. Zum jetzigen Zeitpunkt ist jedoch zweifelhaft, ob traditionelle bildungspolitische Akteure und staatliche Infrastrukturen dies inkorporieren und angemessen verwerten können.

EU-weite Anerkennung von Bildungsabschlüssen und weitere Initiativen

Weitere bildungspolitische Entwicklungsperspektiven folgen aus weiteren Initiativen der EU-Kommission. Allen voran ist es der Auftrag an die Mitgliedstaaten, mit der Etablierung von Systemen der Validierung des non-formalen Lernens auf freiwilliger Basis zu beginnen, zu nennen.

Außerdem soll die gegenseitige Anerkennung von Abschlüssen und Lernerfahrungen bei Mobilitätsmaßnahmen verbessert werden. Daher schlägt die Kommission eine Empfehlung des Rates vor, die bis 2025 eine standardmäßige automatische Anerkennung von Qualifikationen ermöglichen soll: Alle Zeugnisse und Abschlüsse einer in der Union zugelassenen Bildungseinrichtung sowie die von solchen Einrichtungen bescheinigten Ergebnisse von Lernzeiten im Ausland sollten zum Zwecke des weiteren Lernens automatisch in allen Mitgliedstaaten anerkannt werden.[9]

Offen sind die Ergebnisse der Transparenzinitiative zu reglementierten Berufen, die seit 2013 versucht, einen einheitlichen europäischen Ansatz bei reglementierten Qualifikationen zu formulieren und umzusetzen. Gerade im Falle Deutschlands hat die EU in den länderspezifischen Empfehlungen die fehlende Umsetzung von Versprechungen moniert.[10]

Schließlich hat die Kommission die Schaffung einer EU-Arbeitsmarktbehörde für Anfang 2019 angekündigt, die Kontrollfunktionen bei reglementierten Berufen übernehmen soll. Diese Europäische Arbeitsbehörde soll jährlich mit 50 Mio. Euro und insgesamt 140 Mitarbeitern ausgestattet werden.[11]

Literatur

Birgit Aschemann: „Adult Learning" und europäische Koordination: wohin geht die Reise?, in: Magazin, Erwachsenenbildung.at, 2015, S. 2–13.
Sandra Bohlinger: Kalkül, Adaptivität und Intuition: zur Logik der europäischen Berufsbildungspolitik, in: Berufsbildung 165, 2017, S.7–9.
Karin Amos (Hrsg.): Governance und Interdependenz von Bildung, Baden-Baden 2017.

---

9   Europäische Kommission: Mitteilung: Ein stärkeres Europa aufbauen, 2018, hier S. 8.
10   Europäische Kommission: Länderbericht Deutschland, 7.3.2018, SWD(2018) 204 final, hier: S. 19.
11   Europäische Kommission: Pressemitteilung: Die Kommission beschließt Vorschläge zur Einrichtung einer Europäischen Arbeitsbehörde und für den Zugang zum Sozialschutz für alle, 13.8.2018, abrufbar unter: http://europa.eu/rapid/press-release_IP-18-1624_de.htm (letzter Zugriff: 1.7.2018).

Binnenmarkt

Florian Baumann/Sebastian Schäffer

Eine der zentralen Fragen für den europäischen Binnenmarkt war und bleibt die zukünftige Regelung der Beziehungen mit dem Vereinigten Königreich. Noch immer ist unklar, ob es bis zum Ende der Verhandlungen im Herbst 2018 zu einer Einigung kommen wird.[1] Dies ist keinesfalls ein Erfolg für die Europäische Union, auch wenn es im Interesse Brüssels sein muss, hier kein ‚positives' Beispiel für etwaige weitere Austritte zu setzen. Zumindest zeigt die schwierige Debatte den großen Einfluss des Binnenmarkts auf die Beziehungen zwischen den Mitgliedstaaten (und darüber hinaus) auf. Ein weiteres viel diskutiertes Thema war das Inkrafttreten der Datenschutz-Grundverordnung (DSGVO).[2]

Der Binnenmarkt heute

Die Aktualisierung des online verfügbaren Binnenmarktanzeigers wurde im Juli 2017 veröffentlicht. Die dort veröffentlichten Daten beziehen sich auf die gemeldeten Daten bis zum 11. Dezember 2016 und berücksichtigen 1019 Verordnungen sowie 3619 Richtlinien, deren Frist zur Umsetzung am 30. November 2016 abgelaufen war. Die Vergleichszahlen beziehen sich auf den letzten Berichtszeitraum bis zum 11. Dezember 2015, der auch dem Artikel aus dem Jahrbuch der Europäischen Integration 2017 zugrunde liegt.[3] Das Umsetzungsdefizit hat sich in diesem Zeitraum mehr als verdoppelt und beträgt nun durchschnittlich 1,5 Prozent. Alle Mitgliedstaaten haben dabei ein schlechteres Ergebnis erzielt. Lediglich acht Mitgliedstaaten bleiben damit unter dem 1-Prozent-Ziel, das zuvor noch von 23 Ländern erreicht worden war. Das vorgeschlagene Ziel der Kommission von 0,5 Prozent oder weniger erreicht überhaupt nur noch Malta. Zuvor waren es immerhin 13 EU-Länder. Deutschland verschlechtert sich erneut um 0,2 Punkte auf 1,1 Prozent, befindet sich aber durch das katastrophale Ergebnis aller Mitgliedstaaten im oberen Drittel. Neues Schlusslicht ist Portugal, das einen Anstieg um 3,1 auf nun 3,4 Prozent zu verzeichnen hat. Die Kommission räumt ein, dass im vergangenen Jahr 66 neue Richtlinien in nationales Recht umgesetzt werden mussten, was einen deutlichen Arbeitsanstieg um 19 Richtlinien im Vergleich zum Jahr 2016 bedeutete. Es ist demnach davon auszugehen, dass sich das Umsetzungsdefizit im nächsten Jahr wieder verringern wird. Dennoch sollten die Mitgliedstaaten besser antizipieren, welche Herausforderungen durch neue Richtlinien auf sie zukommen. Dies unterstreichen auch die Zahlen der Dauer der zu spät umgesetzten Richtlinien. Im Durchschnitt sind es nun 6,7 Monate im Vergleich zu 10,1 zum vergangenen Untersuchungszeitraum. Deutschland hat nun keine Richtlinien mehr, die mehr als zwei

---

1 Vgl. hierzu den Beitrag „Brexit" in diesem Jahrbuch.
2 Vgl. hierzu den Beitrag „Polizeiliche und justizielle Zusammenarbeit" in diesem Jahrbuch.
3 Der Binnenmarktanzeiger ist online unter: http://ec.europa.eu/internal_market/scoreboard/governance_cycle/index_en.htm abrufbar. Vgl. hierzu auch Florian Baumann/Sebastian Schäffer: Binnenmarkt, in: Wolfgang Wessels/Werner Weidenfeld: Jahrbuch der Europäischen Integration 2017, Baden-Baden 2017, S.243–246.

Jahre überfällig sind, ist aber mit einem durchschnittlichen Rückstand von 13,9 Monaten ‚Spitzenreiter' unter den Mitgliedstaaten.

Wie auch in den vergangenen Jahren bleiben die Politikbereiche mit den größten Umsetzungsdefiziten die Beschäftigungs- und Sozialpolitik (11 von 81 Richtlinien beziehungsweise 14 Prozent), Finanzdienstleistungen (6 von 59 Richtlinien beziehungsweise 10 Prozent), sowie Umwelt (11 von 119 Richtlinien beziehungsweise 9 Prozent). Neu hinzugekommen sind die öffentliche Auftragsvergabe sowie Kapitalgüter, die aber aufgrund der geringeren Anzahl von Richtlinien (insgesamt 10, wovon 3 nicht umgesetzt sind beziehungsweise 48 Richtlinien, von denen 11 nicht in nationales Recht überführt wurden) einen höheren prozentualen Anteil (30 beziehungsweise 23 Prozent) aufweisen.

Im Hinblick auf die offenen Vertragsverletzungsverfahren meldet die Kommission positive Entwicklungen. Die Gesamtzahl der Fälle hat sich von 732 auf 674 verringert. Durchschnittlich sind 24 Fälle in den Mitgliedstaaten anhängig. In sieben Ländern ist die Anzahl der Verfahren gestiegen, darunter auch in Deutschland, das mit 57 Fällen auch hier den höchsten Wert aller Mitgliedstaaten erzielt. Die durchschnittliche Dauer der Verfahren ist um 6,2 Monate auf nun 36,9 gestiegen. Am längsten benötigt Malta mit 75,8 Monaten, allerdings erreicht der kleine Inselstaat den zweitbesten Platz im Hinblick auf offene Verfahren (5). Lediglich in Estland sind noch weniger anhängig (3). Bis ein Urteil umgesetzt wird, dauert es in der Europäischen Union im Schnitt 22,4 Monate. Ein erneuter Anstieg – bereits zum siebten Mal hintereinander – im Vergleich zum Dezember 2015. Damals waren es noch 21 Monate und vor dreieinhalb Jahren sogar nur 17,4. Je nach Bereich herrschen auch hier große Unterschiede bei der Verfahrensdauer. Am längsten benötigen Fälle bezüglich der Luftfahrt (60,7 Monate), im Bereich Energie ist ein Fall durchschnittlich nach einem Jahr abgeschlossen. Die meisten Vertragsverletzungsverfahren betreffen den Bereich Umwelt und hier insbesondere Luftverschmutzung, Schutz von Wasser und Gewässerbewirtschaftung, sowie Abfallentsorgung.

Datenschutz-Grundverordnung

Mit der Datenschutz-Grundverordnung, die am 25. Mai 2018 in Kraft getreten ist, hat Europa einen weiteren Schritt unternommen, die Datenschutzbestimmungen innerhalb der Europäischen Union weiter zu vereinheitlichen und gleichzeitig die Rechte des Einzelnen besser zu schützen. Adressat sind vor allem Unternehmen und öffentliche Stellen, aber auch Vereine und Verbände, die mit personenbezogenen Daten arbeiten. Trotz einer zweijährigen Übergangsfrist und obwohl viele der Bestimmungen bereits zuvor geltendes Recht waren, gab es zu Beginn noch viele Unklarheiten bei der Umsetzung der Anforderungen an den Datenschutz.

Grundsätzlich ist die DSGVO positiv zu bewerten, da sie den digitalen Binnenmarkt stärkt, insbesondere auch gegenüber Akteuren aus Drittstaaten. Dennoch stellt sie gerade kleine und mittelständische Unternehmen vor große Probleme. Zahlreiche Grauzonen und die noch ausstehende Rechtsprechung bereiten vor allem dem Mittelstand große Sorgen. Hier werden erst die kommenden Jahre zeigen, welche Auswirkungen die DSGVO auf digitale Innovationen aus Europa haben wird.

Austritt des Vereinigten Königreichs aus der Europäischen Union rückt näher

Ein weiteres für den Binnenmarkt prägendes Thema sind die stockenden Austrittsverhandlungen mit Großbritannien. Seit 19. Juni 2017 verhandelt Großbritannien mit der Europäischen Union. Aktuell ist fraglich, ob bis zum Austritt am 30. März 2019 ein tragfähiges

Abkommen zwischen beiden Parteien geschlossen werden kann. Die Europäische Union zeigt sich weiterhin sehr offen, eng mit den Briten zu kooperieren, lehnt jedoch jegliches ‚Rosinenpicken' kategorisch ab. Die britische Regierung präferiert einen ‚weichen Brexit', sieht aber bei der Frage nach der Personenfreizügigkeit keinen Verhandlungsspielraum. Sollte es zu keiner Verhandlungslösung kommen, bleibt nur ein ‚harter Brexit', also der Austritt Großbritanniens, ohne dass die weitere Zusammenarbeit in irgendeiner Form geregelt wird. Das wäre vor allem aufgrund der engen wirtschaftlichen Verflechtungen für viele Unternehmen ein herber Schlag.

Vor dem Hintergrund der zähen Gespräche ist es positiv zu werten, dass bis Ende 2020 eine Übergangsfrist vereinbart wurde. In diesem Zeitraum wird Großbritannien geltendes europäisches Recht weiterhin anwenden, jedoch ohne Mitspracherecht in den EU-Institutionen. Bei drei wesentlichen Streitpunkten konnte zudem eine Einigung erzielt werden: Es soll keine Zollgrenze zwischen Irland und Nordirland geben, auch wenn noch nicht klar ist, wie dies in der Praxis umgesetzt werden kann. Die Rechte von in Großbritannien lebenden EU-Bürgern bleiben zumindest während der Übergangsphase gewahrt. Nach diesem Zeitpunkt soll es ein vereinfachtes Verfahren für ein dauerhaftes Bleiberecht geben. Und auch beim dritten Knackpunkt, den finanziellen Verpflichtungen, konnte eine vorläufige Einigung erzielt werden. Bis 2020 wird Großbritannien weiterhin seinen Beitrag zum EU-Haushalt leisten und auch seinen langfristigen Verpflichtungen darüber hinaus nachkommen – im Raum steht eine Summe von rund 50 Mrd. Euro.

Gerade für die vielen Unternehmen, die auf dem europäischen Festland und in Großbritannien aktiv sind, wäre eine schnelle Einigung wünschenswert. Die EU sitzt bei den Verhandlungen am längeren Hebel, sollte den Bogen aber nicht überspannen. Für die Briten ist das eigentlich dramatische, dass sie nicht nur ihre Beziehungen zur Europäischen Union neu regeln müssen, sondern auch diejenigen mit Drittstaaten, etwa das Open Skies-Abkommen für den Luftverkehr.

Neues Binnenmarktprogramm

Gerade die Brexit-Verhandlungen zeigen, wie umfassend der Binnenmarkt das Leben der Menschen in Europa beeinflusst. Im Alltag wird das aber häufig vergessen, da der gemeinsame Markt schon so verinnerlicht ist, dass man sich über seine Vorzüge oft keine Gedanken macht. Gleichzeitig muss der Binnenmarkt immer wieder als Sündenbock für das als technokratisch und lebensfern wahrgenommene Europa herhalten, wobei dann die Gurken-Krümmung oder die Bananen-Größe als abschreckende Beispiele aus der Mottenkiste geholt werden.

Brüssel selbst nutzt die Errungenschaften des Binnenmarktes immer wieder, um den Europäern die positiven Seiten der europäischen Einigung zu verdeutlichen, zuletzt recht exzessiv in Form der abgeschafften Roaming-Gebühren. Im Juni 2018 hat die EU-Kommission erneut die Initiative ergriffen und ein neues Binnenmarktprogramm vorgestellt.[4] Etwa 4 Mrd. Euro möchte die Europäische Union dafür ausgeben, um kleine und mittelständische Unternehmen besser zu schützen, Verbraucherrechte zu stärken oder umfassendere Statistiken zur Verfügung zu stellen.

Sobald es aber konkret wird, schrecken Europäische Kommission und Europäisches Parlament wieder zurück – Beispiel Geoblocking. Seit April 2018 gelten hier für die

---

4 Europäische Kommission: Pressemitteilung. EU-Haushalt: Ein neues Binnenmarktprogramm, das die Bürgerinnen und Bürger Europas stärkt und schützt. Brüssel, 7. Juni 2018, Dok. IP/18/4049.

Verbraucher leicht verbesserte Bedingungen. So kann beispielsweise das Streaming-Abo auch während des Urlaubs im europäischen Ausland genutzt werden. Ab 2020 kommt eine weitere Öffnung hinzu. Grundsätzlich aber stellen die nationalen Grenzen, gerade beim Online-Handel, weiterhin eine unüberwindliche Hürde dar. Neben dem Sozialen stellt die Digitalisierung die zentrale Herausforderung dar, die der europäische Binnenmarkt meistern muss, um seine globale Wettbewerbsfähigkeit unter Beweis zu stellen. Für die Zukunftsfähigkeit Europas würde man sich hier mehr Mut von den EU-Organen wünschen, auch gegen die nationale Kleinstaaterei der Mitgliedstaaten zu handeln.

Weiterführende Literatur

Martin Höpner: Die Zukunft der europäischen Grundfreiheiten: Plädoyer für eine Erweiterung der EU-Reformdebatte, in: ZSE Zeitschrift für Staats- und Europawissenschaften, 4(2017), S. 671–689.

Christoph Schewe/Davids Lipsens: From EFTA to EC/EU and Back to EFTA? The European Economic Area (EEA) As a Possible Scenario for the UK-EU Relations After Brexit. In: David Ramiro Troitiño/Tanel Kerikmäe/Archil Chochia (Hrsg.): Brexit: History, Reasoning and Perspectives, Basel 2018, S. 215–235.

Digitale Agenda und Cybersicherheit

Hans-Wilhelm Dünn/Lukas W. Schäfer

Ziel der europäischen Integration ist die Schaffung und Wahrung eines starken gemeinsamen Wirtschaftsraums sowie die Etablierung der Europäischen Union als außen- und sicherheitspolitisch gewichtigen Akteur der Weltpolitik, um transnationalen Herausforderungen geschlossen entgegentreten zu können. Mit der fortschreitenden digitalen Transformation von Politik, Wirtschaft, Wissenschaft und Gesellschaft sowie der anhaltenden globalen Vernetzung und der Expansion des Cyberraums ist die Digitale Agenda für Europa 2020 folgerichtig eine der gegenwärtig wichtigsten Facetten europäischer Integration. Dabei verfolgt die Europäische Union eine ‚Digitaltrias' mit Synergien und Interdependenzen zwischen Digitalem Binnenmarkt, digitaler Infrastruktur und Cybersicherheit als Teil der Sicherheitsunion. Während etwa eine flächendeckend verfügbare digitale Infrastruktur die Ausweitung des Digitalen Binnenmarktes ermöglicht, muss diese gleichzeitig geschützt werden. Diese Nachfrage an Cybersicherheit stärkt wiederum den Digitalen Binnenmarkt, zudem steigt mit sicheren digitalen Infrastrukturen das Vertrauen in neue Technologien, was Grundvoraussetzung einer erfolgreichen digitalen Transformation ist. Darauf aufbauend sollen die Wachstumspotenziale der Informations- und Kommunikationstechnologiebranche, einer der zentralen Umsatz- sowie Produktivitätstreiber, ausgenutzt werden.

Cybersicherheit

Die Anstrengungen für Cybersicherheit haben sich innerhalb der Europäischen Union spätestens seit dem großangelegten Cyberangriff auf das Mitgliedsland Estland 2007 verstärkt und manifestierten sich in der Cybersicherheitsstrategie 2013. Tatsächlich ist Cybersicherheit zentrales Integrationsmomentum der Sicherheitsunion und gilt als wichtiger Indikator in den dazugehörigen, monatlich erscheinenden Fortschrittsberichten der Europäischen Kommission. Die Relevanz der Thematik für elementare Säulen der Sicherheitsunion – vornehmlich „Bekämpfung des Terrorismus und der organisierten Kriminalität sowie der Instrumente zu ihrer Unterstützung" sowie „Stärkung der Abwehrbereitschaft und Widerstandsfähigkeit gegen diese Bedrohungen" – erschließt sich unter anderem aus der Grenzenlosigkeit des Cyberraums. Großangelegte Desinformationskampagnen zur Untergrabung des gesamteuropäischen demokratischen Meinungsbildungsprozesses verlangen etwa koordinierte Gegenmaßnahmen. An dieser Stelle sei beispielhaft der Dialog der europäischen Institutionen für ein einheitliches Konzept zur Bekämpfung von Desinformation genannt. Diesbezüglich erfolgte zuletzt im April 2018 eine Mitteilung der Europäischen Kommission an das Europäische Parlament, den Europäischen Rat, an den Europäischen Wirtschafts- und Sozialausschuss und an den Ausschuss der Regionen.[1]

---

1   Europäische Kommission: Mitteilung der Kommission an das Europäische Parlament, den Rat, den Europäischen Wirtschafts- und Sozialausschuss und den Ausschuss der Regionen, 26.4.2018, COM(2018) 236 final.

Weitere koordinierte Gegenmaßnahmen haben ihren Ursprung in einem dem Rat der Europäischen Union im Juni 2017 vorgelegten Entwurf von Schlussfolgerungen zur Schaffung eines „Rahmens für eine gemeinsame diplomatische Reaktion der EU auf böswillige Cyberaktivitäten" (Cyber Diplomacy Toolbox). Nach Abstimmung mit den Mitgliedstaaten, der Europäischen Kommission und dem Europäischen Auswärtigen Dienst nahm der Rat der Europäischen Union die Schlussfolgerungen, beziehungsweise die „Toolbox" im April 2018 an.[2] Mithilfe der darin vorgesehenen Werkzeuge sollen einheitliche und unmittelbare diplomatische Reaktionen der Mitgliedstaaten auf Cyberangriffe ermöglicht, sowie langfristige normativ und somit befriedend wirkende Effekte auf potenzielle Täter etabliert werden. Insgesamt wurde auf die Benennung konkreter Handlungsrichtlinien verzichtet. Es wird lediglich attestiert, dass – falls nötig restriktive – Maßnahmen aus dem Reaktionsrahmen der Gemeinsamen Außen- und Sicherheitspolitik (GASP) angemessen erscheinen, allerdings stets in Relation zum Ausmaß des Cyberangriffes erfolgen müssen. Vielmehr wird die Notwendigkeit einer kohärenten, friedfertigen und auf Dialog ausgerichteten Cyberaußenpolitik zur Festigung internationaler Normen als Richtlinie für staatliches Handeln im Cyberraum unterstrichen. Interessanterweise fiel die Verabschiedung des diplomatischen Reaktionsrahmens in eine Zeit, in der die internationalen Bemühungen um diplomatische Verständigung im Cyberraum stagnierten. Die letzte Sitzung der sich mit ebendiesen Themen befassenden Expertengruppe der Vereinten Nationen,[3] deren Arbeit im Entwurfstext des diplomatischen Reaktionsrahmens noch als international maßgebend bezeichnet wurde, blieb aufgrund unüberwindbaren Dissens der teilnehmenden Parteien ohne Abschlussdokument, was die Bemühungen der vorangegangenen Sitzungen quasi zunichtemachte.[4] Die Europäische Union wurde mit dem Vorstoß also zu einem der gegenwärtig gefestigsten Projekten der internationalen Cyberdiplomatie.

Neben der Harmonisierung diplomatischer Reaktionen auf Cyberangriffe forcierte die Europäische Union eine Steigerung der Cyberabwehrfähigkeit. Am 13. September 2017 stellte die Europäische Kommission gemeinsam mit der Hohen Vertreterin der Europäischen Union für die Außen- und Sicherheitspolitik mit der gemeinsamen Mitteilung „Abwehrfähigkeit, Abschreckung und Abwehr: die Cybersicherheit der EU wirksam erhöhen"[5] dem Europäischen Parlament und dem Rat der Europäischen Union ein Cybersicherheitspaket vor.[6] Dieser „Rechtsakt zur Cybersicherheit" basierte auf der vorangegangenen Evaluation des Mandats der Europäischen Agentur für Netz- und Informationssicherheit (ENISA) sowie der Cybersicherheitsstrategie 2013 und der Erörterung von Möglichkeiten eines einheitlichen europäischen Zertifizierungsverfahrens.

---

2 Europäische Kommission: Mitteilung der Kommission an das Europäische Parlament, den Europäischen Rat und den Rat. Auf dem Weg zu einer wirksamen und echten Sicherheitsunion – Vierzehnter Fortschrittsbericht, 17.4.2018, COM(2018) 211 final.
3 Der volle Titel der Expertengruppe lautet „United Nations Group of Governmental Experts on Developments in the Field of Information and Telecommunications in the Context of International Security".
4 Geneva Internet Platform Digital Watch Obervatory: UN GGE, abrufbar unter: https://dig.watch/processes/ungge (letzter Zugriff: 31.5.2018).
5 Europäische Kommission/Hohe Vertreterin der Europäischen Union für Außen- und Sicherheitspolitik: Gemeinsame Mitteilung an das Europäische Parlament und den Rat. Abwehrfähigkeit, Abschreckung und Abwehr: die Cybersicherheit in der EU wirksam erhöhen, JOIN (2017) 450 final.
6 European Commission: Proposal for a Regulation of the European Parliament and of the Council on ENISA, the "EU Cybersecurity Agency", and repealing Regulation (EU) 526/2013, an on Information and Communication Technology cybersecurity certification ("Cybersecurity Act"), COM(2017) 0477 final – 2017/0225 (COD).

Primär wird eine Stärkung der ENISA als zentrale europäische Cybersicherheitsagentur vorgesehen. Neben dem Erhalt eines ständigen Mandats und größeren Budgets, soll die Agentur das sich durch die europäische Richtlinie zur Gewährleistung einer hohen Netzwerk- und Informationssicherheit (NIS-Richtlinie) im Aufbau befindende Netzwerk der Computer Emergency Response Teams (CERTs) der Mitgliedstaaten koordinieren. Ferner soll sie die Umsetzung ebendieser Richtlinie unterstützen, europaweite Cyberübungen durchführen, eine Schlüsselfunktion bei der Etablierung eines europäischen Zertifizierungsverfahrens einnehmen und generell stärker operativ als beratend agieren.

Das europäische Zertifizierungsverfahren für Informations- und Kommunikationstechnik-Produkte, als weiterer zentraler Bestandteil des Pakets, ist vor allem eine Antwort auf das exponentiell wachsende Internet der Dinge und zielt gleichzeitig auf eine Harmonisierung der größtenteils fragmentierten Zertifizierungsverfahren der Mitgliedstaaten ab. Der Aufbau obliegt einer „European Cybersecurity Certification Group" unter Leitung der ENISA und soll sich aus den von den Mitgliedstaaten zu benennenden Zulassungsstellen zusammensetzen. Die Teilnahme beruht vorerst jedoch nur auf Freiwilligkeit. Die vorgesehenen Maßnahmen sowie die Ergebnisse einer anschließenden Folgenabschätzung wurden daraufhin zur Stellungnahme und Diskussion in den Haushaltsausschuss und die Ausschüsse für Industrie, Forschung und Energie, für Binnenmarkt und Verbraucherschutz und für bürgerliche Freiheiten, Justiz und Inneres des Europäischen Parlaments eingereicht. Eine Stellungnahme in Form einer allgemeinen Ausrichtung seitens des Rates der Europäischen Union erfolgte Ende Mai 2018,[7] dessen finale Zustimmung neben der des Europäischen Parlaments für ein Inkrafttreten des Rechtsaktes noch aussteht.

Eine weitere Säule der Cyberabwehrfähigkeit der EU bildet ein kooperatives, europaweites Netzwerk aus CERTs. Während auf Basis einer institutionellen Vereinbarung im Dezember 2017 ein ständiges CERT für Einrichtungen der Europäischen Union im Falle von IT-Notfällen eingerichtet wurde,[8] verlangt die NIS-Richtlinie neben einheitlichen Cybersicherheitsniveaus in „wesentlichen Diensten" (kritische Infrastrukturen inklusive Anbieter digitaler Dienste) die Aufstellung nationaler CERTs in den Mitgliedstaaten.[9] Obwohl die Richtlinie bereits im Juni 2016 verabschiedet wurde und mit einer Umsetzungsfrist bis zum 10. Mai 2018 versehen wurde, mangelt es in einigen Mitgliedstaaten noch an der vollständigen Implementierung.[10] Cybersicherheit ist jedoch nicht nur aufgrund des Verlangens nach sicheren digitalen Infrastrukturen erstrebenswert. Denn analog zu der Prämisse, dass die Grenzsicherheit der Europäischen Union die vier Grundfreiheiten des Binnenmarkts erst ermöglicht, ist Cybersicherheit Grundvorausset-

---

[7] Rat der Europäischen Union: Mitteilung an die Presse. EU schafft einen gemeinsamen Rahmen für die Zertifizierung der Cybersicherheit und stärkt ihre Agentur – Rat legt seinen Standpunkt fest. Brüssel, 8.6.2018, Dok. 318/18.

[8] Rat der Europäischen Union: Mitteilung an die Presse. Cybersicherheit: EU-Institutionen verstärken Zusammenarbeit gegen Cyberangriffe. Brüssel, 20.12.2017, Dok. 827/17.

[9] Europäisches Parlament/Rat der Europäischen Union: Richtlinie 2016/1148 des Europäischen Parlaments und des Rates vom 6. Juli 2016 über Maßnahmen zur Gewährleistung eines hohen gemeinsamen Sicherheitsniveaus von Netz- und Informationssystemen in der Union, in: Amtsblatt der EU L194/1, 19. Juli 2016.

[10] Casey Howard: 20 EU member states haven't implemented the NIS Directive, 22.5.2018, abrufbar unter https://www.itgovernance.eu/blog/en/20-eu-member-states-havent-implemented-the-nis-directive (letzter Zugriff: 4.6.2018).

zung für den freien Fluss von Daten, dem zentralen Rohstoff des Digitalen Binnenmarkts. Die stetig anwachsende Datenökonomie erfuhr zuletzt durch die Europäische Datenschutzgrundverordnung (DSGVO) eine Zäsur.

Stärkung der Datenökonomie

Die DSGVO trat am 24. Mai 2016 in Kraft, musste bis zum 25. Mai 2018 umgesetzt werden und steht für die Stärkung von Bürgerrechten, die Verpflichtung von Unternehmen zu hoher Datensicherheit aufgrund von Haftungspflichten und für faire Ausgangsbedingungen eines Digitalen Binnenmarkts. Denn im Gegensatz zu den bisherigen Verordnungen gilt die DSGVO unmittelbar, verdrängt somit nationales Recht und verhindert eine unterschiedliche Auslegung innerhalb der Mitgliedstaaten. Zusammen mit dem eingeführten Marktortsprinzip wird es für außereuropäische Unternehmen unmöglich, sich durch eine gezielte Standortwahl den strengen Auflagen zu entziehen. Das einheitliche Datenschutzniveau und die gegebene Rechtssicherheit beseitigen demnach datenschutzrechtliche Differenzen sowie Marktverzerrungen, die den freien Fluss von Daten und somit den Fortschritt des Digitalen Binnenmarktes behindern. Eine fristgerechte Umsetzung der Verordnung stellte vor allem für kleine und mittelständische Unternehmen eine finanzielle, personelle und rechtliche Herausforderung dar. Auch die teils fehlende Verständlichkeit und Eindeutigkeit der Bestimmungen ist ein Hauptkritikpunkt der Unternehmen und Verbände. Inwiefern sich die DSGVO als ein erhoffter Treiber des Digitalen Binnenmarktes herausstellt, wird demnach sicherlich erst innerhalb der nächsten Monate zu bewerten sein. Dennoch ist die Verordnung als Voraussetzung für Wettbewerbsgleichheit datenverarbeitender Unternehmen sowie als eine essentielle Stärkung von Datensouveränität und Transparenz anzuerkennen. Gleichermaßen wirkt die DSGVO im Bereich Daten- und somit Cybersicherheit. Einerseits haften Unternehmen für die sichere Verwahrung personenbezogener Daten und können im Falle unrechtmäßiger Entwendungen mit empfindlichen Bußgeldern von bis zu 20 Mio. Euro oder 5 Prozent des weltweiten Jahresumsatzes belegt werden. Angemessene IT-Sicherheitsvorkehrungen werden somit im Eigeninteresse der Unternehmen verankert. Andererseits kann die DSGVO im Verbund mit der wirtschaftlichen Macht der Europäischen Union als Verhandlungsbasis gegenüber zentralen Akteuren der digitalen Infrastruktur herangezogen werden. Die Europäische Kommission gestaltete etwa den Reformprozess des WHOIS-Identifikationsprotokolls der Zentralstelle für die Vergabe von Internet-Namen und -Adressen (ICANN) dahingehend mit, als dass DSGVO-Konformität, der Erhalt des öffentlichen Nutzens für Strafverfolgung im Cyberraum und die Verpflichtung zu einer weiteren Zusammenarbeit gewährleistet wurde.[11]

Ein einheitliches Regelwerk für Datenverarbeitungsprozesse erscheint des Weiteren angesichts der Bestrebungen der Europäischen Union um eine Vergrößerung des verfügbaren Datenvolumens angemessen: Im September 2017 wurde von der Europäischen Kommission ein Verordnungsentwurf zur Beseitigung von Hindernissen für den freien und einfachen grenzüberschreitenden Verkehr nicht-personenbezogener Daten vorgelegt.[12] Auf diesem Weg soll der Binnenmarkt für Datenspeicherungs- und Verarbeitungsdienste

---

11 Europäische Kommission: Mitteilung der Kommission an das Europäische Parlament, den Europäischen Rat und den Rat. Auf dem Weg zu einer wirksamen und echten Sicherheitsunion – Fünfzehnter Fortschrittsbericht, 13.6.2018, Com(2018) 470 final.
12 Europäische Kommission: Vorschlag für eine Verordnung des Europäischen Parlaments und des Rates über einen Rahmen für den freien Verkehr nicht personenbezogener Daten in der Europäischen Union, 13.9.2017, COM(2017) 495 final, 2017/0228 (COD).

gestärkt sowie der Zugriff von Behörden der Mitgliedstaaten auf Datenbanken sichergestellt werden. Der Verordnungsvorschlag wurde an den Ausschuss für Binnenmarkt und Verbraucherschutz des Europäischen Parlaments weitergeleitet, der nach einigen Änderungsvorschlägen im Juni 2018 für die Aufnahme von Verhandlungen mit dem Rat der Europäischen Union stimmte.[13] Ein weiteres Unterfangen zur Stärkung eines fairen Datenökonomiesektors stellt die Richtlinie über die Weiterverwendung von Informationen des öffentlichen Sektors (PSI-Richtlinie) dar. Diese trat bereits 2003 in Kraft und wurde nach Aufruf der Europäischen Kommission von September bis Dezember 2017 in Form einer öffentlichen Konsultation geprüft. Die dabei ermittelten Umsetzungsschwierigkeiten wurden von der Europäischen Kommission angenommen und gemeinsam mit dem Rat der Europäischen Union über einen Legislativvorschlag zu einer Umgestaltung der PSI-Richtlinie am 25. April 2018 kommuniziert.[14] Vor dem Hintergrund eines zu erwartenden steigenden Marktpotenzials der Weiterverwendung von Informationen des öffentlichen Sektors – von 52 Mrd. Euro 2018 auf 194 Mrd. Euro 2030[15] – sollen vor allem Verbesserungen hinsichtlich des Geltungsbereiches der Richtlinie, der Verfügbarkeit von Echtzeitinformationen und des Marktzugangs insbesondere für kleine und mittelständische Unternehmen angestrengt werden.

Förderung digitaler Infrastruktur und Zukunftstechnologien

Um die kontinuierlich wachsende Masse an Daten effektiv und effizient verarbeiten zu können, bedarf es einer entsprechenden Infrastruktur. Hier wurde in erster Linie an einer weiteren Konkretisierung des Aktionsplans der Europäischen Kommission „5G für Europa" gearbeitet, der etwa eine Anbindung von Schulen, kritischen Infrastrukturen und Digitalunternehmen an ein Gigabitnetzwerk bis 2025 vorsieht.[16] Nachdem der Rat für Verkehr, Telekommunikation und Energie im Juli 2017 mit der Unterzeichnung einer 5G-Absichtserklärung bekräftigte, Europa als Marktführer des „Next Generation Mobile Networks", einem Mobilfunkverband von Mobilfunkanbietern, Herstellern und Forschungsinstituten, etablieren zu wollen, wurde im folgenden Dezember eine Roadmap mit präzisen Umsetzungsfristen für notwendige Harmonisierungen zur europaweiten Gigabit-Netzanbindung verabschiedet. Ein flächendeckendes, schnelles Internet soll zudem die bereits stattfindende Forschung an Zukunftstechnologien weiter fördern.

Im Januar 2018 stellte die Europäische Kommission ihre Strategie für das gemeinsame Vorhaben zum European High Performance Computing (EuroHPC) vor. Mit einer Investitionssumme von mehr als einer Milliarde Euro, getragen von den Mitgliedstaaten, dem Förderprogramm für Innovation und Forschung Horizon 2020 und dem Privatsektor, soll Europa im Bereich des High Performance Computing (HPC) Anschluss an die Weltspitze

---

13   European Parliament: No barriers to free flow of non-personal data in the EU, 4.6.2018, abrufbar unter: http://www.europarl.europa.eu/news/en/press-room/20180604IPR04926/no-barriers-to-free-flow-of-non-personal-data-in-the-eu (letzter Zugriff: 6.6.2018).
14   European Commission: Proposal for a Directive of the European Parliament and of the Council on the re-use of public sector information (recast), 25.4.2018, COM(2018) 234 final, 2018/0111 (COD).
15   European Commission: Study to support the review of Directive 2003/98/EC on the re-use of public sector information, Deloitte, abrufbar unter: http://ec.europa.eu/newsroom/dae/document.cfm?doc_id=51491 (letzter Zugriff: 5.6.2018).
16   European Commission: Communication from the Commission to the European Parliament, the Council, the European Economic and Social Committee and the Committee of the Regions, 5G for Europe. An Action Plan, 14.9.2018, COM(2016) 588 final.

finden.[17] Tatsächlich wird dieser zukunftsweisenden Technologie strategische Relevanz für Forschung, Wirtschaft und nationaler Sicherheit zugemessen. Weitere Investitionen in dieser Größenordnung – ca. 1,5 Mrd. Euro bis 2020 – sind ferner für die Forschung am Einsatz Künstlicher Intelligenz vorgesehen.[18] Diese Technologie birgt großes Potential, wird aber auch sozioökonomische Folgen durch die Revolution von Arbeit, Mobilität oder Medizin mit sich bringen. Umso wichtiger ist daher eine enge Abstimmung der Mitgliedstaaten, wie die gemeinsame Erklärung von 25 Mitgliedstaaten im April 2018 ausdrückt.[19]

Digitale Agenda als Voraussetzung zukünftiger europäischer Politik

Im Gesamten betrachtet verzeichnet die Europäische Union Fortschritte zur Stärkung der eingangs beschriebenen Digitaltrias. Gleichzeitig bleibt die Digitale Agenda weiterhin im Fokus und verlangt nach Gestaltungswillen, Fortschritt und Anpassung. Wie so oft im Rahmen der europäischen Integration ist es dabei eine große Herausforderung einen gemeinsamen Nenner für eine effiziente und kohärente Digitalpolitik zu finden. Während eine Vertiefung des gemeinsamen Digitalen Binnenmarkts aufgrund des Wachstumspotenzials oder verbraucherfreundlicher Entwicklungen wie die Abschaffung unrechtmäßiger Zugriffsbeschränkungen auf digitale Angebote (Geoblocking) von der Wirtschaft und den BürgerInnen begrüßt wird, begegnen Cybersicherheitsinitiativen oftmals den traditionellen Vorbehalten der Mitgliedstaaten, Souveränität in Fragen der Außen- und Sicherheitspolitik abzutreten. Darüber hinaus muss an steigenden Investitionen und Kooperationen im Bereich der Forschung an zukunftsweisenden Technologien festgehalten werden. Andere Regionen der Welt haben hier einen Vorsprung erlangt, verfolgen dabei jedoch andere Ziele als das liberal-demokratische Europa. Ein resolutes Vorantreiben der Digitalen Agenda ist für die Europäische Union somit nicht nur aus wirtschaftlicher und sicherheitspolitischer, sondern auch hinsichtlich einer wertebasierten Außenpolitik anzustrengen.

Weiterführende Literatur

Annegret Bendiek/Raphael Bossong/Matthias Schulze: Die erneuerte Strategie der EU zur Cybersicherheit, in: SWP-Aktuell 72, Oktober 2017.

Helena Carrapico/André Barrinha: The EU as a Coherent (Cyber)Security Actor, in: Journal of Common Market Studies 6/2017, S. 1254-1272.

Myriam Dunn Cavelty: Europe's cyber power, in: European Politics and Society 3/2018, S. 304-320.

---

17 European Commission: Proposal for a Council Regulation on establishing the European High Performance Computing Joint Undertaking, COM(2018) 8 final, 2018/0003 (NLE).
18 European Commission: Press Release. Artificial intelligence: Commission outlines a European approach to boost investment and set ethical guidelines. Brussels, 25.4.2018, Dok. IP/18/3362.
19 Declaration Cooperation on Artificial Intelligence, abrufbar unter: http://ec.europa.eu/newsroom/dae/document.cfm?doc_id=50951 (letzter Zugriff: 6.6.2018).

Energiepolitik

Mirja Schröder

Nachdem die Europäische Kommission das Jahr 2016 zum „Year of Delivery" erklärt hatte, betitelte sie 2017 bereits im Vorfeld als „Year of Engagement". In ihrem dritten Bericht zur Lage der Energieunion[1] betonte die Europäische Kommission ihr Ziel, Energieeffizienzmaßnahmen oberste Priorität einzuräumen, im Bereich erneuerbarer Energien eine weltweite Führungsrolle zu übernehmen und Verbraucher zu stärken. Ein Schwerpunkt des Berichts lag auf dem Ausbau notwendiger Infrastruktur zur Vollendung des Energiebinnenmarkts. Im Einklang mit dem Pariser Klimaabkommen wurde die dritte Liste der Vorhaben von gemeinsamem Interessen (Projects of Common Interests) veröffentlicht. Sie umfasst aktuell 173 Vorhaben, davon 110 im Bereich Stromversorgung und intelligente Netze sowie 53 Gas- und 6 Ölversorgungsprojekte. Erstmals sind auch vier Vorhaben für grenzübergreifende Kohlendioxidnetze aufgeführt. Über den Europäischen Fonds für strategische Investitionen (EFSI) wurden bislang Investitionen in Höhe von 240,9 Mrd. Euro mobilisiert, wobei der Großteil der genehmigten EFSI-Maßnahmen auf den Energiesektor entfiel, vorrangig Investitionen in erneuerbare Energien, Energieeffizienz und Energieinfrastruktur.[2] Daneben prägten Maßnahmen zur Versorgungssicherheit – inklusive der umstrittenen Gaspipeline „Nord Stream 2" – die energiepolitische Debatte.

Neues Governance-System für die Energieunion

Der Rat der Europäischen Union und das Europäische Parlament haben sich auf ein neues Governance-System der Energieunion geeinigt, mit dem die Ziele der Energieunion und insbesondere die energie- und klimapolitischen Ziele für 2030 (Verringerung der Treibhausgasemissionen um 40 Prozent, Mindestanteil der erneuerbaren Energien am Energiemix der Europäischen Union von 32 Prozent und Steigerung der Energieeffizienz um 32,5 Prozent) umgesetzt werden sollen. Die von der Europäischen Kommission im November 2016 vorgeschlagene Reform der Steuerungsinstrumente für Energie- und Klimapolitik auf EU-Ebene[3] soll die Koordination zwischen Mitgliedstaaten und Europäischer Kommission neu gestalten und die komplexen Governance-Strukturen in der Energiepolitik vereinfachen. Voraussichtlich im Oktober 2018 wird das Europäische Parlament über die Verordnung abstimmen. Ziel der neuen Verordnung ist in erster Linie, sämtliche Berichtspflichten aus den unterschiedlichen Legislativakten in den nationalen Energie- und Klimaplänen der Mitgliedstaaten zu bündeln und eine Regelungslücke zu verhindern. Wurden für die Klimaziele 2020 noch verbindliche nationale Zielsetzungen festgelegt, verzichtete man für

---

1 Europäische Kommission: Dritter Bericht zur Lage der Energieunion. Mitteilung der Kommission an das Europäische Parlament, den Rat, den Europäischen Wirtschafts- und Sozialausschuss, den Ausschuss der Regionen und die Europäische Investitionsbank, KOM(2017)688 endg.
2 Daten der Europäischen Investitionsbank und der Europäischen Kommission, Stand: Oktober 2017.
3 Europäische Kommission: Vorschlag für eine Verordnung des Europäischen Parlaments und des Rates über das Governance-System der Energieunion, KOM(2016)759 endg.

die Klimaziele 2030 oder die Energieunion darauf. Stattdessen soll die Umsetzung ein partizipativer Gestaltungsprozess sein, bei dem die Mitgliedstaaten verbindliche EU-weite Ziele und Programme in nationalen Plänen realisieren. Die Arbeit in den Mitgliedstaaten hat bereits begonnen. Bis zum 31. Dezember 2018 sollen Planentwürfe vorliegen; die endgültigen nationalen Energie- und Klimapläne sollen dann bis zum 31. Dezember 2019 fertig gestellt sein und Ziele, Strategien und Maßnahmen für jede der fünf Dimensionen[4] der Energieunion beinhalten.

Energieeffizienz an erster Stelle

Als Erstes von acht Legislativvorschlägen, die die Europäische Kommission im Rahmen des Pakets „Saubere Energie für alle Europäer"[5] am 30. November 2016 vorgelegt hatte, hat das Europäische Parlament im April 2018 der überarbeiteten Richtlinie zur Gesamtenergieeffizienz von Gebäuden zugestimmt. Mit 40 Prozent des Endenergieverbrauchs ist der Gebäudesektor der energieintensivste Bereich und produziert 36 Prozent der Kohlenstoffdioxidemissionen. Die beschlossenen Änderungen zielen unter anderem darauf ab, bestehende Gebäude mit energieeffizienten Anlagen nachzurüsten und die Energieeffizienz neuer Gebäude durch den Einbau ‚intelligenter' Systeme zu verbessern.

Die neue Governance-Verordnung sieht zudem konkrete Vorgaben für erneuerbare Energie und Energieeffizienz vor: Um das Ziel eines Anteils der erneuerbaren Energien von insgesamt 32 Prozent bis 2030 zu erreichen, muss die Europäischen Union bis 2022 18 Prozent, bis 2025 43 Prozent und bis 2027 65 Prozent des Ziels erreicht haben. Dazu einigten sich der Rat der Europäischen Union und das Europäische Parlament auf den Grundsatz der Auslösung eines Mechanismus zur Schließung von Lücken für erneuerbare Energien: Wenn auf Unionsebene eine Lücke besteht, müssen jene Mitgliedstaaten, die unter ihre Bezugspunkte fallen, die Lücke schließen, indem sie nationale Maßnahmen ergreifen. Außerdem gibt es eine Verpflichtung, jegliche Lücke zum Ausgangswert für erneuerbare Energien für 2020 zu schließen, sofern eine solche Lücke innerhalb eines Jahres auftritt.

Energieversorgungssicherheit

Ein weiteres Hauptziel der Energieunion betrifft Energieversorgungssicherheit, wobei die Energieunion dies in erster Linie mit Gassicherheit übersetzt. Prognosen gehen davon aus, dass die Abhängigkeit der Europäischen Union von Gasimporten weiter zunimmt.[6] So betrug der Anteil der Nettogasimporte am Gesamtgasverbrauch der Europäischen Union im Jahr 2016 70,4 Prozent. Der Großteil der Importe stammt aus Russland (42 Prozent der Gesamtimporte in 2016), gefolgt von Norwegen (34 Prozent) und Algerien (10 Prozent). Importiertes Flüssiggas hat einen Anteil von 14 Prozent an den Gesamteinfuhren.[7]

Der Verband Europäischer Fernleitungsnetzbetreiber für Gas führt europaweite Simulationen der Gasversorgung und deren Unterbrechungen zur Risikoabschätzung durch. Die

---

4   Die fünf Dimensionen umfassen Dekarbonisierung, Energieeffizienz, Energieversorgungssicherheit, Energiebinnenmarkt sowie Forschung, Innovation und Wettbewerbsfähigkeit.
5   Europäische Kommission: Saubere Energie für alle Europäer. Mitteilung an das Europäische Parlament, den Rat, den Ausschuss der Regionen und die Europäische Investitionsbank. KOM(2016)860 endg.
6   Internationale Energieagentur: World Energy Outlook 2017, Paris, 15. Dezember 2017; Europäische Kommission: Quaterly Report on European Gas Markets, Market Observatory for Energy, DG Energy, 10 (4), 2018.
7   Daten der Statistikbehörde Eurostat, Juli 2018.

Energiepolitik

sogenannten Stresstests haben gezeigt, dass rein nationale Vorgehen im Fall einer schweren Versorgungsstörung nicht ausreichen. Als Konsequenz trat am 1. November 2017 eine neue Verordnung zur Gewährleistung der Gasversorgungssicherheit[8] in Kraft. Das neue Regelwerk verankert das Solidaritätsprinzip, indem Mitgliedstaaten künftig in regionalen Gruppen zusammenarbeiten und im Falle einer Lieferunterbrechung nachbarschaftlich füreinander einstehen. Statt wie bisher ex-post, sind Energieunternehmen aufgefordert, nationale Behörden bereits ex-ante über den Abschluss für die europäische Versorgungssicherheit relevanter, neuer Langzeit-Verträge zu informieren.

Wenn es nach der Europäischen Kommission ginge, würde zusätzlich die bestehende Gasrichtlinie (2009/73/EG) auf Offshore-Gasleitungen wie „Nord Stream 2" ausgedehnt und die wesentlichen Grundsätze der EU-Rechtsvorschriften im Energiebereich (Zugang Dritter, Entgeltregulierung, eigentumsrechtliche Entflechtung und Transparenz) für alle Gasleitungen, die in Drittländer hinein- beziehungsweise herausführen, bis zur Grenze des EU-Gebiets gelten. Der juristische Dienst des Rates der Europäischen Union sprach sich jedoch gegen den Legislativvorschlag aus. Zudem lehnten europäische Industrieverbände und Unternehmen den Gesetzesvorschlag mit großer Mehrheit ab. Lediglich in Polen ansässige Unternehmen unterstützen den Vorschlag. Polen fürchtet um seine Transiteinnahmen, wenn mit „Nord Stream 2" die traditionellen Routen über die Ukraine teilweise umgangen würden.

Nachdem das internationale Schiedsgericht in Stockholm in seinem Urteil im März 2018 entschieden hatte, dass der russische Energiekonzern Gazprom etwa 2,56 Mrd. US-Dollar an den ukrainischen Konzern Naftogaz als Schadensersatz für nicht gelieferte Gasmengen zahlen muss, hatte Gazprom die Gaslieferungen an die Ukraine einseitig ausgesetzt und bekräftigt, die 2019 auslaufenden Transitabkommen nicht zu erneuern. Stattdessen sieht Gazprom vor, den europäischen Markt auf alternative Routen wie „Nord Stream" über Deutschland und „TurkStream" über die Türkei zu beliefern. Der Bau von „TurkStream" durch das Schwarze Meer ist bereits weit vorangeschritten. Sowohl die EU-Institutionen als auch die Mitgliedstaaten setzen sich offen für den Erhalt der ukrainischen Transitroute ein. Zuletzt hatte der russische Präsident Wladimir Putin bei einem Treffen mit Bundeskanzlerin Angela Merkel zugesichert, dass weiterhin Gas durch die Ukraine fließe. Die Mengen blieben offen.

Pipeline Politik

Die geplante Erweiterung der bestehenden Ostseepipeline Nord Stream um zwei weitere Stränge („Nord Stream 2") erhitzte auch 2017/18 die Gemüter in Brüssel und den betroffenen Mitgliedstaaten. Nach Auffassung der Europäischen Kommission und diverser Mitgliedstaaten, darunter unter anderem Polen und die baltischen Staaten, könnten mit der Inbetriebnahme die traditionellen Routen über die Ukraine umgangen werden, was wiederum die strategischen Bemühungen der Europäischen Union um eine Verringerung der russischen Gasabhängigkeit und der Diversifizierung ihrer Bezugsquellen untergrabe. Die förmliche Ersuchung der Europäischen Kommission um ein Mandat zur Aufnahme von Verhandlungen mit Russland über den Betrieb der geplanten Erdgasleitung wurde vom Rat der Europäischen Union im September 2017 zurückgewiesen. Währenddessen haben

---

8 Verordnung (EU) 2017/1938 des Europäischen Parlaments und des Rates vom 25. Oktober 2017 über Maßnahmen zur Gewährleistung der sicheren Gasversorgung und zur Aufhebung der Verordnung (EU) Nr. 994/2010.

bis Mitte 2018 bis auf Dänemark alle beteiligte Mitgliedstaaten – Deutschland, Finnland und Schweden – ihre nationalen Bau- und Betriebsgenehmigungen für das Projekt erteilt. Im Mai 2018 begannen die Arbeiten im Greifswalder Bodden. Ein Eilantrag des Naturschutzbund Deutschland wegen Gefährdung gefährdeter Meerestiere und -pflanzen wurde vom Oberverwaltungsgericht Mecklenburg-Vorpommerns Anfang Juni abgelehnt.

Zeitgleich wurde im Juni 2018 ein zentraler Abschnitt des Südlichen Gaskorridors, das Gas aus dem Kaspischen Raum nach Europa bringen soll, fertiggestellt. Die „Trans Anatolian Natural Gas Pipeline" (TANAP) wurde in der Türkei offiziell eingeweiht. Von den insgesamt 16 Mrd. Kubikmetern Erdgas, die TANAP jährlich transportiert, verbleiben sechs Mrd. Kubikmeter in der Türkei, während zehn Mrd. Kubikmeter nach Europa geleitet werden. Dazu schließt die „Trans-Adriatic Pipeline" an der türkisch-griechischen Grenze an TANAP an. Sie soll voraussichtlich ab 2020 aserbaidschanisches Gas von Griechenland über Albanien nach Süditalien liefern. Der Südlichen Gaskorridor gilt als Schlüsselprojekt in dem Bestreben, den Anteil nicht-russischen Pipeline Gas zu erhöhen, auch wenn die derzeit prognostizierten Liefermengen gerade einmal 1,5 bis 3 Prozent der europäischen Gasnachfrage decken. Der Türkei kommt dabei eine Schlüsselrolle als Transitland zu.

Explorationsbohrungen des italienischen Energiekonzerns Eni stießen zudem Anfang 2018 auf das Erdgasfeld „Calypso" vor der Südwestküste Zyperns, das mit voraussichtlich rund 30 Bio. Kubikfuß Gas über ein bedeutendes Gasvorkommen verfügen soll. Inwiefern das Gas jedoch gefördert und nach Europa transportiert werden könnte, bleibt höchst unklar. Nicht nur, dass die Förderung ausgesprochen anspruchsvoll und kostspielig wäre, auch der internationale Preisverfall der Öl- und Gaspreise aufgrund steigenden Angebots reduziert die Erfolgsaussichten. Schließlich erhebt die Türkei Anspruch auf das Gasfeld, das nach Ansicht Ankaras zu großen Teilen zur türkischen Wirtschaftszone zählt.

Weiterführende Literatur

Mirja Schröder/Marc Oliver Bettzüge/Wolfgang Wessels (Hrsg.): Turkey as an energy hub? Contributions on Turkey's Role in EU Energy Supply, Baden-Baden 2017.

Katja Yafimava: The Council Legal Service's assessment of the European Commission's negotiating mandate and what it means for Nord Stream 2, in: Oxford Institute for Energy Studies 10/2017.

Forschungs-, Technologie- und Telekommunikationspolitik

Jürgen Turek

Die strukturellen integrationspolitischen ‚Baustellen' in Europa verstellen den Blick auf die Gesamtplanung der Europäischen Union von 2021 bis 2027, ihre sozioökonomische Performance durch bestehende und neue Programme und Initiativen zu pflegen und voranzutreiben. Diese beruht auf der EU-Modernisierungsstrategie „Europa 2020". Sie soll Europa durch die Mobilisierung von Innovationspotenzialen und die Förderung von Forschung und technologischer Entwicklung in High-Tech-Industrien und im Bereich der Digitalisierung antreiben. Gleichzeitig soll sie für ein nachhaltiges Wachstum, eine ausreichende Beschäftigung der Menschen und soziale Kohäsion in Europa sorgen.

```
                    Programm für nachhaltiges
                    Wachstum, Energiesicherheit
                    und Klimaschutz,
                    Beschäftigung und Bildung,
                    soziale Kohäsion

    Europäischer Forschungsraum (ERA)        Rahmenprogramm
    und 8. Forschungsrahmenprogramm          für Innovation und
    „Horizon 2020" mit Weltraumpolitik       Wettbewerbsfähigkeit
    und digitaler Agenda für Europa
```

Abbildung 1: Die Modernisierungsstrategie „Europa 2020" der EU. Grafik: Turek Consulting München

Dieser Ansatz besteht seit Anfang der 2010er Jahre. Er ist ganzheitlich konzipiert und umfasst innovationspolitisch gesehen die wirtschaftspolitische Förderung innovativer Wertschöpfungsketten von den Universitäten über spezialisierte Forschungsinstitute bis hin zu den Unternehmen, die aus Ideen und Erfindungen wettbewerbsfähige Produkte und Dienstleistungen entwickeln sollen. Mit ihrem Gesamtbericht über die Tätigkeit der Kommission 2017[1] und den Impulsen, die sie mit Blick auf den Haushalt der Gemeinschaft 2021–2027 im Mai 2018 gesetzt hat, verdeutlicht die Kommission, dass sie die Umsetzung und Finanzierung der „Strategie Europa 2020" weiterhin in einem nachhaltigen Rahmen umsetzen will. Dies umfasst die Mobilisierung europäischer Forschungsinstitute und hoch innovativer Unternehmen, die Stärkung der europäischen Grundlagen- und angewandten Forschung sowie die konsequente Digitalisierung des Binnenmarktes.

---

1   Vgl. Europäische Kommission: Gesamtbericht über die Tätigkeit 2017, Brüssel 2018.

Forschungs- und Technologiepolitik

Die Forschungs- und Technologiepolitik (FTE-Politik) ist elementarer Teil dieser Modernisierungsstrategie. Der Fokus liegt auf der zukünftigen industriellen Entwicklung, ohne dabei sozialwissenschaftliche Forschungsbereiche auszublenden. Die FTE-Politik wird mit dem Programm „Horizont 2020" exekutiert. Damit realisiert die EU seit 2014 (programmatisch noch bis Ende 2020 disponiert) ein mit 80 Mrd. Euro ausgestattetes Forschungsrahmenprogramm. Budget und Aktivitäten verteilen sich auf die drei Schwerpunkte „EU-Spitzenforschung", „industrielle Innovationen" und „Bewältigung der größten gesellschaftlichen Herausforderungen". „Horizont 2020" ist das weltweit größte staatliche bzw. supranationale Forschungsprogramm. Es vereint alle Forschungs- und Förderprogramme der Europäischen Kommission, bietet europäische Kooperationsmöglichkeiten zwischen Universitäten, Forschungseinrichtungen, einzelnen Wissenschaftlern und Unternehmen an, legt einheitliche Vorschriften fest und versucht, den damit verbundenen bürokratischen Aufwand in Grenzen zu halten. Die Forschungs- und Technologiepolitik ist Teil einer fest umrissenen industriellen Wertschöpfung. Sie dient dazu, eine Wertschöpfungskette von Forschung und Wissenschaft bis zur Erfindung und kommerziellen Verwertung von Produkten und Dienstleistungen zu initiieren. Damit bildet „Horizont 2020" den Kern des Europäischen Forschungsraums (EFR). Zusammen mit der „Innovationsunion" dient es der Umsetzung der „Strategie 2020"; sie soll Europa zum wettbewerbsfähigsten Raum der Welt machen.

Konkret sind die EU-Mittel für Forschung und technologische Entwicklung für Innovationen in Gesundheit, Umwelt, Verkehr und Mobilität, Nahrungsmittel und Energie bestimmt. Forschungspartnerschaften mit der pharmazeutischen Industrie, der Luft- und Raumfahrtindustrie, dem Maschinenbau oder der Automobil- und der Elektronikindustrie sollen privatwirtschaftliche Investitionen in künftiges Wachstum und die Schaffung von Arbeitsplätzen mit hohem Qualifikationsniveau führen. Die Digitalisierung prägt die FTE-Politik der EU zunehmend. Beispiele finden sich in der digitalisierten Agrarökonomie mit dem Ziel optimierter Produktionsmöglichkeiten und gesteigerter Ernteerträge oder in der optimierten digitalen Verkehrsinfrastrukturtechnologie, die eine automatisierte und sichere Mobilität ermöglichen soll.

Ein wichtiges Ziel der europäischen Forschungs- und Technologiepolitik ist die Erhöhung der Forschungsintensität. Der Anteil der Investitionen des Bruttoinlandsproduktes in den Ländern der EU beträgt im Durchschnitt immer noch nur rund 2 Prozent. Die Mitgliedstaaten und die Europäische Kommission verfolgen das Ziel, bis 2020 diesen Anteil im Durchschnitt aller EU-Mitgliedsländer auf 3 Prozent zu heben.[2]

Ab Anfang 2017 wurde „Horizont 2020" einer Zwischenevaluierung unterzogen. Sie nimmt Einfluss auf die Gestaltung des laufenden Programms und prägt das zukünftige 9. EU-Rahmenprogramm, das 2021 beginnen wird. Programmlinien und Initiativen des Programms werden dahingehend untersucht, ob die vereinbarten forschungspolitischen Ziele erreicht werden konnten. Die Evaluierung wurde von zwei externen Expertenkommissionen unterstützt: Zum einen die „Expert Group on evaluation methodologies for the interim and ex-post evaluations of Horizon 2020", die überprüfen soll, inwieweit die Problematik der ‚sozialen Herausforderungen' im Rahmen der übergeordneten Europa 2020-Strategie wirklich aufgenommen worden sind. Zum anderen die „High Level Group

---

2   Vgl. Jürgen Turek: Forschungs-, Technologie- und Telekommunikationspolitik, in: Werner Weidenfeld/Wolfgang Wessels (Hrsg.): Jahrbuch der Europäischen Integration, Baden-Baden 2017, S. 262.

on the interim evaluation of Horizon 2020", welche sich auf eine Projektion der künftigen Herausforderungen und politische Empfehlungen konzentrieren soll.[3] Letztere tagte unter Vorsitz von Pascal Lamy und legte im Sommer 2017 EU-Forschungskommissar Carlos Moedas elf Empfehlungen vor, um das kommende Forschungsrahmenprogramm noch stärker als wirkungsmächtiges Instrument der europäischen Forschungs-, Technologie-, Wirtschafts- und Industriepolitik nutzen zu können. Der Anschub von Forschung und Innovationen sollte deshalb im Haushalt der EU und ihrer Mitgliedstaaten Priorität erhalten und das Budget der EU-Programme für Forschung und Innovation nach 2020 verdoppelt werden. Die Expertengruppe wies darauf hin, dass zwei Drittel des Wirtschaftswachstums in den Industrieländern auf Forschung und Innovation zurückzuführen sind. Zu den elf Empfehlungen gehörten die Verdoppelung des EU-Forschungsbudgets, eine stärkere Orientierung auf die Entstehung zukünftiger Märkte, die Rationalisierung der EU-Forschungslandschaft und Schaffung von Synergien mit den Strukturfonds. EU- und nationale Forschungs- und Innovationsinvestitionen sollten besser abgestimmt und internationale Kooperationen zum Markenzeichen der EU-Forschungs- und Innovationspolitik werden. Vorgeschlagen wurde auch eine Mobilisierung der Bürgerinnen und Bürger mittels breit angelegter Innovationsprojekte.[4]

Im Frühjahr 2018 legte die Kommission ihre Überlegungen zu dieser Evaluation vor. Sie trug diese dem Europäischen Parlament, dem Europäischen Rat sowie dem Ausschuss der Regionen vor. Darin betonte sie Fortschritte des Programms gegenüber den festgestellten Defiziten des vergangenen 7. Forschungsrahmenprogramms. Sie mahnte gleichzeitig eine weitere Konzentration der Bemühungen auf nachhaltige Kooperationserfolge in der Zusammenarbeit zwischen Forschung, Entwicklung und praktisch tätiger Wirtschaft an. Ferner forderte sie mehr Vereinfachung in der Zusammenarbeit, weniger Bürokratie, mehr internationale Kooperation und eine verbesserte Berücksichtigung der Bedürfnisse der EU-Bürger.[5] Insofern zeigte sie sich gegenüber den Forderungen der High Level Group als aufgeschlossen. Die endgültige Evaluation soll Ende 2018 nach dem Abschluss der Konsultationsprozesse mit den europäischen Institutionen vorgelegt werden.

Telekommunikationspolitik und Digitalisierung

Mit Blick auf die Wettbewerbsfähigkeit der europäischen Wirtschaft spielt der digitale Binnenmarkt eine wichtige Rolle. Sein Ziel ist eine digitalisierte Super-Infrastruktur und ein Platz Europas unter den großen Champions der Digitalwirtschaft. Zudem soll sie das globale Wachstum europäischer Unternehmen sowie die Modernisierung der öffentlichen Dienste fördern. Wichtig im Programm der Europäischen Kommission sind dabei die Themen: (1) Zugang zu den besten informationstechnologischen Netzen, (2) Reform der Telekommunikationsvorschriften, (3) Verbraucherschutz, (4) Verfügbarkeit von Online-Inhalten und -Diensten in allen EU-Ländern, (5) faires und rechtlich einwandfreies Ver-

---

3 Vgl. Kooperationsstelle EU der Wissenschaftsorganisation (KOWI): EU-Forschungspolitik, Zwischenevaluierung von Horizon 2020, abrufbar unter: www.kowi.de/kowi/forschungspolitik/interim-evaluation/interim-evaluation.aspx (letzter Zugriff: 8.5.2018).
4 Vgl. Europäische Kommission: Elf Empfehlungen für die EU-Forschungspolitik nach 2020, abrufbar unter: https://ec.europa.eu/germany/news/elf-empfehlungen-f%C3%BCr-die-eu-forschungpolitik-nach-2020_de (letzter Zugriff: 7.5.2018).
5 Vgl. European Commission: Communication from the Commission to the European Parliament, the Concil, the European Economic and Social Committee and the Committee of the Regions, abrufbar unter: https://ec.europa.eu/transparency/regdoc/rep/1/2018/EN/COM-2018-2-F1-EN-MAIN-PART-1.PDF (letzter Zugriff: 9.5.2018).

halten von informationstechnologisch agierenden Unternehmen wie Google, Apple oder Facebook, (6) Cybersicherheit und (7) Datenschutz.[6] Letzter Punkt wurde am 25. Mai 2018 mit der EU-Datenschutz-Grundverordnung (EU-DSGVO) einer Regulierung zur Verwendung von personenbezogenen Daten der Bürger in Europa unterworfen. Davor hatte die Kommission im September 2017 Maßnahmen zur Verbesserung des freien Verkehrs nicht personenbezogener Daten vorgelegt. Hinsichtlich der Cybersicherheit stellte die Kommission Leitlinien und Grundsätze auf, um dem Problem der Nutzung von Online-Plattformen für die Verbreitung illegaler Online-Inhalte zu begegnen.[7]

Die Digitalisierung Europas ist in voller Fahrt

Die Digitalisierung hat Europa endgültig erreicht und wird das kommende EU-Forschungsrahmenprogramm sowie die Agenda der Telekommunikationspolitik prägen. Für die FTE gilt: Kooperationen noch besser zu organisieren, die Forschungsanstrengungen endlich auf das 3-Prozent-Ziel am Bruttosozialprodukt auszurichten und bürokratischen Aufwand zu reduzieren. Die im Rahmen der Evaluation geforderte Verdoppelung des Forschungshaushaltes des Rahmenprogramms ist eine logische Folge; sie betrüge dann etwa 160 Mrd. Euro für die siebenjährige Laufzeit des neuen Programms. Nach der Logik der Finanzplanung in der EU ist eine solche Erhöhung jedoch nicht realistisch. Käme am Ende allerdings eine 20-prozentige oder 30-prozentige Erhöhung des Forschungsbudgets heraus, würde dies der technologischen Wettbewerbsfähigkeit Europas dienen.

Fast wichtiger sind mit Blick auf das digitalisierte Europa alle diejenigen Anstrengungen, die auf eine verbesserte Cybersicherheit und einen besseren Datenschutz der EU-Bürger zielen. Hier hat die Europäische Kommission mit der EU-DSGVO ein strenges Regelwerk errichtet. Gleichzeitig hat sie ein Konzept der Cybersicherheit entwickelt, um die Abwehr-, Abschreckungs- und Reaktionsfähigkeit der EU bei Cyberangriffen zu stärken. Dies umfasst unter anderem die Errichtung einer EU-Agentur für Cybersicherheit, ein Konzept für eine schnelle, operative und einheitliche Reaktion im Fall einer großen Cyberattacke und eine bessere internationale Zusammenarbeit, darunter eine Vertiefung der Kooperation zwischen der EU und der NATO. Problematisch dabei bleibt – wie immer bei der Errichtung einer neuen europäischen Bürokratie – die Frage der Kompetenzverteilung, der Zuständigkeit und der Zusammenarbeit mit den nationalen Behörden.

Beide Felder – die Forschungs- und Technologie- sowie die Telekommunikations- und Digitalisierungspolitik – erhalten damit stärker einen strategischen Charakter für die weitere europäische Integration. Sie zielen auf die innere und äußere Sicherheit der EU und die Wettbewerbsfähigkeit der europäischen Wirtschaft. Insofern können dies wertvolle Impulse sein zur Stärkung eines Europas, dass derzeit in einer schweren Krise steckt.[8]

Weiterführende Literatur

Europäische Kommission: Forschung und Innovation, abrufbar unter: https://europa.eu/european-union/topics/research-innovation_de (letzter Zugriff: 18.5.2018).

Jürgen Turek: Forschungs-, Technologie- und Telekommunikationspolitik, in: Werner Weidenfeld/Wolfgang Wessels (Hrsg.), Jahrbuch der europäischen Integration, Bonn/Baden-Baden 1993 ff.

---

6   Vgl. die Formulierung der drei Säulen für einen digitalen Binnenmarkt durch die EU-Kommission, abrufbar unter: https://ec.europa.eu/commission/priorities/digital-single-market_de (letzter Zugriff: 17.5.2018).
7   Vgl. Kommission: Gesamtbericht, 2018, S. 27.
8   Vgl. Jürgen Turek: Globalisierung im Zwiespalt. Die postglobale Misere und Wege, sie zu bewältigen, Bielefeld 2017, S. 398 ff.

Gesundheits- und Verbraucherpolitik

Sarah-Lena Böning/Remi Maier-Rigaud

Neue Integrationsimpulse sind aus der europäischen Gesundheits- und Verbraucherpolitik zu verzeichnen: Neben dem Vorschlag einer Richtlinie zu Verbandsklagen wirbt die Europäische Kommission verstärkt um europäische Antworten auf die Herausforderungen in den Bereichen der Bewertung von Gesundheitstechnologien, grenzüberschreitender Gesundheitsgefahren oder der Etablierung eines gemeinsamen digitalen Datenraums.

Kommission will Kompensationsmöglichkeiten für geschädigte Verbraucher
Wie schon so häufig in der Geschichte des Verbraucherschutzes erzeugte ein grenzüberschreitender Skandal ein Momentum für verbesserten Verbraucherschutz in Europa. In diesem Fall war die US-Umweltbehörde Ausgangspunkt, die 2015 eine illegale Abschalteinrichtung in Dieselfahrzeugen entdeckte, mit deren Hilfe manipulativ grenzwertkonforme Abgaswerte temporär erzielt wurden. Diese weltweite, stark gesundheitsschädliche Praxis mehrerer Hersteller brachte in Europa die Frage der Entschädigung für Verbraucher auf die politische Agenda. Dieser sogenannte „Dieselabgasskandal" unterstreicht die Dringlichkeit des Kommissionsvorschlags zur Neugestaltung der Rahmenbedingungen für Verbraucher. Nachdem die Kommission bereits 2013 eine entsprechende Empfehlung abgegeben hatte, hat sie nun eine Richtlinie zu Verbandsklagen vorgeschlagen.[1] Durch Verbandsklagen, die qualifizierte Einrichtungen wie Verbraucherverbände im Namen der Verbraucher erheben dürfen, können diese für schädigende Unternehmenspraktiken kompensiert werden, ohne dass der Klageweg Kosten für sie verursachen würde. Die Gefahr einer „Klageflut" ist aber nicht zu erkennen, denn anders als bei den Sammelklagen in den USA sind die Voraussetzungen für Verbandsklagen streng definiert: Es bedarf einer gerichtlichen oder behördlichen Entscheidung und nur der tatsächlich erlittene Schaden kann kompensiert werden. In Deutschland folgt die Bundesregierung der Forderung der Verbraucherzentrale Bundesverband und hat im Mai 2018 einen Gesetzentwurf zur Einführung einer Musterfeststellungsklage vorgelegt.[2] Ebenfalls Teil des von der Kommission vorgeschlagenen „New Deal" für Verbraucher ist die Modernisierung von vier Richtlinien über die Rechte von Verbrauchern in Hinblick auf die digitale Entwicklung.[3]

---

1 Europäische Kommission: Vorschlag für eine Richtlinie über Verbandsklagen zum Schutz der Kollektivinteressen der Verbraucher und zur Aufhebung der Richtlinie 2009/22/EG, COM/2018/184 final, Brüssel, 11.4.2018.
2 Bundesregierung der Bundesrepublik Deutschland: Entwurf eines Gesetzes zur Einführung einer zivilprozessualen Musterfeststellungsklage, 9.5.2018, abrufbar unter: https://www.bmjv.de/SharedDocs/Gesetzgebungsverfahren/Dokumente/RegE_Musterfeststellungsklage.pdf (letzter Zugriff: 8.6.2018).
3 Europäische Kommission: Neue Rahmenbedingungen für die Verbraucher, Factsheet IP/18/3041, Brüssel, 11.4.2018.

Kommission schlägt gemeinsame Bewertung von Gesundheitstechnologien vor

Der Verordnungsvorschlag der Kommission[4] sieht vor, Arzneimittel und bestimmte Medizinprodukte durch eine Koordinierungsgruppe, bestehend aus den bislang bewertenden nationalen Stellen, mit EU-weiter Gültigkeit klinisch beurteilen zu lassen. Nach einer Übergangszeit sollen diese Bewertungen verbindlich in den Gesundheitssystemen der Mitgliedstaaten bei Erstattung und Preisgestaltung berücksichtigt werden. Dies soll Doppelarbeit vermeiden und zu einheitlichen Anforderungen an die Hersteller im Binnenmarkt führen. Zudem soll der Verfahrensablauf mit dem zentralisierten europäischen Arzneimittelzulassungsverfahren abgestimmt werden, sodass alle europäischen Gesundheitssysteme direkt mit der Marktzulassung auf die gemeinsame Nutzenbewertung zurückgreifen können. Die Gesamtbewertung von Gesundheitstechnologien verbleibt weiter entsprechend des Subsidiaritätsprinzips in der Verantwortung der Gesundheitssysteme der Mitgliedstaaten, die laut Artikel 8 des Kommissionsvorschlags lediglich berichten müssen, wie die klinische Bewertung berücksichtigt wurde und weiterhin bei der nicht-klinischen Bewertung (wirtschaftlich, ethisch, organisatorisch) eigene, spezifische Maßstäbe anlegen können. Damit die geplante Verordnung ein hohes evidenzbasiertes Niveau bei der klinischen Nutzenbewertung für Patienten beinhaltet, ist eine kritische Begleitung des Gesetzgebungsvorhabens wichtig. Nationale Akteure haben aber teilweise grundlegende Vorbehalte gegenüber dem Vorschlag, der eine Kompetenzabgabe an die europäische Ebene bedeuten würde: Die größten Bundestagsfraktionen[5] sehen unter anderem einen angeblichen Verstoß gegen das Subsidiaritätsprinzip und der Spitzenverband Bund der Krankenkassen (GKV) bewertet den verpflichtenden Charakter des Vorschlags kritisch.[6]

Zusammenarbeit bei der Bekämpfung grenzüberschreitender Gesundheitsgefahren

Vor dem Hintergrund vermehrt auftretender Erkrankungen wie Masern oder Röteln will die Kommission die europäische Zusammenarbeit bei der Bekämpfung von Krankheiten, die durch Impfungen vermeidbar wären, verstärken. Die Zahl der Masernfälle in der EU hat sich von 2016 auf 2017 verdreifacht – vorwiegend aufgrund von Impflücken. Auch bei anderen Viren sind sinkende Impfquoten zu verzeichnen, sodass Erkrankungen wie die saisonale Grippe oder auch Kinderlähmung wieder eine zunehmende Gefahr für die Menschen in der EU darstellen. Ziel der Europäischen Kommission ist daher, die Impfskepsis zu senken und entsprechende europäische Bestrebungen stärker zu koordinieren, da Infektionskrankheiten grenzüberschreitende Gesundheitsgefahren darstellen, bisher jedoch keine EU-weit einheitlichen Impfstrategien und -kalender existieren.[7]

Die Kommission hat im April 2018 konkrete Vorschläge vorgelegt, welche bis Ende 2018 in Kraft treten und deren Umsetzung anschließend alle drei Jahre evaluiert werden soll. Die Vorschläge bauen auf dem Beschluss zu schwerwiegenden grenzüberschreitenden Gesundheitsgefahren des Europäischen Parlaments und des Rates aus dem Jahr 2013 auf und ergän-

---

4   Europäische Kommission: Vorschlag für eine Verordnung über die Bewertung von Gesundheitstechnologien und zur Änderung der Richtlinie 2011/24/EU, COM/2018/51 final, Brüssel, 31.1.2018.
5   Deutscher Bundestag: Antrag der Fraktionen CDU/CSU, SPD, FDP und Bündnis 90/Die Grünen zu dem Vorschlag für eine Verordnung über die Bewertung von Gesundheitstechnologien, BT-Drucksache 19/1296, 20.3.2018.
6   GKV-Spitzenverband: Stellungnahme des GKV-Spitzenverbandes vom 8.5.2018, S. 6.
7   Europäische Kommission: Fragen und Antworten: EU-weite Zusammenarbeit bei der Bekämpfung von durch Impfung vermeidbaren Krankheiten, Brüssel, 26.4.2018, abrufbar unter: http://europa.eu/rapid/press-release_MEMO-18-3458_de.htm (letzter Zugriff: 18.5.2018).

zen Maßnahmen wie die im Jahr 2018 eingeführte „Gemeinsame Aktion gegen Impfskepsis", die über das dritte Programm „Gesundheit" (2014-2020) gefördert wird.[8] Um die Impfquoten EU-weit zu erhöhen, sollen unter anderem routinemäßige Überprüfungen des Impfstatus und regelmäßige lebensweltnahe Impfangebote beispielsweise in Schulen eingeführt und einheitliche Impfpässe, die einen grenzübergreifenden elektronischen Austausch ermöglichen, entwickelt werden. An informationspolitischen Maßnahmen mit Blick auf die Impfskepsis in der Bevölkerung schlägt die Kommission die Schaffung eines europäischen Informationsportals zum Thema Impfungen bis 2019, Schulungen zur fachkundigen Durchführung von Impfungen sowie die Bildung einer Impfkoalition vor, um die Öffentlichkeit korrekt informieren, irrige Annahmen widerlegen und sich über bewährte Verfahren austauschen zu können. Bei der Koordination der Zusammenarbeit soll ein EU-weites virtuelles Register mit Daten zu Impfstoffbeständen und -bedarf sowie ein europäisches Informationsaustauschsystem helfen. Mithilfe der hier gesammelten Daten sollen dann bis 2020 Leitlinien für einen EU-weit einheitlichen Kern-Impfkalender aufgestellt werden.[9]

Digitaler Binnenmarkt

Die Verfügbarkeit von Daten wird allgemein als Schlüssel angesehen, um technische Innovationen zur Optimierung der Gesundheitsversorgung nutzbar zu machen. Im öffentlichen Sektor werden große Mengen an Daten wie Bildungs-, Wirtschafts- und Sozialdaten produziert und gesammelt, die in einem gemeinsamen Datenraum der Europäischen Union von Unternehmen und Start-ups wiederverwendet und so zur Entwicklung einer datenbasierten Wirtschaft genutzt werden könnten. Die Wiederverwendung von Daten des öffentlichen Sektors soll laut Schätzungen zu einer Wertsteigerung der europäischen Datenwirtschaft auf vier Prozent des europäischen Bruttoinlandsproduktes bis 2020 führen und über 700.000 neue Arbeitsplätze schaffen.[10] Auf Basis der Datenschutzgrundverordnung, die am 25. Mai 2018 in Kraft getreten ist, sowie auf einer Initiative der Europäischen Kommission für den freien Fluss nicht personenbezogener Daten hat die Kommission daher im April 2018 konkrete Vorschläge vorgelegt, um die Verfügbarkeit von Daten des öffentlichen Sektors in der Europäischen Union für die Weiterverwendung zu verbessern. Die Vorschläge sehen vor, die Richtlinie über die Weiterverwendung von Informationen des öffentlichen Sektors zu überarbeiten. Gesundheitsdaten sollen für Bürger und Einrichtungen leichter zugänglich, grenzüberschreitend teilbar und für die Versorgung, Prävention und Forschung einsetzbar sein. Von einem gemeinsamen Datenraum verspricht sich die Kommission demzufolge nicht nur positive Auswirkungen auf die Wirtschaft, sondern auch auf die europäische Gesundheitsversorgung, beispielsweise indem Epidemien besser vorhergesehen und interoperable elektronische Patientenakten genutzt werden können.[11]

---

8   European Commission: Live, work, travel in the EU. Gesundheitswesen. Impfung. Überblick, abrufbar unter: https://ec.europa.eu/health/vaccination/overview_de (letzter Zugriff: 18.5.2018).
9   European Commission: Proposal for a Council Recommendation on Strengthened Cooperation against vaccine Preventable Diseases, COM(2018) 244 final. Brüssel, 26.4.2018.
10 European Commission: Digital Single Market. Building a data-based economy in the EU Proposal for a revised Directive on the reuse of Public Sector Information, 25.4.2018, abrufbar unter: https://ec.europa.eu/digital-single-market/en/news/factsheet-building-data-based-economy-eu-proposal-revised-directive-reuse-public-sector (letzter Zugriff: 29.6.2018).
11 Europäische Kommission: Daten in der EU: Kommission intensiviert Förderung der größeren Verfügbarkeit und stärkeren gemeinsamen Nutzung von Gesundheitsdaten, Brüssel, 25. April 2018 IP/18/3364, Brüssel, 25.4.2018.

Mobile-Health-Dienste (mHealth)

Basierend auf der öffentlichen Konsultation zum mHealth-Grünbuch im Jahr 2014 unterstützt die Europäische Kommission verschiedene Initiativen und arbeitet dabei eng mit der Untergruppe mHealth zusammen, die im Jahr 2015 vom eHealth-Netzwerk der Mitgliedstaaten der Europäischen Union gegründet wurde. Bisherige Resultate dessen sind Projekte wie die Entwicklung eines Verhaltenskodexes für App-Entwickler (ein entsprechender Entwurf wurde im Juni 2016 veröffentlicht und steht noch zur Bewertung durch die „Artikel-29-Datenschutzgruppe" und den Europäischen Datenschutzausschuss aus) sowie von Bewertungsrichtlinien für mHealth-Apps. Die im Februar 2016 von Vertretern verschiedener Interessensgruppen gegründete Arbeitsgruppe zur Entwicklung von mHealth Bewertungsrichtlinien hat wiederum im Juni 2017 ihren Arbeitsbericht veröffentlicht.[12]

Vor dem Hintergrund fehlender Evidenz hinsichtlich des Nutzens von Gesundheits-Apps verfolgte die Arbeitsgruppe das Ziel der Entwicklung von Richtlinien zur Bewertung der Validität und Reliabilität der von Gesundheits-Apps gesammelten und verarbeiteten Daten. Die meisten Mitglieder der Arbeitsgruppe – mit Ausnahme der Industrievertreter – befürworteten, über Bewertungskriterien für Datenvalidität und -reliabilität hinauszugehen und den Fokus auf Bewertungsrichtlinien für Gesundheits-Apps im Allgemeinen auszuweiten. Eine Einigung konnte die Arbeitsgruppe letzten Endes jedoch nicht erreichen, sodass es schließlich nicht gelang, Bewertungsrichtlinien zu veröffentlichen. Am ehesten konsensfähig waren laut des Arbeitsberichtes die Relevanz zusätzlicher Kriterien wie Privatsphäre, Transparenz und Interoperabilität. Hierauf könnten sich zukünftige Initiativen zur Ausarbeitung von Bewertungsrichtlinien – beispielsweise durch die Untergruppe mHealth des eHealth Netzwerkes – konzentrieren. Das Scheitern der Arbeitsgruppe hat gezeigt, dass im ersten Schritt die Schaffung klarer Zielvorgaben sowie einheitlicher Begrifflichkeiten und Definitionen als gemeinsame Arbeitsgrundlage essentiell ist.

Fazit

In vielen Bereichen der europäischen Gesundheits- und Verbraucherpolitik hat die Europäische Kommission im vergangenen Jahr Initiativen ergriffen. Einige dieser Vorschläge – wie die gemeinsame Bewertung von Gesundheitstechnologien oder die Möglichkeiten von Verbandsklagen – sind richtungsweisende Integrationsimpulse. Es bleibt aber abzuwarten, ob diese Impulse auch genutzt werden oder ob der Abwehrreflex gegen drohenden Kompetenzverzicht auf der Ebene der Mitgliedstaaten dominiert.

Weiterführende Literatur

Susanne Augenhofer: Deutsche und europäische Initiativen zur Durchsetzung des Verbraucherrechts. Gutachten im Auftrag der Verbraucherzentrale Bundesverband, 9.5.2018, abrufbar unter: https://www.vzbv.de/sites/default/files/downloads/2018/05/08/19-05-08_vzbv_gutachten_augenhofer.pdf (letzter Zugriff: 8.6.2018).

European Commission: Synopsis Report. Consultation: Transformation Health and Care in the Digital Single Market, European Union 2018, abrufbar unter: https://ec.europa.eu/health/sites/health/files/ehealth/docs/2018_consultation_dsm_en.pdf (letzter Zugriff: 4.6.2018).

---

12 European Commission: Report of the Working Group on mHealth Assessment Guidelines. February 2016 - March 2017, abrufbar unter: http://ec.europa.eu/newsroom/document.cfm?doc_id=45251 (letzter Zugriff: 18.5.2018); European Commission: Digital Single Market. Policy. Privacy Code of Conduct on mobile health apps, abrufbar unter: https://ec.europa.eu/digital-single-market/en/privacy-code-conduct-mobile-health-apps (letzter Zugriff: 22.5.2018).

Haushaltspolitik

Peter Becker

Die Haushaltspolitik der Europäischen Union stand im Zeichen der Verhandlungen über den mehrjährigen Finanzrahmen (MFR) für die Jahre 2021 bis 2027. Die schwierigen Verhandlungen werden durch den Austritt des wichtigen Nettozahlers Großbritannien zusätzlich erschwert. Zugleich haben die Staats- und Regierungschefs in ihrer Leaders-Agenda der EU neue Aufgaben übertragen, die zusätzliche Finanzmittel erfordern. Der Konflikt um die Verteilung der EU-Gelder hat also eine deutliche Zuspitzung erfahren.

Der MFR-Vorschlag der Europäischen Kommission und seine Entstehung

Am 2. Mai 2018 haben Kommissionspräsident Jean-Claude Juncker und Haushaltskommissar Günther Oettinger mit der Vorstellung des Kommissionsvorschlags im Europäischen Parlament „für ein pragmatisches, modernes und langfristiges Budget"[1] und ein reformiertes Eigenmittelsystem den schwierigen Verhandlungsprozess eröffnet.[2]

Mit diesem „strategischen Konzept" zur Modernisierung des EU-Budgets versuchte die Kommission, die widersprüchlichen Interessen der Mitgliedstaaten und der EU-Organe auszubalancieren. Um die neuen Aufgaben für den Außengrenzschutz, die ersten Schritte zu einer Verteidigungsunion oder die Instrumente zur Stabilisierung der WWU finanzieren zu können, greift die Kommission auf Verbesserungen auf der Einnahmeseite zurück und plädiert für begrenzte Einsparungen beziehungsweise Umschichtungen bei den beiden größten Ausgabeblöcken, der Gemeinsamen Agrarpolitik (GAP) und der Kohäsionspolitik. Sie hatte bereits frühzeitig die Positionen und Wünsche abgefragt und in ihre Überlegungen aufgenommen. Im Zuge der Halbzeitüberprüfung[3] des noch laufenden MFR 2014–2020 wurden alle Ausgabenprogramme und -politiken einer umfassenden Überprüfung auf Effizienz und ihren europäischen Mehrwert unterzogen, um den Reformbedarf im Europäischen Haushalt aufzudecken. Haushaltskommissar Oettinger war zudem in alle Mitgliedstaaten gereist, um in Gesprächen mit Regierungsvertretern und nationalen Parlamentariern deren Erwartungen und Bedenken aufzunehmen. Dieser „historisch intensive Konsultationsprozess"[4] wurde um ein Reflexionspapier über die Zukunft der EU-Finanzen und einen Diskussionsbeitrag für das informelle Treffen des Europäischen Rats im Februar 2018 ergänzt. In ihrem Reflexionspapier vom 6. Juni 2017 vertiefte die Kommission neben der Vorstellung von fünf potenziellen Szenarien zur Weiterentwicklung des MFR das Prinzip des europäischen Mehrwerts als Leitlinie zur Entwicklung ihres MFR-Vorschlags. Die

---

1   Europäische Kommission: Ein moderner Haushalt für eine Union, die schützt, stärkt und verteidigt. Mehrjähriger Finanzrahmen 2021–2027, KOM(2018)321 fin., Brüssel, 2. Mai 2018.
2   Bis Mitte Juni 2018 legte die Kommission sukzessive insgesamt 37 Legislativvorschläge mit begleitenden Arbeitspapieren zu den EU-Politiken vor.
3   European Commission: Commission Staff Working Document. Spending review. Accompanying document, SWD/2018/171 fin., Brussels, 2.5.2018.
4   Stefan Lehner: Ein Haushalt für die Zukunft der Europäischen Union: Die Vorschläge der Europäischen Kommission für den Mehrjährigen Finanzrahmen 2021–2027, in: ifo Schnelldienst 12/2018, 71. Jg., S. 10-13, S. 11.

Konzeption des nächsten MFR post-2020 müsse „von einer klaren Vision der europäischen Prioritäten und der Entschlossenheit geprägt sein, in die Bereiche zu investieren, die wirtschaftliche Stärke, Nachhaltigkeit, Solidarität und Sicherheit für die Zukunft gewährleisten".[5] Die Kommission legte im Februar 2018 dem Europäischen Rat ein Diskussionspapier vor, in dem sie die Bedeutung des MFR für die zukünftige Entwicklung der EU hervorhob und die Herausforderungen und Risiken der MFR-Verhandlungen betonte. Der EU-Haushalt sei einzigartig und entscheidend zur Erzielung europäischen Mehrwerts. Allerdings müsse der Haushalt modernisiert und auf neue Herausforderungen ausgerichtet werden.[6]

Der MFR-Vorschlag sieht ein Gesamtvolumen von 1.279 Mrd. Euro in laufenden beziehungsweise 1134 Mrd. Euro in konstanten Preisen des Jahres 2018 für Verpflichtungen vor. Außerhalb des Finanzrahmens sollen rund 26 Mrd. Euro für Sonderfonds hinzukommen, wie eine EU-Reserve für Soforthilfen, der europäische Solidaritätsfonds oder der Globalisierungsfonds. Neu ist die Aufnahme des bisher außerhalb des MFR geführten und finanzierten Europäischen Entwicklungsfonds (EEF) in den Finanzrahmen. Insgesamt entspräche der EU-Haushalt somit 1,14 Prozent des Bruttonationaleinkommen (BNE) (siehe Tabellen). Die Kommission schlägt zudem eine neue Struktur für den Finanzrahmen und die Erhöhung der Anzahl von fünf auf sieben Rubriken vor. Die spezifischen Ausgabenprogramme zu diesen Rubriken sollen neu geordnet und die Programme in „Politik-Clustern" gebündelt werden, die flexibel miteinander zu kombinieren sein sollen. Bildete die Strategie Europa-2020 die Zielvorgabe und das Ordnungsraster des laufenden Finanzrahmens, so verzichtet die Kommission für den neuen MFR auf eine übergeordnete Ziel- und Ordnungsidee. Der neue Haushalt orientiere sich eng an der Agenda für die Zukunft der EU-27, wie sie der Europäische Rat in Bratislava und Rom beschlossen habe. Künftig sollen die Mittel so aufgeteilt werden, dass für die traditionell größten Ausgabeblöcke GAP und Kohäsionspolitik sowie die neuen Prioritäten in Innen-, Sicherheits- und Außenpolitik je ein Drittel der Gesamtausgaben reserviert werden. Die GAP und die Kohäsionspolitik werden folglich die größten Ausgabenbereiche bleiben, deren Anteil am Gesamtvolumen aber von bisher mehr als 70 Prozent auf rund 60 Prozent reduziert werden soll. Die Mittel für die GAP sollen nach den Berechnungen der Kommission um rund 5 Prozent und für die Strukturfonds um 7 Prozent gekürzt werden. Der Austritt eines Mitgliedstaates, die neue Struktur des MFR und die Neuordnung der Programme erschweren den Vergleich der vorgeschlagenen Finanzausstattung mit dem gegenwärtigen MFR und der damit verbundenen veränderten Prioritätensetzung. Während die Kommission für die Berechnung der Kürzungen offensichtlich das letzte Haushaltsjahr 2020 des derzeitigen MFR als Vergleichsmaßstab heranzieht und mit sieben multipliziert – also ein Haushaltsjahr, in dem am Ende der Förderperiode absehbar hohe Zahlungen zu erwarten sind und angesetzt werden – rechnen die Mitgliedstaaten mit dem durchschnittlichen Finanzvolumen der beiden Politikbereiche über den gesamten Förderzeitraum und kommen so auf Einschnitte von real bis zu 30 Prozent. Trotz des Vorwurfs einiger Analysten[7] und aus dem Europäischen Parlament[8], die Kommission habe bei ihrem Vorschlag „Haushaltstricks" und „irreführende

---

5 Europäische Kommission: Reflexionspapier über die Zukunft der EU-Finanzen, KOM(2017)358, 28. Juni 2017, S. 21.
6 Europäische Kommission: Ein neuer, moderner mehrjähriger Finanzrahmen für die Europäische Union, die ihre Prioritäten nach 2020 effizient erfüllt. Beitrag der Europäischen Kommission zur informellen Tagung der Staats- und Regierungschefs am 23. Februar 2018, KOM(2018)98 fin., Brüssel, 14. Februar 2018, S. 27.
7 Zsolt Darvas/Nicolas Moës: How large is the proposed decline in EU agricultural and cohesion spending?, Breughel Blog, 4.5.2018, abrufbar unter: http://bruegel.org/2018/05/how-large-is-the-proposed-decline-in-eu-agricultural-and-cohesion-spending/ (letzter Zugriff: 4.10.2018).

Zahlen"[9] verwendet, betont diese, dass die Richtung der Reformansätze stimme. Die Budgetansätze für Grenzschutz, Migration und Asyl sollen auf 33 Mrd. Euro nahezu verdreifacht, die Gelder für das Erasmus-Programm mehr als verdoppelt und deutlich mehr Geld soll für die Digitalisierung bereitgestellt werden. Zur Stabilisierung der Eurozone soll ein Reformhilfeprogramm mit insgesamt 25 Mrd. Euro den Mitgliedstaaten helfen, Strukturreformen umzusetzen. Zudem plant die Kommission einen Europäischen Investitionsstabilisierungsfonds, um in Krisenzeiten und bei starken Wachstumseinbrüchen das Investitionsvolumen in den betroffenen Staaten mit europäischen Geldern zu stützen. Darlehen an die Mitgliedstaaten sollen mit insgesamt maximal 30 Mrd. Euro aus dem EU-Haushalt besichert werden. Dieser Fonds könnte durch Mittel des Europäischen Stabilitätsmechanismus und Beitragszahlungen der potenziell Begünstigten erweitert werden.

Auf der Einnahmeseite schlägt die Kommission einen Korb neuer Eigenmittel vor, um die Finanzausstattung, die Diversifizierung der Einnahmen und die Autonomie der EU zu verbessern. So sollen die Einnahmen aus dem Emissionshandelssystem sowie Beiträge auf Basis von nicht wiederverwertbaren Kunststoffabfällen an die EU abgeführt werden. Hinzu werden Beiträge auf Grundlage einer konsolidierten Körperschaftsteuer-Bemessungsgrundlage vorgeschlagen. Die neuen Eigenmittelquellen sollen nicht primär Einnahmen für den EU-Haushalt generieren, sondern der EU dabei helfen, ihre politischen Ziele in Klimaschutz und Nachhaltigkeit zu erreichen. Die bestehenden Rabatte und Sonderregelungen im Eigenmittelsystem will die Kommission schrittweise bis zum Ende der MFR-Laufzeit abschaffen.

Tabellen: Vorschlag für den nächsten mehrjährigen Finanzrahmen

MEHRJÄHRIGER FINANZRAHMEN (EU-27)

(Mio. EUR - jeweilige Preise)

Mittel für Verpflichtungen	2021	2022	2023	2024	2025	2026	2027	2021-2027 insgesamt
1. Binnenmarkt, Innovation und Digitales	25 421	25 890	26 722	26 604	27 000	27 703	28 400	187 370
2. Zusammenhalt und Werte	54 593	58 636	61 897	63 741	65 645	69 362	68 537	442 412
davon: wirtschaftlicher, sozialer und territorialer Zusammenhalt	48 388	49 890	51 505	53 168	54 880	56 647	58 521	373 000
3. Natürliche Ressourcen und Umwelt	53 403	53 667	53 974	54 165	54 363	54 570	54 778	378 920
davon: marktbezogene Ausgaben und Direktzahlungen	40 300	40 527	40 791	40 931	41 072	41 214	41 357	286 195
4. Migration und Grenzmanagement	3 264	4 567	4 873	5 233	5 421	5 678	5 866	34 902
5. Sicherheit und Verteidigung	3 347	3 495	3 514	3 695	4 040	4 386	5 039	27 515
6. Nachbarschaft und Welt	15 669	16 054	16 563	17 219	18 047	19 096	20 355	123 002
7. Europäische öffentliche Verwaltung	11 024	11 385	11 819	12 235	12 532	12 949	13 343	85 287
davon: Verwaltungsausgaben der Organe	8 625	8 877	9 197	9 496	9 663	9 951	10 219	66 028
MITTEL FÜR VERPFLICHTUNGEN INSGESAMT	166 721	173 694	179 363	182 892	187 047	193 743	195 947	1 279 408
in Prozent des BNE	1,12%	1,13%	1,13%	1,12%	1,11%	1,11%	1,09%	1,11%
MITTEL FÜR ZAHLUNGEN INSGESAMT	159 359	163 969	177 350	180 897	184 515	188 205	191 969	1 246 263
in Prozent des BNE	1,07%	1,07%	1,12%	1,10%	1,09%	1,08%	1,07%	1,08%
Verfügbarer Spielraum	0,22%	0,22%	0,17%	0,19%	0,20%	0,21%	0,22%	0,21%
Eigenmittelobergrenze in Prozent des BNE*	1,29%	1,29%	1,29%	1,29%	1,29%	1,29%	1,29%	1,29%

Die Prozentsätze lassen die im geltenden Eigenmittelbeschluss festgelegte Obergrenze unberührt.

AUSSERHALB DER MFR-OBERGRENZEN								
Besondere Instrumente:								
Reserve für Soforthilfen	637	649	662	676	689	703	717	4 734
Europäischer Fonds für die Anpassung an die Globalisierung (EGF)	212	216	221	225	230	234	239	1 578
Solidaritätsfonds der Europäischen Union (EUSF)	637	649	662	676	689	703	717	4 734
Flexibilitätsinstrument	1 061	1 082	1 104	1 126	1 149	1 172	1 195	7 889
Europäische Investitionsstabilisierungsfunktion*	p.m.	p.m.	p.m.	p.m.	p.m.	p.m.	p.m.	p.m.
Europäische Friedensfazilität	800	1 050	1 300	1 550	1 800	2 000	2 000	10 500
AUSSERHALB DER MFR-OBERGRENZEN INSGESAMT	3 347	3 648	3 950	4 253	4 557	4 812	4 868	29 434
MFR + AUSSERHALB DER MFR-OBERGRENZEN INSGESAMT	170 068	177 341	183 313	187 145	191 604	198 555	200 816	1 308 843
in Prozent des BNE	1,14%	1,15%	1,16%	1,14%	1,13%	1,14%	1,11%	1,14%

Für die Europäische Investitionsstabilisierungsfunktion werden über externe zweckgebundene Einnahmen, die einem Anteil monetärer Einkünfte entsprechen, Zinszuschüsse gewährt. Die jeweiligen Preise werden unter jährlicher Zugrundelegung eines festen Deflators von 2 % auf die Preise von 2018 berechnet.

---

8 Alina Dobreva: Multiannual Financial Framework 2021–2027: Commission proposal. Initial comparison with the current MFF, Briefing des Europäischen Parlaments, Mai 2018, abrufbar unter: http://www.europarl.europa.eu/RegData/etudes/BRIE/2018/621864/EPRS_BRI(2018)621864_EN.pdf) (letzter Zugriff: 4.10.2018).

9 Frankfurter Allgemeine Zeitung: EU-Parlament wirft Kommission Haushaltstrick vor, Haushaltskommissar Oettinger korrigiert Zahlen für den Finanzrahmen 2012 bis 2027, 24.5.2018.

MEHRJÄHRIGER FINANZRAHMEN (EU-27)

(Mio. EUR - Preise 2018)

Mittel für Verpflichtungen	2021	2022	2023	2024	2025	2026	2027	2021-2027 insgesamt
1. Binnenmarkt, Innovation und Digitales	23 955	23 918	24 203	23 624	23 505	23 644	23 454	166 303
2. Zusammenhalt und Werte	51 444	54 171	56 062	56 600	57 148	59 200	57 349	391 974
davon: wirtschaftlicher, sozialer und territorialer Zusammenhalt	45 597	46 091	46 650	47 212	47 776	48 348	48 968	330 642
3. Natürliche Ressourcen und Umwelt	50 323	49 580	48 886	48 097	47 326	46 575	45 836	336 623
davon: marktbezogene Ausgaben und Direktzahlungen	37 976	37 441	36 946	36 346	35 756	35 176	34 606	254 247
4. Migration und Grenzmanagement	3 076	4 219	4 414	4 647	4 719	4 846	4 908	30 829
5. Sicherheit und Verteidigung	3 154	3 229	3 183	3 281	3 517	3 743	4 216	24 323
6. Nachbarschaft und Welt	14 765	14 831	15 002	15 290	15 711	16 298	17 032	108 929
7. Europäische öffentliche Verwaltung	10 388	10 518	10 705	10 864	10 910	11 052	11 165	75 602
davon: Verwaltungsausgaben der Organe	8 128	8 201	8 330	8 432	8 412	8 493	8 551	58 547
MITTEL FÜR VERPFLICHTUNGEN INSGESAMT	157 105	160 466	162 455	162 403	162 836	165 358	163 960	1 134 583
in Prozent des BNE	1,12%	1,13%	1,13%	1,12%	1,11%	1,11%	1,09%	1,11%
MITTEL FÜR ZAHLUNGEN INSGESAMT	150 168	151 482	160 631	160 631	160 631	160 631	160 631	1 104 805
in Prozent des BNE	1,07%	1,07%	1,12%	1,10%	1,09%	1,08%	1,07%	1,08%
Verfügbarer Spielraum	0,22%	0,22%	0,17%	0,19%	0,20%	0,21%	0,22%	0,21%
Eigenmittelobergrenze in Prozent des BNE*	1,29%	1,29%	1,29%	1,29%	1,29%	1,29%	1,29%	1,29%
*Die Prozentsätze lassen die im geltenden Eigenmittelbeschluss festgelegte Obergrenze unberührt.								
AUSSERHALB DER MFR-OBERGRENZEN								
Besondere Instrumente:								
Reserve für Soforthilfen	600	600	600	600	600	600	600	4 200
Europäischer Fonds für die Anpassung an die Globalisierung (EGF)	200	200	200	200	200	200	200	1 400
Solidaritätsfonds der Europäischen Union (EUSF)	600	600	600	600	600	600	600	4 200
Flexibilitätsinstrument	1 000	1 000	1 000	1 000	1 000	1 000	1 000	7 000
Europäische Investitionsstabilisierungsfunktion*	p.m.	p.m.	p.m.	p.m.	p.m.	p.m.	p.m.	p.m.
Europäische Friedensfazilität	753	970	1 177	1 376	1 567	1 707	1 673	9 223
AUSSERHALB DES MFR INSGESAMT	3 153	3 370	3 577	3 776	3 967	4 107	4 073	26 023
MFR + AUSSERHALB DES MFR INSGESAMT	160 258	163 836	166 032	166 179	166 803	169 465	168 033	1 160 606
in Prozent des BNE	1,14%	1,15%	1,16%	1,14%	1,13%	1,14%	1,11%	1,14%

* Für die Europäische Investitionsstabilisierungsfunktion werden über externe zweckgebundene Einnahmen, die einem Anteil monetärer Einkünfte entsprechen, Zinszuschüsse gewährt.

Quelle: Europäische Kommission, Ein moderner Haushalt für eine Union, 2. Mai 2018.

Neuer Rechtsstaatsmechanismus

Für Aufregung bei Mitgliedstaaten aus Mittel- und Osteuropa, die bislang hohe EU-Fördersummen erhalten haben, sorgte der Vorschlag der Kommission für einen neuen Rechtsstaatlichkeitsmechanismus zum Schutz des EU-Haushalts.[10] Dieser Mechanismus scheint Ergebnis einer schwierigen Suche nach einem politischen Instrument mit hoher symbolischer Wirkung zu sein, ohne einzelne Mitgliedstaaten allzu offensichtlich zu adressieren. Mit dem Vorschlag, die ordnungsgemäße Verwendung europäischer Gelder am Maßstab der Rechtsstaatlichkeit zu messen, ist die Kommission dem Druck insbesondere westeuropäischer Mitglieder nachgekommen, eine „politische Konditionalität" für den Bezug europäischer Fördergelder einzuführen. Laut Kommission seien die Einhaltung des Rechtsstaatsprinzips und der Gewaltenteilung, eine rechenschaftspflichtige, demokratische und pluralistische Gesetzgebung, eine unabhängige Justiz und Rechtssicherheit Grundvoraussetzungen für den Schutz der finanziellen Interessen der EU. Sollten diese Voraussetzungen in einem Mitgliedstaat gefährdet sein, soll die Kommission vorschlagen können, die Auszahlung von Fördergeldern zu stoppen. Die Entscheidung über finanzielle Kürzungen wegen einer systematischen Schwächung der Justiz in einem Land trifft dann der Rat. Im Unterschied zu bestehenden ex ante-Konditionalitäten in der Kohäsionspolitik soll die neue Rechtsstaatskonditionalität auch ex-post anwendbar sein und die EU somit auf politische Veränderungen in den Mitgliedstaaten reagieren können. Die Kommission schlägt mit dem Rechtsstaatlichkeitsmechanismus einen restriktiven und für alle EU-Fördergelder geltenden Sanktionsmechanismus vor. Die potentiellen Sanktionen sollen allerdings keine Endempfänger europäischer Fördergelder, wie Erasmus-Studenten, treffen, sondern die staatlichen Stellen des Mitgliedstaates, der das Rechtsstaatsprinzip bricht. In der Praxis könnte dies vornehmlich auf die Strukturfonds zutreffen.

---

10 Europäische Kommission: Vorschlag für eine Verordnung über den Schutz des Haushalts der Union im Falle von generellen Mängeln in Bezug auf das Rechtsstaatsprinzip in den Mitgliedstaaten, KOM(2018)324 fin., 2. Mai 2018.

Die Positionen der Mitgliedstaaten

Bei den MFR-Verhandlungen zeichnen sich die klassischen Konfliktlinien zwischen den Mitgliedstaaten ab. Für die Mitgliedstaaten geht es selten um einen guten oder besseren mehrjährigen Haushalt für die EU, sondern primär um ein Ergebnis, das ihren fiskalischen Eigeninteressen möglichst nahe kommt. Die eigentliche Messlatte ist der jeweilige nationale Nettosaldo.

Bereits vor der Präsentation des Kommissionsvorschlags hatten viele Mitgliedstaaten ihre vorläufige Position vorgelegt. Die Bundesregierung verständigte sich nach schwierigen internen Absprachen am 25. Januar 2018 auf ein Papier.[11] Die französische Regierung hatte bereits im Dezember 2017 ihr Positionspapier[12] veröffentlicht und viele andere Mitgliedstaaten folgten im Februar 2018.[13] Die süd- und osteuropäischen Mitgliedstaaten plädieren für eine Fortführung der Agrar- und Kohäsionspolitik auf dem gleichen Niveau und für ein größeres Budget. Obwohl einige Mitgliedstaaten in diesen Papieren ihre Bereitschaft zu höheren Beitragsanzahlungen angesichts des britischen Austritts signalisiert hatten, argumentierte eine auf niederländische Initiative gebildete „Hanse-Gruppe" einiger west- und nordeuropäischer Mitgliedstaaten (Niederlande, Österreich, Irland, Schweden, Dänemark, Finnland und die drei baltischen Staaten) für einen kleineren Haushalt der EU-27. Die Gruppe lehnt zusätzliche Finanzinstrumente oder Sonderhaushalte für die Eurozone ab, wie sie Deutschland und Frankreich vorgeschlagen haben.[14] Bei den deutsch-französischen Regierungskonsultationen in Meseberg verständigten sich beide Regierungen auf einen Eurozonenhaushalt. Unklar bleibt, ob dieser innerhalb oder außerhalb des MFR geführt werden sollte, seine Größe und seine Finanzierung.

Auch das Europäische Parlament hatte sich bereits vor dem Kommissionsvorschlag positioniert. Mit einer Entschließung vom 14. März 2018[15] forderte es die Kommission dazu auf, das Gesamtvolumen des EU-Budgets auf 1,3 Prozent des EU-BNE zu erhöhen. Eine zu niedrige Mittelausstattung des Haushalts führe zu Kürzungen in der Agrar-, der Struktur- und Kohäsionspolitik, die zu vermeiden seien. Die EU benötige zusätzliche Mittel, um neue Herausforderungen und Zukunftsausgaben zu bewältigen, insbesondere für Jugend und Ausbildung, Förderung von kleinen und mittleren Unternehmen, Forschung und Innovation. Mit einer weiteren Entschließung[16] vom 30. Mai 2018 zeigte sich das Europäische Parlament ob der niedrigen Ansätze, insbesondere in der GAP und der Kohäsionspolitik, enttäuscht über die Kommissionsvorschläge. Diese „wichtigsten Politikbereiche der EU" sollten mindestens mit gleicher Finanzausstattung weitergeführt werden. Die Vorschläge zu neuen Eigenmittelquellen begrüßte das

---

11 Positionen der Bunderegierung zum Mehrjährigen Finanzrahmen der EU (MFR) post 2020, 25. Januar 2018, abrufbar unter: https://m.bundesregierung.de/Content/DE/_Anlagen/2018/02/2018-02-22-mehrjaehriger-eu-finanzrahmen.pdf?__blob=publicationFile&v=1 (letzter Zugriff: 4.10.2018).
12 Notes des autorités francaises: Perspectives et attentes francaises pour le prochain cadre financier pluriannual de l'Union européenne, Paris, Décembre 2017, abrufbar unter: https://www.terre-net.fr/ulf/data/001-arno/180110-notegouvernementsurbudgetUE2020-2027.PDF (letzter Zugriff: 4.10.2018).
13 Siehe beispielsweise das Dutch position paper on new MFF, Februar 2018, abrufbar unter: https://www.rijksoverheid.nl/documenten/vergaderstukken/2018/03/02/dutch-position-paper-on-new-mff-february-2018-engelstalig (letzter Zugriff: 4.10.2018).
14 Vgl. hierzu Presse- und Informationsamt der Bundesregierung: Erklärung von Meseberg. Das Versprechen Europas für Sicherheit und Wohlstand erneuern, 19. Juni 2018.
15 Europäisches Parlament: Der nächste MFR: Vorbereitung des Standpunkts des Parlaments zum MFR nach 2020. Entschließung des Europäischen Parlaments vom 14. März 2018 zu dem nächsten MFR: Vorbereitung des Standpunkts des Parlaments zum MFR nach 2020, 2017/2052(INI).
16 Europäisches Parlament: Mehrjähriger Finanzrahmen 2021–2027 und Eigenmittel. Entschließung des Europäischen Parlaments vom 30. Mai 2018 zu den Themen „Mehrjähriger Finanzrahmen 2021–2027" und „Eigenmittel", 2018/2714(RSP).

Europäische Parlament und verknüpfte seine Zustimmung zu den MFR-Ausgaben mit einer entsprechenden Reform des Eigenmittelsystems.

Verhandlungsprozess und Zeitrahmen

Divergierende Interessen zwischen Nettozahlern und -empfängern machen einen unkomplizierter Verhandlungsverlauf und einen frühen Verhandlungsabschluss eher unwahrscheinlich. Der Europäische Rat führte am 23. Februar 2018 einen ersten informellen Gedankenaustausch über den künftigen MFR und einen möglichen Verhandlungsverlauf. Nach der Vorlage der Legislativvorschläge schuf der bulgarische Vorsitz die Arbeitsgruppen für die Verhandlungen im Rat.[17] Die Ad-hoc-Gruppe „MFR" hat die Aufgabe, das Vorschlagspaket der Kommission zu prüfen, die Arbeiten in den sektoralen Arbeitsgruppen zu koordinieren und zu Sachstandsberichten für den Europäischen Rat zusammenzufügen. Die politikspezifischen Arbeitsgruppen sollen die sektoralen Vorschläge der Kommission prüfen. Eine gesonderte Arbeitsgruppe „Eigenmittel" prüft und verhandelt die Vorschläge der Kommission zur Reform des Eigenmittelsystems. In Anlehnung an das angewandte Verfahren bei den letzten MFR-Verhandlungen und an die primärrechtlichen Vorgaben zur Einbindung des Europäischen Parlaments nach Art. 312 Abs. 5 AEUV, hat der bulgarische Ratsvorsitz den Präsidenten des Europäischen Parlaments zur Zusammenarbeit eingeladen und hierfür Modalitäten vorgeschlagen. Demnach sollen die Abgeordneten vor und nach jeder Tagung des Rates für Allgemeine Angelegenheiten über den Fortgang der MFR-Verhandlungen im Rat informiert werden.

Mit Blick auf den Zeitrahmen wirbt Kommissar Oettinger für schnelle und intensive Verhandlungen, damit diese noch vor den Wahlen zum Europäischen Parlament 2019 abgeschlossen werden können. Auch das Europäische Parlament hatte in seinen Entschließungen schnelle und konzentrierte Verhandlungen angemahnt und einige Mitgliedstaaten, unter anderem Deutschland, sprachen sich für einen Verhandlungsabschluss im Frühjahr 2019 aus.

Der Europäische Rat nahm am 28. Juni 2018 auf Grundlage des ersten Zwischenberichts der bulgarischen Präsidentschaft über die Arbeiten auf den verschiedenen Ebenen des Rates das Vorschlagspaket der Kommission zur Kenntnis, ohne eine Debatte über die Vorstellungen der Kommission zu führen. Lediglich mit Blick auf den Zeitrahmen der Verhandlungen baten die Staats- und Regierungschefs den Rat und das Europäische Parlament, die Kommissionsvorschläge „so bald wie möglich umfassend zu prüfen."[18] Unklar bleibt, ob der von Kommission und Europäischem Parlament angestrebte Abschluss der Verhandlungen vor den Wahlen zum Europäischen Parlament 2019 erzielt werden soll und kann. Die Erfahrungen früherer MFR-Verhandlungen und die bereits deutlich gewordenen divergierenden mitgliedstaatlichen Interessen und Positionierungen verstärken die Zweifel an der Umsetzung dieses ambitionierten Zeitrahmens.

Weiterführende Literatur

Friedrich Heinemann et al.: Zur Diskussion gestellt. Verhandlungen zum Mehrjährigen Finanzrahmen der EU: »Europäischer Mehrwert« und Einhaltung rechtsstaatlicher Prinzipien: Diskussion um Neuausrichtung der EU-Haushaltspolitik, in: ifo Schnelldienst, 12/2018, abrufbar unter: https://www.cesifo-group.de/DocDL/sd-2018-12-heinemann-etal-mfr-2018-06-28.pdf (letzter Zugriff: 23.10.2018).

Jens Südekum et al.: Zeitgespräch. Künftige Finanzplanung der EU – neue Prioritäten, höhere Effizienz? in: Wirtschaftsdienst, 6/2018, abrufbar unter: https://archiv.wirtschaftsdienst.eu/jahr/2018/6/kuenftige-finanzplanung-der-eu-neue-prioritaeten-hoehere-effizienz/#res1# (letzter Zugriff: 23.10.2018).

---

17 Rat der Europäischen Union, A-Punkt-Vermerk, Mehrjähriger Finanzrahmen (2021–2027) – Bericht über den Stand der Arbeit im Rat im ersten Halbjahr 2018, Dok. 10171/18, Brüssel, 21. Juni 2018.

18 Europäischer Rat: Tagung des Europäischen Rates (28. Juni 2018) – Schlussfolgerungen, EUCO 9/18, Brüssel, 28.6.2018, Ziffer 26.

Industriepolitik

Jürgen Turek

Da die industrielle Basis in den EU-Mitgliedstaaten ein Fundament nationalen Wohlstands und Prosperität ist, kommt der europäischen Industriepolitik eine fundamentale Bedeutung zu. Deren aktuelle Herausforderungen bestehen in einem disruptiven Wandel etablierter Produktionsprozesse und -verhältnisse der Industrie 3.0. Hinzu kommen veränderte politische Rahmenbedingungen durch protektionistische Verhaltensweisen anderer Industriestaaten in der Welt, wie beispielsweise in einer aggressiven Industrie-, Handels- und Zollpolitik seitens der USA widergespiegelt wird. Sie erschweren die Absatzmöglichkeiten weltweit agierender Unternehmen und verzerren den Wettbewerb. Hinzu kommen erschwerte Marktzugänge und Gängelungen für europäische Unternehmen durch strikte staatliche Kooperationsvorgaben in China.

Mehr industriepolitische Resilienz

Mit dem Ziel die Resilienz der EU-Industriepolitik weiterzuentwickeln, kündigte EU-Kommissionspräsident Juncker im September 2017 eine neue industriepolitische Strategie an. Diese soll die EU in die Lage versetzen, nachhaltiges Wachstum und Arbeitsplätze zu garantieren. Die Strategie führt sämtliche bestehende und neue Initiativen in einer umfassenden Industriepolitik zusammen und verdeutlicht für alle Beteiligten das Ausmaß der erforderlichen Anstrengungen.[1]

Jyrki Katainen, EU-Kommissar für Arbeitsplätze, Wachstum, Investitionen und Wettbewerb, brachte die generelle Zielrichtung der Strategie im gleichen Monat auf den Punkt: „Indem wir den technologischen Wandel als Chance nutzen, Forschungsinvestitionen in innovative Geschäftsideen verwandeln und weiterhin Vorreiter bei der CO2-armen Wirtschaft und der Kreislaufwirtschaft bleiben, werden wir in Europa den Weg für eine intelligente, innovative und nachhaltige Industrie bereiten."[2] Im Einzelnen zielt dieser Ansatz auf eine stärkere und wettbewerbsfähigere europäische Wirtschaft ab. Die Unternehmen sollen – nach dem Willen der EU-Kommission – in puncto Innovation, Digitalisierung und Verringerung der CO2-Emmissionen weltweit führend bleiben. Hierbei ist die Zusammenführung einzelner Initiativen und industriepolitischer Anreize wichtig. Seit Amtsantritt der Juncker-Kommission zählt die Industrie zu den wichtigsten politischen Prioritäten. Dies spiegelt die Erkenntnis wider, dass die in den 1990er und 2000er Jahren betriebene Hinwendung zur Dienstleistungs- und Wissensgesellschaft ein Irrweg gewesen ist und deshalb eine EU-Reindustrialisierungsstrategie notwendig erscheint. Mit dieser Strategie bündelt die Kommission alle bestehenden und neuen horizontalen und sektorspezifischen Initiativen in einem umfassenden industriepolitischen Rahmen. Diese Bündelung betrifft

---

1 Europäische Kommission: Gesamtbericht über die Tätigkeit der Europäischen Union 2017, S. 46.
2 Vgl. Europäische Kommission: Neue Strategie für die europäische Industriepolitik, 18.9.2017, abrufbar unter https://ec.europa.eu/commission/news/new-industrial-policy-strategy-2017-sep-18_de (letzter Zugriff: 20.6.2018).

Einzelmaßnahmen in Branchen wie der Raumfahrt-, Verteidigungs-, Automobil-, Maschinenbau-, Chemie- und Stahlindustrie.[3] Die neue Strategie listet folgende zehn Elemente auf:

(1) Ein umfassendes Paket zur Stärkung der Cybersicherheit der europäischen Union. Dies beinhaltet die Einrichtung eines europäischen Forschungs- und Kompetenzzentrums für Cybersicherheit, um die Entwicklung von Technologien und industriellen Fähigkeiten im Bereich der Cybersicherheit zu fördern. Hinzu kommt die EU-weite Etablierung eines europäisch anerkannten Zertifizierungssystems für Produkte und Dienstleistungen;

(2) einen Vorschlag für eine Verordnung zum freien Fluss nicht personenbezogener Daten, die den freien grenzüberschreitenden Datenverkehr ermöglichen, zur Modernisierung der Industrie beitragen und einen echten gemeinsamen europäischen Datenraum schaffen soll;

(3) mehrere neue Maßnahmen zur Kreislaufwirtschaft, darunter eine Strategie zu Kunststoffen und Maßnahmen zur Verbesserung der Produktion erneuerbarer biologischer Ressourcen sowie deren Umwandlung in biobasierte Produkte und Bioenergie;

(4) eine überarbeitete Liste kritischer Rohstoffe. Diesbezüglich wird die Kommission dazu beitragen, dass die sichere, nachhaltige und erschwingliche Versorgung für die Fertigungsindustrie der EU gewährleistet bleibt;

(5) Vorschläge für saubere, wettbewerbsfähige und vernetzte Mobilität, darunter verschärfte Abgasnormen für Pkw und leichte Nutzfahrzeuge, einen Aktionsplan für alternative Kraftstoffe, um den Aufbau einer Ladeinfrastruktur zu unterstützen, und Maßnahmen zur Förderung autonomen Fahrens;

(6) mehrere Initiativen zur Modernisierung des Rahmens der Rechte am geistigen Eigentum, darunter ein Bericht über die Anwendung der Richtlinie zur Durchsetzung von Rechten des geistigen Eigentums und eine Mitteilung zu einem ausgewogenen, klaren und berechenbaren europäischen Lizenzerteilungsrahmen für Patente;

(7) eine Initiative zur Verbesserung der Vergabe öffentlicher Aufträge in der EU, darunter ein freiwilliger Mechanismus, um Behörden, die große Infrastrukturprojekte planen, Klarheit und Orientierung zu bieten;

(8) die Ausweitung der Agenda für Kompetenzen auf neue wichtige Branchen wie Bauwesen, Stahl, Papier, grüne Technologien und erneuerbare Energien, verarbeitendes Gewerbe und Seeschifffahrt;

(9) eine Umsetzungsstrategie für ein nachhaltiges Finanzwesen, um private Kapitalflüsse stärker in nachhaltigere Investitionen zu lenken;

(10) Initiativen für eine ausgewogene und fortschrittliche Handelspolitik und einen europäischen Rahmen für die Überprüfung ausländischer Direktinvestitionen, die die Sicherheit oder die öffentliche Ordnung gefährden könnten.[4]

Die Umsetzung dieser holistisch gedachten Strategie obliegt dabei den Institutionen der EU, den Mitgliedstaaten, den Regionen und natürlich der Industrie im europäischen Binnenmarkt. Mit ihrer industriepolitischen Strategie entwirft die EU-Kommission einen neuen Pfad industriepolitischen Handelns.

Gleichzeitig muss europäische Industriepolitik jenseits von Richtlinien oder einzelnen Verordnungen auf den revolutionären Problemdruck und die wachsenden Konfliktpotenziale mit Blick auf die globale Industrialisierung, die Zunahme der Konkurrenz aus ande-

---

3   Vgl. Europäische Kommission: Neue Strategie, 2017.
4   Europäische Kommission: Neue Strategie, 2017.

ren Ländern oder Regionen und insbesondere auch die Digitalisierung reagieren. Industrielle Fertigung, korrespondierende Dienstleistungen im Bankenbereich oder im Marketing, in Logistik, Vertrieb und Export sind Stützpfeiler der europäischen Wirtschaft. Zwei Drittel der EU-Exporte entfallen auf die Industrie. Sie bietet 32 Mio. Menschen in Europa einen Arbeitsplatz. Davon sind 1,5 Mio. Arbeitsplätze seit 2013 erst geschaffen worden. Deshalb sind Modernisierungen, Innovationen, Fortschritte in der Forschung und der Technologieentwicklung und wirtschaftliche Stimuli wichtig. Mit Blick auf die Digitalisierung ist Europas Industrielandschaft in einem gravierenden (und teils disruptiven) Wandel: Neue Produktionstechnologien, Geschäftsmodelle, Absatzmöglichkeiten entstehen, bewirken aber auch gewaltige Herausforderungen für eine stärker vernetzte und damit störanfälligere Welt. Diese Entwicklung wird neue Arbeitsplätze schaffen und gleichzeitig etablierte zerstören. Zudem werden neue innovative Technologien die Produktivität erhöhen. Sie werden auch Auswirkungen auf die Gestaltung und Verfügbarkeit von Arbeit haben. Die Zukunft der europäischen Industrie hängt von ihrer kontinuierlichen Anpassungs- und Innovationsfähigkeit ab. Dies setzt Investitionen in neue Technologien und die Akzeptanz von Veränderungen voraus, die die zunehmende Digitalisierung und der Übergang zur emissionsarmen Wirtschaft und zur Kreislaufwirtschaft mit sich bringt. Gleichzeitig ist der globale Wettbewerb schärfer geworden. Nicht alle Gesellschaftsgruppen profitieren von den Vorteilen der Globalisierung und des technologischen Fortschritts. Dieser Gesamtzusammenhang prägt deshalb zu Recht die neue industriepolitische Strategie der EU-Kommission, die auf politischer Ebene nicht nur um industrienahe Unterstützungen, sondern auch um soziale Innovationen und Anpassungen bemüht sein muss.[5]

Digitalisierung als Herausforderung der europäischen Industriepolitik
Hinzu kommen alle Begleiterscheinungen der Industrie 4.0 und des Internet der Dinge. Dies führt weltweit zu einer noch stärkeren Vernetzung der wirtschaftlichen Aktivitäten. Insofern sind Fragen der Cybersicherheit, des Datenschutzes und des geistigen Eigentums wichtige Bestandteile der industriellen Fertigung und der Wettbewerbsfähigkeit europäischer Unternehmen geworden. Die neue industriepolitische Strategie lässt sich zu Recht dezidiert darauf ein. Das Internet der Dinge und die Industrie 4.0 führen zu einem Gestaltwandel der industriellen Wertschöpfung. Diese Entwicklungen führen zu schwierigen sozioökonomischen Organisationslagen und Anpassungserfordernissen. Sie realisieren gute Chancen für Problemlösungen, werfen aber neue Probleme wie Datenschutz, der Schutz des geistigen Eigentums, Cybersicherheit, Privatheit oder digitale Gewalt gegen Jedermann auf. Mit dem digitalen Binnenmarkt hat die EU-Kommission bereits vor einigen Jahren auf diese Entwicklung reagiert. Diese Konzentration auf die Digitalisierung wird nun auch für eine strategisch ausgerichtete europäische Industriepolitik hilfreich.

Zusammenspiel industrieübergreifender mit spezifischen Maßnahmen
Diese horizontalen – gewissermaßen flächendeckenden – Maßnahmen, welche alle Industriezweige betreffen, werden durch spezifische Maßnahmen für strategische Sektoren ergänzt. Dies sind zum Beispiel die EU-Weltraumstrategie,[6] um eine starke und wettbewerbsfähige Raumfahrtindustrie weiter auszubauen; zudem der europäische Verteidigungs-

---

5 Vgl. Europäische Kommission: Lage der Union 2017 – Strategie für Industriepolitik: Investitionen in eine intelligente, innovative und nachhaltige Industrie, 18.9.2018, abrufbar unter: http://europa.eu/rapid/press-release_IP-17-3185_de.htm (letzter Zugriff: 20.6.2018).
6 Vgl. auch den Beitrag zur Weltraumpolitik in diesem Jahrbuch.

fonds, der als Katalysator einer wettbewerbsfähigen und innovativen europäischen Verteidigungsindustrie fungieren soll; eine breite Palette an Initiativen für eine saubere, nachhaltige und wettbewerbsfähige Automobilindustrie sowie eine größere Aufmerksamkeit für die europäische Stahlindustrie, damit sie auf fairer Basis im Wettbewerb auf den Weltmärkten bestehen kann.[7]

Die neue industriepolitische Strategie der EU weist in die richtige Richtung

Eine holistisch gedachte industriepolitische Strategie der Europäischen Kommission, die horizontale mit spezifischen industriepolitischen Elementen verbindet, ist die richtige Antwort auf internationalen Wettbewerbsdruck und Modernisierungserfordernisse durch Globalisierung und Digitalisierung. Dieser gebündelte Ansatz soll mit dem ebenfalls ganzheitlichen Vorgehen verknüpft werden, welches die Kommission im Rahmen ihrer „Strategie 2020" bereits für andere innovative Wirtschaftsbereiche in der EU eingeschlagen hat. Dort werden Innovationsoffensive, Forschungs- und Technologie- sowie die Weltraumpolitik mit ihren Zielen und wechselseitigen Einflüssen als ein zusammenhängendes Ganzes begriffen, das am effizientesten nur konzertiert zu managen ist. Das gleiche gilt für die europäische Industriepolitik, die zum Beispiel nicht nur industrielle Pfade zu entwerfen und verfolgen hat, sondern etwa auch klimapolitische Ziele der EU mitberücksichtigen muss.

Bei der europäischen Industriestrategie kommt darüber hinaus ein anderes Zusammenwirken der beteiligten Akteure hinzu. Mithilfe eines jährlichen Industrietags, der erstmalig im Februar 2017 abgehalten wurde,[8] und einem runden Tisch der Industrie, sind zwei neue Foren ins Leben gerufen worden, mit deren Hilfe die Industrie und Zivilgesellschaft in Zukunft industriepolitische Maßnahmen der politischen Akteure mitgestalten können. Damit entsteht eine Stakeholder-Architektur, die hilft, unterschiedliche Interessen zu berücksichtigen, evidenzbasiert Entscheidungen zu festigen und Konflikte zu minimieren.

Insofern prägen nun zwei Merkmale die industriepolitische Strategie der Europäischen Union: Zum einen eine Holistik, welche die Vielschichtigkeit industriellen Handelns im Auge hat; zum anderen eine andere Transparenz, die über einen weit gefassten Stakeholder-Dialog entsteht, der die Interessen aller durch die Industriepolitik betroffenen Akteure bereits im Vorfeld wichtiger industriepolitischer Weichenstellungen und Beschlüsse zusammenführt. Das erste Element kann Synergieeffekte zwischen den unterschiedlichen Politikbereichen mobilisieren. Das zweite Element dient zweifelsohne zur Vermeidung oder Abschwächung von Reibungsverlusten durch vorausschauende Kooperation, die bei divergierenden Interessen unweigerlich in der operativen Umsetzung der europäischen Industriepolitik entstehen werden. Insofern realisieren diese zwei Elemente in der Tat einen neuen und vielversprechenden Ansatz des industriepolitischen Verhaltens in Europa.

Weiterführende Literatur

Europäische Kommission: Gesamtbericht über die Tätigkeit der Europäischen Union 2017, Brüssel 2018.
Dies., Pressemitteilung: Lage der Union 2017 – Strategie für die Industriepolitik: Investitionen in eine intelligente, innovative und nachhaltige Industrie, Brüssel 2017.
Jürgen Turek: Industriepolitik, in: Werner Weidenfeld/ Wolfgang Wessels (Hrsg.), Jahrbuch der europäischen Integration 2013 ff.

---

7   Vgl. Europäische Kommission: Lage der Union, 2017.
8   Vgl. Europäische Kommission: European Industry Day, 1.9.2017, abrufbar unter http://ec.europa.eu/growth/content/european-industry-day-0_en (letzter Zugriff: 23.6.2018).

Kulturpolitik

Otto W. Singer

Europa und die Europäische Union stehen in zahlreichen Ländern aufgrund der aktuellen politischen Lage vor großen Herausforderungen. Ein besonders markanter Einschnitt in der EU-Kulturförderpolitik resultiert aus dem bevorstehenden Austritt des Vereinigten Königreiches aus der Europäischen Union. Hinzu kommen das Erstarken populistischer Bewegungen in verschiedenen europäischen Ländern und eine zunehmend kritische Haltung gegenüber der europäischen Migrationspolitik. Angesichts dieser Herausforderungen ist es eine zentrale Frage, wie sich die gemeinsamen europäischen Werte durch kulturpolitische Maßnahmen stärken lassen und wie Kulturorganisationen zu einem größeren gesellschaftlichen Zusammenhalt in der Union beitragen können. Im Zentrum dieser Maßnahmen steht insbesondere die Präsentation und Weitergabe des Kulturerbes mit unterschiedlichen künstlerischen Mitteln, was sich im Berichtszeitraum vor allem in der Durchführung des Europäischen Jahr des Kulturerbes 2018 niederschlägt.[1] Reflektiert wird dies nicht nur im Achtzehnmonatsprogramm des Rates,[2] sondern auch in den Programmen der beiden Ratsvorsitze im Berichtszeitraum.[3]

Schwerpunkte der Kulturförderung

Zahlreiche Programme und Maßnahmen der EU dienen der Förderung des Kulturbereiches. Im Zentrum der Kulturförderpolitik der EU steht das Rahmenprogramm Kreatives Europa (2014-2020), das mit den Teilprogrammen KULTUR und MEDIA ein Gesamtbudget von 1,46 Mrd. Euro umfasst.[4] Das Programm Kreatives Europa steht auch den Beitritts- und Kandidatenländern, den Ländern des Europäischen Wirtschaftsraums, der Schweiz sowie den Ländern der Europäischen Nachbarschaftspolitik unter bestimmten Voraussetzungen offen. Dies betrifft etwa Tunesien, das als erstes Land aus der südlichen EU-Nachbarschaftspolitik seit Anfang 2018 am Programm teilnimmt.[5] Im Zentrum des Programms Kreatives Europa stehen grenzüberschreitende Kooperationsprojekte zwischen

---

1 Christine Wingert: EU-Strategie für Kulturerbe. Europäisches Jahr des Kulturerbes soll Impulse setzen, Kulturpolitische Mitteilungen, 1/2017, Langfassung abrufbar unter https://www.kupoge.de/kumi/pdf/kumi156/kumi156_043-045_langfassung.pdf (letzter Zugriff: 12.6.2018).
2 Rat der Europäischen Union: Achtzehnmonatsprogramm des Rates (1. Juli 2017 bis 31. Dezember 2018). Brüssel, 2. Juni 2017, Dok. 9934/17, S. 8f.
3 Programm des estnischen Ratsvorsitzes, abrufbar unter https://www.eu2017.ee/de; besonders hervorgehoben wird dies von der bulgarischen Präsidentschaft im ersten Halbjahr 2018, die mit Ablauf und näherer Ausgestaltung des Europäischen Jahres des Kulturerbes 2018 befasst ist. Programm des bulgarischen Ratsvorsitzes, abrufbar unter https://eu2018bg.bg/de/programme (letzter Zugriff: 12.6.2018).
4 Daneben unterstützt die Europäische Union zahlreiche kulturelle Projekte auch im Rahmen anderer europäischer Programme wie etwa das Forschungsprogramms Horizont 2020 oder die EU-Strukturfondsprogramme. Vgl. http://www.europa-foerdert-kultur.info/regionen.html (letzter Zugriff: 12.6.2018).
5 Vgl. die Übersicht der Staaten außerhalb der Europäischen Union, die – auf der Grundlage von Artikel 8 der Verordnung (EU) Nr. 1295/2013 – vollständig oder partiell am Programm Kreatives Europa teilnehmen; abrufbar unter https://eacea.ec.europa.eu/node/922_de (letzter Zugriff: 12.6.2018).

Organisationen in der Kultur- und Kreativbranche.[6] Unterstützt werden mit Finanzmitteln aus dem Programm Kreatives Europa auch das Europäische Jahr des Kulturerbes 2018,[7] das Europäische Kulturerbe-Siegel[8] sowie die Kulturpreise für Literatur, Architektur, kulturelles Erbe und Popmusik.[9] Auch die jährliche Veranstaltung Kulturhauptstadt Europas[10] erhält finanzielle Hilfen des Programms Kreatives Europa.[11] Fraglich ist die vorgesehene Beteiligung einer britischen Stadt im Jahr 2023.[12] Solange das Verfahren über den EU-Austritt des Vereinigten Königreiches nicht abgeschlossen ist, gelten für die Laufzeit der gegenwärtigen Förderprogramme bis 2020 weiterhin die Regelungen zur Teilnahme am Programm Kreatives Europa und anderen Programmen.[13]

Einstieg in eine neue Programmgeneration

Anfang Mai 2018 hat die Europäische Kommission ihre Vorschläge für einen neuen mehrjährigen Finanzrahmen für den Zeitraum 2021-2027 vorgelegt. Vorgesehen ist darin ein eigenständiges und umfassendes Kulturförderprogramm.[14] Deutlich wird zugleich, dass das bisherige Programm „Europa für Bürgerinnen und Bürger" nicht fortgesetzt werden soll.[15] Der am 30. Mai 2018 präsentierte Vorschlag für das künftige Programm Kreatives Europa (2021 bis 2027) baut auf der bestehenden Struktur des Vorgängerprogramms auf und setzt sie mit den Aktionsbereichen KULTUR und MEDIA sowie einem stärkeren

---

6   Eine Übersicht der Projekte und Maßnahmen findet sich im Jahresprogramm für die Implementation des Programms Kreatives Europa, abrufbar unter https://ec.europa.eu/programmes/creative-europe/annual-work-programmes_de (letzter Zugriff: 12.6.2018).
7   Zur Durchführung des Kulturerbejahres 2018 vgl. http://europa.eu/cultural-heritage/ sowie https://sharing-heritage.de (letzter Zugriff: 12.6.2018).
8   Die Europäische Kommission hat im März 2018 neun Stätten mit dem Europäischen Kulturerbe-Siegel ausgezeichnet. Vgl. https://ec.europa.eu/programmes/creative-europe/actions/heritage-label_de (letzter Zugriff: 12.6.2018).
9   Mit den Kulturpreisen der Europäischen Union sollen der Reichtum und die Vielfalt europäischer Kulturen gezeigt werden. European Commission: European Prizes and Initiatives, abrufbar unter https://ec.europa.eu/programmes/creative-europe/actions_en (letzter Zugriff: 12.6.2018).
10 Ein neuer Durchführungsrahmen ermöglicht auch Städten in Kandidatenländern und potenziellen Kandidatenländern ab 2021 die Möglichkeit, sich alle drei Jahre für den Titel zu bewerben. Beschluss (EU) 2017/1545 des Europäischen Parlaments und des Rates vom 13. September 2017 zur Änderung des Beschlusses Nr. 445/2014/EU zur Einrichtung einer Aktion der Europäischen Union für die „Kulturhauptstädte Europas" im Zeitraum 2020 bis 2033, in: Amtsblatt der EU L 237/1, 15. September 2017.
11 Planung und Durchführung der Veranstaltung werden regelmäßig evaluiert. Die Berichte finden sich unter https://ec.europa.eu/programmes/creative-europe/actions/capitals-culture_de (letzter Zugriff: 12.6.2018).
12 Vgl. POLITICO BRUSSELS, European Capital of Culture can't be in the UK, 23. November 2017, abrufbar unter https://www.politico.eu/article/brussels-says-european-capital-of-culture-cant-be-in-the-uk (letzter Zugriff: 12.6.2018).
13 Zu den Auswirkungen des Brexit auf den gesamten Kultursektor vgl. aus britischer Sicht House of Commons, Digital, Culture, Media and Sport Committee: The potential impact of Brexit on the creative industries, 23 January 2018, abrufbar unter https://publications.parliament.uk/pa/cm201719/cmselect/cmcumeds/365/365.pdf. Aus EU-Perspektive vgl. die Ergebnisse einer Anhörung im EU-Parlament: Implications of Brexit for Culture and Education, 21 June 2017, abrufbar unter http://www.europarl.europa.eu/committees/de/cult/events-hearings.html?id=20170707CHE02282 (letzter Zugriff: 12.6.2018).
14 Europäische Kommission: Ein moderner Haushalt für eine Union, die schützt, stärkt und verteidigt. Mehrjähriger Finanzrahmen 2021-2027. Brüssel, 2. Mai 2018, COM(2018) 321, S. 55ff.
15 Die Themen des bisherigen Programms „Europa für Bürgerinnen und Bürger" sollen in einem Fonds für Justiz, Rechte und Werte aufgehen. EU-Kommission: Vorschlag für eine Verordnung des Europäischen Parlaments und des Rates zur Aufstellung des Programms „Rechte und Werte". Brüssel, 30. Mai 2018, COM(2018) 383, Verfahrensdossier 2018/0207 (COD).

sektorübergreifenden Aktionsbereich fort, der innovative Maßnahmen ermöglichen soll. Stärker als bisher soll der Kultursektor zur sozialen Inklusion sowie zur Stärkung der europäischen Identität und europäischer Werte beitragen. Weitere vorgesehene Ziele sind die Förderung der Kultur- und Kreativwirtschaft sowie der Ausbau der auswärtigen Kulturbeziehungen. Das Programm soll flexibler werden, so dass Detailmaßnahmen besser an unvorhergesehene Umstände oder neue technologische oder gesellschaftliche Entwicklungen angepasst werden können. Die vorgesehenen Mittel belaufen sich auf 1,85 Mrd. Euro, aufgeteilt auf das Teilprogramm MEDIA mit 1,2 Mrd. Euro und das Teilprogramm KULTUR mit 650 Mio. Euro.[16] Grundlage für die neue Ausrichtung des Programms ist ein Evaluationsbericht der Kommission, der Erfolge und Schwachpunkte der bisherigen Laufzeit auflistet.[17]

Kulturagenda und Arbeitsplan für Kultur

Der EU-Kulturministerrat verabschiedet seit 2002 mehrjährige Arbeitspläne, in denen gemeinsame Prioritäten der Zusammenarbeit vereinbart werden. Zudem wurde 2007 die Europäische Kulturagenda als übergeordnete Strategie mit den Zielen kulturelle Vielfalt, Kulturwirtschaft und internationale Kulturbeziehungen beschlossen. Hinzu kommen mit der offenen Koordinierungsmethode und dem strukturierten Dialog mit der Zivilgesellschaft zwei neue Arbeitsinstrumente. Der thematische Rahmen für die Zusammenarbeit der Europäischen Union im Kulturbereich ist im mehrjährigen Arbeitsplan des Rates für Kultur festgelegt, der Zeitplan und Instrumente zur Umsetzung kulturpolitischer Vorhaben für die Jahre 2015 bis 2018 enthält. Im Rahmen der offenen Koordinierungsmethode werden thematische EU-Expertengruppen (so etwa zu Finanzierung, Internationalisierung, Artist in Residence, Kulturvermittlung) eingesetzt, um sich über nationale Strategien und Best Practices auszutauschen und Handlungsempfehlungen auszuarbeiten. Im Berichtszeitraum haben mehrere dieser Expertengruppen ihre Arbeitsergebnisse vorgelegt, zuletzt Berichte zum Innovationspotential der Kreativwirtschaft (Januar 2018) sowie zur partizipativen Steuerung des kulturellen Erbes (April 2018).[18]

Besonders dringlich stellt sich die Frage nach der Rolle der Kultur angesichts des Erstarkens von Regionalismus, Nationalismus und Populismus in Europa. Debattiert wird insbesondere, inwieweit Kultur und das kulturelles Erbe für gegensteuernde Maßnahmen in Anspruch genommen können. So hat der Europäische Rat in den Schlussfolgerungen vom 14. Dezember 2017 die gesellschaftliche Bedeutung der Kultur und des Kulturerbes unterstrichen und bekundet, der sozialen und kulturellen Dimension der EU-Politiken künftig eine stärkere Rolle beizumessen.[19] Vor diesem Hintergrund hat die Europäische

---

16 EU-Kommission: Vorschlag für eine Verordnung des Europäischen Parlaments und des Rates über das Programm Kreatives Europa (2021 bis 2027) und zur Aufhebung der Verordnung (EU) Nr. 1295/2013, Brüssel, 30. Mai 2018, COM(2018) 366, Verfahrensdossier 2018/0190 (COD).
17 Europäische Kommission: Halbzeitbewertung des Programms „Kreatives Europa" (2014-2020). Brüssel, 30. April 2018, COM(2018) 248; vgl. dazu auch https://ec.europa.eu/programmes/creative-europe/evaluations_de (letzter Zugriff: 12.6.2018).
18 Die Dokumente sind aufrufbar unter https://e2c.europa.eu/culture/library_en (letzter Zugriff: 12.6.2018).
19 Europäischer Rat: Schlussfolgerungen des Europäischen Rates. Brüssel, 14. Dezember 2017, Dok. EUCO 19/1/17, S. 3f. Mit gleicher Zielrichtung das Diskussionspapier zur Orientierungsaussprache auf der Tagung des Kulturministerrates am 21. November 2017. Rat der Europäischen Union: Die Bedeutung der Kultur für den gesellschaftlichen Zusammenhalt in Europa, Dok. 13419/17. Vgl. auch Orientierungsaussprache am 23. Mai 2018. Rat der Europäischen Union: Der Weg vor uns: langfristige Vision für den Beitrag der Kultur in der EU nach 2020, Dok. 8435/18.

Kommission im Frühjahr 2018 eine Neuorientierung der EU-Kulturpolitik angekündigt.[20] Näher ausgeführt wird dies im Vorschlag für eine neue europäische Agenda für Kultur.[21] Mit der neuen Agenda sollen die kulturpolitischen Leitlinien der aus dem Jahr 2007 stammenden bisherigen Europäischen Kulturagenda an die aktuelle Lage angepasst werden. Die Agenda enthält zwei Querschnittsdimensionen: Die digitale Dimension von Kultur sowie die Fortführung von Aktivitäten zur Förderung des Kulturerbes über das Europäische Jahr des Kulturerbes 2018 hinaus. Hinzu kommen ein Aktionsplan zur Bekämpfung des illegalen Handels mit Kulturgütern[22] sowie die Einrichtung einer Plattform zum Austausch über gefährdetes Kulturerbe. Bekräftig wird das Vorgehen in den Schlussfolgerungen des Rats vom 23. Mai 2018: Die Mitgliedstaaten werden ersucht, das Europäische Jahr des Kulturerbes 2018 zu nutzen, um gemeinsam mit der Kommission ein gemeinsames und umfassendes strategisches Konzept für das Kulturerbe zu entwickeln.[23]

Weiterführende Literatur

Ronald Grätz (Hrsg): Kann Kultur Europa retten? Bonn 2017.

Thomas Höpel: Kulturpolitik in Europa im 20. Jahrhundert: Metropolen als Akteure und Orte der Innovation, Göttingen 2017.

Elisabeth Keller: Aushandlungen von Kulturpolitik: EU-Kulturprojekte als Instrumente europäischer Integration, Münster 2017.

---

20 Mitteilung der Europäischen Kommission: Stärkung der europäischen Identität durch Bildung und Kultur. Beitrag der Europäischen Kommission zum Gipfeltreffen in Göteborg am 17. November 2017. Straßburg, 14. November 2017, COM(2017) 673.

21 Mitteilung der Europäischen Kommission: Eine neue europäische Agenda für Kultur. Brüssel, 22. Mai 2018, COM(2018) 267; begleitend die übergreifende Mitteilung: Ein stärkeres Europa aufbauen - Die Rolle der Jugend-, Bildungs- und Kulturpolitik. Brüssel, 22. Mai 2018, COM(2018) 268. Neben der Neuausrichtung der Kulturagenda steht mit der Erstellung eines neuen Arbeitsplans des Rates für Kultur ein weiteres Thema im Mittelpunkt der österreichischen Ratspräsidentschaft im zweiten Halbjahr 2018. Programm des österreichischen Ratsvorsitzes, 1. Juli - 31. Dezember 2018, abrufbar unter https://www.b-meia.gv.at/europa-aussenpolitik/europapolitik/eu-ratsvorsitz-2018 (letzter Zugriff: 12.6.2018).

22 Ein im Gesetzgebungsverfahren befindlicher Kommissionsvorschlag zielt darauf ab, den illegalen Handel mit Kulturgütern einzudämmen. Vorschlag für eine Verordnung des Europäischen Parlaments und des Rates über die Einfuhr von Kulturgütern. Brüssel, 13. Juli 2017, COM(2017) 375, Verfahrensdossier 2017/0158 (COD).

23 Schlussfolgerungen des Rates zur Notwendigkeit, das kulturelle Erbe in allen Politikbereichen der EU stärker in den Vordergrund zu rücken. Brüssel, 23. Mai 2018, Dok. 8544/18.

Menschenrechtspolitik

Gabriel N. Toggenburg*

Als Querschnittsmaterie war auch in den Jahren 2017 bis 2018 der Grundrechtsschutz in den verschiedensten Zusammenhängen Thema und Herausforderung. Im Folgenden wird versucht, einen Überblick zu bieten. Die Tatsache, dass Bereiche nicht erwähnt werden, sagt nichts über die Relevanz der entsprechenden Entwicklungen aus. So ist zu betonen, dass trotz Rückgangs der Anzahl von Flüchtlingen und Migranten die Herausforderungen groß bleiben, wie die entsprechenden Monatsberichte der EU-Grundrechteagentur zeigen.[1] Von Relevanz für alle Politikbereiche ist die Tatsache, dass die Europäische Kommission vorgeschlagen hat, sämtliche EU-Finanzierungsinstrumente im neuen Finanzrahmen 2021–2027 einer Charta-Konditionalität zu unterwerfen: Die Verwendung von EU-Geldern soll in jedem Moment im Einklang mit den Rechtsverpflichtungen aus der EU-Grundrechtecharta stehen.[2]

Antidiskriminierungsrecht und Gleichbehandlungsstellen

Vor nunmehr 18 Jahren hat die Europäische Union ein weitgehendes Gesetzgebungspaket zu Antidiskriminierung erlassen, welches weltweit als modern und umfassend gilt, insbesondere was die Diskriminierung auf Grundlage ethnischer Zugehörigkeit betrifft. Die Ausdehnung dieses Schutzes auf andere Diskriminierungsmerkmale wie Alter oder Behinderung blieb auch dieses Jahr Gegenstand zäher Verhandlungen. Auch 10 Jahre nach dem Vorschlag der Europäischen Kommission, eine so genannte „horizontale" Antidiskriminierungsrichtlinie zu erlassen, konnten sich die 27 Mitgliedstaaten nicht auf einen Kompromiss einigen.[3] Insbesondere der Einbezug des Erziehungswesens und des Sozialschutzes blieb aus Subsidiaritätsgründen umstritten. Das Europäische Parlament hingegen hat sich in einer Entschließung zum „Schutz und zur Nichtdiskriminierung von Minderheiten in den Mitgliedstaaten der EU" zum wiederholten Mal für eine entsprechende Reform starkgemacht.[4] Es „bedauert zutiefst die anhaltende Blockadehaltung des Europäischen Rates, durch die Fortschritte bei der Verabschiedung der Nichtdiskriminierungsrichtlinie verhin-

---

* Alles hier Gesagte spiegelt die persönliche Meinung des Autors wider und kann in keiner Weise der EU-Grundrechteagentur zugerechnet werden.
1 Seit Anfang 2015 berichtet die Agentur der Europäischen Union für Grundrechte (FRA) regelmäßig über die Situation in 14 Mitgliedstaaten über die Situation an den Grenzen, Asylverfahren, Rückführungen, Aufnahmebedingungen, Kinderschutz, Anhaltungen, migrationsbezogene Hassreden und Gewaltverbrechen und politische Maßnahmen im Bereich Asyl und Migration in diesen Ländern. Siehe FRA: Regular overviews of migration-related fundamental rights concerns, abrufbar unter: http://fra.europa.eu/en/theme/asylum-migration-borders/overviews (letzter Zugriff: 25.10.2018).
2 Europäische Kommission: Vorschlag für eine Verordnung des Europäischen Parlaments und des Rates mit den gemeinsamen Bestimmungen für die großen EU-Fonds wie ESF etc, Straßburg, 29. Mai 2018, KOM(2018)375 endg; FRA: Gutachten zu den Herausforderungen und Potentialen im Zusammenhang mit der Umsetzung der Grundrechtecharter, 4. September 2018, Gutachten 4/2018.
3 Siehe Rat der Europäischen Union: Fortschrittsbericht. Vorschlag für eine Richtlinie des Rates zur Anwendung des Grundsatzes der Gleichbehandlung ungeachtet der Religion oder der Weltanschauung, einer Behinderung, des Alters oder der sexuellen Ausrichtung, Brüssel, 8. Juni 2018, Dok. 9734/18.

dert werden".⁵ Das Europäische Parlament fordert die Mitgliedstaaten auf, „sich in Richtung einer pragmatischen Lösung zu bewegen, die den Schutz von Menschen mit Behinderungen vor Diskriminierung in allen Lebensbereichen umfassen sollte."⁶

Umfragen der EU-Grundrechteagentur haben gezeigt, dass das Wissen um die bereits existierenden Verbote und Rechtswege sehr beschränkt geblieben ist. Das hängt auch damit zusammen, dass die nationalen Gleichbehandlungsstellen juristisch und finanziell sehr unterschiedlich ausgestattet sind. In einigen Mitgliedstaaten wurde das Mandat der bestehenden Gleichbehandlungsstellen auf neue Bereiche ausgeweitet, ohne dass die Ressourcen entsprechend aufgestockt wurden beziehungsweise wurden diese gar gekürzt. Mancherorts ist die Unabhängigkeit dieser Stellen – etwa wo sie in Ministerien angesiedelt sind – beschränkt. Vor diesem Hintergrund hat die Europäische Kommission im Frühsommer 2018 eine Empfehlung zu Standards für Gleichbehandlungsstellen angenommen. In dem Dokument empfiehlt sie Vorgaben zu Mandat, Unabhängigkeit und Wirksamkeit sowie zu Koordinierung und Zusammenarbeit solcher Einrichtungen.⁷

Gleichbehandlung in der gelebten Praxis

Trotz des vorhandenen Rechtsrahmens bleibt Diskriminierung eine bestimmende Erfahrung im Leben vieler Menschen innerhalb der Europäischen Union. Dies wurde auch wieder in den Umfragen der EU-Grundrechteagentur bestätigt. So wurde etwa im September 2017 eine Umfrage zur Situation von Muslimen in der Europäischen Union veröffentlicht (European Union minorities and discrimination survey, EUMIDIS).⁸ Die Erhebung umfasste 10 527 Personen in 15 EU-Mitgliedstaaten, die sich selbst als Muslime identifizieren. Die Ergebnisse besagen, dass das Vertrauen dieser Bevölkerungsgruppe in die demokratischen Institutionen ihrer Länder sogar größer als bei weiten Teilen der Allgemeinbevölkerung war, wobei dieses Vertrauen mit einer Häufung von Diskriminierungserfahrungen abnimmt. 31 Prozent derjenigen, die auf Arbeitsuche waren, hatten in den letzten fünf Jahren vor der Erhebung Diskriminierung erfahren und 42 Prozent der Befragten, die im letzten Jahr von der Polizei angehalten wurden, befanden, dass diese Kontrollen aufgrund ihres Migrationshintergrunds beziehungsweise ihrer Zugehörigkeit zu einer ethnischen Minderheit erfolgten.

Auch Rassismus blieb eine Herausforderung innerhalb der Europäischen Union. Dies gilt auch für das Internet. Bereits im Herbst 2017 erließ die Europäische Kommission die Mitteilung „Umgang mit illegalen Online-Inhalten. Mehr Verantwortung für Online-Plattformen."⁹ Im März 2018 folgte eine Empfehlung für wirksame Maßnahmen in diesem

---

4 Europäisches Parlament: Entschließung. Schutz und zur Nichtdiskriminierung von Minderheiten in den Mitgliedstaaten der EU, Straßburg, 7. Februar 2018, 2017/2937(RSP).
5 Europäisches Parlament: Entschließung zur Umsetzung der Europäischen Strategie zugunsten von Menschen mit Behinderungen, Straßburg, 30. November 2017, 2017/2127(INI), Abs. 31.
6 Europäisches Parlament: Entschließung zur Umsetzung der Europäischen Strategie, 2017, Abs. 31.
7 Europäische Kommission: Empfehlungen zu Standards für Gleichstellungsstellen, 22. Juni 2018, 2018/951.
8 FRA: Second European Union Minorities and Discrimination Survey (EU-MIDIS II). Muslims – Selected findings, 2017.
9 Europäische Kommission: Mitteilung. Umgang mit illegalen Online-Inhalten. Mehr Verantwortung für Online-Plattformen, Brüssel, 28. September 2017, KOM(2017)555 endg.

Bereich.[10] Auch Antiziganismus blieb ein Thema:[11] Die soziale Integration der Roma blieb eine bloße Hoffnung, Segregation aber die Realität. 80 Prozent der Roma leben an oder unter der Armutsgrenze. Die Investitionen in Bildung haben bislang noch keine Auswirkungen am Arbeitsmarkt gehabt wie eine Studie der EU-Grundrechteagentur zeigte.[12]

Religion und Arbeitsrecht

Während Menschenrechtsschutz und Religion trotz mancher Spannungen viele gemeinsame Ziele verfolgen,[13] sind die Berührungspunkte zwischen EU-Recht und dem nationalen Religionsrecht wenig prominent.[14] Insofern ist erwähnenswert, dass sich der Europäische Gerichtshof in der Rechtssachen Egenberger eingehend mit arbeitsrechtlichen Fragen religiöser Präferenz beschäftigt hat.

Frau Vera Egenberger, die keiner Konfession angehört, hatte sich 2012 auf eine vom Evangelischen Werk für Diakonie und Entwicklung ausgeschriebene Stelle beworben. Nach der Stellenausschreibung mussten die Bewerber Mitglied einer evangelischen oder der Arbeitsgemeinschaft Christlicher Kirchen in Deutschland angehörenden Kirche sein. Frau Egenberger wurde nicht zum Interview geladen. Im folgenden Gerichtsverfahren wurde der Europäische Gerichtshof zur Auslegung der Gleichbehandlungsrichtlinie 2000/78/EG angerufen.

Artikel 4(2) der Richtlinie erlaubt es, dass Mitgliedstaaten in Bezug auf berufliche Tätigkeiten innerhalb von Kirchen und vergleichbaren Organisationen Bestimmungen beibehalten, wonach eine Ungleichbehandlung wegen der Religion oder Weltanschauung dann nicht als Diskriminierung zu werten sei, wenn dies „nach der Art dieser Tätigkeiten oder de[n] Umstände[n] ihrer Ausübung eine wesentliche, rechtmäßige und gerechtfertigte berufliche Anforderung angesichts des Ethos der Organisation darstellt."

In seinem Urteil vom 17. April 2018 unterstrich der Gerichtshof, dass diese Bestimmung bezwecke, einen „angemessenen Ausgleich" herzustellen zwischen dem Recht der Kirchen auf Autonomie und dem Recht der ArbeitnehmerInnen, nicht wegen ihrer Religion oder Weltanschauung diskriminiert zu werden.[15] Der Europäische Gerichtshof stellte fest, dass es eine Möglichkeit geben müsse, die Behauptung, bei der religiösen Zugehörigkeit handle es sich um eine gerechtfertigte berufliche Anforderung, gerichtlich zu überprüfen.

Das Urteil zeigt – nach den Urteilen des Jahres 2017 in den Rechtssachen Samira Achbita sowie Asma Bougnaoui zum Tragen von Kopftücher in privaten Unternehmen[16] – dass das Unionsrecht relevante Regelungsschranken in religionsrechtlichen Belangen aufzieht.[17] Und es bestätigt, dass die Grundrechtecharta auch in Rechtsstreitigkeiten

---

10 Europäische Kommission: Empfehlung der Kommission für wirksame Maßnahmen im Umgang mit illegalen Online-Inhalten, Brüssel, 1. März 2018, C(2018)1177 endg.
11 Europäisches Parlament: Entschließung zu Grundrechtsaspekten bei der Integration der Roma in der EU: Bekämpfung des Antiziganismus, Straßburg, 25. Oktober 2017, 2017/2038(INI).
12 FRA: Transition from education to employment of young Roma in nine EU Member States, 2018.
13 FRA: Shared space of religion and human rights - Meeting report, 2017.
14 G.N.Toggenburg: Ein Blick auf das Verhältnis zwischen Religion und dem Recht der Europäischen Union. Tagungsband des 9. Rechtswissenschaftlichen Fakultätstages in Graz „Staat und Religion", 2014, S. 203–212.
15 EuGH, C-414/16 vom 17.4.2018.
16 EuGH, C-157/15; C-188/15, beide Urteile vom 17.3.2017.
17 Siehe in diesem Zusammenhang auch jüngst EuGH, C-68/17 vom 11.9.2018.

zwischen Privaten von großer Wichtigkeit sein kann, da nationale Behörden und Gerichte nationale Normen, die der Charta entgegenstehen (hier Artikel 21, Nichtdiskriminierung sowie Artikel 47, Recht auf ein faires Verfahren), unangewendet lassen müssen.

Behinderung: das Recht auf ein selbstständiges Leben

Die UN-Behindertenrechtskonvention – das erste internationale Menschenrechtsabkommen, dem die Europäische Union selbst beigetreten ist – bestimmt in ihrem Artikel zum „selbstbestimmten Leben" (Artikel 19) wortwörtlich, dass die Vertragsstaaten dreierlei gewährleisten müssen:

Erstens, dass Menschen mit Behinderungen gleichberechtigt mit anderen die Möglichkeit haben, ihren Aufenthaltsort zu wählen und zu entscheiden, wo und mit wem sie leben und nicht verpflichtet sind, in besonderen Wohnformen zu leben;

Zweitens, dass Menschen mit Behinderungen Zugang zu einer Reihe von gemeindenahen Unterstützungsdiensten haben, einschließlich der persönlichen Assistenz, die zur Unterstützung des Lebens in der Gemeinschaft sowie zur Verhinderung von Isolation und Segregation von der Gemeinschaft notwendig ist;

Drittens, dass gemeindenahe Dienstleistungen und Einrichtungen für die Allgemeinheit Menschen mit Behinderungen auf der Grundlage der Gleichberechtigung zur Verfügung stehen und ihren Erfordernissen Rechnung tragen.

Die EU-Grundrechteagentur hat in drei Berichten untersucht, wie es in der Praxis um diese Verpflichtungen steht. Noch immer leben viele Menschen mit Behinderungen in Einrichtungen. Dadurch wird das Risiko erhöht, dass sie isoliert und an den Rand der Gesellschaft gedrängt werden, ohne ein vollständig unabhängiges Leben zu führen. Die Berichte fordern, dass die Unterstützung von Menschen mit Behinderungen systematisch anders organisiert und finanziert werden muss.[18] Die Berichte flossen in Schlussfolgerungen des Rates der Europäischen Union ein. Dieser unterstrich, dass jeder das Recht habe, unabhängig in der Gemeinschaft zu leben. Die Minister geben gleichzeitig zu bedenken, dass das Ausmaß und die Anzahl von spezialisierten Einrichtungen nicht heruntergefahren werden kann, bevor alternative, hochqualitative und leistbare Unterkünfte in der Gemeinschaft zur Verfügung stehen. Weiter stellt der Rat der Europäischen Union fest:

> „Es sollte eine klare Strategie und erhebliche Investitionen geben, um moderne und hochwertige Dienste in lokalen Gemeinschaften zu entwickeln und die Unterstützung für Betreuer, insbesondere für pflegende Angehörige, zu erhöhen. Insbesondere sollte das Augenmerk darauf liegen, Möglichkeiten für ein eigenständiges und aktives Leben zu schaffen und auszuweiten, indem die Befähigung zur Selbstbestimmung der Menschen in allen relevanten Bereichen Vorrang erhält. In den verbleibenden Wohneinrichtungen sollte die Autonomie der Bewohner unterstützt, hochwertige und personalisierte Pflege geleistet und insbesondere den Bedürfnissen der betreuungsbedürftigen Personen nachgekommen werden, für welche die Pflege in der Gemeinschaft nicht die bevorzugte Option ist. Es ist äußerst wichtig, dass Sicherheit, Würde und ein nichtdiskriminierendes Umfeld in allen Betreuungsformen gewährleistet sind."[19]

---

18 Die drei im Oktober 2017 erschienenen Berichte beschäftigen sich mit den juristischen Verpflichtungen, der Frage der Finanzierung sowie, drittens, der Frage, wie Fortschritte im Bereich des Artikel 19 am Besten gemessen werden können. Die Berichte sind online abrufbar unter: http://fra.europa.eu/en/theme/people-disabilities (letzter Aufruf: 12.11.2018).

19 Rat der Europäischen Union: Schlussfolgerungen zu „Mehr Unterstützung und Betreuung in der lokalen Gemeinschaft für eine eigenständige Lebensführung", 7. Dezember 2017, Dok. 15563/17.

Rechtsstaatlichkeit in Polen

Seit mehr als zwei Jahren beschäftigt sich die Europäische Kommission im Kontext des seit 2014 existierenden Instruments des „EU-Rechtsrahmen zur Stärkung der Rechtsstaatlichkeit" mit der Situation in Polen. Am 20. Dezember 2017 nahm die Kommission ihre nunmehr vierte Empfehlung an.[20] Die Europäische Kommission forderte darin die polnischen Behörden auf, das Gesetz über das Oberste Gericht, das Gesetz über den nationalen Justizrat und das Gesetz über die ordentlichen Gerichte zu ändern beziehungsweise zurückzuziehen. Schließlich soll Polen die Unabhängigkeit und Legitimität des Verfassungsgerichtshofs wiederherstellen und sicherstellen, dass seine Richter, Vizepräsidenten und sein Präsident rechtmäßig gewählt und alle Urteile veröffentlicht und vollumfänglich vollstreckt werden. Auch soll die Regierung von Maßnahmen und öffentlichen Äußerungen Abstand nehmen, die die Legitimität der Justiz weiter untergraben können.

Dass die Gangart der Europäischen Kommission nun eine andere wurde, sah man daran, dass die Kommission auch einen vollausformulierten Vorschlag annahm, um das Verfahren nach Artikel 7 EUV zu eröffnen. Die Europäische Kommission unterstreicht, dass Polen in den letzten beiden Jahren über 13 Gesetze verabschiedet hat, die sich auf die gesamte Struktur des polnischen Justizsystems negativ auswirken. Exekutive und Legislative wurden systematisch befähigt, politischen Einfluss auf die Zusammensetzung, Befugnisse, Verwaltung und Arbeitsweise der Judikative auszuüben. Vor dem Hintergrund aller zahllosen stattgefundenen Gespräche und Bemühungen fordert die Europäische Kommission nun den Rat der Europäischen Union gemäß Artikel 7(1) EUV zu der Feststellung auf, dass die eindeutige Gefahr einer schwerwiegenden Verletzung der Rechtsstaatlichkeit besteht. Diese Drohung gilt für den Fall, dass die polnischen Behörden der beschriebenen vierten Empfehlung nicht nachkommen.[21]

Schließlich eröffnete die Europäische Kommission auch ein Vertragsverletzungsverfahren wegen des Gesetzes über die ordentlichen Gerichte. Hier stößt sich die Kommission an der Tatsache, dass für RichterInnen ein unterschiedliches Pensionsalter (60 Jahre für Frauen und 65 Jahre für Männer) festgelegt wird aber auch an der Ermessensbefugnis des Justizministers bei der Verlängerung der Amtszeit von RichterInnen, die das Pensionsalter erreicht haben. Dieses weite Ermessen verstoße gegen die Unabhängigkeit der polnischen Gerichte (Artikel 19 Absatz 1 EUV in Verbindung mit Artikel 47 der Charta der Grundrechte der Europäischen Union).

Rechtsstaatlichkeit in der Europäischen Union

Die Rechtsstaatsproblematik ist kein landesspezifisches Problem, dass sich nur in Polen oder Ungarn[22] manifestiert. Vielmehr zeigt sie sich – wenn auch in weniger systemischer Form – in anderen EU-Mitgliedstaaten. Im Falle von Malta nahm das Europäische Parlament eine Entschließung an, in der es entsprechende Bedenken äußerte.[23] Und in Bulgarien

---

20 Europäische Kommission: Vierte Empfehlung zur Rechtsstaatlichkeit in Polen, 20. Dezember 2017, C(2017)9050 endg. Die vorhergehenden Empfehlungen ergingen am 27.7.2016, 21.12.2016 und 27.7.2017.
21 Vgl. hierzu den Beitrag „Polen" in diesem Jahrbuch.
22 Vgl. Heiko Fürst: Ungarn, in: Werner Weidenfeld/Wolfgang Wessels: Jahrbuch der Europäischen Integration 2017, Baden-Baden 2017, S. 579–582: Vgl. auch Gabriel N. Toggenburg: Menschenrechtspolitik, in: Weidenfeld/Wessels: Jahrbuch der Europäischen Integration 2017, S. 283–290.
23 Europäisches Parlament: Entschließung zur Rechtsstaatlichkeit in Malta, Straßburg, 15. November 2017, 2017/2935(RSP).

und Rumänien rügte die Europäische Kommission in ihren Fortschrittsberichten vom 15. November 2017 im Rahmen des Kooperations- und Kontrollverfahrens (CVM) ebenfalls rechtsstaatliche Problematiken.[24] Auch der Europarat äußerte sich in dieser Hinsicht kritisch zu Bulgarien, Rumänien und Malta.[25] Vor diesem Hintergrund als auch angesichts der Tatsache, dass die praktischen Beschränkungen des Verfahrens nach Artikel 7 EUV offensichtlich wurden, suchte man nach Alternativen, wie ein Mindestmaß an rechtsstaatlicher Homogenität innerhalb der Europäischen Union zu gewährleisten sei. Im Rahmen des neuen finanziellen Mehrjahresrahmens hat die Europäische Kommission vorgeschlagen, die Ausschüttung und Verwaltung von EU-Geldern an das Rechtsstaatsgebaren der Staaten zu binden.[26] Wo ein „genereller Mangel in Bezug auf das Rechtsstaatsprinzip" auftrete, solle es der Europäischen Kommission möglich sein, entsprechende Schritte zu setzen. Dies würde der Rechtsstaatsdebatte mit einem Schlag ‚finanzielle Zähne' verleihen. Ein solch genereller Mangel wird definiert als eine „weit verbreitete oder wiederholt auftretende Praxis, Unterlassung oder Maßnahme des Staates, die das Rechtsstaatsprinzip beeinträchtigt."[27]

Weiterführende Literatur
Europäische Grundrechteagentur: Fundamental Rights Report 2018, Wien 2017.
Europäische Kommission: 2017 annual report on the application of the charter. Brüssel 2018.
Europäisches Parlament: Entschließung zur Lage der Grundrechte in der Europäischen Union 2016, Straßburg, 1. März 2018.

---

24 Europäische Kommission: Bericht über Rumäniens Fortschritte im Rahmen des Kooperations- und Kontrollverfahrens, Brüssel, 15. November 2017, KOM(2017)751 endg.
25 Europarat: Parlamentarische Versammlung. New threats to the rule of law in Council of Europe member States: selected examples, 11. Oktober 2017, Resolution 2188(2017).
26 Vgl. hierzu den Beitrag „Haushaltspolitik" in diesem Jahrbuch.
27 Europäische Kommission: Vorschlag für eine Verordnung über den Schutz des Haushalts der Union im Falle von generellen Mängeln in Bezug auf das Rechtsstaatsprinzip in den Mitgliedstaaten, Brüssel, 2. Mai 2018, KOM(2018)324 endg. Der Vorschlag basiert auf einer budgetrechtlichen Vertragsbestimmung (Art. 322 Abs. 1 lit a) und bedarf keiner Einstimmigkeit zur Annahme. Der Europäische Rechnungshof kritisierte unter anderen, dass die Europäische Kommission hier keine Folgenabschätzung vorgenommen hatte. Siehe Rechnungshof, Stellungnahme 1/2018, in ABl. vom 7.8.2018.

Polizeiliche und justizielle Zusammenarbeit

Christoph Gusy/Jan-Peter Möhle

Datenverarbeitung und Datenschutz beeinflussen die polizeiliche und justizielle Zusammenarbeit in Europa. Die neben der breit kommentierten EU-Datenschutzgrundverordnung (DSGVO) am 25. Mai 2018 in Kraft getretene Richtlinie über Justiz und Inneres (JI-RL)[1] regelt die Zusammenarbeit von Polizei- und Justizorganen auf ihrem ureigensten Sektor.[2] Dies ist der Kernbereich staatlicher Souveränität, deshalb sollten die Mitgliedstaaten legislativ das letzte Wort behalten.[3] Daher wurde eine von den Einzelstaaten umsetzungsbedürftige Richtlinie und keine unmittelbar geltende Verordnung geschaffen.

Polizeiliche Zusammenarbeit

Ziel der JI-RL ist zweierlei: Ein gleichmäßiges und hohes europaweites Datenschutzniveau und eine effektive sicherheitsbehördliche Zusammenarbeit auch in informationeller Hinsicht.[4] Letztere scheiterte neben allgemeinen Vollzugsdefiziten weniger am zu hohen als vielmehr am unterschiedlichen Datenschutzniveau der Einzelstaaten. Dieses soll durch die Richtlinie angeglichen werden, um Kooperationshindernisse zu beseitigen. Der verursachte Anpassungsbedarf betrifft in Deutschland – und wohl auch in anderen Mitgliedstaaten – hunderte Rechtsvorschriften.[5] In diesem Kontext erlangt die Rechtsprechung des Europäischen Gerichtshofs (EuGH) zur Datenverarbeitung und ihren Grenzen Relevanz.[6]

Die JI-RL betrifft vom Anwendungsbereich der DSGVO ausgenommene behördliche Datenverarbeitungsvorgänge zum Zwecke der Verhütung, Ermittlung, Aufdeckung oder Verfolgung von Straftaten oder der Strafvollstreckung, einschließlich des Schutzes vor und der Abwehr von Gefahren für die öffentliche Sicherheit, somit behördliche Datenverarbeitung mit straf- und polizeirechtlichem Bezug.[7] Der Datenaustausch steht im Vordergrund, zum Beispiel bei Demonstrationen und Sportveranstaltungen. Die nationale Sicherheit und

---

1 RL (EU) 2016/680 zum Schutz natürlicher Personen bei der Verarbeitung personenbezogener Daten durch die zuständigen Behörden zum Zwecke der Verhütung, Ermittlung, Aufdeckung oder Verfolgung von Straftaten oder der Strafvollstreckung sowie zum freien Datenverkehr und zur Aufhebung des Rahmenbeschlusses 2008/977/JI.
2 Art. 63 Abs. 1 JI-RL.
3 Zur Gestaltungsfreiheit der nationalen Gesetzgeber vgl. etwa Art. 8 Abs. 2, 10 lit. a, 18 JI-RL.
4 Vgl. Erwägungsgrund 10 zur DSGVO und Erwägungsgrund 2 zur JI-RL.
5 Vgl. dazu etwa Christoph Gusy/Johannes Eichenhofer, in: BeckOK BDSG-neu, § 1, Rn. 8; Paul C. Johannes/Robert Weinhold: Das neue Datenschutzrecht bei Polizei und Justiz, 2018, S. 133 f.
6 Überblicke bei Johannes Eichenhofer: e-Privacy im europäischen Grundrechtsschutz: Das Schrems-Urteil des EuGH, in: Europarecht (EuR), 2016, S. 76-89; Jörn Reinhard: Konturen des europäischen Datenschutzgrundrechts. Zu Gehalt und horizontaler Wirkung von Art. 8 GRCh., Archiv des öffentlichen Rechts, 142(4), 2017, S. 528-565.
7 Vgl. Art. 2 Abs. 2 lit. d DSGVO und Art. 1 Abs. 1 JI-RL; zu zentralen Themen der JI-RL siehe Art. 29 Data Protection Working Party, Working Paper 258: Opinion on some key issues of the Law Enforcement Directive (EU 2016/680); Thilo Weichert: Die EU-Richtlinie für den Datenschutz bei Polizei und Justiz, 2016, abrufbar unter: https://www.netzwerk-datenschutzexpertise.de/sites/default/files/bewertung_2016_02_eudsri_polizei.pdf (letzter Zugriff: 13.5.2018).

damit die Geheimdienstarbeit unterfällt nicht dem Anwendungsbereich der Richtlinie.[8] Bisher wurde im Gegensatz zur DSGVO öffentlich wenig über die JI-RL diskutiert.[9]

Jedoch sind ähnliche Diskussionsschwerpunkte absehbar. Die Strukturähnlichkeit zwischen JI-RL und DSGVO besteht nicht nur darin, dass die Öffnungsklauseln der DSGVO und die JI-RL in Deutschland in einem Gesetz, dem Bundesdatenschutzgesetz 2018 (BDSG-neu), umgesetzt wurden. In diesem sind keine strukturellen Unterschiede zwischen den Abschnitten zur DSGVO (Teil 2) und zur JI-RL (Teil 3) erkennbar. Beiden Teilen voran steht ein allgemeiner Teil (Teil 1). Zentrale Regelungen zur Verarbeitung von Daten, zur Datensparsamkeit,[10] zu Verantwortlichen,[11] Betroffenenrechten,[12] diese flankierende Löschpflichten[13] und der Pflicht zur Bestellung von behördlichen Datenschutzbeauftragten[14] zeigen: Die JI-RL hat bereits und wird weiterhin nationalen Gesetzesanpassungsbedarf hervorrufen – nationalstaatliche Unterschiede werden aber fortbestehen.

Einen Paukenschlag setzt in der Rechtsprechung die Tele-2-Entscheidung.[15] Hatte dort der EuGH die anlasslose Vorratsdatenspeicherung für europarechtswidrig erklärt, hat nunmehr das Oberverwaltungsgericht Münster dessen Entscheidung national im Eilrechtsverfahren umgesetzt.[16] Die zuständige Bundesnetzagentur hat daraufhin die Durchsetzung der Speicherpflicht und Bußgeldverfahren für Verstöße ausgesetzt.[17]

Die Debatten über die geplante Sicherheitsunion mündeten in die Umsetzung definierter Prioritätsbereiche.[18] Diese beziehen sich auf die Beobachtung der Wirksamkeit der vierten Geldwäscherichtlinie[19] und die europaweite Kanalisierung des Informationsaustauschs durch Interoperabilität von Informationen.[20] Insoweit sollen die Richtlinie zur Terroris-

---

8   Erwägungsgründe 12 und 14 der JI-RL.
9   Neuerlich: Johannes/Weinhold: Datenschutzrecht, 2018; Weichert: Datenschutz, 2016.
10 Vgl. Art. 5 Abs. 1 lit. c DSGVO und Art. 20 Abs. 1 JI-RL.
11 Vgl. Art. 4 Nr. 7 DSGVO und Art. 3 Nr. 8 JI-RL.
12 Vgl. Art. 12 ff. DSGVO und Art. 12 ff. JI-RL.
13 Vgl. Art. 17 DSGVO und Art. 16 JI-RL.
14 Vgl. Art. 37 DSGVO und Art. 32 JI-RL.
15 EuGH: Urteil vom 21.12.2016 – Rs. C-203/15, C-698/15.
16 OVG NRW: Urteil vom 22.06.2017 – 13 B 238/17; Besprechung von Rößner, in: Kommunikation und Recht (K&R), 2017, S. 560.
17 Stellungnahme der Bundesnetzagentur vom 28. Juni 2017, abrufbar unter: https://www.bundesnetzagentur.de/DE/Sachgebiete/Telekommunikation/Unternehmen_Institutionen/Anbieterpflichten/OeffentlicheSicherheit/Umsetzung110TKG/VDS_113aTKG/VDS.html;jsessionid=D4F71C38673C1A16E69195D6334AA05 (letzter Zugriff: 13.5.2018).
18 Dazu und folgend: European Commission: Security Union: A Europe that protects. State of Play: January 2018, abrufbar unter: https://ec.europa.eu/home-affairs/sites/homeaffairs/files/what-we-do/policies/european-agenda-security/20180124_security-union-a-europe-that-protects_en.pdf (letzter Zugriff: 13.5.2018).
19 Richtlinie (EU) 2015/849 vom 20.5.2015 zur Verhinderung der Nutzung des Finanzsystems zum Zwecke der Geldwäsche und der Terrorismusfinanzierung, zur Änderung der Verordnung (EU) Nr. 648/2012, zur Aufhebung der Richtlinie 2005/60/EG und der Richtlinie 2006/70/EG.
20 Europäische Kommission: Mitteilung der Kommission an das Europäische Parlament, den Europäischen Rat und den Rat. Auf dem Weg zu einer wirksamen und echten Sicherheitsunion – Zehnter Fortschrittsbericht, KOM(2017)466 endg.; Europäischer Rat: Verfahren 2017/0351/COD. Vorschlag für eine Verordnung des Europäischen Parlament und des Rates zur Errichtung eines Rahmens für die Interoperabilität zwischen EU-Informationssystemen (Grenzen und Visa) und zur Änderung der Entscheidung 2004/512/EG des Rates, der Verordnung (EG) Nr. 767/2008, des Beschlusses 2008/633/JI, der Verordnung (EU) 2016/399 und der Verordnung (EU) 2017/2226, KOM(2017)793.

musbekämpfung[21] und die Feuerwaffenrichtlinie[22] genau auf Anpassungsbedarf hin beobachtet werden.[23] Hinzu treten zivile Krisenbewältigung, militärische Integration, Cyberabwehr und Förderung von Sicherheit und Entwicklung.[24] Die Institutionen verabschiedeten Legislativakte zur Umsetzung der Verbesserung des Informationsaustauschs zwischen den Mitgliedstaaten, um terroristische Aktivitäten einzudämmen. Zur Terrorismusbekämpfung hat das Europäische Parlament für ein Jahr einen Sonderausschuss für Terrorismus (TERR) eingesetzt, der Defizite offenlegen soll. Die Europäische Kommission stellte einen Aktionsplan zum Schutz des öffentlichen Raumes vor, der zum Beispiel finanzielle Mittel für den Schutz von Beförderungsmitteln und für die Zusammenarbeit von Polizei-Spezialkräften in Hochrisikofällen vorsieht. Unter Einbeziehung verschiedener Stellen als „Expertengruppe für Radikalisierung" soll es Ende 2018 ein informelles Gipfeltreffen geben, um Fortschritte und weitere Ziele herauszustellen.[25]

Bereits im Voraus hat die Europäische Kommission im Bereich des Grenzschutzes[26] Gesetzesvorhaben mit Schwerpunkt auf verbesserten Informationsaustausch eingeleitet. Ziel waren die Vereinfachung, Kohärenz, Wirksamkeit und Zweckmäßigkeit beim Zugang der Strafverfolgungsbehörden zu Informationssystemen.[27] Legislative Tätigkeiten der EU waren das europäische Strafregisterinformationssystem (ECRIS), das den Austausch von Informationen über Straffällige ermöglicht. ECRIS-TCN[28] (TCN steht für „third country nationals and stateless persons") erweitert dessen Anwendungsbereich um die Verbesserung der Ermittlungsmöglichkeiten bei staatenlosen Personen.[29] Die Institutionen konkretisierten das europäische Reiseinformations- und -genehmigungssystem (ETIAS) zur Erhöhung der inneren Sicherheit durch bessere Außengrenzkontrolle.[30]

---

21 Richtlinie (EU) 2017/541 vom 15.3.2017 zur Terrorismusbekämpfung und zur Ersetzung des Rahmenbeschlusses 2002/475/JI und zur Änderung des Beschlusses 2005/671/JI.
22 Richtlinie (EU) 2017/853 vom 17.5.2017 zur Änderung der Richtlinie 91/477/EWG über die Kontrolle des Erwerbs und des Besitzes von Waffen.
23 Europäische Kommission: Auf dem Weg zu einer wirksamen und echten Sicherheitsunion, 2017.
24 Europäischer Rat: Pressemitteilung 640/17, Zusammenarbeit im Bereich Sicherheit und Verteidigung: Rat stellt die wichtigsten Fortschritte heraus, 13.11.2017; European Commission: A European Agenda on Security. State of Play: October 2017, abrufbar unter: https://ec.europa.eu/home-affairs/sites/homeaffairs/files/what-we-do/policies/european-agenda-security/20171018_factsheet_a_european_agenda_on_security_state_of_play_october_2017_en.pdf (letzter Zugriff: 13.5.2018).
25 Vertretung der Europäischen Kommission in Deutschland: Mitgliedstaaten werden im Kampf gegen den Terror besser unterstützt, 24.1.2018, abrufbar unter: https://ec.europa.eu/germany/news/20180124-mitgliedstaaten-im-kampf-gegen-den-terror_de (letzter Zugriff: 8.10.2018).
26 Siehe Europäische Kommission: Vorschlag für eine Verordnung des Europäischen Parlaments und des Rates zur Errichtung eines Rahmens für die Interoperabilität zwischen EU-Informationssystemen (polizeiliche und justizielle Zusammenarbeit, Asyl und Migration), Brüssel, 14.12.2017, KOM(2017)794 endg. Ratsdokument 15729/17.
27 Rat der Europäischen Union: Interoperabilität der EU-Informationssysteme: a) Interoperabilitäts-Verordnung (Grenzen und Visa) b) Interoperabilitäts-Verordnung (polizeiliche und justizielle Zusammenarbeit, Asyl und Migration) = Orientierungsaussprache, 26.2.2018, Ratsdokument 6396/18.
28 Europäischer Rat: Verfahren 2017/0144/COD. Vorschlag für eine Verordnung des Europäischen Parlaments und des Rates zur Einrichtung eines zentralisierten Systems für die Ermittlung der Mitgliedstaaten, in denen Informationen zu Verurteilungen von Drittstaatsangehörigen und Staatenlosen (TCN) vorliegen, sowie zur Ergänzung und Unterstützung des Europäischen Strafregisterinformationssystems (ECRIS) und zur Änderung der Verordnung (EU) Nr. 1077/2011 (ECRIS-TCN), KOM(2017)344.
29 Europäische Kommission: Auf dem Weg zu einer wirksamen und echten Sicherheitsunion, 2017.
30 Europäische Kommission: Vorschlag für eine Verordnung des Europäischen Parlaments und des Rates über ein Europäisches Reiseinformations- und -genehmigungssystem (ETIAS) und zur Änderung der Verordnungen (EU) Nr. 515/2014, (EU) Nr. 2016/399, (EU) Nr. 2016/794 und (EU) Nr. 2016/1624, KOM(2016)731 endg.

Um die Cybersicherheit zu stärken, hat der Rat ein „Cybersecurity Package" erlassen.[31] In Planung ist ein europäisches Zertifizierungsprogramm auf Weltniveau. Zur Erhöhung der Cyberraumstabilität werden Sicherheitsübungen durchgeführt. Die Kommission will auch eine neue Europol-Verordnung[32] zur Stärkung der Rechte der europäischen Polizeibehörde vorlegen (sogenanntes Projekt „Horizont 2020").[33] Zugleich beabsichtigt sie, den Zugriff europäischer Behörden auf Verkehrs- und Inhaltsdaten in Cloud-Systemen bei US-Internetfirmen zu regeln. Angelehnt an den amerikanischen „Cloud Act" soll dazu im Zuge einer sogenannten „e-evidence" keine richterliche Anordnung notwendig sein.[34]

Der Austritt Großbritanniens aus der EU spielt in der Sicherheitspolitik eine zentrale Rolle, da das Land der militärisch wohl stärkste Partner der Union ist. Angekündigt sind Verhandlungsleitlinien mit dem Ziel einer „special relationship". Weitergehend haben die Trilog-Partner Leitlinien mit sieben legislativen Prioritätsbereichen unterzeichnet, die in einigen Teilen die polizeiliche und justizielle Zusammenarbeit der Mitgliedstaaten beeinflussen dürften (so die Vorhaben „Stärkung der Sicherheit der EU-Bürger", „Migrationsrecht" und „digitaler Binnenmarkt").[35]

Politik im Bereich der Außengrenzen

Die Politik im Bereich der Außengrenzen steht in engem Zusammenhang mit den Regelungen über den Datenzugriff bei Einreisekoordination und Terrorismusabwehr. Sie ist in weiten Teilen fortwährend rechtliche Verarbeitung der sogenannten Flüchtlingskrise. In allen Mitgliedstaaten sollen künftig einheitlichere Lebensbedingungen Sekundärbewegungen verhindern.[36] Auch die Anerkennungs- und Schutznormen werden europaweit im gemeinsamen europäischen Asylsystem (GEAS) vereinheitlicht.[37]

Die Institutionen führten das Einreise-Ausreise-System (Exit-Entry-System, EES) ein,[38] stärkten die bestehenden SIS (Schengen Information System) um automatisierte Personen- und Sachfahndungen,[39] beschlossen eine SSZ (Ständige Strukturierte Zusammenarbeit)[40]

---

31 Rat der Europäischen Union: Pressemitteilung 679/17 vom 20.11.2017. EU stärkt die Cybersicherheit.
32 Bisher: VO (EU) 2016/794.
33 Vertretung Kommission in Deutschland: Mitgliedsstaaten besser unterstützt, 2018.
34 Europäische Kommission: Mitteilung der Kommission an das Europäische Parlament, den Europäischen Rat und den Rat. Auf dem Weg zu einer wirksamen und echten Sicherheitsunion – Vierzehnter Fortschrittsbericht, Brüssel, den 17.4.2018, KOM(2018)211 endg., S. 2.
35 European Commission: A more united, stronger and more democratic Union: Joint Declaration on the EU's legislative priorities for 2018-2019, Dok. IP/17/5266 (14.12.2017).
36 Rat der Europäischen Union: Pressemitteilung 711/17. Aufnahmebedingungen für Asylbewerber: Rat vereinbart Verhandlungsmandat, 29.11.2017.
37 Verordnung über die Anerkennungsnormen, den Status und den Schutz, der Flüchtlingen und Personen mit Anrecht auf subsidiären Schutz, Brüssel, 13. Juli 2016, KOM(2016)466 endg. 2016/0223(COD); Rat der Europäischen Union: Pressemitteilung 489/17. Gemeinsames Europäisches Asylsystem: Rat bereit für Verhandlungen über Anerkennungs- und Schutznormen, 19.7.2017.
38 Europäisches Parlament: Vorschlag für eine Verordnung des Europäischen Parlaments und des Rates über ein Einreise-/Ausreisesystem (EES) zur Erfassung der Ein- und Ausreisedaten sowie der Einreiseverweigerungsdaten von Drittstaatsangehörigen an den Außengrenzen der Mitgliedstaaten der Europäischen Union und zur Festlegung der Bedingungen für den Zugang zum EES zu Gefahrenabwehr- und Strafverfolgungszwecken und zur Änderung der Verordnung (EG) Nr. 767/2008 und der Verordnung (EU) Nr. 1077/2011, Brüssel, 6.4.2016, KOM(2016)194 endg. 2016/0106(COD).
39 Bisher Verordnung (EG) Nr. 1987/2006 über die Einrichtung, den Betrieb und die Nutzung des Schengener Informationssystems der zweiten Generation (SIS II); Europäische Kommission: Auf dem Weg zu einer wirksamen und echten Sicherheitsunion, 2017.

Polizeiliche und justizielle Zusammenarbeit

und den Visainformationsdienst (VIS).[41] SIS (Ausreise) und VIS (Einreise) dienen dem automatisierten Datenaustausch zwischen Mitgliedstaaten. Durch automatisierte und europaweite Erfassung von Daten sollen mit dem SIS Abschiebungen vereinfacht werden.[42] Die Stärkung des VIS ermöglicht effizientere Visa- und Grenzkontrollen durch Datenaustausch der Mitgliedstaaten. So sollen Personen durch Zusammenführung von Daten identifiziert werden, zum Beispiel auch zur Vermeidung des sogenannten „Visa"-Shoppings, das heißt des erneuten Visa-Antrags nach Ablehnung in einem anderen Mitgliedstaat. Die Regelungen, die bereits seit 2011 für sogenannte „short stay visa" galten, sind auf Langzeit-Visa und Residenzdokumente übertragen worden. Das System soll ab 2020 einsatzbereit sein und durch die EES-Verordnung nach Vorbild des amerikanischen Waiver-Programms umgesetzt werden.[43] Mitgliedstaatlichen Strafverfolgungs-, Grenz- und Visa-Behörden wird Zugriff auf erfasste Reisebewegungen eingeräumt – zum Beispiel bei Personen, die ihren Aufenthalt in der EU überziehen. Auch im Schengen-Raum sollen die Kontrollen bei Grenzübertritt effizienter werden.[44]

Zuletzt wurde auf Basis eines durchgesickerten Ratsdokuments[45] über „Kriminalitätsinformationszellen" diskutiert.[46] Dabei steht die Vernetzung von Geheimdiensterkenntnissen mit Polizei- und Militärinformationen im Fokus, zum Beispiel über Menschenschmuggel. Das Vorhaben wird derzeit bei einer gemeinsamen Militärmission im Mittelmeer getestet.[47]

Justizielle Zusammenarbeit

Um der Radikalisierung von Häftlingen die Grundlage zu nehmen, hat sich das Europäische Parlament für ein europaweites Mindestmaß für Haftbedingungen ausgesprochen.[48] Insbesondere sollen starre Haftregelungen zugunsten von Rehabilitations- und Bildungsmaßnahmen aufgegeben werden.[49]

Zentrales und wohl wichtigstes Thema war die Implementierung einer Europäischen

---

40 Rat der Europäischen Union: Beschluss des Rates über die Begründung der Ständigen Strukturierten Zusammenarbeit (PESCO) und über die Liste der daran teilnehmenden Mitgliedstaaten, Brüssel, 8.12.2017, 14866/17; Rat der Europäischen Union: Council Recommendation concerning a roadmap for the implementation of PESCO, Brüssel, 6.3.2018.
41 Bisher Verordnung (EG) Nr. 767/2008 über das Visa-Informationssystem (VIS) und den Datenaustausch zwischen den Mitgliedstaaten über Visa für einen kurzfristigen Aufenthalt (VIS-Verordnung).
42 Europäisches Parlament: Press Release: Border Control: strengthening security in the EU, 6.11.2017.
43 Rat der Europäischen Union: Pressemitteilung 671/17. Einreise-/Ausreisesystem: Endgültige Annahme durch den Rat, 20.11.2017.
44 Rat der Europäischen Union: Pressemitteilung 435/17. Einreise-/Ausreisesystem: Rat bestätigt Einigung zwischen dem Vorsitz und dem Europäischen Parlament über die wichtigsten politischen Bestimmungen, 30.6.2017.
45 European External Action Service: Military Advice on "Strengthening military, law enforcement and judicial information exchange in counter-terrorism" and "enhancing cooperation between CSDP Missions/Operations and JHA Agencies" - Revision3, EEAS(2017) 1273 REV3, abrufbar unter: http://statewatch.org/news/2017/nov/eu-eeas-military-advice-csdp-jha-info-exchange-1273-rev-3.pdf (letzter Zugriff: 13.5.2018).
46 Vgl. dazu Matthias Monroy: Neues EU-Projekt vernetzt Polizei, Militär und Geheimdienste, 29.11.2017, abrufbar unter: https://netzpolitik.org/2017/neues-eu-projekt-vernetzt-polizei-militaer-und-geheimdienste/ (letzter Zugriff: 13.5.2018).
47 Siehe auch Bundestag-Drucksache 19/497.
48 European Parliament: Prison conditions in the Member States: selected European standards and best practices, Januar 2017, abrufbar unter: http://www.europarl.europa.eu/RegData/etudes/BRIE/2017/583113/IPOL_BRI%282017%29583113_EN.pdf (letzter Zugriff: 13.5.2018).
49 Europäisches Parlament: Pressemitteilung. Gefängnisüberfüllung muss verringert werden, um Radikalisierung zu verhindern, 5.10.2017.

Staatsanwaltschaft (EUStA) voraussichtlich bis 2020. Hierzu haben Rat der EU und Europäisches Parlament einer Verordnung betreffend Einrichtung und Aufgabenbereiche zugestimmt.[50] Zentrale Aufgabe der EUStA ist die Verfolgung von Straftaten, die finanzielle Interessen der EU betreffen (Art. 4 VO). Der genaue Zeitpunkt der Arbeitsaufnahme wird von der Kommission auf Vorschlag des neu einzusetzenden Europäischen Generalstaatsanwalts festgelegt – frühestens drei Jahre nach dem Inkrafttreten der Verordnung.

Der EuGH hat sein Verständnis von richterlicher Unabhängigkeit konkretisiert. Anlässlich der Frage nach der Zulässigkeit (richterlicher) Besoldungskürzungen in Portugal[51] führte der EuGH aus, dass die Unabhängigkeit nationaler Gerichte für das Funktionieren des Systems justizieller Zusammenarbeit unerlässlich sei. Zur richtigen Bewertung zum Beispiel von Vorlagefragen sei richterliche Autonomie auf allen Ebenen notwendig.

Fazit und Ausblick

Maßnahmen und Ankündigungen des europäischen Gesetzgebers zeigen, dass die Zusammenarbeit sich derzeit in einem Aufbruch befindet. Einerseits reagiert der Gesetzgeber nach wie vor auf Entwicklungen der vergangenen Jahre, vor allem auf die sogenannte Flüchtlingskrise (Datenaustausch). Andererseits zeigt der Themenfokus auf Datenschutz mit JI-RL, DSGVO und vielfältigem nationalen Anpassungsbedarf und auf die Themen Cloud-Datentransfer, militärische Zusammenarbeit und Europäische Staatsanwaltschaft, dass zukunftsweisende Themen in den Blick der Gesetzgebung geraten sind.

Zugleich zeigt sich erneut die begrenzte Reichweite des Ausbaus der gemeinsamen Innen- und Sicherheitspolitik durch Rechtsetzung. Sie darf nicht bloß „von oben" regulieren, sondern muss die Mitgliedstaaten mitnehmen und in Stand setzen, um neue Anforderungen wirksam erfüllen zu können. Wichtige Sicherheitslücken entstanden und entstehen weniger durch rechtliche Defizite – die notwendigen Regelungen sind in Kraft – sondern durch mangelhaften Vollzug aus ganz unterschiedlichen Gründen. Um hier anzusetzen ist mehr als bloß Rechtssetzung gefragt. ‚Good Governance' tut Not: In der EU und in den Mitgliedstaaten – von Staat zu Staat unterschiedlich, niveauangepasst und sachgerecht. Sie kann durch Recht gefordert und standardisiert, nicht aber ersetzt oder kompensiert werden.

Auch die Leitlinie des Trilogs[52] zeigt, dass das Thema „Sicherheit" in den kommenden Jahren erhebliche Bedeutung innerhalb der Legislativvorhaben in der Europäischen Union behalten wird – dabei werden wohl weiterhin der Schutz der europäischen Grenzen und der behördliche Datenaustausch zur Terrorismusabwehr eine bedeutende Rolle spielen. Mit Implementierung von JI-RL und DSGVO dürften sich nunmehr erste aufsichtsbehördliche Handlungen anschließen. Nach Erteilung etwaiger Geldbußen für Unternehmen oder öffentliche Stellen, die die Datenschutzanforderungen nicht erfüllen, wird sich zeigen, ob legislativ nachjustiert wird. Bis dahin bleibt die Zusammenarbeit in der EU im Spagat zwischen Vergangenheitsbewältigung und Zukunftsperspektive.

Weiterführende Literatur

Aqilah Sandhu: Die Tele2-Entscheidung des EuGH zur Vorratsdatenspeicherung in den Mitgliedstaaten und ihre Auswirkungen auf die Rechtslage in Deutschland und in der Europäischen Union, in: EuR 2017, 453-469.

---

50 Verordnung (EU) 2017/1939 zur Durchführung einer Verstärkten Zusammenarbeit zur Errichtung der Europäischen Staatsanwaltschaft (EUStA), 12.10.2017; vgl. Rat der Europäischen Union: Pressemitteilung 580/17. 20 Mitgliedstaaten bestätigen die Errichtung der Europäischen Staatsanwaltschaft, 12.10.2017.
51 Europäischer Gerichtshof: Urteil vom 27.2.2018 – Rs. C-64/16, Rn. 42 ff.
52 European Commission: A more united, stronger and more democratic Union, 2017.

Regionalpolitik

Konrad Lammers*

Die Regionalpolitik wird als Hauptinvestitionspolitik der Europäischen Union angesehen. Sie

> „richtet sich an alle Regionen und Städte in der Europäischen Union, um die Schaffung neuer Arbeitsplätze, die Wettbewerbsfähigkeit der Unternehmen, das Wirtschaftswachstum, eine nachhaltige Entwicklung und die Verbesserung der Lebensqualität der EU-Bürger zu fördern."[1]

Die Regionalpolitik wird im Rahmen von mehrjährigen Programmperioden durchgeführt, die zeitlich mit dem mehrjährigen Finanzrahmen der Europäischen Union übereinstimmen. Zur Jahresmitte 2018 waren viereinhalb Jahre der siebenjährigen Förderperiode 2014–2020 verstrichen. Bis dahin ist die Durchführung der Förderung aus den Operationellen Programmen (OP) weiter hochgefahren worden, unter anderem deshalb, weil bis Ende 2017 fast alle Aktionspläne zur Erfüllung der neu eingeführten Ex-ante-Konditionalitäten abgeschlossen wurden. Im Mai 2018 hat die Europäische Kommission ihre Vorschläge für den mehrjährigen Finanzrahmen 2021–2027 sowie für die Regionalpolitik während dieses Zeitraumes vorgestellt. Damit sind wichtige Weichenstellungen für die Regionalpolitik nach 2020 vorgenommen worden. Bereits im September 2017 ist auf Initiative der Europäischen Kommission vom Rat der Europäischen Union und vom Europäischen Parlament beschlossen worden, die Investitionsoffensive, die Mitte 2015 ins Leben gerufen wurde, bis Ende 2020 zu verlängern.

Operationelle Programme, Ex-ante-Konditionalitäten und leistungsgebundene Reserve

Mitte 2018 war der Stand der Förderung aus den drei Fonds, die der Regionalpolitik zugerechnet werden (Europäischer Fonds für regionale Entwicklung, Europäischer Sozialfonds, Kohäsionsfonds) wie folgt: Es war eine Finanzierungszusage der Europäischen Kommission für Projekte in Höhe von 296 Mrd. Euro erteilt worden. Das waren 62 Prozent der geplanten Mittel für die ganze Periode in Höhe von 477 Mrd. Euro (jeweils inklusive der nationalen Finanzierung). Damit hat das Tempo der Zusagen im letzten Jahr beträchtlich zugenommen. Tatsächlich ausgezahlt wurden bis Mitte 2018 nur Mittel in Höhe von 71 Mrd. Euro.[2] Ein beträchtlicher Teil der zugesagten Mittel einer Förderperiode wird allerdings regelmäßig erst in der nächsten Förderperiode ausgezahlt.

---

* Für Recherchen und Berechnungen zu diesem Beitrag dankt der Verfasser Jan Hendrik Bremer.
1 Europäische Kommission: Die Hauptinvestitionspolitik der EU, abrufbar unter: http://ec.europa.eu/regional_policy/de/policy/what/investment-policy/ (letzter Zugriff: 22.10.2018).
2 Europäische Kommission: European Structural and Investment Funds (ESI Funds) – explore our data, abrufbar unter: https://cohesiondata.ec.europa.eu/ (letzter Zugriff: 26.9.2018). Detaillierte Informationen zu den geplanten, zugesagten und ausgezahlten Beträgen aus den ESI-Fonds nach Ländern und den einzelnen Fonds können der offenen Datenplattform der Europäischen Kommission zur Kohäsionspolitik entnommen werden. Die hier präsentierten Zahlen sind zum Teil eigene Berechnungen basierend auf den Daten aus dieser Plattform.

Relativ weit vorangeschritten war Mitte 2018 die Finanzierungszusage von Projekten in Ungarn, Irland, Luxemburg, den Niederlanden, Portugal und Schweden (absteigende Reihenfolge; zugesagte Mittel der geplanten Mittel höher als 75 Prozent). Relativ weit zurück lagen Slowenien, Spanien, Rumänien, Zypern, Österreich, die Tschechische Republik und Kroatien (aufsteigende Reihenfolge; zugesagte Mittel der geplanten Mittel zwischen 35 und 54 Prozent).[3]

In den ersten Jahren der laufenden Förderperiode ist die Implementierung der Förderung unter anderem deshalb verzögert angelaufen, weil erstmals sogenannte Ex-ante-Konditionalitäten angewandt wurden. Diese bestimmen, dass ein ausreichender regulatorischer und strategischer Rahmen auf der nationalen und regionalen Ebene vorhanden sein muss, in die sich die zur Unterstützung vorgesehenen Projekte konsistent einfügen lassen müssen.[4] Sofern in den genehmigten Operationellen Programmen Projekte enthalten waren, die diesen Konditionalitäten nicht genügten, wurde für sie ein Finanzierungsvorbehalt gemacht. Die Mitgliedstaaten wurden aufgefordert, sogenannte Aktionspläne aufzustellen, in denen Wege zur Erfüllung der Ex-ante-Konditionalitäten zu beschreiben waren. Bei Genehmigung der Programme waren nur rund 75 Prozent der Konditionalitäten erfüllt.[5] Für die nicht erfüllten Konditionalitäten wurden insgesamt 761 Aktionspläne erstellt, die bis Ende 2016 hätten abgearbeitet werden müssen.[6] Ansonsten hätte die Europäische Kommission entscheiden können, die Finanzierung für diese Projekte zu streichen. Davon hat die Europäische Kommission keinen Gebrauch gemacht, sondern sie hat weiter die Erfüllung der Aktionspläne eingefordert. Nachdem zum Ende des Jahres 2016 nur 50 Prozent der Aktionspläne als abgeschlossen gemeldet wurden,[7] waren es zum Ende des Jahres 2017 dann 97 Prozent.[8] Innerhalb des Jahres 2017 sind somit gravierende Hindernisse, die einer Finanzierungszusage bis dahin im Wege standen, beseitigt worden. Eine von außen schwer zu beurteilende Frage ist, ob die Aktionspläne nach den ursprünglichen Maßstäben als erfüllt anzusehen sind oder ob letztlich weichere Maßstäbe angewandt wurden, um die Programmabwicklung der laufenden Periode nicht weiter zu verzögern.

Der Europäische Rechnungshof hat im Sommer 2017 eine sehr kritische Bewertung der Ex-ante-Konditionalitäten vorgelegt.[9] So bemängelt er, dass sie „nicht ausreichend auf das Europäische Semester und andere Informationen abgestimmt waren", die bei der Europäischen Kommission vorhanden waren und dass die „Selbstbewertungen der Mitgliedstaaten über staatliche Beihilfen nicht im Einklang mit den regelmäßigen Monitoring durch die GD[10] Wettbewerb" stehen.[11] Ferner wird herausgestellt, dass die Bewertung,

---

3 Europäische Kommission: European Structural and Investment Funds (eigene Berechnungen).
4 Europäische Kommission: Commission Staff Working Document – the Value Added of Ex ante Conditionalities in the European Structural and Investment Funds, SWD(2017)127 final, 31. März 2017, S. 5.
5 Europäischer Rechnungshof: Ex-ante-Konditionalitäten und die leistungsgebundene Reserve in der Kohäsionspolitik: innovative, aber noch nicht wirksame Instrumente, 2017, S. 24.
6 Europäischer Rechnungshof: Ex-ante-Konditionalitäten und die leistungsgebundene Reserve, 2017, S. 24.
7 Europäischer Rechnungshof: Ex-ante-Konditionalitäten und die leistungsgebundene Reserve, 2017, S. 24.
8 Europäische Kommission: Bericht der Kommission an das Europäische Parlament, den Rat, den Europäischen Wirtschafts- und Sozialausschuss und den Ausschuss der Regionen. Strategischer Bericht 2017 über den Einsatz der europäischen Struktur-und Investitionsfonds, COM(2017)755 final, 13. Dezember 2017, S. 13.
9 Europäischer Rechnungshof: Ex-ante-Konditionalitäten und die leistungsgebundene Reserve, 2017.
10 Generaldirektion.
11 Europäischer Rechnungshof: Ex-ante-Konditionalitäten und die leistungsgebundene Reserve, 2017, S. 36 ff.

„ob eine Ex-ante-Konditionalität erfüllt ist oder nicht, mehr oder weniger zur Ansichtssache geworden sei und die Kommission [...] daher nur begrenzt die Möglichkeit (hatte), die Selbstbewertung der Mitgliedsstaaten in Frage zu stellen."[12]

Die Bewertungen hätten auch keine finanziellen Konsequenzen für die Mitgliedstaaten bei deren Nichterfüllung gehabt.[13] Letztlich sei damit nicht erkennbar, ob sie tatsächlich die intendierten Änderungen in der Kohäsionspolitik bewirken würden.[14]

Für die laufende Förderperiode ist vorgesehen, dass 6 Prozent der Mittel für kohäsionspolitische Maßnahmen, die den Mitgliedstaaten zugewiesen wurden, zunächst in eine „leistungsgebundene Reserve" zurückgelegt werden. Nach einer Zwischenüberprüfung im Jahr 2019 sollen diese Mittel dann für diejenigen Investitionsprioritäten und Operationelle Programme freigegeben werden, die die in den Operationellen Programmen festgelegten Zielvorgaben erfüllt haben. Falls die Zielvorgaben nicht erreicht werden, soll die Reserve zugunsten anderer Prioritäten desselben Programms oder anderer Programme, die ihre Vorgaben erfüllt haben, umgeschichtet werden können. Auch hinsichtlich der leistungsgebundenen Reserve hat sich der Europäische Rechnungshof sehr kritisch geäußert. So bemängelt er, dass die Leistungsüberprüfung bestenfalls zu einer Neuzuweisung innerhalb der Mitgliedstaaten führen kann.[15] Ferner sei kritisch zu sehen, dass sich die Überprüfung im Wesentlichen an getätigten Ausgaben und Projektoutputs orientiere, aber nicht an den Ergebnissen geförderter Projekte.[16] Insgesamt gesehen,

„biete [...] die leistungsgebundene Reserve wenig Anreize für eine bessere Ergebnisorientierung der OP und wird wahrscheinlich nicht zu einer echten Umverteilung von Kohäsionsmitteln auf leistungsstärkere Programme führen."[17]

Es bleibt abzuwarten, wie die Europäische Kommission angesichts dieser Kritik mit diesem Instrument im Jahr 2019 umgehen wird.

Regionalpolitik nach 2020

Anfang Mai 2018 hat die Europäische Kommission ihre Vorschläge zum mehrjährigen Finanzrahmen 2021–2027 veröffentlicht.[18] Die Europäische Kommission strebt einen Gesamthaushalt an, dessen finanzieller Umfang gemessen am Bruttonationaleinkommen der Europäischen Union mit 1,11 Prozent in etwa dem Finanzrahmen des gegenwärtigen Haushalts (1,13 Prozent) entspricht. Die Regionalpolitik mit ihren drei Fonds soll allerdings mit gut 29 Prozent einen geringeren Anteil am Gesamthaushalt gegenüber der Vorperiode haben (32,5 Prozent). Auch der Anteil der Gemeinsamen Agrarpolitik, dem neben der Regionalpolitik wichtigstem Ausgabenbereich, soll sinken. Stattdessen sollen die Anteile für Forschung, Jugend, Klima und Umwelt, Migration und Grenzen, Sicherheit und Auswärtiges Handeln finanziell gestärkt werden.[19]

---

12 Europäischer Rechnungshof: Ex-ante-Konditionalitäten und die leistungsgebundene Reserve, 2017, S. 33.
13 Europäischer Rechnungshof: Ex-ante-Konditionalitäten und die leistungsgebundene Reserve, 2017, S. 40.
14 Europäischer Rechnungshof: Ex-ante-Konditionalitäten und die leistungsgebundene Reserve, 2017, S. 22.
15 Europäischer Rechnungshof, Ex-ante-Konditionalitäten und die leistungsgebundene Reserve, 2017, S. 48.
16 Europäischer Rechnungshof, Ex-ante-Konditionalitäten und die leistungsgebundene Reserve, 2017, S. 55.
17 Europäischer Rechnungshof, Ex-ante-Konditionalitäten und die leistungsgebundene Reserve, 2017, S. 54.
18 Europäische Kommission: Council Regulation – laying down the multiannual financial framework for the years 2021 to 2027, COM(2018)322 final, 2. Mai 2018.
19 Europäische Kommission: Communication from the Commission to the European Parliament, the European Council, the Council, the European Economic and Social Committee and the Committee of the Regions. A Modern Budget for a Union that Protects, Empowers and Defends The Multiannual Financial Framework for 2021-2027, COM(2018)321 final, 2. Mai 2018, S. 23–28; Vgl. hierzu auch den Beitrag „Haushaltspolitik" in diesem Jahrbuch.

Ende Mai 2018 hat die Europäische Kommission dann ihre Vorstellungen zur Kohäsionspolitik im Rahmen der nächsten Haushaltsperiode näher beschrieben.[20] Die wichtigsten Eckpunkte sind:[21]

Wie schon in den beiden Perioden zuvor soll die Kohäsionspolitik auf alle Regionen der Europäischen Union gerichtet sein. Es soll wie in der laufenden Periode drei Gebietskategorien geben (weniger entwickelte Regionen, Übergangsregionen, stärker entwickelte Regionen), wobei erstere am stärksten und letztere am geringsten unterstützt werden. Das Pro-Kopf-Einkommen bleibt das wichtigste Kriterium für die Zuweisung von Mitteln. Daneben sollen aber auch andere Kriterien, nämlich Jugendarbeitslosigkeit, Bildungsstand, Klimawandel und Aufnahme und Integration von MigrantInnen Verwendung finden.

Mittel aus dem Kohäsionsfond sollen wie bisher Mitgliedstaaten mit einem Pro-Kopf-Bruttonationaleinkommen von 90 Prozent oder weniger erhalten. Die nationalen Finanzierungsanteile sollen erhöht werden. Wie vor der Finanzkrise sollen die nationalen Mittel geförderter Investitionen und Projekte wieder 30 Prozent bis 60 Prozent betragen und die Anteile der Europäischen Union entsprechend auf 70 Prozent bis 40 Prozent sinken.

Es soll eine Halbzeitüberprüfung geben, bei der festgestellt wird, ob für die letzten beiden Jahre der Förderperiode Anpassungen der Programme angezeigt sind. Solche Anpassungen sollen wegen neuer politischer Prioritäten, der bis dahin erfolgten Leistung der Programme sowie der dann vorliegenden aktuellen länderspezifischen Empfehlungen möglich sein.

Nach wie vor soll die Kohäsionspolitik mit dem Europäischen Semester der wirtschaftspolitischen Koordinierung verbunden bleiben, wobei diese Verbindung gestärkt werden soll. Das wird auch deshalb als notwendig erachtet, weil die Europäische Kommission in ihrem Fahrplan vom 6. Dezember 2017 zur Vertiefung der Wirtschafts- und Währungsreform neue Haushaltsinstrumente vorgeschlagen hat. Diese Haushaltsinstrumente haben auch Eingang in den jetzt vorliegenden Haushaltsentwurf gefunden (Hilfsprogramm für Strukturreformen in Höhe von 25 Mrd. Euro; Europäische Investitionsstabilisierungsfunktion mit Haushaltsgarantien in Höhe von 30 Mrd. Euro). Die länderspezifischen Empfehlungen des Europäischen Semesters sollen während der Programmperiode zweimal von Bedeutung sein: Am Anfang bei der Aufstellung der kohäsionspolitischen Programme sowie – wie schon erwähnt – bei der Halbzeitüberprüfung.

Städtische Belange sollen im Rahmen der Kohäsionspolitik in Zukunft explizit finanziell berücksichtigt werden. So sind 6 Prozent der Mittel des Europäischen Fonds für regionale Entwicklung (EFRE) für Investitionen in eine nachhaltige Stadtentwicklung vorgesehen. Außerdem soll die Europäische Stadtinitiative ins Leben gerufen werden, die die Themen der EU-Städteagenda aufgreift, die seit 2016 entwickelt wurden.

Die Kohäsionspolitik soll vereinfacht werden. In einem Handbuch zu Vereinfachungsmaßnahmen benennt die Europäische Kommission 80 solcher Maßnahmen. Die wichtigsten Maßnahmen darunter sind: Die leistungsgebundene Reserve, die für die laufende Periode neu eingeführt wurde, wird wieder abgeschafft. Ferner soll die Ex-ante-Bewertung der Operationellen Programme – ebenfalls neu in der laufenden Periode eingeführt – in

---

20 Europäische Kommission: Pressemitteilung. EU-Haushalt: Regionale Entwicklung und Kohäsionspolitik nach 2020, 29. Mai 2018, abrufbar unter: http://europa.eu/rapid/press-release_IP-18-3885_de.htm (letzter Zugriff: 21.10.2018).
21 Europäische Kommission: Ein EU-Haushalt für die Zukunft. Regionale Entwicklung und Zusammenhalt, 29. Mai 2018.

Zukunft nicht mehr verpflichtend, sondern nur noch optional sein. Damit entfällt auch die Verpflichtung zur Aufstellung von Aktionsplänen, die in der laufenden Periode die Durchführung von Projekten sehr stark verzögert hat.[22] Mit dem Wegfall der leistungsgebundenen Reserve – über deren Handhabung in der laufenden Periode erst im Jahr 2019 zu entscheiden ist – sowie der Abschaffung der verpflichtenden Ex-ante-Konditionalitäten hat die Europäische Kommission offenbar auf die massive Kritik des Europäischen Rechnungshofes reagiert.[23] Wie die Europäische Kommission allerdings erreichen will, dass trotz des Wegfalls dieser Instrumente eine stärkere Koordinierung mit dem Europäischen Semester erreicht wird, ist eine offene Frage.

Regionalpolitik und Investitionsoffensive für Europa

Mitte 2015 hatte die Europäische Union eine Politik ins Leben gerufen, die neben der Regionalpolitik Investitionen unionsweit fördern soll, die sogenannte Investitionsoffensive für Europa. Das „Herzstück" der Offensive, die auf die Initiative von Kommissionspräsident Jean-Claude Juncker zurückgeht, ist der Europäische Fonds für strategische Investitionen (EFSI). Ursprünglich sah die Investitionsoffensive keine regionale Differenzierung in der Europäischen Union durch ihre Förderaktivitäten vor.[24] Damit unterschied sie sich von der Regionalpolitik, von der zwar auch alle Regionen innerhalb der Europäischen Union profitieren können, allerdings in sehr unterschiedlichem Ausmaß, denn die Regionalpolitik konzentriert ihre Mittel auf ärmere Regionen und Mitgliedsländer.

Ursprünglich hatte die Investitionsoffensive eine Laufzeit bis Ende 2018. Die Europäische Kommission hatte beim Start der Offensive erwartet, dass bis dahin Investitionen in Höhe von 315 Mrd. Euro ausgelöst werden könnten, die ohne diese Unterstützung nicht zustande kommen würden.[25] Bis Ende 2017 ist durch die Offensive die Förderung eines Investitionsvolumens von 257 Mrd. Euro zugesagt worden.[26] Das waren 82 Prozent des erwarteten und angestrebten Volumens für den Zeitraum bis Ende 2018. Für diese Investitionen wurden Finanzmittel von insgesamt 51,3 Mrd. Euro bereitgestellt, die aus dem EFSI sowie aus Eigenmitteln der Europäischen Investitionsbank gespeist wurden.[27]

Bis Ende 2017 war in folgenden Ländern das höchste geförderte Investitionsvolumen in Relation zum Bruttoinlandsprodukt zu verzeichnen (in absteigender Reihenfolge): Estland, Griechenland, Bulgarien, Portugal, Spanien, Finnland und Lettland. Mit Ausnahme von Finnland sind das solche Länder, die auch im Fokus der Kohäsionspolitik stehen. In Relation zum Bruttoinlandsprodukt wurden Malta, Zypern, Luxemburg, Dänemark, Rumänien, Deutschland, das Vereinigte Königreich und Österreich am wenigsten gefördert (in aufsteigender Reihenfolge).[28] Das sind mit Ausnahme von Rumänien, Zypern und Malta (für Malta und Zypern mögen aufgrund ihrer geringen Größe und exponierten Lage Sonderfak-

---

22 Europäische Kommission: Handbuch zu Vereinfachungsmaßnahmen. 80 Vereinfachungsmaßnahmen in der Kohäsionspolitik 2021–2027.
23 Europäischer Rechnungshof: Ex-ante-Konditionalitäten und die leistungsgebundene Reserve, 2017.
24 Europäische Kommission: Factsheet. Die Investitionsoffensive für Europa – Fragen und Antworten. Brüssel, 20. Juli 2015, MEMO/15/5419, Frage 23.
25 Europäische Kommission: Factsheet. Investitionsoffensive für Europa. Juncker Plan erreicht das Investitionsziel von 315 Mrd. Euro, 1. Juli 2018.
26 European Investment Bank: 2017 Figures summary, 18.1.2018, S. 1.
27 European Investment Bank: 2017 Figures summary, 18.1.2018, S. 1.
28 European Investment Bank: 2017 Figures summary, 18.1.2018, S. 7.

toren eine Rolle spielen) Länder, in die auch relativ wenig Kohäsionsmittel fließen. Damit ist das regionale Begünstigungsmuster der Juncker-Offensive dem der Regionalpolitik recht ähnlich, was in den Jahren zuvor so noch nicht erkennbar war.

Im September 2017 ist auf Initiative der Europäischen Kommission vom Rat der Europäischen Union und vom Europäischen Parlament beschlossen worden, die Investitionsoffensive unter dem Label EFSI 2.0 bis Ende 2020 zu verlängern. Als neue Zielvorgabe wird für den gesamten Zeitraum ein Investitionsvolumen von insgesamt 500 Mrd. Euro angestrebt.[29] Die rechtskräftige Verlängerung ist zustande gekommen, nachdem der Europäische Rechnungshof massive Zweifel daran geäußert hatte, dass das Kriterium der Zusätzlichkeit der geförderten Projekte – die Förderung löst Investitionen aus, die ohne Förderung nicht stattgefunden hätten – gegeben sei.[30] Das Europäische Parlament hatte zudem im Juni 2017 insbesondere bemängelt, dass von der Förderung zu sehr EU-15-Länder profitieren und damit die Ziele der Regionalpolitik teilweise konterkariert würden.[31] Beiden Kritikpunkten ist bei den Bestimmungen über die Vergabe von Förderungen aus Mitteln des EFSI Rechnung getragen worden. So sind die Anforderungen des Nachweises der Zusätzlichkeit erhöht worden. Dahingestellt sei, ob die erhöhten Anforderungen zusätzliche – ansonsten nicht stattfindende – Investitionen sicherstellen können. Außerdem wurden Bestimmungen eingeführt, die die Inanspruchnahme des Fonds durch eine Erweiterung der förderbaren Aktivitäten in weniger entwickelten Regionen und Übergangsregionen begünstigen soll.[32] Damit ist die ursprüngliche Programmatik der Investitionsoffensive aufgegeben worden, wonach Investitionen in der Europäischen Union überall zu gleichen Bedingungen angeregt werden sollten. Es ist deshalb zu erwarten, dass die Tendenz zur Angleichung der nationalen Begünstigungsmuster von Regionalpolitik und Investitionsinitiative anhält.

Ausblick

Die Debatte der kommenden zwei Jahre wird sich ganz überwiegend auf die Ausgestaltung der Kohäsionspolitik in der neuen mehrjährigen Haushaltsperiode konzentrieren. Die Europäische Kommission hat mit ihren Vorschlägen zum Haushalt und zur Regionalpolitik wichtige Eckpunkte für die Zeit nach 2020 vorgegeben. Die bisherigen Erfahrungen mit dem Entscheidungsprozess über den zukünftigen Haushalt lassen erwarten, dass diese Eckpunkte im Wesentlichen keine allzu großen Änderungen erfahren werden.

Weiterführende Literatur

Konrad Lammers: Europäische Regionalpolitik, in: Akademie für Raumforschung und Landeskunde (Hrsg.): Handwörterbuch der Stadt- und Raumentwicklung, im Erscheinen. Vorabveröffentlichung abrufbar unter: https://www.researchgate.net/publication/321224951_Europaische_Regionalpolitik
(letzter Zugriff: 26.10.2018).

---

29   Europäische Kommission: Factsheet. Verlängerung des Europäischen Fonds für strategische Investitionen (EFSI) – häufig gestellte Fragen, 13. September 2017, S. 1.
30   Peter Becker: Der Europäische Fonds für strategische Investitionen. Schriftliche Stellungnahme zur öffentlichen Anhörung des Ausschusses für die Angelegenheiten der Europäischen Union des Deutschen Bundestages, Stiftung Wissenschaft und Politik Berlin, 28. November 2016, S. 8.
31   Europäisches Parlament: Entschließung des Europäischen Parlaments zur Durchführung des Europäischen Fonds für strategische Investitionen, P8_TA-PROV(2017)0270, 15. Juni 2017.
32   Europäische Kommission. Factsheet. Verlängerung des Europäischen Fonds für strategische Investitionen (EFSI) – häufig gestellte Fragen, 13. September 2017, S.1 f.

Sportpolitik

Jürgen Mittag

Im Fokus von Medien und Öffentlichkeit standen in den vergangenen Monaten die Olympischen Spiele und die Paralympics in Pyeongchang sowie die 21. Fußballweltmeisterschaft in Russland. Unter den sportpolitischen Akteuren fand hingegen die Entscheidung der Europäischen Kommission im Fall der Internationalen Eislaufunion (ISU) und die Frage nach den Rechten von Athleten stärkere Beachtung.[1] Dem Olympiasieger im Eisschnelllaufen Mark Tuitert und dem Staffelweltmeister im Shorttrack Niels Kerstholt war von der ISU untersagt worden, an einem Show-Wettkampf in Dubai teilzunehmen, da dieser nicht von der ISU autorisiert war. Angesichts drohender Strafen wandten sich beide Athleten im Juni 2014 an die Europäische Kommission und reklamierten, dass Sanktionen eine Einschränkung ihrer Berufsfreiheit darstellen würden. Damit war eine Kernfrage des Sports angesprochen, da das Verbands- und Veranstaltungsmonopol des organisierten Sports berührt wurde. Nicht zuletzt deswegen hatte sich Thomas Bach, Präsident des Internationalen Olympischen Komitees (IOC), im Vorfeld der erwarteten Kommissionsentscheidung mit den europäischen Sportministern in Brüssel getroffen, um für das europäische Sportmodell zu werben und auf dessen potenzielle Aushebelung durch das EU-Kartellrecht zu verweisen.

Dem Wettbewerbssport liegt ein Pyramidalsystem zugrunde, das von der internationalen bis zur regionalen Ebene reicht und letztlich auf einem Monopol des Fachverbandes auf der jeweiligen Ebene basiert. Seitdem im Sport zunehmend höhere Umsätze generiert und sich immer mehr Akteure mit unterschiedlichen Interessen engagieren, wird verstärkt kritisiert, dass die Verbände dieses Monopol einseitig und im eigenen wirtschaftlichen Sinne nutzen. Vor diesem Hintergrund fand der Beschluss der Europäischen Kommission vom 8. Dezember 2017, dass die Regeln der ISU gegen das EU-Wettbewerbsrecht verstießen und anzupassen seien, breite Beachtung. Die Entscheidung kann erhebliche Implikationen für die künftige Organisation des Sports zur Folge haben, da die besondere Rolle der Sportverbände und damit auch eine gewisse Besonderheit („Spezifizität") des Sports in Frage gestellt wird. Mit dem ISU-Beschluss wurden die Akzente stärker in Richtung der Allgemeingültigkeit des EU-Rechts verschoben.[2]

Dass die Frage nach dem Verhältnis von sportbezogener Besonderheit und der Allgemeingültigkeit des EU-Rechts weiterhin eine schwebende Angelegenheit markiert, dokumentiert auch das von der Europäischen Kommission nur wenige Tage später veröffentlichte Analyseraster für Beihilfeentscheidungen im Sport,[3] das dem organisierten Sport eine Orientierung bieten soll, wann öffentliche Mittel ohne vorherige Genehmigung der Europäischen Kommission mit dem EU-Beihilferecht in Einklang stehen.

---

1   Commission Decision of 8.12.2017 relating to proceedings under Article 101 of the Treaty on the Functioning of the European Union (the Treaty) and Article 53 of the EEA Agreement Case AT.40208 – International Skating Union's Eligibility rules, Brüssel, 8. Dezember 2017, C(2017)8240 final.
2   Dies gilt umso mehr, da sich parallel das Bundeskartellamt mit dem Deutschen Olympischen Sportbund hinsichtlich des IOC-Werbeverbots für Athleten im Zuge olympischer Wettbewerbe auseinandersetzt.
3   Siehe Services of the European Commission for information purpose: Infrastructure analytical grid for sport and multifunctional recreational infrastructures, abrufbar unter: http://ec.europa.eu/competition/state_aid/modernisation/grid_sports_en.pdf (letzter Zugriff: 23.10.2018).

Die zuletzt wieder proaktivere Rolle der Europäischen Kommission dokumentieren auch ihre Expertengruppen. Zu der bereits bestehenden Expertengruppe zur Sportdiplomatie sind die Expertengruppen „Menschenrechte im Sport", „Skills and Human Resources Development in Sport" und „Integrität im Sport" hinzugekommen. Letztere befasst sich mit Good Governance und Spielmanipulationen. Zu den von der Europäischen Kommission in der Sportpolitik genutzten Instrumenten zählen erneut wissenschaftliche Studien, so unter anderem zu den „Wirtschaftlichen Auswirkungen des Sports über Satellitenkonten" (Mai 2018). Dieser Studie zufolge macht der Sport mit rund 280 Mrd. Euro 2,12 Prozent am EU-Bruttoinlandsprodukt aus. Den Kontrapunkt zu dieser Facharbeit bildet die Europäische Woche des Sports, die im September 2017 zum dritten Mal durchgeführt wurde und mehr als 15 Mio. Teilnehmer in rund 35.000 Veranstaltungen mobilisiert hat. Erstmals wurde am 22. November 2017 von der Europäischen Kommission der „#BeInclusive EU Sport Award" an Organisationen vergeben, die im Rahmen des Sports sozial benachteiligte Menschen gesellschaftlich unterstützen.

Starke Beachtung erfuhr auch der Vorschlag der Europäischen Kommission zum nächsten mehrjährigen Finanzrahmen, der dem Erasmus-Programmbereich eine Verdoppelung der Mittel in Aussicht stellt, von denen auf das Sportkapitel ein Anteil von 1,8 Prozent entfallen soll. Angesichts absehbarer Kürzungen durch den Austritt des Vereinigten Königreichs aus der EU und mit Blick auf die Einführung eines neuen Mobilitätsprogramms, das unter anderem Trainern oder Verbandsmitarbeitern ermöglichen soll, grenzüberschreitend stärker zu kooperieren, ist der Kommissionsvorschlag seitens des organisierten Sports mit Beifall bedacht worden.

Die Präsidentschaft Estlands legte im zweiten Halbjahr 2017 ihre Schwerpunkte auf die Zukunft der Sportdimension des Erasmus-Plus-Programms, die duale Karriere von Athleten sowie den strukturierten Dialog zwischen Mitgliedstaaten und Sportverbänden, indessen die bulgarische Ratspräsidentschaft die Förderung europäischer Werte durch den Sport, den Kampf gegen Doping und die Rolle des Breitensports auf die Agenda setzte. Während im Rahmen der estnischen Ratspräsidentschaft Schlussfolgerungen zur Rolle von Trainern in der Gesellschaft verabschiedet wurden,[4] fand in der bulgarischen Ratspräsidentschaft am 22. und 23. März 2018 in Sofia das EU-Sport-Forum als traditioneller Treffpunkt von Politik und organisiertem Sport statt. Die Aktivitäten des Europäischen Parlaments umspannten vor allem Hearings sowie Treffen der interfraktionellen Gruppe „Sport", zum Teil in Kooperation mit anderen „Intergroups" oder Nichtregierungsorganisationen.

Auf verbandlicher Seite standen vor allem Sportgroßereignisse im Blickfeld. Der Trend, europäische Kontinentalwettbewerbe zu stärken, spiegelte sich in den erstmals in dieser Form ausgetragenen „European Championships" wider, bei denen im August 2018 in sieben Disziplinen Europameisterschaften mit der Absicht gebündelt wurden, den entsprechenden Sportarten mehr Aufmerksamkeit zu verschaffen. Diese Zielsetzung wird auch der Slowene Janez Kocijančič, der auf der Generalversammlung der Europäischen Olympischen Komitees (EOC) im November 2017 zum neuen Präsidenten gewählt wurde, verfolgen. 2019 steht die zweite Auflage der Europe Games in Minsk an.

Weiterführende Literatur

Jack Anderson/Richard Parrish/Borja García (Hrsg.): Research Handbook on EU Sports Law and Policy, Cheltenham 2018.

Philippe Vonnard: L'Europe dans le monde du football: Genèse et formation de l'UEFA (1930-1960), Straßburg 2018.

---

4 Rat der Europäischen Union: Schlussfolgerungen des Rates und der im Rat vereinigten Vertreter der Regierungen der Mitgliedstaaten zur Rolle der Trainer/Sportlehrer in der Gesellschaft, 9.12.2017, Dok. 14210/17.

Tourismuspolitik

Anna-Lena Kirch

Der europäische Tourismusdiskurs 2017/2018 war sehr stark geprägt von der übergreifenden Debatte über die Zukunft der Europäischen Union. Besonderes Augenmerk lag auf der Ausgestaltung des nächsten mehrjährigen Finanzrahmens, der ab 2021 gültig sein wird. Dieser zukunftsgerichtete Kontext verlieh der thematischen Auseinandersetzung mit europäischer Tourismuspolitik neuen Schwung und neue Dynamik.

Wesentlicher Impulsgeber war Bulgarien. Im Rahmen seiner Ratspräsidentschaft fand am 13. Februar 2018 ein informelles Ministertreffen zu verschiedenen tourismusbezogenen Fragen statt. Die Minister diskutierten insbesondere Strategien zur Wachstumsförderung und das Ziel regionaler Integration – innerhalb der EU, aber auch mit dem Westbalkan. Thematisiert wurden ferner die Einrichtung eines europäischen Tourismusfonds sowie die Gründung einer tourismuspolitischen Koordinierungsstelle in Brüssel.[1]

Treibende Kraft im europäischen Diskurs war wie bereits in den Jahren zuvor das Europäische Parlament, das im Rahmen des Welttourismustages im September 2017 eine Konferenz mit dem Titel „A European strategy to enhance the competitiveness of the tourism industry, a key driver for job creation" organisierte. Darüber hinaus unterzeichneten einige Europaabgeordnete mit Vertretern des Ausschusses der Regionen und europäischen Stakeholdern einen offenen Brief an den Präsidenten der Europäischen Kommission, Jean-Claude Juncker. Darin forderten sie die Europäische Kommission auf, eine neue europäische Strategie für Tourismus in das Arbeitsprogramm der Kommission für das Jahr 2018 zu integrieren.[2] Das letzte vergleichbare Strategiedokument der Kommission stammt aus dem Jahr 2010. Am 14. März 2018 folgte eine Resolution des Europäischen Parlaments mit der Forderung, im nächsten mehrjährigen Finanzrahmen ein separates Budget für Tourismusfragen anzulegen.[3] Die zentralen Forderungen lassen sich in vier Punkten zusammenfassen: mehr Ressourcen, Engagement der Europäischen Kommission verstärken, neue Foren und Formate schaffen und Investitionen erhöhen.

Beschäftigung und Wachstum

Im Mittelpunkt der Debatte standen Ideen zur Stärkung von Wachstum und Beschäftigung. In ihrem Aufruf verknüpften europäische Stakeholder, Europaabgeordnete und Vertreter

---

1 Bulgarian Presidency of the Council of the European Union, High-level Meeting of the Ministers of Tourism of the EU member states "Tourism and economic growth", 13.2.2018, abrufbar unter: https://eu2018bg.bg/en/events/51 (letzter Zugriff: 12.7.2018).
2 Open Letter: European Commission Work Programme 2018 – Revision of the EU 2010 Tourism Strategy, 17.7.2017, abrufbar unter: https://cor.europa.eu/Documents/Migrated/Events/Revision%20of%20the%20EU%202010%20Tourism%20Strategy%20-%20ECWP%202018%20-%20Open%20letter%20to%20EC%20President%20%20Juncker.pdf (letzter Zugriff: 12.7.2018).
3 Europäisches Parlament: The next MFF: Preparing the Parliament's position on the MFF post-2020, European Parliament resolution of 14 March 2018 on the next MFF: Preparing the Parliament's position on the MFF post-2020 (2017/2052(INI)), 2018, abrufbar unter: http://www.europarl.europa.eu/sides/getDoc.do?pubRef=-//EP//NONSGML+TA+P8-TA-2018-0075+0+DOC+PDF+V0//EN (letzter Zugriff: 12.7.2018).

Jahrbuch der Europäischen Integration 2018 249

des Ausschusses der Regionen ihre Forderungen nach einem stärkeren EU-Engagement mit der Analyse sinkender Wettbewerbsfähigkeit des europäischen Tourismussektors. Neben der zunehmenden Konkurrenz durch alternative Märkte – insbesondere in Asien – spielten auch Sicherheitsaspekte innerhalb Europas eine Rolle. Zusätzlich zur Benennung akuter Herausforderungen hoben sie gleichzeitig das enorme Potenzial der europäischen Tourismusindustrie hervor: für Wachstum und Innovation, für Konnektivität innerhalb Europas und mit der europäischen Nachbarschaft, für Beschäftigung und insbesondere für die Integration von Jugendlichen und gering qualifizierten Arbeitskräften in den Arbeitsmarkt. Die Befürworter einer verstärkten europäischen Tourismuspolitik sehen die Lösung für die skizzierten Herausforderungen und die Ausschöpfung des bestehenden Potenzials darin, nationale Politiken und Strategien besser zu koordinieren, europäische Investitionen zu stärken, bürokratische Hindernisse zu beseitigen und die Digitalisierungsagenda konsequent voranzutreiben. Ein Beispiel für eine konkrete Marketinginitiative in diesem Kontext ist das „EU-China Tourismusjahr 2018", das mit verschiedenen Veranstaltungen die Attraktivität der EU für chinesische Touristen und Investoren steigern soll.

Kultur und Tourismus

Ein weiterer Schwerpunkt der tourismuspolitischen Agenda lag auf der Schnittstelle zwischen Kulturpolitik und Tourismus. 2018 wurde von der Europäischen Kommission zum Europäischen Jahr des Kulturerbes ausgerufen.[4] Die Initiative zielt darauf ab, auf verschiedenen Ebenen das kollektive Geschichtsbewusstsein der europäischen Bürger und eine gemeinsame, europäische Identität zu schärfen. Außerdem sollen Strategien zur Erhaltung des kulturellen Erbes in Europa erarbeitet werden, um unter anderem das europäische Tourismusmarketing weiter zu optimieren. In diesem Kontext wird insbesondere darüber nachgedacht, welche Rolle die EU in den Bereichen Kulturguterhaltung, Forschung, Digitalisierung und Infrastruktur spielen kann. Die Initiative ergänzt die jährliche Ernennung der Europäischen Kulturhauptstädte: im Jahr 2018 Valletta, die Hauptstadt Maltas, und Leeuwarden in den Niederlanden.

Fazit

Bis einschließlich Juni 2018 fanden die Stimmen innerhalb der Europäischen Union kein Gehör, die eine verstärkte und deutlich sichtbarere europäische Tourismuspolitik forderten. Da weder die Europäische Kommission eine neue Tourismusstrategie vorlegte noch der erste Entwurf des mehrjährigen Finanzrahmens ein gesondertes Tourismusbudget vorsieht,[5] bleibt tourismuspolitische Kooperation weiterhin ein Querschnittsthema.

Weiterführende Literatur

Margaras, Vasilis (2017): Die größten Herausforderungen für den Tourismus in der EU und politische Maßnahmen, Mai 2017, abrufbar unter: http://www.europarl.europa.eu/RegData/etudes/BRIE/2017/603932/EPRS_BRI(2017)603932_DE.pdf (letzter Zugriff: 19.06.2018).

---

4 Europäisches Kulturerbejahr: Das Europäische Jahr des Kulturerbes 2018, abrufbar unter: https://europa.eu/cultural-heritage/about_de (letzter Zugriff: 23.07.2018).
5 Europäische Kommission: Mitteilung der Kommission an das Europäische Parlament, den Europäischen Rat, den Rat, den Europäischen Wirtschafts- und Sozialausschuss und den Ausschuss der Regionen: Ein moderner Haushalt für eine Union, die schützt, stärkt und verteidigt, Mehrjähriger Finanzrahmen 2021-2027, COM(2018) 321 final, 2.5.2018.

Umwelt-, Klima- und Meerespolitik

Gaby Umbach

Der Bereich des Umweltrechts der Europäischen Union war auch 2017 derjenige mit dem höchsten Anteil anhängiger Vertragsverletzungsverfahren. 307 der 1.559 zum Jahresende anhängigen Verfahren wurden hier verzeichnet. 173 davon waren 2017 neu eingeleitet worden. In 113 der 558 wegen verspäteter Umsetzung neu eingeleiteten Verfahren war EU-Umweltrecht, das damit der Bereich mit den drittmeisten Neueröffnungen war, betroffen. Es wurden 518 neue Beschwerden über potenziell fehlerhafte Umsetzung und Anwendung sowie 63 der 178 neu eingeleiteten EU-Pilot-Vorgänge in der Umweltpolitik verzeichnet. In 27 Fällen führten EU-Pilot-Vorgänge zu förmlichen Vertragsverletzungsverfahren. Damit belegt die Umweltpolitik erneut den ersten Rang in dieser Kategorie. Insgesamt waren Ende 2017 841 EU-Pilot-Vorgänge anhängig, von denen 240 Fälle Umweltrecht betrafen. 45 der von der Europäischen Kommission 2017 übermittelten 275 mit Gründen versehenen Stellungnahmen betrafen die Umweltpolitik der Europäischen Union.[1]

Verbesserung der Umsetzung der EU-Umweltpolitik

Im Januar 2018 stellte die Europäische Kommission den Aktionsplan für einen besseren Vollzug des Umweltrechts und eine bessere Umweltordnungspolitik vor. Er soll die Umsetzung der Umweltpolitik der Europäischen Union verbessern und ist als Ergänzung zur regelmäßigen Umsetzungskontrolle und besseren Anwendung des EU-Umweltrechts gedacht. Einem Mehrebenenansatz folgend schließt der Aktionsplan eine enge Kooperation der Europäischen Kommission mit den Mitgliedstaaten sowie mit relevanten Berufsgruppen wie Umweltprüfern, Ingenieuren und Strafverfolgungsbehörden ein, um die korrekte Umsetzung umweltpolitischer Maßnahmen besonders in den Bereichen Industrieproduktion, Abfallentsorgung und Landwirtschaft zu garantieren. Eine „intelligente und partizipative Kultur der Rechtstreue" ist das erklärte Ziel des Aktionsplans, um Umweltqualitätsverschlechterungen besser entgegenzuwirken. Hauptmechanismen des Aktionsplans sind die Unterstützung und Überwachung des Vollzugs sowie von Folgemaßnahmen einschließlich verwaltungs-, straf- und zivilrechtlicher Maßnahmen. Zentrale Schritte sind die verbesserte Nutzung von Fachwissen, die Ermittlung der erforderlichen beruflichen Fähigkeiten, die Erstellung von Verfahrensleitfäden, technische Leitlinien für die Kontrolle von Entsorgungseinrichtungen, Leitfäden für die Bearbeitung von Umweltbeschwerden, Bürgerbeteiligung sowie die verstärkte weltraumgestützte Datensammlung.[2]

---

1 European Commission: Report from the Commission 2017. Annual report on monitoring the application of EU law, COM(2018)540; European Commission: Monitoring of Application of Union Law: 2017 Annual Report. Commission staff working document. Part. I: General statistical overview, SWD(2018)377; European Commission: Monitoring of Application of Union Law: 2017 Annual Report, Part. II: Policy Areas, SWD(2018)378.
2 Europäische Kommission: Aktionsplan der EU für einen besseren Vollzug des Umweltrechts und eine bessere Umweltordnungspolitik, 18. Januar 2018, KOM(2018)10 endg.

Ökologisierung des Europäischen Semesters

Mit einem Schwerpunkt auf Stabilität, Wachstum, Beschäftigung und Investitionen überwacht und koordiniert das Europäische Semester jährlich die sozio-ökonomischen Politiken der EU-Mitgliedstaaten. Darüber hinaus wird der Fortschritt der Mitgliedstaaten im Hinblick auf die Ziele der Europa 2020-Strategie kontrolliert, die auch Ziele für die Energie- und Klimapolitik der Europäischen Union enthält.[3] Während das Europäische Semester im Hinblick auf die Koordination mitgliedstaatlicher makro-ökonomischer Politiken als stark eingeschätzt werden kann, ist seine umweltpolitische Komponente unterentwickelt, was eine Ausrichtung europäischen Wirtschaftens auf Nachhaltigkeit und umweltpolitische Belange abschwächt. Der Umweltrat nahm daher im März 2018 einen erneuten Gedankenaustausch zur Ökologisierung des Europäischen Semesters vor. Darin konzentrierten sich die Umweltminister auf die Verbindung der Ökologisierung des Europäischen Semesters mit der Verstärkung der Umsetzungskontrolle sowie auf die Einbettung nachhaltiger Investitionsstrukturen in den mehrjährigen Finanzrahmen der Europäischen Union nach 2020. Die Minister unterstrichen die Relevanz der besseren Integration von Umweltbelangen in Maßnahmen zur Förderung des wirtschaftlichen und finanziellen Aufschwungs. Besonders betont wurde die Bedeutung des Bezugs auf umweltfreundliche Investitionen zur Nachhaltigkeitssteigerung im Jahreswachstumsbericht der Europäischen Union für das Jahr 2018 und deren Produktivitätsbeitrag durch Steigerung der Ressourceneffizienz. Eine der bedeutendsten Aufgaben sei hier der Übergang zur Kreislaufwirtschaft, deren Beschäftigungspotential in innovativen Technologien, Produktplanungen und Dienstleistungen die Minister hervorhoben. Speziell anzugehen sei die Ökologisierung der Bereiche öffentliches Ausschreibungswesen, Investitionen, Abfall- und Wasserinfrastruktur, Bauwesen, essentielle Rohmaterialien sowie Biokraftstoffe und -chemikalien. Maßnahmen zur Implementationskontrolle von EU-Umweltrecht seien in diesem Zusammenhang besonders wichtig und dahingehende Kommissionsvorschläge zu begrüßen. Des Weiteren forderten die Umweltminister, dass umwelt- und klimapolitische Herausforderungen zur nachhaltigen Entwicklung stärker im neuen mehrjährigen Finanzrahmen der Europäischen Union für die Zeit nach 2020 reflektiert werden sollten. Die alleinige Integration der Finanzierung klimapolitisch relevanter Instrumente reiche hierfür nicht aus. Ein mögliches Instrument zur Stärkung privater, umweltfreundlicher Investitionen könnte mehr Transparenz im Hinblick auf Umwelt- und Nachhaltigkeitsrisiken für Investoren sein. Während einige Umweltminister in der Diskussion zum Pragmatismus aufriefen, forderten andere eine generelle Reflexion über die Integration nachhaltigen Planens in Finanz-Governance-Strukturen sowie über existierende Produktions- und Konsummodelle, um nicht nur instrumentell, sondern auch paradigmatisch Weichen für die Zukunft zu stellen.[4]

Kreislaufwirtschaft

Im Januar 2018 präsentierte die Europäische Kommission ein Umsetzungspaket für den EU-Aktionsplan für die Kreislaufwirtschaft aus dem Jahr 2015.[5] Das Paket enthält eine

---

3 Vgl. hierzu auch den Beitrag „Energiepolitik" in diesem Jahrbuch.
4 Council of the EU: Outcome of the Council Meeting, 3601st Council meeting Environment, 5. März 2018, 6799/18; General Secretariat of the Council: Greening the European Semester = Exchange of views, 19. Februar 2018, 6142/18.
5 Europäische Kommission: Den Kreislauf schließen. Ein Aktionsplan der EU für die Kreislaufwirtschaft, 2. Dezember 2015, KOM(2015)614.

Kommunikation zu Kunststoffen in der Kreislaufwirtschaft,[6] eine weitere über einen Kreislaufwirtschaftsüberwachungsrahmen[7] und eine dritte zur Umsetzung des Kreislaufwirtschaftspakets mit speziellem Augenmerk auf die Schnittstelle zwischen Chemikalien-, Produkt- und Abfallgesetzgebung.[8] In ihren Ausführungen zum zukünftigen Umgang mit Kunststoffen entwickelt die Europäische Kommission eine Langzeitstrategie für eine Kunststoffkreislaufwirtschaft, in der in Sinne des ‚life cycle'-Ansatzes nachhaltige industrielle Prozesse die Anforderungen an Recycling bereits in die Design- und Produktionsphasen industrieller Abläufe integrieren sollen. Allgemeines Ziel des Pakets ist die Entwicklung nachhaltigerer Produktions- und Konsumstrukturen für Kunststoffe. Bis 2030 sollen alle Kunststoffverpackungen wiederverwendbar oder recyclebar sein. Wesentliche Schritte zur Zielerreichung sind ein besseres Produktdesign, erhöhte Recyclinganteile, weniger Einwegkunststoffe und Umweltverschmutzung durch Mikroplastik, verbesserte Trennung von Kunststoffabfällen, Überwachung und Begrenzung der Abfallbelastung der Meere, mehr biologisch abbaubare Kunststoffe, innovative Verbesserung der Wertstoffkette, multilaterale Kunststoffinitiativen und die Zusammenarbeit mit Drittstaaten. Die Wiedereinbringung recycelter Kunststoffe als Sekundärrohstoff erfordere spezielle Standards für die Identifikation und Verfolgung relevanter Stoff-, Produkt- und Abfallgruppen. Konflikte der Gesetzgebungsansätze für Chemikalien, Produkte und Abfälle müssten daher überwunden werden. Entsprechende Maßnahmenentwicklung auf EU-Ebene sollten die nötigen Veränderungen unterstützen und relevante Akteursgruppen einbeziehen. Der vorgeschlagene Überwachungsrahmen für die Kreislaufwirtschaft umfasst zehn Hauptindikatoren zur Bewertung der Umsetzung. Diese beziehen sich auf Produktion, Verbrauch, Abfallmanagement, Sekundärrohstoffe, Investitionen, Beschäftigung und Innovation und messen die Selbstversorgung der Europäischen Union mit Rohstoffen, umweltverträgliche öffentliche Auftragsvergabe, Abfallaufkommen, Lebensmittelverschwendung, Gesamtrecyclingraten, Recyclingraten bei spezifischen Abfallströmen, den Beitrag recycelter Materialien zur Deckung der Rohstoffnachfrage, Handel mit recyclingfähigen Rohstoffen, private Investitionen/Arbeitsplätze/Bruttowertschöpfung und Patente. Der Umweltrat hielt im März 2018 einen Gedankenaustausch zu den Vorschlägen der Europäischen Kommission ab und konzentrierte sich dabei auf die Kunststoffstrategie und die stärkere Koordination von Chemikalien-, Produkt- und Abfallgesetzgebung.[9] Die Kunststoffstrategie wurde allgemein begrüßt und ein dringender Handlungsbedarf zum nachhaltigeren Umgang mit Kunststoff betont. Die Meeresverschmutzung durch Mikroplastikpartikel wurde als eindringlichstes Problem hervorgehoben. Konkrete Maßnahmen zur Umsetzung des von der Europäischen Kommission vorgeschlagenen Maßnahmenpakets seien dringend auszuarbeiten und umzusetzen, insbesondere im Hinblick auf das Recycling von Kunststoffen, die Einschränkung von Einwegkunststoffprodukten und die Entwicklung eines ganzheitlichen Ansatzes für die Wertschöpfungskette in der Kunststoffproduktion. Neben der Qualitätssteigerung von Recyclingprodukten, umweltverträglicher öffentlicher Auftragsvergabe,

---

6   Europäische Kommission: Eine europäische Strategie für Kunststoffe in der Kreislaufwirtschaft, 16. Januar 2018, KOM(2018)28 endg.
7   Europäische Kommission: Mitteilung über einen Überwachungsrahmen für die Kreislaufwirtschaft, 16. Januar 2018, KOM(2018)29 endg.
8   Europäische Kommission: Mitteilung über die Umsetzung des Pakets zur Kreislaufwirtschaft: Optionen zur Regelung der Schnittstelle zwischen Chemikalien-, Produkt- und Abfallrecht, 16. Januar 2018, KOM(2018)32 endg.
9   Council of the EU: Outcome of the 3601st Council Meeting Environment, 2018.

der erweiterten Herstellerverantwortung für freiwillige Verpflichtungen der Industrie sowie Kampagnen zur Steigerung des Konsumbewusstseins wurde Öko-Design als besonders wertvoller Problemlösungsansatz hervorgehoben. Im Hinblick auf die Verbindung von Chemikalien-, Produkt- und Abfallgesetzgebung unterstrichen die Minister den gesteigerten Bedarf an verlässlichen Informationen zu relevanten Substanzen in Produkten. Diesbezüglich forderten einige Minister, dass aus Gründen der Substituierung dieselben Anforderungen an Substanzen in Primär- wie in Sekundärrohstoffen zu stellen seien. Einige Minister unterstrichen die Notwendigkeit der Harmonisierung der Regeln für das Ende der Abfalleigenschaft innerhalb der Europäischen Union. Die von der Europäischen Kommission vorgeschlagenen Indikatoren für den Kreislaufwirtschaftsüberwachungsrahmen wurden insgesamt begrüßt. Allerdings wurde die Ausdehnung seines Anwendungsbereiches jenseits der Abfallwirtschaft zur Ausnutzung seines klimapolitischen Potentials gefordert. Im Juni 2018 nahm der Umweltrat Schlussfolgerungen zur Kreislaufwirtschaft an, die der Europäischen Kommission als Leitlinien für die Umsetzung des Aktionsplans und Maßnahmenpakets dienen sollen.[10] Er begrüßte die Betonung des ‚life cycle'-Ansatzes und unterstrich die Notwendigkeit einer nachhaltigen Neuorientierung des Umgangs mit Kunststoff erneut mit Nachdruck. Neben politikfeldübergreifenden Lösungen hoben die Minister Öko-Design und Öko-Innovationen als besonders zukunftsfähige Instrumente hervor. Als erste konkrete Gesetzgebungsmaßnahme aus dem Paket verhandelten die EU-Institutionen das Verbot von Einwegplastikprodukten, das die Kommission im Mai 2018 vorgelegt hatte.[11] Nachdem sich das Europäische Parlament in erster Lesung für ein weitgehendes Verbot von Einwegplastikprodukten ausgesprochen hatte, stimmte der Rat der Europäischen Union im Oktober 2018 diesem Ansatz zu und öffnete damit den Weg für die abschließenden interinstitutionellen Verhandlungen und die Verabschiedung der Richtlinie.

Öko-Innovationen

Öko-Design und Öko-Innovationen wurden im Dezember 2017 vom Umweltministerrat als zentrale Instrumente der EU-Maßnahmen für den Übergang zur Kreislaufwirtschaftsform diskutiert. Der Rat der Europäischen Union unterstrich die Bedeutung des Öko-Design-Ansatzes für die Wiederverwendung von Material und die Verlängerung von Produktlebenszyklen. Die Substituierung gefährlicher Substanzen und das damit verbundene Risikomanagement seien als Innovationsfaktoren besonders durch die Bereitstellung von Informationen zu umwelt- und gesundheitsrelevanten Eigenschaften von Produkten zu unterstützen. Die Europäische Kommission wurde aufgefordert, eine Bewertung von Produktkategorien mit hohem Potential für Öko-Design, Wiederverwendung, Reparatur und Recycling (wie etwa Elektronikartikel) vorzulegen und weitere Qualitätsstandards für Sekundärrohstoffe zu entwickeln. Außerdem mahnten die Minister die Kohärenz zwischen Politiken zur Unterstützung von Innovationen und anderen Politiken, speziell zum Schutz der menschlichen Gesundheit und der Umwelt, als zentral für den Erfolg des Übergangs zur Kreislaufwirtschaft an.[12]

---

10 Council of the EU: Outcome of the Council Meeting, 3601st Council meeting Environment, Brüssel, 25. Juni 2018, 10450/18; General Secretariat of the Council: Delivering on the EU Action Plan for the Circular Economy. Council conclusions, 25. Juni 2018, 10447/18.
11 Europäische Kommission: Vorschlag für eine Richtlinie über die Verringerung der Auswirkungen bestimmter Kunststoffprodukte auf die Umwelt, 28. Mai 2018, KOM(2018)340 endg.

Quecksilber

Im April 2017 verabschiedete der Rat der Europäischen Union die reformierte EU-Verordnung über Quecksilber, die die Grundlage für die Ratifizierung und Umsetzung der Minamata-Konvention bildet.[13] Im darauffolgenden Monat nahm er dann für die Europäische Union die Minamata-Konvention über Quecksilber an und hinterlegte gemeinsam mit sieben Mitgliedstaaten die Ratifizierung bei den Vereinten Nationen. Damit erreichte der Ratifizierungsprozess 50 Parteien, wodurch die Konvention im August 2017 in Kraft trat. Die Minamata-Konvention ist der internationale Regulierungsrahmen für Quecksilber. Sein Hauptziel ist der Schutz der menschlichen Gesundheit und der Umwelt vor den schädlichen Auswirkungen der Substanz. Wesentliche Instrumente der Konvention sind das Verbot neuer und die Schließung existierender Quecksilberminen, das Ende der Quecksilbernutzung in zahlreichen Produkten, Kontrollmaßnahmen zur Emissionsmessung sowie die Regulierung kleiner Goldminen. Für das erste Treffen der Vertragsparteien (COP 1) im September 2017 in Genf nahm der Rat der Europäischen Union im Juni 2017 die EU-Verhandlungsposition an. Diese konzentrierte sich auf Aspekte der Zertifizierung und Leitlinien.[14] Wesentliche Ergebnisse der COP 1 waren zum einen administrativer Natur, wie etwa das Arbeitsprogramm und Budget des Konventionssekretariats, und zum anderen substantiell, wie zum Beispiel Leitlinien zum Handel mit Quecksilber sowie Ausnahmen für handwerkliche und kleine Goldminen.

Wasserpolitik

Im Juni 2018 hielt der Rat der Europäischen Union eine Orientierungsaussprache zur Reform der sogenannten „Trinkwasserrichtlinie" ab, deren Entwurf die Europäische Kommission im Februar 2018 vorgelegt hatte und die auf über 1,8 Mio. Unterschriften einer Europäischen Bürgerinitiative (Right2Water) beruht.[15] Der Vorschlag präsentiert einen risikobasierten Überwachungsansatz und verschärft Normen für mikrobiologische und chemische Werte für Wasserqualität. Er schlägt außerdem die Harmonisierung von wasserqualitätsbezogenen Informationen für Verbraucher vor, die auch Wasserdienstleistungen einschließen. Schließlich führt er die Verpflichtung zur Verbesserung des Zugangs zu Wasser ein, die von der Europäischen Bürgerinitiative gefordert wurde.[16] Zentrale Fragen der Aussprache bezogen sich auf die Rechtsgrundlage für die Harmonisierung von Material und Produkten, die mit Trinkwasser in Berührung kommen (Regeln des Binnenmarktes versus Regeln der Umweltpolitik der Europäischen Union, letztere für strengere Regulierungen). Im Hinblick auf den Zugang zu Wasser unterscheidet der Kommissionsvorschlag die Verpflichtung, den Zugang zu Wasser allgemein zu verbessern sowie den Gebrauch von Trinkwasser zu fördern und die Verpflichtung, den Zugang speziell für gefährdete und marginalisierte Gruppe zu verbessern. Einige Ratsmitglieder äußerten während der Aussprache die Bedenken, dass der technische Charakter des Entwurfs den

---

12　General Secretariat of the Council: Eco-innovation: enabling the transition towards a circular economy. Council conclusions, 18. Dezember 2017, 15811/17; Council of the EU: Outcome of the 3601st Council Meeting Environment, 2018.

13　Europäisches Parlament/Rat der Europäischen Union: Verordnung (EU) 2017/852 über Quecksilber und zur Aufhebung der Verordnung (EG) Nr. 1102/2008, 17. Mai 2017, Dok. 32017R0852.

14　Council of the EU: Outcome of the Council Meeting, 3550th Council meeting Environment, Brüssel, 19. Juni 2017, 10423/17.

15　Vgl. hierzu auch den Beitrag „Europäische Bürgerinitiative" in diesem Jahrbuch.

16　Europäische Kommission: Vorschlag für eine Richtlinie über die Qualität von Wasser für den menschlichen Gebrauch (Neufassung), 1. Februar 2018, KOM(2017)753 endg.

hochgesteckten Zielen nicht gerecht werden könnte und dass aufgrund kultureller und geographischer Besonderheiten Subsidiaritätsbedenken vorliegen könnten.[17]

Klimapolitik

Im April 2018 trat nach langen Trilogverhandlungen die überarbeitete EU-Emissionshandelssystem-Richtlinie in Kraft.[18] Sie reformiert unter anderem den Reduktionsmechanismus des Emissionshandelssystems (EHS), die Aufnahme überschüssiger Verschmutzungsrechte in die EHS-Marktstabilitätsreserve, und die Streichung von Berechtigungen aus der Marktstabilitätsreserve ab 2024. Im Juni 2018 führte der Rat der Europäischen Union dann eine erneute Orientierungsaussprache über den viel diskutierten Verordnungsvorschlag über Kohlenstoffdioxid-Normen für Personenkraftwagen und leichte Nutzfahrzeuge vom November 2017 durch.[19] Die Verordnung soll zur Erreichung des Ziel der Europäischen Union beitragen, Kohlenstoffdioxidemissionen um 30 Prozent bis 2030 zu reduzieren, beitragen. Der Vorschlag sieht zwei Stufen für die Reduktion von Kohlenstoffdioxidemissionen für neue Personenkraftwagen und leichte Nutzfahrzeuge vor. Im Vergleich zu den bereits existierenden Zielen für 2021[20] sollen beide Fahrzeugtypen ab 2025 15 Prozent Kohlenstoffdioxidemissionen einsparen; ab 2030 sollen 30 Prozent eingespart werden. Hierbei handelt es sich um EU-weite Ziele, die in je spezifische Herstellerziele übersetzt werden sollen. Zielperspektive sind die Entwicklung von und der Übergang zu emissionsfreien und Niedrigemissions-Fahrzeugen, die im Kommissionsvorschlag durch einen Anreizmechanismus ab 2025 verstärkt gefördert werden sollen. Sollten die Produktionszahlen dieser Fahrzeugarten bestimmte Stückzahlen überschreiten, sollen Hersteller insgesamt weniger strikte Emissionsziele für Kohlenstoffdioxid in Anspruch nehmen können. Der Umweltministerrat diskutierte den Vorschlag vor dem Hintergrund seiner Balance zwischen Klimaschutz und Beschäftigungspotential sowie der Frage der Angemessenheit der Anreizstrukturen für den Bau von emissionsfreien und Niedrigemissions-Fahrzeugen. Insgesamt wurde der Entwurf begrüßt und die Handlungsnotwendigkeit im Transportbereich zur Erreichung der selbstgesetzten Emissionsreduktionsziele betont. Gemeinsame EU-Regeln wurden hierfür als zentral angesehen, da eine Regulierung auf nationaler Ebene nicht ausreiche, um die notwendigen technischen Entwicklungen für eine nachhaltige Entkarbonisierung des Transportsektors voranzubringen. Im Hinblick auf die Emissi-

---

17 Council of the EU: Outcome of the 3601st Council Meeting Environment, 2018; General Secretariat of the Council: Proposal for a Directive of the European Parliament and of the Council on the quality of water intended for human consumption (recast) – Policy debate, 11. Juni 2018, 8924/18.
18 Europäisches Parlament/Rat der Europäischen Union: Richtlinie zur Änderung der Richtlinie 2003/87/EG zwecks Unterstützung kosteneffizienter Emissionsreduktionen und zur Förderung von Investitionen mit geringem CO2-Ausstoß und des Beschlusses (EU), 14. März 2018, 2015/1814.
19 Europäische Kommission: Vorschlag für eine Verordnung zur Festsetzung von Emissionsnormen für neue Personenkraftwagen und für neue leichte Nutzfahrzeuge im Rahmen des Gesamtkonzepts der Union zur Verringerung der CO2-Emissionen von Personenkraftwagen und leichten Nutzfahrzeugen und zur Änderung der Verordnung (EG) Nr. 715/2007 (Neufassung), 8. November 2017, KOM(2017)676 endg.
20 Europäisches Parlament/Rat der Europäischen Union: Verordnung zur Festsetzung von Emissionsnormen für neue Personenkraftwagen im Rahmen des Gesamtkonzepts der Gemeinschaft zur Verringerung der CO2-Emissionen von Personenkraftwagen und leichten Nutzfahrzeugen, 23. April 2009, Verordnung (EG) Nr. 443/2009 (Durchschnittswert von 130 Gramm CO2/km für neue Personenkraftwagen bis 2015; Zielwert für 2021 ist 95 Gramm CO2/km); Europäisches Parlament/Rat der Europäischen Union: Verordnung zur Festsetzung von Emissionsnormen für neue leichte Nutzfahrzeuge im Rahmen des Gesamtkonzepts der Union zur Verringerung der CO2 -Emissionen von Personenkraftwagen und leichten Nutzfahrzeugen, 11. Mai 2011,Verordnung (EU) Nr. 510/2011 (Durchschnittswert von 175 Gramm CO2/km für neue leichte Nutzfahrzeuge bis 2017; Zielwert für 2020 ist 147 Gramm CO2/km).

onsziele des Vorschlags kristallisierten sich zwei Fraktionen heraus. Einige Minister forderten ambitioniertere Grenzwerte, um dem Führungsanspruch der Europäischen Union beim Übergang zu Niedrigemissions-Fahrzeugen gerecht zu werden und Innovationen in dem Bereich anzustoßen. Besorgt um die Wettbewerbsfähigkeit der Europäischen Autoindustrie sahen andere die vorgeschlagenen Ziele jedoch bereits als (zu) ambitioniert an und plädierten für „erreichbare" Ziele und einen ausreichend flexiblen Umsetzungsrahmen. Das Risiko des Importanstiegs hochemittierender Gebrauchtwagen in wirtschaftlich schwächeren Mitgliedstaaten sowie dessen negativer Einfluss auf die allgemeinen Emissionsziele für Kohlenstoffdioxid dieser Länder und der Europäischen Union insgesamt spielten bei der Diskussion eine große Rolle.[21]

Meerespolitik

Im Bereich der Meerespolitik sind zwei Gesetzgebungsvorschläge von Bedeutung.[22] Der Vorschlag über Hafenauffangeinrichtungen für die Entladung von Abfällen soll Einfluss auf die Überwachung und Begrenzung der Abfallbelastung der Meere nehmen. Die Verringerung der Meeresverschmutzung stellt aus Sicht der Europäischen Kommission nicht nur ein zentrales umweltpolitisches Ziel, sondern auch einen wichtigen Aspekt seeverkehrspolitischer Maßnahmen der Europäischen Union dar. Der Vorschlag soll daher das Einbringen von Abfällen auf See verringern. Vorgeschlagene Instrumente sind unter anderem Abfallbewirtschaftungsplänen, die obligatorische Meldung von Angaben aus der Voranmeldung von Abfällen und der Abfallabgabebescheinigung, ein Überprüfungssystem sowie die Regelung der Ausnahmen für Schiffe im Liniendienst. Darüber hinaus legt der Richtlinienentwurf über die Verringerung der Auswirkungen bestimmter Kunststoffprodukte auf die Umwelt Maßnahmen gegen etwa 70 Prozent der Meeresabfälle fest, die an europäischen Stränden anfallen. Er sieht Verbote für Einwegprodukte wie Plastikteller und -besteck, Plastikstrohhalme und Wattestäbchen vor. Darüber hinaus soll der Gebrauch von Kunststoff-Lebensmittelbehälter und -Trinkbechern reduziert und die Recyclingquote von Plastikflaschen auf 90 Prozent gesteigert werden. Die Herstellerverantwortung soll insgesamt gestärkt und die Kennzeichnungspflicht erhöht werden.

Weiterführende Literatur

Tom Delreux: EU actorness, cohesiveness and effectiveness in environmental affairs, in: Journal of European Public Policy, 21/2014, S. 1017-1032.

Astrid Epiney: Das Subsidiaritätsprinzip im EU-Umweltrecht: ein Argument für die Reduktion umweltpolitischer Vorgaben in der EU?, in: Natur und Recht 1/2018, S. 30-34.

Severin Fischer/Oliver Geden: The Changing Role of International Negotiations in EU Climate Policy, in: The International Spectator, 50/2015, S. 1-7.

Nigel Haigh: Concepts and Principles in EU Environmental Policy at a Time of Brexit, in: Journal for European Environmental & Planning Law 14/2017, S 155-158.

Helge Jörgens/Barbara Saerbeck: Deutsche Interessen und Prioritäten in der europäischen Umweltpolitik, in: Katrin Böttger/Mathias Jopp (Hrsg.): Handbuch der deutschen Europapolitik 2016, Baden-Baden 2016, S. 304-315.

---

21   Council of the EU: Outcome of the 3601st Council Meeting Environment, 2018.
22   Europäische Kommission: Vorschlag für eine Richtlinie über Hafenauffangeinrichtungen für die Entladung von Abfällen von Schiffen, 16. Januar 2018, KOM(2018)33 endg; Europäische Kommission: Vorschlag für eine Richtlinie über die Verringerung der Auswirkungen bestimmter Kunststoffprodukte auf die Umwelt, 28. Mai 2018, KOM(2018)340 endg; Didier Bourguignon/Marine litter: Single-use plastics and fishing gear, European Parliamentary Research Service, Brüssel, Oktober 2018, PE 628.274.

Duncan Liefferink/Rüdiger K.W. Wurzel: Environmental Leaders and Pioneers: Agents of Change?, In: Journal of European Public Policy 24/2017, S. 951-968.

Bernhard Nöbauer: Globalpolitische Herausforderung Klimawandel: Die Klimapolitik der Europäischen Union im internationalen Kontext, Hamburg 2016.

Hildegard Pamme: Das Politikfeld Umweltpolitik, in: Dieter Grunow (Hrsg.): Implementation in Politikfeldern, Wiesbaden 2017, S. 161-216.

Bodo Sturm/Carla Vogt: Instrumente der Umweltpolitik, in: Bodo Sturm/Carla Vogt: Umweltökonomik, Berlin/Heidelberg 2018, S. 69-138.

Yves Steinebach/Christoph Knill: Still an entrepreneur? The changing role of the European Commission in EU environmental policy-making, in: Journal of European Public Policy 24/2017, S. 1-18.

Verkehrspolitik

Sebastian Schäffer/Daniel Martínek

EU-Verkehrskommissarin Violeta Bulc hat 2018 zum „Jahr der Multimodalität" ausgerufen. Um die ambitionierten Klimaziele des Übereinkommens von Paris erfüllen zu können, gilt es die Herausforderungen, die sich aus dem europäischen Verkehr im Hinblick auf den CO_2-Ausstoß ergeben, anzugehen. Zudem soll durch eine Verbesserung der Multimodalität des EU-Verkehrssystems die Sicherheit erhöht und die Wettbewerbsfähigkeit auf dem Weltmarkt erhalten werden. Dazu wurden bereits in der ersten Jahreshälfte 2018 mehrere Initiativen und Veranstaltungen zur Förderung des Verkehrssektors hin zu einem voll integrierten System veranstaltet. Im Zuge dessen findet auch die europäische Mobilitätswoche vom 16. bis 22. September 2018 in insgesamt 280 Städten in 20 Ländern, vier davon nicht-EU-Mitgliedstaaten, statt. Zudem wurden Themenbereiche vorgestellt, die zum Erreichen dieser Ziele beitragen sollen. Ein Schwerpunkt soll dabei auf der Digitalisierung, insbesondere im Hinblick auf Korridorinformationssysteme und multimodalen Reiseinformationen sowie Ticketing, liegen. Das Setzen von wirtschaftlichen Anreizen zur Förderung von Multimodalität sowie der multimodalen Infrastruktur und der Innovation ist ein weiterer Schwerpunkt. Hier stellt die Europäische Kommission insbesondere im Zusammenhang mit der Fazilität „Connecting Europe", Horizont 2020, der Vorbereitung des nächsten mehrjährigen Finanzrahmens (MFR) und des neuen Rahmenprogramms für Forschung und Innovation (RP9) Unterstützung in Aussicht. Zur Erhaltung des bisherigen erreichten Standards insbesondere im Flugverkehr sollen die legislativen Rahmenbedingungen erarbeitet werden, die einen Schutz der Fahrgastrechte auch bei multimodalen Reisen gewährleistet. Schließlich sind noch Unterstützungsmaßnahmen für „aktive Mobilität" in Verbindung mit anderen Verkehrsträgern vorgesehen.

„Europe on the Move"
Die Europäische Kommission hat zudem das Maßnahmenpaket „Europe on the Move" fortgeführt. Bereits im Mai 2017 war die erste von insgesamt drei Aktionsreihen vorgelegt worden. Im November 2017 sowie im Mai 2018 wurden weitere Legislativvorschläge zur Modernisierung des europäischen Verkehrssystems vorgestellt. Das Programm verfolgt das Ziel, eine saubere, wettbewerbsfähige und vernetzte Mobilität in Europa zu schaffen.[1] Im „Clean Mobility Package" ist ein Aktionsplan enthalten und dieser sieht unter anderem Lösungsvorschläge für Investitionen zum Auf- und Ausbau einer Infrastruktur für alternative Kraftstoffe vor. Ziel ist es, die Lücken im Infrastrukturnetzwerk der Mitgliedstaaten zu schließen und die Europäische Kommission stellt dafür 800 Mio. Euro im Rahmen der „Connecting Europe Facility" zur Verfügung. Damit soll das Aufladen beziehungsweise Befüllen eines Fahrzeugs mit alternativem Kraftstoff entlang der Autobahnen so einfach

---

1   Europäische Kommission: Europe on the move: Sustainable Mobility for Europe: safe, connected, and clean, 17. Mai 2018, KOM(2018)293.

werden wie das Auftanken von Benzin. Durch die Richtlinie zur Beschaffung umweltfreundlicher Fahrzeuge bei öffentlicher Auftragsvergabe soll zudem der Übergang zu einem sauberen Straßenverkehr vorangetrieben werden.[2]

Straßenverkehr

Neben dem Umweltschutz steht insbesondere die Straßenverkehrssicherheit im Mittelpunkt der von der Europäischen Kommission unternommenen Schritte. In den vergangenen Jahren konnten hier beachtliche Erfolge erzielt werden. Trotz eines positiven Trends – nach zwei Jahren der Stagnation konnte 2016 und 2017 die Zahl der Verkehrstoten um jeweils 2 Prozent gesenkt werden – wird dennoch aller Voraussicht nach das ausgegebene Ziel zur Halbierung zwischen 2010 und 2020 nicht erreicht werden können. Bereits jetzt wird ein neuer Rahmen für die Politik im Bereich der Straßenverkehrssicherheit für den Zeitraum 2020 bis 2030 erarbeitet. Zusätzliche Vorschriften, wie etwa das neue europäische eCall-System, das seit 31. März 2018 in allen Neuwagen eingebaut werden muss und bei einem schweren Verkehrsunfall automatisch den Notruf 112 wählt, sollen außerdem dazu beitragen, die Zahl der Schwerverletzten im Straßenverkehr deutlich zu reduzieren. Innerhalb der Europäischen Union herrscht nicht nur eine enorme Diskrepanz in Bezug auf die Anzahl der Verkehrstoten (Schweden erzielt mit 25 Personen je eine Mio. Einwohner das beste Ergebnis, mit 98 Personen kommen in Rumänien die meisten Menschen auf den Straßen ums Leben), sondern auch hinsichtlich der Orte, an denen sich Unfälle mit Todesfolge ereignen. Insgesamt ereigneten sich diese im Jahr 2017 nur in 8 Prozent der Fälle auf Autobahnen, mehr als die Hälfte (55 Prozent) auf Landstraßen und der Rest in städtischen Gebieten.

Schienenverkehr

Die Schieneninfrastruktur, sowohl für transportierte Güter als auch für Personen, stellt ein Hochrisikoziel dar. Täglich befinden sich bis zu 26 Mio. Passagiere in europäischen Zügen und die Anzahl der Bahnreisen wird nach Schätzungen bis zum Jahr 2050 um weitere 80 Prozent steigen. Um die Sicherheit im Schienenverkehr zu erhöhen und gleichzeitig eine reibungslose Abwicklung des grenzüberschreitenden Waren- und Personenverkehrs gewährleisten zu können, sind bessere Koordinierungsmaßnahmen zwischen den Mitgliedstaaten notwendig. Die Europäische Kommission hat unter anderem dazu konkrete kurzfristige Vorhaben vorgeschlagen, die bis Ende 2019 umgesetzt werden sollen. Der „Aktionsplan für einen besseren Schutz des öffentlichen Raums"[3] enthält ebenfalls im Rahmen des Pakets zur Terrorismusbekämpfung Vorschläge zum Schutz des Schienenverkehrs und wurde am 18. Oktober 2017 angenommen. Bis zum Ende des Jahre 2018 soll zudem eine Plattform für die Sicherheit von Fahrgästen im Eisenbahnverkehr eingerichtet werden. Dort sollen relevante Informationen zur Verbesserung des Schutzes der Bahnreisenden gesammelt und unter den Mitgliedstaaten ausgetauscht werden. Gemeinsam mit diesen – unter Einbezug des Europäischen Auswärtigen Dienstes – möchte die Europäische Kommission eine zentrale Methodologie zur Risikoanalyse für den Schienenverkehr auf

---

2   Europäische Kommission: Fact Sheet: Driving Clean Mobility: Questions & Answers on the initiatives that protect the planet, empower its consumers, and defend its industry and workers, Brüssel, 8. November 2017, MEMO/17/4243, abrufbar unter: http://europa.eu/rapid/press-release_MEMO-17-4243_en.htm (letzter Zugriff: 16.10.2018).

3   Europäische Kommission: Aktionsplan für einen besseren Schutz des öffentlichen Raums, 18. Oktober 2017, KOM(2017)612.

EU-Ebene etablieren.[4] Weiterhin wird die Umsetzung des vierten Eisenbahnpakets und insbesondere die Vollendung des Einheitlichen Europäischen Eisenbahnraums (Single European Rail Area – SERA) vorangetrieben.

Luftverkehr

Auch im Luftverkehr spielt Sicherheit eine zentrale Rolle. 2007 wurde zum ersten Mal die Liste der Luftfahrtunternehmen, denen der Betrieb in der Europäischen Union untersagt ist, veröffentlicht. Aktuell befinden sich 120 Fluggesellschaften auf dieser Liste und damit ein Drittel weniger, als noch im vergangenen Jahr. Insbesondere die Zusammenarbeit mit Indonesien ermöglichte die vollständige Streichung aller dort registrierten Luftfahrtgesellschaften. Zusätzlich wurde in diesem Jahr ein neues Warnsystem für Fluglotsen aller Mitgliedstaaten eingeführt, das ein Eindringen unsicherer Fluglinien in den europäischen Luftraum verhindern soll. Während in diesem Bereich die Zusammenarbeit voranschreitet, konnten in Bezug auf den einheitlichen europäischen Luftraum (Single European Sky – SES) weiterhin keine nennenswerten Fortschritte erzielt werden. Seit dem Jahr 2000 wird von Brüssel versucht, hier grenzüberschreitende Kooperation in der Luftsicherung zu fördern. Nach umfassender Evaluation sollten ab 2014 Maßnahmen umgesetzt und bis 2020 abgeschlossen werden. Allerdings stagniert die Umsetzung der funktionalen Luftraumblöcke seit Jahren. Gerade in der treibstoffsparenden Höhe ab 11.500 Meter stieg der Flugverkehr zwischen 2010 und 2017 um mehr als 20 Prozent. Ohne eine Koordinierung unter den Mitgliedstaaten wird ein kontinuierliches Wachstum der Flugzahlen nicht zu bewerkstelligen sein. Einzelne Länder, darunter auch die Bundesrepublik Deutschland, haben nun ein eigenes Pilotprojekt zur Koordinierung der Luftverkehrsströme gestartet. Es ist nicht ausgeschlossen, dass damit auch die Umsetzung des SES einen neuen Impetus erhält. Dennoch ist das bisherige Scheitern eines gemeinsamen Ansatzes aus Brüssel auch im Hinblick weiterer Herausforderungen für den Luftverkehr, die eine europaweite Abstimmung – auch über die EU-Mitgliedstaaten hinaus – notwendig machen, kein ermutigendes Signal.

Neben der Sicherheit der Infrastruktur und dem EU-Emissionshandel im Luftverkehr zählt dazu auch das Thema Dienstleistungsdrohnen im europäischen Luftraum. Bereits im Dezember 2015 schlug die Europäische Kommission die Einrichtung einer EU-weiten Struktur für Drohnen vor. Seither wurde ein erster Schritt unternommen: Der so genannte „U-Space" – der Luftraum bis zu einer Höhe von 150 – Metern stellt nun ein zusätzliches Mandat für die Europäische Agentur für Flugsicherheit (European Aviation Safety Agency – EASA) dar. Mit dem geschätzten Zuwachs von circa 50 Prozent des Luftverkehrs in den nächsten 20 Jahren sind hier zusätzliche Maßnahmen notwendig geworden, um die Sicherheit und Wirtschaftlichkeit zu garantieren.

Ausblick

Um die Ziele eines sauberen, sicheren und nachhaltigen europäischen Verkehrs weiter vorantreiben zu können, schlägt die Europäische Kommission insbesondere einen Fokus auf die Modernisierung der Infrastruktur im nächsten mehrjährigen Finanzrahmen vor. Durch den bevorstehenden Austritt des Vereinigten Königreichs aus der Europäischen Union im kommenden Jahr ist bereits jetzt die Diskussion über das nächste Budget ab

---

4   Europäische Kommission: Fifteenth Progress Report towards an effective and genuine Security Union, 13. Juni 2018, KOM(2018)470.

2021 entbrannt. Um auch weiterhin eine Dekarbonisierung sicherstellen zu können, sind Investitionen in den Schienenverkehr sowie der Ausbau von Ladestationen für alternative Kraftstoffe vorgesehen. Ein Teil des Haushalts ist dafür auch speziell für Mitgliedstaaten vorgesehen, die auf die Kohäsionsfonds zugreifen können. Inwiefern der fehlende Beitrag des Vereinigten Königreichs von den verbleibenden 27 EU-Ländern ausgeglichen werden wird oder ob es zu Kürzungen im Budget kommt, die dann auch die Verkehrspolitik betreffen, wird ein Ergebnis langwieriger Verhandlungen werden.[5] Wie in allen Politikbereichen müssen auch bestimmte Regulierungen im Transportsektor mit London neu ausgehandelt werden. Während im Straßen- und Seeverkehr aufgrund internationaler Abkommen weniger Notwendigkeiten bestehen, muss gerade im Luftverkehr ein neues, bilaterales Sicherheitsabkommen geschlossen werden. Das Vereinigte Königreich kann auch nicht Mitglied in der EASA bleiben. Dies gilt auch für die Europäische Eisenbahnagentur. Aufgrund der zuvor geschilderten Probleme bei der Umsetzung des SES sind im Bezug darauf weniger Herausforderungen zu erwarten. Für SERA ergeben sich durch den Austritt aus der Europäischen Union jedoch unter Umständen zusätzlicher Handlungsbedarf durch das schließen zusätzlicher Abkommen, da die Übergangsfrist zur Umsetzung von Teilen des vierten Eisenbahnpakets im kommenden Jahr abläuft.

Innerhalb der „Connecting Europe Facility" ist zum ersten Mal auch ein Posten für die gemeinsame Nutzung ziviler und militärischer Infrastruktur vorgesehen. Um die Verteidigungsunion bis 2025 vollständig umzusetzen, sollen bis zu 6,5 Mrd. Euro verfügbar gemacht werden.

Der Austritt des Vereinigten Königreichs aus der Europäischen Union und die Verhandlungen über den nächsten siebenjährigen Haushalt der Europäischen Union stellen in jedem Fall zusätzliche Aufgaben für das letzte Jahr der Amtszeit von Verkehrskommissarin Bulc dar.

Weiterführende Literatur

Beate Caesar/Michael Heilmann/Jörg Saalbach/Werner Schreiner: Grenzüberschreitender Öffentlicher Verkehr: Immer noch Barrieren trotz EU, Leibniz 2018.

Tina Gehlert/Sophie Kröling: Verkehrssicherheit, in: Oliver Schwedes (Hrsg.): Verkehrspolitik, Wiesbaden 2018, S. 271-292.

Georgina Santos: Road transport and CO2 emissions: What are the challenges?, in: Transport Policy 59/2017, S. 71-74.

---

5   Vgl. hierzu auch den Beitrag „Haushaltspolitik" in diesem Jahrbuch.

Währungspolitik

Gabriel Glöckler

Die Orientierung der Geldpolitik der Europäischen Zentralbank (EZB) im vergangenen Jahr lässt sich am besten unter dem Begriff „graduelle Normalisierung" zusammenfassen. Diese wurde ermöglicht und befördert durch eine robuste außen- und binnenwirtschaftliche Dynamik der Eurozone. Der breitere Kontext der Vervollständigung der Wirtschafts- und Währungsunion, sowie die möglichen Brexit-Risiken, bleiben auch für die Währungspolitik relevant.

Breiter, solider Wirtschaftsaufschwung in der Eurozone und weltweit
Die äußeren Faktoren für die Wirtschaftsentwicklung der EU und der Eurozone entwickelten sich im vergangenen Jahr überwiegend positiv. Die Weltwirtschaft wuchs insgesamt dynamischer, auch wenn insbesondere in einzelnen Schwellenländern (Brasilien, Türkei) wirtschaftliche und politische Entwicklungen Besorgnis erregten und protektionistische Tendenzen der US-Administration zu höherer Unsicherheit führten. Das Weltwirtschaftswachstum von rund 4 Prozent ist vor allem auf geld- und fiskalpolitische Impulse zurückzuführen.[1] Der wirtschaftliche Aufschwung ging einher mit höherer globaler Inflation, bedingt durch den Anstieg der Rohstoffpreise. Der EU-Austritt Großbritanniens und die damit verbundenen wirtschaftlichen Unsicherheiten, hatten im Zeitraum von Mitte 2017 bis Mitte 2018 noch keine bemerkenswerten Auswirkungen.

In diesem internationalen Kontext entwickelte sich der Konjunkturaufschwung im Euroraum insbesondere in der zweiten Hälfte 2017 ausgesprochen dynamisch und steigerte sich zu einem breit angelegten Wirtschaftswachstum von 2,5 Prozent. Bis Mitte 2018 wurden 20 Wachstumsquartale in Folge verzeichnet. Dies bedeutete den stärksten Aufschwung seit zehn Jahren sowie das breiteste Wachstum seit 20 Jahren.[2]

Auch wenn die außerordentlich hohen Wachstumsraten sich im ersten Halbjahr 2018 nicht fortsetzten, so war die Verlangsamung lediglich ein Rückgang auf ein normaleres Niveau, das immer noch leicht über dem langfristigen Trend liegt. Befürchtungen, dass der Aufschwung Anfang 2018 bereits wieder zu Ende sei, bestätigten sich nicht.

Der Aufschwung stütze sich auf die steigende Exportnachfrage und vor allen Dingen auf eine stark verbesserte Binnennachfrage, die vorrangig auf steigenden verfügbaren Einkommen der Bevölkerung basierte. Dieser Zuwachs leitete sich aus der verbesserten Beschäftigungslage sowie steigenden Reallöhnen bei niedrigen Teuerungsraten ab.

In der Eurozone lag die Arbeitslosenquote im Juni 2018 bei 8,3 Prozent, der niedrigste Stand seit Dezember 2008.[3] Seit Mitte 2013 wurden insgesamt 9,2 Mio. Arbeitsplätze geschaffen; die während der Krise erlittenen Jobverluste wurden damit insgesamt mehr als ausgeglichen. Diese erfreulichen Zahlen für die Eurozone als Ganzes sollten jedoch nicht

---

1 OECD: OECD-Wirtschaftsausblick, Ausgabe 2018/1, OECD Publishing, Paris, S. 7–9.
2 Europäische Zentralbank: Jahresbericht 2017, Frankfurt/Main 2018, S. 4.
3 Eurostat: Pressemitteilung Euroindikatoren, 125/2018, 31.07.2018.

den Blick auf signifikante regionale Unterschiede verstellen: Auch wenn jedes Land der Eurozone mittlerweile einen Beschäftigungsaufbau verzeichnet, so sind die regionalen Gegebenheiten zum Teil sehr unterschiedlich: Während viele Regionen, beispielsweise in Deutschland, den Niederlanden oder Österreich quasi Vollbeschäftigung und verbreiteten Arbeitskräftemangel vermeldeten, wurden anderswo (Griechenland, Spanien, Italien) trotz merklicher Verbesserung nach wie vor zweistellige Arbeitslosenraten verzeichnet.

Die Investitionstätigkeit in der Eurozone stieg in einem Umfeld von außerordentlich günstigen Finanzierungsbedingungen, die wiederum die Kreditvergabe ankurbelten, weiter an. Die gesteigerte Kreditvergabe wurde auch durch die weitere Gesundung des Bankensektors möglich: Im Aggregat sind die Finanzinstitute der Eurozone Mitte 2018 besser aufgestellt als in den Jahren zuvor, mit mehr Kapital, weniger notleidenden Krediten und einer langsam ansteigenden Profitabilität.

Wachstum ohne Inflation?

Die robuste realwirtschaftliche Entwicklung ging allerdings nicht mit einer vergleichbar dynamischen Inflationsentwicklung einher. Während sich die Gesamtinflation von ihren einstigen Tiefständen erholte und im Jahresverlauf durchschnittlich 1,5 Prozent betrug, blieb der binnenwirtschaftliche Preisdruck gedämpft, und die zugrunde liegende Inflation ließ zunächst keine Anzeichen für einen dauerhaften Aufwärtstrend erkennen.

Dieses Phänomen eines robusten Konjunkturaufschwungs ohne Inflationsdruck wurde im vergangenen Jahr breit diskutiert und verschiedene Erklärungen dazu herangezogen:

Erstens sind möglicherweise die Inflationserwartungen gesunken: Im Zuge eines halben Jahrzehnts, in dem die Teuerung signifikant unter dem EZB-Ziel von unter, aber nahe 2 Prozent lag, ist es möglich, dass viele Wirtschaftsakteure auch mittelfristig (zu) niedrige Teuerungsraten erwarten, was wiederum in Preis- und Lohnsetzungsprozesse einfließt.

Zweitens müssten steigende Beschäftigung, sinkende Arbeitslosigkeit und Arbeitskräftemangel eigentlich zu höheren Löhnen und damit steigenden Preisen führen. Dass dies nicht im erwarteten Ausmaß eingetreten ist, ließ sich möglicherweise mit strukturellen Veränderungen am Arbeitsmarkt erklären: Zum einen kann es sein, dass die gesunkene Arbeitslosenquote nicht vollständig widerspiegelt, dass der Anteil der Unterbeschäftigten (zum Beispiel Teilzeitbeschäftigte, die gern mehr arbeiten würden, sowie Erwerbspersonen, die die Arbeitssuche aufgegeben haben) sich nach der Rezession erhöht hatte. Diese Arbeitnehmer – die sogenannte „stille Reserve" – kehren nun auf den Arbeitsmarkt zurück und erhöhen gleichzeitig mit der steigenden Nachfrage nach Arbeitskräften auch das Arbeitskräfteangebot. Damit fällt der anderweitig zu erwartende Lohndruck geringer aus. Weiterhin tragen auch Einwanderung und die Integration von Geflüchteten in den Arbeitsmarkt zum steigenden Arbeitskräfteangebot bei. Des Weiteren ist in vielen Ländern der Eurozone, dank umgesetzter Arbeitsmarktreformen, der Arbeitsmarkt heute flexibler, was möglicherweise auch in Tarifverhandlungen dazu geführt hat, dass Beschäftigungssicherung höher als Reallohnzuwächse gewichtet wurden.

Drittens ließe sich der verhaltene Preisdruck auch aus den niedrigeren Importpreisen im Nachgang zur Aufwertung des Euro herleiten. Viertens ist es auch nicht ausgeschlossen, dass technologische Entwicklung – wie beispielsweise der stark wachsende Online-Handel – mit der sofortigen Vergleichbarkeit von Preisen dazu führt, dass Preissteigerungen auf Hersteller- und Händlerseite nicht mehr so einfach durchsetzbar sind.

Währungspolitik

Geldpolitischer Kurs der EZB

Diese umfassenden Überlegungen zu der wandelnden Dynamik des Inflationsprozesses flossen in die geldpolitischen Erwägungen und Beschlüsse des EZB-Rates ein. Insgesamt wurde der graduelle Normalisierungskurs der EZB-Geldpolitik durch das behutsame Zurückfahren der in der Krise ergriffenen Sondermaßnahmen bestimmt, in Abhängigkeit von den Fortschritten hin zu einer nachhaltigen Inflationsentwicklung, die sich dem Inflationsziel der EZB von nahe aber unter 2 Prozent annähert. In der Vergangenheit beobachtete Asymmetrien bei der Übertragung der geldpolitischen Impulse waren kaum noch feststellbar. Die erhebliche Unterstützung der Konjunkturentwicklung durch die Geldpolitik mit Finanzierungskosten auf Rekordtiefstwerten erreichte das gesamte Euro-Währungsgebiet.

Zu den wichtigsten geldpolitischen Entscheidungen im vergangenen Jahr gehörte der Beschluss des EZB-Rates im Oktober 2017, den monatlichen Umfang der Ankäufe weiter zu reduzieren – von 60 Mrd. Euro auf 30 Mrd. Euro –, das Programm jedoch um mindestens neun Monate bis September 2018 zu verlängern. Im März 2018 verzichtete der EZB-Rat in seinen offiziellen Verlautbarungen darauf, auf seine Bereitschaft hinzuweisen, das Programm zum Ankauf von Vermögenswerten auszuweiten, falls sich der Ausblick eintrüben sollte.

Im Juni 2018 stellte der EZB-Rat erhebliche Fortschritte bei der nachhaltigen Anpassung der Inflation fest. Fest verankerte Inflationserwartungen, die zugrunde liegende Stärke der Wirtschaft des Euroraums und die nach wie vor umfangreiche geldpolitische Akkommodierung geben Anlass zur Zuversicht, dass sich die nachhaltige Annäherung der Inflation an das Ziel – unter, aber nahe 2 Prozent – in nächster Zeit fortsetzen wird. Daher entschied der EZB-Rat, den Nettoerwerb im Rahmen des Programms zum Ankauf von Vermögenswerten nach September 2018 auf einen Umfang von monatlich 15 Mrd. Euro zu reduzieren und Ende Dezember 2018 dann ganz zu beenden. Der Leitzins bleibt mindestens über den Sommer 2019 unverändert.[4] All dies jedoch unter der Maßgabe, dass sich die Wirtschaftslage und Inflationszahlen auch wirklich entwickeln, wie vom EZB-Rat in Hinblick auf die wirtschaftlichen Prognosen des Eurosystems erwartet.

Des Weiteren hat der EZB-Rat im vergangenen Jahr immer wieder darauf hingewiesen, dass die Tilgungsbeträge der im Rahmen der Ankaufprogramme erworbenen Wertpapiere, bei Fälligkeit wieder angelegt werden, und zwar noch für längere Zeit und in jedem Fall so lange wie erforderlich, um günstige Liquiditätsbedingungen aufrechtzuerhalten. Damit ist das Eurosystem noch auf absehbare Zeit mit Ankäufen am Finanzmarkt präsent.

Zuversicht, Beharrlichkeit, Umsicht

Die wichtigsten Argumente für dieses Vorgehen hat EZB-Präsident Draghi vielfach mit Bezug auf folgende drei Begriffe erläutert: Zuversicht, Beharrlichkeit, Umsicht.

Der EZB-Rat äußerte sich zuversichtlich auch aufgrund der wirtschaftlichen Prognosen der EZB und des Eurosystems, dass sich die Teuerungsrate allmählich Richtung nahe aber unter 2 Prozent bewegen wird – und diesen Zielwert auch erreichen wird. Diese Zuversicht gründet sich darauf, dass die Dynamik des Aufschwungs, unterstützt von den geldpolitischen Maßnahmen der EZB, allmählich die Unterauslastung der Volkswirtschaft beenden und damit mittelfristig zu steigenden Löhnen und Preisen führen wird.

Aber das Ziel war im vergangenen Jahr noch nicht erreicht: Daher insistierte die EZB darauf, mit Beharrlichkeit und Geduld am gegenwärtigen Kurs der akkommodierenden

---

4   Europäische Zentralbank: Pressekonferenz, Riga, 14.06.2018.

Geldpolitik festzuhalten, und nicht vorschnell, zum Beispiel auf Grundlage von einzelnen monatlichen Ausschlägen der Inflationsrate, teils auch auf über 2 Prozent, die Geldpolitik zu straffen. Denn zunächst musste sich selbsttragender Inflationsdruck aufbauen. Damit war seitens des EZB-Rats eine Politik der ruhigen Hand und Umsicht gefragt.

Kritikpunkte
Insbesondere im angelsächsischen wirtschaftswissenschaftlichen Diskurs werden die EZB-Maßnahmen und Instrumente als notwendig und wirksam angesehen[5] und explizit unterstützt.[6] Kritik kommt eher aus einer anderen Richtung, nämlich dass die Maßnahmen „zu wenig, zu spät"[7] waren.[8] Im Gegensatz dazu kommt eine fundamentalere Kritik an der gegenwärtigen Geldpolitik insbesondere aus Deutschland. Dabei wird immer wieder darauf verwiesen, dass eine zu lange Phase einer sehr expansiven Geldpolitik zu Fehlanreizen und neuen Verwerfungen an den Finanzmärkten führen könnte.[9]

Die kritisierte Politik des billigen Geldes wird auch dafür verantwortlich gemacht, dass die Geschäftsmodelle der Banken, Versicherungen und Altersvorsorge zunehmend unter Druck geraten, dass Wirtschaftseinheiten, die unter normalen Umständen nicht überlebensfähig wären („Zombie"-Firmen und -Banken) künstlich am Leben gehalten und darüber hinaus die Reformanreize der Regierungen geschmälert werden. Der am öffentlichkeitswirksamsten hervorgebrachte Vorwurf betrifft jedoch die sogenannte „Enteignung der Sparer", der die realen Verluste auf Spareguthaben thematisiert, wann immer der Nominalzins unter der Inflationsrate liegt, wie im vergangenen Jahr geschehen. All diese Kritikpunkte und die Gegenargumente sind in der Vergangenheit bereits umfassend diskutiert worden.[10]

Eine Thematik, die im vergangenen Jahr wieder in der öffentlichen Debatte aufkam, waren die Ungleichgewichte im EZB-Zahlungsverkehrssystem TARGET 2. Anlass waren stark angestiegene Verbindlichkeiten, insbesondere auf Seiten der italienischen Zentralbank gegenüber der EZB, und hohe Forderungen auf Seiten der deutschen Bundesbank.

Dazu sollte zunächst erläutert werden, dass durch das Zahlungsverkehrssystem TARGET 2 die Banken im Euroraum (und einige außerhalb) miteinander und auch mit den nationalen Zentralbanken verbunden sind, damit große Zahlungen schnell und sicher übertragen werden können. Derartige Zahlungsströme sind ein wesentlicher und natürlicher Bestandteil der Gewährleistung einer reibungslosen Umsetzung der Geldpolitik der EZB im gesamten Euro-Währungsgebiet. Um diese Ströme im Euro-Währungsgebiet richtig einschätzen zu können, werden sie als Forderungen behandelt, die die nationalen Zentralbanken in diesem System gegeneinander haben.

Eine erneute starke Zunahme dieser Salden begann 2014 und setzte sich im vergangenen Jahr fort. Dieser Anstieg steht jedoch in engem Zusammenhang mit der dezentralen Umsetzung der Geldpolitik – und insbesondere dem Ankaufprogramm für Vermögenswer-

---

5 Martin Wolf: Draghi alone cannot save the euro, in: Financial Times, 01.09.2012.
6 CMF Survey: German council of economic experts' view of ECB policy, 07.11.2016.
7 Enrico Marelli/Marcello Signorelli: The EU's policy response: Too little too late, In: Europe and the Euro, Palgrave Macmillan 2017.
8 Martin Feldstein: The Shortcomings of Quantitative Easing in Europe, in: Project Syndicate, 29.01.2016.
9 Christian Siedenbiedel: Mario Draghis Billionen-Experiment, in: Frankfurter Allgemeine Zeitung, 09.03.2015.
10 Siehe unter anderem Gabriel Glöckler/Christine Graeff: Die Europäische Zentralbank und ihre Rolle in der Krise: sicheres Geld in unsicheren Zeiten, in: Peter Becker/Barbara Lippert (Hrsg.): Handbuch Europäische Union, Wiesbaden 2018.

te – in einem integrierten europäischen Finanzmarkt. Der Anstieg deutet nicht auf eine Zunahme der Spannungen an den Finanzmärkten, eine zunehmende Fragmentierung oder eine nicht tragfähige Zahlungsbilanzentwicklung hin.[11] Diese oft großen Beträge sind vielmehr eine technische Buchungsfunktion. Da sie private Transaktionen widerspiegeln, sind die Beträge weder Kredite noch Schulden von Ländern des Euroraums untereinander. Die Funktionsweise des TARGET 2-Systems per se ist daher mitnichten eine Umverteilung zwischen den Ländern des Euro-Währungsgebiets. Die TARGET-Salden wären nur dann ein Problem, wenn der Euroraum auseinander bräche. Ein derartiges Katastrophenszenario widerspricht nicht nur den EU-Verträgen, sondern ist auch keine Grundannahme der Mitgliedstaaten oder der Europäischen Institutionen, einschließlich der EZB.

Wechselkursentwicklungen und internationale Rolle des Euro

Die Entwicklung des Euro-Wechselkurses, insbesondere die zeitweise Aufwertung im Frühjahr 2018, wurde auch in der öffentlichen Diskussion aufgegriffen, teilweise mit der Besorgnis, dass diese den graduellen Normalisierungskurs der EZB beeinflussen könnte. Die Wechselkursschwankungen stellten in der Tat einen Unsicherheitsfaktor für die EZB dar, insbesondere wegen der Auswirkungen auf die mittelfristigen Aussichten für die Preisstabilität. Der Wechselkurs ist jedoch keine Zielgröße der EZB-Politik.

Das starke Wirtschaftswachstum im Euroraum und die Ankaufprogramme der EZB trugen zur Stabilisierung der internationalen Rolle des Euros bei, jedoch nahe dem historischen Tiefstand. Der Rückgang der Auslandsnachfrage nach Euro-Banknoten könnte an einer Reihe von Gründen liegen, wie beispielsweise finanzielle Innovationen, weniger geopolitische Unsicherheit in den Nachbarregionen des Euroraums und Fortschritte bei der globalen Bekämpfung von Steuer- und Finanzkriminalität. Die zunehmende Bedeutung der Schwellenländer als Emittenten von Fremdwährungsschulden ist eine weitere Erklärung für den Tiefstand der internationalen Rolle des Euros in den letzten Jahren. Besser vernetzte europäische Kapitalmärkte, sei es durch die Vollendung der Bankenunion oder die Kapitalmarktunion, können zur Liquidität und Attraktivität der Finanzmärkte im Euroraum beitragen und auch die internationale Bedeutung des Euros stärken.[12]

Brexit

Aus Sicht der Währungspolitik stellt der Austritt Großbritanniens aus der Europäischen Union zunächst einen wirtschaftlichen Schock dar, der schwierig einzuschätzen ist, da die Auswirkungen maßgeblich davon abhängen, welche genaue Form der Austritt annehmen wird. Die meisten Studien gehen davon aus, dass sich Direktinvestitionen in das Vereinigte Königreich um 12 bis 28 Prozent verringern werden, da der Zugang zum EU-Binnenmarkt für Großbritannien teurer werden und das Land dadurch für ausländische Investoren weniger attraktiv wird. Etwaige regulatorische Divergenz nach dem Austritt Großbritanniens würde es EU-Unternehmen kostspieliger machen, in Großbritannien Geschäfte zu täti-

---

11 Verschiedene Indikatoren von Finanzmarktstress oder Finanzmarktfragmentierung, die im Jahre 2012/2013 gleichzeitig mit dem TARGET-Salden angestiegen waren, zeigen sehr viel geringere Werte. Der sogenannte SENTIX Euro Area Break-up Index ist beispielsweise auf einem sehr geringen Wert und die Finanzierungskosten für Unternehmen und Haushalte liegen in allen Eurozonenländern wieder näher beieinander.
12 Europäische Zentralbank: The international role of the euro, Interim report, June 2018.

gen.[13] Die erwartbaren Auswirkungen liegen aber eher in höheren Kosten für Finanzdienstleistungen als in einer Verringerung der Verfügbarkeit derartiger Dienstleistungen.

Besonderes Augenmerk liegt in diesem Zusammenhang auf den Konsequenzen für britische Banken und jene im Euroraum. Hierbei insistierte die EZB nachdrücklich, dass alle betroffenen Banken über angemessene Notfallpläne verfügen müssen, zum Beispiel in Bezug auf Genehmigungswesen, interne Modelle, interne Steuerung, Risikomanagement und Sanierungsplanung.[14] Insbesondere wurde betont, dass britische Finanzinstitute, die Ableger in der EU gründen, um die Vorteile des einheitlichen „EU-Passes" in Anspruch zu nehmen, nicht nur Briefkastenfirmen oder reine Vertriebsbüros (sogenannte „leere Hüllen") betreiben können. Vielmehr müssen die Risiken, die in diesen Ablegern entstehen, auch dort gemanagt werden. Die entsprechende Infrastruktur und Ausstattung, genügend Mitarbeiterinnen und Mitarbeiter im Risikomanagement und Controlling, Compliance-Struktur und eine sachverständige Geschäftsleitung, müssen der Art, dem Umfang und der Komplexität des in der Europäischen Union durchgeführten Geschäfts angemessen sein. Um mögliche Unsicherheiten um den Brexit-Termin am 30. März 2019 entgegenzuwirken, wurde eine spezielle Arbeitsgruppe von der EZB und der Bank of England einberufen.[15]

Weiterentwicklung der Wirtschafts- und Währungsunion

Die Vollendung der Bankenunion bleibt von essenzieller Bedeutung. Risikominderung und Risikoverteilung, als sich gegenseitig verstärkende Faktoren, sollten dabei im Fokus stehen. Die Umsetzung eines europäischen Einlagensicherungssystems wird von der EZB immer wieder als ein unverzichtbares Element dargestellt. Nur wenn alle Einlagen in der Europäischen Union gleich gut geschützt werden, kann ein wahrhaft europäischer Bankensektor entstehen.[16] Die möglichst rasche Entwicklung einer europäischen Lösung zur Absicherung („Backstop") des Einheitlichen Abwicklungsfonds ist ebenfalls von großer Bedeutung. Zur Bewältigung der Probleme im Zusammenhang mit notleidenden Krediten hat die EZB unter anderem einen Leitfaden für Banken veröffentlicht und die Ausarbeitung eines Konzepts für die Ausgestaltung von Vermögensverwaltungsgesellschaften vorgeschlagen, das auf nationaler Ebene umzusetzen wäre.[17] Um die Bankenunion und die Finanzmarktintegration weiter voranzutreiben und gleiche Rahmenbedingungen für alle Banken im Euroraum zu schaffen, nahm die EZB im vergangenen Jahr eine umfassende Überprüfung der in der Eigenkapitalrichtlinie und -verordnung enthaltenen nationalen Optionen und Ermessensspielräume vor, um eine stärkere Harmonisierung zu erreichen.

Weiterführende Literatur

Philipp Hartmann/Frank Smets: The First 20 Years of the European Central Bank: Monetary Policy, Brookings Papers on Economic Activity Conference Draft, 2018.

---

13   Europäische Zentralbank: Wirtschaftsbericht Ausgabe 04/2018, S.85.
14   Europäische Zentralbank: Jahresbericht 2017, S. 75.
15   Europäische Zentralbank: Press Release, 27.04.2018.
16   Europäische Zentralbank: Jahresbericht 2017, S. 73–75.
17   Europäische Zentralbank: Jahresbericht 2017, S. 73.

Weltraumpolitik

Jürgen Turek

Angesichts der aktuellen macht- und geopolitischen Verwerfungen in der Weltpolitik kommt der Unabhängigkeit und Eigenständigkeit Europas eine hohe Bedeutung zu. Mit Blick auf wirtschaftliche und militärische Aspekte betrifft dies auch die europäische Weltraumpolitik. Dieser Umstand wurde 2017/2018 auf europäischer Ebene hinsichtlich der Renationalisierung der US-amerikanischen Politik und der Anstrengung hin zu mehr nationaler Stärke in Russland und China deutlich. Die Weltraumpolitik der Europäischen Kommission ist ein Baustein des achten Forschungsrahmenprogramms ‚Horizont 2020'. Dieses mit 80 Mrd. Euro ausgestattete Förderprogramm soll die Innovationsfähigkeit Europas und die Robustheit der europäischen High-Tech-Industrie sichern.[1] Das Rahmenprogramm wiederum ist Teil der europäischen Forschungs- und Technologiepolitik.[2]

Die vertragliche Grundlage der Weltraumpolitik ist Art. 189 AEUV. Die institutionelle Basis der Weltraumpolitik bilden die EU-externe Europäische Weltraumagentur (European Space Agency, ESA) und das Europäische Institut für Weltraumpolitik (European Space Policy Institute, ESPI). Im Jahr 2016 wurde die Weltraumpolitik mit einer neuen „Weltraumstrategie für Europa" aktualisiert,[3] deren Umsetzung seitdem intensiv diskutiert wird. Zunehmend wichtig wird dabei ihre strategische Ausrichtung im Spannungsfeld einer sowohl zivilen als auch militärischen Nutzung des Weltraums.

‚Galileo', ‚Copernicus' und ‚EGNOS': Routine auf höchstem Niveau

Die europäische Weltraumpolitik wird mit den Programmen ‚Galileo', ‚Copernicus' und ‚EGNOS' (European Geostationary Navigation Overlay Service) umgesetzt. Diese zielen konkret auf den Aufbau eines europäischen Navigationsdienstes über ‚Galileo'; die Umsetzung des Europäischen Erdbeobachtungsprogramms ‚Copernicus', zur Überwachung von Land, See, Atmosphäre, Luftqualität und Klimawandel sowie Notfalleinsätze und Sicherheit und die Optimierung des amerikanischen Navigationssystems GPS für europäische Bedürfnisse über ‚EGNOS' ab. Hinzu kommen Initiativen zum Schutz der europäischen Weltrauminfrastruktur durch den Aufbau eines Europäischen Systems zur Weltraumlageerfassung (Space Situation Awareness, SSA), um den Verlust von im All befindlichen Weltraumtechnologien durch Zusammenstöße mit Weltraummüll zu verringern[4] oder die Unterstützung der Weltraumforschung im Kontext der Internationalen Weltraumstation (International Space Station, ISS).

---

1 Vgl. hinsichtlich der Verbindung der Weltraumpolitik zu den verschiedenen Politikfeldern und der Einbettung in die Initiative Europa 2020 Jürgen Turek: Space as a Strategic Policy Area for Europe and the European Union, in: Kai-Uwe Schrogl et al. (Hrsg.): Yearbook on Space Policy 2008/ 2009. Setting the Trends, Wien 2010.
2 Vgl. auch den Beitrag zur Forschungs-, Technologie- und Telekommunikationspolitik in diesem Jahrbuch.
3 Europäische Kommission: Gesamtbericht über die Tätigkeit der Europäischen Union 2016, S. 14.
4 Dies ist auch eine Priorität der Europäischen Kommission, vgl. Europäische Kommission: Bericht der Kommission an das Europäische Parlament und den Rat über die Umsetzung des Rahmens zur Unterstützung der Beobachtung und Verfolgung von Objekten im Weltraum (SST) (2014-2017), 3.5.2018, KOM(2018) 256.

Die europäische Weltraumstrategie ist Gegenstand eines intensiven europäischen Konsultationsprozesses. Ein wichtiges Instrument zur Besprechung ihrer Ausgestaltung ist die jährlich stattfindende Weltraumkonferenz relevanter europäischer Akteure. Im Januar 2018 fand die zehnte Weltraumkonferenz im Zeichen einer weiteren Positionsbestimmung gegenüber den konkurrierenden Weltraumnationen USA, Russland und China in Brüssel statt. Obwohl eine militärische Nutzung ursprünglich nicht disponiert wurde und auch nicht von allen politischen Akteure in Europa gewünscht ist, wird auch dieser Punkt für die europäische Politik immer wichtiger.[5] Bedeutsam ist hier zum Beispiel die Unabhängigkeit der europäischen Forschungs-, Technologie- und Sicherheitspolitik von anderen Diensten wie GPS oder nichteuropäischen Dienstleistern in der orbitalen Datenerfassung und -auswertung. Dazu tragen insbesondere ‚Galileo' und ‚Copernicus' bei. Allerdings schließt dies internationale Kooperationen unter den raumfahrtbetreibenden Nationen nicht aus, die zum Beispiel im Rahmen der Internationalen Weltraumstationen als vorbildlich gilt. Insofern machte der Begriff ‚Weltraum 4.0' des ESA-Chefs Johann-Dietrich Wörner auf der Weltraumkonferenz die Runde, womit er eine verstärkte Zusammenarbeit der Weltraumnationen zugunsten einer praxisorientierten Arbeit im All meinte.

Europäische Weltraumpolitik zwischen Kooperation und Autonomie

Hierauf verwies auch die Hohe Vertreterin der Europäischen Union für Außen- und Sicherheitspolitik, Federica Mogherini. Die europäische Weltraumpolitik müsse auf Autonomie und gleichzeitig auf Kooperation setzen. Angesichts der Unberechenbarkeit der USA unter Präsident Trump sowie der Bedeutung Chinas und Russlands insbesondere in komplexen industriell-militärischen Kontexten war dies ein Hinweis auf die Notwendigkeit, dass die Europäische Union sicherheitspolitisch, handelspolitisch, industrie- und technologiepolitisch autonomer werden müsse. Auch in der Weltraumpolitik hat die EU diesbezüglich Möglichkeiten, mehr Autonomie zu erreichen und Souveränität zu erhalten. Das europäische Satellitennavigationssystem ‚Galileo' ist fast gänzlich betriebsbereit und mit Blick auf die russischen und amerikanischen Systeme mindestens ebenbürtig. Bis 2020 wird Europa über 40 ‚Galileo'- und ‚Copernicus'-Satelliten im Weltraum verfügen. In der Weltraumpolitik geht es nicht um luxuriöse Projekte, sondern um Werkzeuge für die Gestaltung einer effizienten kontinentalen Politik. Ein Beispiel dafür sind die Erdbeobachtung und Satellitenaufklärung, die in der europäischen Sicherheits- und Verteidigungspolitik eine immer größere Rolle spielen.[6] Als Testfeld dient die Migrationskontrolle, die die Europäischen Agentur für die Grenz- und Küstenwache (‚FRONTEX') unterstützen soll. Angesichts dieser und anderer Aufgaben soll die Förderung der Weltraumforschung in der nächsten Haushaltsperiode von 2020 an ausgebaut werden. Das gesamte Thema der Weltraumpolitik gewinnt damit weiter an Statur – militärisch gesehen aber auch an Brisanz.

Weiterführende Literatur

Jürgen Turek: Weltraumpolitik, in: Werner Weidenfeld/Wolfgang Wessels (Hrsg.): Europa von A – Z, 14. Aufl., Baden-Baden 2016.

---

5   Bernd Rieger: EU will tiefer ins Universum vordringen, 24.1.2018, abrufbar unter http://www.dw.com/de/eu-will-tiefer-ins-universum-vordringen/a-42292131 (letzter Zugriff: 16.6.2018).
6   Matthias Monroy: EU-Militärmission im Mittelmeer: Zugang zu Satellitenaufklärung vereinfacht, 18.1.2018, abrufbar unter netzpolitik.org/2018/eu-militaermission-im-mittelmeer-zugang-zu-satellitenaufklaerung-vereinfacht (letzter Zugriff: 15.6.2018).

Wettbewerbspolitik

Henning Klodt

In der Gemeinschaftlichen Wettbewerbspolitik schlägt sich zunehmend der Strukturwandel von der traditionellen Industriegesellschaft zur digitalisierten Dienstleistungsgesellschaft nieder. Insbesondere bei internetbasierten Plattformen nehmen Marktbeherrschung und Missbrauch von Marktmacht oftmals gänzlich andere Formen an als in traditionellen Märkten. Dies erfordert auch von der Europäischen Kommission neue oder zumindest neu jus-tierte Konzepte der Wettbewerbspolitik.

Missbrauchsaufsicht und Kartellkontrolle
Im ersten Halbjahr 2018 war es das Unternehmen Google, das ins Visier der Europäischen Kommission geriet und mit einer Rekord-Geldbuße von 4,34 Mrd. Euro belegt wurde. Die Europäische Kommission wirft Google den Missbrauch seiner marktbeherrschenden Posi-tion bei Smartphone-Betriebssystemen vor:
- Die Installation des von Google entwickelten Betriebssystems Android ist für die Smartphone- und Tablet-Hersteller kostenlos. Sie sind auch nicht verpflichtet, weitere Google-Produkte vorzuinstallieren. Aber wenn sie eine einzelne Google-Anwendung vorinstallieren möchten, müssen sie zwangsweise gleich weitere zehn Google-Apps mit installieren. Wer seinen Kunden beispielsweise nur Google-Maps anbieten möchte, muss zugleich G-Mail, Chrome, Playstore und weitere sechs Apps installieren.
- Außerdem müssen die Hersteller eine „Anti-Fragmentierungs-Vereinbarung" akzeptieren. Sie untersagt es, überhaupt noch irgendwelche Google-Apps zu installieren, wenn die Geräte mit einem anderen Betriebssystem als Android ausgerüstet werden.
- Schließlich teilt Google seine Werbeeinnahmen nur mit solchen Herstellern, die auf ihren Geräten ausschließlich Google-Apps vorinstallieren.

Die Europäische Kommission sieht in all diesen Praktiken den Versuch, die heute schon dominante Marktposition von Google bei Online-Angeboten für Mobil-Geräte noch weiter auszubauen und abzusichern. Ein derartiger Missbrauch einer marktbeherrschenden Stellung ist nach Art. 102 AEU-Vertrag (Vertrag über die Arbeitsweise der Europäischen Union) untersagt und kann mit einem Bußgeld belegt werden, wie es jetzt geschehen ist. Zusätzlich wird Google verpflichtet, die beanstandeten Praktiken binnen 90 Tagen abzustellen. Andernfalls drohen weitere Bußgelder von bis zu fünfzehn Mio. Euro pro Tag be-ziehungsweise bis zu 5 Prozent des weltweiten Umsatzes.

Schon im Jahr 2017 hatte die Europäische Kommission ein Verfahren nach Art. 102 AEU-Vertrag gegen Google zum Abschluss gebracht. Auch in jenem Verfahren ging es um das missbräuchliche Ausnutzen einer marktbeherrschenden Stellung, allerdings nicht bei dem Betriebssystem Android, sondern bei der Suchmaschine Google. Wer Google als Suchmaschine nutzte, dem wurde Google Shopping als bester Vergleichsdienst angezeigt und alle anderen Vergleichsdienste wurden herabgestuft. Nach Aussage der Europäischen Kommis-sion klicken Kunden nachweislich viel häufiger auf Ergebnisse, die weiter oben auf der Liste der Suchergebnisse erscheinen. Die Bevorzugung von Google Shopping verschaffen diesem Dienst deutlich mehr Klicks und damit auch deutlich mehr Werbeeinnahmen als konkurrierenden Vergleichsdiensten. Dafür wurde Google mit einem Bußgeld in Höhe von 2,42 Mrd. Euro belegt.[1] Auch in diesem Verfahren wurde Google zum sofortigen Abstellen des missbräuchlichen Verhaltens verpflichtet, was allerdings bis heute nicht erfolgt ist. Google hat gegen beide Kommissionsentscheidungen Rechtsbeschwerde eingelegt; der Ausgang der Verfahren ist offen.

Am Horizont droht Google weiteres Ungemach, da die Europäische Kommission Ermittlungen zu einem dritten Verfahren aufgenommen hat, in dem es um Suchmaschinenwerbung von Google auf anderen Websites geht. Dabei haben die Bußgelder schon jetzt ein Niveau erreicht, das selbst für einen Giganten wie Google spürbar ist. Nach Branchenschätzungen erzielte der Mutterkonzern Alphabet im ersten Quartal 2018 einen Gewinn von 9,4 Mrd. Dollar. Da erscheinen die Bußgelder der Europäischen Union zwar als verkraftbar, aber nicht als Petitesse (Tabelle 1).[2] Das harte Vorgehen der Europäischen Kommission gegen Google wird weithin begrüßt,[3] aber aus ökonomischer Sicht ist fraglich, ob der wackere Kampf der Wettbewerbskommissarin Margarethe Verstager nicht einem Kampf gegen Windmühlenflügel gleichkommt. Schon in den 1990er Jahren hatte die Europäische Kommission in ähnlich gelagerten Fällen versucht, wettbewerbswidrige Praktiken von Microsoft zur Verdrängung von Netscape aus dem Markt für Internet-Browser zu unterbinden. Auch damals wurden recht drakonische Bußgelder verhängt, aber der langfristige Niedergang von Netscape und der Aufstieg des Internet Explorers von Microsoft wurden dadurch bestenfalls verzögert.[4] Erst in jüngerer Zeit gewinnt der Netscape-Nachfolger Firefox wieder signifikant Marktanteile hinzu, da dieser Browser mittlerweile technologische Vorteile gegenüber dem Internet Explorer aufweist, insbesondere bei der Erstellung von Websites, die mit dem Browser geöffnet werden.

Tabelle 1 – Die acht höchsten von der Europäischen Kommission je verhängten Bußgelder

	Unternehmen	Wettbewerbsverstoß	Jahr	Bußgeld (Mrd. Euro)
1.	Google	Marktdominanz von Android	2018	4,34
2.	Google	Google Shopping	2017	2,42
3.	Daimler, Iveco, DAF unter anderem	LKW-Kartell	2016	2,93

---

1 Vgl. Europäische Kommission: Bericht über die Wettbewerbspolitik 2017, Brüssel, 18. Juni 2018, KOM (2018)482 endg.
2 Das in Tabelle 1 aufgeführte Bußgeld gegen Intel (Fall 8) ist nicht rechtskräftig, da der Europäische Gerichtshof im September 2017 ein entsprechendes Urteil einer Vorinstanz aufgehoben hat. Nach Einschätzung der Europäischen Kommission hatte Intel von 2002 bis 2007 Computerhersteller mit Rabatten dazu bewegt, die Chips des Konzerns statt Prozessoren des Konkurrenten AMD zu kaufen. Außerdem habe der Chip-Gigant Zahlungen an die deutsche Elektromarkt-Kette Media-Saturn an die Bedingung geknüpft, nur Computer mit Intel-Prozessoren zu verkaufen. Damit habe Intel den einzigen ernsthaften Wettbewerber vom Markt drängen wollen. Diesen Vorwurf sieht der Gerichtshof als nicht hinreichend belegt an, so dass das Verfahren neu aufgerollt werden muss. Vgl. Frankfurter Allgemeine Zeitung: Gericht hebt Kartellstrafe gegen Intel auf, 6.9.2017.
3 Allerdings nicht vom US-Präsidenten Donald Trump, der Verstager gegenüber dem Kommissionspräsidenten Jean-Claude Junker als „your tax lady, she really hates the U.S." bezeichnet hatte. Vgl. Werner Mussler: Nachvollziehbar, in: Frankfurter Allgemeine Zeitung, 19.7.2018.
4 Vgl. zum Beispiel Henning Klodt: Wettbewerbspolitik, in: Werner Weidenfeld/Wolfgang Wessels (Hrsg.): Jahrbuch der Europäischen Integration 2013, Baden-Baden 2013, S. 237-240, hier S. 239.

	Unternehmen	Wettbewerbsverstoß	Jahr	Bußgeld (Mrd. Euro)
4.	Deutsche Bank, Société Générale, Royal Bank of Scotland unter anderem	Libor-Kartell	2013	1,71
5.	Philips, LG, Panasonic, Samsung unter anderem	Bildröhrenkartell	2012	1,47
6.	Saint-Gobain, Pilkington, Asahi unter anderem	Autoglaskartell	2010	1,38
7.	E.ON, Gaz de France	Aufteilung der Gasmärkte	2009	1,11
8.	Intel	Rabatte für Intel-Prozessoren	2009	1,06

Quelle: Eigene Zusammenstellung nach diversen Zeitungsmeldungen.

Die gegenwärtige Marktposition von Google ist außerordentlich hoch. In Europa liegt der Marktanteil von Android bei rund 80 Prozent der Betriebssysteme neu verkaufter Mobiltelefone und Tablets. Und bei den Suchmaschinen hat Google weltweit sogar einen Marktanteil von über 90 Prozent, während Bing von Microsoft bei 3 Prozent und Yahoo bei 2 Prozent liegen.[5] Ausschlaggebend für diese Dominanz dürften erst in zweiter Linie die unfairen Wettbewerbspraktiken von Google sein. Wichtiger sind vermutlich die Netzwerk-Externalitäten, wie sie in der digitalen Ökonomie weit verbreitet sind.

Güter mit Netzwerk-Externalitäten sind dadurch gekennzeichnet, dass der Nutzen für die Kunden umso höher ist, je mehr weitere Kunden das betreffende Gut nutzen. Der Nut-zen, den beispielsweise der Nachrichtendienst WhatsApp einem Nutzer stiftet, ist umso höher, je mehr Personen aus dem potentiellen Adressatenkreis des Nutzers ebenfalls WhatsApp installiert haben. Wenn ein Internetdienst also erst einmal einen Vorsprung gegenüber der Konkurrenz bei der Gewinnung von Kunden erworben hat, ist er im Ver-gleich zu seinen Konkurrenten attraktiver und wird immer mehr Marktanteile gewinnen. Netzwerk-Externalitäten können damit zur Herausbildung natürlicher Monopole führen.[6]

Unter derartigen Bedingungen sind die Möglichkeiten der Wettbewerbspolitik begrenzt. Sie wird es kaum schaffen, die Entstehung von Monopolen und die Verdrängung von Konkurrenzunternehmen durch den dominanten Anbieter zu verhindern. Sie kann allenfalls erreichen, die Ausnutzung der Monopolstellung durch missbräuchlich überhöhte Preise oder andere Monopolpraktiken zu untersagen. Darüber hinaus bleibt ihr nicht viel mehr als das Vertrauen darauf, dass die Monopolstellung des dominanten Anbieters künftig durch innovative Konkurrenten erodiert wird – so wie es derzeit möglicherweise gerade im Konkurrenzkampf zwischen Internet Explorer und Firefox auf dem Markt für Internet-Browser geschieht. Die Erwartungen, nach denen die gegen Google verhängten Rekordbußgelder den Wettbewerb bei Internet-Diensten nachhaltig schützen können, erscheinen vor diesem Hintergrund als sehr optimistisch.

Ähnliche Erfahrungen könnte die Europäische Kommission in einem weiteren Fall machen, in dem sie im Jahr 2017 die Ermittlungen aufgenommen hat, und zwar dem Fall Amazon. Die Europäische Kommission hat wettbewerbsrechtliche Bedenken gegen die E-Book-Vertriebsvereinbarungen, wie Amazon sie mit europäischen Verlagen abgeschlossen hat. Darin wird von den Verlagen verlangt, Amazon die Urheberrechte an E-Books ebenso günstig oder günstiger als der Konkurrenz anzubieten. Damit unterminiert Amazon unter anderem die Bestrebungen des deutschen Buchhandels, mit dem E-Reader Tolino ein Konkurrenzprodukt zu dem von Amazon vertriebenen E-Reader Kindle am Markt durchzusetzen.

---

5 Vgl. Handelsblatt: Dänin gegen Goliath, 19.7.2018.
6 Vgl. zum Beispiel Carl Shapiro/Hal R. Varian: Information Rules, Boston 1999.

Ergänzend sei stichwortartig erwähnt, dass die Europäische Kommission im Bereich der Missbrauchsaufsicht und der Kartellkontrolle gegen die Zulassungsbestimmungen der Internationalen Eislaufunion (ISU) vorgegangen ist, da die ISU harte Sanktionen gegen Sportler verhängt hatte, die an anderen, nicht von der ISU kontrollierten Wettbewerben teilgenommen hatten. Schließlich geht sie gegen Praktiken des Geo-Blocking im Handel von Unterhaltungselektronik, Videospielen und Hotelbuchungen vor. Sie wirft den betreffenden Unternehmen vor, auf diese Weise die Kunden daran zu hindern, günstigere Angebote aus dem Ausland zu nutzen. Auf diese Verfahren wird in künftigen Beiträgen zu diesem Jahrbuch zurückzukommen sein.

Fusionskontrolle

Wie in früheren Beiträgen erwähnt, erschien die Europäische Kommission bei der Fusionskontrolle lange Jahre wie gelähmt, da sie einige herbe Niederlagen beim Europäischen Gerichtshof hatte einstecken müssen.[7] Diese Phase scheint überwunden zu sein, denn es mehren sich die Fälle, in denen die Europäische Kommission gegen Fusionen vorgeht.

Aus deutscher Sicht interessiert dabei vor allem der geplante Zusammenschluss der Zugsparten von Siemens und Alstom. Im Bereich der Hochgeschwindigkeitszüge sind diese beiden Unternehmen derzeit noch scharfe Konkurrenten mit dem Intercity-Express (ICE) aus Deutschland und dem Train à grande vitesse (TGV) aus Frankreich. Siemens-Chef Joe Kaeser und Alstom-Chef Henri Poupart-Lafarge versuchen, die Europäische Kommission zu überzeugen, dass der Zusammenschluss nötig sei, um künftig gegen den übermächtig werdenden Anbieter CRRC aus China bestehen zu können. Die Kommission hat eine vertiefte Prüfung des Vorhabens angekündigt, die bis zum 21. November 2018 abgeschlossen sein soll.

Unbeanstandet blieben (teils nach der Erfüllung von Auflagen) zwei Fusionen im Medienbereich und zwar die Übernahme von Telecom Italia durch Vivendi und die Übernahme von Sky durch Twenty-First Century Fox. Als klares Signal, dass die Auflagen der Europäischen Kommission einzuhalten sind, verhängte sie im Jahr 2017 ein Bußgeld von 110 Mrd. Euro gegen Facebook, weil sich die von diesem Unternehmen abgegebene Zu-sicherung, bei der Übernahme von WhatsApp keinen automatischen Abgleich der jewei-ligen Benutzerkonten vorzunehmen, im Nachhinein als falsch erwies.

Fazit

Insgesamt hat die Europäische Kommission auch zwischen Juni 2017 und 2018 gezeigt, dass sie den Schutz des Wettbewerbs in der Europäischen Union ernst nimmt und dabei vor harten Auseinandersetzungen mit den betroffenen Unternehmen nicht zurückschreckt. Vor ihr liegen allerdings große Aufgaben bei den Konzeptionen dazu, welche Besonderheiten der Wettbewerb in der digitalen Ökonomie aufweist und wie er wirksamer als bisher gegen Beschränkungen und Verfälschungen geschützt werden kann.

Weiterführende Literatur

Ingo Schmidt/Justus Haucap: Wettbewerbspolitik und Kartellrecht – Eine interdisziplinäre Einführung, München 2013.
Ingo Schmidt/André Schmidt: Europäische Wettbewerbspolitik und Beihilfenkontrolle, München 2006.
Helmut Schröter/Thienam Jakob/Robert Klotz/Wolfgang Mederer (Hrsg.): Europäisches Wettbewerbsrecht, Baden-Baden 2014.

---

7 Vgl. Henning Klodt: Wettbewerbspolitik, 2013, S. 237 f.

Wirtschaftspolitik

Roland Döhrn/Wim Kösters

Die Konjunktur in der Europäischen Union blieb im Jahr 2017 spürbar aufwärts gerichtet. Insgesamt gesehen nahm das reale Bruttoinlandsprodukt (BIP) um 2,5 Prozent zu und damit stärker als im Vorjahr (2,0 Prozent). Die Auftriebskräfte kamen vermehrt von der Investitionstätigkeit und vom Außenhandel, der von dem sich belebenden Welthandel profitierte. Am kräftigsten nahm das BIP in den mittel- und südosteuropäischen Ländern zu, unter denen Rumänien mit 6,9 Prozent den höchsten Zuwachs erzielte. Verlangsamt wuchs dagegen die Wirtschaft in Großbritannien, wo die Unternehmen sich allem Anschein nach in Erwartung des Austritts Großbritanniens aus der EU bei den Investitionen zurückhielten und die Abwertung des Pfundes die Einfuhrpreise und die Verbraucherpreise kräftig steigen ließ, was sich negativ auf die Kaufkraft auswirkte. Im Euro-Raum registrierten erstmals seit Ausbruch der Euro-Krise alle Länder eine Zunahme der Wirtschaftsleistung, wobei die Spannweite der Raten von 1,4 Prozent in Griechenland bis 7,8 Prozent in Irland reichte.

Zu Beginn des Jahres 2018 setzte sich der Aufschwung fort, verlor aber allenthalben an Tempo. Im ersten Quartal lag das reale BIP in der EU insgesamt wie im Euro-Raum um nur noch 0,4 Prozent über dem im Schlussquartal 2017, was auf das Jahr hochgerechnet einem Zuwachs von 1,6 Prozent entspricht. Dämpfend wirkten dabei wohl die sich verdüsternden Exporterwartungen und die erhöhte Unsicherheit bezüglich des außenwirtschaftlichen Umfeldes: Zum einen ist das handelspolitische Klima, im Wesentlichen ausgehend von den Vereinigten Staaten, deutlich rauer geworden, zum anderen herrschte weiterhin Unklarheit bezüglich der künftigen Wirtschaftsbeziehungen der EU zu Großbritannien. Obwohl der 29. März 2019, also der Tag, an dem sich der Brexitentscheidung vollziehen wird, bedrohlich näher rückt, sind die Regelungen für die Zeit nach dem Austritt des Vereinigten Königreichs nicht einmal ansatzweise zu erkennen. Diese Unsicherheit dürfte auch dazu beigetragen haben, dass sich die Wirtschaft in Großbritannien im ersten Quartal des Jahres 2018 am Rande der Stagnation bewegte.

Zu der Verlangsamung des Expansionstempos im Verlauf des Jahres 2018 dürfte aber auch beigetragen haben, dass sich Rohöl und andere Rohstoffe weiter verteuerten und dies zu Kaufkraftverlusten führte, zumal die Verteuerung – anders als 2017 – nicht mehr durch eine Aufwertung des Euro gegenüber dem Dollar zum Teil aufgefangen wurde. Dadurch beschleunigte sich der Anstieg der Verbraucherpreise, im Mai und Juni lag die Inflationsrate im Durchschnitt der Europäischen Union bei etwa 2 Prozent im Vergleich zu 1,7 Prozent zum Jahresende 2017. Im Euro-Raum, wo die Inflationsrate im Juni ebenfalls 2 Prozent betrug, fiel die Beschleunigung seit Jahresbeginn sogar etwas stärker aus. Dies alles reflektiert aber fast ausschließlich gestiegene Preise für Rohöl und für einige unverarbeitete Nahrungsmittel, während die sogenannte Kernrate der Inflation wenig verändert etwas über 1 Prozent beträgt. Die Spannweite der Inflationsraten insgesamt, die im Jahresdurchschnitt 2017 von einem leichten Rückgang des Preisniveaus um 0,4 Prozent in Irland bis hin zu Raten von 3,8 Prozent in Estland und Litauen reicht, hat sich im Verlauf des Jahres 2018 tendenziell etwas verringert, wobei Rumänien eine Sonderstellung einnimmt: Hier beschleunigte sich die Inflation auf zuletzt 4,6 Prozent.

Die Lage am Arbeitsmarkt hat sich bei alledem insgesamt und bis zuletzt weiter verbessert.[1] Die Arbeitslosenquote war in der Europäischen Union insgesamt im Jahresdurchschnitt um einen Prozentpunkt auf 7,6 Prozent im Jahr 2017 gesunken. Im Verlauf des Jahres 2018 verlangsamte sich der Rückgang zwar im Einklang mit dem nachlassenden Wirtschaftswachstum, mit zuletzt 7,1 Prozent war die Arbeitslosenquote aber so niedrig wie zuletzt vor der Großen Rezession 2008/09. Erfreulich ist, dass die Arbeitslosigkeit in nahezu allen Ländern zurückging, insbesondere auch in Griechenland und Spanien, wo sie nach wie vor erheblich höher ist als im Durchschnitt der Europäischen Union. Nicht verbessert hat sich die Beschäftigungslage allerdings in Italien, dessen Arbeitslosenquote nun bereits seit geraumer Zeit knapp über 11 Prozent verharrt.

Finanzpolitik fällt Abbau der Defizite in den Schoß

Der anhaltende Konjunkturaufschwung und der sich bessernde Arbeitsmarkt führen zu kräftig sprudelnden Steuereinnahmen einerseits und reduzierten die erforderlichen Sozialtransfers andererseits. Vor diesem Hintergrund gelang es in fast allen Ländern, die öffentlichen Finanzierungssalden zu verbessern. Über alle EU-Länder aggregiert schrumpfte das staatliche Finanzierungsdefizit von 1,6 Prozent in Relation zum BIP auf 1,0 Prozent. Dabei erzielten immerhin 13 Länder – acht im Euro-Raum und fünf außerhalb – Haushaltsüberschüsse.

Bei näherem Hinsehen fällt aber die Bilanz weniger günstig aus. Der um konjunkturelle Effekt bereinigte strukturelle Budgetsaldo, der die Ausrichtung der Finanzpolitik besser beschreibt als der nominelle, verbesserte sich 2017 in der Europäischen Union insgesamt und im Euro-Raum lediglich um 0,2 Prozentpunkte in Relation zum BIP. Der strukturelle Primärsaldo, der die Haushaltsentwicklung außerdem um Einsparungen bei den Zinsausgaben bereinigt, die von dem weiter außerordentlich niedrigen Zinsniveau profitieren, veränderte sich nach Schätzungen der Europäischen Kommission wie auch schon in den Jahren davor nicht mehr. Daran gemessen ist die Finanzpolitik in der Europäischen Union insgesamt neutral ausgerichtet.

Für 2018 und 2019 erwartet die Europäische Kommission auf Basis der Haushaltsplanungen eine etwas expansivere Ausrichtung der Finanzpolitik. Diese findet ihren Ausdruck darin, dass sie in ihrer Frühjahrsprognose 2018 einen etwas rückläufigen strukturellen Primärüberschuss erwartet. Dabei ist noch nicht in Rechnung gestellt, dass die neue italienische Regierung einen expansiveren finanzpolitischen Kurs angekündigt hat.[2] Das nominelle Budgetdefizit, das die Europäische Kommission für die Europäische Union insgesamt auf jeweils 0,8 Prozent in Relation zum BIP in den Jahren 2018 und 2019 schätzt, könnte sich nicht nur ungünstiger entwickeln. Weitere Einflussfaktoren sind eine wahrscheinlich aufgrund dieses Kurswechsels weniger günstige Konjunktur als noch im Frühjahr erwartet und ein im Zuge der begonnenen geldpolitischen Wende der Europäischen Zentralbank (EZB) rascherer Anstieg der Zinsen. Damit könnten zumindest im Jahr 2019 die Finanzierungskosten für Staatsschulden rascher steigen.

---

1 Vgl. hierzu auch den Beitrag „Beschäftigungs- und Sozialpolitik" in diesem Jahrbuch.
2 Vgl. hierzu auch den Beitrag „Italien" in diesem Jahrbuch.

Ausgewählte Wirtschaftsindikatoren der EU Länder

	Reales Wirtschaftswachstum[1]			Anstieg der Verbraucherpreise[2]			Arbeitslosenquote[3]			Finanzierungssaldo des öffentlichen Haushalts[4]		
	2015	2016	2017	2015	2016	2017	2015	2016	2017	2015	2016	2017
Belgien	1.4	1.4	1.7	1.5	2.2	2.1	8.5	7.8	7.1	-2.5	-2.5	-1.0
Deutschland	1.7	1.9	2.2	0.2	1.7	1.6	4.6	4.1	3.8	0.8	1.0	1.3
Estland	1.7	2.1	4.9	-0.2	2.4	3.8	6.2	6.8	5.8	0.1	-0.3	-0.3
Finnland	0.1	2.1	2.6	-0.2	1.1	0.5	9.4	8.8	8.6	-2.8	-1.8	-0.6
Frankreich	1.1	1.2	2.2	0.3	0.8	1.2	10.4	10.1	9.4	-3.6	-3.4	-2.6
Griechenland	-0.3	-0.2	1.4	0.4	0.3	1.0	24.9	23.6	21.5	-5.7	0.6	0.8
Irland	25.6	5.1	7.8	0.2	-0.2	0.5	10.0	8.4	6.7	-1.9	-0.5	-0.3
Italien	1.0	0.9	1.5	0.1	0.5	1.0	11.9	11.7	11.2	-2.6	-2.5	-2.3
Lettland	3.0	2.2	4.5	0.4	2.1	2.2	9.9	9.6	8.7	-1.4	0.1	-0.5
Litauen	2.0	2.3	3.8	-0.2	2.0	3.8	9.1	7.9	7.1	-0.2	0.3	0.5
Luxemburg	2.9	3.1	2.3	0.9	1.6	1.6	6.5	6.3	5.6	1.4	1.6	1.5
Malta	9.6	5.2	6.4	1.3	1.0	1.3	5.4	4.7	4.0	-1.1	1.0	3.9
Niederlande	2.3	2.2	3.2	0.5	0.7	1.2	6.9	6.0	4.9	-2.1	0.4	1.1
Österreich	1.1	1.5	3.0	1.1	1.6	2.3	5.7	6.0	5.5	-1.0	-1.6	-0.7
Portugal	1.8	1.6	2.7	0.3	0.9	1.6	12.6	11.2	9.0	-4.4	-2.0	-3.0
Slowakei	3.9	3.3	3.4	-0.5	0.2	2.0	11.5	9.7	8.1	-2.7	-2.2	-1.0
Slowenien	2.3	3.1	5.0	-0.6	0.6	1.9	9.0	8.0	6.6	-2.9	-1.9	0.0
Spanien	3.4	3.3	3.1	-0.1	1.4	1.2	22.1	19.6	17.2	-5.3	-4.5	-3.1
Zypern	2.0	3.4	3.9	-0.6	0.1	-0.4	15.0	13.0	11.1	-1.3	0.3	1.8
Euro-Raum	**2.1**	**1.8**	**2.4**	**0.2**	**1.1**	**1.4**	**10.9**	**10.0**	**9.1**	**-2.0**	**-1.5**	**-0.9**
Bulgarien	3.6	3.9	3.6	-0.9	-0.5	1.8	9.2	7.6	6.2	-1.6	0.2	0.9
Dänemark	1.6	2.0	2.2	0.3	0.3	0.8	6.2	6.2	5.7	-1.5	-0.4	1.0
Großbritannien	2.3	1.9	1.8	0.2	1.6	3.0	5.3	4.8	4.4	-4.3	-3.0	-1.9
Kroatien	2.3	3.2	2.8	-0.3	0.7	1.3	16.1	13.4	11.1	-3.4	-0.9	0.8
Polen	3.8	3.0	4.6	-0.4	0.9	1.7	7.5	6.2	4.9	-2.6	-2.3	-1.7
Rumänien	4.0	4.8	6.9	-0.7	-0.1	2.6	6.8	5.9	4.9	-0.8	-3.0	-2.9
Schweden	4.5	3.2	2.3	0.7	1.7	1.7	7.4	6.9	6.7	0.2	1.2	1.3
Tschechien	5.3	2.6	4.4	-0.1	2.1	2.2	5.1	4.0	2.9	-0.6	0.7	1.6
Ungarn	3.4	2.2	4.0	1.0	1.8	2.2	6.8	5.1	4.2	-1.9	-1.7	-2.0
EU insgesamt	**2.3**	**2.0**	**2.5**	**0.2**	**1.2**	**1.7**	**9.4**	**8.6**	**7.6**	**-2.3**	**-1.6**	**-1.0**

Eigene Berechnungen nach Angaben von EUROSTAT und nationalen Quellen. – [1]Jahresdurchschnittliche Veränderungsrate des realen BIP. – [2]EU: Harmonisierter Verbraucherpreisindex (HVPI). – [3]Standardisierte Arbeitslosenquote nach EUROSTAT, Jahresdurchschnitt. – [4]In % des BIP.

EZB hat geldpolitische Wende eingeleitet

Die EZB hat inzwischen weitere Schritte zum Ausstieg aus ihrer ultra-expansiv ausgerichteten Geldpolitik unternommen. Nach der zum Jahresende 2017 erfolgten Reduktion der Käufe der im Rahmen des Asset Purchase Programmes (APP) erworbenen Vermögenswerte von 80 auf 60 Mrd. Euro monatlich, kündigte die EZB am 26. Oktober 2017 als zweiten Schritt an, das Aufkaufvolumen zum 1. Januar 2018 auf 30 Mrd. Euro zu reduzieren. Am 14. Juni 2018 folgte ein dritter Schritt, als die EZB ankündigte, dass sie den Ankauf nach dem 30. September 2018 auf 15 Mrd. Euro monatlich reduzieren und ihn zum 31. Dezember 2018 beenden wird. Freilich wird auch dann die EZB auslaufende Papiere durch Nachkäufe ersetzen, das heißt sie wird noch nicht beginnen, ihre im Zuge der Ankaufprogramme erheblich aufgeblähte Bilanz wieder zu verkürzen.

Zugleich machte die EZB aber deutlich, dass sie ihre Leitzinsen über den Sommer 2019 hinaus auf dem derzeitigen Niveau belassen wird, also die Einlagenfazilität bei 0,4 Prozent und den Hauptrefinanzierungssatz bei 0 Prozent. Vor diesem Hintergrund erwarten die Märkte derzeit einen Zinsschritt frühestens zum Jahresende 2019. Wirkungen auf die langfristigen Zinsen dürften sich allerdings bereits früher einstellen.

Die Rahmenbedingungen für eine Rückkehr der Geldpolitik der EZB zur Normalität sind dabei in den vergangenen Jahren nicht einfacher geworden. Einerseits erhöhte die amerikanische Notenbank die Zinsen fahrplanmäßig weiter, womit sich internationale Zinsdifferenzen zu Ungunsten des Euro verändern, was einen Abwertungsdruck auslöst, der sich zwar positiv auf die Konjunktur, aber negativ auf die Inflation auswirken dürfte. Andererseits schwächt sich die Konjunktur in der Europäischen Union allem Anschein nach ab, was für eine weiterhin eher expansive Geldpolitik spricht. Schließlich ist vielerorts die Verschuldung der Staaten, in manchen Ländern auch des Privatsektors, nach wie vor hoch und die Tragfähigkeit dieser Schulden dürfte mit einem Anstieg des Zinsniveaus abnehmen. Alles in allem deutet vieles darauf hin, dass es schwieriger geworden ist für die EZB, Inflations-, Konjunktur- und Stabilitätsrisiken auszubalancieren.

Herausforderungen für die Europäische Union als weltwirtschaftlicher Akteur bleiben groß

Die in diesem Jahrbuch vor einem Jahr von uns beschriebenen Herausforderungen für die Europäische Union sind seitdem nicht geringer geworden, sondern erscheinen im Gegenteil größer als damals.[3] Das Ausscheiden der Vereinigten Staaten aus dem Pariser Klimaschutzabkommen, die Kündigung des Nuklearabkommens mit dem Iran durch Präsident Trump, und der protektionistischere handelspolitische Kurs der Vereinigten Staaten stellen zusätzliche Herausforderungen dar, auf die die EU eine Antwort finden muss. Hinzu kommt, dass Präsident Trump mit dem nachträglichen abrupten Zurückziehen seiner Zustimmung zum Abschlusskommuniqué des G7-Gipfels in Kanada am 10. Juni 2018 für einen Eklat sorgte, der die Zusammenarbeit der beteiligten Staaten erheblich belasten dürfte.

Potenziell erhebliche Folgen haben die von den Vereinigten Staaten ergriffenen handelspolitischen Maßnahmen.[4] Deren Stoßrichtung ist zwar derzeit im Wesentlichen China, dessen Handelspraktiken die Vereinigten Staaten als unfair erachten. Hier hat der Handelsstreit bereits eine nächste Eskalationsstufe erreicht. Die Vereinigten Staaten verhängten Zölle

---

3 Vgl. Roland Döhrn/Wim Kösters: Wirtschaftspolitik, in: Werner Weidefeld/Wolfgang Wessels (Hrsg.): Jahrbuch der Europäischen Integration 2017, Baden-Baden 2017, S. 333-338.
4 Vgl. hierzu auch den Beitrag „Die EU und die USA" in diesem Jahrbuch.

von 25 Prozent auf rund 800 Güter. Daraufhin hat China Zölle mit ähnlicher Wirkung auf US-Produkte verhängt; nun drohen die Vereinigten Staaten weitere Zölle auf chinesische Waren an. Ein geringeres Volumen machen die gegenüber Europa (und anderen Handelspartnern) erlassenen amerikanischen Strafzölle von 25 beziehungsweise 10 Prozent auf Stahl- und Aluminiumprodukte aus. Allerdings hat inzwischen, auch die EU mit Gegenzöllen reagiert. Mittlerweile steht die amerikanische Drohung von Strafzöllen von 25 Prozent auf Automobile aus der Europäischen Union im Raum, was besonders die deutsche Wirtschaft treffen würde. Die Europäische Union hat wie andere betroffene Staaten mittlerweile Klage bei der Welthandelsorganisation (World Trade Organisation, WTO) gegen die amerikanischen Zölle eingereicht, allerdings mit ungewissem Ausgang. Zum einen begründeten die Vereinigten Staaten die Zölle gegen Stahl und Aluminium mit nationalen Sicherheitsinteressen, was nach den WTO-Regeln im Prinzip möglich – in diesem Fall aber unglaubwürdig – ist. Zum anderen bezweckt die amerikanische Regierung offensichtlich eine Schwächung der WTO, was unter anderem in der Nichtbesetzung der den Vereinigten Staaten zustehenden Richterstellen zum Ausdruck kommt.

Da die Volkswirtschaften der EU einen weitaus höheren Offenheitsgrad aufweisen als die Vereinigten Staaten, muss der europäischen Seite einerseits daran gelegen sein, weitere Eskalationen im Handelsstreit zu verhindern. Andererseits muss sie sich für den Erhalt der regelbasierten multilateralen Welthandelsordnung und ihren weiteren Ausbau einsetzen. Bisher ist die EU in handelspolitischen Fragen erstaunlich geschlossen aufgetreten. Die Frage ist, wie lange dies so bleibt, da die Sichtweise Präsident Trumps vom Bilateralismus geprägt ist und abzuwarten bleibt, wann er einzelnen Ländern Avancen macht.

Geschlossen traten die 27 EU-Mitgliedstaaten auch in den Brexit-Verhandlungen mit Großbritannien auf, die sich bislang nur zäh entwickeln. Eine grundsätzliche Einigung über die Austrittsbedingungen, die Rechte der EU-Bürger im Vereinigten Königreich und der britischen Bürger in der Europäischen Union sowie in der Nordirlandfrage, gab es erst nach einem Ultimatum der EU im November 2017; sie wurde trotz großer Unklarheiten auf dem EU-Gipfel Mitte Dezember 2017 verabschiedet. Mitte März 2018 einigte man sich auf eine Übergangsphase bis zum 31. Dezember 2020, in der eine Regelung für die zukünftigen Beziehungen der Europäischen Union mit dem Vereinigten Königreich gefunden werden soll. Bis dahin gilt EU-Recht einschließlich der Zuständigkeit des Europäischen Gerichtshofs für das Vereinigte Königreich weiter. Auch müssen neue Regulierungen und Abkommen der EU vom Vereinigten Königreich übernommen werden und kann das Vereinigte Königreich neue Handelsabkommen mit Drittländern nur mit Zustimmung der EU-27 abschließen. Auf Druck aus der Wirtschaft hat sich die britische Regierung mittlerweile auf ein „sanftes" Austrittsszenario festgelegt. Ob es dazu kommt, bleibt aber abzuwarten, da der Streit innerhalb der Konservativen Partei die Position der Premierministerin Theresa May geschwächt hat.

Die Hilfsprogramme für Griechenland werden im August 2018 beendet. Nachdem im Juli 2017 und März 2018 zwei weitere Tranchen aus dem dritten Hilfsprogramm freigegeben wurden, beschloss die Eurogruppe im Juni 2018 eine letzte Kredittranche in Höhe von 15 Mrd. Euro. Die griechische Regierung will diese aus eigenen Mitteln auf gut 20 Mrd. Euro aufstocken, um ein Sicherheitspolster zu haben. Zudem wurde vereinbart, die Laufzeit der Kredite der Europäischen Finanzstabilisierungsfazilität aus dem zweiten Rettungspaket von durchschnittlich 32,5 auf 42,5 Jahre zu verlängern, so dass die Tilgung nun erst 2033 statt bisher 2023 beginnen soll. Im Rahmen der drei Programme sind somit Kredite in Höhe von insgesamt 278 Mrd. Euro an Griechenland geflossen.

Schwieriger werden dürfte die Konsensfindung im Euro-Raum durch den Ausgang der vorgezogenen Parlamentswahlen in Italien am 4. März 2018. Ihr folgten schwierige Koalitionsverhandlungen, an deren Ende zwei europakritische Parteien (Lega Nord und Fünf-Sterne-Bewegung) eine neue Regierung bilden. Zwar finden sich im Koalitionsvertrag nicht das bedingungslose Grundeinkommen und eine Volksabstimmung über den Verbleib Italiens in der Europäischen Wirtschafts- und Währungsunion wieder, was noch im Wahlkampf versprochen worden war. Aber unter anderem Forderungen nach einer Revision des Stabilitätspakts und einem Schuldenschnitt sowie Pläne für Steuersenkungen sorgen für Reaktionen an den Kapitalmärkten, die sich in höheren Zinsen für italienische Staatsanleihen zeigen.

Die Diskussionen über die Reform der Europäischen Währungsunion wurden angeregt durch die Reden des Präsidenten der Europäischen Kommission Jean-Claude Juncker vor dem Europäischen Parlament[5] und die Rede des französischen Präsidenten Emmanuel Macron in der Sorbonne im September 2017.[6] In ihnen wurden weitreichende Vorschläge gemacht, unter anderem die Einführung des Euro in allen EU-Ländern, die Schaffung eines eigenen Budgets für den Euro-Raum, die Bestellung eines europäischen Finanzministers, die Weiterentwicklung des Europäischen Stabilitätsmechanismus (ESM) zu einem Europäischen Währungsfonds und die Weiterentwicklung der Bankenunion durch einen europäischen Einlagensicherungsfonds. Von vielen deutschen Ökonomen wurden die Vorschläge mit großer Skepsis beziehungsweise mit Ablehnung aufgenommen, da sie die eigentlichen Probleme nicht lösen würden. Durch die lang andauernde Regierungsbildung nach der Bundestagswahl im September 2017 ließ eine deutsche Antwort lange auf sich warten. In der Meseberger Erklärung vom 20. Juni 2018 wurde schließlich ein Minimalkonsens zwischen der deutschen Kanzlerin Merkel und dem französischen Präsidenten Macron auf ein eigenes Budget für den Euro-Raum verkündet, allerdings ohne genaue Zweckbestimmung und ohne Angaben zu seiner Höhe.[7] Gegen ein solches Budget haben sich jedoch inzwischen 12 EU-Mitgliedstaaten, am deutlichsten die Niederlande, ausgesprochen. Auf dem europäischen Gipfel am 29. Juni 2018 wurde als einziger konkreter Schritt beschlossen, dass der ESM als Letztsicherung („Common Backstop") für den Bankenabsicherungsfonds (Single Resolution Fund, SRF) in Anspruch genommen werden könne, allerdings ohne etwas über die Höhe des Backstops und die konkreten Bedingungen der Inanspruchnahme zu sagen. In allen weiteren Fragen konnte keine Einigung erzielt werden.

Weiterführende Literatur

European Commission: European Economic Forecast. Spring 2018, European Economy Institutional Paper 077, Brüssel.

---

5 Jean-Claude Juncker: Rede von Präsident Juncker zur Lage der Union 2017, Straßburg, 13. September 2017. abrufbar unter: https://ec.europa.eu/commission/sites/beta-political/files/soteu2018-speech_de.pdf (letzter Zugriff: 8.10.2018).

6 Emmanuel Macron: Rede von Emmanuel Macrion vor der Sorbonne-Universität, Paris, 26. September 2017, abrufbar unter: https://de.ambafrance.org/Initiative-fur-Europa-Die-Rede-von-Staatsprasident-Macron-im-Wortlaut (letzter Zugriff: 8.10.2018); Vgl. hierzu auch den Beitrag „Frankreich" in diesem Jahrbuch.

7 Presse- und Informationsamt der Bundesregierung: Erklärung von Meseberg. Das Versprechen Europas für Sicherheit und Wohlstand erneuern, 19. Juni 2018, abrufbar unter https://www.bundesregierung.de/breg-de/aktuelles/erklaerung-von-meseberg-1140536 (letzter Zugriff: 8.10.2018).

5. Die Außenpolitik der Europäischen Union

Außenwirtschaftsbeziehungen

Wolfgang Weiß*

Auch in den Jahren 2017 bis 2018 wurde die EU-Außenwirtschaftspolitik bestimmt von der Bewältigung des Austritts des Vereinigten Königreichs aus der EU und der Auseinandersetzung mit der Handelspolitik von US-Präsident Donald Trump. Nachdem Großbritannien Ende März 2017 die Austrittserklärung gemäß Art. 50 EUV eingereicht hatte, wurden Verhandlungen zu einem Austrittsabkommen und seit März 2018 über künftige bilaterale Handelsbeziehungen aufgenommen. Der Verhandlungsprozess gestaltet sich zäh und zahlreiche wichtige Fragen sind auch wenige Monate vor dem avisierten Ende der Verhandlungen (Oktober 2018) noch offen, auch aufgrund der infolge Uneinigkeit fortwährenden Unfähigkeit der britischen Regierung klare, realistische Positionen einzunehmen, die sinnvolle Vorschläge für die Ausgestaltung der künftigen Beziehungen enthalten. Ein Knackpunkt ist Nordirland: Bei einem Ausscheiden des Königreichs aus Binnenmarkt und Zollunion würde eine EU-Außengrenze zwischen Irland und Nordirland laufen, was den nordirischen Friedensprozess erheblich gefährdete. Vorschläge der EU, zumindest Nordirland im Binnenmarkt oder wenigstens in der Zollunion zu belassen, stoßen auf großen Widerstand Großbritanniens. Im Juli 2018 hat die Regierung May konkrete Vorschläge für die künftigen Beziehungen vorgelegt, die die interne Debatte nicht befriedeten. Die britische Regierung schlägt vor, eine Grenze quer durch die irische Insel durch ein weitgehend an EU-Regelungen angelegtes Freihandelsabkommen mit der EU, begrenzt auf Waren und Agrarprodukte, zu verhindern.[1] Das löste den Rücktritt von Brexitminister David Davis und Außenminister Boris Johnson aus und stieß sehr schnell auf breite Ablehnung der Leavers.

US-Präsident Trump arbeitet mittlerweile seine protektionistische Agenda ab. Seit Ende März, gegenüber der EU seit 1. Juni 2018, werden spürbare Zusatzzölle für Stahl- und Aluminiumimporte erhoben. Weitere Maßnahmen haben die USA gegenüber China ergriffen und gegenüber Automobileinfuhren aus der EU angedroht. Die betroffenen Mitgliedstaaten der Welthandelsorganisation (WTO), allen voran die EU und China, haben mit Gegenreaktionen begonnen. Die Gefahr einer wechselseitigen Eskalation ist enorm. Entgegen Trumps Einschätzung können diese Art von Handelskriegen angesichts der heute global verteilten Wertschöpfungsketten kaum zum Ziel führen. Ende Juli 2018 wurde schließlich durch persönlichen Einsatz von Kommissionspräsident Jean-Claude Juncker eine gemeinsame Erklärung mit Trump erreicht, die Verhandlungen für einen breiten Zoll- und Subventionsabbau und die Beseitigung nicht-tarifärer Hemmnisse wie auch ein gemeinsames Vorgehen zu Reformen in der WTO zu Themen wie Diebstahl geistigen Eigentums, erzwungener Technologietransfer, Subventionen, Überkapazitäten und Wettbewerbsverzerrungen durch Staatsunternehmen vorsieht.[2] In einer ersten auf 12 Wochen anberaumten Auslotungsphase werden die von Trump angekündigten Zusatzzölle auf Autoimporte aus der Europäischen Union nicht verhängt.

---

* Der Autor dankt Julia Schäfer für vorbereitende Recherchen.
1 White Paper zu „The future relationship between the United Kingdom and the European Union", Juli 2018, abrufbar unter: https://assets.publishing.service.gov.uk/government/uploads/system/uploads/attachment_data/file/724982/The_future_relationship_between_the_United_Kingdom_and_the_European_Union_WEB_VERSION.pdf (letzter Zugriff: 6.11.2018).

In der vertraglichen Handelspolitik hat die EU den Abschluss beziehungsweise das Inkrafttreten von Freihandels- und/oder Investitionsschutzabkommen weiter vorangetrieben, die nunmehr ohne Investitionsschutzkapitel als EU-Only Abkommen abgeschlossen werden (so erstmals im Juli 2018 das Abkommen mit Japan). Ferner bemüht sie sich, Partner für ihren Vorschlag eines Multilateralen Investitionsgerichts zu finden. Ob Investitionsschutzgerichtsbarkeit indes mit dem Unionsrecht vereinbar ist, wird zum Handelsabkommen mit Kanada (CETA) bald entschieden werden. Beim EuGH ist der Gutachtenantrag Belgiens insoweit anhängig (Gutachten 1/17). Das Gutachten des Generalanwalts wird für Oktober 2018 erwartet. Aufgrund weiterer Aussagen des EuGH zur Reichweite der handelspolitischen Zuständigkeit der EU und des verstärkten Bemühens der Europäischen Kommission, Freihandelsabkommen (ohne Investitionsschutz) als EU-Only Abkommen abzuschließen,[3] besteht die kritische Diskussion zur EU-Handelspolitik und ihrer parlamentarischen Rückbindung auch in den Mitgliedstaaten fort. Die Europäische Kommission hat jüngst

> „begrüßt [...], dass die Regierungen der EU-Mitgliedstaaten zunehmend ihre nationalen und regionalen Parlamente in Handelsverhandlungen einbeziehen. So fällt den nationalen Parlamenten die wichtige Aufgabe zu, die Haltung ihrer jeweiligen Regierung zu den Handelsverhandlungen der EU zu überwachen. Folglich ermuntert die Kommission die Mitgliedstaaten, die nationalen Parlamente weiterhin in die Handelsgespräche einzubeziehen und dies nach Möglichkeit in einem möglichst frühen Stadium sicherzustellen."[4]

Judikatur des EuGH zur EU-Handels- und Investitionsschutzpolitik

Die politischen Debatten um die Handels- und Investitionsschutzpolitik der EU haben sich in den vergangenen Monaten in EuGH-Entscheidungen niedergeschlagen. Für die im Gutachtenantrag 1/17 anhängige Frage nach der Vereinbarkeit des CETA Investitionsschutz mit dem EU-Recht formulierte das Achmea-Urteil des EuGH (Rs. C-284/16) erste Einschätzungen insoweit, als der EuGH jedenfalls die Investitionsschutzschiedsgerichtsbarkeit im Rahmen von Investitionsschutzabkommen der EU-Mitgliedstaaten untereinander (sogenannten Intra EU BITs) für nicht mit der Autonomie des Unionsrechts und der Stellung des EuGH wie auch nationaler Gerichte als Unionsgerichte vereinbar hielt. Ob diese Wertung ohne weiteres auf den CETA Investitionsschutz übertragen werden kann, ist umstritten. Das Urteil des EuGH zu CETA wird mit Spannung erwartet.

Eine interessante Präzisierung brachte ein Urteil vom 5. Dezember 2017 (Rs. C-600/14), in dem die Große Kammer des EuGH das sogenannte Singapur-Gutachten 2/15 des EuGH, das vom Plenum formuliert worden war, in einem wichtigen Aspekt auslegte. Das Gutachten 2/15 zur Frage der Reichweite der EU-Zuständigkeit für den Abschluss des Freihandelsabkommens mit Singapur hatte die Notwendigkeit eines gemischten Abkommens, also des Einbezugs der Mitgliedstaaten als Vertragsparteien, bei umfangreichen Handels- und Investitionsschutzabkommen angesichts der nur geteilten Zuständigkeiten der EU zur Errichtung einer Investitions-

---

2 Joint EU-U.S. Statement following President Juncker's visit to the White House, Washington D.C., 25 Juni 2018, abrufbar unter: http://trade.ec.europa.eu/doclib/press/index.cfm?id=1898 (letzter Zugriff: 6.11.2018).

3 Der Rat hat dies in Tz. 3 seiner Schlussfolgerungen über die Aushandlung und den Abschluss von Handelsabkommen der EU vom 22. Mai 2018 (Dok 9120/18, abrufbar unter: http://data.consilium.europa.eu/doc/document/ST-9120-2018-INIT/de/pdf (letzter Zugriff: 6.11.2018)) zur Kenntnis genommen und darauf hingewiesen, dass es Sache des Rates ist, „zu entscheiden, ob auf dieser Grundlage Verhandlungen aufgenommen werden".

4 Europäische Kommission: Mitteilung: Durch eine ausgewogene und fortschrittliche Handelspolitik die Globalisierung meistern, KOM(2017)492, S. 8.

schiedsgerichtsbarkeit und über Portfolioinvestitionen betont.[5] Das war allgemein dahingehend verstanden worden, dass es für den Abschluss eines EU-Only Abkommens nicht genügt, wenn Materien in einem Abkommen nur von einer geteilten EU-Zuständigkeit abgedeckt werden, sondern dass die EU weitestgehend ausschließlich zuständig sein muss, damit die Notwendigkeit eines gemischten Abkommens entfällt. Nunmehr hat die Große Kammer formuliert, dass das Fehlen einer alleinigen Zuständigkeit für den Abschluss des Singapur-Abkommens nicht auf das Vorliegen einer geteilten Zuständigkeit zurückgeführt worden sei, sondern auf das Fehlen einer Ratsmehrheit dafür, dass die EU ihre geteilte Zuständigkeit alleine hätte ausüben können. Damit scheint die Große Kammer den Boden dafür bereiten zu wollen, dass die EU auch bei nur geteilten Zuständigkeiten alleine handeln kann und kein gemischtes Abkommens mehr nötig ist, gleichwohl aber möglich (von Beobachtern als facultative mixity/fakultative Gemischtheit bezeichnet).

Im Streit um die alleinige EU-Zuständigkeit für den Abschluss eines Abkommens zur Überarbeitung des Lissaboner Abkommens über Ursprungsbezeichnungen und geografische Angaben (Rs. C-389/15) hat der EuGH den Begriff der Handelspolitik entsprechend seiner neueren Rechtsprechung ausgelegt und in Übereinstimmung mit dem Generalanwalt auf eine alleinige EU-Zuständigkeit erkannt. Maßgeblich war, dass das Änderungsabkommen einen einheitlichen Registrierungsmechanismus einführt, der zu einer sofortigen Änderung der Handelsbedingungen zwischen den Parteien führt. Das Abkommen regelt damit den Handelsverkehr zu Drittstaaten und hat direkte und sofortige Wirkungen darauf.

Abschluss der Antidumpingreform, Investitionsscreening und Brexitbewältigung

In der seit Jahren verfolgten Reform der Handelsschutzinstrumente, allen voran des Antidumpingrechts, konnte eine Einigung erzielen werden, die durch das Auslaufen der Sonderbehandlung Chinas als Nichtmarktwirtschaft in der WTO im Dezember 2016 nötig geworden war. Die Berechnung der Dumpingspanne wurde allgemein neu geregelt. Danach soll der Marktpreis nicht als Normalpreis zur Berechnung der Dumpingspanne herangezogen werden, wenn nennenswerte Verzerrungen vorliegen, die die Wirkung der Marktkräfte erheblich beeinträchtigen. Das ist der Fall, wenn die Märkte von erheblichen staatlichen Eingriffen oder Begünstigungen beeinflusst sind oder in erheblichem Maße von Staatsunternehmen versorgt werden.[6] Dann ist der Normalwert anhand unverzerrter Herstellungskosten zu bestimmen. Diese Bestimmung erfolgt durch Verweis auf die Preise in einem vergleichbaren Land ohne die Verzerrungen; bei der Auswahl des Vergleichslands findet auch Beachtung, ob dort angemessene Sozial- und Umweltstandards vorliegen. Letzteres war dem Europäischen Parlament wichtig.

Eine weitere kürzlich erfolgte Reform des Antidumpingrechts brachte Neuregelungen in Punkten, über die seit Langem verhandelt worden war, etwa Erleichterungen der Nutzung dieses Instruments für kleine und mittlere Unternehmen (KMU), Änderungen des Verfahrens und eine Einschränkbarkeit der ‚lesser duty rule'.[7] In diesen Kontext gehört auch ein neuer Verordnungsvorschlag, der einen horizontalen Mechanismus für die Anwendung von in bilateralen Handelsabkommen vorgesehenen Schutzklauseln etablieren will.[8]

Ein neues Legislativprojekt ist die Einführung eines Screenings, das Investitionen aus Drittstaaten im Binnenmarkt einem Bewertungsverfahren bei der Europäischen Kommission auf

---

5 Näher zum Gutachten Wolfgang Weiß: Außenwirtschaftsbeziehungen, in: Werner Weidenfeld/Wolfgang Wessels (Hrsg.): Jahrbuch der Europäischen Integration 2017, Baden-Baden 2017, S. 325, 327.
6 Vgl. nunmehr Art. 2 der Antidumpingverordnung 2016/1036, geändert durch VO 2017/2321 des Europäischen Parlaments und des Rates vom 12. Dezember 2017, ABL. 2017 L 338/1.
7 VO 2018/825 des Europäischen Parlaments und des Rates vom 30. Mai 2018, ABl. 2018 L 143/1.

Auswirkungen auf Sicherheit und öffentliche Ordnung untersuchen soll.[9] Die EU will dadurch auf die immer zahlreicher werdenden regierungskontrollierten Unternehmenskäufe aus China, Russland und anderen Staaten reagieren, in denen die Investitionsfreiheit nicht mit gleicher Offenheit gesichert ist und mit denen Infrastrukturen, Technologien oder andere Bereiche von strategischem Unionsinteresse betroffen werden könnten. Das Bewertungsverfahren dient dem Informationsaustausch der Mitgliedstaaten und kann zu Einwänden der Europäischen Kommission gegen geplante Investitionen führen. Der Vorschlag befindet sich derzeit im Trilog.

Der Entwurf einer Verordnung über den Zugang zum Vergabemarkt, der im Interesse eines gleichberechtigten wechselseitigen Zugangs zu den Beschaffungsmärkten die EU-Position in den Verhandlungen mit Drittstaaten über den Zugang von EU-Anbietern zu deren Beschaffungsmärkten stärken und die Rechtssituation von Bietern aus Drittstaaten in der Europäischen Union klären sollte,[10] ist noch nicht verabschiedet.

Die Vorbereitungen des britischen Austritts aus der EU münden nunmehr auch in Legislativvorschläge. So hat die Europäische Kommission im Mai 2018 einen Verordnungsvorschlag zur Aufteilung der Zollkontingente der Europäischen Union in der WTO zwischen der EU-27 und Großbritannien vorgelegt,[11] um eine interne Lösung für diese Frage zu haben, auch wenn die Aufteilungsverhandlungen mit den Handelspartnern nicht rechtzeitig abgeschlossen sind.

Die Europäische Union in der WTO und in plurilateralen Verhandlungen

Die multilateralen Verhandlungen und Diskussionen in der WTO werden durch die Position der USA zusätzlich belastet. Die USA blockieren auch die Besetzung von drei Richterposten im Appellate Body der WTO. Derzeit sind noch vier Richter im Amt, einer davon bis Ende September 2018. Zwei weitere amtieren bis Ende 2019. Die EU bemüht sich zwar weiterhin um multilaterale Gespräche im Rahmen der WTO und hält auch Reformdiskussionen über die WTO mit anderen Staaten aufrecht, zuletzt auch mit den USA im Rahmen der eingangs erwähnten Vereinbarung zwischen Juncker und Trump. Der Reformbedarf setzt daran an, dass die WTO bislang keine Regeln für aktuelle Handelsthemen wie Onlinehandel oder die stärkere Partizipation von KMU am Welthandel und die durch die Chinesische Handelspolitik verursachten Ungleichgewichte hat. Gleichwohl kommen die Gespräche über Handelsvorteile für Umweltgüter (EGA) und die plurilateralen Verhandlungen zum Abkommen über den Handel mit Dienstleistungen (TiSA) nicht weiter. Dementsprechend bilden Themen wie Dienstleistungsliberalisierung, E-Commerce oder Regulierungszusammenarbeit Kernpunkte der aktuellen handelspolitischen Interessen der EU, in denen sie in bilateralen Freihandelsabkommen Fortschritte sucht. Auf dem WTO-Ministertreffen von Buenos Aires im Dezember 2017 hatte

---

8 Vorschlag für eine Verordnung des Europäischen Parlaments und des Rates über die Anwendung von Schutzklauseln und anderen Mechanismen für die vorübergehende Rücknahme von Präferenzen, COM(2018)206 final.
9 Vorschlag für eine Verordnung des Europäischen Parlaments und des Rates zur Schaffung eines Rahmens für die Überprüfung ausländischer Direktinvestitionen in der Europäischen Union, KOM(2017)487; auch die Mitteilung. Offenheit für ausländische Direktinvestitionen bei gleichzeitigem Schutz grundlegender Unionsinteressen, KOM(2017)494.
10 Siehe Europäische Kommission: Geänderter Vorschlag für eine Verordnung des Europäischen Parlaments und des Rates über den Zugang von Waren und Dienstleistungen aus Drittländern zum EU-Binnenmarkt für öffentliche Aufträge und über die Verfahren zur Unterstützung von Verhandlungen über den Zugang von Waren und Dienstleistungen aus der Union zu den Märkten für öffentliche Aufträge von Drittländern, KOM(2016)34; Europäische Kommission: Durch eine ausgewogene und fortschrittliche Handelspolitik die Globalisierung meistern, 2017.
11 Europäische Kommission: Mitteilung. Ein moderner Haushalt für eine Union, die schützt, stärkt und verteidigt. Mehrjähriger Finanzrahmen 2021-2027, COM(2018)321 final.

sich die Europäische Union vergebens für gemeinsame Beschlüsse zur Beendigung der Fischereisubventionen und zur Festlegung eines Arbeitsprogramms für den Agrarbereich eingesetzt.

Das WTO-Streitbeilegungsgeschehen läuft gegenwärtig trotz der baldigen Lähmung unbeeinträchtigt weiter. Die EU nutzte den Streitbeilegungsmechanismus wieder intensiv.

In der Beschwerde der EU gegen Brasilien wegen steuerlicher Vorteile, die anderen Handelspartnern im Automobilsektor und bei der Elektroindustrie gewährt wurden (DS472), ist das Rechtsmittel gegen die Panelentscheidung anhängig. Das Panel hatte die Rügen der EU als berechtigt angesehen und eine Fülle von Verstößen Brasiliens gegen WTO-Recht festgestellt. Die EU-Beschwerde gegen die US-Steueranreize für Zivilluftfahrzeuge (DS487) endete vor dem Panel mit einem nur teilweisen Erfolg, ihr Rechtsmittel blieb erfolglos. In dem von der EU angestrengten Verfahren gegen russische Antidumpingzölle zulasten von Leichtlastwagen aus Deutschland und Italien bestätigte der Appellate Body weitgehend die vom Panel festgestellten Unvereinbarkeiten mit den Antidumpingregeln (DS479). Die Rüge der EU in Bezug auf die mangelnde Umsetzung der Entscheidungen gegen die US-Subventionen an Boeing (DS 353) ist nach wie vor beim Appellate Body anhängig. In den Beschwerden der EU gegen China wegen Ausfuhrbeschränkungen bei Rohstoffen (DS509) und gegen Kolumbien wegen diskriminierender Maßnahmen bei Spirituoseneinfuhren (DS502) sind noch keine Panels eingesetzt.

Neue Streitbeilegungsverfahren initiierte die Europäische Union gegen die US-amerikanischen Zusatzzölle von 25 Prozent beziehungsweise 10 Prozent gegen Stahl- und Aluminiumimporte (DS548) und gegen China hinsichtlich seiner Investitionspolitik, die den Schutz geistigen Eigentums ausländischer Investoren gefährdet (DS549). Auf der Complianceebene begehrte die EU Konsultationen mit Russland über eine ihrer Ansicht nach unterbliebene Umsetzung der Streitbeilegungsentscheidung gegen russische Einfuhrbeschränkungen für Schweinefleisch aus der EU. Der Appellate Body hatte eine SPS-Verletzung durch Russland festgestellt, weil die afrikanische Schweinepest nicht in der ganzen Europäischen Union aufgetreten war (DS475).

Auf der Beklagtenseite verlor die EU das Verfahren, das durch Pakistan wegen bereits beendeter EU-Abwehrmaßnahmen gegen bestimmte Polyäthylene (DS486) angestrengt worden war, auch vor dem Appellate Body. Der Appellate Body formulierte deswegen aber keine Empfehlungen für den Dispute Settlement Body (DSB). Ebenso endete das von Indonesien eingeleitete Verfahren gegen die EU-Antidumpingzölle auf Biodieseleinfuhren (DS480) für die EU nachteilig, wie auch die Beschwerde Indonesiens gegen die EU wegen der konkreten Berechnung der Dumpingspanne gegen Ethylalkohole (DS442). Der Appellate Body bestätigte, dass die Europäische Union die Mitteilungspflichten aus Art 6.7 Antidumpingübereinkommen verletzte; im übrigen wurden die Rügen aber abgewiesen. Auch hier war der Fall entschieden worden, obschon die Maßnahme bereits ausgelaufen war. Die Beschwerde Russlands gegen das dritte EU-Energiepacket (DS476) blieb weitestgehend erfolglos. In der der Beschwerde Chinas gegen die EU wegen der bis vor kurzem[12] unveränderten speziellen Regelung der Preisvergleichsmethode für die Berechnung der Dumpingspanne chinesischer Einfuhren in Art. 2 Abs. 7 b) AntidumpingVO a.F. steht die Panelentscheidung aus (DS516).

Die Panelentscheidung steht auch noch aus über die Beschwerde Russlands gegen die EU-Berechnungsmethode für die Dumpingmarge (DS494). In der Beschwerde Russlands gegen die Europäische Union wegen Antidumpingzölle bezüglich bestimmter Stahlprodukte (DS521) ist man noch nicht über Konsultationen hinausgekommen.

---

12 Siehe VO 2017/2321 des Europäischen Parlaments und des Rates vom 12. Dezember 2017, ABL. 2017 L 338/1.

Bilaterale Handels- und Investitionsschutzvereinbarungen

Nach den Aussagen des EuGH im Singapur-Gutachten strebt die Europäische Kommission den Abschluss von Handelsabkommen als EU-Only Abkommen an. Der Investitionsschutz soll separat in einem gemischten Abkommen geregelt werden. Mit Singapur wird das nun versucht.[13] Ein Beispiel für diese Aufteilung ist das (reine) Handelsabkommen mit Japan, das im Juli 2018 im Rat der Europäischen Union zur Beschlussfassung ansteht. Ob ein eigenes Investitionsschutzabkommen zustande kommt, ist unsicher, da Japan dem neuen Investitionsschutzmodell der EU nach dem Vorbild im CETA – einem eigenen Investitionsgericht mit einem Revisionstribunal – zögerlich gegenübersteht. Das Handelsabkommen mit Vietnam unterliegt nach dem Ende der Verhandlungsphase im Jahr 2015 der rechtlichen Prüfung, die bald beendet sein soll. Das Abkommen war durch den Fokus auf Singapur und Japan in den Hintergrund geraten, obgleich es das erste umfassende Abkommen mit einem Land der mittleren Einkommensgruppe ist. Es soll nun aber Ende 2018 dem Rat der Europäischen Union vorgelegt werden. Auch hier wird der Investitionsschutzteil in ein eigenes (gemischtes) Abkommen überführt. Unklar ist, ob beide Teile gleichwohl im Paket ratifiziert werden sollen.

Im Rahmen der wertorientierten Ausrichtung der EU-Handelspolitik hat das Thema Handel und Nachhaltigkeit für die Verhandlungen neue Relevanz erhalten. Kommissionsdienststellen haben nach Konsultationen ein „non-paper" vorgelegt, in dem sie ihr weiteres Vorgehen hierzu erläutern. Die Europäische Kommission setzt darin weiterhin nur auf weiche Regelungen in diesem Bereich, die an der Streitbeilegung nur in abgeschwächter Form teilhaben. Das Europäische Parlament drängt hier auf härtere Durchsetzungsregelungen.

Die Verhandlungen mit dem Mercosur (Argentinien, Brasilien, Paraguay, Uruguay, nicht Venezuela), mit Indonesien und auch wieder mit Indien laufen weiter, mit Australien und Neuseeland, den letzten beiden Industriestaaten, mit denen die EU noch keine Verhandlungen zu einem umfassenden Freihandelsabkommen aufgenommen hat, sind sie kürzlich aufgenommen worden, mit Chile laufen sie seit November 2017. Der Investitionsschutz soll in den letzten drei Abkommen ausgeklammert bleiben, bis „die Diskussion über die am besten geeignete Struktur für Handelsabkommen und Investitionsschutzabkommen der EU abgeschlossen" ist.[14] Die konkrete Aufnahme von Verhandlungen mit den Philippinen, Mexiko und Malaysien lässt auf sich warten, die Gespräche mit Tunesien laufen wieder. Auch die Verhandlungen zu einem umfangreichen Investitionsschutzabkommen mit China, das den Marktzugang einschließt und zu einem mit Myanmar schreiten fort. Die Verhandlungs- und Ratifizierungsprozesse hinsichtlich der Wirtschaftspartnerschaftsabkommen mit den einzelnen afrikanischen, karibischen und pazifischen Staaten sind weiter vorangekommen.[15]

Weiterführende Literatur

Christoph Herrmann/Caroline Glöckle: Der drohende transatlantische „Handelskrieg" um Stahlerzeugnisse und das handelspolitische „Waffenarsenal" der EU, Europäische Zeitschrift für Wirtschaftsrecht (EuZW) 2018, S. 477-483.
ifo Schnelldienst: Handelskrieg und seine Folgen: Ist die WTO am Ende?, 11/2018, S. 3-29.

---

13 Vgl. einerseits Vorschlag für einen Beschluss des Rates zum Abschluss des Freihandelsabkommens zwischen der Europäischen Union und der Republik Singapur, KOM(2018)196, andererseits Vorschlag für einen Beschluss des Rates über den Abschluss des Investitionsschutzabkommens zwischen der Europäischen Union und ihren Mitgliedstaaten einerseits und der Republik Singapur, KOM(2018)194.
14 Europäische Kommission: Durch eine ausgewogene und fortschrittliche Handelspolitik die Globalisierung meistern, 2017, S. 7.
15 Details hierzu in: European Commission: Overview of economic partnership agreements, abrufbar unter: http://trade.ec.europa.eu/doclib/docs/2009/september/tradoc_144912.pdf (letzter Zugriff: 6.11.2018).

Entwicklungszusammenarbeit und Humanitäre Hilfe

Niels Keijzer/Julian Bergmann[*]

Auf den jährlichen Europäischen Entwicklungstagen im Juni 2017 in Brüssel äußerte der Kommissar der Europäischen Union für Internationale Zusammenarbeit und Entwicklung Neven Mimica seine Überzeugung, dass die EU für eine bessere Zukunft aller Menschen weltweit zusammen stehe. Dies gelte insbesondere zu einer Zeit, in der die Werte des Multilateralismus und der Solidarität mit anderen unter Beschuss stünden.[1]

Wie oft im öffentlichen Diskurs zeugen Reden wie diese von aktuellen Herausforderungen, denen Entscheidungsträger gegenüberstehen. 2017 sah sich die EU mit substanziellen außenpolitischen Schwierigkeiten konfrontiert, insbesondere in Form ihres Verbündeten, den USA. Gleichzeitig rang die EU um innere Reformen sowie um ein gemeinsames und geeintes Auftreten in der Außenpolitik. Dies stellt einen Kontrast zu Mimicas Bild einer vollends geeinigten EU für eine bessere globale Zukunft dar. Vor allem die laufenden Brexit-Verhandlungen – die in Wirklichkeit 2017 nicht viel Verhandlung beinhalteten – zeigten, dass Großbritannien im Bereich der Europäischen Entwicklungspolitik eine Politik des „Rosinenpickens" gegenüber einer Kooperation auf Fall-zu-Fall-Basis vorziehen würde.[2] Eine weitere Herausforderung war die sogenannte Migrationskrise, welche die EU fortlaufend zu kurzfristigen Lösungen zwang, die vor allem der Befriedigung sicherheits- und migrationspolitischer Interessen der Mitgliedstaaten dienten und weniger den europäischen Werten wie Solidarität und globale Gemeinwohlorientierung entsprachen.

Ungeachtet dieser Aufgaben erlaubte das Jahr 2017 einige Fortschritte von politischer Substanz, bevor 2018 die Verhandlungen über den nächsten mehrjährigen Finanzrahmen (MFR) begannen. Im Folgenden werden sowohl übergreifende und wichtige politische Trends als auch spezifische Initiativen in den Bereichen Sicherheit und Entwicklung, Finanzierungsinstrumente der Entwicklungsarbeit und humanitäre Hilfe diskutiert.

Neuer Europäischer Konsens in der Entwicklungspolitik

Bis zum Jahr 2017 bot der Europäische Konsens für Entwicklung von 2005 eine ambitionierte und überzeugende Grundsatzerklärung zur EU-Entwicklungspolitik. Die Erklärung legte Armutsbekämpfung als umfassendes Ziel der Entwicklungspolitik fest, definierte die zentralen Werte und Grundsätze, die von der Union und ihren Mitgliedstaaten geteilt werden, und legte die Vorteile des Handelns der Europäischen Kommission in diesem Bereich dar.

---

[*] Übersetzt aus der englischen Originalversion von Svenja Meyer, Jan-Hendrik Rohlfs und Jana Schubert. Die Autoren danken Anna Hörter für die unterstützende Recherchearbeiten.
[1] Neven Mimica: The high-level closing panel. Objective 2030: towards a new development policy, Brussels, 8.6.2017, abrufbar unter: https://ec.europa.eu/commission/commissioners/2014-2019/mimica/announcements/high-level-closing-panel-objective-2030-towards-new-development-policy-brussels-0806-2017_en (letzter Zugriff: 4.7.2018).
[2] Department for Exiting the European Union: Foreign Policy, Development and Defense. A future partnership paper, London, 12.9.2017, abrufbar unter: https://www.gov.uk/government/publications/foreign-policy-defence-and-development-a-future-partnership-paper (letzter Zugriff: 4.7.2018).

Die eindeutige Ausrichtung der Entwicklungszusammenarbeit war in großen Teilen dem starken Engagement der britischen Ratspräsidentschaft zur damaligen Zeit geschuldet, was mit Blick auf das heutige Europa nach dem britischen Referendum von 2016 fast ironisch klingt.[3]

2005 spielte die Erklärung in vielen politischen Debatten eine wichtige Rolle, während es ein ‚Mindestmaß an Zielsetzung' für die Entwicklungspolitik in Feldern wie der öffentlichen Entwicklungshilfe und dem Einsatz der EU für das Erreichen der Entwicklungsziele der Millennium-Deklaration der Vereinten Nationen (UN) definierte. Verschiedene Veränderungen im internationalen Kontext der Entwicklungspolitik führten jedoch dazu, dass der Konsens mit der Zeit seine Bedeutung als Blaupause der EU-Entwicklungspolitik verlor. Die globale Finanzkrise 2008 und die darauffolgende europäische Schuldenkrise, der Aufschwung der BRICS-Staaten (Brasilien, Russland, Indien, China und Südafrika) und anderer (wieder)aufstrebender Akteure, sowie die Entwicklungen um den ‚Arabischen Frühling' veränderten die geopolitische Landschaft in der südlichen EU-Nachbarschaft grundlegend. Ein früherer Vorschlag der Europäischen Kommission, den Konsens zu überarbeiten, wurde von den Mitgliedstaaten nicht begrüßt. Man fürchtete, die EU-Entwicklungspolitik würde vor dem Hintergrund der Finanz- und Wirtschaftskrise verwässert und stärker für andere außenpolitische Ziele instrumentalisiert werden.

In Folge der Verabschiedung der Globalen Strategie der Außen- und Sicherheitspolitik der EU im Jahr 2016 war die Zeit jedoch mehr als reif, den Konsens für Entwicklungspolitik zu erneuern. Im November 2016 veröffentlichte die Europäische Kommission eine Mitteilung als Grundlage für eine Erklärung. Diese wurde anschließend in der ersten Hälfte des Jahres 2017 in einem informellen Trilog von Rat, Kommission, Europäischem Auswärtigen Dienst (EAD) und Mitgliedern des Entwicklungskomitees des Parlaments vorbereitet. Sie wurde später auf den jährlichen Europäischen Entwicklungstagen im Juni 2017 formal angenommen. Der Konsens zielt auf die Angleichung der EU-Entwicklungspolitik an die UN-Agenda 2030 für nachhaltige Entwicklung und an die entsprechenden 17 Ziele für nachhaltige Entwicklung (Sustainable Development Goals, SDGs) ab. In den Verhandlungen, die 2015 zur Verabschiedung der Agenda führten, war die EU deren starker Fürsprecher gewesen. Der offizielle Titel der Erklärung, „Unsere Welt, unsere Würde, unsere Zukunft", spiegelt die Universalität dieser Agenda als stetige Priorität der Union wider. In ihrem Kern folgt sie insbesondere dem Trend, Entwicklungspolitik als Streben nach beiderseitigem Nutzen zu präsentieren, der in einigen Mitgliedstaaten gesetzt wurde.[4]

Der neue Konsens stellte die Agenda 2030 in den Mittelpunkt und diskutierte im Detail, wie europäische Entwicklungspolitik einen Beitrag zu den fünf ‚Ps' – ‚People, Planet, Prosperity, Peace und Partnership' – leisten könnte. Darüber hinaus war die einheitliche Strategie für die EU und ihre Mitgliedstaaten ein wichtiger Schritt nach vorne, verglichen mit der Version von 2005, die mit einem separaten Kapitel für die EU-Institutionen in zwei Teile aufgeteilt war. Leider ist eine Kehrseite des Textes seine teils sehr unbestimmte Sprache, die häufig Unklarheit über die politische Bedeutung von Aussagen und deren richtungsweisen-

---

3 Die Verhandlungen des Europäischen Konsens werden detailliert beschrieben in: Marikki Stocchetti: Inside the European Consensus on Development and Trade: Analysing the EU's Normative Power and Policy Coherence for Development in Global Governance, Helsinki 2013, abrufbar unter: https://helda.helsinki.fi/handle/10138/4070 (letzter Zugriff: 22.8.2018).

4 Niels Keijzer/Erik Lundsgaarde: When 'unintended effects' reveal hidden intentions. Implications of 'mutual benefit' discourses for evaluating development cooperation, in: Evaluation and Program Planning, 17.9.2017.

den Charakter für die Unterzeichner zur Folge hat. Vor dem Hintergrund des Vorbereitungsprozesses der Erklärung sind die fehlenden Details zur Rolle des Europäischen Parlaments in der Entwicklungspolitik durchaus erklärungsbedürftig.

Gegen Ende der Verhandlungen lehnte die ungarische Regierung den migrationsbezogenen Paragraphen ab. Diesbezügliche Verhandlungen wurden daraufhin an die Vertreter der Mitgliedstaaten im Ausschuss der Ständigen Vertreter der Mitgliedstaaten (AstV) übertragen, mit dem Resultat, dass der Text den ungarischen Anliegen entsprechend angepasst wurde. Die nachfolgende Gegenüberstellung zeigt, dass der Kommissionsvorschlag einen merklich anderen Ton anschlägt als das letztlich angenommene Dokument.

Tabelle: Vergleich des Kommissionsvorschlags mit dem endgültigen neuen Europäischen Konsens über die Entwicklungspolitik

Vorschlag: Paragraph 56[5]	Finale Version: Paragraph 39[6]
"Migration is a complex, global, long-lasting phenomenon requiring a carefully-designed, balanced, evidence-based and sustainable policy response."	"Migration is a complex, global, long-lasting phenomenon requiring a carefully designed, balanced, evidence-based and sustainable policy response which shall respect national competences, and in particular not affect the right of Member States under Article 79 (5) TFEU to determine volumes of admission of third-country nationals coming from third countries to their territory in order to seek work."

Quelle: eigene Ausarbeitung

Die Diskussion über Sicherheit und Entwicklung

Verschiedenste außenpolitische Dokumente der EU haben seit langem darauf verwiesen, dass Sicherheit und Entwicklung eng zusammenhängen und dass daher Entwicklungs- und Sicherheitspolitik daher aufeinander abgestimmt werden müssen. Allerdings unterscheiden sich die Ansichten über die Natur einer solchen Angleichung signifikant.[7] Im Jahr 2017 wurde die Verschiedenheit dieser Positionen erneut deutlich, als die Europäische Kommission, das Parlament und der Rat eine Reform des Instruments für Stabilität und Frieden (Instrument contributing to Stability and Peace, IcSP) auf Grundlage eines Vorschlags der Kommission von 2016 verhandelten. Der Vorschlag beinhaltete eine neue Art von Unterstützungsmaßnahmen für den Kapazitätsaufbau bei militärischen Akteuren in Partnerländern mit einem Budget von 100 Mio. Euro für 2018 bis 2020. Im Rahmen des Kapazitätsaufbaus zur Förderung von Sicherheit und Entwicklung (Capacity Building in Support of Security and Development, CBSD) und als Unterstützung der europäischen militärischen Trainingsmissionen wie beispielsweise in Somalia oder Mali würde die Union Trainings, nichtletale Ausrüstung und Infrastruktur für Streitkräfte bereitstellen.

---

5   European Commission: Proposal for a new European Consensus on Development. Our World, our Dignity, our Future, Brüssel, 22.11.2016, abrufbar unter: https://ec.europa.eu/europeaid/sites/devco/files/communication-proposal-new-consensus-development-20161122_en.pdf (letzter Zugriff: 4.6.2018).
6   Council of the European Union: The New European Consensus On Development. ‚Our World, Our Dignity, Our Future', Brüssel, 2.6.2017, abrufbar unter: http://www.consilium.europa.eu/media/24004/european-consensus-on-development-2-june-2017-clean_final.pdf (letzter Zugriff: 4.6.2018).
7   Julian Bergmann: A Bridge over Troubled Water? The instrument contributing to Stability and Peace (IcSP) and the Security-Development Nexus in EU External Policy, in: DIE Discussion Paper 6/2018, Bonn, S. 6–8.

Drei zentrale Punkte bestimmen die Debatte über die IcSP-Reform. Erstens gab es im Europäischen Rat sowie im Parlament beachtliche Diskussionen darüber, ob der Reformvorschlag eine weitere „Zweckentfremdung" der Haushaltsmittel für Entwicklungspolitik für Sicherheitsinteressen bedeuten würde. Zweitens kritisierten zivilgesellschaftliche Organisationen, dass CBSD-Maßnahmen wahrscheinlich autoritäre Strukturen in Partnerländern stärken würden, anstatt zu nachhaltiger Entwicklung beizutragen. Drittens wurden in der Kommission und im Parlament rechtliche Bedenken dazu geäußert, den Kapazitätsaufbau militärischer Akteure über das Budget der Union zu finanzieren. Da Art. 41 (2) EUV die Nutzung von Haushaltsmitteln für Ausgaben, die sich aus Militär- oder Verteidigungsoperationen ergeben, untersagt, äußerten die Rechtsabteilungen aller Institutionen der Europäischen Union starke Zweifel an der Rechtmäßigkeit des Vorschlags.[8]

Im Dezember 2017 konnten sich diese Institutionen auf die IcSP-Reform einigen. Während der endgültige Text der angepassten IcSP-Verordnung größtenteils dem Vorschlag der Kommission entspricht, schaffte es das Europäische Parlament, die Nutzung von Mitteln des Instruments für die Entwicklungszusammenarbeit (Development Cooperation Instrument, DCI) für CBSD-Maßnahmen auszuschließen. Zudem ist die Kommission angewiesen, eine Evaluierung der CBSD-Maßnahmen bis Juni 2020 vorzulegen. Letztendlich ist die IcSP-Reform jedoch ein bedeutender Präzedenzfall für die Nutzung von EU-Haushaltsmitteln für die Finanzierung der Zusammenarbeit mit militärischen Akteuren.

Europäischer Fonds für nachhaltige Entwicklung

In seiner Ansprache zur Lage der Union kündigte Jean-Claude Juncker 2016 die Schaffung eines externen Gegenstücks zur Investitionsoffensive für Europa („Juncker Plan") an. Dieser Plan würde die Form eines Externen Investitionsplans (EIP) für Afrika und die Nachbarschaft annehmen. Der Plan soll derselben Logik folgen wie der „Juncker-Plan": Er würde sich an der Nutzung öffentlicher Mittel als eine Garantie zur Gewinnung öffentlicher und privater Investitionen und zur Schaffung von Arbeitsplätzen orientieren. Der Entscheidung für den Fonds gingen keine bedeutenden Abstimmungen mit den Empfängerregionen voraus, während intensive Verhandlungen – zunächst im Rat und später mit dem Europäischen Parlament – dazu führten, dass der Investitionsplan im Juni 2017 verabschiedet wurde. Die Verhandlungen zeigten, dass die Mitgliedstaaten unterschiedliche Ansichten darüber hatten, ob der Investitionsplan Bemühungen unterstützen sollte, Migration aus den zwei betroffenen Regionen nach Europa einzuschränken.[9]

Der EIP folgt früheren Erfahrungen mit ‚external blending platforms', die einen Teil der Ressourcen der öffentlichen Entwicklungszusammenarbeit der Union nutzen, um Investitionen in Entwicklungsländern zu erleichtern. Kritische Bestandsaufnahmen zeigen aber, dass die EU in der Vergangenheit mehr Erfolg hatte, öffentliche Investitionen zu unterstützen als mit dem privaten Sektor zu arbeiten.[10] Die weitere Umsetzung des Plans wird Herausforderungen im organisatorischen Bereich mit sich bringen, besonders hinsichtlich der Kooperation zwischen der Europäischen Investitionsbank und der Europäischen Kommission, die um Handlungsspielraum konkurrieren, sowie bei den mitgliedstaatlichen Geberinstitutionen, die eine führende Rolle bei der Umsetzung einnehmen werden.

---

8 Julian Bergmann: Capacity Building in Support of Security and Development: Securitising EU Development Policy?, in: DIE Briefing Paper 24/2017, Bonn.
9 Für weitere Details zu dieser Einschätzung siehe Erik Lundsgaarde: The European Fund for Sustainable Development. Changing the game?, in: DIE Discussion Paper 29/2017, Bonn.
10 Lundsgaarde, Changing the game?, 2017.

Halbzeitbilanz der Finanzierungsinstrumente für die Entwicklungszusammenarbeit

Eine Evaluation aller Außenfinanzierungsinstrumente wurde 2017 zu einem Zeitpunkt veröffentlicht, als die Europäische Kommission und der EAD bereits mit den Vorbereitungen für den nächsten MFR und entsprechenden rechtlichen Instrumenten beschäftigt waren. Diese diente als entscheidender Input für ein Arbeitsdokument als eine Art Halbzeitbilanz der Außenwirkung des EU-Haushalts, das von den entsprechenden Diensten vorbereitet wurde.

Vor dem Hintergrund dieser Anstrengungen, die zum Teil denkwürdige Resultate produzierten,[11] brachte die Bilanz keine großen entwicklungspolitischen Vorschläge hervor. Stattdessen stellte man fest, dass die Instrumente im Allgemeinen einsatzbereit und auf die Erfüllung ihrer jeweiligen Ziele ausgerichtet seien. Korrekturen in Form von Änderungsverordnungen oder Rechtsakten wurden nicht als notwendig erachtet. Dies war nicht überraschend, denn die EU sollte aller Voraussicht nach entsprechende Rechtsvorschläge in weniger als einem halben Jahr nach der Veröffentlichung der Bilanz auf die Tagesordnung setzen. Außerdem betonte die Halbzeitbilanz die Notwendigkeit höherer finanzieller und programmatischer Flexibilität des auswärtigen Handelns, wodurch sich die allgemeine Stoßrichtung der Gesetzesvorschläge vor dem Hintergrund des neuen Budgets andeutete.

Insgesamt war die Entscheidung, unabhängige Evaluationen der Leistung und der Resultate der Instrumente in Auftrag zu geben, hilfreich, um Informationen über die Umsetzung der Entwicklungspolitik und der humanitären Hilfe der Union zu generieren. Nichtsdestotrotz war es aus zeitlichen Gründen nicht möglich, Änderungen des aktuellen Budgets anzuregen. Die Resultate zeigen, dass es definitiv sinnvoll wäre, die Evaluierung in der nächsten Budgetperiode zu wiederholen.

Humanitäre Hilfe

Der syrische Bürgerkrieg und seine humanitären Konsequenzen in Gestalt der Flüchtlingsströme in die Nachbarstaaten waren 2017 weiter Priorität der humanitären Hilfe der EU. 27 Humanitäre Umsetzungspläne (Humanitarian Implementation Plans, HIPs) wurden im letzten Jahr mit einem Gesamtbudget von 1,8 Mrd. Euro verabschiedet. Ferner waren 782 Mio. Euro für humanitäre Hilfsprojekte in der Türkei vorgesehen, deren Zielgruppe Geflüchtete aus Syrien waren.[12] Neben der Unterstützung der Türkei wurden weitere 234 Mio. Euro für humanitäre Maßnahmen angesichts der regionalen Krise in Syrien ausgegeben.[13] Die Tatsache, dass mehr als die Hälfte des Budgets für humanitäre Hilfe für den Konflikt in Syrien ausgegeben wurde, zeigt die andauernde Bereitschaft der EU, diese gravierende humanitäre Krise zu mildern.

Hinsichtlich der Entwicklung politischer Strategien war eine weitere Priorität der EU im Jahr 2017, Synergien und Koordination zwischen humanitärer Hilfe und Entwicklungszusammenarbeit zu stärken, insbesondere in von Konflikten betroffenen Staaten. Aufbauend auf dem neuen Europäischen Konsens über die Entwicklungspolitik betonten die Schlussfol-

---

11 Beispielsweise bemerkte der Europäische Entwicklungsfonds (EEF), dass der finanzielle Druck, über den Fonds die europäische Antwort auf die Flüchtlingskrise zu finanzieren, das Risiko erzeugte, den langfristigen Entwicklungsfokus des EEF zu unterminieren.
12 European Commission: Humanitarian Implementation Plan (Hip). Turkey, Brüssel, 13.11.2017, abrufbar unter: https://ec.europa.eu/echo/sites/echo-site/files/hip_turkey_2017_ver_2.pdf (letzter Zugriff: 4.6.2018).
13 European Commission: Humanitarian Implementation Plan (Hip). Syria Regional Crisis, Brüssel, 11.5.2017, abrufbar unter: http://ec.europa.eu/echo/sites/echo-site/files/2017_05_11_hip_crise_syrie_version_2.pdf (letzter Zugriff: 4.6.2018).

gerungen des Rates zur Operationalisierung des Nexus von humanitärer Hilfe und Entwicklung vom Mai 2017 die Notwendigkeit, humanitäre Hilfe und Entwicklungszusammenarbeit besser zu verbinden, um menschengemachte oder natürliche Krisen und Desaster besser antizipieren, sich darauf vorzubereiten und auf sie reagieren zu können.[14] Um diesen Anspruch zu realisieren, verlangen die Schlussfolgerungen neue Ansätze in der Politik und Veränderungen in den rechtlichen Rahmenbedingungen, um die Zusammenarbeit von Akteuren aus beiden Politikfeldern zu stärken.

Im Sinne dieser Initiative steht auch die gemeinsame Mitteilung der Hohen Vertreterin der EU für Außen- und Sicherheitspolitik, Federica Mogherini, und der Kommission über einen strategischen Ansatz für Resilienz in der Außentätigkeit der EU vom Juni 2017. In diesem Dokument wird die gemeinsame Analyse von Akteuren der Entwicklungs- und der humanitären Hilfe gefordert, um sozioökonomische, politische und Umweltrisiken zu identifizieren, die die Anfälligkeit für Krisen und Desaster verschiedener Länder beeinflussen.[15] Im Idealfall würde diese gemeinsame Analyse zu gemeinsamer Programmgestaltung und Umsetzung durch Partner der humanitären Hilfe und der Entwicklungszusammenarbeit führen. Dieser neue Nexusansatz soll in sechs Pilotländern über das Jahr 2018 getestet werden, namentlich in Tschad, Irak, Myanmar, Nigeria, Sudan und Uganda.

Schlussfolgerungen

Im Ganzen war das Jahr 2017 ein wichtiges Jahr für die EU-Entwicklungspolitik und humanitäre Hilfe, sowohl aufgrund der Verabschiedung einer neuen, nachhaltigen Politikvision in Form des Europäischen Konsens für Entwicklung, als auch durch ergänzende Reformen und die Halbzeitbewertung der finanziellen Instrumente, die Implementierung dieser Vision vorantreiben. Die Abfolge, in der entwicklungspolitische Inhalte und deren Implementierung angepasst wurden, nämlich größtenteils simultan, spiegelt die grundlegende Natur des Politikfelds: Inhalte bestimmen die eigentliche Umsetzung, doch ebenso oft bewirken Änderungen in der Implementierung im Nachhinein die entwicklungspolitischen Inhalte. Dieser pragmatische Charakter der ansonsten mit Ressourcen gut ausgestatteten Entwicklungspolitik der Europäischen Union zeigt, dass die Politik sowohl auf die Krisen, denen die EU gegenüberstand und mit denen sie weiterhin konfrontiert sein wird, reagieren kann, als auch, dass sie von ihnen zunehmend herausgefordert wird.

Weiterführende Literatur

Clare Castillejo et al.: The European Union's next multiannual financial framework: prospects and challenges for EU development cooperation. European Think Tanks Group, abrufbar unter: https://ettg.eu/wp-content/uploads/2018/03/ETTG-policy-brief-the-Eus-MFF_prospects_and_challenges_for_Development_cooperation.pdf (letzter Zugriff: 23.10.2018).

---

14 Council of the European Union: Council conclusions Operationalising the Humanitarian-Development Nexus, Brüssel, 19.5.2017, abrufbar unter: http://www.consilium.europa.eu/media/24010/nexus-st09383en17.pdf (letzter Zugriff: 4.6.2018).
15 European Commission/High Representative of the Union for Foreign Affairs and Security Policy: Joint Communication to the European Parliament and the Council on A Strategic Approach to Resilience in the EU's External Action, Brüssel, 7.6.2017, abrufbar unter: https://eeas.europa.eu/sites/eeas/files/join_2017_21_f1_communication_from_commission_to_inst_en_v7_p1_916039.pdf (letzter Zugriff: 5.7.2018).

Gemeinsame Außen- und Sicherheitspolitik

Annegret Bendiek/Moritz Fessler

Zwei Jahre nach Verabschiedung der Globalen Strategie (GS) wächst der Druck auf die Gemeinsame Außen- und Sicherheitspolitik (GASP), die vorgesehene strategische Ausrichtung der EU in konkrete Projekte zu gießen. Im Jahr 2016 hatte die EU ihr strategisches Leitbild den neuen Herausforderungen an eine gemeinsame europäische Außenpolitik angepasst. Statt wie bisher ihr direktes Umfeld und globale Schauplätze transformativ im Sinne europäischer Werte zu gestalten, verschiebt die GS den Fokus auf Aufbau und Aufrechterhaltung von Widerstandskraft (Resilienz) gegenüber inneren und äußeren Bedrohungen. Erste Umsetzungserfolge zeigten sich im letzten Jahr insbesondere in der Gemeinsamen Sicherheits- und Verteidigungspolitik (GSVP).

Veränderte Parameter der GASP

Die Anpassungen im strategischen Leitbild der GASP standen auch 2018 im Rahmen anhaltender Instabilität in der EU-Nachbarschaft. In zentralen Krisenfeldern, wie im Nahen Osten oder in der Ostukraine, zeichneten sich keine positiven Veränderungen ab. Gleichzeitig gestalteten sich die Partnerschaftsbeziehungen der EU, insbesondere zu den USA und dem NATO-Verbündeten Türkei, zusehends schwierig. In bestimmenden Handlungsfeldern der GASP lassen sich fünf Entwicklungen skizzieren:

Bei der Umsetzung des Minsker-Abkommens und einer Stabilisierung der Ostukraine waren keine nennenswerten Erfolge zu verzeichnen. Während in der Ukraine die 2019 bevorstehenden Parlaments- und Präsidentschaftswahlen innenpolitische Konflikte verschärften, setzte Russland weiterhin auf eine Destabilisierung seines östlichen Nachbarschaftsraumes durch die Kooptierung nichtstaatlicher Akteure. Einen neuen Impuls für die Entwicklung versprechen die seit Juni 2018 relancierten Gespräche im Normandie-Format, bei denen Verhandlungen über eine mögliche UN-Mission in der Ukraine im Fokus stehen.

Im Rahmen der Europäischen Migrationsagenda verabschiedete die Europäische Kommission im Dezember 2017 einen Umsetzungsplan zur Stärkung einer kohärenten europäischen Migrationspolitik. Die Kooperation der EU mit der Internationalen Organisation für Migration zielt dabei unter anderem auf die sogenannte „freiwillige Rückkehr" von Flüchtlingen und Migranten in Libyen in ihre Heimatländer ab. Im Vergleich zum Vorjahreszeitraum sanken bis Mai die Ankunftszahlen um 77 Prozent im zentralen Mittelmeerraum. Die Zahl der Ankünfte aus der Türkei stieg hingegen um das Neunfache im Vergleich zu 2017.[1]

Gleichzeitig verkomplizierten sich die Beziehungen zu Ankara. Der Vertragsschluss zum Kauf eines russischen Raketenabwehrsystems rief insbesondere bei den NATO-Partnern Irritationen hervor. Nach dem völkerrechtlich umstrittenen Einmarsch der Türkei in der syrischen Region Afrin äußerten mehrere Länder deutliche Kritik, so Deutschland und Frankreich. Beim EU-Türkei-Gipfel im bulgarischen Warna schließlich attestierte die EU dem Land am Bospo-

---

1 Europäische Kommission: Europäische Migrationsagenda: Die nach wie vor instabile Lage gibt keinen Anlass, sich auf den Fortschritten auszuruhen, Pressemitteilung IP/18/3743, Brüssel, 16. Mai 2018.

rus einen Negativtrend bei Rechtsstaatlichkeit und Grundfreiheiten. Damit bleibt die Türkei zwar Beitrittskandidat, konkrete Gespräche bleiben aber mittelfristig unwahrscheinlich.

Auch das Gesprächsklima zwischen der Union und den USA kühlte spürbar ab. Mit dem unilateralen Ausstieg aus dem Pariser Klimaabkommen und unabgestimmtem Vorgehen, wie der Anerkennung Jerusalems als Hauptstadt Israels, hatte der neue US-Präsident für Verwirrung gesorgt. Seine anhaltend erratische Handlungsweise und der einseitige Ausstieg aus dem ausgehandelten Nuklearabkommen mit Iran führten zu deutlichen Verstimmungen seitens der EU. Die Verhängung von Strafzöllen gegen europäische Stahl- und Aluminiumprodukte und die Gegenmaßnahmen markierten einen weiteren Tiefpunkt in den transatlantischen Beziehungen.

Im Hinblick auf den bevorstehenden Austritt Großbritanniens zeichnete sich streckenweise Entspannung ab. Überwogen zunächst Befürchtungen, der Verlust des diplomatisch und militärisch einflussreichen Vereinigten Königreiches könnte GASP und GSVP nachhaltig schaden, verdeutlichte die britische Regierung zuletzt ihr Interesse an einer weiterhin engen Zusammenarbeit in der Außenpolitik. Auf der Münchener Sicherheitskonferenz schlug Premierministerin May einen Sicherheitsvertrag zwischen Großbritannien und der EU vor, der auch künftig eine starke Einbindung der Briten in eine europäische Außenpolitik ermöglichen könnte. Gleichzeitig eröffnet der EU-Austritt besonders in der GSVP durch die Drittstaatsbeteiligung an der Ständigen Strukturierten Zusammenarbeit (SSZ) ungeahnte Möglichkeiten.

Erste Schritte auf dem Weg zur Verteidigungsunion

Der bevorstehende Austritt Großbritanniens sowie die zunehmende Unsicherheit im transatlantischen Verhältnis wirkten sich als Katalysator für die Vertiefung der Verteidigungszusammenarbeit in Europa aus. Noch im Juni 2017 hatte Kommissionspräsident Jean-Claude Juncker die SSZ als „schlafende Schönheit des Lissabon-Vertrages"[2] beschrieben. Knapp ein Jahr später ist die SSZ als permanentes Kooperationsformat im Verteidigungsbereich etabliert und weist 17 erste Projekte vor, wie den geplanten Aufbau eines europäischen Sanitätskommandos und ein Krisenreaktionszentrum. Weitere Projekte sollen im November 2018 folgen.

Als kontrovers hatte sich zunächst die politische Ausrichtung der SSZ erwiesen. Während Deutschland einen integrativen Charakter anstrebte, der mit niedrigeren Zugangsbedingungen eine breite Teilnahme von Mitgliedstaaten ermöglichen sollte, favorisierte Frankreich einen ambitionierten Ansatz, der einer kleineren Kerngruppe höhere operative Effizienz erlaubt hätte. Im Ergebnis entwickelte sich ein Kompromiss. Mit überwiegend integrativ orientierten Aufnahmebedingungen und der Teilnahme von 25 Mitgliedstaaten an der SSZ wurden zwar neuerliche Trennlinien in der GASP vermieden. Gleichzeitig forcierte Frankreich jedoch seine Bestrebung zur Gründung einer kleineren Koalition. In seiner Sorbonne-Rede im September 2017 hatte Präsident Macron eine „Europäische Interventionsinitiative" (EI2) gefordert.[3] Trotz anfänglicher Kritik aus Berlin unterzeichneten Ende Juni 2018 neun Mitgliedstaaten eine Absichtserklärung zur Gründung der Plattform, unter anderem Großbritannien. Ziel ist eine engere Zusammenarbeit der Generalstäbe, um eine schnellere militärische Reaktion in Krisensituationen zu ermöglichen. Ob die Initiative langfristig in eine gemeinsame Interventionstruppe münden könnte, blieb jedoch offen.

---

2   Rede von Jean-Claude Juncker am 9. Juni 2017 in Prag: In defence of Europe, Defence and Security Conference Prague, Prag, 9. Juni 2017, abrufbar unter: http://europa.eu/rapid/press-release_SPEECH-17-1581_en.htm, (letzter Zugriff: 18.10.2018).

3   Rede von Emmanuel Macron an der Sorbonne: Initiative für Europa, Paris, 26. September 2017, abrufbar unter: http://international.blogs.ouest-france.fr/archive/2017/09/29/macron-sorbonne-verbatim-europe-18583.html (letzter Zugriff: 18.10.2018).

Substanzielle Entwicklungen zeichneten sich in der Umsetzung des Europäischen Verteidigungsaktionsplans ab. Hierzu zählt die Verabschiedung des European Defence Industry Development Program (EDIDP), das länderübergreifende Kooperation im Rüstungssektor unterstützt und ab 2019 Fördergelder für Projekte, auch im Rahmen der SSZ, bereitstellen soll. Das Programm stellt ein politisches Novum dar: Erstmals wird die Europäische Kommission im sensiblen Bereich der Verteidigungspolitik und Rüstungsindustrie aktiv. In diesem Rahmen sieht der Kommissionsentwurf für den mehrjährigen Finanzrahmen erstmalig Finanzmittel explizit für den Verteidigungsbereich vor.

Ob die Vertiefung der europäischen Verteidigungszusammenarbeit zu gemeinsamer Beschaffung und zur Fusion militärischer Fähigkeiten führen, wird sich zeigen müssen. Polen verdeutlichte seine transatlantische Verbundenheit in der Sicherheitspolitik mit zurückhaltender Beteiligung an der SSZ, in deren Rahmen das Land nur in zwei Projekten involviert ist, und dem Ersuchen an die USA, eine Division dauerhaft in Polen zu stationieren. Ungarn lehnt grundsätzlich Souveränitätstransfer auf Unionsebene ab. Zwar beteiligen sich Irland, Österreich, Finnland und Schweden an der SSZ, betonen aber das Festhalten an ihrer Neutralitätsrolle. Damit hat sich „ein Europa der verschiedenen Geschwindigkeiten" in der GSVP durchgesetzt.

Nachbarschaftspolitik zwischen Anspruch und Wirklichkeit

Im vergangenen Jahr stand die Europäische Nachbarschaftspolitik (ENP) im Spannungsfeld zwischen dem Anspruch, Transformation zu fördern, und der Realität anhaltender Instabilität in unmittelbarer und erweiterter Nachbarschaft. Exemplarisch hierfür standen die EU-Türkei-Beziehungen. Zwar bescheinigte die Europäische Kommission der Türkei in ihrem Fortschrittsbericht „herausragende" Anstrengungen bei der Aufnahme von Flüchtlingen und betont die effektive Zusammenarbeit. Gleichzeitig kritisierte sie jedoch „Rückfälle" in zentralen Bereichen der Rechtsstaatlichkeit und schloss die Öffnung weiterer Kapitel in den Beitrittsverhandlungen vorerst aus.[4]

Anders präsentierte sich die Situation für die Länder des westlichen Balkans. In seiner Rede zur Lage der Union 2017 hatte Kommissionspräsident Juncker eine neue Westbalkanstrategie angekündigt, die im Februar 2018 von der Europäischen Kommission vorgelegt wurde. Nach wie vor bleiben knapp 550 Soldaten der Operation Althea in Bosnien und Herzegowina stationiert, die den Aufbau bosnischer Sicherheitskräfte unterstützen. Auch die Mission EULEX Kosovo, die im Kosovo Hilfe zum Aufbau von Polizei, Justiz und Verwaltung leistet, wurde verlängert. Im jüngsten Balkanland war das zurückliegende Jahr insbesondere von Spannungen mit Serbien rund um den Mord an einem Serbo-Kosovarischen Politiker gekennzeichnet. Zeitgleich gelang im März die Ratifizierung eines Grenzabkommens mit Montenegro, welches die Europäische Kommission als wichtigen Durchbruch zur Visaliberalisierung bewertete. Insgesamt lässt sich in der Entwicklung der Beitrittsperspektiven auf dem Westbalkan ein überwiegend positives Fazit ziehen. Die wiederholten Reisen von Kommissionspräsident Juncker aber auch der Hohen Vertreterin für Außen- und Sicherheitspolitik Federica Mogherini (HV) verdeutlichten die Bedeutung der Region. Zentral ist die Resilienzförderung, wie Mogherini bei der Präsentation der Fortschrittsberichte betonte, als sie die EU-Beitrittspolitik als Investition in „Frieden, Sicherheit, Wohlstand und die Stabilität Europas" bezeichnete.[5]

---

4   Europäische Kommission: Commission staff working document. Turkey 2018 Report, Straßburg, 17. April 2018, SWD(2018)153 endg.

Auch im Krisenmanagement der EU zeigte sich 2018 ein Schwerpunkt beim Stabilitätsaufbau. Insgesamt engagierte sich die Union in elf zivilen Missionen und sechs militärischen Operationen in zwölf verschiedenen Gebieten, vorwiegend im Nahen Osten und in Afrika.[6] Während der Fokus ziviler Missionen bei Grenzüberwachung und Monitoring (zum Beispiel EU Monitoring Mission Georgien) oder dem Aufbau von Verwaltungs- und Justizkräften (zum Beispiel EU Police Mission in the Palestinian Territories) lag, konzentrierte sich die EU in ihren Militäroperationen auf die Bekämpfung von Piraterie (zum Beispiel EU Naval Force Somalia) und die Ausbildung von militärischen Sicherheitskräften (zum Beispiel EU Training Mission Mali). Ende 2017 setzte die EU zudem die EU Advisory Mission Iraq ein, welche zivile Aspekte der Sicherheitssektorreform des Landes und die Implementierung der Nationalen Sicherheitsstrategie des Iraks unterstützt. Die Mission ist in Bagdad stationiert und bietet der irakischen Zentralregierung Expertise zu Strategien gegen Terrorismus, organisierte Kriminalität und zum Schutz von Kulturgütern.

Im Rahmen ihrer zivilen Missionen hat die EU im Jahr 2017 über 530 Trainingseinheiten für mehr als 11.000 Beamte in den Bereichen Grenzüberwachung, Anti-Korruption, Menschenrechte und zur Vereitelung von Menschenschmuggel durchgeführt. Im Mai 2018 unterstrich die EU ihren zivilen Schwerpunkt in der GSVP mit der Entscheidung, bis November einen „Pakt für die zivile GSVP" (Civilian CSDP Compact) zur Stärkung ziviler Kriseneinsätze vorzulegen. Das Konzept integriert neue Bereiche in die zivilen Einsätze, unter anderem Grenzsicherung, Terrorismusabwehr und Cybersicherheit. Ziel ist eine vertiefende Ausrichtung der zivilen Missionen am „Integrierten Ansatz", einer der fünf Säulen der GS im europäischen Krisenmanagement.

Abschottung als kleinster gemeinsamer Nenner auf dem internationalen Parkett

Die GS formuliert den Anspruch, das auswärtige Handeln der EU am Ziel einer „friedlichen, fairen und wohlhabenden Welt" zu orientieren. Als Bestandteile dieser Ziele identifizierte die HV Mogherini bei ihrer Rede zur Lage der Union im Mai 2018 ein „starkes und selbstbewusstes Europa", das sich externen Herausforderungen geschlossen stellt.[7] Eine einheitliche Linie im auswärtigen Handeln der EU ließ sich im vergangenen Jahr im Umgang mit Partnern und in zentralen Feldern wie Entwicklungszusammenarbeit feststellen. Mithin zeigten sich jedoch wiederholt interne Spannungen, die einer kohärenten gemeinsamen Außenpolitik entgegenstanden.

In der Entwicklungspolitik ist die EU weiterhin die größte Geldgeberin weltweit. Im Jahr 2017 investierte sie 75,7 Mrd. Euro – 57 Prozent der weltweiten Ausgaben in der Entwicklungszusammenarbeit. Die Europäische Kommission kündigte einen Beitrag von 30 Mio. Euro zum neugegründeten Gemeinsamen UN-Fonds für nachhaltige Entwicklung 2030 an. Im Juni 2017 verabschiedete die EU den „Neuen Europäischen Konsens über die Entwicklungspolitik",

---

5   Rede von Federica Mogherini am 17. April 2018 in Straßburg: Remarks by HR/VP Federica Mogherini at the College read-out to present the 2018 Enlargement package, together with Commissioner Johannes Hahn, Straßburg, 17. April 2018, abrufbar unter: https://eeas.europa.eu/headquarters/headquarters-homepage/43064/remarks-hrvp-federica-mogherini-college-read-out-present-2018-enlargement-package-together_en (letzter Zugriff: 18.10.2018).

6   Die Mission zur Grenzüberwachung EUBAM Moldawien/Ukraine ist hier mit eingerechnet, obwohl sie formal nicht unter dem Schirm der GASP verortet ist.

7   Rede von Federica Mogherini, European University Institute's State of the Union, Florence, 11. Mai 2018, abrufbar unter: https://eeas.europa.eu/headquarters/headquarters-homepage/44432/speech-high-representativevice-president-federica-mogherini-european-university-institute%E2%80%99s_en (letzter Zugriff: 18.10.2018).

der die EU-Entwicklungshilfe zur Umsetzung der Agenda 2030 koordiniert. Damit soll der Führungsanspruch der EU bei der Umsetzung der Agenda 2030 unterstrichen werden. Das weitestgehend einheitliche Agieren der EU in der Entwicklungszusammenarbeit bildet dabei die ähnliche Interessenlage der Mitgliedstaaten ab.

Im Rahmen ihres Engagements in Afrika einigte sich die EU mit der Afrikanischen Union (AU) bei einem Gipfeltreffen Ende November 2017 auf vier Partnerschaftsprioritäten, unter anderem Sicherheit und Migration. Zur Unterstützung von Migranten bei der freiwilligen Rückkehr in ihre Heimatländer richteten EU und AU mit der UN eine Task Force ein, die bis Mai 2018 die Rückkehr von knapp 15.000 Migranten in Libyen unterstützte. Ergänzend initiierte die Europäische Kommission im Februar 2018 drei neue Programme im Umfang von insgesamt 150 Mio. Euro.

Bei der Suche nach einer Konfliktlösung im Jemen und in Syrien blieb das Engagement der EU weitestgehend auf humanitäre Hilfe begrenzt. Bei einer Geberkonferenz in Genf sicherte die Union 107,5 Mio. Euro für Wiederaufbau und humanitäre Hilfe im Jemen zu. Seit Beginn des Konflikts 2015 hat die EU über 400 Mio. Euro für das Land bereitgestellt. Ein Jahr nach Verabschiedung der EU-Syrien-Strategie richtete die EU gemeinsam mit der UN eine zweite Geberkonferenz zur Bereitstellung finanzieller Unterstützung für Syrien und betroffene Nachbarländer aus. Die zugesicherten Milliardenhilfen fielen jedoch hinter die von der UN angestrebten knapp 8 Mrd. Euro zurück. In Folge drohen die Streichung mehrerer UN-Maßnahmen und ein Glaubwürdigkeitsverlust der EU-Syrien-Strategie. Schwierigkeiten für die gemeinsame Haltung gegenüber dem Konflikt in dem Land zeigten sich auch in der Reaktion auf die Militärschläge im April, an denen sich neben den USA auch Frankreich und Großbritannien beteiligten. Zwar versicherten HV Federica Mogherini und Ratspräsident Donald Tusk, die EU stünde hinter den Angriffen gegen das syrische Regime, in einer gemeinsamen Erklärung konnten sich die EU-Außenminister aber nur auf einen schwachen Kompromiss einigen, der Verständnis für die Luftschläge andeutete.

Trennlinien, aber auch Gemeinsamkeiten zeigten sich im Umgang der EU mit Partnerländern. In Reaktion auf die drohende Verhängung von US-Strafzöllen agierte die EU weitestgehend geschlossen. Im Rahmen des G7-Gipfels in Kanada sprachen sich Frankreichs Staatspräsident Macron, Italiens Ministerpräsident Conte, die britische Premierministerin May und Bundeskanzlerin Merkel gegen eine protektionistische Handelspolitik aus. Das Festhalten der USA an Strafzöllen gegen europäische Stahl- und Aluminiumprodukte zeigte jedoch den begrenzten Einfluss der Staats- und Regierungschef. Mit einstimmiger Unterstützung durch die Mitgliedstaaten reagierte die Europäische Kommission mit der Verhängung von Gegenzöllen, die im Einklang mit dem Regelwerk der Welthandelsorganisation seit Juni 2018 in Kraft sind. Nach der einseitigen Aufkündigung des Nuklearabkommens mit Iran durch die USA erfolgte die Reaktion der EU weitestgehend geschlossen. Kommissionspräsident Juncker und HV Mogherini bekräftigten gegenüber Teheran den Wunsch, am Abkommen festzuhalten. Beim informellen Gipfeltreffen der Staats- und Regierungschefs in Sofia unterstrichen auch die Mitgliedstaaten ihre Unterstützung für das Abkommen, mit der Folge, dass die Europäische Kommission eine Ausweitung des „Blocking Statute" initiierte, womit eine Beteiligung europäischer Unternehmen an den US-Sanktionen verhindert werden soll. Im transatlantischen Verhältnis ließ sich noch kein substanzielles Spaltpotenzial für die EU ausmachen. Die Energiepartnerschaft Polen-USA (LPG) wurde mit EU-Fördermitteln unterstützt und der polnische Kauf vom Patriot-System offiziell als strategischer Gewinn für die Europäer gegenüber Russland gewertet.

Während sich in der Außenpolitik gegenüber den USA größtenteils eine gemeinsame Linie nachzeichnen ließ, stand das auswärtige Handeln der EU im schwierigen Verhältnis zu Russland im Spannungsfeld der Interessen einzelner Mitgliedstaaten. Zwar verurteilte die EU geschlossen den Chemiewaffenanschlag in Salisbury, an der folgenden Ausweisung russischer Diplomaten beteiligten sich jedoch nur 14 Mitgliedstaaten. Zudem deuten die zunehmend kritische Haltung Österreichs, der italienische Vorschlag, Russland wieder in die G7 aufzunehmen, sowie die anhaltende Kritik des ungarischen Premierministers Orbán an der europäischen Russlandpolitik auf schwierige Verhandlungen über das Aufrechterhalten der EU-Sanktionen gegen das Land hin.

Fazit

Die zunehmenden Verstimmungen im transatlantischen Verhältnis, die institutionelle Vertiefung der europäischen Verteidigungszusammenarbeit und die Weiterentwicklung der zivilen GSVP markieren wesentliche Entwicklungen der europäischen Außenpolitik im zurückliegenden Jahr. Anhaltende Instabilitäten in den Partnerschaften verstetigten die strategische Fokusverschiebung von der Transformation auf den Resilienzaufbau als Ziel der GASP.

Die Orientierung auf ein „Europa der Sicherheit" stand in einem doppelten Spannungsfeld. Innenpolitisch betrachtet spiegelten sich in ersten Projekten von SSZ und EDIDP zwar eine konzeptionelle Weiterentwicklung europäischer Sicherheitsinstrumente wider. Gleichzeitig beteiligen sich jedoch integrationsskeptische Mitgliedstaaten, die schon bei Projektbeginn die Ambitionen dämpfen. Außenpolitisch stärkte die Union ihre Widerstandskraft über Krisenmanagement in der Nachbarschaft und vertiefte Beziehungen mit Regionen von strategischem Interesse, insbesondere Afrika. Das vorerst geschlossene Auftreten gegenüber der Türkei und den USA konnte aber nicht über die auseinanderstrebenden außenpolitischen Interessen der Mitgliedstaaten in der GASP hinwegtäuschen.

Zeitgleich verstärkten auch innereuropäische Spannungen, beispielsweise aufgrund europakritischer Regierungen, die Trennlinien in der Außenpolitik und wirkten sich als Katalysator für den anhaltenden Konflikt um eine europäische Migrationspolitik aus. Zudem verschärfte sich die Auseinandersetzung zwischen liberal-international ausgerichteten Mitgliedstaaten und solchen mit illiberal-isolierenden Tendenzen. Diese Konflikte dürften im Spannungsverhältnis der GASP zwischen Resilienz und Transformation eher Letztere betreffen und damit den strategischen Leitbildwechsel hin zur Widerstandskraft weiter perpetuieren. Nichtsdestotrotz stellen diese Entwicklungen eine strukturelle Herausforderung für eine kohärente EU-Außenpolitik dar, denn eine handlungsfähige Politik nach Außen setzt in vielen Bereichen der GASP die Einheit der EU im Inneren voraus.

Weiterführende Literatur

Annegret Bendiek: Europa verteidigen. Die Gemeinsame Außen- und Sicherheitspolitik der Europäischen Union. Brennpunkt Politik, Stuttgart 2018.

Annegret Bendiek/Ronja Kempin/Nicolai von Ondarza: Mehrheitsentscheidungen und Flexibilisierung in der GASP: ein kritischer Blick auf Instrumente für eine effektivere EU-Außen- und Sicherheitspolitik. In: SWP-Aktuell 31/2018.

Daniel Göler,/Eckart D. Stratenschulte: Norm- und Regeltransfer in der europäischen Außenpolitik. Baden-Baden 2018.

Michael Reiterer: Die Globale Strategie der Europäischen Union – den Visionen Taten folgen lassen. In: integration 1/2017, S. 11–30.

Anna Maria Kellner: Zum Erfolg verdammt? Die Gemeinsame Sicherheits- und Verteidigungspolitik der EU ein Jahr nach der Globalen Strategie. In: Zeitschrift für Außen- und Sicherheitspolitik 1/2018, S. 1–11.

Gemeinsame Sicherheits- und Verteidigungspolitik

Daniel Göler/Lukas Zech*

Die Gemeinsame Sicherheits- und Verteidigungspolitik (GSVP) befand sich im letzter Jahr weiterhin in einer dynamischen Umbruchphase. Im letzten Jahrbuch hatten wir darauf hingewiesen, dass „[d]ie entscheidende Frage für die Zukunft […] darin bestehen [wird], diese Dynamik auch für eine […] Reform zu nutzen und die GSVP auch auf operativer Ebene weiterzuentwickeln".[1] Erfreulicherweise sind diesbezüglich 2017 und 2018 eine Fülle von Maßnahmen in Gang gesetzt worden,[2] wobei neben der Weiterentwicklung des im Juni 2017 begründeten Europäischen Verteidigungsfonds, aus dem bereits erste europaweite Forschungsprojekte finanziert werden,[3] vor allem drei Entwicklungen von besonderer Relevanz sind: Die Wiederbelebung des deutsch-französischen Tandems in sicherheitspolitischen Fragen, die Europäische Interventionsinitiative und die Initiierung der Ständigen Strukturierten Zusammenarbeit (SSZ, englisch PESCO).

Deutsch-französische Initiativen

Nach einer längeren Stagnationsphase gewann im letzten Jahr die deutsch-französische Zusammenarbeit wieder an Bedeutung, wobei die Wiederbelebung vor allem auf die Initiative des neu gewählten französischen Präsidenten Emmanuel Macron und dessen europapolitische Agenda zurückgeführt werden kann. Als übergeordnete Leitbilder der Europapolitik Macrons können ein souveränes Europa („une Europe souveraine"[4]) und ein Europa, das seine Bürger schützt („une Europe protectrice"[5]) angesehen werden, wobei beide Leitbilder einen klaren Bezug zu Fragen der Sicherheits- und Verteidigungspolitik aufweisen. So betont Macron in seiner Sorbonne-Rede vom 26. September 2017, dass das erste Schlüsselelement jeder Souveränität die Sicherheit sei („La première clé […de la souveraineté] c'est la sécurité"[6]). Entsprechend hebt er die verschiedenen im letzten Jahr ergriffen Initiativen zur Reform beziehungsweise Stärkung der GSVP hervor, wie die SSZ, die Einrichtung eines Europäischen Verteidigungsfonds und konkrete Projekte in der Rüstungskooperation. Kern seiner verteidigungspolitischen Vorstellungen ist aber die

---

* Die Autoren danken Niko Langhammer für seine Unterstützung bei der Recherche und der redaktionellen Bearbeitung.
1 Daniel Göler/Lukas Zech: Gemeinsame Sicherheits- und Verteidigungspolitik, in: Werner Weidenfeld/Wolfgang Wessel (Hrsg.): Jahrbuch der Europäischen Integration 2017, 353-358, hier S. 358.
2 Für einen Überblick über die Entwicklungen siehe auch Europäischer Rat/Rat der Europäischen Union: Zeitleiste: Zusammenarbeit der EU im Bereich Sicherheit und Verteidigung, abrufbar unter: http://www.-consilium.europa.eu/de/policies/defence-security/defence-security-timeline/ (letzter Zugriff: 18.7.2018).
3 Europäische Kommission: Pressemitteilung. Europäischer Verteidigungsfonds finanziert neue europaweite Forschungsprojekte, Brüssel, 16. Februar 2018, Dok. IP/18/763.
4 Emmanuel Macron: Discours du Président de la République au Parlement européen, Straßburg, 17. April 2018.
5 Macron: Discours du Président de la République au Parlement européen, 2018.
6 Emmanuel Macron: Initiative pour l'Europe - Discours d'Emmanuel Macron pour une Europe souveraine, unie, démocratique, Paris, 26. September 2017; Vgl. hierzu auch den Beitrag „Frankreich" in diesem Jahrbuch.

sogenannte europäische Interventionsinitiative, die auch Niederschlag in der „Revue stratégique de défense et de sécurité nationale 2017"[7] sowie dem „Projet de loi de programmation militaire 2019-2020"[8] gefunden hat und auf die Bildung einer europäischen Einsatztruppe zur Durchführung robuster Militäreinsätze zielt. Von besonderer Bedeutung ist, dass diese Interventionsinitiative außerhalb der EU-Strukturen steht und auch für Drittstaaten offen sein soll, womit sie auch ein Instrument zur Einbindung Großbritanniens nach einem Brexit darstellt.

Genau dieses Verhältnis zu den EU-Strukturen ist jedoch auf deutscher Seite auf Kritik gestoßen. Denn während Bundeskanzlerin Angela Merkel in einem Interview mit der Frankfurter Allgemeinen Sonntagszeitung, das als Antwort auf die europapolitischen Initiativen Macrons gilt, ausführte, „Präsident Macrons Vorschlag einer Interventionsinitiative positiv gegenüber"[9] zu stehen, machte sie zugleich deutlich, dass für sie eine „solche Interventionstruppe [...] in die Struktur der verteidigungspolitischen Zusammenarbeit [der EU] eingepasst sein"[10] muss. Hinzu kommt, dass die französischen Konzeptionen in der geplanten Einsatztruppe einen realen und kurzfristig nach gemeinsamen Regeln einsatzfähigen Verband sehen, während Merkel eine Struktur favorisiert, in der die Partner in jedem Einzelfall über ihre Beteiligung entscheiden. So führt sie aus: „[D]ie Bundeswehr [muss] grundsätzlich Teil einer solchen Initiative sein. Das bedeutet ja nicht, dass wir bei jedem Einsatz dabei sind."[11] Über die zurückhaltenden Reaktionen auf die französische Interventionsinitiative hinaus setzte Merkel in dem besagten Interview eigene Schwerpunkte zur Weiterentwicklung der GSVP, wie den Vorschlag zur Finanzierung von EU-Militärmissionen aus dem neu gegründeten Verteidigungsfonds, der eigentlich für Forschungs- und Beschaffungsvorhaben gedacht ist und die Initiative, „die nichtständigen Sitze der EU-Mitglieder im Sicherheitsrat der Vereinten Nationen zu europäischen Sitzen [zu] entwickeln" und „einen europäischen Sicherheitsrat" zu etablieren, „der aus einem Teil der EU-Staaten besteht."[12]

Die verschiedenen Initiativen mündeten dann Ende Mai 2018 in der gemeinsamen Meseberger Erklärung, die insbesondere die folgenden konkreten Projekte anvisiert:[13]

- „[N]eue Möglichkeiten zu prüfen, wie die EU-Entscheidungsfindung [...] beschleunigt und effizienter gemacht werden kann", inklusive der „Prüfung der Möglichkeit von Mehrheitsentscheidungen in der Außen- und Sicherheitspolitik";
- Eine „Debatte über neue Formate zum Beispiel einen EU Sicherheitsrat" zu führen;
- „[D]ie Europäische Interventionsinitiative weiterzuentwickeln, die so eng wie möglich mit der SSZ verknüpft wird";

---

7   Ministère des Armées: Revue stratégique de défense et de sécurité nationale 2017, Paris 2017, S. 62.
8   Ministère des Armées: Projet de loi de programmation militaire 2019-2020. Rapport annexé, Paris 2018, S. 49.
9   Siehe Interview mit Angela Merkel in der Frankfurter Allgemeinen Sonntagszeitung in: Thomas Gutschker/Eckart Lohse: „Europa muss handlungsfähig sein – nach außen und innen", in: Frankfurter Allgemeinen Sonntagszeitung, 3.6.2018.
10 Merkel: „Europa muss handlungsfähig sein", 2018.
11 Merkel: „Europa muss handlungsfähig sein", 2018.
12 Merkel: „Europa muss handlungsfähig sein", 2018.
13 Bundesregierung: Erklärung von Meseberg. Das Versprechen Europas für Sicherheit und Wohlstand erneuern, Meseberg, 2018.

- „[D]ie gemeinsamen Bemühungen um die Entwicklung militärischer Fähigkeiten weiterzuführen, insbesondere im Hinblick auf das Main Ground Combat System (MGCS) und das Future Combat Aerial System (FCAS)."

Allerdings können diese Beschlüsse nicht darüber hinwegtäuschen, dass die Grundvorstellungen zur GSVP in beiden Ländern nach wie vor sehr verschieden sind, was vor allem mit den sehr unterschiedlichen nationalen Traditionen zum Einsatz militärischer Mittel zusammenhängt.[14] Dass diese unterschiedlichen strategischen Kulturen ein Haupthindernis für die Vertiefung der GSVP sind, wird nicht nur in der Wissenschaft,[15] sondern auch von Seiten der politischen Entscheidungsträgerinnen und Entscheidungsträger konstatiert. So stellt Macron in seiner Sorbonne-Rede fest: „Ce qui manque le plus à l'Europe aujourd'hui, cette Europe de la Défense, c'est une culture stratégique commune"[16] und auch Merkel unterstreicht die Notwendigkeit „eine gemeinsame militärstrategische Kultur"[17] zu entwickeln. Dass die Erklärung von Meseberg die Konsequenzen der Unterschiede in den strategischen Kulturen nicht reflektiert und nur darauf setzt, dass es gelingen kann, „die Herausbildung einer gemeinsamen strategischen Kultur durch die Europäische Interventionsinitiative weiterzuentwickeln",[18] ist somit durchaus problematisch.

Die Europäische Interventionsinitiative

Die am 25. Juni 2018 in Luxemburg von Deutschland, Frankreich, Dänemark, Belgien, Großbritannien, Spanien, Niederlande, Estland und Portugal unterzeichnete Absichtserklärung zur Entwicklung der Europäischen Interventionsinitiative (EI2)[19] entspricht allenfalls in Teilen der ursprünglichen Intention Macrons. So heißt es in der Absichtserklärung explizit, dass die EI2 ein „flexible, non-binding forum" sein soll, welches „does not entail the creation of a new rapid reaction force".[20] Stattdessen soll der Schwerpunkt im Informationsaustausch, der strategischen Planung und Szenarioentwicklung, der Entwicklung einer gemeinsamen Doktrin sowie der Unterstützung von Operationen dienen, die sowohl im EU-, als auch im NATO- und UN-Rahmen sowie in Form von Ad-Hoc-Koalitionen erfolgen können. Die Anbindung der Initiative an die EU-Strukturen bleibt somit unspezifisch, wenngleich mehrfach auf die Europäische Union und insbesondere die SSZ verwiesen wird. Dass Dänemark als GSVP-Opt-Out-Staat und Großbritannien zu den Gründerstaaten der EI2 zählen und die Initiative allen europäischen Staaten offensteht, deutet darauf hin, dass das ursprüngliche französische Ziel der Schaffung einer über die GSVP hinausgehenden europäischen Sicherheitsarchitektur aufgenommen werden soll. Institutionell ist die EI2 ausgesprochen schwach aufgestellt, da sie nur über ein kleines Sekretariat in Paris

---

14 Daniel Göler/Mathias Jopp: L'Allemagne, la Libye et l'Union européenne, in: Politique Étrangère 2/2011, S. 417-428.
15 Anna Maria Keller: Zum Erfolg verdammt? Die Gemeinsame Sicherheits- und Verteidigungspolitik der EU ein Jahr nach der Globalen Strategie, in: Zeitschrift für Außen- und Sicherheitspolitik 1/2018, S. 1-11, hier S. 8.
16 Macron: Initiative pour l'Europe, 2017.
17 Merkel: „Europa muss handlungsfähig sein", 2018.
18 Bundesregierung: Erklärung von Meseberg, 2018.
19 Frankreich, Deutschland, die Niederlande, Belgien, Estland, Portugal, Spanien, Großbritannien, Dänemark: Letter of Intent Concerning the Development of the European Intervention Initiative (EI2), Luxemburg, 25. Juni 2018.
20 Letter of Intent Concerning the Development of the European Intervention Initiative, 2018.

verfügen soll, das primär aus französischem Personal besteht, ergänzt um einige Verbindungsoffiziere. Fraglich ist, ob es damit gelingen kann, das übergeordnete Ziel der Initiative zu verwirklichen, das wie folgt formuliert wird:

> „The ultimate objective of EI2 is to develop a shared strategic culture, which will enhance our ability, as European states, to carry out military missions and operations under the framework of the EU, NATO, the UN and/or ad hoc coalition."[21]

Ständige Strukturierte Zusammenarbeit (SSZ)

Als wichtige strategisch-konzeptionelle Neuerung innerhalb der GSVP ist die Initiierung der SSZ zu nennen, deren Notwendigkeit der Europäische Rat vom Juni 2017 in seinen Schlussfolgerungen geäußert hatte.[22] Entsprechend erklärten 23 Mitgliedstaaten Mitte November 2017 in einer gemeinsamen Mitteilung an den Rat der Europäischen Union und die Hohe Vertreterin der Union für Außen- und Sicherheitspolitik die Absicht, an der SSZ teilzunehmen,[23] was den ersten formellen Schritt zu deren Einrichtung darstellt.[24] Dabei stand es anderen Mitgliedstaaten frei, die Mitteilung zu einem späteren Zeitpunkt zu unterschreiben.[25] So erklärten später auch Irland und Portugal ihre Teilnahme. Im Dezember 2017 folgte der Ratsbeschluss zur Etablierung, welcher zugleich die nun 25 teilnehmenden Mitgliedstaaten festlegt.[26] Nicht teilnehmen werden Malta, Dänemark (das über ein generelles Opt-Out für die GSVP verfügt) und das die Europäische Union 2019 verlassende Großbritannien. Der Ratsbeschluss enthält außerdem eine Liste an „ehrgeizigen und verbindlicheren gemeinsamen Verpflichtungen",[27] zu denen auch die Aufstockung der Verteidigungshaushalte zählt. Ebenso wurden Regelungen zur Steuerung begründet, wobei eine übergeordnete Ebene die „Kohärenz der PESCO und der mit ihr verfolgten Ziele" sicherstellen soll.[28] Auch für die Projektebene wurden spezifische Verfahren vereinbart. Schließlich enthält der Beschluss Vereinbarungen über Verwaltung und Finanzierung der SSZ. Zeitgleich erklärten die teilnehmenden Mitgliedstaaten eine Liste von 17 Projekten, welche im März 2018 vom Rat der Europäischen Union angenommen wurden.[29]

---

21 Letter of Intent Concerning the Development of the European Intervention Initiative, 2018.
22 Europäischer Rat: Tagung vom 22./23. Juni 2017, Schlussfolgerungen, EUCO 8/17, S. 5.
23 Notification on Permanent Structured Cooperation (PESCO) to the Council and to the High Representative of the Union for Foreign Affairs and Security Policy, abrufbar unter: http://www.consilium.europa.eu/media/31511/171113-pesco-notification.pdf (letzter Zugriff: 18.7.2018).
24 Rat der Europäischen Union: Pressemitteilung. Zusammenarbeit im Verteidigungsbereich: 23 Mitgliedstaaten unterzeichnen eine gemeinsame Mitteilung über die Ständige Strukturierte Zusammenarbeit (PESCO), 13. November 2017, Dok. 639/17.
25 Rat der Europäischen Union: Tagung vom 13. November 2017, Schlussfolgerungen, Dok. 14190/17, S. 3.
26 Rat der Europäischen Union: Beschluss des Rates über die Begründung der Ständigen Strukturierten Zusammenarbeit (PESCO) und über die Liste der daran teilnehmenden Mitgliedstaaten, Brüssel, 8. Dezember 2017, Dok. 14866/17.
27 Rat der Europäischen Union: Beschluss des Rates über die Begründung der SSZ, Dezember 2017, Anhang, S. 1.
28 Rat der Europäischen Union: Pressemitteilung. Zusammenarbeit im Verteidigungsbereich: Rat begründet die Ständige Strukturierte Zusammenarbeit (PESCO) mit 25 teilnehmenden Mitgliedstaaten, 11. Dezember 2017, Dok. 765/17.
29 Rat der Europäischen Union: Beschluss des Rates zur Festlegung der Liste der im Rahmen der SSZ auszuarbeitenden Projekte, 1. März 2018, Dok. 6393/18.

Die Projekte sind drei Bereichen zugeordnet: „common trainings and exercises", „operational domains" sowie „joint and enabling capabilities" zur Überbrückung operativer Lücken.[30] Ebenfalls einigte man sich auf eine Roadmap zur weiteren Umsetzung.[31] Neu war hierbei die Entscheidung im „PESCO-Format", bei dem erstmals nur die Verteidigungsminister der 25 Teilnehmerstaaten über die SSZ-Themen abstimmten, während die nicht teilnehmenden drei Staaten lediglich anwesend waren.[32]

Die Annahme des Rates, mit der SSZ werde „ein historischer Schritt im Interesse der europäischen Sicherheit und Verteidigung getan",[33] scheint sich zu bewahrheiten, wobei neben den genannten Entwicklungen mehrere Aspekte für eine starke und fortbestehende zukünftige Rolle sprechen.[34] Erstens sind SSZ-Beschlüsse als Ratsbeschlüsse rechtlich bindend und damit nicht nur deklaratorischer Natur, was sich unter anderem in regelmäßigen Assessments zur Erfüllung der Verpflichtungen durch den Rat der Europäischen Union niederschlagen wird. Zweitens machen es die vereinbarten gemeinschaftlichen Capability-Projekte für den einzelnen Mitgliedstaat potenziell schwieriger, aus diesem multinationalen Rahmen auszusteigen. Darüber hinaus ergeben sich positive Anreize durch Finanzierungsboni aus dem Europäischen Verteidigungsfonds für SSZ-Projekte.[35] Diesbezüglich ist mit einer vorläufigen Einigung im Mai 2018 über eine Verordnung für das European Defence Industrial Development Programme (EDIDP), welche von der bulgarischen Ratspräsidentschaft mit dem Europäischen Parlament erzielt wurde, ein integraler Bestandteil des Verteidigungsfonds auf den Weg gebracht worden.[36]

Angesichts der zahlreichen vereinbarten SSZ-Projekte zeigt sich, dass die Flexibilisierung dazu beiträgt, die unterschiedlichen Interessen der Mitgliedstaaten zusammenzuführen. Bessere Chancen für eine erfolgreiche Entscheidungsfindung ergeben sich hierbei auch daraus, dass die Entscheidungen innerhalb der Projekte nur von den zusammenarbeitenden Mitgliedstaaten getroffen werden, ohne vom Rat der Europäischen Union oder anderen Ländern in der SSZ abhängig zu sein.[37]

Der vom Rat der Europäischen Union formulierte Eigenanspruch „eine wirksamere, fähigere und besser koordinierte Union im Bereich Sicherheit und Verteidigung zu schaffen"[38] ist mit Hilfe der SSZ in konkrete Maßnahmen zur Weiterentwicklung des Politikfelds gegossen worden. Vor dem Hintergrund des Austritt des Vereinigten Königreichs aus der Europäischen Union könnte die SSZ darüber hinaus mit ihrer Möglichkeit der Kooperation mit Drittstaaten eine Chance für die Europäische Union sein, weiterhin mit Großbritannien im sicherheits- und verteidigungspolitischen Bereich zu kooperieren.[39]

---

30 Rat der Europäischen Union: Pressemitteilung. Zusammenarbeit im Verteidigungsbereich: Rat nimmt einen Fahrplan für die Umsetzung der Ständigen Strukturierten Zusammenarbeit (SSZ) an, 6. März 2018, Dok. 105/18.
31 Rat der Europäischen Union: Empfehlung des Rates zu einem Fahrplan für die Umsetzung der SSZ, Brüssel, 6. März 2018, Dok. 6588/1/18.
32 Council of the European Union: Outcome of the Council Meeting, 6. März 2018, Dok. 6838/18, S. 4.
33 Rat der Europäischen Union: Schlussfolgerungen, November 2017, S. 3.
34 Sven Biscop: European Defence: Give PESCO a Chance, in: Survival 3/2018, S. 161-180, hier S. 162 f.
35 Biscop: European Defence, 2018, S. 163.
36 Rat der Europäischen Union: Pressemitteilung. European defence: Council and European Parliament reach provisional agreement on a regulation establishing the European Defence Industrial Development Programme (EDIDP), 23. Mai 2018, Dok. 274/18.
37 Keller: Zum Erfolg verdammt, 2018, S. 6.
38 Rat der Europäischen Union: Schlussfolgerungen, November 2017, S. 2.
39 Keller: Zum Erfolg verdammt, 2018, S. 6.

Fazit

Der GSVP ist auch in den Jahren 2017 bis 2018 eine hohe Dynamik zuzuschreiben. Insbesondere von der SSZ geht bereits im Anfangsstadium eine starke Belebung der Reformbemühungen aus, die sich weiterhin in den Schlussfolgerungen des Rats der Europäischen Union niederschlägt – so sind im Juni 2018 gemeinsame Vorschriften zur Steuerung von SSZ-Projekten angenommen worden, während zugleich eine Beteiligung von Drittländern perspektivisch angegangen werden soll.[40] Auch der Europäische Rat hat Ende Juni 2018 gefordert, die gestarteten Projekte sowie den institutionellen Rahmen weiterzuentwickeln und weitere Projekte bis November 2018 zu beschließen.[41] Insgesamt gesehen spricht daher vieles dafür, dass die Weiterentwicklung der GSVP mit Hilfe des Vehikels SSZ ernsthaft angegangen und nachhaltig weitergeführt werden kann. Daneben zeigt die Europäische Interventionsinitiative, dass die Zukunft der europäischen Sicherheits- und Verteidigungspolitik in der flexiblen Integration und projektbasierter Kooperation liegt, um den divergierenden Interessen der Mitgliedstaaten zu begegnen. Nun gilt es, den Reformzug weiterhin auf Geschwindigkeit zu halten. Eine starke und fähige europäische Sicherheitspolitik ist jedenfalls angesichts der angespannten weltpolitischen Sicherheitslage, des bevorstehenden Austritt des Vereinigten Königreichs aus der Europäischen Union und der Vereinigten Staaten unter Donald Trump weiterhin von höchster Relevanz.

Weiterführende Literatur

Christian Deubner: Security and Defence Cooperation in the EU. A Matter of Utility and Choice, Baden-Baden 2018.

Wolfgang Rudischhauser/Peter Kolb/Angela Mehrer/Stefan Lukas/Marius Paradies: Sicherheit in Europa – Hindernisse und Möglichkeiten einer europäischen Sicherheitspolitik, in: Zeitschrift für Außen- und Sicherheitspolitik 2/2018, S. 181-201.

Thierry Tardy: Does European Defence Really Matter? Fortunes and Misfortunes of the Common Security and Defence Policy, in: European Security 2/2018, S. 119-137.

---

40 Rat der Europäischen Union: Pressemitteilung. Zusammenarbeit im Bereich Sicherheit und Verteidigung: Die EU wird ihre Fähigkeit, als Bereitsteller von Sicherheit aufzutreten, ihre strategische Autonomie und ihre Fähigkeit zur Zusammenarbeit mit Partnern stärken, 25. Juni 2018, Dok. 402/18.
41 Europäischer Rat: Tagung des Europäischen Rates vom 28. Juni 2018, Schlussfolgerungen, EUCO 9/18, S. 4.

Afrikapolitik

Melanie Müller/Denis M. Tull

Das vergangene Jahr könnte als potentiell wichtiger Einschnitt in den europäisch-afrikanischen Beziehungen betrachtet werden. Im Herbst 2017 jährte sich zum zehnten Mal die Verabschiedung der Gemeinsamen EU-Afrika-Strategie, die die Erwartungen hinsichtlich einer effektiven Partnerschaft auf beiden Seiten indes nicht erfüllt hatte. Mit Spannung wurde daher auch der für Herbst 2018 erwartete Beginn der Verhandlungen für die Nachfolge des AKP-Abkommens (Afrika-Karibik-Pazifik, „Cotonou-Abkommen") erwartet, das 2020 auslaufen wird. Die beiden Formate waren bislang kaum miteinander verknüpft. Von afrikanischer Seite wurde dazu im März 2018 eine gemeinsame Position formuliert, die für die Auflösung des AKP-Formats zugunsten direkter Beziehungen zwischen der EU und der Afrikanischen Union (AU) für die Zeit nach 2020 plädierte. Ebenso stand für 2018 die Verabschiedung des mehrjährigen Finanzrahmens der Europäischen Union an, der für Afrika und die europäische Afrikapolitik relevant war.

Frieden und Sicherheit
Frieden und Sicherheit in Afrika rückten auf der außen- und sicherheitspolitischen Agenda Europas weiter nach oben. Dies ließ sich nicht nur an den Politiken der Europäischen Union und ihrer Mitgliedstaaten ablesen, die sich weiterhin auf die Bekämpfung von Migration, Terrorismus und organisierter Kriminalität konzentrierten, wobei auch die „Versicherheitlichung" der Migration weiter voranschritt. Die strategische Priorisierung sicherheitspolitischer Themen stand in einem gewissen Gegensatz zu der niedrigen Sichtbarkeit der EU beim Management bewaffneter Konflikte in Afrika. In den akuten Krisenherden, die für die Zunahme der internen Vertreibung um insgesamt weitere fünf Mio. Menschen in Afrika verantwortlich waren (u.a. Demokratische Republik Kongo, Südsudan, Zentralafrikanische Republik), spielte die EU keine tragende politische Rolle.

Von 17 laufenden militärischen und zivilen Operationen und Missionen fanden sechs in Subsahara-Afrika statt. Dabei lag der thematische Schwerpunkt auf dem Kapazitätsaufbau lokaler Sicherheitskräfte. Den regionalen Schwerpunkt bildete weiterhin der Sahel, insbesondere Niger und Mali. Die EU Capacity Building Mission (EUCAP) Sahel Mali sollte die Reform der nationalen Sicherheitskräfte unterstützen, während EUCAP Sahel Niger die Kapazitäten der nigrischen Sicherheitsbehörden beim Kampf gegen organisierte Kriminalität, Terrorismus und irreguläre Migration stärken sollte. Die European Union Training Mission (EUTM) Mali zur Ausbildung der malischen Armee wurde im Mai 2018 um zwei Jahre verlängert, das Budget wurde nahezu verdoppelt auf 59,7 Mio. Euro. Das Mandat wurde um Beratungs- und Trainingsleistungen zugunsten der „Gemeinsamen Truppe" der G5-Sahel-Staaten ausgeweitet (Mauretanien, Mali, Niger, Burkina Faso, Tschad), die seit 2017 organisierte Kriminalität und Terrorismus in der Region bekämpfen soll. Auf französisches Drängen waren bei einer Geberkonferenz in Brüssel im Februar 2018 Zusagen in Höhe von 414 Mio. Euro für den Aufbau der G5-Truppe eingegangen, davon die Hälfte von Seiten der EU und ihrer Mitgliedstaaten.

Die Effektivität der EU-Missionen war indes kritischen Fragen ausgesetzt angesichts der sich stetig verschlechternden Sicherheitslage in der Region und allen voran in Mali. Obwohl dort seit Beginn der EUTM-Mission 2013 rund 70 Prozent der Armee von Trainingsmaßnahmen profitiert hatten, verlor die Regierung weiterhin an territorialer Kontrolle gegenüber Dschihadisten und anderen bewaffneten Gruppen.

Mit der Unterstützung der G5 setzte die Europäische Union ihre Unterstützung für Ad-hoc-Formate regionaler Sicherheitskooperation in Afrika fort, wie sie auch schon im Tschad-Becken (Multinational Joint Task Force, MNJTF) zu beobachten war. Manche Beobachter warnten davor, dass diese Formate die Afrikanische Sicherheitsarchitektur unter dem Dach der Afrikanischen Union marginalisieren könnten. In diesem Zusammenhang blieb für die Europäer abzuwarten, wie sich die AU unter der Führung von Ruandas Präsident Paul Kagame entwickeln würde, der im Januar 2018 den Vorsitz der Organisation übernahm und für seine einjährige Amtszeit ein Paket an substantiellen Reformen und Zielen ausgerufen hat.

Interessante Kooperationsformate zwischen EU-Mitgliedstaaten kamen auch außerhalb des EU-Rahmens zustande. Im Januar 2018 kündigte die britische Regierung an, die französische Anti-Terror-Operation „Barkhane" im Sahel mit drei Helikoptern zu verstärken. Estland stellte die Entsendung von 50 Soldaten in Aussicht. Auch zwischen Frankreich und Deutschland intensivierte sich die bilaterale Kooperation, vor allem im Sahel.

EU-Afrika-Gipfel

Der fünfte EU-Afrika-Gipfel fand im November 2017 in Abidjan unter dem Motto „Investing in Youth for Accelerated Inclusive Growth and Sustainable Development" statt. Die Diskussionen wurden überschattet von der Berichterstattung über den Umgang mit Migranten aus Subsahara-Afrika in Libyen, die zu Konflikten zwischen den beiden Kontinenten führten. Der Vorwurf einiger afrikanischer Regierungen, die EU befördere durch die Finanzierung der Migrationsabwehr in Libyen diese schlechten Bedingungen, blockierte zunächst die Diskussionen. Umgekehrt warf die europäische Seite den afrikanischen Partnern vor, Migration nach Europa billigend in Kauf zu nehmen. Hier traten die sehr unterschiedlichen Interessen zutage, zumal die Rücküberweisungen von Migrantinnen und Migranten nach Subsahara-Afrika für einige Staaten ein wichtiger Wirtschaftsfaktor sind.

Die Diskussion über Migration prägte daher den Gipfel weitaus stärker als andere Themen. Dies zeigte sich auch in der europäischen Berichterstattung, die fast ausschließlich das Thema Migration fokussierte. Afrikanische Medien thematisierten stärker die unterschiedliche Einbeziehung der Zivilgesellschaft in den Gipfel. Die Diskussion verdeutlichte die sehr unterschiedlichen Perspektiven afrikanischer Staaten auf Demokratie und Good Governance – ein Thema, das auf dem Gipfel selbst aber keine hohe Priorität genoss.[1]

Die hohe Beteiligung afrikanischer und auch europäischer Staats- und Regierungschefs verdeutlicht trotz allem die Bedeutung der Zusammenarbeit. Im Abschlussdokument verabredeten die Staats- und Regierungschefs vier strategische Prioritäten bis zum nächsten Gipfel. Hierzu gehören Investitionen in Bildung und Ausbildung, die Förderung von

---

1 Geert Laporte: The AU-EU Abidjan Summit: Is there life beyond migration?, in: ECDPM blog, (04.12.2017); abrufbar unter: http://ecdpm.org/talking-points/au-eu-abidjan-summit-life-beyond-migration/ (letzter Zugriff: 27.01.2018).

Resilienz, Frieden, Sicherheit und Governance, Migration und Mobilität sowie Investitionen in nachhaltige Entwicklung.[2]

Migration

Nicht nur aufgrund der Kontroverse während des EU-Afrika-Gipfels stand die Migration im Vordergrund der europäisch-afrikanischen Zusammenarbeit, sondern auch weil nach Verabschiedung der Migrationspartnerschaften eine erste Bilanz gezogen werden konnte. Niger ist dabei eines der wichtigsten und auch zuverlässigsten Partnerländer für die Europäische Union geworden. Die Internationale Organisation für Migration (IOM) in Agadez vermeldete einen Rückgang der Migrationsströme durch Agadez um 75 Prozent im Vergleich zum Vorjahr, was sich auch damit erklären lässt, dass der Fokus der Kooperation vor allem auf Maßnahmen lag, die die Migration eindämmen sollten, wozu auch die bereits angesprochene Unterstützung des Sicherheitssektors gehört.[3]

Mit der Migration ist allerdings auch ein wichtiger Wirtschaftszweig zusammengebrochen. Diese Verluste für die Bevölkerung können durch entwicklungsbezogene Projekte aus dem „EU Emergency and Trust Fund" bislang nicht ausgeglichen werden. Die Europäische Union hat ihre Finanzzusagen für Niger im Jahr 2018 noch einmal erhöht, doch stellt sich eher die Frage, wie schnell die Projekte erfolgreich umgesetzt werden können. Zwischen März und September 2017 starteten zudem 20 Rückkehr- und Reintegrationsprojekte in fünf westafrikanischen Ländern (Senegal, Guinea-Bissau, Mali, Guinea und Kamerun), die von der EU finanziert und von der IOM durchgeführt werden.[4]

Auch in anderen Staaten zeigen sich die Konsequenzen der Zusammenarbeit. Für den Sudan hat die Kooperationen einen Prestigegewinn mit sich gebracht. Ägypten gelang es, durch die Kooperation mit der EU weitere internationale Kredite anzuziehen.[5] Sowohl in der EU als auch in Subsahara-Afrika stand die Migrationsabwehr stark in der Kritik, auch weil die Kernfrage der Schaffung legaler Migrationswege in die Europäische Union bislang nicht ernsthaft diskutiert wurde.

Unmittelbar im Anschluss an den EU-Afrika-Gipfel wurde zudem die EU-AU-UN-Taskforce gegründet, die die Situation für Migrantinnen und Migranten in Libyen verbessern soll. Ziel der Taskforce ist es, die Bekämpfung von so genannten Fluchtursachen in den Herkunftsländern anzugehen sowie Netzwerke von Menschenhandel einzudämmen.

Wirtschaft

Die ökonomische Kooperation zwischen der Europäischen Union und Afrika stand mehr denn je im Fokus der Zusammenarbeit. Dahinter steckt nicht nur das Interesse der Eindämmung von Migration. Der Kontinent ist insgesamt weitaus attraktiver geworden für internationale Investoren, zudem sind China, Indien, die Türkei und verstärkt auch die arabischen Staaten sowie Israel in Subsahara-Afrika aktiv. Hinzu kommt, dass Großbritannien

---

2   Europäischer Rat: Declaration – Investing in Youth for Accelerated Inclusive Growth and Sustainable Development, AU-EU/Decl.1(V), African Union-European Union Summit 2017, Abidjan, abrufbar unter: http://www.consilium.europa.eu/media/31991/33454-pr-final_declaration_au_eu_summit.pdf (letzter Zugriff: 18.06.2018).
3   Melanie Müller: Migrationskonflikt im Niger: Präsident Issoufou wagt, der Norden verliert, in: Migrationsprofiteure? Autoritäre Staaten in Afrika und europäisches Migrationsmanagement, SWP-Studie 3, April 2018, Berlin, S. 36-46.
4   Müller, Migrationskonflikt im Niger, 2018.
5   Anne Koch/Annette Weber/Isabelle Werenfels (Hrsg.): Migrationsprofiteure? Autoritäre Staaten in Afrika und das europäische Migrationsmanagement, SWP-Studie 3, April 2018, Berlin.

seit dem Brexitreferendum stärker darauf abzielt, seine wirtschaftlichen Kooperationen mit dem Commonwealth wiederzubeleben, was die EU vor Konkurrenzdruck stellt.[6] In jedem Fall war zu erwarten, dass das Ergebnis des Referendums Auswirkungen auf die EU-Afrika-Beziehungen haben würde. Großbritannien ist mit einem Anteil von 15 Prozent der drittwichtigste Beitragszahler zum Europäischen Entwicklungsfonds und darüber hinaus ein starker Fürsprecher (und Innovationsmotor) der Entwicklungszusammenarbeit. Hinzu kam, dass das Land sich für ein starkes EU-Engagement in Ostafrika und nicht zuletzt Somalia einsetzte. Nach dem Brexit dürfte das französische und das zunehmende migrationsbedingte deutsche Interesse den subregionalen Fokus der EU-Afrikapolitik noch stärker auf Westafrika lenken.

Die deutsche Bundesregierung hatte sich mit verschiedenen ökonomischen Initiativen für Afrika hervorgetan. Das Bundesministerium für wirtschaftliche Zusammenarbeit und Entwicklung hatte den „Marshallplan mit Afrika" verabschiedet, das Bundeswirtschaftsministerium stellte die Initiative „Pro! Afrika" vor und will damit mehr deutsche Unternehmen nach Afrika bringen. Das Finanzministerium brachte die „Compacts with Africa" (CwA) in die G20-Verhandlungen ein, die mittlerweile als multilaterale Initiative übernommen wurden.

Die EU stellte zudem den External Investment Plan vor, der an die „Compacts with Africa" anknüpft: die Kommission will 4,1 Mrd. Euro in Afrika investieren. Diese Investition soll dann bis zu 44 Mrd. Euro durch die Mitgliedstaaten und andere Partner nach sich ziehen.

Offen blieb, wie sich die Position der Europäischen Union zur Nachfolge des EU-AKP-Abkommens entwickeln wird. Die Bilanz zu den „Economic Partnership Agreements" (EPAs) mit den Regionalorganisationen in Subsahara-Afrika fällt gemischt aus. Das regionale Abkommen mit der südafrikanischen Entwicklungsgemeinschaft (SADC) wurde von den betroffenen Mitgliedstaaten der SADC ratifiziert und ist in der Implementierung. In anderen Regionen ist die Umsetzung von EPAs mit den regionalen Wirtschaftsgemeinschaften schwieriger, dort bestehen nach wie vor größtenteils Interims-Partnerschaften mit Ländern oder haben nicht alle Staaten die regionalen EPAs unterzeichnet.[7] In Westafrika stellte sich beispielsweise Nigeria 2017 weiterhin gegen die Ratifizierung eines regionalen Abkommens. Die Verabschiedung bilateraler Interimsabkommen mit Ghana und der Elfenbeinküste (bereits Ende 2016) hatten an der Position Nigerias nichts geändert, sondern die Fronten eher verhärtet.

Die Mitgliedstaaten der AU haben im März 2018 ihre Position zur Errichtung einer kontinentalen Freihandelszone in Afrika (CFTA) gestärkt, die den innerafrikanischen Handel beflügeln soll. Hier wird sich die Frage stellen, in welchem Verhältnis die EPAs künftig zur CFTA stehen.

Weiterführende Literatur

International Crisis Group: Time to Reset African Union-European Union Relations, Brüssel 2017.
James Mackie et al.: A chance to get it right: Challenges for Europe-Africa relations in 2018, Maastricht 2018.
Denis Tull: French-German Cooperation in the Sahel: Consequences of and Perspectives for Germany's "Turn to Africa", Institute for Strategic Research (IRSEM), Paris, 2017.

---

6   Benita Van Eyssen: The Commonwealth – Still Relevant for Africa Today? in: all Africa, 20. April 2018, abrufbar unter: http://allafrica.com/stories/201804210072.html (letzter Zugriff: 18.06.2018).
7   European Commission 2018: Overview of Economic Partnership Agreements, abrufbar unter: http://trade.ec.europa.eu/doclib/docs/2009/september/tradoc_144912.pdf (letzter Zugriff: 19.08.2018).

Asienpolitik

Franco Algieri

Das lange Zeit bestehende Ungleichgewicht zwischen der handels- und sicherheitspolitischen Dimension in der Asienpolitik der Europäischen Union verringert sich zunehmend. Im Arbeitsprogramm der Europäischen Kommission 2018 findet sich die Absichtserklärung der Europäischen Union „ihre Verbundenheit mit Asien in allen Bereichen zu stärken", indem eine „Strategie für eine stärkere Vernetzung unserer Kontinente" entwickelt werden soll.[1] Wie der Begriff Vernetzung (zumeist als Konnektivität bezeichnet) zu definieren ist und was darunter subsumiert werden kann, wird in einem gemeinsamen Arbeitsdokument von der Europäischen Kommission und Hoher Vertreterin der Union für Außen- und Sicherheitspolitik vom November 2017 erklärt.[2] Konnektivität ist demnach als eine sehr umfassende Bezeichnung für unterschiedliche Politiken und Aktivitäten zu verstehen, die sowohl im inter- wie auch im intraregionalen Kontext stattfinden. Nicht nur ökonomische und finanzpolitische Aspekte werden hierbei berücksichtigt, sondern auch geostrategische Elemente.

Verstärkte Sicherheitszusammenarbeit

In seinen Schlussfolgerungen zu einer verstärkten Sicherheitszusammenarbeit der Union in und mit Asien vom 28. Mai 2018[3] betont der Rat der Europäischen Union die wachsende Bedeutung asiatischer Sicherheit für europäische Interessen und definiert Schlüsselbereiche für ein vertieftes sicherheitspolitisches Engagement mit einzelnen Staaten Asiens (insbesondere den strategischen Partnern China, Indien, Japan und Südkorea) wie auch des Verbands Südostasiatischer Staaten (ASEAN). Hierbei handelt es sich um maritime Sicherheit, Cyber-Sicherheit, Terrorismusbekämpfung, hybride Bedrohungen, Konfliktprävention, die Verbreitung von chemischen, biologischen, radiologischen und nuklearen Waffen sowie die Entwicklung regionaler Kooperationsstrukturen. Darüber hinaus vereinbarte der Rat der Europäischen Union einen 15 Punkte umfassenden Katalog von unmittelbaren Prioritäten, über deren Implementierung die Hohe Vertreterin und die Europäische Kommission künftig berichten sollen. Bereits in der sehr ausführlichen gemeinsamen Erklärung zum Gipfeltreffen EU-Indien, am 6. Oktober 2017 in Neu Delhi, wird im ersten Teil die Relevanz der außen- und sicherheitspolitischen Zusammenarbeit beschrieben.[4]

---

1 Europäische Kommission: Mitteilung der Kommission an das Europäische Parlament, den Rat, den Europäischen Wirtschafts- und Sozialausschuss und den Ausschuss der Regionen. Arbeitsprogramm der Kommission 2018, Agenda für ein enger vereintes, stärkeres und demokratischeres Europa, Brüssel, 24. Oktober 2017, KOM(2017)650 final/2, S. 11.
2 European Commission: High Representative of the Union for Foreign Affairs and Security Policy. Joint Staff Working Document, Euro-Asian Connectivity Mapping Exercise, Main Findings, Brüssel, 23. November 2017, SWD(2017)436 endg.
3 Council of the European Union: Enhanced EU security cooperation in and with Asia: Council conclusions, Brüssel, 28. Mai 2018, 9265/1/18 REV 1.
4 European Commission: Joint statement 14th India-EU summit, 6. Oktober 2017, abrufbar unter: http://europa.eu/rapid/press-release_STATEMENT-17-3743_en.htm (letzter Zugriff: 9.11.2017).

Indiens Nachbarland Pakistan ordnet die Europäische Union eine Schlüsselfunktion bei der Bekämpfung des Terrorismus in Asien zu. Nachdem der EU-Pakistan 5 Year Engagement Plan, in dessen Rahmen eine Vielzahl thematisch unterschiedlicher Dialoge stattfanden, 2017 zu Ende ging, begannen der Europäische Auswärtige Dienst und die Europäische Kommission Gespräche mit Pakistan über einen neuen EU-Pakistan Strategic Engagement Plan. Im übergeordneten Kontext des Asia Europe Meeting (ASEM) widmete sich das 13. Außenministertreffen am 20./21. November 2017 der Verstärkung der Partnerschaft für Frieden und nachhaltige Entwicklung.

ASEAN

Für den Ausbau und die Aufrechterhaltung der regionalen Sicherheitsstruktur im asiatisch-pazifischen Raum wird der ASEAN als zentrales Forum erachtet, wie sich in verschiedenen Stellungnahmen von EU-Akteuren anlässlich des 40-jährigen Bestehens der EU-ASEAN-Beziehungen zeigte. Beim Treffen der ASEAN Postministerial Conference mit der Europäischen Union (PMC+1) wurde der ASEAN-EU-Aktionsplan 2018–2022 angenommen, der den Aktionsplan 2013–2017 ablöst.[5] In dessen ersten und gewichtigsten Teil zur sicherheitspolitischen Zusammenarbeit richten sich die Schwerpunkte auf die Bekämpfung des Terrorismus, die transnationale Kriminalität und die Behandlung nichttraditioneller Sicherheitsaspekte (zum Beispiel Cyber-Kriminalität), die maritime Sicherheit, die Abrüstung und Nichtweiterverbreitung von Waffen wie auch Menschenrechte und Good Governance. Die übrigen Teile des Plans betreffen die wirtschaftliche sowie sozio-kulturelle Zusammenarbeit, interregionale Konnektivität und die Stärkung der Intra-ASEAN-Integration. Die Implementierung und Kontrolle des Aktionsplans obliegt der ASEAN und der Union, wobei einschränkend wirkt, dass aus dem Plan für keine der beiden Seiten rechtliche Verpflichtungen, sowohl im Sinne des nationalen als auch des internationalen Rechts, abgeleitet werden können.[6]

Am 14. November 2017 erklärten die Staats- und Regierungschefs der Europäischen Union und des ASEAN in Manila, dass sich die beiden Regionalorganisation als „partners in integration" verstehen. Die Bemühungen zur Errichtung einer strategischen Partnerschaft und die Verstärkung der strategischen Konnektivität sowie der wirtschaftlichen Partnerschaft liegen im beiderseitigen Interesse. Übergeordnet hierzu wollen die Europäische Union und der ASEAN eine inklusive und regelbasierte internationale Ordnung fördern und zur Stärkung von effektiv funktionierenden regionalen und multilateralen Institutionen beitragen.[7] Die gemeinsame Agenda soll insbesondere im Bereich der Sicherheits- und Verteidigungspolitik ausgebaut werden. So bietet beispielsweise die Europäische Union entsprechendes Know-how bei der Bekämpfung der Piraterie, der illegalen Fischerei und der transnationalen Kriminalität auf See an.

---

5   ASEAN-EU Plan of Action (2018–2022), abrufbar unter: https://eeas.europa.eu/headquarters/headquarters-homepage_en/30781/ASEAN-EU%20Plan%20of%20Action%202018-2022 (letzter Zugriff: 23.11.2017).
6   ASEAN-EU Plan of Action (2018–2022), Punkt 6.d.
7   Council of the EU: Press statement of the ASEAN-EU commemorative summit on the occasion of the 40th anniversary of the establishment of ASEAN-EU dialogue relations, Brüssel, 14. November 2017, Press Release 654/17.

Japan

Am 8. Dezember 2017 wurden die Verhandlungen zwischen der Europäischen Union und Japan über ein Wirtschaftspartnerschaftsabkommen (WPA) abgeschlossen und am 18. April 2018 veröffentliche die Europäische Kommission den Vorschlag für den Ratsbeschluss zum Abschluss des Abkommens.[8] Dieses bislang umfangreichste Handelsabkommen, das die Europäische Union je mit einem Handelspartner vereinbart hat und bis 2019 in Kraft treten soll, sieht unter anderem vor, dass beim Erreichen des stufenweisen Zollabbaus der Anteil von liberalisierten Einfuhren aus der Europäischen Union in Japan 99 Prozent betragen wird. In ihrer gemeinsamen Erklärung weisen Kommissionspräsident Jean-Claude Juncker und der japanische Ministerpräsident Shinzo Abe nicht nur auf den wirtschaftlichen Wert dieses Abkommens hin, sondern verstehen dieses, angesichts zunehmender protektionistischer Bestrebungen, auch als einen Ausdruck des gemeinsamen politischen Willens ein Zeichen für freien Handel zu setzen.[9] Damit verbunden steht die Erwartung, das Abkommen könne zur Führungsrolle der Europäischen Union in der internationalen Handelspolitik beitragen.[10] Die kritischen Reaktionen auf dieses Abkommen blieben im Vergleich zum Transatlantischen Handels- und Investitionsabkommen (TTIP) und dem Handelsabkommen mit Kanada (CETA) verhältnismäßig zurückhaltend. Einer der Hauptkritikpunkte bezieht sich darauf, dass dieses Abkommen als sogenanntes ‚EU-only'-Abkommen eingestuft wurde. Dies bedeutet, dass es lediglich der Zustimmung des Rates der Europäischen Union und des Europäischen Parlaments und keiner Ratifizierung durch die einzelnen EU-Mitgliedstaaten bedarf.[11]

Ergänzend zu dem WPA ist für die zweite Jahreshälfte 2018 die Unterzeichnung eines Strategischen Partnerschaftsabkommen geplant. Eine solch umfassende und verschiedene Politikbereiche berücksichtigende Strategie unterstreicht die Bedeutung Japans für die Europäische Union. Im Bereich der Sicherheits- und Verteidigungspolitik können beide Seite bereits auf eine gemeinsame Zusammenarbeit bei der Antipirateriemission im Golf von Aden und an der Küste von Somalia wie auch bei den Missionen in Mali und Niger zurückblicken. Auch bei den Themen Human Security, Multilateralismus und einer von Werten geleiteten Außenpolitik finden sich Übereinstimmungen, wie sich im Vergleich von Japans Nationaler Sicherheitsstrategie aus dem Jahr 2013 mit der Globalen Sicherheitsstrategie der Europäischen Union von 2016 zeigt.[12]

---

8   Europäische Kommission: Vorschlag für einen Beschluss des Rates über den Abschluss des Wirtschaftspartnerschaftsabkommens zwischen der Europäischen Union und Japan, Brüssel, 18. April 2018, KOM(2018)192 endg.
9   European Commission: Joint Statement by the President of the European Commission Jean-Claude Juncker and the Prime Minister of Japan Shinzo Abe, Brüssel, 8. Dezember 2017, 17/5182, abrufbar unter: http://europa.eu/rapid/press-release_STATEMENT-17-5182_en.htm (letzter Zugriff: 12.12.2017).
10 Michael Frenkel/Benedikt Walter: The EU-Japan Economic Partnership Agreement: relevance, content and policy implications, in: Intereconomics 6/2017, S. 358–363, hier S. 363.
11 So beispielsweise Sven Giegold: EU-Japan Handelsvertrag. Still und heimlich haben die Länder dem Abkommen zugestimmt, 6.7.2018, abrufbar unter: https://sven-giegold.de/eu-japan-handelsvertrag/ (letzter Zugriff: 26.10.2018).
12 Akiko Fukushima: Global Security Challenges and Japan's National Security Thinking: Room to Cooperate with the EU?, in: IAI Commentaries 18|10, abrufbar unter http://www.iai.it/it/pubblicazioni/global-security-challenges-and-japans-national-security-thinking-room-cooperate-eu (letzter Zugriff: 8.3.2018).

Fazit

Neben den genannten Beispielen ASEAN und Japan haben sich die asienpolitischen Aktivitäten der Europäischen Union routinemäßig über eine weite Bandbreite erstreckt, wie die unterstützende Kommentierung der Annäherung zwischen Nord- und Südkorea und der Ausbau der Beziehungen zu Südkorea[13] oder die kritischen Stellungnahmen bezüglich der Verschlechterung von Demokratie, Rechtsstaatlichkeit und der Menschenrechte in Kambodscha.[14] Doch nicht zuletzt in Reaktion auf die aktuell dem Multilateralismus gegenüber kritisch eingestellte Politik der US-Regierung und einer sprunghaften Asienpolitik der Präsidentschaft Trump gewinnt die weitergehende Annäherung zwischen der Europäischen Union und Asien an Relevanz.

Federica Mogherini, die Hohe Vertreterin der Union für die Außen- und Sicherheitspolitik, verdeutlichte mehrfach, das europäische Engagement in Asien stelle eine strategische Priorität dar.[15] Für das gewachsene Interesse asiatischer Akteure an der Europäischen Union stand symbolisch die Einladung des Präsidenten des Europäischen Rats, Donald Tusk, zum East Asia Summit im November 2017. Im Vorfeld hierzu erschien in mehreren Zeitungen in ASEAN-Staaten ein Beitrag von Tusk, in dem er die Einheit der Europäischen Union trotz des Austritt des Vereinigten Königreichs und die Bedeutung und Errungenschaften der Beziehungen mit dem ASEAN hervorhob.[16] Der Erfolg der strategischen EU-Asienpolitik wird nicht nur von der erfolgreichen Implementierung bestehender und neu beschlossener Dialoge und Kooperationsmaßnahmen abhängen, sondern auch davon, ob die Union als strategischer Akteur in Asien angenommen wird.

Weiterführende Literatur

Council for Security Cooperation in the Asia Pacific: Regional Security Outlook 2018, abrufbar unter: http://www.cscap.org/uploads/docs/CRSO/CSCAP2018WEB.pdf (letzter Zugriff: 26.10.2018).

John West: Asian century ... on a knife-edge: A 360 degree analysis of Asia's recent economic development, Palgrave Macmillan 2018.

---

13 Cecilia Malmström: Building bridges between the EU and South Korea, Seoul, 21. September 2017, abrufbar unter: https://eeas.europa.eu/delegations/south-korea_en/32555/Building%20bridges%20between%20the%20EU%20and%20South%20Korea (letzter Zugriff: 23.10.2017).

14 Council of the European Union: Cambodia: Council conclusions, Brüssel, 26. Februar 2018, 6416/18, abrufbar unter: http://data.consilium.europa.eu/doc/document/ST-6416-2018-INIT/en/pdf (letzter Zugriff: 16.3.2018); European Parliament: Cambodia: the banning of the opposition, Straßburg, 14. Dezember 2017, P8_TA(2017)0497, abrufbar unter: http://www.europarl.europa.eu/sides/getDoc.do?type=TA&reference=P8-TA-2017-0497&language=EN (letzter Zugriff: 16.3.2018).

15 Building ASEAN-EU strategic partnership amidst global uncertainties. Interview mit Federica Mogherini, in: ASEAN Focus 4/2017, S. 18 ff., hier S. 19.

16 Council of the EU: Op-ed article by President Donald Tusk: "In a changing world, Asia and Europe need to deepen ties", Brüssel, 13. November 2017, Press Release 649/17.

Die Europäische Union und China

Franco Algieri

Die Chinapolitik der Europäischen Union bewegt sich im Spannungsfeld von pragmatischer europäisch-chinesischer Kooperation zur Sicherung gemeinsamer Interessen im multilateralen Kontext einerseits und europäischer Abgrenzung gegenüber einer allzu deutlichen Vereinnahmung von EU-Staaten in Chinas Europastrategie andererseits. 2017 war die EU-28 vor den USA der größte Handelspartner Chinas. Umgekehrt lag die Volksrepublik, nach den USA, an zweiter Stelle der EU-Handelspartner. Die negative Bilanz der Europäischen Union im Handel mit China hat sich im Vergleich der Jahre 2007 und 2017, trotz einer in manchen dazwischenliegenden Jahren vorübergehenden Rückläufigkeit, von 162,040 Mio. Euro auf 176,624 Mio. Euro erhöht.[1] Die zehn wichtigsten EU-Handelspartner Chinas im Jahr 2017 waren (unter Berücksichtigung der Summe von Importen und Exporten in Mrd. Euro): Deutschland (160 Mrd. Euro), Niederlande (96 Mrd. Euro), Vereinigtes Königreich (71 Mrd. Euro), Frankreich (47 Mrd. Euro), Italien (42 Mrd. Euro), Spanien (28 Mrd. Euro), Polen (18 Mrd. Euro), Schweden (14 Mrd. Euro), Tschechische Republik (13 Mrd. Euro).[2]

Grundsätzliche Übereinstimmung

Beim jährlich stattfindenden strategischen Dialog zwischen der Europäischen Union und China traf Federica Mogherini, die Hohe Vertreterin der Europäischen Union für Außen- und Sicherheitspolitik, am 1. Juni 2018 in Brüssel mit dem chinesischen Außenminister Wang Yi zusammen. Sie betonte hierbei die gemeinsame Verantwortung zur Zusammenarbeit, um eine kooperative und regelbasierte globale Ordnung zu erhalten. Ohne die gegenüber multilateralen Institutionen kritische Politik der US-Regierung unter Präsident Donald Trump explizit zu erwähnen, bemerkte Mogherini, dass die Welthandelsorganisation (WTO) für beide Seiten die zentrale Rolle im multilateralen Handelssystem spiele. Besonders hervorgehoben wurden das Festhalten am Atomabkommen mit dem Iran und dessen weitere Implementierung sowie die Unterstützung der Annäherung zwischen Nord- und Südkorea.[3]

Kam es in der Vergangenheit durchaus vor, dass aufgrund bestehender Divergenzen hinsichtlich unterschiedlicher Themen (wie beispielsweise der chinesischen Forderung nach Zuerkennung des Marktwirtschaftsstatus oder der europäischen Kritik an der

---

1 European Commission: European Union, trade in goods with China, Brüssel, 16. April 2018, abrufbar unter: http://trade.ec.europa.eu/doclib/docs/2006/september/tradoc_113366.pdf (letzter Zugriff: 4.5.2018).
2 Giulio Sabbati: China. Economic indicators and trade with EU, 2018, abrufbar unter: http://www.europarl.europa.eu/RegData/etudes/ATAG/2016/583775/EPRS_ATA(2016)583775_EN.pdf (letzter Zugriff: 3.10.2018).
3 Remarks by High Representative of the European Union for Foreign Affairs and Security Policy/Vice-President of the Commission (HRVP) Federica Mogherini following the EU-China Strategic Dialogue with Wang Yi, China's State Councillor and Minister of Foreign Affairs, Brüssel, 1. Juni 2018, abrufbar unter: https://eeas.europa.eu/headquarters/headquarters-homepage/45708/remarks-hrvp-federica-mogherini-following-eu-china-strategic-dialogue-wang-yi-chinas-state_en (letzter Zugriff: 27.6.2018).

Menschenrechtslage in China) zum Abschluss eines EU-China Gipfeltreffens keine gemeinsame Erklärung veröffentlicht werden konnte, war dies beim 20. Gipfeltreffen am 16. Juli 2018 in Peking nicht der Fall. Im Gegenteil: Die achtseitige und 44 Punkte umfassende Erklärung kann als ein bewusster Ausdruck dafür verstanden werden, welche Bedeutung den europäisch-chinesischen Beziehungen im Kontext aktueller Entwicklungen in den internationalen Beziehungen beigemessen wird.[4] Gleich zu Beginn der Erklärung wird auf die „globale Dimension" der Partnerschaft sowie die Notwendigkeit des Dialogs und der Zusammenarbeit verwiesen, um im Rahmen der seit 15 Jahren bestehenden umfassenden strategischen Partnerschaft gemeinsame Herausforderungen zu meistern. Im Anhang findet sich eine weitere ausführliche Erklärung zum Klimawandel und zu sauberer Energie. In dieser wird nicht nur zum Ausdruck gebracht, dass im Bereich der Klimapolitik Handeln gefordert und der Übergang zu sauberer Energie mehr denn je zwingend erforderlich sind. Des Weiteren werden entsprechende Einzelmaßnahmen aufgelistet, bei denen die Europäische Union und China zusammenarbeiten wollen.

Differenzierte Divergenz

Die Belt and Road Initiative (BRI) Chinas bleibt für europäische Staaten und die Europäische Union eine Herausforderung. Werden damit einerseits positive Effekte für eine noch engere Verzahnung der wirtschafts- und handelspolitischen Beziehungen in Verbindung gebracht, häufen sich hierzu andererseits die mahnenden Meinungen. Im April 2018 wurde bekannt, dass, bis auf Ungarn, BotschafterInnen aus 27 EU-Staaten in Peking einen Bericht verfasst hatten, in dem eindeutige Kritik an dem Seidenstraßenprojekt geübt wird. Unter anderem werden darin die zu starke Ausrichtung des Projekts auf chinesische Interessen und eine mögliche Benachteiligung europäischer Firmen erkannt. Warnungen vor einer Aufweichung der Chinapolitik der Europäischen Union aufgrund des Auseinanderdividierens einzelner EU-Staaten durch die Volksrepublik bestehen bereits seit Längerem.[5]

Die BRI beinhaltet beispielsweise strategische Investitionen in Infrastrukturprojekte wie Hafenanlagen in Asien und Europa. Diese sind für China als Handelsmacht nicht nur aus ökonomischer Sicht von Interesse. Darüber hinaus erhofft sich die Volksrepublik eine Verbesserung der Kontrolle wichtiger Handelsrouten. Der Hafen von Piräus, an dem China bereits 2008 begonnen hatte, sich mit Investitionen zu beteiligen, ist für die China Ocean Shipping Company (COSCO) der strategische Knotenpunkt für den Gütertransport nach Mittel- und Osteuropa. Das chinesische Interesse richtet sich nun auch auf die italienischen Häfen Triest und Genua.[6] Dass der Einstieg chinesischer Unternehmen in derartige Infrastrukturprojekte in Europa nicht immer nur auf Zustimmung stößt, zeigte sich bei der Kontroverse hinsichtlich des Baus eines neuen Containerterminals im Hamburger Hafen. Nachdem ein chinesischer Investor den Zuschlag für das Projekt erhalten hatte, stieß dies

---

4 Joint Statement of the 20th EU-China Summit, Beijing, 16. Juli 2018, abrufbar unter: https://www.consilium.europa.eu/media/36165/final-eu-cn-joint-statement-consolidated-text-with-climate-change-clean-energy-annex.pdf (letzter Zugriff: 19.7.2018).

5 Dana Heide und andere: EU ambassadors band together against silk road, in: Handelsblatt Global, 17.4.2018, abrufbar unter: https://global.handelsblatt.com/politics/eu-ambassadors-beijing-china-silk-road-912258 (letzter Zugriff: 24.4.2018).

6 Gisela Grieger: China's maritime silk road initiative increasingly touches the EU, European Parliamentary Research Service 2018.

auf Proteste der Hamburger Hafenbetreiber und des Unternehmensverbands Hafen Hamburg.[7]

Chinesische Investitionen in Schlüsselindustrien von EU-Mitgliedstaaten stellen für die betreffenden Länder eine wirtschaftsstrategische Herausforderung dar. Im September 2017 hatte die Europäische Kommission einen Vorschlag zur Schaffung eines Rahmens für die Überprüfung ausländischer Direktinvestitionen in der Europäischen Union vorgelegt, dem im Juni 2018 ein entsprechender Entschließungsentwurf des Europäischen Parlaments folgte. Kurz darauf bestätigte der Rat der Europäischen Union, dass die EU-Präsidentschaft mit dem Europäischen Parlament Verhandlungen aufnehmen solle. Der Rat der Europäischen Union stellte fest, dass beispielsweise intransparente staatliche Unternehmen oder private Firmen mit engen Beziehungen zu Regierungen durch Aufkäufe von Firmen in der Europäischen Union Dual-use und Spitzentechnologien oder strategische Infrastrukturobjekte erwerben, was wiederum einen möglichen Einfluss auf die Sicherheit und öffentliche Ordnung der Europäischen Union haben könnte.[8] Für Chinas künftige Investitionsstrategie in EU-Staaten als auch für die andauernden Verhandlungen über ein umfassendes EU-China Investitionsabkommen wird dies zu berücksichtigen sein.

Divergenzen zwischen der Europäischen Union und China zeigen sich auch in den differenzierten europäischen Reaktionen auf die 2012 begonnene 16+1-Initiative (16 Mittel- und Osteuropäische Staaten und China).[9] Die anfängliche Euphorie bei manchen der beteiligten europäischen Staaten hat erkennbar nachgelassen. Beim sechsten Gipfeltreffen der 16+1 am 27. November 2017 in Budapest vereinbarten die beteiligten Staats- und Regierungschefs Leitlinien für die weitere Zusammenarbeit. Diese umfassen unter anderem eine gemeinsame Agenda, die von Handels- und Investitionsfragen über die Errichtung einer Konnektivitätsplattform bis hin zur Zusammenarbeit in den Bereichen Industrie, Energie, Wissenschaft und Technologie, Landwirtschaft und Umweltschutz, Gesundheit und auf lokaler Ebene reicht. Sowohl von chinesischer Seite wie auch vonseiten der europäischen Staaten wurde erklärt, wie wichtig die Weiterentwicklung der umfassenden strategischen EU-China Partnerschaft sei.[10] Diese Betonung der übergeordneten Beziehungen zwischen der Europäischen Union und China ist vor dem Hintergrund der wachsenden Kritik an der 16+1-Initiative und Chinas Rolle darin zu sehen. Nicht nur die Entwicklung des bilateralen Handels der meisten dieser europäischen Staaten mit China verläuft eher gemäßigt. Damit zusammenhängend blieben die erwarteten chinesischen Investitionen in Mittel- und Osteuropa auf einem niedrigen Niveau. Darüber hinaus ist ersichtlich, dass unter den 16 europäischen Staaten wesentliche Gewichtungsunterschiede als Partner für China bestehen. Die chinesischen Investitionen Chinas in diesen Staaten unterliegen erkennbaren Schwankungen und bei den Infrastrukturprojekten konzentriert sich die Volksrepublik mehr auf die Staaten des Westbalkans als auf die teilnehmenden EU-Mitgliedstaaten.[11] Zwar stellt die 16+1-Initiative eine Herausforderung für

---

7   Christoph Schlautmann: Investor aus China sorgt für Streit, in: Handelsblatt, 14.7.2017, abrufbar unter: https://www.handelsblatt.com/unternehmen/logistik-spezial/zoff-um-neues-terminal-chinesen-wollen-im-hamburger-hafen-landen/20057646-all.html (letzter Zugriff: 23.3.2018).
8   Council of the EU: Screening of investments. Council agrees negotiating stance, Brüssel, 13. Juni 2018, Press Release 335/18,.
9   Vgl. hierzu auch den Beitrag „Südosteuropapolitik" in diesem Jahrbuch.
10 The Budapest guidelines for cooperation between China and Central and Eastern European countries, 28.11.2017, abrufbar unter: https://www.fmprc.gov.cn/mfa_eng/wjdt_665385/2649_665393/t1514534.shtml (letzter Zugriff: 12.4.2018).
11 Gisela Grieger: China, the 16+1 format and the EU, European Parliamentary Research Service 2018.

die Kohärenz der Chinapolitik der Europäischen Union dar, doch umso erkennbarer wird: Je mehr für die an der Initiative beteiligten EU-Mitgliedstaaten Erwartungen und Wirklichkeit auseinanderklaffen, desto geringer der Desintegrationsdruck in der europäischen Chinapolitik.

Resümee

Die Europäische Union stellt ihre Chinapolitik nicht grundsätzlich in Frage. Beim erwähnten 20. EU-China-Gipfeltreffen wurde das Festhalten an der Ein-China-Politik bestätigt. 20 Jahre nach der britischen Übergabe Hongkongs an China stellten die Europäische Kommission und die Hohe Vertreterin fest, dass das Prinzip „Ein Land, zwei Systeme" weitgehend gut funktioniere. Gleichzeitig bestünden aber Bedenken bezüglich einer längerfristigen Aushöhlung der Autonomie der Sonderverwaltungsregion Hongkong.[12] Mit Blick auf die Sonderverwaltungsregion Macau wurden keine signifikanten Einschränkungen beobachtet.[13]

Dies kann aber keineswegs darüber hinwegtäuschen, dass das Dauerthema der Menschenrechte in der EU-Chinapolitik uneingeschränkt relevant bleibt. Sehr deutlich fiel beispielsweise die europäische Kritik an der Überwachungspolitik der chinesischen Regierung in Xinjiang aus. Nach 15 Jahren strategischer Partnerschaft ist es mehr als notwendig, einen realistischen Umgang der Europäischen Union mit China zu fordern.[14] Ob das Beziehungsgeflecht EU-China jedoch als Modell für einen neuen Typus internationaler Beziehungen verstanden werden kann,[15] bleibt zu hinterfragen.

Weiterführende Literatur

Richard Ghiasy/Fei Su/Lora Saalman: The 21st Century Maritime Silk Road. Security implications and ways forward for the European Union, SIPRI/Friedrich Ebert Stiftung 2018.
Mario Telò/Ding Chun/Xiatong Zhang (Hrsg.): Deepening the EU-China Partnership. Bridging institutional and ideational differences in an unstable world, London 2017.

---

12 European Commission/High Representative of the Union for Foreign Affairs and Security Policy: Joint Report to the European Parliament and the Council. Hong Kong Special Administrative Region: Annual Report 2017, Brüssel, 24. April 2018, JOIN(2018) 7 final.
13 European Commission/High Representative of the Union for Foreign Affairs and Security Policy: Joint Report to the European Parliament and the Council. Macao Special Administrative Region: Annual Report 2017, Brüssel, 24. April 2018, JOIN(2018) 8 final.
14 So beispielsweise François Godement/Abigaël Vasselier: China at the gates. A new power audit of EU-China relations, London 2017.
15 Rede des chinesischen Botschafters Zhang Ming bei der EU: China and China-EU relations in the new era, Bruges, 26. Januar 2018, abrufbar unter: https://www.coleurope.eu/speeches#nid43059 (letzter Zugriff: 30.3.2018).

Lateinamerikapolitik

Susanne Gratius

Die unterschiedliche Interpretation der Krise in Venezuela verhinderte das ursprünglich für 2017 geplante Gipfeltreffen zwischen der EU und der lateinamerikanisch-karibischen Staatengemeinschaft CELAC. Auch die vorgesehene Unterzeichnung des seit fast zwanzig Jahren verhandelten Assoziierungsabkommens zwischen der EU und dem Wirtschaftsblock MERCOSUR (Argentinien, Brasilien, Paraguay und Uruguay) scheiterte erneut am langjährigen Agrarkonflikt und an der Regionalismuskrise beider Akteure. Die ausbleibenden Ergebnisse belasteten die Beziehungen und standen im Gegensatz zum verstärkten Engagement anderer Partner wie China, Südkorea oder Indien. Indes zeigten die Verhandlungen über ein neues Assoziierungsabkommen mit Chile, der erfolgreiche Abschluss eines erweiterten Freihandelsvertrages mit Mexiko sowie die geplante Lateinamerika-Strategie, dass die Region weiterhin von Bedeutung für die EU ist. Der bevorstehende Brexit wird mit Ausnahme der Karibikstaaten, deren Beziehungen zur EU noch immer über die Gruppe der afrikanischen, karibischen und pazifischen Staaten (AKP-Staaten) definiert werden, kaum negative Auswirkungen auf die Zusammenarbeit mit Lateinamerika haben.

Das gescheiterte Gipfeltreffen und der Streit um Venezuela

Das verhinderte Treffen der 61 Staats- und Regierungschefs beider Regionen, das im Herbst 2017 in El Salvador stattfinden sollte, lässt zwei Interpretationen zu. Erstens, die europäisch-lateinamerikanische Wertegemeinschaft hält einer Realitätsprüfung nicht stand. Zweitens, die unterschiedlichen Interpretation der nationalen Souveränität – durch den traditionellen Hegemonialanspruch der USA ein immer noch sensibles Thema in Lateinamerika und der Karibik – verhinderten eine übereinstimmende Beurteilung der venezolanischen Regierung von Präsident Nicolás Maduro.

Kein lateinamerikanisches Land folgte dem Beispiel der EU, die 2017 und 2018 Sanktionen gegen das venezolanische Regime verhängte. Gegenüber anderen Partnern wie China, mit denen Lateinamerika kaum normative Prinzipien teilt und das im Januar 2018 ein zweites Außenministertreffen mit der CELAC abhielt, erweist sich die Betonung der Wertegemeinschaft zunehmend als Problem. Zwar wollen die EU und Lateinamerika die Demokratie verteidigen, sind sich jedoch uneins über die angemessenen Instrumente.

Der Konflikt um und in Venezuela begann im April 2017, als der von Regierungstreuen besetzte Oberste Gerichtshof versuchte, das seit Dezember 2015 von der Opposition dominierte Parlament zu schließen. Die darauffolgenden landesweiten Massendemonstrationen forderten 120 Todesopfer.[1] Im Anschluss gründete Maduro durch Wahlen zur Verfassungsgebenden Versammlung im August 2017 de facto ein paralleles Parlament unter Ausschluss der Opposition Der Konflikt kulminierte in den vorgezogenen Präsidentschaftswahlen am 20. Mai 2018, an denen sich das oppositionelle Bündnis „Mesa de la Unidad Democrática" (MUD) aufgrund des Ausschlusses und der Inhaftierung ihrer

---

1 International Crisis Group: Containing the Shock Waves from Venezuela. Latin America Report 65, 2017.

Kandidaten, wie beispielsweise den ehemaligen Bürgermeister Leopoldo López, nicht beteiligte. Neben Maduro kandidierte der „Dissident" Henri Falcón, der 20,9 Prozent der Stimmen erzielte, gefolgt vom Evangelisten Javier Bertucci mit 10,8 Prozent der Stimmen. Die niedrige Wahlbeteiligung von 57 Prozent war ein deutliches Anzeichen für den Legitimationsverlust eines Regimes, das 2017 als autoritär klassifiziert wurde.[2]

Die EU, die USA und zahlreiche lateinamerikanische Staaten erkannten das Ergebnis der vorgezogenen Präsidentschaftswahlen nicht an, bei denen Maduro offiziellen Angaben zufolge 67,8 Prozent der Stimmen und ein Mandat bis 2025 erhielt. Auch die Einladung zur Wahlbeobachtung lehnte die EU ab, da selbst minimale demokratische Normen und Standards nicht erfüllt worden seien und sich die Regierung noch weiter von einer friedlichen, verhandelten Lösung der multidimensionalen Krise entfernt habe.[3] Im Herbst 2017 hatte der Rat der EU auf das gewaltsame Vorgehen der Polizei gegen von der Opposition organisierte Demonstrationen mit einem Waffenembargo reagiert und im Januar 2018 einstimmig weitere selektive Sanktionen gegen Mitglieder der venezolanischen Regierung (unter anderem die Einfrierung ihrer Bankguthaben und Visa-Restriktionen) verhängt.

Die Venezuela-Frage spaltete die lateinamerikanische Staatengemeinschaft. Die 12 Staaten der Lima-Gruppe erkannten das Ergebnis der Präsidentschaftswahlen zugunsten von Maduro zwar nicht an und kritisierten in mehreren Erklärungen den autoritären Charakter des Regimes, verhängten aber, im Unterschied zur EU und den USA, keine Sanktionen. In der Erklärung vom 5. Juni 2018, die mit 19 Stimmen, 11 Enthaltungen und 4 Gegenstimmen angenommen wurde, lehnte auch die Organisation Amerikanischer Staaten (OAS) den Wahlprozess in Venezuela aufgrund mangelnder demokratischen Garantien ab, es fand sich aber keine Mehrheit für einen Ausschluss Venezuelas. Nach einem langjährigen politischen Konflikt mit der Organisation, die seit der Jahrtausendwende die Lage der Menschenrechte in Venezuela kritisiert, beschloss die Regierung von Nicolás Maduro 2017, die Organisation zu verlassen. Dies wird voraussichtlich im April 2019 geschehen.

Gegensätzlich zur Lima-Gruppe positionierten sich die Mitgliedstaaten der linksgerichteten ALBA-Gruppe (Alianza Bolivariana para los Pueblos de Nuestra América), denen Bolivien, Ecuador, Kuba, Nicaragua, Venezuela und fünf karibische Länder angehören und die die Maduro-Regierung klar unterstützen. Die kontroverse Debatte spaltete auch die südamerikanische Staatengemeinschaft UNASUR (Unión de Naciones Suramericana), der Venezuela ebenfalls angehört. Im April 2018 verließen Argentinien, Brasilien, Chile, Kolumbien, Paraguay und Peru aus Protest gegen die ideologische Ausrichtung der UNASUR unter Führung von Bolivien die Organisation.

Zu ähnlichen innerlateinamerikanischen Spannungen sorgten die im Frühjahr 2018 erfolgten Massenproteste gegen die autoritäre Regierung von Daniel Ortega in Nicaragua, bei denen 162 Menschen starben. Ebenso wie hinsichtlich Venezuela spaltete sich die Region in Befürworter (ALBA-Gruppe) und Gegner (Lima-Gruppe) der Regierung in Managua, deren repressives Vorgehen gegen die Demonstranten von der EU im Mai 2018 energisch verurteilt wurde. Sanktionen blieben jedoch aus. Die ideologischen Differenzen verschärften die Krise des lateinamerikanischen Kooperations- und Integrationsprozesses.[4] Die Krise des lateinamerikanischen Regionalismus machte das von der EU bevorzugte

---

2   Freedom House: Freedom in the World. Report 2017. Washington DC; Jácome, Francine (2017): Venezuela: ¿un nuevo tipo de régimen militar?, in: Foreign Affairs Latinoamérica 17/4, S. 44-52.
3   European Council: Venezuela: Council adopts conclusions, 28.5.2018, abrufbar unter: http://www.consilium.europa.eu/en/press/press-releases/2018/05/28/venezuela-council-adopts-conclusions (letzter Zugriff: 19.9.2018).

interregionale Format unmöglich und verdeutlichte die Grenzen des Integrationsexports. Das Scheitern des EU-Lateinamerika-Karibik-Gipfeltreffens ist ein direktes Ergebnis. Trotz der mit der Lima-Gruppe geteilten Kritik am Maduro-Regime bestand kein Konsens über die Instrumente zur Verteidigung der Demokratie in Venezuela.

Verhandlungen mit dem MERCOSUR, Chile und Mexiko

Der zweite Rückschlag war das erneute Scheitern eines Assoziierungsabkommens zwischen EU und MERCOSUR, das teilweise auf die interregionalen Block-Verhandlungen zurückgeführt werden kann. Wie schon zuvor stand das Abkommen einschließlich einer Freihandelszone im März 2018 nach 20-jährigen Verhandlungen kurz vor der Unterzeichnung, scheiterte aber an der EU-Agrarpolitik und an der vom MERCOSUR geforderten Erhöhung der Einfuhrquote für Rindfleisch.[5] Bevorstehende Wahlen im MERCOSUR und in der EU erschweren einen Agrarkompromiss aus innenpolitischen Gründen.

Der erfolglose Abschluss des Assoziierungsabkommens mit dem MERCOSUR wird China weitere Vorteile in der Region verschaffen. Im Jahr 2016 hatte Peking, wie schon in den Vorjahren, die EU auf den dritten Platz der bedeutendsten Außenhandelspartner Lateinamerikas verwiesen.[6] Im Vergleich zum Anteil von 16,2 Prozent, den China in Lateinamerikas Gesamthandel einnimmt, entfielen auf die 28 EU-Mitgliedstaaten 2016 nur noch 14,4 Prozent der Importe und Exporte mit der Region (etwa die Hälfte davon mit dem MERCOSUR). Im Bereich der Direktinvestitionen ist die EU zwar weiterhin wichtigster Akteur in Lateinamerika und im MERCOSUR, könnte jedoch bald von China überholt werden: Zwischen 2014 und 2015 machten die zuvor geringen chinesischen Direktinvestitionen in Lateinamerika bereits mehr als 10 Prozent des globalen Zuflusses aus.[7]

Als Erfolg sind die erfolgreichen Verhandlungen mit Mexiko und Chile über eine Erweiterung der ersten Freihandels-Plus-Abkommen von 2000 und 2002 sowie die Debatte über eine neue Lateinamerika-Strategie der EU zu verbuchen.

Nach zweijährigen Verhandlungen unterzeichnete die EU am 21. April 2018 ein neues Abkommen mit Mexiko. Die weitgehenden Freihandelsbestimmungen setzten vor dem Hintergrund des US-amerikanischen Protektionismus und der Neuverhandlung des Nordamerikanischen Freihandelsabkommens mit Mexiko ein Zeichen zugunsten der Handelsliberalisierung und unterstrichen die Bedeutung des größten zentralamerikanischen Landes als strategischen Partner der EU. Der erfolgreiche Abschluss eröffnete aus Sicht der Handelskommissarin Cecilia Malmström ein neues Kapitel in den Beziehungen.[8] Es sieht den Abbau der Beschränkungen im Agrarsektor vor, eine Öffnung des Dienstleistungssek-

---

4 Nicole Jenne/Luis Leandro Schenoni/Francisco Urdinez: Of words and deeds: Latin American declaratory regionalism, 1994-2014, Cambridge Review of International Affairs, 30/2-3, S. 195-215.
5 Anna Ayuso/Susanne Gratius: The Economic Agenda between Brazil and the EU: Prospects for a Bilateral and Global Upgrading. IAI Papers, 2018.
6 European Commission: European Union Trade in Goods with Latin American countries. 16.11.2017, abrufbar unter: http://trade.ec.europa.eu/doclib/docs/2006/september/tradoc_111527.pdf (letzter Zugriff: 19.9.2018).
7 Rolando Avendano/Ángel Melguizo/Sean Miner: Chinese FDI in Latin America: New Trends with Global Implications. Atlantic Council, OECD, 2017, S. 6.
8 Europäische Kommission: EU und Mexiko erzielen Einigung über ein neues Handelsabkommen, 23.4.2018, abrufbar unter: https://ec.europa.eu/germany/news/mexico20190423_de (letzter Zugriff: 2.10.2018).

tors und eine Erweiterung des beidseitigen Investitionsschutzes. Zudem wurden Klimawandel und nachhaltige Entwicklung in den Vertrag aufgenommen. Mit Chile verhandelte die EU ein ähnliches Abkommen, dessen Unterzeichnung bis 2019 erfolgen soll.

Gleichzeitig bereitete die Europäische Kommission eine neue Lateinamerika-Strategie vor, um dem größeren internationalen Engagement der Region (Chile, Kolumbien und Mexiko sind Mitglieder der Organisation für wirtschaftliche und Zusammenarbeit und Entwicklung, Argentinien, Brasilien und Mexiko gehören der G-20 an und Brasilien der BRICS-Gruppe) gerecht zu werden und Lateinamerika als Partner der „global governance" aufzuwerten.[9] Trotz aller Unterschiede verbindet die EU mit Lateinamerika noch immer mehr Werte, Prinzipien und Normen als mit allen übrigen Weltregionen. Zudem könnte Präsident Donald Trumps abweisende Politik gegenüber Lateinamerika, vor allem in der Migrationspolitik, beide Regionen wieder näher zusammenbringen und eine atlantische Gemeinschaft schaffen, in der die USA nur noch eine geringe Rolle spielen.

Fazit: Gemischte Bilanz der Beziehungen

Das Scheitern des Gipfeltreffens und der EU-MERCOSUR-Verhandlungen prägten die Beziehungen zwischen der EU, Lateinamerika und der Karibik zuletzt negativ. Demgegenüber werden von der künftigen Lateinamerika-Strategie der Europäischen Kommission neue Impulse für die Beziehungen ausgehen, die das multilaterale Engagement beider Regionen unterstreichen soll, um eine Partnerschaft auf Augenhöhe zu ermöglichen.

Die Weiterentwicklung der Abkommen mit Chile und Mexiko sowie die strategische Debatte – zwischen der Europäischen Kommission und der Zivilgesellschaft beider Regionen – über die künftige Rolle Lateinamerikas in der EU-Außen- und Entwicklungspolitik war zweifellos eine positive Tendenz in den gemeinsamen Beziehungen. Dies gilt auch für die in diesem Zusammenhang geplante Aufwertung der Region als privilegierter globaler Partner der EU und der Entwicklung gemeinsamer Positionen in Themen mit nahezu deckungsgleichen Interessen, wie in der Klima- oder Anti-Drogenpolitik.[10]

Die neue Lateinamerika-Strategie ändert jedoch nichts an dem Widerspruch zwischen gemeinsamen Gipfeltreffen mit Lateinamerika und der Karibik einerseits und den unterschiedlichen Beziehungen der beiden Subregionen zur EU andererseits. Die Staaten der Karibik (mit Ausnahme von Kuba, das ein bilaterales Abkommen mit Brüssel unterzeichnete) sind noch immer Teil der AKP-Gruppe und des 2016 erneuerten Cotonou-Abkommens, wohingegen Lateinamerika in der EU-Entwicklungspolitik keinen Vorrang hat.

In diesem Zusammenhang hat sich der interregionale Gruppendialog mit der CELAC, in der alle 33 Staaten der Region vertreten sind, als Hindernis erwiesen: Die Spaltung der Organisation war letztlich mitverantwortlich für das gescheiterte vierte Gipfeltreffen mit der EU. Angesichts der politischen und ökonomischen Fragmentierung Lateinamerikas und der Karibik scheint eine „Bilateralisierung" der Beziehungen unvermeidlich.

Weiterführende Literatur

Anna Ayuso/Susanne Gratius: América Latina y Europa: ¿repetir o reinventar un ciclo?, in: Pensamiento Propio 44, Revista de CRIES, Buenos Aires, 2016, S. 249-295.

Susanne Gratius: Latin America's relations with Europe: a stable but limited and fragmented partnership, in: Ana Covarrubias/Jorge Domínguez, Routledge Handbook of Latin America in the World. Routledge, 2015.

---

9 Susanne Gratius: Europa-América Latina: retos regionales y globales compartidos, in: Nueva Sociedad 270, Buenos Aires, 2017.

10 Gratius: Europa-América Latina, 2017.

Nahostpolitik

Michael L. Bauer/Simon Hartmann

Im vergangenen Jahr hat sich die Konfliktlage im Nahen Osten weiter verschärft. Die Europäische Union hat dieser Entwicklung wenig entgegenzusetzen und ist lediglich auf mitgliedstaatlicher Ebene – vor allem Frankreich – diplomatisch präsent. Neben den bekannten Limitationen des außenpolitischen Profils der EU lag dies auch an der langwierigen Regierungsbildung in Deutschland und an dem Versuch Großbritanniens, sich nach der Brexit-Entscheidung im internationalen Kontext neu zu positionieren.

Besonders problematisch für die Region, aber auch für die europäische Nahostpolitik ist, dass US-Präsident Donald Trump durch eine Reihe von Entscheidungen in erheblichem Maße zur Destabilisierung des Nahen Ostens beigetragen hat. Mit der Aufkündigung des internationalen Atomabkommens mit Iran sowie der Verlegung der US-Botschaft nach Jerusalem hat Trump nicht nur zur Verschärfung der regionalen Konfliktlage beigetragen, sondern auch dezidiert gemeinsame Positionen mit der Europäischen Union und ihren Mitgliedstaaten aufgegeben. Zwischen den europäischen Regierungen und der aktuellen US-Führung scheint mit Blick auf die strategisch und normativ anzustrebenden Politikansätze für die Konfliktregion Nahost keine grundsätzliche Übereinkunft mehr zu bestehen.

Syrien nach dem Ende des „Islamischen Staats"
Der Konflikt in Syrien ist aus vielerlei Gründen weiterhin eine der wichtigsten Herausforderung der europäischen Nahostpolitik. Wenngleich sich die Konfliktlage in den letzten zwölf Monaten verschoben hat, ist ein Kriegsende nicht in Sicht.

Dem Territorialprojekt „Islamischer Staat" (auch bekannt unter „Daesh") wurde vorläufig ein Ende bereitet. Im Oktober 2017 eroberten von den USA unterstützte kurdische Milizen Rakka, die letzte Hochburg von „Daesh" in Syrien. Schon drei Monate zuvor hatte die irakische Armee Mossul, die so genannte Hauptstadt der Terrormiliz, eingenommen.[1] Nach wie vor stehen allerdings vereinzelte Gebiete in Syrien und dem Irak unter der Kontrolle von Daesh. Zudem werden sowohl die Ideologie wie die Kapazitäten, terroristische Anschläge zu verüben, über die militärische Niederlage hinaus bestehen bleiben. Es ist nicht auszuschließen, dass sich Daesh zu einem späteren Zeitpunkt auch militärisch reorganisiert, sollte der Konflikt in Syrien weitergehen und die staatliche Konsolidierung im Irak keine Fortschritte machen.

In Syrien selbst versuchten lokale und regionale Akteure ihre Position im Post-„Daesh" Syrien auszubauen. Das Assad-Regime setzte seine militärische Kampagne zur Wiederherstellung beziehungsweise Konsolidierung seiner Machtposition in zentralen Gebieten des Landes mit einigem Erfolg fort. Es ist allerdings weiterhin auf massive militärische und politische Hilfe Russlands und des Irans angewiesen. Im Zentrum der militärischen Operationen des Regimes und der Verbündeten stand das Vorgehen gegen Rebellengruppen in den sogenannten „Deeskalationszonen" in Ost-Ghouta, Daraa und Idlib. Dem Assad-

---
1 Mariya Petkova: What will happen to post-ISIL Raqqa?, in: Aljazeera, 17.11.2017.

Regime wird vorgeworfen, dabei in mehreren Fällen chemische Kampfstoffe genutzt zu haben. Dies nahm eine von den USA geführte Allianz mit französischer und britischer Beteiligung zum Anlass und bombardierte syrische Stellungen, von denen die chemischen Attacken ausgegangen sein sollen.[2] Die EU indes weitete die Sanktionen gegen syrische Einrichtungen und Einzelpersonen auch in Reaktion auf die Chemieangriffe erneut aus.[3]

Die Türkei dehnte ihren Einfluss in Syrien durch eine militärische Intervention in der Region um Afrin aus und begründete die Invasion mit der Bedrohung ihrer Grenze durch kurdische Einheiten in Nordsyrien. Die kurdischen „Volksverteidigungseinheiten" (YPG), enge Verbündete der USA im Kampf gegen „Daesh", gefährdeten als direkter Ableger der Arbeiterpartei Kurdistans (PKK) die Integrität des türkischen Nationalstaates.[4] Es handelt sich um die zweite Intervention der Türkei in Syrien seit 2016, die gemeinsam mit verbündeten arabischen Milizen nun ein Gebiet von der Provinz Afrin bis zur Stadt Dscharabulus kontrolliert. Mehrmals hat Präsident Erdogan zudem angekündigt, die YPG ebenfalls aus den Provinzen östlich des Euphrats und dem irakischen Norden vertreiben zu wollen.[5]

Auch zwischen Israel auf der einen Seite und dem Iran und der mit ihm verbündeten Hisbollah Miliz auf der anderen Seite kam es in der ersten Jahreshälfte 2018 zu einer militärischen Konfrontation, an deren Höhepunkt Israel nach Abschuss eines israelischen Kampfflugzeugs mehr als fünfzig Ziele in Syrien angriff, die angeblich vom iranischen Militär genutzt wurden.[6] Vor allem Russland bemühte sich, einer weiteren Eskalation zwischen Iran und Israel in Syrien vorzubeugen – auch um negative Folgen für das syrische Regime zu verhindern. Seit Mitte 2018 sind keine iranischen Einheiten mehr in der Nähe der syrisch-israelischen Grenze und an der militärischen Offensive, die das syrische Regime seit Juni 2018 mit russischer Unterstützung im südsyrischen Daraa durchführt, beteiligt sich der Iran nicht.

Den dramatischen Ereignissen auf dem Schlachtfeld steht eine lähmende Stagnation auf dem diplomatischen Parkett gegenüber. Die inzwischen achte Verhandlungsrunde zwischen Regime und Oppositionskräften unter dem Dach der Vereinten Nationen brachte auch im Januar 2018 keine nennenswerten Ergebnisse. Auch der von Russland initiierte Syrienkongress in Sotschi, der über eine Nachkriegsverfassung für Syrien beraten sollte, blieb erfolglos, da große Teile der syrischen Opposition die Konferenz boykottierten.[7]

Der Rat der Europäischen Union geht davon aus, dass 13 Mio. Syrerinnen und Syrer von humanitärer Unterstützung abhängig sind, wobei drei Mio. in belagerten Städten eingesperrt sind.[8] Vor diesem Hintergrund hat die EU eine neue multinationale Konferenzreihe ausgerichtet. Mit der zweiten Sitzung ging die Hohe Vertreterin der Union für die Außen- und Sicherheitspolitik Mogherini soweit, gerade mit Blick auf andere Initiativen in

---

2 Yuta Kawashima/Alicia Sanders-Zakre: Timeline of Syrian Chemical Weapons Activity, 2012-2018, in: Arms Control Association, Mai 2018, abrufbar unter: https://www.armscontrol.org/factsheets/Timeline-of-Syrian-Chemical-Weapons-Activity (letzter Zugriff: 11.6.2018).
3 Rat der Europäischen Union: Mitteilung an die Presse. Tagung des Rates Auswärtige Angelegenheiten. Brüssel, 28. Mai 2018, Dok. 284/18.
4 Die personelle und ideologische Nähe zwischen PKK und YPG wurde jüngst von der britischen „Henry Jackson Society", einer konservativen Denkfabrik, bestätigt, vgl. Kyle Orton: The Forgotten Foreign Fighters. The PKK in Syria, London 2017.
5 Der türkische Außenminister sieht darin den Grundstein für einen nachhaltigen Friedensprozess, vgl. Mevlüt Cavusoglu: The Meaning of Operation Olive Branch, in: foreignpolicy, 5.4.2018.
6 Benjamin Bidder: Darum kämpfen Israel und Iran in Syrien, Spiegel online, 10.5.2018.
7 Clemens Verenkotte: Opposition lehnt Friedensgespräche in Sotchi ab, in: Deutschlandfunk, 27.1.2018.
8 Rat der Europäischen Union: Mitteilung an die Presse. Tagung des Rates Auswärtige Angelegenheiten. Brüssel, 25.4.2018, Dok. 219/18.

Sotschi und Astana, von einem „Brüssel-Prozess" zu sprechen, dessen Ziel neben der Akquise von Mittel für humanitäre Hilfe und dem Wiederaufbau eine Stärkung der Genfer Friedensgespräche sein solle.[9] Auf der Konferenz, an der Vertreter aus 85 Staaten und internationalen Organisationen teilnahmen, wurden Hilfsgelder in Höhe von 3,5 Mrd. Euro für 2018 und weitere 2,7 Mrd. Euro für den Zeitraum 2019 bis 2020 zugesagt. Diese Gelder sollen hauptsächlich den Anrainerstaaten und Hilfsorganisationen für die humanitäre Versorgung von Geflohenen und Zivilbevölkerung zu Gute kommen; erst wenn in Syrien ein integrativer Friedensschluss erfolgt, werden die Gelder für den direkten Wiederaufbau des Landes verwendet werden können.[10]

Konfliktlage am Golf verschärft sich

Seit der einseitigen Aufkündigung des internationalen Atomabkommens mit Iran durch US-Präsident Trump im Mai 2018 bemühen sich die anderen Vertragsparteien darum, das Abkommen aufrechtzuerhalten. Der Iran forderte von den anderen Vertragsparteien, dass mögliche wirtschaftliche Folgen der neuen US-Sanktionen aufgefangen werden. Wie dies konkret geschehen soll und wie die EU europäische Unternehmen, die im Iran aktiv sind, vor US-Vergeltungsmaßnahmen schützen kann, ist ungewiss.[11] Der Iran hat bisher sein Atomprogramm nicht wieder aufgenommen. Die gemäßigten Kräfte um Ministerpräsident Rohani sind jedoch erheblich geschwächt, während die Hardliner sich in ihrer Haltung bestärkt sehen, dass nur eine Politik der Stärke Irans Sicherheit garantieren kann. Sollten die Sanktionen auf Druck der USA wieder greifen, dann ist zu befürchten, dass es innenpolitisch zu einer weiteren Machtverschiebung zugunsten der Hardliner im Iran kommt.

In Saudi-Arabien treibt Kronprinz Mohamed Bin Salman die Konsolidierung seiner Machtposition voran. Außenpolitisch verfolgt er weiterhin eine aggressive, allerdings bisher wenig erfolgreiche Strategie zur Eindämmung und Zurückdrängung des iranischen Einflusses in der Region. Die Militärkampagne gegen die Houthi-Rebellen im Jemen,[12] das politische und wirtschaftliche Embargo gegen Katar[13] und das denkwürdige Ränkespiel um den libanesischen Ministerpräsident Hariri[14] haben ihre Ziele weitestgehend verfehlt und dem saudischen Ansehen in der Region und international eher geschadet.

Der Iran indes verfolgt weiterhin eine außen- und sicherheitspolitische Strategie, die auf die Ausweitung seines Einflusses ausgerichtet ist und setzt dabei auch auf die Zusammenarbeit und die politische und militärische Unterstützung von Milizen wie der Hisbollah im Libanon oder den Hashd al-Shaabi im Irak. In der Folge einer weiteren Zuspitzung im Kontext der Aufkündigung des Atomabkommens durch die USA könnte Iran mittels verbündeter Milizen in der Region wieder an der Eskalationsschraube drehen.

Die EU und ihre Mitgliedstaaten unterhalten mit Iran und Saudi-Arabien intensive diplomatische Beziehungen. Erfolgreiche Vermittlungsinitiativen haben sich allerdings bis dato nicht ergeben.

---

9   Europäischer Auswärtiger Dienst: EU launches "Brussels process" for Syria, Mogherini announces at UNGA, 21.9.2017, abrufbar unter: https://eeas.europa.eu/headquarters/headquarters-home-page_en/32597/EU%20launches%20%22Brussels%20process%22%20for%20Syria,%20Mogherini%20announces%20at%20UNGA (letzter Zugriff: 11.6.2018).
10 Rat der Europäischen Union: Mitteilung an die Presse, April 2018.
11 Clemens Verenkotte: Letzter Rettungsversuch für das Iran-Abkommen, in: Deutschlandfunk, 6.7.2018.
12 Jonathan Spyer: Tehran Is Winning the War for Control of the Middle East, in: foreignpolicy, 21.11.2018.
13 Hassan Hassan: Qatar won the Saudi Blockade, in: foreignpolicy, 24.1.2018.
14 Anna Barnard/Maria Abi-Habib: Why Saad Hariri Had That Strange Sojourn in Saudi Arabia, in: New York Times, 24.12.2017.

Jerusalem-Entscheidung verschärft Situation

Die Beilegung des israelisch-palästinensischen Konflikts im Rahmen der Zwei-Staaten-Lösung bleibt weiterhin ein maßgebliches Ziel der europäischen Nahostpolitik. Mit Blick auf die Entwicklungen vor Ort scheint dieser Ansatz der Konfliktlösung jedoch immer weniger praktikabel – Alternativen sind gleichwohl nicht in Sicht. Der Konflikt wurde im Berichtszeitraum zudem durch die Entscheidung von US-Präsidenten Trump, Jerusalem als Hauptstadt Israels anzuerkennen, weiter verschärft.

Mit der Entscheidung brach Trump den international verbindlichen Konsens, wonach die Sonderrolle der heiligen Stätte erst nach Friedensschluss unter den Konfliktparteien abschließend geklärt werden solle. Die Verlegung der US-Botschaft von Tel Aviv nach Jerusalem erfolgte am 14. Mai 2018 und fiel in die Feierlichkeiten zum 70. Jubiläum der Staatsgründung Israels, die die Palästinenser als „Nakbar" (Tag der Katastrophe) betrauern. Eine neue Intifada, wie sie die Hamas im Winter angekündigt hatte, blieb zwar aus. An der Grenze des Gazastreifens kam es jedoch unter Führung der Hamas zu massiven Protest, gegen den die israelische Armee mit Waffengewalt vorging. Dabei wurden binnen weniger Tage 116 Palästinenser getötet und 2700 Personen verletzt. Die israelische Luftwaffe begründete ihr Vorgehen mit dem Schutz der Grenze vor Terroristen.[15]

Als Reaktion auf die Unruhen rief die EU beide Seiten zur Mäßigung auf. Die Hohe Vertreterin Mogherini ermahnte Israel, die Verhältnismäßigkeit zu wahren und das Demonstrationsrecht im Gazastreifen zu achten. Die Hamas müsse aber sicherstellen, dass die Proteste ohne Gewalt stattfänden.[16] Schon zuvor hatte die EU die Jerusalem-Entscheidung der Trump-Administration kritisiert und ihre bisherige Strategie bekräftigt.[17] Die Beziehungen zwischen der EU und Israel haben sich in Anbetracht dessen weiter verschlechtert. Einen Israelbesuch sagte Mogerhini im Juni 2018 kurzfristig ab, weil Premier Nethanjahu keine Zeit gefunden habe, sie zu sprechen.[18] Schon im Frühjahr 2016 waren bilaterale Unstimmigkeiten deutlich geworden, als Brüssel neue Einfuhrregeln für israelische Produkte aus den Siedlungsgebieten erließ, und Tel Aviv kurzfristig den israelischen Botschafter bei der EU abzog.

Weiterführende Literatur

Michael Bauer/Almut Möller: Angewandte Politikforschung zur europäischen Nahostpolitik, in: Manuela Glaab/Karl-Rudolf Korte (Hrsg.): Angewandte Politikforschung, Wiesbaden 2012, S. 307-317.

Bertelsmann Stiftung (Hrsg.): Antagonismen in der Nachbarschaft der Europäischen Union: Die EU, Russland, die Türkei, Iran und Saudi-Arabien ringen um Einfluss in ihrer gemeinsamen Nachbarschaft, Gütersloh 2018.

---

15   Spiegel Online: Israel bestellt Botschafter Spaniens, Sloweniens und Belgiens ein, 21.5.2018.
16   Europäischer Auswärtiger Dienst: EU calls for restraint on both sides following deaths of dozens of Palestinian protesters, 14.5.2018, abrufbar unter: https://eeas.europa.eu/headquarters/headquarters-homepage/44527/gaza-eu-calls-restraint-both-sides-following-deaths-dozens-palestinian-protesters_en (letzter Zugriff: 11.6.2018).
17   Europäischer Auswärtiger Dienst: Remarks by HR/VP Mogherini on the announcement by U.S. President Donald Trump on Jerusalem, 9.12.2017, abrufbar unter: https://eeas.europa.eu/headquarters/headquarters-homepage/36962/remarks-hrvp-mogherini-announcement-us-president-donald-trump-jerusalem_en (letzter Zugriff: 11.6.2018).
18   Herb Keinon: PM can't find Time for Mogherini. EU Foreign Policy Chief cancels Trip, in: Jerusalem Post, 10.6.2018.

Die Europäische Union und die USA

Jackson Janes*

Die bewährten transatlantischen Beziehungen standen in jüngster Vergangenheit vor einer großen Belastungsprobe. Vor dem Hintergrund gestiegener globaler Konkurrenz mit Staaten wie China oder Russland kam es zu innerstaatlichen politischen Umstürzen, die in eine Phase akuter Unbeständigkeit der traditionellen Regierungsstrukturen und internationalen Partnerschaften mündeten. Die stetig wachsende Unterstützung von Nationalismus und Protektionismus fordern die Paradigmen von Kooperation und Engagement, die die Grundpfeiler der bisherigen transatlantischen Beziehungen bilden, heraus und bedrohen zunehmend die liberale und rechtsbasierte globale Ordnung, auf deren Basis die westlichen Demokratien seit einem halben Jahrhundert bestehen.

Aus diesem Grund zeigen sich viele Europäer und Amerikaner besorgt über die Zukunft ihrer Länder. Durch den Vertrauensverlust in Persönlichkeiten, Institutionen und letztlich auch den Ideen zur Definition von liberaler Demokratie kam es jüngst zur Bildung verschiedenster rückwärtsgewandter Protestbewegungen, die eine gemeinsame Gefahr in Europa und Amerika darstellen.

US-amerikanische Innenpolitik: Making America Great (Again?)
Der diskursive Wandel des US-amerikanischen Präsidenten Donald Trump von „Making America Great Again" über „America First" hin zu „American Carnage"[1] stellt einen Wandel in der Debatte heikler Themen und über die Beziehungen zu anderen Nationen dar. Es ist eindeutig, dass Trump die Art und die Substanz der amerikanischen Politik verändern möchte. Die innerstaatlichen Auseinandersetzungen über eine ganze Bandbreite nahezu aller legislativer Themen genauso wie die im November 2018 bevorstehenden Zwischenwahlen zum Repräsentantenhaus und Senat verhindern eine kohärente Antwort auf wichtige außenpolitische Herausforderungen. Obwohl Trumps scharfe Rhetorik oft nicht die Realität widerspiegelt, hat es die neue amerikanische Regierung im vergangenen Jahr geschafft, die Diskussionen über heikle Themen wie Einwanderung, Energie- und Umweltfragen sowie die Gesundheitsversorgung nach ihren Vorstellungen zu beeinflussen. Trumps Regierung hat sich darauf fokussiert, den Staatsapparat zu verschlanken, Bundesgesetze zurückzunehmen und die Steuerpolitik umzugestalten. Die republikanische Mehrheit in beiden Häusern des Kongresses ermöglichte Trump zudem, die amerikanische Innenpolitik fundamental umzugestalten. Zu diesem Plan gehört auch die Veränderung der Zusammensetzung des Obersten Gerichtshof durch die Bevorzugung von konservativen Richterinnen und Richter.

Die radikalen und oft unilateralen politischen Vorstöße Trumps sowie seine von Impulsivität geprägte Kommunikation haben jüngst sowohl traditionelle Alliierte der USA als

---

* Übersetzt aus dem Englischen von Marvin Dalheimer und Jana Schubert.
1 Siehe Antrittsrede von Donald Trump, Washington, D.C., 20. Januar 2017, online abrufbar unter: https://www.whitehouse.gov/briefings-statements/the-inaugural-address/ (letzter Zugriff: 4.10.2018).

auch große Teile der US-amerikanischen Bevölkerung vor den Kopf gestoßen. Dazu beigetragen haben Äußerungen von, teilweise mittlerweile ehemaligen, führenden Beratern im Weißen Haus, die die Welt nicht als eine globale Gemeinschaft begreifen, sondern als eine Arena, in der Staaten, Nicht-Regierungs-Akteure und Unternehmen agieren und um den jeweils größtmöglichen Vorteil konkurrieren. Laut den Beratern nähmen die USA in dieser Weltordnung mit ihrer unübertroffenen militärischen, politischen, kulturellen und moralischen Stärke eine herausragende Rolle ein. Dass Trumps Administration eine derartige Vorstellung über die internationalen Beziehungen nicht ablehnt, sondern diese vielmehr zu begrüßen scheint, schockierte viele Europäer und Amerikaner.[2] Gleichzeitig trat eine größere US-amerikanische Schwerpunktsetzung auf bilateralen Beziehungen anstelle von multilateralen Regimen zutage. Diese Skepsis trat im letzten Jahr vor allem beim NATO-Gipfel in Brüssel sowie dem darauf folgenden G7-Treffen in Italien zum Vorschein. Nach dem G7-Treffen äußerte Angela Merkel die europäischen Bedenken: „Die Zeiten, in denen wir uns auf andere völlig verlassen konnten, die sind ein Stück vorbei. Das habe ich in den letzten Tagen erlebt. Und deshalb kann ich nur sagen: Wir Europäer müssen unser Schicksal wirklich in unsere eigene Hand nehmen."[3] Das zuletzt schwindende Vertrauen in die amerikanische Unterstützung der NATO traf allerdings auf innereuropäische politische Konflikte und Spaltungen. So sind auf dem gesamten Kontinent stetig wachsende politische Verschiebungen zu beobachten, die von der Migrationskrise, den Brexit-Verhandlungen und populistischen Tendenzen nur noch verstärkt werden.

Ambivalente europäische Reaktionen auf den US-Präsidenten

Die Kräfte, die für die Umbrüche innerhalb Europas und den USA sorgen, finden sich auch in den vielen Dimensionen der transatlantischen Beziehung wieder und warfen jüngst Fragen zur Zukunft der transatlantischen Beziehungen auf. Ein häufig durch Trump und seine Regierung vorgetragenes Streitthema sind dabei die als zu gering beurteilten Verteidigungsausgaben. Ebenfalls wurde der europäischen Industrie vorgeworfen, unfairen Wettbewerb zu betreiben, weshalb Trump der EU mit der Erhebung von Zöllen drohte. Großbritannien wünschte er, den Brexit bestmöglich umzusetzen und riet sogar anderen Staaten dazu, den Briten auf ihrem Pfad aus der EU zu folgen. An Deutschland hatte Trump die permanent hohen Außenhandelsüberschüsse auszusetzen und erweiterte seine Kritik noch zusätzlich auf die Behauptung, Deutschland würde durch die geplante Gaspipeline Nord Stream 2 von Russland kontrolliert.

Im Gegensatz zu ihren Vorgängerinnen versteht die aktuelle Führung im Weißen Haus die europäischen Staaten eher als wirtschaftliche Konkurrenten statt als Partner. Diese Haltung fand ihren Ausdruck in den Drohungen, Zölle zu erheben, der Reduzierung des amerikanischen Beitrags zur europäischen Verteidigung sowie der Ankündigung, nur noch den Staaten gemäß der NATO-Beistandsklausel zur Seite zu stehen, die ihren Anteil an den NATO-Ausgaben erfüllen. Diese Art von Verlautbarungen hat jüngst zu einem Vertrauensverlust vieler Europäer in die bewährten transatlantischen Beziehungen geführt. Allerdings wird diese Reaktion nicht überall in Europa geteilt. Der ungarische Präsident Orban hat Trumps Präsidentschaft als das Ende des Multilateralismus begrüßt und Trumps Antrittsre-

---

2 H.R. McMaster/Gary D. Cohn: America First Doesn't Mean America Alone, The Wall Street Journal, 30.5.2017.
3 Die Welt: Ein Satz und seine Folgen, 30.5.2017.

de als einen „big change" bezeichnet, der eine Ära des Bilateralismus einläutet.[4] Trump wurde von der polnischen Führungsebene herzlich empfangen und hielt eine lange Rede in der polnischen Hauptstadt. Beispielhaft für bilaterale Vereinbarungen außerhalb der NATO ist außerdem der Vorschlag der polnischen Regierung zu werten, eine US-Panzerdivision dauerhaft in Polen zu stationieren, um gemeinsam mit polnischen Truppen Militärübungen abzuhalten und somit die flexiblere Bewegung von US-Truppen zu ermöglichen.

Zukunft der transatlantischen Beziehungen
Obwohl die auf Konflikt stehenden Zeichen aus Washington für die Europäer eine Herausforderung darstellen, bestehen auch innerhalb der EU Herausforderungen. Angesichts zunehmender Kräfte, die die liberale internationale Weltordnung bedrohen, werden Europas Entscheidungen ausschlaggebend für das Schicksal Europas und der liberalen Allianz sein. Der transatlantische Streit über die Höhe der Verteidigungsausgaben kann daher als Weckruf gesehen werden. Den Rat Merkels, dass die Europäer ihr Schicksal und ihre Zukunft selbst in die Hände nehmen müssen, sollten die Europäer daher beherzigen, gleichzeitig dem Multilateralismus jedoch treu bleiben.

Eine Zukunft, die auf liberalen Werten, demokratischen Prinzipien und robusten, auf Regeln basierenden internationalen Institutionen aufbaut, ist eine von Europa und den USA seit Jahrzehnten gemeinsam geteilte Vision. Nur auf diesen Grundlagen sind auch in Zukunft transatlantische Synergien möglich. Europäer und Amerikaner sollten die Chance nutzen und eine stärkere Allianz bilden, um die eigentlichen Herausforderungen der liberalen Demokratie zu bekämpfen. Diese liegen vor allem im Vertrauensverlust in Institutionen und Führungspersönlichkeiten, einen tragfähigen Konsensus herzustellen. Diese Anstrengungen müssen allerdings sowohl von einem Wandel in der Denkweise und der Politik als auch von einem Neustart der transatlantischen Lastenteilung im 21. Jahrhundert begleitet werden.

Die harte politische Rhetorik soll nicht über die weiterhin bestehende, produktive Dimension der transatlantischen Kooperation hinwegtäuschen. Auch die amerikanische und deutsche Bevölkerung unterstreicht mehrheitlich die Notwendigkeit engerer bilateraler Kooperation.[5] So können deutsche und amerikanische Regierungsbeamte in vielen Bereichen, wie zum Beispiel Handels- und Cyberpolitik, durch Konsultationen auch weiterhin Übereinstimmungen finden und dadurch Konflikte vermeiden.

Eine erfolgreiche Gegenreaktion zu nationalistischen und protektionistischen Tendenzen muss daher auf engen transatlantischen Beziehungen gründen. Dafür müssen die USA ihre Strategie unilateraler Vorgehen beenden und die Europäer zu höheren Verteidigungskapazitäten ermutigen. Die EU muss eine Führungsrolle in der europäischen Verteidigungspolitik übernehmen. Darüber hinaus muss die EU dafür Sorge tragen, dass das Wirtschaftswachstum gleichmäßiger verteilt wird und sich für engere wirtschaftliche Beziehungen mit den USA einsetzen.

---

4 Brian Dooley: The Orban-Trump Bromance Is Complicated For Both Hungary And The U.S., in: The Huffington Post, 11.4.2017.
5 Jacob Poushter: How Americans and Germans view their countries' relationship, Pew Research Center Facttank, 4.12.2017, abrufbar unter: http://www.pewresearch.org/fact-tank/2017/12/04/how-americans-and-germans-view-their-countries-relationship/ (letzter Zugriff: 4.10.2018).

Verteidigungspolitische Kooperationen

Trotz der Bedenken an Trumps Einstellung zur NATO[6] muss festgestellt werden, dass das amerikanische Verhältnis zur NATO weiterhin von Kontinuität geprägt ist. Sogar der eher NATO-skeptische nationale Sicherheitsberater John Bolton hat angesichts der militärischen Bedrohung durch Russland in Europa unterstrichen, dass „we will not let Russia push the U.S. or its allies around."[7] Gemeinsam mit ihren europäischen Partnern haben die USA das Sanktionsregime gegenüber Russland aufrechterhalten.[8] Im Juni 2017 hat der amerikanische Kongress zudem fast einstimmig eine Resolution verabschiedet, die die russische Einflussnahme in den US-Wahlkampf 2016 sowie die Militäreinsätze in der Ukraine und Syrien verurteilt. Ferner hat die US-Administration dem Verkauf von Waffenlieferungen an die Ukraine zugestimmt, was als direkte Antwort auf die russische Unterstützung von Separatisten in der Ostukraine verstanden werden kann. Darüber hinaus haben die Amerikaner eine voll ausgerüstete kampfeinsatzfähige Brigade nach Europa verlegt, die alle neun Monate vollständig ausgetauscht wird, um die Abschreckung gegenüber Russland zu erhöhen.

Hauptpriorität der USA in der transatlantischen Verteidigungskooperation stellt aktuell die Möglichkeit dar, der EU als konstruktiver Partner bei der Erlangung einer strategischen Autonomie zur Seite zu stehen. Mit der Schaffung der Ständig Strukturierten Zusammenarbeit (SSZ) sowie des Europäischen Verteidigungsfonds hat die EU bereits erste Schritte unternommen, um die Verteidigungskapazitäten aufzubauen und die interne Verteidigungskoordination zu erhöhen. Mit der Erarbeitung eines Aktionsplans für militärische Mobilität, der vorsieht, die europäische Transportinfrastruktur sowohl für zivile als auch für militärische Zwecke nutzbar zu machen, um eine schnelle Verlegung von Truppen zu ermöglichen, hat die Europäische Kommission einen weiteren Schritt in diese Richtung unternommen.

Obwohl eine Erhöhung der strategischen Autonomie nicht als eine Abkehr der transatlantischen Verteidigungsallianz verstanden werden sollte, würde eine Erhöhung der europäischen Verteidigungskapazitäten den Amerikanern auch erlauben, ihre Verteidigungskapazitäten in andere Regionen zu verlagern, wie zum Beispiel in den Asiatisch-Pazifischen Raum. Um Missverständnisse und unnötige Spannungen zu verhindern, müssen die Europäer ihre Ziele gegenüber den amerikanischen Partnern klar kommunizieren und ihnen versichern, dass die EU die USA weiterhin als ihren fundamentalen strategischen Partner ansieht. Andererseits muss die USA die Rolle eines starken, verlässlichen Gesprächspartners einnehmen, um die europäischen Länder zu überzeugen, die sich skeptisch gegenüber einem europäischen Verteidigungsprojekts zeigen, das vom deutsch-französischem Motor angetrieben wird.

Handelspolitische Dissonanzen

Die wirtschaftlichen Spannungen zwischen den USA und Europa bezüglich der Handels- und Investitionspolitik kamen in den letzten beiden Jahren zu ihrem Höhepunkt. Dabei zog Deutschland in diesem Konflikt den größten Zorn von Trumps Regierung auf sich. Der US-Präsident drohte zunächst, hohe Zölle auf deutsche Automobile in den USA zu erheben und warf den deutschen Automobilfabrikanten unfairen Wettbewerb vor. Deutschlands

---

6 Vgl. hierzu auch den Beitrag „Die EU und die NATO" in diesem Jahrbuch.
7 Tweet von @AmbJohnBolton, 2.3.2018.
8 Vgl. hierzu auch den Beitrag „Die EU und Russland" in diesem Jahrbuch.

chronischer Außenhandelsüberschuss gehört ebenfalls zu den zentralen Themen der Diskussionen in Washington. Schon die Regierungen vor Trump forderten Deutschland dazu auf, Maßnahmen zu ergreifen, die die inländische Verbrauchernachfrage erhöhen würden. Die deutsche Regierung hat diese Vorwürfe bisher damit gekontert, dass andere Länder wie beispielsweise die USA, die selbst in Zeiten von Vollbeschäftigung und einer sich erholenden Gesamtnachfrage eklatanten Außenhandelsdefizite aufzuweisen haben, ihre Ungleichgewichte auszugleichen haben.

Doch trotz dieser Meinungsverschiedenheiten ist nicht Deutschland, sondern China im Hauptfokus der Handelsstrategie von Trumps Administration. Die Kritik der USA und ihrer europäischen Partner ist nicht nur, dass in China operierende ausländische Firmen zu Technologietransfers gezwungen werden. Auch die hohen Subventionen für staatliche Unternehmen sind Gegenstand der Kritik, da chinesische Firmen dadurch international über einen Wettbewerbsvorteil verfügen. Während sich Amerikaner und Europäer weiterhin einig darüber sind, dass Maßnahmen gegenüber Chinas Handelspolitik ergriffen werden müssen, besteht Uneinigkeit bezüglich der Herangehensweise. Die unilaterale Erhebung von Zöllen und Gegenzöllen könnte schnell eskalieren und sich zu einem umfassenden Handelskrieg entwickeln und somit den europäischen Volkswirtschaften schaden. Die EU bevorzugt es deshalb, Chinas Handelspolitik innerhalb des internationalen Handelssystems zu kritisieren und eine für beide Seiten bestmögliche Lösung auszuhandeln. Durch die Erhebung unilateraler Zölle der USA wurde die Welthandelsorganisation (WTO) umgangen und die Bedenken genährt, dass internationale handelspolitische Institutionen in Zukunft keine große Rolle mehr spielen könnten und unterminiert werden. Trumps Taktik, China unter Druck zu setzen und dadurch Zugeständnisse zu erzwingen, hat die EU zudem in eine unkomfortable Situation gebracht. Es wäre jedoch im Interesse der EU, die unfairen Handelspraktiken Chinas zu unterbinden. Zusätzlich könnte eine, wie in den jüngsten Handelsgesprächen zwischen der EU und den USA vom 25. Juli 2018 angestrebte, fokussierte Kooperation hilfreich für die Bemühungen sein, den chinesischen Markt zu öffnen, und könnte somit Trump die Nützlichkeit der EU vor Augen führen. Dies könnte auch von den aktuellen bilateralen Störfaktoren, wie im Bereich der Automobilimporte, ablenken.

Ausblick

Die transatlantische strategische Agenda basiert weiterhin auf der gegenseitigen Abhängigkeit in Fragen der Sicherheit, auf dem gemeinsamen Interesse an wirtschaftlichem Wohlstand, der Zukunftsfähigkeit eines offenen und konfliktfreien internationalen Handelssystems, der Beachtung rechtsstaatlicher Grundwerte und dem Glauben an die gemeinsame Lastenverteilung sowie gemeinsamer Möglichkeiten. Beide Seiten teilen gemeinsame Herausforderungen, wie die Zukunft der Arbeit, Energie, Umwelt und Gesundheit sowie des demographischen Wandels. Dies sind die Grundpfeiler der transatlantischen Gemeinschaft.

Die Debatten auf beiden Seiten des Atlantiks stellen die transatlantischen Beziehungen vor eine harte Belastungsprobe. Allerdings sind Konflikte über verschiedene politische Vorhaben nichts Neues in der transatlantischen Gemeinschaft. Aber die Mischung aus Stil und Inhalt der Politik Trumps haben weite Teile der europäischen Öffentlichkeit von den USA entfremdet und werden intensiv in Europa diskutiert.

Die jüngsten Entwicklungen in den transatlantischen Beziehungen müssen nicht zwangsläufig in eine ernsthafte Krise münden. Allerdings ist ein Realitätscheck nötig: Die

Europäer sind gut beraten, nicht zu glauben, dass die Trump-Regierung nur einen kurzen Moment im transatlantischen Dialog darstellt. Ebenfalls sollte Europa nicht davon ausgehen, dass die eigenen Herausforderungen nur vorübergehender Natur sind. Die transatlantische Gemeinschaft als Ganzes sieht sich aktuell mit einem Paradigmenwechsel konfrontiert, der bleibende Konsequenzen haben wird. Deshalb ist auf beiden Seiten des Atlantiks zu ergründen, warum die Risse und Spaltungen in den letzten Jahren aufgetreten sind. Hierauf müssen gemeinsame Antworten gefunden werden.

Weiterführende Literatur

Tim Oliver/Michael John Williams: Special relationships in flux: Brexit and the future of the US-EU and US-UK relationships, in: International Affairs 3/2016, S. 547–567.

Zentralasienpolitik

Katrin Böttger/Julian Plottka*

Auch wenn das öffentliche Interesse an den Beziehungen der Europäischen Union mit den zentralasiatischen Staaten zugenommen hat, steht diese weiterhin nicht hoch auf der außenpolitischen Agenda der Europäischen Union. Dass die Konferenz anlässlich des zehnjährigen Bestehens der Zentralasienstrategie im September 2017 dennoch reges Interesse fand, hat drei Gründe: Erstens hat der Rat der Europäischen Union am 17. Juni 2017 die Hohe Vertreterin der Union für Außen- und Sicherheitspolitik Federica Mogherini beauftragt, bis Ende 2019 einen Entwurf für eine neue Zentralasienstrategie vorzulegen.[1] Zweitens liegt die Region an einer geografischen Schnittstelle der chinesischen „Belt and Road Initiative", auf welche die Europäische Union plant, bis Ende 2018 mit einer „EU Strategy on Connecting Europe and Asia"[2] zu reagieren. Drittens setzt der usbekische Präsident Shavkat Mirziyoyev seine 2016 eingeleitete Liberalisierungspolitik fort und fördert so einen Wandel im Verhältnis der zentralasiatischen Staaten zueinander.

Eine neue Zentralasienstrategie

Der Rat der Europäischen Union plant, die aktuelle Zentralasienstrategie[3] bis voraussichtlich 2020 zu ersetzen. Der EU-Sonderbeauftragte für Zentralasien Peter Burian steht hier im Auftrag der Hohen Vertreterin vor der Herausforderung, sie an die Vorgaben der „EU Global Strategy" anzupassen und insbesondere das Konzept des „prinzipiengeleiteten Pragmatismus" auf die Region anzuwenden. Darüber hinaus bietet die Revision die Chance, bereits 2015 erkannte Defizite zu beheben.[4] So sind eine stärkere Fokussierung der bisher sieben Prioritätsbereiche und eine bessere Balance zwischen einem multilateralen und bilateralen Ansatz notwendig.[5] Zur Erarbeitung der neuen Strategie folgt Burian einem inklusiven Ansatz, der die EU-Organe und mitgliedstaatlichen Regierungen konsultiert, aber auch Vertreter der zentralasiatischen Regierungen sowie Stakeholder aus Wirtschaft und Zivilgesellschaft in Europa und der Region miteinbezieht.

---

* Der Beitrag wurde im Rahmen des Projekts „SEnECA – Strengthening and Energizing EU-Central Asia Relations" verfasst, das von der Europäischen Union im Rahmen des Horizont 2020 Rahmenprogramms für Forschung und Innovation unter dem Grant Agreement mit Nr. 770256 gefördert wird.
1 Rat der Europäischen Union: Council Conclusions on the EU strategy for Central Asia, Dok. 10387/17.
2 Europäische Kommission/Europäischer Auswärtiger Dienst: Roadmap. Elements for an EU Strategy on Connecting Europe and Asia, Ares(2018)698599.
3 Rat der Europäischen Union: The EU and Central Asia: Strategy for a New Partnership, Dok. 10113/07.
4 Rat der Europäischen Union: Relations with Central Asia – Council conclusions on the EU Strategy for Central Asia, Dok. 10191/15.
5 Katrin Böttger/Julian Plottka: Auf dem Weg zu einer neuen EU-Zentralasienstrategie. Stand, Entwicklung und Perspektiven der europäischen Zentralasienpolitik, in: Zentralasienanalysen 111/2017, S. 2-6.

Eine „EU Strategy on Connecting Europe and Asia"

Die „EU Strategy on Connecting Europe and Asia" soll „all modes of transport links (land, sea and air) as well as digital and energy links in the Euro-Asian area"[6] umfassen. Im November 2017 wurden die Schlussfolgerungen eines „Mapping Exercise" veröffentlicht[7] und es wurde eine öffentliche Konsultation durchgeführt. Im Ergebnis wurde festgehalten, dass die zentralasiatischen Länder, die an einer Schnittstelle zur Verbindung der beiden Kontinente liegen, derzeit darum bemüht sind, ihre Handels- und außenpolitischen Partner zu diversifizieren. Der Ausbau der Transportinfrastruktur sowie der Energieinfrastruktur biete großes ökonomisches Potenzial. Vor diesem Hintergrund wird die Rolle Europas in Zentralasien als die eines neutralen Partners gesehen, der Investitionen, Fachexpertise im Bereich regulativer Politik und den Zugang zu Technologien bietet.[8] Ferner solle die Europäische Union sowohl bilateral als auch multilateral den Dialog über nachhaltige Konnektivität mit den Partnerländern intensivieren.[9]

Der von Usbekistan ausgehende Wandel in der zentralasiatischen Region

Mit der Veröffentlichung der „Development Strategy for 2017-2021"[10] im August 2017 und konkreten Reformen, wie der Abwertung der Landeswährung Som im September 2017,[11] treibt die usbekische Regierung den Wandel in Richtung einer Marktwirtschaft voran. Dies hat in Europa zu wachsenden Erwartungen hinsichtlich einer Verbesserung des „business climate" in Zentralasien geführt.[12] Im außenpolitischen Bereich ist die Regierung insbesondere um eine weitere Annäherung der Länder in der Region bemüht. Im November 2017 fand beispielsweise eine Konferenz zur regionalen Sicherheit mit Beteiligung aller fünf Länder statt. Während dies in „Brüssel" Hoffnungen auf eine Stärkung der regionalen Dimension der EU-Zentralasienpolitik weckte, ist das Fazit mit den Worten des usbekischen Präsidenten vielmehr, dass es in erster Linie um „resolving existing differences and strengthening mutual trust"[13] geht.

Weiterführende Literatur

Katrin Böttger/Julian Plottka: A New Start for the EU Central Asia Policy in 2021? Current State, Developments and Perspectives for the Revision of the EU Central Asia Strategy, in: L'Europe en formation Nr. 385, 2018.

Anna Gussarova/Māris Andžāns (Hrsg.): Political and security relations. Mapping EU-Central Asia relations, Strengthening and Energizing EU-Central Asia relations: SEnECA Policy Paper Nr. 1.

---

6 Europäische Kommission/Europäischer Auswärtiger Dienst: Roadmap. Elements for an EU Strategy on Connecting Europe and Asia.
7 Europäische Kommission/Hohe Vertreterin der Union für Außen- und Sicherheitspolitik: Joint Staff Working Document. Euro-Asian Connectivity Mapping Exercise. Main Findings, SWD(2017)436.
8 Europäische Kommission/Hohe Vertreterin der Union für Außen- und Sicherheitspolitik: Euro-Asian Connectivity Mapping Exercise.
9 Europäische Kommission/Hohe Vertreterin der Union für Außen- und Sicherheitspolitik: Joint Communication to the European Parliament, the Council, the European Economic and Social Committee, the Committee of the Regions and the European Investment Bank. Connecting Europe and Asia – Building blocks for an EU Strategy, JOIN(2018)31.
10 The Tashkent Time: Uzbekistan's Development Strategy for 2017-2021 has been adopted following public consultation, 2.8.2017.
11 Benjamin Triebe: Geldwechseln wird in Usbekistan endlich legal, in: Neue Zürcher Zeitung, 5.9.2017.
12 Ost-Ausschusses der Deutschen Wirtschaft und der Delegation der Deutschen Wirtschaft für Zentralasien: Reformen beflügeln den Aufschwung, 10. April 2018.
13 The Tashkent Times: Opening remarks by Shavkat Mirziyoyev at Central Asia: Shared Past and Common Future, Cooperation for Sustainable Development and Mutual Prosperity conference, 11.11.2017.

6. Die Europäische Union und ihre Nachbarn

Europäische Nachbarschaftspolitik

Barbara Lippert/Erik Brandes

Für die Europäische Union sind die südliche und östliche Nachbarschaft Räume von herausragendem außen- und sicherheitspolitischem Interesse. Es handelt sich aus unterschiedlichen Gründen und in unterschiedlichem Maß um Krisenräume mit langwierigen, teils gewaltsam ausgetragenen Konflikten und mit einem generell hohen Destabilisierungspotential. Die Europäische Union begegnet diesen geopolitisch und gesellschaftlich volatilen und heterogenen Nachbarschaften mit einem Gesamtansatz, der Europäischen Nachbarschaftspolitik (ENP). Diese ist als einheitlicher Politikrahmen für 16 Länder von Marokko bis Aserbaidschan konzipiert worden. Ziel der ENP ist es, diese Länder durch Kooperation und Assoziierung mit der Europäischen Union zu verbinden und in den Ländern selbst zu politischer Stabilisierung, gesellschaftlicher Resilienz und wirtschaftlicher Entwicklung beizutragen. In den ohnehin selten gewordenen Einlassungen der EU-Organe zur ENP beziehungsweise zu deren östlicher und südlicher Dimension sind die früher dominanten Ziele der Demokratisierung und Transformation hinter das diffuse Konzept der Resilienz und das Ziel der politischen Stabilisierung zurückgetreten.

In den Jahren 2017 bis und 2018 haben sich zwei Tendenzen verstärkt: Erstens ist die ENP als einheitlicher Politikrahmen allenfalls noch von administrativer Bedeutung, bleibt aber auch nach der Reform von 2015 politisch-strategisch profil- und wertlos. Konsequenterweise hat die Europäische Kommission seit dem Review Bericht zur ENP von Mai 2017 auch keinen übergreifenden Strategiebericht und kein Paket von Länderberichten zur ENP mehr vorgelegt. Das spiegelt als zweites die Tendenz wider, individuell zugeschnittene bilaterale Beziehungen mit spezifischen Ambitionsniveaus und von unterschiedlicher politischer Dynamik aufzusetzen und zu entwickeln. Ein jüngeres Beispiel ist der für Armenien geschaffene neue Typus eines Comprehensive and Enhanced Partnership Agreement (CEPA), der sich von den Deep and Comprehensive Free Trade Areas (DCFTAs) mit der Ukraine, Moldau und Georgien unterscheidet. Vor diesem Hintergrund heben sich die sechs Länder der Östlichen Partnerschaft (ÖP) als ein in geographischer und politischer Hinsicht plausibel eingegrenzter Raum ab, in dem es ergänzend zu den bilateralen Beziehungen eine von der Europäischen Union initiierte Infrastruktur für die multilaterale Zusammenarbeit gibt.[1] Diese sechs Staaten haben ferner die Möglichkeit, einen Antrag auf Mitgliedschaft in der Union zu stellen. Diese Perspektive haben die südlichen Nachbarn nicht. Zudem sind die bilateralen Beziehungen dort weniger umfassend und teils ohne vertraglicher Basis. Im Vergleich zur ÖP bleibt die Union für das Mittelmeer[2] unergiebig und als Kooperationsraum für regionale und multilaterale Aktivitäten von potentiell zehn Ländern eine Fehlkonstruktion. Die Möglichkeiten der Europäischen Union, im Sinne der Ziele der ENP die Entwicklung in den Ländern zu beeinflussen, sind in der östlichen

---

1 Vgl. hierzu auch den Beitrag „Östliche Partnerschaft" in diesem Jahrbuch.
2 Union for the Mediterranean: Annual Report 2017; Vgl. hierzu auch den Beitrag „Mittelmeerpolitik" in diesem Jahrbuch.

Nachbarschaft trotz der antagonisierenden Politik Russlands besser als in der südlichen. Das Bedeutungsgefälle zwischen Ost und Süd spiegelt sich auch in unterschiedlichen Erwartungen und Einstellungen gegenüber der Union seitens der politischen Akteure in ENP-Ländern wider.

EU-Akteure in der ENP

Aufgrund der weiterhin schwach mit der Außen- und Sicherheitspolitik verbundenen ENP ist die Kommission auf EU-Seite nach wie vor Motor und Schlüsselakteur in den Beziehungen zu den ENP-Ländern. Entsprechend steht nicht der Europäische Auswärtige Dienst (EAD), sondern stehen die Generaldirektionen NEAR (Directorate-General for Neighbourhood and Enlargement Negotiations) und Handel im Zentrum. Die Europäische Kommission wird vom Rat der Europäischen Union mandatiert, die Verhandlungen über Abkommen und andere Vereinbarungen mit dem jeweiligen ENP-Land zu führen, sie betreibt diesbezüglich das Monitoring der Umsetzung von Vereinbarungen; sie setzt dazu, wie im Falle der Ukraine, eine Gruppe zur Unterstützung und Begleitung von Reformen ein; sie ist für die Programmierung und Operationalisierung der finanziellen Zusammenarbeit zuständig (ENI, Kredite, Finanzhilfen, Sofortprogramme, humanitäre Hilfe etc.) und sie stellt Personal in den Vertretungen der Europäischen Union in den Hauptstädten und teils auch Regionen der Partnerländer.

Mit der Reform des Berichtswesens legt die Europäische Kommission nicht mehr zu einem festen Zeitpunkt ein Paket von Länderberichten zu allen ENP-Ländern vor. Diese Bestandsaufnahmen der Beziehungen und Lagebilder zu den inneren Entwicklungen der Partnerländer und ihrer Stellung in der Region sind jetzt in Arbeitspapieren der Europäischen Kommission zu finden, die im Zusammenhang mit anstehenden Assoziierungsräten oder Ähnliches veröffentlicht werden. In den Jahren 2017 bis 2018 legte die Europäische Kommission Papiere vor zu Georgien, Ukraine, Aserbaidschan, Moldau, Algerien, Tunesien und Armenien.[3] Sie sind individuell und ähnlich aufgebaut wie die in den Prioritätenpartnerschaften oder Assoziierungsagenden aufgelisteten Aufgabenkataloge. Das politische Profil unterscheidet sich je nach Ambitionsniveau der Beziehungen. Auffällig ist, dass die Aussagen im Wesentlichen deskriptiv angelegt sind – auch da, wo Kritik geübt wird im Lichte der von der Europäischen Union hochgehaltenen Werte. Damit agiert die neue ENP wie beabsichtigt interessensorientierter, fokussierter und pragmatischer.

Zur Finanzierung der Nachbarschaftspolitik dient insbesondere das Europäische Nachbarschaftsinstrument (ENI), das für den Zeitraum 2014 bis 2020 15,4 Mrd. Euro umfasst, für spezifische Ziele aber zusätzlich immer wieder aufgestockt wird. Im Jahr 2017 wurden im Rahmen des ENI knapp 2 Mrd. Euro ausgezahlt, für 2018 werden 2,3 Mrd. Euro erwartet.[4] Als neues Mittel wurde am 28. September 2017 der European External Investment

---

3 European Commission: Association Implementation Report on Georgia, 9.11.2017, SWD(2017)371 final; European Commission: Association Implementation Report on Ukraine, 14.11.2017, SWD(2017)376 final; European Commission: Report on EU-Azerbaijan relations in the framework of the revised ENP, 19.12.2017, SWD(2017)485 final; European Commission: Association Implementation Report on Moldova, 3.4.2018, SWD(2018)94 final; Commission Européenne: Rapport sur l'état des relations UE-Algérie dans le cadre de la PEV rénovée, 6.4.2018, SWD(2018)102 final; Commission Européenne: Rapport sur l'état des relations UE-Tunisie dans le cadre de la Politique européenne de voisinage révisée, 30.4.2018, SWD(2018)180 final; European Commission: Report on EU-Armenia relations in the framework of the revised ENP, 4.6.2018, SWD(2018)330 final.
4 Commission Européenne: Documents. Projet de budget général de l'Union européenne pour l'exercice 2019. Volume 3, Section III, 21.6.2018, COM(2018)600, Kapitel 2204, S. 1130.

Plan mit einem Budget von 4,1 Mrd. Euro aufgesetzt, der, angelehnt an den Investment Plan for Europe (Juncker-Plan), Finanzierungsgarantien für Wachstumsprojekte in Afrika und der europäischen Nachbarschaft ermöglichen soll.

Die Europäische Kommission ist durch die Vizepräsidentin und Hohe Vertreterin Federica Mogherini und den Nachbarschaftskommissar Johannes Hahn an den bi- und multilateralen Gipfeln beteiligt, bereitet diese auch zusammen mit dem Rat der Europäischen Union in weiten Teilen vor. Häufig vertritt der Präsident des Europäischen Rates Donald Tusk die Europäische Union höchstrangig, so beim Gipfel mit der Ukraine im Juli 2017.[5] Zuletzt trafen die Staats- und Regierungschefs beim ÖP-Gipfel im November 2017 mit den sechs östlichen Partnerländern in Brüssel zusammen. Sie nehmen dann die Aufgabe der Weichenstellung für die nächsten zwei oder mehr Jahre vor und können die Erwartungen durch Zielvorgaben konkretisieren. In Brüssel sind die 28 in der Frage der Beitrittsperspektive für fortgeschrittene ÖP-Länder nicht über ihre bekannte Position hinausgegangen. Das heißt, sie anerkennen lediglich die europäische Aspiration der Länder. Schweden und Polen, die 2008 für die spätere ÖP die Initiative ergriffen hatten, erklärten vor dem Treffen durch ihre Außenminister, dass „die Tür zur potenziellen Mitgliedschaft offen gehalten werden sollte."[6] Auch der rumänische Außenminister erklärte, die drei Länder Moldau, Georgien und Ukraine seien „praktisch, wenn auch nicht legal, Beitrittskandidaten."[7]

Der Rat der Europäischen Union und der Europäische Rat befassten sich zwischen Juli 2017 und 2018 nur sporadisch mit übergreifenden Themen der ENP. Regelmäßig stehen im Rat der Europäischen Union (für Allgemeine Angelegenheiten oder Auswärtige Angelegenheiten) drängende außen- und sicherheitspolitische Fragen oder bilaterale Angelegenheiten im Zusammenhang mit der Durchführung der jeweiligen Abkommen und Treffen der Assoziierungs- beziehungsweise Kooperations- und Partnerschaftsräte auf der Tagesordnung. In diesen Treffen ist die Europäische Union in der Regel durch Mogherini und Hahn vertreten. Tagungen fanden statt mit Jordanien,[8] Ägypten,[9] der Ukraine,[10] Belarus,[11]

---

5 Am 13.7.2017 in Kiew, siehe Council of the EU: Remarks by President Donald Tusk following the EU-Ukraine summit in Kyiv, Statements and Remarks, Kiew, 13.7.2017, Dok. 436/17.
6 Margot Wallstroem/Witold Waszczykowski: EU's eastern partnership needs revival, in: EUobserver.com, 14.11.2017.
7 Camille-Cerise Gessant: Ukraine, Moldova and Georgia practically EU accession candidates, in: Bulletin Quotidien Europe, 11.12.2017.
8 Am 10.7.2017 in Brüssel, siehe Council of the EU: Joint Statement following the 12th EU-Jordan Association Council, Brüssel, 10.7.2017, Dok. 452/17.
9 Am 25.7.2017 in Brüssel, siehe Council of the EU: Joint Statement following the EU-Egypt Association Council, Brüssel, 25.7.2017, Dok. 496/17.
10 Am 8.12.2017 in Brüssel, siehe Council of the EU: EU-Ukraine Association Council – Joint communiqué, Brüssel, 8.12,2017, Dok. 760/7.
11 Am 20.12.2017 in Brüssel, am 26./27.4.2018 in Minsk.

Georgien,[12] Aserbaidschan,[13] Moldau,[14] Algerien,[15] Tunesien[16] und Armenien.[17] Weitere Treffen fanden auf parlamentarischer Ebene statt, so mit Moldau, der Ukraine, Georgien, Armenien und Aserbaidschan.[18]

Das Europäische Parlament widmet sich regelmäßig und intensiv den beiden Nachbarschaftsräumen, neben Delegationsbesuchen und direktem Austausch auch in Form von Resolutionen und Berichten. Vor dem ÖP-Gipfel machte es beispielsweise Vorschläge für eine Perspektive der weiteren Integration der fortgeschrittenen ÖP-Länder (ÖP+)[19] im Sinne der Teilintegration im Hinblick auf die Zollunion, Schengen, die Digital- und Energieunion.[20] Die Parlamentarische Versammlung EURONEST, die Abgeordnete der Parlamente in ÖP-Ländern[21] und des Europäischen Parlaments zusammenbringt, trat zum sechsten Mal vom 30. Oktober bis 1. November 2017 in Kiew und zum siebten Mal vom 25. bis 27. Juni 2018 in Brüssel zusammen.

Stand der Vertragsbeziehungen mit den Nachbarn

Die Europäische Union hat die länderspezifische Differenzierung der Zusammenarbeit mit den Nachbarstaaten, wesentliche Neuerung der ENP-Reform 2015, weiter fortgesetzt. Damit wird die ENP an der Nachfrage des Partnerlandes ausgerichtet und die EU gewinnt Spielräume, um mit der politischen Konditionierung ihrer Angebote flexibel, je nach Anspruchsniveau der Beziehungen, zu verfahren.

Von allen ENP-Ländern ist die Europäische Union vertraglich am engsten mit der Ukraine verflochten, dem strategisch bedeutendsten Land der Östlichen Partnerschaft. Das bilaterale Assoziationsabkommen (AA), das im September 2017 vollständig in Kraft getreten ist, umfasst diverse politische und ökonomische Bereiche, unter anderem eine Vertiefte und Umfassende Freihandelszone (DCFTA). Es ähnelt der Ursprungsidee der ENP, die politische Assoziierung und wirtschaftliche Integration in den Binnenmarkt begleitet von Reformprozessen in Richtung demokratischer Governance und Rechtstaatlichkeit. Der ukrainische Präsident Petro Poroschenko brachte im Juli 2017 Überlegungen zur darüber hinausgehenden Integration der Ukraine mit der EU in die Diskussion. So könnte die

---

12 Am 5.2.2018 in Brüssel, siehe Council of the EU: Joint press release following the 4th Association Council meeting between the European Union and Georgia, Brüssel, 5.12.2018, Dok. 50/18.
13 Am 9.2.2018 in Brüssel, siehe Council of the EU: EU-Azerbaijan Cooperation Council, Main Results, Brüssel, 9.2.2018, abrufbar unter: http://www.consilium.europa.eu/en/meetings/international-ministerial-meetings/2018/02/09/ (letzter Zugriff: 2.8.2018).
14 Am 3.5.2018 in Brüssel, siehe Council of the EU: Joint press statement following the fourth Association Council meeting between the EU and the Republic of Moldova, Brüssel, 3.5.2018, Dok. 231/18.
15 Am 14.5.2018 in Brüssel, siehe Council of the EU: Joint press release on the occasion of the 11th session of the EU-Algeria Association Council, Brüssel, 14.5.2018, Dok. 253/18.
16 Am 15.5.2018 in Brüssel, siehe Council of the EU: Joint press statement on the occasion of the 14th meeting of the EU-Tunisia Association Council, Brüssel, 15.5.2018, Dok. 255/18.
17 Am 21.6.2018 in Brüssel, siehe Council of the EU: Joint press statement following the first Partnership Council meeting between the European Union and Armenia, Brüssel, 21.6.2018, Dok. 369/18.
18 EU-Moldau: 25./26.10.2017 in Straßburg, 5.4.2018 in Chişinău; EU-Ukraine: 18./21.9.2017 in Dnipro und Kiew, 18./19.4.2018 in Straßburg; EU-Georgien: 19./20.9.2017 in Tiflis, 26.4.2018 in Brüssel; EU-Armenien: 19./20.12.2017 in Jerewan; EU-Aserbaidschan: 7./8.5.2018 in Baku.
19 Bureau of the Euronest Parliamentary Assembly: Address to Heads of State and Government for the 5th Eastern Partnership Summit, 2017; Laima Liucija Andrikienė/Knut Fleckenstein: Östliche Partnerschaft: Gipfeltreffen im November 2017. Empfehlung des Europäischen Parlaments vom 15.11.2017, P8_TA(2017)0440.
20 Siehe auch die Vorschläge von Poroschenko weiter unten.
21 Bislang ist Belarus aus politischen Gründen von diesem Forum ausgeschlossen.

Ukraine in eine Zollunion mit der Europäischen Union eintreten, der Schengen-Zone beitreten und/oder sich an dem Digitalmarkt und der Energieunion beteiligen.[22] Diese Überlegungen kamen auch im Assoziierungsrat im Dezember zur Sprache.[23] Für die EU stehen jedoch statt dieser Perspektivthemen einstweilen die Implementierung der anspruchsvollen Verpflichtungen aus dem Assoziierungsabkommen und die politischen wie wirtschaftlichen Governanceprobleme der Ukraine im Vordergrund.

Ähnliche Schwerpunkte setzt die Europäische Union in ihren Beziehungen mit Georgien und Moldau. Nach dem Inkrafttreten der Assoziierungsabkommen 2016, die ebenfalls DCFTAs enthalten, konzentriert sich die EU auf die schrittweise und stetige Operationalisierung der Umsetzung.[24] Dazu vereinbarten die Assoziierungsräte im August beziehungsweise November 2017 neue Assoziierungsagenden zwischen EU und Moldau (2017–2019) sowie EU und Georgien (2017–2020). So wie die Ukraine sieht auch Georgien die EU-Mitgliedschaft als Endziel, während Moldau in dieser Frage gespalten ist. Auf EU-Seite gibt es zur langfristigen Aufnahme dieser Länder divergierende Positionen.

Eine Neuerung im Vertragsbaukasten der Europäischen Union ist das Umfassende und Verstärkte Partnerschaftsabkommen mit Armenien (CEPA), das im November 2017 unterschrieben wurde und im Juni 2018 vorläufig in Kraft trat.[25] Ein Umdenken in den Beziehungen war nötig geworden, nachdem Armenien 2013 überraschend anstelle des DCFTA mit der EU den Beitritt zur russisch-geführten Eurasischen Wirtschaftsunion (EAWU) ankündigte. Da die EAWU insbesondere gemeinsame Zoll- und Handelspolitiken umfasst, waren wesentliche Teile des DCFTAs hinfällig geworden. Das EU-Armenien-CEPA enthält dagegen weiterhin Bestimmungen zum politischen Dialog, auch zu außen- und sicherheitspolitischen Fragen, zu Rechtsstaatlichkeit, Justiz und Migration und zu über 20 Sektoralvereinbarungen. Im Handel bleiben die Kapitel zum Abbau von Zöllen und technischen Handelsbarrieren und zum Gesundheits- und Pflanzenschutz erwartungsgemäß dünn, während wichtige Einigungen bei Dienstleistungen, dem Schutz geistigen Eigentums und im öffentlichen Beschaffungswesen erzielt wurden.[26]

Darüber hinaus haben die Europäische Union und Armenien im Februar 2018 Partnerschaftsprioritäten festgelegt. Der Abschluss entsprechender Vereinbarungen mit Aserbaidschan und Belarus steht noch aus. Angelehnt an das Framework der Östlichen Partnerschaft (20 Deliverables for 2020)[27] liegt der Fokus auf Institutionenaufbau, ökonomischer Entwicklung, Konnektivität/Umwelt und Mobilität.[28] Die im Februar 2017 begonnenen

---

22 Unian Information Agency: Ukraine intends to join Customs Union with EU – Poroshenko, 13.7.2017, abrufbar unter: https://www.unian.info/politics/2027046-ukraine-intends-to-join-customs-union-with-eu-poroshenko.html (letzter Zugriff: 6.8.2018).
23 Rat der Europäischen Union: Pressemitteilung. EU-Ukraine Association Council - Joint Communiqué, 8.12.2017, Dok. 760/17.
24 Siehe Rat der Europäischen Union: Beziehungen zur Republik Moldau. Schlussfolgerungen, Brüssel, 26.2.2018, Dok. 6280/18.
25 Comprehensive and Enhanced Partnership Agreement; EU-Armenien, 24.11.2017; Franziska Smolnik: CEPA im „Neuen Armenien", in: SWP Aktuell 2018/A 42.
26 Hrant Kostanyan/Richard Giragosian: EU-Armenian Relations: Charting a fresh course, in: CEPS Research Report 2017/14.
27 Europäische Kommission: Eastern Partnership – Focusing on key priorities and deliverables, 15.12.2016.
28 European External Action Service: Partnership Priorities between the European Union and Armenia, 21.2.2018; European Commission: Partnership Priorities between the EU and Azerbaijan reinforce the bilateral agenda, 11.7.2018, abrufbar unter: https://ec.europa.eu/neighbourhood-enlargement/news_corner/news/partnership-priorities-between-eu-and-azerbaijan-reinforce-bilateral-agenda_en (letzter Zugriff: 2.8.2018).

Verhandlungen über ein neues umfassendes Abkommen zwischen der Union und Aserbaidschan wurden fortgesetzt. In Belarus hat die Europäische Union eine Kommunikationskampagne über die Vorteile der Kooperation initiiert.[29]

Die Beziehungen zu den südlichen ENP-Ländern basieren größtenteils auf den im Barcelona-Prozess entstandenen Freihandels- und Assoziierungsabkommen,[30] ergänzt um Sektoralabkommen. Mit Marokko und Tunesien ist der Ausbau der Abkommen zu DCFTAs geplant. Während die Verhandlungen mit Tunesien im Mai 2018 in die zweite Runde gingen, liegen die Gespräche mit Marokko seit 2014 auf Eis. Hier konzentrieren sich die Vertragspartner auf eine Reform des Agrar- und Fischereiabkommens von 2012, nachdem der Europäische Gerichtshof in zwei Urteilen, zuletzt im Februar 2018, entschieden hatte, dass die Westsahara durch das bisherige Abkommen nicht abgedeckt wird. Mit Ägypten hat die Europäische Union im Juli 2017 Partnerschaftsprioritäten, unter anderem die Terrorismusbekämpfung,[31] und im Oktober ein finanzielles und technisches Kooperationsrahmenwerk vereinbart.[32] Auch mit Algerien hat die Union trotz eines Handelsdisputs über Importpraktiken Algiers die Zusammenarbeit ausgebaut, unter anderem durch einen Dialog zu Sicherheit und Terrorismusbekämpfung[33] und den Aufbau eines gemischten Parlamentarischen Ausschusses im Januar 2018. Mit Jordanien lotet die Europäische Union künftige Kooperationsbereiche aus.[34]

Die Beziehungen zu Israel und zur Palästinensischen Autonomiebehörde beruhen auf etwa zwanzig Jahre alten Abkommen; eine Aufwertung und Reform steht derzeit nicht zur Debatte. Mit Syrien und Libyen besteht angesichts der Kriegs- und Zerfallserscheinungen keine Grundlage für die primär ökonomisch ausgerichtete ENP. Dort stehen humanitäre Hilfe und Krisendiplomatie weiterhin im Vordergrund. Mit Libyen kooperiert die Union in Sachen Küstenschutz und Migrationsabwehr und hat dazu im Juli 2017 die EU Border Assistance Mission bis Ende 2018 verlängert.[35]

Weiterführende Literatur

Tobias Schumacher/Andreas Marchetti/Thomas Demmelhuber (Hrsg.): The Routledge Handbook on the European Neighbourhood Policy, New York 2018.
Daniel S. Hamilton/Stefan Meister: Eastern Voices: Europe's East Faces an Unsettled West, Center for Transatlantic Relations, 2017.

---

29 Camille-Cerise Gessant: Belarus; EU launches communication campaign, in: Bulletin Quotidien Europe, 2.6.2018.
30 Für eine Übersicht siehe: European Commission: Negotiations and agreements, abrufbar unter: http://ec.-europa.eu/trade/policy/countries-and-regions/negotiations-and-agreements/#_in-place (letzter Zugriff: 31.7.2018).
31 Camille-Cerise Gessant: EU and Egypt want to strengthen their counter-terrorism cooperation, in: Bulletin Quotidien Europe, 25.7.2017.
32 Emannuel Hagry: EU adopts largely future-oriented 2017-2020 financial and technical cooperation framework, in: Bulletin Quotidien Europe, 30.10.2017.
33 Camille-Cerise Gessant: First dialogue on regional security and counter-terrorism, in: Bulletin Quotidien Europe, 20.10.2017.
34 Council of the EU: Statements and Remarks. Joint statement following the 12th EU-Jordan Association Council, 10.7.2017, Dok. 452/17.
35 Camille-Cerise Gessant: EU strengthens its sanctions against smugglers of migrants, in: Bulletin Quotidien Europe, 17.7.2017.

Östliche Partnerschaft

Katrin Böttger*

Ein Höhepunkt des vergangenen Jahres war der Gipfel der Östlichen Partnerschaft (ÖP) am 24. November 2017 in Brüssel. Neben der Bekräftigung bisheriger Ziele und Abkommen beschlossen die Staats- und Regierungschefs „20 Deliverables for 2020". Deren übergreifendes Ziel ist die Stärkung der Resilienz der EU-Mitgliedstaaten wie der ÖP-Staaten. Sie bauen auf den 2015 beschlossenen vier Prioritäten auf: Wirtschaftliche Entwicklung, gute Regierungsführung und Sicherheitskooperation, Umwelt und Klima, sowie Mobilität und direkte Kontakte.[1]

Die Gipfelteilnehmer erhofften sich neben höheren Investitionsaktivitäten durch die Finanzierungsmöglichkeiten des neuen Europäischen Fonds für Nachhaltige Entwicklung (EFSD) die Verbesserung der Konnektivität insbesondere in Verkehr und Energie.[2] Ferner fand vom 25.–27. Oktober 2017 das 9. Eastern Partnership Civil Society Forum in Tallinn statt. In einer an den ÖP-Gipfel adressierten Erklärung appellierten die Teilnehmer an die Gipfelvertreter, bei der Annäherung an die EU Differenzierung und unterschiedliche Geschwindigkeiten zuzulassen, sowie die Tür zu einer künftigen EU-Mitgliedschaft offen zu halten. Zudem forderten sie einen stärkeren Einfluss zivilgesellschaftlicher Organisationen auf die ÖP.[3]

Ein weiteres Ergebnis des Gipfels war die Überarbeitung der ÖP-Strukturen, die fortan analog zu den 2015 beschlossenen Prioritäten gegliedert sind.[4] Der Austausch auf allen Ebenen wird weiterhin durch die Parlamentarische Versammlung der ÖP, Euronest, die Konferenz der Regional- und Kommunalbehörden für die Östliche Partnerschaft (CORLEAP) und das Zivilgesellschaftliche Forum ermöglicht. Stärker fokussiert wird die Kommunikation über die ÖP, für die ein neues Logo, ein Imagefilm und weitere Kommunikationsinstrumente entwickelt wurden.[5]

Die Entwicklungen der bilateralen Beziehungen

Die bilateralen Beziehungen in der ÖP sind unterschiedlich stark ausgeprägt. Während die Zusammenarbeit mit Armenien, Aserbaidschan und Belarus aus unterschiedlichen Gründen weniger intensiv ist, hat die EU mit Georgien, Moldau und der Ukraine Assoziierungsabkommen mit Tiefen und Umfassenden Freihandelsabkommen geschlossen.[6]

---

* Die Autorin dankt Svenja Meyer für ihre vielfältige Zuarbeit.
1 Rat der Europäischen Union: Gemeinsame Erklärung des Gipfeltreffens zur Östlichen Partnerschaft, Brüssel, 24. November 2017, Dok. 14821/17.
2 Rat der Europäischen Union: Gemeinsame Erklärung, November 2017, S. 5–8.
3 Eastern Partnership Civil Society Conference: Civil Society Declaration, Tallin, 26. Oktober 2017, S. 5.
4 Europäische Kommission: Launch of the new Eastern Partnership cooperation set-up, abrufbar unter: https://ec.europa.eu/neighbourhood-enlargement/sites/near/files/note_on_new_institutional_set_up_of_eastern_partnership.pdf (letzter Zugriff: 20.8.2018).
5 Europäische Kommission: Eastern Partnership brand guidelines, abrufbar unter: https://ec.eurpa.eu/neighbourhood-enlargement/neighbourhood/eastern-partnership/visual-identity_en (letzter Zugriff: 20.8.2018).
6 Vgl. hierzu die Beiträge „Georgien", „Moldau" und „Ukraine" in diesem Jahrbuch.

Mit Armenien unterzeichnete die EU am Rande des ÖP-Gipfels mit dem „Comprehensive and Enhanced Partnership Agreement" (CEPA) ein vertieftes Partnerschaftsabkommen, das seit dem 1. Juni 2018 teilweise umgesetzt wird. Angesichts des Regierungswechsels nach regierungskritischen Großdemonstrationen im Mai 2018 stehen die Zeichen für die Umsetzung des CEPA, welches das Partnerschafts- und Kooperationsabkommen (PKA) aus dem Jahr 1999 ersetzt, günstig.[7] Im Gegensatz zu den mit Georgien, Moldau und der Ukraine abgeschlossenen Assoziierungsabkommen sieht das CEPA jedoch keine politische Assoziation vor. Eine Freihandelszone wird aufgrund der Mitgliedschaft Armeniens in der Eurasischen Wirtschaftsunion nicht angestrebt.

Mit Aserbaidschan verhandelt die EU seit Februar 2017 ein neues Rahmenabkommen. Kritik seitens des Europäischen Parlaments an der Menschenrechtslage im Land hatten zu Verstimmungen und zu einer dreijährigen Pause geführt. Im Februar 2018 fand erstmals wieder ein Treffen des EU-Aserbaidschan-Kooperationsrates statt, bei dem das gemeinsame Ziel eines kontinuierlichen Dialogs bekräftigt wurde.[8]

Obgleich die 2010 gegen Belarus verhängten Sanktionen 2016 größtenteils aufgehoben wurden, verlängerte der Europäische Rat im Februar 2018 die übrigen Sanktionen, darunter ein Waffenembargo, das Verbot der Ausfuhr von zu interner Repression verwendbaren Gütern, sowie das Reiseverbot und eingefrorene Vermögen von vier Personen bis zum 28. Februar 2019. Dennoch nimmt die Zusammenarbeit auf niedrigem Niveau stetig zu: Belarus trat im Juni 2017 der Eastern Europe Energy Efficiency and Environment Partnership bei, die Kredite für Projekte zu Energieeffizienz vergibt,[9] und profitiert im ÖP-Vergleich stark von Horizon-2020-Mitteln.[10]

Fazit und Ausblick

Die Vielzahl und Zunahme der Aktivitäten auf unterschiedlichen Ebenen verdeutlichen die immer stärkere Vernetzung zwischen der EU und ihren östlichen Nachbarn. Hierzu stehen die tatsächlich erreichten politischen Ziele jedoch noch im Missverhältnis.

Aus Sicht der Nachbarstaaten ist die weiter fehlende EU-Beitrittsperspektive das bedauerlichste Ergebnis des ÖP-Gipfels. Dies ist mit Blick auf die notwendigen Reformen in den ÖP-Staaten und den gegenwärtigen Status der EU kaum überraschend. Der Abschluss des Abkommens mit Armenien hat gezeigt, dass sich die ÖP zunehmend ausdifferenziert und dass das ‚Sowohl-als-auch' einer Zusammenarbeit mit der EU und Russland möglich ist. Abzuwarten bleibt, inwieweit sich dies für Aserbaidschan und Belarus umsetzen lässt.

Weiterführende Literatur

Katrin Böttger: Deutschland, die Östliche Partnerschaft und Russland, in: Handbuch zur deutschen Europapolitik, Baden-Baden 2016, S. 407–420.

---

7 Franziska Smolnik: CEPA im ‚Neuen Armenien'. Armeniens Reformkurs unter der Regierung Paschinjan und das neue Partnerschaftsabkommen mit der EU, in: SWP-Aktuell 42/2018; European External Action Service: New agreement signed between the European Union and Armenia set to bring tangible benefits to citizens, 24.11.2017, abrufbar unter: https://eeas.europa.eu/headquarters/headquarters-homepage/36141/new-agreement-signed-between-european-union-and-armenia-set-bring-tangible-benefits-citizens_en (letzter Zugriff: 20.8.2018).
8 Europäische Kommission: EU report. Azerbaijan renews engagement and dialogue, 20.12.2017, abrufbar unter: http://europa.eu/rapid/press-release_IP-17-5353_en.htm (letzter Zugriff: 20.8.2018).
9 Eastern Europe Energy Efficiency and Environment Partnership: Belarus joins E5P, 19.06.2017, abrufbar unter: http://belarus.e5p.eu/2017/06/19/belarus-joins-e5p/ (letzter Zugriff: 20.8.2018).
10 European External Action Service: Facts and Figures about EU-Belarus Relations, abrufbar unter: https://eeas.europa.eu/sites/eeas/files/eap_summit_factsheet_belarus_eng.pdf (letzter Zugriff: 20.8.2018).

Ukraine

Constanze Aka/Martin Stein

Mehr als eine halbe Mio. UkrainerInnen nutzten seit Aufhebung der Visumspflicht für den Schengenraum am 11. Juni 2017 die Möglichkeit zur visumsfreien Einreise in die Europäische Union. Das Assoziierungsabkommen zwischen der Union und der Ukraine trat nach Ratifizierung durch die Niederlande am 1. September 2017 vollständig in Kraft und stellt inklusive der Vertieften und Umfassenden Freihandelszone den Rahmen der bilateralen wirtschaftlichen und politischen Beziehungen mit der Europäischen Union dar. Der Reform- und Integrationsprozess wird trotz des weiter andauernden Krieges in den Regionen Donezk und Luhansk fortgesetzt. Dabei verfolgt die EU weiterhin ihre Nichtanerkennungspolitik in Hinblick auf die durch die Russische Föderation annektierte Krim.

Autonome Republik Krim und der Krieg im Donbass
Seit der völkerrechtswidrigen Annexion der Autonomen Republik Krim im März 2014 wird die Halbinsel politisch und wirtschaftlich zunehmend in die russischen Verwaltungsstrukturen integriert, zuletzt durch die Durchführung der russischen Präsidentschaftswahlen. Die Inbetriebnahme der Kerch-Brücke verbindet die Krim mit dem russischen Festland und behindert dabei den Schiffsverkehr zwischen den ukrainischen Schwarzmeerhäfen. Ferner werden politisch motivierte illegale Festnahmen, Menschenrechtsverletzungen und die Vertreibung der Krimtataren gemeldet.

Im Minsk-Prozess sind keine substantiellen Fortschritte zu verzeichnen. Im Juni 2018 bekannten sich die Außenminister der Russischen Föderation und der Ukraine abermals zur Einhaltung der Waffenruhe und dem Abzug schwerer Waffen aus dem Konfliktgebiet. Die „Special Monitoring Mission" der Organisation für Sicherheit und Zusammenarbeit in Europa konstatiert indes weiterhin die Präsenz von schwerem Geschütz sowie Waffenstillstandsverstöße. Die Zahl der Binnenflüchtlinge liegt weiter bei rund 1,8 Mio. und die der Kriegstoten bei über 10.000. Infolge der Krim-Annexion und gekoppelt an die Umsetzung des Minsker Abkommens bestehen die von der EU verhängten diplomatischen Maßnahmen, Wirtschaftssanktionen, Einreiseverbote und eine Sperre von Vermögenswerten fort.

Makroökonomische Stabilisierung
Die ukrainische Wirtschaft erholt sich trotz des andauernden Krieges. Die EU blieb im Jahr 2017 der wichtigste Handelspartner der Ukraine. Der Handel stieg gemessen am Wert der Importe und Exporte erstmals auf Vorkriegsniveau. Die Exporte in die Ukraine sind mit knapp 20 Mrd. Euro die höchsten seit 2014, die Importe aus der Ukraine mit einem Wert von 16,7 Mrd. Euro die höchsten seit 2007.[1]

Seit Oktober 2017 gewährt die EU ergänzend zu den Handelsbestimmungen im Assoziierungsabkommen weitere befristete autonome Handelspräferenzen für die zollfreie Einfuhr landwirtschaftlicher Produkte. Um einen andauernden Wirtschaftsaufschwung zu

---

1 Eurostat: EU trade since 1988 by CN8, abrufbar unter: https://bit.ly/2uEuPzv (letzter Zugriff: 16.7.2018).

begünstigen, unterstützen die Europäische Union, der Internationale Währungsfonds und die europäischen Finanzinstitutionen die Ukraine mit Krediten und direkten Haushaltszuschüssen. Diese sind an konkrete Reformauflagen geknüpft. Exemplarisch sei hier auf die makroökonomischen Finanzhilfen der EU hingewiesen. Im Jahr 2017 wurde das dritte Programm mit einer Höhe von 1,8 Mrd. Euro von der Kommission bestätigt. Dessen dritte Rate von 600 Mio. Euro wurde jedoch wegen verschleppter Reformen nicht ausgezahlt. Ein viertes Unterstützungsprogramm wurde im Juli 2018 vom Europäischen Parlament und vom Europäischen Rat angenommen und unterliegt ebenfalls Reformbedingungen.[2]

Assoziierungs- und Reformprozess

Der erste Fortschrittsbericht der Kommission nach Inkrafttreten des Assoziierungsabkommens bescheinigt der Ukraine eine Fortführung der strukturellen Reformen, die positive Trends im wirtschaftlichen und sozialen Bereich generieren.[3] Der EU-Ukraine-Gipfel im Juli 2018 bekräftigte diese Einschätzung.

Grundlegende Reformen in den Bereichen öffentliche Verwaltung, Dezentralisierung, Wahlrecht, Justiz und auf dem Gebiet der Korruptionsbekämpfung sollen das Rückgrat der demokratischen Transformation der Ukraine bilden. Legislative Erfolge wurden hier mit den Gesetzesbeschlüssen zur Einrichtung eines Hohen Gerichts für Antikorruption sowie zum Verfassungsgericht erzielt. Die Schlüsselreformen bleiben jedoch unvollendet: Notwendige Änderungen des Gesetzesentwurfs zur Arbeitsweise des Hohen Gerichts für Antikorruption stehen aus und die Handlungsfähigkeit der Antikorruptionsbehörden wird durch politische Einflussnahme gefährdet. Für Kritik sorgen auch die fragwürdige Besetzung der Richterstellen am Obersten Gerichtshof, die Strafprozessordnung und die Richterausbildung. In erster Lesung wurde ein einheitliches Wahlgesetzbuch angenommen, jedoch blockieren tausende von Änderungsanträgen und ein Konflikt um die Neubesetzung der Zentralen Wahlkommission die Wahlrechtsreform.

Die Dezentralisierung und der Umbau der Öffentlichen Verwaltung werden von der Union technisch und finanziell unterstützt. Regionale Verwaltungszentren und transparente, qualifikationsbezogene Einstellungs- und Besoldungsverfahren sollen administrative Dienstleistungen verbessern. In Pilot-Ministerien sollen Reformposten mit kompetitiven Gehältern den Reformprozess beschleunigen und unter anderem die EU-Koordinierung der Ukraine auf feste Beine stellen. Eine Verschlankung der Strukturen steht weiterhin aus.

Sektorale Reformen wurden insbesondere in den Bereichen Gesundheit, Rente, Bildung und Energie angestoßen. Im Abbau von Handelsbarrieren wurden Fortschritte erzielt.

Über das Assoziierungsabkommen hinausgehend hat sich die ukrainische Regierung eine weitere Annäherung an den EU-Rechtsbestand in den Bereichen Digitales, Schengen, Zoll und Energie auf die Fahnen geschrieben. Es wird sich zeigen, inwiefern es sich hier im Vorwahljahr um echte Ambitionen oder um populistische Wahlversprechen handelt.

Weiterführende Literatur

Katerina Bosko (Hrsg.): Ukraine-Analysen, Bremen, fortlaufend.
Government Office for the European and Euro-Atlantic Integration: Report on Implementation of the Association Agreement between Ukraine and the European Union in 2017, Kiew 2018.

---

2   Beschluss (EU) 2018/947 des Europäischen Parlaments und des Rates vom 4. Juli 2018 über eine weitere Makrofinanzhilfe für die Ukraine, in: Amtsblatt der EU L171/11, 6.7.2018.
3   European Commission: Joint Staff Working Document. Association Implementation Report on Ukraine, SWD (2017) 376, hier S. 1.

Moldau

Dominic Maugeais

Das am 1. Juli 2016 vollständig in Kraft getretene Assoziierungsabkommen mit der Republik Moldau bildet die vertragliche Grundlage der Beziehungen zur Europäischen Union. Hierzu gehört das vertiefte und umfassende Freihandelsabkommen (DCFTA), das zu einer Ausweitung des Handels mit der Europäischen Union geführt hat.[1] Der Umsetzungsstand der überarbeiteten und im August 2017 vereinbarten mehrjährigen Assoziierungsagenda 2017–2019 wurde im Implementierungsbericht der Europäischen Kommission vom April 2018 bewertet. Enthalten sind darin unter anderem Empfehlungen, die der Rat der Europäischen Union im Februar 2018 beschlossen hatte und die anlässlich des EU-Moldau-Assoziierungsrates im Mai 2018 ebenfalls thematisiert wurden.[2] So wird gefordert, den 2014 aufgedeckten Bankenbetrug weiter aufzuklären, die veruntreuten Gelder zurückzuführen sowie die Verantwortlichen vor Gericht zu stellen. Beanstandet wird zudem die mangelnde Berücksichtigung der Empfehlungen der Venedig-Kommission des Europarats sowie des Büros für demokratische Institutionen und Menschenrechte der Organisation für Sicherheit und Zusammenarbeit in Europa (OSZE) bei der Wahlrechtsreform vom Juli 2017. Gewürdigt wird Moldaus Beitrag zum Gipfel der Östlichen Partnerschaft vom 24. November 2017.[3] Zudem wird die weitere Unterstützung zur Erreichung der „20 konkreten Ziele für 2020" bekräftigt.

Innenpolitische Entwicklungen

Seit Mai 2017 wird die pro-europäische, in Umfragen unbeliebte Regierung unter Führung der Demokratischen Partei Moldaus (PDM) und des Oligarchens Vlad Plahotniuc nicht mehr in Koalition mit der Liberalen Partei (PL), sondern mit der Unterstützung von Abgeordneten der Europäischen Volkspartei Moldaus (PPEM) gestellt.[4] Eine im Dezember 2017 angekündigte Regierungsumbildung wurde vom pro-russischen sozialistischen Staatspräsidenten Igor Dodon zunächst blockiert, ein Urteil des moldauischen Verfassungsgerichts ermöglichte schließlich die temporäre Suspendierung des Präsidenten und somit die Unterzeichnung der Ernennungsdekrete durch den Parlamentspräsidenten.[5] Die PDM-Regierung und die Partei der Sozialisten der Republik Moldau (PSRM) ziehen hingegen an einem Strang, wenn es um die Wahrung gegenseitiger Interessen geht, wie im Fall der gemeinsam beschlossenen Wahlrechtsreform. Diese erschwert es insbesondere der

---

1 European Commission: 2018 Association Implementation Report on Moldova - Joint Staff Working Document, 3.4.2018 SWD(2018) 94 final, S. 11.
2 Council of the EU: Joint press statement following the fourth Association Council meeting between the EU and the Republic of Moldova, Press release 231/18, 3.5.2018.
3 Vgl. hierzu auch den Beitrag „Östliche Partnerschaft" in diesem Jahrbuch.
4 Martin Sieg/Andrei Avram: Regierungsumbildung in der Republik Moldau, in: KAS Länderberichte, Dezember 2017.
5 Cristi Vlas: President Igor Dodon suspended by Constitutional Court for refusing approval of seven ministers, 2.1.2018, abrufbar unter: http://www.moldova.org/en/president-igor-dodon-suspended-constitutional-court-refusing-approval-seven-ministers/ (letzter Zugriff: 1.7.2018).

außerparlamentarischen pro-europäischen Opposition, Mandate bei den kommenden Parlamentswahlen zu gewinnen.⁶ Zu ihr gehören die Parteiplattform „Würde und Wahrheit" (PDA) unter Führung von Andrej Nastase sowie die Partei „Aktion und Solidarität" (PAS) von Maia Sandu. Ersterer konnte sich mit Unterstützung der PAS bei den Kommunalwahlen in Chișinău gegen den PSRM-Kandidaten durchsetzen, was als ein vielversprechendes pro-europäisches Signal für die Parlamentswahlen Anfang 2019 interpretiert wurde. Eine gerichtliche Annullierung der Wahlergebnisse und deren letztinstanzliche Bestätigung am 25. Juni 2018 werfen jedoch gravierende Fragen bezüglich der Unabhängigkeit der Justiz auf und sorgten für eine neue Welle der Proteste in Chișinău.⁷

Transnistrien, Sprachenregime, 100 Jahre Vereinigung mit Rumänien

Unter österreichischem OSZE-Vorsitz konnten weitere Verbesserungen in den Beziehungen zwischen Tiraspol, Hauptstadt der abtrünnigen Region Transnistrien, und Chișinău erzielt werden. Vereinbarungen über die Anerkennung von Universitätsabschlüssen, den Zugang zu Agrarland im Bezirk Dubasari, Erleichterungen im Telekommunikationssektor und für Schulen mit lateinischer Schrift sowie die Eröffnung einer Brücke über den Fluss Dnister konnten erreicht werden. Für Kontroversen sorgte ein Urteil des moldauischen Verfassungsgerichts vom 4. Juni 2018, welches die in der Verfassung verankerte Stellung der russischen Sprache schwächt.⁸ Im Jahr 2018 jährt sich zudem die Vereinigung mit Rumänien vor 100 Jahren und bietet den Befürwortern der Wiedervereinigung eine Plattform für ihre umstrittene Forderung.

Ausblick

Der wahrscheinliche Einzug der PAS und PDA ins moldauische Parlament ist ein vielversprechendes pro-europäisches Signal, gleichwohl erhöht es nicht zwangsweise die Chancen auf eine neue pro-europäische Koalition, da beide Parteien einer Zusammenarbeit mit der PDM eine Absage erteilt haben. Ein polarisierter innenpolitischer Diskurs und das fragwürdige Handeln der moldauischen Justiz stellen ihrerseits eine erhebliche Quelle der Unsicherheit für die politische Stabilität in der Republik Moldau dar.

Weiterführende Literatur

Florent Parmentier: The European Neighbourhood Policy and Moldova. A resilient oligarchic system wedged between the EU and Russia, in: Tobias Schumacher/Andreas Marchetti/Thomas Demmelhuber (Hrsg.): The Routledge Handbook on the European Neighbourhood Policy, London/New York 2018, S. 302–311.

---

6 Vladimir Socor: Moldova's New Electoral Law Could Be Fatal to Pro-Western Parties, in: Eurasia Daily Monitor 98/2017.
7 Radio Free Europe/Radio Liberty Moldovan Service: Fresh Protest Held After Moldovan Supreme Court Voids Mayoral Election, 26.6.2018, abrufbar unter: https://www.rferl.org/a/moldova-fresh-protests-expected-after-top-court-voids-mayoral-election/29320667.html (letzter Zugriff: 1.7.2018).
8 Paul Goble: Moscow Hopes Gagauz Nation Can Help Save Russian Language in Moldova, in: Eurasia Daily Monitor 86/2017.

Georgien

Mariam Khotenashvili*

Nach offizieller Lesart setzte Georgien 2017 seinen europäischen Weg fort. Allerdings mehrte sich die Unzufriedenheit in der Gesellschaft, da die Realität weiter hinter den Erwartungen der georgischen Bevölkerung an eine Demokratie europäischer Art hinterherhinkt. Die Enttäuschung über einen Mangel an sozioökonomischen Fortschritten und über das dysfunktionale Justizwesen entlud sich Mitte 2018 in Demonstrationen, welche zum Rücktritt von Premierminister Giorgi Kvirikashvili beitrugen.

Weitere politische Reformen Richtung Europäische Union
Im Fortschrittsbericht zur EU-Assoziierung von 2017 werden die Umsetzung von Reformen zur Stärkung von Demokratie und Rechtsstaatlichkeit, insbesondere die Einführung eines umfassenden Rechtsrahmens für Menschenrechte und Nichtdiskriminierung, gelobt.[1] Weitere Fortschritte betreffen die Annäherung technischer Vorschriften und Standards im Sinne der vertieften und umfassenden Freihandelszone. In der sektoralen Zusammenarbeit wurde ein Abkommen Georgiens mit Europol zur strategischen und operativen Kooperation sowie der Beitritt zum Vertrag zur Gründung der Energiegemeinschaft als vollwertiges Mitglied erreicht. Georgien unterstützte weiterhin Militär- und Zivilmissionen der NATO und der EU mit der Entsendung von Militärpersonal. Die EU führte ihre Beobachtermissionen an den Grenzen zu den abtrünnigen Gebieten Abchasien und Südossetien fort.

Die seit Ende 2016 kontrovers diskutierte Verfassungsreform wurde im Oktober 2017 vom Parlament beschlossen. Das Veto des Präsidenten Giorgi Margvelashvili wurde von der 4/5-Mehrheit des Parteienbündnisses „Georgischer Traum" überstimmt und konnte die Reform nicht verhindern.[2] Im Dezember wurden mehrere Verfassungsänderungen zur Umsetzung von Empfehlungen der Venedig-Kommission verabschiedet. Unberücksichtigt blieb die wichtigste Empfehlung: die Einführung eines proportionalen Wahlsystems.[3]

Inflation und Herausforderungen an die georgische Wirtschaft
Obwohl das Wachstum des georgischen Bruttoinlandsprodukts (BIP) über die letzten zehn Jahre durchschnittlich 5 Prozent betrug, fiel die Schaffung von Arbeitsplätzen gering aus. Mehr als die Hälfte der Arbeitnehmer ist weiterhin in der Landwirtschaft beschäftigt, die Lohnungleichheit stieg signifikant.[4] Des Weiteren weist Georgien ein großes Leistungsbi-

---

* Übersetzt aus dem Englischen von Jana Schubert und Jakob Speier.
1 European Commission/High Representative of the Union for Foreign Affairs and Security Policy: Joint Staff Working Document: Association Implementation Report on Georgia, 11.9.2017, SWD(2017) 371 final.
2 Civil.ge: Parliament Overrides Presidential Veto on Constitutional Amendments, 13.10.2017, abrufbar unter: https://old.civil.ge/eng/article.php?id=30522 (letzter Zugriff: 15.6.2018).
3 European Commission for Democracy Through Law: Georgia: Opinion on the draft constitutional amendments adopted in 15 December 2017 at the second reading by the Parliament of Georgia, 19. März 2018, Opinion 918/2018, CDL-AD(2018)005.
4 Josefina Posadas et al.: Georgia at Work: Assessing the Jobs Landscape, Washington D.C. 2018.

lanzdefizit von 8,7 Prozent des BIP auf, welches einen Abwärtsdruck auf die nationale Währung, den Lari, erzeugte.[5] In der Folge führte ein schwächerer Lari zu höheren Preisen insbesondere bei Produkten des täglichen Bedarfs, bei einer Gesamtinflation von 6 Prozent zwischen Mitte 2016 und 2017.[6] Die Verbesserungen im Bereich der Armutsbekämpfung zwischen 2013 und 2015 gingen im Zeitraum 2015 bis 2017 fast gänzlich verloren, trotz einer Gehaltserhöhung im öffentlichen Sektor und mehr Mitteln für die Sozialprogramme.[7] Zwischen 2017 und Anfang 2018 konnte die Regierung die laufenden Ausgaben leicht konsolidieren, um so das Haushaltsdefizit unter 3 Prozent des BIP zu senken und die Staatsschulden zu stabilisieren, zugleich aber die Investitionen erhalten. In Absprache mit dem Internationalen Währungsfonds entschied sich Georgien am System flexibler Währungskurse festzuhalten und nicht den Bestand an Währungsreserven mit Maßnahmen zur Stützung des Lari zu riskieren. Zusammengefasst hat die Regierung fast keinen Raum für budgetäre Impulse zur kurzfristigen Steigerung. Angesichts der Unzufriedenheit der georgischen Wähler wegen der wirtschaftlichen Enttäuschungen, erhöhte der Vorsitzende des Georgischen Traums, Bidzina Ivanishvili, den Druck auf Premierminister Kvirikashvili, welcher in der Folge zurücktrat.[8]

Zivilgesellschaftliche Unzufriedenheit

Der Ruf der Regierung litt auch unter einer inadäquaten Reaktion auf Demonstrationen, die eine gründliche Untersuchung und ein Gerichtsverfahren über die Ermordung zweier Jugendlicher im Dezember 2017 forderten. Der weitverbreitete Verdacht, dass die wahren Täter durch Staatsanwaltschaft und Gerichte gedeckt wurden, verstärkte das Gefühl der Ungerechtigkeit und schürte das Misstrauen gegenüber der Regierung.[9] Eine weitere Massenmobilisierung der Zivilgesellschaft erfolgte nach unverhältnismäßig stark bewaffneten Anti-Drogen-Einsätzen der Polizei in zwei beliebten Nachtclubs, welche als Symbol der Freiheit und Offenheit wahrgenommen werden.[10]

Die Herausforderungen, mit denen sich die Wirtschaft, der Rechtsstaat, die Qualität der Regierungsführung und Demokratie konfrontiert sehen, verdeutlichen die Bedeutung der Intensivierung der politischen und ökonomischen Beziehungen Georgiens zur EU.

Weiterführende Literatur

Kakha Gogolashvili/Gogita Gvedashvili: Georgia-EU Relations and Future Perspectives, Georgian Center for Security and Development, Tsibili 2017.

---

5 Der georgische Lari verlor 2015 28,5 Prozent gegenüber dem US-Dollar an Wert. UNICEF: The Welfare Monitoring Survey 2017, Juni 2018, S. 5, abrufbar unter http://unicef.ge/uploads/WMS_brochure_unicef_eng_web.pdf (letzter Zugriff: 15.6.2018).
6 UNICEF Georgia: The Welfare Monitoring Survey 2017, Tiblis 2018, S. 6.
7 Laut UNICEF lag der Anteil der in relativer Armut (weniger als 60 Prozent des Medianeinkommens) lebenden Georgier 2017 bei 21,7 Prozent und der in extremer Armut (weniger als 1,25 US-Dollar pro Tag) lebenden Georgier bei 5 Prozent. UNICEF Georgia: Welfare Monitoring 2017, 2018, S. 11.
8 Civil.ge: Prime Minister Giorgi Kvirikashvili Announces Resignation, 13.6.2018, abrufbar unter: https://civil.ge/archives/244261 (letzter Zugriff: 15.6.2018).
9 Radio Free Europe/Radio Liberty: Georgian Protest Leader Says 'System Must Be Destroyed' As Demonstrations Continue, 3.6.2018, abrufbar unter: https://www.rferl.org/a/georgia-tbilisi-protests-continue-leader-calls-on-political-parties/29267739.html (letzter Zugriff: 15.6.2018).
10 Radio Free Europe/Radio Liberty: Club At Center Of Tbilisi Raids Mixes Raves, Social Change In Conservative Georgia, 17.5.2018, abrufbar unter: https://www.rferl.org/a/georgia-bassiani-club-tbilisi-protests-social-change-conservatives/29232670.html (letzter Zugriff: 15.6.2018).

Mittelmeerpolitik

Tobias Schumacher

Auch im letzten Jahr wurde die Mittelmeerpolitik der Europäischen Union im Rahmen der Europäischen Nachbarschaftspolitik (ENP) sowie der Union für das Mittelmeer (UfM) vollzogen. Während die ENP nach wie vor das politische Rahmenwerk für die europäische Mittelmeerpolitik darstellt und unter ihrem Dach zahlreiche sowohl vergemeinschaftete als auch von den EU-Mitgliedstaaten und den Brüsseler Institutionen gemeinsam auszugestaltende Politik- und Kooperationsfelder vereint, hat sich die UfM im letzten Jahr abermals nur auf die sie konstituierenden Schwerpunktbereiche wie regionale Kooperation, Dialog sowie bi- oder multilaterale projektbezogene Zusammenarbeit konzentriert. Dabei hat sich der seit Beginn der Implementierung der ‚neuen' ENP im November 2015 zu beobachtende Trend hin zu einer zunehmend pragmatisch und auf stabilitäts- und sicherheitspolitische Aspekte ausgerichteten Handlungsweise der Europäischen Union fortgesetzt. Dies kam zum einen abermals darin zum Ausdruck, dass der noch im Zuge der Euro-Mediterranen Partnerschaft sowie im Kontext der ersten beiden Ausführungen der ENP formulierte Anspruch, die Mittelmeerpolitik der Europäischen Union als Instrument externer Demokratieförderung in Verbindung mit politischer Konditionalität einzusetzen, faktisch weder im Brüsseler Diskurs noch in der politischen Praxis eine Rolle spielte. Zum anderen hat sich das Leitmotiv des „principled pragmatism", das in der seit Juni 2016 gültigen Globalen Strategie verankert ist,[1] in den vergangenen Monaten auch darin widergespiegelt, dass die UfM sich abermals auf ihre Kernbereiche wie humane und nachhaltige Entwicklung konzentriert hat, ohne dabei jedoch konkret demokratie- oder zumindest transitionssensitive Themen einzubeziehen. Dies ist nicht zuletzt vor dem Hintergrund bemerkenswert, dass sich die im südlichen Mittelmeerraum auffindbaren autokratischen Herrschaftsstrukturen weiter verfestigt haben und die Region zwischen Rabat und Damaskus im letzten Jahr noch immer von massiven Menschenrechtsverletzungen, fehlender Rechtsstaatlichkeit und zweifelhafter Regierungsführung geprägt ist.

Ebenfalls strukturprägend waren die unentwegt anhaltenden Konflikte in Syrien und Libyen, das abermalige Aufflammen von Feindlichkeiten zwischen Israel und Palästinensern im Gazastreifen in der ersten Jahreshälfte 2018 sowie die sich stetig verschärfende intra- und inter-regionale Flüchtlings- und Migrationsproblematik. Trotz ihrer in der Globalen Strategie formulierten Ambition, in Bezug auf Konflikte und Krisen einen integrativen Ansatz zu verfolgen, welcher die der Europäischen Union im Bereich Diplomatie, Sicherheit, Verteidigung, Handel und Entwicklungszusammenarbeit zur Verfügung stehenden Instrumente im Sinne einer strategisch kohärenten Nutzung zusammenführen soll,[2] hat sich das entsprechende EU-Engagement in den letzten Monaten hauptsächlich auf offizielle Stellungnahmen sowie die Mitwirkung an beziehungsweise Unterstützung von interna-

---

1 High Representative of the Union for Foreign Affairs and Security Policy: Shared Vision, Common Action: A Stronger Europe. A Global Strategy for the European Union's Foreign and Security Policy, June 2016.
2 High Representative of the Union for Foreign Affairs and Security Policy: Shared Vision, 2016.

tionalen Konfliktlösungsinitiativen und anderen einschlägigen Foren und Mechanismen beschränkt. Dies ging einher mit einer Intensivierung bilateraler Kooperationsmechanismen mit einzelnen Mittelmeeranrainern in den Bereichen Sicherheitssektorreform, Terrorismusbekämpfung und Antiradikalisierung sowie einer zunehmend restriktiven und auf Abschottung, Abschiebung und Auslagerung ausgerichteten Migrations- und Flüchtlingspolitik.

Die Europäische Union und die Konflikte im südlichen Mittelmeerraum

Die am 14. März 2017 veröffentlichte Gemeinsame Kommunikation der Hohen Vertreterin und der Kommission, die am 3. April 2017 angenommenen Schlussfolgerungen des EU-Außenministerrates sowie die regionale Strategie für Syrien, Irak und den sogenannten Islamischen Staat (IS), die bereits im März 2015 verabschiedet und im Mai 2016 überarbeitet wurde, bilden die sogenannte Syrien-Strategie der EU, die auch im letzten Jahr Grundlage des strategischen Handelns der Europäischen Union hinsichtlich des seit 2011 tobenden Konflikts war. Angesichts des Scheiterns der Genf-I- und Genf-II-Gespräche zur Beilegung des Syrienkrieges und der Tatsache, dass die EU nicht an dem von Russland im Dezember 2016 initiierten Astanaprozess teilnimmt, blieb die Rolle der Europäischen Union jedoch abermals weitestgehend auf Versuche beschränkt, die humanitäre Lage der unter dem Krieg leidenden syrischen Bevölkerung sowie der Millionen von syrischen Flüchtlingen insbesondere im Libanon und in Jordanien zu verbessern. Zu diesem Zweck hat sie abermals auf den im Dezember 2014 initiierten „EU Regional Trust Fund in Response to the Syrian Crisis" zurückgegriffen und seit Ausbruch des Krieges im Jahr 2011 insgesamt mehr als 10,6 Mrd. Euro an humanitärer und Entwicklungshilfe bereit gestellt.[3] In diesem Zusammenhang hat sie am 24./25. April 2018 zusammen mit den Vereinten Nationen in Brüssel die zweite internationale Geberkonferenz veranstaltet, an der neben Regierungsvertretern aus 57 Ländern, zehn regionale internationale Organisationen, 19 UN-Agenturen sowie mehr als 200 zivilgesellschaftliche Organisationen teilgenommen und sich zu Finanzhilfen in Höhe von insgesamt 6,2 Mrd. Euro für den Zeitraum 2019 bis 2020 verpflichtet haben.[4] Während der Konferenz hat die EU – wie auch in den Jahren zuvor – abermals darauf hingewiesen, dass nur eine politische Lösung, basierend auf der UN-Sicherheitsratsresolution 2254 sowie dem 2012 verabschiedeten Genfer Kommuniqué, nachhaltige Stabilität in Syrien schaffen kann. Neben zahlreichen Stellungnahmen seitens des Außenministerrates und der Hohen Vertreterin der Europäischen Union für Außen- und Sicherheitspolitik, in denen sich die Europäische Union für ein unmittelbares Ende der Gewalttätigkeiten aussprach, wurde am 12. Juli 2017 entschieden, 1,5 Mio. Euro bereitzustellen, um den von den Vereinten Nationen eingerichteten „International, Impartial and Independent Mechanism to Assist in the Investigation and Prosecution of Persons Responsible for the Most Serious Crimes under International Law Committed in Syria" zu unterstützen. Diese Maßnahme geht einher mit den seit 2012 erlassenen und kontinuierlich aufrechterhaltenen restriktiven Maßnahmen, die am 19. März 2018 dahingehend ausgeweitet wurden, dass weitere 20 Anhänger des syrischen Regimes für ihre

---

3   European External Action Service: The EU and the crisis in Syria, Brüssel, 16.04.2018, abrufbar unter: https://eeas.europa.eu/headquarters/headquarters-Homepage/22664/eu-and-crisis-syria_en (letzter Zugriff: 31.7.2018).
4   Council of the European Union: Supporting the future of Syria and the region – Brussels conference, 24.-25.4.2018, abrufbar unter: http://www.consilium.europa.eu/en/meetings/international-ministerial-meetings/2018/04/24-25/ (letzter Zugriff: 31.7.2018).

Mitwirkung an Giftgasangriffen auf die noch immer gültige EU-Sanktionsliste gesetzt wurden.

Auch in Libyen, das sieben Jahre nach dem Sturz des Ghaddafi-Regimes noch immer dadurch gekennzeichnet ist, dass es keine von allen gesellschaftlich relevanten Akteuren anerkannte legitime Regierung, keine funktionierenden staatlichen Institutionen, dafür aber gleichzeitig zahlreiche herrschaftsfreie Räume aufweist, in denen terroristische und klanbasierte Akteure um Einfluss und Macht kämpfen, ist die Europäische Union im vergangenen Jahr aktiv gewesen. Dieses Engagement beschränkte sich zuvorderst auf die Unterstützung der Bemühungen des UN-Sonderbeauftragten Ghassan Salamé, den „Aktionsplan der Vereinten Nationen hinsichtlich des libyschen politischen Abkommens" (LPA) zu implementieren, der wiederum die Ausarbeitung einer Verfassung sowie das Abhalten von freien Parlamentswahlen im Jahr 2018 vorsieht. Die Unterstützung der Europäischen Union erstreckte sich darüber hinaus auch auf die Unterstützungsmission der Vereinten Nationen in Libyen (UNSMIL) sowie die international anerkannte Regierung des Nationalen Ausgleichs (GNA), mit der sie im Zuge eines umfangreichen Kooperationspakets in Bezug auf Institutionenschaffung, der Verbesserung der sozio-ökonomischen Lebensbedingungen der libyschen Bevölkerung sowie der Wiederherstellung der Infrastruktur zusammenarbeitet. Ferner hat der Rat am 14. Juni 2018 weitere sechs Personen für ihre Aktivitäten im Bereich Menschenhandel auf die seit 2011 bestehende umfangreiche Sanktionsliste hinzugefügt.[5] Diese Maßnahme ist aber auch im Lichte der generellen EU-Bemühungen zu sehen, den Mittelmeerraum in eine migrationsfreie Zone zu verwandeln, obgleich der von Italien im Juli 2017 und von der Europäischen Union unterstützte Verhaltenskodex hinsichtlich nicht-staatlicher Rettungsmissionen außerhalb der libyschen Küste gegen humanitäre Prinzipien verstößt und gleichzeitig existierende Rettungsmaßnahmen nicht verbessert – eine Kritik, die im Grundsatz auch für die maritimen EU-Missionen Triton und EUNAVFORMED (European Union Naval Force Mediterranean) zutrifft.[6]

In Bezug auf den israelisch-palästinensischen Konflikt hat die Europäische Union an ihrer seit der Annahme der Venedig-Deklaration von 1980 eingenommenen Position auch weiterhin konsequent festgehalten. So hat sie die Entscheidung der US-amerikanischen Regierung vom 6. Dezember 2017, die Botschaft der Vereinigten Staaten nach Jerusalem zu verlegen, scharf kritisiert und abermals darauf hingewiesen, dass der Status Jerusalems – entsprechend der einschlägigen UN-Sicherheitsratsresolution 478 sowie der sogenannten „Middle East Road Map" – Gegenstand umfassender Friedensverhandlungen sein müsse.[7] Diese Kritik vermittelte zunächst den Eindruck eines Konsens' der Regierungen der 28 EU-Mitgliedstaaten, wurde aber spätestens Ende April 2018 dadurch konterkariert, dass Rumänien als bislang einziger EU-Mitgliedstaat ebenfalls eine zeitnahe Verlegung seiner Botschaft nach Jerusalem ankündigte.[8] Ebenfalls deutlich verurteilt hat die Hohe Vertreterin der Europäischen Union für Außen- und Sicherheitspolitik, Federica Mogherini, die mehrfache Anwendung von scharfer Munition durch das israelische Militär im Zuge von

---

5   PM News: Libya: EU sanctions 6 people for human trafficking, 15.6.2018.
6   Eugenio Cusumano: Straightjacketing migrant rescuers? The code of conduct on maritime NGOs, in: Mediterranean Politics, 27.9.2017; Eugenio Cusumano: Migrant rescue as organized hypocrisy: EU maritime missions offshore Libya between humanitarianism and border control, Cooperation and Conflict, online first, 6.6.2018.
7   European External Action Service: Statement by HR/VP Federica Mogherini on the announcement by US President Trump on Jerusalem, 6.12.2017.
8   Vgl. hierzu auch den Beitrag „Rumänien" in diesem Jahrbuch.

palästinensischen Protesten im Gaza-Streifen anlässlich des siebzigsten Jahrestages der Ausrufung der Unabhängigkeit des israelischen Staates im Frühjahr 2018.[9] Wurde diese Kritik zunächst von der deutschen sowie der britischen Regierung dahingehend mitgetragen, dass sie sich für eine unabhängige und transparente Untersuchung der militärischen Aktivitäten Israels ausgesprochen hatten,[10] wurde dies durch die Aussage des deutschen Botschafters in Israel, wonach Israel das Recht habe, seine Sicherheit zu erhalten, seine Grenzen zu schützen und proportional auf Angriffe zu antworten, ebenfalls unterminiert.[11]

Die EU-Mittelmeerpolitik auf der Suche nach Kohärenz und Konsequenz

Drei Jahre nach der Annahme der ‚neuen' Nachbarschaftspolitik war die Mittelmeerpolitik der Europäischen Union auch im letzten Jahr dadurch gekennzeichnet, dass sie sich einerseits auf das der ursprünglichen Nachbarschaftspolitik von 2004 zugrundeliegende Prinzip des differenzierten Bilateralismus bezieht, andererseits aber gleichzeitig auf standardisierte Kooperationsangebote zurückgriff. Stellvertretend hierfür stehen zum einen die Bestrebungen Brüssels, die Beziehungen zu den einzelnen Nachbarstaaten im südlichen Mittelmeerraum unterschiedlich zu gestalten und zu vertiefen. Beispielhaft seien hier die verschiedenen Partnerschaftsprioritäten genannt, auf die sich die EU mit einzelnen Mittelmeeranrainern verständigt hat sowie die spezifisch auf Tunesien zugeschnittenen und die Demokratisierung des Landes unterstützenden Maßnahmenpakete. Zum anderen stehen die (bislang stagnierenden) Verhandlungen mit Marokko, Tunesien, Ägypten und Jordanien hinsichtlich des potentiellen Abschlusses von vertieften und umfassenden Freihandelsabkommen sowie der reflexartige Rückgriff auf ebenfalls weitestgehend standardisierte Finanzhilfen auch beispielhaft dafür, dass sich die EU nur bedingt an den spezifischen politischen, sozioökonomischen und herrschaftspolitischen Bedingungen in den Partnerländern orientiert. Damit untergräbt sie jedoch ihre Glaubwürdigkeit sowie die Kohärenz der von ihr vollzogenen Maßnahmen und stellt die Sinnhaftigkeit ihres eigenen rhetorischen Anspruchs, ein vermeintlich normativ handelnder und sich an den im Lissabonner Vertrag verankerten Prinzipien und Werten orientierender Akteur zu sein, deutlich in Frage. Inwieweit dies durch den bevorstehenden Austritt Großbritanniens aus der EU, die EU-Haushaltsverhandlungen für die Periode 2021 bis 2027 und dementsprechend zu erwartende Budgeteinsparungen verschärft wird, bleibt zunächst abzuwarten. Unbestritten besteht aber das Risiko, dass diese Dynamiken die EU geradezu zwangsläufig dazu verleiten werden, eine noch ausgeprägtere Nabelschau zu betreiben und ihr Außenhandeln gegenüber den südlichen Mittelmeeranrainern abermals innereuropäischen Debatten unterzuordnen.

Weiterführende Literatur

Münevver Cebeci/Tobias Schumacher: The EU's Constructions of the Mediterranean (2003-2017), MEDRESET Working Papers 3, April 2017.

Assem Dandashly: EU democracy promotion and the dominance of the security-stability nexus, in: Mediterranean Politics 1/2018, S. 62–82.

Tobias Schumacher/Andreas Marchetti/Thomas Demmelhuber (Hrsg.): The Routledge Handbook of the European Neighbourhood Policy, London 2018.

---

9   European External Action Service: Statement by HR/VP Federica Mogherini following yesterday's events in Gaza, 31.3.2018.
10 Deutsche Welle: Germany and UK call for Israel probe as Palestinians bury their dead, 15.5.2018.
11 The Times of Israel: Germany condemns 'malicious' Palestinian attacks on Israel, 30.5.2018.

Die EFTA-Staaten, der EWR und die Schweiz

Burkard Steppacher

Alles schaut gebannt nach London, wo die britische Regierung vor innerer Zerrissenheit, Rücktritten und Zwistigkeiten nicht weiß, wie sie für ihr EU-Austritts-Projekt „Brexit" in Verhandlungen möglichst viel Entgegenkommen bei der EU-Seite herausschlagen kann. Die vier Staaten der Europäischen Freihandelsassoziation (EFTA), Island, Norwegen, Liechtenstein und die Schweiz, sehen diesem Zweijahres-Showdown in Zeitlupe mit Skepsis, Sorge und Ratlosigkeit entgegen, denn sie selbst sind, inzwischen materiell weit über die interne Freihandelsgrundlage der EFTA (EFTA-Konvention) und die Freihandelsvereinbarungen von 1972 hinausgehend, eng untereinander und mit der Europäischen Union wirtschaftlich und politisch verflochten.

Die immer wieder aufflackernde Idee einer „EFTA 2.0" mit den Briten als möglichem alt-neuem Mitglied stößt vor allem bei den kleinen EFTA-Mitgliedern auf Skepsis und Ablehnung. Die Schweiz sieht die unklare Brexit-Entwicklung mit zusätzlicher Sorge: Trotz ihrer zentralen geographischen Lage steht die Schweiz aktuell nicht im Mittelpunkt der EU-Politik, sondern im Schatten der zähen Brexit-Verhandlungen, was die Verhandlungssituation der Eidgenossen gegenüber Brüssel spürbar schwächt.

Aktuelle EFTA-Aktivitäten gegenüber der Europäischen Union und Drittstaaten
Zentrales Thema des regulären halbjährlichen EFTA-Ministertreffens im Juni 2018 war die Weiterentwicklung der EFTA-Freihandelspolitik sowie der angekündigte britische EU-Austritt („Brexit"). Die ungeklärten Folgen des britischen EU-Austrittswunschs sorgen auch die EFTA-Staaten; bei jeder der Tagungen in den vergangenen Halbjahren stand der Austausch über die möglichen Folgen des Brexits weit oben auf der Agenda. Die EFTA-Staaten haben ein zentrales Interesse, nach einem voraussichtlichen Ausscheiden der Briten aus der Europäischen Union und damit zusammenhängend auch aus dem EWR und den bilateralen Verträgen EU-Schweiz, die bestehenden Beziehungen soweit wie möglich aufrechtzuerhalten.[1] Für die Schweiz ist die EFTA daher ein gutes Forum, um ihre wirtschafts- und handelspolitischen Positionen flankierend zum eigenen Handeln auch gemeinsam mit anderen europäischen Drittstaaten der EU-Seite vorzutragen.

Kernanliegen der EFTA und ihrer vier Mitgliedstaaten ist funktionierender Freihandel, der Rechtssicherheit für die Wirtschaftsakteure garantiert. Bei der Tagung im isländischen Sauðárkrókur unterzeichneten die EFTA-Minister am 25. Juni 2018 ein modernisiertes, das heißt thematisch erweitertes EFTA-Freihandelsabkommen mit der Türkei und ein neues Freihandelsabkommen mit Ecuador. Aktuell hat die EFTA somit über die Beziehungen zur EU-Nachbarschaft hinausgehend weltweit 28 Freihandelsabkommen mit Zugang zu 39 Ländern. Mit Indien, Vietnam, Indonesien, Malaysia und den Mercosur-Staaten sollen die laufenden Verhandlungen vorangetrieben werden.

---

1 Vgl. Vaterland, EFTA baut Freihandelsnetzwerk aus, 26.06.2018.

EWR-Aktivitäten – Routine trotz Brexit-Unklarheiten

Drei der vier EFTA-Staaten (Island, Norwegen und Liechtenstein) sind über die Mitgliedschaft im Europäischen Wirtschaftsraum (EWR) besonders eng mit der EU verbunden und kooperieren daher auch innerhalb der EFTA verstärkt miteinander.

Mehr noch als bei den EFTA-Anlässen steht bei den Treffen der drei EWR-EFTA-Staaten das Thema Brexit im Zentrum der Beratungen. Bei der 49. Tagung des EWR-Rates am 23. Mai 2018 besprachen die drei Außenminister mit EU-Chefunterhändler Barnier den Stand der Brexit-Verhandlungen und sondierten Optionen für die künftigen Beziehungen.

Aktuelle EU-Position gegenüber den EFTA-Staaten

Die Position der Europäischen Union zu den Beziehungen EU-EFTA hat der Rat (Allgemeiner Rat) Ende 2016 nun bereits zum fünften Mal seit 2008 in „Schlussfolgerungen" (Schlussfolgerungen des Rates zu einem homogenen erweiterten Binnenmarkt und den Beziehungen der EU zu nicht der EU angehörenden westeuropäischen Ländern) festgelegt, wobei diesmal die Position gegenüber der Schweiz erst nachträglich und separat im Februar 2017 veröffentlicht wurde.[2] Die EU-Gremien versuchen mit diesen regelmäßigen Schlussfolgerungen, ihre gemeinsame Haltung zu den sieben westeuropäischen Klein- und Mikrostaaten zu positionieren und zu bündeln und die Beziehungen möglichst übersichtlich zu strukturieren.

Die Positionen von Staaten mit Sonderwünschen wie der Schweiz oder den sogenannten AMS-Staaten (Andorra, Monaco, San Marino) werden dadurch deutlicher und können so letztlich auch besser verglichen werden. Mit letzteren hat die Europäische Union seit März 2015 Verhandlungen über den Abschluss eines beziehungsweise mehrerer Assoziierungsabkommen aufgenommen, wodurch „die Beteiligung dieser Länder am Binnenmarkt der EU wie auch die Zusammenarbeit mit der EU in anderen Politikbereichen gewährleistet werden soll."[3] Ende 2018 werden die nächsten Schlussfolgerungen des Rates erwartet, wobei den Formulierungen zu den Themen EU-Schweiz, AMS-Staaten und Brexit mit besonderer Spannung entgegengesehen wird.

Island – Erneute Parlamentswahl führt zu „Jamaika" am Polarkreis

Seit längeren Jahren gibt es keine klaren politischen Mehrheiten mehr in Island. Verschiedene größere wie kleinere (Finanz-)Skandale haben den 340.000-Einwohner-Kleinstaat erschüttert. Auch wenn es aktuell wirtschaftlich wieder bergauf geht, ist Island innenpolitisch erkennbar zerrissen und das Parteiensystem des Landes noch immer im Umbruch.

Nach jahrzehntelangen bürgerlichen Mehrheiten in Parlament (Althing) und Regierung kam es in Folge des großen Bankenkrachs von 2008 zu vorgezogenen Neuwahlen im Jahr 2009 und eine Legislaturperiode lang zu einer links-grünen Regierung. Schon bei der nächsten regulären Parlamentswahl 2013 wurde die Regierung unter Ministerpräsidentin Jóhanna Sigurðardóttir allerdings wieder abgewählt und abermals eine bürgerliche Koalition aus der rechtsliberalen Fortschrittspartei (Framsóknarflokkurinn, B) und der

---

2   Vgl. dazu Burkard Steppacher: Die EFTA-Staaten, der EWR und die Schweiz, in: Werner Weidenfeld/Wolfgang Wessels (Hrsg.): Jahrbuch der Europäischen Integration 2017, Baden-Baden 2017, S. 407–412, hier S. 408f; vgl. Rat der Europäischen Union, 14. Dezember 2016, Dok. 15101/16; vgl. Rat der Europäischen Union: Pressemitteilung, 28. Februar 2017, Dok. 93/17.

3   Rat der Europäischen Union, 14. Dezember 2016, Dok. 15101/16, Ziff. 44.

liberal-konservativen Unabhängigkeitspartei (Sjalfstædisflokkurinn, D) gebildet, womit auch das außenpolitische Experiment eines EU-Beitritts wieder beendet wurde. Island beschränkt sich seitdem auf die erfolgreiche EWR-Mitgliedschaft. Ein erneuter Skandal (Panama-Papers-Affäre) führte 2016 zum Rücktritt von Ministerpräsident Sigmundur David Gunnlaugsson und im Herbst 2016 zu Neuwahlen, bei denen Übergangsministerpräsident Sigurður Ingi Jóhannsson abgewählt wurde. Neuer Ministerpräsident wurde im Januar 2017 der bisherige Finanzminister Bjarni Benediktsson, dessen Regierung allerdings bereits im Herbst 2017 über einen Begünstigungsskandal stürzte.

Bei den erneut vorgezogenen Parlamentswahlen am 28. November 2017 ergab sich bei einer hohen Stimmbeteiligung von 81,2 Prozent eine weitere Fragmentierung des Parteiensystems: Erstmals in der isländischen Parlamentsgeschichte zogen nun acht Parteien in den Althing.[4] Die liberal-konservative Unabhängigkeitspartei erreichte als stärkste Partei gerade noch 25,2 Prozent der Stimmen, so dass für eine Regierungsbildung aktuell mindestens drei Parteien nötig sind. Anfängliche Bemühungen zur Bildung einer linken Viererkoalition scheiterten ebenso wie Überlegungen zu einer tolerierten Minderheitsregierung.

Überraschendes Ergebnis der komplizierten Sondierungen war schließlich die Bildung einer Koalitionsregierung unter Führung der Parteivorsitzenden der Links-grünen Bewegung (Vinstrihreyfingin – grænt framboð, V) und nun neuen Premierministerin Katrín Jakobsdóttir mit den beiden bürgerlichen Parteien Unabhängigkeitspartei und Fortschrittspartei.[5] Deren Vorsitzende waren beide zuvor Kurzzeit-Ministerpräsidenten des Landes und sind jetzt als Minister in einer sogenannten „Jamaika"-Regierung eingebunden.[6] Heimlicher Oppositionsführer ist der frühere Ministerpräsident Sigmundur David Gunnlaugsson, der 2017 seine Fortschrittspartei verließ und mit der neu gegründeten nationalliberal-populistischen Zentrumspartei (Miðflokkurinn, M) auf Anhieb bei den Parlamentswahlen 2017 mit 10,9 Prozent zur viertstärksten Kraft im Althing wurde. Mit Ausnahme der EU-freundlichen Reformpartei (Viðreisn, C) stehen alle Parteien im Althing einer stärkeren Annäherung an die Europäische Union über den EWR hinaus deutlich skeptisch gegenüber.

Norwegen – Bestätigung der blau-blauen Regierung Solberg

Bei den regulär nach vier Jahren Legislatur stattfindenden Parlamentswahlen in Norwegen wurde die Regierung Solberg am 11. September 2017 nach einem spannenden Wahlkampf bestätigt. Erstmals seit den 1980er Jahren wurde damit eine bürgerlich-konservative Regierung in Norwegen wiedergewählt. Die sozialdemokratische Arbeiderpartiet (Ap) machte sich zwar große Hoffnungen, die Scharte von 2013 auszuwetzen, fuhr aber unter Herausforderer Jonas Gahr Støre 2017 mit nur 27,4 Prozent ein noch einmal schlechteres Ergebnis gegenüber 2013 ein, als der damalige Ministerpräsident Jens Stoltenberg abgewählt wurde. Für eine rot-grüne Koalition reichte es auch diesmal nicht.

---

4   Island Monitor, General elections 2017 in Iceland, abrufbar unter: https://icelandmonitor.mbl.is/elections2017/ (letzter Zugriff: 2.11.2018).
5   Neue Regierung in Island. Alles so schön bunt hier!, in: Die Tageszeitung, 30.11.2017, abrufbar unter: http://www.taz.de/Neue-Regierung-in-Island/!5463736/ (letzter Zugriff: 2.11.2018).
6   Andreas Stangel, Katrín Jakobsdóttir: Schöpferin der isländischen Jamaika-Variante, in: Der Standard, 30.11.2017, abrufbar unter: https://derstandard.at/2000068826573/Katrin-Jakobsdottir-Schoepferin-der-islaendischen-Jamaika-Variante (letzter Zugriff: 2.11.2018).

Die bürgerlichen Parteien verloren zwar ebenfalls etwas, aber es gelang der Vorsitzenden der konservativen Høyre-Partei (H), Ministerpräsidentin Erna Solberg, nach längeren Sondierungen schließlich im Januar 2018, zusätzlich zum bisherigen Koalitionspartner, der rechtspopulistischen Fortschrittspartei (Fremskrittspartiet, FrP), auch die sozialliberale Venstre (V) mit drei Ministern ins Kabinett einzubinden, nachdem diese die blau-blaue Minderheitsregierung seit 2013 schon toleriert hatte. Die Christliche Volkspartei (Kristelig Folkeparti, KrF) unterstützt erneut die Minderheitsregierung, lehnt aber wegen der Positionen der Fortschrittspartei einen Eintritt ins Kabinett Solberg unverändert ab.[7] Neue Außenministerin ist die bisherige konservative Verteidigungsministerin Ine Marie Eriksen Søreide, der bisherige EWR- und EU-Minister im Außenministerium Frank Bakke-Jensen wurde 2018 neu zum Verteidigungsminister ernannt.

Die Beziehungen zur EU sind Norwegens wichtigste außenpolitische Beziehungen. Sie werden über den EWR gepflegt, ergänzt durch die assoziierte Schengen-Beteiligung. Grundlage der norwegischen Europapolitik ist das Arbeitsprogramm der Regierung vom 22. Februar 2017 für die Beziehungen zur Europäischen Union, das voraussichtlich 2019 erneut aktualisiert werden dürfte.[8] Beim Besuch von Ministerpräsidentin Solberg am 5. Juni 2018 in Brüssel unterstrichen der Präsident des Europäischen Rates, Donald Tusk, und Solberg, dass die Beziehungen EU-Norwegen unverändert zu den engsten zählen, die beide Seiten unterhalten.[9]

Liechtenstein – Klarer Kurs voran

Liechtenstein blickt aktuell auf fast 300 Jahre Geschichte zurück. 2019 kann das Fürstentum sein staatliches Jubiläum feiern: 1719 wurden die Herrschaft Schellenberg und die Grafschaft Vaduz vereint und zu einem Reichsfürstentum erhoben. Beim Wiener Kongress 1814/15 wurde Liechtensteins Unabhängigkeit bestätigt, wobei das Land bis zum Ende des Ersten Weltkriegs sich politisch und wirtschaftlich eng in der Einflusssphäre des Nachbarn Österreich befand. Seit 1923 besteht mit der Schweiz eine Wirtschafts-, Zoll- und Währungsunion, wobei das Fürstentum seit den 1970er Jahren unter Fürst Hans-Adam II. politisch schrittweise aus dem „bequemen Rucksack der Schweiz" herausgeklettert ist und seitdem als selbstbewusster Akteur eine eigenständige Politik auf dem europäischen und internationalen Parkett betreibt.[10]

Als Mitglied im Europarat und in den Vereinten Nationen ist der Kleinstaat inzwischen seit mittlerweile rund dreißig Jahren eigenständig politisch eng in das europäische Umfeld eingebunden. Seit 1991 Vollmitglied der EFTA nimmt Liechtenstein als dessen kleinstes Mitglied auch im EWR und dessen Organen eine aktive, wache Rolle ein. Liechtenstein hat so die ideale Möglichkeit, durch die Zollunion mit der Schweiz einerseits und die Mitgliedschaft in EFTA und EWR andererseits sowohl seine Eigenständigkeit zu wahren und zu fördern, als auch von der Brückenlage zwischen Schweiz und EU unverändert wirtschaftlich zu profitieren.

---

7   Neue Regierung in Norwegen steht, in: Handelsblatt, 15.01.2018, abrufbar unter: https://www.handelsblatt.com/politik/international/buergerlich-konservative-koalition-neue-regierung-in-norwegen-steht/20846230.html (letzter Zugriff: 2.11.2018).
8   Norwegian Ministry of Foreign Affairs: Norway in Europe. The Government's work programme for cooperation with the EU 2017, abrufbar unter: https://www.regjeringen.no/en/dokumenter/work_programme_2017/id2536921/ (letzter Zugriff: 30.09.2018).
9   Vgl. Government.no, Ministry of Foreign Affairs: European policy, abrufbar unter: https://www.regjeringen.no/en/topics/european-policy/id1151/ (letzter Zugriff: 2.11.2018).
10 Günther Meier: Aus dem Rucksack der Schweiz, Neue Zürcher Zeitung, 07.09.2015.

Schweiz – Frischer Wind durch neuen Aussenminister

Neue Besen kehren gut, aber manches stellt sich dabei noch recht borstig dar. Nach dem Rücktritt von Bundesrat Didier Burkhalter wählte die Bundesversammlung den freisinnigen Tessiner Arzt und Nationalrat Ignazio Cassis zum neuen Bundesrat, der seit dem 1. November 2017 als Vorsteher des Eidgenössischen Departements für auswärtige Angelegenheiten (EDA) amtiert. Der neue Aussenminister stellte von Anfang an vermeintliche Selbstverständlichkeiten der eidgenössischen Europapolitik in Frage, unter anderem indem er das Wort „Rahmenabkommen" als vergiftet bezeichnete und forderte, man müsse den Mut haben, auf den „Reset-Knopf" zu drücken.[11]

Seit dem Frühjahr 2014 versuchen die Eidgenossenschaft und die Europäische Union, die bestehenden umfangreichen bilateralen Beziehungen im Rahmen von Verhandlungen voranzubringen und zu entwickeln. Schon 2008, also noch in der Amtszeit von Kommissionspräsident Barroso, hatte die EU-Seite der Schweiz allerdings deutlich gemacht, dass es inhaltlich keine neuen Vereinbarungen geben wird, wenn nicht zugleich die Vielzahl der bilateralen Vereinbarungen besser strukturiert und in einem institutionellen Rahmenabkommen gebündelt würden. Über einen erfolgversprechenden europapolitischen Weg ist die Schweizer Politik aber angesichts einer nicht unbeträchtlichen innenpolitischen EU-Kritik seit Jahren ratlos, zögerlich und unentschlossen.

Es brauchte mehr als 100 Tage, bis Aussenminister Cassis seine Bundesratskollegen überzeugen konnte, eine neue Europastrategie zu beschliessen.[12] Möglichst noch 2018 strebt die Landesregierung eine Grundsatzeinigung über ein Rahmenabkommen mit der EU an, das als institutionelles Dach für bestehende und mögliche neue Marktzugangsverträge dienen kann. Bei Streitigkeiten mit Brüssel soll dabei ein möglichst unabhängiges Schiedsgericht entscheiden und auch der innenpolitisch umstrittene Kohäsionsbeitrag für die Teilnahme am EU-Binnenmarkt soll bestehen bleiben beziehungsweise fortgesetzt werden.

Strittig in den Verhandlungen sind insbesondere die sogenannten „Flankierenden Massnahmen" bei der Arbeitnehmerfreizügigkeit, mit denen die Eidgenossenschaft seit 2004 die Erwerbstätigen vor missbräuchlichen Unterschreitungen der Schweizer Lohn- und Arbeitsbedingungen schützen will.[13] Vor allem die Gewerkschaften sprechen sich hier gegen eine Aufweichung aus. Um den Erfolg der Verhandlungen nicht in einem anschliessenden Referendum zu gefährden, gelten die flankierenden Massnahmen seitens der Schweiz als nicht verhandelbar. Allerdings macht es nicht den Eindruck, dass die Verhandlungen bereits 2018 zu einem guten Ende geführt werden können. Zuviel ist noch unklar und umstritten und steht im Schatten der weiteren Brexit-Entwicklung.

Weiterführende Literatur

Bernt Arndal/Johannes Bergh: The 2017 Norwegian election, in: West European Politics, 5/2018, S. 1208–16.

---

11 Heidi Gmür: Dynamische Rechtsübernahme? Reset? Streitbeilegung? Hilfe!, in: Neue Zürcher Zeitung, 31.01.2018.
12 Tobias Gafafer: Die Schweiz hat endlich einen Plan in der Europapolitik, in: Neue Zürcher Zeitung, 06.03.2018.
13 Weiterführend sehr detailliert und dabei auch übersichtlich: Tobler/Beglinger-Brevier, 2018, abrufbar unter: http://www.eur-charts.eu/wp-content/uploads/2018/03/Tobler-Beglinger-Brevier-Institutionelles-Abkommen_2018-03.1.pdf (letzter Zugriff: 20.11.2018).

Christa Tobler/Jacques Beglinger: Tobler/Beglinger-Brevier zum institutionellen Abkommen Schweiz – EU, Ausgabe 2018-03.1, Stand: 17. März 2018, abrufbar unter: http://www.eur-charts.eu/wp-content/uploads/2018/03/Tobler-Beglinger-Brevier-Institutionelles-Abkommen_2018-03.1.pdf (letzter Zugriff: 2.11.2018).

European Free Trade Association (EFTA): 57th Annual Report of the European Free Trade Association 2017, Genf/Brüssel 2018, abrufbar unter: http://www.efta.int/publications/annual-report (letzter Zugriff: 2.11.2018).

European Free Trade Association (EFTA): This is EFTA 2015, Genf/Brüssel 2015, abrufbar unter: http://www.efta.int/publications/this-is-efta (letzter Zugriff: 2.11.2018).

EWR-Website der EFTA, abrufbar unter: http://www.efta.int/eea (letzter Zugriff: 2.11.2018).

Fürstentum Liechtenstein, Stabsstelle EWR: Der Europäische Wirtschaftsraum (EWR). Kurzinformation, Vaduz 2017, abrufbar unter: https://www.llv.li/files/sewr/ewr-kurzinformation-deutsch-november-2017-web.pdf (letzter Zugriff: 30.09.2018).

Rat der Europäischen Union: Schlussfolgerungen des Rates zu einem homogenen erweiterten Binnenmarkt und den Beziehungen der EU zu nicht der EU angehörenden westeuropäischen Ländern, 14. Dezember 2016, Dok. 15101/16.

Schweizerische Eidgenossenschaft, Bundesrat, Direktion für europäische Angelegenheiten (DEA): Schweizerische Europapolitik, abrufbar unter: https://www.eda.admin.ch/dea/de/home.html (letzter Zugriff: 30.09.2018).

Burkard Steppacher: Schweizerische Europapolitik am Scheideweg, in: integration 2/2016, S. 107–122.

Die Europäische Union und Russland

Sabine Fischer

Die Beziehungen zwischen der Europäischen Union und Russland befinden sich in einer tiefen Krise, seit Russland 2014 die Krim annektierte und den Donbas militärisch destabilisierte. In Reaktion auf die russische Aggression gegen die Ukraine verhängte die Europäische Union, eng abgestimmt mit den USA, in drei Stufen Sanktionen gegen Moskau: Bereits im März 2014 fror sie einen großen Teil der institutionalisierten Kommunikationskanäle ein, suspendierte laufende Verhandlungen über ein neues Abkommen sowie Visaliberalisierung und erließ restriktive Maßnahmen gegen eine erste Gruppe von Akteuren und Organisationen, die an den Geschehnissen auf der Krim und im Osten der Ukraine beteiligt waren. Dem folgten im Sommer 2014 und Anfang 2015 begrenzte sektorale Wirtschaftssanktionen. Zeitgleich verhandelten Deutschland und Frankreich im September 2014 und Februar 2015 in Absprache mit der Europäischen Union mit der Ukraine und Russland in der belarussischen Hauptstadt die sogenannten „Minsker Vereinbarungen". Im März 2015 beschloss der Europäische Rat, die restriktiven Maßnahmen im Hinblick auf den Krieg im Donbas zu bündeln und ihre Aufhebung als „Paket" an die vollständige Implementierung der Minsker Vereinbarungen zu knüpfen. Russland antwortete auf diese restriktiven Maßnahmen im August 2014 mit einem Einfuhrstopp auf bestimmte Gruppen von Lebensmitteln aus EU-Mitgliedstaaten. Seit März 2014 gibt es darüber hinaus eine Liste mit den Namen von 89 Akteuren aus unterschiedlichen EU-Mitgliedstaaten, die nicht mehr nach Russland einreisen dürfen. Die Existenz dieser Liste wurde jedoch erst im Mai 2015 bekannt. Die gegenseitigen Sanktionen sind seit dem Frühjahr 2014 regelmäßig verlängert worden; die Parteien bleiben weit von der Umsetzung der Minsker Vereinbarungen entfernt.[1]

Neben den politischen Beziehungen brachen Ende 2014 auch die wirtschaftlichen Beziehungen zwischen Russland und der Europäischen Union ein. Dies lag jedoch nicht in erster Linie an den Sanktionen, die beide Seiten im Laufe der Krise um die Ukraine gegeneinander verhängten. Vielmehr stürzte Russland Ende 2014 aufgrund fallender internationaler Rohstoffpreise in eine tiefe Rezession, die sich auch auf den Handel mit den Mitgliedstaaten der Europäischen Union empfindlich auswirkte. Die Sanktionen verstärkten diese Entwicklung in begrenztem Maße, lagen ihr jedoch nicht zugrunde. Die russische Wirtschaft zeigt seit 2016 Anzeichen der Erholung und auch der wirtschaftliche Austausch zwischen Russland und einzelnen EU-Staaten, darunter Deutschland, hat wieder zugenommen. Eine Rückkehr zum Stand der Jahre 2012/13 bleibt jedoch unwahrscheinlich.

Die Beziehungen zwischen der Europäischen Union und Russland sind gekennzeichnet von vollkommenem Vertrauensverlust, einem tiefen Zerwürfnis über die wünschenswerte Ordnung Europas und der Welt, gegenseitigen Sanktionen sowie politischen, wirtschaftlichen und gesellschaftlichen Entflechtungstendenzen. Die Affäre um den im März 2018 im englischen Salisbury mutmaßlich durch russische Geheimdienstakteure vergifteten ehema-

---

1 Sabine Fischer: Sanktionen als Dauerzustand? Vorschlag für eine Flexibilisierung der EU-Sanktionspolitik gegenüber Russland, in: SWP-Aktuell 24, April 2017.

ligen russischen Geheimagenten Sergej Skripal und seine Tochter sowie die Veröffentlichung der Untersuchungsergebnisse zum Abschuss des malaysischen Passagierflugzeugs MH17 haben im Frühjahr 2018 die Situation weiter verschärft. Darüber hinaus ist im letzten Jahr der transatlantische Kontext der EU-Russland-Beziehungen ins Wanken geraten. Die innenpolitische Auseinandersetzung zwischen dem Weißen Haus einerseits und Teilen der amerikanischen Regierung sowie dem US-Kongress andererseits haben die USA von einem verlässlichen Partner zu einem volatilen Akteur im Verhältnis zu Russland werden lassen. Besonders deutlich manifestiert sich das im „Countering America's Adversaries through Sanctions"-Gesetz, das seit Sommer 2017 in Kraft ist und mit der Washington sich aus der Koordination mit der EU verabschiedet hat. Die Politik des amerikanischen Präsidenten erschüttert darüber hinaus den transatlantischen Zusammenhalt, der für das Auftreten gegenüber Moskau so wichtig ist. Die EU, selbst nach wie vor durch das Erstarken rechtspopulistischer und euroskeptischer politischer Bewegungen intern geschwächt, sieht sich hier großen Herausforderung gegenüber.

Lesarten der Krise

Beide Seiten weisen sich gegenseitig die Verantwortung für die gegenwärtige Krise zu. In den Augen der überwiegenden Mehrheit der EU-Mitgliedstaaten und ihren Bevölkerungen drückt sich in der russischen Aggression gegen die Ukraine in Reaktion auf den Euromaidan und den Assoziierungsprozess der Ukraine mit der Europäischen Union das Unvermögen beziehungsweise die Weigerung Moskaus aus, die Souveränität und territoriale Integrität seiner Nachbarstaaten zu respektieren, obwohl es diese selbst in einer Reihe von völkerrechtlich bindenden Verträgen und Abkommen anerkannt hat. Stattdessen beanspruche Russland Hegemonie über eine geopolitische Einflusszone, in der andere Staaten lediglich eingeschränkte Souveränitätsrechte genießen. Aus Perspektive der Europäischen Union widerspreche dies dem Geist der Grundakte von Helsinki von 1975 sowie der Charta von Paris aus dem Jahr 1990 und unterminiere die europäische Sicherheitsordnung.

Die Annexion der Krim war lediglich der (vorläufige?) Höhepunkt einer geopolitischen Konfrontation, die sich seit Anfang der 2000er Jahre herausbildete und 2013 immer weiter zuspitzte. Sie stellt jedoch insofern einen Wendepunkt dar, als die russische Politik innerhalb der Europäischen Union nun nicht mehr nur von den ostmitteleuropäischen Mitgliedstaaten als Sicherheitsproblem wahrgenommen wird. Dies schlägt sich in der Formulierung von europäischer Politik zunehmend nieder: Sowohl in den fünf Prinzipien für den Umgang mit Russland, die der Europäische Auswärtige Dienst im März 2016 veröffentlichte, als auch in der im Juni 2016 beschlossenen Globalen Strategie der Europäischen Union spielt der Begriff der Resilienz eine überaus prominente Rolle.[2] Resilienz bezieht sich dabei auf die Fähigkeit sowohl der östlichen Partner als auch der Mitgliedstaaten der Europäischen Union, negative Einflüsse aus Russland abzuwehren.

Die russische politische Führung, Elite und weite Teile der Gesellschaft ihrerseits machen die Europäische Union und andere westliche Akteure, besonders die NATO und die USA, für die gegenwärtige Krise verantwortlich. Die Politik der östlichen Partnerschaft[3] und die Assoziierungsprozesse mit der Ukraine, Georgien und der Republik Moldau sind aus dieser Perspektive Teil einer westlichen Gesamtstrategie, die darauf

---

2 Council of the European Union: Outcome of the Foreign Affairs Council, 7042/16, Brüssel, 14. März 2016; EEAS: Shared Vision, Common Action: A Stronger Europe. A Global Strategy for the European Union's Foreign and Security Policy, June 2016.
3 Vgl. hierzu auch den Beitrag „Östliche Partnerschaft" in diesem Jahrbuch.

ausgerichtet ist, Russland in seinem eigenen Einflussbereich zu marginalisieren. Wie die Farbrevolutionen der 2000er Jahre und der Arabische Frühling zu Beginn dieses Jahrzehnts wird der Euromaidan als Folge westlicher Regimewechselpolitik betrachtet, die nicht zuletzt auch den russischen Staat selbst unmittelbar bedroht. Dem steht der russische Anspruch gegenüber, als Großmacht in den internationalen Beziehungen und ausgestattet mit einer regionalen Einflusszone westlichen Mächten, allen voran den USA, auf Augenhöhe zu begegnen und wichtige regionale und internationale Prozesse maßgeblich mitzugestalten. Aus dieser Perspektive verteidigt Russland sich also bereits seit den 1990er Jahren gegen den westlichen Expansionismus. Die Annexion der Krim und der Krieg im Donbas werden somit zu defensiven Maßnahmen, die die Aufrechterhaltung der gegenwärtigen politischen Ordnung in Russland zu sichern helfen. Auch in Russland schlägt sich diese Sichtweise in außenpolitisch relevanten Dokumenten nieder. Sowohl die außenpolitische Konzeption (2016) als auch die russische Militärdoktrin identifizieren westliche Systemwechselpolitik als unmittelbare Bedrohung und formulieren Gegenstrategien.[4]

Verflechtung von Innen und Außen in den EU-Russland-Beziehungen

Die gegenwärtige Krise ist wie nie zuvor seit der Aufnahme der Beziehungen zwischen Russland und der Europäischen Union 1992 mit parallelen internationalen, aber auch innenpolitischen Entwicklungen auf beiden Seiten verwoben. Jeder Versuch, aus der Krise herauszufinden, muss auch bei der Entwirrung dieses Geflechts ansetzen.

Die Krise im Verhältnis mit Russland war von Beginn an Gegenstand kontroverser Diskussionen innerhalb und zwischen den Mitgliedstaaten der Europäischen Union. Die KritikerInnen des relativ harten Russland-Kurses bestehen aus zwei Gruppen. WirtschaftsvertreterInnen äußern Besorgnis über die negative Wirkung der Sanktionen – zumeist jedoch ohne die Position der Europäischen Union im geopolitischen Konflikt mit Russland grundsätzlich infrage zu stellen. Rechtspopulistische Kräfte wie die Alternative für Deutschland (AfD), der Front National (FN) in Frankreich, UK Independence Party (UKIP) in Großbritannien oder auch der ungarische Ministerpräsident Viktor Orban und die neue italienische Koalitionsregierung aus Lega Nord und Cinque Stelle hingegen äußern grundsätzliche Zweifel an der europäischen Russlandpolitik. Für sie sind der russische Präsident Wladimir Putin und das russische politische Regime mit ihren autoritär-konservativen und nationalistischen Botschaften in den letzten Jahren zu einem immer wichtigeren politischen Bezugspunkt geworden. Das Erstarken rechtspopulistischer und anti-europäischer Kräfte im Zuge der Migrationskrise seit 2015 wiederum eröffnete der russischen Politik ein Möglichkeitsfenster, um Einfluss auf innenpolitische Prozesse in EU-Mitgliedstaaten auszuüben. Der Kreml und kremlnahe Organisationen erweiterten und intensivierten ihre Kontakte zu diesem politischen Milieu innerhalb der Europäischen Union. So kam es seit 2015 in den internen Auseinandersetzungen um die Zukunft der Europäischen Union zu einer immer engeren, negativen Verknüpfung der Debatte über Flucht und Migration mit der Russlanddebatte.

---

4   Kontseptsija vnešnej politiki Rossiejskoj Federatsii. Utverždenna Prezidentom Rossijskoj Federatsii V.V. Putinym 30 nojabrja 2016g, statja 26b, abrufbar unter: http://www.mid.ru/ru/foreign_policy/official_do cuments/-/asset_publisher/CptICkB6BZ29/content/id/2542248 (letzter Zugriff: 13.6.2017); Voennaja doktrina Rossijskoj Fereratsii (statja 12n), Rossijskaja Gazeta, 30 dekabrja 2014g, abrufbar unter: https://rg.ru/2014/12/30/doktrina-dok.html (letzter Zugriff: 13.6.2017).

In Reaktion darauf sehen pro-europäische Kräfte mittlerweile die Wahrung von Kohärenz gegenüber Russland nicht nur als Feuerprobe für die europäische Außenpolitik, sondern auch als wichtigen Schritt zum Erhalt der krisengebeutelten Union. In den französischen Präsidentschaftswahlen im Mai 2017 wurde diese Spannung besonders deutlich. Die Niederlage der russischen ‚WunschkandidatInnen' François Fillon und Marine Le Pen war allerdings gleichzeitig ein Rückschlag für Moskau. Präsident Emmanuel Macron machte eine harte Haltung gegenüber Moskau in der Ukrainefrage und die Koordination mit Berlin im Rahmen des sogenannten ‚Normandie-Formats', in dem die Staats- und Regierungschefs Deutschlands, Frankreichs, der Ukraine und Russlands seit 2014 über die Beilegung der Krise verhandeln, zum Bestandteil seiner pro-europäischen Außenpolitik. Bislang konnte dieses Potenzial jedoch aufgrund der langwierigen Regierungsbildung nach den Bundestagswahlen in Deutschland sowie des sich insgesamt verschlechternden politischen Kontexts (Skripal-Affäre, MH17) kaum genutzt werden.

Auch die EU-Politik Moskaus hat eine starke innenpolitische Dimension. Die Europäische Union dient in Russland bereits seit einigen Jahren als negative Projektionsfläche für Werteverfall und Dekadenz. Dieser antieuropäische Trend hat sich mit der propagandistischen Darstellung der Migrationskrise in den russischen Staatsmedien noch verstärkt. Die russische politische Führung nutzte diese Motive unter anderem auch, um die Wiederwahl Wladimir Putins zum russischen Präsidenten im März 2018 zu sichern. Die konfrontative und antiwestliche Außenpolitik wird in den kommenden Jahren Legitimations- und Mobilisierungsquelle bleiben. Dabei geht es Moskau weniger um eine langfristige Zerstörung der Europäischen Union, wohl aber kurz- und mittelfristig um die weitere Schwächung der Europäischer Integration und Politik, des EU-Sanktionskonsenses sowie der transatlantischen Beziehungen.

Fazit und Ausblick

Die Krise in den Beziehungen zwischen der Europäischen Union und Russland hält an und transzendiert auf beiden Seiten die Grenze zwischen Außen- und Innenpolitik. Sie wird begleitet und verschärft von internationalen Entwicklungen wie dem Krieg in Syrien und der Schwächung des transatlantischen Bündnisses seit der Wahl Donald Trumps zum US-amerikanischen Präsidenten. Aus deutscher und europäischer Sicht bleibt Russland ein wichtiger Akteur, mit dem gemeinsam nach Lösungen für internationale Konflikte gesucht werden muss. Die strukturelle Krise im gegenseitigen Verhältnis wird die Kooperation aber weiter erschweren. Um sie zu überwinden, müsste die Europäische Union ihre internen Probleme lösen. Die russische politische Elite müsste beginnen, Legitimation nicht in einer anti-westlichen und neo-imperialen Außenpolitik, sondern in Reformen und nachhaltiger sozioökonomischer Entwicklung zu suchen. Vor allem letzteres ist in naher Zukunft jedoch wenig wahrscheinlich.

Weiterführende Literatur

Tom Casier/Joan DeBardeleben: EU-Russia Relations in Crisis. Understanding Diverging Perceptions, New York 2018.

Hiski Haukkala/Tuomas Vuorsberg: The European Union and Russia, Basingstoke 2016.

Lukasz Kulesa, Ivan Timofeev, Joseph Dobbs (Hrsg.): Special Report. Damage Assessment: EU-Russia relations in crisis, European Leadership Network/RIAC, June 2017.

7. Die Erweiterung der Europäischen Union

Die Erweiterungspolitik der Europäischen Union

Barbara Lippert

Die Juncker-Kommission hat sich jenseits des Tagesgeschäfts mit der Vorlage einer Westbalkan-Strategie als ein politischer Akteur in der EU-Erweiterungspolitik zurückgemeldet.[1] Die Initiative vom Februar 2018 entfachte zwar keine mit den 1990er Jahren vergleichbare Debatte über Vertiefung und Erweiterung. Aber sie ergänzte die binnenorientierte Reformdiskussion („Bratislava-Prozess", „Leaders' Agenda"), indem sie die politische Aufmerksamkeit auf die Westbalkan-Länder, deren Beitrittsaspirationen und geopolitische Bedeutung lenkte. Die politische Instabilität und wirtschaftliche Schwäche der Region wird auch in EU-Hauptstädten zunehmend als Einfallstor für Russland, China, die Türkei und arabische Länder gesehen, die in direkter oder indirekter Konkurrenz zur Europäischen Union und deren Heranführungspolitik auftreten.[2] Eine glaubwürdige Erweiterungspolitik soll einem möglichen Abdriften der Länder entgegenwirken. Somit gewinnen geostrategischen Begründungen für die Aufnahme neuer Mitglieder wieder an Gewicht in der EU.[3] Für Albanien und die ehemalige jugoslawische Republik (EJR) Mazedonien fassten die EU-28 im Juni 2018 einen Start der Verhandlungen für Juni beziehungsweise Ende 2019 ins Auge. Demgegenüber wird der Verhandlungsprozess mit der Türkei nur als Fassade aufrechterhalten, hinter der sich zumindest die EU über die Ziele und Eckpfeiler der künftigen Beziehungen klar werden könnte.

Die öffentliche Meinung in der EU steht künftigen Erweiterungen weiterhin skeptisch gegenüber. Die Europäische Kommission konstatiert ein mangelndes Vertrauen der EU-Bürgerinnen und Bürger in die Reformanstrengungen der Kandidaten.[4] In der jüngsten Eurobarometer-Umfrage vom November 2017 spricht sich nach wie vor eine Mehrheit gegen eine EU-Erweiterung in den nächsten Jahren aus, obschon sich der Abstand zwischen Erweiterungsbefürwortern und -gegnern verringert hat: 42 Prozent der Befragten sprachen sich dafür aus, 47 Prozent lehnten sie jedoch ab.[5] Am stärksten ausgeprägt ist die Ablehnung in Österreich (68 Prozent), den Niederlanden, Frankreich, Finnland (jeweils 64 Prozent) und Deutschland (63 Prozent). Mitgliedstaaten, deren Bevölkerung eine Erweiterung mehrheitlich unterstützt, schließen alle Länder der Erweiterungsrunden 2004, 2007 und 2013 ein (bis auf Tschechien; Lettland ist gespalten), ferner auch Spanien, Irland und das Vereinigte Königreich.

---

1 Europäische Kommission: Mitteilung der Kommission an das Europäische Parlament, den Rat, den Europäischen Wirtschafts- und Sozialausschuss und den Ausschuss der Regionen. Eine glaubwürdige Erweiterungsperspektive für und ein verstärktes Engagement der EU gegenüber dem westlichen Balkan, COM(2018)65 final.
2 Frankfurter Allgemeine Zeitung: Schlechte Politik bremst den Balkan, 19.5.2018.
3 Die Kommission spricht von einer „geostrategischen Investition", vgl. Mitteilung der Kommission: Eine glaubwürdige Perspektive, 2018, S. 1; Präsident Macron wird zitiert: „I don't want a Balkans that turns toward Turkey or Russia, but I don't want a Europe that, functioning with difficulty as 28 and tomorrow at 27, decides that we gallop off to be 30 or 32 with the same rules", in: Andrew Gray: Spain, France upset Brussels' Balkan plans, in: Politico, 17.5.2018; Siehe auch Macrons Rede vor dem Europäischen Parlament, in: Michael Stabenow: Beitritte mit verschiedenen Geschwindigkeiten; der Stand der Verhandlungen, in: Frankfurter Allgemeine Zeitung, 19.4.2018.
4 Europäische Kommission: Mitteilung 2018 zur Erweiterungspolitik der EU, COM(2018)450 final, S. 1.
5 Hier wie für den gesamten Absatz: Europäische Kommission: Standard Eurobarometer 88, November 2017.

Das alljährliche Erweiterungspaket und die neue Westbalkan-Strategie

Der Zyklus, in dem sich die EU-Organe mit Erweiterungsfragen befassen, wurde im April 2018 erstmals mit der Veröffentlichung der jährlichen Wirtschaftsreformprogramme (ERPs) für die Westbalkan-Staaten und die Türkei synchronisiert und vom Herbst in den Frühling verlegt.[6] Das wie stets gemeinsam von der Hohen Vertreterin der Union für die Außen- und Sicherheitspolitik und dem Erweiterungskommissar präsentierte Erweiterungspaket 2018 der Europäischen Kommission enthält sieben Länderberichte sowie die übergreifende Mitteilung zur Erweiterungspolitik.[7] Darin werden die Implementierung der Erweiterungsstrategie von 2015 bilanziert und die Berichte zusammengefasst. Der Rat für Allgemeine Angelegenheiten stützte seine Schlussfolgerungen[8] auf diese Referenzdokumente, die der Europäische Rat auf seinem Juni-Treffen billigte.[9]

Anders als im Vorjahr einigten sich die Vertreter der 28 im Allgemeinen Rat auf gemeinsame Schlussfolgerungen zur Erweiterung und zum Stabilisierungs- und Assoziierungsprozess.[10] Die Niederlande, Frankreich und Dänemark hatten sich gegen eine Festlegung auf den Beginn von Verhandlungen mit Mazedonien und Albanien Mitte 2019 gewandt. Der Kompromiss unter den 28 besagt, dass Rat der Europäischen Union und Europäischer Rat im Juni 2019 darüber entscheiden, und zwar nach Prüfung der Fortschritte bei den dringenden Reformprioritäten. Fällt das zufriedenstellend aus, dann können die Verhandlungen mit einer ersten Regierungskonferenz Ende 2019 beginnen. Die Europäische Kommission kann bereits die dazu nötigen Vorbereitungen treffen. Insofern läuft der Motor, aber die Ampel steht noch auf Gelb.

Zählt man die Mitteilung der Europäischen Kommission über „Eine glaubwürdige Erweiterungsperspektive für und ein verstärktes Engagement der EU gegenüber dem westlichen Balkan",[11] die Besuche von Kommissionspräsident Jean-Claude Juncker in allen sechs Ländern (begleitet von der Hohen Vertreterin Federica Mogherini und Erweiterungskommissar Johannes Hahn) im Februar 2018, die ohnehin intensive Reisetätigkeit der beiden Kommissionsmitglieder in der Region und deren vielen Treffen mit Regierungschefs der sechs Länder[12] sowie den Gipfel der Staats- und Regierungschefs in Sofia im Mai 2018[13] zusammen, so gibt die Union damit ein vergleichsweise starkes politische Signal gegen das

---

6 Die Wirtschaftsreformprogramme für den Zeitraum 2018–2020 sind zu finden unter: https://ec.europa.eu/neighbourhood-enlargement/policy/policy-highlights/economic-governance_en (letzter Zugriff: 9.8.2018).
7 Europäische Kommission: Mitteilung 2018 zur Erweiterungspolitik; Europäische Kommission: Commission Staff Working Documents. 2018 Country Reports: Albania, Bosnia and Herzegovina, the former Yugoslav Republic of Macedonia, Kosovo*, Montenegro, Serbia, Turkey, 17.4.2018, SWD(2018)150-156 final.
8 Rat der Europäischen Union: Erweiterung sowie Stabilisierungs- und Assoziierungsprozess. Schlussfolgerungen des Rates, 10555/18, 26.6.2018.
9 Europäischer Rat: Schlussfolgerungen, EUCO 9/9, 28.6.2018, Punkt 24.
10 Rat: Erweiterung sowie Stabilisierungs- und Assoziierungsprozess, Juni 2018.
11 Europäische Kommission: Eine glaubwürdige Erweiterungsperspektive, Februar 2018.
12 3.7.2017: Treffen Mogherini, Vucic und Thaci in Brüssel; 17.7.2017: Treffen Mogherini und Covic in Brüssel; 25.8.2017: Hahn in Dürres, Albanien, Treffen der WB6; 31.8.2017: Treffen Mogherini, Vucic und Thaci in Brüssel; 14/15.9.2017: Hahn in Serbien; 20.9.2017: Treffen Mogherini, Thaci und Vucic am Rande der UN-Generalversammlung; 11.10.2017: Treffen Mogherini und Brnabic in Brüssel; 24.10.2017: Treffen Mogherini und Covic in Brüssel; 15.11.2017: Treffen Mogherini und Vucic in Brüssel; 4.12.2017: Hahn in Sarajevo, 5.12.2017: Treffen Mogherini und Rama, Juncker und Rama in Brüssel; 6.12.2017: Treffen Mogherini und Zaev in Brüssel; 18.12.2017: Treffen Mogherini und Markovic; Mittagessen Mogherini mit den sechs Regierungschefs des WB; 1.2.2018: Treffen Mogherini und BiH-Präsidentschaft; 7.–9.2.2018: Hahn in Serbien und Montenegro; 25.–28.2.2018: Juncker, Hahn und Mogherini reisen durch die sechs WB-Länder; 23.3.2018: Treffen Mogherini, Vucic und Thaci in Brüssel; 27.3.2018: Treffen Mogherini und Vucic in Belgrad; 17.4.2018: Hahn in Skopje; 18.4.2018: Mogherini trifft sechs Regierungschefs des WB in Skopje; 4.6.2018: Treffen Mogherini und Djukanovic; 24.6.2018: Treffen Mogherini, Vucic und Thaci.

erlahmende Engagement und latente Desinteresse gegenüber der Region. Die Europäische Kommission nennt in ihrer Balkanstrategie als zentrale Herausforderungen umfassende Reformen in den Bereichen Rechtsstaatlichkeit, gute Regierungsführung, Wettbewerbsfähigkeit, Marktwirtschaft, regionale Zusammenarbeit, Justiz und Zivilgesellschaft. Sie regt an, dass die Europäische Union und ihre Mitgliedstaaten die Länder bei der Transformation und Annäherung unterstützen: Durch die Festlegung detaillierter Aktionspläne und Leitinitiativen; durch bessere und systematischere Überwachung und Bewertung der Umsetzung und Durchführung von Reformen (zum Beispiel durch fallbezogene Peer-Reviews unter Einbindung von Experten); durch die Ausdehnung von Beratungsmissionen; durch die Einbindung in institutionelle Strukturen der Union (wie Tagungen, technische Ausschüsse, Arbeitsgruppen); durch den Ausbau der strategischen und operativen Zusammenarbeit der Polizei- und Justizbehörden sowie durch EU-Agenturen (zum Beispiel zur Terrorismusbekämpfung). Sie schlägt dazu sechs Leitinitiativen vor: die Stärkung der Rechtsstaatlichkeit sowie der Zusammenarbeit in den Bereichen Sicherheit und Migration, die Förderung der sozioökonomischen Entwicklung, die Verbesserung der Konnektivität, eine Digitale Agenda für den westlichen Balkan sowie schließlich die Förderung der Aussöhnung.[14]

Die Europäische Kommission sieht in der Westbalkan-Strategie ein Signal der Ermutigung. Mit Blick auf die am weitesten fortgeschrittenen Kandidaten Montenegro und Serbien fasst sie als „sehr ambitionierte Perspektive" ohne politische Bindungswirkung das Jahr 2025[15] ins Auge. Vor dem Gipfel in Sofia hatten sich elf EU-Regierungen dafür eingesetzt, zumindest ein tentatives politisches Beitrittsdatum in der Erklärung zum Westbalkangipfel zu nennen, was sich aber gegen Länder wie Frankreich und Deutschland nicht durchsetzen ließ.[16] Zwar ging es in Sofia nicht im engeren Sinne um die Beitrittsagenda, sondern um konkrete Projekte und sektorspezifische Kooperation von regionalem Zuschnitt.[17] Dennoch erneuerten die EU-Spitzen das auf dem Gipfel von Thessaloniki vor fünfzehn Jahren ausgesprochene politische Bekenntnis zur europäischen Perspektive der Westbalkan-Länder.[18]

Im Europäischen Parlament wurde die Strategie für den Westbalkan grundsätzlich begrüßt. Einige Abgeordnete äußerten Zweifel, dass die Beitrittsperspektive 2025 glaubwürdig sei. Große Übereinstimmung herrschte dahingehend, dass bilaterale Fragen vor dem Beitritt gelöst werden müssten.[19] Der Rat nahm sie zur Kenntnis, machte sie sich aber ebenso wenig wie der Europäische Rat zu eigen.[20]

---

13 EU-Western Balkans Summit, 17. Mai 2018. Spaniens Ministerpräsident Rajoy nahm nicht teil angesichts der schwelenden Katalonien-Frage und der bekannten Position, Kosovo nicht als unabhängigen Staat anzuerkennen, was auch für Griechenland, Zypern, Rumänien und die Slowakei zutrifft. Diese und die übrigen EU-Staaten waren aber durch ihre Staats- oder Regierungschefs vertreten.
14 Europäische Kommission: Eine glaubwürdige Erweiterungsperspektive, S. 12–19.
15 Europäische Kommission: Eine glaubwürdige Erweiterungsperspektive, S. 2; vgl. hierzu auch die Beiträge „Montenegro" und „Serbien" in diesem Jahrbuch.
16 Acht mitteleuropäische Regierungen (aber nicht Rumänien und Bulgarien) sowie Italien, Österreich, Irland und Malta. Bulletin Quotidien Europe, 2.2.2018.
17 Die Prioritätenagenda findet sich im Annex der Erklärung von Sofia. Europäischer Rat: Erklärung von Sofia, 17.5.2018, abrufbar unter: http://www.consilium.europa.eu/media/34781/sofia-declaration_de.pdf (letzter Zugriff: 9.8.2018).
18 Die Erklärung wurde von den Führungsspitzen der EU und ihrer Mitgliedstaaten in Abstimmung mit den Partnern im Westbalkan abgegeben.
19 Plenardebatte zur EU-Erweiterungsstrategie im Europäischen Parlament in Straßburg am 6.2.2018 mit Mogherini und Hahn, abrufbar unter: http://www.europarl.europa.eu/sides/getDoc.do?pubRef=-//EP//TEXT+CRE+20180206+ITEMS+DOC+XML+V0//DE#creitem23 (letzter Zugriff: 7.8.2018).
20 Rat: Erweiterung sowie Stabilisierungs- und Assoziierungsprozess, Punkt 1; Europäischer Rat: Schlussfolgerungen, Tagung vom 28. Juni 2018, EUCO 9/18. Punkt 24.

Bevor die EU möglicherweise 2025 größer wird, soll sie nach dem Willen der Europäischen Kommission stärker und solider werden.[21] Damit steht die Juncker- Kommission in der Tradition der Delors-Kommission, die eine solche Schrittfolge Ende der 1980er Jahre gegenüber den politisch und wirtschaftlich weitaus kompatibleren Ländern der Europäischen Freihandelsassoziation (EFTA) vertreten hatte. Ein wichtiger Protagonist dieser neu aufgelegten Debatte über Vertiefung und Erweiterung unter neuen Vorzeichen ist ein europapolitisch gestärktes Frankreich mit Präsident Emmanuel Macron. Er vertrat in Sofia wie zuvor im Europäischen Parlament die Auffassung, dass eine Modernisierung der Europäischen Union und der Eurozone eine Voraussetzung für jeden weiteren Beitritt sei.[22] Ein weiterer Faktor in der Diskussion sind die Probleme der Union im Umgang mit Ungarn und Polen. Beide Länder unterminieren genau bei den kritischen Themen in den Verhandlungen mit den Beitrittsländern, nämlich Rechtsstaatlichkeit und Grundwerte, die Werte der Gemeinschaft von innen.[23] Das Votum der polnischen und ungarischen Regierungen für einen illiberalen Staat und die Dämonisierung von „Brüssel" mag die Europäische Kommission veranlasst haben, aktuelle Beitrittsaspiranten zu mahnen, dass es sich um eine Generationenentscheidung der Eliten und der Bevölkerung handele, die Mitgliedschaft in der Europäischen Union anzustreben.[24]

Im Vergleich zum Westbalkan sind die Beziehungen der Union zur Türkei deutlich schlechter und die Interessen auf beiden Seiten erheblich komplexer.[25] Der Rat und die Europäische Kommission ziehen sich auf die Formel zurück, nach der die Türkei ein Kandidatenland (bleibt) und ein wichtiger Partner in vielen Bereichen (Migration, Terrorismusbekämpfung, Energie, Verkehr, Wirtschaft und Handel) sei, mit dem der Dialog auf hoher Ebene geführt wird. Das heißt, trotz des faktischen Stillstands der Verhandlungen wird dieser Rahmen weder preisgegeben noch durch einen neuen umfassenden abgelöst, in dem die Beziehungen gestaltet werden könnten. Die Bauelemente dafür lägen schon bereit: Ausbau der Zollunion, die EU-Türkei-Erklärung zur Flüchtlingspolitik, die Visa-Liberalisierung, der hochrangige politische Dialog, die sicherheitspolitische Zusammenarbeit in der Nato und gegebenenfalls im Rahmen der Ständigen Strukturierten Zusammenarbeit.

Der Rat bekräftigte die Grundsätze, die seit 2006 zum politischen Acquis der EU-Erweiterungspolitik zählen. Die Europäische Kommission hat in ihrer Mitteilung zusätzliche Akzente gesetzt, indem sie an die Adresse der Zielländer feststellt, dass die Beitrittsverhandlungen kein Selbstzweck seien, sondern Teil eines umfassenden Modernisierungs- und Reformprozesses. Mit Blick auf die Umsetzung der Erweiterungsstrategie 2015 hebt der Rat die strukturellen Defizite in den Bereichen Rechtsstaatlichkeit, wirtschaftliche Entwicklung, regionale Zusammenarbeit und gutnachbarliche Beziehungen (allerdings ohne wie die Europäische

---

21 Europäische Kommission: Eine glaubwürdige Erweiterungsperspektive, S. 19.
22 Transcription de la conférence de presse du Président de la République Emmanuel Macron à Sofia (Bulgarie), 17.5.2018, abrufbar unter: http://www.elysee.fr/declarations/article/transcription-de-la-conference-de-presse-du-president-de-la-republique-emmanuel-macron-a-sofia-bulgarie/ (letzter Zugriff: 7.8.2018); Michael Peel: Macron warns against rapid EU expansion into west Balkans. Financial Times, 18.5.2018; vgl. hierzu auch den Beitrag „Südosteuropa" in diesem Jahrbuch.
23 Siehe Manfred Sapper/Volker Weichsel (Hrsg.): Unterm Messer. Der illiberale Staat in Ungarn und Polen, in: Osteuropa 3-5/2018; vgl. hierzu auch die Beiträge „Polen" und „Ungarn" in diesem Jahrbuch.
24 Europäische Kommission: Eine glaubwürdige Erweiterungsperspektive, Februar 2018, S. 2.
25 Mogherini äußerte sich so: „So our relations with Turkey are definitely more complex than the purely enlargement-related agenda...", in: EEAS: Remarks by HR/VP Federica Mogherini at the College read-out to present the 2018 Enlargement package, together with Commissioner Johannes Hahn, 17.4.2018, abrufbar unter: https://eeas.europa.eu/headquarters/headquarters-homepage/43064/remarks-hrvp-federica-mogherini-college-read-out-present-2018-enlargement-package-together_en (letzter Zugriff: 7.8.2018); vgl. hierzu auch den Beitrag „Türkei" in diesem Jahrbuch.

Kommission auf bilaterale Streitigkeiten einzugehen), außenpolitische Zusammenarbeit, Visaliberalisierung und die Bekämpfung von Terrorismus, gewalttätigem Extremismus und Radikalisierung hervor. Darin folgt er der Europäischen Kommission, die sich jedoch in ihrer Gesamtwürdigung eingehender mit den Grundrechten, dem Funktionieren der demokratischen Institutionen und der Reform der öffentlichen Verwaltung befasst.

Der Rat dankt wie in den Vorjahren besonders der Türkei und den Westbalkan-Staaten allgemein für ihre Anstrengungen zur Bewältigung der andauernden Flüchtlings- und Migrationskrise.[26] Das Europäische Parlament wird erst in den nächsten Monaten seine Entschließungen zu den Länderberichten erarbeiten.

Kommissar Hahn betonte angesichts der beträchtlichen Governance-Defizite, man sei „weit davon entfernt, nah am Ziel zu sein".[27] Die Europäische Kommission hält in ihren Länderberichten am Ansatz „Wesentliches zuerst" fest. Dazu gehören anspruchsvolle Ziele wie Rechtsstaatlichkeit, Aufbau einer verantwortungsvollen öffentlichen Verwaltung, unparteiische Justiz und Schutz der Grundrechte, für die es längere Anpassungszeiten in Bezug auf den Rechtsrahmen und die Praxis braucht. Weiterhin zählen die makroökonomische Entwicklung und die regionale Zusammenarbeit zu den „Fundamentals". Mit allen sechs Ländern führt die EU (Mitgliedstaaten, Kommission, Europäische Zentralbank) einen hochrangigen Dialog über Wirtschaft und Finanzen.[28] Die Europäische Union hat für das Jahr 2017 für die sechs Westbalkan-Länder, die Türkei sowie für Mehrländerprogramme im Rahmen des Instruments für die Heranführungshilfe (IPA) Finanzmittel von insgesamt 1,6251 Mrd. Euro zur Verfügung gestellt.[29]

Laufende Beitrittsverhandlungen

Unter estnischer und bulgarischer Ratspräsidentschaft hielt die Europäische Union Beitrittskonferenzen erneut nur mit Montenegro[30] und mit Serbien[31] ab, nicht jedoch mit der Türkei. Im Juni 2018 kamen Griechenland und EJR Mazedonien im langjährigen Streit über den Namen des Balkanlandes zu einer Übereinkunft, die endlich den Weg für Beitrittsverhandlungen frei machen könnte.[32] Wie im Fall von Albanien könnten diese Ende 2019 praktisch beginnen. Zum Mitgliedschaftsantrag von Bosnien und Herzegowina steht die Stellungnahme der Europäischen Kommission noch aus. Dabei kann sie sich auch auf die Antworten zum diesbezüglichen Fragebogen stützen, die die Regierung im Februar 2018 abgegeben hat. Für den Kosovo, weiterhin nicht anerkannt von fünf Mitgliedstaaten der Europäischen Union, bleibt das Stabilisierungs- und Assoziierungsabkommen der wesentliche Rahmen für europäische Integrationspolitik.

Die Europäische Kommission drückt ihre Bewertung des Vorbereitungsstands in den Länderberichten mit Hilfe fester Formeln aus: Diese „sind in einem frühen Stadium", „haben einen gewissen/etwa mittleren/einen guten Stand erreicht" oder „sind weit fortgeschritten". Auch für die Fortschritte im Hinblick auf die Übernahme des Acquis in einzelnen Sektoren

---

26 Rat: Erweiterung sowie Stabilisierungs- und Assoziierungsprozess, Juni 2018, Punkt 11.
27 Daniel Brössler: EU-Kommission stellt Türkei vernichtendes Zeugnis aus, in: Süddeutsche Zeitung, 18.4.2018.
28 Wirtschafts- und finanzpolitischer Dialog zwischen der EU und dem westlichen Balkan und der Türkei am 25.5.2018, abrufbar unter: https://eu2018bg.bg/en/news/1123 (letzter Zugriff: 10.10.2018).
29 Europäische Kommission: Overview – Instrument for Pre-Accession Assistance, abrufbar unter: https://ec.europa.eu/neighbourhood-enlargement/instruments/overview_en (letzter Zugriff: 9.8.2018).
30 Beitrittskonferenzen auf Ministerebene am 11.12.2017 und 25.6.2018.
31 Beitrittskonferenzen auf Ministerebene am 11.12.2017 und 25.6.2018.
32 Michael Martens: Gegen alle Widerstände, in: Frankfurter Allgemeine Zeitung, 18.6.2018.

nutzt die Kommission fortan eine einheitliche Bewertungsskala, basierend auf einheitlicheren Indikatoren für die Berichterstattung. Mittels einer Fünfer-Skala hält sie fest, ob ein Land „Rückschritte" oder „keine/einige/gute/sehr gute Fortschritte" in einem Bereich gemacht hat.[33] Der Stand hinsichtlich der grundlegenden Anforderungen ist für die Türkei, Montenegro und Serbien wie folgt:

Tabelle 1: Stand der Fortschritte und Vorbereitungen für eine EU-Mitgliedschaft I

	Türkei		Montenegro		Serbien	
	Fortschritte	*Vorbereitungen*	*Fortschritte*	*Vorbereitungen*	*Fortschritte*	*Vorbereitungen*
Reform der öffentlichen Verwaltung	ernsthafte Rückschritte	mittlerer Stand	gute Fortschritte	mittlerer Stand	einige Fortschritte	mittlerer Stand
Justiz	ernsthafte Rückschritte	frühes Stadium	einige Fortschritte	mittlerer Stand	einige Fortschritte	gewisser Stand
Korruption	keine Fortschritte	gewisser Stand	einige Fortschritte	gewisser Stand	einige Fortschritte	gewisser Stand
Organisierte Kriminalität	einige Fortschritte	gewisser Stand	einige Fortschritte	gewisser Stand	einige Fortschritte	gewisser Stand
Meinungsfreiheit	ernsthafte Rückschritte	frühes Stadium	keine Fortschritte	gewisser Stand	keine Fortschritte	gewisser Stand
Wirtschaftliche Kriterien	Rückschritte	weit fortgeschritten	einige Fortschritte	mittlerer Stand	gute Fortschritte	mittlerer Stand
Wettbewerbsfähigkeit	einige Fortschritte	mittlerer Stand	einige Fortschritte	mittlerer Stand	einige Fortschritte	mittlerer Stand
Justiz, Freiheit und Sicherheit (Kapitel 24)	gute Fortschritte	mittlerer Stand	einige Fortschritte	mittlerer Stand	einige Fortschritte	gewisser Stand

Quellen: Europäische Kommission: Commission Staff Working Documents Turkey 2018 Report, SWD(2018)153 endg.; Montenegro 2018 Report, SWD(2018)150 endg.; Serbia 2018 Report, SWD(2018)152 endg.

Türkei

Die 2005 gestarteten Beitrittsverhandlungen mit der Türkei stehen seit Juni 2016 still. 16 Kapitel bleiben geöffnet, nur eins ist vorläufig geschlossen worden. Der Rat stellt fest, dass sich die Türkei von der EU weiter entfernt, so dass eine Eröffnung von neuen Kapiteln nicht in Betracht kommt.[34] Das gilt auch für die von der Türkei gewünschten Gespräche über eine Modernisierung der Zollunion. Dazu hatte die Europäische Kommission dem Rat Vorschläge unterbreitet.[35] Dort wandte sich unter anderem Deutschland gegen einen Einstieg in Gespräche mit Ankara. Dennoch läuft der hochrangige Dialog mit der Türkei wie auch der Dialog auf Arbeitsebene weiter. Das betrifft einzelne Sektoren wie Verkehr und Wirtschaft, Terrorismusbe-

---

33 Europäische Kommission: Erweiterungsstrategie der EU, 10.11.2015, COM(2015) 611, final, S. 42 f.
34 Rat: Erweiterung sowie Stabilisierungs- und Assoziierungsprozess, Juni 2018, Punkt 35.
35 Markus Bernath: Neue Zollunion statt alter Beitrittsstreit zwischen EU und Türkei, in: Der Standard, 2.2.2018.

kämpfung sowie die Außen- und Sicherheitspolitik. Im März 2018 fand das Leaders' meeting in Varna statt, an dem die Präsidenten Donald Tusk und Jean-Claude Juncker sowie der Ratsvorsitzende Bojko Borissov und Präsident Recep Tayyip Erdogan teilnahmen. Auf der Agenda standen laut Tusk Migration und Flüchtlingspolitik, Rechtstaatlichkeit und die innenpolitische Lage in der Türkei, bilaterale Streitigkeiten der Türkei mit Zypern sowie das türkische militärische Vorgehen in Syrien.[36]

Der Europäische Rat befasste sich im Oktober 2017 mit der Frage des Abbruchs der Verhandlungen, wie es immer wieder am deutlichsten Österreich fordert.[37] Er sprach sich weder für ein Ende noch eine förmliche Suspendierung der Verhandlungen nach dem im Verhandlungsrahmen[38] festgelegten Verfahren aus. Somit folgte er nicht der Aufforderung des Europäischen Parlaments vom Juli 2017.[39] Die Europäische Kommission soll lediglich prüfen, ob und wie die Vorbeitrittshilfen reduziert oder umgelenkt werden können.[40] Die Auszahlungen der Gelder im Rahmen der EU-Türkei-Erklärung zur Flüchtlingspolitik sollen weiter fließen. Die EU will also Gesprächskanäle und Formate mit der Türkei nutzen, um ihre Kooperationsinteressen hinsichtlich Migration, Terrorismusbekämpfung, Energie, Verkehr, Wirtschaft und Handel zu verfolgen. Das fasste auch der Europäische Rat im März 2018 so ins Auge.[41] Die EU setzt darauf, dass die Türkei vor allem an wirtschaftlichen Vorteilen interessiert ist und deshalb mit Brüssel ‚im Geschäft' bleiben will. Für Mitgliedstaaten wie Deutschland, die Niederlande oder Frankreich mit großen Türkei-stämmigen Bevölkerungsanteilen sind die bilateralen Beziehungen immer mehr zu einer sensiblen innenpolitischen Frage geworden. Europäische Kommission und Rat haben sich in scharfer Form gegen verbale Ausschreitungen, Drohungen oder Handlungen von türkischer Seite verwahrt, die sich gegen Mitgliedstaaten richten.[42]

Mit ihrem Länderbericht vom April 2018 schließt die Europäische Kommission an ihren sehr kritischen Bericht vom November 2016 an. Negativtrends verschärften sich in allen Bereichen, die die EU unter den politischen Kriterien einer Mitgliedschaft prüft. Der Rat kommt zu einem ähnlichen Ergebnis. Nach dem gescheiterten und von der EU verurteilten Militärcoup vom Juli 2016 habe die Türkei in unverhältnismäßiger Weise reagiert, den Rechtsstaat und besonders die unparteiische Justiz demontiert. Die EU teilt die Einschätzung der Venedig-Kommission des Europarats, dass die jüngsten Verfassungsänderungen zu einem Präsidialsystem geeignet sind, um die Gewaltenteilung auszuhebeln. Der Rat kritisiert Verhaftungen auf breiter Front (auch von EU-Bürgern) sowie Repressalien und Beschränkungen für Journalisten, Akademiker, Parlamentarier und zivilgesellschaftliche Akteure.[43] Hinter dieser massiven Kritik

---

36 Bemerkungen von Präsident Donald Tusk nach dem Gipfeltreffen EU-Türkei in Varna, Erklärungen und Bemerkungen 173/18, 26.3.2018.
37 So Bundeskanzler Kurz vor dem EU-Türkei-Treffen in Varna. Er schlug stattdessen eine „Kooperation im Rahmen eines Nachbarschaftskonzepts" vor. Siehe derStandard.de: Österreichs Kanzler kritisiert türkische Offensive in Syrien, 26.3.2018, abrufbar unter: https://www.derstandard.de/story/2000076802883/kurz-kritisiert-tuerkische-offensive-in-syrien (letzter Zugriff: 7.8.2018).
38 Rat: Negotiating Framework (for accession negotiations with Turkey), 3.10.2005, Dok. 12823/05 ENLARG 64, Punkt 5.
39 Europäisches Parlament: Bericht 2016 über die Türkei, Juli 2017, Punkt 7.
40 Remarks by President Donald Tusk on the European Council meetings and the Leaders' Agenda, Speech 608/17, 20.10.2017.
41 Report by President Donald Tusk to the European Parliament on March European Council meetings. Rede 204/18, 18.4.2018.
42 Europäische Kommission: Commission Staff Working Documents Turkey 2018 Report, April 2018, S. 60 f.; Rat: Erweiterung sowie Stabilisierungs- und Assoziierungsprozess, Juni 2018, Punkt 33.
43 Rat: Erweiterung sowie Stabilisierungs- und Assoziierungsprozess, Juni 2018, Punkte 31–32.

verblassten die alljährlich aktualisierten Monita zu Zypern, den illegalen Handlungen im östlichen Mittelmeer und in der Ägäis (Erdgasförderung) oder zur Lage im Südosten der Türkei (Kurdenfrage).[44] Die politische Entwicklung und Unsicherheit beeinträchtigt das Wirtschaftswachstum, schwächt die türkische Lira und schreckt ausländische Investoren ab.

Montenegro

Mit 31 (von 35) geöffneten und drei geschlossenen Kapiteln steht Montenegro mit seinen rund 600.000 Einwohnern an der Spitze des Beitrittszuges. Unter estnischer und bulgarischer Ratspräsidentschaft wurden drei neue Kapitel geöffnet, kein weiteres abgeschlossen.[45] Der Rat lobte zwar die Fortschritte beim formalen rechtlich-institutionellen Rahmen der Rechtsstaatlichkeit, mahnte aber praktische Resultate und eine verbesserte Leistungskraft der Justiz an. Deshalb blieben die Kapitel 23 (Justiz und Grundrechte) und 24 (Sicherheit, Freiheit, Recht) im Zentrum der Anstrengungen. Dabei geht es um konkrete Ergebnisse bei der Bekämpfung von Korruption und organisierter Kriminalität, Menschenhandel, Geldwäsche und das Ende von Straffreiheit. Ähnlich dem Vorjahr fordert der Rat Verbesserungen im Bereich der Meinungs- und Medienfreiheit. Angriffe auf Journalisten zeigten, dass es an einem Klima der Sicherheit mangele, sich frei zu äußern. Die Reform der öffentlichen Verwaltung sollte fortgesetzt, die Unabhängigkeit von Institutionen gestärkt, die Bedingungen für mehr Wachstum und Beschäftigung weiter verbessert und der hohe öffentliche Schuldenstand abgebaut werden.[46] Der Rat greift erneut die Kritik internationaler Beobachter an der Durchführung der Parlamentswahlen vom Oktober 2016 auf, verlangt aber vor allem einen konstruktiven Dialog zwischen den Parteien und im neuen Parlament.[47] Rat und Europäische Kommission mahnen, dass alle Parteien für die Rückkehr zu einer politischen Debatte im Parlament verantwortlich seien.

Serbien

Mit der Eröffnung von vier weiteren Kapiteln unter estnischer und bulgarischer Ratspräsidentschaft[48] sind im serbischen Beitrittsprozess mittlerweile vierzehn Verhandlungskapitel offen.[49] Der Rat betont, wie wichtig es ist, die Benchmarks für die Kapitel 23 (Justiz und Grundrechte) und 24 (Sicherheit, Freiheit, Recht) zu erfüllen und den Normalisierungsprozess in den Beziehungen zum Kosovo voranzutreiben, die das Gesamttempo der Verhandlungen bestimmen werden. Der Dialog mit Pristina sollte erheblich intensiviert werden. Der Rat erkennt an, dass Serbien bereit ist, mit Unterstützung der Hohen Vertreterin zu einer rechtlich verbindlichen Übereinkunft über eine umfassende Regelung der bilateralen Beziehungen zu gelangen. Die Europäische Union macht klar, dass deren Blockade auch die spezifischen Entwicklungswege zur Union aufhalten würde. Während die Monita zur rechtsstaatlichen Praxis ähnlich wie im Falle von Montenegro ausfallen, geht der Rat doch sehr viel eingehender auf die besorgniserregende Lage bei der Gewährleistung von Grundrechten und Menschenrechten, insbesondere Minderheiten ein. Der Rat fordert von Serbien, den Negativtrend bei dem Alignment mit der Gemeinsamen Außen- und Sicherheitspolitik umzukehren. Serbien solle

---

44 Rat: Erweiterung sowie Stabilisierungs- und Assoziierungsprozess, Juni 2018, Punkt 33.
45 Kapitel 2: Freizügigkeit der Arbeitnehmer und Kapitel 3: Niederlassungsfreiheit und freier Dienstleistungsverkehr am 11.12.2017, Kapitel 17: Wirtschafts- und Währungspolitik am 25.6.2018.
46 Europäische Kommission: Mitteilung 2018 zur Erweiterungspolitik der EU, S. 13.
47 Rat der Europäischen Union: Erweiterung sowie Stabilisierungs- und Assoziierungsprozess, Juni 2018, Punkt 18.
48 Kapitel 6: Gesellschaftsrecht und Kapitel 30: Außenbeziehungen am 11.12.2017 sowie Kapitel 13: Fischerei und 33: Finanz- und Haushaltsbestimmungen am 25.6.2018.
49 Rat: Erweiterung sowie Stabilisierungs- und Assoziierungsprozess, Juni 2018, Punkt 21.

zudem nicht von der gemeinsamen Visapolitik abweichen, indem es Vereinbarungen zur Visaliberalisierung mit Drittstaaten abschließt, so mit Iran oder Aserbaidschan.[50] In der Wirtschaftspolitik stehen Strukturreformen im Bereich von Verkehr und Infrastruktur sowie die Privatisierung und Restrukturierung von Staatsunternehmen an.

Andere Kandidaten

Die Entwicklungen in der EJR Mazedonien, in Albanien, Bosnien-Herzegowina und Kosovo behandelt die Europäische Kommission im Kontext des Stabilisierungs- und Assoziierungsprozesses und im Sinne der Heranführung an den EU-Acquis. Von den vier Ländern halten die EJR Mazedonien seit 2005 und Albanien seit 2014 den Kandidatenstatus. Der Rat beschloss auf Vorschlag der Europäischen Kommission[51] auf seiner Juni-Sitzung, dass die Entscheidung über die Eröffnung von Beitrittsverhandlungen mit der EJR Mazedonien und Albanien von Fortschritten in als dringlich und essentiell angesehen Bereichen abhängig ist. Bei positiver Einschätzung können Rat und Europäischer Rat dann im Juni 2019 den Weg freimachen und die ersten Regierungs- beziehungsweise Beitrittskonferenzen Ende 2019 stattfinden.

Für die EJR Mazedonien, die ihre akute politische Krise überwunden hat, sind die dringenden Reformprioritäten, die geprüft werden, folgende: die politische Vereinbarung vom Juni/Juli 2015 (Przino), Justizreform und proaktive Untersuchungen, Verfolgung und wirksame Gerichtsurteile im Bereich von Korruption und organisierter Kriminalität, Geheimdienst- und Sicherheitssektorreform, Reform der öffentlichen Verwaltung. Zudem muss der Namensstreit beigelegt und die neue Lösung vom Parlament ratifiziert werden.

Der Stand hinsichtlich grundlegender Anforderungen ist für die ehemalige jugoslawische Republik Mazedonien und Albanien wie folgt:

Tabelle 2: Stand der Fortschritte und Vorbereitungen für eine EU-Mitgliedschaft II

	Mazedonien		Albanien	
	Fortschritte	*Vorbereitungen*	*Fortschritte*	*Vorbereitungen*
Reform der öffentlichen Verwaltung	gute Fortschritte	mittlerer Stand	einige Fortschritte	mittlerer Stand
Justiz	gute Fortschritte	gewisser Stand	gute Fortschritte	gewisser Stand
Korruption	einige Fortschritte	gewisser Stand	gute Fortschritte	gewisser Stand
Organisierte Kriminalität	einige Fortschritte	gewisser Stand	einige Fortschritte	gewisser Stand
Meinungsfreiheit	gute Fortschritte	gewisser Stand	einige Fortschritte	gewisser Stand/ mittlerer Stand
Wirtschaftliche Kriterien	einige Fortschritte	mittlerer Stand	einige Fortschritte	mittlerer Stand
Wettbewerbsfähigkeit	einige Fortschritte	mittlerer Stand	einige Fortschritte	gewisser Stand
Justiz, Freiheit und Sicherheit (Kap. 24)	gute Fortschritte	mittlerer Stand	einige Fortschritte	gewisser Stand

Quellen: Europäische Kommission: Commission Staff Working Documents The former Yugoslav Republic of Macedonia 2018 Report, SWD(2018) 154 final, Albania 2018 Report, SWD(2018) 151 final, Straßburg, 17.4.2018.

---

50 Rat: Erweiterung sowie Stabilisierungs- und Assoziierungsprozess, Juni 2018, Punkt 28.
51 Europäische Kommission: Mitteilung 2018 zur Erweiterungspolitik der EU, COM(2018) 450 final, S. 14 f.

Im Fall von Albanien werden fünf Reformprioritäten benannt: die Justizreform, eine professionelle und politisch neutrale Verwaltung, die Korruptionsbekämpfung auf allen Ebenen, der Kampf gegen die organisierte Kriminalität inklusive den Anbau und Handel mit Drogen und die Verbesserung der Menschenrechtslage. Dazu werden konkrete Verbesserungen, etwa die Einrichtung und effektive Aufnahme der Arbeit der Speziellen Anti-Korruptionsbehörde festgelegt. Der Rat erwartet, dass die Regierung Anstrengungen unternimmt, die Zahl offenkundig unbegründeter Asylanträge aus Albanien in Ländern der Union zu reduzieren.[52]

Tabelle 3: Stand der Fortschritte und Vorbereitungen für eine EU-Mitgliedschaft III

	Bosnien und Herzegowina		Kosovo	
	Fortschritte	*Vorbereitungen*	*Fortschritte*	*Vorbereitungen*
Reform der öffentlichen Verwaltung	keine Fortschritte	frühes Stadium	einige Fortschritte	gewisser Stand
Justiz	einige Fortschritte	gewisser Stand	einige Fortschritte	frühes Stadium
Korruption	einige Fortschritte	gewisser Stand	einige Fortschritte	frühes Stadium/ gewisser Stand
Organisierte Kriminalität	einige Fortschritte	gewisser Stand	einige Fortschritte	frühes Stadium
Meinungsfreiheit	keine Fortschritte	gewisser Stand	keine Fortschritte	gewisser Stand
Wirtschaftliche Kriterien	einige Fortschritte	frühes Stadium	gute Fortschritte	frühes Stadium
Wettbewerbsfähigkeit	einige Fortschritte	frühes Stadium	einige Fortschritte	frühes Stadium
Justiz, Freiheit und Sicherheit (Kap. 24)	einige Fortschritte		einige Fortschritte	

Quellen: Europäische Kommission: Commission Staff Working Documents Kosovo* 2018 Report, SWD(2018)156 inal, Bosnia and Herzegovina 2018 Report, SWD(2018)155 final, Straßburg, 17.4.2018.

Sehr viel weiter zurück liegen Bosnien Herzegowina und Kosovo, wie die vorstehende Übersicht zeigt.

Weiterführende Literatur

Tobias Böhmelt/Tina Freyburg: Forecasting candidate states' compliance with EU accession rules, 2017–2050, in Journal of European Public Policy, 2017.

Michael Emerson/Gergana Noutcheva: Political and Economic Governance in the Balkans and Eastern Europe Compared, in: CEPS Working Document 6/2018, Juli 2018.

---

52 Rat: Erweiterung sowie Stabilisierungs- und Assoziierungsprozess, Juni 2018, Punkt 54.

Südosteuropapolitik

Franz-Lothar Altmann

Am 6. Februar 2018 verabschiedete die Europäische Kommission eine „Strategie für eine glaubwürdige Erweiterungsperspektive und ein verstärktes Engagement der EU gegenüber dem westlichen Balkan."[1] Inhaltlich hat die Europäische Kommission sechs Leitinitiativen (flagship initiatives) mit spezifischen Maßnahmen angekündigt, die die Europäische Union in den Jahren 2018 bis 2020 ergreifen wird, um die Transformationen und die Entwicklung der Länder in der Region zu unterstützen und zwar in den Bereichen Rechtsstaatlichkeit, verstärktes Engagement in Bezug auf Sicherheit und Migration, Unterstützung der sozioökonomischen Entwicklung, Ausweitung der sogenannten Konnektivität (Verkehrs- und Energienetze), eine spezielle digitale Agenda (vor allem Senkung der Roaming-Kosten und Unterstützung des Aufbaus von Breitbandverbindungen) und die Unterstützung der Verbesserung der nachbarschaftlichen Beziehungen und Aussöhnung.[2] Die Europäische Kommission schlug vor, die Mittelausstattung im Rahmen des Instruments für Heranführungshilfe (IPA) bis 2020 schrittweise aufzustocken, soweit Umschichtungen dies innerhalb des geltenden Finanzrahmens zulassen. Allein für 2018 sind bereits 1,07 Mrd. Euro an Heranführungshilfe für die westlichen Balkanländer vorgesehen – zusätzlich zu den fast 9 Mrd. Euro, die im Zeitraum 2007 bis 2017 bereitgestellt wurden.

Am 17. April 2018 veröffentlichte dann die Europäische Kommission ihr jährliches Erweiterungspaket einschließlich sieben individueller Länderberichte, früher Fortschrittsberichte genannt (sechs Berichte zum westlichen Balkan sowie ein Bericht zur Türkei). Hierbei empfahl die Europäische Kommission, dass der Europäische Rat Beitrittsverhandlungen mit Makedonien und Albanien eröffne. Für Albanien werde dabei entscheidend sein, wie sich der Fortschritt im Bereich der Rechtsstaatlichkeit darstelle. Hierbei geht es in erster Linie um die Begutachtung aller Richter und Staatsanwälte, das sogenannte Vetting, von dem die Verlängerung ihrer Beschäftigung beziehungsweise Neueinstellungen abhängen.

Noch vor dem Haupttreffen der EU-Staats-und Regierungschefs anlässlich des Rats-Gipfels, fand auf Einladung Bulgariens, das im ersten Halbjahr 2018 die EU-Präsidentschaft innehatte, ein Sondertreffen EU-Westlicher Balkan am 17. Mai 2018 in Sofia statt. Das Treffen stellte das erste seiner Art seit dem Treffen in Thessaloniki im Jahr 2003 dar, bei welchem die Europäische Union den Westbalkanstaaten die grundsätzliche Perspektive der EU-Mitgliedschaft eröffnet hatte. Zusammen mit der Westbalkan-Strategie

---

1 Europäische Kommission: Die Strategie für den westlichen Balkan: EU präsentiert Leitinitiativen und Unterstützung für die reformorientierte Region, Straßburg, 6.2.2018, abrufbar unter: http://europa.eu/rapid/press-release_IP-18-561_de.htm (letzter Zugriff: 10.10.2018). Als Länder des westlichen Balkan werden Albanien, Bosnien und Herzegowina, Kosovo, EJR Makedonien, Montenegro und Serbien bezeichnet.
2 Europäische Kommission: EU-Western Balkans. Six Flagship Initiatives, May 2018, abrufbar unter: https://ec.europa.eu/commission/sites/beta-political/files/six-flagship-initiatives-support-transformation-western-balkans_en.pdf (letzter Zugriff: 10.10.2018).

der Europäischen Kommission vom 6. Februar 2018 sollte es eine Erneuerung der Verpflichtung der Europäischen Union gegenüber dem westlichen Balkan kundtun, wie es bereits Kommissionspräsident Jean-Claude Juncker in seiner Grundsatzrede im September 2017 angekündigt hatte. Zur Vorbereitung dieses Treffens war vom 24. bis 27. April 2018 EU-Ratspräsident Donald Tusk nach Tirana, Podgorica, Belgrad, Pristina, Sarajewo und Skopje gereist, um die Westbalkanstaaten bereits im Vorfeld der Mai-Veranstaltung der europäischen Perspektive zu versichern. Teilnehmer des Mai-Gipfels waren die Staats- und Regierungschefs der EU-Mitgliedstaaten sowie der sechs Partner im westlichen Balkan. Allerdings war die Frage der Erweiterung nur teilweise Gegenstand der Besprechungen, wobei es durchaus ermutigende Worte seitens verschiedener EU-Offizieller gab, wie zum Beispiel vom Präsidenten des Europäischen Parlaments Antonio Tajani und von Jean-Claude Juncker, doch äußerten andererseits Angela Merkel und der französische Präsident Emmanuel Macron Bedenken bezüglich eines zu schnellen Erweiterungsversprechens. Letzterer unterstrich den Vorrang EU-interner Reformen. Hier wurde wieder einmal deutlich die Distanz zwischen der Europäischen Kommission einerseits, die bemüht ist, den Erweiterungsprozess im Laufen zu halten, und den Mitgliedsländern andererseits, die derzeit mit zu vielen internen Problemen zu kämpfen haben und plädieren, zunächst den Vertiefungsprozess zu konsolidieren. Es wurde allerdings auch positiv vermerkt, dass im Gegensatz zu den vergangenen Jahren endlich der westliche Balkan wieder in den Fokus der europäischen Politik getreten ist, was auch die zunehmende Anzahl von Veranstaltungen zu Teilproblemen der Region unterstreicht. Auch in Sofia fanden sogenannte „side events" statt, wie beispielsweise am 16. Mai 2018 eine Gemeinschaftsveranstaltung des European Fund for the Balkans, der Konrad-Adenauer-Stiftung und des Centre for the Study of Democracy oder eine vom Weltwirtschaftsforum organisierte Veranstaltung am 17. Mai 2018, die zum Diskussionsthema die Unterstützung öffentlich-privater Partnerschaften hatte mit dem Ziel, Investitionen in der Region zu fördern. Auf der Gipfelveranstaltung selbst wurde zwar allgemein die Erweiterungsperspektive wieder bekräftigt, inhaltlich substantieller war aber die Zurverfügungstellung zusätzlicher Finanzmittel für die Bereiche Konnektivität und Infrastruktur (Verbindungen zum Balkan und innerhalb der Region) sowie das Versprechen, die Mittel für das Erasmus-Plus-Programm zu verdoppeln. Weiters hat der Europäische Auswärtige Dienst (EAD) den Kulturerbe-Weg EU-Westbalkan ins Leben gerufen, verschiedene Initiativen und Veranstaltungen zur Förderung des reichen kulturellen Erbes des Westbalkans werden im Rahmen des Europäischen Jahres des Kulturerbes organisiert. Den EU-Vertretern war ein besonderes Anliegen der vereinte und verstärkte Kampf gegen Terrorismus und Extremismus. Im Abschlusskommuniqué wurde betont, dass die Europäische Union und die Partner des westlichen Balkan die Bekämpfung von Korruption, Menschenhandel, Drogenproduktion und Waffenschmuggel und anderer Arten organisierter Kriminalität als essenziell für die politische und sozio-ökonomische Transformation und für die regionale Stabilität und Sicherheit erkennen.[3] Der nächste EU-Westbalkan-Gipfel soll 2020 in Kroatien während dessen EU-Präsidentschaft stattfinden.[4]

Am 28. und 29. Juni 2018 fand turnusmäßig in Brüssel die Sitzung des Europäischen Rats (EU-Gipfel) statt. Im Mittelpunkt der Beratungen stand zwar das Thema Migration, doch befasste sich der Rat auch mit den Empfehlungen der Europäischen Kommission

---

3   Sofia Declaration, 17 May 2018, Punkt 12, abrufbar unter: https://europeanwesternbalkans.com/author/ewb (letzter Zugriff: 10.10.2018).

4   Vgl. hierzu auch den Beitrag „Kroatien" in diesem Jahrbuch.

vom 17. April 2018 bezüglich der nächsten Erweiterungsschritte. In den Beschlussfassungen wird in einem eigenen Kapitel zur Erweiterung sowie zum Stabilisierung- und Assoziierungsprozess auf die einzelnen Länder des Westbalkans eingegangen:[5] Im Fall von Montenegro und Serbien, den Ländern, mit denen bereits Beitrittsverhandlungen im Gange sind, erfolgte ausdrücklich keine Wiederholung des möglichen Beitrittsdatums 2025.[6] Gegenüber der Türkei äußert der Rat starke Bedenken zu den andauernden und tief beunruhigenden Rückschritten in den Bereichen Rechtsstaatlichkeit und Grundrechte, einschließlich der Freiheit der Meinungsäußerungen.[7] Die Beitrittsverhandlungen wurden deshalb unterbrochen, keine weiteren Kapitel sind für Öffnung oder Schließung vorgesehen, ebenso keine weitere Bearbeitung der Modernisierung der EU-Türkei-Zollunion. Bosnien und Herzegowina, das im Februar 2016 seinen Mitgliedsantrag in Brüssel eingereicht hatte, und Kosovo, das bisher als ersten Schritt lediglich das Inkrafttreten des Stabilisierung- und Assoziierungsabkommens vorweisen kann, werden weiterhin nur als „mögliche" Beitrittskandidaten behandelt.[8] Echte Fortschritte wurden hingegen für Albanien und die ehemalige jugoslawische Teilrepublik Makedonien ausgesprochen, indem beiden Ländern der Beginn von Beitrittsverhandlungen für Juni 2019 in Aussicht gestellt wurde.[9] Im Fall Albaniens war als Begründung angeführt, dass erhebliche Reformfortschritte verzeichnet werden, für Makedonien war ausschlaggebend die Beilegung des unseligen Namensstreits mit Griechenland, dessen endgültige Ratifizierung jedoch noch aussteht.[10] Damit wurde gleichzeitig das sogenannte „Screening" (vorbereitende Untersuchungen) in beiden Ländern begonnen, das es Makedonien und dem benachbarten Albanien ermöglicht, sich mit den EU-Rechtsnormen vertraut zu machen. Die Europäische Union kann ihrerseits die Bereitschaft zur Einhaltung dieser Normen, insbesondere mit Bezug auf die Rechtsstaatlichkeit in den beiden Ländern, beurteilen.

Tabelle 1: Stand des Erweiterungsprozesses im westlichen Balkan

Stand des EU-Erweiterungsprozesses im westlichen Balkan, Stand Juli 2018			
Albanien	Kandidat. ER: Beginn der Beitrittsverhandlungen vorgesehen für Juni 2019	*Ehem. Jugosl. Republik Makedonien*	Kandidat. ER: Beginn der Beitrittsverhandlungen vorgesehen für Juni 2019
Bosnien und Herzegowina	Potentieller Kandidat. Sept. 2016: ER beauftragt die EK zur Erstellung einer „Opinion" zum Beitrittsantrag.	*Montenegro*	Juni 2012 Beginn der Beitrittsverhandlungen: 31 Kapitel geöffnet, 3 provisorisch geschlossen
Kosovo	Potentieller Kandidat. Seit April 2016 SAA in Kraft	*Serbien*	Januar 2014 Beginn der Beitrittsverhandlungen: 14 Kapitel geöffnet, 2 provisorisch geschlossen

ER: Europäischer Rat; EK: Europäische Kommission; SAA: Stabilisierungs- und Assoziierungsabkommen

---

5   Council Conclusions on Enlargement and Stabilisation and Association Process, Brüssel, 25. Juni 2018, 10555/18, abrufbar unter: http://www.consilium.europa.eu/media/35863/st10555-en18.pdf (letzter Zugriff: 10.10.2018).
6   Vgl. hierzu auch die Beiträge „Montenegro" und „Serbien" in diesem Jahrbuch.
7   Vgl. hierzu auch den Beitrag „Türkei" in diesem Jahrbuch.
8   Vgl. hierzu auch die Beiträge „Bosnien und Herzegowina" und „Kosovo" in diesem Jahrbuch.
9   Vgl. hierzu auch die Beiträge „Albanien" und „Mazedonien" in diesem Jahrbuch.
10 Man einigte sich auf die neue Bezeichnung „Nord-Makedonien". In beiden Ländern wird das Abkommen jedoch noch heftig von der jeweiligen Opposition bekämpft.

Der Berliner Prozess

Im Rahmen der regelmäßigen Serie von EU-Westbalkan-Konferenzen unter der inoffiziellen Bezeichnung „Berliner Prozess" fand das fünfte Treffen am 10. Juli 2018 in London statt. Teilnehmer waren die Regierungschefs, Außenminister und Wirtschaftsminister der sechs Westbalkanländer und ausgewählter EU-Mitgliedstaaten (Kroatien und Slowenien, Bundesrepublik Deutschland, Frankreich, Italien, Österreich und das Vereinigte Königreich), sowie Repräsentanten der Europäischen Union und der internationalen Finanzinstitutionen. Die Erwartungen waren ohnehin nicht hoch, wirtschaftliche Stabilität, Interkonnektivität, Infrastruktur, Beschäftigungsmöglichkeiten und digitale Transformation waren von den britischen Ausrichtern als prioritäre Verhandlungsgegenstände vorgeschlagen worden. Darüber hinaus betonten die Teilnehmer aber vor allem, dass in der Region die Beschäftigung und Aufarbeitung mit der Vergangenheit für die Zukunft von vorrangiger Bedeutung sei, man unterschrieb eine gemeinsame Erklärung zur regionalen Kooperation und guten Nachbarschaftsbeziehungen. Das nächste Treffen im Rahmen des Berliner Prozesses wird 2019 in Polen stattfinden.

Chinas Balkan-Korridor in die EU?

Die westlichen Balkanländer werden zunehmend von der Volksrepublik China als bequemes Einfalltor in die Europäische Union im Zusammenhang mit ihrer neuen Seidenstraßen-Strategie gesehen. Auf jährlichen Gipfeltreffen, genannt „16 + 1" (7 EU-Mitgliedstaaten aus Ostmitteleuropa, 4 südosteuropäische EU-Länder und 5 Westbalkanstaaten plus China), offeriert China intensivierte Kooperation mit finanzieller Hilfe (Investitionen und Kredite) für drei Präferenzbereiche: Infrastruktur, Hochtechnologie und grüne Technologien. Das siebte derartige Treffen fand am 7. Juli 2018 im bulgarischen Sofia statt, 2019 wird Kroatien das achte Gipfeltreffen ausrichten. In Sofia waren auch Vertreter der Europäischen Union, der Weltbank und der Europäischen Bank für Wiederaufbau und Entwicklung (EBRD) anwesend. Seitens der westlichen Vertreter, insbesondere von Brüssel, wird das verstärkte Engagement Pekings auf dem westlichen Balkan allerdings mit gemischten Gefühlen beobachtet.

Weiterführende Literatur

Jens Bastian: The potential for growth through Chinese infrastructure investments in Central and South-Eastern Europe along the "Balkan Silk Road", Report prepared for the European Bank for Reconstruction and Development (with funding from the Central European Initiative), Athens/London, 2017.

BalkanInsight: China's Balkan 'Gifts' Come With Strings Attached, 19.3.2018, abrufbar unter: http://www.balkaninsight.com/en/article/china-s-balkan-gifts-come-with-strings-attached-03-19-2018 (letzter Zugriff: 10.10.2018).

Joint Declarations signed at the Leaders Meeting of the Western Balkans Summit in London, 10. Juli 2018, abrufbar unter: http://wb-csf.eu/wp-content/uploads/2018/07/Joint-Declarations-signed-at-the-Leaders-Meeting-of-the-Western-Balkans-Summit-by-Berlin-Process-participants.pdf (letzter Zugriff: 10.10.2018).

Albanien

Tobias Flessenkemper[*]

Am 27. Juni 2018 gab der Rat der Europäischen Union Albanien ein „Datum für ein Datum" für den Beginn der Beitrittsverhandlungen im Juni 2019. Die von der Sozialistischen Partei (SP) mit Edi Rama als Ministerpräsidenten durch die Wahlen vom Juni 2017 bestätigte Regierung profitiert von der im regionalen Vergleich stabilen, aber weiterhin von starker Polarisierung gekennzeichneten, innenpolitischen Lage. Die pan-albanische nationale Rhetorik von Edi Rama führte zu einer wachsenden Verschränkung der Politik Albaniens mit den Dynamiken im post-jugoslawischen Raum.

EU-Integration

Neben dem seit 2009 bestehenden Stabilisierungs- und Assoziierungsabkommen (SAA) strukturieren die 2014 vom Rat gesetzten Bedingungen für den Kandidatenstatus die EU-Integration. Die Regierung Albaniens verpflichtete sich in fünf Bereichen („EU-Prioritäten"), Justiz- und Verwaltung, Korruptions- und Kriminalitätsbekämpfung und Menschenrechtsschutz, besonders für Minderheiten, intensiv an Reformen zu arbeiten. Von vorrangiger Bedeutung ist die Justizreform. Ihre Umsetzung war entscheidend für die Empfehlung für einen Beginn der Beitrittsverhandlungen, die erstmalig im November 2016 ausgesprochen und im Länderbericht vom April 2018 von der Kommission wiederholt wurde.[1] Neben rechtlichen Anpassungen hat Albanien eine umfassende und ausnahmslose Überprüfung aller Richter und Staatsanwälte beschlossen. Das von internationalen Experten begleitete „vetting" ist offensichtlich erfolgreich. Allein die Ankündigung der Überprüfung von Vermögensverhältnissen führte zum freiwilligen Amtsverzicht zahlreicher prominenter Juristen.[2] Dieses Verfahren ist weitreichender als in den von der Kommission in ihrer Erweiterungsstrategie bezeichneten „front runner"-Ländern Montenegro und Serbien. In Folge der Fortschritte erwartete Albanien von der Ratssitzung im Juni 2018 ein eindeutiges Signal für die zügige Aufnahme der Beitrittsverhandlungen. Dank der Intervention einiger Minister wie dem Luxemburger Jean Asselborn und der bulgarischen Ratspräsidentschaft konnte insbesondere der Skepsis Frankreichs begegnet und ein Kompromiss für Albanien und Mazedonien gefunden werden. Die Kommission konnte daraufhin mit den Verhandlungsvorbereitungen beginnen, der formelle Beginn wurde jedoch erst für Juni 2019, also nach den Wahlen zum Europäischen Parlament, terminiert.[3] Damit bleibt Albanien aufgefordert, das Reformtempo zu halten. Mit dem Beginn des „screening" der Innen- und Justizpolitik (Kapitel 23 und 24) hat die Kommission im September 2018 begonnen.

---

[*] Der Beitrag gibt ausschließlich die Sicht des Autors wieder. Der Beitrag wurde vor dem 30. September 2018 verfasst.
[1] Vgl. European Commission: Albania 2018 Report. Commission staff working document. Dok. SWD(2018)151 final vom 17. April 2018.
[2] Adelheid Wölfl: Korrupte Richter und Staatsanwälte zittern in Albanien, in: Der Standard 17. Mai 2018.
[3] Vgl. Council of the European Union: Enlargement and Stabilisation and Association Process. Council conclusions. Dok. 10555/18 vom 26. Juni 2018.

Trotz seiner Randlage im Hinblick auf die südosteuropäischen Migrationsrouten war auch Albanien von den Auswirkungen der überforderten EU-Grenz- und Migrationspolitik betroffen. Um seine Hilfsbereitschaft gegenüber der EU zu unterstreichen, willigte Albanien im Dezember 2017 in Verhandlungen über ein Truppenstatut, das die Stationierung und gemeinsame Einsätze mit der Europäischen Agentur für die Grenz- und Küstenwache (FRONTEX) gestatten soll, ein. Das Abkommen soll im Oktober 2018 von der österreichischen Ratspräsidentschaft unterzeichnet werden und zügig in Kraft treten.[4] Die EU verfolgt damit einen Ansatz der vorgelagerten und verstärkten Integration der Westbalkanländer in EU-Sicherheitsstrukturen.

Regionale Dynamik

Dem NATO-Mitglied Albanien ist es meist gelungen, Abstand zu ethno-nationalen und politischen Dynamiken in der Region zu halten. In den benachbarten NATO-Partnern Griechenland und Montenegro leben albanische Minderheiten, ebenso wie in Serbien. In Mazedonien genießt die albanische Minderheit, die knapp ein Viertel der Bevölkerung ausmacht, verfassungsrechtlich garantierte Rechte. Die Republik Kosovo, obzwar rechtlich ein multinationaler Staat, ist in den Augen vieler ein zweiter albanischer Nationalstaat. Im Umfeld der wiederaufgelebten Grenzdiskussion zwischen Serbien und Kosovo im Sommer 2018 intervenierte Ministerpräsident Edi Rama immer wieder mit Anspielungen zur verstärkten Integration von Albanien und Kosovo. Angesichts der Verhandlungen zwischen Mazedonien und Griechenland zur Namensfrage wurde Ramas Verhalten als wenig hilfreich betrachtet, da die albanische Bevölkerungsmehrheit in den Grenzregionen Mazedoniens zu Albanien und Kosovo gesellschaftlich und wirtschaftlich enge Beziehungen unterhält. Zur Wahrung der regionalen Stabilität ist daher eine Synchronisierung der Integrationsschritte von Albanien und Mazedonien durchaus sinnvoll. Ein Scheitern der mazedonischen Anstrengungen, die Blockade auf dem Weg zum EU-Beitritt zu lösen, könnte das Vertrauen der albanischen Bevölkerung in die Zukunft der Republik Mazedonien untergraben und zu einer verstärkten Hinwendung nach Albanien führen. Dabei führt jegliches Infragestellen bestehender Grenzen in der Region zu Unsicherheiten. Dem erfahrenen albanischen Außenminister Ditmir Bushati gelang es NATO- und EU-Partnern zu versichern, dass Ramas Äußerungen keinen Politikwechsel in Richtung „Großalbanien" bedeuten.

Die abgeschwächte EU-Dynamik mag neben den historischen Beziehungen zwischen Tirana und Bejing eine Erklärung für den Aufwuchs chinesischer Investitionen sein. Diese gewinnen an Bedeutung, da die traditionell enge wirtschaftliche Verflechtung mit Italien und Griechenland angesichts schwachen Wachstums und politischer Unsicherheiten in beiden Ländern weiterhin stockt. Gleichzeitig kommen die regionalen Integrationsprojekte, wie der 2016 in Triest beschlossene gemeinsame Wirtschaftsraum der Westbalkanländer, kaum von der Stelle. Möglicherweise gelingt es der albanischen Politikerin Majlinda Bregu als neue Generalsekretärin des Regionalen Kooperationsrats der regionalen Kooperation und der weiteren EU-Integration frischen Wind zu verleihen.

Weiterführende Literatur

Elvin Gjevori: Democratisation and Institutional Reform in Albania, Cham 2018.

---

4 Die EU strebt solche Abkommen mit allen Westbalkanstaaten bis Ende 2018 an. Vgl. Status Agreement between the European Union and the Republic of Albania on actions carried out by the European Border and Coast Guard Agency in the Republic of Albania, Dok. 10290/18 vom 10. Juli 2018 abrufbar unter: http://data.consilium.europa.eu/doc/document/ST-10290-2018-INIT/en/pdf (letzter Zugriff: 1. Oktober 2018).

Bosnien und Herzegowina

Tobias Flessenkemper*

Der EU-Integrationsprozess Bosnien und Herzegowinas trat 2017/18 auf der Stelle. Nach politischem Ringen gelang im Februar 2018 die Beantwortung des Fragenkatalogs, den die Europäische Kommission am 9. Dezember 2016 in Sarajevo überreicht hatte. Grund der Verzögerung war der innenpolitische Kompetenzstreit zwischen Staatsebene und Republika Srpska (RS). Die RS verlangte, dass sie Fragen ihres Kompetenzbereichs direkt mit der Europäischen Kommission verhandeln sollte. Der Appell des Rates der Europäischen Union vom 27. Juni 2018 weiter, Reformen und eine Verfassungsänderung zu verfolgen, verhallte im Vorwahlkampf und angesichts drängender, alle Bürger gleichermaßen betreffender Probleme, deren Lösung auch nicht mehr der EU zugetraut wird.[1] Die EU-Integration spielte im Wahlkampf der allgemeinen Wahlen am 7. Oktober 2018 eine untergeordnete Rolle. Verfassungspolitische Streitigkeiten zwischen den Vertretern der nationalistischen Lager der Serben, Kroaten und Bosniaken dominierten die Diskussion.

Auswanderung

Die europäische Einigung wird von mehr und mehr Bürgern in die eigenen Hände genommen, indem sie in die EU-Staaten emigrieren. Die Bilanz der EU-Integration seit Eröffnung der Beitrittsperspektive 2003 ist für viele, nicht nur junge Menschen, unzureichend. Sie wählen die Auswanderung beziehungsweise Pendeln zwischen den Arbeitsmärkten in der EU und Bosnien und Herzegowina. Obzwar das Stabilisierungs- und Assoziierungsabkommen (SAA) und die vertiefte wirtschaftliche Verflechtung mit der EU langsam fruchtet, reichen weder der Fortschritt noch das derzeitige Wirtschaftswachstum von um die 3 Prozent jährlich aus, um an das Wohlstandsniveau und die Lebensqualität Mitteleuropas in absehbarer Zeit aufzuschließen.[2] Seit dem 1. Januar 2016 besteht eine deutsche Westbalkanregelung, mit der Arbeitsuchende „für jede Beschäftigung eine Aufenthaltserlaubnis erhalten" können; ohne EU-Personenfreizügigkeit. Diese Regelung entfaltete unerwartete Sogwirkung, da insbesondere Fachkräfte aus dem Gesundheitssektor aber auch aus der gewerblichen Wirtschaft gezielt angeworben werden. Die zeitliche Befristung der Regelung bis zum 31. Dezember 2020 erhöht den individuellen Handlungsdruck zudem. In Bosnien und Herzegowina ist Deutschland nicht nur wirtschaftlich attraktiv. Kenntnisse der deutschen Sprache sind weit verbreitet, da viele Menschen in den 1990er Jahren Schutz vor Krieg, Völkermord und Vertreibung in deutschsprachigen Ländern fanden. Ob und wie diese Dynamik positiv für die Entwicklung des Landes genutzt werden kann, ist unsicher.[3] Es besteht die Befürchtung, dass durch „brain drain", also die Abwanderung gut ausgebildeter Menschen, kaum mehr Druck für Reformen aufrechterhalten werden kann.

---

*   Der Beitrag gibt ausschließlich die Sicht des Autors wieder. Der Beitrag wurde vor dem 30. September 2018 verfasst.
1   Vgl. Regional Cooperation Council: Balkan Barometer 2018, Sarajevo 2018.
2   Vgl. Matteo Bonomi/Dušan Reljić: The EU and the Western Balkans: so near and yet so far. Why the region needs fast-track socio-economic convergence with the EU, in: SWP Comment 2017/C 53.

Protest

Wie drängend grundlegende politische und gesellschaftliche Reformen bleiben, zeigte die Protestwelle in der RS. In Folge des Verschwindens und der Ermordung des 21-jährigen David Dragičević Mitte März 2018 in Banja Luka mobilisierten sich breite Bevölkerungsschichten und forderten in lautstarken Demonstrationen „Prava za Davida" (Gerechtigkeit für David); also einen funktionierenden Rechtsstaat und ein Ende einer als Willkür empfundenen Herrschaft, in der die Grenzen zwischen Politik, Polizei und organisierter Kriminalität verschwimmen.[4] Die Notwendigkeit der in der EU-Erweiterungsstrategie geforderten umfassenden und nachhaltigen rechtsstaatlichen Transformation wird von der protestierenden Mitte der Gesellschaft offensichtlich geteilt. Das Dilemma ist, dass dieselben Gruppen, die Veränderung fordern, am ehesten auswandern. ErwartetEs wird erwartet, dass viele der Protestierenden, sollten die Wahlen im Oktober 2018 keine positiven Veränderungen versprechen, emigrieren und damit als Träger der Transformation weitgehend ausfallen könnten.

Abgekühlte EU-Beziehungen

Der nordwestliche Landesteil, der an Kroatien grenzt, ist seit 2017 zu einer meist ungewollten Endstation von Flüchtlingen und Migranten mit dem Ziel EU geworden. Bosnien und Herzegowina, das nur durch vorheriges Passieren eines EU-Lands zu erreichen ist, trägt somit die Kosten für eine grenz- und migrationspolitisch überforderte EU. Ein dauerhafter Verbleib von Flüchtlingen und Migranten an der abgeschotteten kroatischen Grenze hat dabei innen- und europapolitisches Konfliktpotenzial. Diese Erfahrung teilt Bosnien und Herzegowina mit den anderen Westbalkanstaaten, deren Zusammenarbeit trotz eines weiteren Treffen des Berlin-Prozesses am 10. Juli 2018 in London an Schwung zu verlieren scheint. Der Glaube an das Versprechen der EU-Integration ist weiter gesunken. Trotzdem bleibt die EU mit der Gemeinsamen Außen- und Sicherheitspolitik (GASP) und Gemeinsamen Sicherheits- und Verteidigungspolitik (GSVP) engagiert, nicht zuletzt weil die Mitgliedstaaten wegen der Sezessions-Rhetorik des RS-Präsidenten Milorad Dodik und des Einflusses von Russland und der Türkei um die Stabilität des Landes und der Region besorgt bleiben. Die Militärmission EUFOR ALTHEA wurde am 7. November 2017 vom Sicherheitsrat der Vereinten Nationen bis Ende 2018 verlängert.[5] Am 25. Juni 2018 verlängerte der Rat das Mandat des EU-Sonderbeauftragten Lars-Gunnar Wigemark, gleichzeitig Leiter der EU-Delegation in Sarajevo, bis 31. August 2019. Die EU unterstützt weiterhin den Hohen Repräsentanten Valentin Inzko, der im März 2019 sein 10-jähriges Amtsjubiläum begehen kann. Die politische Dynamik für EU-Integration ist trotz steigender Mittel für die Vorbeitrittshilfe (IPA) von 300 Mio. Euro für den Zeitraum 2018–2020 abgeschwächt. Weitere Fortschritte wie den Kandidatenstatus werden vor Ende 2019 nicht erwartet.

Weiterführende Literatur

Tobias Flessenkemper/Nicolas Moll (Hrsg.): Das politische System Bosnien und Herzegowinas. Herausforderungen zwischen Dayton Friedensabkommen und EU-Annäherung, Wiesbaden 2018.

---

3 Vgl. Alida Vračić: The way back: brain drain and prosperity in the Western Balkans, European Council on Foreign Relations, Mai 2018, policy brief 257.
4 Vgl. Adelheid Wölfl: Ganz Banja Luka sucht den Mörder von David Dragičević, in: Frankfurter Rundschau, 25.9.2018.
5 Vgl. hierzu auch den Beitrag „Gemeinsame Außen- und Sicherheitspolitik" in diesem Jahrbuch.

Kosovo

Tobias Flessenkemper[*]

Am 17. Februar 2018 feierte die Republik Kosovo den 10. Jahrestag der Unabhängigkeit von Serbien. Trotz der lang ersehnten Freischaltung der eigenen Telefonvorwahlnummer +383 war der Jahrestag überschattet von einer schleppenden wirtschaftlichen Entwicklung und dem Gefühl der Perspektivlosigkeit der jugendlichen Bevölkerungsmehrheit. Die seit 2017 von Ministerpräsident Ramush Haradinaj geführte Regierung kann kaum greifbare EU-Fortschritte vorweisen. Serbien erkennt die Unabhängigkeit Kosovos weiterhin nicht an, daher leitet die EU seit Anfang 2011 einen Dialog zwischen Kosovo und Serbien. Die EU-Außenbeauftragte Federica Mogherini möchte mit dem Dialog zur Normalisierung beitragen. Seit 2017 fand der Dialog auf Ebene von Präsident Hashim Thaçi und auf serbischer Seite von Präsident Aleksandar Vučić statt. Am 18. Juli 2018 bestätigte die Kommission, dass Kosovo ausstehende Bedingungen für die Aufhebung der Visapflicht erfüllt hat. Damit liegt die Entscheidung über die Visaliberalisierung beim Europäischen Parlament und dem Rat der Europäischen Union.

EU-Integration

Seit 2008 unterstützt die Europäische Union mit Mitteln der Gemeinsamen Sicherheits- und Verteidigungspolitik (GSVP) Polizei und Justiz. Die Aufgaben der EU-Rechtsstaatsmission im Kosovo (EULEX Kosovo) wurden vom Rat am 8. Juni 2018 neu definiert und die Laufzeit der Mission zum fünften Mal, nunmehr bis 14. Juni 2020, verlängert. Internationale Richter und Staatsanwälte sind nicht mehr im kosovarischen Rechtssystem tätig. EULEX hat nun eine rein beratende Rolle. Als Missionschefin wurde Alexandra Papadopoulou, eine griechische Diplomatin, ebenfalls bis zum 14. Juni 2019 verlängert. Die bulgarische Diplomatin Nataliya Apostolova wurde als EU-Sonderbeauftragte bis zum 29. Februar 2020 verlängert und leitet das EU-Büro in Prishtina. Die rechtliche Eigenständigkeit und der Aufbau tragfähiger staatlicher Strukturen in Kosovo ist Ziel der EU-Politik. Den rechtlichen Rahmen bietet das im April 2016 in Kraft getretene Stabilisierungs- und Assoziierungsabkommen (SAA). Seit November 2016 setzt die Regierung von Kosovo ohne Schwung eine Europäische Reform Agenda (ERA) um. Der seit September 2017 amtierenden Koalition ist es am 21. März 2018, nach mehr als zwei Jahren Blockade, gelungen, das Grenzabkommen mit Montenegro zu ratifizieren. Neben besserer Kriminalitätsbekämpfung war es eine Bedingung für die Visaliberalisierung. Am 18. Juli 2018 hat die Europäische Kommission bestätigt, dass diese nun erfüllt sind. Das Europäische Parlament hat am 13. September 2018 mit 420 Stimmen dafür und 186 dagegen dem Kommissionsvorschlag vom 4. Mai 2016 für die Visaliberalisierung zugestimmt. Der Rat sollte vor den Europawahlen im Mai 2019 entscheiden. Es ist unklar, ob die notwendige qualifizierte Mehrheit vorhanden ist. Eine weitere Forderung der Europäischen Union ist die Arbeit der „Specialist Chambers" in Den Haag, die bestimmte Strafsachen im Umfeld des Krieges 1999 ermitteln soll. Im Dezember 2017 debattierte das Parlament die Aufhebung des Gesetzes zur

---

[*] Der Beitrag gibt ausschließlich die Sicht des Autors wieder. Der Beitrag wurde vor dem 30. September 2018 verfasst.

Errichtung dieser extraterritorialen Sondergerichtsbarkeit. Präsident Thaçi erwog, seine Unterschrift unter die Aufhebung des Gesetzes zu setzen. Obschon nicht direkt mit der Visaliberalisierung verbunden, wird die Umsetzung dieser Verpflichtung in die Entscheidungsfindung des Rats einfließen.

Dialog mit Serbien

Zentrales politisches Instrument ist der von Mogherini geführte Dialog über die Normalisierung zwischen Kosovo und Serbien. Eine Normalisierung ist unabdingbar für die jeweilige EU-Integration. Für Serbien ist die Lage komplizierter als für Kosovo, da der serbische Anspruch auf das Territorium eines anderen Landes mit der EU-Mitgliedschaft unvereinbar ist. Die fünf EU-Mitgliedstaaten, die die Unabhängigkeit der Republik Kosovo nicht anerkennen,[1] bestehen ebenfalls auf der Trennung des serbischen Rechtsgebiets von Kosovo. Spannungen existieren in Nordkosovo, wo Polizei, Justiz und Verwaltung parallel von serbischen Staatsstrukturen finanziert werden. Abkommen zur vollständigen Integration in die Strukturen der Republik Kosovo wurden schleppend und in der Verwaltung teilweise gar nicht umgesetzt.

Am 16. Januar 2018 wurde der serbisch-kosovarische Politiker Oliver Ivanović ermordet. Ivanović setzte sich für die Integration der SerbInnen in die Strukturen Kosovos ein. Die Ermittlungen blieben bislang ergebnislos. Die Tat diente Belgrad als Anlass, das Dialogtreffen im Januar abzusagen. Der Dialog wurde erst am 23. März 2018 fortgesetzt. Wie beim Folgetreffen am 24. Juni 2018 war die Umsetzung der Vereinbarungen von 2013 Thema. Zum Treffen am 18. Juli 2018 versprach Mogherini unvermittelt ein höheres „Tempo der Verhandlungen". Abgestimmt mit ihr und mit EU-Erweiterungskommissar Johannes Hahn überraschten Thaçi und Vučić am 25. August 2018 beim Europäischen Forum Alpbach mit der Idee eines Gebietstausches als Lösung ihres Streits. Beim Gymnich-Treffen am 30./31. August 2018 in Wien lehnte eine Mehrheit der EU-AußenministerInnen die Idee konsterniert ab. Angesichts scharfer Kritik distanzierte sich dann Präsident Thaçi wieder von ihr. Anders als geplant kam so am 7. September 2018 kein Dialogtreffen zustande. Mogherini vermochte keine Einigkeit der Rates zu sichern. Ein erfolgreicher Abschluss des Dialogs vor Ende ihres Mandats scheint unwahrscheinlich.

Ausblick

Die europäische und regionale Integration schreitet trotz der kontroversen Gebietstauschdebatte, die im Sommer 2018 losgetreten wurde, voran. Prioritäten für das Land bleiben die Umsetzung des SAA, die Visaliberalisierung und der Aufbau eines demokratischen Rechtsstaats. Mogherini trägt die Verantwortung dafür, den Dialog mit Serbien wieder mit den wesentlichen Fragen der Normalisierung zu befassen. Ob dies vor den Europawahlen im Mai 2019 gelingen kann, ist fraglich und damit die Perspektive für eine Intensivierung der EU-Integration Kosovos.

Weiterführende Literatur

Adelheid Wölfl: +383 Prishtina Calling – Kosovo zehn Jahre nach der Unabhängigkeitserklärung, in: Südosteuropa Mitteilungen 1/2018, S. 6-19.

---

1 2018 haben 114 Staaten die Republik Kosovo anerkannt. Die EU-Mitgliedstaaten Griechenland, Rumänien, Spanien, die Slowakische Republik und die Republik Zypern haben Kosovo nicht erkannt. Vgl. Republic of Kosovo Ministry of Foreign Affairs: International Recognitions of the Republic of Kosovo, abrufbar unter: http://mfa-ks.net/en/politika/483/njohjet-ndrkombtare-t-republiks-s-kosovs/483 (letzter Zugriff: 15.9.2018).

Mazedonien

Oliver Schwarz

„Wir haben einen Deal", teilte der griechische Ministerpräsident Alexis Tsipras am 12. Juni 2018 der Öffentlichkeit mit.[1] Damit fand der seit gut einem Vierteljahrhundert zwischen Athen und Skopje andauernde Namensstreit ein vorläufiges Ende. Dem Einvernehmen nach soll die ehemalige jugoslawische Republik künftig Nord-Mazedonien heißen. Als Gegenleistung will Griechenland den Weg des Landes in die Europäische Union und die NATO frei machen.

Innenpolitische Entwicklung
Am 15. Oktober 2017 fand in Mazedonien die erste Runde der Kommunalwahlen statt. Nach dem im Mai 2017 erfolgten Machtwechsel galten die Wahlen als ein wichtiger Stimmungstest für den neuen Ministerpräsidenten Zoran Zaev. Diesen Test hat Zaevs Sozialdemokratische Liga Mazedoniens (SDSM) eindrucksvoll bestanden: Sie stellt nun in 57 von 80 Städten und Gemeinden den Bürgermeister. Dies sind 53 Mandate mehr als im Vergleich zu den Kommunalwahlen des Jahres 2013. Auch in der Hauptstadt Skopje gewann mit Petre Šilegov ein Kandidat der SDSM. Er löst damit den bisherigen Amtsinhaber Koce Trajanovski von der VMRO-DPMNE (Innere Mazedonische Revolutionäre Organisation – Demokratische Partei für Mazedonische Nationale Einheit) ab. Überhaupt konnte die rechtskonservative Partei des nach elf Jahren abgewählten Premierministers Nikola Gruevski nur in fünf Städten und Gemeinden die Wahl für sich entscheiden: Sie verfügt damit über 51 Mandate weniger. Die an der Regierung beteiligte Demokratische Union für Integration (DUI) erzielte 10 Mandate. Die erstmalig an den Wahlen teilnehmende Allianz für die Albaner (AA) gewann in drei Städten und Gemeinden. Die übrigen Parteien, die albanisch-mazedonische Partei BESA (Ehrenwort), die Demokratische Partei der Albaner (DPA) und die Türkische Demokratische Partei Mazedoniens (TDP), erzielten jeweils ein Mandat. Auch bei der Wahl der Stadträte war die SDSM erfolgreich: Sie stellt nun 552 Räte, die VMRO-DPMNE 432. Die Wahlbeteiligung lag im ersten Durchgang bei 59,51 Prozent. Beim zweiten Wahldurchgang, der am 29. Oktober 2017 stattfand, lag die Wahlbeteiligung bei 51,92 Prozent.[2]

Euroatlantische Integration
In den Mittelpunkt seiner Regierungsarbeit hatte Zaev die Beschleunigung des euroatlantischen Integrationsprozesses und die Aussöhnung mit benachbarten Staaten gestellt. Hierzu wurde am 2. August 2017 ein Nachbarschaftsvertrag mit Bulgarien geschlossen. Dieser

---
1 Renee Maltezou/Kole Casule: 'We have a deal,' say Greece and Macedonia over name dispute, in: Reuters, 12.6.2018.
2 Konrad Adenauer Stiftung/Institute for Democracy Societas Civils-Skopje: The Republic of Macedonia's Local Elections Handbook, Skopje, 22.12.2017, S. 151-154.

sieht vor, strittige bilaterale Fragen in die Obhut einer noch zu schaffenden Kommission zu übergeben. Bei einem Staatsbesuch im Kosovo am 12. Dezember 2017 sprach sich Zaev für die Einsetzung einer internationalen Kommission zur Untersuchung der Kumanovo-Gefechte aus. In der überwiegend von Albanern bewohnten mazedonischen Stadt war es im Mai 2015 zu kriegsähnlichen Auseinandersetzungen zwischen Sicherheitskräften und bewaffneten Gruppen gekommen. Auch mit Serbien bemühte sich die mazedonische Regierung um gutnachbarschaftliche Beziehungen: Am 16. Februar 2018 fand in Skopje eine gemeinsame Kabinettssitzung beider Regierungen statt.

Die „neue Sachlichkeit" der mazedonischen Regierung stieß auch in Brüssel auf ein positives Echo.[3] Am 17. April 2018 empfahl die Europäische Kommission dem Rat der Europäischen Union zum nunmehr neunten Mal in Folge, mit Mazedonien die Verhandlungen über einen EU-Beitritt aufzunehmen.[4]

Besondere Fortschritte machten jedoch die griechisch-mazedonischen Beziehungen. So kündigte Zaev nach einem Treffen mit Tsipras am Rande des Weltwirtschaftsforums in Davos an, den Namen des mazedonischen Flughafens von „Alexander der Große" in „Internationaler Flughafen von Skopje" umzubenennen. Ebenso solle der Name der Autobahn, die die mazedonische Hauptstadt mit Griechenland verbindet, von „Alexander der Mazedonier" in „Straße der Freundschaft" geändert werden. Die Verwendung des Namens des antiken Herrschers war von Athen seit jeher als eine Provokation und eine Vereinnahmung der griechischen Geschichte betrachtet worden. Durch diese Initiative wurden die Verhandlungen positiv beeinflusst, die beide Seiten unter Führung des UN-Sonderermittlers Matthew Nimetz nach drei Jahren Pause wieder aufgenommen hatten. Nimetz hatte den Konfliktparteien laut Medienberichterstattung fünf verschiedene Namensvorschläge unterbreitet: Republik Neu-, Nord- und Ober-Mazedonien, Republik Mazedonien (Skopje) sowie Republik Vardar-Mazedonien. Im Mai 2018 hatte Zaev mit Republik Ilinden-Mazedonien noch einen weiteren Vorschlag in die Verhandlungen eingebracht. Der Name verweist auf den Ilinden-Aufstand gegen die osmanische Herrschaft von 1903.[5]

Am 12. Juni 2018 verkündeten Tsipras und Zaev schließlich, man habe sich auf den Namen Republik Nord-Mazedonien (Republika Severna Makedonija) geeinigt. Ein entsprechendes Abkommen solle am 17. Juni 2018 im griechisch-mazedonischen Grenzort Psarades unterzeichnet werden. Diese Ankündigung rief jedoch auf beiden Seiten nicht nur positive Reaktionen hervor.[6] Der griechische Verteidigungsminister Panos Kammenos, dessen rechtspopulistische Partei ANEL (Unabhängige Griechen) Koalitionspartner von Tsipras' Regierungspartei Syriza ist, erklärte, im Parlament gegen das Abkommen zu stimmen. Auch der mazedonische Staatspräsident Gjorge Ivanov kündigte an, eine durch das Abkommen notwendige Verfassungsänderung nicht zu unterstützen.

Weiterführende Literatur

Walter Althammer (Hrsg.): Makedonien. Probleme und Perspektiven eines jungen Staates, München 1999.
Merle Vetterlein: Konfliktregulierung durch power-sharing-Modelle: das Fallbeispiel der Republik Makedonien, Baden-Baden 2010.

---

3   Thomas Roser: Hoffnung auf Ende des Namensstreits um Mazedonien, in: Deutschen Welle, 14.12.2017.
4   European Commission: 2018 Communication on EU Enlargement Policy, Straßburg, 17. April 2018, KOM(2018)450 endg, S. 12.
5   Vassilis Nedos: Ilindenska Makedonija on cards, in: Kathimerini, 18.5.2018.
6   Vgl. hierzu auch den Beitrag „Griechenland" in diesem Jahrbuch.

Montenegro

Sebastian Schäffer

Die dritte Präsidentschaftswahl seit der Unabhängigkeit Montenegros im Jahr 2006 brachte wie erwartet erneut Milo Đukanović zurück auf die politische Bühne. Dieser hatte bereits von 1998 bis 2002 dieses Amt inne und war bis zur Parlamentswahl im Oktober 2016 Premierminister. Obwohl Đukanović damit beinahe ununterbrochen die montenegrinische Politik seit dem Zerfall Jugoslawiens mitbestimmt und auch immer wieder insbesondere von Seiten der Opposition Korruptionsvorwürfe gegen ihn und seine Demokratische Partei der Sozialisten (DPS) erhoben werden, konnte er bereits in der ersten Runde die notwendige absolute Mehrheit erreichen. Amtsinhaber Filip Vujanović konnte nach zwei Amtszeiten (gerechnet ab der Unabhängigkeit, da er bereits zuvor Staatspräsident war) nicht erneut antreten. Erstmals stand auch eine Frau zur Wahl: Die Sozialdemokratische Partei (SDP), langjähriger Koalitionspartner der DPS, nominierte Draginja Vuksanović, die rund acht Prozent erzielen konnte. Die Demokratische Front, größte Oppositionspartei im Parlament, schickte einen gemeinsamen Kandidaten ins Rennen. Mladen Bojanić erhielt jedoch nur etwas mehr als ein Drittel der Stimmen, so dass eine Stichwahl wie vor vier Jahren nicht notwendig war. Die DPS konnte sich bereits bei der Wahl des Ministerpräsidenten auf die Stimmen der Minderheitenparteien verlassen und auch Đukanović erhielt Unterstützung in Form einer Wahlempfehlung durch die Ministerpräsidenten des Kosovo und Albaniens, Ramush Haradinaj und Edi Rama. Es gelang den anderen Kandidaten darüber hinaus auch nicht, mehr Wähler zu mobilisieren. Die Wahlbeteiligung lag mit 63,9 Prozent niedriger als 2013 (67,7 Prozent).[1]

EU-Integration

In seiner Rede zur Lage der Union hatte Kommissionspräsident Jean-Claude Juncker im vergangenen Jahr eine neue Strategie für den Westbalkan angekündigt. Diese wurde im Februar 2018 angenommen. Die „Strategie für eine glaubwürdige Erweiterungsperspektive für und ein verstärktes Engagement der Europäischen Union gegenüber dem westlichen Balkan" sieht vor, bis zum Jahr 2025 die theoretischen Voraussetzungen zu schaffen, die einen Beitritt bei entsprechenden Anstrengungen und Reformen ermöglichen soll. Serbien und auch Montenegro wurden von Juncker explizit für ihre bisherigen Fortschritte gelobt. Seit dem Antrag auf Mitgliedschaft vor fast zehn Jahren konnte Montenegro nun insgesamt 30 von 35 Beitrittskapiteln eröffnen, seit dem letzten Berichtszeitraum kamen damit vier neue hinzu (Freier Warenverkehr, Freizügigkeit der Arbeitnehmer, Niederlassungsfreiheit und freier Dienstleistungsverkehr, Regionalpolitik und Koordination der strukturpolitischen Instrumente). Zudem konnte ein weiteres Kapitel vorläufig geschlossen werden (Beziehungen nach Außen), so dass nun drei Kapitel abgeschlossen sind.

---

1 Ergebnis der Präsidentschaftswahlen, 15.4.2018, abrufbar unter: http://www.izbori2018.me/#/predsjednicki-izbori (letzter Zugriff: 18.6.2018).

Das Wirtschaftswachstum hält zwar an, dennoch stellt die hohe Arbeitslosigkeit weiterhin eine der größten innenpolitischen Herausforderungen dar. Mit einer Quote von rund 16 Prozent zählt Montenegro zu den 20 Ländern mit der höchsten Arbeitslosigkeit weltweit. Innenpolitisch bleibt das Land gespalten. Teile der Opposition sind zwar im Dezember 2017 ins Parlament zurückgekehrt, dennoch mangelt es an einem Dialog innerhalb der politischen Institutionen. Die Ratifikation des Abkommens über den Grenzverlauf durch das Parlament in Priština setzt die guten nachbarschaftlichen Beziehungen der beiden Staaten fort, was sich auch auf die innenpolitische Vormachtstellung der DPS auswirkt. Solange sich keine echte Alternative zur Regierungspartei formiert, die nicht auch gleichzeitig einen pro-europäischen Kurs im Gegensatz zur jetzigen hauptsächlich pro-russischen Opposition glaubwürdig vertreten kann, wird sich auch daran nichts ändern.

Ausblick

Das in Aussicht gestellte Datum für einen möglichen Beitritt zur Europäischen Union im Jahr 2025 scheint für Montenegro im Vergleich zu den anderen Beitrittskandidaten noch am ehesten realistisch. Der Fortschrittsbericht der Kommission bescheinigt zwar moderate, aber dennoch erkennbare Verbesserungen in fast allen Bereichen. Insbesondere im Hinblick auf die Anpassung und Vorbereitung auf die Umsetzung des Acquis communautaire konnten Fortschritte erzielt werden.[2] Auf absehbare Zeit kann die DPS hier ihren Reformkurs fortsetzen, inwiefern aber auch die besonders kritischen Fragen hinsichtlich Korruption, Pressefreiheit und Bekämpfung der organisierten Kriminalität angegangen werden, bleibt abzuwarten. Zudem stellt sich die Frage nach dem Einfluss von Seiten der Russischen Föderation auf den kleinen Adriastaat und auch die steigenden Investitionen Chinas insbesondere im Bereich der Infrastruktur werden zunehmend eine Konkurrenz zu dem an Bedingungen gebundenen Engagement aus Brüssel darstellen. Dennoch ist die Zustimmung von Seiten der Bevölkerung zu einem EU-Beitritt überwältigend hoch, wie eine Umfrage der Delegation der Europäischen Union in Montenegro vom Januar 2017 zeigt. Mehr als 76 Prozent der befragten Wähler, die sich an einem Referendum beteiligen würden, sprachen sich für eine Mitgliedschaft aus.[3] Dennoch bleibt das anvisierte Ziel sehr ambitioniert. Neben dem Willen der montenegrinischen Politik, ihre Anstrengungen fortzusetzen und auf alle Bereiche auszuweiten, wird hier insbesondere die Unterstützung der EU-Institutionen, aber auch einzelner Mitgliedstaaten, darunter unter anderem Deutschland, notwendig sein. Zentrale Frage wird dabei sein, ob die neue Kommission diese nach der Europawahl im kommenden Jahr fortsetzen wird und auch die notwendigen Mittel für den Beitritt im nächsten mehrjährigen Finanzrahmen bereitgestellt werden.

Weiterführende Literatur

Matthias Bieri: Der Westbalkan zwischen Russland und der EU, Zürich 2017.
Christina Griessler: Die makroregionale EU-Strategie für den Donauraum und ihr Beitrag zur regionalen Zusammenarbeit der Staaten des westlichen Balkans, in: Ellen Bos/Christina Griessler/Christopher Walsch (Hrsg.): Die EU-Strategie für den Donauraum auf dem Prüfstand, Budapest 2017, S. 109-130.

---

2 Europäische Kommission: Commission Staff Working Document, Montenegro 2018 Report, SWD (2018) 150.
3 European Western Balkans: Local Opinion poll: continuous rise in support for Montenegro's EU accession, 19.1.2017, abrufbar unter: https://europeanwesternbalkans.com/2017/01/19/local-opinion-poll-continuous-rise-in-support-for-montenegros-eu-accession/ (letzter Zugriff: 31.7.2018).

Serbien

Sabine Willenberg

Übervorteilt von „einer selektiven Gerechtigkeit [...], die früher mal aus Den Haag [Sitz des Jugoslawien-Kriegsverbrechertribunals] kam",[1] in der Nationalehre erschüttert von albanischen Doppelkopfadlern als Siegespose, brüskiert durch das souveräne Vorankommen ausgerechnet des Nachbarn Kroatien, unerschütterlich und schicksalhaft verbunden mit Gastgeber Russland – die Fußball-Weltmeisterschaft illustrierte die zentralen Aspekte des nationalen Selbstverständnisses Serbiens, die auch seine Europapolitik bestimmen. In ihrem Zentrum steht Präsident Aleksandar Vučić, der erneut zeigte, wie meisterhaft er die Disziplin des politischen Manövrierens zwischen konsequenter Autokratisierung und Traditionalisierung einerseits und pragmatischer Europäisierung und Digitalisierung andererseits beherrscht.

System Vučić: konsolidiert und digitalisiert

Seit einigen Jahren arbeitet Vučić auf den Ausbau seiner Macht hin: Die politische Karriere begonnen als nationalistischer Hardliner in der Serbisch Radikalen Partei trat er dann scheinbar geläutert 2014 als Vorsitzender der Serbischen Fortschrittspartei das Amt des Premierministers an. Im April 2017 gelang der Coup zur weiteren Machtsicherung, als Vučić den Posten vom Premierminister zum Präsidenten wechselte, ohne freilich den Einfluss auf ersteren zu verlieren. Jüngster Meilenstein im Machtausbau war im März 2018 der haushohe Sieg in den Kommunalwahlen in der Hauptstadt Belgrad, wo er die nach ihm benannte Liste „Aleksandar Vučić – weil ich Belgrad liebe" anführte. Dass dies einen klaren Verstoß gegen die Verfassung, die einer Ämtertrennung vorsieht, bedeutete und ihm massiven Protest und erneut den Vorwurf des Wahlbetrugs einbrachte, schien im System Vučić nicht relevant zu sein.[2]

Ana Brnabić, die er im Mai 2017 als Premierministerin installiert hatte, füllte unterdes die ihr zugedachte Funktion perfekt aus: Als erste und dann auch noch homosexuelle Frau in diesem höchsten Regierungsamt verkörperte sie als parteilose, vor allem im Ausland überzeugende Technokratin die strenge moderne, aber jederzeit auch Vučić loyale Linie. Die von ihr definierten Schwerpunkte Bildung und Digitalisierung trieb sie durchaus erfolgreich voran, um Serbien als „digitale lange Werkbank Europas" zum Innovation Hub zu entwickeln.[3]

---

1 Vgl. Deutsche Welle: Doppelkopf-Adler mitten in Kaliningrad, 23.6.2018, abrufbar unter: https://www.dw.com/de/doppelkopf-adler-mitten-in-kaliningrad/a-44368283 (letzter Zugriff: 23.10.2018).
2 Vgl. ZEIT Online: Vučić gewinnt Kommunalwahl in Belgrad, 5.3.2018, abrufbar unter: https://www.zeit.de/politik/ausland/2018-03/serbien-staatspraesident-aleksandar-vucic-kommunalwahlen-belgrad (letzter Zugriff: 23.10.2018).
3 Vgl. Neue Zürcher Zeitung: Serbiens Regierungschefin ist lieber Technokratin – und ein Glücksfall für den Präsidenten, 2.5.2018, abrufbar unter: https://www.nzz.ch/international/ana-brnabic-ld.1344187 (letzter Zugriff: 23.10.2018).

Serbien-EU: Pragmatismus um des Kosovo Willen

Ihr Prestigeprojekt passt damit zu den aktuellen Prioritäten der Europäischen Kommission, die Digitalisierung im Februar 2018 in ihrer Westbalkan-Strategie im 6-Punkte-Plan nannte. Wie schon 2003 bot sie der Region darin eine „glaubhafte Beitrittsperspektive" an. Alt war auch das Regattaprinzip, nach dem die Staaten gemäß ihrer je eigenen Fortschritte beitreten sollen, neu die Nennung eines Datums: 2025 als freilich unverbindliche und bereits von Emmanuel Macron und Angela Merkel widerrufene Ziellinie,[4] die in Serbien trotzdem Begehrlichkeiten weckte. Immerhin ist es neben Montenegro der einzige Westbalkan-Staat, der bereits Verhandlungen mit der Europäischen Union führt. 14 der 35 Kapitel hat es schon geöffnet, zwei vorübergehend geschlossen.[5] Bei ansehnlichem Tempo bleiben die Defizite Serbiens in anderen Aspekten des 6-Punkte-Plans offensichtlich, voran die brüchige Rechtsstaatlichkeit und zögerliche Aussöhnung mit den Nachbarn.

Letztlich werden die Serbien-EU-Beziehungen aber ohnehin nicht über diese Themen, sondern in und um das Kosovo entschieden. Dessen Unabhängigkeit erkennt Serbien auch nach 10 Jahren nicht an. Um den Dauerkonflikt zu lösen und die zuletzt ins Stocken geratenen Normalisierungsgespräche wieder aufzunehmen, ist die Europäische Union auf Vučić und sein Macht-System, das sie deshalb stillschweigend akzeptiert, angewiesen. Im März kündigte er gar an, für einen „Kompromiss" offen zu sein und im Land einen Dialog zu initiieren, um das offene Thema Kosovo nicht den künftigen Generationen zu lassen. Im Vučić-System mit seiner austarierten, zentral gesteuerten Arbeitsteilung verwundert es aber auch wenig, dass parallel zur nach außen signalisierten Offenheit im Inneren die nationalen Töne bespielt und eigentlichen Prämissen Serbiens Europa-/Kosovopolitik unmissverständlich abgesteckt wurden: Ein Kompromiss beinhalte nämlich keinesfalls eine Anerkennung, so Premierministerin Brnabic. Mehr noch, so Verteidigungsminister Vulin:

> „Wenn für die EU der Schlüsselpunkt die Lösung des Kosovo-Problems ist, eines Problems, an dessen Entstehung die EU aktiv mitgewirkt hat, dann ist es Zeit, dass wir über die Änderung der Prioritäten unserer Außenpolitik [weg vom EU-Beitritt] nachdenken."[6]

Für Sommer 2018 hat Serbien einen eigenen Plan zur Lösung des Dauerthemas avisiert, der diesen nationalen Interessen gerecht werden und die Europäische Union erneut herausfordern dürfte.

Weiterführende Literatur:

Friedrich-Ebert-Stiftung: Serbia and Kosovo in 2035 – Scenarios, Belgrad 2018.
European Commission: Serbia 2018 Report, Brussels 2018, abrufbar unter: https://ec.europa.eu/neighbourhood-enlargement/sites/near/files/20180417-serbia-report.pdf (letzter Zugriff: 23.10.2018).

---

4   Vgl. European Commission: Strategy for the Western Balkans, 6.2.2018, abrufbar unter: https://ec.europa.eu/commission/news/strategy-western-balkans-2018-feb-06_en (letzter Zugriff: 23.10.2018); Vgl. hierzu auch die Beiträge „Die Erweiterungspolitik der Europäischen Union" und „Südosteuropapolitik" in diesem Jahrbuch.
5   Vgl. Europäischer Rat: Pressemitteilung. Eighth meeting of the Accession Conference with Serbia at Ministerial level, Luxemburg, 25. Juni 2018, Dok. 397/18.
6   ZEIT Online: Serbien erwägt, von EU-Beitrittsplänen abzurücken, 21.5.2018, abrufbar unter: https://www.zeit.de/politik/ausland/2018-05/westbalkan-serbien-kosovo-eu-beitritt (letzter Zugriff: 23.10.2018); Kurir: Priznanje Kosova ne bi bio kompromis, 19.6.2018, abrufbar unter: https://www.kurir.rs/ (letzter Zugriff: 23.10.2018).

Türkei

Funda Tekin*

Am 24. Juni 2018 hat das Wahlbündnis von Adalet ve Kalkınma Partisi (AKP) und Milliyetçi Hareket Partisi (MHP) bei vorgezogenen Wahlen in der Türkei die absolute Mehrheit im Parlament erreicht. Gleichzeitig wurde Recep Tayyip Erdoğan (AKP) als Präsident der Republik Türkei bestätigt. Das exekutive Präsidialsystem, welches im April des vorangegangenen Jahres in einem nationalen Referendum beschlossen worden war, ist somit abschließend für die Türkei konstituiert worden. Dies stellt einen wichtigen Referenzpunkt für die Betrachtungen der innenpolitischen, wirtschaftlichen und außenpolitischen Entwicklungen der Türkei sowie der EU-Türkei-Beziehungen in den letzten zwölf Monaten dar.

Eingangs sollen die folgenden Entwicklungen als rahmengebend festgehalten werden. Der Ausnahmezustand, der nach dem gescheiterten Putschversuch vom 15. Juli 2016 ausgerufen worden war, wurde von der Regierung immer wieder verlängert und lief erst am 19. Juli 2018 aus. Die Entlassungs-, Suspendierungs- und Verhaftungswellen, die dem Putschversuch folgten, ebbten nach 2017 etwas ab. Aufgrund unterschiedlicher Statistiken und einer Anzahl an Wiedereinstellungen von Staatsbediensteten ist es jedoch schwierig, einen genauen Überblick über den derzeitigen Stand zu geben. Der Grad der Verfolgungen im türkischen Staat bleibt aber hoch; so wurden zwei Wochen nach den Parlaments- und Präsidentschaftswahlen mehr als 18.000 Staatsbedienstete per Notstandsdekret aufgrund mutmaßlicher Verbindungen zu Terrororganisationen oder Aktivitäten gegen die Staatssicherheit entlassen. Gleichzeitig wurden weitere zwölf Vereine, drei Zeitungen und ein Fernsehkanal geschlossen.[1] So ist auch in diesem Jahr eine weitere Verschlechterung der Bewertung der Rechtsstaatlichkeit der Türkei in diversen globalen Rankings festzuhalten.[2]

Die türkische Wirtschaft, lange eine Erfolgsgeschichte der AKP-Regierungen, hat insbesondere seit Anfang 2017 massive Verwerfungen durchlaufen.[3] Diese Entwicklungen hatten nicht nur ökonomische Auswirkungen, denn allgemein werden die schlechten Wirtschaftszahlen und -prognosen als wichtige Motivation Erdoğans für die vorgezogenen Wahlen gewertet.

---

* Die Autorin dankt Johannes Kohls für die vorbereitenden Recherchen.
1 Vgl. Tagesschau: Erdogans letztes Notstandsdekret? 2018, abrufbar unter: http://www.tagesschau.de/ausland/tuerkei-entlassungen-115.html (letzter Zugriff: 12.11.2018), ZDF: 18.000 Staatsbedienstete entlassen, 2018, abrufbar unter: https://www.zdf.de/nachrichten/heute/dekret-in-der-tuerkei-18-000-staatsbedienstete-entlassen-100.html (letzter Zugriff: 12.11.2018).
2 Siehe hierzu World Justice Project: Rule of Law Index 2017-2018, Turkey, abrufbar unter: http://data.worldjusticeproject.org/#/groups/TUR (letzter Zugriff: 7.11.2018); Freedom House: Freedom in the World 2018, Turkey Profile, abrufbar unter: https://freedomhouse.org/report/freedom-world/2018/turkey (letzter Zugriff: 7.11.2018); Vgl. hierzu auch den Beitrag „Die Europäische Union und der Europarat" in diesem Jahrbuch.
3 Siehe für eine Bewertung German Trade and Invest: Wirtschaftsausblick – Türkei, Juni 2018, abrufbar unter: https://www.gtai.de/GTAI/Navigation/DE/Trade/Maerkte/Wirtschaftsklima/wirtschaftsausblick,t= wirtschaftsausblick--tuerkei-juni-2018,did=1931542.html (letzter Zugriff: 7.11.2018).

Die Migrationspolitik blieb in den Jahren 2017 und 2018 relevant. Bis Herbst 2018 wurden circa vier Mio. registrierte Flüchtlinge – davon 3,5 Mio. aus Syrien – in der Türkei verzeichnet.[4] Damit zählt die Türkei weiterhin zu den Ländern, die die Hauptlast der Flüchtlingsbewegungen aus dem kriegsgeschüttelten Nachbarland tragen.[5] Dies erhöht den innenpolitischen Druck auf die AKP-Regierung. Gleichzeitig handelt es sich dabei noch immer um einen bestimmenden Faktor in den EU-Türkei-Beziehungen, da der Rückgang der Flüchtlingszahlen in der Europäischen Union maßgeblich mit der EU-Türkei-Erklärung zur Migrationspolitik vom 18. März 2016 in Verbindung gebracht wird.

Trotz dieser Entwicklungen befand sich die Türkei, anders als in den Jahren 2016 oder 2017, in keiner kontinuierlichen Abwärtsspirale: Insbesondere das erste Halbjahr 2018 war von lebhafter politischer Dynamik geprägt.

Parlaments- und Präsidentschaftswahlen

Das Parteiensystem der Türkei zeichnet sich durch eine starke Parteibindung der Wähler und ein hohes Maß an Polarisierung aus. Die Parteien positionieren sich dabei hauptsächlich entlang zweier klarer Bruchlinien zwischen modern-säkular und religiös-konservativ sowie türkisch-national und kurdisch-unabhängigkeitsstrebend.[6] Zur Verfestigung der Einparteienmehrheit der AKP im türkischen Parlament haben die 10-Prozent-Hürde für den Einzug ins Parlament, die Zufriedenheit der Wähler mit der Wirtschaftspolitik und der Mangel an innerparteilichen Konflikten in der AKP im Gegensatz zu den Oppositionsparteien beigetragen.[7]

Im März 2018 hat das Parlament mit einer umstrittenen Gesetzesänderung Wahlbündnisse zwischen Parteien zugelassen. Damit können Einzelparteien eines Bündnisses ins Parlament einziehen, wenn sie zusammen mehr als zehn Prozent der Stimmen erreichen, unabhängig davon ob jede einzelne diese Hürde genommen hat. Die Opposition kritisierte diese Änderung zunächst, da hierin eine Stärkung der AKP gesehen wurde, die durch das ‚Bündnis des Volkes' mit der MHP die Möglichkeit hatte, dieser den Einzug ins Parlament zu sichern und somit einem Verlust der nationalen und religiös-konservativen Mehrheit im Parlament vorzubeugen.[8]

Allerdings haben einige Faktoren dazu geführt, dass diese Änderung auch die Chancen für eine Mehrheit der Opposition eröffnete und somit die Hoffnung auf einen Machtwandel entstehen ließ. Erstens hat sich im Oktober 2017 eine neue Partei um Meral Akşener gebildet. Die „Gute Partei" (IYI) ist eine Absplitterung der MHP und steht einerseits für Geschlechtergleichheit, Säkularismus und die Westernisierung der Türkei, andererseits für konservative und nationalistische Werte. Akşener hatte sich im Vorfeld des Referendums über die Einführung des Präsidialsystems klar als Gegnerin desselben positioniert. Die IYI

---

4 Siehe hierzu UNHCR: Syria Regional Refugee Response. Turkey, 2018, abrufbar unter: https://data2.unhcr.org/en/situations/syria/location/113 (letzter Zugriffe 12.11.2018).
5 Siehe für eine Bewertung der türkischen Migrationspolitik Laura Batalla/Juliette Tolay: Toward Long-Term Solidarity with Syrian Refugees? Turkey's Policy Response and Challenges, Atlantic Council in Turkey, September 2018.
6 Siehe hierzu Berna Öney/Torsten J. Selck: Exploring the level of party system institutionalization and party system type in Turkey: a convergence with established or new democracies?, Turkish Studies, 2/2017, S 209–228; Günter Seufert: Die Türkei nach den Wahlen: Alles wie gehabt und doch tiefgreifend anders, SWP-Aktuell, Nr. 38, Juli 2018.
7 Pelin Ayan Musil: Emergence of a Dominant Party System After Multipartyism: Theoretical Implications from the Case of the AKP in Turkey, South European Society and Politics, 1/2015, S. 71–92, hier S. 87.
8 Zeit Online: Türkisches Parlament verabschiedet Änderung des Wahlgesetzes, 13.3.2018, abrufbar unter: https://www.zeit.de/politik/ausland/2018-03/tuerkei-gesetzesaenderung-recep-tayyip-erdogan-machterhalt (letzter Zugriff: 12.11.2018).

zielte also auf Stimmen aus den konservativen und nationalistischen Wählerschichten, die im Grunde die AKP oder die MHP wählen würden, aber die Idee eines Präsidialsystems ablehnen, und gleichzeitig auf liberale Stimmen aus der politischen Mitte ab.[9] Wählerstimmen von der pro-kurdischen Halkların Demokratik Partisi (HDP) waren nicht zu erwarten, da Akşener in den 1990er Jahren als Innenministerin der Türkei eine klare Politik gegen die Unabhängigkeitsbestrebungen der kurdischen Minderheit geführt hatte. Zweitens hat die Cumhuriyet Halk Partisi (CHP) nicht ihren Parteivorsitzenden Kemal Kılıçdaroğlu, sondern Muharrem Ince als Präsidentschaftskandidaten nominiert. Dieser hat überraschendes rhetorisches Geschick in seinen Wahlkampfreden bewiesen und sich bemüht, die gesellschaftlichen Bruchlinien zwischen der modern-säkularen Überzeugung seiner Partei und dem religiös-konservativen Lager zu überbrücken. Wie überzeugend sein Wahlkampf war lässt sich auch daran bemessen, dass er bei den Präsidentschaftswahlen (30,64 Prozent) weit besser als die CHP bei den Parlamentswahlen abgeschnitten hat (22,65 Prozent). Drittens hatte das Ergebnis des Referendums über das Präsidialsystem im Jahr 2017 gezeigt, dass circa 50 Prozent der Bevölkerung dieses ablehnen. Zusätzlich nahmen die Wähler die kritischen Entwicklungen in der Wirtschaft, in Bezug auf Freiheit und Rechte, im Bereich der Bildung und hinsichtlich der Flüchtlingssituation wahr.[10] Beides begünstigt strategisches Wahlverhalten und ließ Wählerwanderungen wahrscheinlicher als bei früheren Wahlen erscheinen.

Die Opposition formierte sich ebenfalls über stabile Parteigrenzen hinweg zu einem ‚Wahlbündnis der Nation' bestehend aus CHP, IYI und der Saadet Partisi (SP). Die HDP versuchte aus eigener Kraft, die 10-Prozent-Hürde zu überwinden. Eine mögliche Strategie von AKP und auch Erdoğan, die Opposition durch das Vorziehen der Wahlen um fast eineinhalb Jahre auf den 24. Juni 2018 unvorbereitet zu treffen, ist folglich nicht aufgegangen.

Der Ausgang der Parlaments- und Präsidentschaftswahlen zeigte jedoch, dass die Mobilisierungskräfte der Opposition zwar für eine positive Dynamik gesorgt haben, aber nicht ausreichend für einen Wahlsieg beziehungsweise die Verhinderung einer absoluten Mehrheit der AKP im Parlament waren. Das ‚Bündnis des Volkes' erreichte 53,7 Prozent der Stimmen und auch die MHP wäre mit 11,10 Prozent eigenständig ins Parlament eingezogen. Das ‚Bündnis der Nation' gewann 34 Prozent, wobei die IYI nur aufgrund desselben im Parlament vertreten ist. Die HDP schaffte – auch mit Hilfe von links-liberalen ‚Leihstimmen' aus der CHP – mit knapp 12 Prozent den Einzug ins Parlament. Ein erheblicher Anteil an Wählerwanderung war zu beobachten, aber diese hat das Machtverhältnis zwischen den zwei Wahlbündnissen nicht grundlegend verändert. Zwar verlor die MHP Wähler an die IYI, konnte aber gleichzeitig Stimmen von der AKP gewinnen. Neben den Leihstimmen an die HDP musste die CHP auch Stimmen aus ihrem nationalistischen Lager an IYI abgeben.[11]

Bei den Präsidentschaftswahlen, bei denen Recep Tayyip Erdoğan als gemeinsamer Kandidat für das ‚Bündnis der Nation' gegen einzelne Kandidaten der anderen Parteien angetreten war, kam es entgegen vieler Prognosen zu keinem zweiten Wahlgang zwischen Erdogan und Ince. Erdoğan konnte direkt 53,60 Prozent der Stimmen gewinnen – einen Prozentpunkt mehr als bei den ersten Direktwahlen zum Präsidenten im Jahr 2014.

---

9   Die CHP hatte dazu beigetragen, dass IYI bei den Wahlen überhaupt antreten konnte, indem 13 CHP-Abgeordnete IYI beitraten, damit diese genügend Mitglieder vorweisen konnte.
10 Vgl. Sinan Ekim: Erdoğan's Snap Election Gamble: Too Little, Too Late?, Istituto Affari Internazionali Commentaries 18/32, Juni 2018; Günter Seufert: Die Türkei nach den Wahlen: Alles wie gehabt und doch tiefgreifend anders, SWP-Aktuell, Nr. 38, Juli 2018.
11 Siehe Seufert: Die Türkei nach den Wahlen, 2018, S. 4.

Durch den Machtgewinn der MHP sowie die Abschaffung des Europaministers und seines Ministeriums, die beide im Außenministerium aufgegangen sind, ist fortan eine stärker nationalistische und europaskeptische Ausrichtung der Politik möglich. Hierbei handelt es sich um einen längerfristigen Trend, denn die neue Verfassung sieht vor, dass Neuwahlen zum Präsidenten und des Parlaments immer zusammen und gleichzeitig angesetzt werden müssen. Da die Partei des neugewählten Präsidenten auch die Parlamentsmehrheit hat, ist die gegenseitige Amtsenthebung beziehungsweise Auflösung künftig ein sehr unwahrscheinliches Szenario.[12]

Wirtschaftspolitische Betrachtungen

Wirtschaftswachstum ist eine wichtige wirtschaftspolitische Priorität der türkischen Regierung. Über Jahre hinweg konnte die Türkei eine beeindruckende Bilanz vorweisen. Auch im zweiten Quartal 2018 ist die Wirtschaft, gemessen am Bruttoinlandsprodukt, noch um 5,4 Prozent gewachsen. Allerdings ist hierbei ein Abwärtstrend im Vergleich zum ersten Quartal 2018 (7,4 Prozent) und der zweiten Hälfte 2017 (11,1 Prozent) zu verzeichnen. Wirtschaftsexperten haben bereits seit längerem vor einer ‚Überhitzung' der türkischen Wirtschaft gewarnt,[13] da das Wachstum durch „massive staatliche Konjunkturmaßnahmen herbeigeführt sei – mit all seinen negativen Folgen für Inflation, Leistungsbilanz und Währung."[14] Es handelt sich folglich um kein nachhaltiges Wachstum. Dafür bedarf es in der Türkei unter anderem an Investitionen, jedoch sind seit 2016 ausländische Direktinvestitionen stark rückläufig und brachen im ersten Quartal 2018 um 28 Prozent gegenüber dem Vorjahreszeitraum ein.[15] Im Jahr 2018 wird die Situation durch den dramatischen Kursverfall der Türkischen Lira gegenüber Dollar und Euro um knapp 40 Prozent[16] sowie der extrem hohen Inflation von 15 Prozent verschärft. Um der Inflation entgegenzuwirken, müsste die Türkei die Zinsen erhöhen. Die Notenbank hat den Leitzins jedoch erst im August 2018 angehoben. Ihre Unabhängigkeit war vorher in Frage gestellt worden, da Präsident Erdoğan ein Gegner von Zinserhöhungen ist und wiederholt öffentlich die Senkung der Zinsen gefordert hatte.

Die Auswirkungen dieser Entwicklungen sind vielfältig und besorgniserregend. Die Kaufkraft der Verbraucher sinkt, ausländische Kredite haben sich verteuert, gleichzeitig ist das Handelsbilanzdefizit aufgrund des hohen Wirtschaftswachstums und der Importabhängigkeit der türkischen Wirtschaft gestiegen. Bei den Parlaments- und Präsidentschaftswahlen im Jahr 2018 scheinen diese Entwicklungen noch nicht entscheidend für die Wahlergebnisse gewesen zu sein. Dies könnte bei den Lokalwahlen im Frühjahr 2019 schon anders aussehen.

Außenpolitik

Für die türkische Außenpolitik bleiben die transatlantischen Beziehungen wichtig – auch wenn diese in den letzten Monaten wiederholt auf die Probe gestellt worden sind. Zuletzt kam es im Frühherbst 2018 zu einer Eskalation der Beziehungen aufgrund der Inhaftierung des US-amerikanischen Pastors Brunson, dem die Türkei Verbindungen zur Gülen-

---

12 Siehe hierzu Alan Makovsky: Erdoğan's Proposal for an Empowered Presidency, Center for American Progress, März 2017.
13 Siehe auch Zia Weise: Erdoğanomics risks overheating Turkey, Politico, 19.12.2017.
14 German Trade and Invest: Türkische Wirtschaft 2017, abrufbar unter: https://www.gtai.de/GTAI/Navigation/DE/Trade/Maerkte/suche,t=tuerkische-wirtschaft-2017-um-74-prozent-gewachsen,did=1899228.html?view=renderPrint (letzter Zugriff: 12.11.2018).
15 Siehe German Trade and Invest: Wirtschaftsausblick – Türkei, 2018.
16 Boerse.de abrufbar unter: https://www.boerse.de/historische-kurse/Euro-Lira/EU000A0C32V9_seite,3,anzahl,20 (letzter Zugriff: 12.11.2018).

Bewegung nachsagt. Gleichzeitig verfolgt die Türkei eine „historische Politik von flexiblen Bündnissen."[17] Gegen Ende 2017 war eine verstärkte Ausrichtung nach Osten zu beobachten – so zum Beispiel nach dem Unabhängigkeitsreferendum in Irakisch-Kurdistan im September oder beim Sotschi-Gipfel im November 2017. Darüber hinaus plant die Türkei, das russische S-400-Raketenabwehrsystem zu erwerben. Da diese Entscheidung eher als eine politische anstatt einer militärischen wahrgenommen wird, belastet dies die Türkei-Nato-Beziehungen stark.[18] Allerdings hat die Vergangenheit gezeigt, dass die Beziehungen zwischen Russland und der Türkei alles andere als stabil sind. So verärgerte Moskau Ankara mit dem Vorschlag, die nordsyrische kurdische Partei der Demokratischen Einheit (PYD) Ende 2017 zu Friedensgesprächen einzuladen, da die türkische Regierung die PYD aufgrund ihrer Nähe zur türkischen Arbeiterpartei Kurdistans (PKK) als Terrororganisation einstuft.

Im Januar 2018 kam es zur Eskalation an der Syrischen Grenze, als das türkische Militär im Rahmen der Operation ‚Olivenzweig' bis nach Afrin vorrückte, um Ansätze kurdischer Selbstverwaltung zu unterbinden und eine 30 Kilometer tiefe Pufferzone zu etablieren. Die türkische Regierung rechtfertigte dieses schwerste Luftbombardement in der Geschichte der türkischen Republik mit Raketenangriffen aus dem PYD-kontrollierten Gebiet. Internationale Reaktionen waren jedoch von der Sorge um die Verhältnismäßigkeit des militärischen Vorgehens,[19] die Zuspitzung der humanitären Krise in Syrien[20] und der Verhinderung einer politischen Lösung[21] geprägt. Auch belastete diese Operation die transatlantischen Beziehungen der Türkei, denn die PYD gilt als hauptsächlicher Partner der USA im Syrienkonflikt.[22] Nach der erfolgreichen Einnahme Afrins im März 2018 plante die Türkei kurdische Milizen auch aus Manbij zu vertreiben. Allerdings waren diese Gruppen mit amerikanischen Spezialkräften verbündet, sodass ein offener Konflikt zwischen der Türkei und den USA drohte. Nach langen Verhandlungen konnten sich beide Parteien darauf einigen, durch gemeinsame Patrouillen für Stabilität in der Region zu sorgen.[23]

Ausblick auf die EU-Türkei-Beziehungen

Im Türkei-Bericht 2018 stellt die Europäische Kommission fest, dass die Türkei weiterhin einen Schlüsselpartner für die Europäische Union darstelle, sich jedoch immer weiter von deren Werten entferne.[24] Die Dilemma-Frage ‚Was tun mit der Türkei?' bleibt somit ungelöst. Die offene Debatte um die Notwendigkeit einer Suspendierung oder gar Auflösung der Beitrittsverhandlungen mit der Türkei, die das vorangegangene Jahr dominiert hatte,[25] ist jedoch abgeflaut. Unabhängig davon sind die Verhandlungen aber tatsächlich festgefahren.

---

17 Fuat Keyman/Megan Gisclon: Turkey's Strategic Choice: Flexible Alliances with Enduring Transatlantic Anchor, The German Marshall Fund of the United States, November 2017, eigene Übersetzung.
18 Keymann/Gisclon: Turkey's Strategic Choice, 2017, S. 2.
19 Wissenschaftlicher Dienst des Deutschen Bundestags: Sachstand: Völkerrechtliche Bewertung der „Operation Olivenzweig" der Türkei gegen die kurdische YPG in Nordsyrien, WD 2 - 3000 - 023/18.
20 Europäisches Parlament: Entschließung des Europäischen Parlaments vom 15. März 2018 zur Lage in Syrien (2018/2626(RSP)), 2018.
21 Federica Mogherini: Speech by High Representative/VicePresident Federica Mogherini at the European Parliament Plenary Session on the human rights situation in Turkey and the situation in Afrin, Syria, 2018, abrufbar unter: https://eeas.europa.eu/headquarters/headquarters-homepage/39509/speech-high-representativevice-president-federica-mogherini-european-parliament-plenary_en (letzter Zugriff: 12.11.2018).
22 Rayk Hähnlein/Günter Seufert: Der Einmarsch der Türkei in Afrin, SWP-Aktuell, Nr. 21, März 2018, S. 3.
23 The New York Times: U.S. and Turkey Agree on Kurds' Withdrawal From Syrian Town, 4.6.2018; Hürriyet Daily News: Turkey, US conduct 29th round of patrols in Syria's Manbij, 14.8.2018.
24 Europäische Kommission: Turkey Report 2018, SWD(2018) 153 final, Straßburg 17.4.2018, S. 3.

Die Heranführungshilfen wurden aufgrund der politischen Veränderungen in der Türkei angepasst und keine weiteren Kapitel verhandelt. Während die Beziehungen der Türkei mit der Europäischen Union und vor allem mit einzelnen Mitgliedstaaten wie Deutschland oder den Niederlanden aufgrund von nationalen Wahlen im Jahr 2017 stark aufgeheizt waren,[26] ist nun mehr Ruhe eingekehrt.

Im März 2018 fand ein Gipfeltreffen zwischen dem Präsidenten des Europäischen Rates, Donald Tusk, dem Präsidenten der Europäischen Kommission, Jean-Claude Juncker und dem Premierminister Bulgariens, Boyko Borissov, der die Ratspräsidentschaft innehatte, sowie dem türkischen Präsidenten Recep Tayyip Erdoğan statt.[27] Dieses Treffen war im Vorfeld kritisch wahrgenommen worden, weil man befürchtete, dass es die Beziehungen endgültig beenden könnte. Trotz aller kritischen Punkte auf der Agenda verlief dieser Gipfel aber weitaus unspektakulärer als befürchtet. Auch wurden Formate des Austausches in einzelnen Politikbereichen von beiderseitigem Interesse wie zum Beispiel Transport, wirtschaftliche Zusammenarbeit, Terrorismusbekämpfung und Außenpolitik fortgeführt. Allerdings bleibt der Vorschlag der Europäischen Kommission zur Modernisierung der Zollunion mit der Türkei aus politischen Gründen durch die Mitgliedstaaten blockiert.

Vor diesem Hintergrund gab es vereinzelte Vorschläge von europäischen Politikern, alternative Formate für die EU-Türkei-Beziehungen zu prüfen. Sigmar Gabriel nahm im Dezember 2017 Bezug auf die Brexit-Verhandlungen als mögliche Vorlage für die Beziehungen der EU zu anderen wichtigen Drittstaaten.[28] Der französische Präsident Emmanuel Macron warb Anfang 2018 bei einer gemeinsamen Konferenz mit dem türkischen Präsidenten für das offene Eingeständnis, dass die Türkei aktuell keinerlei Chance besäße, in den Beitrittsverhandlungen voranzukommen. Im Herbst 2018 hat auch der Kommissar für Europäische Nachbarschaftspolitik und Erweiterungsverhandlungen in einem Interview mit der Tageszeitung „Die Welt" offen den Nutzen der Beibehaltung der Verhandlungen in Frage gestellt, da diese den Weg zu einer „realistischen strategischen Partnerschaft" blockieren würden.[29]

Weiterführende Literatur

Senem Aydin-Düzgit: Pesco and Third Countries: Breaking the Deadlock in European Security, Istanbul Policy Center, Januar 2018.

The Future of EU-Turkey Relations: Mapping Dynamics and Testing Scenarios (FEUTURE), Horizon 2020 Forschungsprojekt, www.feuture.eu.

Daniel Gros et al.: Strengthening EU-Turkey economic relations. Can services revitalize the customs union?, Istanbul Policy Center, March 2018.

---

25 Funda Tekin: Türkei, in: Werner Weidenfeld/Wolfgang Wessels (Hrsg.): Jahrbuch der Europäischen Integration 2017, Baden-Baden 2016, S. 433–438; Vgl. hierzu auch den Beitrag „Die Erweiterungspolitik der Europäischen Union" in diesem Jahrbuch.
26 Tekin: Türkei, 2017.
27 Vgl. hierzu auch den Beitrag „Bulgarien" in diesem Jahrbuch.
28 Sigmar Gabriel: Der Brexit-Vertrag als Modell für die Türkei-Beziehungen, in: Die Zeit, 26.12.2017.
29 Christoph Schlitz: „Ein Signal, dass Versöhnung am Westbalkan möglich ist", Interview mit Johannes Hahn, in: Die Welt. 6.11.2018.

8. Die Europäische Union und andere Organisationen

Die Europäische Union und der Europarat

Klaus Brummer

Im Jahr 2017 stand das zehnjährige Bestehen des „Memorandum of Understanding" zwischen der Europäischen Union und dem Europarat im Mittelpunkt.[1] Der Jahrestag bot Anlass für eine Bestandsaufnahme der bilateralen Beziehungen. In den vergangenen Monaten konzentrierten sich die beiden Organisationen nunmehr auf die Umsetzung von Maßnahmen, die sich aus dieser Bestandsaufnahme ergeben haben. Diese Maßnahmen bewegten sich grundsätzlich im etablierten und damit auch gewohnten Rahmen, der von bilateralen Kooperationsprojekten über die Zusammenarbeit in Rechtsfragen bis hin zum politischen Dialog reicht. Mit Blick auf die Adressaten der sich hieraus ergebenden Empfehlungen und praktischen Aktivitäten verstärkte sich zugleich eine Entwicklung, die bereits in den letzten Jahren zu beobachten war. Als Folge der zunehmenden Erosion von Demokratie, Menschenrechten und Rechtsstaatlichkeit nicht nur in Staaten, die nur dem Europarat, nicht aber der Europäischen Union angehören (beispielsweise Türkei und Russland), sondern auch in Mitgliedstaaten der Europäischen Union selbst (beispielsweise Polen und Ungarn), rückten letztere stärker in den Mittelpunkt der gemeinsamen Anstrengungen.

Gemeinsame Programme

Die „Gemeinsamen Programme" bildeten auch in den vergangenen Monaten den maßgeblichen Referenzrahmen für die praktische Umsetzung von Kooperationsprojekten zwischen der Europäischen Union und dem Europarat. Der etablierten Arbeitsteilung folgend, schulterte die Europäische Union weiterhin den Großteil der Kosten, während der Europarat für die inhaltliche Entwicklung und praktische Durchführung der Gemeinsamen Programme verantwortlich zeichnete. Die hierfür bereitgestellten Mittel sind seit Anfang des Jahrzehnts deutlich erhöht worden. Standen im Jahr 2010 noch 87,6 Mio. Euro zur Verfügung, belief sich das Budget für das Jahr 2017 auf 146,5 Mio. Euro.[2] Die Gelder standen für insgesamt 47 Projekte zur Verfügung. Der geographische Schwerpunkt der Maßnahmen lag auf Südosteuropa und der Türkei (circa 40 Prozent des Budgets) sowie auf Osteuropa und dem Südkaukasus (circa 30 Prozent).[3] Thematisch bezogen sich die Maßnahmen auf die Bereiche Rechtsstaatlichkeit (circa 56 Prozent der Mittel), Menschenrechte (circa 27 Prozent) und Demokratie (circa 17 Prozent).[4]

---

1   Klaus Brummer: Die Europäische Union und der Europarat, in: Werner Weidenfeld/Wolfgang Wessels (Hrsg.): Jahrbuch der Europäische Integration 2017, Baden-Baden 2017, S. 451-456.
2   Committee of Ministers of the Council of Europe: 128th Session of the Committee of Ministers (Elsinore, 17-18 May 2018). Joint Programmes between the Council of Europe and the European Union in 2017. Information Document, 9. Mai 2018, CM(2018)55-addfinal, S. 3.
3   Committee of Ministers: 128th Session, Joint Programmes, 2018, S. 4.
4   Committee of Ministers: 128th Session, Joint Programmes, 2018, S. 5.

Im Jahr 2017 wurden die Verhandlungen zu 16 neuen Projekten abgeschlossen. Zu diesen gehören Maßnahmen zur Korruptionsbekämpfung in der Republik Moldau[5] und zur Zusammenarbeit zwischen fünf Mittelmeerstaaten (Algerien, Jordanien, Libanon, Marokko und Tunesien) im Bereich von Cybercrime. Mit Blick auf die Staaten der Europäischen Union wurden Projekte zur Ausweitung von Menschenrechtsbildung bei Personen, die im Rechtsbereich tätig sind, sowie zur Prävention von Radikalisierung initiiert. Im Jahr 2018 liefen Projekte unter anderem zur Förderung der Inklusion von Roma auf der lokalen und regionalen Ebene sowie zur Förderung einer demokratischen und inklusiven Kultur an Schulen an.[6]

Zusammenarbeit in Rechtsfragen

Die Zusammenarbeit zwischen der Europäischen Union und dem Europarat in Rechtsfragen wurde auf mehreren Ebenen fortgeführt und vertieft. Ein Ansatzpunkt war die Einbringung der inhaltlichen Expertise des Europarats in die Aktivitäten von Organen der Europäischen Union im Zusammenhang mit Fragen der Rechtsstaatlichkeit. So stellt beispielsweise die im Europarat angesiedelte Europäische Kommission für die Wirksamkeit der Justiz (CEPEJ) der Europäischen Kommission Informationen zur Funktionsfähigkeit der Justizsysteme der Mitgliedstaaten der Europäische Union bereit, welche die Kommission ihrerseits für die Erstellung ihres „Europäischen Justizbarometers" verwendet. Diese Zusammenarbeit basiert auf vertraglicher Basis zwischen den beiden Institutionen. Der Vertrag wurde im Jahr 2017 um weitere vier Jahre verlängert.[7]

Darüber hinaus kam es in verfassungs-/rechtlichen Fragen zu einem engen Zusammenspiel zwischen der Europäischen Kommission für Demokratie durch Recht („Venedig-Kommission") des Europarats und unterschiedlichen Organen der Europäischen Union. So nahm beispielsweise ein vorläufiges Gutachten der Venedig-Kommission zu Ergänzungen des Hochschulgesetzes in Ungarn[8] an mehreren Stellen Bezug auf Maßnahmen der Europäischen Kommission und des Europäischen Parlaments.[9] Selbiges gilt für ein Gutachten der Venedig-Kommission zu mehreren das Gerichtswesen in Polen betreffenden Gesetzesentwürfen.[10] Die Europäische Kommission nahm anschließend ihrerseits Bezug auf dieses Gutachten im Zuge der Überprüfung der rechtsstaatlichen Entwicklungen in Polen.[11] Ein ähnliches Zusammenspiel ergab sich auch mit Blick auf die jüngeren Entwicklungen in der

---

5   Vgl. hierzu auch den Beitrag „Moldau" in diesem Jahrbuch.
6   Committee of Ministers: 128th Session, Joint Programmes, 2018, S. 9-13.
7   Committee of Ministers of the Council of Europe: 128th Session of the Committee of Ministers (Elsinore, 17-18 May 2018). Summary report on co-operation between the Council of Europe and the European Union, 9. Mai 2018, CM(2018)55-final, S. 4.
8   Vgl. den Beitrag „Ungarn" in diesem Jahrbuch.
9   European Commission for Democracy Through Law: Hungary. Preliminary opinion on Act XXV of 4 April 2017 on the amendment of Act CCIV of 2011 on national tertiary education, 11. August 2017, Opinion No. 891/2017, Venice.
10 European Commission for Democracy Through Law: Poland. Opinion on the draft act amending the act on the National Council of the Judiciary, on the draft act amending the act on the Supreme Court, proposed by the President of Poland, and on the act on the organization of ordinary courts, 11. Dezember 2017, Opinion No. 904/ 2017, Venice; vgl. hierzu auch den Beitrag „Polen" in diesem Jahrbuch.
11 European Commission: Reasoned proposal in accordance with Article 7(1) of the Treaty on European Union regarding the rule of law in Poland. Proposal for a Council Decision on the determination of a clear risk of a serious breach by the Republic of Poland of the rule of law, 20. Dezember 2017, COM(2017) 835 final.

Türkei,[12] wo sich beispielsweise das Europäische Parlament auf die Expertise der Venedig-Kommission stützte.[13]

Weiterhin wurde die Zusammenarbeit zwischen dem Europarat und der Agentur der Europäischen Union für Grundrechte (FRA) fortgesetzt.[14] Im November 2017 kam es beispielsweise zu einem Austausch zwischen der Berichterstattergruppe des Ministerkomitees für Auswärtige Beziehungen (GR-EXT) und dem Leiter der EU-Agentur, bei welcher Gelegenheit dieser die Qualität der Zusammenarbeit lobte.[15] In thematischer Hinsicht wurden unter anderem Fragen der Gewalt gegen Frauen behandelt. In diesem Zusammenhang rief die Grundrechteagentur die Mitgliedstaaten der Europäischen Union dazu auf, für die Ratifizierung einer Konvention des Europarats („Istanbul-Konvention") zu werben, welche diese Thematik abdeckt.[16] Zu den weiteren Handlungsfeldern, in denen unterschiedliche Institutionen des Europarats mit der Grundrechteagentur kooperierten, gehörten der Kampf gegen Rassismus und Fremdenfeindlichkeit, die Stärkung der Rechte von Kindern, Fragen von Asyl, Immigration und der Integration von Migranten sowie die Wahrung sozialer Rechte.

Ein anderer Ansatzpunkt zur Vertiefung der Zusammenarbeit in rechtlichen Fragen besteht im Beitritt zu bzw. Teilnahme der Europäischen Union an Rechtsinstrumenten des Europarats. Hier ergaben sich im vergangenen Jahr jedoch keine Fortschritte. Die in diesem Zusammenhang weiterhin maßgebliche ungelöste Frage ist diejenige nach dem Beitritt der Europäischen Union zur Europäischen Menschenrechtskonvention des Europarats. Trotz einer entsprechenden im Vertrag von Lissabon festgelegten Verpflichtung ist der Schritt bis heute nicht vollzogen worden.[17] Hieran änderten auch die jüngsten Aufforderungen seitens des Ministerkomitees und der Parlamentarischen Versammlung des Europarats nichts.[18] Selbiges gilt für die in der „Kopenhagen-Deklaration" zur Reform des europäischen Menschenrechtsschutzsystems vom April 2018 enthaltene Aufforderung, die von allen Mitgliedstaaten des Europarats – und damit auch von allen Mitgliedern der Europäischen Union – unterzeichnet wurde.[19] Kritisch anzumerken ist, dass von Seiten beider Organisationen jenseits solcher Bekundungen und Aufforderungen keine konkreten Vorschläge zur Überwindung der gegenwärtigen Blockade angeführt werden. Insgesamt sind im vergangenen Jahr, wie beispielsweise im Jahresbericht der deutschen Bundesregie-

---

12 Vgl. hierzu auch den Beitrag „Türkei" in diesem Jahrbuch.
13 European Parliament: Resolution of 8 February 2018 on the current human rights situation in Turkey, P8_TA-PROV(2018)0040.
14 Für Details siehe Secretariat General of the Committee of Ministers: Overview of the co-operation between the European Union Agency for Fundamental Rights and the Council of Europe (1 January 2017 - 31 December 2017), 21. Februar 2018, DD(2018)150E.
15 Committee of Ministers of the Council of Europe: 128th Session of the Committee of Ministers (Elsinore, 17-18 May 2018). Summary report, S. 6-7; vgl. hierzu auch den Beitrag „Menschenrechtspolitik" in diesem Jahrbuch.
16 European Union Agency on Fundamental Rights: Challenging Misconceptions about the Istanbul Convention, abrufbar unter: http://fra.europa.eu/en/news/2018/challenging-misconceptions-about-istanbul-convention (letzter Zugriff: 27.5.2018).
17 Für die Hintergründe hierzu siehe Klaus Brummer: Die Europäische Union und der Europarat, in: Werner Weidenfeld/Wolfgang Wessels (Hrsg.): Jahrbuch der Europäische Integration 2015, Baden-Baden 2015, S. 545-551.
18 Committee of Ministers: 128th Session, Summary report, 2018, S. 4-5; Parliamentary Assembly of the Council of Europe: Defending the acquis of the Council of Europe: preserving 65 years of successful intergovernmental co-operation, 11. Oktober 2017, Recommendation 2114(2017), para. 10.2.7.
19 Copenhagen Declaration, para. 63, abrufbar unter: https://www.coe.int/de/web/portal/-/copenhagen-declaration-adopt-1 (letzter Zugriff: 22.6.2018).

rung an den Bundestag zu den Tätigkeiten des Europarats angeführt wird, hinsichtlich der Vertiefung der Zusammenarbeit in rechtlichen Fragen „keinerlei greifbare Fortschritte" festzustellen.[20]

Auch mit Blick auf die weiteren Verträge des Europarats kam es zu keinen Fortschritten. Noch immer stehen lediglich 54 der insgesamt 224 Europaratsverträge einem Beitritt der Europäischen Union offen. Letztere hat weiterhin erst 17 Verträge unterzeichnet und elf dieser Verträge schließlich auch ratifiziert.[21]

Neben der vergleichsweise geringen Zahl an bislang ratifizierten Europaratsverträgen ergibt sich aus der Teilnahme der Europäischen Union an diesen Verträgen auch in praktischer Hinsicht eine Herausforderung, auf welche ein hochrangiger Beamter des Europarats unlängst hinwies. Die Herausforderungen zeigten sich bereits in der Phase der Ausarbeitung von Verträgen und reichten bis hin zur Frage der Überwachung der Einhaltung der Vertragsinhalte und der Beteiligung der EU in finanzieller Hinsicht. Zur Illustration: Wenn es darum geht, die Einhaltung der Vertragsinhalte durch die Unterzeichnerstaaten von Konventionen zu überprüfen, befinden sich Nichtmitglieder der Europäischen Union strukturell in einer Minderheitenposition (derzeit gehören nur 19 der 47 Europaratsstaaten nicht zugleich auch der Europäischen Union an). Dies könne die Unabhängigkeit, Glaubwürdigkeit und Funktionsfähigkeit der Kontrollmechanismen von Konventionen gefährden. Entsprechend sollten Überlegungen für spezielle Abstimmungsregeln angestellt werden, mittels welcher die Nichtmitgliedstaaten der Europäischen Union aus ihrer Minderheitenposition herausgeführt werden können.[22]

Politischer Dialog

Im Mittelpunkt des politischen Dialogs zwischen der Europäischen Union und dem Europarat standen vier Themen.[23] Dies waren die Frage von demokratischer Sicherheit („democratic security") in Europa, die Funktionsfähigkeit des Menschenrechtsschutzsystems in Europa, der Kampf gegen Terrorismus und Radikalisierung sowie Fragen im Zusammenhang mit Migration. Diskutiert wurden diese Themen in verschiedenen Formaten durch unterschiedliche Vertreter der beiden Organisationen. So nahm beispielsweise die Hohe Vertreterin der Union für Außen- und Sicherheitspolitik, Federica Mogherini, im Juli 2017 an einer Sitzung des Komitees der Ministerbeauftragten teil, bei welcher Gelegenheit sie dem Europarat die fortgesetzte Unterstützung durch die Europäische Union zusicherte. So betonte Mogherini, die Europäische Union „will continue to be the strongest partner and the strongest supporter of the Council of Europe".[24]

Der Generalsekretär des Europarats, Thorbjørn Jagland, und der Erste Vize-Präsident der Europäischen Kommission, Frans Timmermans, veröffentlichten wiederum im Dezem-

---

20 Deutscher Bundestag: Bericht der Bundesregierung über die Tätigkeit des Europarats im Zeitraum vom 1. Januar bis 31. Dezember 2017, 16. April 2018, S. 6.
21 Für Details siehe die Homepage des Vertragsbüros des Europarats unter: www.coe.int/de/web/conventions/home (letzter Zugriff: 22.6.2018).
22 Speeches and Presentations of the Director: Legal challenges and opportunities raised by EU participation in Council of Europe treaties, abrufbar unter: https://www.coe.int/en/web/dlapil/-/legal-challenges-and-opportunities-raised-by-eu-participation-in-council-of-europe-treaties (letzter Zugriff: 22.6.2018).
23 Committee of Ministers: 128th Session, Summary Report, 2018, S. 2.
24 European External Action Service: Speech by High Representative/Vice-President Federica Mogherini at the Council of Europe's Committee of Ministers, abrufbar unter: https://eeas.europa.eu/headquarters/headquarters-homepage/29361/speech-high-representativevice-president-federica-mogherini-council-europe %E2%80%99s-committee_en (letzter Zugriff: 22.6.2018).

ber 2017 eine gemeinsame Stellungnahme, in der sie die europäischen Staaten zur fortgesetzten Förderung und Einhaltung von Menschenrechtsstandards aufrufen. Die Stellungnahme erfolgte im Vorfeld des Tags der Menschenrechte. Motiviert wurde sie durch die von Jagland und Timmermans diagnostizierte nachlassende Verpflichtung der Staaten Europas bei der Einhaltung von Menschenrechten. Die Stellungnahme verwies entsprechend auf „a real risk that we are going backwards".[25] Ohne bestimmte Staaten zu benennen, kritisierten die Vertreter der beiden Organisationen insbesondere die Einschränkung von Meinungsfreiheit, die zunehmende Akzeptanz von Diskriminierung sowie die selektive Anwendung rechtsstaatlicher Prinzipien in europäischen Staaten.

Auch in institutioneller Hinsicht wurden die Möglichkeiten zum Dialog und darüber hinaus auch zur praktischen Zusammenarbeit ausgeweitet. Hier ist unter anderem der Abschluss einer neuen Vereinbarung zur Zusammenarbeit zwischen dem im Rahmen der Europäischen Union angesiedelten Europäischen Ausschuss der Regionen[26] und dem Kongress der Gemeinden und Regionen des Europarats zu nennen. In dem im März 2018 unterzeichneten Dokument vereinbaren die beiden Seiten, ihren Austausch zu Fragen kommunaler und regionaler Belange weiter zu intensivieren.[27] Hierfür soll insbesondere eine „High-Level Group" eingerichtet werden, in der führende Vertreter der beiden Institutionen jährlich die inhaltlichen Prioritäten für die Zusammenarbeit festlegen können.[28]

Vorschläge zur künftigen Ausgestaltung der Zusammenarbeit

Im Januar 2018 verabschiedete der Rat der Europäischen Union ein Dokument, in welchem er die „Prioritäten" für die Zusammenarbeit mit dem Europarat in den Jahren 2018 und 2019 anführt.[29] Als die maßgeblichen Handlungsbereiche im Zusammenspiel der beiden Organisationen werden Menschenrechte, Demokratie und Rechtsstaatlichkeit genannt. Entsprechende Maßnahmen sollen insbesondere in beziehungsweise gegenüber Staaten erfolgen, die nicht zur Europäischen Union, aber zum Europarat gehören. Eine nennenswerte Umgestaltung und Neuausrichtung der bilateralen Beziehungen wird somit nicht vorgezeichnet.

Ein grundsätzlicher Impuls könnte hingegen von einem Gipfeltreffen des Europarats ausgehen, wie er von der Parlamentarischen Versammlung des Europarats in einer im Oktober 2017 verabschiedeten Resolution gefordert wurde.[30] Für einen solchen Gipfel – es wäre erst der vierte Gipfel in der fast siebzigjährigen Geschichte der Organisation – nennen die Parlamentarier als erste Priorität die weitere Stärkung des Menschenrechtsschutzsystems in Europa. Bei entsprechender Vorarbeit auf Seiten beider Organisationen

---

25 European Commission: Joint Statement for Human Rights Day 2017: European Commission First Vice-President Frans Timmermans and Council of Europe Secretary General Thorbjørn Jagland call for European states to recommit to human rights standards. Statement/17/5183, abrufbar unter: http://europa.eu/rapid/press-release_STATEMENT-17-5183_en.htm (letzter Zugriff: 30.5.2018).
26 Vgl. den Beitrag „Ausschuss der Regionen" in diesem Jahrbuch.
27 Revised cooperation agreement between the European Committee of the Regions and the Congress of Local and Regional Authorities of the Council of Europe, abrufbar unter: https://rm.coe.int/20180327-cooperationagreement-revised-co-operation-agreemnt-between-th/168079b433 (letzter Zugriff: 22.6.2018).
28 Für Details zur praktischen Zusammenarbeit vgl. Activity Report of the Congress (December 2018 to April 2018), CG 34(2018)23, 18. April 2018, S. 26-27.
29 Council of the European Union: EU priorities for cooperation with the Council of Europe in 2018-2019, 22. Januar 2018, Document 5553/18.
30 Parliamentary Assembly: Call for a Council of Europe summit to reaffirm European unity and to defend and promote democratic security in Europe, 11. Oktober 2017, Resolution 2186 (2017).

böte ein solcher Gipfel eine öffentlichkeitswirksame Gelegenheit, zumindest den seit nunmehr fast zehn Jahren ausbleibenden Beitritt der Europäischen Union zur Europäischen Menschenrechtskonvention in die Wege zu leiten.

Fazit

Auch in den letzten Monaten verlief die Zusammenarbeit zwischen der Europäischen Union und dem Europarat auf den ersten Blick in den gewohnten Bahnen. Der Austausch erfolgte auf vielfältigen Handlungsebenen unter Einbezug der üblichen Akteure und Institutionen. Inhaltlich standen die traditionellen Themenbereiche Demokratie, Menschenrechte und Rechtsstaatlichkeit im Mittelpunkt. Gleichwohl scheint sich eine gewisse Umorientierung hinsichtlich der Adressaten der gemeinsamen inhaltlichen Empfehlungen fortzusetzen, die sich schon in den letzten Jahren abzeichnete. Lange Zeit lag der Fokus auf Staaten, die entweder dem Europarat angehörten, nicht aber der Europäischen Union (zum Beispiel Türkei und Ukraine), oder die jenseits der Mitgliedschaft des Europarats standen (zum Beispiel im südlichen Mittelmeer). Infolge der in den letzten Jahren gerade in mehreren osteuropäischen Mitgliedstaaten der Europäischen Union zu beobachtenden Defizite bei der Einhaltung und Wahrung von menschenrechtlichen, demokratischen beziehungsweise rechtsstaatlichen Prinzipien, rücken sukzessive die Mitgliedstaaten der Europäischen Union stärker in den Blickpunkt der gemeinsamen Anstrengungen. Um diesen aus der Sicht von zwei Organisationen, die sich der Einhaltung und Durchsetzung von Werten verschrieben haben, problematischen Entwicklungen entgegenzutreten, riefen der Generalsekretär des Europarats und der Erste Vize-Präsident der Europäischen Kommission im Dezember 2017 die europäischen Staaten dazu auf, ihre nicht zuletzt durch den Beitritt zur Europäischen Menschenrechtskonvention eingegangenen Verpflichtungen einzuhalten: „The warning lights are flickering and it is time to heed them. We call on every European government and every European politician to heed the warning and get to work."[31]

Weiterführende Literatur

Frédérique Berrod/Birte Wassenberg (Hrsg.): Les relations entre le Conseil de l'Europe et l'Union européenne (1949-2017). Vers un partenariat stratégique? Strasbourg (im Erscheinen).
Committee of Ministers of the Council of Europe: 128th Session of the Committee of Ministers (Elsinore, 17-18 May 2018). Summary report on co-operation between the Council of Europe and the European Union, 9. Mai 2018, CM(2018)55-final.
Steven Greer/Janneke Gerards/Rose Slowe: Human Rights in the Council of Europe and the European Union. Achievements, Trends and Challenges. Cambridge 2018.

---

31   European Commission: Joint Statement for Human Rights Day 2017.

Die Europäische Union und die NATO

Hans-Georg Ehrhart

Es klingt widersprüchlich: Einerseits sind Europäische Union und NATO in einer Krise, anderseits intensivieren sich die Beziehungen beider Organisationen. Die EU ringt mit dem bevorstehenden Austritt Großbritanniens, der Flüchtlingskrise, populistischen Strömungen, Terrorismusgefahr und dem Ukrainekonflikt. Die NATO und mehr noch die transatlantischen Beziehungen durchleben seit dem Amtsantritt von Präsident Donald Trump, dessen Neigung zur Relativierung der Bedeutung des Bündnisses und multilateraler Strukturen wie der G7 eine veritable Vertrauenskrise, die wiederum zum Ruf nach mehr Europa führte.

Große Ambitionen und kleine Schritte auf der inter-institutionellen Ebene
Offiziell ist seit Jahren davon die Rede, dass beide Organisationen angesichts gemeinsamer Werte und Interessen eine strategische Partnerschaft pflegen. Den Rahmen bilden die Gemeinsame Erklärung von NATO und EU zur Gemeinsamen Sicherheits- und Verteidigungspolitik (GSVP) vom 16. Dezember 2002 und das „Berlin-Plus-Abkommen" vom 17. März 2003. Die Umsetzung dieses Anspruchs ist jedoch schwierig. Sowohl das neue strategische Konzept der NATO von 2010, als auch spätere Erklärungen der Staats- und Regierungschefs der EU betonen zwar die Komplementarität der GSVP mit der NATO unter Achtung der jeweiligen Entscheidungsautonomie und Verfahren weiter(zu)entwickeln.[1] Die Umsetzung dieses Vorhabens und die Verbesserung der erforderlichen Mittel und der Aufrechterhaltung eines ausreichenden Investitionsniveaus bleiben allerdings eine Herausforderung, auch wenn der Trend sinkender europäischer Rüstungsausgaben mittlerweile gestoppt und umgekehrt worden ist.

Auf der politisch-strategischen Ebene war der NATO-Gipfel am 11. und 12. Juli 2018 mit großen Befürchtungen wegen der erratischen Politik des amerikanischen Präsidenten bereits im Vorfeld belastet. Trump geißelte insbesondere Deutschland, aber auch die anderen Allianzmitglieder wegen angeblich zu geringer Militärausgaben, schlug statt der vereinbarten, bis 2024 anzustrebenden Zielmarke von zwei Prozent des Bruttoinlandsprodukts gleich vier Prozent vor und verband rüstungs- mit energiepolitischen Fragen. Neben dem von Trump veranstalteten Theaterdonner einigten sich der Präsident des Europäischen Rats, der Präsident der Europäischen Kommission und der Generalsekretär der NATO geräuschlos auf eine neue Gemeinsame Erklärung, in der das bereits auf dem Gipfeltreffen von Warschau 2016 formulierte Ziel „to strengthen EU-NATO cooperation" bekräftigt wurde.[2] Die Deklaration beschwört eine faire Lastenteilung der NATO-Alliierten gemäß der Beschlusslage von Warschau über die Erhöhung der Verteidigungsausgaben und

---

1 Vgl. Council of the European Union: EU-NATO cooperation: Council welcomes progress in the implementation of the common 74 actions, Press Release 327/18, 8. Juni 2018.
2 Joint Declaration on EU-NATO Cooperation by the President of the European Council Donald Tusk, the President of the European Commission Jean-Claude Juncker, and the Secretary General of the North Atlantic Treaty Organization Jens Stoltenberg, Press Release 447/18, 10. Juli 2018.

begrüßt die politische Einigung der EU-Mitgliedstaaten, „to give higher priority to security and defence in the forthcoming discussions on the next long-term EU budget."[3]

Zugleich intensivierten sich die Zusammenarbeit von EU und NATO auf Arbeitsebene. Die Gemeinsame Erklärung beider Organisationen, verabschiedet auf dem NATO-Gipfel in Warschau am 8. Juli 2016, soll der Strategischen Partnerschaft neue Dynamik verleihen.[4] Dazu sollte die Umsetzung von anfangs 42 Projektvorschlägen beitragen. Bis zum dritten Zwischenbericht über die Umsetzung der gemeinsamen Vorschläge stieg deren Anzahl auf 74 Projekte. NATO-Generalsekretär Jens Stoltenberg sprach angesichts dieser Entwicklung von „an unprecedented level of cooperation."[5] Generell bekräftigen die Mitgliedstaaten in dem Bericht die gemeinsamen Sicherheitsherausforderungen und die Notwendigkeit „for further strengthening cooperation", die von größter Bedeutung bliebe.[6]

Alleine 20 gemeinsame Projekte fallen in den Bereich hybride Bedrohungen. Sie reichen von einem Szenario-basierten Workshop über „Harbour Protection Under Hybrid Threat Conditions" über den Austausch zu strategischer Kommunikation in Ost- und Südeuropa sowie auf dem Balkan bis hin zu gemeinsamen Bedrohungsanalysen etwa für die östliche und südliche Nachbarschaft. Im Bereich operative Zusammenarbeit, einschließlich maritimer Angelegenheiten, geht es um Verbesserungen des Informationsaustausches und der logistischen Unterstützung sowie die Revision des Konzepts maritimer Sicherheitsoperationen. Im Bereich Cybersicherheit und Cyberverteidigung steht der Austausch auf Stabsebene über Konzepte und Doktrinen, Training und Ausbildung, Bedrohungsindikatoren und Alarmverfahren auf der Agenda. Die Entwicklung der Verteidigungskapazitäten soll besser koordiniert werden, etwa durch Treffen von Allianz-Mitgliedern mit EU-Stäben oder durch vierteljährliche Expertentreffen von EU und NATO. Diese zielen auf die Vermeidung unnötiger Duplizierungen durch die bessere Koordinierung multilateraler Projekte und Programme ab. Beispiele sind Fähigkeiten zur Luftbetankung, maritime Aufklärung, Bekämpfung von improvisierten Sprengsätzen (IED) oder die Entwicklung von Drohnen. Die NATO trägt auch zur Umsetzung des EU-Aktionsplans für mehr militärische Mobilität bei, der im März 2018 verabschiedet wurde. Im Bereich Verteidigungsindustrie und Forschung wurde ein regelmäßiger Dialog installiert, der sich etwa mit Praktiken von Unternehmen im Bereich Cyber befasst. Neue parallele und koordinierte Übungen und Manöver wurden ebenso vereinbart wie die Teilnahme an Planungstreffen und Workshops. Ein weiteres Feld der Zusammenarbeit ist der Aufbau von Kapazitäten. So koordinieren NATO und EU beispielsweise ihre Briefings von Partnern. Die NATO leitet im Rahmen eines Programms der EU-Delegation in der Ukraine die Koordinierung einer Gebergruppe für Sicherheit und Verteidigung. Schließlich vereinbarten beide Organisationen den politischen Dialog zu intensivieren, etwa durch mehr beiderseitige Briefings zu Themen von gemeinsamem Interesse, insbesondere im Hinblick auf laufende Operationen und Aktivitäten in Krisengebieten. Vertreter von NATO und EU wurden zu

---

3 Joint Decleration on EU-NATO Cooperation: Press Release, 10. Juli 2018.
4 Joint Declaration by the President of the European Council, the President of the European Commission, and the Secretary General of the North Atlantic Treaty Organisation, Press Release 419/16, 8. Juli 2016, abrufbar unter: http://www.consilium.europa.eu/media/21481/nato-eu-declaration-8-july-en-final.pdf (letzter Zugriff: 12.7.2018).
5 Press conference by NATO Secretary General Jens Stoltenberg following the meeting of the North Atlantic Council in Defence Minister's session, 8. Juni 2018, abrufbar unter: https://www.nato.int/cps/en/natohq/opinions_155268.htm (letzter Zugriff: 12.7.2018).
6 Third progress report on the implementation of the common set of proposals by NATO and EU Councils on 5 December 2017, 31. Mai 2018.

den Sitzungen der NATO-Konferenz der Nationalen Rüstungsdirektoren und des Aufsichtsrates der Europäischen Rüstungsagentur eingeladen. Zudem wurde ein Dialog auf Stabsebene zum Thema Terrorismusbekämpfung eingerichtet, in dem unter anderem die Zusammenarbeit im Rahmen der Globalen Koalition gegen den sogenannten Islamischen Staat (IS) und der Kapazitätsaufbau von Partnern besprochen wird.[7]

Operationen

Die Zusammenarbeit der EU mit der NATO im Bereich des Krisenmanagement erfolgt auch auf operativer Ebene. Das Berlin-Plus-Abkommen bildet eine Grundlage dafür, indem es die Möglichkeit der Nutzung von NATO-Stäben und -Einrichtungen für die Operationsführung bietet.[8] EUFOR Althea in Bosnien-Herzegowina ist die einzige GSVP-Operation, die in diesem Kontext durchgeführt wird. Ihre drei Aufgaben lauten: Wahrung eines sicheren Umfeldes, Ausbildung der Streitkräfte und Unterstützung bei der Umsetzung des Dayton-Friedensabkommens. Die Truppenstärke wurde von ursprünglich 7.000 auf gegenwärtig 600 Streitkräfte reduziert.[9] Die NATO ist in Sarajewo mit einem Hauptquartier präsent und kümmert sich hauptsächlich um die Reform des Verteidigungssektors. EUFOR und NATO arbeiten bei der Ausbildung bosnischer Streitkräfte zusammen.[10]

Im Kosovo operiert seit 20 Jahren die NATO-Streitkraft KFOR mit dem Auftrag, ein sicheres Umfeld zu gewährleisten, den Aufbau kosovarischer Sicherheitskräfte und die internationale zivile Präsenz zu unterstützen. Parallel engagiert sich die EU mit der zivilen EULEX-Mission, welche mit 500 Spezialisten zum Aufbau der Rechtsstaatlichkeit im Kosovo durch Beratung, Überwachung und Unterstützung beitragen soll. Die Stärke von KFOR ist von ursprünglich 50.000 auf 4.000 abgesenkt worden. Diese Abschreckungspräsenz soll auf eine Minimalpräsenz reduziert werden, die sich auf Aufklärung und Beratung konzentrieren wird. KFOR ist seit einigen Jahren zum sogenannten „third responder" in Sicherheitsfragen geworden. Zunächst soll die Kosovo Police Force als „first responder" eingreifen, dann die EULEX-Polizeikräfte („second responder").[11]

Auch in der Ukraine operieren europäische Einsatzkräfte und NATO in parallelen Missionen. Die Union ist mit der zivilen EU Advisory Mission (EUAM) vor Ort, die NATO mit verschiedenen Programmen aktiv. Während sich die EUAM mit 300 nationalen und internationalen MitarbeiterInnen für die Reform des zivilen Sicherheitssektors einsetzt, fokussiert sich die NATO auf die Reform des militärischen Verteidigungs- und Sicherheitssektors. Dabei geht es um Kapazitätsaufbau und zivile Kontrolle des Militärs. Darüber hinaus engagiert sich die NATO in Bereichen wie der technischen Zusammenarbeit, Kooperation zwischen den Militärs oder der Zerstörung alter Waffenbestände.

Die maritime Zusammenarbeit ist ein wichtiger Bereich des operativen Agierens von EU und NATO. Lag ein Schwerpunkt bis 2016 auf der Kooperation im Rahmen der Piratenbekämpfung im Indischen Ozean, so rückten seit 2015 die Bekämpfung von Schleusern

---

7   Vgl. Third progress report, 31. Mai 2018.
8   Die beiden anderen Optionen sind die Nutzung nationaler Hauptquartiere oder die Aktivierung des EU-Ad-hoc-Hauptquartiers.
9   European Union External Action Service: About EUFOR, abrufbar unter: http://www.euforbih.org/eufor/index.php/about-eufor/background (letzter Zugriff: 12.7.2018).
10 NATO Headquarters Sarajevo, abrufbar unter: https://jfcnaples.nato.int/hqsarajevo/page98353444/eufor-and-nato-cooperation (letzter Zugriff: 12.7.2018).
11 Vgl. Sebastian Breuer/Andreas Wittkowsky: ZIF kompakt: Kosovo Force (KFOR): Weiterhin erfolgreich, weiterhin nötig, abrufbar unter: http://mobil.zif-berlin.org/fileadmin/uploads/analyse/dokumente/veroeffentlichungen/ZIF_kompakt_2018/ZIF_kompakt_KFOR_Mai_2018.pdf (letzter Zugriff: 12.7.2018).

und Terrorismus im Mittelmeer in den Vordergrund. So arbeitet die NATO-Operation Sea Guardian mit der EU-geführten Operation Sophia im westlichen Mittelmeer zusammen. Der Aufgabenschwerpunkt der NATO-Operation liegt bei Aufklärung, Terrorismusbekämpfung und Kapazitätsaufbau, während sich die EU-Operation auf das Abwehren von Schleusern und den Aufbau von Kapazitäten der libyschen Küstenwache konzentriert. Im östlichen Mittelmeer koordinieren die Europäische Agentur für die Grenz- und Küstenwache (FRONTEX) mit der Joint Operation Poseidon und die NATO ihre Aktivitäten. Instrumente der Zusammenarbeit im Mittelmeer sind informelle Absprachen, ad-hoc-Zusammenarbeit, die Nutzung von Maritimen Operationszentren und Treffen im Rahmen des Shared Awareness and De-Confliction Centre im Mittelmeer (SHADE MED).[12]

Auch im Irak führen beide Organisationen parallele Missionen im Sicherheitsbereich durch. So unterstützt die EU die Reform der irakischen Justiz und lokalen Polizei mit Trainingsmaßnahmen. Zudem startete sie im Herbst 2017 eine zivile GSVP-Mission, welche die irakischen Behörden bei der Umsetzung der Reform des zivilen Sicherheitssektors unterstützen soll. Die NATO wiederum, die ihre Trainingsmission im Irak 2011 beendet hatte, engagiert sich seit 2016 im Bereich der Reform des militärischen Sicherheitssektors. Seitdem operieren mobile Teams im Lande. Im Februar 2018 beschlossen die Verteidigungsminister des Bündnisses auf Bitten der irakischen Regierung und der globalen Anti-IS-Koalition, die Planung einer Ausbildungsmission zu starten. Während die NATO die Anti-IS-Koalition militärisch durch AWACS-Flugzeuge unterstützt, trägt die EU als ziviler Partner mit nicht-militärischen Maßnahmen zur Terrorismusbekämpfung bei.[13]

Probleme und Perspektiven

Die sich verschlechternden transatlantischen Beziehungen haben zu der Befürchtung geführt, dass Präsident Trump die regelbasierte internationale Ordnung und die Allianz zerstören könne.[14] Vor diesem Hintergrund mehren sich Stimmen von Politikern, die fordern, die Europäer sollten ihr Schicksal in die eigenen Hände nehmen. Was dabei aus der NATO und ihrem Verhältnis zur EU werden soll, lassen sie allerdings offen. Unübersehbar ist, dass sich die EU-Mitglieder um Fortschritte auf dem Felde der sicherheits- und verteidigungspolitischen Zusammenarbeit bemühen. Wichtige Stationen waren die Formulierung der Globalen Strategie 2015, die Verabschiedung einer Road Map für die Stärkung der europäischen Verteidigungsfähigkeiten 2016, die Forderung des Europäischen Parlaments von 2016, eine Europäische Verteidigungsunion aufzubauen, die Verabschiedung eines European Defence Action Plan durch die Europäische Kommission im selben Jahr, der Beschluss zur Einrichtung eines Europäischen Verteidigungsfonds 2017, die Verabschiedung eines Reflexionspapiers über die Zukunft der Europäischen Verteidigung durch die Europäische Kommission, der Beschluss zur Einrichtung eines ständigen militärischen Hauptquartiers für nicht-exekutive Militäroperationen, der Beginn der Ständigen Strukturierten Zusammenarbeit (SSZ) mit zunächst 17 Projekten, einem nationalen Implementierungsplan und einer jährlichen sowie einer strategischen Überprüfung 2021 und 2025.[15]

Der Generalsekretär der NATO mahnt wiederum größere Rüstungsanstrengungen seitens der Europäer an. Das Bündnis hat durch den von Russland geschürten Krieg in der

---

12 NATO Parliamentary Assembly: NATO EU Cooperation After Warsaw, Report, 7. Oktober 2017, S. 2–3.
13 Globalcoalition: The EU – Countering DAESH, 3. März 2017, abrufbar unter: http://theglobalcoalition.org/en/the-eu-countering-daesh/ (letzter Zugriff: 12.7.2018).
14 Kori Schake: Is it the end of America's world order?, in: New York Times, 18. August 2018.
15 Vgl. hierzu auch den Beitrag „Gemeinsame Sicherheits- und Verteidigungspolitik" in diesem Jahrbuch.

Ukraine eine neue Sinngebung erhalten und legt sich entsprechend zwei neue Hauptquartiere zu: Eines in den USA, um kanadische und amerikanische Truppen einfacher nach Europa zu transportieren, und eines in Deutschland (Ulm), um die entsprechende Logistik zu gewährleisten. Die Bereitschaft der Truppen und ihre Bewegungsfähigkeit, also insgesamt die Reaktionsfähigkeit für den Fall eines unvorhergesehenen Angriffs von Russland, sollen verbessert werden. Nach der Verdreifachung der NATO-Response Force (NRF) soll auch die Reform der Kommandostruktur zu einer glaubwürdigeren Abschreckung beitragen.[16] Russland ist zwar zu raumgreifenden Operationen nicht in der Lage, aber, so die Befürchtung, zu hybrider Kriegführung in seiner direkten Nachbarschaft. Deutschland wird im kommenden Jahr die Führung der Speerspitze der NRF übernehmen, hat aber mangels funktionsfähigen Materials Probleme, die Einsatzbereitschaft herzustellen.[17]

Ein Grund für die transatlantischen Verstimmungen sind die laut Trump unzureichenden europäischen Verteidigungsausgaben. Diese stiegen zwar jüngst wieder an, aber nach Meinung Trumps nicht stark genug. Allerdings erhöhten die europäischen NATO-Staaten und Kanada ihre Militärausgaben 2017 um circa 5 Prozent. Erreichten bislang drei europäische Staaten das bis 2024 zu erfüllende Zweiprozentziel (Estland, Griechenland, Großbritannien), so peilen Polen und Rumänien an, diese politisch verpflichtende Zielmarke 2018 zu erreichen. Deutschland strebt bis 2024 1,5 Prozent an mit weiter steigender Tendenz, Frankreich will bis dahin das vereinbarte Ziel erreichen.[18] Über Sinn und Unsinn solcher symbolischer Ziele wie das Zweiprozentkriterium ist viel gestritten worden. Eigentlich sollte es eher um konkrete Fähigkeiten als um nominelle Budgetprozentpunkte gehen und um die Frage nach dem konkreten Zweck dieser Fähigkeiten, also ob es künftig um Landes- und Bündnisverteidigung (was unter anderem Berlin bevorzugt[19]) oder um den Aufbau von Interventionskräften (was Paris und London bevorzugen und bereits umsetzen[20]) oder um beides gehen soll (was kein Finanzminister bevorzugt).

Der NATO-Gipfel im Juli 2018 belegte einmal mehr, dass Trump den Druck auf die Verbündeten aufrechterhalten wird. Die neue Gemeinsame Deklaration von EU und NATO bekräftigt zwar das Ziel engerer Zusammenarbeit und verstärkter Rüstungsanstrengungen, aber vieles bleibt vorerst Rhetorik. Auf der Mikroebene der institutionellen Beziehungen und auf operativer Ebene sind zweifellos Fortschritte zu verzeichnen, auf der politisch-strategischen Ebene kriselt es aber um so heftiger. So hat Donald Trump das Vertrauen in die amerikanische Schutzgarantie, also in die Existenzgrundlage der Allianz, bereits erschüttert. Manche nehmen sogar an, dass er auf den Zerfall der EU abziele, weil er lieber bilateral vorgeht, um dadurch besser amerikanische Interessen durchsetzen zu können.[21]

---

16 Spiegel Online: Nato dementiert Meldung über neue Eingreiftruppe, 2. Juni 2018.
17 Thorsten Jungholt: Internes Papier belegt Überforderung der Bundeswehr, in: Die Welt, 15. Februar 2018.
18 Spiegel Online: NATO-Länder erhöhen ihre Verteidigungsmaßnahmen nur langsam, 15. März 2018.
19 Rainer Glatz/Martin Zapfe: Ambitionierte Rahmennation: Deutschland in der NATO, SWP-Aktuell 62, August 2017.
20 Beide Staaten haben sich im Lancaster-Abkommen dazu verpflichtet, eine gemeinsame Interventionstruppe aufzustellen. Diese soll 2020 einsetzbar sein. Zudem unterstützt Großbritannien (und sieben weitere Staaten, darunter Deutschland) die französische Interventionsinitiative, welche einen Rahmen für entsprechend ambitionierte Länder bilden soll, die operative Planung, Koordinierung und Stationierung von Einsatzkräften zu verbessern. Vgl. GOV.UK: UK and France commit to new defence cooperation, 18. Januar 2018, abrufbar unter: https://www.gov.uk/government/news/uk-and-france-commit-to-new-defence-cooperation (letzter Zugriff: 29.10.2018), vgl. hierzu auch den Beitrag „Gemeinsame Außen- und Sicherheitspolitik" in diesem Jahrbuch.
21 Roger Cohen: The Finnlandization of the United States, in: New York Times, 11. Juli 2018.

Vor diesem Hintergrund stellen sich sieben noch unbeantwortete Fragen. Erstens: Wofür sind beide Organisationen eigentlich da? Zweitens: Warum braucht Europa zwei Sicherheitsinstitutionen? Drittens: Ist eine klare Arbeitsteilung sinnvoll oder eine Neujustierung der Verantwortlichkeiten? Viertens: Was bedeutet es konkret, die strategische Autonomie der EU zu stärken? Fünftens: Wie kann diese Autonomie mit einer eventuell verstärkten Zusammenarbeit mit der NATO umgesetzt werden? Sechstens: Braucht es keine NATO mehr, wenn die EU das Ziel strategischer Autonomie einmal erreicht hat oder, falls Letztere dieses Ziel nicht erreicht, wozu benötigen die Europäer eine GSVP? Siebtens: Welchen Stellenwert haben beide Organisationen im Kontext gesamteuropäischer Sicherheit?

Natürlich bietet sich das Argument an, dass eine strategische Autonomie der EU angesichts der kooperations- und integrationspolitischen Probleme bestenfalls ein langfristiges Ziel ist. Die Integrationsbereitschaft der Staaten ist unterschiedlich, ihre Bereitschaft zur Solidarität gering, wie bereits die Flüchtlingsfrage zeigt. Verteidigungspolitik ist zumindest für größere Staaten noch immer Kernstück nationaler Souveränität. Es gibt weder Konsens über die konkreten strategischen Interessen noch über die Frage, mit welchen Mitteln sie gewahrt werden sollen. Offenbar differieren die strategischen Kulturen noch stark. Es existieren unterschiedliche Bedrohungs- und Bedarfsanalysen. In den Bevölkerungen gibt es keinen großen Enthusiasmus für eine starke Erhöhung der Verteidigungsmaßnahmen, die auf Kosten anderer staatlicher Leistungen gehen würde. Trotz all dieser Schwierigkeiten hat es in jüngster Vergangenheit eine gewisse sicherheits- und verteidigungspolitische Dynamik in EU und NATO gegeben. Doch wo führt diese hin?

Theoretisch bieten sich fünf Szenarien[22] an: Das erste führt zu einer anarchischen Welt ohne die beiden Organisationen. Es dominieren nackter Nationalegoismus und das Recht des Stärkeren, mit entsprechend negativen Aussichten für die Wahrung des internationalen Friedens. Im zweiten Szenario übernimmt die NATO alle verteidigungspolitischen Funktionen, die EU verzichtet auf die GSVP und bleibt verteidigungspolitisch von den USA abhängig. Im dritten wird die GSVP weiterverfolgt, ohne eine strategische Autonomie zu erreichen. Es ähnelt dem Status quo mit geringen Veränderungen. Im vierten Szenario erreicht sie das Ziel und wird von den USA unabhängig. Die NATO fungiert noch als transatlantischer Rahmen, möglicherweise hört sie auf zu existieren. Im letzten Szenario ersetzt eine gesamteuropäische kollektive Sicherheitsordnung NATO und GSVP beziehungsweise eine Europäische Sicherheits- und Verteidigungsunion, wobei sich die Frage stellt, ob mit oder ohne den USA. Während Szenario 1 und 5 am unwahrscheinlichsten sind, erscheint das dritte gegenwärtig am wahrscheinlichsten. Welchen Weg beide Organisationen nehmen, werden die Antworten auf die aufgeworfenen sieben Fragen weisen.

Weiterführende Literatur

Jolyon Howorth: EU-NATO cooperation: the key to Europe's security future, in: European Security, 3/2017, S. 454–459.

Joachim A. Koops: Theorising inter-organisational relations: the „EU-NATO relationship" as a catalytic case study, in: European Security, 3/2017, S. 315–339.

---

22   Es ist offenbar an der Zeit, die Diskussion um die europäische Sicherheitsordnung wiederaufzunehmen. Manche kluge Gedanken finden sich bereits in früheren Debatten, etwa im Übergang zur Entspannungspolitik der 1970er Jahre (Vgl. dazu Hans-Georg Ehrhart: Modelle europäischer Sicherheit. Eine Dokumentation, Hamburger Beiträge zur Friedensforschung und Sicherheitspolitik, Heft 45/1990) oder nach dem Ende des Ost-West-Konflikts Anfang der 1990er Jahre. Vgl. dazu Hans-Georg Ehrhart/Hans-Joachim Gießmann/Dieter S. Lutz/Erwin Müller: Kollektive Sicherheit zwischen Realität und Modell, Hamburger Beiträge zur Friedensforschung und Sicherheitspolitik, Heft 82/1994.

Die Europäische Union und die OSZE

Wolfgang Zellner

Vor dem Hintergrund der Entwicklungen seit 2014 stand auch im vergangenen Jahr wieder der Konflikt in und um die Ukraine im Mittelpunkt der Aktivitäten der Organisation für Sicherheit und Zusammenarbeit in Europa (OSZE). Dies betrifft die OSZE-Sonderbeobachtungsmission (Special Monitoring Mission, SMM) in der Ukraine und die beiden Verhandlungsformate Trilaterale Kontaktgruppe (Trilateral Contact Group, TCG: Ukraine, Russland, OSZE) und die sogenannte Normandie-Gruppe (Ukraine, Russland, Deutschland, Frankreich), die allerdings zuletzt nur wenig Aktivitäten zeigte. Bei den politischen Regelungen der von der Normandie-Gruppe verhandelten und von der TCG und Vertretern „bestimmter Regionen der Oblaste Donezk und Luhansk" unterzeichneten Minsker Abkommen vom September 2014 und Februar 2015 gab es keinerlei erkennbare Fortschritte, die Waffenstillstandsregelungen wurden 2017 noch häufiger verletzt als 2016, vollständig eingehalten wurde der Waffenstillstand zu keinem Zeitpunkt.

Der österreichische OSZE-Vorsitz konnte im Juli 2017, als alle vier Spitzenpositionen der OSZE unbesetzt waren, erfolgreich eine Einigung über ein Personaltableau erreichen. Auf dem Wiener Treffen des OSZE-Ministerrates im Dezember 2017 wurden lediglich sechs Substanzentscheidungen getroffen, von politischer Bedeutung waren davon allenfalls eine Erklärung zu Transnistrien und eine Entscheidung zu wirtschaftlicher Teilhabe.[1] Zum 1. Januar 2018 übernahm Italien mit Außenminister Angelino Alfano den Vorsitz. Die OSZE-Troika umfasst nun Italien, Österreich und die Slowakei, die den Vorsitz 2019 übernehmen wird. Norwegen, das ursprünglich für den Vorsitz 2020 kandidieren wollte, zog seine Bewerbung kurz vor dem Wiener Ministerrats-Treffen zurück.

Die Aktivitäten der OSZE in und zur Ukraine

Die Bemühungen zur Regulierung des Ukrainekonflikts finden auf drei Ebenen statt, die einen zusammenhängenden Verhandlungs-, Umsetzungs- und Beobachtungsprozess ausmachen. Auf politischer Ebene versuchen die vier Staaten des Normandie-Formats, Fortschritte bei der Umsetzung der Minsker Abkommen zu erzielen. Eine Telefonkonferenz der Staats- und Regierungschefs der Normandie-Vier am 24. Juli 2017 führte zu keinen greifbaren Ergebnissen.[2] Am 11. Juni 2018 trafen sich die Außenminister der vier Staaten schließlich nach 16-monatiger Unterbrechung wieder in Berlin und einigten sich auf nicht weiter konkretisierte „Schritte zur Deeskalation des Konflikts". Ferner wurden „Gespräche über die Einrichtung einer Friedensmission der Vereinten Nationen vereinbart",[3] eine alte Forderung der Ukraine. Dabei ist noch völlig unklar, wo eine solche

---

1   Vgl. OSCE: 24th OSCE Ministerial Council, Final Decisions and Declarations, abrufbar unter: https://www.osce.org/event/mc_2017 (letzter Zugriff: 26.6.2018).
2   Vgl. OSCE: Press Statement of Special Representative of OSCE Chairperson-in-Office Ambassador Martin Sajdik after Meeting of Trilateral Contact Group on 2 August 2017, 3.8.2017, abrufbar unter: https://www.osce.org/chairmanship/333851 (letzter Zugriff: 21.6.2018).

Mission mit welcher Aufgabenstellung eingesetzt werden und wie die Aufgaben mit der SMM geteilt werden sollen.

Auf der mittleren Ebene versucht die von dem österreichischen Botschafter Martin Sajdik geleitete TCG im Kontakt mit den Normandie-Staaten und Vertretern der beiden Rebellengruppen die Minsker Abkommen umzusetzen. Die TCG mit ihren vier Arbeitsgruppen – Sicherheit, politische Fragen, Flüchtlinge und humanitäre Angelegenheiten und wirtschaftliche Fragen – tagt in der Regel alle zwei Wochen in Minsk. Im letzten Jahr hat sich die TCG insbesondere mit der Aushandlung anlassgebundener Waffenruhen (Ernte, Einschulung, Weihnachten), der Reparatur der immer wieder zerstörten Infrastruktur und einem Gefangenenaustausch zur Jahreswende 2017/2018 befasst.[4] Über die politischen Regelungen der Minsker Abkommen – Lokalwahlen in den Separatistengebieten, eine Verfassungsänderung zur Gewährleistung einer stärkeren Dezentralisierung in der Ukraine und schließlich ganz am Ende des Prozesses die Wiedergewinnung der Kontrolle über die derzeit von den Separatisten kontrollierten Teile der ukrainisch-russischen Grenze durch die ukrainische Regierung – werden kaum noch diskutiert und wenn, dann ohne Ergebnis.

Die Überwachung des Waffenstillstands und des Abzugs schwerer Waffen aus bestimmten Zonen, aber auch die Überwachung örtlicher Waffenstillstände zur Ermöglichung von humanitärer Hilfe und Reparaturarbeiten ist die Aufgabe der SMM. Dafür standen der Mission für ein Gebiet von 40.000 Quadratkilometern, vergleichbar mit dem der Schweiz, im Juni 2018 rund 600 BeobachterInnen zur Verfügung. Insgesamt umfasste die SMM zu diesem Zeitpunkt 1.215 Mitglieder aus 44 der 57 OSZE-Staaten.[5] Im März 2018 wurde das Mandat der SMM problemlos um ein weiteres Jahr verlängert. Während des Jahres 2017 führte die SMM 25.194 Patrouillen durch, auf denen sie 401.336 Waffenstillstandsverletzungen (rund 20 Prozent mehr als im Vorjahr) feststellte sowie 4.065 Fälle, bei denen sich schwere Waffen in Verbotszonen befanden. 2.422-mal wurden SMM-Patrouillen bei der Ausübung ihrer Tätigkeit behindert.[6]

Insgesamt kann man den derzeitigen Aggregatzustand des Ukrainekonflikts als statische Kriegführung verstehen, bei der sich die Seiten regelmäßig und ausdauernd beschießen, ohne den Versuch zu unternehmen, Geländegewinne zu erzielen. Dieser Zustand ist inhärent instabil und wird früher oder später entweder in eine erneute Eskalation oder in einen ungelösten Konflikt nach dem Muster von Berg-Karabach übergehen. Dieser Schwebezustand wurde auch dadurch begünstigt, dass in den vergangenen anderthalb Jahren kaum Impulse von den vier Normandie-Staaten ausgingen. Umgekehrt stellt die ungelöste Situation in der Ostukraine auch ein wesentliches Hindernis für eine Normalisierung der Beziehungen zwischen den EU- und NATO-Staaten und Russland dar.[7]

---

3   Auswärtiges Amt: Ukraine-Konflikt: Fortschritte nach Verhandlungen in Berlin, 12.6.2018, abrufbar unter: https://auswaertiges-amt.de/de/aussenpolitik/laender/ukraine-verhandlungen-berlin/2106046 (letzter Zugriff: 27.06.2018).
4   Vgl. exemplarisch: OSCE: Press statement of Special Representative of OSCE Chairperson-in-Office Sajdik after the meeting of the Trilateral Contact Group on 20 December 2017, 20.12. 2017, abrufbar unter: https://www.osce.org/chairmanship/363671 (letzter Zugriff: 21.6.2018).
5   OSCE Special Monitoring Mission to Ukraine: Status Report as of 10 June 2018, 13.6.2018, abrufbar unter: https://www.osce.org/special-monitoring-mission-to-ukraine/384327 (letzter Zugriff: 21.6.2018).
6   Vgl. OSCE: Special Monitoring Mission to Ukraine: 2017 OSCE SMM activities in figures, 26.1.2018, abrufbar unter: https://www.osce.org/special-monitoring-mission-to-ukraine/368246 (letzter Zugriff: 26.6.2018).
7   Vgl. hierzu auch den Beitrag „Die Europäische Union und Russland" in diesem Jahrbuch.

Andere Regionalkonflikte

Die ursprünglich gehegte Befürchtung, dass der Ukrainekonflikt die anderen ungelösten Regionalkonflikte in Europa und insbesondere den zwischen Moldau und Transnistrien negativ beeinflussen würde, hat sich nicht bewahrheitet. Vielmehr haben sich die drei Konflikte, bei deren Regulierung die OSZE engagiert ist, ganz unterschiedlich entwickelt.

Im Transnistrienkonflikt ist es seit dem Waffenstillstand von 1992 zu keiner organisierten Gewaltanwendung mehr gekommen. Die offiziellen Verhandlungen im 5+2-Format (Moldau, Transnistrien, OSZE, Russland, Ukraine, plus EU und USA als Beobachter) wurden im vergangenen Jahr fortgeführt. Ziel war es, ein Verhandlungspaket von acht Vorhaben im wirtschaftlich-sozialen Bereich zu vereinbaren und umzusetzen. Im Wiener Protokoll vom 28. November 2017 wurde festgehalten, dass man über fünf Vorhaben bereits Einigung erzielt habe – darunter die Anerkennung transnistrischer Bildungsabschlüsse, das Funktionieren von Schulen mit lateinischer Schrift in Transnistrien, Zusammenarbeit bei der Telekommunikation und die Eröffnung einer Brücke über die Nistru.[8] Bei einem Treffen in Rom am 30. Mai 2018 verpflichtete man sich, bis Ende 2018 das ganze Paket fertig zu verhandeln.[9] Das Beispiel Moldau/Transnistrien zeigt, dass auch in Zeiten großer politischer Spannungen selbst bei einem sogenannten „ungelösten Konflikt" Fortschritte möglich sind.[10]

Der Gesprächsprozess zwischen Georgien und seinen abtrünnigen Landesteilen Abchasien und Südossetien wird im Rahmen der Genfer Internationalen Diskussionen (GID) aufrechterhalten, wo sich unter dem Ko-Vorsitz der Vereinten Nationen (VN), EU und OSZE Vertreter von Abchasien, Südossetien, Georgien, Russland und den USA treffen, um Sicherheits- und humanitäre Fragen zu besprechen. In der lang diskutierten Frage eines Gewaltverzichts gab es keine Fortschritte, bei Statusfragen ohnehin nicht. Die GID haben auch die sogenannten „Incident Prevention and Response Mechanisms" (IPRM) ins Leben gerufen, die monatlich unter VN-Vorsitz in Gali für Abchasien und unter OSZE-Vorsitz in Ergneti für Südossetien stattfinden.[11] Dort werden praktische Fragen von Landwirtschaft, Grenzverkehr und Sicherheit besprochen, was Eskalation verhindert.

Im Falle von Berg-Karabach vermitteln die drei Ko-Vorsitzenden (Frankreich, Russland, USA) der sogenannten ‚Minsk-Gruppe' der OSZE und der langjährige Sonderbeauftragte des OSZE-Vorsitzes, Botschafter Andrzej Kasprzyk, zwischen Armenien und Aserbaidschan. Treffen der Außenminister dieser beiden Staaten im September 2017 und anschließend der Präsidenten im Oktober 2017 konnten über die Ergebnislosigkeit dieser Bemühungen nicht hinwegtäuschen. Je länger die diplomatischen Bemühungen erfolglos bleiben, desto wahrscheinlicher wird eine erneute militärische Auseinandersetzung wie im April 2016. Jeder Krieg in und um Berg-Karabach hat wegen der Involvierung Russlands, der Türkei und anderer Staaten ein hohes Eskalationspotenzial.

---

8   Vgl. OSCE: Protocol of the Official Meeting of the Permanent Conference for Political Questions in the Framework of the Negotiating Process on the Transniestrian Settlement, 27-28 November 2017, abrufbar unter: https://www.osce.org/chairmanship/359196?download=true (letzter Zugriff: 27.6.2018).
9   OSCE: Commitment to finalize all the aspects of the „package of eight" makes this year historic for Chisinau and Tiraspol, says OSCE Special Representative, Rome, 30.5.2018, abrufbar unter: https://www.osce.org/chairmanship/382879 (letzter Zugriff: 21.6.2018).
10 Vgl. hierzu auch den Beitrag „Moldau" in diesem Jahrbuch.
11 Vgl. OSCE: The 87th IPRM meeting takes place in Ergneti, 7.6.2018, abrufbar unter: https://www.osce.org/chairmanship/383835 (letzter Zugriff: 21.6.2018).

Konventionelle Rüstungskontrolle und der Strukturierte Dialog

Aufbauend auf dem Beschluss des OSZE-Ministerratstreffens in Hamburg 2016 „Von Lissabon bis Hamburg. Erklärung zum 20. Jahrestag des Rahmens für Rüstungskontrolle der OSZE"[12] wurde in der OSZE seit Frühjahr 2017 unter deutschem Vorsitz der sogenannte „Strukturierte Dialog" durchgeführt. Während in der ersten Jahreshälfte Themen wie Bedrohungsperzeptionen, Militärdoktrinen, Streitkräftedispositive und Herausforderungen an eine normgestützte europäische Sicherheitsordnung diskutiert wurden, wurde in der zweiten Jahreshälfte 2017 mit dem sogenannten „Mapping Exercise" begonnen. Dabei geht es darum, gestützt auf allen Seiten zugängliche Quellen zu einem gemeinsamen Verständnis der militärischen Kräfteverhältnisse in Europa zu kommen, was heute nicht gegeben ist. Dies würde die Voraussetzungen für Konsultationen über Optionen künftiger konventioneller Rüstungskontrolle in Europa wesentlich verbessern. Das Mapping Exercise wurde 2018 unter belgischem Vorsitz fortgeführt. Derzeit ist der Strukturierte Dialog der einzige organisierte multilaterale Sicherheitsdialog in Europa.

Kompliziertere Konstellationen in der menschlichen Dimension

Das wichtigste Instrument der OSZE im Bereich der ‚menschlichen Dimension' (unter anderem Menschenrechte, Rechtsstaatlichkeit, Demokratie) ist das in Warschau ansässige Büro für Demokratische Institutionen und Menschenrechte (BDIMR) mit rund 180 MitarbeiterInnen aus 35 Staaten und einem Etat von 16,5 Mio. Euro zuzüglich freiwilliger Beiträge (2018).[13] Die bekannteste Aktivität des BDIMR sind seine Wahlbeobachtungsmissionen, die das Büro zusammen mit den Parlamentarischen Versammlungen der OSZE, des Europarats, der NATO und mit dem Europäischen Parlament durchführt. Im vergangenen Jahr wurden in Aserbaidschan, Georgien, Kirgisistan, Mazedonien, der Mongolei, Montenegro, der Türkei und Russland Wahlbeobachtungsmissionen durchgeführt, in zwölf weiteren Staaten andere wahlbezogene Aktivitäten.[14] Dabei ist festzustellen, dass es keinen Mangel an Nachfrage gibt, auch als autoritär eingestufte Staaten und solche, die kritische Berichte hinnehmen mussten, laden erneut Beobachtungsmissionen ein. Die Grenze liegt eher bei den beschränkten Budgetmitteln und der begrenzten Zahl einsetzbarer WahlbeobachterInnen.

Das BDIMR führt eine Reihe von Konferenzen durch, die wichtigste davon ist das jährliche Human Dimensionen Implementation Meeting (HDIM), das letzte fand im September 2017 mit über 1.300 TeilnehmerInnen in Warschau statt. Allerdings sind Vorbereitung und Durchführung des HDIM von erheblichen politischen Auseinandersetzungen begleitet. Meist dauern die Verhandlungen über Tagesordnung und Themen bis kurz vor Konferenzbeginn, so dass es schwer ist, die Konferenz vorzubereiten. Auch ist es immer wieder zu Streit über die Zulassung von Nichtregierungsorganisationen (NGO) gekommen, die von bestimmten Staaten als terroristisch eingestuft werden. So zog 2017 die Türkei aus dem HDIM aus, als der Gülen-Bewegung zugeordnete NGOs zugelassen wurden, in früheren

---

12 OSZE: Von Lissabon bis Hamburg. Erklärung zum 20. Jahrestag des Rahmens für Rüstungskontrolle der OSZE, MC.DOC,4/Corr.1, 9. Dezember 2016, abrufbar unter: https://www.osce.org/de/cio/290636?download=true (letzter Zugriff: 21.6.2018).
13 Vgl. OSCE Permanent Council: Decision No. 1288, Approval of the 2018 Unified Budget, PC.DEC/1288, 15.2.2018, abrufbar unter: https://www.osce.org/permanent-council/373016?download=true (letzter Zugriff: 29.6.2018).
14 Vgl. OSCE: Elections in 2018, abrufbar unter: https://www.osce.org/odihr/elections/2018 (letzter Zugriff: 29.6.2018).

Jahren waren auch Kirgisistan und Tadschikistan ausgezogen. Wegen dieser Probleme setzte der österreichische Vorsitz eine von dem Schweizer Botschafter Claude Wild geleitete Arbeitsgruppe ein, die nach Lösungen suchte.

Hatte sich Kritik von OSZE-Institutionen früher hauptsächlich auf ‚östliche' Staaten bezogen, hat sich dies mit dem Aufkommen semi-autoritärer und populistischer Regierungen im ‚Westen' etwas ausgeglichen. So wurde etwa die Türkei wegen „nie dagewesener, inakzeptabler Angriffe auf die Meinungsfreiheit" wiederholt vom Beauftragten für Medienfreiheit kritisiert,[15] auch Polen (Rechtsstaatlichkeit)[16] und die USA (Trennung von Kindern von ihren Eltern) mussten Kritik hinnehmen. Umgekehrt gab es einige ungewöhnliche Bewegungen in ‚östlichen' Ländern: So führt das BDIMR in Belarus ein Zwei-Jahresprojekt zu Demokratisierung und Menschenrechten durch, mit Usbekistan hat OSZE-Generalsekretär Greminger eine Roadmap über verstärkte Zusammenarbeit unterzeichnet.[17] So ebnen sich manche Asymmetrien ein wenig ein durch etwas weniger Autoritarismus im Osten und etwas mehr im Westen.

Zur Lage der Organisation

Mitte Juli 2017 gelang es dem österreichischen Vorsitz unter Außenminister Sebastian Kurz, Einigkeit über die Besetzung der vier vakanten Spitzenpositionen der OSZE herbeizuführen und damit eine schwierige Situation aufzulösen. Generalsekretär wurde Thomas Greminger (Schweiz), der sein Land bereits während des Schweizer OSZE-Vorsitzes 2014 in Wien vertreten hatte. Neue Direktorin des Büros für Demokratische Institutionen und Menschenrechte wurde die frühere isländische Außenministerin Ingibjörg Sólrún Gísladóttir. Der bisherige OSZE-Generalsekretär Lamberto Zannier (Italien) wurde Hoher Kommissar für nationale Minderheiten, der französische Politiker Harlem Désir Beauftragter für Medienfreiheit. Und bereits am 15. Februar 2018 wurde unter der Verantwortung des italienischen Vorsitzes das Budget verabschiedet, für OSZE-Verhältnisse früh, im Vorjahr war es Anfang Juni gewesen.[18] Allerdings liegt der Haushalt mit ca. 138 Mio. Euro noch unter dem Vorjahresansatz von ca. 139 Mio. Euro – diese Politik des „zero nominal growth" beschränkt in zunehmendem Maße die Handlungsfähigkeit der OSZE-Institutionen.

In die Amtszeit des österreichischen wie des italienischen Vorsitzes fielen Wahlkampf und Wahlen, allerdings mit unterschiedlichen Auswirkungen: Während der österreichische Vorsitz sein Programm, unter anderen Konferenzen zu Terrorismusbekämpfung und Wirtschaftsfragen, durchhalten konnte und Außenminister Kurz präsent blieb, war vom italienischen Vorsitz zwischen den Parlamentswahlen im März und der Regierungsbildung im Juni nicht viel zu sehen. Nach dem Ausfall Norwegens wird es darauf ankommen, für 2020 einen starken Vorsitzstaat zu finden.

---

15 OSCE: Life sentences for Turkish journalists are an unprecedented, unacceptable attack on freedom of expression, say UN and OSCE representatives, 16.2.2018, abrufbar unter: https://www.osce.org/representative-on-freedom-of-media/372571 (letzter Zugriff: 21.6.2018); vgl. auch den Beitrag „Türkei" in diesem Jahrbuch.
16 Vgl. auch den Beitrag „Polen" in diesem Jahrbuch.
17 OSCE: ODIHR launches two-year EU-funded project on promoting democratization and human rights in Belarus, 19.6.2018, abrufbar unter: https://www.osce.org/odihr/385053 (letzter Zugriff: 21.6.2018). OSCE: OSCE Secretary General and Uzbekistan's Deputy Foreign Minister commit to enhanced co-operation, 7.12.2017, abrufbar unter: https://www.osce.org/secretary-general/361406 (letzter Zugriff: 21.6.2018).
18 Vgl. hierzu auch den Beitrag „Italien" in diesem Jahrbuch.

Weiterführende Literatur

OSCE: Annual Report 2017, Vienna 2018, abrufbar unter: https://www.osce.org/annual-report/2017?download=true (letzter Zugriff: 29.6.2018).

Institute for Peace Research and Security Policy at the University of Hamburg/IFSH (Hrsg.): OSCE Yearbook 2017, Baden-Baden 2018.

Die Europäische Union und die Vereinten Nationen

Günther Unser

Mit dem personellen Führungswechsel zu Beginn des Jahres 2017 an der Spitze der Vereinten Nationen (VN/United Nations, UN) in New York und im Präsidentenamt der USA in Washington zeichnet sich ein zunehmendes Spannungsverhältnis zwischen der Weltmacht einerseits und der Weltorganisation andererseits ab.[1]

Der ehemalige portugiesische Ministerpräsident und langjährige UN-Hochkommissar für Flüchtlinge António Guterres will als neuer Generalsekretär den Vereinten Nationen mehr Dynamik und Sichtbarkeit verleihen. Als prononcierter Gegenpol positionierte sich Donald Trump als neuer Präsident im Weißen Haus bereits im Wahlkampf mit seiner polemischen Kritik an der Weltorganisation und seinem nationalistischen Slogan „America first" – er will die Weltpolitik den Interessen der USA unterordnen. Der Multilateralismus als Grundprinzip der internationalen Politik mit seinem Grundpfeiler, den Vereinten Nationen, steht somit vor einer unkalkulierbaren Bewährungsprobe.

Guterres hält angesichts der aktuellen globalen Herausforderungen wegweisende Reformvorhaben für notwendig und konzentriert sich dabei auf drei Reformvorhaben: die Neuordnung des UN-Entwicklungssystems, die Überprüfung der UN-Friedens- und Sicherheitsarchitektur und die Schaffung einer effizienteren und transparenteren Verwaltung.[2]

Die Trump-Administration setzte die UN von Anbeginn unter Druck.[3] Eine erste Maßnahme war der Austritt aus der Organisation der Vereinten Nationen für Erziehung, Wissenschaft und Kultur (UNESCO) und das Ende beziehungsweise die Kürzung der amerikanischen Finanzierung des UN-Kinderhilfswerks (UNICEF) und weiterer UN-Hilfseinrichtungen. Außerdem reduzierten die USA als größter (Einzel-)Beitragszahler eigenmächtig ihren Pflichtbeitrag zum Haushalt der Friedenssicherungseinsätze von derzeit 28,4 auf in Zukunft 25 Prozent. Mitte Juni 2017 schließlich kündigte Trump den Rückzug der USA aus der wichtigsten globalen Umweltvereinbarung, dem Pariser Klimaabkommen, an.[4]

Wie reagiert nun die Europäische Union in ihrer UN-Politik auf dieses fragile UN-Szenario? Durch einen politischen und finanziellen Rückzug der USA aus zentralen Politikfeldern des UN-Systems wie Friedenssicherung, Entwicklungs- und Umweltpolitik kommen auf die EU als der größten Geldgeberin (die EU-Staaten insgesamt finanzieren den ordentlichen UN-Haushalt zu rund 40 Prozent) immense Herausforderungen zu. Inwieweit unterstützt sie die Reformvorhaben des UN-Generalsekretärs?

---

1   Vgl. hierzu verschiedene Beiträge zu dem Schwerpunkt: Weltmacht versus Weltorganisation, in: Vereinte Nationen 1/2018, S. 3-14.
2   Vgl. hierzu Tanja Bernstein: Die ersten 100 Tage: António Guterres als Generalsekretär der Vereinten Nationen, ZIF, Policy Briefing, April 2017; Beate Wagner: António Guterres – Ein Jahr im Amt, in: Vereinte Nationen 1/2018, S, 26-30.
3   Vgl. hierzu Barbara Crossette: Trump und die Vereinten Nationen, in: Vereinte Nationen 1/2018, S. 3-8.
4   Vgl. hierzu Manuela Mattheß: Klimawandel in Washington, D.C., in: Vereinte Nationen 1/2018, S. 15-19.

Prioritäten der EU

Wie immer im Vorfeld der jeweils im September beginnenden neuen UN-Generalversammlung legten auch zur 72. Sitzungsperiode 2017/2018 das Europäische Parlament Empfehlungen und der Rat der Europäischen Union ein Positionspapier für die Bandbreite und Schwerpunkte der Politik der EU im weitverzweigten System der Vereinten Nationen vor. Auf der Grundlage eines vom Ausschuss für Auswärtige Angelegenheiten erarbeiteten Berichts[5] verabschiedete das Europäische Parlament am 5. Juli 2017 eine modifizierte Empfehlung an den Rat zur 72. Tagung der Generalversammlung.[6]

In dem Dokument wiederholt das Europäische Parlament eingangs weitgehend wortgleich die Passage aus ihrem vorjährigen Papier, dass „das Engagement der EU für einen wirksamen Multilateralismus und eine verantwortungsvolle Weltordnungspolitik, in deren Zentrum die Vereinten Nationen stehen, ein integraler Bestandteil der Außenpolitik der EU ist".[7] Zugleich wird zwar betont, dass neu aufkommende Herausforderungen „auf einzelstaatlicher Ebene nicht zu bewältigen sind", aber die grundsätzliche Infragestellung des multilateralen Handelns durch Donald Trump wird in der ganzen Vorlage nicht kritisch thematisiert. Nur an einer Stelle wird empfohlen, „weiterhin Druck auf die Vereinigten Staaten auszuüben", das Nuklearabkommen mit dem Iran „in der Praxis umzusetzen".[8]

Dem Rat der Europäischen Union wurden für das Auftreten der EU in allen zentralen UN-Politikfeldern Empfehlungen vorgegeben – sowohl allgemeiner Art als auch konkret gefasst –, wobei die EU-Staaten ihr Handeln in den Organen und Einrichtungen stärker koordinieren sollten.[9] Hinsichtlich der empfohlenen Reformen sollte die Agenda des neuen UN-Generalsekretärs in allen Punkten „mit Nachdruck"[10] unterstützt werden. Um die „globale Zivilgesellschaft"[11] unmittelbar in die Beschlussfassung der Weltorganisation einzubeziehen, wurde nicht zum ersten Mal die Idee einer „Parlamentarischen Versammlung der Vereinten Nationen" aufgegriffen. Gebetsmühlenartig wird auch im Rahmen einer Reform des Sicherheitsrats langfristig ein EU-Sitz propagiert – im ersten Entwurf im Ausschuss für Auswärtige Angelegenheiten fehlte dieses unrealistische Ansinnen noch.

Am 17. Juli 2017 legte der Rat seine Prioritätenliste für die 72. Generalversammlung fest.[12] Auf 18 Seiten wurden die Leitlinien für die EU-Politik in der Weltorganisation in der anstehenden neuen Sitzungsperiode skizziert.

Bereits der Aufbau des von allen EU-Staaten akzeptierten Dokuments lässt eine starke Bezugnahme auf die vom neuen US-Präsidenten verkündete und bereits umgesetzte weltpolitische Kehrtwende erkennen. In einem ersten inhaltlichen Schwerpunkt wird eine stärkere Weltordnungspolitik gefordert: „We need an effective global governance system."[13]

---

5   Europäisches Parlament: Bericht über die Empfehlung des Europäischen Parlaments an den Rat zur Tagung der 72. Generalversammlung der Vereinten Nationen, 9. Juni 2017, Dok. A8-0216/2017.
6   Europäisches Parlament: Empfehlung des Europäischen Parlaments vom 5. Juli 2017 an den Rat zur 72. Tagung der Generalversammlung der Vereinten Nationen, 5. Juli 2017, Dok. P8_TA-PROV(2017)0304.
7   Europäisches Parlament: Bericht zur 72. Generalversammlung, 2017, S. 4.
8   Europäisches Parlament: Bericht zur 72. Generalversammlung, 2017, S. 6.
9   Europäisches Parlament: Bericht zur 72. Generalversammlung, 2017, S. 4.
10 Europäisches Parlament: Bericht zur 72. Generalversammlung, 2017, S. 18.
11 Europäisches Parlament: Bericht zur 72. Generalversammlung, 2017, S. 18.
12 Council of the European Union: EU priorities at the United Nations and the 72nd United Nations General Assembly (September 2017 – September 2018), 17. Juli 2017, Dok. 11332/17.
13 Council of the EU: Priorities at the UN, 2017, S. 5.

Da der Multilateralismus, die Regeln der internationalen Politik und die Vereinten Nationen unter zunehmenden Druck aus verschiedenen Richtungen geraten,[14] müsse es eine der außenpolitischen Prioritäten der EU sein – beruhend auf der 2016 beschlossenen Globalen Strategie – die Vereinten Nationen zu unterstützen, zu stärken und zu reformieren. Um den bedrohlichen globalen Herausforderungen begegnen zu können, sei eine enge EU-UN-Partnerschaft anzustreben, und die EU sollte sich für Klarheit, Transparenz, Effizienz, Wirksamkeit und Rechenschaftspflicht im Handeln der UN einsetzen. Die Reformagenda des neuen Generalsekretärs wird in vollem Umfang unterstützt.

Untrennbar verbunden und sich gegenseitig beeinflussend sind die beiden folgenden Themenbereiche „Frieden und Konfliktprävention" und „eine dauerhafte Agenda im Wandel". Während in der Friedenssicherung stärkeres Gewicht auf die Konfliktprävention gelegt werden sollte, erforderten die UN-geführten Bemühungen in den Konfliktgebieten entschiedenere internationale Maßnahmen. Die Agenda für den Wandel umspanne Vorgaben in Politikfeldern wie Menschenrechtsschutz, Migration und Flucht sowie Klimawandel.

Die Europäische Union in New York

Auf Grund ihres 2011 aufgewerteten Beobachterstatus bei den Vereinten Nationen in New York hat die Europäische Union als Regionalorganisation eine Reihe von Möglichkeiten, ihre Standpunkte „im Namen der EU und ihrer Mitgliedstaaten" in vielen UN-Einrichtungen zu vertreten. Am Sitz aller UN-Standorte (New York, Genf, Wien, Nairobi und Paris) ist die EU im Rahmen des Europäischen Auswärtigen Dienstes auf Diplomatenebene permanent vertreten.[15]

Zur Eröffnung der 72. Generalversammlung im September 2017 fanden sich in der sogenannten Ministerwoche wiederum hochrangige Vertreter der EU in New York ein. Neben dem Präsidenten des Europäischen Rats Donald Tusk und der EU-Außenbeauftragten Federica Mogherini nutzten auch mehrere EU-Kommissare ihren Aufenthalt zu einer Vielzahl diplomatischer Aktivitäten.[16] In der Generaldebatte der Generalversammlung, in der hochrangige Staatenvertreter ihre Sichtweise auf die Weltorganisation skizzieren, sprach am 20. September 2017 im Namen der EU Ratspräsident Donald Tusk.[17] Er wies eingangs auf das große Engagement der EU und ihrer Mitgliedstaaten bei der Finanzierung der Vereinten Nationen hin und forderte mehr Ehrgeiz bei der Umsetzung der vorliegenden Reformagenda. Er betonte die Wichtigkeit, die UN als das Rückgrat einer auf Regeln basierender Weltordnung zu stärken, und bezog deutlich Stellung hinsichtlich der Probleme in einigen Politikfeldern, wie Friedenssicherung, Migration, Terrorismus und Klima.

Im weiteren Verlauf der 72. Plenartagung besuchte auch eine Delegation des Auswärtigen und des Menschenrechtsausschusses des Europäischen Parlaments die Vereinten Nationen und führte Gespräche mit hochrangigen UN-Vertreterinnen und -Vertretern.

---

14 Council of the EU: Priorities at the UN, 2017, S. 3.
15 European External Action Service (EEAS): Delegation of the European Union to the United Nations – New York, abrufbar unter: https://eeas.europa.eu/delegations/un-new-york (letzter Zugriff: 15.7.2018).
16 European Commission: Daily News, EU at UN General Assembly: strong partnerships to rise together to global challenges, 22.9.2017, abrufbar unter: http://europa.eu/rapid/midday-express-22-09-2017.htm (letzter Zugriff: 15.7.2018).
17 European Council: Address by President Donald Tusk at the 72nd United Nations General Assembly, 20.9.2017, abrufbar unter: http://www.consilium.europa.eu/de/press/press-releases/2017/09/20/tusk-speech-un-general-assembly (letzter Zugriff: 15.7.2018).

Felder der Zusammenarbeit

Die Zusammenarbeit zwischen der EU und der Weltorganisation hat sich hinsichtlich der Politikfelder und der Intensität immer mehr ausgeweitet und umfasst heute nahezu das gesamte komplexe System der Vereinten Nationen: die Kernorganisation UN mit Generalversammlung, Sicherheitsrat und Sekretariat, die vielen Funds und Programme sowie die zahlreichen UN-Sonderorganisationen. Die EU engagiert sich in allen zentralen UN-Politikfeldern: In der Friedenssicherung, dem Menschenrechtsschutz, dem Umweltschutz, der Entwicklungszusammenarbeit und in der humanitären Hilfe.

Friedenssicherung

Durch die Zusammenarbeit der Vereinten Nationen mit Regionalorganisationen soll gemäß Kapitel VIII der UN-Charta zur „Wahrung des Friedens und der Sicherheit" die „kollektive Sicherheit" verbessert werden. Der Sicherheitsrat bekräftigt immer wieder sein „Bekenntnis" zu dieser Ebene der Zusammenarbeit und „erklärt erneut seine Entschlossenheit, wirksame Schritte zum Ausbau der Beziehungen [...] zu unternehmen".[18]

In der auf niederländische Initiative im März 2018 im Sicherheitsrat zustande gekommenen Generaldebatte zur Effizienzsteigerung der Friedenssicherung bezeichnete die Sprecherin der Delegation der Europäischen Union die „Peacekeeping Operations" als „a vital instrument in advancing peace and security [...] a flagship activity of the United Nations". Gleichzeitig unterstrich sie die Notwendigkeit friedenspolitischer Partnerschaft mit Regionalorganisationen: „We continue to advocate for an increased role of regional organisations within UN authorised interventions, facilitating [...] rapid deployment, acting as complementary to UN operations, or deployed in a bridging capacity."[19]

Besonders sichtbar wird diese Kooperation im operativen Bereich der Friedenssicherung, das heißt in der Bereitschaft von Regionalorganisationen, Friedensmissionen im Auftrag oder mit Abstimmung des UN-Sicherheitsrats durchzuführen. Dabei nehmen die Europäische Union und die Afrikanischen Union (AU) inzwischen eine herausragende Stellung ein. Während die Weltorganisation mit der EU seit Jahren eine solide „Strategic Partnership on Peacekeeping and Crisis Management" eingegangen ist, konnte sich die AU erst nach und nach in afrikanischen Krisengebieten als Juniorpartner profilieren.

Die Ausgestaltung der Zusammenarbeit zwischen der EU und den UN im Peacekeeping und Krisenmanagement orientiert sich nach wie vor an dem von den zuständigen UN-Sekretariatseinheiten und dem Europäischen Auswärtigen Dienst ausgearbeiteten Aktionsplan 2015 bis 2018 mit insgesamt sieben Prioritäten.[20] Im März 2018 erarbeitete eine EU-UN-Expertengruppe erste Vorschläge für die Prioritäten der Zusammenarbeit im Zeitraum 2019–2022 im Bereich der Friedenssicherung.[21]

---

18 United Nations: Resolution 2378 (2017), Dok. S/RES 2378(2017), 20. September 2017, S. 5.
19 EEAS EU Statement – United Nations Security Council: Collective Action to Improve UN Peacekeeping Operations, 28.3.2018, abrufbar unter: https://eeas.europa.eu/delegations/un-new-york/42261/eu-statements (letzter Zugriff: 15.7.2018).
20 Council of the European Union: Strengthening the UN-EU Strategic Partnership on Peacekeeping and Crisis Management: Priorities 2015–2018, Dok. 7632/15, 27. März 2015.
21 European External Action Service: UN-EU Partnership Peacekeeping & Crisis Management - 2015-2018 Priorities - Next Steps, 13.3.2018, abrufbar unter: https://eeas.europa.eu/headquarters/headquarters-homepage/41563/un-eu-partnership-peacekeeping-crisis-management-2015-2018-priorities-next-steps_en (letzter Zugriff: 1.10.2018).

Während die EU-Staaten die friedenssichernden UN-Missionen als größter Geldgeber weiterhin jährlich zu einem Drittel finanzieren, lässt die Bereitschaft der Europäer zur Truppenstellung zu UN-geführten Operationen trotz wiederholter Ankündigung von Aufstockung zu wünschen übrig. Grund für die zögerliche personelle Beteiligung an unmittelbaren UN-Missionen sind die inzwischen zahlreichen militärischen und zivilen Operationen (derzeit 17 Einsätze), die von der EU selbst durchgeführt werden. Fünf dieser EU-Einsätze, die unter Umständen auch militärische Gewalt einschließen, beruhen gemäß der UN-Charta zunächst auf einem entsprechenden Mandat des UN-Sicherheitsrats.
Derzeit sind dies folgende Missionen:
  (1) EUFOR ALTHEA in Bosnien Herzegowina,
  (2) EU NAVFOR Somalia, maritime Operation zur Bekämpfung der Piraterie,
  (3) EUTM Somalia, militärische Ausbildungsmission,
  (4) EUTM Mali, militärische Ausbildungsmission,
  (5) EUNAVFOR MED Operation Sophia, Operation gegen Schleuserkriminalität im Mittelmeer.
In einer Grundsatzdebatte über die Probleme der UN-Friedensoperationen schließt sich die EU der Reforminitiative des UN-Generalsekretärs an und unterstreicht die Notwendigkeit, die Erhöhung der Effizienz, der Akzeptanz und des besseren Zuschnitts der Operationen in einem umfassenderen UN-Reformprozess – unter Einbeziehung der Bereiche Entwicklungszusammenarbeit und Management – vorzunehmen: „Only the combined effect of all of these reform strands will ensure that the process delivers on our shared expectations."[22] Bilanzierend wird festgestellt, dass noch so erfolgreiche Friedensmissionen politische Lösungen nicht ersetzen können. Zur Erreichung dieser Ziele müsse ‚Peacekeeping' durch ‚Peacebuilding', eine Friedenskonsolidierungsarchitektur, ergänzt werden: „Peacebuilding must be considered before, during and after the life of a peacekeeping mission."[23]

Die EU ist nicht nur ein engagierter friedenspolitischer Partner der Weltorganisation, sie spielt auch eine wichtige Rolle in dem Bemühen, andere EU-Staaten und Regionalorganisationen in die Lage zu versetzen, ihren Beitrag am UN-Peacekeeping zu erhöhen. Angesichts der zahlreichen Krisengebiete in Afrika und der dortigen Konzentration der UN-Friedensmissionen kommt der Unterstützung der Afrikanischen Union bei der Gewährleistung deren eigener Sicherheit besondere friedenspolitische Bedeutung zu: „The EU´s support will continue to cover all phases of conflict cycle, […] the operationalization of African Peace and Security Architecture, and the deployment of African-led peace support operations."[24] In einigen Bereichen wurde die sicherlich noch verbesserungsbedürftige Kooperation „bereits institutionalisiert".[25] Als primäres Instrument der Zusammenarbeit dient weiterhin die 2004 eingerichtete Friedensfazilität für Afrika (African Peace Facility), für die seither 2,6 Mrd. Euro insbesondere zur Durchführung AU-geführter Friedensoperationen bereitgestellt wurden.

---

22 EU Statement, 2018, S. 4.
23 EU Statement, 2018, S. 4.
24 EU Statement, 2018, S. 3; vgl. hierzu EEAS: EU Statement – UN Security Council: Debate on 'Peace and security in Africa: Enhancing African capacities in the areas of peace and security', 19.7.2017, abrufbar unter: https://eeas.europa.eu/delegations/un-new-york/36875/eu-statement-%E2%80%93-un-security-council-debate-%E2%80%98peace-and-security-africa-enhancing-african_en (letzter Zugriff: 15.7.2018).
25 Annika S. Hansen/Tobias von Gienanth: UN-Friedenssicherung in Afrika – eine Bestandsaufnahme, in: Vereinte Nationen 5/2016, S. 200.

Agenda 2030 und Pariser Klimaabkommen

Die EU hat beim Zustandekommen und der Verabschiedung der Agenda 2030 mit ihren 17 Zielen für eine nachhaltige Entwicklung eine führende Rolle gespielt. „Sie ist jetzt entschlossen, eine führende Rolle bei der Umsetzung der Agenda zu übernehmen."[26] In den Schlussfolgerungen des Rats wird die Kommission aufgefordert, „bis Mitte 2018 in einer Umsetzungsstrategie Zeitplanung, Ziele und konkrete Maßnahmen zur Umsetzung der Agenda 2030 in allen Politikbereichen der EU vorzulegen."[27] Im Kontext der Reformagenda des Generalsekretärs setzt sich die EU für die Schaffung eines UN-Entwicklungssystems, das integrativer ausgerichtet ist und insbesondere den Zusammenhang zwischen Entwicklung und Sicherheit stärkt, sowie für die Einführung eines gemeinsamen Implementierungsrahmens ein.[28]

Auch beim Zustandekommen des Pariser Klimaabkommens war die EU maßgeblich beteiligt, doch im Verlauf des mühevollen Umsetzungsprozesses zeigte sich, dass sie „die Erwartungen […] nicht erfüllen konnte".[29] In einer Schlussfolgerung bekräftigte allerdings der Rat,[30] dass die EU bei den globalen Klimaschutzmaßnahmen weiterhin eine Führungsrolle einnehmen wird. Ganz im Sinne der Reformstrategie des Generalsekretärs ist dabei die Erkenntnis, dass der Klimawandel Auswirkungen auch auf die internationale Sicherheit und Stabilität hat.

Ausblick

Vor dem Hintergrund der weitgehenden Abkehr der USA vom Multilateralismus steht die EU „wie nie zuvor in der Pflicht, internationale Verantwortung zu übernehmen".[31] Mit dem politischen Willen zur Führung und durch ein verbessertes koordiniertes Handeln sollte sich die EU als einflussreichste Regionalgruppe noch stärker im System der Vereinten Nationen profilieren – eine reale Chance für die (zunächst noch) fünf EU-Staaten, im Sicherheitsrat ab Januar 2019 ihre europäischen Interessen zu bündeln. Mit dem Austritt Großbritanniens aus der EU verliert diese zumindest vertragsgemäß eine wichtige Stimme im Exklusiv-Club der Ständigen Ratsmitglieder (P5) mit Vetorecht. Für die Gestaltung nicht nur der europäischen Außen-, Sicherheits- und Entwicklungspolitik in den Vereinten Nationen wird entscheidend sein, in welchem Ausmaß sich Großbritannien nach dem Austritt – interessenbedingt – in einen Abstimmungsprozess mit der EU einbinden lässt.

Weiterführende Literatur

Manuela Scheuermann: VN-EU-Beziehungen in der militärischen Friedenssicherung. Eine Analyse im Rahmen des Multilateralismus-Konzepts, Baden-Baden 2012.

Diana Panke: The European Union in the United Nations: an effective external actor?, in: Journal of European Public Policy 7/2014, S. 1050-1066.

---

26 Rat der Europäischen Union: Reaktion der EU auf die Agenda 2030 für nachhaltige Entwicklung – eine nachhaltige Zukunft für Europa, Pressemitteilung, 20. Juni 2017, Dok. 389/17.
27 Rat der Europäischen Union: Reaktion der EU, 2018.
28 EEAS: EU Statement – United Nations General Assembly: Presentation of the Secretary-General's Report on the UN Development System, 22.1.2018, abrufbar unter: https://eeas.europa.eu/delegations/un-new-york/39345/eu-statement-%E2%80%93-united-nations-general-assembly-presentation-secretary-general%E2%80%99s-report-un_en (letzter Zugriff: 15.7.2018).
29 Mattheß: Klimawandel, S. 19.
30 Council of the European Union: Council Conclusions on Climate Diplomacy 28. Februar 2018, Dok. CFSP/PESC 137.
31 Lea-Sophie Zielinski: Die USA als Garant für Menschenrechte?, in: Vereinte Nationen 1/2018, S. 24.

9. Die Europapolitik in den Mitgliedstaaten der Europäischen Union

Belgien

Christian Franck*

Während sein Vorgänger Elio de Rupo sich auf der europäischen Bühne eher im Hintergrund gehalten hatte, nimmt Charles Michel, seit 2014 belgischer Premierminister, eine deutlich sichtbarere Rolle in der Europapolitik ein. Der junge Regierungschef tritt dabei in die Fußstapfen seines Vaters Louis Michel, einst Außenminister, belgischer Hauptverhandler des Vertrags von Nizza und des Verfassungsvertrags, schließlich Kommissar der Europäischen Kommission und Abgeordneter im Europäischen Parlament. Der europäische Geist des Vaters ist auf den Sohn übergegangen und hat ihn dazu gebracht, sich aktiv in die Debatten des Europäischen Rates einzubringen.

Im Herbst 2016 versetzte der Widerstand der belgischen Region Wallonien gegen die Unterzeichung des Handelsabkommens CETA (Comprehensive and Economic Free Trade Agreement) zwischen der EU und Kanada durch die föderale Regierung Belgiens diese in eine schwierige Lage: Belgien versteht sich selbst als einer der Mitgliedstaaten, der die europäische Integration vorantreiben möchte, ist nun allerdings in der EU und gegenüber Kanada isoliert. Sobald der Konflikt zwischen den belgischen Regionen beigelegt sein wird, kann das Abkommen unterschrieben werden. Für die Zeit danach strebt der belgische Premierminister erneut eine aktive Rolle seines Landes in den Diskussionen über die Zukunft der EU nach dem Austritt Großbritanniens an.

Belgiens Streben nach einem Platz im „Cockpit" der Reformgruppe

Der Premierminister Charles Michel ist Teil der liberalen Partei Mouvement réformateur (MR), die einzige französischsprachige Partei in der Regierungskoalition, die mit 65 von 85 Abgeordneten insgesamt mehrheitlich aus flämischen Abgeordneten besteht. Trotz seiner Mitte-Rechts-Ausrichtung kooperierte der belgische Premierminister eng mit dem jungen linksgerichteten italienischen Regierungschef Matteo Renzi, mit dem Ziel, das europäische Projekt voranzubringen. Mit diesem Ansinnen traf Michel am 29. August 2017 auch mit dem französischen Staatspräsidenten Emmanuel Macron und dem luxemburgischen Regierungschef Xavier Bettel zu einem informellen Treffen zusammen. Die jungen Staats- und Regierungschefs, alle vier sind um die 40 Jahre alt, eint die Überzeugung, dass die europäische Integration einen Neustart braucht. Anlässlich des Treffens verkündete der belgische Premier, Belgien solle einen Platz im „Cockpit" der Mitgliedstaaten einnehmen, die der Erneuerung Europas einen neuen Anreiz verschaffen wollen.[1] Diese Formulierung entwickelte sich zu Michels Leitmotiv und tritt

---

* Übersetzt aus dem Französischen von Jana Schubert.
1 Oliver le Bussy: « La Belgique doit être dans le cockpit au niveau européen », in: La Libre Belgique, 31.8.2017.

wiederkehrend in seinem europapolitischen Diskurs auf. Ende Januar 2018 wiederholte er es gegenüber Wladimir Putin anlässlich eines Aufenthalts in Moskau, am 3. Mai 2018 erneut im Europäischen Parlament.[2]

Jenseits der Diskrepanzen miteinander sprechen

Obwohl der belgische Premier der Kooperation mit den Befürwortern einer EU-Reform nach dem Austritt Großbritanniens Vorrang gewährt, vernachlässigt er dennoch nicht den Austausch mit Regierungen, die der Vertiefung der europäischen Integration ablehnender gegenüberstehen. Zwar hat ein Treffen zwischen Spitzenpolitikern Belgiens, der Niederlande und Luxemburgs mit Kollegen aus den Visegrád-Staaten die Differenzen über die Migrationsfrage, den Schutz des Rechtsstaats und insbesondere die Unabhängigkeit der Justiz nicht verringern können.[3] Dennoch hatte der Dialog darüber auch einen gewissen Nutzen, denn er habe mehr Verständnis über die Ansprüche, die die verschiedenen Mitgliedstaaten an die EU haben, sowie über die Enttäuschung einiger Mitgliedstaaten gefördert, ohne diese unbedingt verstehen zu müssen.[4] Um diese Differenzen zu überwinden, lud Charles Michel im Vorfeld des Europäischen Rates am 23. Februar 2018 zu einem Abendessen nahe Brüssel. Seiner Einladung folgend diskutierten zwölf seiner Amtskollegen, unter ihnen Angela Merkel, Emmanuel Macron, Theresa May, Mariano Rajoy, Paolo Gentiloni, der slowakische Premier Robert Fico und der Pole Mateusz Moraiwiecki. Das Treffen folgte keiner festen Tagesordnung, sondern sollte das Verständnis der Positionen der anderen Staats- und Regierungschefs fördern und Raum zur Streitschlichtung bieten.[5]

Aufmerksam verfolgt der belgische Premierminister auch weiterhin die Verhandlungen über die Zukunft der Beziehungen zwischen der EU und Großbritannien nach dessen Austritt. Diesbezüglich traf er im Mai 2018 sowohl mit Theresa May in London als auch mit seinem irischen Amtskollegen Leo Varadkar in Dublin zusammen. Gesprächsthema war das Problem der Grenze zwischen Ulster und Dublin, die im Falle eines ‚hard Brexit' mit einem Austritt Londons aus der Zollunion wieder entstünde.[6]

Übereinstimmung zwischen Frankreich und Belgien

Aus Belgien einen Protagonisten der EU-Reform machen und gleichzeitig den Dialog mit den eher zurückhaltenden Mitgliedstaaten aufrechterhalten ist der primäre Duktus der Europapolitik der Regierung unter Charles Michel. Sie zeugt von deutlichen Gemeinsamkeiten mit den europapolitischen Zielen des französischen Staatspräsidenten Macron, der in seiner Rede an der Sorbonne eine differenzierte europäische Integration vorgeschlagen hat.[7] Die Regierungen in Brüssel und Paris haben auch einen gemeinsamen Standpunkt hinsichtlich des Kampfes gegen das sogenannte Lohndumping in der EU und erzielten eine Reform der Entsenderichtlinie, die nun die gleiche Entlohnung von nationalen Arbeitnehmern und Arbeitnehmern aus anderen Mitgliedstaaten verlangt. Belgien und Frankreich

---

2   Jurek Kuczkiewicz: Charles Michel, pro-européen en contrôle, in: Le Soir, 4.5.2018.
3   Der belgische Außenminister Didier Reynders fordert eine jährliche Prüfung beziehungsweise eine ‚Peer-Review' über die Einhaltung der Rechtsstaatlichkeit in den Mitgliedstaaten.
4   Olivier le Bussy: Charles Michel se pose en accoucheur des débats européens en organisant un « mini pré-sommet européen», in: La Libre Belgique, 23.2.2018.
5   Le Bussy: Charles Michel se pose en accoucheur des débats européens, 2018.
6   Jurek Kuczkiewicz: Brexit: Bruxelles-Londres-Dublin, un alignement impossible, in: Le Soir, 24.5.2018.
7   Vgl. hierzu auch den Beitrag „Frankreich" in diesem Jahrbuch.

kämpften gemeinsam mit Italien für ein Ende der Verwendung des Herbizids Glyphosat,[8] mussten allerdings die Verlängerung der Zulassung für weitere fünf Jahre akzeptieren. Hinsichtlich institutioneller Reformen unterstützt der belgische Premier den Vorschlag Macrons zur Einführung transnationaler neben nationaler Wahlkreise für die Europawahlen 2019, sowie die Verbindung des Spitzenkandidatenmodells zur Ernennung des nächsten Präsidenten der Europäischen Kommission mit der Einführung von Wahlkreisen mit länderübergreifenden Listen. Im Bereich der Verteidigungspolitik gehört Belgien zu den 23 EU-Mitgliedstaaten, die im November 2017 ihre Beteiligung an der mit dem Vertrag von Lissabon etablierten Ständige Strukturierte Zusammenarbeit, die hauptsächlich auf die Entwicklung gemeinsamer Kapazitäten und Logistik abzielt, zugesagt haben. Seit Juni 2018 ist Belgien gemeinsam mit sieben anderen Ländern zudem Mitglied der von Frankreich gegründeten Europäischen Interventionsinitiative, die gemeinsame Militärintervention unterstützen soll.

Auch wenn die Absicht, die Wiederbelebung der europäischen Integration aktiv voranzutreiben und die Übereinstimmung mit den europapolitischen Visionen des französischen Staatspräsidenten in der belgischen Europapolitik überwiegt, ist in Belgien, obgleich weniger ausgeprägt, auch eine gegenläufige Positionierung, die zur klar europäischen Programmatik des Premierministers im Widerspruch steht, wahrnehmbar. Die größte flämische Partei der Koalitionsregierung, die Nieuw-Vlaamse Alliantie (N-VA), bekennt sich zu einer Politik des „Euro-Realismus",[9] die in vielen Teilen den Europapositionen der konservativen Partei Großbritanniens sehr nahe kommt. Bart de Wever, Bürgermeister von Antwerpen und Präsident der N-VA, nimmt dabei zum europäischen Föderalismus des ehemaligen belgischen Premierministers und Vorsitzenden der liberaldemokratischen Fraktion (ALDE) im Europäischen Parlament, Guy Verhofstadt, eine Gegenposition ein.

Der „Euro-Realismus" der N-VA

Recht offensichtlich ist die politische Verbundenheit der N-VA mit Großbritannien sowie den nördlichen und östlichen Mitgliedstaaten statt mit Frankreich oder den südlichen Mitgliedstaaten. Die Gemeinsamkeiten der N-VA mit dem Vereinigten Königreich sowie den Partnern in Nord- und Osteuropa sind viel größer als mit Paris und Südeuropa, wie der belgische Abgeordnete des Europäischen Parlaments, Sander Loones, auch im Rahmen einer Debatte im Anschluss an die Rede von Charles Michel im Europäischen Parlament am 3. Mai 2018 darlegt.[10] Das macht deutlich, dass die Sensibilität für Europa der stärksten flämischen Partei N-VA nicht unmittelbar mit der des Premierministers und anderen Parteien der Regierungsmehrheit harmonisiert. Diese Positionierung reflektiert sich in der Haltung des belgischen Finanzministers, Johan van Overtveldt, der entsprechend derPosition seiner Partei N-VA zurückhaltend hinsichtlich der Einführung einer Finanztransaktionssteuer und der Besteuerung der großen Internetunternehmen Google, Amazon, Facebook und Apple ist. Ebenso wie die Niederlande unterstützt die N-VA die Einführung eines Eurozonenbudgets nicht.

---

8   Vgl. hierzu auch den Beitrag „Agrar- und Fischereipolitik" in diesem Jahrbuch.
9   Zum ‚Euro-Realismus' der N-VA und zur Annäherung mit Großbritannien siehe Bart Haeck: Na de kater. Hoe we ons geloof, in de Europese Unie verliezen, uitgeverij Polis 2017, S. 26-34. Die N-VA stellt vier Abgeordnete im Europäischen Parlament, die wie die Abgeordneten der britischen Konservativen und Unionistischen Partei (‚Tories') der Fraktion der Europäischen Konservativen und Reformer angehören.
10 Bart Beirlant: N-VA maakt Michel kwetsbaar voor kritiek, in: De Standaard, 4.5.2018.

Hinsichtlich der Asyl- und Migrationspolitik beharrt der Generalsekretär der N-VA Theo Francken auf harten Positionen. Er plädiert für Aufnahmezentren und für die Registrierung der Migranten, die Asyl beantragen wollen, an den Außengrenzen der EU, vor allem in Tunesien. Zudem unterstützt er die Zurückweisung von Schiffen, mit denen Migranten nach Europa übersetzen, obwohl diese Praxis im Widerspruch zu einer Entscheidung des Europäischen Gerichtshofs für Menschenrecht steht. Diese Positionen finden in der belgischen Regierung keine Unterstützung.

Der Verteidigungsminister, Steven Vandenput, der direkt in das Vorhaben, veraltete YF16 Jagdbomber des US-Unternehmens Lockheed aus den 1970er Jahren durch 34 neue Kampfflugzeuge zu ersetzen, involviert ist, ist ebenfalls Mitglied der N-VA. Er lehnt das Angebot des französischen Unternehmens Dassault für das Kampfflugzeug Rafale, das außerhalb des Vergabeverfahrens erfolgte, aber mit dem Angebot einer strategischen und wirtschaftlichen Partnerschaft verbunden ist, als unzulässig ab.[11] Die Wahl müsse auf das amerikanische Kampfflugzeug YF-35 des Unternehmens Lockheed und den Eurofighter Typhoon, der von einem Unternehmenskonsortium mit britischer, deutscher, italienischer und spanischer Beteiligung entwickelt wird, beschränkt werden. Der N-VA-Vorsitzende Bart de Wever lehnt das Kampfflugzeug Rafale ebenfalls ab, da es nicht leistungsstark genug für die belgische Verteidigung sei.[12] Der Premierminister allerdings sieht das Vorhaben der Erneuerung der Kampfflugzeuge im Kontext der Weiterentwicklung der europäischen Verteidigung und rief den Verteidigungsminister zur Ordnung. Gleichzeitig bestätigt er, dass die Rafale ebenso zur Wahl stehe wie der YF-35 und der Eurofighter. Schließlich entschied sich die belgische Regierung Ende Oktober 2018 für das amerikanische Kampfflugzeug YF-35.

Die Reaktion Belgiens auf die spanische Sezessionskrise im Herbst 2017 verdeutlicht das Gewicht der N-VA. Die flämische Partei unterstützt die Unabhängig Kataloniens rigoros. Unter Berücksichtigung der Sensibilität des Themas und um den Zusammenhalt seiner Regierungsmehrheit zu wahren, nahm der belgische Premierminister eine Position ein, die ihn von seinen europäischen Partnern isolierte.[13] Als Einziger rief er zum Dialog nicht nur im Rahmen des spanischen Verfassungsrechts, sondern auch im Rahmen des internationalen Rechts auf, in dem immerhin das Recht auf Selbstbestimmung verankert ist.

Weiterführende Literatur

Sophie Heine et al.: The Relaunch of Europe. Mapping Member States' Reform Interests. Country Issue: Belgium, Friedrich-Ebert-Stiftung, Berlin 2018.

Alexander Mattelaer (Hrsg.): Exploring the Boundaries of Conditionality in the EU, Egmont Policy Brief, N°51, June 2018.

---

11   Steven Vandenput: « Frans bod uitgesloten », in: DeMorgen, 22.6.2018.
12   Vincent Rocour: MR et N-VA à couteaux tirés, in: La Libre Belgique, 25.6.2018.
13   Für die Reaktionen der europäischen Regierungschefs auf die spanische Sezessionskrise siehe Bulletin quotidien Europe n°11983, 20.11.2017.

Bulgarien

Johanna Deimel

Europapolitisch war das letzte Jahr von Bulgariens Präsidentschaft im Rat der Europäischen Union und dem weiterhin erfolglosen Anliegen, dem Euro- und Schengenraum beizutreten, geprägt. Anlass zur Sorge bieten Rückschritte im Bereich der Pressefreiheit sowie die durch die ausbleibende Unterzeichnung der „Istanbuler Konvention" deutlich gewordene Infragestellung liberaler Werte in Bulgarien.

EU-Ratspräsidentschaft

Die Skepsis war groß, ob ein Land, das seit 2007 dem sogenannten Kooperations- und Verifikationsmechanismus (CVM) unterliegt und mit den Vereinigten Patrioten (VP) rechtsgerichtete, anti-europäische Parteien in der Regierung hat, in der Lage sein wird, die EU-Ratspräsidentschaft im ersten Halbjahr 2018 zu bewältigen. Die Zielsetzungen für die Präsidentschaft waren eng mit der sogenannten Troika (bestehend aus der vorherigen Präsidentschaft, Estland, der amtierenden Bulgarien und der nachfolgenden EU-Ratspräsidentschaft Österreich) abgestimmt und die Koordinierungs- und Vermittlungsaufgabe, die mittlerweile den Kern der Präsidentschaft ausmacht, hat Bulgarien gut bewältigt. Vier Schwerpunkte hatte sich Bulgarien gesetzt: Wirtschaftswachstum und sozialer Zusammenhalt, Westlicher Balkan, Sicherheit und Stabilität sowie Digitalisierung. Besonders für den Westlichen Balkan sollten neue Impulse gesetzt werden. Zu Beginn der EU-Ratspräsidentschaft traf der Präsident des Europäischen Rats Donald Tusk mit Blick auf den Westlichen Balkan die Analogie zu „Game of Thrones", denn dort gehe es darum, den Einfluss Russlands, der Türkei und anderer Staaten einzudämmen und zugleich neue Anreize für Reformen zu schaffen.[1] Allerdings wurden die Hoffnungen der Westbalkanstaaten auf klare Beitrittsperspektiven, die durch die „Balkan-Strategie" der EU-Kommission im Februar 2018 noch genährt worden waren, auf dem sogenannten Balkan-Gipfel am 17. März 2018 in Sofia gedämpft.[2] Regional aber ist viel in Bewegung gekommen: Bulgarien und Mazedonien haben am 1. August 2017 einen Vertrag über gute Nachbarschaft unterzeichnet, und Griechenland und Mazedonien haben am 17. Juni 2018 mit einem Abkommen den jahrzehntelangen Streit um den Namen Mazedonien beigelegt.[3] Am Ende des EU-Ratsvorsitzes Juni 2018 stellten auch die Bürger Bulgariens ihrer Regierung durchweg ein gutes Zeugnis aus.[4] Insgesamt ist das Image, das die EU in Bulgarien genießt, ausnehmend gut,

---

1 Zoran Radosavljevic: Tusk warns against 'Game of Thrones' in Balkans, in: Euractiv 12.1.2018.
2 Vgl. hierzu auch die Beiträge „Gemeinsame Außen- und Sicherheitspolitik" sowie „Die Erweiterungspolitik der EU" in diesem Jahrbuch.
3 Markus Bernath: Griechische Opposition kritisiert Einigung im Namensstreit, in: Der Tagesspiegel, abrufbar unter: https://www.tagesspiegel.de/politik/mazedonien-griechische-opposition-kritisiert-einigung-im-namensstreit/22682064.html (letzter Zugriff: 23.10.2018); Vgl. hierzu auch die Beiträge „Griechenland" und „Mazedonien" in diesem Jahrbuch.
4 Alpha Research: Bulgarians and the EU Presidency: Before and after, auf Bulgarisch abrufbar unter: https://alpharesearch.bg/post/937-bulgarite-i-evropredsedatelstvoto-predi-i-sled.html (letzter Zugriff: 23.10.2018).

wie das Eurobarometer vom Frühjahr 2018 zeigt. Demnach schätzen 56 Prozent die EU als sehr positiv (EU-Durchschnitt 40 Prozent).

Nicht nur der wachsende türkische Einfluss in der Region Westlicher Balkan bewegte den bulgarischen Premier Boiko Borissov als EU-Ratsvorsitzenden, am 26. März 2018 in Varna gemeinsam mit Jean-Claude Juncker, Präsident der Europäischen Kommission, und EU-Ratspräsident Donald Tusk ein Spitzentreffen auszurichten. Auch der türkische Präsident Recep Tayyip Erdogan forderte dieses Treffen, nachdem er – zu seiner Verärgerung – nicht zum Westbalkan-Gipfel nach Sofia eingeladen worden war. Borissov versucht als unmittelbares Nachbarland zur Türkei keine Gefahr für das EU-Türkei-Flüchtlingsabkommen aufkommen zu lassen. Bulgarien lieferte auf Wunsch Ankaras 2016 Gülen-Anhänger aus und erklärte sich Ende Mai 2018 bereit, 14 im Land tätige Organisationen nach deren Verbindungen zu Gülen zu untersuchen. Ebenso duldete Sofia einen aus der Türkei organisierten Wahltourismus in die bulgarische Stadt Kardzhali zu Wahlkampfzwecken und zu den Wahlen in der Türkei am 24. Juni 2018.

Euro- und Schengenraum bleiben Bulgarien verwehrt

Kommissionschef Juncker hatte Anfang 2018 angeregt, Länder wie Bulgarien baldmöglichst in den Euroraum aufzunehmen. Bulgarien drängt seinerseits auf einen Eurobeitritt und hätte dafür die formalen Beitrittskriterien für den Wechselkursmechanismus, wie ein ausgeglichenes Staatsbudget, Preisstabilität, Zinssätze und eine Schuldenquote von unter 30 Prozent erfüllt.[5] Zudem hat das Land ohnehin seit der Währungskrise 1996/1997 und der folgenden Einrichtung eines Währungsrats seine Währung zuerst an die D-Mark, dann an den Euro gekoppelt. Finanzminister Vladislav Goranov bekräftigte im Juni 2018 erneut das Ansinnen, binnen eines Jahres sowohl dem Wechselkursmechanismus für den Eurobeitritt als auch der Bankenunion beizutreten. Dies aber stößt nach den Erfahrungen mit Griechenland und mit Blick auf potentielle neue Krisen (Italien) auf Widerstand unter den Mitgliedern der Währungsunion, allen voran von Deutschland.[6] Der Konvergenzbericht der Europäischen Kommission vom Mai 2018 bescheinigt Bulgariens Unreife und führt hierfür unter anderem an, dass die Unabhängigkeit der Zentralbank nicht gewährleistet und die Korruption hoch sei. Kritiker führen ebenso wirtschaftliche Argumente ins Feld, da Bulgarien mit einem pro-Kopf-Einkommen von nur 49 Prozent des EU-Durchschnitts nach wie vor das ärmste Land innerhalb der EU ist. Außerdem macht der Bankensektor Sorgen, der unter anderem nach dem Zusammenbruch der Corporate Commercial Bank 2014 nur durch einen Notkredit der EU von 1,7 Mrd. Euro stabilisiert werden konnte.

Schwerwiegende Rückschritte bei der Rechtsstaatlichkeit in Polen haben im Mai 2018 zum Vorschlag der Europäischen Kommission geführt, zukünftig neue Instrumente einzuführen, um bei Verstößen den Zugang zu EU-Mitteln einzuschränken oder zu versperren.[7] Bulgarien ist pro-Kopf der größte Netto-Empfänger in der EU. Entsprechend groß ist die Empörung, Rechtsstaatlichkeit zu einem Kriterium für die Vergabe von Kohäsionsgeldern einzuführen. Dies werde als politische Einmischung und Ungleichbehandlung der

---

5 Report from the Commission to the European Parliament and the Council: Convergence Report 2018, 23.5.2018, COM(2018)370.
6 Cerstin Gammelin: Lieber ohne Sofia, in: Süddeutsche Zeitung, 1.3.2018.
7 Europäische Kommission: Ein EU-Haushalt für die Zukunft, 2. Mai 2018, abrufbar unter: https://ec.europa.eu/commission/sites/beta-political/files/budget-proposals-financial-management-rule-law--may2018_de.pdf (letzter Zugriff: 23.10.2018); Vgl. hierzu auch die Beiträge „Haushaltspolitik" und „Europäische Kommission" in diesem Jahrbuch.

Mitgliedstaaten verstanden und sei „nicht normal", wie Finanzminister Goranov erklärte.[8] Gerade rechtsstaatliche Defizite, mangelnder Kampf gegen organisierte Kriminalität und Korruption sind die Gründe, weshalb Bulgarien seit 2007 einem Monitoring unterliegt und sich in den regelmäßigen Berichten der Europäischen Kommission, wie zuletzt im November 2017, Kritik ausgesetzt sieht. In keinem der dort aufgeführten sechs „benchmarks" hat es Bulgarien bisher zu einem für die EU-Kommission zufriedenstellenden Ergebnis geschafft.[9] Mit diesen Mängeln verbaut sich Bulgarien auch bisher den Weg in den Schengenraum. Bulgarien sieht sich wegen rechtsstaatlicher Schwachstellen und ungenügender Korruptionsbekämpfung starken Gegnern – wie Frankreich, Deutschland und den Niederlanden – ausgesetzt, obwohl die Europäische Kommission bereits seit 2010 im Grundsatz grünes Licht gegeben hatte. Ministerpräsident Boiko Borissov hebt dagegen als Zeugnis der Reife seines Landes vor allem hervor, dass Bulgarien im Zuge der Migrations- und Flüchtlingskrise gezeigt habe, dass es die EU-Außengrenzen zuverlässig zu schützen vermag.

Rückschritte und Skandale

Noch während der EU-Ratspräsidentschaft stellte „Reporter ohne Grenzen" 2018 fest, dass Bulgarien bei der Medienfreiheit von Platz 36 im Jahr 2006 auf Platz 111 (von 180) abgerutscht ist.[10] Laut dem Journalisten Alexander Andreev ist Bulgarien damit „definitiv das unfreieste EU-Medienland."[11] Deljan Peevski, dessen Nominierung für den Posten des Geheimdienstchefs 2013 einer der Auslöser für den Rücktritt der Regierung Oresharski war, ist nicht nur ein umstrittener Politiker in den Reihen der Bewegung für Rechte und Freiheit (DPS), dem Verbindungen in die organisierte Kriminalität nachgesagt werden, sondern mit seiner „New Bulgarian Media Group" Eigner eines großen Medienimperiums. Er ist laut der Nichtregierungsorganisation „Verband der Herausgeber in Bulgarien" eine Schlüsselfigur für die Kritik gegenüber undurchsichtigen Verflechtungen zwischen Herausgebern, Oligarchen und politischen Parteien in Bulgarien. Demnach würde das Modell „Peevski" politische und personelle Interessen rund um das Kabinett des Premiers vereinen und auch innerhalb der Oppositionspartei der Bulgarischen Sozialistischen Partei (BSP) erheblichen Einfluss ausüben. Das Europäische Zentrum für Medienfreiheit warnte, dass EU-Gelder seitens der bulgarischen Regierung völlig intransparent an regierungsfreundliche Medienunternehmen gegeben würden. Das Zentrum forderte daher die Europäische Kommission auf, diese Vergabepraxis der bulgarischen Regierung zu kontrollieren.

Überschattet war die EU-Ratspräsidentschaft von innenpolitischen Kontroversen und Skandalen, die bis in die Regierungskoalition zwischen der Partei „Bürger für eine europäische Entwicklung" Bulgariens (GERB) und dem Verbund der ultra-nationalistischen VP hineinreichten. Auslöser für eine dieser Krisen war die sogenannten „Istanbuler Konvention" des Europarats zur Bekämpfung von Gewalt gegen Frauen, welche Bulgarien 2014

---

8 Georgi Gotev: Bulgarien kritisiert geplante Konditionalität bei EU-Geldern, in: Euractiv, 3.5.2018.
9 Report from the Commission to the European Parliament and the Council: On Progress in Bulgaria under the Co-operation and Verification Mechanism, 15.11.2017, COM(2017) 750 final.
10 Reporter ohne Grenzen: Bulgarien, abrufbar unter: https://www.reporter-ohne-grenzen.de/bulgarien/ (letzter Zugriff: 23.10.2018).
11 Alexander Andreev: Eine Schande für Bulgarien, eine Schande für die EU, abrufbar unter: https://www.dw.com/de/kommentar-eine-schande-f%C3%Bcr-bulgarien-eine-schande-f%C3%Bcr-die-eu/a-43566195 (letzter Zugriff: 30.6.18).

unterzeichnet hat und die von Premier Borissov Anfang Januar 2018 dem bulgarischen Parlament zur Ratifizierung übermittelt wurde. Krassimir Karakatschnov, stellvertretender Premier und Chef der Inneren Mazedonischen Revolutionären Organisation (VMRO) in der VP, polemisierte, die Konvention würde „das dritte Geschlecht" und gleichgeschlechtliche Ehen legitimieren sowie Bulgarien zwingen, „Transvestiten aus dem Iran" auf seinem Gebiet zu akzeptieren.[12] Volen Siderov von der rechtsextremen Ataka in der VP drohte mit dem Bruch der Regierungskoalition und auch Präsident Rumen Radev, die Bulgarische Sozialistische Partei (BSP) und bulgarische Religionsgemeinschaften, darunter die Bulgarisch-Orthodoxe Kirche, stellten sich gegen die Konvention. Die Debatte legte die mit „traditionellen Werten" begründeten patriarchalen Geschlechterrollen und die Grenzen für eine liberale Gesellschaft quer durch die Parteienlandschaft des Landes offen. Schließlich zog Premier Borissov den Vertrag für die Ratifizierung durch die Bulgarische Nationalversammlung am 7. März 2018 zurück. Jetzt soll das Bulgarische Verfassungsgericht die Verfassungskonformität der Istanbuler Konvention prüfen.

Die weitere Krise rankte sich um das Anfang Februar 2018 bekannt gewordene Verkaufsvorhaben des tschechischen Stromanbieters ČEZ-Bulgarien an das bisher unbekannte bulgarische Familienunternehmen „Inercom", bei dem schnell Zweifel angebracht wurden, ob dieses überhaupt in der Lage sei für ein derartiges Geschäft beziehungsweise ob die Inhaberin, Ginga Varbakova, nur als Strohfrau für andere Geschäftsinteressen (darunter auch von Boiko Borissov selbst) fungiert. Der ČEZ-Verkauf, einem Stromanbieter, der sowohl den Nordwesten Bulgariens als auch die Hauptstadt Sofia (und damit fast 40 Prozent aller Stromkunden) des Landes mit Strom versorgt, drohte für den Premier zum Schleudersitz zu werden. Bereits 2013 waren es die Strompreise, die Massenproteste verursachten und Borissovs damalige Regierung zum Rücktritt zwangen. Energieministerin Temenuzhka Petkova trat zurück, da sie mit Varbakova bekannt war. Aber damit war das Problem nicht vom Tisch. Als Einzelheiten über den fragwürdigen Deal an die Öffentlichkeit gelangten, wurde der Skandal selbst für den tschechischen Premier Andrej Babiš zum Problem. Nicht nur die bulgarische Banken Unicredit Bulbank und First Investment Bank sollten als Kreditgeber fungieren, sondern auch Offshore-Unternehmen eines russisch-georgischen Geschäftsmannes.[13] Borissov erklärte, dass er darüber von Babiš geheime Dossiers erhalten habe, was dieser umgehend dementierte. Schließlich zog die ČEZ, die wegen anderer Investitionsstreitigkeiten gegen Bulgarien vor das internationale Schiedsgericht gezogen ist, ihr Verkaufsangebot zurück.[14]

Weiterführende Literatur

Bertelsmann Stiftung: Bertelsmann Transformationsindex 2018 – Bulgarien, abrufbar unter: https://www.bti-project.org/es/berichte/laenderberichte/detail/itc/bgr/ (letzter Zugriff: 23.10.2018).
Georgi Karasimeonov (Hrsg.): Polit-Barometer, Friedrich Ebert Stiftung Sofia, 1/2018; 4/2017; 3/2017.
Reporters Without Borders: The Media Freedom White Paper, Sofia 2018.

---

12 Bulgarian Presidency: Bulgarian nationalists rock the cabinet, fearing "third sex" legitimisation, 5.1.2018, abrufbar unter: http://bulgarianpresidency.eu/bulgarian-nationalists-rock-cabinet-fearing-third-sex-legitimisation/ (letzter Zugriff: 1.7.2018).
13 Georgi Gotev: CEZ scandal reaches geopolitical proportions, 9.3.2018, abrufbar unter: http://bulgarianpresidency.eu/cez-deal-reaches-geopolitical-proportions/ (letzter Zugriff: 23.10.2018).
14 Markus Bernath: Bulgarien: Bizarre Deals im Land der Oligarchen und der Armut; abrufbar unter: https://www.derstandard.de/story/2000075802826/bizarre-deals-im-land-der-oligarchen-und-der-armut (letzter Zugriff: 23.10.2018).

Bundesrepublik Deutschland

Stefan Kornelius

Der politische Rhythmus der Europäischen Union kennt Phasen der Handlungsfähigkeit und der Stagnation. Wenn sich die Schlüsselnationen Frankreich und Deutschland alle paar Jahre ihrem inneren Machtgefüge zuwenden und in den Wahlkampf versinken, arbeitet die Union in einer Art Stromsparmodus. Diese operative Zwangspause wird auch in der Zeit der Wahl zum Europäischen Parlament und bis zur Konstituierung einer neuen Europäischen Kommission eingehalten.

Diese kalendarischen Zwänge waren es, die den zwölf Monaten zwischen Oktober 2017 und 2018 ihre besondere Bedeutung gaben. Seit dem Frühsommer 2016, der Austrittsentscheidung Großbritanniens und dem Beginn des französischen Vorwahlkampfes bis zur Bundestagswahl in Deutschland war die Entscheidungslegitimation entweder in Paris oder Berlin eingeschränkt. Mit dem Herbst 2018, dem Beginn des Wahlkampfes für das Europäische Parlament, würde dann die legitimatorische Grundlage in Brüssel wegbrechen. Für die Reformvorhaben etwa in der Wirtschafts- und Währungsunion oder der Migrationspolitik blieb also nur ein begrenztes Beschlussfenster zwischen der Zeit nach der deutschen Regierungsbildung und vor dem nächsten europäischen Wahlkampf.

Nicht bestätigt hat sich allerdings die Hoffnung, dass die wenigen Monate für eine große Reformanstrengung genutzt werden könnten. Neue innenpolitische Zwänge und äußere Krisen drängten sich auf. Deutschland, das jahrelang die Schwächen der französischen Europapolitik bedauert hatte und auf einem starken Partner in der Führung der Gemeinschaft hoffte, lernte die Begrenztheit seiner eigenen Handlungskraft kennen und musste sich nach sechsmonatiger Regierungsbildung inklusive eines gescheiterten Koalitionsmodells mit eklatanten Konflikten im eigenen Parteiengefüge auseinandersetzen.

Während gleich zweier innenpolitischer Krisenmomente – dem Zusammenbruch der Koalitionsverhandlungen zwischen der Christlich Demokratischen Union (CDU), der Christlich-Sozialen Union (CSU), der Freien Demokratischen Partei (FDP) und dem Bündnis 90/Die Grünen im November 2017 sowie der Krise der Unionsschwestern CDU und CSU im Juni 2018 im Streit über die Migrationspolitik – wurde deutlich, wie geschwächt Bundeskanzlerin Angela Merkel aus der Wahl hervorgegangen war. Populistische Kräfte zerrten stark an der Mitte-Regierung in Deutschland und beeinflussten auch die Europapolitik. Gleichzeitig zeigte die stockstarre Reaktion in der Europäischen Union, wie sehr die auf die Person Merkel fixierte Gemeinschaft abhängig war von einem stabilisierenden und führenden Deutschland, und wie sehr die Furcht vor dem taumelnden Koloss in der Mitte des Kontinents die Agenda zu diktieren vermochte.

Neben den in Deutschland hausgemachten Problemen war das vergangene Jahr bestimmt vom Dualismus zwischen Frankreich und Deutschland um den Charakter der Europäischen Union: avantgardistisch, reformradikal einerseits oder bewahrend, ausgleichend andererseits. Der französische Staatspräsident Emmanuel Macron entwickelte neue

Ideen für ein frankozentrisches Europa,[1] während Berlin auf die ihm zugewachsene Mittlerrolle in der heterogenen EU der aktuell noch 28 Mitgliedstaaten setzte. Die Polarität zwischen Paris und Berlin in Fragen von Tempo und Gestalt der europäischen Integration bescherte dem intellektuellen Europapublikum ein seltenes Debattenerlebnis – das freilich schnell verpuffte. Zu sehr war die Union unter dem Druck von Populismus und (Handels-) Nationalismus mit ihrer Selbstbehauptung beschäftigt.

Die Bundestagswahlen 2017

Die Bundestagswahl am 24. September 2017 brachte nicht nur herbe Verluste für CDU/CSU und die Sozialdemokratische Partei Deutschlands (SPD). Vor allem wurde das Parlament mit der Rückkehr der FDP und dem erstmaligen Einzug der Alternative für Deutschland (AfD) um gleich zwei Parteien erweitert, was die Koalitionsbildung verkomplizierte. Die rechtspopulistische AfD, mit 12,6 Prozent drittstärkste Kraft, sollte im ersten Regierungsjahr mit ihren Themen ein stiller Bestimmungsfaktor gerade auch für europapolitische Entscheidungen werden.

Die erste Runde der Koalitionsgespräche war überschattet von der Ungewissheit über die Rolle der FDP, die sich in Fragen der Währungspolitik und der Reform der Eurozone deutlich radikaler zeigte als Union oder Grüne. Jenseits der Innenpolitik löste das Scheitern der Jamaika-Gespräche am 20. November 2017 größere Sorgen aus: Würde eine europapolitische Stagnation bevorstehen, die nur durch neue Wahlen unter dem Preis einer weiter erstarkenden AfD gestoppt werden könnte?

Auch aus der Außenperspektive wurde durch die langwierigen Koalitionsverhandlungen deutlich, wie sich die Rolle Deutschlands in der EU gewandelt hat:

„Die Europäische Union musste lange Zeit mit der Herausforderung zurechtkommen, von einem dominanten Deutschland geführt zu werden. Aber plötzlich stellt sie fest, dass sie es mit einer anderen Realität zu tun hat – einzig schlimmer als ein starkes Deutschland könnte ein schwaches sein."[2]

Unter diesem Eindruck verlor der Europäische Rat vom 14. und 15. Dezember 2017, von Frankreichs Präsident Macron mit einer umfassenden Reformagenda befrachtet,[3] an Bedeutung. Der geschäftsführenden Bundesregierung fehlte das Verhandlungsmandat. Da sich die SPD zunächst nur allmählich zur Regierungsverantwortung durchgerungen hatte, wuchs in Europa die Sorge vor einer populistisch-antieuropäischen Färbung der deutschen Politik, nachdem gerade erst in Frankreich und in den Niederlanden die populistisch-nationalistische Machtübernahme abgewendet worden war.[4] Angesichts der Verhandlungen über den Austritt Großbritanniens aus der EU, der Wahl Donald Trumps zum US-Präsidenten, demokratischen Rückschritten in Polen und Ungarn sowie russischer Einflussnahme wurde gar an Angela Merkels Funktion als Leuchtturm des Wohlstandes und der Stabilität sowie als Verteidigerin der liberalen Ordnung in der Welt appelliert.[5]

---

1 Vgl. hierzu auch den Beitrag „Frankreich" in diesem Jahrbuch.
2 Steven Erlanger: Merkel´s Quandry May Spell Trouble for All of Europe, in: The New York Times, 22.11.2017, eigene Übersetzung.
3 Vgl. Französische Botschaft in Deutschland: Initiative für Europa – Die Rede von Staatspräsident Macron im Wortlaut, 29.8.2018, abrufbar unter: https://de.ambafrance.org/Initiative-fur-Europa-Die-Rede-von-Staatsprasident-Macron-im-Wortlaut (letzter Zugriff: 18.10.2018).
4 Vgl. hierzu auch den Beitrag „Die Niederlande" in diesem Jahrbuch.
5 The Editorial Board: Ms. Merkel Struggles to Hold Germany Together, in: The New York Times, 22.11.2017.

Auch die zweite Phase der Koalitionsbildung, diesmal zwischen Union und SPD, war überschattet von der Sorge um eine wachsende politische Radikalisierung, zumal die SPD ihre zunächst getroffene Festlegung auf die Oppositionsrolle nur mit Hilfe eines Mitgliederentscheids zu brechen vermochte und somit das Regierungsprogramm und das Populismus-anfällige europapolitische Dossier mit dem Kernthema Migration in die Hände der Parteibasis legte.

Letztendlich ging für den SPD-Vorsitzenden und Spitzenkandidaten der Partei, Martin Schulz, die Kehrtwende mit dem Ende seiner politischen Karriere einher. Den von ihm am Wahlabend verordnete Verzicht auf eine Regierungsrolle konnte die SPD aus staatspolitischer Verantwortung aber auch aus taktischem Kalkül nicht aufrecht erhalten. Neuwahlen hätten lediglich die extremen Parteien gestärkt.

Europa als Priorität der neuen Bundesregierung?

Gleichwohl gestaltete Schulz, ehemaliger Präsident des Europäischen Parlaments, die Koalitionsgespräche an zentraler Stelle mit, was sich an der starken Betonung europapolitischer und außenpolitischer Themen im Koalitionsvertrag ablesen lässt. Überhaupt zeugte die Hervorhebung der europapolitischen Leitlinien an erster Stelle des Koalitionsvertrages von der Bedeutung, die das neue schwarz-rote Regierungsbündnis der Europäischen Union und damit der Stabilität einer alten Ordnung zubilligte.[6]

Das erste Kapitel des Koalitionsvertrags, überschrieben mit „Ein neuer Aufbruch für Europa", beförderte Spekulationen und Interpretationen. Die prominente Platzierung und die Ausführlichkeit des Europa-Kapitels schienen dem Erwartungsdruck, beispielsweise seitens des französischen Präsidenten, gerecht werden zu wollen. Allerdings wird bei genauer Durchsicht klar, dass sich die neue Regierung einen breiten Rahmen gesteckt hat, der durchaus Interpretationsspielraum lässt:

> „Der entscheidende Ansatz des von den drei Parteivorsitzenden selbst verfassten Europa-Teils ist es, ein klares proeuropäisches Bekenntnis abzugeben und Türen für anstehende Reformen zu öffnen – ohne sich mit Blick auf die anstehenden Debatten der EU-27 bereits festzulegen."[7]

Die Breite des Kapitels verdeutlicht jedoch auch die fehlende europapolitische Positionierung der neuen Bundesregierung: „Der Text, der ‚Aufbruch' verspricht, ist voller Prozesssprache. In die flüchtet man sich, wenn man sich nicht festlegen kann oder mag."[8]

Dennoch zeugt der Grundtenor der Vereinbarung von neuem außenpolitischem Selbstbewusstsein und Gestaltungswunsch. Deutschland wolle international handlungsfähiger und eigenständiger werden. Im Licht der Nationalisierung der US-Außenpolitik unter Präsident Donald Trump kam also auch der Europapolitik eine neue Bedeutung zu.[9]

Bei aller Unschärfe legte der Koalitionsvertrag den Rahmen fest, innerhalb dessen die neue Bundesregierung auf Reform-Initiativen der Europäischen Kommission und die umfassenden Vorschläge des französischen Präsidenten Macron zu reagieren gedachte. Außerdem löste das Vertragspapier das Dilemma, das sich zwischen Union und SPD eröffnet hatte. Gerade Kanzlerkandidat Schulz hatte aus seiner Sympathie für die Ideen Macrons und aus seiner Nähe zu Kommissionspräsident Jean-Claude Juncker kein Geheimnis gemacht. Damit begab er sich in einen nicht offen ausgetragenen Gegensatz zu

---

6   Ein neuer Aufbruch für Europa. Eine neue Dynamik für Deutschland. Ein neuer Zusammenhalt für unser Land, Koalitionsvertrag zwischen CDU, CSU und SPD, 19. Legislaturperiode.
7   Andreas Rinke: Neue deutsche Verantwortlichkeit, in: Internationale Politik 2/2018, S. 78–82, hier: S. 79.
8   Daniel Brössler/Stefan Kornelius: Berliner Allerlei, in: Süddeutsche Zeitung, 19.1.2018.
9   Vgl. hierzu auch den Beitrag „Die Europäische Union und die USA" in diesem Jahrbuch.

Bundeskanzlerin Merkel, die deutlich distanzierter auf die französischen Vorschläge reagierte. Der Koalitionsvertrag musste damit die Skepsis Merkels, die persönliche Sicht von Martin Schulz und die nicht immer mit ihm korrelierende Linie der übrigen SPD-Führung und vor allem des künftigen Finanzministers Olaf Scholz in Einklang bringen. Gleichzeitig sollte der Vertragstext Spielraum für künftige Verhandlungen der neuen Bundesregierung mit allen EU-Mitgliedstaaten lassen.

Reaktion der neuen Bundesregierung auf die französischen Reformvorschläge

In diesem taktischen Zwängen ist ein Papier entstanden, das dennoch einige klare Aussagen trifft: Die neue Bundesregierung sagt eine Erhöhung ihrer Beiträge für das EU-Budget zu, möglicherweise als Ausgangspunkt für einen neuen „Investivhaushalt",[10] jedoch nicht für einen neu zu schaffenden Eurozonen-Haushalt, wie ihn Macron forderte. Vielmehr sollten „spezifische Haushaltsmittel für die wirtschaftliche Stabilisierung und soziale Konvergenz und für die Unterstützung von Strukturreformen in der Eurozone"[11] befürwortet werden. Zweitens wird die soziale Dimension einer europäischen Fortentwicklung der europäischen Integration unterstrichen, was sich in Begriffen wie Mindestlohnregelung, nationale Grundsicherungssysteme und die Bekämpfung von Steuerdumping ablesen lässt. Drittens spricht das Papier von einer engen Zusammenarbeit mit Frankreich bei der Reform der Wirtschafts- und Währungsunion. Allerdings werden die Konditionen eindeutig benannt:

> „Dabei bleibt der Stabilitäts- und Wachstumspakt auch in Zukunft unser Kompass. Stabilität und Wachstum bedingen einander und bilden eine Einheit. Zugleich muss auch künftig das Prinzip gelten, dass Risiko und Haftungsverantwortung verbunden sind."[12]

Der Fortbestand des in der Währungskrise elementaren Prinzips der Unteilbarkeit von Risiko und Haftung setzt damit den Rahmen für die anstehenden Verhandlungen über eine Bankenunion oder andere Reformen der Eurozone.

Auch bei einem der Kernanliegen der Europäischen Kommission, der Weiterentwicklung des Europäischen Stabilitätsmechanismus (ESM) in Richtung eines Europäischen Währungsfonds (EWF) unter Aufsicht der Institutionen, findet sich eine bindende Festlegung:

> „Den Europäischen Stabilitätsmechanismus (ESM) wollen wir zu einem parlamentarisch kontrollierten Europäischen Währungsfonds weiterentwickeln, der im Unionsrecht verankert sein sollte. Die Rechte der nationalen Parlamente bleiben davon unberührt."[13]

Damit nahm die Koalition Bedenken des Deutschen Bundestages auf, der die Kontrolle über das Kriseninstrument weiterhin für sich reklamierte und damit auf das Grundprinzip der demokratischen Haushaltsführung durch den nationalen Souverän pochte.

Schließlich legt die neue Koalition ein Bekenntnis zur Gemeinschaft der 27 Mitgliedstaaten ab, die nach der Brexitentscheidung als Mitglieder verbleiben würden. Zwar wird der Austritt des Vereinigten Königreichs aus der Europäischen Union „bedauert", gleich-

---

10 Ein neuer Aufbruch für Europa. Eine neue Dynamik für Deutschland. Ein neuer Zusammenhalt für unser Land, Koalitionsvertrag zwischen CDU, CSU und SPD, 19. Legislaturperiode, S. 9.
11 Ein neuer Aufbruch, S. 8 f.
12 Ein neuer Aufbruch, S. 9.
13 Ein neuer Aufbruch, S. 9.

zeitig lassen die europapolitischen Passagen keinen Zweifel, dass die Einheit der Union Priorität genießt. Lediglich eine Passage spricht von der Option, „in Bereichen, in denen die EU mit 27 Mitgliedstaaten nicht handlungsfähig ist, voranzugehen."[14]

Zu lesen ist dieser Teil des Koalitionsvertrags im Kontext der europäischen Grundsatzrede, die Emmanuel Macron nur zwei Tage nach der Bundestagswahl am 26. September an der Pariser Universität Sorbonne gehalten hatte. Die Sorbonne-Rede enthält Dutzende Reformpläne und mehr oder weniger konkret ausbuchstabierte Veränderungswünsche. Sie elektrisierte in Deutschland die europapolitischen Akteure und beförderte Macron ein halbes Jahr nach dessen Wahl an die Spitze einer lang ersehnten Reformbewegung: „Macron hat die europäische Bühne [...] als eine Art Drachentöter betreten."[15]

Von Reform-Enthusiasten wurde die Rede als großes Bekenntnis zur Integration verstanden, Frankreichs Rückkehr als Gestaltungsmacht wurde gefeiert. Vom Philosophen Jürgen Habermas über weite Teile der SPD bis tief in die Publizistik wurde die Sorbonne-Rede zum Maßstab für die deutsche Europapolitik erklärt, ohne dass die nationalen Absichten der französischen Initiative hinterfragt wurden. Explizit von Macron zur Teilnahme aufgefordert, geriet die Koalition noch vor Beginn der Verhandlungen in die Defensive und musste ihre Pläne an den Ideen des französischen Präsidenten messen lassen, der ein eigenes Eurozonen-Budget, gesteuert von einem europäischen Finanzminister, eine militärische Eingreiftruppe, eine europäische Asylbehörde mit harmonisierten Asyl-Standards, die Harmonisierung der Gewerbesteuer, einheitliche europäische Kandidatenlisten für die Wahl zum Europäischen Parlament und die Bereitschaft zu einem Europa multipler Geschwindigkeiten gefordert hatte. Letzteres ließ allerdings die Furcht vor einer Zersplitterung und dem letztendlichen Zerfall der Europäischen Union aufkommen.

Als exemplarisch für die konträre Deutung der Reformschritte gilt das neue verteidigungspolitische Instrument der Ständigen Strukturierten Zusammenarbeit (SSZ, im Englischen Pesco), der sich im Dezember 2017 25 der 28 Mitgliedstaaten auf freiwilliger Basis anschlossen. Während die französische Regierung die SSZ im Sinne der im September angekündigten operationellen Eingreiftruppe ausgestalten wollte, bemühte sich Deutschland um eine inklusivere Ausrichtung, die vor allem die Verteidigungsindustrie und Beschaffungsprojekte umfassen sollte:

> „Für Frankreich ist das Europa der Verteidigung eine Frage der konkreten Verteidigungsmaßnahmen, während es für die Deutschen eine Frage der Europäischen Integration ist. [...] Während Paris ehrgeizige Kooperationen und Kostensenkungen mit dem Ziel einer maximalen Effizienz vor Augen hat, setzt sich Berlin für ein inklusives Pesco ein mit einer größtmöglichen Zahl von Teilhabern."[16]

Sowohl die Koalitionsgespräche in Berlin wie auch alle folgenden Verhandlungsschritte wurden stets an den Maßstäben der Sorbonne-Vision gemessen. Selbst als Macron die Idee eines Eurozonen-Budgets zurückgestellt hatte und die Eurozonen-Reform vor allem am Widerstand von sieben nordeuropäischen Staaten zu scheitern begann, blieb der neue Dualismus zwischen einer angeblich reform- und integrationsorientierten französischen Regierung und einer beharrenden deutschen Koalition bestehen:

---

14 Ein neuer Aufbruch, S. 9.
15 Tina Hildebrand/Matthias Krupa/Ulrich Ladurner/Mark Schieritz, „Er hat was vor, wir haben Bedenken", in: Die Zeit, 19.4.2018.
16 Barbara Kunz: Macron, Germany and the Relaunching of European Defense, in: Thomas Gomart/Marc Hecker (Hrsg.): Macron, Diplomat: A new French Foreign Policy?, Institut Français des Relations Internationales, April 2018, S. 42, eigene Übersetzung.

> „Macrons Ideen stellen Deutschland vor Herausforderungen. In Berlin sorgt man sich, dass eine rasche Vertiefung der Währungsunion einen Keil zwischen den „Kern" der Eurostaaten und die „Peripherie" der Nicht-Eurostaaten wie Polen und einige skandinavische Länder treiben könnte. In Paris wird die Währungsunion als „natürlicher Kern" wahrgenommen, manche plädieren für noch kleinere Kooperationsformate. Hinter der französischen Vorstellung, in welchen Konstellationen Europa vorangebracht werden sollte, steht eine gewisse Skepsis gegenüber der Osterweiterung. Deutschland dagegen hat bedeutende Wirtschaftsinteressen in den neuen Mitgliedstaaten. [...] Der deutsche Wunsch, die östlichen Partner bei weiteren Integrationsschritten mitzunehmen, hat daher politische wie wirtschaftliche Gründe. Deutschland ist zudem von der Sorge getrieben, dass sich sonst antieuropäische und autoritäre Tendenzen in einigen der Länder noch verstärken könnten."[17]

Zwischen Deutschland und Frankreich tat sich also ein grundsätzliches strategisches Dilemma auf. Während die Bundesregierung auf ihre seit der Hochphase der Krise in der Eurozone eingeübte Rolle als stille Führungsnation setzte und sich um Ausgleich und Kompromiss unter den 28 Mitgliedstaaten bemühte, forderte Frankreich die Avantgarde, den Fortschritt auch auf Kosten der Einheit. Im Kern ging es also um ein germanozentrisches oder ein frankozentrisches Europa. Der alte Dualismus in der Führung Europas erlebte seine Auferstehung, freilich ohne dass die Akteure diesen Konflikt in aller Schärfe benannten. Der französische Präsident sollte nicht geschwächt werden. Die Bundesregierung war sich auch der stabilisierenden Rolle Macrons in einem von Populisten und Nationalisten bedrängten Europa bewusst:

> „(Es) muss auch gesehen werden, dass seit Beginn der Währungsunion kein französischer Präsident so nah an deutschen Vorstellungen zur Bedeutung von mitgliedstaatlicher Eigenverantwortung und strukturellen Reformen war und durch ambitionierte Reformen im eigenen Land ein Beispiel setzt."[18]

Großbritannien als natürlicher Bremser französischer Ambitionen fiel nach dem Referendum zum Austritt aus der Europäischen Union aus, weshalb die Rolle des Widerstandskämpfers einer neuen Gruppierung unter Führung der Niederlande zukam: den hanseatischen oder nordeuropäischen Staaten. Am 5. März 2018 veröffentlichen die Finanzminister von sieben nordeuropäischen Staaten – den Niederlanden, Estland, Lettland, Litauen, Dänemark, Finnland, Schweden und Irland – einen Brief, in dem die Einhaltung bestehender Stabilitätskriterien vor jeder neuen Reform innerhalb der Eurozone zur Bedingung erhoben wurde.[19]

Auch der sozialdemokratische Finanzminister und Vizekanzler Olaf Scholz wollte den französischen Vorstellungen eines europäischen Währungsfonds und einer Bankenunion mit gemeinschaftlicher Haftung nicht folgen:

> „Tatsache ist, dass Deutschland schon heute einen erheblichen Beitrag zur solidarischen Finanzierung des EU-Haushalts leistet. Aber selbst unsere Möglichkeiten sind beschränkt, und wir wollen und können auch gar nicht für alle zahlen. Ein deutscher Finanzminister ist ein deutscher Finanzminister."[20]

---

17 Daniela Schwarzer: Der Status Quo ist keine Option, in: Internationale Politik 3/2018, S. 8–13, hier: S. 10.
18 Schwarzer: Der Status Quo ist keine Option, 2018, S. 11.
19 Jan Dams: Brandbrief gegen „mehr Europa" ist eine Warnung an Deutschland, in: Die Welt, 7.3.2018; Vgl. hierzu auch den Beitrag „Haushaltspolitik" in diesem Jahrbuch.
20 Nico Fried/Cerstin Gammelin: Politik ist keine Vorabendserie, Interview mit Bundesfinanzminister Olaf Scholz, in: Süddeutsche Zeitung, 17.3.2018.

Auswirkungen des Dualismus auf die EU-Agenda

Das stille Ringen um die Deutungshoheit und die Durchsetzbarkeit von Reformen beherrschte eine dichte Sequenz von bilateralen und EU-weiten Treffen auf allen relevanten Ebenen zwischen dem Beginn der deutschen Regierungsarbeit am 14. März 2018 und dem selbstgesetzten Zieldatum, dem Europäischen Rat am 28. und 29. Juni 2018.

Gleichwohl die Gespräche von spektakulären öffentlichen Appellen der französischen Regierung begleitet wurden, entzog sich die Bundesregierung der direkten Konfrontation. Besonders augenfällig war der nicht ausgetragene Konflikt bei der Verleihung des Karlspreises an Macron am 11. Mai 2018 in Aachen, bei der der französische Präsident geradezu flehentlich die Bundeskanzlerin in die Pflicht zu nehmen versuchte, sie allerdings in ihrer Laudatio auf den Preisträger alle Erwartungen ignorierte und eben keinen deutschen Modellentwurf für eine Reform der Europäischen Union präsentierte.

Merkel lieferte ihre Variante der Reformankündigung schließlich am 3. Juni 2018 in einem Interview mit der Frankfurter Allgemeinen Sonntagszeitung. Dabei nennt sie bekannte deutsche europapolitische Positionen wie „Hilfe durch Selbsthilfe", oder „handeln müssen am Ende alle gemeinsam in der Europäischen Union." Die Bundeskanzlerin sprach sich gleichzeitig für eine Fortentwicklung des ESM hin zu einem Europäischen Währungsfonds aus und gab ihre Zustimmung für einen Investivhaushalt mit geringer Mittelausstattung.[21] Sie setzte damit den Ton, der sich über das deutsch-französische Regierungstreffen am 20. Juni 2018 bis zum Europäischen Rat eine Woche später halten sollte: Der europäische Reformprozess ist ein mühsames Unterfangen und funktioniert nur in Kooperation mit allen Mitgliedern.

Macrons ambitionierte Pläne mögen die Visionäre in Europa begeistert haben. Durchgesetzt hat sich am Ende aber der deutsche Pragmatismus: Der Rat vertagte die Reform des ESM und koppelte die Befassung mit einem Investivhaushalt mit den Verhandlungen zum mehrjährigen Finanzrahmen.

Fazit

Wie wenig die französische, auch von den nahenden Europawahlen und dem innenpolitischem Erfolgsdruck getriebene Reformagenda mit den deutschen Vorstellungen zu synchronisieren war, muss Macron bereits mit dem Ende der Koalitionsverhandlungen aufgegangen sein:

> „Macrons Amtsträger sind sich bewusst, dass die größeren Veränderungen beim Eurozonen-Budget und den neuen Institutionen auf das neue Europäische Parlament und die Kommission warten müssen. Sie verstehen, dass eine französisch-deutsche Abmachung nicht ausreichen wird, um die gesamte Eurozone ins Boot zu holen."[22]

Diese Erkenntnis war umso wichtiger, weil die innenpolitische Debatte in Deutschland eine ausschließliche Fokussierung auf die Reformagenda gar nicht erlaubte. Wie zur Erinnerung an das populistische und nationalistische Klima in der Welt erreichte auch die deutsche Koalition im Frühsommer 2018 eine Existenzkrise. Entzündet an der Frage der Rückführung von bereits im Dublin-System registrierten Migranten entwickelte sich ein Grundsatzstreit zwischen CSU und CDU, der in einer Rücktrittsankündigung von Innenminister Horst Seehofer (CSU), der Drohung mit dem Koalitionsbruch und gar dem Ende der

---

21 Thomas Gutschker/Eckart Lohse: Existenzfragen für Europa, Interview mit Bundeskanzlerin Angela Merkel, Frankfurter Allgemeine Sonntagszeitung, 3.6.2018.
22 Charles Grant: Macron´s plans for the euro, CER insight, 23.2.2018, eigene Übersetzung.

Fraktionsgemeinschaft zwischen CSU und CDU mündete. Nach dramatischen Tagen der Auseinandersetzung wurde Bundeskanzlerin Angela Merkel von der Schwesterpartei zugestanden, beim Europäischen Rat im Juni Rückführungsabkommen mit den relevanten EU-Mitglieder zu verabreden. Merkel erreichte tatsächlich, dass zunächst 16 Staaten einer Rückführung bereits registrierter Migranten aus Deutschland zustimmten. Gleichzeitig einigten sich die Staats- und Regierungschefs auf neue Migrations-Grundsätze, vor allem auf kontrollierte Zentren zur Aufnahme neuer Flüchtlinge an den Außengrenzen der EU, allerdings auf freiwilliger Basis.[23]

Die schwere Regierungskrise in Deutschland konnte mit Hilfe dieser Beschlüsse zwar abgemildert werden. Vier Monate nach der Regierungsbildung in Berlin und wenige Wochen vor den Landtagswahlen in Bayern zeigt sich aber in aller Deutlichkeit, dass die europapolitische Agenda seit der Aufnahme der Regierungsgeschäfte der neuen Bundesregierung vor allem von situativem Ereignisdruck und einer fiebrigen politischen Grundstimmung bestimmt wird.

Weiterführende Literatur

Dominika Biegon et al.: The Relaunch of Europe. Mapping Member States' Reform Interests. Country Issue: Germany, Friedrich-Ebert-Stiftung, Berlin 2018.

Katrin Böttger/Mathias Jopp (Hrsg.): Handbuch zur deutschen Europapolitik, Baden-Baden 2016.

Julia Klein/Julian Plottka/Amelie Tittel: Der Neustart der europäischen Integration durch eine inklusive Avantgarde?, in: integration 2/2018, S. 141–168.

---

23 Europäischer Rat: Europäischer Rat, Tagung vom 28. Juni 2018, Schlussfolgerungen; Vgl. hierzu auch den Beitrag „Europäischer Rat" in diesem Jahrbuch.

Dänemark

Anne Pintz

Die dänische Politik im Zeitraum Sommer 2017 bis Sommer 2018 war stark von innenpolitischen Themen wie den Kommunalwahlen, den Koalitionsstreitigkeiten um Steuersenkungen und der fortschreitenden Verschärfung der Asyl- und Einwanderungsgesetzgebung geprägt. Darüber hinaus beherrschte die Debatte um den Brexit und seine Konsequenzen weiterhin die europapolitische Diskussion und veranlasste führende Politiker, die Rolle Dänemarks in der Europäischen Union strategisch zu überdenken.

Innenpolitische Entwicklungen
Am 21. November 2017 fanden in Dänemark landesweite Kommunalwahlen statt. Diese wurden im Vorfeld als Kraftprobe zwischen den regierenden bürgerlichen Parteien und den Mitte-Links-Parteien vor der nächsten Parlamentswahl im Frühling 2019 bezeichnet. Während die oppositionellen Sozialdemokraten einen Stimmenzuwachs aufweisen und ihre Position als Dänemarks größte Kommunalpartei ausbauen konnten, mussten ihre beiden stärksten Kontrahenten, die regierende liberale Venstre und die Dänische Volkspartei (DVP), welche die dänische Minderheitsregierung unterstützt, Verluste im Vergleich zur Wahl 2013 hinnehmen. Das oppositionelle rote Mitte-Links-Bündnis wurde mit insgesamt 51,6 Prozent der Stimmen die größte Fraktion in Dänemark; der liberal-konservative blaue Block kam auf 44,7 Prozent.[1] Somit ist das politische Gleichgewicht von Blau auf Rot gekippt, was Spannung für die kommenden Parlamentswahlen verheißt.

Darüber hinaus prägten die Regierungsverhandlungen um Steuererleichterungen die politische Debatte im Winter 2017/2018. Seit Herbst 2017 versuchte die dänische Regierung in Verhandlungen mit dem parlamentarischen Bündnispartner DVP einen neuen Haushalt mit umfassenden Steuersenkungen durchzusetzen. Hauptstreitpunkte waren hierbei Steuererleichterungen für Spitzenverdiener und das Drängen der DVP, dass jede Steuerreform mit einer Verschärfung der Asylpolitik einhergehen muss. Im Dezember 2017 drohte die Koalitionspartei Liberale Allianz die Regierung zu verlassen, wenn die Regierung sich nicht auf Steuererleichterungen einigen könne. Dies hätte einen Zusammenbruch der Regierung bedeutet. Letztendlich beschloss die Regierungskoalition im Januar 2018, ihren Steuerplan für niedrigere Sätze für Spitzenverdiener zu verwerfen, jedoch Steuersenkungen für einkommensschwache Gruppen zu realisieren. Dies war ein Schlag sowohl für die Liberale Allianz, aber auch für die DVP. Dennoch setzen beiden Parteien ihre Teilnahme am bzw. Unterstützung für das regierende Minderheitsbündnis fort[2] und wandten damit

---

1   Kommunal- og Regionsrådvalg 2017: Ergebnisse, abrufbar unter https://www.kmdvalg.dk/Main/ (letzter Zugriff: 15.06.2018).
2   Steen A. Jørgenssen/Nikolaj Rytgaard: Samuelsen svarer på baglandskritikken: Jeg forstår frustrationerne, men..., Jyllands Posten, 10.01.2018.

das Risiko eines drohenden Regierungszusammenbruchs ab. Obwohl weiterhin fraglich ist, ob die Minderheitsregierung ihre Amtszeit bis Frühling 2019 vollenden können wird, stehen momentane Prognosen hierfür gut.[3]

Weitere Verschärfungen in der Asyl- und Migrationspolitik

Gut zwei Jahre nachdem der Flüchtlingsstrom nach Europa seinen Höhepunkt erreicht hatte, ist die Asyl- und Migrationsdebatte in Dänemark nicht abgeschlossen. Im Januar 2018 sprachen sich die oppositionellen Sozialdemokraten in einem Strategiepapier für Migrationspolitik dafür aus, dass Asylbewerber ihren Antrag in speziell eingerichteten Zentren in Nordafrika stellen sollten. Im Juni des Jahres kündigte die Partei ihre 25-jährige Zusammenarbeit mit der sozial-liberalen Radikale Venstre auf und strebt nunmehr bei den Parlamentswahlen im nächsten Jahr eine Regierungsbildung ohne die Radikalen an. Der Grund dafür ist vor allem die Einwanderungspolitik, bei der die Radikalen die von den Sozialdemokraten vorgeschlagenen Verschärfungen nur bedingt mittragen wollen.[4] Zur selben Zeit brachte der dänische Premierminister die Idee ins Spiel, abgewiesene Asylbewerber künftig an einem „nicht sonderlich attraktiven" Ort in Europa unterzubringen. Die dänische Regierung sei momentan dabei, die Pläne für ein solches Zentrum und ein neues Asylsystem mit einigen „gleichgesinnten" europäischen Mitgliedstaaten zu diskutieren.[5] Damit führen die großen Parteien das seit Jahren andauernde Wettrennen in der dänischen Asyl- und Migrationspolitik in Richtung einer einwanderungskritischeren Ausrichtung fort und bewegen sich zunehmend auf die rechtspopulistische DVP und ihre Forderungen zu. Dies ist auch vor dem Hintergrund der Parlamentswahlen im kommenden Frühjahr zu sehen. Um Stimmen von der DVP zurückzuholen, hatten sich bereits im vergangenen Wahlkampf 2015 immer mehr traditionelle Parteien auf einen solchen Kurs begeben.

Der Anti-Immigrationskurs der dänischen Großparteien spiegelt sich nicht nur in der politischen Debatte wider, sondern auch in der Gesetzgebung, in der man eine stetige Verschärfung der Asyl- und Einwanderungsregeln beobachten kann. Die aktuelle Regierung hat momentan 89 Verschärfungen auf den Weg gebracht,[6] welche generell von einer breiten Mehrheit im Parlament getragen wurden. Zuletzt stellte das dänische Parlament im Mai 2018 die Verhüllung des Gesichtes in der Öffentlichkeit unter Strafe. Das Verbot soll sich dabei vorrangig gegen Gesichtsschleier wie Burka und Nikab richten. Die von der Regierung auferlegten Regeln trafen jedoch nicht nur Asylsuchende, sondern auch andere Bürger aus Nicht-EU-Ländern. Im November 2017 wurde eine US-Wissenschaftlerin, welche ihr Fachwissen außerhalb ihrer Hauptbeschäftigung mit dem dänischen Parlament teilte, rechtlich verfolgt, da sie gegen das Verbot von Nebenerwerbstätigkeit ohne Sondergenehmigung für Ausländer aus Nicht-EU-Ländern verstoßen hatte.

Ein weiteres kontroverses Thema in der dänischen Asyl- und Migrationspolitik war die Debatte um die Fortsetzung der wegen steigender Flüchtlingszahlen im Januar 2016 eingeführten Kontrollen an der Grenze zu Deutschland. Dänemarks Befreiung vom Schengen-

---

3   The Economist Intelligence Unit: Denmark, abrufbar unter http://country.eiu.com/denmark (letzter Zugriff: 15.06.2018).
4   Christine Cordsen: Mette Frederiksen går til valg på socialdemokratisk et-parti-regering, DR Nyheder, 04.06.2018.
5   Berlingske: Lars Løkke varsler nyt europæisk asylsystem: Vil samle flygtninge uattraktive steder, 05.06.2018.
6   Udlændinge- og Integrationsministeriet: Gennemførte stramninger på udlændingeområdet, abrufbar unter http://uim.dk/gennemforte-stramninger-pa-udlaendingeomradet (letzter Zugriff: 15.06.2018).

Abkommen lief offiziell am 12. November 2017 aus. Seit Beginn des Jahres hatte die Europäische Kommission wiederholt betont, dass die dänischen Grenzkontrollen nach diesem Zeitpunkt nicht verlängert werden könnten, da der Zustrom der Flüchtlinge abgeebbt sei. Allerdings hatte die Kommission auch signalisiert, dass sie mit weiterführenden Grenzkontrollen einverstanden sei, wenn Dänemark dies zusätzlich mit der Abwehr von Terroristen begründen würde. Im November 2017 und Mai 2018 verlängerte die dänische Regierung die Kontrollen an der Grenze zu Deutschland um jeweils ein halbes Jahr, wobei sie die Maßnahmen sowohl mit dem hohen Zustrom von Migranten, als auch mit ausgewiesener Terrorbedrohung rechtfertigte.[7] Durch diese Ergänzung konnten die Kontrollen nicht nur verlängert, sondern auch ausgeweitet werden. So beschloss das dänische Parlament im Dezember 2017, die Kontrollen an den Grenzübergängen nach Deutschland durch automatische Nummernschild-Scanner, Kontrollhäuschen und weitere Maßnahmen zu verschärfen.[8] Seit Ende September hat Dänemark auch bewaffnete Soldaten eingesetzt, was auf Kritik in Deutschland stieß.

Brexit: Debatten und Konsequenzen

Die Debatte um die wirtschaftlichen, politischen und gesellschaftlichen Konsequenzen des Austritts Großbritanniens aus der EU nahm weiterhin eine große Rolle in Dänemark ein. Unabhängig davon, welchem Model das britische Ausscheiden letztendlich folgen wird, befürchtet die dänische Wirtschaft negative Auswirkungen auf ihre wirtschaftliche Tätigkeit und auf volkswirtschaftliche Ziele. Auch konnten mögliche Vorteile aus dem Wegzug von EU-Behörden aus Großbritannien nicht realisiert werden. Im Februar 2017 hatte die dänische Regierung sich offiziell mit Kopenhagen um den neuen Hauptsitz der European Medicines Agency beworben. Im November 2017 wurde jedoch bekannt, dass Kopenhagen in der vorletzten Wahlrunde gegen Amsterdam und Mailand ausgeschieden war.

Darüber hinaus herrscht in Dänemark große Einigkeit, dass Großbritanniens Entscheidung, die Europäische Union zu verlassen, auch für die tägliche Zusammenarbeit in der Union von großer Bedeutung sein wird. Großbritannien ist, wie Dänemark, ein starker Befürworter des Binnenmarktes, der gegen marktbeschränkende Maßnahmen kämpft. Zudem vertritt Großbritannien die Interessen der Länder, die nicht Teil der Eurozone sind und die weiterer politischer Integration skeptisch gegenüber stehen. Das stimmenstarke Großbritannien stimmte dabei im Ministerrat häufig mit Dänemark. Dänemark wird also einen einflussreichen Koalitionspartner verlieren, wenn es darum geht, neue EU-Rechtsvorschriften nach staatlichen Vorlieben zu gestalten. Aus politischer Perspektive bedeutet der Brexit für Dänemark somit, dass das Land neue Verbündete finden muss, damit die Union sich nicht zu sehr in Richtung mehr Föderalismus und Protektionismus bewegt. Hierfür steht die Regierung, unter anderem, bereits mit Vertretern aus Ländern in Mittel- und Osteuropa in Kontakt.[9] Darüber hinaus hat der dänische Premierminister begonnen, eine breitere Debatte über die Beziehungen Dänemarks zur Europäischen Union zu führen. Hintergrund hierfür ist die Befürchtung, dass die umfangreichen dänischen Rechtsvorbehalte letztendlich dazu führen werden, dass Dänemark ein zweitrangiges Mitglied in einer immer stärker integrierten Europäischen Union wird. Im Kern dieser Befürchtung steht die Erwartung, dass in den kommenden Jahren der französische Präsident Emmanuel Macron

---

7   DR Nyheder: Grænsekontrol ved dansk-tysk grænse fortsætter, 13.04.2018.
8   Jyllands Posten: Fakta: Finanslov styrker grænsekontrol med millioner, 08.12.2017.
9   Mads Dagnis Jensen: Lektor om Brexit: Danmark mister en vigtig allieret, Altinget, 11.04.2018.

zusammen mit der deutschen Bundeskanzlerin Angela Merkel auf engere Zusammenarbeit in genau den Bereichen drängen wird, in denen Dänemark ein opt-out hat: in den Bereichen Justiz und Inneres, Verteidigung und der Wirtschafts- und Währungsunion.[10]

Dänemark galt lange Zeit, wie Großbritannien, als einer der eher euroskeptischen EU-Mitgliedstaaten. Jüngste Umfragen von April 2018 zeigen allerdings, dass der Euroskeptizismus in Dänemark seit dem Brexit-Votum an Unterstützung verloren hat. Sollten die dänischen Wähler heute über einen Austritt Dänemarks entscheiden, würden dies 55 Prozent der Dänen ablehnen; nur 28 Prozent würden dem zustimmen. Bei einer ähnlichen Umfrage vor dem britischen Referendum fiel dieses Ergebnis noch weniger eindeutig aus. Die Umfragen legen hierbei nahe, dass diese Veränderung mit den immer deutlicher werdenden Folgen des britischen Ausscheidens aus der Europäischen Union zusammenhängt.[11] Dennoch beheimatet Dänemark weiterhin starke euroskeptische Parteien. Insbesondere die DVP drängt auf eine ‚britische Lösung'. 2015 entstand zudem eine neue nationalkonservative euroskeptische Partei, die Neue Bürgerliche, die vermutlich nach den Wahlen 2019 in das Parlament einziehen wird. Auch diese Partei fordert ein Referendum über die Zukunft Dänemarks in der Europäischen Union. Dänemarks Rolle und Zukunft in der Europäischen Union stehen damit weiterhin in der Diskussion.

Zur gleichen Zeit hat der Austritt Großbritanniens aus der Union weitreichende Konsequenzen für Dänemarks Position bei den Verhandlungen des mehrjährigen Finanzrahmens der EU: „Wir sind der Meinung, dass eine kleinere EU auch einen kleineren Haushalt bedeuten muss", so der dänische Premierminister. „Der nächste mehrjährige Finanzrahmen muss diese reduzierten Finanzkapazitäten der EU auch widerspiegeln."[12] So stieß der von der Europäischen Kommission Anfang Mai vorgelegte Haushaltsvorschlag und die darin enthaltenen Erhöhungen der nationalen Beiträge bei der dänischen Regierung wie zu erwarten auf Widerstand. Während die meisten europäischen Mitgliedstaaten diese Strategie unterstützen, um dem britischen Austritt und den neuen Herausforderungen Rechnung zu tragen, findet sich Dänemark damit in einer Koalition mit den Nettozahlern aus Österreich, den Niederlanden und Schweden.

Fazit

Aus europapolitischer Perspektive verlief das vergangene Jahr in Dänemark ohne große Vorkommnisse. Wie schon im Vorjahr war die politische Debatte von innenpolitischen Konflikten, der weiterhin währenden Migrations- und Integrationsdebatte sowie vom Austritt Großbritanniens aus der EU geprägt. Innerhalb der EU, sei es in den Brexit-Verhandlungen oder den Verhandlungen zum mehrjährigen Finanzrahmen, wird Dänemark fortgesetzt nationale Interessen betonen, um für das eigene Land das Beste herauszuholen. Nichtsdestotrotz ist die momentane dänische Regierung gern Mitglied der EU – solange der Einfluss aus Brüssel nicht überhandnimmt.

Weiterführende Literatur

Catharina Sørensen/Anders Wivel: Danmark efter Brexit: Business as usual eller en ny begyndelse for dansk europapolitik?, Internasjonal Politikk, 2017.

---

10 Bjarke Møller: Tænketanken Europa: Danmark har ikke råd til at ende på EU's yderste gren, Altinget, 25.04.2018.
11 Ole Vigant Ryborg: Danskernes opbakning til EU-medlemskab er vokset markant siden brexit, DR Nyheder, 29.03.2018.
12 Frankfurter Allgemeine Zeitung: Dänemark verlangt kleineren EU-Haushalt, 12.04.2018.

Estland

Tobias Etzold

Für Estland stand 2017 die erstmalige Präsidentschaft im Rat der Europäischen Union im Mittelpunkt des politischen Interesses. 2018 wurde von den Feierlichkeiten anlässlich des 100-jährigen Jubiläums der Gründung Estlands als unabhängige Republik geprägt. In ihrer Festtagsrede am 24. Februar 2018 gab Estlands Staatspräsidentin Kersti Kaljulaid als Hauptziele für den Staat aus, das Überleben der estnischen Nation, Sprache und Kultur zu garantieren und intern wie extern würdevoll aufzutreten.[1]

Europapolitik

Estland übernahm am 1. Juli 2017 die EU-Ratspräsidentschaft. Für das kleine Land war der Vorsitz aufgrund der vielen schwierigen Themen wie der britische EU-Austritt, Migration und Nord Stream 2 eine große Herausforderung, aber auch eine Chance, eigene Akzente zu setzen. Das Land meisterte diese Aufgabe insgesamt ordentlich. Thematische Schwerpunkte des Vorsitzes waren die Förderung einer offenen und innovativen europäischen Wirtschaft, EU-Außen- und Sicherheitspolitik einschließlich der für die baltischen Staaten wichtigen Östlichen Partnerschaft, Digitalisierung, einschließlich Datenfreizügigkeit und Datensicherheit, Inklusivität und Nachhaltigkeit. Ende September 2017 fand in Tallinn ein vielbeachteter europäischer Digitalisierungsgipfel statt, bei dem Estland seine Vorbildfunktion in diesem Bereich zur Schau stellen konnte, die gerade Deutschland gerne annimmt. Das Fazit des Regierungschefs Jüri Ratas war am Ende des Vorsitzes positiv: „Die EU ist heute geeinter denn je und besser für digitale Veränderungen und den Klimawandel gewappnet".[2] Laut Ratas konnten wichtige Fortschritte im Schwerpunktbereich Digitalisierung erzielt werden, insbesondere in Form von Abkommen über die Datenfreizügigkeit und die Entwicklung des 5G-Netzwerks. Die Beschlüsse zur verstärkten Verteidigungszusammenarbeit und eine gemeinsame Cybersicherheitsstrategie seien außerdem auf der Habenseite zu verbuchen.[3] 61 Prozent der befragten EstInnen werten den Vorsitz ebenfalls als gelungen. Diese hohe Zahl belegt zusammen mit einer Umfrage von Ende 2017, nach welcher 79 Prozent der EstInnen die estnische EU-Mitgliedschaft unterstützen, die insgesamt pro-europäische Haltung der estnischen Bevölkerung.[4]

Mit Blick auf die Vorschläge des französischen Präsidenten Macron zur Vertiefung der Eurozone ist Estland zurückhaltend. Es unterstützt die Annahme, dass Entscheidungen über

---

1 The President of the Republic at the Republic of Estonia Independence Day Celebration at the Estonian National Museum, 24.2.2018.
2 Estnischer Vorsitz im Rat der Europäischen Union: Pressemitteilung „Estland reicht den Staffelstab des Vorsitzes an Bulgarien weiter", 29.12.2017.
3 Estnischer Vorsitz, Pressemitteilung, 2017
4 Estonian EU Presidency Press release: Study: Two thirds of Estonian residents deemed the Estonian Presidency of the Council of the European Union successful, 27.12.2017.

die Weiterentwicklung der Eurozone nur unter Einbezug der Nicht-Euroländer getroffen werden sollte. Der Zusammenhalt der EU-27 müsse im Vordergrund stehen.[5]

Außen- und Sicherheitspolitik

Estland befürwortet eine aktive und führende Rolle Deutschlands in EU und NATO. Die vergleichsweise kritische Haltung des neuen deutschen Außenministers Maas gegenüber Russland wurde von Estland, Lettland und Litauen sehr willkommen geheißen. Ein erstes Treffen der vier Außenminister im Mai 2018 in Litauen fand in gelöster und konstruktiver Atmosphäre statt. Auch Bundespräsident Steinmeier bekam während seines Besuchs in den baltischen Staaten zu spüren, dass die Balten von Deutschland mehr erwarten als von anderen Partnern. Ministerpräsident Ratas lobte die estnisch-deutschen Beziehungen sowie Deutschlands Beitrag zu Estlands Sicherheit.[6] Von der NATO fordert Estland nicht unbedingt mehr Truppen im Baltikum, aber eine bessere und schnellere Reaktionsfähigkeit. Als eigenen Beitrag zur nationalen Sicherheit baut Estland kontinuierlich eine Freiwilligentruppe auf, der bereits mehr als 20.000 Personen angehören. Über eine weitere Anhebung der Verteidigungsausgaben von 2,17 auf 2,5 Prozent des Bruttoinlandsprodukts wird diskutiert, denn auf dem bisherigen Level würde ab 2026 das Geld nur noch zum Unterhalt des vorhandenen Materials reichen, nicht aber zur Anschaffung von neuem.

Innenpolitik

Im Oktober 2017 fanden in Estland Lokalwahlen statt. Die auch auf nationaler Ebene regierende Zentrumspartei gewann die Wahlen, alle anderen Parteien mussten teils herbe Verluste hinnehmen. Im Frühjahr 2018 wurde auf Betreiben der Zentrumspartei ein neues progressives Steuersystem eingeführt. Seit dem Erreichen der Unabhängigkeit 1991 galt in Estland ein vergleichsweise einfaches Steuersystem in Form eines für alle Einkommen geltenden einzigen Steuersatzes (Flat Tax). Unabhängig vom Einkommen zahlte jede/r 20 Prozent Einkommenssteuer, ohne Ausnahmen und Schlupflöcher außer einem Grundfreibetrag als soziale Komponente. Dieses System wurde von der meistens regierenden liberalen Reformpartei geprägt und verfochten. Die Zentrumspartei hält die Flat Tax für unsozial. Die Reform ist jedoch umstritten und wird von einer Mehrheit der Bevölkerung abgelehnt. Die Umstellung sei teuer und würde ein funktionierendes System verkomplizieren sowie Schlupflöcher und Anreize zur Steuerhinterziehung schaffen. Die Mittelschicht wird nun stärker belastet, Menschen mit geringem Einkommen werden aber tatsächlich entlastet.[7] Für die regierende Zentrumspartei war die Reform der Versuch, gegenüber ihren StammwählerInnen zu liefern. Inwieweit die WählerInnen dies goutieren oder ob die neoliberalen Kräfte weiterhin eine starke Rolle spielen und die Reformpartei zurück an die Macht bringen, wird sich bei der Parlamentswahl 2019 zeigen.

Weiterführende Literatur

Michele E. Commercio: Why Putin won't attempt to ‚integrate' Estonia and Latvia into the Russian Federation, 7.3.2018, abrufbar unter http://blogs.lse.ac.uk/europpblog/2018/03/07/why-putin-wont-attempt-to-integrate-estonia-and-latvia-into-the-russian-federation/ (letzter Zugriff: 11.10.2018).

---

5 Steffen Stierle: Nördliche EU-Staaten gegen Eurozonen-Alleingänge, in: Euractiv, 7.3.2018.
6 BBC Monitoring European: Estonian Media: German president's visit, forum controversy, 10.9.2017.
7 Heilika Leinus: Einfach-Steuer abgeschafft; Wechsel zum deutschen Modell stürzt Estland in die Krise, in: Welt Online, 23.4.2018, abrufbar unter: https://www.welt.de/politik/ausland/plus175739852/Estland-Flat-Tax-Das-Ende-des-Bierdeckels.html (letzter Zugriff: 11.10.2018).

Finnland

Tuomas Iso-Markku

Die vom Brexit-Votum angestoßene Debatte über die Zukunft der Europäischen Union erhielt im Herbst 2017 neue Impulse. Am 13. September hielt der Präsident der Europäischen Kommission, Jean-Claude Juncker, seine jährliche Rede zur Lage der Union, in der er sein Wunschszenario für die Zukunft der Europäischen Union darlegte, und am 26. September stellte Frankreichs Präsident Emmanuel Macron seine Visionen für Europa an der Sorbonne-Universität vor. Die Anregungen von Juncker und Macron zwangen auch die vom Premierminister Juha Sipilä geführte finnische Regierung, sich aktiver zu europapolitischen Themen zu äußern. Dabei zeigten sich mal deutlicher, mal weniger deutlich die unterschiedlichen europapolitischen Ansichten und Prioritäten der drei Regierungsparteien.

Finnische Reaktionen auf Juncker und Macron

Die Reaktionen der zentralen Regierungsvertreter auf die Rede von Juncker stehen beispielhaft für die fehlende europapolitische Geschlossenheit der finnischen Regierung. Besonders kritisch äußerte sich Sampo Terho, Europaminister und Vorsitzender der Partei Blaue Zukunft, die als Folge der Abspaltung der euroskeptischen Basisfinnen entstand. Nach Terhos Einschätzung legte Junckers Rede offen, dass die einzige Antwort der Kommission auf die Probleme der Europäischen Union die Erweiterung ihrer eigenen Macht sei. Terhos Kritik richtete sich vor allem auf drei Vorschläge Junckers: die Ausweitung von Mehrheitsentscheidungen im Rat, die Schaffung des Amtes eines europäischen Finanzministers und die Einführung von transnationalen Wahllisten.[1] Er unterstrich, dass das Programm der Regierung Sipilä keine weitgehenden „Föderalisierungsbestrebungen" akzeptiere und eine national orientierte Europapolitik betone.[2]

Ganz andere Töne schlug Finanzminister Petteri Orpo an, der die traditionell integrationsfreundliche Nationale Sammlungspartei anführt. Orpo sagte, dass man offen über die von Juncker präsentierten Ideen diskutieren müsse, statt sie schnellst möglich abzuschießen.[3] Er beteuerte auch, dass die Europäische Union sich weiterentwickeln müsse und Finnland eine starke Union brauche.[4] Premierminister Sipilä, Vorsitzender der moderat integrationsfreundlichen, Status-quo-orientierten Zentrumspartei, bezeichnete Junckers Rede als vorausschauend, betonte aber, dass Finnland vor allem in Bezug auf die Entwicklung der Wirtschafts- und Währungsunion (WWU) eine vorsichtigere Linie vertrete. Eine

---

1 Mikko Salmi: Sininen tyrmäys: Tämä on väärä johtopäätös EU:n viime vuosien kriiseistä, in: Demokraatti, 13.9.2017.
2 Maria Stenroos: EU-puheet paljastavat hallituksen linjaerot – Orpo ei sano ei uusille avauksille, Terho lukkiutuu hallitusohjelmaan, in: YLE Uutiset, 13.9.2017.
3 Tuomas Savonen: Orpo: Olisi luonnollista, että kaikki maat olisivat eurossa, in: Keskisuomalainen, 13.9.2017.
4 Kirsi Turkki: Sipilä ja Orpo kommentoivat Junckerin puhetta: Suomi ei ota lisää riskejä EU:n rahaliitossa, in: Aamulehti. 13.9.2017.

klare Absage erteilte Sipilä der Idee eines europäischen Finanzministers. Den handelspolitischen Teil von Junckers Rede könne Finnland dagegen unverändert annehmen.[5]

Antti Rinne, Vorsitzender der Sozialdemokratischen Partei und eine der führenden Figuren der Opposition, verlangte von der Regierung eine entschiedenere und proaktivere Europapolitik. Er sagte, dass es nicht reiche, „mit ‚Ja' oder ‚Nein' auf die Beschlüsse von Merkel und Macron zu reagieren".[6] Stattdessen solle Finnland seine eigenen, klaren Leitlinien haben. Konkrete Beispiele nannte Rinne allerdings nicht.

Die Sorbonne-Rede von Macron kommentierte Sipilä, der Macron nur einen Tag davor getroffen hatte, in einem Blogeintrag, in dem er schrieb, dass Macrons Rede einige Elemente erhalten hätte, die Finnland unterstützen könne.[7] Dazu zählten Sipiläs Meinung nach vor allem Macrons Vorschläge zu einer weiteren Integration der Migrations- sowie Sicherheits- und Verteidigungspolitik. Auch in der Umwelt- und Energiepolitik teile man Macrons Ziele. Bei der Weiterentwicklung der WWU sei Macron jedoch zu ambitioniert.[8]

Finnland und die Entwicklung der Wirtschafts- und Währungsunion

Im Oktober 2017 verabschiedete die Regierung Sipilä ihre eigenen Leitlinien für die Weiterentwicklung der WWU.[9] Diese bestanden aus drei Punkten. Erstens signalisierte die Regierung, dass sie eine Anpassung des mehrjährigen Finanzrahmens an die Bedürfnisse der Eurozone unterstützen würde, aber die Einführung eines separaten Haushalts für die Eurozone oder eines Konjunkturausgleichmechanismus ablehne. Zweitens sprach sich die Regierung für die Vollendung der Bankenunion aus, was die Umsetzung eines europäischen Einlagensicherungssystems sowie die Schaffung einer Letztsicherung für den einheitlichen Abwicklungsfonds bedeuten würde. Beide Maßnahmen würde Finnland unter bestimmten Voraussetzungen unterstützen. Als dritten Punkt erwähnte die Regierung die Schaffung eines Systems, das die Überschuldung der Mitgliedstaaten verhindern und Überschuldungssituationen lösen könnte. Den Ausbau des Europäischen Stabilitätsmechanismus in einen Europäischen Währungsfonds steht sie deshalb offen gegenüber.

Gleichgesinnte Partner fand Finnland vor allem in einer informellen Gruppierung, der mehrere kleine und mittelgroße nordeuropäische Staaten angehören. Die Staats- und Regierungschefs dieser Gruppe trafen sich im Zusammenhang mit dem Europäischen Rat vom Oktober 2017 und die Finanzminister im November 2017.[10] Im März 2018 mündete diese Zusammenarbeit in einer gemeinsamen Erklärung der Finanzminister Dänemarks, Estlands, Finnlands, Irlands, Lettlands, Litauens, der Niederlande und Schwedens zur Architektur der WWU.[11] Darin betonten sie, dass die Debatten um die Zukunft der WWU in einem möglichst inklusiven Format geführt werden müssten und auf solche Initiativen konzentrieren sollten, die von den Bürgern unterstützt würden.

---

5   Turkki: Sipilä ja Orpo kommentoivat Junckerin puhetta, 2017.
6   Savonen: Orpo: Olisi luonnollista, 2017.
7   Juha Sipilä: Macronin puheesta, 26.9.2017, abrufbar unter: https://www.juhasipila.fi/blogi/2017/09/26/20995 (letzter Zugriff: 20.6.2018).
8   Vgl. hierzu auch den Beitrag „Frankreich" in diesem Jahrbuch.
9   Valtioneuvoston kanslia: EMU:n kehittäminen, EU-ministerivaliokunta 13.10.2017, VNEUS2017-00644.
10 Lisbeth Kirk: Small EU states caught between France and Germany, in: euobserver, 10.11.2017.
11 Valtiovarainministeriö: Finance ministers from Denmark, Estonia, Finland, Ireland, Latvia, Lithuania, the Netherlands and Sweden underline their shared views and values in the discussion on the architecture of the EMU, 6.3.2018, abrufbar unter: https://vm.fi/documents/10623/6305483/Position+EMU+Denmark+Estonia+Finland+Ireland+Latvia+Lithuania+the+Netherlands+and+Sweden.pdf/ (letzter Zugriff: 20.6.2018).

Sicherheits- und Verteidigungszusammenarbeit als europapolitischer Schwerpunkt

Der Verabschiedung der finnischen WWU-Leitlinien folgte die Verkündung der allgemeinen europapolitischen Richtlinien der Regierung. Am 22. Dezember 2017 gab Premierminister Sipilä dem finnischen Parlament eine Regierungserklärung zur Europapolitik ab.[12] In seiner Erklärung erläuterte Sipilä die Position seiner Regierung zu sechs Themenbereichen, die er als entscheidend für die Zukunft der Europäischen Union bezeichnete. Diese waren erstens die europäische Sicherheits- und Verteidigungszusammenarbeit, zweitens Migrationspolitik, drittens die Wirtschafts- und Währungsunion, viertens Klimapolitik, fünftens Handelspolitik und sechstens die soziale Dimension der Europäischen Union.

Dass Sipilä die europäische Sicherheits- und Verteidigungszusammenarbeit als erstes auflistete, ist kein Zufall, denn sie hat sich zum europapolitischen Aushängeschild seiner Regierung entwickelt. Die Gründe dafür sind vielfältig, lassen sich aber vor allem auf die verschlechterte Sicherheitslage in der Ostseeregion seit dem Beginn der Ukraine-Krise zurückführen. Es handelt sich um einen der wenigen Politikbereiche, in dem die europapolitisch eher zerstrittenen Regierungsparteien mühelos auf gemeinsame Positionen einigen können.

In seiner Regierungserklärung wies Sipilä auf eine gemeinsame Stellungnahme der finnischen und französischen Regierungen vom Juni 2016 hin, in der diese das integrationspolitische Potenzial der Sicherheits- und Verteidigungszusammenarbeit betonten, sich für eine bessere Kooperation zwischen Europäischer Union und der NATO aussprachen und von der Gemeinsamen Sicherheits- und Verteidigungspolitik einen Beitrag zum Schutz der Europäer forderten.[13] Mit ihrer Stellungnahme hätten Finnland und Frankreich, so war Sipiläs Erklärung zu entnehmen, die Weichen für „das überraschend schnelle Voranschreiten" der Verteidigungszusammenarbeit gestellt.

Sipiläs Beschreibung der Rolle Finnlands mag zwar überzogen sein, tatsächlich hat Finnland aber energisch auf die Verstärkung der europäischen Sicherheits- und Verteidigungszusammenarbeit hingearbeitet. Die Unterzeichnung der gemeinsamen Mitteilung über die Ständige Strukturierte Zusammenarbeit (SSZ) im November 2017 feierte die Regierung deshalb als großen Erfolg. Außenminister Timo Soini, traditionell eher als Euroskeptiker bekannt, betonte, dass sicherheitspolitische Zusammenarbeit das Beste sei, was aus der Europäischen Union zu holen ist.[14] Angesichts des Jubels, mit dem die Regierung die Einführung der SSZ empfing, wurde die Information, dass Finnland nur an drei der 17 SSZ-Projekte teilnehmen und kein einziges Projekt führen würde, von den finnischen Medien negativ beurteilt.[15]

Was die anderen Schlüsselbereiche der Europapolitik angeht, argumentierte Sipilä in seiner Regierungserklärung, dass Migrationspolitik Stabilität schaffen soll, was unter anderem eine effizientere Bekämpfung der Migrationsursachen, einen effektiveren Schutz der Außengrenzen der Europäischen Union, einen vorab definierten Solidaritätsmechanismus für Krisensituationen sowie effektivere Rückführungen voraussetze. Sowohl in der

---

12 Valtioneuvosto: Pääministerin ilmoitus ajankohtaisista EU-asioista, 22.11.2017, abrufbar unter: https://valtioneuvosto.fi/artikkeli/-/asset_publisher/10616/paaministerin-ilmoitus-ajankohtaisista-eu-asioista (letzter Zugriff: 20.6.2018).
13 France/Finland: Declaration on strengthening the EU's Common Security and Defence Policy, 15.6.2016.
14 Pekka Mykkänen: Ulkoministeri Timo Soini hehkutta EU:n puolustuspäätöstä "historialliseksi" – Vanhan EU-skeptikon mukaan "tämän on parasta mitä täältä on saatavissa", in: Helsingin Sanomat, 13.11.2017.
15 Pekka Mykkänen: Suomen rooli hehkutettua vaatimattomampi EU:n uudessa puolustusyhteistyössä – Timo Soini: "Aina täytyy olla joku kritiikki", in: Helsingin Sanomat, 11.12.2017.

Klima- als auch in der Handelspolitik müsse die Europäische Union eine führende Rolle annehmen. Wenig hält die Regierung Sipilä von der sozialen Dimension der europäischen Integration: Statt gemeinsamer sozialer Sicherheit brauche man solide und gerechte Haushaltsführung.

Streitpunkt mehrjähriger Finanzrahmen

Die Verhandlungen über die Größe und Zusammenstellung des mehrjährigen Finanzrahmens für die Jahre 2021 bis 2027 brachten die unterschiedlichen europapolitischen Ansichten und Prioritäten von Finnlands drei Regierungsparteien erneut zum Vorschein.[16] Die euroskeptische Blaue Reform war der Meinung, dass man die durch den Brexit enstehende Lücke im Haushalt nicht schließen, sondern den Haushalt verkleinern sollte, damit Finnlands Beitrag nicht zunimmt. Die Zentrumspartei, die traditionell die Interessen des finnischen Agrarsektors vertritt, wollte dagegen versichern, dass Finnland mehr Agrar- und Kohäsionsmittel zur Verfügung stehen würden. Für die Nationale Sammlungspartei wiederum war es wichtig, den Haushalt auf die neuen Aufgaben in Bereichen wie Verteidigung und Migration auszurichten. Auf Basis dieser teils widersprüchlichen Forderungen formulierte die Regierung ihre Verhandlungsposition, die wenig Kohärenz aufwies. Auch die Reaktionen der Regierungsvertreter auf den Haushaltsvorschlag der Europäischen Kommission fielen unterschiedlich aus: Während Premierminister Sipilä feststellte, dass darin viele der für Finnland wichtigen Ziele berücksichtigt worden seien, kritisierte Europaminister Terho ihn als unrealistisch und sagte, dass die anvisierte Größe des Haushalts eindeutig der Position der Regierung widerspräche.[17]

Mehr Geschlossenheit demonstrierte die Regierung dagegen, wenn es um Finnlands Prioritäten in den Brexit-Verhandlungen ging: Im Vordergrund stehen die Einigkeit der Europäischen Union, eine Fortsetzung der Sicherheitszusammenarbeit mit dem Vereinigten Königreich, gute Handelsbeziehungen sowie der hindernislose Flugverkehr, der für Finnlands staatliche Fluggesellschaft Finnair sowie den Flughafen von Helsinki-Vantaa von großer Bedeutung ist.[18]

Ein wichtiges Ereignis in der finnischen Politik war die Präsidentschaftswahl im Januar 2018, die der Amtsinhaber Sauli Niinistö mit einem historisch hohen Stimmenanteil bereits im ersten Wahlausgang für sich entscheiden konnte. Ein großes innenpolitisches Thema war nach wie vor die über mehrere Jahre vorbereitete, aber höchst umstrittene Reform des Sozial- und Gesundheitswesens, die den Zusammenhalt der Regierung auf die Probe stellte.

Weiterführende Literatur

Juha Jokela: Finland Focuses on Its Northern Partners as Brexit Takes the UK out of 'Northern Lights' Grouping, in: Kristy Hughes/Anthony Salamone (Hrsg.): Brexit Roundup: Where Are We Heading?, Scottish Centre on European Relations, 2018, S. 42–43.

---

16 Paavo Rautio: EU-linja: Ei sekä juu ja meille lisää, in: Helsingin Sanomat, 21.2.2018.
17 Maaseudun Tulevaisuus: Sipilä EU:n budjettiesityksestä: "Hurjimmat suunnitelmat eivät toteutuneet" – Terho pitää esitystä epärealistisena, 2.5.2018.
18 Niilo Simojoki: EU:n brexit-pääneuvottelija sai tietoa lentoliikenteen merkityksestä Suomelle, in: Keskisuomalainen, 5.4.2018.

Frankreich

Joachim Schild

Wenige Wochen nach seinem Amtsantritt hat der französische Staatspräsident Emmanuel Macron seine europäische Vision und eine Vielzahl konkreter Schritte auf dem Weg zu ihrer Verwirklichung detailliert dargelegt, vor allem im Rahmen seiner Rede an der Sorbonne vom 26. September 2017.[1] Sein europapolitisches Programm betont dabei zum einen die Schutzfunktion der Europäischen Union, deren Stärkung er einen zentralen Stellenwert im Umgang mit Euroskeptizismus, Populismus und Nationalismus in Europa beimisst; zum anderen entfaltete er seine Ideen über eine Stärkung europäischer Souveränität. Inwieweit konnte er im ersten Jahr seiner Amtszeit erkennbare Erfolge bei der Umsetzung seines Handlungsprogramms verbuchen?

Europa, das schützt

Fundamental für die Legitimierung politischer Herrschaftsausübung ist für Macron die Erfüllung des Schutzversprechens des Leviathans gegenüber den Bürgern. Dies gilt auch für die Europäische Union. Dabei wird die von der EU – im Verbund mit ihren Mitgliedstaaten – zu erfüllende Schutzfunktion multidimensional gedacht, im Sinne innerer und äußerer Sicherheit, eines wirksamen Außengrenzschutzes, des Schutzes von Arbeitnehmern und ihren Rechten gegenüber „Sozialdumping", des Schutzes von Bürgern vor dem Missbrauch ihrer persönlichen Daten und des Schutzes von Unternehmen und ihren Mitarbeitern gegenüber unfairem Wettbewerb innerhalb wie außerhalb der Europäischen Union.

Auf einzelnen dieser Handlungsfelder konnte die französische Europapolitik durchaus schon Erfolge verzeichnen. Von besonderer symbolischer Bedeutung, nicht zuletzt wegen der offensiven Thematisierung im Präsidentschaftswahlkampf, war dabei die Verschärfung der Richtlinie zur Entsendung von Arbeitnehmern innerhalb der EU. Schon vor Macrons Amtsantritt war ein europäischer Kompromiss weitgehend erreicht. Der neue Präsident forderte jedoch – letztlich mit Erfolg – dessen Verschärfung.[2] Gleicher Lohn für gleiche Arbeit am gleichen Ort und eine Verkürzung der Entsendedauer auf zwölf Monate (die Kommission hatte 24 Monate vorgeschlagen) sowie die Einbeziehung des Straßentransportgewerbes in die Entsenderichtlinie gehörten zu Frankreichs Kernforderungen. Elf Mitgliedstaaten hatten sich 2016 gegen die Revision gewandt (Bulgarien, Kroatien, Tschechien, Dänemark, Estland, Ungarn, Lettland, Litauen, Polen, Rumänien und die Slowakei). Gegen die Einbeziehung des Speditionsgewerbes machten jedoch auch Spanien und Portugal mobil. Im Ergebnis konnte Frankreich (im Verbund mit Belgien, Deutschland, Luxemburg, den Niederlanden und Österreich) eine Beschränkung der Entsendedauer auf zwölf Monate mit begründeter Verlängerungsmöglichkeit um sechs Monate und eine Gleichstel-

---

1 Discours d'Emmanuel Macron pour une Europe souveraine, unie, démocratique, Paris, 26.9.2017, abrufbar unter: http://www.elysee.fr/declarations/article/initiative-pour-l-europe-discours-d-emmanuel-macron-pour-une-europe-souveraine-unie-democratique/ (letzter Zugriff: 10.7.2018).
2 Le Monde: Travailleurs détachés: Paris hausse le ton, au risque de braquer les pays de l'Est, 8.6.2017.

lung bei der Bezahlung erreichen. Paris musste jedoch das Zugeständnis machen, Regelungen für das Transportgewerbe auszuklammern und gesondert zu verhandeln.[3] Zuvor hatte Macron durch intensive Reisediplomatie nach Mittel- und Osteuropa – unter Aussparung Polens – intensiv für diese Verschärfung geworben und einen Spaltkeil in die Gruppe der Visegrád-Staaten getrieben. Als Zugeständnis an Prag und Bratislava ist Macron von der Forderung nach Flüchtlingsumverteilung unter Einschluss der mittel- und osteuropäischen Länder abgerückt.[4]

Einen weiteren Erfolg konnte die französische Europapolitik im Hinblick auf die Verschärfung der Anti-Dumping-Regeln und -Verfahren der Europäischen Union verbuchen. So kam es am 5. Dezember 2017 zu einem Kompromiss zwischen dem Rat der Europäischen Union und dem Europäischen Parlament zur Modernisierung der handelspolitischen Schutzinstrumente im Rahmen der autonomen Handelspolitik der EU. Dieser sieht unter anderem eine Beschleunigung von Anti-Dumping-Verfahren seitens der Kommission und die Möglichkeit, höhere Strafen zu verhängen, vor – alte Forderungen Frankreichs.[5]

Schon kurz vor der Wahl Macrons hatten der französische, deutsche und italienische Wirtschaftsminister in einem gemeinsamen Brief vom Februar 2017 an die EU-Handelskommissarin Cecilia Malmström eine europäische Rechtsetzung zum Schutz europäischer Unternehmen vor strategischen Investitionen in Hochtechnologie- und Infrastrukturbereiche vor allem von Seiten chinesischer Staatsunternehmen gefordert. Widerstand gegen eine solche Verschärfung kam von einer Koalition aus nordeuropäischen Marktliberalen im Verbund mit südeuropäischen und mittel- und osteuropäischen Staaten, die ein starkes Interesse an chinesischen Infrastrukturinvestitionen in ihren Ländern hatten. Die Kommission legte am 13. September 2017 einen Gesetzgebungsvorschlag zu einem europäischen Rahmenwerk zum Investment-Screening vor, der auf einen Interessenausgleich zwischen den Pro- und Kontra-Koalitionen setzt und die Letztentscheidung über die Zulassung der Direktinvestition aus Drittstaaten den Mitgliedstaaten überlässt.

Auch auf einem weiteren Politikfeld, der Sicherheits- und Verteidigungspolitik, konnte die französische Europapolitik ihre „Schutzagenda" substantiell vorantreiben. Im engen Schulterschluss mit Berlin gelang es Paris, das Vertragsinstrument der Ständigen Strukturierten Zusammenarbeit (SSZ) zur Teilgruppenbildung zu nutzen. Im Rahmen des 19. deutsch-französischen Ministerrats im Juli 2017 kündigten die Partner eine europäische Initiative zugunsten einer SSZ an und definierten Teilnahmekriterien. Dabei konnte sich Frankreich mit seinem Anliegen, möglichst anspruchsvolle Teilnahmekriterien zu definieren, gegen den Wunsch auf deutscher Seite, möglichst viele Mitgliedstaaten als Teilnehmer zu gewinnen, nicht durchsetzen. Die deutsch-französische Initiative zur SSZ gewann schnell an Fahrt, führte zu einer Vereinbarung zwischen den Außen- und Verteidigungsministern von 23 Mitgliedstaaten am 13. November 2017[6] und wurde dann vom Europäischen Rat im Dezember 2017 offiziell gestartet. Darüber hinaus fassen Deutschland und Frankreich eine gemeinsame Entwicklung und Beschaffung von Hauptwaffensystemen – Panzer, Kampfflugzeuge und Kampfhubschrauber der nächsten Generation – ins Auge.

---

3   Le Monde: Travailleurs détachés: Paris inflexible face aux pays de l'Est, 9.9.2017.
4   Le Monde: En Europe centrale, Macron mise sur les divisions, 23.8.2017; Le Monde: Macron obtient des avancées sur la réforme du travail détaché, 25.8.2017.
5   Le Monde: L'Europe avance vers un peu plus de protection contre le dumping, 30.12.2017.
6   European Council: Conclusions, European Council meeting, Brussels, 19 Oktober 2017, EUCO 14/17, S. 9.

Europa der Souveränität

Zentrales Leitmotiv der Macron'schen Europapolitik ist die Stärkung beziehungsweise Wiederherstellung einer europäischen Souveränität. „Allein Europa kann tatsächliche Souveränität gewährleisten, das heißt, die Fähigkeit, in der heutigen Welt zu bestehen, um unsere Werte und unsere Interessen zu verteidigen", so Macron in seiner Sorbonne-Rede.[7] Dabei geht es dem Staatspräsidenten weniger um eine Verlagerung einer exklusiv auszuübenden Souveränität von der nationalen auf die europäische Ebene. „Europa soll (…) souverän sein im umgangssprachlichen Sinn von stark und handlungsfähig".[8] Es handelt sich somit um einen dem Charakter eines Mehrebenensystems angemessenen Begriff von Souveränität, der eine Kombination nationaler und europäischer Handlungsinstrumente zur Wahrung und Ausübung der eigenen Souveränität impliziert.

Zahlreiche französische Vorschläge zielen in der Tat auf Kernbereiche hoheitlichen Handelns. Ihre Verwirklichung würde die Europäische Union weit in den Bereich von „core state powers" vordringen lassen.[9] Das gilt etwa für den Vorschlag einer europäischen Interventionsinitiative mit dem Ziel der Entwicklung einer gemeinsamen strategischen Kultur. Zur Kapazitätsentwicklung im Bereich von „core state powers" gehören auch das Plädoyer für den Auf- und Ausbau einer europäischen Grenzpolizei als Fortentwicklung der Europäischen Agentur für die Grenz- und Küstenwache (Frontex), die vorgeschlagene EU-Asylbehörde, die Forderung nach einer EU-Steuererhebungskompetenz und diejenige nach einer effektiven, gemeinsamen Besteuerung von Großunternehmen der Digitalwirtschaft (Google, Amazon, Apple und Facebook). Schließlich fallen hierunter auch die schon in Macrons Wahlprogramm geforderten EU-Instrumente zur Kontrolle strategischer Investitionen aus Drittstaaten.

Dieses Handlungsprogramm knüpft durchaus an das bekannte französische Narrativ eines „Europa als Macht" an (Europe puissance). Es beschränkt sich aber nicht auf die externe Handlungsfähigkeit der Europäischen Union als internationalem Akteur, sondern zielt ebenso auf die Rekonstruktion der Souveränität nach innen im Sinne der Freiheit der Eigenentwicklung.

Auf einigen dieser Felder hat Frankreich Koalitionspartner gewinnen und Fortschritte erzielen können. Neben den sicherheitspolitischen Entwicklungen wäre etwa der Vorschlag der Kommission von Ende März 2018 zur Wertschöpfungsbesteuerung der Digitalwirtschaftsunternehmen in Höhe von drei Prozent zu nennen, gegen den es allerdings Widerstände aus Irland, Luxemburg, Malta, den Niederlanden und Zypern gibt.[10] Die von Frankreich angeregte europäische Interventionsinitiative hat ihren konkreten Niederschlag in einer Absichtserklärung von neun EU-Staaten einschließlich Großbritanniens gefunden. Sie sieht eine engere Kooperation im Hinblick auf die vier Kernziele einer strategischen

---

7   Rede von Staatspräsident Macron an der Sorbonne. Initiative für Europa, Paris, den 26. September 2017, in deutscher Fassung dokumentiert in: Frankreich-Info, Französische Botschaft in Berlin, abrufbar unter: https://de.ambafrance.org/IMG/pdf/macron_sorbonne_europe_integral.pdf?23641/4be243b705d8068173926eeb032184acc4a1f073 (letzter Zugriff: 12.7.2018).
8   Christine Landfried: Einigkeit, Recht, Stärke, in: Frankfurter Allgemeine Zeitung, 23.12.2017.
9   Vgl. hierzu Philipp Genschel/Markus Jachtenfuchs (Hrsg.): Beyond the Regulatory Polity? The European Integration of Core State Powers, Oxford 2014.
10 Le Monde: Macron, leader esseulé de l'Europe, 28.1.2018; Le Monde: Eurozone, GAFA: la politique des petits pas de Macron à Bruxelles, 26.3.2018.

Vorausschau und Informationsteilung, der Szenarienentwicklung, der Operationsunterstützung sowie der Verarbeitung gewonnener Erkenntnisse zur Doktrinfortentwicklung vor.[11]

Reform der Eurozone

„Man braucht ein Budget, eine Regierung, die über die Allokation dieses Budgets entscheidet, und eine demokratische Kontrolle, die heute nicht existiert", so Macron in einem Interview.[12] Die Vorschläge Frankreichs zur Reform der Eurozone waren bisher von wenig Erfolg gekrönt. So werden die Ideen eines europäischen Finanzministers und eines Eurozonenparlaments kaum noch diskutiert. Auch das von Frankreich befürwortete gesonderte Eurozonenbudget wurde in den Schlussfolgerungen des Europäischen Rats vom Juni 2018 nicht einmal eigens erwähnt. Aus französischer Sicht sollte ein solches Eurozonenbudget eine makroökonomische Stabilisierungsfunktion erfüllen und, Macron zufolge, mehrere Prozentpunkte des Eurozonensozialprodukts – mithin einen dreistelligen Milliardenbetrag – umfassen.[13] Die Bundesregierung hat Frankreich in der gemeinsamen Erklärung von Meseberg vom 19. Juni 2018 grundsätzlich Unterstützung für die Idee eines Eurozonenbudgets zugesichert. Allerdings denkt Bundeskanzlerin Merkel an ein Budget „im unteren zweistelligen Milliardenbereich"[14] – kaum ausreichend für eine makroökonomische Stabilisierungsfunktion. Zudem hat sich eine von den Niederlanden angeführte Ablehnungsfront gegen diese Idee gebildet. In einem gemeinsamen Brief signalisierten acht Mitgliedstaaten ihre Bedenken sowohl gegenüber der Substanz französischer Überlegungen als auch gegenüber jeder Form eines exklusiven deutsch-französischen Bilateralismus auf dem Weg zur Reform der Eurozone.[15] Die Tatsache, dass der französische Wirtschafts- und Finanzminister, Bruno Le Maire, das Eurozonenbudget nach der deutsch-französischen Grundsatzeinigung in einem Financial Times-Interview für „nicht verhandelbar" erklärte, ist bei der Überwindung dieser Widerstände aus nördlichen Kreditgeberländern gewiss nicht hilfreich.[16]

Wenig Fortschritte, nicht zuletzt aufgrund deutscher Bedenken, hat Frankreich auch mit seinem Drängen auf eine Vollendung der Bankenunion erzielt, etwa im Hinblick auf die Kernpunkte einer öffentlichen Letztabsicherung im Falle von Bankenabwicklungen sowie vor allem im Hinblick auf die Vergemeinschaftung der Einlagensicherungssysteme. Deutschland beharrt nach wie vor auf der „richtigen" Reihenfolge: Die Reduzierung von Risiken in Bankenbilanzen sowie regulatorische Reformen, etwa im Hinblick auf verschärfte Eigenkapitalanforderungen, müssen der Vergemeinschaftung von Risiken und Haftung vorausgehen.

---

11 Letter of Intent concerning the development of the European Intervention Initiative (EI2), Luxemburg 25 Juni 2018, unterzeichnet durch Belgien, Dänemark, Estland, Deutschland, Frankreich, die Niederlande, Portugal, Spanien und das Vereinigte Königreich.

12 Ouest-France: EXCLUSIF. Macron: «Je veux conforter la confiance des Français et des investisseurs», 13.7.2017, eigene Übersetzung.

13 Vgl. sein Le Point-Interview, 31.7.2017.

14 Spiegel online: Merkels Antwort auf Macron, 3.6.2018, abrufbar unter: http://www.spiegel.de/wirtschaft/soziales/eurozone-angela-merkels-spaete-antwort-auf-emmanuel-macron-a-1210945.html (letzter Zugriff: 13.7.2018).

15 Finance Ministers of Denmark, Estonia, Finland, Ireland, Latvia, Lithuania, the Netherlands and Sweden underline their shared views and values in the discussion on the architecture of the EMU, 5.3.2018, abrufbar unter: http://www.government.se/statements/2018/03/finance-ministers-from-denmark-estonia-finland-ireland-latvia-lithuania-the-netherlands-and-sweden/ (letzter Zugriff: 13.7.2018).

16 Financial Times: Le Maire warns critics eurozone budget is 'non negotiable', 26.6.2018, abrufbar unter: https://www.ft.com/content/c3b4c1ea-786e-11e8-bc55-50daf11b720d (letzter Zugriff: 12.7.2018).

Asyl- und Flüchtlingspolitik

In der Asyl- und Flüchtlingspolitik versuchte Frankreich unter Macron zwischen deutscher „Willkommenskultur" und den Befürwortern einer Flüchtlingsumverteilung im Rahmen einer Dublin-IV-Reform (Deutschland, Griechenland, Italien) einerseits und der kompromisslosen Haltung der Visegrád-Staaten andererseits zu vermitteln. Dabei unterstrich Präsident Macron in Brüssel, dass Frankreich kein Erstaufnahmeland sei.[17] Eine klare Positionierung in der Frage der Umverteilung von Flüchtlingen per Quote vermied die französische Exekutive allerdings.[18] Paris plädierte für „Hot Spots" in Afrika (Niger, Tschad, Libyen), um Asylbegehren außerhalb Europas zu behandeln,[19] und macht sich für gemeinsame europäische Lösungen im Bereich des Außengrenzschutzes, der personellen Aufstockung und Mandatsausweitung für Frontex sowie für weitere Harmonisierungsschritte im Asylrecht stark, um „Asylshopping" zu vermeiden. Auch setzte es sich für die Einrichtung einer gemeinsamen europäischen Asylbehörde zur Verfahrensbeschleunigung und -vereinfachung ein. Sollte diese Behörde auch die Entscheidungen selbstständig treffen können, so würde diese eine Einigung über die Verteilung der akzeptierten Asylbewerber voraussetzen, die auf absehbare Zeit allenfalls auf freiwilliger Basis denkbar ist.

Brexit

Im Rahmen der Brexit-Verhandlungen mit dem Vereinigten Königreich hat Frankreich, schon unter Präsident Hollande, eine eher harte Linie verfochten. So stellte Finanzminister Le Maire im März 2018 klar, dass über ein Freihandelsabkommen zu verhandeln sei, nicht aber über einen vollen Zugang zum Binnenmarkt, da ein Staat nicht gleichzeitig „drinnen" und „draußen" sein könne. Will Großbritannien einen Binnenmarktzugang behalten, dann nur unter der Bedingung eines Beitrags zum EU-Budget und der Unterwerfung unter die Rechtsprechung des Gerichtshofs der Europäischen Union.[20] Finanzdienstleistungen müssten sogar aus einem Freihandelsabkommen mit Großbritannien ausgeklammert bleiben, nicht zuletzt aus Bankenaufsichtsgründen. Ein Finanzpass für britische Banken, der ihnen von Großbritannien aus vollen Zugang zum EU-Binnenmarkt für Finanzdienstleistungen gewähren würde, komme nicht in Frage.[21]

Paris fürchtet nicht zuletzt, dass ein Entgegenkommen der 27 Mitgliedstaaten gegenüber Großbritannien weitere Mitgliedstaaten zu einer Art Rosinenpicken und zu einer Neudefinition ihrer Beziehungen zur Europäischen Union einladen könnte.

Andererseits hat Frankreich aber ein großes Interesse an einer weiteren engen Einbindung Großbritanniens in die europäische Sicherheitspolitik, wird Großbritannien in Paris doch als der einzige Frankreich ebenbürtige weltpolitische und insbesondere militärische Akteur in der EU-28 betrachtet. Dem Ziel, eine sicherheitspolitisch-militärische Anbindung Londons über den Austrittstermin hinaus zu gewährleisten, diente nicht zuletzt die genannte Europäische Interventionsinitiative.

Auch wird die britisch-französische Zusammenarbeit in Migrationsfragen notwendigerweise auch nach dem Austritt Großbritanniens eng bleiben. Im Wahlkampf hatte Macron noch laut über eine Neuverhandlung des Le Touquet-Vertrags von 2003 nachgedacht, der

---

17 Frankfurter Allgemeine Zeitung: In der Rolle des geschickten Vermittlers, 30.6.2018.
18 Frankfurter Allgemeine Zeitung: Macron für Härte bei Asyl, 25.11.2017.
19 Le Monde: La Libye: banc d'essai de la diplomatie Macron, 29.8.2017.
20 Le Monde: Mésentente cordiale entre Paris et Londres, 20.1.2018.
21 Ministère de l'Economie et des Finances: Discours de Bruno Le Maire à Chatham House, London, 6.3.2018, Pressemitteilung Nr. 369.

es britischen Polizisten erlaubt, Migranten in französischen Häfen an der Reise nach Großbritannien zu hindern. Davon ist inzwischen nicht mehr die Rede. Paris fordert lediglich stärkere finanzielle Beiträge des Nachbarn jenseits des Ärmelkanals für dieses Dispositiv.[22]

Mehrjähriger Finanzrahmen der EU

In der beginnenden Diskussion über den nächsten mehrjährigen Finanzrahmen der EU fällt vor allem eine widersprüchliche Positionierung Frankreichs auf. Zum einen plädierte Präsident Macron leidenschaftlich für neue Geldmittel und Fonds, um neue Aufgaben der Europäischen Union zu finanzieren, vom Verteidigungsfonds über die Mobilisierung von Mitteln zur Finanzierung von disruptiven Innovationen bis hin zu Mitteln für die Bewältigung von migrationsbezogenen neuen Aufgaben, etwa in der Grenzsicherung. Auf der anderen Seite haben Vertreter der französischen Regierung, allen voran der Agrarminister Stéphane Travert, aber auch Premierminister Edouard Philippe, harten Widerstand gegen die von Seiten der Europäischen Kommission unterbreiteten Vorschläge zur Reduzierung der Agrarausgaben angekündigt, die für französische Landwirte im Zeitraum 2021 bis 2017 eine Minderung ihrer Direktbeihilfen um etwa 5 Mrd. Euro mit sich brächten.[23] Wie bei einem durch den Austritt Großbritanniens verringerten Gesamtbudgetrahmen neue Aufgaben und Prioritäten finanziert werden können, ohne bei den Hauptausgabenblöcken Abstriche zu machen, lässt Paris offen.

Weiterführende Literatur

Thierry Chopin: Emmanuel Macron, France and Europe "France is back in Europe": on which terms? Fondation Robert Schuman, in: European Issues 473/2018.

Henrik Enderlein/Lukas Guttenberg: Why Meseberg matters. A short explainer of the Franco-German position on euro area reform, 22.6.2018, abrufbar unter: https://www.delorsinstitut.de/2015/wp-content/uploads/2018/06/Meseberg-formatiert_final.pdf (letzter Zugriff: 13.7.2018).

Markus Kaim/Ronja Kempin: Kooperation ohne strategischen Überbau? Rahmenbedingungen der deutsch-französischen Verteidigungspolitik, in: integration 1/2018, S. 49-57.

Ulrich Krotz/Joachim Schild: Back to the future? Franco-German bilateralism in Europe's post-Brexit union, in: Journal of European Public Policy, 8/2018, S. 1174-1193.

Joachim Schild: Französische Europapolitik unter Emmanuel Macron. Ambitionen, Strategien, Erfolgsbedingungen, in: integration 3/2017, S. 177-192.

Michaela Wiegel: Emmanuel Macron: Ein Visionär für Europa – eine Herausforderung für Deutschland, Berlin u.a. 2018

---

22 Le Monde: Paris veut développer les accords migratoires avec Londres, 28.11.2017.
23 Le Monde: Avis de tempête sur la politique agricole commune, 1.6.2018.

Griechenland

Heinz-Jürgen Axt

Im Zentrum der innen-, aber auch europapolitischen Debatte in Griechenland stand im letzten Jahr die Frage, auf welche Weise und mit welchen Konsequenzen das 2010 aufgenommene Hilfsprogramm der Europartner für das stark verschuldete und wenig wettbewerbsfähige Griechenland im August 2018 beendet wird. Ministerpräsident Alexis Tsipras weckte die Hoffnung, dass nach Auslaufen des dritten Rettungspakets Schluss sei mit Rentenkürzungen, Steuererhöhungen, Kapitalausfuhrkontrollen und der Überwachung durch die „Institutionen" (Europäische Kommission, Europäische Zentralbank, Europäischer Stabilitätsmechanismus). 2018 werde ein gutes Jahr für die Menschen.[1]

Drei Rettungspakete

Seit Mai 2010 wurden Griechenland drei Rettungspakete mit einer Gesamtsumme von 323,4 Mrd. Euro zugesagt. Das erste Programm war auf drei Jahre angelegt, doch schon im März 2012 musste ein neues Programm aufgelegt werden. Um Griechenlands Überschuldung abzubauen, kam ein Schuldenschnitt auf Staatsanleihen privater Gläubiger im Februar 2012 sowie der Rückkauf von Anleihen durch den griechischen Staat im Dezember 2012 hinzu, der mithilfe des zweiten Rettungspaketes finanziert wurde.[2] Die Finanzmärkte waren dennoch nicht zu beruhigen. Aus diesem Grund mussten im August 2015 ein neues Memorandum und ein weiteres Rettungspaket in Höhe von 86 Mrd. Euro aufgelegt werden. Die Tatsache, dass Griechenland bis dato – anders als die übrigen Programmländer – drei Programme benötigte, belegt dass die jeweils intendierten Strukturreformen nur unzulänglich erreicht wurden. Dies wird als Indiz dafür gesehen, dass „in Griechenland nicht die Reformen gescheitert (sind), sondern die politischen Entscheidungsträger, die auf griechischer Seite für die Implementierung des Reformkatalogs die Verantwortung tragen."[3]

Institutionen wie die Weltbank, das World Economic Forum und die Bertelsmann Stiftung untersuchen seit Jahren, wie erfolgreich Staaten Reformen tatsächlich umsetzen.[4] Nimmt man den „Doing Business"-Bericht der Weltbank, dann hat Griechenland seit 2010 vor allem die Gründung von Unternehmen erleichtert. Bei den übrigen Indikatoren schneidet das Land weiterhin schlecht ab. Der „Global Competitiveness Index" des World Economic Forum platziert Griechenland auf Rang 87 von 137 einbezogenen Staaten. Im geographischen Europa erreicht nur ein Staat eine schlechteren Wert: Bosnien-Herzegowina. Und bei den „Sustainable Governance Indicators 2017" der Bertelsmann Stiftung

---

1 Vgl. Ekathimerini.com: Tsipras: 2018 a 'watershed year' for Greece, 31.12.2017.
2 Vgl. Klaus Schrader/David Benček/Claus-Friedrich Laaser: IfW-Krisencheck: Alles wieder gut in Griechenland? Kieler Diskussionsbeiträge, Nr. 522/523, Kiel Juni 2013, S. 25.
3 Klaus Schrader/Claus-Friedrich Laaser/David Benček: Schwer zu retten: Griechenland im Krisenmodus. Kiel Policy Brief, Nr. 103, Kiel Januar 2017, S. 10.
4 Vgl. zum Folgenden mit ausführlichen Belegen Heinz-Jürgen Axt: Griechenland 2018: „annus mirabilis" oder Disziplinierung durch die Finanzmärkte? In: Südosteuropa-Mitteilungen, 58 (2018) 2, S. 20-37.

belegt Griechenland unter den 41 einbezogenen Staaten 2017 Rang 37. Griechenland schneidet bei der Demokratie-Qualität und der Verantwortlichkeit der Exekutive am besten ab. Deutlich negativ sind die Bewertungen bei der Umweltpolitik, der Sozialpolitik und der Problemlösungsfähigkeit der Exekutive. Vollends negativ beurteilt wird die Wirtschaftspolitik. Auch 2017, so der Bericht, habe sich die Regierung gegen die Privatisierung aufgelehnt und Investitionen im Privatsektor seien nicht vorangekommen. Der Öffentliche Dienst sei noch immer gegenüber der Privatwirtschaft bessergestellt. Steuersätze würden erhöht, die Steuervermeidung sei ein ernstes Problem geblieben. Die Kapitalverkehrskontrollen hätten das Geschäftsleben belastet. In ihrem Bericht für 2018 kommt die Organisation für wirtschaftliche Zusammenarbeit und Entwicklung (OECD) zu dem Ergebnis, dass Griechenland zwar Reformen zur Belebung der Wirtschaftstätigkeit begonnen habe, dass es damit unter den OECD-Staaten aber nur auf dem letzten Rang landet.[5]

Begrenzte Reformerfolge

Vor diesem Hintergrund verwundert es kaum, dass Griechenland im Vergleich mit den übrigen „Programmländern", denen die Europartner ebenfalls mit Krediten unter die Arme greifen mussten, bei der Kennziffer Wirtschaftswachstum schlecht abschneidet. Kumuliert man die jährliche Veränderung des Wirtschaftswachstums von 2010 bis 2017, dann hat das Bruttoinlandsprodukt (BIP) von Griechenland um 23,5 Prozent abgenommen. Bei Zypern war dagegen das Wachstum mit 0,5 Prozent bescheiden, bei Portugal betrug der Wert 2 Prozent, bei Spanien 5,6 Prozent und beim Sonderfall Irland 53,2 Prozent.[6]

Bei der Frage, ob sich Griechenland künftig auf den Märkten zu annehmbaren Bedingungen finanzieren kann, spielt die Schuldentragfähigkeit eine zentrale Rolle. 2017 gab Eurostat für Griechenland einen öffentlichen Bruttoschuldenstand in Höhe von 317,407 Mrd. Euro an, was einem Anteil von 178,6 Prozent des BIP entsprach. Unter marktüblichen Bedingungen ist Griechenlands Schuldentragfähigkeit nicht gegeben. Von dem längerfristig benötigten Primärüberschuss (Überschuss ohne Zinsausgaben) von 5 Prozent ist Griechenland weit entfernt. Allerdings wird Griechenlands Schuldenproblem dadurch gelindert, dass der Großteil der Schulden von EU-Staaten und -Institutionen gehalten wird, dass die Laufzeiten der Kredite lang und die Zinsraten niedrig sind. Bis 2020 muss Griechenland überhaupt keine Schulden zurückzahlen. Beim ersten Hilfspaket wird die Rückzahlungspflicht bis 2040, beim zweiten Paket bis 2044 und beim dritten Paket bis 2047 gestreckt.

Dissens zwischen der Europäischen Union und dem Internationalen Währungsfonds zur Fragen der Schuldentragfähigkeit

Die Diskussion um die Schuldentragfähigkeit entzweit den Internationalen Währungsfonds (IWF) und die Europartner noch immer. Während in der Eurozone auf die erwähnten Besonderheiten wie Laufzeiten, Zinsraten und überwiegend öffentliche Kreditgeber verwiesen wird, weshalb bislang beim Thema Schuldentilgung keine verbindlichen Zusagen gemacht wurden, beharrt der IWF darauf. Der damalige Chef der Eurogroup Working Group (EWG) Thomas Wieser hat signalisiert, dass ein Entgegenkommen der Europartner

---

5   Vgl. OECD Economic Surveys: Greece 2018, S. 57.
6   Bei Irland machte sich insbesondere 2015 die Verlagerung ausländischer Firmensitze nach Irland positiv bemerkbar, stieg doch das Wachstum allein in diesem Jahr um 25,6 Prozent gegenüber dem Vorjahr. Vgl. Eurostat: Wachstumsrate des realen BIP – Volumen, abrufbar unter: http://ec.europa.eu/eurostat/tgm/table.do?tab=table&init=1&language=de&pcode=tec00115&plugin=1 (letzter Zugriff: 13.6.2018).

beim Thema Schuldentilgung wohl implizieren werde, dass diese mit Konditionen verbunden sein werde. „If there should be further debt relief after the end of the program then it's only logical there will be some kind of additional agreements."[7] Der von der griechischen Regierung den Wählern offerierte „clean exit from the bailout program" wäre damit freilich obsolet. Die Regierung Tsipras verschweigt sowieso, dass so wie bei den anderen Programmländern auch Griechenland nach den Regularien der Eurozone einem „Monitoring" unterliegt, bis 75 Prozent der Kredite zurückgezahlt sind.[8] Im griechischen Fall geht es um das Jahr 2060.[9] Es wird vermutet, dass die Europartner im Falle Griechenlands zu einer abermaligen Senkung der Zinssätze und Verlängerung der Laufzeiten bereit sind.[10] Der IWF geht davon aus, dass nach Beendigung des Programms Griechenland Schulden in Höhe von bis zu 100 Mrd. Euro erlassen werden müssten, um die Schuldentragfähigkeit zu erreichen. Nur unter dieser Bedingung ist der IWF überhaupt bereit, sich finanziell zu engagieren.[11] So sieht es danach aus, dass das Rettungsprogramm für Griechenland ohne IWF-Beteiligung enden wird und der Fonds allenfalls technische Expertise beisteuert. Die vom Deutschen Bundestag für das dritte Rüstungsprogramm formulierte Kondition, diesem Programm nur zuzustimmen, wenn der IWF beteiligt sei, wird mithin wohl nicht erfüllt werden. Griechenland bekommt auch für die Zeit nach dem dritten Rettungspaket umfassende finanzielle Hilfen: Eine Finanzspritze von rund 15 Mrd. Euro (übrige Gelder aus dem auslaufenden Programm des Europäischen Stabilitätsmechanismus) soll Athen helfen, nicht sofort wieder in Zahlungsnot zu kommen.

Wachstum nunmehr auch in Griechenland

Beim Thema Schuldentragfähigkeit muss auch berücksichtigt werden, dass griechische Banken in besonders großem Umfang faule Kredite halten. Mit einer Summe von 196 Mrd. Euro im 3. Quartal 2017 war hier zwar Italien Spitzenreiter, doch darf dabei nicht übersehen werden, dass dabei 11,9 Prozent der gesamten Kreditsumme betroffen war, während der Anteil fauler Kredite an der gesamten Kreditsumme bei Griechenland auf 46,6 Prozent kam und einen Gesamtbetrag von 106 Mrd. Euro ausmachte.[12] Wenn es um die Pläne einer europäischen Bankenunion geht, wird man dieser Problematik mithin besondere Aufmerksamkeit widmen müssen. Positiv zu vermerken ist, dass es Griechenland im Juli 2017 erstmals gelang, am freien Kapitalmarkt eine fünfjährige Anleihe unterzubringen. Gebote über 6,5 Mrd. Euro gingen ein, Athen hatte mit 3 bis 4 Mrd. Euro geplant. Die Emissionsrendite betrug 4,625 Prozent. Um den Anlegern entgegenzukommen, wurde die Anleihe nicht nach griechischen, sondern nach englischem Recht begeben.[13] Im Februar 2018 konnte Griechenland eine weitere siebenjährige Anleihe im Umfang von 6,8 Mrd. Euro platzieren. Im April 2018 erreichte eine zehnjährige Anleihe

---

7 Ekathimerini.com: Outgoing EWG chief says Greece may get debt relief with conditions attached, 14.1.2018.
8 Vgl. Eurogroup meeting of 27 April 2018, abrufbar unter: http://www.consilium.europa.eu/media/ 34597/27-eurogroup-summing-up-letter.pdf utm_source=newsletter&utm_medium=email&utm_campaign=Athens+Digest+11.05.2018(letzter Zugriff: 14.6.2018).
9 Bis 2020 wird es auch vier Kontrollbesuche der Institutionen pro Jahr in Athen geben. Vgl. Frankfurter Allgemeine Zeitung, Neues Sparpaket für Griechenland, 15.6.2018, S. 21.
10 So Marcel Fratzscher im Interview, vgl. finanzen-net: Haircut für Griechenland: Fratzscher wirft Schäuble Täuschung vor, 29.1.2018.
11 Vgl. Frankfurter Allgemeine Zeitung: Griechenland ohne neue IWF-Kredite, 1.6.2018, S. 15.
12 Vgl. Frankfurter Allgemeine Zeitung: Viele faule Kredite in Italien, 15.3.2018, S. 16.
13 Vgl. Frankfurter Allgemeine Zeitung: Tsipras macht Hofknicks, 28.7.2018, S. 31.

mit einer Rendite unter 4 Prozent den niedrigsten Satz seit Ausbruch der Krise im Jahr 2009. Förderlich für die Wirtschaftsaktivitäten war auch die partielle Aufhebung der 2015 eingeführten Kapitalverkehrskontrollen. Die monatlich zulässigen Bankabhebungen wurden im März 2018 von 1.800 auf 2.300 Euro für Private angehoben. Im Juni 2018 wurde der Betrag auf 5.000 Euro hoch gesetzt. Unternehmen konnten statt 20.000 nunmehr 40.000 Euro von ihren Konten abheben.

Zu den positiven Entwicklungen gehört auch die Tatsache, dass Griechenland mittlerweile Wachstum vermelden kann. Im ersten Quartal 2018 stieg das BIP um 0,8 Prozent gegenüber dem letzten Quartal 2017 an. Damit hielt das seit fünf Quartalen verzeichnete Wachstum an. Geschuldet war dies vor allem steigenden Exporten, die Investitionen schrumpften indes. 2017 erreichte das BIP-Wachstum 1,3 Prozent, 2018 werden 2 Prozent geschätzt. 2017 konnte Griechenland auch das von den internationalen Geldgebern gesteckte Ziel zur Erzielung eines Haushaltsüberschusses übertreffen. Der Primärüberschuss (Haushaltsüberschuss ohne Kosten für den Schuldendienst) lag zwischen 3,5 und 4 Prozent des BIP. Die Kapitalgeber hatten ein Ziel von 1,75 Prozent für 2017 und 3,5 Prozent für 2018 vorgegeben.[14] Erhöhte Beiträge zur Sozialversicherung, erhöhte Steuereinnahmen und drastische Kürzungen bei öffentlichen Investitionen sowie Sozialausgaben waren die Ursachen, was dafürspricht, dass das Budgetsurplus in Zukunft nur schwer zu halten sein wird.[15] Dass die Erstellung von Statistiken in Griechenland für die Verantwortlichen unverändert riskant sein kann, zeigt das Gerichtsverfahren gegen den ehemaligen Chefstatistiker Andreas Georgiou, der 2010 die Daten für das griechische Haushaltsdefizit nach oben korrigiert hatte, weswegen er für die griechische Krise verantwortlich gemacht wurde. „Straftatbestand Wahrheit" titelte der Korrespondent der Frankfurter Allgemeinen Sonntagszeitung zutreffend.[16]

Namensstreit vor einer Lösung?

In dem seit Beginn der 1990er Jahre schwelenden Konflikt um die Namensgebung des Nachbarstaates Mazedonien wurde am 17. Juni 2018 ein Abkommen unterzeichnet, das den Streit beenden soll. Danach soll das Nachbarland künftig als Republik Nordmazedonien firmieren und zwar „ergo et omnes", das heißt sowohl im nationalen wie auch internationalen Sprachgebrauch.[17] Der Weg Nordmazedoniens in die NATO und die EU wäre damit geebnet, wenn Griechenland seine Blockadehaltung aufgibt.[18] Im Beisein der EU-Außenbeauftragten Federica Mogherini und der beiden Ministerpräsidenten Alexis Tsipras und Zoran Zaev wurde das Abkommen am Ufer des Prespasees unterzeichnet. Noch ist allerdings nicht gesichert, dass das Abkommen auch Rechtskraft erhalten wird, denn zunächst muss die Übereinkunft vom mazedonischen Parlament ratifiziert werden, bevor es im Oktober 2018 in einem Referendum von den Mazedoniern gebilligt werden muss. Griechenland hat darauf bestanden hat, dass die mazedonische Verfassung in wichtigen Punkten geändert wird, um zu dokumentieren, dass Skopje keine Ansprüche auf das Territorium und das kulturelle Erbe des griechischen Mazedoniens stellt. Die Verfassungsände-

---

14 Vgl. Handelsblatt.com: Griechenland hat Haushaltsziel für 2017 übertroffen, 20.4.2018.
15 Vgl. Ekathimerini-com: Greek primary surplus comes at the expense of growth, 23.4.2018.
16 Vgl. Michael Martens: Straftatbestand Wahrheit, in: Frankfurter Allgemeine Sonntagszeitung, 17.6.2018, S. 4.
17 Vgl. Michael Martens: Gegen alle Widerstände, in: Frankfurter Allgemeine Zeitung, 18.6.2018, S. 5.
18 Vgl. Heinz-Jürgen Axt/Oliver Schwarz/Simon Wiegand: Konfliktbeilegung durch Europäisierung? Zypernfrage, Ägäiskonflikt und griechisch-mazedonischer Namensstreit, Baden-Baden 2008, S. 206 ff.

rung benötigt eine Zweidrittelmehrheit. Erst im Anschluss daran soll das griechische Parlament die Ratifikation vornehmen. Bereits jetzt regt sich heftiger Widerstand in beiden Ländern gegen das Abkommen: In Mazedonien stellen sich die 2017 von der Regierung abgelöste Partei VMRO-DPMNE (Innere Mazedonische Revolutionäre Organisation – Demokratische Partei für Mazedonische Nationale Einheit) und Staatspräsident Gjorge Ivanov gegen das Abkommen. Auch die stärkste Oppositionspartei in Griechenland, die Neue Demokratie (ND) unter Konstantin Mitsotakis, lehnt das Abkommen ab. Am 16. Juni 2018 fand das auf Betreiben der ND im Athener Parlament eingebrachte Misstrauensvotum statt, das die Regierung Tsipras knapp überstand. 153 von 300 Abgeordneten stimmten gegen und 127 für den Antrag. Spätestens im Herbst 2019 müssen in Griechenland Wahlen stattfinden und der gegen das Abkommen auftretenden Neuen Demokratie sagen Prognosen die besten Chancen zu, die Wahlen zu gewinnen. Auch hat der rechtspopulistische Koalitionspartner ANEL (Anexartiti Ellines, Unabhängige Griechen) bereits angekündigt, dem Abkommen im Parlament die Zustimmung zu verweigern, woraufhin Ministerpräsident Tsipras wohl die Vertrauensfrage stellen will.[19]

Nachdem sich die Migrationsströme von der Türkei über die Ägäis nach Griechenland in Folge der Übereinkunft zwischen der EU und der Türkei verringert haben, ist die Zahl der Flüchtlinge gestiegen, die Griechenland über die Landgrenze am Fluss Evros erreichen. In den ersten drei Wochen des April 2018 erreichten 2.100 Menschen über die Ägäis die griechischen Inseln, 2.600 waren es, die über den Evros kamen und damit auch die „Balkanroute" wieder aktivierten. 58.000 Migranten wurden im Juni 2018 in Griechenland gezählt. Die griechische Regierung hat die Türkei aufgefordert, stärker die Landgrenze zu kontrollieren. Als Präsident Erdoğan im Dezember 2017 Athen einen Staatsbesuch abstattete, war die Atmosphäre zwar entspannt, doch kommt es immer wieder zu Differenzen, zuletzt wegen der acht Soldaten, die in Griechenland Zuflucht nach dem Putsch in der Türkei 2016 gefunden haben und deren Auslieferung Ankara bislang ohne Erfolg verlangt.[20]

EU-Budget und der Nettopositions-Reflex

Zu den aktuellen Debatten auf EU-Ebene hat Griechenland in jüngerer Vergangenheit wenig beigetragen. Wenn es um den EU-Haushalt und die mittelfristige Finanzplanung geht, besteht man in Athen darauf, dass der Austritt Großbritanniens aus der EU nicht dazu führen dürfe, den Südländern die Finanzzuweisungen zu kürzen. Bei der Agrarpolitik seien Kürzungen nicht vertretbar, auf keinen Fall werde Griechenland nationale Haushaltsmittel zur Kofinanzierung von Direktbeihilfen einsetzen. Der Nettopositions-Reflex bestimmt auch die Position zur künftigen EU-Strukturpolitik: Überlegungen bei der Zuteilung von EU-Mitteln die Belastung durch Flüchtlinge mit einzubeziehen, werden gutgeheißen, was im Endeffekt dazu führen könnte, zu Lasten der osteuropäischen Staaten verstärkt die Staaten im Süden Europas zu fördern.[21] Sollte bei der Verteilung der EU-Haushaltsmittel eine Konditionierung zur Einhaltung der Rechtsstaatlichkeit etabliert werden, so würde das von Athen unterstützt.[22] Bei den Plänen zur Stabilisierung der Eurozone pocht Griechenland auf das Prinzip der Solidarität.

---

19 Vgl. Ekathimerini.com: Gov't seeks to play down rift over name deal, 21.6.2018.
20 Vgl. Frankfurter Allgemeine Zeitung: Athen: Keine Auslieferung, 2.1.2018, S. 4.
21 Vgl. Frankfurter Allgemeine Zeitung: Brüssel geht den Osteuropäern ans Geld, 24.4.2018, S. 15.
22 Vgl. Bloomberg.com: EU Leaders Go to Battle Over Plugging Post-Brexit Budget Gap, 23.2.2018.

Wie stark das Thema Brexit für Griechenland mit der Finanzordnung verknüpft wird, hat ein Dokument der griechischen Regierung vom August 2018 offenbart. Darin wird darauf verwiesen, dass Großbritannien nur dann den Betrag von 40 Mrd. Pfund an die EU zahlen werde, wenn es zu einem Abkommen zwischen beiden Partnern kommt. Ein „no-deal-Brexit" würde ein jährliches EU-Haushaltsloch in Höhe von 10 Mrd. Pfund implizieren, was zur Folge habe, dass die EU ihre ärmeren Mitgliedstaaten nicht so wie bisher fördern könne. Aus diesem Grund hat sich die griechische Regierung bereits in einem Brief an die EU-Partner gewandt, um vor den drohenden Finanzengpässen zu warnen. Auch hier wird deutlich, dass für Griechenland, wenn es um die EU geht, vornehmlich finanzielle Aspekte im Vordergrund stehen. Andere mit dem Brexit im Zusammenhang stehende Fragen wie etwa die Zukunft der EU oder die Außen- und Sicherheitspolitik werden eher am Rande abgehandelt.

Weiterführende Literatur

Heinz-Jürgen Axt: Griechenland 2018: „annus mirabilis" oder Disziplinierung durch die Finanzmärkte? In: Südosteuropa-Mitteilungen, 58 (2018) 2, S. 20-37.

Jens Bastian: China's Footprint in Southeast Europe: Constructing the "Balkan Silk Road", in: Südosteuropa-Mitteilungen, 57 (2017) 4-5, S. 8-25.

George Tsiakalos: Europa, Griechenland und die Flüchtlingskrise – Chronik einer unwirksamen Abschreckungspolitik, In: Südosteuropa-Mitteilungen, 58 (2018) 2, S. 40-55.

Irland

Anthony Costello[*]

Seit dem Auslösen von Art. 50 EUV im März 2017 setzt sich Irland mit den EU-Regierungschefs und den Präsidenten der Institutionen für die Vermeidung eines harten Brexit ein. Dabei gestaltet sich die Frage der inneririschen Grenze als besonders schwierig. Ohne Austrittsabkommen steht Irland ökonomischen und politischen Schwierigkeiten gegenüber, wofür aktuell strategische Vorbereitungen getroffen werden.

In Anbetracht der Unwägbarkeiten durch den britischen Austritt und europaweite politische Herausforderungen erproben die Regierungsspitzen neue Wege zur Reform und Stabilisierung der EU. Die von der irischen Regierung ins Leben gerufene Initiative ‚Future of Europe' ist zentral bei diesem Bestreben. Obwohl 92 Prozent der Iren die EU-Mitgliedschaft unterstützen, beeinflussen die ökonomischen Konsequenzen des britischen Austritts die Einstellung Irlands gegenüber Vorschlägen zur Zukunft der EU.[1]

Brexit

Im Mai 2017 hat die Regierung die Prioritäten in Bezug auf den britischen EU-Austritt vorgestellt.[2] Die Verhandlungen waren für die irischen Unterhändler bislang nicht zufriedenstellend. Für Dezember 2017 wurden Fortschritte erwartet, jedoch blieben viele Punkte offen, nachdem die Democratic Unionist Party aus Nordirland den ersten Vorschlag einer Vereinbarung abgelehnt hat.[3] Grundsätzlich konnte eine Einigung hinsichtlich britischer Zahlungsverpflichtungen nach dem Austritt, der Rechte von Arbeitnehmern und des Fortbestehens des einheitlichen Reisegebiets (Common Travel Area, CTA) erzielt werden. Falls eine Alternativlösung ausbleibt, hat Großbritannien in der Grenzfrage eine vollständige Rechtsangleichung vorgeschlagen, um eine harte Grenze auf der irischen Insel zu vermeiden. Die technische Umsetzung bleibt unklar, denn eine Angleichung widerspricht dem von Großbritannien aktuell unterstützten harten Brexit.

Im Februar 2018 hat die Europäische Kommission einen sogenannten „backstop" vorgeschlagen, der Nordirland einen dauerhaften Verbleib im Europäischen Binnenmarkt erlauben würde.[4] Auch wenn Großbritannien einen „backstop" im Falle einer ausbleibenden Einigung in Erwägung zieht, wurde dies rechtlich noch nicht festgehalten. In einer offiziellen Stellungnahme („technical note") vom Juni 2018 umreißt die britische Regierung jedoch die rechtliche Lösung des „backstop" und des möglichen Verbleibs Großbri-

---

[*] Übersetzt aus dem Englischen von Jana Schubert und Gustav Spät.
[1] Euopeanmovement Ireland: EM IRELAND/RED C POLL 2018: Ireland and the EU 2018, 8.5.2018, abrufbar unter: http://www.europeanmovement.ie/wp-content/uploads/2018/05/EM-RED-C-Infographic-2018-PAGES_correct-web.pdf (letzter Zugriff: 8.10.2018).
[2] Merrionstreet.ie: Brexit: Irelands Priorities, 15.3.2017.
[3] The Guardian: May's weakness exposed as Dup derails Brexit progress, in: The Guardian, 5.12.2017.
[4] Europäische Kommission: European Commission Draft Withdrawal Agreement on the withdrawal of the United Kingdom of Great Britain and Northern Ireland from the European Union and the European Atomic Energy Community, 28.2.2018, TF50 (2018) 33.

tanniens im Europäischen Binnenmarkt bis 2021.⁵ Dies böte einen Zeitgewinn für die Lösung des Problems der inneririschen Grenze.
Seit September 2017 wurden in landesweiten, allgemeinen Bürgerdialogen (All-Island-Dialogues) über 1500 Meinungen zum britischen Austritt aus Bevölkerung und Industrie eingeholt.⁶ Wichtig für die Regierung war, Unterstützung für Betriebe und Kommunen zur besseren Vorbereitung auf mögliche Brexit-Auswirkungen anzubieten.⁷ Gleichzeitig sollten gemäß der Priorität der Regierung die lokale Wirtschaft und junge Bevölkerung, die speziell zu ihrer Meinung über den Brexit befragt wurde, gestärkt werden. Michel Barnier, EU-Chefunterhändler in den Brexitverhandlungen, nahm ebenfalls teil, um sich mit irischen Unterhändlern an der Grenze zu Nordirland zu treffen.⁸

Zudem wurden mit sektorspezifischen Bürgerdialogen Industrievertreter adressiert. Unter den geladenen Branchen waren der Landwirtschafts- und Lebensmittelindustriesektor, Transport-, Energie-, Tourismus- und Bildungsbereich. Die Gespräche stellten eine wichtige Informationsquelle für die Regierung zur Ausgestaltung der Brexitstrategie dar.⁹ Seit 2016 bereitet sich die Regierung auf notwendige Investitionen und Anstrengungen in den Bereichen Wachstum, Handel, Investitionen und ländliche Entwicklung für den Austritt Großbritanniens vor.¹⁰ Irland hat seine Budgetpläne erweitert und langfristige Investitionspläne aufgestellt, um die wirtschaftliche Entwicklung zu stärken.

Aufbauend auf den unternehmerfreundlichen Zielen der Regierung wurde das letzte Jahr zur Entwicklung ökonomischer und finanzieller Strategien zur Vorbereitung von Firmen und der Gesamtbevölkerung auf Auswirkungen des Brexit genutzt. Zu den im November 2017 vorgestellten Maßnahmen gehören Unterstützung in den Bereichen Wettbewerb und Innovation (durch Investitionen und finanzielle Förderungen), um irische Handelsplätze zu erhalten und zu diversifizieren und somit Irlands Verhandlungsposition in den Austrittsgesprächen zu stärken.¹¹ Im Februar 2018 hat die Regierung zur Vorbereitung die voraussichtlichen Auswirkungen eines Brexit auf die irische Handelsbilanz quantifiziert und mögliche Post-Brexit-Szenarien wie den Verbleib Großbritanniens im Europäischen Wirtschaftsraum oder im Binnenmarkt simuliert.¹²

Die Zukunft Europas

Trotz des britischen EU-Austritts glauben die irischen Unterhändler an eine positive wirtschaftliche Entwicklung Irlands. Essentiell hierfür wird eine Schlüsselrolle Irlands in einem starken und geeinten Europa sein.¹³ Post-Brexit wird Irland das einzige englischsprachige Mitglied, zudem mit einer Landgrenze zu Großbritannien, sein. Die wettbe-

---

5 HM Government: Technical Note on Temporary Customs Arrangement, 7.6.2018.
6 Merrionstreet.ie: All-island Civic Dialogues on Brexit: Sectoral Dialogues, 2018, abrufbar unter: https://merrionstreet.ie/en/EU-UK/Consultations/Civic_Dialogue_Summary_Report_FINAL.pdf (letzter Zugriff: 8.10.2018).
7 Pádraig Hoare: Two-thirds of businesses 'not yet prepared for Brexit', in: The Irish Examiner, 7.9.2017.
8 RTEplayer.ie: Looking to the Post-Brexit Future – A Youth Perspective. All Island Civic Dialogue, 30.4.2018, abrufbar unter: https://www.rte.ie/player/ie/show/all-island-civic-dialogue-30005239/10872758/ (letzter Zugriff: 8.10.2018).
9 Department of Health: All-Island Civic Dialogue on 'Brexit – Implications for Cross-border Health Co-operation', 8.9.2017.
10 Department of Finance: Getting Ireland Brexit Ready, Oktober 2016.
11 Department of Business, Enterprise and Innovation: Building Stronger Business: Responding to Brexit by competing, innovating and trading, 9.11.2017.
12 Copenhagen Economics: Ireland and the Impacts of Brexit: Strategic Implications for Ireland arising from changing EU-UK Trading Relations, Februar 2018.

werbsfähigen Körperschaftssteuern, gut ausgebildete Arbeitskräfte und ein gut ausgebautes Sozialsystem könnten ausländische Investoren und Handelspartner anlocken.

Irland wird auch künftig zu seiner EU-Mitgliedschaft stehen und aktiv an Stärkung und Gestaltung der EU mitwirken. Im November 2017 hat der irische Regierungschef landesweite ‚Future of Europe'-Dialoge initiiert.[14] Hieraus ging eine umfassende Sammlung von Vorschlägen hervor, die die offizielle irische Position zur Zukunft der EU beeinflussen wird. Mit 100.000 Euro fördert die Regierung eine Kommunikationsinitiative über Europa („Communicating Europe"), um die Bevölkerung über den alltäglichen Einfluss der EU zu informieren und die Debatten über Irlands Stellung in der Gemeinschaft zu stärken. Die gesammelten Vorschläge in den Bereichen Handels-, Klima- und Energiepolitik, Digital- und Industriepolitik, Sicherheit, Justiz, Erweiterung, Migrationspolitik, Jugend- und Bildungspolitik, Afrika und Demokratisierung sind von großem Interesse für Irland, da eine vertiefte europäische Integration in diesen Bereichen für Irland notwendig erscheint, um Europa zu stärken.[15]

Trotz großer Übereinstimmungen steht Irland einigen ‚realen' Vorschlägen, wie der Ständigen Strukturierten Zusammenarbeit (SSZ), harmonisierten Körperschaftssteuern und der Reform der Eurozone, skeptisch gegenüber. Im Dezember 2017 ist Irland der SSZ beigetreten. Kritiker haben der Regierung den Verlust militärischer Neutralität und die Hinwendung zu einer europäischen Armee vorgeworfen.[16] Irland besteht jedoch auf die Aufrechterhaltung von Neutralität und Einsatzfähigkeit seiner nationalen Armee und hat entsprechende Garantien erhalten: Irlands Engagement in der SSZ ist flexibel, freiwillig und auf zwei von 17 Projekten beschränkt.

Europaweit harmonisierte Körperschaftssteuern stoßen ebenfalls auf irische Kritik. Zwar hat die Regierung im September 2017 einen Weg zur Implementierung internationaler Reformen aufgezeigt, die im Zuge der Urteile im Fall Apple als wichtig erachtet wurden.[17] Jedoch wird die Wichtigkeit der derzeitigen Körperschaftsteuergesetze für die nachhaltige Sicherung der irischen Wirtschaftskraft unterstrichen. Für die vergleichsweise niedrigen Körperschaftssteuern von 12,5 Prozent gibt es einige Kritik, so von Nobelpreisträger Joseph Stiglitz, der mögliche Gewinneinbußen für andere europäische Volkswirtschaften anführt.[18] Irische Vertreter entgegnen, eine Harmonisierung könnte zu Unsicherheiten bei Investoren oder ausländischen Direktinvestitionen führen und dadurch die Beschäftigungslage, die wirtschaftliche Stabilität und die zukünftige Entwicklung Irlands gefährden. Die Körperschaftssteuern könnten zur Abmilderung der Brexit-Auswirkungen beitragen. Hinsichtlich der Eurozonenreform bevorzugt Irland Flexibilität, um sein Steuersystem den europäischen Bestimmungen anzugleichen, ohne dabei die nationale Kompetenz in Steuer-

---

13 Financial Times: Ireland could yet benefit from Britain's Euro-divorce, in: The Financial Times, 22.1.2017.
14 Department of Taoiseach: Speech of An Taoiseach, Leo Varadkar T.D. Launch of Citizens' Dialogue on the future of Europe, 15.11.2017.
15 Taoiseach Leo Varadkar: Europäisches Parlament Straßburg, 17.1.2018.
16 Kim Bielenberg: Explainer: Ireland joins PESCO… is it the start of an EU Army?, in: The Irish Independent, 17.12.2017.
17 Seamus Coffey: Review of Ireland's Corporation Tax Code: Presented to the Minister for Finance and Public Expenditure and Reform by Mr Seamus Coffey, 30.6.2017, abrufbar unter: https://www.finance.gov.ie/wp-content/uploads/2017/09/170912-Review-of-Irelands-Corporation-Tax-Code.pdf (letzter Zugriff: 9.10.2018).
18 Journal.ie: 'That's a Joke', 'Stealing': Ireland's low Corporate Tax Rate critcised at Davos, in: The Journal.ie, 26.1.2018.

fragen abzugeben, und favorisiert die intergouvernementale und inkrementelle Konsolidierung des Euro. Als Nettozahler reagiert Irland generell verhalten auf fiskalpolitische Vorschläge,[19] unterstützt aber die Bankenunion.

Der mehrjährige Finanzrahmen 2021-2027

Irland weiß um Anpassungen im nächsten mehrjährigen Finanzrahmen (MFR) und ist zu höheren Zahlungen bereit. Sorge herrscht hinsichtlich Kürzungen in der Gemeinsamen Agrarpolitik (GAP), da irische Landwirte und der nationale Lebensmittelsektor stark von den EU-Mitteln abhängen. Im Durchschnitt werden Kürzungen von circa fünf Prozent für die GAP und den Kohäsionsfonds erwartet, um andere Bereiche stärker finanzieren zu können. Ab 2021 werden die irischen Beitragszahlungen jedoch voraussichtlich auf etwa drei Mrd. Euro jährlich steigen.[20] Die Bereitschaft zu höheren Beitragszahlungen ist an die Bedingung geknüpft, dass die Mittel zur Förderung der europäischen Gemeinschaftsidee, beispielsweise durch das Erasmus-Plus-Programm, der interregionalen Zusammenarbeit (insbesondere die Zusammenarbeit mit Nordirland) oder der GAP zu Gute kommen. Hierbei sollten die wirtschaftlich schwächsten Regionen der EU besonders gefördert werden.

Im Februar 2018 führte das Landwirtschaftsministerium Befragungen unter den Landwirten zu deren Position zur Zukunft der GAP nach 2020 durch. Die Sichtweisen werden in die irische Position in den MFR-Verhandlungen einfließen. Deutlich wurde, dass die irischen Landwirte eine Verringerung der GAP-Mittel skeptisch sehen. Verstärkt werden die Sorgen durch die potentiellen Auswirkungen des Brexits auf den Landwirtschaftssektor und das Wirtschaftswachstum der Insel. Die Europäische Kommission hat angedeutet, dass Kürzungen der an Farmen verteilten Gelder, ungefähr 3,9 Prozent, durch Umverteilung an kleine und mittlere Farmen ausgeglichen werden könnten. Vor dem Hintergrund der bereits unternommenen Haushaltsanpassungen, um Wachstum und Wettbewerbsfähigkeit zu stabilisieren, wurde dies sehr positiv aufgenommen.

Zusammenfassung

Das Referendumsergebnis hat die sehr deutliche Zustimmung der Bevölkerung zur EU-Mitgliedschaft gestärkt. Irland bleibt dem europäischen Projekt stark verbunden. Angesichts möglicher wirtschaftlicher Auswirkungen des britischen Ausscheidens setzt Irland für Wirtschaftswachstum und Stabilität auf ein starkes und geeintes Europa und verpflichtet sich vollständig zur Gestaltung der Zukunft der EU.

Trotz der generellen Befürwortung vertiefter Integration hat der Ausgang des Referendums Irland verdeutlicht, dass einige progressive Vorschläge anderer Regierungschefs vorsichtig zu beurteilen sind. Der britische Austritt und die absehbaren Folgen bestätigen die irische Regierung darin, die nationale Position in Bezug auf Körperschaftssteuern und die Eurozone zu verteidigen. Verhandlungsbereit zeigt sich die Regierung weiterhin beim MFR.

Weiterführende Literatur

Tony Connelly: Brexit and Ireland: The Dangers, the Opportunities and the inside Story of the Irish Response, London 2017.

Benjamin Martill/Uta Staiger (Hrsg.): Brexit and Beyond: Rethinking the futures of Europe, London 2018.

---

19 Paul Gillespie: World View: Ireland too quick to dismiss Macron's European Reforms, in: The Irish Times, 9.6.2018.

20 Eoin Burke-Kennedy: Ireland's EU Budget Contribution may rise to over €3bn, The Irish Times, 6.5.2018.

Italien

Alexander Grasse/Jan Labitzke

Die letzten Monate waren von den italienischen Parlamentswahlen am 4. März 2018, dem vorausgehenden Wahlkampf und der nachfolgenden langen Phase der Regierungsbildung durch die Fünf-Sterne-Bewegung (MoVimento 5 Stelle/M5S) und die Lega geprägt. Mit der am 1. Juni 2018 vereidigten Regierung zeichnet sich ein deutlicher Wandel der Europapolitik Italiens ab. Die Unzufriedenheit der italienischen Bevölkerung mit der nationalen und europäischen Politik ist infolge der ökonomischen und sozialen Schwierigkeiten seit der Krise in der Eurozone und Fragen der Migration wie auch der inneren Sicherheit des Landes über Jahre gewachsen. Jedoch erst die Parlamentswahlen vom 4. März 2018 und die daraus hervorgegangene populistische Regierungsallianz zogen die Aufmerksamkeit der mitgliedstaatlichen Regierungen, der EU-Institutionen und der Öffentlichkeit plötzlich auf sich. Die häufig vergessene beziehungsweise unterschätzte Relevanz Italiens für die Eurozone und die Zukunft der EU wurde mit einem Mal wieder sehr deutlich. Tatsächlich dürften die Auswirkungen der Entscheidungen Italiens in zentralen Politikfeldern wie der Migrations- und Asylpolitik sowie der Wirtschafts- und Fiskalpolitik, die in der Koalitionsvereinbarung der Regierungspartner vorgezeichnet sind, folgenreich für die EU und die Eurozone, aber auch für das deutsch-italienische Verhältnis sein.

Der Wahlkampf und die Parlamentswahlen vom 4. März 2018

Die Parlamentswahlen führten zu massiven politischen Umbrüchen: Die bisherige Regierung unter der Führung des sozialdemokratischen Partito Democratico (PD), die auch von mehreren Gruppierungen der rechten Mitte gestützt wurde, wurde deutlich abgewählt. Wahlsieger wurden mit rund 32 Prozent der Stimmen der M5S und die Lega, die ihr Ergebnis im Vergleich zu 2013 mehr als vervierfachte und auf rund 17 Prozent kam.

Das Wahlergebnis hat vielfältige Ursachen, ist aber vor allem Ausdruck zunehmender Kritik an der europäischen Integration in ihrer bisherigen Form und insofern ein „Weckruf aus dem Süden".[1] Der Verdruss weiter Bevölkerungsteile, resultierend aus der zu langsamen wirtschaftlichen Erholung Italiens, gesunkenen Haushaltseinkommen, erheblichen Vermögensverlusten und wachsender Armut, insbesondere im Süden des Landes, wurde auch seitens der EU massiv unterschätzt. Dies trieb die WählerInnen in die Arme des M5S – mit dessen Versprechen eines grundlegenden sozialen Wandels, angefangen bei der Einführung einer sozialen Mindestsicherung, einer Mindestrente, einem Mindestlohn, besserer Arbeitsvermittlung und einer Rückgewinnung staatlicher Handlungs- und Kontrollfähigkeit durch öffentliche Investitionen einerseits und entschiedener Korruptionsbekämpfung andererseits. Die Lega profilierte sich hingegen durch das Versprechen massiver Steuersenkungen für ArbeitnehmerInnen und Unternehmen sowie durch ihren migrations- und ausländerfeindlichen Kurs.

---

1 Alexander Grasse: Parlamentswahlen in Italien: Weckruf aus dem Süden! Kommentar, in: Wirtschaftsdienst: Zeitschrift für Wirtschaftspolitik, Jg. 98., Heft 3/2018, S. 158.

Ein Austritt aus dem Euro stand hingegen im Wahlkampf nicht zur Diskussion, weder bei der Lega noch beim M5S. Im Gegenteil bemühte sich allen voran M5S-Spitzenkandidat Luigi Di Maio, staatstragend aufzutreten und das internationale Umfeld mit Blick auf eine mögliche Regierungsbeteiligung oder gar -übernahme zu beruhigen. Gefordert wurde jedoch ein Ende der Austeritätspolitik, wobei sich diese Forderung nicht auf Lega und M5S beschränkte, sondern nahezu alle Parteien größere fiskalpolitische Flexibilität anmahnten und entsprechende Verhandlungen mit der EU nach der Wahl ankündigten.[2]

Abseits der inhaltlichen Neuausrichtung der italienischen Politik infolge der neuen Regierung hat sich das Wahlergebnis auch massiv auf das Parteiensystem ausgewirkt: Die Parteien links der Mitte, die in Italien zugleich den besonders europa- und integrationsfreundlichen Teil des Parteienspektrum bilden, haben massiv an Zustimmung verloren, insbesondere der PD, der nach dem bereits mäßigen Wahlergebnis von 2013 nochmals deutlich verlor und unter 19 Prozent Zustimmung blieb. Daraufhin entbrannte eine innerparteiliche Kontroverse um die programmatische Ausrichtung des PD, um eine mögliche Koalition zwischen PD und M5S beziehungsweise alternativ dazu eine Sammlungsbewegung nach französischem Vorbild. Dies könnte in absehbarer Zeit zu einer Spaltung der (ohnehin seit ihrer Gründung im Jahr 2007 sehr heterogenen) Partei führen. Rechts der Mitte hat die bisher dominierende Forza Italia (FI) des ehemaligen Regierungschefs Silvio Berlusconi ihre Führungsrolle an die Lega und deren Chef Matteo Salvini abgeben müssen, nachdem die FI nur auf rund 14 Prozent der Wählerstimmen kam. Die Lega selbst, die erstmals nicht mehr als Lega Nord angetreten war, muss sich als gesamtitalienische Partei etablieren, ohne dabei ihre Stammwählerschaft in Norditalien zu verlieren. Der M5S, ursprünglich als Protestbewegung entstanden, trägt nun erstmals abseits der lokalen Ebene Regierungsverantwortung. Dabei muss die Bewegung nicht nur ihre Regierungsfähigkeit unter Beweis stellen, sondern sie befindet sich zugleich in einer Koalition mit der Lega, die – obwohl der deutlich kleinere Koalitionspartner – bisher die politische Agenda und die mediale Berichterstattung dominiert und eine Migrationspolitik forciert, die den M5S und die italienische Gesellschaft zu spalten droht.

Langwierige Regierungbildung und die ersten Wochen der gelb-grünen Koalition

Angesichts der unklaren Mehrheitsverhältnisse in den neu gewählten Parlamentskammern, bei dem keines der drei Lager, Mitte-links, Mitte-rechts und M5S, eine eigene Mehrheit erzielen konnte, gestaltete sich die Suche nach einer neuen Regierungsmehrheit sehr schleppend. Nachdem der italienische Staatspräsident Sergio Mattarella im Mai 2018 die Sondierungen schon als gescheitert angesehen hatte, zeichnete sich Anfang Juni plötzlich ein gelb-grünes Koalitionsbündnis zwischen M5S und Lega ab.[3]

Mit Blick auf die europapolitische Programmatik der populistischen Regierung zeigt sich ein Fokus auf die Rückgewinnung nationaler Souveränität und vermehrte Durchsetzung italienischer Interessen. Insgesamt soll die italienische Außenpolitik stärker auf den Mittelmeerraum ausgerichtet werden. In Bezug auf das Ost-West-Verhältnis bekennt sich die

---

2 Eine ausführliche Analyse der Parlamentswahlen und deren Hintergründe findet sich in: Alexander Grasse/Jan Labitzke: Politikwechsel mit Ansage – Ursachen und Hintergründe des Wahlerfolgs der Populisten in Italien, in: Institut für Europäische Politik/IEP Berlin: Research Paper, Juli 2018, im Erscheinen.
3 Zum langwierigen Prozess der Regierungsbildung, der neuen Regierungsmannschaft, den Inhalten der Koalitionsvereinbarung zwischen M5S und Lega sowie deren Auswirkungen auf die europäischen Partner, vgl. Alexander Grasse/Jan Labitzke: Aus Krisen geboren – die neue italienische Regierung aus Lega und MoVimento 5 Stelle und die Folgen für Europa, in: integration, Heft 2/ 2018, S. 97-127.

Regierung grundsätzlich zum transatlantischen Bündnis, betont zugleich jedoch die Notwendigkeit einer politischen Öffnung gegenüber Russland.

Wirtschafts- und Fiskalpolitik
Die Koalitionsvereinbarung unterstützt die vollumfängliche Umsetzung der sozialpolitischen Aspekte des geltenden Primärrechts der Union, auch durch den konsequenten Einsatz neuer Instrumente. Der Anspruch, die mit 131,5 Prozent des Bruttoinlandproduktes (BIP) sehr hohe Schuldenquote Italiens zu verringern, wird formal nicht aufgegeben, soll aber nicht durch Steuererhöhungen und Sparprogramme, sondern durch eine Wachstumspolitik, basierend auf öffentlichen Investitionen, Sozialprogrammen und Steuersenkungen bei der Körperschafts- wie auch der Einkommenssteuer, erfolgen. So sollen die Angebotsbedingungen verbessert und zugleich die Binnennachfrage angekurbelt werden. Zudem solle die Europäische Kommission zukünftig investive Ausgaben aus den Defizitberechnungen des laufenden Haushalts ausklammern. In der endgültigen Fassung der Koalitionsvereinbarung propagieren Lega und M5S einen „verhältnismäßigen und begrenzten Rückgriff auf das Instrument der Neuverschuldung"[4] und kündigten an, die entsprechenden Regularien auf europäischer Ebene neu diskutieren zu wollen.

Der neue, parteilose Finanzminister Giovanni Tria ist bestrebt, die Finanzmärkte zu beruhigen. Er erklärte unzweideutig, Italiens Mitgliedschaft in der Eurozone stehe nicht zur Disposition. Im Parlament wies er zudem bezüglich der mehrjährigen Finanzplanung darauf hin, dass er keine Neuverschuldung für konsumptive Ausgaben plane, sondern neben Investitionen auch Strukturreformen anstrebe und die Regierung Prioritäten in ihrem kostspieligen Regierungsprogramm werde setzen müssen.[5]

Tatsächlich steht die weiter um einen Prozentpunkt dem durchschnittlichen Wachstum der Eurozone hinterherhinkende Volkswirtschaft Italiens vor großen Herausforderungen. Als eines der wenigen Länder der Eurozone hat Italien noch immer nicht die im Zuge der Finanz- und Wirtschaftskrise eingetretenen Verluste seines Bruttoinlandsprodukts kompensiert. Die Industrieproduktion Italiens liegt 17 Prozentpunkte unter dem Niveau von 2008, und auch die Arbeitslosigkeit ist mehr als 5 Prozentpunkte höher als zu Beginn der Krise.[6] Finanzminister Tria setzt neben nationalen Maßnahmen explizit auf eine grundlegende Reform der Wirtschaftsunion.[7] Als besonders problematisch bewertet er das unzureichende haushaltspolitische Instrumentarium der EU, das kaum geeignet sei, makroökonomischen Schocks entgegenwirken zu können.

Migrations- und Asylpolitik
Innenminister und Lega-Chef Salvini prägte vor dem Hintergrund mehrerer Regional- und Kommunalwahlen durch gezielte Provokationen und eine Art Dauerwahlkampf bislang das politische Geschehen Italiens. Damit drängte er auch Ministerpräsident Giuseppe Conte, einen absoluten Politikneuling, immer wieder in den Hintergrund und schickte sich an, als Innenminister zum eigentlichen Regierungschef zu avancieren.

---

4 Contratto per il governo del cambiamento, 17.5.2018, abrufbar unter: https://tg24.sky.it/politica/2018/05/17/contratto-per-governo-cambiamento.html (letzter Zugriff: 1.6.2018).
5 Rede von Giovanni Tria im italienischen Parlament, in: Il Foglio, 19.6.2018, abrufbar unter: https://www.ilfoglio.it/economia/2018/06/19/news/produttivita-e-riduzione-del-deficit-tria-sceglie-la-continuita-con-padoan-201296/https://www.ilfoglio.it/economia/2018/06/19/news/produttivita-e-riduzione-del-deficit-tria-sceglie-la-continuita-con-padoan-201296/ (letzter Zugriff: 2.7.2018).
6 Il Foglio, Tria, 2018.
7 Il Foglio, Tria, 2018.

Salvini versucht sich insbesondere im Bereich der Migrationspolitik zu profilieren, wobei sich seine Maßnahmen sowohl gegen Flüchtlinge und Asylsuchende als auch gegen in Italien lebende Roma richten. Dass die große Priorität des Lega-Chefs auf der Migra-tionspolitik liegt, zeigt sich auch darin, dass er bereit ist, die geplante Steuerreform, das zweite große Wahlkampfthema der Lega, auf das Jahr 2020 zu vertagen.[8]

Besonderes mediales Aufsehen erregt Salvinis Politik, Boote von Nichtregierungsorganisationen (NGO), die Flüchtlinge im Meer zwischen Italien und Nordafrika aufnehmen, das Anlegen in den italienischen Häfen zu verweigern. So durfte das Schiff „Aquarius" von SOS Méditerranée Mitte Juni keine Flüchtlinge in Italien von Bord bringen, was zu einem diplomatischen Eklat zwischen Italien und Frankreich führte.[9] Da auch Malta dem Schiff das Anlegen in seinen Häfen verweigerte, konnten die Flüchtlinge erst nach Tagen auf See und der Aufnahmebereitschaft der neuen sozialistischen Regierung in Spanien in Valencia an Land gehen.

Kontroversen löste Salvini auch mit seinem Plan aus, die Angehörigen der Minderheit der Sinti und Roma in Italien zählen zu lassen. Ziel sei es zu sehen, „wer, wie und wie viele es sind"; diejenigen ohne rechtmäßigen Aufenthalt in Italien würden abgeschoben, „während wir leider die italienischen Roma bei uns behalten müssen", so Salvini.[10] Diese Ankündigung löste EU-weit harsche Kritik aus. So zeigte sich die Europäische Kommission alarmiert und bekräftigte, dass Unionsbürger nicht aufgrund ihrer Ethnie ausgewiesen werden könnten. Selbst Salvinis Koalitionspartner, Vize-Ministerpräsident Di Maio (M5S) sowie der parteilose Ministerpräsident Conte, sprachen sich gegen einen Zensus auf Basis der ethnischen Zugehörigkeit aus, wodurch Salvini zu einer Relativierung seiner Aussagen gezwungen wurde.[11]

Der migrationspolitische Kurs Salvinis wurde schon wenige Wochen nach Regierungsübernahme zu einer Belastung für die Koalition. Nicht nur, dass sich der Innenminister dergestalt eine mediale Dauerpräsenz sichert und damit auch auf Kosten der Fünf-Sterne zu profilieren vermag,[12] auch innerhalb der Bewegung, beispielsweise in parteieigenen Internetforen und auf Führungsebene, trat das Konfliktpotenzial dieser Politik zutage. Während eines Besuchs im zentralen Aufnahmelager für ankommende Flüchtlinge im sizilianischen Pozzallo sprach sich Roberto Fico (M5S), Präsident der Abgeordnetenkammer, gegen die von Salvini verfügte Schließung der Häfen für Rettungsschiffe von Nichtregierungsorganisa-

---

8 Amedeo La Mattina: Salvini dà la priorità ai migranti, la flat tax può attendere il 2020, in: La Stampa, 29.06.2018, abrufbar unter: http://www.lastampa.it/2018/06/29/italia/salvini-d-la-priorit-ai-migranti-la-flat-tax-pu-attendere-il-ixg6SPK5NJ9sMorh3SGLQK/pagina.html (letzter Zugriff: 29.6.2018).
9 Der Tagesspiegel: Italien verschärft Streit um Rettungsschiff Aquarius, 13.6.2018, abrufbar unter: https://www.tagesspiegel.de/polzitik/streit-um-rettungsschiff-italien-verschaerft-streit-um-rettungsschiff-aquarius/22679276.html (letzter Zugriff: 13.6.2018).
10 Il Foglio: Salvini continua la campagna elettorale: „Via i rom irregolari dall'Italia", 18.06.2018, abrufbar unter: https://www.ilfoglio.it/politica/2018/06/18/news/salvini-continua-la-campagna-elettorale-via-i-rom-irregolari-dall-italia-201127/ (letzter Zugriff: 19.6.2018).
11 Il Foglio, La campagna elettorale, 2018.
12 So hat die Lega in einer Meinungsumfrage des Instituts Ipsos für den Corriere della Sera den M5S in der Wählergunst kurz nach Regierungsantritt überflügelt. Nach dieser Umfrage hätten sich bei Wahlen Mitte Juni 2018 30,1 Prozent für die Lega und 29,9 Prozent für die Fünf Sterne entschieden. Auch nach den Daten von Noto Sondaggio lag die Lega (29 Prozent) vor dem M5S (27 Prozent), dem PD (20 Prozent) und mit weitem Abstand vor FI (9 Prozent). Vgl. Giuseppe Alberto Falci: Ecco come la Lega ha superato il M5S in tre mesi: „È il fattore Salvini", in: Corriere della Sera, 19.06.2018, abrufbar unter: https://www.-corriere.it/politica/18_giugno_19/sondaggio-ecco-come-lega-ha-superato-m5s-tre-mesi-fattore-salvini-24bd3766-73fa-11e8-ab58-f8ac6497bfa0.shtml?refresh_ce-cp (letzter Zugriff: 23.6.2018).

tionen aus.¹³ Diese Kritik wurde nicht nur von Salvini selbst, sondern auch von Ficos Parteikollegen und Arbeits- und Sozialminister Di Maio zurückgewiesen: Die Regierung stehe geschlossen hinter der immigrationspolitischen Linie.¹⁴

Auch auf europäischer Ebene wurde diese Linie konsequent vertreten, nicht zuletzt auf dem Gipfel der Staats- und Regierungschefs am 28./29. Juni 2018 in Brüssel, als Conte bereits am ersten Tag ein Veto Italiens gegen eine gemeinsame Abschlusserklärung ankündigte, falls Italien keine Unterstützung in der Migrationsfrage erhalte. Conte forderte abermals eine Umverteilung von in Italien ankommenden Flüchtlingen auf die gesamte Europäische Union und eine Überwindung der Dublin-Asylregeln. Zwar wurde diese Haltung im Kreis der Staats- und Regierungschefs als Affront betrachtet, letztlich bestimmte Conte aber doch den Großteil der Gipfel-Agenda.¹⁵

Zusammenfassend lassen sich aus der Migrationspolitik der ersten vier Wochen seit Amtsantritt der neuen italienischen Regierung drei Beobachtungen ableiten: Erstens ist die zuwanderungspolitische Linie innerhalb der Koalition nicht unumstritten. Besonders der linke Flügel des M5S steht diesem Kurs kritisch gegenüber, wobei noch offen ist, wie sich dies mittelfristig auf den Zusammenhalt der Regie und des M5S auswirken wird. Zweitens zeigen die Ereignisse um die abgewiesenen Rettungsschiffe, dass auch andere Mitgliedstaaten an der Mittelmeerküste nicht oder nur im Ausnahmefall dazu bereit sind, die auf See aufgegriffenen Schutzsuchenden in ihr Land zu lassen. Die Migrationspolitik der neuen Regierung kann und muss – gerade aus humanitären Aspekten – kritisch betrachtet werden, nur ist diese kein italienisches Alleinstellungsmerkmal. Hier ist schließlich drittens zu hinterfragen, welches Signal dadurch vermittelt wird, dass seitens der Europäischen Union und ihrer Mitgliedstaaten zwar nicht auf die jahrelangen Forderungen und Bitten der moderaten, europafreundlichen Regierungen der letzten Legislaturperiode eingegangen wurde, die wiederholt mehr Unterstützung für Italien in der Migrationsfrage und eine Reform der Dublin-Regeln angemahnt hatten, kurz nach der Regierungsübernahme des M5S und der Lega aber die italienische Position in weiten Teilen zur gesamteuropäischen Politik erklärt wird.

Perspektiven

Im Zuge der Auseinandersetzungen um den zukünftigen haushaltspolitischen Kurs Italiens traten im deutsch-italienischen Verhältnis wechselseitige Fehlwahrnehmungen und Schuldzuweisungen ebenso wie Stereotype und Ressentiments erneut in besorgniserregender Weise zutage. Hier scheint sich die These von der „schleichenden Entfremdung" zwischen Italien und Deutschland zu bewahrheiten. Der italienische Staatspräsident wie auch der italienische Botschafter in Berlin sahen sich als Reaktion auf journalistisch zweifelhafte Pressebeiträge, in denen den Italienern unter anderem „aggressives Schnorren"¹⁶ unterstellt wurde – dabei unterschlagend, dass Italien Nettozahler in der Europäischen Union ist und maßgeblich zu allen Euro-Rettungsprogrammen beigetragen hat, ohne je selbst davon Gebrauch gemacht zu haben – zu ungewohnt deutlichen öffentlichen Stellungnahmen gezwungen. In Bezug auf das

---

13 La Repubblica: Migranti, Fico: „Io i porti non li chiuderei". Salvini: „Parla a titolo personale, decidono i ministri", 30.6.2018, abrufbar unter: http://www.repubblica.it/politica/2018/06/30/news/migranti_fico_porti-200441631/?ref=search (letzter Zugriff: 30.6.2018).
14 La Repubblica, Migranti, 2018.
15 Barbara Wesel: EU-Gipfel: Der lange Weg zur Einigung, in: Deutsche Welle, 29.06.2018, abrufbar unter: https://www.dw.com/de/eu-gipfel-der-lange-weg-zur-einigung/a-44452100 (letzter Zugriff: 29.6.2018).
16 Jan Fleischhauer: Die Schnorrer von Rom, in: Spiegel online, 24.05.2018, abrufbar unter: http://www.spiegel.de/politik/ausland/italien-die-schnorrer-von-rom-kolumne-a-1209266.html (letzter Zugriff: 18.6.2018).

Nord-Süd-Verhältnis nimmt jedoch der deutsch-italienische Dialog eine Schlüsselrolle ein, da Italien als Gründungsmitglied einerseits bislang zu den stärksten Unterstützern des Integrationsprozesses gehörte, andererseits jenseits der Alpen die Europaskepsis wächst und Italien zum Sprecher der Mittelmeerländer in Bezug auf eine Neuordnung der Union werden könnte. Die sich seit der Krise in der Eurozone erneut verfestigenden Nord-Süd-Disparitäten bergen tatsächlich das enorme Risiko politischer Spaltung,[17] weshalb an beiden Fronten, sozioökonomisch wie auch politisch, entsprechender Handlungs- und Kooperationsbedarf herrscht. Italien bleibt trotz der neuen Regierung der Populisten von Lega und M5S ein unverzichtbarer, strategischer Partner Deutschlands zur Lösung entscheidender Zukunftsfragen der Europäischen Union. Die Entwicklungen der ersten Hälfte des Jahres 2018 haben die Notwendigkeit zur Intensivierung und Weiterentwicklung des Nord-Süd-Dialogs unterstrichen.

Italien wird als zentraler Akteur jenseits der deutsch-französischen Kooperation nicht nur in der Migrationspolitik gebraucht, sondern hat aufgrund seiner sozioökonomischen Probleme und seines wirtschaftlichen Gewichts eine Schlüsselrolle bei den drängenden Fragen sozialer Kohäsion und ökonomischer Konvergenz in der Eurozone inne und damit für die Fortentwicklung von Maßnahmen in der Economic Governance beziehungsweise der Wirtschafts- und Fiskalunion. Nicht zuletzt ist Italien für die Wahrung deutscher Interessen im Mittelmeerraum, insbesondere mit Blick auf die südlichen Mittelmeeranrainer, unentbehrlich und erster Ansprechpartner, etwa im Bereich vitaler Sicherheitsfragen, der Terrorismusbekämpfung und der Energiepolitik.

Die populistische Regierungskoalition, welche mit Bezug auf die Lega weit rechts zu verorten ist, mit Blick auf die Fünf-Sterne-Bewegung politisch jedoch noch keine Festlegung offenbart hat und weiterhin linksliberale Züge trägt, stellt die deutsch-italienischen Beziehungen im europäischen Kontext in jedem Fall vor besondere Herausforderungen, und auch die Zusammenarbeit im Rahmen der G7 und der NATO wird komplizierter. Selbst wenn unklar ist, wie lange sich diese Regierung im Amt halten kann, so ist absehbar, dass das italienische Parteiensystem, das politische System des Landes sowie dessen sozioökonomische Entwicklung nachhaltig von den Wahlergebnissen und Umbrüchen des März 2018 beeinflusst werden. Verfassungsfragen dürften, wie die Auseinandersetzungen um die Regierungsbildung in Rom und die Intervention des Staatspräsidenten bei der Ernennung des Finanzministers gezeigt haben, ebenfalls an Relevanz gewinnen und offensiver ausgetragen werden. Möglicherweise werden damit nicht nur Fragen des europäischen Selbstverständnisses, sondern auch Grundfragen der westlichen liberalen parlamentarischen Demokratien tangiert.

Weiterführende Literatur

Alexander Grasse/Markus Grimm: Populisten an der Regierung. Italien nach der Parlamentswahl vom März 2018, in: Heinz Ulrich Brinkmann/Isabelle-Christine Panreck (Hrsg.): Rechtspopulismus in Einwanderungsgesellschaften. Die politische Auseinandersetzung um Migration und Integration in westlichen Industriegesellschaften, Wiesbaden 2018, im Erscheinen.

---

17 Vor einer solchen Spaltung warnte auch ausdrücklich der deutsche Außenminister Heiko Maas in seiner Grundsatzrede „Mut zu Europa – #EuropeUnited", abrufbar unter: https://www.auswaertiges-amt.de/de/newsroom/maas-europeunited/2106420 (letzter Zugriff: 2.7.2018).

Kroatien

Hrvoje Butković*

Kroatien ist seit fünf Jahren Mitglied der Europäischen Union. Politiker und Experten sind sich mehrheitlich einig, dass die Mitgliedschaft positive Auswirkungen auf das Land hat. Die Abwanderung kroatischer Arbeitskräfte in andere Mitgliedstaaten stellt die kroatische Wirtschaft allerdings vor große Herausforderungen. Im Oktober 2017 unternahm das Land erste konkrete Schritte zur Einführung des Euros, worauf die Gewerkschaften mit Kritik reagierten. Im Mai 2018 konnte die Krise des Getränke- und Lebensmittelkonzerns Agrokor durch eine Regelung der Unternehmensschulden gelöst werden.

Fünf Jahre EU-Mitgliedschaft

Am 1. Juli 2018 jährte sich Kroatiens EU-Beitritt zum fünften Mal. In den letzten fünf Jahren sind die kroatischen Exporte um 56 Prozent angestiegen, die kroatischen Exporte in andere Mitgliedstaaten stiegen gar um 70 Prozent. Das Land erhielt EU-Fördermittel in Höhe von 10,7 Mrd. Euro. Von dieser Summe wurden bislang 45 Prozent in konkrete Projekte umgesetzt. Die Teilnahme am Europäischen Semester haben zur Sanierung der öffentlichen Finanzen und zur fiskalischen Stabilisierung des Landes beigetragen.[1] Dessen ungeachtet sind jedoch auch negative Auswirkungen der Mitgliedschaft zu konstatieren, wie beispielsweise die Abwanderung von Arbeitskräften in andere Mitgliedstaaten. Allein in Deutschland stieg die Zahl der registrierten Kroaten von 224.000 im Jahr 2012 auf 331.000 im Jahr 2016.[2] Die positive Entwicklung der kroatischen Wirtschaft wird seit Ende 2016 von den wirtschaftlichen Schwierigkeiten des Privatkonzerns Agrokor getrübt, der eine Wirtschaftskraft von ungefähr 15 Prozent des nationalen Bruttoinlandsproduktes erzielt. Nach über einem Jahr der Umstrukturierung hat die neue Unternehmensführung im Mai 2018 eine Regelung der Unternehmensschulden erzielt, sodass die wirtschaftlichen Auswirkungen der Krise insgesamt gering ausfielen.[3]

Britisches Referendum, nächster mehrjähriger Finanzrahmen und EU-Erweiterung

Auch als neues EU-Mitglied hat sich Kroatien hinsichtlich bedeutender Themen der europäischen Politik positioniert. Das Ergebnis des britischen Referendums über den Austritt aus der EU wurde von der Mehrheit der kroatischen Politiker und Experten als schwerer Schlag für die EU gewertet. Dieses Urteil ging einher mit der Forderung nach Reformen,

---

* Übersetzt aus dem Englischen von Jana Schubert und Jakob Speier.
1 Total Croatia News: Five years in, EU membership benefits evident, 29.6.2018, abrufbar unter: https://www.total-croatia-news.com/business/29464-5-years-in-eu-membership-benefits-evident (letzter Zugriff: 27.7.2018).
2 Giovanni Vale: Croatia, 5 years in the EU: demography, 28.6.2018. abrufbar unter: https://www.balcani-caucaso.org/eng/Dossiers/Croatia-s-5-years-in-the-European-Union/notizie/Croatia-5-years-in-the-Eu-demography(letzter Zugriff: 27.07.2018).
3 Reuters: Croatia's Agrokor wins creditors' support for debt settlement deal, 31.5.2018, abrufbar unter: https://www.reuters.com/article/croatia-agrokor/croatias-agrokor-wins-creditors-support-for-debt-settlement-deal-idUSL5N1T25A8 (letzter Zugriff: 27.7.2018).

damit die EU gestärkt aus der gegenwärtigen politischen Krise, in der das britische Referendum einen Bestandteil ausmacht, hervorgehen könne.[4]

Der Vorschlag der Europäischen Kommission für den nächsten mehrjährigen Finanzrahmen von 2021 bis 2028 sieht 5,5 Prozent weniger Kohäsionsmittel für Kroatien als der letzte Finanzrahmen vor. Im Vergleich zu anderen neuen EU-Mitgliedstaaten fällt diese Kürzung jedoch noch gering aus. Unter Experten rief der Kommissionsvorschlag allerdings Kritik hervor, denn er sieht ebenfalls eine Erhöhung der Kofinanzierung von EU-Projekten mit nationalen Fördermitteln von derzeit 15 auf künftig 30 Prozent vor. Diese Erhöhung könnte den kroatischen Haushalt vor immense Herausforderungen stellen.[5]

Im Februar 2018 hat Kroatien die neue EU-Erweiterungsstrategie, welche die Beitrittsperspektive der Länder des Westbalkans verbessert, vollends unterstützt. Dies nahm die kroatische Regierung auch zum Anlass, um die Schwerpunktsetzung ihrer Ratspräsidentschaft im ersten Halbjahr 2020 auf die Erweiterungspolitik zu unterstreichen und einen EU-Gipfel mit den Ländern des Westbalkans anzukündigen.[6]

Erste Schritte in Richtung Eurozonen-Mitgliedschaft

Mit der Verabschiedung der Strategie für die Einführung des Euros im Oktober 2017 durch die kroatische Nationalbank und die Regierung unternahm Kroatien den ersten Schritt in Richtung Eurozonenmitgliedschaft. Basierend auf dem Vergleich der wirtschaftlichen Kosten und Nutzen einer möglichen Mitgliedschaft empfehlen die Autoren der Strategie, dass Kroatien zum frühestmöglichen Zeitpunkt der Eurozone beitreten solle. Premierminister Andrej Plenković kündigte einen Beitritt Kroatiens zum europäischen Wechselkursmechanismus II noch vor der kroatischen EU-Ratspräsidentschaft im Jahr 2020 an. Die geplante Einführung des Euros taxierte er auf sieben bis acht Jahre.[7]

Die Verabschiedung der Strategie trat eine breite öffentliche Debatte über die Eurozonenmitgliedschaft los, die weiter anhält. Gegenstimmen kamen lediglich vonseiten der Vereinigung kroatischer Gewerkschaften, einem der vier Gewerkschaftsverbände Kroatiens. Ihr Vorsitzender Vilim Ribić widersprach den Ergebnissen der Strategie mit der Begründung, dass die Einführung des Euros in Krisenzeiten zwangsläufig eine harte Austeritätspolitik mit sich bringe. Zudem kritisierte er die Medien für ihre angebliche parteiische Unterstützung der Regierung und kündigte im Falle der Fortführung ein von den Gewerkschaften initiiertes Referendum über den Beitritt zur Eurozone an.[8]

Weiterführende Literatur

European Commission: Country Report Croatia 2017 SWD(2016) 80 final.

---

4 Antoinette Primatarova et al.: South-Eastern European Member States: Bulgaria, Croatia, Romania and Slovenia. In: Tim Oliver: Europe's Brexit: EU Perspectives on Britain's Vote to Leave. New York 2018.
5 Total Croatia News: Croatia to be allocated 8.7 billion euro in EU cohesion funds for 2021-2027 period, 30.5.2018, abrufbar unter: https://www.total-croatia-news.com/business/28715-croatia-to-be-allocated-8-7-billion-euro-in-eu-cohesion-funds-for-2021-2027-period (letzter Zugriff: 27.7.2018).
6 Total Croatia News: Croatia focusing on Western Balkan's EU prospects, 6.2.2018, abrufbar unter: https://www.total-croatia-news.com/politics/25659-croatia-focusing-on-western-balkans-eu-prospects (letzter Zugriff: 27.7.2018).
7 Igor Ilic: Croatia wants to adopt euro within 7-8 years: prime minister, 30.10.2017, abrufbar unter: https://www.reuters.com/article/us-croatia-euro/croatia-wants-to-adopt-euro-within-7-8-years-prime-minister-idUSKBN1CZ0Q5 (letzter Zugriff: 27.5.2018).
8 Association of Croatian Trade Unions: Do we need to, when and under what conditions to introduce the Euro, 6.2.2018, abrufbar unter: http://www.matica-sindikata.hr/treba-li-kada-i-pod-kojim-uvjetima-uvesti-euro/ (letzter Zugriff: 2.5.2018).

Lettland

Karlis Bukovskis*

Lettland führt seine politische Ausrichtung an Multilateralismus und Westbindung fort. Trotz außenpolitischer Stabilität hatte das Land eine Reihe sicherheitspolitischer Herausforderungen zu bewältigen. Angefangen mit der Politik Russlands gegenüber der EU im Allgemeinen und den baltischen Staaten im Speziellen, über die von der neuen US-Regierung ausgelösten Unsicherheiten, bis zu den politischen Volatilitäten innerhalb der EU. Insgesamt ist das Land inzwischen ein integraler Bestandteil der EU sowie der NATO.

Innenpolitik

Die bevorstehende Parlamentswahl im Oktober 2018 prägte die Innenpolitik. Gelegentliche Sympathiebekundungen von Parteien wie der Nationalen Vereinigung und dem Bündnis der Grünen und Bauern für die EU-Positionen der Visegrád-Staaten wird von der geopolitischen Realität, der proeuropäischen Gesellschaft und der Regierungsbeteiligung von Parteien, die den europäischen Föderalismus anstreben, etwa der liberal-konvervativen Partei Einigkeit, kompensiert. Die Rhetorik gegen die Europäische Kommission beschränkt sich auf gelegentliche Spitzen für die heimische Bevölkerung. Die offizielle Einstellung zur EU-Politik und der Zusammenarbeit auf EU-Ebene bleibt positiv und engagiert. Der Euroskeptizismus ist in der lettischen Gesellschaft nur gering ausgeprägt.

Innenpolitisch von Bedeutung war die im Februar 2018 eingeleitete Ermittlung wegen vermuteter Bestechlichkeit gegen den langjährigen Präsidenten der lettischen Zentralbank, Ilmārs Rimšēvičs, der seit Ermittlungsbeginn aufgrund nationaler Bestimmungen von der Ausübung seiner Pflichten als Mitglied des Rats der Europäischen Zentralbank (EZB) ausgeschlossen war. Dies führte dazu, dass die EZB beim Europäischen Gerichtshof ein Gutachten über die Vereinbarkeit mit EU-Recht anforderte. Als weiteres gesetzliches Schlupfloch kam zutage, dass der einheitliche Bankenaufsichtsmechanismus lediglich die Liquidität der drittgrößten Bank Lettlands überwachte, wohingegen die Geldwäschebekämpfung nationale Angelegenheit blieb. Dadurch blieben Geldwäschegeschäfte über Jahre hinweg unbehelligt, bis das Financial Crimes Enforcement Network des US-Finanzministeriums im Februar 2018 in einem kritischen Bericht sofortiges Handeln anmahnte.

Außen-, Europa- und Sicherheitspolitik

Außenpolitische Priorität war die Sicherung und Stärkung der bestehenden Beziehungen in der EU und der NATO. Dabei wurde der Partnerschaft mit Deutschland und den nordeuropäischen Staaten höchste Priorität eingeräumt. Lettische Politiker unterstützen eine Erhöhung der deutschen Verteidigungsausgaben und die deutsche Präsenz in der Region, da Bundeskanzlerin Merkel als Garantin der Stabilität in der westlichen Welt angesehen wird.

Mit der Brexit-Entscheidung sind die Beziehungen zu Großbritannien, einem sicherheitspolitisch traditionell bedeutsamen Partner mit ähnlichen Positionen bezüglich der

---

* Übersetzt aus dem Englischen von Jana Schubert und Jakob Speier.

Sozial- und Beschäftigungspolitik der EU, ins Straucheln geraten. Die Hauptpriorität Lettlands in den Austrittsverhandlungen, in denen Riga eine gemeinsame Position mit den restlichen 26 Mitgliedstaaten bezieht, stellt für Lettland das Schicksal der etwa 72.000 im Vereinigten Königreich lebenden und arbeitenden Letten dar.

Lettland befürwortet die Vertiefung der europäischen Integration und nötige Verbesserungen der europäischen Wirtschaftsregierung. Zugleich steht es Vorschlägen zur Vollendung der Wirtschafts- und Währungsunion (WWU) verhalten gegenüber und lehnt Steuerharmonisierung und die EU-weite Angleichung der Sozialpolitik ab. Da Produktivität und Einkommensniveau des Landes deutlich unter dem EU-Durchschnitt liegen, wird die Lohnflexibilität als einer der wichtigsten Mechanismen zur Gewährleistung der Wettbewerbsfähigkeit lettischer Güter und Dienstleistungen verstanden. Konsequenterweise stößt die Reform der EU-Entsenderichtlinie, welche als Wettbewerbsverzerrung durch die wohlhabenderen Mitgliedstaaten verstanden wird, auf wenig Unterstützung. Jegliche Vereinheitlichung der sozialen Standards und Sozialleistungssysteme würde eine finanzielle Mehrbelastung und Verschärfung struktureller Probleme, beispielsweise der Arbeitslosigkeit im Osten des Landes, bedeuten. Gleichzeitig führte Lettland im Januar 2018 erstmals die Steuerprogression ein, um die wachsende Ungleichheit zu bekämpfen. Aus den genannten Gründen unterstützt Lettland zwar die Pläne Macrons und Junckers zur Vertiefung der WWU, beobachtet die europäische Säule sozialer Rechte allerdings skeptisch.

Das nationale Bruttoinlandsprodukt (BIP) pro Kopf liegt bei 65 Prozent des EU-Durchschnitts, wodurch Wettbewerbsvorteile und jede Einkommensquelle als essentiell betrachtet werden. Dies gilt auch für den mehrjährigen Finanzrahmen der EU (MFR), der 1,5 bis 2 Prozent zusätzliches jährliches Wachstum des BIP ausmacht. In den MFR-Verhandlungen strebt Lettland vor allem eine gleichberechtigte Auszahlung aus der Gemeinsamen Agrarpolitik an, von denen Lettland bislang weniger als 75 Prozent des EU-Durchschnitts erhält. Zudem setzt es sich für den Erhalt der Kohäsionspolitik, länderspezifische Zuweisungen für unvorhergesehenen Bedarf sowie andere Kofinanzierungsmöglichkeiten ein. Lettland unterstützt die Einführung eines europäischen Verteidigungsfonds und eines Eurozonenhaushalts und ist bereit, seine Beiträge zum Gemeinschaftshaushalt zu erhöhen.

Bezüglich der Rechtsstaatlichkeitsproblematik in Polen und Ungarn hat sich Lettland sehr zurückhaltend geäußert. Zum einen, da es nicht fälschlicherweise mit der Problematik in Verbindung gebracht werden möchte. Zum anderen ist Polen aufgrund der geteilten wahrgenommenen Bedrohung durch Russland ein wichtiger sicherheitspolitischer Verbündeter. Deshalb unterstützt Lettland eine gemeinsame Sicherheitspolitik mit Polen, gute Beziehungen zur aktuellen US-Regierung und den polnischen Vorschlag, die US-Militärpräsenz in Polen finanziell zu vergüten. Das von Russland und Belarus im September 2017 durchgeführte Militärmanöver „Sapad 2017" verdeutlichte die Wichtigkeit einer anhaltenden NATO-Präsenz. Nach anfänglicher Bedenken, dass die Ständige Strukturierte Zusammenarbeit die Rolle der NATO untergraben könnte, unterstützt Lettland diese nun zunehmend, insbesondere hinsichtlich der Interoperabilität von EU und NATO. Anlässlich eines gemeinsamen Staatsbesuchs mit den Präsidenten Estlands und Litauens in den USA bekräftigte US-Präsident Trump die Sicherheitsgarantien für die baltischen Staaten.

Weiterführende Literatur

Andris Spruds/Ilvija Bruge (Hrsg.): Latvian Foreign and Security Policy Yearbook 2018, Riga 2018.
Aldis Austers/Karlis Bukovskis (Hrsg.): Euroscepticism in the Baltic States: Uncovering Issues, People and Stereotypes, Riga 2017.

Litauen

Tobias Etzold

Die dominanten Themen in der litauischen Politik waren eine Regierungskrise im Herbst 2017 und die nationale Sicherheit. 2018 wurde zudem geprägt von den Feierlichkeiten zum hundertsten Jahrestag der Gründung Litauens als unabhängige Republik 1918.

Europapolitik

In Litauen ist wie in den anderen baltischen Staaten Lettland und Estland die Zustimmung zur Europäischen Union aktuell eher gedämpft. Doch hält sich auch die EU-Skepsis in Grenzen. Während die Esten die proeuropäischste Haltung zeigen und Lettland unter den baltischen Ländern die höchste Zahl an EU-Gegnern aufweist, pflegt Litauen ein weitgehend pragmatisches Verhältnis zur Europäischen Union.[1] Signifikante populistische Anti-EU-Bewegungen gibt es momentan noch nicht.

Im Hinblick auf den Austritt des Vereinigten Königreichs aus der Europäischen Union forderte die litauische Präsidentin Daria Grybauskaite schnelle Fortschritte bei der Behandlung der noch ausstehenden Themen. Wichtig sei insbesondere ein baldiges Festlegen eines Modells zukünftiger Beziehungen, von dem beide Seiten gleichermaßen profitieren können. Litauen legt insbesondere großen Wert auf das Beibehalten enger Handelsbeziehungen mit Großbritannien. Da das Land der siebtgrößte Exportmarkt Litauens ist, hat Litauen ein starkes wirtschaftliches Interesse, zukünftige Handelsschranken zu vermeiden. Großbritannien soll zudem ein wichtiger Partner Litauens und der gesamten Europäischen Union in der Sicherheits- und Verteidigungspolitik bleiben.[2]

Litauen lehnt wie Estland und Lettland Sanktionen der Europäischen Union gegen Polen aufgrund möglicher Verstöße gegen die Rechtsstaatlichkeit ab. Ministerpräsident Saulius Skvernelis äußerte Verständnis für Polen und seine Motive und Ziele für die Justizreform. Man müsse den Dialog fördern und nach einer Kompromisslösung suchen. Im Falle von restriktiven Maßnahmen der EU würde Litauen Polen unterstützen.[3]

Hinsichtlich der Vorschläge des französischen Präsidenten Emmanuel Macron zur Vertiefung der Eurozone ist Litauen wie die anderen beiden baltischen Staaten zurückhaltend. Litauen unterstützt die Annahme, dass alle Entscheidungen über die Weiterentwicklung und Vertiefung der Eurozone nur unter Einbezug der Nicht-Euroländer getroffen werden sollten. Der Zusammenhalt der EU-27 müsse im Vordergrund stehen.[4]

Innenpolitik

Die erst im Herbst 2016 angetretene Regierung bestehend aus der ländlich-konservativen Partei Bauern und Grüne sowie den Sozialdemokraten als Juniorpartner unter Ministerprä-

---

1   Lilian Weiche: EU-Misstrauen im Baltikum: Mehr Schall als Rauch, Friedrich-Ebert-Stiftung, 22.1.2018.
2   BBC Monitoring European: Lithuanian president urges faster progress on Brexit, 5.7.2018.
3   Euractiv: Baltische Staaten sprechen sich gegen EU-Sanktionen gegen Polen aus, 13.3.2018.
4   Euractiv: Nördliche EU-Staaten gegen Eurozonen-Alleingänge, 7.3.2018.

sident Skvernelis schlitterte nur ein Jahr später in eine Krise. Die Sozialdemokratische Partei verließ die Regierung aufgrund von Unstimmigkeiten und fehlender Absprache mit dem Koalitionspartner. Sie fühlte sich bei Regierungsentscheidungen oftmals übergangen. Daraufhin verließen jedoch zwei der drei sozialdemokratischen Minister, unter ihnen Außenminister Linas Linkevicius, wiederum ihre Partei und blieben als Parteilose in der Regierung. Diese agiert seitdem ohne eigene Mehrheit im Parlament.

Außen- und Sicherheitspolitik

Angesichts der zunehmenden Meinungsverschiedenheiten und Konflikten zwischen der Europäischen Union und den USA warnt Litauen vor einer Spaltung. Außenminister Linas Linkevicius sagte, dass Litauen nicht in eine Situation kommen dürfe, in der es sich zwischen den USA und der Europäischen Union entscheiden müsse. Beide sind aber gleichermaßen wichtig für das Land. Litauen setzt sich daher sowohl für enge transatlantische Beziehungen als auch für ein starkes Europa ein, das mit den USA kooperiert.[5] Innerhalb der Europäischen Union und NATO ist Deutschland ein wichtiger Partner für Litauen. Die Litauer sind mehrheitlich (81 Prozent) zufrieden mit der Rolle Deutschlands im Land, insbesondere mit dem Einsatz der Bundeswehr, die ihren Beitrag zur Sicherheit in der Region leiste.[6] In litauischer Sicht stand Deutschland lange etwas abseits in der NATO, spielt aber jetzt eine wichtige Rolle. Litauen erhöhte 2017 seine Verteidigungsausgaben um 21 Prozent. Für 2018 waren 870 Mio. Euro für Verteidigung vorgesehen. Am Ende des Jahres wird Litauen damit voraussichtlich das NATO-Ziel, 2 Prozent des Bruttoinlandsprodukts für Verteidigung auszugeben, erreicht haben.[7]

Die Beziehungen Litauens zu Russland bleiben angespannt, innerhalb der Europäischen Union gehört Litauen weiterhin zu den schärfsten Kritikern Moskaus. Allerdings entwickelte sich seit Anfang 2018 eine kontroverse innenpolitische Debatte über den Umgang mit Russland. Ministerpräsident Skvernelis bezeichnete Russland zwar als schwierigen Partner, betonte aber die Notwendigkeit eines Dialogs, der derzeit praktisch nicht existiere. Beide Länder müssten in Bereichen wie Energie, Landwirtschaft und Infrastruktur zusammenarbeiten. Die Repliken auf diese Äußerungen waren scharf. Staatspräsidentin Dalia Grybauskaite bezeichnete Skvernelis Aussagen als unverantwortlich und naiv. Der ehemalige Außenminister Vygaudas Ušackas sagte gar, sie seien frivol und stünden im Widerspruch zur tatsächlichen Außenpolitik, ergänzte aber später, dass die litauische Außenpolitik pragmatischer und diplomatischer sein müsse und den Kreml nicht mit dem russischen Volk gleichsetzen dürfe.[8] Die Debatte zeigt, dass die Frage wie mit Russland umzugehen ist, das Land spaltet und noch lange beschäftigen wird.

Weiterführende Literatur

Adela Kleckova: Sozialdemokratischer Zickzackkurs. Minderheitsregierung in Litauen gebildet, in: Freiheit.org, 11.10.2017.

---

5 BBC Monitoring European: Lithuania should not be choosing between USA, EU, 14.6.2018.
6 Carsten Schmiester: Angst der Balten vor Russland: Schwieriger Nachbar im Osten, in: Deutschlandradio, 9.7.2017; My Government: Prime Minister: We are grateful to Germany for its contribution to our increased security, 25.8.2017.
7 BBC Monitoring Europe: Security, defence spending, Russia remarks, 1.6.2018.
8 BBC Monitoring Europe: Lithuanian Media: Debate over premier's Russia remarks, 30.1.2018; und Former Lithuanian diplomats disagree over stance on Russia, 27.2.2018.

Luxemburg

Jean-Marie Majerus/Guido Lessing

Das außenpolitische Selbstverständnis des Kleinstaats, einem Gründungsmitglied der Vereinten Nationen und der Europäischen Gemeinschaft, ist seit jeher geprägt vom Wunsch nach einem Interessensausgleich zwischen großen und kleinen Nationen im Interesse des Weltfriedens. Die Verteidigung der Grundrechte und der europäischen Werte ist ein vorrangiges Ziel der luxemburgischen Außenpolitik. Konsequenterweise kritisierte der luxemburgische Außenminister Jean Asselborn öffentlich die Gefährdung europäischer Werte und Grundrechte, beispielsweise durch die jüngsten Justizreformen der polnischen Regierung oder die Asyl- und Menschenrechtspolitik des ungarischen Ministerpräsidenten Victor Orbán. Sehr deutlich war er dabei in seiner Forderung, den „Wertetumor [Orbán] zu neutralisieren."[1] Dessen Wahlsieg beruhe auf seiner „Hetze gegen Flüchtlinge".[2] Angesichts dieser harschen Worte musste Luxemburgs liberaler Premierminister Xavier Bettel seinen Außenminister gegen Kritik aus dem Ausland sowie seitens der rechten Opposition im luxemburgischen Parlament in Schutz nehmen.[3]

Jean Asselborn warnte außerdem Österreich davor, durch die Umsetzung politischer Ideen der rechtspopulistischen Freiheitlichen Partei Österreichs (FPÖ) den EU-Binnenmarkt zu gefährden: Die Pläne der FPÖ-Minister hinsichtlich der Einschränkung der Personenfreizügigkeit, einer der elementarsten Grundfreiheiten, bezeichnete er als „kurios".[4] Die derart gescholtenen Österreicher verbaten sich die Einmischung Luxemburgs und verwiesen auf die breite Zustimmung ihrer Wähler für die von Asselborn verurteilte Politik.

Luxemburg bedauert den Ausgang des britischen Referendums von 2016 und die darauffolgende Entscheidung des Vereinigten Königreiches, die Europäische Union zu verlassen. Obgleich Luxemburg die Entscheidung respektiert, bewertet es deren Umsetzung als schwierig. Wie seine Amtskollegen erwartet Asselborn konkrete und realistische Vorschläge der britischen Regierung zur Ausgestaltung der künftigen Beziehungen zwischen Großbritannien und der EU. Zudem unterstützt Luxemburg Irland in der Forderung nach einer offenen Grenze zu Nordirland:

> „Dies ist nicht bloß eine wirtschaftliche Angelegenheit, sondern eine Frage von hohem symbolischem und politischem Wert. Nach einem Austritt Großbritanniens aus der EU muss die Sicherheit der Bürger ganz Irlands gewährleistet bleiben. Falls die britische Regierung keine konkreten Vorschläge unterbreiten kann, ist Asselborn bereit, im Einklang mit den verbleibenden Mitgliedsstaaten eine Sonderlösung für Nordirland zu finden, um die ganze Insel im Regelwerk der EU27 zu belassen."[5]

---

1   Luxembourg Times: Asselborn: EU must act on 'tumour of values' that is Orban's Hungary, 09.04.2018.
2   Helmut Markwort: In seiner Abneigung gegen Orbán hat sich Luxemburgs Außenminister disqualifiziert, in: Focus, 14.4.2018.
3   Luxembourg Times: Luxembourg prime minister says common European values must be 'defended with clear words', 2.5.2018.
4   Wiener Zeitung: „Wir sind ja hier in Österreich und nicht in Nordkorea", 4.6.2018.
5   Audrey Somnard/Duncan Roberts: Jean Asselborn se prépare à toutes les éventualités, 8.6.2018.

Der luxemburgische Außenminister äußerte sich nicht zu Vorschlägen, Großbritannien in den Europäischen Wirtschaftsraum (EWR) aufzunehmen, wodurch das Land in der Zollunion bleiben könnte. Generell mahnt er eine schnelle Lösung der mit dem Austritt verbundenen Verhandlungsfragen an und verwies dabei auch auf das Schicksal der in den EU-Mitgliedstaaten lebenden britischen Staatsangehörigen. Ebenso wie für EU-Chefunterhändler Michel Barnier sind die Integrität des Gemeinsamen Marktes und der vier Grundfreiheiten nicht verhandelbar. Allerdings könnte der Finanzplatz Luxemburg, besonders die Versicherungsbranche, vom Ausscheiden Großbritanniens und einer hieraus resultierenden Abwanderung des Dienstleitungssektors von London nach Luxemburg profitieren.

Die verhärteten Fronten innerhalb der EU in Fragen der Migrations- und Asylpolitik, insbesondere den Widerstand einiger EU-Mitgliedstaaten hinsichtlich der Reform des Dublin-Systems, kommentierte der auch für Migrationsfragen zuständige Außenminister lapidar mit den Worten: „Ostern haben wir eine Lösung, aber ich weiß noch nicht in welchem Jahr."[6] Angesichts des aufkeimenden Populismus in einigen Mitgliedstaaten bedauert er insbesondere den Mangel an Solidarität unter den europäischen Partnern.[7]

Der EU-Beitrittsperspektive der Staaten des Westbalkans, die noch einmal am 17. Mai 2018 auf dem Gipfel in Sofia bestätigt wurde, steht Luxemburg nicht ablehnend gegenüber, besteht jedoch auf einen tatsächlich messbaren Fortschritt unter Einhaltung der Kopenhagener Kriterien. Nur eine wesentliche Verbesserung in den Bereichen Rechtssicherheit, Unabhängigkeit der Justiz und Menschenrechte könne, nach Meinung Jean Asselborns, den Beitrittsprozess beschleunigen. Um Demokratie und Stabilität in den Staaten des Westbalkans zu stärken, ist Luxemburg zur Erhöhung der finanziellen Zuwendungen an diese Staaten bereit.[8] Hier gilt jedoch Effizienz vor Eile. Außerdem unterstützt Luxemburg den Kommissionsvorschlag hinsichtlich der Beitrittsverhandlungen mit Mazedonien und Albanien und würdigt die Anstrengungen der jeweiligen Regierungen. Ferner begrüßt Außenminister Asselborn ausdrücklich die jüngste Einigung im Namensstreit zwischen der ehemaligen jugoslawischen Republik Mazedonien und Griechenland.

Laut Finanzminister Pierre Gramegna geht mit dem Brexit eine substanzielle Erhöhung des luxemburgischen Beitrags zum EU-Haushalt einher.[9] Die von der Europäischen Kommission im mehrjährigen Finanzrahmen vorgeschlagenen Einsparungen implizieren zudem eine Reduzierung der Beihilfen für luxemburgische Landwirte, sodass Gramegna nationale Ausgleichsmaßnahmen fordert. Luxemburg lehnt ferner den Komissionsvorschlag einer gemeinsamen Körperschaftssteuerbemessungsgrundlage, die als neue Einnahmequelle für den EU-Haushalt dienen soll, ab. Auch der Vorschlag, dass die EU-Kommission künftig den Fonds für stragische Investitionen eigenständig verwalten soll, wurde von dem Finanzminister und Mitgliedern des Finanzausschusses des Parlaments abgelehnt.

Weiterführende Literatur

David Howarth/Lucia Quaglia: Brexit and the battle for financial services, in: Journal of Public Policy 8/2018.
Jean-Marie Majerus et al.: The Relaunch of Europe. Mapping Member States' Reform Interests. Country Issue: Luxembourg, Friedrich-Ebert-Stiftung, Berlin 2018.
Luxemburg for Finance: LUXFIN 2020. A vision for the development of the Luxembourg financial centre. Luxemburg, November 2015, abrufbar unter: https://www.luxembourgforfinance.com/sites/luxembourgforfinance/files/luxfin2020_0.pdf (letzter Zugriff: 27.8.2018).

---

6   Neue Zürcher Zeitung: Große Blockade in der Asylreform, 7.6.2018.
7   Le Jeudi: L'UE joue gros, 7.6.2018.
8   DELANO: Fostering stabilisation, 9.6.2018.
9   Le quotidien: Facture salée pour le Grand-Duché, 10.7.2018.

Malta

Heinz-Jürgen Axt

Folgt man dem Urteil des luxemburgischen Europaabgeordneten Frank Engel von den Christdemokraten, dann erleiden die rechtsstaatlichen Verhältnisse auf Malta einen „völligen Zusammenbruch."[1] Aus der sozialdemokratischen Fraktion des Europaparlaments ergeht dagegen die Warnung, eine pauschale Verurteilung Maltas zu vermeiden.[2] Um was geht es? Am 16. Oktober 2017 war die regierungskritische Journalistin und Bloggerin Daphne Caruana Galizia in ihrem Auto von einer ferngezündeten Bombe getötet worden. Daraufhin wurden im Dezember 2017 zwar zehn Personen auf der Insel festgenommen, doch bis heute sind die Hintermänner des Anschlags nicht bekannt. Galizias Sohn hat der Regierung unter Ministerpräsident Joseph Muscat zumindest eine Mitschuld an dem Anschlag gegeben. Die Journalistin hatte über Jahre die politische Führung Maltas kritisiert, ohne dabei einen Unterschied zwischen der regierenden Arbeiterpartei (Partit Laburista, PL) und der rechten Nationalistischen Partei (Partit Nazzjonalista, PN) zu machen. Auf der Grundlage der ‚Panama Papers' hatte Galizia, Mitglied in einem internationalen Recherchenetzwerk, zwei ehemaligen Politikern der PL sowie der Ehefrau von Ministerpräsident Muscat vorgeworfen, Teilhaber einer Offshore-Firma im Steuerparadies Panama zu sein. An diese Firma sollen von einem Bankkonto in Aserbaidschan Bestechungsgelder von rund einer Million Dollar geflossen sein.[3] Von Aserbaidschan bezieht Malta Erdgas.

Muscat bestritt die Vorwürfe, sah sich aber dennoch genötigt, vorzeitig Neuwahlen auszurufen. Einige Europaabgeordnete wie der Deutsche Sven Giegold von den Grünen misstrauten den zuständigen Institutionen in Malta und forderten Maßnahmen der EU. „Das Geschäftsmodell Maltas", so der Abgeordnete, „beruht weiterhin auf Steuervermeidung, Geldwäsche und teilweise illegalem Glücksspiel."[4] Der Vorsitzende des Untersuchungsausschusses im Europäischen Parlament zu den Panama-Papers Werner Langen von den Christdemokraten verlangte von der Kommission einen Bericht zu den Themen Korruption, Einhaltung des EU-Rechts und Vergabe sogenannter ‚Goldener Visa' auf Malta.[5] Wie einige andere EU-Mitgliedstaaten bietet Malta arabischen und russischen Oligarchen die Möglichkeit zum Erwerb der Staatsbürgerschaft an, womit sich diese ungehindert im gesamten Schengenraum bewegen können.[6] Als nach dem Giftgasanschlag auf den ehemaligen russischen Agenten Sergej Skripal mehrere EU-Staaten und die NATO

---

1 Vgl. Frankfurter Allgemeine Zeitung: EU-Parlament kritisiert Malta, 15.11.2017, S. 4.
2 Vgl. Frankfurter Allgemeine Zeitung: EU-Parlament kritisiert Malta, 2017.
3 Vgl. Matthias Rüb: Ihre Botschaft könnt Ihr nicht töten, in: Frankfurter Allgemeine Zeitung, 18.4.2018, S. 13.
4 Sven Giegold: 6 Monate nach dem Mord an Daphne Galizia: Maltas Regierung geht nicht ernsthaft gegen Mängel an der Rechtsstaatlichkeit vor, 16.4.2018, abrufbar unter: https://sven-giegold.de/6-monate-nach-mord-an-daphne-galizia/ (letzter Zugriff: 11.6.2018).
5 Werner Langen: Rechtsstaatlichkeit in Malta und Debatte mit maltesischem Justizminister, 26.1.2018, abrufbar unter: http://www.werner-langen.de/artikel/rechtsstaatlichkeit-malta-und-debatte-mit-maltesischem-justizminister (letzter Zugriff: 11.6.2018).
6 Vgl. Beitrag des Verfassers zu Malta im Jahrbuch der Europäischen Integration 2014.

rund 150 russische Diplomaten auswiesen, beteiligten sich Malta, aber auch Zypern und Griechenland nicht. Es deutet viel darauf hin, dass Malta wegen des florierenden Handels mit der Vergabe der maltesischen Staatsbürgerschaft an reiche Russen die Beziehungen zu Moskau nicht belasten sehen wollte. Von den gut 2000 neuen Bürgern, die Malta allein 2017 willkommen geheißen hatte, war knapp die Hälfte Russen.[7]

Bei den maltesischen Parlamentswahlen am 3. Juni 2017 konnte sich die regierende Arbeiterpartei trotz der massiven Korruptionsvorwürfe behaupten. Sie konnte ihr Wahlergebnis mit 55,04 Prozent sogar noch um 0,21 Prozent gegenüber 2013 leicht steigern. Die Nationalistische Partei kam auf 43,68 Prozent, was einer Verbesserung von 0,38 Prozent gleichkam. Es war vor allem die erst 1989 gegründete Partei Alternattiva Demokratika (Alternative Demokraten), die Stimmen an die beiden großen Parteien abgeben musste.

Dass die Arbeiterpartei angesichts der komplizierten innenpolitischen Lage und des verbreiteten Misstrauens keine Verluste erleiden musste, wird allgemein auf die positive wirtschaftliche Entwicklung der Insel zurückgeführt. Einer Umfrage der ‚Sunday Times of Malta' zufolge hat mehr als die Hälfte der Malteser kein oder wenig Vertrauen, dass die nötigen Schritte gegen die Korruption eingeleitet werden. Aber die Befragten äußern sich sehr positiv, wenn es um die wirtschaftliche Situation geht.[8]

Auch die Europäische Kommission urteilt in ihrer Prognose vom Frühjahr 2018: „Malta's economy is among the fastest growing economies in the EU, with record-low unemployment and moderate wage growth. The current account and the budget balances are set to remain in surplus."[9] Das Wirtschaftswachstum belief sich danach 2017 auf 6,6 Prozent, die Inflation auf 1,3 Prozent, die Arbeitslosigkeit auf 4 Prozent, das Haushaltsdefizit auf 3,9 Prozent des Bruttoinlandsprodukts (BIP) und der öffentliche Schuldenstand auf 50,8 Prozent des BIP. Für das Jahr 2018 rechnet die Kommission mit einem Wachstum von 5,8 Prozent. Beobachter merken freilich an, dass die wirtschaftliche Entwicklung nicht zuletzt den ausländischen Unternehmen gewährten hohen Steuervergünstigungen geschuldet ist.[10] Als Malta im ersten Halbjahr 2017 die EU-Ratspräsidentschaft innehatte, warnte es vor dem energischen Kampf gegen Steueroasen.[11]

In der Migrationspolitik verfolgt die Regierung einen zunehmend restriktiveren Kurs. Dies zeigte sich auch daran, dass im Juni 2018 dem deutschen Rettungsschiff „Lifeline" mit 230 Flüchtlingen längere Zeit die Einfahrt in den Hafen Valetta verweigert wurde. Dem Kapitän wurde vorgeworfen, sein Schiff nicht ordnungsgemäß registriert zu haben.

Weiterführende Literatur
International Organization for Migration (IOM): Migration in Malta. Country Profile 2015, Geneva 2016.

---

7   Vgl. Michael Stabenow et al.: Die mit dem guten Draht nach Moskau, 27.3.2018, abrufbar unter: http://www.faz.net/aktuell/politik/ausland/welche-eu-staaten-keine-russischen-diplomaten-ausweisen-15515496.html (letzter Zugriff 11.6.2018).
8   Vgl. Tassilo Forchheimer: Malta als das „Panama Europas"?, 31.5.2017, abrufbar unter: https://www.-deutschlandfunk.de/neuwahlen-statt-aufklaerung-malta-als-das-panama-europas.795.de.html?dram:article_id=387492 (letzter Zugriff: 11.6.2018).
9   Das gegenüber den Vorjahren erhöhte Haushaltsdefizit – 2016 kam es lediglich auf 1 Prozent des BIP - wird auf den Anstieg von Konsum, Gehältern im öffentlichen Dienst und Sozialausgaben zurückgeführt. Vgl. European Commission: Spring 2018 Economic Forecast: Expansion to continue,amid new risks, abrufbar unter: https://ec.europa.eu/info/sites/info/files/economy-finance/ecfin_forecast_spring_030518_mt_en.pdf (letzter Zugriff 11.6.2018).
10 Vgl. Felix Rohrbeck: Ein Zwerg führt die EU an der Nase herum, in: Die Zeit 12.4.2017.
11 Vgl. Zur Ratspräsidentschaft ausführlich den Beitrag des Verfassers im Jahrbuch der Europäischen Integration 2017.

Die Niederlande

Monika Sie Dhian Ho*

Im Jahr 2017 sorgten die niederländischen Parlamentswahlen weltweit für Schlagzeilen. Die internationale Presse sah die Niederlande „in der Frontlinie der populistischen Rebellion."[1] Zur Frage stand, ob die Niederlande dem „Brexit" mit einem „Nexit" folgen würden.[2] Nach der Wahl Donald Trumps zum US-Präsidenten und dem knappen Sieg der „Leave"-Wähler im britischen Referendum richteten sich – nicht zuletzt in Anbetracht der bevorstehenden Wahlen in Frankreich und Deutschland – kurze Zeit alle Blicke auf Geert Wilders. Seine Partei für die Freiheit (Partij voor de Vrijheid, PVV), die in ihrem Wahlprogramm als wichtigste Punkte den Austritt der Niederlande aus der EU sowie die Schließung aller Moscheen und Auffangzentren für Menschen, die Asyl beantragt haben, befürwortete, konnte jedoch mit 20 von 150 Sitzen keinen Durchbruch erzielen. Die Volkspartei für Freiheit und Demokratie (Volkspartij voor Vrijheid en Democratie, VVD) des amtierenden Ministerpräsidenten Mark Rutte blieb mit 33 Sitzen die größte Fraktion im niederländischen Parlament. Schon vor den Wahlen hatten viele Parteien eine Koalition mit Wilders ausgeschlossen. Es folgten die längsten Koalitionsverhandlungen aller Zeiten für die Niederlande. Daraus ging eine proeuropäische Vier-Parteien-Regierung hervor, mit der liberalen VVD, den Christdemokraten (CDA), der sozialliberalen D'66 und der konservativen „Christen Unie".

Der Koalitionsvertrag des dritten Rutte-Kabinetts nimmt klar zur europäischen Zukunft der Niederlande Stellung: „Während in Europa die Rolle der Union überdacht wird, steht bei uns im Vordergrund, dass die Niederlande untrennbar mit der EU verbunden sind."[3] Das stimmt auch mit den Auffassungen der niederländischen Bürger überein: Nur zwanzig Prozent der Bevölkerung befürwortet den Austritt der Niederlande aus der EU. Überdies ging aus den regelmäßigen Meinungsumfragen des niederländischen sozialen und kulturellen Planungsdiensts (Sociaal Cultureel Planbureau, SCP) hervor, dass seit dem Brexit-Referendum die Resonanz der Gegner eines EU-Austritts erheblich gestiegen war.[4] Die SCP-Meinungsforscher brachten dieses Ergebnis mit den erwarteten negativen Folgen des Brexits für Großbritannien in Zusammenhang. Auch der nationale Bericht des Eurobarometers über die Niederlande zeigt relativ hohe Bewertungen für die allgemeine Unterstützung für die EU. So äußern sich über zwei Drittel (68 Prozent) der Niederländer positiv über die Zukunft der Europäischen Union.[5]

---

* Aus dem Niederländischen übersetzt von VVH Business Translations.
1 Simon Nixon: Dutch Skepticism About the EU Remains a Force. Pro-European parties won in the Netherlands in 2017, but the Dutch worry about more than immigration, in: The Wall Street Journal, 28.1.2018.
2 Anna Holligan: Will Dutch follow Brexit with Nexit or stick to EU?, in: BBC News, 7.7.2016.
3 VVD, CDA, D66, ChristenUnie: Vertrouwen in de toekomst. Regeerakkoord 2017 – 2021, 10. Oktober 2017, S. 49.
4 Sociaal Cultureel Planbureau: Continu Onderzoek Burgerperspectieven, 2016/3, 29.9.2016.
5 Standard-Eurobarometer 88: Die öffentliche Meinung in der Europäischen Union. Nationalbericht Niederlande, Herbst 2017, S. 3.

Obwohl die Niederlande die EU-Mitgliedschaft unterstützen, sind sie in Brüssel als kritisch bekannt. Zu denken ist an das 2012 von Ministerpräsident Rutte abgegebene Wahlversprechen, es werde kein Cent mehr nach Griechenland gehen, an das im Referendum vom April 2016 ausgesprochene „Nein" zum Assoziierungsabkommen zwischen der EU und der Ukraine und an den Widerstand gegen französisch-deutsche Pläne zur Vertiefung der Eurozone. Durch die Erfahrungen mit der Finanzkrise und der Eurokrise ist das Vertrauen der Niederländer zu den EU-Institutionen und den anderen Mitgliedstaaten zurückgegangen. Besonders das Gefühl, die Niederlande hielten sich an die Regeln, die anderen Mitgliedstaaten aber nicht, lässt die Solidarität erodieren. Daher steht als erste europäische Priorität im Koalitionsvertrag, dass Regeln und gefasste Beschlüsse konsequent um- und durchgesetzt werden müssen. Vor diesem Hintergrund sind die Kernaussagen aus dem Regierungsabkommen des dritten Rutte-Kabinetts zu lesen:

> „Die EU darf keine Schuldengemeinschaft werden. Darum ist es für die Regierung maßgeblich, dass keine weiteren Schritte in die Richtung einer Transferunion unternommen werden, auch nicht durch die Einführung von Eurobonds oder bestimmter Formen davon."[6]

Weiterhin ist dem Koalitionsvertrag nicht viel über eine Zukunftsvision für die EU zu entnehmen. Als man Ministerpräsidenten Rutte darauf ansprach, verteidigte er seine pragmatische Europapolitik mit einem Zitat von Helmut Schmidt: „Wer eine Vision hat, der soll zum Arzt gehen". Auch in einer lang erwarteten Europa-Rede, die Rutte in Berlin gehalten hat, fehlte eine übergreifende Perspektive. Seine prägnanteste Aussprache bezog sich auf die Ablehnung des europäischen Mantras der „immer engeren Union" sowie der föderalen Lösung als schlussendliches Ziel der europäischen Integration.[7] Da seitens der Regierung keine neuen Horizonte abgesteckt wurden, entsprach die Perspektive einer Union, die für die Niederlande Ergebnisse erzielt und die nicht zu viel kostet.

Die Brexitentscheidung zwingt zur Neuausrichtung des geopolitischen Kompasses

Der angekündigte Austritt Großbritanniens wird die Niederlande wirtschaftlich relativ hart treffen. Vor allem wird er als Schock empfunden, weil die Niederlande sich seit jeher mit den Briten verwandt fühlen. Ausgehend von ihrer Position als kleines Land am Rande Europas, zwischen den Großmächten Deutschland und Frankreich, haben die Niederlande sich einerseits immer auf hegemoniale Nationen außerhalb des europäischen Kontinents konzentriert und andererseits eine Depolitisierung des wirtschaftlichen Austauschs zwischen den europäischen Nationen angestrebt. Mit diesen zwei Konstanten in der Außenpolitik – Anti-Kontinentalismus und wirtschaftlicher Pazifismus – wollten die Niederlande die Folgen der ungleichen Machtverhältnisse innerhalb des europäischen Kontinents neutralisieren.[8] Seitdem Großbritannien der EU beigetreten war, konnten die Niederlande sich auf London verlassen, wenn es um den Vorrang der transatlantischen Sicherheitsbeziehungen und um Impulse für den Binnenmarkt ging. Zwar erwiesen sich die ambivalenten Briten in der Praxis nicht als die Verbündeten und Geistesverwandten, die man sich in den Niederlanden bei ihrem EWG-Beitritt 1973 erhofft hatte. Aber mit der Brexitentscheidung ist einer der Grundpfeiler der niederländischen Außenpolitik ins Wanken geraten. Ist eine französisch-deutsche Dominanz innerhalb der EU zu

---

6   VVD, CDA, D66, ChristenUnie: Vertrouwen in de toekomst. 2017, S. 50.
7   Ansprache des niederländischen Ministerpräsidenten Mark Rutte bei der Bertelsmann-Stiftung in Berlin: „Weniger versprechen, mehr halten - Das Versprechen Europas erfüllen", 2.3.2018.
8   Paul Scheffer: Een tevreden natie: Nederland en het wederkerend geloof in de Europese status quo, Amsterdam: Bert Bakker 1988, S. 27.

befürchten? Gibt es noch ein Gegengewicht zu Protektionismus und Verschwendungssucht im Süden?

Die primäre Reaktion der Niederlande besteht darin, die Rolle Großbritanniens zu übernehmen.[9] So schmiedete Finanzminister Wopke Hoekstra Anfang 2018 eine Koalition mit anderen nordwesteuropäischen Ländern.[10] Beim Wegfall des Vereinigten Königreichs als treuem Verbündetem tritt die andere Kontinuität aus der Außenpolitik zutage: Das Vertrauen auf die relativ kleinen kontinentalen nordeuropäischen Länder wie Dänemark, Finnland, Schweden, die baltischen Länder und Irland (und manchmal auch Belgien und Luxemburg). So stellten sich die Niederländer an die Spitze der „Hanse-Koalition" als Gegengewicht zu den ambitionierten Reformplänen des französischen Präsidenten Emmanuel Macron für die Eurozone.[11]

Auch im Vorfeld der Verhandlungen über den mehrjährigen Finanzrahmen (MFR) treten die Niederlande in die britischen Fußstapfen, indem sie im Hinblick auf den Umfang des neuen MFR eine harte Linie fahren. In der Erklärung über den Zustand der EU 2018 äußert sich das niederländische Kabinett wie folgt: „Die Niederlande sind der Ansicht, dass eine kleinere EU auch einen kleineren EU-Haushalt bedeutet, und wollen darum vermeiden, für den britischen Austritt zu bezahlen."[12] Von 2000 bis 2015 waren die Niederlande – trotz spezifischer Nachlässe – hinsichtlich des Prozentsatzes am Nationaleinkommen größte Nettozahler.[13] In der niederländischen Presse wird vorwiegend die harte Haltung im Hinblick auf den MFR vertreten, wobei die Hanse-Koalition besonders im Blickpunkt steht.

Hinter den Kulissen befindet sich die niederländische Europapolitik jedoch in Bewegung, um der doppelten Fragestellung gerecht zu werden, wie es ohne die Briten, aber auch mit Europa weitergehen soll. Mit seiner auf Anfrage der zweiten Kammer des niederländischen Parlaments abgegebenen Empfehlung „Coalitievorming na de Brexit. Allianties voor een Europese Unie die moderniseert en beschermt" (Koalitionsbildung nach dem Austritt des Vereinigten Königreichs aus der EU. Allianzen für eine Europäische Union, die modernisiert und schützt), wollte der Beirat für internationale Fragen (Adviesraad Internationale Vraagstukken, AIV) die öffentliche Debatte über den niederländischen Europakurs und die Koalitionsbildung voranbringen. Nach Ansicht des AIV zwingen der britische EU-Austritt und die Präsidentschaft Donald Trumps zu einer „Neuausrichtung des geopolitischen Kompasses im Hinblick auf die Nachbar- und Partnerländer der Niederlande auf dem Kontinent."[14] Obwohl es sinnvoll erscheint, die Stimmen von Gleichgesinnten zu bündeln und so die Resonanz für die eigene Meinung zu verstärken, hält der AIV die Hanse-Koalition als diplomatische Antwort auf den

---

9   Die nächsten Absätze basieren größtenteils auf Untersuchungen, die im Kontext der Empfehlung des Beirats für internationale Fragen („Adviesraad Internationale Vraagstukken", AIV), „Coalitievorming na de Brexit. Allianties voor een Europese Unie die moderniseert en beschermt" (Koalitionsbildung nach dem Brexit. Allianzen für eine Europäische Union, die modernisiert und schützt), Den Haag: AIV, September 2018, ausgeführt wurden.
10 Position EWU Dänemark, Estland, Finnland, Irland, Lettland, Litauen, Niederlande und Schweden, 6.3.2018, abrufbar unter https://www.rijksoverheid.nl/documenten/publicaties/2018/03/06/position-emu-denmark-estonia-finland-ireland-latvia-lithuania-the-netherlands-and-sweden (letzter Zugriff: 17.10.2018).
11 Vgl. hierzu die Beiträge „Haushaltspolitik" und „Frankreich" in diesem Buch.
12 Rijksoverheid: De Staat van de Europese Unie 2018, Kamerstukken, 27.11.2017, S.5, abrufbar unter: https://www.rijksoverheid.nl/documenten/kamerstukken/2017/11/27/bijlage-kamerbrief-inzake-staat-van-de-unie-2018 (letzter Zugriff: 17.10.2018).
13 Centraal Bureau voor de Statistiek: Nederland deze eeuw grootste nettobetaler van de EU, CBS, 16.12.2016, abrufbar unter; https://www.cbs.nl/nl-nl/nieuws/2016/50/nederland-deze-eeuw-grootste-nettobetaler-van-de-eu (letzter Zugriff: 17.10.2018).
14 Van Middelaar/Sie Dhian Ho: Vaarwel Britten, het is tijd voor een nieuw Europa, 2018.

Austritt Großbritanniens für unglaubwürdig. Eine nur aus kleinen Ländern gebildete Koalition – in der internationalen Presse als „Mark Rutte und die sieben Zwerge" bezeichnet – ermöglicht in der EU nämlich weder Mehrheiten für Initiativen noch Blockademinderheiten, da in der Beschlussbildung die Bevölkerungszahl mitberücksichtigt wird und allein schon Italien mehr Einwohner hat als alle „Hanse"-Mitgliedstaaten zusammen. Deutschland und Frankreich hingegen bilden zusammen schon fast eine blockierende Minderheit.

Zudem reicht die von der Hanse-Koalition vertretene ‚britische' EU-Agenda nicht mehr aus. Das tiefgreifend veränderte internationale Umfeld der EU, aber auch die gesellschaftlichen Spannungen innerhalb der EU setzen ein neues europäisches Narrativ voraus. Bürgerinnen und Bürger in den Niederlanden und in Europa wollen heute nicht mehr nur die von der EU gebotenen Freiheiten, sondern auch Schutz und Unterstützung bei der Modernisierung. Vor diesem Hintergrund wird in verschiedenen Politikbereichen eine Anpassung des niederländischen Europakurses und der Koalitionen sichtbar.

Im wirtschaftlichen Bereich steht nicht mehr nur die Verstärkung der marktwirtschaftlichen Mechanismen im Vordergrund, sondern es geht auch um eine strategische Entscheidung für Investitionen in die Modernisierung der europäischen Wirtschaft: In die digitale Wirtschaft, in Forschung und in die Verbesserung der Nachhaltigkeit der Produktionsprozesse. Durch den Austritt Großbritanniens wird die klassische Marktliberalisierungskoalition geschwächt. Wenn die Niederlande aber eine Vision zur Modernisierung der Wirtschaft vorlegen können, lassen sich durchaus interessante neue Koalitionen mit Belgien, Luxemburg, Frankreich, Deutschland, Polen und Spanien bilden.

Auch für eine ‚schützende Europäische Union' lassen sich neue Koalitionspartner finden. Während die Niederlande sich in der Sozialpolitik doch noch hauptsächlich in einer Koalition von Ländern mit relativ stark ausgeprägten Wohlfahrtsstaaten bewegen und die französischen Vorschläge für einen europäischen Arbeitslosenfonds als zu weit gehend empfinden, sind in den Feldern Migration und Verteidigung aufgrund einschneidend geänderter internationaler Rahmenbedingungen neue Koalitionen erforderlich. Wenn es um diesen europäischen Schutzauftrag sowie um die Modernisierungsagenda geht, erweist Frankreich sich wiederum als wichtiger Verbündeter, genau wie andere große Mitgliedstaaten wie Spanien. Nach dem britischen Austritt wird sich die Koalitionsbildung für die Niederlande verstärkt zu einem offenen Feld entwickeln, auf dem es überholte Reflexe aus der niederländischen Außenpolitik zu überwinden gilt.

Auffällig ist, dass dieser neue europäische Kurs und die in den verschiedenen Politikbereichen entstehenden Koalitionen bisher nur geringfügig in die öffentliche Debatte in den Niederlanden und die Berichterstattung in den niederländischen Medien durchgedrungen sind, wo Europa noch hauptsächlich aus der Perspektive der niederländischen Steuerzahler betrachtet wird. Anscheinend wollte Ministerpräsident Rutte mit seiner Rede vor dem Europäischen Parlament versuchen, diesen Nachholbedarf in Angriff zu nehmen. Er beschrieb Europa als Schicksalsgemeinschaft, die in einer widerspenstigen Welt auf dem Spiel steht. Er nannte sogar ausdrücklich Frankreich als unverzichtbaren Verbündeten.[15]

Weiterführende Literatur

Luuk van Middelaar/Monika Sie Dhian Ho: Vaarwel Britten, het is tijd voor een nieuw Europa, in: NRC Handelsblad, 7.9.2018.

---

15 Rede von Mark Rutte am 13.6.2018 im Europäischen Parlament, abrufbar unter: https://www.rijksoverheid.nl/actueel/agenda/2018/06/13/toespraak-in-europees-parlement (letzter Zugriff: 17.10.2018).

Österreich

Katrin Auel/Johannes Pollak

Das vergangene Jahr war geprägt von Wahlen auf Bundesebene, wobei politische Standpunkte entweder vermieden wurden oder im Boulevardstil ganze Wahlkampagnen bestimmten. In der politischen Wahrnehmung war weiterhin die Asyl- und Migrationsfrage das bestimmende Thema. Mit dem Wahlsieg der von Sebastian Kurz angeführten, aus Marketinggründen zur türkisfarbenen Partei mutierten Österreichischen Volkspartei (ÖVP) im Oktober 2017 fand auch die rechtspopulistische und europaskeptische Freiheitliche Partei (FPÖ) Eingang in die Regierung.

Innen- und Wirtschaftspolitik

Die politische Diskussion wurde von der Auflösung der Regierungskoalition zwischen der Sozialdemokratischen Partei Österreichs (SPÖ) und der ÖVP sowie den Nationalratswahlen bestimmt. Außenminister Sebastian Kurz war im Juli 2017 zum neuen Parteichef der ÖVP gewählt und mit zahlreichen Vollmachten für den Wahlkampf, mögliche Koalitionsverhandlungen und Kabinettsbesetzungen ausgestattet worden. Entsprechend trat die ÖVP zu den Nationalratswahlen unter dem Namen „Liste Sebastian Kurz – die neue Volkspartei" mit mehreren von Kurz persönlich ausgewählten parteilosen Quereinsteigern an. Die strategische Fokussierung auf Kurz machte sich bezahlt: Am 15. Oktober 2017 ging die ÖVP bei einer Wahlbeteiligung von 80 Prozent mit 31,5 Prozent der Stimmen als Sieger aus den Wahlen hervor, die SPÖ unter Kanzler Kern fiel mit 26,9 Prozent auf den zweiten Platz zurück. Die FPÖ konnte rund 5,5 Prozentpunkte zulegen und erreichte mit 26 Prozent den dritten Platz, die liberale Partei „Das Neue Österreich und Liberales Forum" (NEOS) konnte mit 5,3 Prozent erneut in den Nationalrat einziehen. Größter Verlierer waren die Grünen, die mit lediglich 3,8 Prozent der Stimmen nicht mehr im Nationalrat vertreten sind. Die im Juli 2017 vom ehemaligen Grünen-Abgeordneten Peter Pilz gegründete „Liste Pilz" schaffte hingegen mit 4,4 Prozent den Parlamentseinzug.

Die neue Regierung von ÖVP und FPÖ wurde im Dezember von Bundespräsident Van der Bellen ernannt.[1] Die FPÖ übernahm sechs von 14 Ministerien, darunter das Amt des Vizekanzlers sowie die Ministerien für Inneres und Verteidigung. Die Außen-, Justiz- und Bildungsministerien wurden mit parteilosen MinisterInnen besetzt. Pressberichten zufolge hatte Präsident van der Bellen bei der Regierungsbildung auf eine Trennung der Bereiche Inneres und Justiz zwischen den Koalitionspartnern und eine pro-europäische Ausrichtung der Regierung gedrängt.[2] Beiden Forderungen kam Kurz nach, wobei die Verlagerung weiter Teile der Europapolitik aus dem Außenministerium in das Kanzleramt nicht zuletzt

---

1 Hardy Ostry/Mathias Koch (2017): Analyse: Die neue österreichische Regierung Sebastian Kurz, Länderbericht der Konrad Adenauer Stiftung, 22.12.2017, abrufbar unter: http://www.kas.de/wf/doc/kas_51206-544-1-30.pdf?171222143252 (letzter Zugriff 3.7.2018).
2 Der Standard: Kurz bei Van der Bellen: Koalitionsverhandlungen „in der Zielgeraden", 14.12.2017.

angesichts der Übernahme der europäischen Ratspräsidentschaft im zweiten Halbjahr 2018 sicher auch im eigenen Interesse erfolgte.

Innenpolitisch blieb die Flüchtlings- und Integrationspolitik bestimmend. Für heftige Kritik im In- wie Ausland und handfesten diplomatischen Krach mit Italien sorgte die Drohung des damaligen Verteidigungsministers Hans Peter Doskozil (SPÖ), angesichts steigender Flüchtlingsströme die Grenze zum Brenner unter Einsatz der Armee, notfalls auch mit Panzern, zu schließen.[3] Für Aufregung – und einige Erheiterung – sorgte außerdem das am 1. Oktober 2017 in Kraft getretene allgemeine Vermummungsverbot, welches zwar primär auf gesichtsverhüllende Kleidungsstücke wie Burka oder Nikab abzielt, aufgrund der religionsneutralen Formulierung aber auch andere Arten der Verhüllung, etwa durch Schals oder Masken, betrifft.[4]

Im Bereich Asyl und Integration sind zudem zahlreiche Verschärfungen vorgesehen, vor allem im Bereich Mindestsicherung (Sozialhilfe). Angedacht sind eine Deckelung für kinderreiche Familien, eine Wartefrist bis zur vollen Anspruchsberechtigung abhängig von der Aufenthaltsdauer sowie die Einführung von Sachleistungen. Die Umsetzbarkeit von Plänen für eine Schlechterstellung von Asylberechtigten gegenüber Staatsbürgern bleibt allerdings fraglich: Eine entsprechende Regelung des Landes Niederösterreich wurde beispielsweise im März 2018 vom Verfassungsgerichtshof gekippt.[5]

Innenminister Herbert Kickl (FPÖ) schlug vor, Flüchtlinge „konzentriert" unterzubringen, während Vizekanzler Heinz-Christian Strache (FPÖ) die Unterbringung von Flüchtlingen in leer stehenden Kasernen sowie Ausgangssperren in die Diskussion einbrachte.[6] Nicht zuletzt wegen dieser Vorschläge ist im öffentlichen Diskurs die Nähe von Mitgliedern der FPÖ zu rechtsradikalen und antisemitischen Inhalten immer wieder Thema.[7]

Die konjunkturelle Lage in Österreich zeigte im Vorjahr eine Fortsetzung des seit Mitte 2016 anhaltenden Wirtschaftswachstums zwischen 2,9 bis 3,2 Prozent. Im Durchschnitt der Prognoseperiode 2018 bis 2022 wird eine Wachstumssteigerung um 2,1 Prozent pro Jahr erwartet.[8] Damit setzt sich der Trend eines durchschnittlich höheren Wachstums als im restlichen Euroraum fort. Die positiven Auswirkungen für die österreichische Exportwirtschaft sowie der steigende private Konsum bedeuten nicht nur höhere Steuereinnahmen und damit größeren Spielraum für die Bundesregierung, sondern auch eine Verringerung der Arbeitslosigkeit auf voraussichtlich 8 Prozent bis zum Jahr 2019.[9] Kritisch für den nachhaltigen Erfolg dieses Wachstums werten Experten Reformanstrengungen in den Bereichen Verwaltungsvereinfachung, Deregulierung und Föderalismus sowie weitere Konjunkturpakete zur Stärkung des Wirtschafts- und Wissenschaftsstandortes.[10]

---

3   ORF: Eindeutiges Signal nach Brüssel, 4.7.2017.
4   Colette M. Schmidt: Verhüllungsverbot: Legomann von Wiener Polizei überprüft, in: Der Standard, 20.10.2017.
5   Kurier: NÖ: VFG hebt Mindestsicherungsregelung auf, 12.3.2018.
6   Die Zeit: FPÖ-Innenminister will Flüchtlinge "konzentriert" unterbringen, 11.1.2018.
7   Mauthausen Komitee Österreich: Broschüre „Einzelfälle und Serientäter", abrufbar unter: https://www.m-koe.at/rechtsextremismus/broschuere-einzelfaelle-und-serientaeter (letzter Zugriff 20.6.2018).
8   Österreichisches Institut für Wirtschaftsforschung: WIFO-Konjunkturportal, abrufbar unter: http://konjunktur.wifo.ac.at/ (letzter Zugriff: 20.6.2018).
9   Institut für Höhere Studien: Prognose der österreichischen Wirtschaft 2017-2019, abrufbar unter: https://www.ihs.ac.at/fileadmin/public/2016_Files/Documents/20171221_DE_Presseinfo_DezemberPrognose2017.pdf (letzter Zugriff 20.6.2018).
10 Österreichisches Institut für Wirtschaftsforschung: WIFO-Konjunkturportal, 2018.

Europapolitik

Das Bemühen, bei den europäischen Partnern Vertrauen in die pro-europäische Haltung der Regierung zu erwecken, wird nicht nur im Regierungsprogramm deutlich, sondern drückt sich auch symbolisch in den Antrittsbesuchen von Kanzler Kurz aus: Nur einen Tag nach der Angelobung reiste Kurz zu Treffen mit den Präsidenten der drei EU-Institutionen nach Brüssel[11], Anfang 2018 dann nach Paris für den Antrittsbesuch bei Staatspräsident Macron. Dass der Besuch in Berlin erst an dritter Stelle erfolgte, blieb in Deutschland nicht unbemerkt, von einem Stimmungstief ist die Rede.[12]

Das Verhältnis zu Deutschland war auch in den vergangenen Jahren immer wieder von unterschiedlichen Ansichten, vor allem in der Flüchtlingspolitik der Europäischen Union, geprägt. So hatte Kurz schon als Außenminister Angela Merkels „Willkommenspolitik" kritisiert. Vor allem das Beharren Deutschlands auf einer Verteilung von Migranten in der Europäischen Union nach festen Quoten stößt weiterhin auf Kritik und könne laut Kurz zu einer Spaltung der Mitgliedstaaten führen. Die Diskussion über eine Quote sei ohnehin weitgehend sinnlos, denn „Migranten, die sich auf den Weg nach Europa machen, wollen nicht nach Bulgarien oder Ungarn [sondern] vor allem nach Deutschland, Österreich oder Schweden".[13] Auch Merkels Vorschlag, zukünftig die Verteilung von Geldern aus dem Unionshaushalt an die Aufnahme von Flüchtlingen zu knüpfen, trifft bei der neuen Regierung auf wenig Gegenliebe.[14] Allgemein wichtigstes Ziel für Kurz und die neue Regierung ist die Sicherung der Außengrenzen der EU.[15] Bei einem Gespräch im Juni 2018 zwischen dem österreichischen Kanzler und dem deutschen Innenminister Seehofer wurde vereinbart, in einer „Achse der Willigen" zwischen Berlin, Rom und Berlin zusammenzuarbeiten, um gemeinsam die „illegale Migration"[16] zu reduzieren. Pikantes Detail: Der Plan war beim Treffen mit Kanzlerin Merkel am Tag zuvor nicht besprochen worden.[17]

Im April 2018 lud Innenminister Herbert Kickl (FPÖ) Vertreter aus zwölf Mitgliedstaaten ein, um im Rahmen des „Wiener Prozesses" Details zu der ab 2020 geplanten Europäischen Sicherheitsunion zu diskutieren. Gedacht als Auftakt zu einer koordinierten Zusammenarbeit der Länder, die in den nächsten Jahren den Vorsitz des Rates der Europäischen Union übernehmen werden beziehungsweise kürzlich innehatten, wurde über den Schutz der Außengrenzen der Europäischen Union, ein krisenfestes Asylsystem sowie die Bekämpfung von Terrorismus, Extremismus und Schlepperei beraten.[18] Auch das Programm der Ratspräsidentschaft mit dem Motto „Ein Europa, das schützt"[19] priorisiert den Kampf gegen illegale Migration. Weitere Schwerpunktbereiche sind die Sicherung von Wohlstand und Wettbewerbsfähigkeit durch Digitalisierung sowie die Stabilität in der Nachbarschaft, inklusive weiterer Annäherung der Westbalkanstaaten an die EU.

Grundsätzlich liegt der Fokus der Europapolitik der Regierung, nicht zuletzt im Hinblick auf den Ratsvorsitz, auf der Betonung des Subsidiaritätsprinzips. Die Europäi-

---

11 Ingrid Steiner-Gashi: Eiliger Antrittsbesuch in Brüssel: Kurz will Zweifel zerstreuen, in: Kurier, 18.12.2017.
12 Focus: Woran man merkte, dass es zwischen Merkel und Kurz kriselt, 18.1.2018.
13 Berliner Morgenpost: Kanzler Kurz will Kursänderung in EU-Flüchtlingspolitik, 24.12.2017.
14 ORF: Solidarität mehr als Flüchtlingsaufnahme, 23.02.2018 Quelle nicht auffindbar
15 Salzburger Nachrichten: Kurz in Berlin mit Merkel bei EU-Außengrenzschutz einig, 13.6.2018.
16 Birgit Baumann: Kurz baut "Achse der Willigen" gegen Angela Merkel, in: Der Standard, 13.6.2018.
17 Baumann, "Achse der Willigen", 2018.
18 Der Standard: Außengrenzschutz dominiert Diskussionen über EU-Sicherheitsunion, 13.4.2018.
19 Bundeskanzleramt: Österreichischer Vorsitz im Rat der Europäischen Union, abrufbar unter: https://www.eu2018.at (letzter Zugriff: 3.7.2018).

sche Union müsse sich auf die wesentlichen Aufgaben konzentrieren, die einen europäischen Mehrwert brächten. Entsprechend lehnt die Regierung, im Gegensatz zu Deutschland und anderen Mitgliedstaaten, eine Erhöhung der Beitragszahlungen nach dem Wegfall der britischen Zahlungen in Höhe von circa 14 Milliarden Euro ab. Vielmehr unterstützt die Regierung Einsparungen, etwa im Bereich der Strukturpolitik und im öffentlichen Dienst der Europäischen Union. Ziel sei eine starke Union, die sparsam mit dem Geld der Steuerzahler umgehe. Inwieweit Österreich angesichts der harten Regierungsposition in der Lage sein wird, während des Ratsvorsitzes die Verhandlungen zum neuen Mehrjährigen Finanzrahmen von 2021 bis 2027 voranzubringen, ist daher unklar. Zwar will die Regierung eine bessere Abstimmung unter den Nettozahlern vorantreiben, aber es gibt bereits Spekulationen über das Interesse der Regierung, das Thema der rumänischen Ratspräsidentschaft überlassen zu wollen.[20]

Auch bezüglich der Verhandlungen zum EU-Austritt Großbritanniens dämpft die Regierung die Erwartungen an den Ratsvorsitz. Man rechne nicht mit einer raschen Einigung über die künftigen Beziehungen: Brüssel solle in den Brexit-Gesprächen „nicht zu großzügig" sein, gleichzeitig sei es aber auch „nicht notwendig", es den Briten „zu zeigen".[21]

Ähnlich vage ist auch die Haltung der Regierung zu Plänen zur Reform der Europäischen Wirtschaftsunion und der Eurozone. Von Plänen zur Einführung eines europäischen Finanzministers, eines eigenverantwortlichen Budgets für die Eurozone oder einer gemeinsamen Schuldenverwaltung der Länder der Eurozone hält Kurz wenig. Unterstützung gibt es von der neuen Regierung hingegen für die Freihandelsabkommen der Europäischen Union: Nachdem die Zustimmung in der letzten Legislaturperiode vor allem am Widerstand von SPÖ, FPÖ und den Grünen gescheitert war, ratifizierte der Nationalrat am 13. Juni 2018 das umstrittene umfassende Freihandelsabkommen zwischen der Europäischen Union und Kanada (CETA). Möglich wurde die Ratifizierung vor allem durch eine Änderung der Haltung der FPÖ zu dem Abkommen, welches die Partei vor der Wahl noch abgelehnt und eine Volksabstimmung darüber gefordert hatte.

Fazit

An Österreichs reaktiver Rolle in der Europapolitik hat sich auch im Jahr 2017 nichts geändert. Die Regierungsbeteiligung der europaskeptischen FPÖ, die im Europäischen Parlament Mitglied der offen europafeindlichen Fraktion „Europa der Nationen und der Freiheit" ist, lässt Österreich weiterhin als einen unsicheren Partner auf EU-Ebene erscheinen. Avancen gegenüber den Visegrád-Staaten, Kritik vor allem an der deutschen Migrationspolitik, Verständnis für die rechtsnationale Politik in immer mehr Nachbarstaaten sowie die Kontakte der FPÖ zu rechten politischen Kreisen schaden nach Einschätzung vieler Beobachter dem Image des Landes. Die im zweiten Halbjahr 2018 anstehende Ratspräsidentschaft wird zeigen, ob es Österreich gelingt, eine Rolle als ehrlicher Makler in einer Reihe von brisanten Fragen, von Brexit zu Budget, einzunehmen. Bisherige Aussagen zu Europa lassen einen deutlichen Mangel an Substanz und Ideenreichtum erkennen.

Weiterführende Literatur

Daniel Schade et al.: The Relaunch of Europe. Mapping States' Reform Interests. Country Issue: Romania, Friedrich-Ebert-Stiftung, Berlin 2018.

---

20 Paul Schmidt/Christoph Breinschmid (2018): Zur veränderten Rolle des EU-Ratsvorsitzes: Zwischen Anspruch und Wirklichkeit, in: Österreichische Gesellschaft für Europapolitik Policy Brief 09'2018.
21 Wiener Zeitung: EU-Vorsitz Österreichs - Strache: "Ich kümmere mich um Österreich", 9.5.2018.

Polen

Agnieszka K. Cianciara*

Hinsichtlich seiner Unterstützung für „mehr Europa" steht Polen lediglich an 24. Stelle der EU-Mitgliedstaaten.[1] In einer gemeinsamen Stellungnahme der Visegrád-Staaten zur Zukunft Europas wird als Hauptziel betont, die fühlbaren Erfolge und Ergebnisse der Integration zu sichern.[2] Polens Europaminister unterstreicht die Bereitschaft, an der Schaffung einer neuen Integrationsarchitektur mitzuwirken, falls diese die Einigkeit fördere.[3]

Weniger Europa?
Die polnische Regierung nennt das Demokratiedefizit auf EU-Ebene deren Hauptmalaise und Ursache des Brexits. Deswegen solle die Macht der supranationalen Institutionen beschränkt werden. Dies stellt einen tiefgreifenden Wandel der polnischen Europapolitik nach 2015 dar: Die Europäische Kommission wird nicht länger als überparteiliche Hüterin der Verträge und Vertreterin der schwächeren Mitgliedstaaten betrachtet, sondern als Druckinstrument der großen Mitgliedstaaten. Um sicherzustellen, dass gemeinsame Entscheidungen nicht nur die Interessen der Mächtigen widerspiegeln, solle die Kommission auf eine exekutive Rolle gestutzt, aktiver nach Konsens gesucht, Mehrheitsentscheidungen mit äußerster Vorsicht getroffen und in sensiblen Bereichen vermieden werden. Die nationalen Parlamente sollen effektivere Instrumente zur Blockade europäischer Rechtssetzung erhalten. Polen sieht die EU inzwischen mit konföderierter statt föderaler Logik und intendiert einen losen Verbund souveräner Staaten, der nur in Bereichen kooperieren soll, in denen Einigkeit erreicht werden kann – in Handel, Binnenmarkt und Sicherheit.[4]

Im März 2018 bekräftigte der Außenminister, dass Polen gegen ein Europa der zwei Geschwindigkeiten und ein eurozonenbasiertes Kerneuropa sei.[5] Gleichzeitig weigert sich die Regierung, kurz- oder mittelfristig dem Währungsgebiet beizutreten oder sich an Formen der Verstärkten Zusammenarbeit wie der Europäischen Staatsanwaltschaft oder der Finanztransaktionssteuer zu beteiligen. Tatsächlich nimmt Polen nur an sechs der 14 geplanten differenzierten Integrationsprojekte teil (siehe Tabelle 1). Dies verstärkt die Ausdifferenzierung der Integration, da viele Mitgliedstaaten eher eine Vertiefung der Integration anstelle der wenig ambitionierten polnischen Konföderationslogik unterstützen.

Im Juni 2017 und im April 2018 befürworteten 88 Prozent der traditionell europabegeisterten polnischen Bevölkerung die EU-Mitgliedschaft.[6] Im Juni 2017 unterstützten 58

---

* Übersetzt aus dem Englischen von Jana Schubert und Jakob Speier.
1 European Council on Foreign Relations: Coalition explorer, Mai 2017, abrufbar unter: https://www.ecfr.eu/eucoalitionexplorer (letzter Zugriff: 29.8.2018).
2 V4: Statement on the Future of Europe, Budapest, 26.1.2018.
3 Konrad Szymański: European unity cannot be a decoration, in: Polski Przegląd Dyplomatyczny, 2(73), 2018.
4 Konrad Szymański: What kind of Union does Poland need? in: Polski Przegląd Dyplomatyczny, 1(67), 2016.
5 Jacek Czaputowicz: Informacja Ministra Spraw Zagranicznych o zadaniach polskiej polityki zagranicznej w 2018 roku, 21.3.2018.
6 CBOS: Polityka zagraniczna Polski – oceny i postulaty, 04.2018.

Prozent der Polen eine stärkere EU-Integration des Landes, während sich 25 Prozent für weniger Integration aussprachen. Lediglich 13 Prozent unterstützten eine größere Rolle der Nationalstaaten, wohingegen 41 Prozent eine tiefere Integration aller Mitgliedstaaten erstrebenswert halten. Nur 22 Prozent der Befragten befürworten den Euro.[7] Zur Ambivalenz dieser Ergebnisse trägt bei, dass 34 Prozent der Polen (EU-Durchschnitt: 31 Prozent) meinen, die Zukunft sei außerhalb der Union leichter zu bestreiten. 58 Prozent der Polen (EU-Durchschnitt: 48 Prozent) sind mit der Demokratie auf EU-Ebene zufrieden und 52 Prozent (EU-Durchschnitt: 55 Prozent) unterstützen mehr EU-Entscheidungen.[8]

Tabelle 1: *Teilnahme Polens an Projekten differenzierter Integration (Stand 15.6.2018)*

Projekt	Polen	Frankreich	Teilnehmende Mitgliedstaaten
Eurozone	-	1	19
Euro-Plus-Pakt	1	1	23
Fiskalvertrag	1	1	26
Bankenunion (SSM und SRM)	-	1	19
Europäischer Stabilitätsmechanismus	-	1	19
Schengener Abkommen	1	1	22
Grundrechtecharta	-	1	26
Ständige Strukturierte Zusammenarbeit	1	1	25
Europäische Verteidigungsagentur	1	1	27
Raum der Sicherheit, der Freiheit und des Rechts	1	1	25
Einheitliches Patentgericht	-	1	25
Scheidungsrecht	-	1	16
Finanztransaktionssteuer	-	1	10
Europäische Staatsanwaltschaft	-	1	20
Gesamt	**6**	**14**	

Quelle: Eigene Zusammenstellung

Artikel 7 EUV ernst nehmen?

Im Juli 2017 erfolgte die dritte Empfehlung der Europäischen Kommission im Rechtsstaatlichkeitsdialog. Mangels einer angemessenen Reaktion der polnischen Regierung aktivierte sie am 20. Dezember 2017 das Rechtsstaatlichkeitsverfahren nach Art. 7 Abs. 1 EUV,[9] da die geplanten Reformen strukturellen Schaden an der Unabhängigkeit der Justiz Polens anzurichten drohen. Zwischen Januar 2016 und Juni 2018 war die Rechtsstaatlichkeit Polens regelmäßig Debattenthema im Europäischen Parlament und Rat (siehe Tabelle 2). Die erstmalige Aktivierung des Rechtsstaatlichkeitsverfahrens wirft die Frage auf, warum die polnische Regierung während des Rechtsstaatlichkeitsdialogs keinen Kompromiss zur Verhinderung des Verfahrens erwirkt hat. Stattdessen riskierte sie ein Übergreifen auf andere Politikbereiche wie den Verhandlungen zum nächsten mehrjährigen Finanzrahmen. Eine Erklärung könnte sein, dass die polnische Regierung erst nach der Aktivierung des Rechtsstaatlichkeitsverfahrens mit einer Strategie der Deeskalation und Streitbeilegung auf EU-Ebene begann. Davor könnte sie eine auf die innenpolitische Wirkung abgezielte Strategie der Eskalation verfolgt haben, um die Gunst der Wähler zu gewinnen.

---

7   CBOS: Jakiej Unii chcą Polacy? 04.2017.
8   European Commission: Public opinion in the European Union, Standard Eurobarometer 88, Autumn 2017.
9   European Commission: A new EU Framework to strengthen the Rule of Law, 11.3.2014, COM(2014)158 final.

Die Sorglosigkeit der polnischen Regierung vor dem Rechtsstaatlichkeitsverfahren basiert auf vier Annahmen: Zunächst galt die EU als schwach, desintegriert und somit handlungsunfähig. Da europäische Integration als strikt intergouvernemental verstanden wird, wurden supranationalen Akteuren weitgehend keine Beachtung geschenkt. Das Risiko der Aktivierung des Art. 7 EUV durch das Europäische Parlament wurde von der polnischen Regierung unterschätzt. Ferner wurde angenommen, dass der Streit in einem Machtkampf zwischen Kommission und Rat, und als Folge in einer Schwächung der ersten, enden würde – ein Ergebnis, dass den konföderalen Bestrebungen Polens entgegengekommen wäre. Eine weitere Annahme war, dass die Mitgliedstaaten die Kommission aus Angst vor einem Präzedenzfall nicht unterstützen würden. Schließlich befürchtete Polen angesichts des sicheren ungarischen Vetos keine Sanktionen.

Tabelle 2: Vorgehen der EU-Institutionen gegenüber Polen (Stand 15.6.2018)

Institution	Datum	Handlung
Europäische Kommission	13.01.2016	Aktivierung des Rechtsstaatlichkeitsverfahren
	27.07.2016	Erste Empfehlung
	21.12.2016	Zweite Empfehlung
	26.07.2017	Dritte Empfehlung
	20.12.2017	Ergänzende Empfehlung im Rahmen des Rechtsstaatlichkeitsverfahrens und Aktivierung von Art. 7 EUV
	27.02.2018	Begründeter Vorschlag nach Art. 7 Abs. 1 EUV an den Rat
Europäisches Parlament	19.01.2016	Erste Debatte über die Lage in Polen
	13.04.2016	Resolution zur Lage in Polen
	14.09.2016	Resolution über die jüngsten Entwicklungen in Polen
	15.11.2017	Resolution zur Lage der Rechtsstaatlichkeit und Demokratie in Polen
	01.03.2018	Entschließung zum Beschluss der Kommission zur Einleitung eines Verfahrens gemäß Art. 7 EUV mit Blick auf die Lage in Polen
Rat	16.05.2017	Erste Diskussion im Rat für Allgemeine Angelegenheiten
	25.09.2017	Zweite Diskussion im Rat für Allgemeine Angelegenheiten
	27.02, 20.03, 17.04, 14.05.2018	Diskussion im Rat für Allgemeine Angelegenheiten nach der Aktivierung des Rechtsstaatlichkeitsverfahrens nach Art. 7 EUV

Quelle: Eigene Zusammenstellung

Geht es nur ums Geld?

Verglichen mit dem letzten mehrjährigen Finanzrahmen stehen Polen wegen veränderter Haushaltsprioritäten Kürzungen von etwa 23 Prozent der Strukturmittel und etwa 15 Prozent der Agrarsubventionen bevor. Während die Opposition die Kürzungen als eine Bestrafung für Polens illiberalen Richtungswechsel auffasste, sprach die Regierung von einem guten Start der Verhandlungen.[10] Die Kürzungen seien das Ergebnis verschiedener Prozesse – insbesondere des Brexit und der desolaten wirtschaftlichen Lage Südeuropas. Polen ist bereit, mehr in den EU-Haushalt einzuzahlen, solange die Kohäsionspolitik nicht an vage politische, sondern an makroökonomische Kriterien geknüpft werde.[11]

Eine Änderung der Haushaltszuweisungen könnte weitreichende Konsequenzen für die Einstellung der Polen zur EU haben. So basiert die Unterstützung für die Mitgliedschaft

---

10 Euractiv: Poland plays down possible EU budget cuts, 8.5.2018, abrufbar unter: https://www.euractiv.com/section/eu-priorities-2020/news/poland-plays-down-possible-eu-budget-cuts/ (letzter Zugriff: 15.6.2018).

11 Basierend auf einem Vorschlag der Europäischen Kommission vom 2. Mai 2018 könnten künftig europäische Fördermittel gekürzt werden, falls die Rechtsstaatlichkeit in einem Mitgliedstaat gefährdet ist.

zum Großteil auf der strategischen Bedeutung europäischer Fördermittel.¹² Eine stärkere Betonung von Digitaltechnologien, Forschung und Innovation könnte zudem in geringeren Mittelzuflüssen für Polen resultieren und es in einen kompetitiven Nachteil zu weiter entwickelten Volkswirtschaften manövrieren.

Der Brexit: Von der Niederlage zur Chance?

Mit der Brexit-Entscheidung droht Polen der Verlust eines wichtigen Verbündeten – ein Nicht-Eurozonenmitglied, das für weniger Integration, transatlantische Verbundenheit und eine kremlkritische Haltung stand. Sahen Regierungsoffizielle London 2016 als wichtigsten strategischen Partner, erreichte es 2018 nur noch den dritten Platz hinter Berlin und Paris. Unbeachtet der Verhandlungsergebnisse strebt Polen möglichst enge bilaterale Beziehungen an. Strategisch wird der Brexit als Versagen der EU bewertet: „Without the UK, the risk of making wrong decisions will be greater [...]. That must somehow be replaced [...] the question is a lively one in capital cities such as The Hague or Warsaw."¹³

Die Hauptpriorität Polens ist die Sicherung der Rechte seiner in Großbritannien lebenden Staatsbürger. Zudem hofft die Regierung auf die Rückkehr emigrierter Geschäftsleute, um für den Wirtschaftswachstum wichtige Stellen im Banken- und Digitalsektor zu besetzen. Angesichts der hohen Londoner Lebenshaltungskosten, der Unsicherheit der Rechte von EU-Bürgern und der Aussicht auf ein Wirtschaftswachstum Polens besteht somit die Hoffnung, dass der Brexit Polen bei der Suche talentierter Arbeitskräften helfen könnte.¹⁴

Polen als Brückenbauer zwischen Europa und der Türkei?

Im Oktober 2017 besuchte der türkische Staatspräsident Erdogan Warschau zu einem ersten Staatsbesuch in einem EU-Mitgliedstaat nach dem Umsturzversuch im Juli 2016. Während des Besuchs sprachen sich beide Länder für ein höheres Handelsvolumen und die Ausweitung der gegenseitigen Investitionen aus. Polens Präsident unterstützt ausdrücklich einen türkischen EU-Beitritt,¹⁵ während Kommissionspräsident Juncker noch wenige Wochen zuvor erklärt hatte, dass die Türkei sich seit geraumer Zeit mit Riesenschritten von diesem entferne.¹⁶ Die polnische Regierung intendiert, die Türkei näher an die EU heranzuführen und den NATO-Partner in diversen regionalen Kooperationsformaten einzubinden. Dadurch soll ein Abdriften der Türkei Richtung Russland verhindert und die Position Polens in der EU, insbesondere gegenüber der Eurozone, verbessert werden. Projekte hierbei sind die Drei-Meere-Initiative – eine Kooperation in der Transport- und Energieinfrastruktur der Länder des Baltischen, Schwarzen und Adriatischen Meers sowie der Ukraine und der Türkei – sowie der Polen-Rumänien-Türkei-Trialog.

Weiterführende Literatur

Piotr Buras/Gerald Knaus: Where the law ends. The collapse of the rule of law in Poland – and what to do, Stefan Batory Foundation, European Stability Initiative, 2018.

Agnieszka K. Cianciara: Strategies of the Polish government in the rule of law dispute with the European Commission, in: Przegląd Europejski, no. 1 (47)/2018.

---

12 Adam Balcer et al.: Polish views of the EU – the illusion of consensus, Stefan Batory Foundation, Warsaw, 2017.
13 Szymański: European unity cannot be a decoration, 2018.
14 Joanna Plucinska: Poland hopes Brexit guides star natives home, in: Politico, 2.1.2018.
15 Michał Broniatowski: Poland support's Turkey's EU bid, says president Duda, in: Politico, 17.10.2017.
16 European Commission: President Jean-Claude Juncker's State of the Union Address 2017, Brussels, 17.9.2017.

Portugal

Bruno Oliveira Martins*

Vor dem Hintergrund der sich 2017 und 2018 erholenden Wirtschaft hat sich Portugal europapolitisch positioniert, insbesondere hinsichtlich der Reform der Wirtschafts- und Währungsunion, aber auch der Migrations- und Asylpolitik sowie der Sicherheits- und Verteidigungspolitik. Von besonderer Wichtigkeit für das Land war im Dezember 2017 die Wahl des portugiesischen Finanzministers Mário Centeno zum Vorsitzenden der Euro-Gruppe.

Reform der Finanz- und Fiskalpolitik der EU

Seit dem Ende der Aufsicht durch die Europäische Zentralbank (EZB), den Internationalen Währungsfonds und die Europäische Kommission, die sogenannte Troika, hat sich die wirtschaftliche Situation Portugals stetig gebessert. Die Arbeitslosigkeit fiel im vierten Jahr in Folge auf gegenwärtig 7,9 Prozent, während das Bruttoinlandsprodukt 2017 um überdurchschnittliche 2,7 Prozent (EU-Durchschnitt: 2,4 Prozent) stieg. Diese positiven Entwicklungen gewährten der portugiesischen Regierung einen Handlungsspielraum für Diskussionen auf nationaler Ebene über die Reform der Europäischen Union.[1]

Die Idee einer Stärkung der demokratischen Kontrolle der wirtschaftspolitischen Steuerung der Eurozone findet weithin Unterstützung in Portugal. Während der Aufsicht durch die Troika standen die damals oppositionellen Sozialdemokraten der Geldpolitik der EZB kritisch gegenüber. Als Hauptkonsequenzen der mangelhaften wirtschaftspolitischen Steuerung in der Geldpolitik wurden das weiterhin bestehende Nord-Süd-Gefälle und die unzureichende Konvergenz der Mitgliedstaaten problematisiert. Die Krise habe laut dem Sozialdemokraten António Costa, mittlerweile Premierminister Portugals, Gewinner und Verlierer innerhalb der Währungsunion hinterlassen, da die umgesetzten Maßnahmen den Druck auf die ärmeren Länder verstärkt und somit die bereits bestehende Ungleichheit zwischen armen und wohlhabenden EU-Mitgliedstaaten noch weiter erhöht hätten.

Hinsichtlich der Reform der Eurozone stimmen Spanien und Portugal ihre Positionen regelmäßig miteinander ab. Nach gemeinsamen Treffen legten die Minister beider Länder Positionspapiere vor, die Portugal im Verlauf des Jahres 2017 nach Brüssel kommunizierte. Darin enthalten ist die von beiden Ländern geteilte Diagnose Costas, dass die Unvollständigkeit der Währungsunion bestehende Probleme und Ungleichheiten weiter verschärfe und eine Reform des Euros formal und politisch möglich sei. Auf diese Diagnose bezugnehmend urteilte Finanzminister Centeno, dass verbesserte Strukturen der Wirtschafts- und Währungsunion notwendig seien. Dennoch lehnt die portugiesische Regierung einen europäischen Finanzminister ab.

---

* Übersetzt aus dem Englischen von Jana Schubert und Jakob Speier.
1 Conceição Antunes: "A recuperação económica de Portugal é espetacular": os elogios de Moscovici, 7.2.2018, abrufbar unter: http://expresso.sapo.pt/economia/2018-02-07-A-recuperacao-economica-de-Portugal-e-espetacular-os-elogios-de-Moscovici (letzter Zugriff: 15.6.2018).

Die informelle Euro-Gruppe zeichne sich zwar durch viel Einfluss und Verantwortlichkeiten bei zu geringer demokratischer Legitimität aus, jedoch würde dies nicht durch einen solchen Ministerposten gelöst.[2]

Der Vorsitz in der Euro-Gruppe

Am 4. Dezember 2017 wurde der portugiesische Finanzminister Centeno zum Vorsitzenden der Euro-Gruppe gewählt und trägt seitdem zur Debatte über die Reform der EU in Finanz- und Fiskalangelegenheiten bei. Seit dem 21. Dezember 2017 ist er darüber hinaus auch Vorstandsvorsitzender des Europäischen Stabilitätsmechanismus. Seine Vision für die Reform der europäischen Finanz- und Fiskalpolitik hat drei Dimensionen: Als erstes intendiert er die Schaffung eines Europäischen Fiskalausschusses, welcher die Koordination der Fiskalpolitik zwischen Staaten, aber auch auf europäischer Ebene verbessern soll. Der Europäische Fiskalausschuss sei ein neues Organ, welches Unterstützung bei seiner Rolle als Antreiber für eine bessere Koordination der Fiskalpolitik benötige, so Centeno. Die Koordination der Wirtschaftspolitik im Rahmen des Europäischen Semesters müsse ebenfalls verbessert werden. Generell müsse das Europäische Semester vereinfacht werden.[3]

Der zweite Schwerpunkt Centenos betrifft die notwendige Förderung öffentlicher und privater Investitionen. Laut Centeno gebe es einen breiten Konsens, vorhandene europäische Instrumente – Strukturfonds, Europäische Investitionsbank und den Juncker-Plan – zur Erhöhung der Investitionskapazität besser zu nutzen.

Die dritte Reformdimension hat Langzeitcharakter und solle schrittweise umgesetzt werden. Sie beinhaltet die Vorstellung, dass die Europäische Union eine eigene Haushaltskapazität und einen Europäischen Währungsfonds benötige. Der Minister äußerte dazu, dass diese Form der Integration automatische Stabilisierungsmechanismen, etwa einen Mechanismus zur Bekämpfung von Arbeitslosigkeit, bedürfe. Mit dieser wirtschaftlichen Koordination sollten keine permanenten Transferleistungen erbracht werden, sondern vielmehr zeitlich begrenzte, antizyklische Maßnahmen zur Erreichung der Konvergenzkriterien durchgeführt werden. Eine solche Verteilung stehe voll und ganz im Einklang mit dem fundamentalen Prinzip der Subsidiarität.

Szenarien für die Zukunft Europas – Das Weißbuch der Europäischen Kommission

Seit Beginn seiner EU-Mitgliedschaft in den 1980er Jahren hat Portugal eine Vorreiterrolle im europäischen Integrationsprojekt eingenommen. In Lissabon ist man sich bewusst, dass ein kleines Land wie Portugal von einer aktiven Beteiligung am Entscheidungsfindungsprozess der EU profitiert. In diesem Zusammenhang bieten die fünf Szenarien des Weißbuchs der Kommission über die Zukunft der EU Anknüpfungspunkte für die Erwartungen Portugals an den EU-Integrationsprozess. In öffentlichen Veranstaltungen zur Diskussion der Vorschläge hatte Premierminister Costa seine Auffassung bekräftigt, dass jedwede Reform zu einem stärkeren Europa führen sollte. Grundvoraussetzung für die Reform der EU ist für Costa allerdings die Reform der Währungsunion. Die wirtschaftliche Konvergenz in Europa solle Priorität jeder EU-Reform sein.

---

2 Paulo Pena: Portugal e Espanha concertaram posição sobre reforma do euro, 15.5.2017, abrufbar unter: https://www.publico.pt/2017/05/15/mundo/noticia/rajoy-e-macron-alinhados-em-reforma-da-zona-euro-1772210 (letzter Zugriff: 15.6.2018).

3 Vgl. auch zum Folgenden Mário Centeno: A Euro for growth and governance, 13.3.2017, abrufbar unter: http://www.institutdelors.eu/media/aeuroforgrowthandconvergence-mariocenteno.pdf (letzter Zugriff: 15.6.2018).

In einem Interview über die Vorschläge aus dem Weißbuch weist Costa darauf hin, dass die fünf Szenarien in eine die Integration bremsende Gruppe, zu der das auf den Binnenmarkt fokussierte zweite Szenario gehört, sowie eine progressivere Gruppe mit den restlichen vier Szenarien unterteilt werden könnten. Portugal würde eine Kombination der Methodik des vierten Szenarios („Weniger, aber effizienter") mit dem Prinzip des fünften Szenarios („Viel mehr gemeinsames Handeln") präferieren. So solle die europäische Integration gemeinsam in ausgewählten Politikbereichen vorangetrieben werden. Insgesamt bewertet Costa differenzierte Integration als unvorteilhaft für die europäische Integration. Falls dies jedoch Wirklichkeit würde, dann wolle Portugal im Kern der EU verbleiben.[4]

Hinsichtlich des Austritts Großbritanniens aus der EU hat die portugiesische Regierung Sorgen hinsichtlich des Status portugiesischer Bürger, die in Großbritannien leben, einer möglichen Grenze zu Irland sowie der mangelhaften Verhandlungsvorbereitung auf britischer Seite geäußert.[5] Bei einem Treffen mit der britischen Premierministerin Theresa May im April 2017 unterstrich Premierminister Costa, dass die bilateralen Beziehungen auch nach dem britischen Austritt so eng wie möglich bleiben sollen.[6]

Migration und Asyl

Portugal setzt sich traditionell für eine stärkere Zusammenarbeit bei der Grenzüberwachung ein, denn seine geografische Lage an einer EU-Grenze mit einer langen Atlantikküste und der Nähe zum Mittelmeer macht Portugal zu einem Einreiseland für Personen und Waren. Folglich hat Portugal in den letzten Monaten auch weiterhin mit Schiffen, Personal und anderen Mitteln zu den Operationen der EU und der NATO im Mittelmeer beigetragen, um Überfahrten zu überwachen und Such- und Rettungsaktionen durchzuführen. Für diesen Zeitraum konnten portugiesische Unternehmen EU-Mittel für die Entwicklung von Drohnen zur Überwachung der Migrationsströme im Mittelmeer einwerben.

Im Mai 2017 verabschiedete die Regierung die Nationale Integrierte Grenzverwaltungsstrategie, die als Hauptziele festlegt, die innere Sicherheit zu gewährleisten, um den Raum der Freiheit, der Sicherheit und des Rechts der EU zu sichern und den Grenzschutz an den Außengrenzen Portugals und der EU zu konsolidieren, indem sie die Migrationsströme entlang der Außengrenzen gemäß der Verfahren des Schengener Abkommens erleichtert und kontrolliert.[7] Dieses Dokument zeigt, dass die Verwaltung und Kontrolle der nationalen Grenzen immer in Einklang mit dem Schengen-Raum verstanden wird.

Im Jahr 2016 versuchte Portugal, sich als Vorreiter in der Migrationspolitik der EU zu positionieren. Mit der Initiative, das Land für doppelt so viele Flüchtlinge (10.000) zu öffnen wie von der EU-Umverteilungsquote für Portugal vorgesehen wird (etwa 5.000), wurde die Absicht verfolgt, die nationale Asylpolitik im Rahmen der Europäischen Union weiterzuentwickeln. Dennoch ist die Zahl der Anträge deutlich unter der von der Regierung festgelegten Quote geblieben, während viele der in Portugal angekommenen Flüchtlinge innerhalb kurzer Zeit das

---

4   Luísa Meireles: António Costa: "Não se pode fingir que não temos um elefante no meio da sala'", 8.3.2017, abrufbar unter: http://expresso.sapo.pt/politica/2017-03-08-Antonio-Costa-Nao-se-pode-fingir-que-nao-temos-um-elefante-no-meio-da-sala (letzter Zugriff: 15.6.2018).
5   Observador: Portugal não vê razão para "pôr em causa" o Brexit, 23.7.2018, abrufbar unter: https://observador.pt/2018/07/23/portugal-nao-ve-razao-para-por-em-causa-o-brexit/ (letzter Zugriff: 4.10.2018).
6   República Portuguesa: Relações luso-britânicas devem manter-se o mais próximas possível após o Brexit, 4.10.2018, abrufbar unter: https://www.portugal.gov.pt/pt/gc21/comunicacao/noticia?i=relacoes-luso-britanicas-devem-manter-se-o-mais-proximas-possivel-apos-o-brexit (letzter Zugriff: 4.10.2018).
7   Presidência do Conselho de Ministros: Resolução do Conselho de Ministros n.º 104/2017, in: Diário da República n.º 136/2017, 17. Juli 2017, S. 3760-3789.

Land wieder verließen. Nach Angaben der Regierung haben von den 1.520 Flüchtlingen, die im Rahmen des EU-Quotenprogramms ab November 2017 aufgenommen wurden, mit 768 mehr als die Hälfte die Aufnahmeeinrichtungen wieder verlassen. Diese Zahlen machen Portugal zwar zum sechstgrößten Aufnahmeland von Asylbewerbern in der EU, sind jedoch im Großen und Ganzen äußerst niedrig.[8]

Sicherheit und Verteidigung

Seit Anfang der 2000er Jahre ist Portugal ein entschiedener Befürworter einer starken EU-Sicherheits- und Verteidigungspolitik. Diese Position bestimmt auch die Unterstützung Portugals für eine Erhöhung der Zusammenarbeit in den Bereichen Sicherheit und Verteidigung. Seine Positionierung gegenüber der Etablierung des Hauptquartiers für militärische Exekutivmissionen und -operationen der EU als auch zu einer EU-Armee müssen in der außenpolitischen Tradition des Landes – Befürwortung einer starken EU-Sicherheitspolitik bei gleichzeitiger Vereinbarkeit mit NATO-Strukturen – verstanden werden. Jüngste Beispiele für diese allgemein positive Haltung für mehr europäische Verteidigungspolitik sind die Unterstützung des Verteidigungsaktionsplans der Kommission sowie der neuen Leitlinien für Technologien mit doppeltem Verwendungszweck und die Teilnahme am System der Ständigen Strukturierten Zusammenarbeit (SSZ).

Die Etablierung des Militärischen Planungs- und Durchführungsstabs (MPCC) wurde seitens des Verteidigungsministers Azeredo Lopes als fortschrittliche Weiterentwicklung der Planungsstruktur für die Durchführung von Operationen positiv begrüßt. Der Minister erwartet von dem MPCC Effizienzsteigerungen der EU-Maßnahmen ohne eine größere finanzielle Mehrbelastung. Er betonte, dass bei der Durchführung der Missionen und Operationen zuvor eine militärische Planungsstruktur gefehlt habe. Auch bekräftigte er die Komplementarität zwischen der NATO und der EU, zu der diese Maßnahme beitrage.[9]

Trotz der Unterstützung Portugals für mehr Verteidigungszusammenarbeit gingen der portugiesischen Teilnahme an der SSZ innenpolitische Debatten voran.[10] Zum Zeitpunkt der Unterzeichnung der SSZ-Vereinbarung durch die teilnehmenden Länder standen im portugiesischen Parlament noch Debatten zu diesem Thema an. Dies ließ Zweifel aufkommen, ob Portugal von erster Stunde an an der SSZ teilnehmen würde. Insbesondere die Kommunistische Partei Portugals, eine wichtige Stütze der Regierung im Parlament, äußerte großen Widerstand.[11] Trotzdem konnte ein Kompromiss erzielt werden, sodass Portugal seit Beginn an der SSZ teilnimmt.

Weiterführende Literatur

Bruno Oliveira Martins et al.: The Relaunch of Europe. Mapping Member States' Reform Interests. Country Issue: Portugal, Friedrich-Ebert-Stiftung, Berlin 2018 (im Erscheinen).

---

8   Agência Lusa: Cerca de metade dos refugiados que chegaram a Portugal abandonaram o país, 9.1.2018, abrufbar unter: https://observador.pt/2018/01/09/cerca-de-metade-dos-refugiados-que-chegaram-a-portugal-abandonaram-o-pais/ (letzter Zugriff: 15.6.2018).

9   Ministro da Defesa: Ministro da Defesa sublinha avanço na segurança e defesa da UE, 6.3.2018, abrufbar unter: http://www.defesa.pt/Paginas/MinistrodaDefesasublinhaavançonasegurançaedefesadaUE.aspx (letzter Zugriff: 15.6.2018).

10 Teresa de Sousa: Pesco: Portugal estará na fotografia oficial', 11.12.2017, abrufbar unter: https://www.publico.pt/2017/12/11/mundo/noticia/pesco-portugal-estara-na-fotografia-oficial-1795519 (letzter Zugriff: 4.10.2018).

11 Paul Ames: EU defense pact tests Portugal's left-wing government alliance, 11.11.2017, abrufbar unter: https://www.politico.eu/article/eu-defense-pact-tests-portugals-left-wing-government-alliance/ (letzter Zugriff: 4.10.2018).

Rumänien

Alexandru Damian*

Mittel- und Osteuropa sind zur Spielwiese der sogenannten illiberalen Demokratien geworden, welche Rechtsstaat und Korruptionsbekämpfung unterminieren. Nach Polen und Ungarn, die stetig Europas Werte und den Kern der Union angreifen, unternimmt mit Rumänien ein weiteres osteuropäisches Land einen illiberalen Kurswechsel.

Illiberale Tendenzen der rumänischen Politik

Die momentane Regierungskoalition mit den Sozialdemokraten als stärkste Kraft, unterstützt von der Allianz der Liberalen und Demokraten (ALDE) und der Partei der Ungarischen Minderheit (UDMR), verfolgte in ihrer bisherigen, anderthalbjährigen Legislaturperiode lediglich ein Thema: Den Kampf gegen den sogenannten ‚Parallelstaat' Rumäniens, ein Sammelbegriff für alle der Regierung missfallenden Ereignisse und Entscheidungen.

Rumänien unterliegt weiterhin dem 2007 im Rahmen des EU-Beitritts eingerichteten Kooperations- und Kontrollverfahren (Cooperation and Verification Mechanism, CVM) und galt lange Zeit als Vorzeigeland der Region in Sachen Korruptionsbekämpfung und Reform des Justizwesens. Gegenwärtig ist ein gegenläufiger Trend zu beobachten: Laufende Gesetzesänderungen, welche die Gesetze zur Justiz, das Strafgesetzbuch und die Strafprozessordnung betreffen, unterlaufen nicht nur die Rechtsstaatlichkeit, sondern stellen auch das Justizwesen unter die Kontrolle der Politik.

Diese illiberale Entwicklung folgt denen von Polen[1] und Ungarn.[2] In diesen EU-Mitgliedstaaten nutzen die Regierungsparteien ihre großen Mehrheiten im Parlament, um die Unabhängigkeit der Justiz einzuschränken, neue Richter einzusetzen und die Mechanismen gegenseitiger Kontrolle zu marginalisieren. Die bekannte rumänische Anti-Korruptionsexpertin Laura Stefan äußerte kürzlich, sie sei sehr skeptisch, dass es mit den jüngsten Änderungen etwas anderes als eine politisch kontrollierte Justiz geben werde.[3] Laura Codruta Kovesi, Leiterin der Anti-Korruptions-Behörde, die seit deren Entstehung Ziel der Regierung ist und schließlich Anfang Juli des Amtes enthoben wurde, erklärte, dass ein Verschwinden der unabhängigen Staatsanwaltschaft ihren Job unmöglich machen werde.[4]

Die schnelle Umsetzung der Gesetzesänderungen, ihr Einfluss auf das Justizsystem und die mangelnde Konsultation mit Richtern, Zivilgesellschaft und anderen relevanten Akteuren haben in Brüssel die Alarmglocken läuten lassen. In einer gemeinsamen Erklärung des Präsidenten der Europäischen Kommission, Jean-Claude Juncker, mit dem ersten Vizepräsidenten Frans Timmermans im Januar 2018 zu den jüngsten Entwicklungen in Rumänien,

---

*   Übersetzt aus dem Englischen von Jana Schubert und Jakob Speier.
1   Vgl. den Beitrag „Polen" in diesem Jahrbuch.
2   Vgl. den Beitrag „Ungarn" in diesem Jahrbuch.
3   Marc Santora/Kit Gillet: Claiming 'Parallel State' Cabal, Romania's Leaders Target Anti-Corruption Prosecutor, 17.6.2018 abrufbar unter: https://www.nytimes.com/2018/06/17/world/europe/romania-corruption-prosecutors.html (letzter Zugriff: 17.6.2018).
4   Marc Santora/Kit Gillet: Claiming 'Parallel State' Cabal, 2018.

drückte die Kommission Bedenken über die Gesetzesänderungen aus und forderte das rumänische Parlament auf, sein Vorgehen zu überdenken.[5] Eine Empfehlung der Venedig-Kommission[6] zu den geplanten Änderungen wurde von der Regierungskoalition als irrelevant abgewiesen. Auch der jüngste Bericht zu Rumäniens Fortschritten im Rahmen des CVM von November 2017 konstatiert: „Als Ende August die vorgeschlagenen Änderungen der Justizgesetze erörtert wurden, entzündete sich eine weitere Kontroverse. Der Oberste Richterrat wies zweimal Entwürfe, zu denen er konsultiert wurde, zurück und machte auf Probleme hinsichtlich der Unabhängigkeit der Justiz aufmerksam. Auch der rumänische Präsident und die Zivilgesellschaft äußerten Bedenken."[7]

Die Vorbilder der Regierung scheinen sich nicht in Brüssel, sondern in Polen und Ungarn zu befinden. Der Vorsitzende der Partei ALDE, gleichzeitig auch Vorsitzender des rumänischen Senats, äußerte anlässlich einer öffentlichen Debatte über die Justizreform und die Aussicht, dass die EU auch Rumänien gegenüber ein Verfahren nach Art. 7 EUV eröffnen könnte, Bewunderung für Polen als ein Land, das seine Werte, Traditionen, Unabhängigkeit und Souveränität zu verteidigen wisse.[8] Zuletzt beschuldigte er die Europäische Kommission, sie finanziere seit Rumäniens EU-Beitritt ein System ähnlich dem der Geheimpolizei der 1950er Jahre.[9] Ähnliche Anschuldigungen wurden auch von Liviu Dragnea, Vorsitzender der Sozialdemokraten, vorgetragen, der die EU und die NATO beschuldigte „diesen abscheulichen Parallelstaat" zu ermutigen und zu finanzieren.[10]

Hinsichtlich dieser jüngsten Äußerungen und Handlungen ihrer rumänischen Schwesterparteien wurde keine Kritik aus den Reihen der jeweiligen europäischen Parteienfamilien, der S&D und der ALDE, laut.

Korruptionsbekämpfung

Rumänien folgt inzwischen, unter Verwendung ähnlicher Sündenböcke (dem Parallelstaat und George Soros), dem Weg, den Polen und Ungarn geebnet haben. Aus den groß angelegten Protesten des letzten Jahres zog die Regierung jedoch eine wichtige Lehre: Sie nutzt nun die Mittel der parlamentarischen Demokratie zur Unterminierung des Rechtsstaats, der Änderung der Gesetze zu ihren Gunsten, der Marginalisierung der Rolle von Richtern und der Aufwertung der des Präsidenten, alles mit dem Ziel, die Anstrengungen der Korruptionsbekämpfung zu stoppen und die Judikative zu kontrollieren.

In diesem Zusammenhang ist erwähnenswert, dass der Vorsitzende der Sozialdemokraten unter Anklage steht: In einem früheren Verfahren wurde er bereits zu zwei Jahren Haft auf Bewährung verurteilt. Gegenwärtig wartet er in einem weiteren Verfahren auf die Urteilsverkündung und wird vom europäischen Amt für Korruptionsbekämpfung OLAF

---

5   European Commission: Joint Statement of European Commission President Juncker and First Vice-President Timmermans on the latest developments in Romania, 24.1.2018, abrufbar unter: http://europa.eu/rapid/press-release_STATEMENT-18-423_en.htm (letzter Zugriff: 15.6.2018).
6   Vgl. den Beitrag „Die EU und der Europarat" in diesem Jahrbuch.
7   Europäische Kommission: Bericht der Kommission an das Europäische Parlament und den Rat über Rumäniens Fortschritte im Rahmen des Kooperations- und Kontrollverfahrens, 15.11.2017, COM(2017)751.
8   Digi 24: Tariceanu: Polonia este o tara care merita toata adminiratia, 21.12.2017, abrufbar unter: https://www.digi24.ro/stiri/actualitate/politica/taricaneu-polonia-este-o-tara-care-merita-toata-admiratia-traiti-in-romania-aproape-degeaba-849114 (letzter Zugriff: 15.6.2018).
9   Digi24: Acuzații dure la adresa Comisiei Europene făcute de Tăriceanu în fața președinților Senatelor europene, 15.6.2018, abrufbar unter: https://www.digi24.ro/stiri/actualitate/justitie/acuzatii-dure-la-adresa-comisiei-europene-facute-de-tariceanu-in-fata-presedintilor-senatelor-europene-947628 (letzter Zugriff: 15.6.2018).
10 Marc Santora/Kit Gillet: Claiming 'Parallel State' Cabal, 2018.

der Unterschlagung von EU-Mitteln beschuldigt. Zudem eröffnete das rumänische Antikorruptionsbüro allein im Jahr 2017 Ermittlungsverfahren gegen drei Minister, sechs Abgeordnete des nationalen Parlaments sowie jeweils einen ehemaligen Vorsitzenden und einen Generalsekretär der Abgeordnetenkammer wegen Bestechlichkeit.

Die rumänische Position in den Verhandlungen zum nächsten mehrjährigen Finanzrahmen

Die Verhandlungen über den mehrjährigen Finanzrahmen erzielte wenig Schlagzeilen in Rumänien und das Land spielte nur eine Nebenrolle in den Verhandlungen. Obwohl die von der Europäischen Kommission vorgeschlagenen Änderungen der Kohäsionspolitik die Höhe der europäischen Fördermittel für Rumänien im Zeitraum 2021 bis 2027 um 8 Prozent ansteigen ließe und sich somit positiv auswirken würde, könnten die Änderungen tatsächlich nur geringe Auswirkungen haben, da das Land bei der Inanspruchnahme europäischer Mittel hinterherhinkt.[11] Die Vorschläge zur Reform der Gemeinsamen Agrarpolitik wiederum würden für Rumänien eine um 10 Prozent niedrigere Mittelzuteilung bedeuten. Die Regierung hat sich bislang allerdings weder zur Kohäsionspolitik noch zur Gemeinsamen Agrarpolitik geäußert.

Eine Erklärung für diesen Mangel an Interesse ist zum einen, dass die Inanspruchnahme von EU-Fördermitteln an klare Vorschriften und Benchmarks geknüpft ist, wodurch sie für einige EU-Mitgliedstaaten weniger attraktiv sind. In seinem Jahresbericht 2017 zeigte OLAF auf, dass Rumänien weiterhin das EU-Mitglied mit den meisten Untersuchungsverfahren wegen Betrugs bei EU-Mitteln, unter anderem auch durch den Vorsitzenden der Sozialdemokraten, ist. Zum anderen erschweren die kontinuierliche Politisierung der staatlichen Verwaltung sowie unbesetzte Schlüsselpositionen in Ministerien und Agenturen die Abrufung der EU-Fördermittel.

In diesem Zusammenhang von Relevanz ist ein neues Programm der Regierung namens „National Public Development Program" mit einer Mittelausstattung von etwa 30 Mrd. rumänischen Lei (circa 7 Mrd. Euro). Die rumänische Opposition beklagte, die Mittelverwendung aus dem Fonds sei politisch motiviert, sodass nur der Regierung gegenüber loyale lokale Verwaltungen Zugang zu ihm erhielten. Dies wiederum schafft Anreize für lokale Behörden, EU-Fördermittel zu vernachlässigen, und stattdessen auf den ohne Auflagen verfügbaren Fonds zurückzugreifen.

Ein ähnlich gelagerter Fall betrifft die Jugendgarantie, ein auf die Minderung der Jugendarbeitslosigkeit gerichtetes Programm der EU. Die Implementierung der Beschäftigungsinitiative für junge Menschen, ein Bestandteil des Programms, wurde in Rumänien vernachlässigt, sodass keine hierfür eingeplanten Mittel in Anspruch genommen wurden. Die Europäische Kommission warnte in ihrem Länderbericht vor einem Rücktransfer der Mittel in das EU-Budget bei einem Ausbleiben der Mittelabrufung.[12]

---

11 Die neuesten im Februar 2018 von der Regierung veröffentlichten Absorptionsraten von EU-Mitteln liegen bei 10,07 Prozent für den Zeitraum von 2014 bis 2020. Dies liegt hinsichtlich der Einwerbung von EU-Mitteln deutlich unter dem Niveau anderer Mitgliedstaaten. Vgl. Fonduri Europene Structurale si de Investiții: Stadiul absorbției pentru programele finanțate din Fondurile Europene Structurale și de Investiții (FESI) și al plăților efectuate din Fondul European de Garantare Agricolă (FEGA) la data de 02 februarie 2018, abrufbar unter: http://www.fonduri-ue.ro/images/files/implementare-absorbtie/Stadiul_absorbtiei_PO_2014_2020_-_SITE_MADR_02.02.2018_subtotal_FESI_-final-.pdf (letzter Zugriff: 15.6.2018).
12 European Commission: Romania Country Report 2018, 7.3.2018, SWD(2018) 221 final, S. 25.

Rumäniens bevorstehende Ratspräsidentschaft

Rumänien wird im Januar 2019 den Vorsitz der rotierenden Ratspräsidentschaft in einem für die Zukunft der EU entscheidenden Moment übernehmen. Mit dem bevorstehenden Austritt des Vereinigten Königreichs aus der EU, der anhaltenden Diskussion über die Migrationskrise, dem Aufsteigen populistischer und rechtsextremer Parteien, der Wahl des Europäischen Parlaments beziehungsweise die Neubesetzung der Europäischen Kommission, dem nächsten mehrjährigen Finanzrahmen und der verfahrenen Rechtsstaatlichkeitssituation in Polen und Ungarn steht die rumänische Ratspräsidentschaft vor gewaltigen Herausforderungen.

Trotz der bevorstehenden rumänischen Ratspräsidentschaft und der hohen Anzahl der in Großbritannien lebenden und arbeitenden Rumänen, nimmt Bukarest in den Brexit-Verhandlungen eine Nebenrolle ein, positioniert sich jedoch eher zugunsten eines harten Austritts.[13] Dabei orientiert sich Rumänien vor allem an Deutschland und Frankreich, die ein britisches Rosinenpicken nach dem Austritt des Landes verhindern wollen.

Obwohl Rumänien mit Übernahme der Präsidentschaft Teil der Lösung werden sollte, ist es am wahrscheinlichsten, dass es mit den geplanten Gesetzesänderungen, auch zur Sorge Brüssels, Teil des Problem wird. Die politischen Turbulenzen in dem Land könnten ernsthafte Auswirkungen auf die europäische Agenda Rumäniens haben, obgleich schon jetzt eher unklar ist, wo die rumänischen Prioritäten während der Ratspräsidentschaft liegen werden.

Grob umrissen sind die Prioritäten Rumäniens eher allgemeiner Natur und auf das Angehen der drängendsten Fragen in den Bereichen der wirtschaftlichen Konvergenz der EU-Mitgliedstaaten, der europäischen Sicherheit, der globalen Akteursqualität der EU und die Einhaltung europäischer Werte gerichtet, wobei die rumänische Agenda hierbei unklar ist. Auch Rechtsstaatlichkeit wird mit hoher Wahrscheinlichkeit eine entscheidende Rolle spielen, da das Thema auch für Rumänien eine wichtige Frage darstellt. Abzuwarten hierbei ist insbesondere die Positionierung des Landes gegenüber Polen und Ungarn.

Ein weiteres Thema, das jüngst in den Vordergrund rückte, war die Entscheidung Rumäniens, die Botschaft des Landes in Israel von Tel Aviv nach Jerusalem umzusiedeln. Obwohl Außenpolitik eigentlich die Prärogative des Präsidenten Klaus Iohannis ist, wurde diese außenpolitische Entscheidung von Vertretern der Regierung verkündet. Der Umzug widerspricht der allgemeinen Haltung der Europäischen Union und ihrer Hohen Vertreterin für Außen- und Sicherheitspolitik. Darüber hinaus blockierte Rumänien, zusammen mit Tschechien und Ungarn, eine gemeinsame Stellungnahme der EU, die den Umzug der US-amerikanischen Botschaft nach Jerusalem verurteilen sollte.

Es bleibt abzuwarten, wie die inkonsistente Position Rumäniens gegenüber der Europäischen Union, insbesondere hinsichtlich Rechtsstaatlichkeit und Korruptionsbekämpfung, der Anstieg der EU-feindlichen Rhetorik der Regierungskoalition und das Aufbrechen des Konsens in der EU-Außenpolitik, die Ratspräsidentschaft und ihre Ziele beeinflussen wird.

Weiterführende Literatur

Alexandru Damian et al.: The Relaunch of Europe. Mapping States' Reform Interests. Country Issue: Romania, Friedrich-Ebert-Stiftung, Berlin 2018.

---

13 The Economist: Britain edges closer to a hard Brexit, 21.8.2018, abrufbar unter: https://www.economist.com/graphic-detail/2018/08/21/britain-edges-closer-to-a-hard-brexit (letzter Zugriff: 28.8.2018).

Schweden

Tobias Etzold/Charlotte Wenner

Seit Beginn des Jahres 2018 stand die schwedische Politik im Zeichen der Parlamentswahlen im September. Eines der beherrschenden Themen des Wahlkampfes war Migration und Integration von MigrantInnen und Geflüchteten. Europapolitisch blieben die Themen Migration, Sozialpolitik und Austritt des Vereinigten Königreichs aus der Europäischen Union wichtig für das Land. Die schwedische Außenpolitik wurde von der nichtständigen Mitgliedschaft im Sicherheitsrat der Vereinten Nationen (UN) geprägt.

Innen- und Migrationspolitik
Am 9. September 2018 wird in Schweden ein neuer Reichstag gewählt. In der Wahl 2014 waren die Sozialdemokraten mit 31 Prozent als Sieger hervorgegangen, die seitdem in Koalition mit den Grünen eine Minderheitsregierung unter Ministerpräsident Stefan Löfven bilden. Schon vor vier Jahren hatten die rechtspopulistischen Schwedendemokraten (SD) deutlich zugelegt und sind seither als drittstärkste Partei im Reichstag vertreten. Bereits im Vorfeld wurde prognostiziert, dass der Wahlkampf hart geführt werden würde. Außenministerin Margot Wallström rief – auch im Hinblick auf die stärker werdenden rechtspopulistischen Kräfte – dazu auf, respektvoll miteinander umzugehen und erinnerte an die Grundgedanken der Demokratie.[1]

Der Aufwärtstrend der Schwedendemokraten hält an. Im Juni 2018 lagen sie mit 20 Prozent nur noch knapp hinter der Moderaten Sammlungspartei. Auch die Sozialdemokraten verzeichnen seit der Wahl 2014 deutliche Verluste und schneiden derzeit nur knapp besser ab (circa 23 Prozent). Sie stehen vor ihrem historisch schlechtesten Wahlergebnis. Die Christdemokraten würden nach aktuellem Stand mit gerade einmal 2,6 Prozent an der 4-Prozent-Hürde scheitern.[2]

Die Sozialdemokraten sehen ihre Verluste in der dominierenden Migrationsdebatte, in der sie kaum punkten konnten. Die Moderate Sammlungspartei macht diese für eine zunehmende Polarisierung im Land verantwortlich.[3] Dennoch wird die Migrationspolitik neben der (Kranken-)Pflege das wichtigste Wahlthema bleiben und eventuell den Ausgang der Wahl entscheiden. Jimmie Åkesson, Parteiführer der Schwedendemokraten, sieht Chancen als stärkste Partei aus der Wahl hervorzugehen.[4] Ein weiterer Profiteur ist die Linkspartei, die einen hohen Wählerzufluss vor allem von den Sozialdemokraten erlebt, der auf den scharfen Kurswechsel in der sozialdemokratischen Migrationspolitik zurückzuführen ist.

1　Minister for Foreign Affairs Margot Wallström: Statement of Government Policy in the Parliamentary Debate on Foreign Affairs, 14. Februar 2018, S. 1.
2　Alle Prognosen und Statistiken zur Wahl können eingesehen werden unter: Sveriges Radio: Grafik: Svensk väljaropinion, Juni 2018, abrufbar unter: https://sverigesradio.se/sida/artikel.aspx?programid=83&artikel=6981838 (letzter Zugriff: 19.10.2018).
3　Sveriges Radio: Fortsatt motvind i opinionen för S och M, 24.6.2018.
4　SVT Nyheter: Jimmie Åkesson (SD): Det är väldigt starka siffror, 5.6.2018.

Im Mai stellte Staatsminister Löfven die zukünftige Migrationspolitik seiner Partei vor. Dabei sollen die Verschärfungen der Asylgesetze aus dem Jahre 2016 dauerhaft Politik werden. So wird zum Beispiel das Gesetz über eigene Wohnung abgeschafft werden. Asylsuchende müssen somit in Zukunft in denen von der Einwanderungsbehörde zugewiesenen Unterkünften wohnen. Auch sollen Menschen ohne Papiere keine Sozialhilfen mehr erhalten. Die Asylverfahren sollen deutlich beschleunigt werden, so dass angenommene Asylsuchende möglichst schnell Schwedisch lernen und eine Arbeit finden und abgelehnte Asylsuchende möglichst schnell ausgewiesen werden können.

In jedem Fall wird die Regierungsbildung kompliziert und langwierig werden. Da voraussichtlich weder das rot-grüne Lager noch die Allianz für Schweden eine Mehrheit bekommen, könnten die Schwedendemokraten zum Königsmacher werden. Eine passive Unterstützung einer von der Moderaten Sammlungspartei geführten Regierung durch die Schwedendemokraten würde zu einem Bruch der bisherigen bürgerlichen Allianz führen, die Vorstellungen von insbesondere Zentrumspartei und Schwedendemokraten sind zu unterschiedlich. Eine solche Regierung wäre zudem abhängig und folglich schwach und instabil. Auch ein mögliches Ausscheiden von Christdemokraten und eventuell sogar den Liberalen aus dem Parlament würde die Allianz schwächen, andererseits aber dem rot-grünen Block eine bessere Position verschaffen, der durch eine passive Unterstützung der Zentrumspartei gestärkt werden könnte.

Europapolitik

Im Wahlkampf spielte die Europapolitik nur eine untergeordnete Rolle. Die Wahlprogramme der Parteien enthielten in den meisten Fällen nur wenige Punkte hierzu, die sich meist auf bekannte Positionen bezogen. Die Schwedendemokraten fordern als einzige Partei erneut ein Referendum über die schwedische EU-Mitgliedschaft in der kommenden Legislaturperiode ähnlich dem in Großbritannien 2016. Doch selbst wenn die Schwedendemokraten in irgendeiner Form erstmals an der Regierungsbildung beteiligt sein und eine Regierung tolerieren sollten, werden sie kaum in die Position kommen, dieses Vorhaben tatsächlich durchzusetzen. Zudem findet ein Referendum und ein Austritt nur wenig Zustimmung in der Bevölkerung (nur 17 Prozent gegenüber 53 Prozent für den Verbleib).[5]

In den Verhandlungen über den mehrjährigen Finanzrahmen lehnt Schweden Erhöhungen des EU-Budgets ab.[6] Die Regierung spricht sich dagegen für eine signifikante Kürzung der Agrarsubventionen sowie der Kohäsionsfonds aus. Letztere sollten auf die Integration von MigrantInnen, die Reintegration von Menschen in den Arbeitsmarkt sowie auf die Regionen mit dem größten Bedarf konzentriert werden. Kohäsions- und Landwirtschaftspolitik sollen effektiver und einfacher gestaltet werden, außerdem die Optionen obligatorischer Kofinanzierungen durch die Mitgliedstaaten geprüft werden.[7] Stattdessen will Schweden mehr Geld für Forschung, Entwicklung und Infrastruktur ausgeben. Im Hinblick auf eine Repriorisierung des EU-Budgets übte Ministerpräsident Stefan Löfven den Schulterschluss mit Bundeskanzlerin Angela Merkel während eines Besuchs in Berlin im März 2018. Überhaupt zeigten sich beide Länder in vielen europapolitischen Fragen einig. Löfven betonte, dass Deutschland ein sehr wichtiger Partner für Schweden ist.[8]

---

5   EUobserver: Analysis: Swedish party puts EU referendums back in fashion, 19.6.2018.
6   Vgl. hierzu den Beitrag „Haushaltspolitik" in diesem Jahrbuch.
7   Bulletin Quotidien Europe: Budget. Sweden wants significant cuts to budgets for agriculture and cohesion post-2020, 7.3.2018.

In Reaktion auf die Vorschläge des französischen Präsidenten Emmanuel Macron zur Vertiefung der Eurozone[9] haben sich acht Staaten aus dem Norden Europas im März 2018 für den Zusammenhalt der EU-27 und gegen Alleingänge der Währungsunion ausgesprochen. Bemerkenswert hierbei ist der Schulterschluss der Eurozonenmitglieder Estland, Lettland, Litauen, Finnland, Irland und den Niederlanden sowie den Nicht-Euroländern Schweden und Dänemark. Sie sind sich darüber einig, dass alle Entscheidungen über eine Vertiefung der Eurozone unter Einbezug der Nicht-Euroländer getroffen werden sollten, was Schweden besonders wichtig ist. Denn wenn nur 19 von EU-27 Ländern ihre Zusammenarbeit vertiefen, besteht aus schwedischer Sicht das Risiko, dass sich seine periphere Randlage manifestiert und die Fragmentierung der Europäischen Union zunimmt. Für Schweden bringt das den Druck mit sich, sich entscheiden zu müssen.[10] Der Eurobeitritt wurde im Wahlkampf jedoch nur von der Liberalen Partei gefordert und zwar bereits 2020, spätestens 2022, ebenso wie ein sofortiger Beitritt zur Bankenunion. Die anderen Parteien lehnen den Eurobeitritt jedoch weiterhin ab (Zentrumspartei, Grüne und Christdemokraten) oder sprechen sich nicht offen dafür beziehungsweise dagegen aus (Sozialdemokraten, Moderate Sammlungspartei).[11]

Bereits kurz nach dem Brexit-Referendum hatte Löfven die Vision eines „Sozialen Europas" in den Mittelpunkt der schwedischen Europapolitik gestellt, um wieder stärker die Menschen und ihre Bedürfnisse in den Mittelpunkt zu stellen. Kernpunkte dieser Vision sind faire und sichere Arbeitsverhältnisse sowie eine breitere Beschäftigung von Frauen und jungen Menschen. Auf seine und die Initiative der Europäischen Kommission fand schließlich am 17. November 2017 ein EU-Sozialgipfel in Göteborg statt. Dieser begründete eine Säule sozialer Rechte, die vorläufig jedoch einen unverbindlichen Charakter haben.[12] Löfven betonte als Gipfelgastgeber, dass mehr Arbeitsplätze und bessere und fairere Arbeitsbedingungen nicht nur moralisch richtig sondern auch wirtschaftlich klug seien. Er hob den Mehrwert europäischer Zusammenarbeit auch in diesem Feld hervor, da man so gemeinsam sowohl die Lebensbedingungen der Menschen verbessern als auch die Wirtschaft stärken könne.[13] Löfven sah darin auch eine Chance, klassische Mitte-Links-Themen auf der politischen Agenda wieder nach oben zu rücken und mit diesen Angeboten dem wachsenden Rechtspopulismus in Europa etwas entgegen zu setzen.[14]

Hinsichtlich einer europäischen Migrations- und Asylpolitik, für deren Stärkung sich Schweden seit langem vehement ausspricht, stellt die schwedische Regierung klare Forderungen an die Europäische Union und deren Mitgliedstaaten: Mehr Länder sollen Verantwortung übernehmen und innerhalb der Union solle die Verteilung von Flüchtlingen möglichst ausgewogenen sein. Dies fordern auch die Moderaten. Hinsichtlich der europäischen Asyl- und Migrationspolitik steht die schwedische Regierung nach wie vor auf einer Linie wie die deutsche. Die inneren Grenzkontrollen, die von der Europäischen Union vorerst bis November 2018 genehmigt sind, sollen weiterhin beibehalten und halbjährlich auf ihre Effizienz überprüft werden.

---

8   Die Bundeskanzlerin: Pressekonferenz von Bundeskanzlerin Merkel und dem schwedischen Ministerpräsidenten Löfven, 16.3.2018.
9   Vgl. hierzu den Beitrag „Frankreich" in diesem Jahrbuch.
10 Tobias Wikström: Tysk koalition kommer att pressa Sverige, in: Dagens Industri, 8.2.2018.
11 Partiernas ståndpunkter: Europa och EU, abrufbar unter: https://partiguiden.nu/amnen/europa (letzter Zugriff: 19.10.2018).
12 Vgl. hierzu den Beitrag „Beschäftigungs- und Sozialpolitik" in diesem Jahrbuch.
13 Frankfurter Allgemeine Zeitung: Europa will soziale Spaltung überwinden, 17.11.2017.
14 Stephen Brown: The Swede putting the ‚social' back in democracy, in: Politico, 15.11.2017.

Im Juni 2018 erteilte die schwedische Regierung ihre Zustimmung zum Bau der in der Europäischen Union umstrittenen Ostseegaspipeline Nordstream 2, die durch die schwedische Ausschließliche Wirtschaftszone führen soll. Zwar blieb die Regierung bei ihrer skeptischen Haltung gegenüber dem Projekt, das aus ihrer Sicht den Zielen der europäischen Energieunion widerspreche. Sie führte jedoch an, dass sie sowohl gemäß nationalem als auch internationalem Recht keine Handhabung gehabt hätte, der Verlegung nicht zu zustimmen,[15] da insbesondere keine Umweltprüfung negativ ausgefallen war.

Außen- und Sicherheitspolitik

Schweden hatte im Juli 2018 zum zweiten Mal den Vorsitz im UN-Sicherheitsrat inne. Der Fokus im schwedischen Programm liegt vorwiegend auf den Themen Internationales Recht, Menschenrechte, Geschlechtergleichstellung und Humanitäre Hilfe. Dafür sollen internationale Kooperationen vertieft werden insbesondere im Hinblick auf die Stärkung von Frauen, vor allem in Krisengebieten und eine Inklusionspolitik, bei welcher die Zivilgesellschaft nicht nur in beratender Funktion Teil hat. Zusätzlich wurde auf Schwedens Initiative hin das erste Mal in UN-Resolutionen auf die Relationen von Klimawandel und Sicherheit sowie von Hunger und Konflikten eingegangen.[16]

Durch die im vergangenen Herbst herrschende „Me-Too"-Debatte fühlt sich die schwedische Regierung bestätigt, dass eine feministische Außenpolitik notwendig ist. Die Arbeit zum Beispiel zur wirtschaftlichen Stärkung von Frauen in Saudi-Arabien und dem Iran oder zum Anstoß einer öffentlichen Debatte über die Rolle von Vätern in Ruanda trägt Früchte und soll weitergeführt werden. Auch in Zukunft möchte Schweden auf internationaler Ebene eine enge Nachbarschaftskooperation führen. Besonderen Fokus erhalten Sicherheit und Nachhaltigkeit in Nordeuropa und dem Baltikum. Der Dialog mit Russland soll auf Feldern gleicher Interessen, wie Klimawandel, Handel oder Katastrophenschutz, aufrechterhalten bleiben. Gleichzeitig verurteilt die schwedische Regierung weiterhin die Annexion der Krim und russische Verletzungen Internationalen Rechts.

Fazit und Ausblick

Der Ausgang der Parlamentswahlen ist komplett offen. Das Mitte-links sowie das bürgerliche Lager liegen in Umfragen Kopf an Kopf und sind beide von einer eigenen Mehrheit im Parlament weit entfernt. Die rechtspopulistischen Schwedendemokraten werden mit circa 20 Prozent das beste Wahlergebnis ihrer Geschichte einfahren. Aufgrund dieser Ausgangslage ist mit schwierigen und langwierigen Verhandlungen über eine Regierungsbildung zu rechnen. Europapolitisch wird es für die neue Regierung darum gehen, als Nicht-Eurozonenmitglied innerhalb einer Europäischen Union der verschiedenen Geschwindigkeiten nicht abgehängt zu werden.

Weiterführende Literatur

Daniel Kochis: Russian Aggression, Rising Crime Rates Could Factor in Swedish Elections. The Heritage Foundation, 21.02.2018, abrufbar unter: https://www.heritage.org/europe/commentary/russian-aggression-rising-crime-rates-could-factor-swedish-elections (letzter Zugriff: 12.11.2018).

Anna Stellinger/Oscar Wåglund Söderström: Comment: For Sweden, EEA is least risky post-Brexit option, 5.6.2018.

---

15 Deutsche Wirtschaftsnachrichten: Schweden erteilt Genehmigung für Nordstream 2, 9.6.2018.
16 Ministry of Foreign Affairs: Sweden in the UN Security Council, 2018.

Slowakei

Marta Králiková[*]

Entgegen dem aufkommenden Euroskeptizismus in Mitteleuropa steht die slowakische Regierung einer tieferen Integration des Kerns der Europäischen Union in einem Europa der verschiedenen Geschwindigkeiten positiv gegenüber.[1] Schlüsselbereiche, in denen die Slowakei weitreichende Integration befürwortet, sind Fiskal- und Währungsunion, der Schutz der Schengen-Grenzen, die Stärkung der gemeinsamen Verteidigungspolitik und die Erweiterung der Europäischen Union. Gleichzeitig ist die slowakische Regierung mit der Politik der Europäischen Union in anderen Bereichen nicht zufrieden. Beispiele hierfür sind Lösungen in Fragen der Migration nach Europa, der neue mehrjährige Finanzrahmen (MFR) sowie soziale Fragen wie die Qualitätsunterschiede bei Lebensmitteln oder die Entsendung von Arbeitern innerhalb der Europäischen Union.

Unruhen in der Slowakei: Europäische Werte sind in Gefahr

Bis zum Frühling 2018 wurde die Slowakei als Ausnahme in der Gruppe der Visegrád-Länder gesehen, da keine illiberalen Tendenzen auf nationaler Ebene wahrgenommen wurden. Die Tötung des Investigativ-Journalisten Ján Kuciak und seiner Verlobten am 21. Februar 2018 hat die größten zivilen Proteste seit der ‚Samtenen Revolution' 1989 ausgelöst. Die Anschuldigungen korrupter Verbindungen zwischen der Regierungspartei SMER-Social Democracy (SD), Firmengruppen und der italienischen Mafia, zu denen auch Kuciak recherchierte[2], identifizieren Korruption, Staatsvereinnahmung, selektive Justiz und Medienfreiheit als die drängendsten Themen, die die zivilen Unruhen auslösten. Diese Unruhen waren letztendlich für den Rücktritt des Premierministers Róbert Fico und des Innenministers Róbert Kaliňák verantwortlich. Die Koalition blieb trotzdem an der Macht, nun angeführt von Ficos ehemaligem Stellvertreter Peter Pellegrini. Die Anschuldigungen der Korruption und der falschen Nutzung von EU-Geldern im Agrarsektor wurden von einer Sondermission des Europäischen Parlaments im März 2018 bestätigt und sind zur weiteren Untersuchung an das Europäische Amt für Betrugsbekämpfung (OLAF) weitergeleitet worden.[3]

Die geopolitische Positionierung der Slowakei bleibt nach wie vor ein Streitpunkt zwischen den nationalen Parteien. Aufgrund dieser Uneinigkeit hat der slowakische Präsident am 23. Oktober 2017 dem damaligen Premierminister Róbert Fico und dem

---

[*] Übersetzt aus dem Englischen von Jana Schubert und Gustav Spät.
[1] Euractiv: Fico ends coalition crisis, insists Slovakia should stick to EU's core, 16.8.2017, abrufbar unter: https://www.euractiv.com/section/central-europe/news/fico-ends-coalition-crisis-insists-slovakia-should-stick-to-eus-core/ (letzter Zugriff: 1.7.2018).
[2] The Slovak Spectator: Italian mafia in Slovakia. Tentacles reaching out to politics. 28.2.2018. abrufbar unter: https://spectator.sme.sk/c/20770432/italian-mafia-in-slovakia-tentacles-reaching-out-to-politics.html (letzter Zugriff: 1.7.2018).
[3] Europäisches Parlament: Report on the ad hoc delegation to Slovakia, 7.–9.3.2018, abrufbar unter: http://www.europarl.europa.eu/cmsdata/140001/Ad%20hoc%20delegation%20to%20Slovakia_report_20180313.pdf (letzter Zugriff: 1.7.2018).

Parlamentspräsidenten Andrej Danko vorgeschlagen, in einer Erklärung die europäische Integration und die NATO uneingeschränkt zu unterstützen.[4] Angesichts schwindender politischer Einigkeit in diesen Bereichen war dies ein wichtiges Zeichen, um die geopolitische Positionierung der Slowakei zu unterstreichen. Eine positive Entwicklung stellten die vom Ministerium für Außen- und Europapolitik initiierten „We are the EU"-Versammlungen (#MySmeEU) dar, die die Rolle der Europäischen Union besser kommunizieren und der öffentlichen Diskussion zur Zukunft der Europäischen Union dienen sollten.[5]

Europapolitische Positionen

Die Slowakei begrüßt die Deutsch-Französische Kooperation zur Vertiefung der europäischen Integration in Bereichen wie der Währungsunion und der Verteidigungspolitik. Als vollwertiges Mitglied der Eurozone unterstützt es deren Vertiefung und Stabilisierung (etwa durch den Europäischen Stabilisationsmechanismus ESM) sowie die Vollendung der Bankenunion. Auch die deutsch-französische Initiative, eine gemeinsame Finanzierung und Entwicklung militärischer Infrastruktur voranzutreiben, aus der die Ständige Strukturierte Zusammenarbeit (SSZ) hervorging, wurde positiv aufgenommen. Die Slowakei ist seit deren Etablierung im November 2017 Mitglied der SSZ. Für die Slowakei bedeutet die SSZ nicht nur einen weiteren Schritt in Richtung effizienterer Reaktion der Europäischen Union auf Herausforderungen auf globaler Ebene und in der europäischen Nachbarschaft, sondern sie ist auch eine Gelegenheit, die eigenen Streitkräfte zu stärken und zu modernisieren. In sozio-ökonomischen Angelegenheiten konnte die Slowakei ebenso Erfolge verbuchen. So wurden Qualitätsunterschiede bei Lebensmitteln, die von osteuropäischen Mitgliedstaaten aufgedeckt und während der slowakischen Ratspräsidentschaft problematisiert wurden, von der Europäischen Kommission verboten.[6] Das Treffen der Visegrád-Staaten mit dem französischen Präsidenten Macron im April 2018 erleichterte die Abstimmung der slowakischen Position zur Reform der Entsenderichtlinie, die im Mai 2018 beschlossen wurde, mit der Position anderer EU-Staaten.

Kritisch sieht die slowakische Regierung hingegen den Vorschlag der Europäischen Kommission für den nächsten MFR von 2021 bis 2027. Vor allem die Einsparungen in der Kohäsionspolitik und der Gemeinsamen Agrarpolitik (GAP) zu Gunsten neuer Prioritären wie etwa Migration, Grenzschutz, Sicherheit oder Forschung und Entwicklung werden mit Skepsis betrachtet. Trotz der Tatsache, dass die Slowakei ein Nettoempfänger bleibt, werden die finanziellen Mittel aus dem Kohäsionsfonds aufgrund der relativen Angleichung der slowakischen Wirtschaftsleistung an den europäischen Durchschnitt abnehmen.[7] Bezüglich des Vorschlags, die Vergabe von EU-Fördermitteln an die Einhaltung rechts-

---

4 The Office of the President of the Slovak Republic: Declaration of the President, the Chair of the Parliament and the Prime Minister about the EU and NATO, Pressemitteilung, 23.10.2017, abrufbar unter: https://www.prezident.sk/en/article/vyhlasenie-prezidenta-predsedu-narodnej-rady-a-predsedu-vlady-k-eu-a-nato/ (letzter Zugriff: 1.7.2018).

5 Ivan Korčok: Slovakia did not hesitate to start its national EU convention, 10.4.2018, abrufbar unter: https://www.euractiv.com/section/future-eu/opinion/slovakia-did-not-hesitate-to-start-its-national-eu-convention/ (letzter Zugriff: 1.7.2018).

6 Euractiv: EU bans dual quality food after pressure from eastern members, 12.4.2018, abrufbar unter: https://www.euractiv.com/section/agriculture-food/news/eu-bans-dual-quality-food-after-pressure-from-eastern-members/ (letzter Zugriff: 1.7.2018).

7 Radka Minarechová: How will the new EU budget impact Slovakia? 10.5.2018, abrufbar unter: https://spectator.sme.sk/c/20822996/how-will-the-new-eu-budget-impact-slovakia.html (letzter Zugriff: 1.7.2018).

staatlicher Prinzipien zu knüpfen, hat sich die Slowakei grundsätzlich positiv geäußert. Jedoch hat die Regierung Einwände gegenüber der unklaren und vagen Formulierung dieser Prinzipien sowie der unklaren Befugnisse der Europäischen Kommission hervorgebracht. Sie befürchtet eine selektive Nutzung der Regeln.[8] Außerdem sieht die Slowakei das Verknüpfen von Teilen des Kohäsionsfonds mit dem neuen Reformhilfeprogramm kritisch. Dieses soll grundlegende Reformen im Rahmen des Europäischen Semesters unterstützen. Obwohl die Slowakei den erhöhten Anreiz zur Reformdurchführung durch ein solches Instrument anerkennt, möchte die Regierung den Fokus weiterhin auf die Ziele Konvergenz und Verringerung von regionalen Unterschieden legen.[9]

Das von der Europäischen Kommission ausgelöste Rechtsstaatlichkeitsverfahren nach Art. 7 EUV, das in Anbetracht der Entwicklungen in Polens Rechtssystem ausgelöst wurde, wird ebenfalls mit Skepsis gesehen. Die Slowakei erkennt an, dass die Rechtsstaatlichkeit in Polen überwacht werden muss, sieht ein Verfahren nach Art. 7 EUV jedoch als äußersten Schritt an, der erst nach Ausschöpfung aller Dialogmöglichkeiten mit Polens Regierung gegangen werden sollte.[10]

Antworten auf europäische Herausforderungen

Die Slowakei bleibt nach wie vor ein strikter Gegner des von der Europäischen Kommission im Jahr 2015 vorgeschlagenen Quotensystems zur Verteilung von Geflüchteten, die in Italien oder Griechenland angekommen sind. Der Europäische Gerichtshof hat die Klage von Ungarn und der Slowakei gegen die Europäische Kommission im Dezember 2017 abgewehrt und der Kommission und ihren Entscheidungen Recht gegeben. Auch wenn die Slowakei 16 der von der Kommission für die Slowakei vorgeschlagenen Quote von 902 Geflüchteten aufgenommen hat, bleibt die Regierung bei ihrer ablehnenden Haltung.[11] Die slowakische Regierung befürwortet alternative Lösungsvorschläge wie eine bessere Überwachung der EU-Außengrenzen und Unterstützung für die Heimatländer der Geflüchteten. Aus diesem Grund steht sie der Institutionalisierung der Unterstützung für EU-Partner in Afrika und europäische Nachbarn durch den neu eingerichteten Fonds für Nachhaltige Entwicklung, der bereits während der slowakischen Ratspräsidentschaft vorangetrieben wurde, positiv gegenüber. Mit dem österreichischen Kanzler Sebastian Kurz, der deutschen Christlich-Sozialen-Union (CSU) in der deutschen Bundesregierung und mit Frankreich sieht die Slowakei einen größeren Spielraum für mehr Konvergenz in Fragen der Migration.

---

8 Ministry of Foreign and European Affairs of the Slovak Republic: Preliminary position to the Proposal for a regulation of the European Parliament and of the Council on the protection of the Union's budget in case of generalised deficiencies as regards the rule of law in the Member States (auf Slowakisch), Abrufbar unter: https://www.slov-lex.sk/legislativne-procesy/-/SK/dokumenty/LP-2018-300 (letzter Zugriff: 1.7.2018).
9 Zuzana Gabrižová: Slovensko nepodporí pilotnú schému presmerovania eurofondov na reformy, 7.5.2018, abrufbar unter: https://euractiv.sk/section/buducnost-eu/news/slovensko-nepodpori-pilotnu-schemu-presmerovania-eurofondov-na-reformy/ (letzter Zugriff: 1.7.2018).
10 Ministry of Foreign and European Affairs of the Slovak Republic: Preliminary position proposal to the Proposal for a Council decision on the determination of a clear risk of a serious breach by the Republic of Poland of the rule of law (auf Slowakisch), Abrufbar unter: https://www.slov-lex.sk/legislativne-procesy/-/SK/dokumenty/LP-2018-79 (letzter Zugriff: 1.7.2018).
11 Cynthia Kroet: ECJ rejects Slovakia, Hungary refugee challenge, 6.9.2017, abrufbar unter: https://www.politico.eu/article/ecj-rejects-slovakia-hungary-refugee-challenge/ (letzter Zugriff: 1.7.2018).

Die Außenpolitik der Europäischen Union

Die slowakische Position ist in wichtigen außenpolitischen Themen, wie etwa dem Syrienkrieg, Beziehungen mit dem Iran, Russland, der Ukraine oder dem westlichen Balkan, eng mit der gesamteuropäischen Position abgestimmt. Als traditioneller Befürworter der EU-Erweiterung sieht die Slowakei diese als Mittel zur Stabilisierung und Modernisierung von Beitrittskandidaten und als strategische Investition in ein sicheres und stabiles Europa, insbesondere angesichts der Herausforderungen, vor denen die Europäische Union innen- und außenpolitisch steht. Vor diesem Hintergrund unterstützt die Slowakei die Europäische Kommission in ihrem Vorschlag, die Beitrittsverhandlungen mit Mazedonien und Albanien zu eröffnen. Außerdem sieht die slowakische Regierung den Fortschritt in den Beitrittsverhandlungen mit Montenegro und Serbien positiv und unterstützt eine klare und glaubhafte Beitrittsoption für die Kandidatenländer. Die Kooperation mit Ländern des westlichen Balkans im Rahmen der vom ‚Centre for Transferring Experience from Integration and Reforms' (CETIR) initiierten Entwicklungshilfe wird von der slowakischen Regierung begrüßt und aktiv unterstützt. Hinsichtlich der Beitrittsgespräche mit der Türkei teilt die Regierung die Bedenken der Europäischen Kommission in Bezug auf die Erfüllung der Kopenhagener Kriterien sowie die Kritik an der Menschenrechtslage und am anhaltenden Ausnahmezustand, der politische und zivile Rechte einschränkt.

Weiterführende Literatur:

Europäische Kommission: Commission Staff Working Document: Country Report Slovakia 2018,7.3.2018, KOM(2018) 120 final.

Grigorij Mesežnikov/Oľga Gyárfášová: Slovakia's Conflicting Camps, in: Journal of Democracy (3)29/2018, S. 78–90.

Oľga Gyárfášová: The Winter of Our Discontent, In: Visegrad Insight, 27.5.2018.

The Office of the President of the Slovak Republic: The President's Statement on the State of the Republic. 13.06.2018, abrufbar unter: https://www.prezident.sk/en/article/prezidentova-sprava-o-stave-republiky-potrebujeme-pravny-stat/ (letzter Zugriff: 1.7.2018).

Slowenien

Marko Lovec*

Im Juni 2018 fanden Parlamentswahlen in Slowenien statt. Aus diesen ging die konservative Slowenische Demokratische Partei (SDS) zwar mit einer relativen Mehrheit der Stimmen als Gewinnerin hervor. Die Parteien aus dem Mitte-Links-Spektrum, die insgesamt die meisten Stimmen auf sich vereinigten, weigerten sich allerdings, eine Koalition mit der SDS einzugehen. Die abgewählte Regierungskoalition, bestehend aus der Partei des modernen Zentrums (SMC), den Sozialdemokraten (SD) und der Demokratischen Pensionistenpartei Sloweniens (DeSUS), hatte im letzten Jahr ihrer Amtszeit mit internen Blockaden und geringen Zustimmungswerten zu kämpfen, mit der Folge, dass Strukturreformen und Investitionen ausblieben.

Die Europäische Union als nebensächliches Wahlkampfthema

Die Europäische Union spielte im Wahlkampf, wenn überhaupt, eine untergeordnete Rolle.[1] Zu den von der Europäischen Kommission angemahnten Maßnahmen zur Verbesserung des Haushaltsdefizits und den geforderten Strukturreformen, etwa im Bereich des Rentensystems, gaben die meisten Parteien nur allgemeine Lippenbekenntnisse ab. Vor dem Hintergrund des dritthöchsten Wirtschaftswachstums in der Europäischen Union und der somit anhaltend guten Wirtschaftslage legten die Parteien den Fokus ihrer Wahlversprechen eher auf Steuererleichterungen und neue Staatsausgaben. Rechte Parteien machten dagegen Stimmung gegen Migranten, etwa indem sie auf die Kosten aufzunehmender Asylbewerber verwiesen. Angesichts der geringen Anzahl an Migranten, die in Slowenien Asyl beantragen, fallen diese Kosten jedoch kaum ins Gewicht.

Im Rahmen konkreter Debatten über die Zukunft der EU sprachen sich die Parteien der Mitte für einen Verbleib im Kern der Union aus. Gleichzeitig wurden Forderungen nach mehr Souveränität und Flexibilität laut, wohingegen die Kürzung des Gemeinschaftshaushalts und die Erhöhung der Kofinanzierung von Unionsausgaben keine Rolle spielten. In den Verhandlungen über den nächsten mehrjährigen Finanzrahmen der EU lehnte die slowenische Regierung Kürzungen von Ausgaben in der Kohäsions- und der Landwirtschaftspolitik ab. Im Vergleich zu früheren Wahlen fand eine Ausdifferenzierung der politischen Positionen zur EU statt.[2] Sowohl aus dem rechten als auch dem linken Spektrum wurden zudem europaskeptische Aussagen sowie mögliche Alternativen zur EU für Slowenien formuliert.

---

* Übersetzt aus dem Englischen von Jana Schubert und Jakob Speier.
1 Marko Lovec/Sabina Lange: Kako izvoliti evropsko politiko po meri Slovenije, in: Večer 26.5.2018.
2 Lovec/Lange: Kako izvoliti, 2018.

Tiefpunkt der slowenisch-kroatischen Beziehungen

Im Juni 2017 verkündete der Ständige Schiedshof seine Entscheidung über den Grenzverlauf zwischen Slowenien und Kroatien in der Bucht von Piran.[3] Kroatien hatte den Prozess 2015 unilateral unter Verweis auf eine angebliche Beeinflussung des Tribunals durch Slowenien aufgekündigt und weigerte sich weiterhin, die Entscheidung anzuerkennen. Deutschland und einige kleinere Mitgliedstaaten der Europäischen Union unterstützten Sloweniens Forderung, Internationales Recht einzuhalten. Der Großteil der Mitgliedstaaten, die Europäische Kommission und vor allem die Vereinigten Staaten nahmen eine neutrale Position ein, was teilweise als Legitimierung der Position Kroatiens verstanden wurde. In der Folge reagierte Slowenien im September 2017 mit einem Veto gegen den Beitritt Kroatiens zur Organisation für wirtschaftliche Zusammenarbeit und Entwicklung (OECD) und kündigte ein weiteres Veto zum Beitritt Kroatiens zum Schengenraum an mit der Begründung der Verletzung Internationalen Rechts. Auch vor dem Gerichtshof der Europäischen Union strengte Slowenien 2018 eine Klage wegen Verletzungen des Vertrages der Europäischen Union durch Kroatien an. Der anhaltende Streit über den Grenzverlauf ist nur einer der vielen Reibungspunkte in den kroatisch-slowenischen Beziehungen, die nunmehr auf einne historischen Tiefpunkt erreicht haben.

Innenpolitische Stabilität, aber wenig Fortschritt bei bestehenden Aufgaben

Auch innenpolitisch war das letzte Amtsjahr der Koalitionsregierung von den ungelösten Aufgaben der Vorjahre gekennzeichnet. Die größten Herausforderungen betrafen dabei die Reform des Gesundheitssystems, das von Streiks und Korruption geprägt ist. Zwar hat die Regierung die Staatsausgaben für das Gesundheitssystem erhöht, doch bleiben tiefgreifende, strukturelle Reformen aus. Dies resultiert teils aus koalitionsinternen Unstimmigkeiten und teils aus der mächtigen Lobby der Gesundheitsverbände. Angesichts einer alternden Gesellschaft, unzureichender Finanzierung und Missmanagement steht das Gesundheitswesen somit vor gewaltigen Herausforderungen.[4]

Eine weitere Herausforderung besteht in der geplanten, 1,4 Mrd. Euro teuren Investition in die Schienenanbindung des Mittelmeerhafens Koper, die von der Europäischen Kommission und der Europäischen Investitionsbank gefördert wird.[5] Das Projekt stieß wegen mangelnder Transparenz und befürchteter Korruption auf Widerstand in Teilen der Bevölkerung und der Oppositionspartei SDS. Ferner wurden die intransparenten bilateralen Verhandlungen mit Ungarn kritisiert. Die Gegner der Zugtrasse starteten eine Unterschriftenpetition und erreichten, dass im September 2017 ein Referendum über die Durchführung abgehalten wurde. Allerdings erklärte ein Gericht das Referendumsergebnis wegen unlauterer Einmischung durch die Regierung für ungültig und ordnete eine Wiederholung an. Auch im zweiten Anlauf im Mai 2018 scheiterte das Referendum. Zu diesem Zeitpunkt war die federführende Regierung allerdings schon nicht mehr im Amt.

Im Gesamtrückblick ihrer Amtszeit konnte die abgewählte Regierung außer einer Rückkehr zu politischer Stabilität und einem konstanten wirtschaftlichen Wachstum, auch während der turbulenten Phasen der Eurozonenkrise zwischen 2009 und 2014 sowie der Migrationskrise 2015, daher keine signifikanten Ergebnisse erzielen.

---

3   Permanent Court of Arbitration: Arbitration Between the Republic of Croatia and the Republic of Slovenia, 29.06.2017, abrufbar unter: https://pcacases.com/web/view/3 (letzter Zugriff: 7.6.2018).
4   Marko Lovec: Slovenia country profile. Nations in Transit 2018, abrufbar unter: https://freedomhouse.org/report/nations-transit/2018/slovenia (Letzter Zugriff: 7.6.2018).
5   Lovec: Slovenia country profile, 2018.

Ein zunehmendes Gefühl der Abhängigkeit von der EU

Zentralen Themen der europäischen Integration wie die Vollendung der Sozialunion sowie der Fiskal- und Bankenunion, ebenso wie die Verhandlungen zum Austritt Großbritanniens aus der Europäischen Union, wurden nur sporadische Aufmerksamkeit zuteil. In der Außenpolitik waren die beherrschenden Themen die tektonischen Verschiebungen in der geopolitischen Lage, insbesondere die Drohung Donald Trumps, Importzölle zu erheben und die Sanktionen der Europäischen Union gegen Russland als Reaktion auf den Giftangriff auf Sergej Skripal und dessen Tochter.

Der drohende Protektionismus der USA löste gewisse Sorgen in Slowenien aus. In der Wirtschafts- und Finanzkrise, welche Slowenien hart getroffen hatte, zeigte sich die Verwundbarkeit kleiner, offener Volkswirtschaften. Seit 2014 befand sich die slowenische Wirtschaft allerdings wieder im Aufschwung. In den Jahren 2017 und 2018 verzeichnete das Land sogar eine der am stärksten wachsenden Volkswirtschaft der ganzen Europäischen Union, mit zeitweiliger Vollbeschäftigung.[6] Trotzdem ist die slowenische Staatsverschuldung auf einem weiterhin hohen Niveau und viele der neu geschaffenen Arbeitsplätze entstehen in prekären Beschäftigungsverhältnissen.

Im Fall Skripal schlug Slowenien einen anderen Weg ein als die meisten EU-Mitgliedstaaten. Ähnlich wie Luxemburg verzichtete Slowenien auf die Ausweisung russischer Diplomaten, sondern zog lediglich kurzzeitig seinen Botschafter aus Moskau ab. Da Russland kein wichtiger Handelspartner für slowenische Unternehmen ist, wurde die Mitte-Links-Regierung und insbesondere Außenminister Karel Erjavec (DeSUS) wegen dieser vergleichsweise schwachen Reaktion und eine allzu russlandfreundliche Außenpolitik kritisiert.

Die zunehmende Instabilität von außerhalb und die Streitigkeiten innerhalb der EU verstärken die strategische Bedeutung, die der Europäische Integration in Slowenien beikommt. Insbesondere die Rolle Deutschlands als Garant für die liberale Demokratie in Europa und der Welt sowie als strategischer Partner Sloweniens wurde immer deutlicher. Ein Großteil des slowenischen Wirtschaftswachstums hängt von der Exportwirtschaft ab, welche wiederum auf die deutsche Wirtschaftskraft angewiesen ist. So verblasste das Bild des deutschen Spardiktats nicht nur, sondern wurde gar gelobt. Ähnliches ist für die einst ablehnende Haltung Sloweniens gegenüber der Asyl- und Migrationspolitik, insbesondere während der Migrationskrise, zu konstatieren, an die heute nur noch der Stacheldrahtzaun an der Grenze zu Kroatien erinnert. Das Vertrauen in die Europäische Union nahm somit wieder zu und die Regierungskoalition unter Führung der SMC bekannte sich deutlich zu der slowenischen EU-Mitgliedschaft. Slowenien beteiligte sich zudem an diversen europapolitischen Initiativen wie der Ständigen Strukturierten Zusammenarbeit (SSZ).[7] Slowenien unterstützt außerdem aktiv die weitere Annäherung des Westbalkans, einer Region mit strategischer Bedeutung für das Land, an die Europäische Union.

---

6 Institute for Macroeconomic Analyses and Development: Slovenian economic mirror, 18.5.2018, arufbar unter: http://www.umar.gov.si/fileadmin/user_upload/publikacije/eo/2018/3-2018/SEM_0318_splet.pdf (letzter Zugriff: 7.6.2018).

7 Slovenian Press Agency: Slovenia confirmed for two PESCO EU defence projects. 6.3.2018, abrufbar unter: https://english.sta.si/2490016/slovenia-confirmed-for-two-pesco-eu-defence-projects (Letzter Zugriff: 7.6.2018).

Keine Veränderungen nach der Wahl

Bereits 2017, weit vor dem Beginn des eigentlichen Wahlkampfs, nutzten die Parteien der Regierungskoalition jede Gelegenheit, sich von der SMC, der stärksten Partei der Koalition, zu distanzieren, um die Aussichten für die bevorstehenden Wahlen zu verbessern.

Im Oktober und November 2017 fanden zunächst die Präsidentschaftswahlen statt. Diese entschied der bisherige Amtsinhaber Borut Pahor für sich, der trotz der Unterstützung der SD und der DeSUS als unabhängiger Kandidat auftrat.[8] Während der Wahl zeichnete sich das schlechte Abschneiden der Kandidaten etablierter Parteien ab, wohingegen der Politikneuling Marjan Šarec einen Überraschungserfolg erzielte. Šarec, Bürgermeister der mittelgroßen Stadt Kamnik, verlor erst in der zweiten Runde der Wahl knapp gegen den wiedergewählten Amtsinhaber Pahor. Mit dem Rückenwind aus der Präsidentschaftswahl gründete er die Liste Marjan Šarec (LMS), die zu den Parlamentswahlen in 2018 antrat. Prompt wurde die Liste eine der beliebtesten Parteien, was die tiefe Krise der etablierten Parteien verdeutlichte.

Im April 2018 trat der Premierminister und Vorsitzende der SMC, Miro Cerar, kurz vor Ende seiner Amtszeit nach anhaltender Kritik aus Opposition und den eigenen Reihen zurück. Daraufhin wurden die Parlamentswahlen um einen Monat vorgezogen. Im Zentrum des Wahlkampfs stand die Rivalität der die Umfragen anführenden SDS unter Janez Janša und dem Rest der Oppositionsparteien, die eine Koalition mit der SDS ablehnten. Begründet wurde dies mit den Reformvorstellungen der SDS für Polizei, Judikative, Zivilgesellschaft und Medien nach dem Vorbild Ungarns, die Slowenien auf den Weg zu einer illiberalen Demokratie geführt hätten. Während des Wahlkampfs erhielt die SDS dann auch Spenden von Unternehmen, die der Fidesz-Partei Viktor Orbáns nahestehen. Bedingt durch die Unzufriedenheit der Wahlbevölkerung mit der Regierung lag die Wahlbeteiligung bei gerade einmal 52 Prozent.

Die SDS gewann die Wahl mit 25 Prozent der Stimmen, zweitstärkste Kraft wurde die LMS mit 13 Prozent, dahinter folgten gleichauf die SD und die SMC mit jeweils 10 Prozent. Die Linke (Levica) erreichte 9 Prozent, die Partei Alenka Bratušeks 5 Prozent, DeSUS ebenfalls 5 Prozent und die Slowenische Nationale Partei (SNS) 4 Prozent.[9] Wegen der verweigerten Koalitionsbildung seitens der Opposition wird die SDS trotz ihrer relativen Mehrheit nicht die Regierung stellen können. Die Alternative, eine fragmentierte Mitte-Links-Regierung, wird vermutlich weitere intrakoalitionäre Blockaden und Instabilität für die Zukunft bedeuten. Bereits vor den Wahlen wurden Forderungen nach einer pro-europäischen Koalition, bestehend aus Parteien mit Einfluss auf europäischer Ebene, laut, um europäische Herausforderungen proaktiv anzugehen. Aufgrund der kontroversen Rolle der SDS und der Fragmentierung der restlichen Stimmen erscheint die Koalitionsbildung allerdings unrealistisch.

Weiterführende Literatur

European Commission: Key finding of the country report for Slovenia, abrufbar unter: https://ec.europa.eu/slovenia/sites/slovenia/files/final-porocilo_slovenija_2018_en_v1.1_web_3.pdf (letzter Zugriff: 18.7.2018).

Marko Lovec et al.: The Relaunch of Europe. Mapping Member States' Reform Interests. Country Issue: Slovenia, Friedrich-Ebert-Stiftung, Berlin 2018.

---

[8] State Elections Commission: presidential elections 2017, abrufbar unter: https://www.volitve.gov.si/vp2017/#/rezultati (letzter Zugriff: 7.6.2018).

[9] State Elections Commission: Early parliamentary elections 2018, abrufbar unter: http://www.dvk-rs.si/index.php/si/ (letzter Zugriff: 7.6.2018).

Spanien

Laia Mestres/Eduard Soler i Lecha[*]

Spanien erlebte zuletzt, insbesondere mit der Krise in Katalonien, eine politische und soziale Achterbahnfahrt. Die Verurteilung der konservativen Partei (Partido Popular) wegen eines massiven Korruptionsskandals im Mai 2018 änderte die politische Dynamik grundlegend. Mittels eines Misstrauensvotums durch den Vorsitzenden der spanischen Sozialistischen Arbeiterpartei Pedro Sánchez, unterstützt von der linkspopulistischen Podemos sowie den baskischen und katalanischen Regionalparteien, wurde Mariano Rajoy des Amtes enthoben. Weitere dominante Themen waren der Terrorismus und der Feminismus. In der touristischen Hochsaison wurde Barcelona Ziel eines islamistisch motivierten Anschlags, während die baskische Terrorvereinigung ETA nach 59 Jahren bewaffneten Kampfs ihre Auflösung verkündete. Nie da gewesene Streiks und Demonstrationen gegen Diskriminierung, häusliche Gewalt und ungleiche Bezahlung offenbarten von der konservativen Regierung ungelöste soziale Unzufriedenheit. Zusammengefasst wurde Rajoy Opfer einer sich rasch wandelnden politischen Großwetterlage. Sein Absturz wird das politische Gleichgewicht Spaniens und seine Position in der EU nachhaltig beeinflussen.

Katalonien monopolisiert die politische Agenda – aber für wie lang?
Im Jahr 2017 provozierte die katalanische Regierung mittels eines Unabhängigkeitsreferendum eine politische Krise. Das spanische Verfassungsgericht hatte das Referendum zuvor für illegal erklärt und die Bürger aufgerufen, nicht daran teilzunehmen. Diese Herausforderung und die Reaktionen darauf hatten eine starke europäische Dimension,[1] denn Europa stellte eine politische Priorität der sezessionistischen und anti-sezessionistischen Bewegungen dar. Die katalanische Regierung organisierte weltweit und in Europa Veranstaltungen, um für Unterstützung für die eigene Sache zu werben. Dabei hofften sie, von der EU als unabhängiger Staat anerkannt zu werden und ihr schließlich beitreten zu können. Die spanische Regierung wiederum versuchte, dem Narrativ der Unabhängigkeitsbewegung entgegenzutreten und in manchen Fällen ihre Veranstaltungen zu behindern.

Europa war zudem von strategischer Bedeutung für die Unabhängigkeitsbewegung: Wie sich im Nachhinein herausstellte, sollte über die EU und ihre Mitgliedstaaten Druck auf die spanische Regierung ausgeübt werden, um ein von beiden Seiten getragenes Unabhängigkeitsreferendum auszuhandeln. Das Scheitern dieses Vorhabens wird im Lager der Separatisten als taktischer Fehler gewertet, der zum Scheitern ihres Strategieplans beitrug.

Eine starke europäische Dimension des Konflikts entfaltet sich durch die Aufforderung des Präsidenten des Europäischen Rats Donald Tusk an den katalanischen Präsidenten, nicht die Unabhängigkeit auszurufen, um einen friedlichen Dialog zu ermöglichen. Dies war entscheidend bei der Verschiebung der Unabhängigkeitserklärung um einige Wochen.[2]

---

[*] Übersetzt aus dem Englischen von Jana Schubert und Jakob Speier.
[1] Josep Ramoneda: Europa y la cuestión catalana, in: El País, 30.3.2018.

Schließlich begann mit der Ausrufung der Unabhängigkeit durch das katalanische Parlament ein langwieriger juristischer Prozess mit einer zentralen Rolle für Europa. Auf Basis eines Senatsbeschlusses wurde die katalanische Autonomie ausgesetzt, woraufhin mehrere Politiker der Region, unter ihnen der Präsident, nach Brüssel flohen. Daraufhin forderte Spanien mehrere Länder – Belgien, Deutschland und Großbritannien – zur Auslieferung der Geflohenen auf. Während die ausbleibende Unterstützung vonseiten der EU zur Verringerung des traditionellen EU-Enthusiasmus der katalanischen Nationalisten beitrug,[3] rief das juristische Nachspiel in spanischen Regierungskreisen Missgunst gegenüber der EU und einigen Mitgliedstaaten hervor. Abzuwarten bleibt, ob die politischen Veränderungen in Madrid und Barcelona sowie die Ermüdung der Bevölkerung die freigesetzten Dynamiken rückgängig machen können oder ob diese Bestand haben.

Wirtschaftliche Erholung und ein Ministerium im Umbruch

Die spanische Wirtschaft erreichte 2017 Vorkrisenniveau. Gemessen am Bruttoinlandsprodukt (BIP) pro Kopf zog Spanien an Italien vorbei (38.285 Euro in Spanien, 38.140 Euro in Italien) und gehört damit zu den seit 2015 am schnellsten wachsenden entwickelten Volkswirtschaften.[4] Die Einhaltung des EU-Kriteriums eines Haushaltsdefizits von weniger als 3,1 Prozent des BIP ebnete den Weg für ein Ende der Brüsseler Aufsicht. Sozialpolitisch gab es weniger Anlass für Optimismus. Die Arbeitslosenquote liegt bei über 16 Prozent, die Einkommensungleichheit ist im EU-Vergleich signifikant und die wirtschaftliche Erholung kam FacharbeiterInnen, jungen Menschen und RenterInnen kaum zugute.

Das spanische Wirtschaftsministerium wechselte im Frühjahr 2018 gleich zweimal den Minister. Der erste Wechsel erfolgte nach der Ernennung Luis de Guindos zum Vizepräsident der Europäischen Zentralbank. Er wurde durch Román Escolano ersetzt. Dessen dreimonatige Amtszeit war gerade ausreichend, um einen Reformvorschlag für die Eurozone einzubringen, welcher weniger ambitioniert als der seines Vorgängers De Guindos ein Jahr zuvor ausfiel. Mit der Unterstützung der Vorschläge Frankreichs hatte die spanische Regierung 2017 einen Eurozonenhaushalt mitsamt einer Reihe von Reformen, darunter ein geteiltes Budget zur Krisenbekämpfung, eine europäische Arbeitslosenversicherung, die Einführung von Eurobonds sowie eines Eurofinanzministers und die Vollendung der Bankenunion gefordert. Der verwässerte Vorschlag des neuen Ministers verzichtete auf Eurobonds und EU-Finanzminister und forderte statt eines Eurozonenhaushalt nur eine von der Europäischen Investitionsbank gestützte Fazilität zur Krisenbekämpfung.[5]

Mit der Ablösung der konservativen Regierung ernannte der neue Premierminister Pedro Sánchez die bisherige Generaldirektorin für Haushaltsplanung der Europäischen Kommission, Nadia Calviño, im Juni 2018 zur neuen Wirtschaftsministerin. Dies brachte der Regierung umgehend Zustimmung in Brüssel ein, da diese Nominierung eine glaub-

---

2 Daniel Boffey: Don't make dialogue impossible, Donald Tusk tells Carles Puigdemont, in: The Guardian, 10.10.2017.
3 Ariane Aumaitre: Four graphs about Catalonia and citizens' attitudes towards the EU, abrufbar unter: http://blogs.lse.ac.uk/eurocrisispress/2017/11/17/four-graphs-about-catalonia-and-citizens-attitudes-towards-the-eu/ (letzter Zugriff: 17.6.2018).
4 Antonio Maqueda: Spaniards now wealthier than Italians (but only according to the IMF), in: El País, 20.4.2018
5 Spanish Ministry of Economy, Industry and Competitiveness: Spanish position on the Strengthening of EMU, 20.04.2018, abrufbar unter: http://www.mineco.gob.es/stfls/mineco/comun/pdf/Spanish_position_on_strengthening_EMU.pdf (letzter Zugriff: 05.06.2018); Claudi Pérez: España renuncia a pedir los eurobonos y un Tesoro europeo en la reforma del euro, in: El País, 23.04.2018.

würdige Differenzierung von Italien zeigte.⁶ Calviños Hauptaufgabe wird die Verteidigung spanischer Interessen in den Verhandlungen über den nächsten mehrjährigen Finanzrahmen sein, zu einer Zeit, in der Spanien erstmals Netto-Beitragszahler werden könnte. Die roten Linien des spanischen Ministeriums (konservativ wie sozialistisch) waren die Unterstützung der Gemeinsamen Agrarpolitik ohne einen Kofinanzierungsmechanismus und die Förderung der Kohäsionspolitik unter Einbezug neuer Strukturvariablen, welche langfristiges Wachstum erschweren, wie etwa die Jugendarbeitslosigkeit und demographische Entwicklungen.⁷ Die sozialistische Regierung scheint die in der deutsch-französischen Erklärung von Meseberg vorgestellten Reformvorschläge für die Eurozone zu unterstützen und somit zu den traditionellen Ambitionen Spaniens in dieser Hinsicht zurückzukehren.

Spaniens Interesse an einem möglichst sanften Brexit
Obwohl Spanien mit dem britischen Ausscheiden seinen Platz im Kern Europas weiter konsolidiert, liegt ein sanfter Brexit in Spaniens Interesse.⁸ Die bilateralen Beziehungen sind ökonomisch und sozial derart komplex, dass ein schlechtes Abkommen ein Risikopotential für Madrid birgt: Großbritannien ist drittgrößter Bruttoinvestor in Spanien und steht an zweiter Stelle der Empfänger spanischer Bruttoinvestitionen. Die Bevölkerung der Länder ist nicht nur durch Tourismus, sondern auch durch die Vielzahl von Ausgewanderten in beiden Ländern verbunden. Junge Spanier zieht die Hoffnung einer beruflicher Zukunft nach London, britische Rentner hingegen die Sonne an die Mittelmeerküste.

Die Gibraltarfrage ist ein höchst sensibles Thema in den bilateralen Beziehungen. Spaniens Vorschlag, die Souveränität des Felsens zu teilen und Gibraltar dadurch den Verbleib in der Union zu ermöglichen, nahm die britische Regierung äußerst schlecht auf. Die EU bot Spanien ein Vetorecht während der Übergangszeit und nach dem britischen Austritt in allen Gibraltar betreffenden Entscheidungen an. Das spanische Außenministerium nahm von dieser Lösung jedoch Abstand, um eine gemeinsame Lösung für die 10.000 Spanier zu finden, die täglich ihren Lebensunterhalt auf Gibraltar verdienen.⁹

In den Brexitverhandlungen unterstützt Spanien alle Schritte des Chefverhandlers Michel Barnier. Madrid begrüßte die Anstrengungen, die effektive Ausübung der Unionsbürgerrechte zu sichern, insbesondere das Bleiberecht für Unionsbürger, deren Kinder und Partner, im Vereinigten Königreich und umgekehrt. Auf Antrag der spanischen Regierung beinhalten die Verhandlungen auch einen Verweis auf die Koordinierung der Sozialversicherungssysteme in der EU und der gegenseitigen Anerkennung von Qualifikationen.¹⁰

Schließlich hat der potentielle Brexit auch direkte Auswirkungen auf Spanien. So konnte Barcelona nicht den Auswahlprozess für die Ansiedlung der aus London umziehenden Europäischen Agentur für Arzneimittel für sich entscheiden. Zwar galt Barcelona nie als Favorit, doch hinterließ der Ausgang bei spanischen und katalanischen Behörden einen

---

6   Michael Stothard: Hola Brussels, in: Financial Times, 05.06.2018.
7   Spanish Ministry of Economy, Industry and Competitiveness: Spanish position on the Multiannual Financial Framework post-2020. A financial framework for a stronger Europe, 12.02.2018, abrufbar unter: https://cor.europa.eu/Documents/Migrated/Events/Spanish-position-on-the-MMF-post-2020.pdf (letzter Zugriff: 05.06.2018).
8   Carme Colomina: Spain and EU's Post-Brexit Realignments: A new core role for Spain, in: Opinión CIDOB, nº 512, 1.2.2018, hier S. 1.
9   Javier Casqueiro: Spain treads softly on Gibraltar despite EU veto win, in: El País, 2.1.2018.
10 Congreso de los Diputados: Comparecencia del señor secretario de estado para la Unión Europea, Jorge Toledo Albiñana, para informar con carácter previo del Consejo Europeo de los días 22 y 23 de marzo de 2018, 27/2018, 21. März 2018, S. 7.

bitteren Nachgeschmack.[11] Während manche die katalanische Unabhängigkeitsbewegung für das Ausscheiden verantwortlich machen, gestanden sich die meisten ein, dass Spanien bereits fünf Europäische Agenturen beheimatet, darunter die bereits in Barcelona ansässige Agentur für Kernfusion in der Energiegewinnung. Zudem wird Spanien durch das Ausscheiden britischer EU-Abgeordneter fünf zusätzliche Mandate erhalten, wodurch der ungleiche Verteilung von Parlamentssitzen unter den Mitgliedstaaten entgegengewirkt wird, die große Staaten wie Frankreich oder Spanien benachteiligt.

Außenpolitik und Migration

Die sechsjährige Amtszeit Rajoys war von außenpolitischer Kontinuität geprägt, wohingegen der international erfahrene Sánchez gewillt zu sein scheint, sich stärker der internationalen Agenda anzunehmen.

Es besteht ein weitverbreiteter Konsens, dass Spanien bedingt durch die innenpolitischen Krisen längere Zeit unter seinen außenpolitischen Möglichkeiten blieb. Im Jahr 2018 gab es allerdings Anzeichen, bilateralen Beziehungen mit Algerien, Tunesien und der Türkei eine neue Dynamik einzuhauchen. Den hochsensiblen bilateralen Beziehungen mit Marokko konnte indes nicht zu einem stärkeren politischen Dialog verholfen werden. Der geplante Staatsbesuch des spanischen König musste aufgrund der schlechten gesundheitlichen Verfasstheit des marokkanischen Königs zweimal abgesagt werden. Die Beziehungen zu Marokko vereinten 2017 und 2018 eine bilaterale Komponente (hauptsächlich Zusammenarbeit von Polizei und Nachrichtendiensten) und eine europäische Komponente in Form des ab 2019 geplanten neuen Fischereiabkommens. Dessen Verhandlungen wurden durch ein Urteil des Europäischen Gerichtshof verkompliziert, wonach ein mögliches Abkommen nicht die Gewässer der Westsahara umfassen dürfe.[12] Ein Hauptanliegen Spaniens in den Beziehungen zu Marokko waren die Migrationsströme, die 2018 im Vergleich zum Vorjahr wieder deutlich angestiegen waren. Migrationspolitisch scheint die neue sozialistische Regierung jedoch bereit zu mehr Engagement. Dies zeigte sich etwa in der Landungserlaubnis für das Schiff Aquarius, das 600 Migranten in der Straße von Sizilien gerettet hatte, aber dem das Anlaufen italienischer Häfen verboten worden war.[13]

Die neue Regierung hat innenpolitisch wie auch in Europa hohe Erwartungen geweckt. Berlin und Paris sehen Spanien als essentiellen Verbündeten, um die europäische Integration zu stärken, insbesondere da sich Italien vom Kern Europas abzuwenden scheint. Ob sich diese Konstellation verfestigen und möglicherweise gar um Portugal erweitern wird, bleibt abzuwarten. Spanien jedenfalls versucht seinen Wert als (unerwarteter) Anker der Stabilität in einer Zeit großer Turbulenzen für Europa zu beweisen.

Weiterführende Literatur

Elisa Lledó: Más España en Europa, in: Comentario Elcano 25/2017, 1.6.2017.
Laia Mestres et al.: The Relaunch of Europe. Mapping Member States' Reform Interests. Country Issue: Spain, Friedrich-Ebert-Stiftung, Berlin 2018.
António Raimundo/Laia Mestres: Iberia: Portugal and Spain, in: Tim Oliver (Hrsg.), Europe's Brexit. EU Perspectives on Britain's Vote to Leave, Newcastle upon Tyne 2018, S. 173-192.

---

11 ARA: Barcelona and the European Medicines Agency: the lessons of failure, 22.11.2017.
12 Benjamin Fox: Morocco fisheries pact must not include Western Sahara, EU Court confirms, 27.02.2018, abrufbar unter: https://www.euractiv.com/section/economy-jobs/news/morocco-fisheries-pact-must-not-include-western-sahara-eu-court-confirms/ (letzter Zugriff: 25.06.2018).
13 Vgl. hierzu die auch den Beitrag „Italien" in diesem Jahrbuch.

Tschechische Republik

Volker Weichsel

Europa ist im Umbruch. Knapp drei Jahrzehnte nach der Osterweiterung des Raums von Rechtsstaatlichkeit und Demokratie, die zur Aufnahme von elf ostmittel- und südosteuropäischen Staaten in die Europäische Union in den Jahren 2004 bis 2011 führte, stellen in nahezu allen EU-Mitgliedstaaten politische Kräfte jene Ordnung in Frage, die Europa seit 1989 und die westliche Mitte des Kontinents schon lange zuvor geprägt hat. Der Austritt Großbritanniens ist nur das augenfälligste Beispiel dafür, wie das Misstrauen in die institutionalisierte Zusammenarbeit in einem Staatenverbund mit geteilter Souveränität gewachsen ist. In allen Staaten der Europäischen Union gibt es politische Kräfte, die, wenn sie nicht ebenfalls den Austritt ihres Landes aus der EU fordern, so doch ihre Ideen und Interessen mit solcher Unbedingtheit vertreten sehen wollen, dass ein Ausgleich nicht mehr möglich scheint.

Was für die zwischenstaatliche Ebene gilt, trifft in gleichem Maße für die innerstaatliche zu. Hier sind es Ungarn und Polen, wo seit 2010 beziehungsweise 2015 politische Kräfte an der Macht sind, die mit einer Zentralisierung der Macht, mit der Einschränkung wenn nicht Abschaffung der Gewaltenteilung, mit einer gezielten Beschädigung des politischen Wettbewerbs, mit der Schaffung von Feindbildern zum Zwecke der Mehrheitsbildung die Grundfesten von Demokratie und Rechtsstaatlichkeit erschüttert haben.[1] Diese sind nicht bloß schmückende Attribute der EU-Mitgliedstaaten. Sie sind Ausdruck eines gelebten Politikverständnisses, das grundlegend für eine zwischenstaatliche Ordnung ist, die mehr ist als eine Ansammlung brüchiger Ad-hoc-Koalitionen zwischen miteinander rivalisierenden Nationalstaaten.

Europapolitische Positionen

Wo steht in diesem Tableau die Tschechische Republik? Sie ist kein Bollwerk der Demokratie und kein Hort der Enthusiasten der europäischen Integration. Gesamteuropäische Strömungen machen vor der Grenzen der Tschechischen Republik nicht halt. Mit dem einstigen Ministerpräsidenten und Staatspräsidenten Václav Klaus hatte sie einen prominenten Fundamentalkritiker der europäischen Integration in höchsten Staatsämtern. Als sein Nachfolger amtiert seit 2012 Miloš Zeman, der jene Politik der Polarisierung betreibt, die auch den Politikstil des seit Anfang 2017 amtierenden US-amerikanischen Präsidenten kennzeichnet.[2] Das Parteiensystem, das in Demokratien zentral für die Aggregierung von Interessen und die Legitimierung politischer Macht ist, befindet sich in Tschechien seit vielen Jahren in einer schweren Krise. Diese hat sich bei den letzten Wahlen verschärft. Neun Parteien sind ins Parlament eingezogen, bei 18 möglichen Regierungskoalitionen gelang über Monate keine Regierungsbildung.

---

1 Vgl. hierzu auch die Beiträge „Polen" und „Ungarn" in diesem Jahrbuch.
2 Vgl. hierzu auch den Beitrag „Die EU und die USA" in diesem Jahrbuch.

Ministerpräsident wurde – zunächst geschäftsführend, erst acht Monate nach der Wahl aufgrund der Tolerierung durch die Kommunistische Partei auch mit einer Parlamentsmehrheit ausgestattet – mit Andrej Babiš ein Großunternehmer, der an der Spitze einer klassischen Oligarchenpartei steht: Die Zahl der Mitglieder seiner Partei Akce nespokojených občanů (Aktion unzufriedener Bürger, ANO) ist klein, Medien in der Hand des Unternehmers spielten eine wichtige Rolle im Wahlkampf, der Agrofert-Konzern, aus dem er sich nur formal zurückgezogen hat, finanziert verdeckt die Partei. Vor allem ist die parlamentarische Immunität für Babiš von großer Bedeutung. Der Ministerpräsident hat Probleme mit der tschechischen Justiz und auch das Europäische Amt für Betrugsbekämpfung OLAF hat ein Auge auf ihn gerichtet.

All dies findet in der Europapolitik seinen Ausdruck. Präsident Zeman, der lange von sich behauptete, ein Befürworter der Europäischen Union zu sein, hat alle Hüllen fallen lassen und sucht zum Zwecke der Gegenmachtbildung die Nähe zu Russland, das an einer Schwächung des Zusammenhalts in der Europäischen Union arbeitet. Innenpolitisch führt er einen permanenten Machtkampf, in dem er sich vor allem in Sachen Vergangenheitspolitik und Migrationspolitik antideutscher Rhetorik bedient. Besonders den integrationsfreundlichen Flügel seiner ehemaligen Partei, die Sozialdemokraten, bekämpft er heftig.

In das Parlament ist mit der Partei Svoboda a přímá demokracie (Freiheit und Demokratie, SPD) eine nationalpopulistische Kraft ins Parlament eingezogen. Zweitstärkste Kraft ist die nationalliberale Demokratische Bürgerpartei (Občanská demokratická strana, ODS) geworden, die seit Ende der 1990er Jahre erklärt, die europäische Integration laufe den Interessen der kleinen Mitgliedstaaten zuwider. Erstmals stützt sich die neue Regierung auf die Kommunistische Partei, die älteste EU-kritische Partei des Landes. Das integrationsoffene Lager ist in fünf Parteien christdemokratischer und sozialliberaler Couleur gespalten, die zusammen nur über 75 der 200 Mandate im tschechischen Abgeordnetenhaus verfügen.

Geradezu gemäßigt erscheint, insbesondere wenn man die Politik der Regierungen in Polen und Ungarn mit in den Blick nimmt, das Programm des neuen Ministerpräsidenten Babiš. Flexibilität, Pragmatismus und Effizienz sind die Eigenschaften, mit denen er für sich wirbt, nicht Kompromisslosigkeit bei der Verteidigung angeblicher nationaler Werte. Die ANO hat kein ausgearbeitetes europapolitisches Programm, und Babiš erklärte stets, er werde pragmatisch für die tschechischen Belange in der EU eintreten, statt einen Grundsatzkonflikt über die Verfasstheit der Europäischen Union zu führen.

Asylpolitik: Schulterschluss der Visegrád-Staaten

Wie schwankend jedoch die konkrete Auslegung dieser Haltung ist, trat zuletzt deutlich in jener Frage zu Tage, die die europäische Politik seit drei Jahren wie keine andere prägt: der Asyl-, Migrations- und Flüchtlingspolitik. Als Ende Juni 2018 wenige Tage vor einem regulären Gipfeltreffen der Staats- und Regierungschefs der EU auf Initiative Deutschlands ein Sondergipfel zu dieser Frage einberufen wurde, stellte sich für die Tschechische Republik die Frage: teilnehmen oder nicht teilnehmen? Sollte sie ihre Position am Verhandlungstisch einbringen oder durch Abwesenheit zum Ausdruck bringen? Während Polen und Ungarn sofort eine „Politik des leeren Stuhls" verkündeten, schloss der tschechische Ministerpräsident zunächst die Reise nach Brüssel nicht aus. Schließlich entschied er nach einem Treffen der vier Visegrád-Staaten, dass er im Verbund mit den anderen ostmitteleuropäischen Staaten dem Treffen fernbleibt. Als Ausdruck von Interessenpolitik in einer Sachfrage wird man dies nicht deuten können. Das benachbarte Österreich, das die gleiche Position vertritt wie Prag – Externalisierung des Problems durch Abwehr der schutzsuchenden Menschen an den Grenzen – nahm an dem Gipfel teil. Als rein parteipolitischen Schachzug wird man den Schritt auch nicht deuten können: Babiš berief eigens den nationalen Sicherheitsrat ein, der über die Frage diskutierte.[3] Vielmehr sah sich die tschechische Regierung vor eine Wahl zwischen zwei schlechten Alternativen gestellt. Weder möchte sie Teil eines von Brüssel entfremdeten Raums zwischen Ostsee und Adria sein, in dem Polen und Ungarn den Ton angeben, noch möchte sie sich einem von Deutschland und Frankreich dominierten Kerneuropa anschließen.

Ohnmacht als Strategie?
So betrachtet die überwiegende Zahl der politischen Akteure in Prag den europäischen Kontinentaldrift, die Entstehung von Räumen unterschiedlichen Rechts, mit Sorge und einem Gefühl der Ohnmacht. Doch eine Politik, die dem entgegenwirkt, ist aus Prag nicht zu erwarten. Denn die tschechische Politik fühlt sich ohnmächtig und macht sich dadurch ohnmächtig. Vor allem aber ist die Rhetorik der Ohnmacht eine Legitimitätsstrategie. Auf europäischer Ebene verleiht sie Ansprüchen Geltung, indem sie Interessenverhandlungen zu Machtverhandlungen erklärt. Im System der Europäischen Union spiegeln sich in Interessenverhandlungen die asymmetrischen Größenverhältnisse zwischen den europäischen Gesellschaften, und die europäischen Institutionen, die Kommission und das Europäische Parlament haben ein Mitspracherecht. In Machtverhandlungen ist jeder Staat gleich. Die Rhetorik der Ohnmacht, die wahrlich kein ausschließlich tschechisches Phänomen ist, ist daher eine Forderung nach Vetorechten, nach einem Europa der Nationalstaaten. Wenige in Prag geben noch zu, dass dies trügerisch ist: Halten sich die großen Staaten nicht mehr an diese Regeln der Europäischen Union, kehren sich die Verhältnisse um, dann schwächt Machtpolitik die kleineren Staaten. Daher hat die Rhetorik der Ohnmacht vor allem auch eine innenpolitische Funktion. Wer sie in Tschechien verwendet, spricht ein im kollektiven Bewusstsein tief verankertes Gefühl an. Dieses wurzelt in der Deutung des Habsburgerreichs – jenes europäischen Zusammenhangs, in dem die tschechische Nationalbewegung im 19. Jahrhundert entstand – als Völkerkerker. Sie fand ihre historische Bestätigung, als 1938 die europäischen Großmächte in München über das Schicksal der Tschechoslowakei entschieden und der Prager Gesandte vor den Türen des Braunen Hauses in München auf das Ergebnis der Verhandlungen zu warten hatte. Viele Jahrzehnte hat die tschechische Gesellschaft mit diesem Trauma gelebt. Ende der 1990er Jahre sah es so aus, als hätte sie es in ihrer Mehrheit überwunden, als würden die überwiegende Zahl der Mitglieder dieser Gesellschaft anerkennen, dass sich Deutschland und Europa seit den 1930er Jahren fundamental gewandelt haben. Dieses Pendel ist in den vergangenen Jahren zurückgeschlagen.[4] Ganz gleich, ob man die Geschichte als Ursache für das in den letzten Jahren erneut erstarkte Gefühl der Ungleichbehandlung betrachtet, oder in ihm nur die rhetorische Hülle sieht, in die sich dieses Gefühl kleidet, ganz gleich auch, ob man dem Gefühl aufgrund der europäischen Entwicklung der vergangenen Jahre eine Berechtigung zuschreibt oder es

---

3   Siehe dazu Jakub Eberle: Česká zahraniční politika: zmatení a nezájem,29.6.2018, abrufbar unter: https://a2larm.cz/2018/06/ceska-zahranicni-politika-zmateni-a-nezajem(letzter Zugriff: 20.9.2018).
4   Als Beleg für den Umschwung mag die Reaktion von Ministerpräsident Babiš auf eine Rede Angela Merkels dienen, in der sie in einem alljährlichen Ritual auf dem sudetendeutschen Tag wiederholte, was bereits in der gemeinsamen deutsch-tschechischen Erklärung von 1997 festgehalten wurde. Im Jahr 2018 erklärte Babiš, Merkels Worte seien „absolut inakzeptabel". Sudeťácký strašák znovu vylézá ze šumavských bažin. Povolal ho Babiš po projevu Merkelové, aktualne.cz, 21.6.2018.

mit Argumenten zurückweist: Fakt ist, dass die Wahrnehmung, man sei ohnmächtig und würde ungleich behandelt, die tschechische Europapolitik und vor allem die innertschechische Auseinandersetzung über die Europapolitik prägt.

Weiterführende Literatur

Volker Weichsel: Demokratie in der Schwebe. Die Parlamentswahlen in Tschechien 2017, in: Osteuropa 9-10/2017, S. 31–49.

Jan Kovář/Jakub Eberle: Macron, Merkel a české zájmy při reformě EU. Institute of International Relations, Prague 2018.

Ungarn

Heiko Fürst

Die öffentlichkeitswirksamste Figur des politischen Lebens in Ungarn war im vergangenen Jahr ein ausländischer Staatsbürger: der amerikanische Investor George Soros. Die von ihm finanzierten Institutionen und deren Leitbild einer liberalen „offenen Gesellschaft" waren der regierenden Fidesz-Partei ein Dorn im Auge. Die Bekämpfung dieses Gedankenguts stand prominent im Lichtkegel der Wahlkampfpropaganda. Zur Legitimation diente der Regierung die Erfindung einer großen Verschwörungserzählung mit Soros als vermeintlich zentralem Strippenzieher. Der Förderer vieler zivilgesellschaftlicher Organisationen in Osteuropa verfolge einen heimlichen Plan zur Umvolkung Europas, bei dessen Umsetzung er sich der EU („Brüssel") als Erfüllungsgehilfin bediene. Als Gegenmaßnahme hielt die Regierung im Herbst 2017 hierzu eine ihrer gewohnt tendenziösen Nationalen Konsultationen ab. Im Wahlkampf plakatierte sie großflächig mit Soros' Konterfei und der Aufschrift, Soros solle nicht als Letzter lachen. Die Propaganda war so erfolgreich, dass nach einer Erhebung des Umfrageinstituts Policy Agenda zwei Drittel der Wahlberechtigten der unzutreffenden Behauptung Glauben schenkten, George Soros trete mit einer eigenen Partei bei den ungarischen Parlamentswahlen an.[1] Nach einem überwältigenden Wahlsieg verabschiedete Fidesz schließlich das entsprechende Anti-Soros-Gesetzespaket.

Der übermächtige antimagyarische Strippenzieher

Im Juli 2016 hatte der gebürtige Ungar George Soros in einem Meinungsbeitrag im Magazin Foreign Policy konstatiert, die Flüchtlingskrise habe fremdenfeindliche und nationalistische Bewegungen in ganz Europa gestärkt. Dies zerstöre Vertrauen und führe zur Desintegration Europas. Statt zusammen an Lösungen zu arbeiten, verschanzten sich die Länder hinter eigennützigen Migrationspolitiken zu Lasten ihrer Nachbarn. Es bedürfe aber einer umfassenden, gemeinschaftlichen Lösung, um eine Katastrophe abzuwenden. Soros entwickelte hierfür sieben Ansatzpunkte.[2] Ungarns regierende Fidesz-Partei als Vorreiterin nationaler Blockadepolitik erklärte Soros daraufhin zum „schamlosen politischen Akteur" mit einer „radikalen politischen Agenda", die er auf der ganzen Welt auch gegen den Willen der lokalen Bevölkerung durchsetzen wolle.[3] Der Soros-Plan, so Ministerpräsident Viktor Orbán auf einer Fraktionssitzung, sei die eigentliche Gefahr, und „Brüssel" wolle diesen Plan umsetzen.[4]

---

1 Richárd Szilágyi: A pirézek után a Soros-párt létezésében is hisznek a magyarok, 29.1.2018, abrufbar unter: https://zoom.hu/hir/2018/01/29/a-pirezek-utan-a-soros-part-letezeseben-is-hisznek-a-magyarok/ (letzter Zugriff: 24.6.2018).
2 Siehe George Soros: This Is Europe's Last Chance to Fix Its Refugee Policy, in: Foreign Policy, 19.7.2016, abrufbar unter: http://www.foreignpolicy.com/ (letzter Zugriff: 13.6.2018).
3 So Regierungssprecher Zoltán Kovács: Why do we say 'Stop Soros'? Just ask the people of the United Kingdom, 9.2.2018, abrufbar unter: http://abouthungary.hu/blog/why-do-we-say-stop-soros-just-ask-the-people-of-the-united-kingdom/ (letzter Zugriff: 28.2.2018).
4 Nemzeti konzultáció lesz a Soros-tervről, 13.9.2017, abrufbar unter: http://www.origo.hu/itthon/20170913-fidesz-frakcio-orban-viktor.html (letzter Zugriff: 24.6.2018).

Bei der damit einhergehenden Kampagne handele es sich um eine „Frage von Leben und Tod für Ungarn."[5]

Auf europäischer Ebene wehte Ungarn weiterhin ein schroffer Wind entgegen. Mitte Mai leitete die Europäische Kommission den nächsten Schritt im 2015 gestarteten Vertragsverletzungsverfahren wegen Ungarns Asyl- und Migrationspolitik ein. Die Situation, so die Kommission, habe sich durch die Gesetzesanpassung vom März 2017 weiter verschlechtert. In der Kritik standen die Art der Asylverfahren, die illegale Zurückweisung von Migranten in Drittstaaten und die Nichteinhaltung der Europäischen Menschenrechtscharta bei der Aufnahme von Flüchtlingen.[6] Einen Monat später kündigte Migrationskommissar Dimitris Avramopoulos Sanktionen gegen Polen, Ungarn und Tschechien wegen ihrer Weigerung zur Aufnahme von Flüchtlingen nach der Verteilungsquote an.[7] Die Klage gegen die Quote, die Ungarn und die Slowakei Ende 2015 angestrengt hatten, wies der Europäische Gerichtshof Anfang September ab. Dennoch kündigte Ministerpräsident Orbán an, Ungarn werde die Quote nicht umsetzen. Die gleichgeschalteten ungarischen Medien rügten das Urteil als politisch, und Außenminister Péter Szijjártó ergänzte, die Entscheidung vergewaltige das europäische Recht.[8] Im Dezember erklärte die Europäische Kommission, sie werde Ungarn wegen fehlender Umsetzung der Verteilungsquote und wegen der Änderung des Hochschulgesetzes vor dem Europäischen Gerichtshof verklagen.[9] Die Anpassung des Hochschulgesetzes behindert den Weiterbetrieb der von der Soros-Stiftung gegründeten renommierten Central European University (CEU). Trotz drohender hoher Strafzahlungen zeigte sich Regierungschef Orbán kämpferisch. Kooperationsangebote der Opposition zur Modifikation des Hochschulgesetzes lehnte er ab.

Bei der Nationalen Konsultation wurden die unliebsamen Entscheidungen der Europäischen Union mit dem kosmopolitischen Anliegen von Soros vermengt und in einer national aufgeladenen Atmosphäre zur Abstimmung gestellt. Selbst der frühere Stellvertreter Orbáns als Ministerpräsident und heutige EU-Kommissar, Tibor Navracsics, stellte ausdrücklich klar, die EU verfolge keinen Soros-Plan und die Konsultation sei reiner Wahlkampf.[10] Das Instrument Nationaler Konsultationen wurde seit 2011 sieben Mal eingesetzt, hat keinerlei Verbindlichkeit, wird in der Regel propagandistisch genutzt und verschlang bis Juni 2017 acht Mrd. Forint (ca. 25 Mio. Euro) Steuergelder.[11] Erreicht wird in erster Linie das Lager der Fidesz-Anhänger, dessen Themen auch ausschließlich gesetzt werden.[12] Entsprechend stimmten im Ergebnis der Soros-Konsultation durchschnittlich 97,9 Prozent der Teilnehmer den Soros- und EU-kritischen Positionen zu.[13]

---

5   Frankfurter Allgemeine Zeitung: Soros' Kampagne gegen Orbán, 2.12.2017.
6   European Commission – Press release: Commission follows up on infringement procedure against Hungary concerning its asylum law, abrufbar unter: http://europa.eu/rapid/press-release_IP-17-1285_EN.htm (letzter Zugriff: 13.6.2018).
7   Nikolaj Nielsen/Eszter Zalan: Czech Republic, Hungary, Poland face EU sanctions on migrants, in: EUobserver, 13.7.2017; für länderspezifische Informationen siehe die Beiträge „Polen" und „Tschechische Republik" in diesem Jahrbuch.
8   Nemzeti konzultáció, 2017; Frankfurter Allgemeine Zeitung: Ungarn und Slowakei müssen Flüchtlinge aufnehmen, 7.9.2017.
9   Eszter Zalan: Commission takes Orban's Hungary to court, in: EUobserver, 7.12.2017; zur rechtlichen Bewertung der Änderung des Hochschulgesetzes siehe den Beitrag „Die Europäische Union und der Europarat" in diesem Jahrbuch.
10 Eszter Zalan: Orban stokes up his voters with anti-Soros 'consultation', in: EUobserver, 22.11.2017.
11 Népszava: Marad a nemzeti manipuláció, 2.6.2017.
12 So der Politologe Attila Juhász in: Ákos Zoltai: Nagy nemzeti manipuláció, in: Népszava, 6.6.2017.

Ungarn und der Brexit

Den geplanten Austritt Großbritanniens aus der EU nutzte die Fidesz-Regierung für eine Vermengung der im Vorfeld zu klärenden spezifischen Fragen mit generellen Vorbehalten gegen unliebsame Politiken der Gemeinschaft (insbesondere in der Flüchtlingspolitik). Gleichzeitig nahm sie den Brexit zum Anlass, die Finalitätsdebatte neu aufleben zu lassen. Hier positionierte sich Ungarn gegen weitere Integration in Richtung Politischer Union. Der Brexit, so Staatssekretär Zoltán Kovács, sei eine Lehrstunde, und Ungarn werde gegen die Bürokraten aus Brüssel unerbittlich kämpfen.[14] Unmittelbar vor dem Frühjahrstreffen des Europäischen Rats im März 2018 veröffentlichte Ministerpräsident Orbán auf Facebook eine Videobotschaft, in der er Ungarns Unterstützung für die Souveränität Großbritanniens zum Ausdruck brachte. Generell sei es inakzeptabel, dass die Bürger eines EU- oder NATO-Mitgliedslandes auf ihrem eigenen Territorium „angegriffen" würden. Ziel seiner Reise nach Brüssel sei daher, die Verteidigung der ungarischen Interessen auch in Zukunft sicherzustellen.[15] Oppositionsvertreter zogen teilweise gegenteilige Schlussfolgerungen aus dem Brexit, spielten in der Debatte aber eine untergeordnete Rolle.

Parlamentswahlen

Die Neuwahlen zum ungarischen Parlament fanden am 8. April 2018 statt. Der Sieg von Fidesz stand angesichts der andauernden Schwäche der Opposition bereits im Vorfeld fest. Fraglich war lediglich, ob eine Zweidrittelmehrheit zurückerlangt werden konnte. Die verzweifelte Lage der Opposition zeigte die kontrovers geführte Diskussion darüber, ob die sozialdemokratischen und liberalen Parteien mit der rechtsradikalen Jobbik Wahlbündnisse gegen Fidesz schließen sollten. Jobbik, die sich im Wahlkampf bewusst bürgerlich gerierte, galt als die aussichtsreichste Oppositionskraft. Aus den Reihen der übrigen relevanten Oppositionsparteien entstand die Initiative, in jedem Wahlkreis nur den jeweils chancenreichsten Kandidaten antreten zu lassen und zu unterstützen. Bei einer Lokalwahl im Februar 2018 in der Fidesz-Hochburg Hódmezővásárhely war die Strategie erfolgreich. Der gemeinsame Oppositionskandidat siegte. Am 8. April hingegen verbuchte Fidesz erneut mit 49,3 Prozent vor Jobbik als zweitstärkster Kraft (19,1 Prozent) die meisten Stimmen auf sich. Außerhalb von Budapest gingen lediglich drei Wahlkreise an die Opposition. Die Regierungspartei sicherte sich damit die Zweidrittelmehrheit im Parlament.[16]

Bereits vor den Wahlen brachte die Regierung ein Gesetzespaket unter dem Titel „Stop Soros" ins Parlament ein. Vorgesehen ist darin unter anderem, dass (1) Organisationen vom Innenministerium zugelassen werden müssen, wenn sie Migration fördern, organisieren oder auf andere Art unterstützen, (2) ausländische Zuwendungen an diese Organisationen mit einer Sondersteuer in Höhe von 25 Prozent belegt werden, (3) ausländische Zuwendungen öffentlich deklariert werden müssen, (4) Bürger, die die Migration fördern, daran gehindert werden, an

---

13 A Soros-tervről szóló nemzeti konzultáció eredményei, abrufbar unter: https://nemzetikonzultacio.kormany.hu/ (letzter Zugriff: 15.6.2018) – Durchschnitt als arithmetisches Mittel über alle Fragen hinweg berechnet.
14 Darren Hunt: 'We'll be unrelenting'. Hungary vows to continue fighting European Union bureaucrats, in: Sunday Express, 5.10.2017.
15 Videobotschaft abrufbar unter: https://www.facebook.com/orbanviktor/videos/10156053978406093/ (letzter Zugriff: 22.8.2018).
16 Nemzeti Választási Iroda: Országgyűlési képviselők választása 2018, abrufbar unter: http://www.valasztas.hu/ogy2018 (letzter Zugriff: 18.6.2018).

Ungarns EU-Außengrenzen zu gelangen, beziehungsweise des Landes verwiesen werden.[17] Die Vereinten Nationen kritisierten eine ungerechtfertigte Einschränkung der Vereinigungsfreiheit.[18] Auch der Europarat sah das Gesetzespaket im Widerspruch zu internationalen Menschenrechtsstandards.[19] Zur Einstimmung auf das rauere Umfeld nach den Wahlen veröffentlichte das regierungsnahe Magazin Figyelő auf einer Doppelseite die Liste mit den Namen von 200 Personen, die dem angeblichen Netzwerk von Soros in Ungarn angehören und die dessen Willen durchsetzen sollen.[20] Am 20. Juni verabschiedete das Parlament mit den Stimmen der Regierung und von Jobbik die Stop-Soros-Gesetze. Soros' Open Society Stiftung beschloss, ihr Büro in Budapest zu schließen und nach Berlin umzuziehen. Die CEU erwägt einen Umzug nach Wien.[21]

Netzwerke und Korruption

Im September 2017 entsandte der Haushaltskontrollausschuss des Europäischen Parlaments eine Fact-Finding-Mission nach Ungarn. Zielsetzung war ein Monitoring der Verwendung von EU-Mitteln. Obwohl die Vorsitzende, Ingeborg Gräßle, betonte, dass der Besuch nicht politisch motiviert sei,[22] schlugen die Wellen hoch, als die Agenda der zu besuchenden Projektträger festgelegt wurde. Ungarn klagte, das Komitee habe sich nicht an die von Ungarn vorgeschlagenen Projekte gehalten. Der Besuch eines Eisenbahnprojekts in Orbáns Geburtsort Felcsút könne nur „politische Diskriminierung" sein.[23] Der Fidesz-Regierung wird seit Jahren Korruption und Veruntreuung von Geldern vorgeworfen, seit 2011 sollen Umsätze in Höhe von 12 Mrd. Euro in Orbáns Umfeld geflossen sein. Zentraler Umschlagplatz ist die staatliche MKB-Bank.[24] Zudem unterhält die Notenbank Stiftungen, über die Fidesz-nahen Unternehmen und Günstlingen Gelder zugeschustert werden und ungarische Staatsanleihen verkauft werden.[25] Die von Fidesz-Gefolgspersonen geleitete Staatsanwaltschaft ermittelt nicht. Die Gründung einer Europäischen Staatsanwaltschaft lehnt Ungarn ab. Investigative Presseorgane werden systematisch ausgeschaltet. Nach den Wahlen stellte die größte noch verbliebene Oppositionszeitung, Magyar Nemzet, ihr Erscheinen ein. Die Delegation des Europäischen Parlaments konstatierte nach ihrem Besuch in Ungarn, dass das derzeitige Niveau an Korruption, fehlende Transparenz und Rechenschaft, unzulässige Ausgaben und übertreuerte Projekte die EU-Grundwerte verletzten. Sie empfahl der Europäischen Kommission Maßnahmen nach Art. 7 EUV.[26]

Weiterführende Literatur

Frank Furedi: Populism and the European culture wars: the conflict of values between Hungary and the EU, London/New York 2018.

17　Magyarország kormányának javaslata a Stop Soros törvénycsomagról, abrufbar unter: http://www.kormany.hu/download/c/9a/41000/STOP SOROS TÖRVÉNYCSOMAG.pdf (letzter Zugriff: 19.6.2018).
18　EUobserver: UN: Hungary's anti-migration bill is 'assault on human rights', 16.2.2018.
19　Eszter Zalan: Germany raises concerns over Hungary's 'Stop Soros' bills, in: EUobserver, 16.2.2018.
20　András Csanády: A spekuláns emberei, in: Figyelő 15/2018.
21　Népszava: Soros György Budapesten tárgyal a CEU költözéséről, 23.6.2018.
22　European Parliament – Press Release: Budget control MEPs to visit Hungary, 15.9.2017, abrufbar unter: http://www.europarl.europa.eu/news/en/press-room/20170915IPR84010/budget-control-meps-to-visit-hungary (letzter Zugriff: 9.8.2018).
23　Eszter Zalan/Nikolaj Nielsen: Budget MEP accuses Orban aide of political interference, in: EUobserver, 8.9.2017.
24　Pester Lloyd: Aufträge und Kredite: Milliarden für den Orbán-Clan, 29.1.2018.
25　Frankfurter Allgemeine Zeitung: Ungarns Notenbank gerät ins Zwielicht, 22.3.2018.
26　Opinion of the Committee on Budgetary Control on the situation in Hungary (2017/2131(INL)), 26.4.2018.

Vereinigtes Königreich

Birgit Bujard

Nachdem die britische Premierministerin Theresa May bei der von ihr vorgezogenen Parlamentswahl im Juni 2017 die Mehrheit verloren hatte, gelang ihr die Sicherung ihrer Minderheitsregierung nur durch ein Duldungsabkommen mit der nordirischen pro-Brexit Democratic Unionist Party (DUP). Während zunächst die Opposition der schottischen Regierung gegenüber dem EU-Austritt Schlagzeilen gemacht hatte, rückte im Laufe dieses Jahres die Frage der künftigen Regelung der inneririschen Grenze in den Vordergrund. Zudem zeigte sich, dass die beiden großen Parteien – Konservative und Labour – weiterhin in der Frage der künftigen Beziehungen zur EU tief gespalten waren.

Die Austrittsverhandlungen

Aufgrund der Parlamentswahl begannen die Austrittsverhandlungen mit der EU, nachdem May im März 2017 das Austrittsgesuch gemäß Artikel 50 EUV gestellt hatte, erst im Juni 2017. Die EU sah zunächst Verhandlungen über einen Austrittsvertrag vor. Erst wenn es hier ausreichend Fortschritte gäbe, würde der Europäische Rat im Oktober 2017 darüber entscheiden, ob man mit den Verhandlungen über die künftigen Beziehungen beginnen solle. Die britische Seite hatte parallele Verhandlungen gefordert, doch machte Brexit-Minister David Davis im Juni einen Rückzieher und stimmte dem von der EU geforderten Ablauf zu. Die Hauptthemen der ersten Verhandlungsphase betrafen die Rechte von EU-Bürgern in Großbritannien und britischen Bürgern in der EU-27, die finanziellen Verpflichtungen des Königreichs im Rahmen des Austritts sowie die innerirische Grenze.[1]

Über den Sommer diskutierte das Kabinett eine Übergangsphase. Schatzkanzler Philip Hammond präferierte eine sich möglichst nah am Status quo orientierende, mindestens zweijährige Lösung, um der Wirtschaft möglichst viel Planungssicherheit zu geben. Demgegenüber sprach sich der Minister für den internationalen Handel Liam Fox für wenige Monate aus und plädierte für einen Platz außerhalb der Europäischen Zollunion, um zügig Handelsverträge mit anderen Staaten abschließen zu können. Brexit-Minister Davis dagegen wollte ein Handelsabkommen mit der EU bis 2019 fertig stellen, um dann in der Übergangsphase eine schrittweise Anpassung an die neue Beziehung vorzunehmen. May präferierte eine Übergangsphase, die von Anfang an ermöglichen würde, einige Verpflichtungen der EU-Mitgliedschaft abzulegen.[2] Mit der Zeit konnten sich die Kabinettsmitglieder durchsetzen, die für eine Übergangsphase möglichst nah an der bestehenden Situation eintraten. Die Brexit-Anhänger im Kabinett waren bereit, einem solchen Arrangement zuzustimmen, vorausgesetzt, es würde vor 2022 enden – dem voraussichtlichen Termin der nächsten Parlamentswahl.[3]

---

[1] Jenifer Rankin: What is the Brexit timetable and how might it change?, in: The Guardian, 19.6.2017.
[2] Alex Barker: Transition period distils challenge of smooth Brexit, in: Financial Times, 18.7.2017.
[3] Alex Barker/George Parker: 'Status Quo' transition plan reflects cabinet power grab as May holidays, in: Financial Times, 28.7.2018.

Im September hielt May in Florenz eine lang angekündigte Rede zur britischen Verhandlungsposition. Sie sprach sich für eine etwa zweijährige Übergangsphase im Anschluss an den Austritt 2019 aus. In dieser Zeit würde ihr Land unverändert seinen EU-Haushaltsbeitrag leisten und die Personenfreizügigkeit akzeptieren. Ihr Hinweis auf einen gegenseitigen Marktzugang nach bestehenden Bedingungen während der Übergangsphase verwies auf die britische Bereitschaft, dann wie bisher die Gerichtsbarkeit des Gerichtshofes der Europäischen Union (EuGH) zu akzeptieren. Eine derartige Übergangsphase basierend auf dem Status Quo – von May „Implementierungsphase" genannt – würde beiden Seiten Zeit geben, sich auf ein Abkommen über die künftigen Beziehungen zu einigen, so die Premierministerin. Bezüglich der künftigen wirtschaftlichen Beziehungen lehnte May sowohl einen Beitritt ihres Landes zum Europäischen Wirtschaftsraum (EWR) (wie Norwegen) als auch ein Freihandelsabkommen wie CETA (Comprehensive Economic and Trade Agreement) ab, welches sie nicht weitreichend genug fand. Stattdessen forderte sie ein maßgeschneidertes Abkommen. May warb auch für eine enge sicherheitspolitische Zusammenarbeit.[4]

Beim Europäischen Rat im Oktober gelang es ihr aber nicht, die anderen Staats- und Regierungschefs davon zu überzeugen, mit Gesprächen über eine Übergangsphase zu beginnen. Eine Entscheidung darüber wurde auf den Dezember-Gipfel verschoben.[5]

Ende November einigte sich das May-Kabinett auf eine weitere Erhöhung des Angebots für die finanziellen Zahlungen im Rahmen der Austrittsvereinbarung, um die Verhandlungen voran zu bringen.[6] Dennoch blieben diese zäh, da sich inzwischen die innerirische Grenzfrage zum größten Hindernis für eine Einigung entwickelt hatte.[7] Die Europäische Kommission setzte Großbritannien im November eine Frist von zwei Wochen, um ausreichend Fortschritte in den zentralen Verhandlungsbereichen zu erbringen. Andernfalls werde es keine Möglichkeit geben, im Dezember mit Gesprächen über die künftigen Beziehungen zu beginnen, so Michael Barnier am Ende der sechsten Verhandlungsrunde. Zuvor hatte ein internes Kommissionspapier, demzufolge eine ‚harte' irische Grenze nur verhindert werden könne, wenn Nordirland Teil des Binnenmarktes bliebe, in Großbritannien für Aufregung gesorgt.[8]

Anfang Dezember trafen beide Seiten eine Vereinbarung zu zentralen Aspekten des Austritts. Der Einigung vorangegangen waren Tage, in denen unklar gewesen war, ob die May-Regierung einer Vereinbarung würde zustimmen können. Dies lag daran, dass die nordirische DUP, die die konservative Minderheitsregierung stützte, sich weigerte, den inneririschen Grenzvereinbarungen zuzustimmen. Sie forderte einen EU-Austritt Nordirlands unter den gleichen Bedingungen wie für den Rest des Landes.[9] Zentrale Beschlüsse des gemeinsamen Berichtes beinhalteten eine Einigung auf eine britische Austrittszahlung und deren Berechnung. Ebenso gab es eine Einigung zu den Rechten von EU-Bürgern in

---

4   Theresa May: PM's Florence speech: a new era of cooperation and partnership between the UK and the EU, 22.9.2017.
5   George Parker/Alex Barker/Rochelle Toplensky: May's Brexit weakness focuses EU minds, in Financial Times, 21./22.10.2017.
6   George Parker/Jim Pickard/Mehreen Khan: May gets nod to offer extra cash for Brexit deal, in: Financial Times, 21.11.2017.
7   Alex Barker/Jim Brunsden/Mike Acton: N Irish border quandary threatens deal, warns EU, in: Financial Times, 25./26.11.2017; vgl. hierzu auch den Beitrag „Irland" in diesem Jahrbuch.
8   Frankfurter Allgemeine Zeitung: EU setzt London Frist von zwei Wochen, 11.11.2017.
9   Heather Stewart/Rowena Mason/Henry McDonald: DUP leader finally talks to May but says border issue still needs work, in: The Guardian, 6.12.2017.

Großbritannien und britischen Bürgern in den anderen EU-Staaten. Zum dritten einigte man sich darauf, aus der inneririschen Grenze keine ‚harte' Grenze zu machen.[10] Der Europäische Rat begrüßte die Vereinbarung am 15. Dezember 2017 und beschloss den Beginn der zweiten Verhandlungsphase. Allerdings erklärte er auch, dass die Vereinbarungen in Gänze umgesetzt werden müssten.[11]

Am 28. Februar 2018 veröffentlichte die Europäische Kommission einen Entwurf für einen Austrittsvertrag, den die britische Seite nicht positiv aufnahm. Vor allem die darin enthaltenen Regelungen für Nordirland, welches faktisch Teil der Europäischen Zollunion und des Binnenmarktes bleiben könnte, wurden als Gefahr für den britischen Binnenmarkt und die Unverletzlichkeit des britischen Staatsgebiets abgelehnt.[12] Im März einigten sich die Verhandlungsführer jedoch auf Teile des Austrittsvertrags und damit auch auf eine Übergangsphase. Großbritannien hatte sich allerdings nicht mit dem Wunsch durchsetzen können, bereits während dieser Zeit nennenswert von EU-Regeln abweichen zu können. Gemäß der Einigung würde das Land die EU Ende März 2019 verlassen, aber noch bis 31. Dezember 2020 Mitglied in Europäischer Zollunion und Binnenmarkt bleiben, um Bürgern und Unternehmen die Möglichkeit zur Anpassung an die neue Situation zu gewähren. Diese Übergangsphase würde aber nur im Rahmen eines Austrittsabkommens in Kraft treten. Zudem würde das Land während dieser Zeit keine Mitbestimmungsrechte mehr auf EU-Ebene haben.[13]

Am 19. Juni 2018 veröffentlichten die Verhandlungsführer mit Blick auf den anstehenden EU-Gipfel Ende Juni, der zuvor als wichtige Station auf dem Weg zu einem geordneten EU-Austritt Großbritanniens dargestellt worden war,[14] eine gemeinsame Erklärung zum Verhandlungsstand. Diese zeigte, dass die Verhandlungen bei den schwierigen Fragen der inneririschen Grenze und den künftigen wirtschaftlichen Beziehungen seit März 2018 stagniert hatten.[15]

Die Irland-Frage

Im Laufe der Verhandlungen wurde die Frage der inneririschen Grenze zum größten Hindernis für eine Einigung. Damit verbunden war, dass die May-Regierung mit ihrem Duldungsabkommen mit der DUP in Dublin Sorge hervorrief, sie könne dadurch ein zentrales Element des Karfreitagsabkommens – die Neutralität Londons im Verhandlungsprozess zwischen den nordirischen Lagern – aufgeben.[16]

Die britische Regierung stimmte in der Vereinbarung vom Dezember 2017 zu, dass es keine Grenzkontrollen zwischen dem Süden und dem Norden der irischen Insel geben solle. Dies sollte entweder im Rahmen eines Abkommens über die künftigen Beziehungen

---

10   Michael Stabenow: Eine Einigung auf Biegen und Brechen, in: Frankfurter Allgemeine Zeitung, 9.12.2018.
11   Europäischer Rat: Tagung des Europäischen Rates (Artikel 50) (15. Dezember 2017) - Leitlinien, EUCO XT 20011/17, S. 1.
12   Zeit Online: Großbritannien lehnt Entwurf zu Brexit Vertrag ab, 28.2.2018.
13   Alex Barker/Mehreen Khan/George Parker: Brexit transition deal avoids cliff-edge for UK, in: Financial Times, 20.3.2018.
14   Siehe etwa Daniel Boffey: Irish PM warns UK could crash out of EU without Brexit deal if no progress soon, in: The Guardian, 17.5.2018.
15   Joint statement from the negotiators of the European Union and the United Kingdom Government on progress of negotiations under Article 50 TEU on the United Kingdom's orderly withdrawal from the European Union; TF50 (2018) 52, 19.6.2018.
16   Henry McDonald: Price of DUP deal likely to be economic aid and no vote on Irish unity, in: The Guardian, 11.6.2017.

zwischen EU und Großbritannien oder durch technologische Mittel zur Überwachung des Grenzverkehrs geregelt werden. Sollte beides nicht realisierbar sein, hatte man sich auf eine „Notfallregelung" (‚backstop') geeinigt. Der zufolge werde das Königreich in Nordirland diejenigen Regeln des Binnenmarktes und der Zollunion beibehalten, die zur Vermeidung einer ‚harten' Grenze und zur Sicherung des grenzenlosen Handels zwischen Nordirland und Republik nötig wären.[17] Der im Februar 2018 von der Europäischen Kommission veröffentlichte Entwurf des Austrittsabkommens sah im Falle einer fehlenden Lösung der Grenzfrage vor, dass Nordirland faktisch Mitglied des Europäischen Binnenmarktes für Waren und anderer Bereiche, die den gesamtirischen Markt betrafen (etwa Elektrizität), wie auch Teil der Europäischen Zollunion bleiben würde. Umgesetzt würde dies bedeuten, dass es in Zukunft Zollkontrollen zwischen Nordirland und dem Rest des Königreichs geben müsste. Über das gesamte politische Spektrum Großbritanniens hinweg galt dies als inakzeptabel.[18] Im Juni 2018 veröffentlichte die May-Regierung einen Vorschlag zur Grenzfrage, wonach das gesamte Königreich faktisch Teil des Binnenmarktes im Güterbereich bleiben würde. Zudem sollte der ‚backstop' spätestens Ende 2021 auslaufen. Die EU-Seite lehnte sowohl die zeitliche Begrenzung als auch die Idee ab, die für Nordirland konzipierte Sonderlösung für das gesamte Königreich gelten zu lassen.[19]

Auch für die unionistische DUP war eine de facto Grenze zwischen Nordirland und dem Rest Großbritanniens inakzeptabel. Durch ihr Duldungsabkommen mit den Tories hatte sie eine große Rolle in den Brexit-Verhandlungen erhalten, wie sich bereits am Ende der ersten Verhandlungsphase gezeigt hatte, als sie eine Einigung mit der EU verzögert hatte. Erschwerend für Nordirland kam hinzu, dass die Regionalregierung, die gemäß des Karfreitagsabkommens aus der größten unionistischen und der größten republikanischen Partei gestellt werden muss, im Januar 2017 gescheitert war. Seitdem waren Versuche der DUP und Sinn Feins, der größten republikanischen Fraktion im nordirischen Parlament, sich auf eine neue Koalition zu einigen, ebenfalls gescheitert. So gab es in Nordirland seit mehr als einem Jahr keine Regierung mehr. Zudem nahm Sinn Fein weiterhin ihre Sitze im britischen Parlament nicht wahr, weshalb die DUP die alleinige Vertretung der Nordiren im Unterhaus war – ohne die Mehrheit der nordirischen Bevölkerung zu repräsentieren.[20]

Der Brexit im Parlament

Der Verlust der eigenen Mehrheit erschwerte May die Durchsetzung ihrer Brexit-Politik im Parlament. Innerparteilich war sie auf der einen Seite mit dem kleinen, jedoch aufgrund der knappen Mehrheitsverhältnisse zunehmend einflussreichen pro-europäischen Flügel der Partei, dem prominente Fürsprecher wie die ehemaligen Minister Ken Clarke und Nicky Morgan angehörten, konfrontiert. Auf der anderen Seite würde ein Großteil der Tory-Abgeordneten nicht bereit sein, einem Deal zuzustimmen, der das Königreich im Europäischen Binnenmarkt halten würde, sofern dies Zugeständnisse bei Personenfreizügigkeit und Gültigkeit der Gerichtsbarkeit des EuGH erfordern würde.[21] Zudem gehörten

---

17 Charles Grant: Ireland's border is a problem it can't afford to leave unsolved, in: The Guardian, 20.3.2018.
18 Sam Lowe: UK must swallow the unpalatable Irish backstop, Centre for European Reform Insight, 15.5.2018.
19 Jochen Buchsteiner: Boris Johnson geht ins Fangnetz, in: Frankfurter Allgemeine Zeitung, 9.6.2018.
20 Lowe: The unpalatable Irish backstop, 2018.
21 Larry Elliott: Theresa May's election victory will prove pyrrhic indeed, in: The Guardian, 11.6.2017.

etwa 60 konservative Brexit-Hardliner der von Jacob Rees-Mogg geführten „European Research Group" an, die starken Druck auf die Regierung ausübte und drohte, ihr die Unterstützung zu entziehen.[22]

Im Juli 2017 brachte die Regierung die „Repeal Bill" (später „EU Withdrawal Bill") im Parlament ein. Damit sollte die Geltung von EU-Recht in Großbritannien beendet werden. Zugleich sollten zur Sicherung rechtlicher Kontinuität alle EU-Bestimmungen in britisches Recht übertragen werden. Labour kündigte an, dem Gesetz nur unter bestimmten Bedingungen zuzustimmen – etwa wenn auch die Inhalte der Charta der Grundrechte der Europäischen Union übernommen würden, was die Regierung ablehnte.[23]

Im November 2017, nachdem fast 500 Anträge zum Gesetzesentwurf eingebracht worden waren, beugte sich die Regierung dem Druck pro-europäischer Parlamentarier, die eine „bedeutungsvolle Abstimmung" („meaningful vote") über das Austrittsabkommen forderten und sagte dem Parlament ein bindendes Votum zu.[24] Dennoch verlor sie im Dezember 2017 eine Abstimmung über einen Nachtrag zum Gesetzesentwurf, demzufolge sie ein Austrittsabkommen erst nach Bestätigung durch das Parlament umsetzen dürfe. 11 Tory-Abgeordnete hatten gegen die eigene Regierung gestimmt.[25]

Im Mai 2018 erlitt die Regierung bei Abstimmungen über das EU-Austrittsgesetz im Oberhaus 15 Niederlagen. Im Juni 2018 kehrte der Gesetzesentwurf zurück ins House of Commons. 14 der 15 vom Oberhaus verabschiedeten Nachträge zum Gesetzesentwurf wollte die Regierung mit Hilfe des Unterhauses wieder streichen oder abschwächen. Sie beinhalteten etwa Forderungen, dass das Land in einer Zollunion mit der EU verbliebe oder dass es weiterhin dem Binnenmarkt angehöre.[26]

Aufgrund der prekären Mehrheitsverhältnisse im Parlament bemühte sich die Regierung, möglichst wenige Abstimmungen zu verlieren. Um dies zu erreichen, machte sie Zugeständnisse, wenn ein Votum auf der Kippe stand. So versprach sie etwa im Juni 2018 bei der Streitfrage, ob das Parlament am Ende der Austrittsverhandlungen ein Vetorecht über einen Austrittsvertrag erhalten sollte, dem „Speaker" des Unterhauses das Recht einzuräumen, zu entscheiden, ob Abgeordnete Änderungsanträge zum Austrittsvertrag einbringen dürften. Genügend konservative Rebellen, die gegen die Regierung hatten stimmen wollen, akzeptierten das Zugeständnis und die Regierung gewann die Abstimmung knapp.[27] Im gleichen Monat gelang ihr nach mehr als 270 Stunden Parlamentsdebatten die Verabschiedung des EU-Austrittsgesetzes mit nur einer verlorenen Abstimmung im Unterhaus. Anders war die Situation im Oberhaus, wo die Regierung 16 Abstimmungen verloren hatte. Trotz der Ankündigung von acht Brexit-relevanten Gesetzen in der Regierungserklärung vom Juni 2017 und vier weiteren im Laufe des Jahres waren die Fortschritte in der Brexit-Gesetzgebung sehr langsam. Das lag auch daran, dass die Regierung die Rückkehr

---

22   Jessica Elgot: Pro-Brexit MPs urge PM to drop 'deeply unsatisfactory' customs model, in: The Guardian, 2.5.2018.
23   Georg Parker: May faces ‚hell' over repeal bill, in: Financial Times, 14.7.2017.
24   Henry Mance: Five flashpoints lie ahead as MPs debate bill for European divorce, in: Financial Times, 14.11.2017; BBC News: Parliament to get binding vote on final Brexit deal, 13.11.2017.
25   George Parker/Jim Brunsden/Mehreen Khan: May receives backing from European leaders after losing Brexit vote, in: Financial Times, 15.12.2017.
26   Zeit Online: Parlamentarier stützten Theresa Mays Kurs, 12.6.2018.
27   Zeit Online: Parlament bekommt kein Vetorecht bei Austrittsverhandlungen, 20.6.2018.

solcher Gesetzesentwürfe ins Unterhaus heraus zögerte, bei denen sie kontroverse Debatten und knappe Abstimmungen erwartete, wie etwa bei denen über die künftige Zoll- und Handelspolitik.[28]

Die Labour Partei und der Brexit

Labour hatte während des Wahlkampfs keine klare europapolitische Position bezogen. Das blieb auch danach so. So erklärte Schatten-Brexit-Minister Keir Starmer im Sommer 2017, seine Partei lehne keineswegs eine Form der Binnenmarktmitgliedschaft ab. Der Parteivorsitzende Jeremy Corbyn und der Schatten-Schatzkanzler John McDonnell allerdings hatten bereits öffentlich eine solche abgelehnt. Allgemein bemühte sich Labour um Distanz zur Brexit-Position der Tories – ohne jedoch ihre Anhänger zu verprellen, die einen Austritt befürworteten.[29]

Ende August 2017 kündigte Starmer einen Richtungswechsel an und erklärte, Labour unterstütze den Verbleib im Binnenmarkt für die Übergangsphase. Doch Corbyn blieb weiterhin vage in seinen Aussagen über Labours Brexit-Position.[30] Im Februar 2018 sprach er sich schließlich für eine neue Zollunion mit der EU nach der Übergangsphase aus. Allerdings sollte die EU Großbritannien ein Mitspracherecht bei EU-Handelsverträgen einräumen. Er blieb bei seiner Ablehnung einer Binnenmarktbeteiligung nach dem Modell Norwegens und sprach sich nur für eine enge Beziehung zum Binnenmarkt aus.[31]

Dass die Differenzen innerhalb der Partei im Hinblick auf Europa weiterhin groß waren, zeigte sich erneut im Juni 2018, als Corbyn die Fraktion aufforderte sich bei der Abstimmung über einen Nachtrag zur „EU Withdrawal Bill", wonach Großbritannien als Teil des EWR Mitglied des Binnenmarktes bleiben sollte, zu enthalten. 90 Abgeordnete entschieden sich dazu, von der Parteilinie abzuweichen: 75 stimmten für einen Verbleib, 15 für einen Austritt aus dem EWR.[32]

Die künftigen Beziehungen zur Europäischen Union

Erst im Dezember 2017 fand die erste formelle Kabinettsdiskussion über die künftigen Handelsbeziehungen mit der EU statt. Zwar war man sich einig, ein Handelsabkommen mit einem möglichst guten Zugang zum Europäischen Binnenmarkt anzustreben. Ebenso wurde akzeptiert, dass die EU Großbritannien gewisse Restriktionen auferlegen würde, da es dann nicht mehr Mitglied des Binnenmarktes sein werde. Doch die Konfliktlinien im Kabinett betrafen insbesondere die Frage, ob die Regierung den Zugang zum europäischen Markt oder die Möglichkeit der Abweichung von EU-Regeln priorisieren sollte. Während Schatzmeister Hammond sich für Ersteres aussprach, forderte Außenminister Boris Johnson, Großbritannien solle eigene Wege gehen, um nicht zu einem „Vasallenstaat" zu werden.[33] Im Februar 2018 einigte sich das Kabinett auf das Ziel eines Freihandelsabkommens ähnlich wie CETA, aber mit der Möglichkeit, in verschiedenen Wirtschaftszweigen

---

28 Alice Lilly: A low-key year in Parliament, but it's not all Brexit's fault, in: Institute for Government, 25.6.2018, abrufbar unter: https://www.instituteforgovernment.org.uk/blog/low-key-year-in-parliament-but-not-all-down-to-brexit (letzter Zugriff: 24.10.2018).
29 Peter Walker: Keir Starmer: Labour keen to keep EU single market option on table, in: The Guardian, 12.6.2017.
30 Jim Pickard: Corbyn's bind over Brexit, in: Financial Times, 21.9.2017.
31 BBC News: Jeremy Corbyn backs permanent customs union after Brexit, 26.2.2018; Zeit Online: Labour will auch nach Brexit in Zollunion bleiben, 26.2.2018.
32 Anne Perkins/Jessica Elgot: Labour frontbencher who quit over EEA vote defends decision, in: The Guardian, 14.6.2018.

teilweise oder ganz von EU-Regeln abweichen zu können. War diese Position dazu geeignet, Partei und Kabinett zusammenzuhalten, so berücksichtige sie nicht die Position des Brüsseler Verhandlungspartners, der von Anfang an erklärt hatte, Großbritannien könne keine „Rosinenpickerei" betreiben.[34] Im März 2018 hielt May eine weitere Grundsatzrede – diesmal zu den künftigen Wirtschaftsbeziehungen mit der EU. Erneut lehnte sie ein Freihandelsabkommen wie CETA ebenso ab wie eine EWR-Mitgliedschaft wie Norwegen und forderte ein maßgeschneidertes Arrangement. Ferner kündigte sie an, ihr Land wolle sich weiterhin an einigen EU-Agenturen beteiligen. Doch im Bereich der Fischereipolitik und der Landwirtschaft wolle man eigene Wege gehen. Ebenso lehnte sie einen Verbleib in der Zollunion ab. Stattdessen strebe man ein neues Zollabkommen mit der EU an, womit auch Grenzkontrollen an der inneririschen Grenze unnötig würden.[35]

Auch nach Mays Rede blieb das Kabinett gespalten in der Frage, wie die künftigen wirtschaftlichen Beziehungen mit der EU im Detail aussehen sollten. Insbesondere zwei Zollmodelle wurden diskutiert. May schien die Idee einer „Zollpartnerschaft" zu präferieren, wonach das Königreich nach dem Austritt für die EU Zölle auf Güter eintreiben würde, die über das Land in die EU geliefert werden. Gegner dieses Vorschlags kritisierten, das Land befände sich dann faktisch weiterhin in einer Zollunion mit der EU und befürchteten Nachteile bei der Möglichkeit eine eigene Handelspolitik zu betreiben. Dem gegenüber stand das sogenannte „Max-Fac"-Modell, wonach Zollkontrollen mit technischer Hilfe erfolgen sollten. Kritiker der Idee argumentierten, die in einem solchen Fall notwendige Installation von Kameras an der inneririschen Grenze verletze das Karfreitagsabkommen und befürchteten weitere politische Spannungen in Irland.[36] Trotz des anstehenden EU-Gipfels Ende Juni 2018, bei dem zentrale Fragen der Austrittsverhandlungen beantwortet werden sollten, gab es bis zu diesem Zeitpunkt keine Entscheidung im Kabinett über die künftigen Zollbeziehungen mit der EU. Ein angekündigtes White Paper zu den künftigen Beziehungen sollte erst nach dem EU-Gipfel veröffentlicht werden.[37] Ein Ministertreffen – ebenfalls erst nach dem Gipfel – auf dem Landsitz der Premierministerin sollte dazu genutzt werden, um im Kabinett Einigkeit in dieser Frage zu erzielen.[38]

Hinsichtlich der künftigen britisch-europäischen sicherheitspolitischen Zusammenarbeit warb May auf der Münchener Sicherheitskonferenz im Februar 2018 erneut für eine enge Sicherheitspartnerschaft. Ihr zufolge sollte sich das Königreich auch künftig an EU-Missionen und -Operationen beteiligen. Allerdings sollte ihr Land hier auch ein Mitspracherecht haben. Großbritannien wolle sich wie bisher am Europäischen Verteidigungsfond und der Europäischen Verteidigungsagentur beteiligen. Zudem warb sie für eine weitere Beteiligung ihres Landes am Europäischen Haftbefehl sowie an Europol.[39]

Wie schwierig die Zusammenarbeit in sensiblen sicherheitspolitisch-relevanten Bereichen nach dem Brexit sein würde, zeigte im Frühling 2018 die Diskussion über die künftige britische Beteiligung am europäischen Satellitennavigationssystem Galileo. Neben allgemein zugänglichen Diensten entwickelt die EU mit dem verschlüsselten „Public

---

33 Henry Mance/Chris Giles: Ministers open formal talks on future ties with bloc, in: Financial Times, 18.12.2017.
34 Financial Times: May's fragile Brexit truce is unlikely to last for long, 24.2.2018.
35 Theresa May: PM speech on our future economic partnership with the European Union, 2.3.2018.
36 Jochen Buchsteiner: Marokkanische Behandlung, in: Frankfurter Allgemeine Zeitung, 12.5.2018.
37 Claudia Wanner: Britische Wirtschaft steckt im Brexit-Chaos, in: Die Welt kompakt, 11.6.2018.
38 Anne Perkins/Jessica Elgot: Brexit: Theresa May to hold peace summit for feuding cabinet, in: The Guardian, 9.6.2018.
39 Theresa May: PM speech at Munich Security Conference, 17.2.2018.

Regulated Service" (PRS) auch einen, der nur Regierungen und Militär der EU-Mitgliedstaaten zur Verfügung steht. Britische Firmen haben seit Beginn des Projekts 2003 etwa 15 Prozent der Aufträge für die Entwicklung von Galileo übernommen. Großbritannien hat etwa 12 Prozent des jährlichen Budgets getragen. Die May-Regierung erklärte, sie wolle auch nach dem Austritt an Galileo und dessen Entwicklung beteiligt sein. Ebenso wolle sie weiterhin Zugang zu PRS haben, was aus britischer Sicht automatisch der Fall sein sollte, da das Land maßgeblich an dessen Entwicklung beteiligt sei. Britische Firmen sollten auch weiterhin Aufträge für das Galileo-Projekt übernehmen dürfen. Die Europäische Kommission erklärte wiederum, das Land könne als Drittstaat keinen Zugang zu PRS-Daten haben, ohne ein Abkommen über Datenaustausch und eines über PRS mit der EU abzuschließen. Ferner machte sie deutlich, dass keine Aufträge für die Entwicklung sensibler Satellitentechnologie (wie für PRS) mehr an britische Firmen vergeben werden könnten, da dies bestehenden EU-Regeln widerspreche. Von britischer Seite wurde vermutet, dass der EU-Position auch wirtschaftliche Gründe zugrunde lagen, da lukrative Aufträge statt an britische an kontinentaleuropäische Unternehmen gehen könnten.[40] Die May-Regierung erklärte daraufhin, die Entwicklung eines eigenen Navigationssystems zu prüfen. Ebenso drohte sie mit der Rückforderung bereits gezahlter Investitionen in das Projekt.[41]

Schlussbemerkungen

Nach dem Wahldebakel von 2017 konnte Theresa May zwar ihren Premierministerposten behalten. Doch es gelang ihr nicht, die Gräben, die das Brexit-Votum in ihrer Partei und im Land aufgerissen hatte, zu überwinden. Unfähig ihre Partei zu einen, entschied sie sich dafür, wo möglich, unbequeme europapolitische Entscheidungen zu vertagen. War dies nicht machbar, schien May in Richtung der Brexit-Hardliner zu tendieren. Es zeigte sich, wie fatal die Entscheidung der Regierung gewesen war, sich dem politischen Druck der Brexitbefürworter zu beugen und das Austrittsgesuch zu stellen, bevor man sich in der Regierung darüber einig geworden war, wie die künftige Beziehung zur EU aussehen sollte. Die Regierung verbrachte viel Zeit mit internen Verhandlungen, ohne dabei zu berücksichtigen, was der eigentliche Verhandlungspartner in Brüssel akzeptieren würde. Aufgrund des fehlenden kohärenten Plans, welchen Brexit sie verfolgen wollte, betrieb die Regierung auch kaum Erwartungsmanagement, um die Bevölkerung darauf vorzubereiten, was für ein EU-Austritt möglich war und welche Konsequenzen damit verbunden waren. Ebenso machte das britische Vorgehen bei den Verhandlungen häufig den Eindruck, dass man auch nach mehr als 40 Jahren EU-Mitgliedschaft noch immer nicht verstanden hatte, was die Ziele und zentralen Entscheidungsmechanismen der EU waren. Labour, die größte Oppositionspartei, wollte zwar einen konservativen Brexit aus parteipolitischen Gründen nicht unterstützen; es gelang ihr aber ebenso wenig eine kohärente Brexit-Politik zu formulieren, die sich eindeutig von der der Tories unterschied und hinter der sie ihre Abgeordneten und Anhänger vereinen konnte. So bot die Partei weder für Austrittsbefürworter noch für EU-Anhänger eine tragfähige Alternative zu den Konservativen.

Weiterführende Literatur

Geoffrey Evans/Anand Menon: Brexit and British Politics, Cambridge 2017.

---

40 Sophia Besch: A hitchhiker's guide to Galileo and Brexit, Centre for European Reform Insight, 3.5.2018.
41 Benjamin Triebe: Die britische Galileo-Beteiligung wird zum Brexit-Konflikt, in: Neue Zürcher Zeitung, 18.5.2018.

Zypern

Heinz-Jürgen Axt

Zwei Jahre lang konnte man die Hoffnung haben, dass die Teilung Zyperns überwunden und der Vereinigungsprozess erfolgreich abgeschlossen würde. Am 15. Mai 2015 nahmen die Vertreter beider Volksgruppen, Nikos Anastasiadis für die griechischen und Mustafa Akinci für die türkischen Zyprer, die Verhandlungen auf. Doch in den frühen Morgenstunden des 7. Juli 2017 gingen die beiden Verhandlungsführer im schweizerischen Crans Montana auseinander und kehrten nicht mehr an den Verhandlungstisch zurück. Der Verhandlungsprozess unter Vermittlung des UN-Generalsekretärs Guterres – womöglich der aussichtsreichste seit Teilung der Insel im Jahr 1974 – blieb erfolglos. Guterres konnte in seinem Bericht an den Sicherheitsrat vom 28.9.2017 nur resigniert konstatieren: „a historic chance was missed."[1]

Der Verhandlungsprozess

Beide Seiten schoben der jeweils anderen die Verantwortung für das Scheitern der Verhandlungen zu.[2] Dem Bericht des UN-Generalsekretärs ist zu entnehmen, was während des Verhandlungsprozesses an Fortschritten erreicht wurde und wo eine Einigung nicht möglich war. Der Prozess war in sechs Kapitel aufgeteilt: Regieren und Gewaltenteilung, Wirtschaft, Angelegenheiten der Europäischen Union, Eigentum, Territorium sowie Sicherheit und Garantien. Es galt der Grundsatz, dass nichts entschieden ist, bevor nicht eine Gesamtlösung gefunden wurde. Die Volksgruppenführer wurden von mehreren Teams und Experten unterstützt. Akinci und Anastasiadis kamen siebzigmal zusammen. 150 Treffen gab es zwischen den Verhandlungsteams, 369 Zusammenkünfte der Experten und 565 gemeinsame Papiere wurden verfasst. Die intensive Vorbereitung ermöglichte die Eröffnung einer Zypernkonferenz vom 9. bis 11. Januar 2017 in Genf. Am 12. Januar waren auch die Garantiemächte Griechenland, Türkei und Großbritannien beteiligt. Es konnte Einvernehmen darüber hergestellt werden, dass die Prinzipien der Europäischen Union auf der wiedervereinigten Insel gelten sollten. Die mit der Europäischen Union im Zusammenhang stehenden Probleme konnten fast vollständig einvernehmlich gelöst werden. Lediglich die Fragen, wie mit ständigen Ausnahmen vom Primärrecht und der Besetzung von Organen der Europäischen Union durch Vertreter beider Volksgruppen zu verfahren sei, blieben offen.

Beim Kapitel Regieren und Gewaltenteilung konvergierten die Positionen in vielen Bereichen. Es bestand weitgehende Einigkeit über die Grundsätze einer bizonalen und bikommunalen Föderation mit politischer Gleichheit beider Volksgruppen. Sogar bei dem in der Vergangenheit so umstrittenen Thema, wie Entscheidungsblockaden zu überwinden

---

1   United Nations Security Council: Report of the Secretary-General on his mission of good offices in Cyprus, S/2017/814, 28.9.2017, S. 10.
2   Vgl. zu den Statements und Interpretationen beider Seiten: Jean Christou: Picking up the pieces from Crans-Montana, 7.7.2017, abrufbar unter: https://cyprus-mail.com/2017/07/07/picking-pieces-crans-montana/ (letzter Zugriff: 2.8.2018).

seien, gab es Übereinstimmung.³ Weitgehenden Konsens gab es auch bezüglich der Kompetenzverteilung in der Föderation und der Staatsbürgerschaft. Bei den Rechten der Bürger in einem vereinigten Zypern waren nur noch Details zu klären. Im Kapitel Wirtschaft konnte fast komplett eine Verständigung herbeigeführt werden. Das betraf auch die Frage, wie die Rückständigkeit des Nordteils der Insel überwunden werden könnte. Die strittige Frage, wie mit Vermögen umzugehen sei, das im Zuge der Teilung der Insel verloren gegangen ist, wurde dahingehend beschieden, dass es entweder an die früheren Eigentümer zurückgegeben würde oder aber eine Kompensation in finanzieller Form oder durch Tausch ermöglicht werden sollte.

Beim Kapitel Territorium gingen die Verhandlungsführer weit und einigten sich auf die jeweiligen Prozentsätze für die beiden Teilstaaten. Beim traditionell strittigen Thema Sicherheit und Garantien gab es wenig Fortschritte, nur auf die Formel, dass die Empfindsamkeiten beider Seiten zu berücksichtigen seien, einigte man sich. Im schweizerischen Mont Pèlerin sollten die Verhandlungsteams vom 18. bis 19. Januar 2017 eine Einigung herbeiführen. Dies misslang jedoch, weil das griechisch-zyprische Parlament beschlossen hatte, künftig einen Gedenktag an öffentlichen Schulen einzurichten, an dem des Referendums vom Januar 1950 gedacht werden sollte, bei dem sich die griechischen Zyprer für einige Vereinigung mit Griechenland („Enosis") ausgesprochen hatten. Erst am 11. April 2017 wurden die Verhandlungen wiederaufgenommen. In Crans Montana konnte die Frage nicht geklärt werden, ob im Fall einer Einigung in Zukunft türkischen Staatsbürgern die gleichen Rechte wie den Bürgern Griechenlands in der Europäischen Union zustünden.

Zypern in der EU-27
Zu den zentralen auf Ebene der Europäischen Union anstehenden Themen (mehrjähriger Finanzrahmen, Fortentwicklung des Euroraumes) entwickelte Zypern keine besonderen Initiativen. Auch die Zukunft der britischen Militärbasen auf Zypern wurde im Zuge des anstehenden Brexits nicht thematisiert. Lediglich beim Thema Flüchtlinge machte Zyperns Innenminister bei der Ratssitzung am 5. Juni 2018 seinen Kollegen deutlich, dass er mehr Unterstützung erwartet, um die Außengrenzen der Europäischen Union zu schützen und eine Lastenverteilung zwischen den Partnern in der Europäischen Union zu gewährleisten.⁴ Beim letztgenannten Thema erwiesen sich die Visegrád-Staaten und auch Österreich wenig kompromissbereit.

Weiterführende Literatur
Hubert Faustmann: Alles Erdoğan oder was? Nach 43 Jahren könnte Zypern wiedervereinigt werden – wenn es der türkische Präsident erlaubt, in: Internationale Politik und Gesellschaft, 01.02.2017.

3　Schon kurze Zeit nach Gründung der Republik Zypern 1960 kam es zwischen den Vertretern beider Volksgruppen 1961 zu solchen Blockaden, als man sich im Parlament über ein Steuergesetz einigen sollte. Dass der griechisch-zyprische Präsident Makarios das Gesetz gegen den Widerstand der türkischen Zyprer per Dekret durchsetzte, war ein Anlass für die wenig später gewaltsam ausbrechenden Konflikte zwischen den Volksgruppen. Vgl. Heinz-Jürgen Axt/Oliver Schwarz/Simon Wiegand: Konfliktbeilegung durch Europäisierung? Zypernfrage, Ägäis-Konflikt und griechisch-mazedonischer Namensstreit, Baden-Baden 2008, S. 68 ff.
4　Vgl. Frankfurter Allgemeine Zeitung: Keine Annäherung im Flüchtlingsstreit, 6.6.2018, S. 2.

10. Anhang

Abkürzungen

Es hat sich eine Vielzahl von europäischen Abkürzungen etabliert, während eine noch größere Anzahl von EU-Kürzeln wieder verworfen wurde. Aus dem europäischen Alltagsgeschäft und der Europaforschung sind diese nicht mehr fortzudenken, sodass die Terminologische Datenbank IAET (Inter-Active Terminology for Europe) ein nützliches Hilfsmittel darstellt. Unter dem Link *http://iate.europa.eu/* lassen sich neben den deutschen Erklärungen auch die nicht immer identischen Akronyme und offiziellen Namensgebungen in anderen Amtssprachen der Europäischen Union nachschlagen.

Die Autorinnen und Autoren

Constanze Aka, M.A., Wissenschaftliche Mitarbeiterin und Projektmanagerin in der Abteilung Capacity Development am Institut für Europäische Politik (IEP), Berlin.

Dr. Franco Algieri, Associate Professor, Head of International Relations Department, Webster University Vienna.

Dr. Franz-Lothar Altmann, Dr. rer. pol., Dipl.-Vw. Associate Professor am UNESCO Dpt. für Internationale und Interkulturelle Beziehungen, Universität Bukarest; Mitglied des Präsidiums der Südosteuropa-Gesellschaft.

Dr. Katrin Auel, Associate Professor, Leiterin des Forschungsbereichs European Integration am Institut für Höhere Studien in Wien.

Prof. em. Dr. Heinz-Jürgen Axt, Universität Duisburg-Essen, Gastprofessor an der Universität des Saarlandes.

Michael L. Bauer, Stellvertretender Vorsitzender der Middle East and International Affairs Research Group (MEIA e.V.) und Associate Researcher, Centrum für angewandte Politikforschung (C.A.P).

Florian Baumann, Senior Researcher am Centrum für angewandte Politikforschung (C.A.P) und Mitarbeiter im Bayerischen Staatsministerium für Wirtschaft und Medien, Energie und Technologie.

Dr. Peter Becker, Forschungsgruppe EU/Europa, Stiftung Wissenschaft und Politik (SWP), Deutsches Institut für Internationale Politik und Sicherheit, Berlin.

Dr. Matthias Belafi, Referatsleiter in der Staatskanzlei des Landes Nordrhein-Westfalen, Düsseldorf.

Dr. Annegret Bendiek, Forschungsgruppe EU/Europa, Deutsches Institut für Internationale Politik und Sicherheit (SWP), Berlin.

Dr. Julian Bergmann, Wissenschaftlicher Mitarbeiter, Deutsches Institut für Entwicklungspolitik (DIE), Bonn.

Sarah-Lena Böning, M.Sc., Wissenschaftliche Mitarbeiterin an der Professur für Sozialpolitik und Methoden der qualitativen Sozialforschung, Institut für Soziologie und Sozialpsychologie, Universität zu Köln.

Dr. Katrin Böttger, Direktorin am Institut für Europäische Politik, Berlin.

Erik Brandes, MSc, Forschungsassistent der Institutsleitung, Stiftung Wissenschaft und Politik, Berlin.

Prof. Dr. Klaus Brummer, Inhaber des Lehrstuhls für Internationale Beziehungen an der Katholischen Universität Eichstätt-Ingolstadt.

Dr. Birgit Bujard, Geschäftsführerin, Deutsche Gesellschaft für Online-Forschung - DGOF e.V., Köln.

Karlis Bukovskis, Stellvertretender Direktor und wissenschaftlicher Mitarbeiter am Latvian Institute of International Affairs (LIIA), Riga.

Die Autorinnen und Autoren

Dr. Hrvoje Butković, Research Associate at the Department for European Integration of the Institute for Development and International Relations, Zagreb.

Dr. hab. Agnieszka K. Cianciara, Institute of Political Studies, Polish Academy of Sciences.

Dr. Anthony Costello, Lecturer, Department of Government and Politics, University College Cork. Rapporteur for Ireland's Citizens' Dialogues on the Future of Europe in 2018.

Alexandru Damian, Researcher, Romanian Center for European Policies (CRPE).

Dr. Johanna Deimel, Stellvertretende Geschäftsführerin der Südosteuropa-Gesellschaft, München.

Dr. Doris Dialer, Innsbruck Center for European Research (ICER), Universität Innsbruck; seit 2006 politische Referentin im Europäischen Parlament.

Dr. Knut Diekmann, Grundsatzreferent Weiterbildung des Deutschen Industrie- und Handelskammertags, Berlin.

Prof. Dr. Roland Döhrn, Honorarprofessor an der Universität Duisburg-Essen und Leiter des Kompetenzbereichs „Wachstum, Konjunktur, Öffentliche Finanzen" beim Rheinisch-Westfälischen Institut für Wirtschaftsforschung (RWI), Essen.

Hans-Wilhelm Dünn, Präsident des Cyber-Sicherheitsrat Deutschland e.V., Berlin.

Dr. Hans-Georg Ehrhart, Senior Research Fellow, Institut für Friedensforschung und Sicherheitspolitik an der Universität Hamburg.

Dr. Tobias Etzold, Freier Wissenschaftler und ehemaliger Wissenschaftlicher Mitarbeiter und Projektleiter bei der Stiftung Wissenschaft und Politik, Berlin.

Moritz Fessler, Wissenschaftlicher Mitarbeiter am Lehrstuhl für Europäische und Internationale Politik, Europa Universität Viadrina Frankfurt (Oder).

Dr. Sabine Fischer, Leiterin der Forschungsgruppe Osteuropa und Eurasien, Stiftung Wissenschaft und Politik (SWP), Berlin.

Tobias Flessenkemper, Leiter des Büros des Europarates in Belgrad, Senior Fellow des Centre internationale de formation européenne (CIFE) in Nizza und Lehrbeauftragter der Universität zu Köln.

Prof. em. Dr. Christian Franck, Université catholique de Louvain, Professor des Jean-Monnet-Programms der Europäischen Kommission, Gastprofessor an der Diplomatischen Akademie Wien sowie der Université Saint Louis, Brüssel.

Dr. Heiko Fürst, Referent Finanzmarkt beim Verbraucherzentrale Bundesverband e.V., Berlin.

Gabriel Glöckler, Principal Adviser, Generaldirektion Kommunikation, Europäische Zentralbank (Frankfurt am Main); Visiting Professor College of Europe (Brügge).

Prof. Dr. Daniel Göler, Inhaber des Jean Monnet Lehrstuhls für Europäische Politik an der Universität Passau.

Prof. Dr. Alexander Grasse, Professor für Politikwissenschaft mit dem Schwerpunkt „Politik und Wirtschaft im Mehrebenensystem", Leiter des Forschungsnetzwerks „Politische Italienforschung/PIFO" am Institut für Politikwissenschaft der Universität Gießen.

Anhang

Susanne Gratius, Professorin für Internationale Beziehungen an der Universidad Autónoma de Madrid (UAM) und Senior Associate beim think-tank CIDOB in Barcelona.

Prof. Dr. Christoph Gusy, Professor für Öffentliches Recht, Staatslehre und Verfassungsgeschichte an der Universität Bielefeld.

Prof. Dr. Björn Hacker, Hochschule für Technik und Wirtschaft Berlin, Fachbereich Wirtschafts- und Rechtswissenschaften, Schwerpunkte u.a. Europäische Wirtschafts- und Währungsunion, soziale Dimension der EU; externer Research Associate am Institut für Europäische Politik e.V., Berlin.

Simon Hartmann, Freier Mitarbeiter, Centrum für angewandte Politikforschung (C.A.P), ehem. Carlo-Schmid-Fellow bei der Europäischen Kommission.

Dr. Andreas Hofmann, Postdoktor am Otto-Suhr-Institut für Politikwissenschaft, Freie Universität Berlin.

Bernd Hüttemann, M.A., Lehrbeauftragter Universität Passau und der Hochschule für Wirtschaft und Recht, Berlin; Generalsekretär der Europäischen Bewegung Deutschland e.V.

Tuomas Iso-Markku, M.A., Wissenschaftlicher Mitarbeiter am Finnish Institute of International Affairs (FIIA), Helsinki.

Dr. Jackson Janes, President of the American Institute for Contemporary German Studies (AICGS) in Washington, DC.

Michael Kaeding, Professor für Europäische Integration und Europapolitik am Institut für Politikwissenschaft der Universität Duisburg-Essen, Inhaber eines ad personam Jean Monnet Lehrstuhls und Vorsitzender von TEPSA – Trans European Policy Studies Association.

Dr. Niels Keijzer, Wissenschaftlicher Mitarbeiter, Deutsches Institut für Entwicklungspolitik (DIE), Bonn.

Mariam Khotenashvili, Head of Office of TEPSA – Trans European Policy Studies Association, Brussels.

Anna-Lena Kirch, Forschungsassistentin im Europa Programm des German Marshall Fund of the United States, Berlin.

Prof. Dr. Henning Klodt, Direktor am Institut für Weltwirtschaft a. D., Kiel; Vorsitzender des Wirtschaftspolitischen Ausschusses im Verein für Sozialpolitik; Vorstand des Wirtschaftswissenschaftlichen Clubs am Institut für Weltwirtschaft, Kiel.

Prof. Dr. Wim Kösters, Fakultät für Wirtschaftswissenschaft der Ruhr-Universität Bochum, und Mitglied des Vorstands des RWI Essen.

Stefan Kornelius, Ressortleiter Außenpolitik, Süddeutsche Zeitung München.

Marta Králiková, Department of Political Science, Faculty of Arts, Comenius University in Bratislava.

Valentin Kreilinger, Wissenschaftlicher Mitarbeiter am Jacques Delors Institut, Berlin; Doktorand an der Hertie School of Governance, Berlin.

Dr. Jan Labitzke, Wissenschaftlicher Mitarbeiter am Institut für Politikwissenschaft der Universität Gießen.

Dr. Konrad Lammers, Forschungsdirektor am Institute for European Integration, Wissenschaftliche Einrichtung an der Universität Hamburg.

Guido Lessing, Research Assistant, Luxembourg Centre for Contemporary and Digital History, University of Luxembourg.

Dr. Barbara Lippert, Forschungsdirektorin des Deutschen Instituts für Internationale Politik und Sicherheit der Stiftung Wissenschaft und Politik (SWP), Berlin.

Prof. Dr. Christian Lippert, Fachgebiet Produktionstheorie und Ressourcenökonomik im Agrarbereich, Universität Hohenheim, Stuttgart.

Marko Lovec, Research Fellow am Centre for International Relations und Assistant Professor in International Relations, Fakultät für Sozialwissenschaften, Universität Ljubljana.

Prof. Dr. Siegfried Magiera, Jean-Monnet-Professor für Europarecht, Deutsche Universität für Verwaltungswissenschaften Speyer.

Prof. Dr. Remi Maier-Rigaud, Professor für Sozialpolitik am Fachbereich Sozialversicherung der Hochschule Bonn-Rhein-Sieg.

Jean-Marie Majerus, Professor am Centre d'études et de recherches européennes Robert Schuman, Luxemburg.

Daniel Martínek, M.A., Research Assistant am Institut für den Donauraum und Mitteleuropa (IDM) in Wien und Doktorand an der Westböhmischen Universität in Pilsen.

Dr. Bruno Oliveira Martins, Senior Researcher at the Peace Research Institute Oslo and at Malmö University.

Dominic Maugeais, Wissenschaftlicher Mitarbeiter am Institut für Europäische Politik (IEP), Berlin.

Prof. Dr. Andreas Maurer, Dipl.Pol., MA/D.E.E.A., Universitätsprofessor und Jean-Monnet-Chair, Universität Innsbruck; Senior Scholar, Stiftung Wissenschaft und Politik (SWP), Berlin/Brüssel.

Dr. Laia Mestres, Postdoctoral Researcher at Institut Barcelona d'Estudis Internacionals (IBEI); Member of the Research Group Observatory of European Foreign Policy; Researcher of the EU-NORMCON Project.

Prof. Dr. Jürgen Mittag, Professor für Sportpolitik und Leiter des Instituts für Europäische Sportentwicklung an der Deutschen Sporthochschule Köln.

Jan-Peter Möhle, Wissenschaftlicher Mitarbeiter, Lehrstuhl für Öffentliches Recht, Fakultät für Rechtswissenschaft der Universität Bielefeld.

Johannes Müller Gómez, M.A., Promotionsstipendiat im Fachbereich Politikwissenschaft der Université de Montréal; Fellow am Centrum für Türkei- und EU-Studien der Universität zu Köln.

Dr. Melanie Müller, Forschungsgruppe Naher/Mittlerer Osten und Afrika, Stiftung Wissenschaft und Politik, Deutsches Institut für Internationale Politik und Sicherheit.

Prof. Dr. Matthias Niedobitek, Jean-Monnet-Professor für Europäische Integration mit Schwerpunkt Europäische Verwaltung an der Technischen Universität Chemnitz.

Dr. Nicolai von Ondarza, Stellvertretender Leiter, Forschungsgruppe EU/Europa, Stiftung Wissenschaft und Politik, Berlin.

Dr. Thomas Petersen, Wissenschaftlicher Mitarbeiter am Institut für Demoskopie Allensbach.

Anne Pintz, PhD fellow in Political Science, Department of Political Science, Aarhus University, Denmark.

Julian Plottka, Wissenschaftlicher Mitarbeiter am Institut für Europäische Politik (IEP), Berlin.

Prof. Dr. Johannes Pollak, Direktor und Professor für Politikwissenschaften an der Webster Vienna Private University; derzeit freigestellt als Leiter der Gruppe „European Integration" am Institut für höhere Studien in Wien.

Dr. René Repasi, Erasmus Universität Rotterdam, Wissenschaftlicher Koordinator des European Research Centre for Economic and Financial Governance (EURO-CEFG) der Universitäten Leiden, Delft und Rotterdam

Darius Ribbe, Wissenschaftliche Hilfskraft am Centre for Turkey and European Union Studies (CETEUS) an der Universität zu Köln.

Dr. Daniel Schade, Postdoctoral Researcher and Lecturer in Political Science, Otto von Guericke University Magdeburg.

Lukas W. Schäfer, Leiter Recherche und Pressearbeit, Cyber-Sicherheitsrat Deutschland e.V.

Sebastian Schäffer, M.A., Gründer und Inhaber von Seminars Simulations Consulting (SSC) Europe, wissenschaftlicher Mitarbeiter am Institut für den Donauraum und Mitteleuropa (IDM), Wien und Generalsekretär der Danube Rector´s Conference (DRC).

Prof. Dr. Joachim Schild, Lehrstuhl für Vergleichende Regierungslehre im Fachbereich III/Politikwissenschaft der Universität Trier.

Dr. Otto Schmuck, Leiter der Europaabteilung des Landes Rheinland-Pfalz a.D., Lehrbeauftragter der Universität für Verwaltungswissenschaften Speyer.

Dr. Mirja Schröder, Vize-Direktorin des Centrums für Türkei- und EU-Studien (CETEUS), Universität zu Köln.

Prof. Dr. Tobias Schumacher, Inhaber des Lehrstuhls für Europäische Nachbarschaftspolitik am College of Europe, Natolin Campus; Senior Research Associate am Center for International Studies am Universitätsinstitut Lissabon (CEI-IUL); John F. Kennedy Memorial Fellow am Minda de Gunzburg Center for European Studies, Harvard University.

Dr. Oliver Schwarz, Post-Doc am Institut für Politikwissenschaft der Universität Duisburg-Essen; Koordinator des Jean-Monnet-Moduls „Brexit Contagion, Copenhagen Dilemma and Enlargement Fatigue: European Union Membership Policy at the Crossroads" und Ko-Leiter der Zweigstelle Duisburg der Südosteuropa-Gesellschaft (SOG).

Prof. Dr. Martin Selmayr, Generalsekretär der Europäischen Kommission, Honorarprofessor für Europäisches Wirtschafts- und Finanzrecht am Europa-Institut der Universität des Saarlandes, ehrenamtlicher Direktor des Centrums für Europarecht an der Universität Passau und Lehrbeauftragter für das Recht der Wirtschafts- und Währungsunion an der Europa-Universität Krems.

Monika Sie Dhian Ho, General Director, Clingendael Institute, The Hague, The Netherlands.

Dr. Otto W. Singer, bis 2017 Deutscher Bundestag, Fachbereich Kultur und Medien.

Dr. Eduard Soler i Lecha, Senior Researcher at the Barcelona Centre for International Affairs (CIDOB); Scientific Coordinator of the MENARA Project; Part-time Lecturer and Trainer at the Ramon Llull University, at IBEI and at the College of Europe.

Martin Stein, Projektmanager und Wissenschaftlicher Mitarbeiter am Institut für Europäische Politik (IEP), Berlin.

Prof. Dr. Burkard Steppacher, Konrad-Adenauer-Stiftung, Sankt Augustin/Berlin; Forschungsinstitut für Politische Wissenschaft und Europäische Fragen, Universität zu Köln.

Dr. Funda Tekin, Direktorin am Institut für Europäische Politik (IEP), Projektdirektorin im Horizon 2020 Forschungsprojekt „The Future of EU-Turkey Relations: Mapping Dynamics and Testing Scenarios" (FEUTURE); Senior Researcher am Centrum für Türkei und EU Studien (CETEUS) der Universität zu Köln.

Alina Thieme, M.A., Wissenschaftliche Mitarbeiterin und Geschäftsführerin am Centrum für Türkei und EU Studien (CETEUS) der Universität zu Köln.

Gabriel N. Toggenburg, Honorarprofessor für Europäischen Menschenrechtsschutz und das Recht der Europäischen Union an der Universität Graz; Senior Legal Advisor im Direktorat der Grundrechteagentur der Europäischen Union.

Dr. Denis M. Tull, Forschungsgruppe Naher/Mittlerer Osten und Afrika, Stiftung Wissenschaft und Politik, Berlin.

Jürgen Turek, M.A., Geschäftsführer Turek Consulting und Senior Fellow am Centrum für angewandte Politikforschung (C.A.P) der Ludwig-Maximilians-Universität München.

Dr. Gaby Umbach, Research Project Director und Research Fellow am Europäischen Hochschulinstitut (EUI), Florenz.

Dr. Günther Unser, Akademischer Oberrat a.D., Lehrbeauftragter für Internationale Politik am Institut für Politische Wissenschaft der RWTH Aachen.

Prof. Dr. Dr. h.c. Werner Weidenfeld, Direktor des Centrums für angewandte Politikforschung (C.A.P) der Ludwig-Maximilians-Universität München; Rektor der Alma Mater Europaea der Europäischen Akademie der Wissenschaften und Künste in Salzburg.

Prof. Dr. Wolfgang Weiß, Lehrstuhl für Öffentliches Recht, insbesondere Europa- und Völkerrecht, Deutsche Universität für Verwaltungswissenschaften Speyer.

Charlotte Wenner, Masterstudentin der Skandinavistik, Eberhard-Karls Universität Tübingen.

Prof. Dr. Wolfgang Wessels, Direktor des Centrums für Türkei und EU Studien der Universität zu Köln (CETEUS) und Jean Monnet Professor ad personam; Vorstand des Instituts für Europäische Politik (IEP), Berlin.

Dr. Sabine Willenberg, freie PR- und Politikberaterin und Dozentin, Leipzig.

Lukas Zech, M.A., Doktorand am Jean-Monnet-Lehrstuhl für Europäische Politik, Universität Passau.

Anhang

Dr. Wolfgang Zellner, stellvertretender wissenschaftlicher Direktor des Instituts für Friedensforschung und Sicherheitspolitik an der Universität Hamburg (IFSH); Leiter des Zentrums für OSZE-Forschung (CORE).